Philipp Karl Bultmann

Philipp Buttmanns griechische Grammatik

Philipp Karl Bultmann

Philipp Buttmanns griechische Grammatik

ISBN/EAN: 9783743333130

Hergestellt in Europa, USA, Kanada, Australien, Japan

Cover: Foto ©ninafisch / pixelio.de

Manufactured and distributed by brebook publishing software
(www.brebook.com)

Philipp Karl Bultmann

Philipp Buttmanns griechische Grammatik

Philipp Buttmann's

echische Grammatik.

Herausgegeben und bearbeitet

von

Alex. Buttmann,

Professor.

Zwei und zwanzigste Auflage.

Berlin,

Ferd. Dümmler's Verlagsbuchhandlung.

(Harrwitz und Goßmann.)

1869.

Vorwort.

Dem was bereits in den Vorreden zu den früheren Auflagen im allgemeinen über die Art und Weise der Bearbeitung dieses Buches gesagt worden, habe ich nur weniges, namentlich in Rücksicht der in den drei letzten Auflagen dieser Grammatik ge= machten nicht unerheblichen Veränderungen und Zusätze hinzu= zufügen.

Während die (jetzt in 15ter Auflage vorliegende) Schul= grammatik vorzugsweise, ja fast ausschließlich die praktischen Zwecke der Schule im Auge behält, muß diese Grammatik neben der formell praktischen auch der wissenschaftlichen Ver= vollkommnung des grammatischen Materials mindestens die gleiche Sorgfalt zuwenden. In der glücklichen Vereinigung beider Gesichtspunkte hat der ursprüngliche Verfasser dieses Buches den Grund zu der so lange über seine Zeit hinausrei= chenden, noch heute von hervorragenden Männern der Wissen= schaft anerkannten Brauchbarkeit des Buches gelegt. Die Auf= gabe des heutigen Bearbeiters ist es daher, auf dieser vom Verf. vorgezeichneten Bahn und im Sinne desselben das Werk weiterzuführen und, so weit es die Grenzen eines Schulbuchs gestatten, mit dem heutigen Stande der Kritik möglichst in Ueber= einstimmung zu erhalten. Von der praktischen Seite her war der Herausg. in den drei letzten Auflagen stets bemüht gewesen, veraltetes zu beseitigen, andres was ehedem noch einer ausführ= licheren Begründung bedurfte, sofern es anerkanntes Gemeingut der gelehrten Welt geworden, kürzer zu fassen (in dieser Be= ziehung konnte auch oft auf die ausführliche Sprachlehre ver= wiesen werden), den Wortlaut der Regeln und Beobachtungen zu vereinfachen, überhaupt aber den Lehrstoff, wo allgemein

erkanntes Bedürfnis es gebieterisch erforderte, der heutigen Lehr=
methode angemessener darzustellen, ohne jedoch den Charakter des
Buches zu beeinträchtigen. Daher ist die F o r m des ersten (ety=
mologischen) Theiles, trotz aller Aenderungen, noch immer we=
sentlich d i e s e l b e geblieben, und wird es, da sie nach des Her=
ausg. fester auf das Urtheil einsichtsvoller Schulmänner gestützten
Ueberzeugung dem praktischen Bedürfnis der Schule vollkommen
genügt, auch fernerhin bleiben. Von der wissenschaftlichen Seite
aber waren theils neue Zusätze, theils, namentlich im syntakti=
schen, vom Verf. wie er selbst eingestand nur mehr umrißweise
angelegten Theile durchgreifendere Aenderungen bringend geboten.
Der Unterschied der Texte unserer Schulausgaben von damals
und heute ist ein so bedeutender, die Resultate der Kritik, wozu
doch der Verf. mit den Grund legen half, sind überall so weit
fortgeschritten, daß eine in den Händen der Lehrer und Schüler
befindliche Grammatik verpflichtet ist diesem veränderten Stand=
punkte Rechnung zu tragen, und wenigstens alles was die Probe
der Zeit bestanden und vom Verf. selbst, wenn er noch lebte,
sicher aufgenommen und berücksichtigt worden wäre, darin nie=
derzulegen und zu verarbeiten. Die neuern Untersuchungen und
kritischen Ausgaben von Bekker, Lobeck, Dindorf, Cobet, Lehrs,
Bernhardy, Meineke, Schömann, C. A. Hoffmann, Nägelsbach,
Ahrens, Classen, Ellendt, Bergk und vieler anderer Kritiker,
auch manche Resultate der sprachvergleichenden Wissenschaft durf=
ten nicht vernachlässigt bleiben und wenigstens Hindeutung nicht
fehlen, wo die ursprüngliche Grundlage des Werkes eine strikte
Hineinarbeitung versagte. Der anhaltenden Beschäftigung mit
den Werken namentlich der genannten Männer verdanken die
neuern Auflagen dieses Buches so manche wesentliche Bereiche=
rung des sprachlichen Stoffes und mehre z. Th. völlig umge=
arbeitete Partien der Syntax. Auch für die vorliegende 22ste
Auflage ist wiederum vieles geschehen, wovon mir das wich=
tigere hier kurz herauszuheben gestattet sei.

Da mehrfach der Wunsch ausgesprochen war, die Verbal=
flexion am Paradigma eines verbi puri einüben zu können, so
ist hinter τύπτω das Verbum βουλεύω (statt des weniger mund=
rechten παιδεύω) vollständig durchflektirt aufgenommen worden,
so jedoch daß dem Aktiv zunächst die entsprechenden Medial=

formen gegenüber gestellt werden und dann erst die dem Passiv allein zugehörigen Tempusformen folgen. Neu hinzugekommen ist nur §. 92 b, die Klasseneintheilung enthaltend wie sie in der Schulgrammatik bereits gegeben war. Die genau revidirten und durch mehre Artikel (wie Ἀπόλλων, Δημήτηρ, ἕρπω, ἱμείρω, κλέπτω, κρύπτω, λείπω, ἀζαίνω, ἄτω, αὐδάξασθαι u. a.) ver= mehrten Anomalenverzeichnisse sind nunmehr in Rücksicht auf das als Anhang zur Grammatik ausgearbeitete systematische Ver= zeichnis von den vielen lästigen Citaten befreit und die einzel= nen Formen innerhalb der Artikel, insbesondre derjenigen welche beim Schulunterricht erlernt werden müssen, in eine übersicht= lichere Folge gebracht worden. Da ferner in einem oft aufge= legten Buche trotz aller Aufmerksamkeit leicht fehlerhafte Citate von Auflage zu Auflage sich fortpflanzen, so hat sich der Herausg. der nicht geringen Mühe unterzogen, durch das ganze Buch sämtliche Hinweisungen auf andre Partien der Gramm., so wie sämtliche Schriftstellercitate zu collationiren, und ist auf diese Weise eine erhebliche Anzahl unrichtiger Angaben beseitigt worden.

In Rücksicht der Vermehrung, resp. Umarbeitung des gram= matischen Stoffes erwähne ich aus der Formenlehre nur die Abschnitte: über die Buchstabenbenennungen, den Wegfall und die Annahme des κ bei οὐκ, den Ausfall des Digamma und des σ zwischen zwei Vokalen und andres das Digamma betref= fende, die Flexion der Wörter auf ις bei Att. und Jon., die Composita von ἔτος, die Femininbildung in ις, die att. Com= paration von φίλος, die Augmentation der mit Diphthongen anfangenden Verba und der Composita, die att. Plusquamper= fektformen im Aktiv, die Bildung der 3. plur. auf αται, ατο, die Betonung der pass. Conjunktive und Opt. der Verba in μι, den att. Gebrauch der Imperfektformen von εἰμί, εἶμι und οἶδα, die passive Optativform -ῄμην, das euphon. σ im Passiv bei Vokalstämmen, die Adv. auf ινδα und ινδην, den homer. Gebrauch von ποτί und προτί; aus der Syntax die Abschnitte: über die Anwendung ganzer Sätze statt Adj. und Subst., den Demonstrativen wie auch insbesondre den homer. Gebrauch bei= der Artikel und andrer relativer Wortformen, den adverbialen Gebrauch der Neutra und des sog. adverbiascirenden Akkusativs, den anticipirten Genitiv bei den verbis dicendi 2c., die das

Paſſiv gewiſſer Verba erſeßenden verba activa und media
(§. 134), die Umſchreibungen mit ποιεῖν und ποιεῖσϑαι (τί-
ϑεσϑαι), das ἄν bei den Futurformen, beim Inf. und Particip, das hypothetiſche Saßverhältnis in der indirekten Rede,
das abundirende ὡς und ὅτι vorm Inſin. (Part.), χρή und δεῖ
als Umſchreibung des conj. dubit., den Inf. aor. und praes.
nach ἐλπίζειν u. ä., die Anwendung des acc. c. inf. (partic.)
bei gleichem Subjekt, des genit. und acc. c. partic. bei Verbis der Erfahrung ꝛc., den ſtrukturwidrigen Nominativ nach
δεῖν ꝛc. ſo wie nach Partikeln wie ὥσπερ, ἤ bei fehlendem
Prädikat, ἑκών im gen. abs., den Gebrauch von ἥμισυς, die
Anwendung und Vernachläſſigung der Attraction beim Inf. und
Part. (§. 142. 144), die Hineinziehung genitiviſcher oder adj.
Beſtimmungen aus dem Hauptſaß in den Relativſaß, den elliptiſchen Gebrauch von ὡς ἄν und ὥσπερ ἄν, die Wiederholung
und Nichtwiederholung der Präpoſ. bei verbundenen Wörtern
ſo wie in correſpondirenden und Vergleichs-Säßen, die Regie-
rung von εἰ καί und καὶ εἰ, das doppelte μέν - δέ in correla-
ten Säßen, νῦν δή bei Präteritis, und vieles andere die Partikeln und Partikelverbindungen betreffende, ὥστε beim Particip,
die hyperbatiſche Stellung des Particips, die Vermehrung der
Beiſpiele namentlich aus den attiſchen Rednern.

Dies möge zur Beurtheilung deſſen was zur Vervollſtän-
digung des Buchs in der vorliegenden Auflage geſchehen iſt,
genügen. Hinſichtlich der zahlreichen kleineren Zuſäße, Veränderungen, Berichtigungen kann ich hier nur auf die Vergleichung
dieſer mit den früheren, ſowie auf die zu dieſem Zweck genau
revidirten und vermehrten Regiſter verweiſen.

Dem Buche iſt am Schluſſe wiederum ein Verzeichnis
mehrer ſinnſtörender Druckfehler und beſonders nöthig ſchei-
nender Berichtigungen zur vorhergehenden Auflage beigegeben
worden.

Potsdam, im Juli 1869.

Alex. Buttmann.

Inhalt.

§. 1.

Von der griechischen Sprache und deren Dialekten überhaupt.

1.

Die griechische Sprache (φωνὴ ἑλληνική) hatte, wie alle Spra=chen, verschiedene Mundarten (διάλεκτοι), welche sich aber sämt=lich auf drei Haupt=Dialekte, den Dorischen (ἡ δωρική, δωρίς), den Aeolischen (ἡ αἰολική, αἰολίς) und den Jonischen (ἡ ἰω=νική, ἰάς) zurückführen lassen, die den drei gleichnamigen griechi=schen Haupt=Stämmen angehörten.

2. Der dorische Dialekt herrschte seit der sog. Rückkehr der Herakliden in einem großen Theile des inneren Griechenlands, namentlich im Peloponnes und Megara, und wurde durch Kolo=nien schon früh nach Klein=Asien (der dorischen Pentapolis), so wie nach Unteritalien und Sicilien verpflanzt.

Anm. 1. Wie die Natur des dorischen Volksstammes, so war auch der dorische Dialekt rauher und machte auf das Ohr durch das darin vor=waltende lange α (s. §. 27 Anm. 5) einen Eindruck, den die Griechen πλα=τειασμός (breite Aussprache) nennen. Geschrieben wurde im reinen dori=schen Dialekt wenig, daher auch nur wenig mehr als Bruchstücke bei Aristo=phanes, einige Volksbeschlüsse und Inschriften in dieser Mundart erhalten sind. Dorisch schrieben die Philosophen und Mathematiker in Unteritalien, namentlich der Pythagoreer Archytas von Tarent, von dem einige größere Bruchstücke im Stobäus enthalten sind; ferner die sicilischen Komödien= und Mimen=Dichter Epicharmus und Sophron, von denen jedoch gleichfalls nur wenige Fragmente vorhanden sind. Nur überwiegend dorisch waren die Dichtungen der älteren Lyriker, wie des Alkman, Stesichorus, Pin=dar, Simonides, Bakchylides u. a., von denen ein jeder nach freier Wahl und metrischem Bedürfnis aus andern Dialekten, besonders dem epi=schen (s. Anm. 3), dem äolischen (Pindar war aus Böotien, s. 3.) weichere oder volltönende Formen aufnahm und so gleichsam seine eigne Sprache sich bildete. Pindar ist der einzige unter ihnen, von welchem etwas ganzes auf uns gekommen ist.

3. Das Stammland des äolischen Dialektes war Thessa=lien, von wo aus er sich nach Böotien und einigen andern Gegen=den des innern Griechenlands, sodann aber durch Kolonien nach Klein=Asien und den benachbarten Inseln (wie Lesbos ꝛc.) verbrei=tete. Er zerfiel in mehre Unter=Dialekte.

Anm. 2. Charakteristisch für den äolischen Dialekt ist das längere Festhalten des sog. Digamma (daher nach ihnen das äolische genannt,

§. 6), die Vorliebe für den Spiritus lenis in Worten die sonst den Asper haben, daher sie von den Grammatikern ψιλωταί genannt wurden (vgl. z. B. §. 6 Anm. 2. §. 72 Anm. 6, 10), und eine gewisse Neigung die Wörter zu barytoniren, wodurch er sich der lateinischen Sprache näherte. Schon früh dichteten in diesem Dialekt Alcäus und die Sängerin Sappho auf Lesbos, von denen gleichfalls nur Bruchstücke erhalten sind. Auch das 28. und 29. Idyll des Theokrit (Anm. 11) ist in äolischer Mundart abgefaßt. Sonst ist er in der Litteratur zu keiner besonderen Geltung gelangt.

4. Der ionische Stamm bewohnte in früheren Zeiten hauptsächlich Attika, und schickte von hier aus Kolonien nach der kleinasiatischen Küste. Da diese nun früher als der Mutterstamm sich vielseitig ausbildeten, so blieb die Benennung Jonier, ionisch, ihnen und ihrem Dialekt vorzugsweise und endlich ausschließend.

Anm. 3. Der ionische Dialekt ist von allen, wegen Häufung der Vokale, der weichste. Man unterscheidet aber einen älteren und einen jüngeren Jonismus. Der ältere Jonismus liegt den epischen Gesängen des Homer und Hesiod zu Grunde. Da jedoch die Epiker sich nicht streng an den in ihrer Gegend gesprochenen Jonismus (wie wir ihn wenigstens aus der späteren Zeit kennen) banden, sei es nun daß sie selbst zu ihren dichterischen Zwecken aus andern Dialekten auswählten (daher die Grammatiker von Aeolismen, Dorismen, ja Atticismen im Homer sprechen), sei es daß der Dialekt des Wandervolkes unterwegs oder durch Vermischung mit der älteren Bevölkerung des neu gewonnenen Landes fremde Sprachelemente in sich aufgenommen hatte, so bezeichnet man diesen Dialekt gemeinhin auch als den Epischen. Dieser wurde nun Grundlage für alle folgenden epischen, so wie elegischen und didaktischen Dichter. Nur Anakreon hielt sich mehr in den Gränzen des strengeren Jonismus.

Anm. 4. Unterdessen bildete sich aber der Jonismus im Munde des Volks, namentlich in Klein-Asien, weiter fort und entfernte sich allmählich mehr oder weniger von jener alt-ionischen oder epischen Sprache des Homer. Da nun die Bewohner jenes Theils von Klein-Asien schon früh zu einem hohen Grade der Kultur sich erhoben, so verfeinerte sich auch ihre Sprache in dem Maße, daß man anfing auch prosaische Werke in diesem Dialekt zu schreiben. Den Anfang machten die sog. Logographen (z. B. Akusilaus, Pherekydes, Hellanikus ꝛc.), aber am ausgebildetsten erscheint dieser neuere Jonismus in den Werken des Geschichtschreibers Herodot von Halikarnaß und des Arztes Hippokrates von Kos, welche als Muster dieses Dialekts galten, obwohl sie beide ihrer Abstammung nach Dorier waren.

Anm. 5. Man hat als Mutter aller dieser verschiedenen Dialekte eine gemeinsame altgriechische Ursprache angenommen, und Homer als denjenigen bezeichnet, dessen Sprache mit ihren Aeolismen und Dorismen dieser Ursprache am nächsten käme. Wenn es nun auch philosophisch richtig ist eine solche anzunehmen, so läßt sich dieselbe doch schlechterdings historisch nicht mehr nachweisen, und bleibt somit ihr Verhältnis zur homerischen Sprache eben nichts weiter als eine unerwiesene Hypothese ohne praktischen Nutzen für die Grammatik.

5. (7.) Unabhängig von dem kleinasiatischen Jonismus bildeten nun die in Attika zurückgebliebenen Jonier (s. 4.) ihre Sprache aus. Bekanntlich hatte sich Athen seit den Perserkriegen zu einer solchen politischen Höhe gehoben, daß es eine Zeitlang eine Art von Oberherrschaft (Hegemonie) in Griechenland behauptete; und zu gleicher Zeit war es auch der Mittelpunkt aller wissenschaftlichen

Kultur geworden. Die demokratische Verfassung, die nirgend so ungemischt war, verschaffte der attischen Rednerbühne und der attischen Schaubühne jene Freiheit, welche, verbunden mit andern Vorzügen, allein im Stande war, nicht nur diese Zweige der Litteratur, sondern auch andre damit verwandte, namentlich die Geschichtschreibung und die Philosophie, auf ihren Gipfel zu erheben. So entwickelte sich auf den kleinen Halbinsel der vierte Hauptdialekt, der attische (ἡ ἀττικὴ, ἀτθίς), welcher allmählich alle übrigen verdunkelte, indem er sowohl die dorische Härte als die ionische Weichheit durch attische Gewandtheit vermied und überhaupt eine solche vollendete Durchbildung in allen seinen Theilen erhielt, daß er nunmehr mit Recht der Grammatik, sofern sie praktische Zwecke verfolgt, zu Grunde gelegt wird.

Anm. 6. Die Hauptschriftsteller der mustergültigen attischen Prosa, deren Werke sich fast vollständig erhalten haben, sind die Geschichtschreiber Thucydides und Xenophon, der Philosoph Platon, der Redner Demosthenes. An den letzteren schließt sich noch eine Anzahl älterer attischer Redner, unter denen zu nennen sind Antiphon, Andocides, Lysias, Isäus, Aeschines und der berühmte Lehrer der Beredsamkeit Isokrates. Von der attischen Schaubühne s. unten 8.

6. (8.) Griechen aller Stämme gingen nun nach Athen, um sich zu bilden, und in den ausgebreitetsten Theilen der Litteratur standen die attischen Meisterwerke nunmehr als Muster da. Der Erfolg davon war, daß der attische Dialekt nach und nach die Sprache der Gebildeten und allgemeine Büchersprache ward, in welcher die Prosaisten aller griechischen Stämme und Länder nunmehr fast ausschließlich schrieben. Diese Sprache ward von nun an in Schulen gelehrt, und die Grammatiker entschieden, nach jenen attischen Mustern, was echt oder nicht echt attisch sei. Der Mittelpunkt aber dieser spätern griechischen Litteratur bildete sich unter den Ptolemäern zu Alexandrien in Aegypten.

7. (9.) Mit der Allgemeinheit des attischen Dialekts fing indessen auch dessen allmähliche Ausartung an, indem die Schriftsteller theils aus ihren Landesdialekten manches beimischten, theils andere Aenderungen sich erlaubten. Eben dies suchten nun aber die Grammatiker (man nennt diese Klasse derselben Atticisten), öfters mit Pedanterie und Uebertreibung, zu verhindern, und setzten in ihren Lehrbüchern den von ihnen getadelten Ausdrücken andere aus den alten Attikern entgegen. So entstand der Sprachgebrauch, daß man unter attisch nur das verstand, was sich aus jenen klassischen Alten bewähren ließ; die aus der attischen aber entstandene gewöhnliche Sprache hieß nunmehr κοινή, die allgemeine, oder ἑλληνική (die griechische, d. h. gemeingriechische); ja selbst die Schriftsteller der spätern Zeit hießen nun οἱ κοινοί oder οἱ Ἕλληνες im Gegensatz der echten Attiker *).

---

*) Man kann leicht denken, daß unter diesen Umständen die Benennung κοινός, κοινόν selbst zum Tadel ward, und in dem Munde der Grammatiker das bezeichnete, was nicht rein attisch war. Auf der andern Seite

1*

Anm. 7. Um genau abzutheilen, muß man die spätere Zeit oder die κοινούς mit dem ersten Nicht-Athener, der attisch schrieb, anfangen. Es gehören dahin Aristoteles, Theophrast, Polybius, Diodor, Plutarch, und die übrigen Spätern; worunter jedoch manche waren, welche die alte attische Sprache mit Erfolg sich zu eigen zu machen suchten, wie dies besonders von Lucian, Arrian, Dio Cassius, dem Epistolographen Alciphron ec. bekannt ist.

Anm. 8. Zu den Landesdialekten, welche sich in die spätere griechische Sprache vielfältig einmischten, gehört besonders der macedonische, den man auch wol den alexandrinischen nannte, weil Alexandria der Hauptsitz der spätern griechisch-macedonischen Bildung wurde. — Aber auch die ungriechischen Bewohner der Länder, in denen die hellenische Cultur Eingang fand, fingen nun an griechisch zu sprechen (ἑλληνίζειν), und ein solcher griechisch redender Asiat, Syrer ec. hieß daher ἑλληνιϛής. Hieraus ist der neue Sprachgebrauch entstanden, daß man die mit vielen ungriechischen Formen und orientalischen Wendungen gemischte Schreibart von Schriftstellern dieser Art die Hellenistische Sprache nennet. Zu derselben gehört die Sprache der Siebzig Dolmetscher, des Neuen Testaments und der Kirchenväter. — Neue Barbarismen aller Art traten im Mittelalter hinzu, als Konstantinopel der Sitz des griechischen Kaiserthums und der Mittelpunkt der damaligen Litteratur war; woraus die Sprache der byzantinischen Schriftsteller, und endlich die noch jetzt gangbare neugriechische entstand.

8. (10.) Bei der Allgemeinheit des attischen Dialekts machte indessen eine Hauptausnahme die Poesie. Hier wurden die Attiker nur in Einem Fache Muster, dem dramatischen; so daß nachher alle andere griechische Schaubühnen den attischen Dialekt beibehielten. Auch erlaubten sich diese Dichter im dialogischen, besonders dem aus Trimetern oder Senarien bestehenden Theile des Dramas, außer einem freiern Gebrauch des Apostrophs und der Kontraction (Krasis), nur wenig von jenen dichterischen Freiheiten, von denen nach Anm. 1. und 3. die lyrischen und epischen Dichter einen so ausgedehnten Gebrauch machten.

Anm. 9. Am wenigsten, wie sich denken läßt, thaten dies die Komiker; dahingegen dem tragischen Senarius manche epische oder lyrische Formen immer ziemten*). — Uebrigens haben sich im dramatischen Fache

---

aber ist nicht alles was attisch heißt, darum auch ausschließend attische Form, selbst bei den echten Attikern nicht. Manche attische Sprechart war in Athen selbst nicht durchgängig gebräuchlich, sondern wechselte mit andern allgemein üblichen Formen (z. B. φιλοίη mit φιλοῖ, ξύν mit σύν), auch waren viele ionische Formen den Attikern nicht ganz fremd geblieben (z. B. nicht zusammengezogene Formen statt der zusammengezogenen). Diese Annäherung zum Jonismus gibt das Haupt-Kriterium des ältern Atticismus im engern Sinne ab, wozu z. B. Thucydides gerechnet wird, während Demosthenes, Isokrates ec. bereits dem neuern Atticismus angehören.

*) Z. B. die Endungen des Dat. Plur. auf αισι, οισι, εσσι, die mit τ anfangenden Formen des Artikels statt des Relativs, die 1. plur. auf μεσθα st. μεθα, die abgekürzte 3. plur. auf εν st. ησαν, die 3. plur. auf ατο st. ντο. Wortformen wie γαῖα, Ἀθάνα, ἕκατι, μοῦννος für γῆ, Ἀθηνᾶ, ἕκητι, μόνος u. s. f.

nur echte und alte Attiker erhalten, nehmlich die Tragiker Aeschylus, Sophokles, Euripides, und der Komiker Aristophanes.

9. (11.) Für die übrigen Dichtungsarten, besonders die, welche
in Hexametern abgefaßt waren, die epische, didaktische, elegische,
blieben Homer und die übrigen ältern ionischen Dichter, die man in
den Schulen las, fortdauernd die Muster; und mit ihnen erhielt
sich auch die alt-ionische oder homerische Sprache, mit den meisten ihrer Eigenheiten und veralteten Formen, selbst in den spätesten Zeiten.

Anm. 10.   Die bekanntesten der hieher gehörigen Dichter sind in der
alexandrinischen Periode Apollonius, Kallimachus, Aratus, und späterhin Nikander, Oppian, Quintus Smyrnäus, Nonnus u. a.

10. (12.) Ausgeschlossen von der Poesie war jedoch der dorische Dialekt auch in den spätern Zeiten nicht. Vielmehr behauptete er sich in gewissen kleineren, besonders ländlichen und scherz-
haften Dichtungsarten.

Anm. 11.   Dorisch sind daher die Werke der Idyllendichter Theokrit, Moschus und Bion, deren neuerer Dorismus aber sehr von dem
des Pindar abweicht. Die alten Epigramme waren theils ionisch theils
dorisch; doch war der Dorismus in dieser Gattung weit einfacher und beschränkte sich auf eine geringe Zahl charakteristisch-dorischer Formen, die dem
gebildeten Dichter jedes Stammes geläufig waren.

Anm. 12.   Noch ist zu bemerken, daß man auch die Sprache, welche
in den lyrischen Theilen des Dramas, den Chören und affektvollen Reden,
herrscht, dorisch zu nennen pflegt; aber dieser Dorismus bestand in wenig
mehr als der Vorwaltung des langen α, besonders für η, welche der alten
Sprache überhaupt gehörte. S. §. 27 Anm. 5.

Formenlehre.

§. 2. Schriftzeichen.

Die Griechen haben ihre Buchstaben größtentheils von den Phöniciern erhalten, welches auch die orientalischen Benennungen, worunter sie bei ihnen bekannt waren, bezeugen. Die Namen sind sämtlich indeklinabel (§. 57, 3) und gen. neutrius.

		Aussr.	Namen.	
A	α	a	Ἄλφα	alpha
B	β	b	Βῆτα	beta
Γ	γ	g	Γάμμα	gamma
Δ	δ	d	Δέλτα	delta
E	ε	e (kurz)	Ἒ ψιλόν	epsilon *)
Z	ζ	dſ	Ζῆτα	zeta
H	η	e (lang)	Ἦτα	eta
Θ	ϑ	th	Θῆτα	theta
I	ι	i	Ἰῶτα	iota (nicht jota)
K	κ	k	Κάππα	cappa
Λ	λ	l	Λάμβδα (λάβδα)	lambda *)
M	μ	m	Μῦ	my
N	ν	n	Νῦ	ny
Ξ	ξ	x	Ξῖ	xi
O	o	o (kurz)	Ὂ μικρόν	omīcron (kurzes o)
Π	π	p	Πῖ	pi
P	ϱ	r	Ῥῶ	rho
Σ	σ, ς	ſ, s	Σίγμα (σῖγμα)	sigma *)
T	τ	t	Ταῦ	tau
Υ	υ	ü	Ὗ ψιλόν	ypsilon *)
Φ	φ	f	Φῖ	phi
X	χ	ch	Χῖ	chi
Ψ	ψ	pſ	Ψῖ	psi
Ω	ω	o (lang)	Ὦ μέγα	omĕga (langes o).

---

*) Die zusammengesetzten Buchstabennamen (ἒ ψιλόν ꝛc.) sind eine ganz späte Erfindung. Bei den Schriftstellern wie Plato, Lucian ꝛc. und noch den älteren Grammatikern lauten sie durchaus nur einsilbig und ohne allen Beisatz: τὸ εἶ, τὸ οὖ, τὸ ῦ, τὸ ὦ. In Betreff der Namen ἒ ψιλόν und ὒ ψιλόν glaubte man, weil ψιλόν eine Bezeichnung für „nicht aspirirt" war, daß die Grammatiker durch diesen Beisatz die Vokale ε und υ von

Anm. 1. Das σ wird, ähnlich unſerm ſ, zu Anfang und in der Mitte; das ς (nicht zu verwechſeln mit ς, ſ. die folg. Anm.) wie unſer s, zu Ende der Wörter gebraucht. Jedoch bedient man ſich des s auch häufig in der Mitte, aber nur bei Zuſammenſetzungen, wie οὕστινας, προσφέρω, εἰσήνεγκε, deren erſter Theil aus Wörtern beſteht, die unverändert auch außerhalb der Zuſammenſetzung geläufig ſind. Bei nicht zuſammengeſetzten Wörtern ſchreibe man durchaus σ, z. B. κόσμος nicht κόςμος ꝛc., ebenſo in ſolchen Zuſammenſetzungen wie δυσθανής, σακέσπαλος, φερέσβιος, auch Θεόσδοτος (nach §. 120 A. 5). — In älteren Drucken findet man ohne Unterſchied ſtatt β auch ɓ, γ und ſ, ζ und ʒ, θ und θ, π und ϖ, τ und ꞇ.

Anm. 2. Aus dieſen Buchſtaben iſt eine große Menge von Abbreviaturen entſtanden, von denen man ſich für ältere Drucke etwa folgende merke: ȣ für ου, Ꝋ für ος, ς *) für στ, ϭ für σθ, χ für σχ, ϰ für καί. Ein Verzeichnis der ſonſt üblichen Schriftzüge ſ. im Anhang.

Anm. 3. Die Griechen bedienten ſich ihres Alfabets auch zu Zahlzeichen; ſchalteten aber, um auszureichen, nach dem ε noch das ς (hier namens Bau, Vau, nicht στ) für 6, nach dem π das Ϟ (Κόππα) für 90, und nach dem ω das Ϡ (Σαμπῖ) für 900 ein **). Alle Zahlen haben zum Kennzeichen oben einen Strich, auf dieſe Art: αʹ 1, βʹ 2, ςʹ 6, — ιʹ 10, ιαʹ 11, κʹ 20, κςʹ 26, — ρʹ 100, σʹ 200, σλβʹ 232 ꝛc. Die Tauſende fangen wieder von α an, aber mit einem Striche unterhalb: ͵α 1000, ͵β ꝛc. ͵βσλβ 2232. — S. §. 70 bei den Zahlwörtern.

§. 3. Ausſprache.

1. Die alte Ausſprache läßt ſich mit Sicherheit nicht mehr beſtimmen. Unter den Arten, wie in neuern Zeiten das Griechiſche

dem Aſpirationszeichen Ⱶ (S. 13 Note) und vom Digamma (§. 6 Anm. 3) hätten unterſcheiden wollen. Eine ſolche Unterſcheidung wäre jedoch für eine Zeit, wo man jene Zeichen kaum noch dem Namen nach kannte, ebenſo überflüſſig geweſen, als der Ausdruck „nicht aſpirirt" für ε und υ unpaſſend und irreführend. Richtiger iſt daher die Annahme, daß die (jüngeren) Grammatiker, zu deren Zeiten ε und αι, υ und οι in der Schrift wie in der Ausſprache vielfach vertauſcht wurden (§. 3 Anm. 1), die einfachen Vokale ε und υ durch den Beiſatz ψιλόν (einfach, kahl) von den Diphthongen αι und οι unterſchieden haben. S. Schmidt Beiträge zur Geſch. der Gramm. p. 65 ff., Steinthal Sprachwiſſ. p. 562. — Für λάμβδα iſt die ältere Schreibweiſe λάβδα (Plato), daher λαβδακίζω. — Die in den neueren Editionen übliche Accentuation σῖγμα gründet ſich auf die Ableitung von σίζω (ῑ); indeß dürfte bei einem indeklinablen Buchſtabennamen (§. 57, 3) die überlieferte Betonung σίγμα doch vorzuziehen ſein. Die Dorier nannten den Buchſtaben nach Herodot (1, 139) σάν, woher σαμφόρας (ſ. Pape). — Weiteres über die Erfindung der Buchſtaben und allmähliche Entſtehung des jetzt üblichen Alfabets ſ. in der ausf. Spr.

*) Man pflegt dieſen Schriftzug mit einem (der alten Grammatik jedoch völlig unbekannten) Namen Sti, auch wol Stigma zu nennen.

**) Dieſe drei Zahlzeichen, wovon das erſte der Form des alten Digamma (Ϝ) nachgebildet iſt und nur zufällig mit der neuern Abbreviatur ς übereinkommt, ſind urſprünglich Buchſtaben eines veralteten Alfabets. Vgl. die Stelle des Vav und Koph im hebräiſchen Alfabet, und vom Bau §. 6 A. 3.

ausgeſprochen wird, unterſcheiden ſich hauptſächlich zwei, welche man die Reuchliniſche und die Eraſmiſche nennt. Wir folgen hier der letztern, weil ſie ſowohl innere Gründe für ſich hat, als beſonders unſerer Ausſprache und der Art wie wir das Lateiniſche auszuſprechen pflegen, ſich anſchließt. Die Reuchliniſche folgt der Ausſprache der heutigen Griechen, welche von dieſen fortdauernd als die alte und wahre verfochten wird.

    Anm. 1. Der gemeine Gebrauch der Reuchliniſchen Ausſprache iſt dieſer, daß das η wie ι ausgeſprochen wird; daß ferner der Diphthong αι wie ä oder e klingt; die Laute ει, οι, υ und υι alle gleichfalls vom ι nicht unterſchieden werden; und endlich das υ in den übrigen Diphthongen (ου ausgenommen) wie w oder b oder f ausgeſprochen wird, z. B. αὐτός avtos, Ζεύς Zevs *). Es ergibt ſich übrigens aus vielen Spuren, daß dieſe Ausſprache in der That ſchon lange vor der heutigen beſtanden hat (vgl. die erſte Note zu §. 2); nur kann dies die allgemein im Alterthum gebräuchliche nicht geweſen ſein. Dies erhellet unwiderſprechlich aus der Art, wie die Lateiner griechiſche und die Griechen lateiniſche Wörter und Namen in ihrer Schrift ausbrückten; z. B. Θήβη Thebe; Pompejus Πομπήϊος **); Claudius Κλαύδιος. Wäre die neugriechiſche Ausſprache des οι als ī recht, ſo hätten weber die Lateiner aus Ποίας Poeas, noch die Griechen aus Cloelia Κλοιλία machen können; und ſelbſt Καικίλιος, Καῖσαρ für Caecilius, Caesar entſcheidet nicht für die Ausſprache ä für αι, da wir über die Ausſprache auch des lateiniſchen Diphthongen keineswegs auf dem reinen ſind. Auch iſt es widerſinnig anzunehmen, daß die Erfinder der Buchſtaben für einen und denſelben Laut ſo viel verſchiedene Zeichen geſetzt hätten.

    2. Von einzelnen Buchſtaben merken wir noch folgendes an:

β wurde vermuthlich weicher ausgeſprochen als unſer b, daher das lat. v durch β gegeben wird, z. B. Σεβῆρος, Βάῤῥων ***).

γ lautet vor einem andern γ und vor den übrigen Gaumbuchſtaben (κ, χ, ξ) wie ng. Z. B. ἐγγύς eng-güs (oder wie im lat. angustus), σύγκρισις syncrisis, Ἀγχίσης Anchises (ſpr. Ang-chiſes), Σφίγξ Sphinx.

ζ muß man nicht wie unſer aus tſ zuſammengeſetztes z, ſondern dſ ausſprechen. Später lautete es noch weicher, wie das franzöſ. z. In einigen Dialekten ſprach und ſchrieb man es (und ſchreibt zum Theil noch jetzt in den Ausgaben) σδ.

η wird gemeiniglich wie ein gedehntes ε (ee oder eh), von einigen fälſchlich wie ä, ausgeſprochen.

ϑ wird von uns gewöhnlich nicht vom τ unterſchieden; bei den Alten aber gehörte es zu den aſpirirten Buchſtaben (§. 4, 3), und wird noch von den heutigen National-Griechen auf eine liſpelnde Art, wie das engliſche th, ausgeſprochen.

---

    *) Man nennt dieſe Ausſprache, weil ſie ſo viele Laute dem Iota gleich macht, heut zu Tage auch den Iotacismus oder (von Ita für Eta) den Itacismus, die Eraſmiſche aber den Etacismus.

    **) Auch die Stimme der Schafe wird bei dem Komiker Kratinus durch βῆ nachgeahmt; ſ. Pape's Wörterb.

    ***) Auch ου erſetzt in lat. Namen das fehlende v, oft mit β wechſelnd: Ὀκταούιος, Σεουῆρος etc.

ι ist bloß der Vokal i, nicht der Konsonant j, und ἴαμβος, Ἰωνία muß daher i=ambos, J=onia ausgesprochen werden. Doch bedienten sich die Griechen desselben in fremden Namen statt des j; z. B. Ἰούλιος Julius; Πομπήϊος Pompejus.

κ wird im Lateinischen, auch vor e und i, immer durch c, und so auch das lat. c im Griechischen durch κ ausgedrückt, z. B. Κίμων Cimon, Cicero Κικέρων; weil nehmlich die Römer ihr c vor allen Vokalen wie k aussprachen.

σ ist im ganzen für unser scharfes s (β, ç) anzunehmen.

τ vor ι mit darauf folgendem Vokal darf nicht, wie im Lateinischen jetzt gewöhnlich ist, wie z ausgesprochen werden; also Γαλατία Galatia (nicht Galazia), Κριτίας Kritias, Βυζάντιον Byzantion, Παναίτιος Panaitios, lat. Panaetius (nicht Panaezius); und so also auch in Τερέντιος Terentius.

υ vertritt in lat. Namen oft die Stelle des im Griechischen fehlenden kurzen u, z. B. Ῥωμύλος Romulus. Vgl. §. 5 A. 3.

φ. Obgleich die Griechen das lat. f immer durch ihr φ geben (z. B. Fabius Φάβιος), so kehren dies doch die Lateiner niemals um, sondern schreiben ph (z. B. Φαῖδρος Phaedrus).

σχ wird nicht wie unser deutsches sch, sondern getrennt ausgesprochen, z. B. σχολή spr. s-chole.

§. 4. Eintheilung der Buchstaben.   (16)

1. Die Buchstaben werden eingetheilt in Vokale und Konsonanten, wovon die Vokale wieder in einfache und zusammengesetzte (Diphthongen s. §. 5.) zerfallen. Der einfachen Vokale sind sieben, und zwar:

    a) kurze (einzeitige) . . . . ε, ο
    b) lange (zweizeitige) . . . . η, ω
    c) schwankende (ancipites d. h. bald lang, bald kurz,
       über welche s. §. 7, 6. und Anm. 2) . . . . α, ι, υ.

2. Von den Konsonanten sind zuförderst abzusondern:

$$\psi, \ \xi, \ \zeta$$

Doppelbuchstaben genannt. S. von ihnen unten 5.

3. Die einfachen Konsonanten, vierzehn an der Zahl, werden zwiefach eingetheilt:

    a) nach den Organen, womit sie ausgesprochen werden; in
       Lippenbuchstaben (labiales) . . β, π, φ, μ
       Gaumbuchstaben (palatinae) . . γ, κ, χ
       Zungenbuchstaben (linguales) . . δ, τ, ϑ, ν, λ, ρ, σ.

Anm. 1. Es ist zweckmäßig, schon hier anzumerken, daß man im grammatischen Vortrag die ersten drei Lippenbuchstaben β, π, φ allein auch mit dem Namen P=Laute, die ersten drei Zungenbuchstaben δ, τ, ϑ T=Laute, die Gaumbuchstaben γ, κ, χ auch K=Laute bezeichnet.

b) nach ihren Eigenschaften*), in

   1) semivocales, halblaute, und zwar

     liquidae (flüssige) . . . . . . λ, μ, ν, ϱ

     der einfache Zischlaut . . . . σ

   2) mutae, stumme, und zwar

     aspiratae (hauchende) . . . . . φ, χ, ϑ

     mediae (mittlere) . . . . β, γ, δ

     tenues (hauchlose) . . . . . . π, $\varkappa$, τ.

Hieraus erhellt, daß jede der drei Unterabtheilungen der mutae aus jedem Organ einen Buchstaben hat, daher die neun mutae, wie oben gestellt, in der einen Richtung nach den Eigenschaften, in der andern nach den Organen mit einander verwandt sind.

4. Man kann noch ein viertes Organ, das Nasenorgan auf- stellen, zu welchem drei Buchstaben, μ, ν, und das wie ng (§. 3, 2) ausgesprochne γ gehören. Da aber diese drei Buchstaben alle zu- gleich mit einem der übrigen (Mund-) Organe ausgesprochen wer- den, so erscheint das Nasenorgan nur als ein sekundäres, auf wel- ches daher in der Eintheilung der Buchstaben keine besondere Rück- sicht genommen wird.

Anm. 2. Die Verwandtschaft der drei Buchstaben μ, ν, γ erhellt dar- aus, daß z. B. der Nasenlaut ν in der Präpos. $\dot{\varepsilon}\nu$ vor Lippenbuchstaben in den gleichfalls zum Lippenorgan gehörenden Nasenlaut μ, vor Gaumbuchst. in den zum Gaumorgan gehörenden Nasenlaut γ übergeht; während er vor den (vier ersten) Zungenbuchstaben, zu welchem Organ er selber gehört, un- verändert bleibt: $\dot{\varepsilon}\mu\pi\alpha$-, $\dot{\varepsilon}\gamma\varkappa\alpha$-, $\dot{\varepsilon}\nu\tau\alpha$-. S. über die Veränderungen des ν §. 25 und vgl. §. 112, 11.

5. Die drei Doppelkonsonanten ψ, ξ, ζ bestehen jeder eigentlich aus zwei Buchstaben (für welche die Schrift aber einfache Zeichen eingeführt hat) und werden je einem der drei oben aufge- stellten Organe zugetheilt. Es entsteht nehmlich nach §. 22 in der Wortbildung jedesmal, sowohl in der Mitte wie am Ende der Wörter, aus einer

        Lippen-Muta (β, π, φ) und σ — ψ

        Gaum-Muta (γ, $\varkappa$, χ) und σ — ξ;

der dritte ζ ist seiner Natur nach zwar auch ein Doppelbuchstab (bestehend aus $\delta\sigma$ oder $\sigma\delta$ nach §. 3, 2), läßt sich jedoch nicht den vorigen analog auf den Zusammenstoß einer Zungen-Muta mit σ zurückführen, steht auch nie zu Ende eines Wortes, wovon den Grund s. in §. 24, 3. und §. 22 A. 2.

---

*) Die Art der Verwandtschaft der so gestellten Buchstaben liegt am Tage. Die Alten fanden nehmlich in dem Summen und Zischen der Kon- sonanten l, m, n, r, s einen Uebergang zu den lauttönenden Vokalen, und nannten sie daher halblaute ($\dot{\eta}\mu\dot{\iota}\varphi\omega\nu\alpha$) und die vier ersten davon, wegen ihrer Beweglichkeit und der Leichtigkeit, womit sie sich andern Konsonanten anschmiegen, flüssige ($\dot{\upsilon}\gamma\varrho\dot{\alpha}$). Alle übrigen Konsonanten hießen sie, zum völligen Gegensatz der Vokale, stumme ($\ddot{\alpha}\varphi\omega\nu\alpha$).

6. (5.) Kein echt-griechisches Wort kann auf einen andern
Konsonanten als auf einen dieser drei semivocales ausgehn

$$\varsigma, \nu, \varrho$$

denn die auf ξ und ψ ausgehenden endigen sich eigentlich auf κς
und πς (s. §. 22 Anm. 1). Bloß ἐκ und οὐκ machen hievon eine
Ausnahme, doch nie zu Ende eines Satzes, sondern nur vor andern
Wörtern, s. §. 13, 4. und §. 26, 5. 6.

§. 5. Diphthongen. (4)

1. Die eigentlichen Diphthongen erhält man, wenn man
ᾰ, ε, ο mit ι und υ verbindet. Die alte Aussprache derselben ist
am wenigsten gewiß; daher man sie am besten nach unserer Art
einsilbig ausspricht. Die Art, wie die Lateiner sie ausdrücken, wird
aus den Beispielen erhellen.

αι sprich ai. Φαῖδρος, Faidros, Phaedrus.
ει — ei. Νεῖλος, Neilos, Nilus. Λυκεῖον, Lykeion, Lycéum.
οι — oi. Βοιωτία, Boiotia, Boeotia.
αυ — au. Γλαῦκος, Glaukos, Glaucus.
ευ — eu. Εὖρος, Euros, Eurus.
ου — u. Μοῦσα, Musa, Musa (lang u).

Drei seltnere (uneigentliche, s. Anm. 2) Diphthongen entstehen
durch die Zusammensetzung des υ mit ι, und des η und ω mit υ:

υι sprich üi (wie das franzöſ. ui in lui): Εἰλείθυια, Eileithüia,
         Ilithyia.
ηυ — eu: ηὔξον (von αὔξω), euxon, s. Anm. 2.
ωυ ist bloß ionisch, z. B. ωὐτός, outos.

Anm. 1. Der lat. Gebrauch ist übrigens nicht ganz fest, besonders
beim Diphth. ει. Dies zeigen die Schreibarten Ἰφιγένεια Iphigenia, Μή-
δεια Medea, Ἡράκλειτος Heraclitus, Πολύκλειτος Polycletus. — Einige
wenige auf αια, οια bleiben im Lat. unverändert, nur daß das ι wahrscheinlich in den Laut j überging: Μαῖα, Τροία, Maja, Troja.

2. Von diesen sind gleichfalls als uneigentliche Diphthongen (Anm. 2) zu unterscheiden die, welche durch das
untergeschriebene Jota, iota subscriptum
bewirkt werden, welches, unter folgende drei Buchstaben gesetzt:

$$\underline{\alpha, \eta, \omega}$$

den Laut dieser Vokale jetzt zwar nicht verändert, ursprünglich aber
auch in der Aussprache bemerklich war. Die Alten schrieben es
ebenfalls in die Reihe, und in der gradlinigen Schrift oder nach
großen Buchstaben ist dies auch jetzt noch gebräuchlich. Z. B. THI
ΣΟΦΙΑΙ, τῇ σοφίᾳ, τῷ Ἅιδῃ oder ᾅδῃ.

Anm. 2. Die alten nationalgriechischen Grammatiker rechnen auch
ηυ, ωυ und υι zu den uneigentlichen Diphthongen, welche sie als solche be-
finiren, die aus einer Länge und einer Kürze bestehn, da alle übrigen bloß
zwei gleich schnell gesprochne Kürzen enthalten. Hienach kann man
alle Diphthongen bequem in

sechs eigentliche: αι, ει, οι; αυ, ευ, ου und
sechs uneigentliche: υι, ηυ, ωυ; ᾳ, ῃ, ῳ
eintheilen. Für die Aussprache der letzten geht aus jener Definition hervor, daß man, um ηυ von ευ zu unterscheiden, das e mehr vortönen lassen, und folgerichtig eben so bei ωυ und υι verfahren muß. Auch ist einleuchtend, daß es sich eben so mit ᾳ, ῃ, ῳ verhielt, als das ι noch mittönte, was noch durch die ganze klassische Zeit muß gangbar gewesen sein, wie die lat. Schreibart tragoedus, comoedus für τραγῳδός, κωμῳδός beweist. Aber eben so erhellet aus den später aufgenommenen Wörtern prosodia, ode für προσῳδία, ᾠδή, daß man zu dieser Zeit ῳ von ω nicht mehr unterschied; welcher Aussprache wir jetzt durchgängig folgen.

Anm. 3. Das ου, nach unserm Vokalsystem zwar ein einfacher Vokal, gilt im Griechischen (ähnlich wie im Französischen) als Diphthong und ist daher auch immer lang. Als solcher schließt er sich seiner Natur nach den eigentlichen an, weil keiner der beiden Vokale, woraus er besteht, vortönt, wie es bei den uneigentlichen der Fall ist. In der ältesten Sprache gab es auch ein kurzes u, welches im äolischen Dialekte und der damit zunächst verwandten lateinischen Sprache blieb. Zur Bezeichnung dienten die verwandten Buchstaben o und υ. Das homerische βόλεσθε gehört dahin; s. Verb. anom. βούλομαι.

§. 6.   Spiritus.

1. Jedes Wort das mit einem Vokal anfängt hat in der Schrift über demselben eines dieser beiden Zeichen
 ᾿ Spiritus lenis (πνεῦμα ψιλόν, der dünne Hauch),
 ῾ Spiritus asper (πνεῦμα δασύ, der dicke Hauch).
Der Spir. asper ist unser h; der lenis steht, wo die Schrift anderer Sprachen das Wort mit dem bloßen Vokal anfangen läßt. Z. B.
  ἐγώ ego, Ἀπόλλων Apollon, ὦμος omos
  ἱστορία historia, Ὅμηρος Homeros, ὕδωρ hüdor.
Beiderlei Wörter werden aber in der Prosodie und Grammatik bloß als solche angesehn, die mit einem Vokal anfangen: so beim Apostroph (§. 30) und beim beweglichen ν (§. 26).

2. Kommt der Spiritus auf einen Diphthongen zu stehn, so wird er, so wie auch die Accente, auf den zweiten Buchstaben gesetzt, z. B. Εὐριπίδης, οἷος. Doch gilt dies nicht von den drei Diphthongen ᾳ, ῃ und ῳ, wenn man das ι nicht subscribirt, z. B. Ἅιδης (ᾅδης) spr. Hades. Dagegen Αἵμων spr. Haimon.

3. Der Spiritus asper steht auch auf jedem ῥ, womit ein Wort anfängt, und zwei ῥ in der Mitte werden ῤῥ bezeichnet*). Dies gründet sich auf eine Eigenheit der alten Aussprache, daher die Lateiner in griechischen Wörtern es nicht vernachlässigen, z. B.
  ῥήτωρ, Πύῤῥος, rhetor, Pyrrhus.

---

*) In neuern Editionen werden nach dem Vorgang der alten Handschriften beim doppelten ῥ in der Mitte die Spirituszeichen jetzt meistens weggelassen: ἄῤῥην etc.

4. Das *v* zu Anfang der Wörter nimmt in der gewöhnlichen Sprache nur den Asper an.

Anm. 1. Beide Spiritus sind in andern Sprachen eigne Buchstaben; denn der asper ist das He *), der lenis ist das Alef oder Elif der Orientalen. Auch ist dieser kein leeres Zeichen. Jeder Vokal, der ohne Konsonant mit eignem Ansatz aus der Kehle bringt, und folglich jeder, den man von dem vorhergehenden Buchstaben getrennt aussprechen will **), wird wirklich durch einen hörbaren Hauch oder leisen Stoß eingeführt: welchen zu bezeichnen die Alten eher veranlaßt wurden, da sie die Wörter im Schreiben gewöhnlich nicht trennten.

Anm. 2. Die Aeolier nahmen häufig (beim *v* zu Anfang immer) und auch die Jonier zuweilen, den Spir. asper nicht an; daher kommen in der epischen Sprache Formen wie ὔμμιν für ὑμῖν, ἄλτο von ἄλλομαι, ἠέλιος, ἠώς, ἦμαρ, οὖρος etc. für ἥλιος, ἕως, ἡμέρα, ὅρος etc. In den meisten dieser Fälle ist also dafür eine Zerdehnung oder Verlängerung der Anfangssilbe eingetreten.

Anm. 3. Neben diesen beiden Spiritus hatte die älteste Sprache noch einen Buchstaben, welcher sich am längsten bei den Aeoliern erhielt, und bei vielen Wörtern gewissermaßen die Stelle der Aspiration vertritt. Dieser heißt *Βαῦ*, Vau (s. §. 2 bei den Zahlzeichen); aber am gewöhnlichsten, von der Gestalt des Zeichens_desselben: Ϝ

Digamma

d. h. doppeltes *Γ*. Es ist seiner Natur nach ein wahrer Konsonant, der zur Klasse der semivocales gehörte und wie w oder das lat. v ausgesprochen ward, und kam mehren Wörtern zu, welche später theils den Spir. asper, theils den lenis bekommen haben, sonst aber in verwandten Sprachstämmen sich noch häufig als anlautendes v, w oder s erhalten hat. Was insbesondere das Homerische Digamma betrifft, so beruht dies auf folgender Beobachtung. Eine gewisse Anzahl mit einem Vokal anfangender Wörter, worunter die bekanntesten sind

das Pronomen οὗ, οἷ, ἕ (se) mit allen seinen Ableitungen, ferner ἄγνυμι, ἅλις, ἁλῶναι, ἄναξ, ἁνδάνω, ἀραιός, ἄρνα, ἄσυ, ἔαρ (ver), ἔδνον, ἔθειρα, ἔθνος, εἴδω (video), εἴκοσι (viginti), εἴκω (weiche), εἴλω (ἁλῆναι), εἰπεῖν, εἴρω (sero), ἑκάς, ἕκαστος, ἔκηλος, ἔκητι, ἑκυρός (socer), ἑκών, ἔλδομαι, ἑλίσσω, ἕλπω, ἕννυμι, ἔοικα, ἔργον, ἔργω, ἔῤῥω (servo), ἐρύω, ἡδύς, ἦθος, ἦκα, ἦνον, ἦρα, ἠχή, ἰαχή, Ἴλιος, ἴον (viola), Ἶρις, ἴς (vis), ἰτέη (Weide), ἶφι, ἴσος, ἴτυς, ἰωή, ἰωκή, οἶκος, οἶνος (vinum), οὐλαμός, οὖλος, ὦλξ (sulcus) sämtlich mit ihrer Verwandtschaft, haben im Homer so häufig den Hiatus vor sich, daß wenn man diese Wörter überall wegnimmt, der in der üblichen Textgestaltung des Homer noch ziemlich häufige (unerlaubte) Hiatus sehr selten wird; s. hierüber §. 29 Anm. 1. mit der Note. Eben diese Wör-

---

*) Ursprünglich war auch bei den Griechen der Asper, wie in andern Sprachen, ein besonderer in die Reihe geschriebener Buchstab, nehmlich *H*. Dieser wurde in der spätern Schrift (etwa um 200 v. Chr.) getheilt, so daß Ⱶ für den Asper, ꓲ für den Lenis galt, woraus dann zuletzt durch Abschleifung die jetzigen Zeichen in der Cursivschrift entstanden. Der Schriftzug *H* wurde nun zur Bezeichnung des (sonst durch *E* ausgedrückten) langen e (*η*) benutzt.

**) Z. B. wenn man Ab=art von A=bart unterscheiden, oder die beiden e in geehrt deutlich trennen, nicht in einander schleifen will.

ter haben, in Vergleichung mit den andern, nur ſelten den Apoſtroph vor ſich, und die unmittelbar vorhergehenden langen Vokale und Diphthongen werden ungleich ſeltner, als vor andern Wörtern, kurz gebraucht (ſ. §. 7, 16). Da nun auch Kürzen, die auf einen Konſonanten ausgehn (z. B. *os, ov*) vor jenen Wörtern auch außer der Cäſur öfters lang werden, gleich als wenn eine Poſition ſtatt fände (§. 7 Anm. 15, 3); ſo ergibt ſich, daß alle jene Wörter in Homers Munde dieſen Hauch (w) mit der Kraft eines Konſonanten noch vor ſich gehabt, ihn aber zu der weit ſpätern Zeit der ſchriftlichen Abfaſſung von Homers Gedichten bereits verloren hatten. Da aber innerhalb dieſer Zeit dieſe Geſänge anerkannter Weiſe ſo viele Aenderungen und Zuſätze erhalten haben, das Digamma zu Homers Zeiten ſelbſt vielleicht ſchon im Verſchwinden begriffen war, ſo erklären ſich hieraus wieder die Fälle, wo eben dieſe Spuren des Digamma im Homer verwiſcht ſind. — Vgl. über das homer. Digamma die gründlichen Unterſuchungen von Hoffmann Quaeſt. Hom. vol. II.

Anm. 4. Auch in der Mitte der Wörter finden ſich im Homer Spuren des Digamma, welches wie die übrigen semivocales ſich leicht verdoppelte; vgl. in der Proſodie §. 7 Anm. 15, 3. und §. 21, 1. und Anm. 1. Daher erklären ſich die Formen ὄϊες (von ὄϊς, ovis) als Daktylus (Od. ι, 425), und εὔαδεν, κανάξαις, ἀυέρυσαν, ſ. anom. ἀνδάνω, ἅγνυμι, ἐρύω. — Daß in der Sprachbildung die Diphthongen αυ, ευ, ου überhaupt oft aus urſprünglichem αϝ, εϝ, οϝ entſtanden ſind, darüber ſ. die Bemerkung zu §. 50, 2 und vgl. §. 46, 3 N.

§. 7. Proſodie.   (107)

1. Unter Proſodie begreift der jetzige Sprachgebrauch die Lehre der Quantität, d. h. Länge (productio) oder Kürze (correptio) der Silben.

2. Jedes Wort und jede Form hatte für jede Silbe mit wenigen Ausnahmen feſtſtehende Quantität, welcher die Ausſprache des gewöhnlichen Lebens folgte, und die man daher kennen muß, um richtig auszuſprechen.

Anm. 1. Von der ſogenannten dichteriſchen Quantität wird unten Text 12 fg. das wichtigſte beigebracht werden.

3. Die Grammatik bezeichnet die Quantität durch folgende zwei Zeichen über dem Vokal: (-) lang, (⏑) kurz; z. B.

     ᾰ kurz α,   ᾱ lang α,
     ᾱ̆ unbeſtimmt oder ſchwankend.

4. Von einer jeden Silbe, für deren Länge man nicht einen ſichern Beweis führen kann, muß man annehmen, daß ſie kurz ſei.

5. Lang iſt eine Silbe entweder I. von Natur, oder II. durch Poſition.

6. Eine Silbe iſt I. von Natur lang, wenn ihr Vokallaut lang iſt, wie z. B. im Lat. die Mittelſilbe von amare, docere. Im Griechiſchen wird dies zum Theil ſchon durch die Schrift ſelbſt beſtimmt; denn von den einfachen Vokalen ſind nach §. 4

η und ω immer lang
ε und o immer kurz.

Sie bedürfen demnach keiner weitern Vorschriften. Die übrigen

$$\alpha, \iota, \upsilon$$

hingegen sind, wie im Lateinischen alle, sowohl lang als kurz, und heißen daher schwankende, lat. ancipites.

Anm. 2. Der Ausdruck schwankend darf nicht misverstanden werden. Alle einfachen Vokale nehmlich sind in gewissen Wörtern bestimmt lang, in andern bestimmt kurz. Für die Töne e und o gab der griechische Schriftgebrauch besondere Zeichen für Länge und Kürze, für die drei andern nicht. Wenn aber einer dieser, nur im ganzen genommen schwankenden, Vokale auch in gewissen einzelnen Wörtern wirklich schwankt, z. B. das α in $\kappa\alpha\lambda\delta\varsigma$, das ι in $\dot{\alpha}\nu\iota\alpha$, so ist dies derselbe Fall, wie bei den Tönen e und o mit der doppelten Sprech- und Schreibart, z. B. in $\tau\varrho o\chi\dot{\alpha}\omega$ und $\tau\varrho\omega\chi\dot{\alpha}\omega$, $\sigma\dot{\alpha}o\varsigma$ und $\sigma\dot{o}o\varsigma$, $\nu\tilde{\eta}\alpha\varsigma$ und $\nu\dot{\varepsilon}\alpha\varsigma$, welche Fälle in der ältesten Schrift ebenfalls nicht unterschieden werden.

7. Zu der Naturlänge gehört noch folgende allgemeine Regel: Zwei Vokale, die in Einen Laut zusammen fließen, bilden eine Länge. Lang sind also

1) alle Diphthongen, ohne Ausnahme, z. B. die vorletzte Silbe in $\beta\alpha\sigma\iota\lambda\varepsilon\iota o\varsigma$, $\dot{\varepsilon}\pi\dot{\alpha}\delta\omega$;

2) alle Zusammenziehungen; und in diesem Falle sind auch die schwankenden Vokale immer lang, z. B. das α in $\ddot{\alpha}\kappa\omega\nu$ für $\dot{\alpha}\dot{\varepsilon}\kappa\omega\nu$, das ι in $\dot{\iota}\varrho\dot{o}\varsigma$ für $\dot{\iota}\varepsilon\varrho\dot{o}\varsigma$, das υ im Akkuſ. $\beta\dot{o}\tau\varrho\upsilon\varsigma$ für $\beta\dot{o}\tau\varrho\upsilon\alpha\varsigma$. S. §. 28.

Anm. 3. Von diesen Zusammenziehungen müssen aber die Elisionen (z. B. $\dot{\alpha}\pi\dot{\alpha}\gamma\omega$ für $\dot{\alpha}\pi o\text{-}\dot{\alpha}\gamma\omega$) wohl unterschieden werden, wie §. 29. 30 gelehrt wird.

8. Eine Silbe ist lang II. auch bei kurzem Vokal durch Position, das heißt, wenn auf denselben zwei oder mehr Konsonanten, oder ein Doppelbuchstab folgen, z. B. die vorletzte in $\lambda\varepsilon\chi\theta\varepsilon$, $\kappa\alpha\theta\dot{\varepsilon}\lambda\kappa\omega$, $\beta\dot{\varepsilon}\lambda\varepsilon\mu\nu o\nu$, $\ddot{\alpha}\psi o\varrho\varrho o\varsigma$, $\kappa\alpha\theta\dot{\varepsilon}\xi\omega$, $\nu o\mu\dot{\iota}\zeta\omega$.

Anm. 4. Oft kommt ein langer Vokal mit der Position zusammen, in welchem Fall der Vokal in der Aussprache gedehnt werden muß, z. B. $\lambda\tilde{\eta}\mu\nu o\varsigma$ (spr. Lehmnos), $\ddot{o}\varrho\pi\eta\xi$, $X\alpha\varrho\dot{\omega}\nu\delta\alpha\varsigma$, $\mu\tilde{\alpha}\lambda\lambda o\nu$; so auch in $\pi\varrho\dot{\alpha}\tau\tau\omega$, $\pi\varrho\dot{\alpha}\xi\omega$, deren langes α aus den verwandten Formen, die den Circumflex annehmen ($\pi\varrho\tilde{\alpha}\xi\iota\varsigma$, $\pi\varrho\tilde{\alpha}\gamma\mu\alpha$) erhellet; dagegen $\tau\dot{\alpha}\tau\tau\omega$, $\tau\dot{\alpha}\xi\omega$ ein kurzes α haben wie $\tau\dot{\alpha}\xi\iota\varsigma$. Und eben so wie man die Endsilben von $K\dot{\upsilon}\kappa\lambda\omega\psi$ und $K\dot{\varepsilon}\kappa\varrho o\psi$ unterscheidet, so muß es auch geschehen in $\theta\dot{\omega}\varrho\alpha\xi$, wo sie lang ist (Gen. $\theta\dot{\omega}\varrho\bar{\alpha}\kappa o\varsigma$), gegen $\alpha\dot{\upsilon}\lambda\alpha\xi$, wo sie kurz ist (Gen. $\alpha\dot{\upsilon}\lambda\breve{\alpha}\kappa o\varsigma$).

9. Muta vor liquida macht jedoch in der Regel keine Position: also ist die vorletzte Silbe kurz in $\Pi\varepsilon\varrho\iota\kappa\lambda\tilde{\eta}\varsigma$, $\ddot{\alpha}\tau\varepsilon\kappa\nu o\varsigma$, $\delta\dot{\iota}\delta\varrho\alpha\chi\mu o\varsigma$, $\gamma\varepsilon\nu\dot{\varepsilon}\theta\lambda\eta$, $\delta\dot{\upsilon}\sigma\pi o\tau\mu o\varsigma$ 2c. Nur bei Dichtern werden diese Silben zum Theil auch lang gebraucht (positio debilis).

Anm. 5. Ist der Vokal in einem solchen Worte von Natur lang, dann versteht es sich von selbst, daß er lang bleibt; wie z. B. in $\pi\dot{\varepsilon}\nu\tau\varepsilon$ (von $\ddot{\alpha}\theta\lambda o\varsigma$), in $\psi\upsilon\chi\varrho\dot{o}\varsigma$ (von $\psi\tilde{\upsilon}\chi\omega$, s. Anm. 8).

10. Von der vorigen Regel find jedoch wieder ausgenommen und machen eine wahre Pofition: die mediae (β, γ, δ), wenn fie vor den drei liquidis λ, μ, ν ftehn. Alfo ift z. B. in folgenden Wörtern die vorletzte Silbe lang (nur nicht mit gedehntem V. zu fprechen): τετράβιβλος, πέπλεγμαι, Ἀριάδνη; aber in folgenden kurz: μολοβρός, Μελέαγρος, χαράδρα.

11. Alle Silben mit α, ι, ν, deren Quantität aus den bisherigen Regeln nicht erhellt, werden bloß durch den Gebrauch, und uns durch den der Dichter, vorzugsweife der attifchen, beftimmt. Dies ift die Beftimmung der Quantität ex auctoritate. So weit dies nun die Stammfilbe der Wörter betrifft, muß eine Beobachtung oder Angabe im Wörterbuch die Quantität lehren. Nur die Fälle wo die Stammfilbe in der Flexion und Wortbildung ihre Quantität ändert, werden in der Grammatik jedesmal am gehörigen Ort bemerklich gemacht werden.

Anm. 6. Was jedoch die Quantität der **Flexions-** und **Formations-Silben** betrifft, fo wird fpäterhin überall (nach Vorausfetzung des Text 4) in der Regel nur angegeben werden, wo die fchwankenden Vocale α, ι, ν lang find; und jede Silbe, von der nichts angemerkt wird, und von welcher aus ben allgemeinen Regeln nicht das Gegentheil folgt, ift alfo als kurz anzunehmen, z. B. die vorletzte in πράγματος, ἐτυψάμην, und eben fo auch in den Wortbildungs-Endungen ξύλινος, δικαιοσύνη ꝛc.

Anm. 7. Da wir nach unferer heutigen Ausfprache hauptfächlich nur die Quantität der vorletzten Silbe in drei- und mehrfilbigen Wörtern deutlich hörbar machen können, und es fehr darauf ankommt, daß man an die richtige Ausfprache folcher Wörter fchon früh fich gewöhne: fo fetzen wir die nothwendigften davon hieher, und zwar bloß folche, deren vorletzte Silbe lang ift, und deren Quantität nicht am Accent der im Wörterbuche aufgeführten Hauptform (Nominativ, prima praesentis) fichtbar ift.

ἄκρατος lauter	ὀπαδός Begleiter
ἀνιαρός betrübend	σίναπι Senf
αὐθάδης ftolz	ἡ σιαγών Kinnlade
ἰατρός Arzt	τιάρα Turban
κόβαλος Schelm	ὁ φλύαρος Gewäfch

nebft ben von ἄγω und ἄγνυμι kommenden auf αγός, als λοχαγός Hauptmann, ναυαγός Schiffbrüchiger *);

ἀκόνιτον (Giftart)	κύμινον Kümmel
ἀκριβής genau	ὁ ὅμιλος Menfchenmenge
ἀξίνη Axt	πέδιλον Schuh
δωτίνη Gabe	ῥητίνη Harz
ἐνιπή Drohung	σέλινον Eppich
ἔριθος Arbeiter	ὁ στρόβιλος Fichtenzapfen
ἴφθιμος ftark	συκάμινον Maulbeere
ἡ κάμινος Ofen	τὸ τάριχος Pökelfifch
κυκλάμινον (Pflanzengatt.)	ὁ χαλινός Zügel
	ἡ χελιδών Schwalbe
ἄγκυρα Anker	ἀμύμων untablich
αἰσχύνη Schande	ἄμυνα Abwehr

---

*) Ein Erinnerungsmittel gewährt für das α der Jonismus, der $\bar{a}$ oft η hat, z. B. ἀνιηρός, ναυηγός, Στύμφηλος, Πρίηπος.

ἄσυλον Aſyl
ἀϋτή Geſchrei
ὁ βόθυνος Grube
γέφυρα Brücke
εὐθύνη Rechenſchaft
τὸ κέλυφος Hülſe
ὁ κίνδυνος Gefahr
κολλύρα Art Brob

ὁ λάγυνος Flaſche
λάφυρον Beute
λέπυρον Rinde
ὄλυρα Spelt
ἡ πάπυρος Papyrus
πίτυρον Kleie
πρεσβύτης Greis
ὁ ψίμυθος Bleiweiß

So auch ἰσχυρός ſtark (von ἰσχύω ich vermag); dagegen ἐχυρός und ὀχυρός ſicher (von ἔχω ich halte) wie die übrigen Adjektiva auf υρός ein kurzes υ haben. — Auch ſpricht man

μυρίκη Tamariſke
πλημμυρίς Flut

κορύνη Keule
τορύνη Kelle

ſicherer lang aus; wiewohl ſie auch kurz vorkommen.

Lang ſind ferner die Eigennamen

Στύμφαλος, Φάρσαλος, Πρίαπος, Ἄρατος, Δημάρατος, Ἀχάτης, Μιθριδάτης, Λευκάτης, Εὐφράτης, Νιφάτης, Κάρανος, Θεανώ, Ἰάσων, Ἄμασις, Σάραπις (Serapis) *)
Εὔριπος, Ἐνιπεύς, Σέριφος, Γράνικος, Κάϊκος, Φοινίκη, Ὄσιρος, Βούσιρις, Ἀγχίσης, Αἴγινα, Καμάρινα, Ἀφροδίτη, Ἀμφιτρίτη Διόνυσος, Ἀμφρυσός, Καμβύσης, Ἀρχύτας, Κωκυτός, Βηρυτός, Ἄβυδος, Βιθυνός, Πάχυνον, Κέρκυρα oder Κόρκυρα.

Das Verzeichniß der Wörter 3.-Dekl. die im Genitiv (nebſt den übrigen Kaſus) die vorletzte Silbe lang haben f. hinter §. 55.

Anm. 8. Aber auch die erſte Silbe der Wörter kommt häufig durch Veränderung und Zuſammenſetzung an die hörbarere Stelle. In dieſer Rückſicht verdienen beſonders gemerkt zu werden

ὁ λιμός Hunger
ἡ ῥινός Fell
ὁ χιλός Futter

δίνη Strubel
κλίνη Bett
νίκη Sieg
τιμή Ehre

λιτός ſchlicht, gering
μικρός klein
ψιλός kahl

ὁ θυμός Gemüth
ὁ πυρός Weizen **)
ὁ ῥυμός Deichſel
ὁ τυρός Käſe
ὁ χρυσός Gold
ὁ χυλός Nahrungsſaft

ὁ χυμός Saft
λύμη Schmach
λύπη Trauer
μύνη Vorwand
πυγή Hintere
ὕλη Wald, Stoff

φυλή Zunft
ψυχή Seele
γρυπός ablernaſig
κυφός gekrümmt
ξυνός gemein
ψυχρός kalt

ἄτη Verderben
ὁ δαλός Feuerbrand

ἡ σφραγίς Siegel

τραχύς rauh
φράτωρ Genoſſe.

Von den Verbis, welche im Präſens die Verbalendung (ω) unmittelbar an den Konſonanten des Stammes hängen, iſt im allgemeinen zu merken, daß ι und υ in denſelben durchaus lang ſind (z. B. in τρίβω, σύρω, ψύχω ꝛc.), ausgenommen in γλύφω ich ſchnitze. Das α hingegen (z. B. in ἄγω, γράφω) iſt kurz. — Von den auf άνω, ίνω, ύνω ausgehenden f. §. 112 Anm. 6. — Von den der Zuſammenziehung unterworfenen Verbis ſind als ſolche, deren erſte Silbe lang iſt, beſonders zu merken

κινέω bewege
ῥιγέω ſchaudere

σιγάω ſchweige
διφάω tauche

συλάω plündere
φυσάω blaſe

ῥιγόω friere

*) Vgl. die Note auf der vorhergehenden Seite.
**) Dagegen πυρός Genitiv von τὸ πῦρ Feuer.

Die Kenntniß aller dieſer Wörter iſt nützlich nicht allein für gewöhnliche Ableitungen, wie ἄτιμος, ἄψυχος, ἔτριβον, διατρίβω, ἐμβριϑής 2c., ſondern
auch für viele Eigennamen, wie Hermotimus, Demonicus, Eriphyle 2c.

Anm. 9. Alle mit einem Worte nah und deutlich verwandte oder
davon abgeleitete Wörter ſind mit demſelben in der Regel von gleicher
Quantität: Nur unter den von Verbis abgeleiteten Nominibus gibt es
einige Formen, welche nicht den langen Vokal des Präſens, ſondern den
kurzen des Aor. 2 annehmen. Dies geſchieht

  a. bei einigen Subſtantiven auf η: τρῖβή, διατρῖβή, ἀναψῦχή,
     παραψῦχή. Dagegen ψῦχή, Seele.

  b. bei einigen Adjektiven auf ής G. έος: εὐκρινής, ἀτριβής, πα-
     λιντριβής, nebſt dem Subſt. παιδοτρίβης.

Anm. 10. Die im Lateiniſchen ſchon unſichere Regel, daß Vokal
vor Vokal kurz ſei, läßt ſich im Griechiſchen noch weniger geben. Indeſſen iſt der lange Vokal vor einem Vokal doch im ganzen ſeltner, und beſonders die vielen Nominalformen auf ιος, ιον und ια haben immer ein
kurzes ι, mit Ausnahme von

  ἰός Pfeil *)   ἀνία Leib   αἰκία Schimpf   καλιά Neſt
  κριός Widder   κονία Staub   Ἀκαδημία

und auch von dieſen kommen ἀνία und κονία bei Epikern 2c. kurz vor.
Ueberhaupt war Vokal vor Vokal in vielen Fällen wol gewiß ſelbſt im
gewöhnlichen Gebrauch unbeſtimmt: noch freier behandelten dieſen Fall die
Dichter, und vor allen die epiſchen **). Schwer zu beſtimmen iſt die Prä-
ſens-Endung der Verba auf ύω und ίω, die wir größtentheils eigner
Beobachtung überlaſſen müſſen. Wir merken nur an, daß viele, jedoch wol
nur von denen, die den Vokal im Futur lang haben, auch im Präſens im
att. Senarius durchgängig lang gebraucht werden, namentlich δακρύω,
μηνύω, ἰσχύω, ἀλύω, δύω, ϑύω, φύω, λύω, ὕω, πρίω, χρίω. In den
übrigen Dichtungsarten ſchwanken viele von dieſen und den übrigen. — Als
fang verdient noch beſonders gemerkt zu werden das α in

  ὁ λαός Volk   κάω (für καίω) brenne
  ὁ ναός Tempel   κλάω (für κλαίω) weine

lerner die vorletzte Silbe in λίαν ion. λίην (die jedoch auch kurz gebraucht
wird, ſ. Pape) ſehr, Ἐννώ Bellona, und von denen auf ίων und άων alle
die im Genitiv ein ο bekommen, alſo die Komparative (z. B. βελτίων)
und viele Eigennamen, z. B. Ἀμφίων, Ὑπερίων, Μαχάων, Ἀμυϑάων G.
ονος: dagegen Δευκαλίων, Φορμίων, G. ωνος das ι kurz haben. Daß die
Propria auf αος lang ſeien, verſteht ſich von den mit λαός zuſammengeſetzten
von ſelbſt; außerdem merke man

          Ἀμφιάραος lang, Οἰνόμαος kurz.

12. Es muß nun noch einiges über den Theil der Proſodie
beigebracht werden, den wir den

Gebrauch der Dichter

nennen, und der zum Theil der Metrik angehört. Als Regel iſt
zwar zu merken, daß die Dichter an die allgemein übliche Quantität
der Silben gebunden waren. Jedoch hat die Verſchiedenheit der
Dichtungs- und Versarten großen Einfluß auf die Proſodie, und

---

*) Dagegen τὸ ἴον (ῐ) das Veilchen.
**) Dieſe konnten daher, des Metri wegen, das ι ſelbſt in Ἀσκληπιοῦ,
Ἰλίου, ἀτιμίη 2c. verlängern: ſ. Anm. 14 und vgl. Spitzn. Prof. §. 58.

namentlich findet zwiſchen dem Hexameter der ioniſchen Epopöe und
dem iambiſchen Trimeter oder Senar, als dem Haupt-Vers des attiſchen Drama, große Verſchiedenheit ſtatt.

Anm. 11. Die attiſche Poeſie hatte weniger dichteriſche Freiheiten;
dahingegen der Hexameter, welcher von der alt-ioniſchen Ausſprache aus-
ging, dem Dichter in einzelnen Fällen viel Freiheit ließ. Die andern Dichtungsarten lagen zwiſchen beiden in der Mitte; daher auch in dem Drama
ſelbſt wieder die lyriſchen Stellen und die Chöre mehr oder weniger nebſt
den Formen auch die Freiheiten der epiſchen Quantität ſich aneigneten.
Selbſt der tragiſche Senar unterſchied ſich noch in ſolchen Stücken von
dem der Komödie, der ſich am nächſten an die Sprache des gewöhnlichen
Lebens anſchloß.

Anm. 12. (14.) Zu der Eigenthümlichkeit des Hexameters in Hinſicht der Natur-Quantität (Text 6. 7) gehören beſonders zwei Wörter, die
in der attiſchen Sprache durchaus kurz gebraucht werden:
$$\kappa\alpha\lambda\acute{o}\varsigma \text{ ſchön, } \acute{\iota}\sigma o\varsigma \text{ gleich,}$$
in der epiſchen Sprache hingegen lang, wo daher $\acute{\iota}\sigma o\varsigma$ geſchrieben wird.
Man merke ferner, daß $\acute{\alpha}\varrho\acute{\alpha}$ epiſch $\acute{\alpha}\varrho\eta$, Fluch, bei den Attikern kurz, bei
den Epikern lang; dagegen $\acute{\alpha}\varrho\eta$. Elend, überall kurz iſt. Andere haben bei
den Epikern völlig ſchwankende Quantität, ſo beſonders
$$\acute{\alpha}\nu\acute{\eta}\varrho \text{ Mann, } \H{A}\varrho\eta\varsigma \text{ Mars}$$
deren erſte Silbe ſonſt immer kurz iſt. Daher ſelbſt dicht hintereinander in
dem Ruf $\H{A}\varrho\varepsilon\varsigma$, $\H{A}\varrho\varepsilon\varsigma$ (ſ. Bekk. hom. Bl. 194 u. vgl. Theocr. 6, 19. 8, 19).

Anm. 13. (12.) Der Unterſchied beider Dichtungsarten zeigt ſich auch
deutlich in Rückſicht auf Poſition. Dem weichern ioniſchen Dialekt iſt die
Zuſammenkunft muta vor liquida ſchon hart genug; daher bei den Epikern, beſonders den ältern, dieſer Fall faſt durchgängig Poſition macht.
Bei den Attikern hingegen geben die oben (Text 9. 10) für die Kürze
beſtimmten Fälle im komiſchen Senarius immer eine kurze Silbe; während
die Tragiker mehr dem epiſchen Gebrauch folgen.

13. In vielen Fällen bewirkte bei den Dichtern der bloße
Rhythmus Abweichungen von den gewöhnlichen Quantitätsge-
ſetzen der Sprache. Dies ſind die eigentlichen dichteriſchen Freiheiten, weil ſie eben nur durch das Bedürfnis des Verſes her-
vorgerufen ſind, und nicht in der Sprache ſelbſt wurzeln, und weil
die Natur einer ſolchen willkürlich behandelten Silbe dadurch nicht
wirklich verändert wird.

Anm. 14. (15.) Doch muß man ſich in dieſer Freiheit ſo wenig als
in allen andern eine ganz ungebundene vorſtellen, wodurch der Reiz des
Kunſtwerks verſchwunden wäre. Ihr eignes Gefühl beſchränkte jene alten
Sänger ſo, daß meiſt nur gewiſſe Wörter und Formen, oder beſtimmte
Fälle es waren, wo dieſe Freiheiten ſtatt fanden. So beſonders

1. in Eigennamen: Ἀπόλλωνος mit verlängertem α, Ἐλευσινί-
δαο mit verkürztem erſtem ι (Hymn. Cer. 105. cf. 97.)

2. in Wörtern von zuviel Kürzen, wie in ἀπονέεσϑαι, ἀγοράασϑε,
ἀνέφελος, ἀϑάνατος (erſte Silbe lang), daher dieſer Rhythmus
von ἀϑάνατος nachher bei allen Dichtern feſt ward.

3. zu Anfang des Hexameters, wo Homer ſogar Ἐπει|δή, — und
Φίλε κα|σίγνη|τε ſetzt.

14. (Anm. 13.) Endlich gelten für den Vers noch folgende
allgemeine Regeln. Wenn zwei Wörter auf einander folgen, von

denen das erste mit einem Konsonanten schließt, das folgende mit einem Konsonanten anfängt, so findet jedesmal Position statt. Wenn aber die beiden Konsonanten das zweite Wort anfangen, so findet Position gleichfalls statt, auch in der Thesis, wenn die beiden Konsonanten nicht muta vor liquida sind, und vor Doppelkonsonanten, also: ἔνϑα | σφιν κατά· ἴσκε | ψεύδεα· χαῖρε | ξεῖν, ausgenommen daß bei Homer (aus Versbedürfnis) σκ und ζ in den drei Eigennamen

$$\Sigma x \acute{\alpha} \mu \alpha \nu \delta \rho o \varsigma, \ Z \acute{\alpha} x v \nu \vartheta o \varsigma, \ Z \acute{\epsilon} \lambda \epsilon \iota \alpha$$

und in dem Subst. σκέπαρνον keine Position machen. Bei muta vor liquida jedoch bleibt die Silbe vorher in der Regel kurz, z. B. πῶς φῄς; τί πνεῦμα Eurip., αὐτὰρ ὁ πλησίον Hom. 2c.

Anm. 14 a. Daß aber bei Homer die Silbe vor einem mit muta c. liqu. anfangenden Worte häufig durch den Iktus lang wird, s. in der folg. Anm. Beispiele der Länge ohne diesen Iktus (also in der Thesis) sind selten, wie Il. ζ, 73 αὖτε Τρῶες. η, 175. ν, 288. ω, 500 2c. — Für das att. Drama galt die Verlängerung selbst in der Arsis als unrechtmäßig, s. Elmsl. ad Eur. Med. 241.

15. Fällt die letzte Silbe eines Wortes im daktyl. Hexameter auf die Arsis (männliche Cäsur), so wird häufig durch die Kraft des Iktus eine kurze Silbe lang. Man nennt dies die Verlängerung durch die Cäsur; z. B. Il. ε, 359 φίλε κασίγνητε κόμισαι. α, 51 βέλος ἐχεπευκὲς ἐφιείς.

Anm. 15. (A. 16. 17. 18.) So ganz einfach wie in diesen Beispielen ist jedoch diese Art der Verlängerung nicht häufig; wohl aber wenn

1) das folgende Wort mit muta c. liquida anfängt, welche Position nach A. 14 a ohne diesen Iktus in der Regel keine lange Silbe macht; z. B. ὅτι ῥα ϑνήσκοντας ὁρᾶτο· ἔχε τρόμος· ἀπὸ ϑρόνου 2c.

2) wenn das folgende Wort mit einer liquida anhebt, weil eine solche in der Aussprache sich leicht verdoppeln läßt, z. B. Il. ε, 748 Ἥρη δὲ μάστιγι· δ, 274 ἅμα δὲ νέφος εἵπετο, spr. demmastigi, dennephos. Inbesondere das ρ verdoppelt sich in solchem Falle in der Aussprache so leicht, daß auch die attische Poesie, in der Thesis sowohl als in der Arsis, öfters den kurzen Vokal vor dem ρ lang braucht (z. B. in der Arsis des Senarius: τοῦ προσώπου τὰ ῥάκη Ar. Plut. 1065. und in der Thesis des Spondeus unter Anapästen: αὗται δὲ ῥῖνας ἔχουσιν Nub. 343*); ebenso in der Thesis des Spondeus beim Hexameter, z. B. Od. ρ, 198 πυκνὰ ῥωγαλέην. Il. ω, 755 πολλὰ ῥυστάζεσκεν;

3) wenn das folgende Wort das Digamma hatte, welches als semivocalis nach §. 6 Anm. 4 sich leicht verdoppelte. Daher so oft homerische Verse mit dem Possessivo ὅς auf diese Art schließen: ϑυγατέρα ἥν, — πόσεϊ ᾧ.

4) Auch die Präpositionen in Compositis verlängern auf diese Weise zuweilen bei Homer (vgl. §. 147 Anm. 7) ihre letzte Silbe: κατᾱνεύων, ἐπῑϑύουσι 2c. und mit der Elision: πᾱρέχῃ (Od. τ, 113); was in einigen Wörtern auch in der Schrift durch Verdoppelung des der Präp. folgenden Consonanten (λλ, σσ) angedeutet wird, s. §. 21 Anm. 1. §. 27 Anm. 15.

---

*) S. mehr Beispiele bei Monk zu Eur. Hippol. 461. und über den ganzen Gegenstand Hoffm. Quaest. Hom. I. 110 sqq. Auch λ erfährt zuweilen bei Homer die Verdoppelung selbst in der Thesis, namentlich bei λίσσομαι: πολλὰ λισσομένῳ Il. ε, 358. χ, 91 2c. (Vgl. §. 21 A. 1. 83 A. 2.)

16. (A. 19.) Für den daktyl. Hexameter, wie auch die meisten lyrischen Versgattungen (Pindar, die Chöre ꝛc.), gilt ferner
noch die Regel, daß 1) in der Thesis der lange Vokal oder
Diphthong, womit ein Wort schließt, vor einem folgenden Vokal
kurz gebraucht wird*); z. B. *ἔπλεν ἄϱιϛος, ἔσσεται ἄλγος, σο-
φωτέϱῃ ἄλλων*, sogar bei der Synizese: *χϱυσέῳ ἀνὰ σκήπτϱῳ·
δενδϱέῳ ἐφεζόμενοι· τί δέ σε χϱεὼ ἐμεῖο* (§. 58). Trifft aber
2) dieser Fall in die Arsis, so behält die Silbe ihre Länge.
Dies sind die beiden Fälle des erlaubten Hiatus bei Homer:
im attischen Senarius hingegen wurden, mit äußerst seltenen
Ausnahmen, beide sehr sorgfältig vermieden. Vgl. hiezu §. 29 Anm. 1.
mit der Note.

Anm. 16. (A. 19.) Auch in der Mitte eines Wortes kommt die
Verkürzung eines langen Vokals oder Diphthongen vorm Vokal vor, aber
nur in gewissen Wörtern und Formen, die in ihrer Aussprache etwas dahin führendes müssen gehabt haben, wie in *ποιεῖν* (häufig auch *ποεῖν* geschrieben), *ποῖος* und dessen Korrelaten, der 2. Perf. si. *οἴει*, mehren Adjektiven auf *αιος* u. a.; bei Homer insbesondre in *υἱός*, wenn es nach der
2. Dekl. gebt, den meisten Kasus von *δήϊος*, in *ἥϱωος* (Od. ζ, 303), *πϱώην*
(Jl. ω, 500), *βέβληαι* (λ, 380) u. s. w. Immer verkürzt wird jeder solcher
Vokallaut vor dem ι demonstrativo (§. 80), also in *τουτουΐ, αὐτηΐ,
αὐταιΐ* ꝛc. und in dem epischen *ἔπειή* (besser *ἐπεὶ ἤ* geschrieben nach §. 149
n. 5 R.). Vgl. noch Seidler de vers. dochm. p. 100.

Von den Accenten.　　　(7)

§. 8.

Neben der Quantität der Silben beobachtet die griechische
Sprache noch den Ton, oder die von uns sogenannten Accente.
Der griechische Accent trifft aber eben so oft eine kurze als eine
lange Silbe, und muß daher häufig, wenn wir ihn auf die uns
geläufige Art ausdrücken, der Quantität schaden, z. B. *τίθημι,
Σωκϱάτης*. Wie dieser Fehler zu vermeiden, lehrt der folg. §.

Anm. Die Kenntnis der Accente ist für jeden, der die Sprache gründlich erlernen will, unerläßlich und auch für den gemeinen Gebrauch nicht
ohne praktischen Nutzen. Sehr häufig wird aus ihrer Stellung die Quantität der Silben erkannt; viele sonst gleichlautende Wörter und Formen werden bloß durch dieselben unterschieden; und auch wo sie uns zunächst nichts
lehren, muß ihre Bezeichnung dazu dienen, die Gesetze des Tones anschaulich zu erhalten.

§. 9. Akutus und Cirkumflex.　　(8)

1. Jedes griechische Wort hat, für sich betrachtet, der Regel
nach auf einem seiner Vokale den Ton; und dieser ist von zweier-

---

*) Ausnahmen hievon gehören, wenn man nach §. 6 Anm. 3 die Fälle
mit dem Digamma abrechnet, zu den Seltenheiten. Die in der Iliade stehen verzeichnet bei Hoffm. Quaest. Hom. I. 78 (70 sq.).

lei Art: Akutus und Cirkumflex. Der Akutus, ὀξεῖα (verstehe προσῳδία, Accent) d. h. der scharfe oder helle Ton, dessen Zeichen ist ´, kann auf langen wie auf kurzen Silben stehen.

2. Der Cirkumflex, περισπωμένη, d. h. der gewundene oder geschleifte Ton, dessen Zeichen ist ῀ (entstanden aus dem älteren ∧), kann nur auf einer von Natur langen Silbe stehen.

Anm. 1. Nach der Theorie der Alten ruht auf jedem Laut, der den Ton nicht hat, der schwere, d. h. niedersinkende Ton (βαρεῖα lat. gravis), dessen Zeichen ` jedoch in unserer Schrift auf diese Silben nicht gesetzt wird, und von dem Gravis, von welchem §. 13 die Rede sein wird, wohl zu unterscheiden ist. Nach derselben Theorie ist ein mit dem Cirkumflex betonter langer Vokal anzusehn als zusammengesetzt aus zwei in einander geschleiften Kürzen, wovon die erste den Akutus, die andere den Gravis hat: also z. B. aus ό ὸ entsteht ῶ. Wenn hingegen zwei ό ὸ betonte Kürzen in eins übergehn, so hat der lange Vokal nur den Akutus ώ. Vgl. §. 28, 6.

Anm. 2. Die hörbare Darstellung dieses Unterschieds in der Aussprache hat für uns Schwierigkeiten. Insbesondre muß vor zwei Hauptfehlern gewarnt werden. Man gewöhne sich nehmlich, jede betonte Länge (ῶ oder ώ) von der unbetonten (grave, ω) z. B. in ἄνθρωπος zu unterscheiden, ohne dieses doch wie eine Kürze (o) zu lesen *). Eben so vermeide man aber auch den entgegengesetzten Fehler, die betonten Kürzen zu dehnen, und spreche z. B. ὅπερ nicht eben so aus wie ὦπερ **).

§. 10. Benennung der Wörter nach Accenten. (9)

1. Jedes Wort kann nur auf einer der drei letzten Silben den Accent haben, und zwar den Akutus auf jeder derselben, den Cirkumflex aber nur auf einer der beiden letzten.

Anm. 1. Daß ῷτινι u. d. g. nur eine scheinbare Ausnahme ist, erhellet aus §. 14 Anm. 2.

2. Die Beschaffenheit der letzten Silbe insbesondere gibt dem ganzen Worte, in Hinsicht des Tones, seine grammatische Benennung. Je nachdem nehmlich dieselbe 1) den Akutus, 2) den Cirkumflex, oder 3) gar keinen Ton hat, heißt das Wort

1. Oxytonon — ὀργή, θεός, ὅς, τετυφώς
2. Perispomenon — φιλῶ, νοῦς
3. Barytonon — τύπτω, πρᾶγμα, πράγματα.

---

*) Man kann nehmlich die erste Silbe in ἄνθρωπος betonen und doch die zweite dehnen, wie wir dies auch im Deutschen in vielen Wörtern z. B. in áltväter, álmösen thun.

**) Sobald man sich bestrebt eine Kürze zu betonen, so entsteht der Ton, den wir Deutsche durch Verdoppelung des folgenden Konsonanten bezeichnen; hieraus entsteht eine Schwierigkeit, da wir doch annehmen müssen, daß die Alten ὅτι und ὅττι, βάλε und βάλλε unterschieden, ohne den Vokal zu dehnen. Um sich dies deutlich zu machen, vergleiche man das Wort Σωκράτης mit diesen drei ähnlichen deutschen einsilbigen: sō hát ēr, wovon das mittlere kurz ist und doch den Ton bekommen kann; offenbar ist dies verschieden von sō thát ēr und fast ganz ähnlich mit sō hätt' ēr.

3. Alle zwei= und mehrsilbige Barytona sind nun aber wie=
der, je nachdem sie 1) den Akutus auf der vorletzten, 2) auf der
drittletzten, 3) den Cirkumflex auf der vorletzten Silbe haben

1. Paroxytona — τύπτω, τετυμμένος
2. Proparoxytona — τυπτόμενος, ἄνθρωπος
3. Properispomena — πρᾶγμα, φιλοῦσα.

Anm. 2. Von den scheinbaren Barytonis, z. B. ὀργή, τετυφὼς ꝛc.
und von den Atonis oder tonlosen Wörtern s. §. 13.

§. 11. Allgemeine Accentregeln.

1. Der Cirkumflex erfordert eine von Natur d. h. durch
den Vokal, nicht durch bloße Position lange Silbe: z. B.

κῆδος, φῶς, τεῖχος, οὗτος, σμῆγμα·
τιμᾶτε, ἡμῖν, πῦρ

weil in diesen drei letzten Wörtern die schwankenden Vokale lang
sind. Ein kurzer Vokal kann also, wenn er den Ton hat, nur
den Akutus haben, z. B. ἕτερος, μένος, ἵνα, πρός, πολύ, πλέγμα.

Anm. 1. Auf σμῆγμα steht demnach der Cirkumflex nur wegen des
η, nicht wegen der Position γμ. Da nun z. B. πρᾶγμα, μᾶλλον den Cirkumflex haben, so erkennt man daran, daß das α hier an sich, nicht durch
γμ und λλ lang ist: spr. prahgma, mahllon, s. §. 7 A. 4.

2. Der Akutus kann aber auch auf einem langen Vokal
stehn, z. B. σοφώτερος, δεύτερος, φεύγω, τιμή, βασιλεύς, φώρ.

3. Die von Natur lange letzte Silbe kann sowohl den Aku=
tus als den Cirkumflex haben. Die genaueren Regeln für die ein=
zelnen Fälle müssen späterem Unterricht vorbehalten bleiben. Hier
im allgemeinen nur so viel, daß der Cirkumflex der Regel nach
auf jeder von Natur langen Endsilbe steht, sobald sie aus Zusam=
menziehung entstanden, z. B. ἀληθέος ἀληθοῦς, ποιέω ποιῶ (die
wenigen Ausn. s. §. 28, 6); außerdem aber hauptsächlich noch in
folgenden drei Fällen:

a. auf der Adverbial=Endung ῶς s. §. 115.
b. in den Genitiv= und Dativ=Endungen s. §. 33, 7.
c. in den Vokativ=Endungen εὖ und οῖ s. §. 45.

Unter den Einsilbigen haben ihn viele, besonders Neutra wie
πῦρ, φῶς, πᾶν ꝛc.

4. Wenn aber die von Natur lange vorletzte Silbe den
Ton hat, so muß es jedesmal der Cirkumflex sein, so oft die
letzte Silbe kurz oder nur durch Position lang ist; z. B.
ῥῆμα, οἶνος, ψῦχος, βῶλαξ (G. ἄκος).

Anm 2. Diese Regel gilt nicht für die mit Encliticis in eins ge=
schriebenen Wörter; daher εἴτε, οὔτε, ὥσπερ, ἥτις, τούσδε u. b. gl.;
s. §. 14 Anm. 2. — Eigentliche Ausnahmen sind nur die durch Verlän=
gerung aus εἰ und ναί entstandenen Partikeln εἶθε utinam, und ναίχι
ja wohl. (Denn ναιχί ist falsche Betonung, s. Pape.)

5. Wenn dagegen die letzte Silbe von Natur lang ist, so kann auf der vorletzten der Cirkumflex nicht stehn, sondern nur der Akutus; man schreibt also:

ῥήτωρ, οἴνη, ψύχω, θώραξ (G. ᾱκος).

6. Auf der drittletzten Silbe kann nach §. 10, 1. nur der Akutus stehn. Ist aber die letzte Silbe lang, gleichviel ob von Natur oder durch bloße Position, so kann auf der drittletzten der Ton gar nicht liegen: also schreibt man

Σωκράτης, συλλέγω, ἐριβῶλαξ.

7.+ Die Endungen αι und οι haben, ob sie gleich lang sind, in Rücksicht auf die beiden nächst vorhergehenden Regeln, nur den Einfluß eines kurzen Lautes: also schreibt man

τρίαιναι, προφῆται, πῶλοι, ἄνθρωποι Plurale (von τρίαινα, προφήτης, πῶλος, ἄνθρωπος)

τύπτομαι, τύπτεται, τύπτεσθαι, τέτυψαι, Passivformen des Verbi

ποιῆσαι, στῆσαι, θεῖναι, Infinitive

ποίησαι, στῆσαι, Imperative des Medii.

Anm. 3. Ausnahmen hievon machen

1) die 3. P. sing. des Optativs auf οι und αι, z. B. φεύγοι, ποιήσοι;
2) das Adverb οἴκοι zu Hause (dagegen Plur. οἶκοι Häuser);
3) die mit Encliticis (§. 14) zusammengeschriebenen Wörter; also mit μοί, τοί: οἴμοι (weh mir), ἤτοι, sowohl wenn dies aus ἤ (gewiß), als aus ἤ (oder) entsteht.

\8. Auch das ω in den sogenannten attischen Deklinations-Endungen verträgt den Ton in der drittletzten Silbe, z. B. πόλεως, πόλεων (§. 51) und ἀνώγεων (§. 37 Anm. 5).

Anm. 4. Eben so auch das ω in dem ionischen Genitiv auf εω der ersten Dekl. z. B. δεσπότεω für δεσπότου, §. 34 A. IV, 5.

Anm. 5. Man sieht nun leicht, wie der Anfänger mit Hülfe der Accente die Quantität vieler Silben erlernen kann. Denn er erkennt

1) aus dem Cirkumflex, daß die Silbe worauf er steht, lang ist;
2) aus dem Akutus von solchen Wörtern, wie καρκίνος, βάθρον ꝛc., daß die vorletzte Silbe kurz ist (dies folgt aus Text 4);
3) aus dem Accent solcher Wörter wie ῥῆμα, πεῖρα, ἄρουρα, daß die letzte Silbe kurz ist (Text 4. 6); und
4) aus dem Akutus auf χώρα, Λῆδα, daß die letzte Silbe lang ist (Text 4. 5).

Man wird ferner ἄσιτος lang aussprechen und θεόφιλος kurz, weil σῖτος den Cirkumflex hat, und φίλος den Akutus. Und daß auch in δίκη, ἄδικος das ι kurz ist, erkennt man aus dem Plural δίκαι (Text 7).

Anm. 6. Nur der Cirkumflex auf einsilbigen entscheidet nichts für die Quantität verlängerter Formen, da die einsilbigen Nominative der dritten Dekl. immer lang sind (§. 41 A. 3 und §. 42 A. 2), z. B. πῦρ, μῦς, aber Gen. πυρός, μυός.

§. 12. Veränderung und Versetzung des Accents.

1) Wenn ein Wort durch Deklination, Konjugation oder auf andere Art verändert wird, so hat dies in vielen Fällen auf den Accent Einfluß: und zwar

1) nothwendigen Einfluß hat es alsdann, wenn mit dem Wort eine solche Veränderung vorgeht, wobei der Accent, so wie er auf der Hauptform des Wortes steht, nach obigen Regeln nicht mehr bestehen kann; denn alsdann wird
aus dem Cirkumflex ein Akutus, z. B. οἶνος Gen. οἴνου (§. 11, 5), ῥῆμα Gen. ῥήματος (§. 10, 1.)
aus dem Akutus ein Cirkumflex, z. B. τιμή Gen. τιμῆς (§. 11, 3, b.) φεύγω Imperat. φεῦγε (§. 11, 4.)
oder der Accent tritt aus der drittletzten Silbe in die vorletzte, z. B. ἄνθρωπος G. ἀνθρώπου, ἄρουρα G. ἀρούρᾱς (§. 11, 6).

2) Aber auch wenn es nach obigen Regeln nicht nothwendig wäre, wird der Accent in manchen Fällen versetzt, und zwar:

a) Zurückgezogen wird er vorzüglich 1) wenn das Wort auf irgend eine Art vorn einen Zusatz erhält, z. B. τύπτω, τύπτε — ἔτυπτε· ὁδός — σύνοδος· παιδευτός — ἀπαίδευτος; 2) wenn die Ursach, welche ihn in der Hauptform an die vorletzte Silbe fesselte (§. 11, 6), wegfällt, z. B. παιδεύω Imperat. παίδευε. Das genauere geben die Anmerkungen unter I. zu §. 103. und die Lehre von der Zusammensetzung §. 121.

b) Fortgerückt nach dem Ende des Wortes wird der Ton hauptsächlich nur, wenn das Wort eine der Endungen bekommt, welche den Ton immer auf sich nehmen, wie z. B. das Part. Perf. auf ώς: τέτυφα, part. τετυφώς; die Genitive und Dative Einsilbiger nach der dritten (§. 43, 2), wie θήρ G. θηρός ꝛc.; und viele Endungen in der Wortbildung, wovon §. 119.

Anm. Einige Wörter, die im gewöhnlichen Sprachgebrauch immer Proparoxytona sind, nehmlich ἕτοιμος bereit, ἔρημος wüste, ὅμοιος*) ähnlich, τρόπαιον Trophäe, lauteten nach der Lehre der alten Grammatiker (f. Ellendt Lex. Soph. v. ὅμοιος, Poppo zu Thuk. 1, 20., Göttl. Acc. p. 234) bei Homer, im Jonismus, so wie im strengern und ältern Atticismus, namentlich Thukyd. und den Tragikern ἑτοῖμος, ἐρῆμος, ὁμοῖος, τροπαῖον. wie auch in den Ausgaben jetzt meistens gelesen wird. Wegen γελοῖος*) und γέλοιος, πόνηρος und πονηρός f. Pape Wört.

§. 13. Gravis. — Atona. (10)

1. Bisher haben wir vom Ton nur gesprochen, insofern er jedem Worte und jeder Form, für sich betrachtet, zukommt. Allein

---

*) In den beiden Adj. ὅμοιος und γέλοιος spricht für diese Betonung als die ältere nicht nur die übrige Analogie derer auf οῖος (παντοῖος ꝛc.), sondern auch der Umstand, daß die ursprünglichen (epischen) Formen ὁμοῖος, γελοῖος lauten.

auch die Verbindung der Worte zur zusammenhängenden Rede hat Einfluß auf den Ton, und zwar in zwei Hauptfällen. Der Ton wird nehmlich modificirt durch Abhängigkeit eines Wortes entweder A. von den folgenden (Gravis, Atona), oder B. von den vorhergehenden Theilen der Rede (Inklination).

A. Hinneigung des Tones zum Folgenden.

2. Wenn ein Oxytonon vor andern Worten im Zusammenhang steht, so dämpft sich der Akutus und geht in den Gravis über, wodurch die letzte Silbe ihre scharfe Betonung verliert. Das Zeichen dieses gedämpften Akutus ist $\backslash$. Am Ende der Perioden aber, also vor einem Punkt oder Kolon *), bleibt der Akutus unverändert. Z. B.

Ὀργὴ δὲ πολλὰ δρᾶν ἀναγκάζει κακά.

Anm. 1. Der Anfänger hüte sich jedoch, solche Wörter, wenn ihr Akutus vor andern Wörtern in den Gravis sich abschwächt, deshalb als Barytona (§. 10, 2) zu bezeichnen. Vielmehr heißen alle solche im grammatischen Vortrag immer Oxytona, weil ihr Akutus bloß ruht, und die Grammatik jedes Wort außer der Verbindung betrachtet.

Anm. 2. Das fragende Pronomen *τίς, τί* ist die einzige Ausnahme von dieser Regel, indem es stets den Akutus auch vor andern Wörtern behält, z. B. *τίς πατήρ;* welcher Vater? *τί ἔλεγεν;* was sagte er?

3. Folgende einsilbige mit einem Vokal anfangende Wörtchen

οὐ (οὐκ, οὐχ) nicht, *ὡς* wie, *εἰ* wenn
ἐν in, *εἰς (ἐς), ἐξ (ἐκ)* aus

und diese Nominative des Articuli praepositivi (§. 75)

ὁ, ἡ, οἱ, αἱ

erscheinen in der Rede gewöhnlich ganz unbetont, indem sie dem folgenden Worte sich innig anschließend mit unter den Accent desselben treten, und haben daher den Namen Atona, tonlose Wörter. Z. B.

ὁ νοῦς· ἦλθεν ἐξ Ἀσίας· ὡς ἐν παρόδῳ· οὐ γὰρ παρῆν.

4. Sobald sie indessen außer Verbindung mit dem Folgenden sind, indem sie entweder allein, oder zu Ende, oder (bei Dichtern) hinter den von ihnen regierten Worten stehn, so erhalten sie ihren Ton. Z. B. *οὔ,* nein. *πῶς γὰρ οὔ;* warum nicht; *θεὸς ὣς ἐτίετο* wie ein Gott; *οὐδὲ κακῶν ἐξ* für *ἐκ κακῶν **).*

---

*) Viele dehnen die alte Regel jetzt dahin aus, daß sie auch vor jedem Komma den Akutus zeichnen.

**) Es muß indessen bemerkt werden, daß dies bei den Präpositionen (*ἐν, εἰς, ἐκ*) in unsern Texten nur dann geschieht, wenn nach der Präp. ein Ruhepunkt eintritt (Od. *η,* 318), oder zu Ende des Verses (Jl. *ξ,* 472), nicht aber inmitten eines Satzes, z. B. Od. *o,* 541 *Πύλον εἰς ἅμ᾽ ἕποντο.* Jl. *o,* 59 *ὀτρύνῃσι μάχην ἐς Φοῖβος Ἀπ.* *γ,* 233 *οἴκῳ ἐν ἡμετέρῳ.* Soph. OC. 126 *ἀστιβὲς ἄλσος ἐς τάνδε κοράν.* Od. *ϑ,* 257 *δόμου ἐκ βασιλῆος* (wovon Il. *ε,* 865 nur um der Deutlichkeit willen abweicht). — *Ὡς* dagegen behält in der Umstellung stets den Accent, z. B. *πατὴρ δ᾽ ὣς ἤπιος ἦεν, λέων ὣς* ꝛc., und dasselbe gilt für *οὐ,* wenn es dem negirten Worte nachsteht, s. die Beisp. in §. 26 Anm. 3.

Anm. 3. Weil also diese Wörtchen zu dem folgenden Worte im Tone sich ungefähr so verhalten, wie die Encliticae zu dem vorhergehenden, so werden sie, nach Hermanns Vorgang, auch Proclit_icae genannt (s. ausf. Sprachl. §. 13, 5). Daher müßten sie streng genommen im grammatischen Vortrag, wenn sie außerhalb der Verbindung aufgeführt werden, betont werden: ἐκ, εἰς, οὐ ꝛc., welches Verfahren jedoch namentlich bei den Präp. meist nicht beobachtet wird; s. z. B. Schol. ad Il. ε, 865, ι, 472. cf. μ, 239 etc.

§. 14. Encliticae. (13)

B. **Hinneigung des Tones zum Vorhergehenden.**

1. Diese äußert sich in der Inklination desselben (ἔγκλισις). Es gibt nehmlich eine Anzahl ein- und zweisilbiger Wörter, welche für sich betrachtet einen Ton haben wie andre, die aber durch Sinn und Aussprache so genau an das vorhergehende Wort sich anschließen, daß sie ihren Ton auf dasselbe werfen. Diese Wörter heißen Encliticae d. h. zurückgelehnte Wörter; dahingegen jedes für sich betonte Wort, und folglich auch jede Enclitica, wenn sie ihren Ton behält, orthotonirt (ὀρθοτονούμενον, d. h. ein Wort mit aufrechtem Tone) genannt wird.

2. Solche Encliticae sind:
1) das unbestimmte Pronomen τὶς, τὶ (jemand, etwas) durch alle Kasus nebst den dazu gehörigen Formen τοῦ, τῷ (im Gegensatz zum fragenden Pron. τίς; τί; s. §. 13 A. 2)
2) folgende Casus obliqui der Personal-Pronomina: μοῦ, μοί, μέ· σοῦ, σοί, σέ· οὗ, οἷ, ἕ· μίν, νίν, und ein Theil der mit σφ anfangenden (das Genauere s. §. 72 Anm. 2. 3.)
3) das Präs. Indik. von εἰμί und φημί mit Ausnahme der einsilbigen 2. Pers. des Sing. (§. 108 IV, 3. §. 109 I.)
4) die unbestimmten Adverbien πώς, πή, ποί, πού (dicht. ποθί), ποθέν, ποτέ, welche sich bloß durch die Enklisis von den gleichlautenden Fragwörtern (πῶς, πότε ꝛc.) unterscheiden
5) die Partikeln πω, τε, τοί, θήν, γέ, κέ oder κέν, νύ oder νύν *), πέρ, ῥά, nebst der ganz untrennbaren δε (s. Anm. 2. 3).

3. Ist nun, wo die Inklination eintritt, das unmittelbar vor einem solchen Worte stehende andere Wort ein Proparoxytonon (ἄνθρωπος), oder ein Properispomenon (σῶμα), so wirft die (einsilbige oder zweisilbige) Enclitica ihren Accent, doch jedesmal als Akutus, auf die Schlußsilbe desselben, folgendermaßen:

ἄνθρωπός ἐςι· σῶμά μου

und wenn ein tonloses Wort, z. B. εἰ, vorhergeht, auf dieses: εἴ τις.

4. Hat aber das vorhergehende Wort auf der Endsilbe schon für sich einen Accent, so dient dieser zugleich für die Enclitica; und

---

*) Diese Partikel (nun, ja, also; s. das Genauere §. 149 n. 31) unterscheidet sich durch diese Betonung von dem Zeit-Adverb νῦν (nun, jetzt).

zwar wird der Akutus auf der Endsilbe in diesem Falle nicht wie sonst in den Gravis gedämpft (§. 13, 2):

ἀνήρ τις· καί ποτε· φιλῶ σε· γυναικῶν τινων.

5. Wenn ferner auf ein Paroxytonon eine einsilbige Enclitica folgt, so verliert die Enclitica ihren Ton, und es geschieht weiter keine Veränderung, indem auch hier der Accent des Paroxytonon für die Enclitica mit gilt; also:

ἄλλο τε· λέγεις τι· ἄνδρα μοι ἔννεπε.

6. Folgt auf eine Enclitica eine andere, so nimmt die erste, während sie ihren Ton auf das vorhergehende Wort wirft, selbst den der folgenden Enclitica, doch immer als Akutus, auf; und so fort, wenn mehre auf einander folgen, bis auf die letzte, die allein tonlos bleibt; z. B. εἴ τίς τινά φησί μοι παρεῖναι.

7. Die Encliticae behalten ihren Ton (werden orthotonirt, s. 1.), wenn die Inklination gehindert ist; nehmlich:

1) wenn auf ein Paroxytonon eine zweisilbige Enclitica folgt; z. B. λόγος ποτὲ ἐχώρει· ἐναντίος σφίσιν (A. 1.)
2) wenn die Silbe, worauf der Ton der Enclitica geworfen werden müßte, durch den Apostroph hinweg genommen ist, z. B. πολλοὶ δ' εἰσίν.

Anm. 1. Der Anfänger kann zur Erleichterung die Regeln der Inklination auf die der Accentuation der einzelnen Wörter, in Hinsicht auf Silbenzahl, zurückführen, jedoch abgesehen von jedem Einfluß, den die Quantität der letzten Silbe auf den Accent hat. Denkt man sich nehmlich durch die Inklination zwei Wörter in eins verschmolzen (was sie wirklich nur in der Schrift nicht sind), so muß ἄνθρωπός ἐστι einen zweiten Accent bekommen, weil der Accent auf der fünften Silbe vom Ende, und ebenso σῶμά μου, weil der Cirkumflex auf der drittletzten nicht für das ganze Wort ausreicht. Dagegen reicht er aus in ἀνήρ τις, φιλῶ σε, ἄνδρα τε: und nur die Art, wie man zweisilbige Wörter nach Perisp. inklinirt, weicht von der Regel ab, weshalb auch namentlich solche Fälle wie γυναικῶν τινων und ὡντινων von andern Grammatikern nicht als enklitisch bezeichnet werden. In dem Fall, daß auf ein Paroxyt. eine zweisilbige Enclitica folgt, heißt es, sei die Inklination gehindert, d. h. der Ton des Parox. kann nicht mehr für die Enclitica mitgelten (z. B. λόγος ποτε); und λόγός ποτε zu accentuiren, verbietet das rhythmische Gesetz der Hebung und Senkung, welches durch zwei auf einander folgende gleich scharf betonte Silben aufgehoben wird.

8. (7.) Außerdem wird eine Enclitica in der Regel nur dann orthotonirt, wenn auf ihr ein in dem Gedanken selbst, besonders durch einen Gegensatz, gegründeter Nachdruck ruht; und wenn sie den Satz anfängt. Doch können viele dieser Wörter (besonders die unter 2, 5) ihrer Natur nach nie in diesen Fall kommen und erscheinen daher immer enklitisch.

Anm. 2. Manche Wörter, die mit einer Enclitica sehr gewöhnlich zu bestimmtem Sinn verbunden sind, werden in der That auch in eins mit derselben geschrieben, und zwar ohne Veränderung des Tons, z. B. ὥστε, οὔτε, οἵοστε, μέντοι, ὅστις, ὡντινων. Die Enclitica δε (ganz verschieden von δέ, aber) kommt sowohl in ihrer demonstrativen als lokalen Bedeutung (§. 76. 79. §. 116, 2 u. 7) bloß auf diese Art vor, z. B. ὅδε, τοσόσδε, ὧδε, δόμονδε ꝛc. Eine ſolche Enclitica nimmt den Ton einer neuen folgenden nur da auf, wo die Betonung des ganzen Wortes, als ſolches betrachtet, es zuläßt (οἵτινές εἰσιν, ὧδέ τε), außerdem gewöhnlich nicht, alſo οὔτε τι (gegen Text 6). — Doch herrſcht in den meiſten zu die=ſer Anmerkung gehörigen Gegenſtänden in den Ausgaben wenig Gleichför=migkeit: namentlich auch, wo das erſtere Wort einer ſolchen Zuſammen=ſetzung (nach Text 3) zwei Accente erhalten müßte. In dieſem Falle findet man bald vollſtändig geſchrieben Ἔρεβόσδε, οἴόστε, bald den zweiten Ac=cent allein, Ἐρεβόσδε, οἰόστε. — Wegen der getrennten Schreibart ἔρεβος δέ ꝛc. ſ. §. 116, 2 Note.

Anm. 3. Die Demonſtrativa, welche durch δε verſtärkt werden (§. 79. und §. 116, 7), rücken, ſobald dies eintritt, ihren eignen Ton auf ihre End=ſilbe, z. B. τόσος, τοῖος, — τοσόσδε, τοιόσδε· τηλίκος — τηλικόσδε· ἔνθα — ἐνθάδε· τοῖσι — τοισίδε. Da nun dies des ſo verſtärkten Wor=tes eigner Accent geworden iſt, ſo erhalten auch die Genitive und Dative nach §. 33, 7 auf langem Vokal ihren Cirkumflex, z. B. τοσοῦδε, τοσῆδε, τοιοῖσδε; dagegen Nom. und Acc. τοσήδε, τοιούσδε.

§. 15. Unterſcheidungs= und andere Zeichen. (14)

1. **Punktum** und **Komma** hat die griechiſche Schrift mit unſern Sprachen gemein. Das **Kolon** wird durch einen Punkt oberhalb (z. B. οὐκ ἦλθεν· ἀλλὰ —) bezeichnet. Das **Fragezei=chen** iſt (;).

Anm. Das Ausrufzeichen (!) haben nur ganz Neuere erſt einzufüh=ren angefangen.

2. Mit dem Komma iſt die **Diaſtole** oder **Hypodiaſtole** (,) nicht zu verwechſeln, welche dazu dient, einige enklitiſch zuſam=menhangende Wörtchen deutlicher zu trennen, damit man ſie mit andern gleichlautenden nicht verwechſele, z. B. ὅ,τι (epiſch ὅ,ττι), Neutrum von ὅστις, und τό,τε (d. h. und das), zum Unterſchied von den Partikeln ὅτι (ep. ὅττι) daß und τότε damals.

3. Zeichen, die ſich bloß auf Buchſtaben und Silben bezie=hen, ſind noch
___, der **Apoſtroph**, wovon §. 30.
___, die **Koronis** oder das Zeichen der Kraſis §. 29.
·· das Zeichen der **Diäreſis** (Tréma der Franzoſen) über einem Vokal, der mit dem vorhergehenden keinen Diphthong bilden ſoll, z. B. ὄϊς o=is, πραΰς pra-üs.

Von Veränderung der Buchſtaben.

Konſonanten.

§. 16.

1. Bei Bildung der Wörter und Formen gehen in der grie=chiſchen Sprache, hauptſächlich Wohllauts und leichterer Ausſprache wegen, mancherlei Veränderungen vor, welche den Stamm oft ſehr unkenntlich machen.

2. Für die Konsonanten ist zuförderst im allgemeinen zu beachten, daß diejenigen Buchstaben, welche zu Einem Organ gehören, oder, in verschiedenen Organen, von Einer Eigenschaft sind, auch die meiste Neigung haben, einer in den andern überzugehen, wenn eine Veränderung mit dem Worte vorgeht.

3. Eben dies ist auch die Grundlage von der Verschiedenheit der Dialekte, wie die folgende Uebersicht zeigen wird.

Anm. 1.　Die Dialekte verwechseln am häufigsten

a. die aspiratae unter einander; z. B. für $\vartheta\lambda\tilde{\alpha}\nu$ quetschen, att. $\varphi\lambda\tilde{\alpha}\nu$; $\varphi\acute{\eta}\varrho$ Centaur (Thiermensch) ist nur eine ältere Form für $\vartheta\acute{\eta}\varrho$ Thier; $\check{o}\varrho\nu\iota\varsigma$ hat im Gen. gewöhnlich $\check{o}\varrho\nu\iota\vartheta o\varsigma$, dor. $\check{o}\varrho\nu\iota\chi o\varsigma$.

b. die mediae; z. B. für $\gamma\lambda\acute{\eta}\chi\omega\nu$ (Polei) att. $\beta\lambda\acute{\eta}\chi\omega\nu\cdot$ für $\gamma\tilde{\eta}$ altdorisch $\delta\tilde{\alpha}\cdot$ für $\dot{o}\beta\epsilon\lambda\acute{o}\varsigma$ (Spieß) dor. $\dot{o}\delta\epsilon\lambda\acute{o}\varsigma$.

c. die tenues; so haben die Frage- und die damit verwandten Formen statt des gewöhnlichen π ($\pi o\tilde{v}$, $\pi\tilde{\omega}\varsigma$, $\pi o\tilde{\iota}o\varsigma$, $\dot{o}\pi o\tilde{\iota}o\varsigma$, $\pi\acute{\omega}$ 2c.) bei den neuern Joniern immer $\varkappa$ ($\varkappa o\tilde{v}$, $\varkappa\tilde{\omega}\varsigma$, $\varkappa o\tilde{\iota}o\varsigma$, $\dot{o}\varkappa o\tilde{\iota}o\varsigma$, $\varkappa\acute{\omega}$ 2c.); $\pi\acute{o}\tau\epsilon$ (wann) lautet dor. $\pi\acute{o}\varkappa\alpha\cdot$ — für $\pi\acute{\epsilon}\nu\tau\epsilon$ (fünf) äol. $\pi\acute{\epsilon}\mu\pi\epsilon$ *).

d. liquidae; so sagen die Dorier für $\tilde{\eta}\lambda\vartheta o\nu$, $\beta\acute{\epsilon}\lambda\tau\iota\varsigma o\varsigma$, $\varphi\acute{\iota}\lambda\tau\alpha\tau o\varsigma$ — $\tilde{\eta}\nu\vartheta o\nu$, $\beta\acute{\epsilon}\nu\tau\iota\varsigma o\varsigma$, $\varphi\acute{\iota}\nu\tau\alpha\tau o\varsigma$; die Jonier und Attiker für $\pi\nu\epsilon\acute{v}\mu\omega\nu$ (Lunge) $\pi\lambda\epsilon\acute{v}\mu\omega\nu$; für $\varkappa\lambda\acute{\iota}\beta\alpha\nu o\varsigma$ (Backofen) ist eine attische Form $\varkappa\varrho\acute{\iota}\beta\alpha\nu o\varsigma$; $\mu\acute{\iota}\nu$ und $\nu\acute{\iota}\nu$ s. bei den Pronom. §. 72 Anm. 6.

e. die Buchstaben Eines Organs; z. B. die Attiker sagen lieber $\gamma\nu\alpha\varphi\epsilon\acute{v}\varsigma$ (Walker) als $\varkappa\nu\alpha\varphi\epsilon\acute{v}\varsigma\cdot$ $\tau\acute{\alpha}\pi\iota\varsigma$ (Teppich) ward eben so wohl gesprochen als $\delta\acute{\alpha}\pi\iota\varsigma\cdot$ — und die Jonier verwandeln zuweilen die aspiratae in deren tenues; z. B. $\delta\acute{\epsilon}\varkappa o\mu\alpha\iota$ für $\delta\acute{\epsilon}\chi o\mu\alpha\iota$ (nehme), $\alpha\tilde{v}\tau\iota\varsigma$ für $\alpha\tilde{v}\vartheta\iota\varsigma$ (wieder), $\dot{\alpha}\sigma\varphi\acute{\alpha}\varrho\alpha\gamma o\varsigma$ att., $\dot{\alpha}\sigma\pi\acute{\alpha}\varrho\alpha\gamma o\varsigma$ ion. (Kohlschoß).

f. das σ besonders mit den übrigen Zungenbuchstaben,

mit τ — für $\sigma\acute{v}$, $\pi\lambda\eta\sigma\acute{\iota}o\nu$ (nahe), $\Pi o\sigma\epsilon\iota\delta\tilde{\omega}\nu$: dor. $\tau\acute{v}$, $\pi\lambda\alpha\tau\acute{\iota}o\nu$, $\Pi o\tau\epsilon\iota\delta\tilde{\alpha}\nu$

mit ϑ im lakon. Dialekt durchaus, z. B. für $\vartheta\epsilon\acute{o}\varsigma$, $\vartheta\epsilon\tilde{\iota}o\varsigma$ (Gott, göttlich) — $\sigma\iota\acute{o}\varsigma$, $\sigma\epsilon\tilde{\iota}o\varsigma\cdot$ für $\check{\epsilon}\lambda\vartheta\eta$ — $\check{\epsilon}\lambda\sigma\eta$ (Ar. Lys. 105)

mit ν — die Endung $\mu\epsilon\nu$ dor. $\mu\epsilon\varsigma$ (z. B. $\tau\acute{v}\pi\tau o\mu\epsilon\nu$, $\tau\acute{v}\pi\tau o\mu\epsilon\varsigma$)

mit ϱ — so brauchten viele dorische Stämme für die Endungen aller Arten auf $\alpha\varsigma$, $\eta\varsigma$, $o\varsigma$, $\omega\varsigma$, — $\alpha\varrho$, $\eta\varrho$, $o\varrho$, $\omega\varrho$.

g. die Doppelbuchstaben mit den verwandten einfachen, besonders δ mit ζ, z. B. $\zeta\acute{o}\varrho\xi$, eine Nebenform für $\delta\acute{o}\varrho\xi$ (Reh); $\mu\acute{\alpha}\delta\delta\alpha$ dor. für $\mu\tilde{\alpha}\zeta\alpha$ (Teig), $\xi\nu\nu\acute{o}\varsigma$ eine Nebenform für $\varkappa o\iota\nu\acute{o}\varsigma$. — In vielen Wörtern hatte die alte Sprache und der äolische Dialekt, statt ξ und ψ, beide einfache versetzt, z. B. $\sigma\varkappa\acute{\epsilon}\nu o\varsigma$, $\sigma\pi\alpha\lambda\acute{\iota}\varsigma$ für $\xi\acute{\epsilon}\nu o\varsigma$ (fremd), $\psi\alpha\lambda\acute{\iota}\varsigma$ (Scheere). Ebenso sprachen und schrieben für ζ Aeoler und Dorier z. Th. $\sigma\delta$, besonders in der Mitte, z. B. $\sigma\nu\varrho\acute{\iota}\sigma\delta\omega$ für $\sigma\nu\varrho\acute{\iota}\zeta\omega$, $\mu\acute{\epsilon}\sigma\delta\omega\nu$ für $\mu\acute{\epsilon}\zeta\omega\nu$ oder $\mu\epsilon\acute{\iota}\zeta\omega\nu$ 2c. (vgl. §. 3).

Anm. 2.　Daß Buchstaben, die gar nicht auf die obige Art mit einander verwandt sind, mit einander verwechselt werden, ist höchst selten, z. B. $\mu\acute{o}\gamma\iota\varsigma$ und $\mu\acute{o}\lambda\iota\varsigma$ (mit Mühe), $\varkappa o\epsilon\tilde{\iota}\nu$ eine ionische Form für $\nu o\epsilon\tilde{\iota}\nu$ (denken), $\varkappa\epsilon\lambda\alpha\iota\nu\acute{o}\varsigma$, $\varkappa\epsilon\lambda\alpha\iota\nu\acute{\eta}$ dichterisch für $\mu\acute{\epsilon}\lambda\alpha\varsigma$, $\mu\acute{\epsilon}\lambda\alpha\iota\nu\alpha$ (schwarz). Vgl. über diese und ähnliche Fälle Lexilogus II. 109.

Anm. 3. (4.)　Zwei im obigen schon gegründete Verwechselungen sind so häufig, daß sie besonders gemerkt zu werden verdienen, nehmlich

$\tau\tau$ und $\sigma\sigma$　　　　　　$\varrho\varrho$ und $\varrho\sigma$

---

*) Auch das Lateinische bietet manche Analogien hiezu. Man vergleiche z. B. $\tau\acute{\iota}\varsigma$ mit quis, $\pi\acute{\epsilon}\nu\tau\epsilon$, $\pi\acute{\epsilon}\mu\pi\epsilon$ mit quinque, $\tau\acute{\epsilon}\tau\tau\alpha\varrho\epsilon\varsigma$ dor. $\tau\acute{\epsilon}\tau\tau o\varrho\epsilon\varsigma$ äol. $\pi\acute{\iota}\sigma\nu\varrho\epsilon\varsigma$ (vier) mit quattuor, $\check{\iota}\pi\pi o\varsigma$ mit equus, $\check{\epsilon}\pi\epsilon\sigma\vartheta\alpha\iota$ mit sequi u. s. f.

Hievon ſind die Formen ττ und ῤῥ hauptſächlich den Attikern, σσ und ρσ aber den Joniern eigen; z. B.

att. τάττειν ion. τάσσειν ordnen, att. ἄῤῥην ion. ἄρσην männlich — γλῶττα — γλῶσσα Zunge, — κόῤῥη — κόρση Backen doch findet man auch die ioniſchen Formen bei den beſten attiſchen Schrift= ſtellern, und bei den älteren ſogar vorzugsweiſe.

Von den Aſpiraten.

§. 17.　　　　　　　(17 a.)

1. Eine jede Aſpirata iſt anzuſehn als entſtanden aus der ver= wandten Tenuis in Verbindung mit dem Spir. aſper. Daher die lat. Schreibart ph, th, ch.

2. Wenn daher in der Zuſammenſetzung eine Tenuis mit dem Spir. aſper zuſammentrifft, ſo wird die verwandte Aſpirata daraus: z. B. die Wörter ἐπί, δέκα, αὐτός, nach Abwerfung ihrer Endun= gen, mit ἡμέρα (Tag) zuſammengeſetzt, geben

ἐφήμερος, δεχήμερος, αὐθήμερος.

3. Eben dies geſchieht auch in getrennten Worten, z. B. οὐχ ὁσίως für οὐκ ὁσίως; und mit Zutretung des Apoſtrophs ἀπό, ἀπ᾽ — ἀφ᾽ οὗ· ἀντί, ἀντ᾽ — ἀνθ᾽ ὧν.

Anm. 1. Der (jüngere) Joniſmus behält in beiden Fällen die Tenues, z. B. ἐπ᾽ ὅσον, οὐκ ὡς, ἰσάναι — μετιςάναι, κατάπερ für κα= θάπερ (aus καθ᾽ ἅπερ), welche Art der Zuſammenſetzung auch in andern Dialekten bei einigen Wörtern, beſ. Eigennamen, feſt geworden, z. B. ἀν= τήλιος, ἀπηλιώτης (Oſtwind), Ἄλκιππος, Κράτιππος ꝛc.

Anm. 2. Merkwürdig iſt die Veränderung der Tenuis, wenn zwi= ſchen ihr und dem Spiritus noch ein Buchſtab ſteht, wie in τέθριππον, Viergeſpann, von τέτρα- und ἵππος, und in einigen attiſchen Zuſammen= ziehungen, θοιμάτιον für τὸ ἱμάτιον (ſ. §. 29 A. 4. 5.), φροῦδος von πρό und ὁδός. Indeſſen zeigt die Form φροίμιον (für προοίμιον) von πρό und οἴμη, verglichen mit θράσσω, verkürzt aus ταράσσω, daß auch ohne Spir. asp. vor dem ρ die Tenues ſich leicht aſpiriren.

§. 18. Verwandlung der Aſpiraten in Tenues. (17 b.)

1. In der griech. Sprache fangen nicht gern zwei Silben hinter einander mit einer Aſpirata an, und in den dahin gehörigen Fällen geht gewöhnlich die erſte Aſpirata in die ver= wandte Tenuis über. Ohne Ausnahme findet dies jedoch nur ſtatt bei allen Reduplikationen (§. 82, 4. 106, 6), z. B. πεφίληκα, κεχώρηκα, τίθημι — ſtatt φεφ. χεχ. θίθ.

2. Einige Wörter haben in ihrer Wurzel ſchon zwei Aſpi= raten, wovon aber in der gangbaren Form die erſte in die Tenuis überging. Sobald nun aus Formations=Gründen die zweite ſich verändert, ſo tritt dafür die erſte wieder hervor. Z. B. Wurzel ΘΡΕΦ: Praes. τρέφω, nähre, Fut. θρέψω, Ableitun= gen τροφή, θρεπτήριον, θρέμμα.

In einigen Wörtern tritt die Ursache, welche die erstere Aspirata festhält, schon in der Hauptform ein, die in den Wörterbüchern steht (Nominativ oder Präsens), und in den meisten Nebenformen und Ableitungen nicht, wodurch ein dem vorigen scheinbar entgegengesetzter Fall (τρέφω, θρέψω — θρίξ, τριχός) entsteht, der aber im Wesen derselbe ist:

Wurzel ΘΡΙΧ: Nom. θρίξ, Haar, Gen. τριχός, Dat. plur. θριξίν, Ableitung τριχόω.

Hieher gehören indeß nur noch einige Verba (s. im Verzeichnis der Verba anom. θάπτω, ΘΑΦ-, θρύπτω, τρίχω, τύφω), und das Adj. ταχύς wegen des Komp. θάσσων (§. 67).

3. Selten wird von zwei so auf einander folgenden Aspiraten die zweite verwandelt. Regel ist dies jedoch in den Imperativen auf θι, z. B. Imp. aor. 1. pass. τύφθητι für τύφθηθι; dagegen aor. 2. τύπηθι. S. Anm. 2.

Anm. 1. In einigen Wörtern verwandeln die Jonier die erste Aspirata, die Attiker die zweite, und umgekehrt, z. B. χιτών (Leibrock) ion. κιθών; ἐντεῦθεν ἐνταῦθα, ion. ἐνθεῦτεν ἐνθαῦτα (§. 116).

Anm. 2. Auch die passive Endung θην und was davon herkommt, wirkt auf das vorhergehende θ, aber nur bei zwei Verbis: θύειν (opfern), θεῖναι (setzen) ἐτύθην, ἐτέθην, τεθείς. In allen anderen Verbis geht keine Veränderung vor, z. B. ἐχύθην, ὠρθώθην (von ὀρθόω), θαφθείς, ἐθρέφθην (s. die Ursach unter anom. τρέφω), ἐθέλχθην. — Von der Verwandlung der Imperativ-Endung θι in τι ist der Imp. Aor. I. pass. der einzige sichre Fall. (Vgl. unt. beim Verbo τίθημι §. 107 n. 5.) Der *Imp.* φάθι von φημί, und das homerische τέθναθι (s. θνήσκω) weichen davon ab. — Alle andere Endungen geben gar kein Beispiel zu der Regel dieses §, denn man sagt θέσθε, Κορινθόθι, πανταχόθεν ꝛc.

Anm. 3. Unter den Zusammensetzungen befolgen die Regel nur ἐκεχειρία (Waffenstillstand) von ἔχειν und χείρ, ἀμπέχω s. anom. ἔχω, ἐπαφή, ἄπεφθος, wo die nach §.17, 2. nöthige Aspirirung des π vor dem Spir. asper (ἀφή, ἐφθός) unterblieben ist. In allen übrigen geht keine Aenderung vor, wie ἐφυφαίνω, ἀμφιχυθείς, ἀνθοφόρος ꝛc.

Anm. 4. In einem Falle erstreckt sich dies Gesetz sogar auf den Spir. asper, indem es ihn vor einer Aspirata in den lenis verwandelt, nehmlich beim Verbo ἔχω (habe):

Wurzel 'ΕΧ: Praes. ἔχω, Fut. ἕξω. Ableit. ἑκτικός, ὀχή. Gewöhnlich aber bleibt der Spiritus unverändert, z. B. ἀφή, ὑφαίνω, ἦχι, ἕθεν.

Häufung der Konsonanten.

§. 19.　　　　　　　　(18)

1. Durch die unmittelbare Zusammenkunft der Konsonanten entstehn mancherlei Härten, welche die griechische Sprache vermeidet.

2. Drei Konsonanten, oder einer und ein Doppelbuchstab, können (außer der Komposition z. B. δύσ-φθαρτος, ἔκ-πτωσις,

ἐκ-ψύχω) nicht beisammen stehn, wenn nicht der erste oder der letzte eine Liquida, oder γ vor Gaumlauten ist, z. B. πεμφθείς, σκληρός, τέγξω, ἄτεγκτος. In andern Fällen sucht man es entweder zu vermeiden, oder es muß ein Buchstab weichen; die Fälle s. unten bei Perf. Pass. §. 98, 2., z. B. ἐσφάλ-σθαι, ἐσφάλθαι.

3. Aber auch die Zusammenkunft zweier Konsonanten kann Härte verursachen, zu deren Beseitigung bestimmte Regeln dienen, die in den folgenden §§. vorgetragen werden.

Anm. 1. In einigen seltenen Fällen erleichtert sogar die Einschaltung eines dritten Konsonanten die Aussprache. Wenn z. B. die Liquida μ oder ν, durch Auslassung eines Vokals, unmittelbar vor die Liquida λ oder ρ tritt, so wird die der ersten verwandte media (β, δ) eingeschaltet; z. B. von ἡμέρα kommt μεσημβρία (Mittag); aus μεμέληται entstand das epische μέμβλεται· ἀνήρ hat im Genit. ἀνδρός statt ἀνρός. Vgl. in §. 114 als anom. ἁμαρτάνω, βλώσκω.

Anm. 2. Zuweilen bringt auch die Versetzung (μετάθεσις) einen Konsonanten an eine bequemere Stelle. So entsteht der Nom. πνύξ aus der Wurzel ΠΥΚΝ, die sich in den Kasusformen πυκνός, πυκνί erhalten hat (s. §. 58). Dasselbe geschieht der Formation wegen z. B. im Aor. 2.: πέρθω, ἔπραθον; oder des Metri wegen: κραδίη, δρατός ep. für καρδία, δαρτός; aber auch umgekehrt: ἀταρπός für ἀτραπός, βάρδιστος für βράδιστος ꝛc.

Anm. 3. In der alten Sprache kommen noch öfter zwei Konsonanten zusammen, deren einer nachher wegfiel, von den Dichtern aber, des Metri oder kräftigern Klanges wegen, noch oft beibehalten ward (ἐπένθεσις d. h. Einschiebung in die Mitte), z. B. πτόλεμος, πτόλις und deren Zusammensetzungen, für πόλεμος, πόλις. So begreift man wie χαμαί (auf der Erde) und χθαμαλός (niedrig) zusammen gehören.

Anm. 4. Dagegen schleicht sich das σ gern vor andern Konsonanten ein (πρόσθεσις d. h. Zusatz vorn): z. B. das ionisch-attische σμικρός für μικρός· und so entstanden die Formen σμῖλαξ, σκεδάω, und durch epenthesis μίσγω, ὄπισθεν und andre, aus den ältern μῖλαξ, κεδάω, ΜΙΓΩ (woher μιγείς ꝛc.), ὄπιθεν u. s. w.

§. 20. Assimilation der Mutae.   (19)

1. Zwei mutae von verschiedenen Organen können im Griechischen nur dann dicht zusammenkommen, wenn die zweite ein Zungenbuchstab (T-Laut) ist. Dabei ist feste Regel:

Vor einer Tenuis kann nur eine Tenuis, vor Media nur Media, vor Aspirata nur Aspirata stehn,

d. h. die zusammenkommenden mutae müssen nach ihren Eigenschaften mit einander verwandt sein, also:

πτ, κτ z. B. ἑπτά,   ὀκτώ,   πτέσθαι, κτᾶσθαι
βδ, γδ — ἕβδομος, ὄγδοος, βδελυρός
φθ, χθ — τυφθείς, ταχθείς, φθίνω, χθών.

2. Wenn in der Formation zwei mutae von verschiedener Eigenschaft zusammenkommen, so muß jedesmal die erstere die Eigenschaft der letzteren annehmen. Z. B. durch Anhängung der Silben τος, δην, θεις wird

aus γράφω (schreibe) — γραπτός, γράβδην
aus πλέκω (flechte) — πλεχθείς, πλέγδην
dagegen bleiben unverändert γραφθείς, πλεκτός.

3. Von zwei bereits verbundenen gleichartigen kann daher nie eine allein eine Veränderung erfahren, sondern immer beide. Also aus ἑπτά, ὀκτώ wird ἕβδομος, ὄγδοος, und wenn von zwei Tenues die zweite wegen Zutritt des Spir. asper (nach §. 17, 2. 3) in eine Aspirata übergeht, so folgt die erste mit, z. B.

ἑπτά, ἡμέρα — ἐφθήμερος (siebentägig)
νύκτα — νύχθ' ὅλην (die ganze Nacht).

4. Bloß das κ der Präposition ἐκ bleibt vor allen Konsonanten unverändert, z. B. ἐκθεῖναι, ἐκδοῦναι, ἐκβάλλειν, ἐκγενέσθαι, ἐκφεύγειν; vgl. §. 26, 6.

§. 21. Verdoppelung der Konsonanten. (20)

1. Verdoppelte Konsonanten sind bei den Griechen nicht so häufig als z. B. im Deutschen, und außer den semivocales λ, μ, ν, ρ und σ erscheint noch am häufigsten das τ verdoppelt.

2. Das ρ zu Anfang eines Wortes wird, so oft in der Formation oder Komposition ein einfacher Vokal davorkommt, in der gewöhnlichen Sprache immer verdoppelt, z. B.

ἔρρεπον, ἀρρεπής — von ῥέπω mit ἐ und ἀ
περίρροος — von περί und ῥέω

s. §. 83, 1. und §. 120, 6. Bei Diphthongen hingegen geschieht dies nicht, z. B. εὔρωστος von εὖ und ῥώννυμι.

3. Die Aspiraten stehn niemals doppelt, sondern haben dafür die verwandte Tenuis vor sich, z. B.

Σαπφώ, Βάκχος, Πιτθεύς,

was gesprochen wird als stünde Σαφφώ rc.

Anm. 1. Die nicht attischen Dichter verdoppeln sehr oft des Metri wegen (διπλασιασμός), z. B. ὅσσον, ὅττι, ὁππότε, ἔννεπε für ὅσον, ὅτι, ὁπότε, ἔνεπε· ὄκχος, σκύπφος für ὄχος, σκύφος rc.; jedoch nicht willkürlich, sondern nur in gewissen Wörtern, in andern (z. B. ἔτι, ἕτερος, ἅμα. ἄνεμος) niemals. Am häufigsten geschieht es mit σ nach kurzen Vokalen in Formationssilben die mit σ anfangen; so im Dat. Plur. auf σι nach §. 46 A. 2. und in mehren Flexionsformen des Verbi, s. §. 95 A. 5. Und dem (oben 2. behandelten) Beispiel von ρ folgten bei ihnen mehr oder weniger noch alle übrigen semivocales, indem sie in denselben Fällen wie dort, aber auch nur in gewissen Wörtern, verdoppelt wurden: so in der Komposition, z. B. πολύλλιστος, ἀπολλήξειαν, ἐπισσεύη, περισσείοντο (vgl. §. 7 A. 15, 4) und besonders beim Augment nach §. 83 A. 2. — S. wegen der Schreibung solcher Fälle noch §. 27 A. 15.

Anm. 2. Im entgegengesetzten Bedürfnis bedienen sich dieselben des einfachen Konsonanten, wo die gewöhnliche Sprache den doppelten hat, z. B. Ἀχιλεύς, Ὀδυσεύς (für Ἀχιλλεύς, Ὀδυσσεύς), — und unterlassen daher auch die Verdoppelung des ρ, z. B. ἔρεξε von ῥέζω, ἀμφιρύτη Hom.. προρέεσκε Apollon., ἀναρροιβδεῖ und ἀναροιβδεῖ Od. μ, 104 sq.

§. 22. Die Doppelbuchstaben ψ und ξ. (21)

1. Wenn die Buchstaben β, π, φ und γ, κ, χ (P= und K=
Laute) vor ein σ zu stehn kommen, so gehn sie mit demselben in
den verwandten Doppelbuchstaben ψ oder ξ über; z. B. durch
die Endung σω des Futuri wird aus

$$τρίβ\text{-}ω\ τρίψω,\ λείπ\text{-}ω\ λείψω,\ γράφ\text{-}ω\ γράψω$$
$$λέγ\text{-}ω\ λέξω,\ πλέκ\text{-}ω\ πλέξω,\ ςείχ\text{-}ω\ ςείξω$$

und durch die Endung σι, σιν des Dat. Plur. wird aus

$$Ἄραβ\text{-}ες\ Ἄραψι,\ κόρακ\text{-}ες\ κόραξιν,\ ὄνυχ\text{-}ες\ ὄνυξι.$$

2. Auch hievon ist die Präp. ἐκ ausgenommen, z. B. ἐκσώζω.

Anm. 1. Man muß nicht glauben, daß ψ, wenn es aus βσ oder φσ,
und ξ, wenn es aus γσ oder χσ entstanden ist, auch wie bſ oder ſſ, gſ oder
chſ ausgesprochen worden wäre. Die richtige Vorstellung ist, daß vor dem σ
die Buchstaben γ und χ in κ, β und φ in π verwandelt, und alsdann in
ξ und ψ zusammengeschrieben werden. Einen deutlichen Beweis dafür gibt
die Vergleichung des lat. scribo, scripsi.

Anm. 2. Obgleich das ζ auch ein Doppelbuchstab, und zwar aus σδ
entstanden ist (vgl. An. Bekk. 632. Theodos. p. 12), so kommt doch in der
gewöhnlichen Wortbildung der Fall, daß es aus diesen Buchstaben erwächst,
scheinbar nur in einigen Lokal-Adverbien auf ζε vor, als Ἀϑήναζε (angeblich für Ἀϑήνασδε. S. hierüber §. 116 Anm. 2.

§. 23. Veränderungen vor μ. (22)

1. Vor einem μ in der Mitte des Wortes werden die Lippenbuchstaben (d. h. die P=Laute) durchaus auch in μ verwandelt, z. B. im Perf. Pass. und in der Wortbildung

$$τρίβω\ τρῖμ\text{-}μα,\ λείπω\ λέλειμ\text{-}μαι,\ γράφω\ γραμ\text{-}μή.$$

2. Auch Gaum= und Zungenbuchstaben werden vor dem
μ häufig verändert, und zwar κ und χ (K=Laute) in γ, z. B.

$$πλέκω\ πλέγ\text{-}μα,\ τεύχω\ τέτυγ\text{-}μαι$$

und die T=Laute δ, τ, ϑ, nebst dem Doppelbuchst. ζ in σ, z. B.

$$ᾄδω\ ᾆσ\text{-}μα,\ πείϑω\ πέπεισ\text{-}μαι,\ ψηφίζω\ ψήφισ\text{-}μα\ (§. 24 A.).$$

Anm. In der Wortbildung finden sich jedoch die Gaum= und Zungenbuchstaben vor dem μ auch häufig unverändert, z. B. ἀκμή, ἔχμα, ἴδμων,
κευϑμών, πότμος; andre Fälle sind den Dialekten eigen, z. B. von ὄζω
(ΟΔΩ) wird ion. ὀδμή, gew. ὀσμή, κεκορυϑμένος ꝛc. §. 98 A. 5.

§. 24. Veränderungen der Zungenbuchstaben. (23)

1. Die Zungenbuchstaben oder T=Laute δ, ϑ, τ können
bloß vor liquidis stehn; nur daß vor μ nach dem vor. §. gewöhnlicher σ daraus wird.

2. Vor andern T=Lauten wird ein σ daraus, z. B.

$$ᾔδω\ ᾔσ\text{-}ϑην,\ πείϑω\ πεισ\text{-}τέον.$$

3 *

3. Vor einem σ werden sie abgeworfen, z. B.
ᾄδω ᾄ-σω, πείθω πεί-σω, σώματα σώμα-σι.

4. Dieselben Veränderungen erfährt (besonders in der Flexion des Verbi) der Doppelkonsonant ζ, z. B.
φράζω — φρά-σω, φρασ-θείς.

Anm. Daß es nicht eigentlich der Doppelkonf. ζ, sondern der darin enthaltene einfache Τ-Laut ist, welcher diese Veränderungen erfährt, wird sich bei der Lehre von der Tempusbildung (§. 95 ff.) ergeben.

§. 25. Veränderungen des *v*. (24)

1. Das *v* pflegt unverändert nur vor δ, τ und θ zu stehn. Vor den Lippenbuchstaben geht es in μ, und vor den Gaumbuch= staben in das wie ng ausgesprochene γ über. S. hierüber §. 4, 4. Also wird z. B. in der Zusammensetzung aus ἐν und σύν:
ἐμβαίνω, συμπάσχω, συμφέρω, ἔμψυχος
συγγενής, ἐγκαλῶ, ἐγχειρίζω, ἐγξέω.

Anm. 1. Die Anhängung der Encliticae (§. 14 A. 2.) macht der Deutlichkeit wegen eine Ausnahme, aber vermuthlich nur im schreiben; z. B. τόνγε, ὄνπερ (spr. τόγγε, ὄμπερ). Vgl. Anm. 4.

2. Vor liquidis geht, wie im Lat., das *v* in denselben Buch= staben über (wird der folgenden liquida assimilirt), z. B.
συλλέγω, ἐλλείπω, ἐμμένω, συρράπτω
doch bleibt die Präp. ἐν vor ρ gewöhnlich unverändert, ἐνράπτω.

Anm. 1a. Daß vor dem μ in der Flexion (und Wortbildung) sich *v* zuweilen auch in σ verwandelt, s. §. 101 A. 8. (§. 119 n. 19.)

3. Vor σ fällt das *v* in der Flexion gewöhnlich weg, z. B. vor der Endung σι im Dat. Plur.:
δαίμον-ες δαίμο-σι, μῆν-ες μη-σίν.
In der Zusammensetzung jedoch wird *v* vor σ theils beibehal= ten, theils in σ verwandelt, theils weggeworfen (s. Anm. 3). Die Präp. ἐν bleibt hier durchaus unverändert, z. B. ἐνσείω.

4. Wenn hinter dem *v* auch noch ein δ, τ oder θ (nach §. 24) vor dem σ weggefallen ist, so wird der kurze Vokal zum Ersatz dafür gedehnt (Ersatzdehnung), z. B.
πάντ-ες πᾶ-σι, τύψαντ-ες τυψᾶ-σι (§. 46.)
zu welchem Ende ε in ει, und o in ου übergeht (§. 27, 2), z. B.
σπένδ-ω Fut. σπεί-σω · ἑκόντ-ες Dat. ἑκοῦ-σιν.

Anm. 2. Ausnahmen von den Bestimmungen in 3. machen Verbal= formen wie πέφανσαι (§. 101 A. 7), πέπανσις subst. verb. von πεπαίνω; und die Nominative der Wörter nach der Dritten, die im Gen. *v*ος ha= ben, als ἡ Ἕλμινς Regenwurm, ἡ πείρινς Wagenkorb, Τίρυνς, welche ab= tönenden Nominativformen in der Schriftsprache jedoch wenig oder gar nicht im Gebrauch waren, sondern durch andere wohlklingendere Nebenformen ersetzt wurden, s. Lob. Parall. p. 167. Ueber die Konsonanten=Verbindung *v*σ bei dorischen Stämmen (Argivern 2c.) s. Ahrens D. Dor. p. 104.

Anm. 3. Σύν und πάλιν verwandeln ihr ν vor einem bloßen σ auch in σ (συσσιτία, παλίσσυτος); wenn aber noch ein Konsonant folgt, und vor ζ, wirft σύν es ganz weg (σύστημα, συσκιάζω, συζυγία), πάλιν aber behält es gewöhnlich, die Präp. ἐν immer bei (παλίνσκιος, ἐνζέω, ἐνϛρέφω). — Ἄγαν wirft das ν überall, wo keine Verdoppelung (wie ἀγάννιφος, ἀγάῤῥοος) statt findet, bloß ab: ἀγασθενής, ἀγάκλυτος. — Die Zusammensetzungen mit παν- behalten vor σ gemeiniglich das ν: πάνσοφος, πανσυδίη, πανϛρατιᾷ; doch wird auch πάσσοφος, πασσυδίη geschrieben, s. die Wörterb. **Anm. 4.** In der Aussprache der Alten ward das ν auch am Ende eines Wortes, wenn das folgende mit einem Konsonanten anfing, nach den Grundsätzen dieses §. ausgesprochen, besonders im Artikel und in Präpositionen. Man sprach also z. B. τὸν βωμόν, ἐν μέσῳ, σὺν καρπῷ so aus: τομβωμόν, ἐμμέσῳ, συγκαρπῷ; und in alten Monumenten, welche die Worte nicht trennen, findet man auch häufig so geschrieben.

§. 26. Bewegliche Endbuchstaben. (29)

1. Gewisse Wörter und Endungen haben eine doppelte Form, mit und ohne Konsonanten am Ende, wovon die erstere gewöhnlich vor einem Vokal, die andre vor einem Konsonanten gebraucht wird.

2. Dahin gehört besonders das bewegliche ν oder griechisch sogenannte ν ἐφελκυϛικόν welches die Dative des Plur. auf σιν, und in den Verbis alle dritte Personen auf εν und ιν, abwerfen und annehmen können; z. B. πᾶσιν εἶπεν αὐτό, πᾶσι γὰρ εἶπε τοῦτο. — ἔτυψεν ἐμέ, ἔτυψε σέ. — λέγουσιν αὐτό, λέγουσι τοῦτο. — τίθησιν ὑπό, τίθησι κατά. Vom Gebrauch desselben s. Anm. 1.

3. Eben ein solches ν haben auch folgende Wortformen:
   1) die aus dem Dat. pl. entstandene Lokalendung σιν z. B. Ὀλυμπίασιν zu Olympia (§. 116.)
   2) die ep. Endsilbe φιν (§. 56 A. 9.)
   3) das Zahlwort εἴκοσιν, zwanzig, bei welchem aber die Form ohne ν auch vor Vokalen stehen kann *)
   4) die Adverbia πέρυσιν vorm Jahre, νόσφιν außer, παντάπασι gänzlich

---

*) In den neuern Ausgaben wird jetzt überall vor Vokalen das ν geschrieben; aber zum großen Theil gegen die Ueberlieferung, s. z. B. die Var. zu Thuc. 2, 90 (cf. Popp. proll. p. 218). Plat. Rep. p. 460e. Diod. Sic. 14, 97. 102 al. Sogar in solchen Handschriften, die das ν ἐφελκ. auch vor Konsonanten beizubehalten pflegen, wird grade bei diesem Worte nur die Form εἴκοσι, vor Konsonanten wie vor Vokalen, gefunden. Auch ist zu merken, daß bei Homer vor Vokalen die verlängerte Form zwar stets das ν annimmt (ἐείκοσιν), von der kürzeren aber in demselben Falle nur εἴκοσ' (nie εἴκοσιν) erscheint. In Zusammensetzungen wird ι vor Vokalen entweder elidirt, oder in α verwandelt, oder beibehalten: εἰκοσόργυιος, εἰκοσάεδρος, εἰκοσιετής; daher (wenigstens bei Späteren) auch in den zusammengesetzten Zahlwörtern immer ohne ν: εἰκοσιέξ, εἰκοσιοκτώ ꝛc.

5) die enklit. Partikeln *κέν* und *νύν* (§. 14.)

6) das *ί* demonstr. zuweilen (§. 80 A.)

4. Ganz eben so verhält sich das *ς* in *οὕτως, οὕτω* (so); und in *μέχρις, ἄχρις* (bis), nur daß diese zwei häufig auch vor Vokalen ohne *ς* stehn. Wegen *ἀμφί* und *ἀμφίς* s. §. 146 A. 2.

Anm. 1. Die Jonier lassen das *ν* auch vor einem Vokale weg. Dagegen brauchen es die Dichter oft vor einem Konsonanten, um Position zu bewirken. Außerdem steht es in korrekten Ausgaben, ohne Rücksicht auf das folgende Wort, am Ende der Sätze oder ganzer Abschnitte und Bücher. Auch am Ende der meisten Versarten wird dies *ν* (wie auch das *s* in *οὕτως* und *ἀμφίς*) gesetzt, wenn gleich der folgende Vers mit einem Konsonanten anfängt.

Anm. 2. Dies alles zeigt deutlich, daß dieses *ν* nicht etwa eine des Wohlklangs wegen erst gemachte Erfindung ist, sondern daß vielmehr die Endung mit *ν* die ursprüngliche und ältere Form war, die erst bei Abglättung der Sprache vor den Konsonanten das *ν* abwarf. So gibt es noch andre Formen, welche ihren Endbuchstaben bei Joniern, oder dem Metrum zu liebe, verlieren, wie die Abverbial=Endungen *θεν* und *κις*, z. B. *ἄλλοθε* für *ἄλλοθεν, πολλάκι* für *πολλάκις*, ferner *ἀτρέμα* und -*μας*, *μεσσηγύ* und -*γύς*. Vgl. §. 117, 1. — Ganz von eben der Art wie das bewegl. *ν* ist in der Komposition das *ν* bei dem alpha privativum, z. B. *ἀναίτιος* (s. §. 120).

5. Die Partikel *οὐ*, nicht, hat vor Vokalen ein *κ*, und folglich vor dem Spir. asper ein *χ*, z. B.

οὐ πάρεςιν, οὐκ ἔνεςιν, οὐχ ὕπεςιν.

Anm. 3. Weil aber kein griech. Wort, für sich betrachtet, auf *κ* ausgeht, so fällt das *κ* in *οὐκ* am Schlusse des Sinnes (bei Dichtern auch des Verses), oder in der Nachstellung, oder wenn es (wie unser nein) für sich allein steht, weg, selbst dann wenn der folgende Satz mit einem Vokal anfängt; z. B. Pl. Theaet. p. 176 *τὸ μὲν ἐπιτηδευτέον, τὸ δὲ οὔ, ἵνα μὴ κακὸς δοκῇ εἶναι* (§. 129 A. 17). Dem. p. 147 *οὐ γὰρ ὑφ' αὑτῷ ποιήσασθαι τὴν πόλιν βούλεται Φίλιππος, οὔ, ἀλλ' ὅλως ἀνελεῖν.* Ar. Ach. 421 *οὐ Φοίνικος, οὔ,* | *ἀλλ' ἕτερος ἦν Φοίνικος ἀθλιώτερος.* ib. 46. X. Symp. 2, 19 *ὠρχούμην μὲν οὔ, οὐ γὰρ τοῦτ' ἔμαθον.* Daher erkennt man in Stellen wie Theaet. p. 164 (*ὁρῶντα δὲ οὔ ἀποδείξαντες*) aus dem Wegfall des *κ*, daß *οὐ* nicht zum folgenden, sondern zum voraufgehenden Particip gehört. Sobald jedoch das alleinstehende (b. h. elliptische) *οὐ* mehr zum nachfolgenden Satze hinneigt und mit ihm in Verbindung steht, tritt *κ* wieder ein: Thuc. 3, 66 *οὐκ, ἦν γε οὗτοι τὰ ὀρθὰ γιγνώσκωσι.* 5, 101. Pl. Rep. 480. Soph. OT. 583 (cf. OC. 587. Aj. 1010), und so im Dialog und bei Rednern unzähligemal vor *ἀλλά: οὐκ, ἀλλ' ἀνάγκη, ἔφη· οὐκ, ἀλλ' ἀεί, ἔφη* Pl. Rep. 479 ꝛc. Vgl. §. 13, 4 Note.

6. Die Präposition *ἐκ* oder *ἐξ*, aus, hat die letztere Form bloß vor Vokalen oder am Schlusse des Sinnes, z. B.

ἐξ ἐμοῦ, ἐξ ὅτου, κακῶν ἔξ;

vor allen Konsonanten aber bleibt *κ*; also

ἐκ τούτου, ἐκ θαλάσσης, ἐκ γῆς.

Ebenso in allen Zusammensetzungen (vgl. §. 20. und 22):

ἄγω — ἐξάγω· αἱρέω — ἐξαιρέω· ἐκχέω, ἐκγενέσθαι.

Anm. 4 (3). Dasselbe gilt auch von den zusammengesetzten Präpos. *παρέκ, διέκ, ὑπέκ* bei Homer, außer an 4 Stellen (Il. *λ*, 486. Od.

μ, 276. 443. ξ, 168.), wo παρέξ auch vor Konsonanten steht, jedoch ent=
weder als Adverb, oder mit dem Akkusativ. S. Spitzn. Exc. 18. ad Jl. —
Das hievon wohl zu unterscheidende πάρεξ (praeter) bei Herodot erscheint
nie in anderer Gestalt.

Von Veränderung der Vokale.

§. 27.   (25)

1. Die Vokale wandeln sich im Griechischen wie in andern
Sprachen, ohne daß ein festes Gesetz darüber sich geben ließe. Wenn
in der Biegung und nächsten Ableitung der Vokal in einen andern
Laut übergeht, so heißt dies der Umlaut, z. B. τρέπω ich wende,
ἔτραπον ich wandte, τροπή Wendung.

2. Zu der Wandelung gehört auch die Verkürzung (συ-
στολή) und Verlängerung (ἔκτασις) eines Lautes: die sich aber
oft mit einer anderweitigen Veränderung desselben paaret. So wird
aus α oft η; und aus ε und ο, wenn sie aus irgend einer Ursach
sich verlängern,

theils η und ω (s. §. 41, 5. 42, 2. 84, 1. 95, 4.)
theils ει und ου (s. Anm. 1. §. 25, 4. 41, 4. 46, 2. 84, 2.)

3. Viele solche Vokalveränderungen bieten die Dialekte;
wovon die Anmerkungen eine Uebersicht geben.

Anmerkungen.

1. Die Jonier pflegen das ε und ο der andern Mundarten auf die
zweite Art zu verlängern, doch hauptsächlich nur, wenn eine semivocalis
darauf folgt, z. B. ξεῖνος, εἵνεκα, ὑπείρ, für ξένος fremd, ἕνεκα wegen,
ὑπέρ über; νοῦσος, οὔνομα, πουλύς, κούρη für νόσος Krankheit, ὄνομα
Name, πολύς viel, κόρη Mädchen, oder wenn auf das ε ein anderer Vokal
folgt, z. B. λείουσι Löwen, σπεῖος Höhle (wovon gen. σπείους, wie δείους
von δέος), χρύσειος für -εος golden, πλεῖος voll, πλείω, χείω ꝛc., welcher
Freiheiten sich zum Theil nur die Dichter, besonders die epischen, bedienen.
Allein auch hier gilt dieselbe Warnung, wie oben bei der Verdoppelung
(§. 21 A. 1); denn niemals erlaubte man sich dies z. B. bei πόλις, ὄνος,
μένος, περί u. a. m.

2. Wenn ᾰ und ο vor einem Vokal im Jonismus sich verlängern,
so wird αι und οι daraus, z. B. ἀετός Adler, ἀεί immer, ion. αἰετός,
αἰεί; πόα Gras, ion. ποίη.

3. In andern Fällen verfahren die Dorier, Jonier und Dichter
umgekehrt, und sagen z. B. ἔδεξε für ἔδειξε (von δείκνυμι), μέζων, κρέσσων, χερός (Genit. von χείρ), für μείζων ꝛc.; für βούλεσθε steht altion.
βόλεσθε, und für den Akk. auf ους dor. ος (s. 2. Dekl.).

4. Sonst haben die Dorier und Aeolier für ο und ου häufig ω,
und vor einem σ auch οι für ου. Z. B. κῶρος für κόρος oder κοῦρος
Knabe, δῶλος für δοῦλος Sklav, ὦν (dies auch ionisch) für οὖν, Μῶσα
und Μοῖσα für Μοῦσα, ἀκοίσω für ἀκούσω (von ἀκούω). — Analog ist
die Wandelung von ᾱ in αι vor σ, z. B. μέλαις, τύψαις, τύψαισα (s.
§. 103 n. 29) und bei Aeoliern lautete daher auch der acc. plur. 1. und
2. Dekl. -αις und -οις. S. Ahrens' Dial. Aeol. p. 69 sq.

5. Das η ist meistens aus dem α entstanden, welches in der alten Sprache herrschte und auch nachher der charakteristische Laut der **Dorier** blieb, die für η gewöhnlich lang α haben, z. B. ἁμέρα für ἡμέρα Tag, φάμα für φήμη Ruf, ϛᾶναι für ϛῆναι· und eben dies geschieht zum Theil in der feierlichen Poesie tragischer **Chöre**, bei einzelnen Wörtern (wie Ἀθάνα, Ἕκατι, δαρόν, ναός von ναῦς) selbst im Trimeter.*)

6. Wenn dagegen auch die **Jonier** zuweilen η in α verwandeln, so ist dies α kurz, wie in ἀράρυῖα für ἀρηρυῖα, τεθάλυῖα ꝛc.; daher in den ionischen Formen λέλασμαι (von λήθω), μεσαμβρία für μεσημβρία u. a., das α in der Aussprache nicht wie im Dorischen gedehnt werden darf.

7. Sonst lieben die **Jonier** durchaus das η, und brauchen es gewöhnlich statt des langen α, z. B. ἡμέρη, σοφίη für -α, (ἠήρ) ἠέρος für ἀήρ ἀέρος, ἰητρός, θώρηξ für ἰατρός Arzt, θώραξ Gen. ἄκος Panzer; πρήσσω, πρῆγμα für πράσσω, πρᾶγμα. — Daher auch νηῦς, γρηῦς für ναῦς, γραῦς; und selbst η für αι im Dat. Pl. auf ῃς, ῃσι der 1. Dekl.

8. Den Diphthongen ει lösen die **Jonier** häufig in ηϊ auf, z. B. κληῖς für κλείς, bes. in den Endungen εία (nicht εια), είος, είον: ἀγγήϊον für ἀγγείον, βασιληίη für βασιλεία (§. 28 A. 3), aber ἡ βασίλεια Königin, Herod. — Die **Dorier** haben statt ει vor Vokalen η: σαμῇον für σημεῖον.

9. Sonst verwandeln die **Jonier** auch wol α vor liquidis oder vor Vokalen in ε, z. B. τέσσερες für τέσσαρες vier, ἔρσην für ἄρσην männlich, ὕελος für ὕαλος Glas, μνέα für μνάα Mine, und in den Verbis auf άω (f. §. 105 Anm. 8). In andern Fällen steht bei ihnen α für ε wie τράπω, τάμνω für τρέπω, τέμνω; μέγαθος für μέγεθος.

10. Ein besonderer ionisch-attischer Gebrauch ist, daß wenn

lang α vor ο steht, jenes in ε, dies in ω

verwandelt wird, z. B. für λαός Volk, ναός Tempel, ist att. λεώς, νεώς; und so erklärt sich der ion. Genitiv auf εω aus der ältesten Form auf αο **).

11. Die **Jonier** verwandeln in den Compositis von αὐτός und in den Wörtern θαῦμα Wunder (θαυμάζω ꝛc.) und τραῦμα Wunde, das αυ in ωυ und ωϋ: ἐμεωυτόν, ἑωυτόν (f. §. 74 A. 4), θῶϋμα, τρῶϋμα. Das einfache αὐτός ist bei den echten Joniern unverändert; und ωὐτός steht bloß für ὁ αὐτός (f. §. 29 A. 6).

12. Die bloß dichterische Verlängerung von ο in ω ist sehr selten, wie δύω, Διώνυσος, δεύρω für δύο, Διόνυσος, δεῦρο.

13. Beispiele von anderen Vokalwandelungen seien: πάρδαλις dor. πόρδαλις; — ὄνομα äol. ὄνυμα; — ἰσίη ion. für ἑσία (Herd).

Anmerkungen über die Verlängerung der Silben überhaupt
(zu §. 21 und 27).

14. In der ältesten Schrift war keine Art der Verlängerung einer Silbe sichtbar, da theils ε und ο zugleich für η und ει, für ω und ου galten, theils die Konsonanten nicht doppelt geschrieben wurden.

---

*) S. §. 1 Anm. 1. und 12. Ellendt (lex. Soph. praef. ad t. II.) weist nach, daß dieser Dorismus von den Tragikern bei weitem am häufigsten in den Flexions-Endungen der Nomina 1. decl., sonst seltner und mehr oder weniger willkürlich angewandt wurde.

**) S. §. 34 zu Ende. Dieselbe Aenderung findet statt im Adj. ἵλεως, ων für ἵλαος, ον; im Gen. νεώς für ναός von ναῦς; und in mehreren Eigennamen auf αος wie Μενέλαος, Ἀμφιάραος oder -εως; aber nicht in denen auf αος wie Οἰνόμαος.

15. Erſt die alten Grammatiker brachten die Bezeichnung der metri‑
ſchen Verlängerungen durch Verdoppelung, oder durch lange Vokale und
Diphthongen in die alten Dichter. Aber hier wurde der Gebrauch nie ganz
feſt. Vielfältig ſchrieb man ſolche Wörter ganz auf gewöhnliche Art, und
überließ die versgerechte Ausſprache dem gebildeten Leſer. Hievon ſind in
den Dichtern, ſo wie ſie auf uns gekommen ſind, noch viele Ueberreſte, be‑
ſonders in der Arſis, wie ὀλοῆσι (Jl. α, 342. χ, 5, nach anb. ὀλοιῆσι)
mit langer zweiter Silbe, διεμοιρᾶτο, ἀπενίζοντο ꝛc., eben ſo wie
z. B. in ἔμμαϑεν, ἔννεον, ἀπολλήξεις, ἔσσευα ꝛc., auch geſchrieben wird.

16. (17). Uebrigens findet auch nach einem langen Vokal ein dop‑
pelter Konſonant ſtatt, z. B. μᾶλλον, ἧσσων, ἥττων, Κνωσσός, Ὑμηττός,
λεύσσω, κρείσσων, κρείττων; und eben dies iſt der Fall in πρᾶσσω (ion.
πρήσσω), Παρνασσός (ion. Παρνησσός), κνίσσα, Κηφισσός, die mit ge‑
dehntem Vokal zu ſprechen ſind. Andere ſchreiben Κνωσός, Παρνησός,
κνίσα, Κηφισός, Ἰλισός ꝛc. Die Ortsnamen auf -οὖσσα ſind entſtanden
aus όεσσα; alſo Σκοτοῦσσα, Πιϑηκοῦσσα, Ἀργινοῦσσα ꝛc. Jedoch Συ‑
ράκουσαι, -ούσιος, nebſt der Verkürzung Συρακόσιος waren ſchon im Al‑
terthum gebräuchlich. S. ausführl. Sprachl. §. 21 A. 9.

§. 28.   Zuſammenziehung.   (26)

1. Ein Vokal, unmittelbar vor welchem im ſelbigen Worte
ein anderer Vokal ſteht, heißt Vocalis pura. Er tönt nehmlich
rein, d. h. ohne von einem Konſonanten eingeführt zu ſein. Und
beſonders heißen die mit einem Vokal anfangenden Endungen,
wie α, ος, ω ꝛc. reine, wenn noch ein Vokal vorhergeht; wie in
σοφία, διπλόος, φιλέω.

2. Der charakteriſtiſche Unterſchied des ioniſchen und atti‑
ſchen Dialekts iſt, daß jener die Zuſammenkunft der Vokale
in den meiſten Fällen liebt, dieſer ſie großentheils vermeidet. (S.
jedoch Anm. 1. und 5.)

3. Die Mittel dagegen innerhalb der Wörter ſind

1) die Synkope (συγκοπή) d. h. Ausſtoßung eines Vokals
aus der Mitte des Wortes, z. B. οἴομαι, ᾠόμην — οἶμαι,
ᾤμην. Die Hauptfälle derſelben ſ. in §. 47. und 110.

2) die Kontraction (συναίρεσις), da mehre Vokale in
Einen langen Miſchlaut zuſammengezogen werden. Dies
geſchieht nach folgenden Hauptgrundſätzen:

a. Zwei Vokale bilden ſchon durch ſich ſelbſt einen Diph‑
thongen: ſo entſteht
ει, οι aus εϊ, οϊ, z. B. τείχεϊ τείχει, αἰδόϊ αἰδοῖ, §. 49.
Die andern eigentlichen Diphthongen werden nicht leicht auf dieſe
einfache Art gebildet; wohl aber die uneigentlichen
ᾳ, ῃ, ῳ aus αϊ, ηϊ, ωϊ, z. B. γήραϊ γήρᾳ (§. 54), Θρήϊσσα
Θρῇσσα, λωΐτος λῷτος (§. 68).

b. Zwei Vokale gehn in einen verwandten langen Laut
über; und zwar entſteht gewöhnlich
η aus εα — τείχεα τείχη, κέαρ κῆρ §. 49.
ει aus εε — ποιεε ποίει, ῥέεϑρον ῥεῖϑρον §. 105.

$$\omega \text{ aus} \begin{cases} \alpha o \;-\; \tau\iota\mu\acute{\alpha}o\mu\epsilon\nu\;\tau\iota\mu\tilde{\omega}\mu\epsilon\nu \\ \alpha o\upsilon \;-\; \tau\iota\mu\acute{\alpha}o\upsilon\;\tau\iota\mu\tilde{\omega} \end{cases} \Big\} \;\text{§. 105.}$$

$\quad\quad\quad o\alpha \;-\; \alpha\grave{\iota}\delta\acute{o}\alpha\;\alpha\grave{\iota}\delta\tilde{\omega}$ §. 49.

$\quad\quad\quad o\eta \;-\; \mu\iota\sigma\vartheta\acute{o}\eta\tau\epsilon\;\mu\iota\sigma\vartheta\tilde{\omega}\tau\epsilon$ §. 105.

$$o\upsilon \text{ aus} \begin{cases} oo \;-\; \pi\lambda\acute{o}o\varsigma\;\pi\lambda o\tilde{\upsilon}\varsigma,\;\mu\iota\sigma\vartheta\acute{o}o\mu\epsilon\nu\;\mu\iota\sigma\vartheta o\tilde{\upsilon}\mu\epsilon\nu \;\text{§. 36. 105.} \\ o\epsilon \;-\; \grave{\epsilon}\mu\acute{\iota}\sigma\vartheta o\epsilon\;\grave{\epsilon}\mu\acute{\iota}\sigma\vartheta o\upsilon \;\text{§. 105.} \\ \epsilon o \;-\; \tau\epsilon\acute{\iota}\chi\epsilon o\varsigma\;\tau\epsilon\acute{\iota}\chi o\upsilon\varsigma,\;\pi o\iota\acute{\epsilon}o\mu\epsilon\nu\;\pi o\iota o\tilde{\upsilon}\mu\epsilon\nu \;\text{§. 49. 105.} \end{cases}$$

c. Die schwankenden Vokale (α, ι, υ) verschlingen, wenn sie kurz sind, oft den darauf folgenden, und werden dadurch lang. Es wird demnach insbesondere aus

$\alpha\alpha$, $\alpha\epsilon$, $\alpha\eta$ — $\bar{\alpha}$: $\sigma\epsilon\lambda\acute{\alpha}\breve{\alpha}\;\sigma\acute{\epsilon}\lambda\bar{\alpha}$ (§. 45), $\tau\acute{\iota}\mu\breve{\alpha}\epsilon\;\tau\acute{\iota}\mu\bar{\alpha}$ (§. 105), ion. $\mathring{\alpha}\epsilon\vartheta\lambda o\varsigma$ ($\breve{\alpha}$) att. $\mathring{\alpha}\vartheta\lambda o\varsigma$ Kampf, $\tau\iota\mu\acute{\alpha}\eta\tau\epsilon\;\tau\iota\mu\tilde{\alpha}\tau\epsilon$

$\iota\iota$, $\iota\epsilon$, $\iota\alpha$ — $\bar{\iota}$: $X\acute{\iota}\iota o\varsigma\;X\~{\iota}o\varsigma$ (einer aus $X\acute{\iota}o\varsigma$), $^{\prime}\!I\varphi\breve{\iota}\iota\;^{\prime}\!I\varphi\~{\iota}$, $\pi\acute{o}\lambda\breve{\iota}\epsilon\varsigma$ und $\pi\acute{o}\lambda\iota\alpha\varsigma\;\pi\acute{o}\lambda\~{\iota}\varsigma$ (ion. Contr. §. 50).

$\nu\epsilon$, $\nu\alpha$, $\nu\iota$ — $\bar{\upsilon}$: $\grave{\iota}\chi\vartheta\acute{\upsilon}\epsilon\varsigma$ und $\grave{\iota}\chi\vartheta\acute{\upsilon}\alpha\varsigma$ ($\breve{\upsilon}$) $\grave{\iota}\chi\vartheta\~{\upsilon}\varsigma$ nach §. 50. $\grave{\iota}\chi\vartheta\acute{\upsilon}\delta\iota o\nu\;\grave{\iota}\chi\vartheta\acute{\upsilon}\delta\iota o\nu$ Fischchen.

d. Ein langer Laut verschlingt einen Vokal ohne weitere Veränderung; dies geschieht besonders dem

$$\alpha,\;\epsilon,\;o$$

vor und nach einem verwandten langen Laut und vor dem ω, z. B. $\lambda\tilde{\alpha}\alpha\varsigma\;\lambda\tilde{\alpha}\varsigma$ (Stein), $\tau\iota\mu\acute{\alpha}\omega\;\tau\iota\mu\tilde{\omega}$, $\Pi o\sigma\epsilon\iota\delta\acute{\alpha}\omega\nu\;\Pi o\sigma\epsilon\iota\delta\tilde{\omega}\nu$, $\mu\nu\acute{\alpha}\alpha\iota$ $\mu\nu\alpha\tilde{\iota}$, $\varphi\iota\lambda\acute{\epsilon}\omega\;\varphi\iota\lambda\tilde{\omega}$, $\varphi\iota\lambda\acute{\epsilon}\epsilon\iota\varsigma\;\varphi\iota\lambda\epsilon\tilde{\iota}\varsigma$, $\varphi\iota\lambda\acute{\epsilon}\eta\tau\epsilon\;\varphi\iota\lambda\tilde{\eta}\tau\epsilon$, $\varphi\iota\lambda\acute{\epsilon}o\upsilon\sigma\iota$ $\varphi\iota\lambda o\tilde{\upsilon}\sigma\iota$, $\tau\iota\mu\acute{\eta}\epsilon\nu\tau o\varsigma\;\tau\iota\mu\tilde{\eta}\nu\tau o\varsigma$, $\mu\iota\sigma\vartheta\acute{o}\omega\;\mu\iota\sigma\vartheta\tilde{\omega}$, $\mu\iota\sigma\vartheta\acute{o}o\upsilon\sigma\iota$ $\mu\iota\sigma\vartheta o\tilde{\upsilon}\sigma\iota$, $\pi\lambda\acute{o}o\iota\;\pi\lambda o\tilde{\iota}$. Vgl. hiezu Anm. 7.

4. Wenn (außer den eben erwähnten Fällen) ein mit ι zusammengesetzter Diphthong, die uneigentlichen mit begriffen, mit einem vorhergehenden Vokal kontrahirt werden soll, so wird mit den zwei ersten Vokalen nach einer der obigen Regeln verfahren, und das ι entweder untergeschrieben, z. B.

$\tau\acute{\upsilon}\pi\tau$-$\epsilon\alpha\iota\;\tau\acute{\upsilon}\pi\tau$-$\eta$ (Anm. III zu §. 103.)

$\grave{\alpha}\epsilon\acute{\iota}$-$\delta\omega\;\~{\alpha}$-$\delta\omega$, $\grave{\alpha}o\iota$-$\delta\acute{\eta}\;\acute{\omega}$-$\delta\acute{\eta}$, $\tau\iota\mu$-$\acute{\alpha}\epsilon\iota$ und $\tau\iota\mu$-$\acute{\alpha}\eta$ — $\tau\iota\mu$-$\tilde{\alpha}$ oder es fällt, wenn der Mischlaut das untergeschr. ι nicht annimmt, ganz weg, z. B.

$\mu\iota\sigma\vartheta$-$\acute{o}\epsilon\iota\nu\;\mu\iota\sigma\vartheta$-$o\tilde{\upsilon}\nu$, $^{\prime}\!O\pi\acute{o}\epsilon\iota\varsigma\;^{\prime}\!O\pi o\tilde{\upsilon}\varsigma$ (§. 41 Anm. 5).

Anm. 1. Alles obige begreift bloß die regelmäßige und analoge Zusammenziehung. Verschiedene Abweichungen, Ausnahmen und Fälle wo keine Kontraction stattfindet, kommen weiter unten vor.

Anm. 2. Dagegen versäumen die Jonier, wie schon oben bemerkt, gewöhnlich die Kontraction, und lösen einen langen Laut in dessen bei den übrigen Griechen längst außer Uebung gekommene einfache Theile auf, z. B. 2. pass. $\tau\acute{\upsilon}\pi\tau\epsilon\alpha\iota$ für $\tau\acute{\upsilon}\pi\tau\eta$; selbst $\varphi\iota\lambda\acute{\epsilon}\alpha\iota$, $\grave{\epsilon}\pi\alpha\iota\nu\acute{\epsilon}\alpha\iota$ u. d. g. für $\varphi\iota\lambda\acute{\eta}$, $\varphi\iota\lambda\tilde{\eta}$ (att. $\tau\acute{\upsilon}\pi\tau\epsilon\iota$, $\varphi\iota\lambda\epsilon\tilde{\iota}$ §. 103 n. 18). — Uebrigens hat auch der borische Dialekt viele aufgelöste Formen mit den Joniern gemein.

Anm. 3. Von eben diesem Triebe der Jonier rührt auch her die in der epischen Sprache so häufige Trennung ($\delta\iota\alpha\acute{\iota}\rho\epsilon\sigma\iota\varsigma$) der Diphthongen in gewissen Wörtern, z. B. $\pi\acute{\alpha}\ddot{\iota}\varsigma$ für $\pi\alpha\tilde{\iota}\varsigma$, $\grave{o}\acute{\iota}o\mu\alpha\iota$, $\mathring{\epsilon}\acute{\upsilon}\tau\rho o\chi o\varsigma$, wohin auch gehört $\grave{\alpha}\gamma\gamma\acute{\eta}\ddot{\iota}o\nu$ für $\grave{\alpha}\gamma\gamma\epsilon\tilde{\iota}o\nu$ u. d. g.; ferner die Zerdehnung eines Vokals, z. B. $\varphi\acute{\alpha}\alpha\nu\vartheta\epsilon\nu$, $\kappa\rho\acute{\eta}\eta\nu o\nu$ für $\varphi\acute{\alpha}\nu\vartheta\epsilon\nu$, $\kappa\rho\tilde{\eta}\nu o\nu$, und die ionische Einschiebung oder Vorsetzung eines ϵ, z. B. $\mathring{\eta}\acute{\epsilon}$ für $\mathring{\eta}$, $\mathring{\eta}\acute{\epsilon}\lambda\iota o\varsigma$ für $\mathring{\eta}\lambda\iota o\varsigma$, $\grave{\epsilon}\epsilon\acute{\iota}\kappa o\sigma\iota$ für $\epsilon\acute{\iota}\kappa o\sigma\iota$, $\grave{\alpha}\delta\epsilon\lambda\varphi\epsilon\acute{o}\varsigma$, $\tau o\upsilon\tau\acute{\epsilon}\omega\nu$ 2c.

Anm. 4. Zuweilen befördern bie Jonier bie Zuſammenkunft ber Vo⸗ kale burch Ausſtoßung eines Konſonanten (ἐξαίρεσις b. h. Ausſtoßung aus ber Mitte, ſ. §. 147 unter ἐκ), z. B. τέραος für τέρατος (§. 54). Vgl. auch τύπτεαι ꝛc. in Anm. III. zu §. 103.

Anm. 5. Es gibt indeſſen auch Fälle wo bie Jonier zuſammen⸗ ziehen unb bie Attiker nicht, z. B. ἱρός (ῑ) ion. für ἱερός. Auch haben bie Jonier (nebſt einem Theil ber Dorier) eine eigne Kontraction

von εο unb εον in ευ

z. B. πλεῦνες für πλέονες, ποι-εύμενος aus -εόμενος, ποι-εῦσι aus ποι-έουσι (vgl. beſ. §. 105 Anm. 13). — Endlich iſt zu merken, baß ber Jo⸗ nismus ber alten Epiker ſich ber Zuſammenziehung viel häufiger bedient als bie ſpätere ioniſche Proſa.

Anm. 6. Die Alten ſchrieben ſehr häufig bie Vokale aus unb über⸗ ließen bie Zuſammenziehung ber Ausſprache. Dieſer Gebrauch, welcher

Synizeſe (συνίζησις) ober Synalöphe (συναλοιφή)

genannt wird, iſt in vielen Fällen in ber ſchriftlichen Abfaſſung ber alten Dichter beibehalten, beſ. bei ben Epikern, z. B. Jl. λ, 282 Ἄφρεον δὲ σήθεα, wo bie Ausgänge φρεον unb θεα als Eine Silbe auszuſprechen ſind: ἄφρευν δὲ σήθη. Hes. θ. 763 χάλκεον (ſpr. -ουν) δὲ οἱ ἦτορ. Bei Attikern findet ſich auf bieſe Art ſehr oft bas ſonſt nie als Kontractum vorkommenbe θεός, θεόν, unb einige Eigennamen, wie Νεοπτόλεμος. — Von ber Synizeſe zwiſchen zwei Wörtern ſ. §. 29 letzte Anm.

Anm. 7. Die unter d. aufgeführte Art ber Zuſammenziehung (φι-λέουσι, φιλοῦσι u. b. g.) könnte als Synkope bes kurzen Vokals angeſehen werden. Allein in ber Mitte ber Wörter trifft ſolche Ausſtoßung (außer ben Zuſammenſetzungen, wie ἐπάγω für ἐπι-άγω) vorzüglich nur beim Bin⸗ bevokal (§. 110) unb bei einigen ioniſchen Abkürzungen ein, wie φοβέο für φοβέεο (§. 105 Anm. 7). In ben oben berührten Fällen hingegen bezweckte bie Sprache — wie bie Analogie ber übrigen Fälle, z. B. τιμάουσι ὦσι, μελιτόεντος οὖντος beweiſt — offenbar einen Miſchlaut, nahm aber bazu ben einen ſchon vorhanbenen langen Laut.

Accent unb Quantität.

5. (A. 8.) Wenn von ben zwei zuſammenzuziehenben Silben keine ben Ton hat, ſo bekommt ihn in ber Regel auch ber Miſch⸗ laut nicht, z. B. περίπλοος, ἐτίμαον zuſgz. περίπλους, ἐτίμων.

Anm. 8. Ausnahmen von bieſer allgemeinen Regel ſind ſelten unb anomaliſch, wie bie Kontraction von χρύσεος in χρυσοῦς ꝛc. (§. 60).

6. (A. 9.) Hat aber von ben zwei urſprünglichen Silben bie eine ben Ton, ſo bleibt er auch auf bem Miſchlaut, unb wird alsbann, wenn es bie vor⸗ ober brittletzte Silbe iſt, burch bie all⸗ gemeinen Regeln unb bie Beſchaffenheit ber Endſilbe (§. 10. 11.) beſtimmt. Trifft es bie letzte Silbe, ſo bekommt ſie

a) wenn von ben beiden urſprünglichen Silben bie erſtere ben Ton hatte, ben Cirkumflex, z. B. νόος νοῦς, φιλέω φιλῶ, Θρῆϊξ Θρῆξ, mit wenigen Ausnahmen, z. B. bes Akkuſ. τὴν ἠχόα ἠχώ (§. 49), bes Duals τὼ πλόω πλώ (§. 36);

b) wenn jeboch bie urſprüngliche Form ben Akutus auf ber letzten Silbe hatte (was aber ſelten eintrifft), ſo bleibt ber Aku⸗ tus nach §.9 Anm. 1, z. B. ἐὰν ἤν, ἐσαὼς ἐσώς, δαΐς δᾴς.

Anm. 9. Zuweilen findet bei der Kontraction eine Versetzung des Accents statt, z. B. in δέλητος, φρητός §. 41 Anm. 7., ἄεργος ἀργός ꝛc.

Anm. 10. (11.) Da jeder Mischlaut wesentlich lang ist, so werden Fälle, wo der Mischlaut wieder verkürzt zu sein scheint, wie die Neutralformen τὰ κλία, κρέα, γέρα richtiger unter den Gesichtspunkt der Synkope gebracht. S. die Anm. zu §. 53. 54. und wegen δαΐ (‿) für δαΐδι §. 58.

§. 29. Hiatus. — Krasis.   (27)

1. Wenn von zwei auf einander folgenden Wörtern das erstere mit einem Vokal schließt und das andere mit einem Vokal anfängt, so macht der dazwischen gehörte Spiritus, der asper sowohl als der lenis, eine Wirkung, welche man den Hiatus nennet, und welche dem Ohre, dem attischen besonders, noch weniger angenehm war, als die Häufung der Vokale in der Mitte eines Worts. Dieser Hiatus kam daher in der Poesie wenig, in der attischen fast gar nicht vor. Aber auch in der Prosa (die ionische ausgenommen) hörte man dessen häufige Wiederkehr nicht gern.

Anm. 1. Der attische Vers gestattete den Hiatus hauptsächlich nur nach dem fragenden τί, nach den Partikeln ὅτι und περί, den Ausrufwörtern wie ὤ, φεῦ, und in einigen Redensarten, wie οὐδὲ εἷς, μηδὲ εἷς (§. 70, 1.), εὖ οἶδα ꝛc. Bei Homer ist er zwar häufig; rechnet man jedoch die Zahl der erlaubten und oben §. 7, 16 näher bezeichneten beiden Fälle ab, so wird er auch bei ihm verhältnismäßig selten und findet gewöhnlich durch die Stellung im Verse (Pause ꝛc.) oder durch die Natur der Vokale, sofern sie der Elision widerstehen (namentlich υ und ι) seine Entschuldigung *). — Unter den Prosaikern vermied ihn am sorgfältigsten Isokrates; auch von den Spätern einige, wie Polybius, Plutarch. Bei Plato und Xenophon jedoch finden sich viele Hiatus, die meisten bei Thucydibes.

2. Das natürliche Hülfsmittel gegen den Hiatus ist die Vereinigung beider Silben in eine, welche, wie oben §. 28 beim einfachen Worte, auf zweierlei Art geschieht:

1) durch die Elision (ἔκθλιψις) mittelst des Apostrophs §. 30.
2) durch die Krasis (κρᾶσις Mischung, von κεράννυμι) d. h. die Verschmelzung beider Silben in einen Mischlaut, und somit auch beider Wörter zu Einem der Schrift und Aussprache nach).

Diese Krasis weicht von der gewöhnlichen Kontraction im Innern eines Wortes zuweilen wesentlich ab, erstreckt sich jedoch, besonders in der Prosa, nur auf eine beschränkte Anzahl von Fällen. Die meisten Krasen finden sich im attischen Drama **).

---

*) S. Hoffm. quaest. Hom. I. p. 80. 83. — Nicht als Hiatus dürfen betrachtet werden folgende zwei Fälle, in denen nur scheinbar ein Hiatus stattfindet, nehmlich a) wenn bereits eine Silbe durch den Apostroph hinweggenommen worden, wie τέ ἄρματα, μηρί ἔκη' οὐδ' —; b) wenn das zweite Wort das Digamma hatte, wie θαῦμα ἰδέσθαι, ἐπὶ οἷ ꝛc. Als Beispiel aller (4) bezeichneten Fälle nehme man die beiden Verse Od. ε, 150. 153.

**) S. die Verzeichnisse bei Krüger II. p. 24 ff. Bekk. hom. Bl. 174.

Anm. 2. Bei der Krasis ist zufördert dreierlei zu beachten: a. Jede Krasis macht einen **langen Laut** (§. 7, 7). Hiedurch unterscheiden sich mehre Fälle derselben von der **Elision** durch den **Apostroph**, z. B. *τἀληθἐς, κἀρετή* (für *τὸ ἀλ., καὶ ἀρ.* mit kurzem *α*). Daher muß man auch solche wie *τἀνδρός* in der Aussprache dehnen, und *τἄλλα* (für *τὰ ἄλλα*) circumflektiren*). Andre Fälle aber, wie *ταὐτό, ταὐτά* (für *τὸ αὐτό, τὰ αὐτά*) müssen der Gleichförmigkeit wegen gleichfalls hiehergezogen werden (vgl. §. 28 Anm. 7).
b. Das untergeschriebene *ι* findet nur statt, wenn unter den zusammenzuziehenden Vokalen das *ι* die letzte Stelle einnimmt; also in *κᾆτα* für *καὶ εἶτα*, aber nicht in *κἄν* für *καὶ ἄν* und *κἀν* *ἐάν**).
c. Auf die Krasis wird gewöhnlich ein ᾽ gesetzt, welches Koronis (*κορωνίς*) heißt.

Anm. 3. Am gewöhnlichsten ist die Krasis beim Artikel, z. B.

οὐκ, οὑπί für *ὁ ἐκ, ὁ ἐπί*
τοὐναντίον, τοὔπος für *τὸ ἐναντίον, τὸ ἔπος*
τοὔνομα für *τὸ ὄνομα*
τἀμά, τἀπί für *τὰ ἐμά, τὰ ἐπί*
τἀγαθά, τἄλλα für *τὰ ἀγ., τὰ ἄλλα*　　} mit langem *α*, s. die
τἀληθές, τἄδικον für *τὸ ἀλ., τὸ ἄδ.*　　　vor. Anm. a.

ὡπαιτῶν, für *ὁ ἀπαιτῶν*, dagegen, wenigstens bei Attikern: *ἀνήρ, ἄνθρωπος, ἀδελφός* (lang *α*) für *ὁ ἀνήρ, ὁ ἄνθρ., ὁ ἀδ.* seltner mit dem Artic. postpos. oder Pronom. Relat. Neutr., wie *ἄδοξε* für *ἃ ἔδοξε, ἄν* für *ἃ ἄν* — ꝛc.

Anm: 4. Unkenntlicher werden die Krasen durch Verschlingung der **Diphthongen**, z. B.

οὑμοί für *οἱ ἐμοί*
ὡπαντῶντες oder *ἁπαντῶντες* für *οἱ ἀπαντῶντες*
τἀνδρός, τἀνδρί für *τοῦ ἀνδρός, τῷ ἀνδρί* (s. A. 2. a): und so auch *ταὐτοῦ, ταὐτῷ* (§. 74), *ἀπὸ ταὐτομάτου* u. d. g.
τᾄτιον für *τὸ αἴτιον*

oder wenn das *τ* des Artikels, wegen des Spir. asp. auf dem zweiten Worte, nach §. 17 A. 2, in *ϑ* übergeht, z. B.
ϑοἰμάτιον pl. *ϑαἰμάτια* für *τὸ ἰμ., τὰ ἰμ.*
ϑἠμετέρου für *τοῦ ἡμετέρου.*

Anm. 5. Mit *ἕτερος* werden die Vokale des Artikels gewöhnlich in *ᾱ* zusammengezogen, welches von der alten und dorischen Form *ἅτερος* (kurz *α*) für *ἕτερος* herkommt; also
ἅτερος, ἅτεροι für *ὁ ἕτερος, οἱ ἕτεροι*
ϑατέρου, ϑατέρῳ, ϑάτερα für *τοῦ, τῷ, τὰ ἕτ.* ***)

---

*) Ob *τἄλλα* oder *τἀλλα* zu accentuiren, ist bei dem Schwanken der Handschriften und den dürftigen Angaben der alten Grammatiker schwer auszumachen. Göttling (Acc. S. 384) entscheidet für den Circumflex, aber dann folgt konsequenter Weise auch die Schreibart *τἄνδον* (τὰ ἔνδον), *χἄμα* (καὶ ἅμα), *κἄτι* (καὶ ἔτι), *χὤσοι* (καὶ ὅσοι) u. s. w., was wenigstens in den Handschriften und neuern Ausgaben gewöhnlich nicht beobachtet wird. S. Ellendt. lex. Soph. unter *ὁ* (p. 207.) und *καί*. Noch anders verfährt Wolf, indem er einen Unterschied macht zwischen Vokal und Diphthong; s. lit. Anal. II. S. 431. und Göttl. a. a. O.

**) Die Schreibart *κἄν, κἄπειτα* ist um so falscher, wenn *ι* noch nachtönte (§. 5 Anm. 2), da es wenigstens vor *ν* und *π* gewiß nicht gehört wurde. Da selbst in Krasen wie *κᾆτα* will der Grammatiker Apollonius das *ι* schwinden lassen; s. Ellendt. lex. Soph. (v. *καί*). Lob. Aj. 1128.

***) Bei spätern (z. B. Luc. Pseudol. 29. Joseph. B. J. 5, 2, 2) findet sich

Anm. 6. Selbst die Jonier haben solche Krasen, ziehen aber $o\,\alpha$ immer in ω zusammen, z. B. ὠνήρ, ὤνθρωπος, τὠγαλμα, τὠληθές, τὠπὸ τούτου für τὸ ἀπὸ τούτου; und verwandeln dabei den Spir. asper in den lenis, doch nur in den drei Fällen

ὤρισος, ὤλλοι, ωὐτός für ὁ ἄρισος, οἱ ἄλλοι, ὁ αὐτός *)

So also auch τωὐτό für τὸ αὐτό (ταὐτό): f. §. 27 A. 11.

Anm. 7. Auch καί, dessen κ gleichfalls, wenn das folgende Wort den Spir. asper hat, in χ übergeht, macht häufig eine Krasis, z. B.

κἂν für καὶ ἐν — κἂν für καὶ ἄν und καὶ ἐάν
κἄπειτα, κἀκεῖνος, κἀγώ für καὶ ἔπειτα u. f. w. } S. A. 2. b.
κᾆτα für καὶ εἶτα } mit b. Note.
κἀρετή, κἶσος für καὶ ἀρετή, καὶ ἴσος
κῷνος, κῴκία für καὶ οἶνος, καὶ οἰκία
χἄτερος für καὶ ἕτερος, — χὠ für καὶ ὁ.

Andre lange Silben bleiben unverändert:
κεῖ, κοὐ, κεὐ- für καὶ εἰ, οὐ, εὐ-, κεῖχον für καὶ εἶχον.
Die Jonier und Dorier brauchen η für $\bar a$, z. B. κῆν, κῆπειτα.

Anm. 8. Auch die Partikeln τοί, μέντοι, ἤτοι machen mit den Partikeln ἄν und ἄρα ein langes a und müssen daher als Krasen τἄν, τἄρα oder τἆρα, μεντἄν (nicht τ' ἄν, τ' ἄρα ꝛc.) geschrieben werden.

Anm. 9. Unter manchen andern Krasen, die der Beobachtung überlassen bleiben, merke man noch:

ἐγῷμαι, ἐγᾦδα für ἐγὼ οἶμαι, ἐγὼ οἶδα
μοῦσίν, μοὔδωκεν u. d. g. für μοί ἐσιν, ἔδωκεν
προὔργου, προὐλίγου für πρὸ ἔργου, ὀλίγου· — προὔχω f. §.120.
οὐγωλεγον für ὃ ἐγὼ ἔλεγον (Aristoph.)

Anm. 10. Zu der Krasis müssen aber auch alle Fälle gerechnet werden, wo der erste Vokal eines Wortes vom vorhergehenden langen Laute nur verschlungen wird, z. B.

οὔνεκα, ὁθούνεκα für οὗ ἕνεκα, ὅτου ἕνεκα (Anm. 4)
ὦνθρωπε, ὦνερ, ὦναξ für ὦ ἄνθρωπε, ἄνερ, ἄναξ.

Der Deutlichkeit wegen werden jedoch die meisten dieser Art mit dem Apostroph über dem zweiten Vokal, bef. wenn dieser ein ε ist, bezeichnet, z. B.

ὠ᾽γαθέ (ἀγαθέ) — τῇ ᾽ρημίᾳ (ἐρημίᾳ)
ποῦ ᾽σιν (ἐσιν) — ἐγὼ ᾽ν τοῖς (ἐν);

daher andere Grammatiker diese Fälle sowohl von denen der Elision (§. 30) als benen der Krasis unterschieden unter dem Namen **Aphäresis** (ἀφαίρεσις b. i. Wegnahme des ersten Vokals im zweiten Worte) **).

Anm. 11. Viele andre Zusammenziehungen wurden nie durch Buchstaben ausgedrückt, sondern als **Synizese** (hier auch συνεκφώνησις genannt; vgl. §. 28 Anm. 6), der Aussprache überlassen, z. B. ἐπεὶ οὐ als Jambus (Soph. Philoct. 446), μὴ οὐ in der attischen Poesie immer als eine Silbe. So auch bei Homer, bei dem sich überhaupt nur wenig Krasen finden, ἢ εἰσόκεν als Daktylus (Jl. ε, 466), — ἀσβέ | ςῳ˙ οὐδ᾽ νί | όν — Jl. ρ, 89. ἐπεὶ οὐδ᾽ Jl. ν, 777. S. das Verz. bei Bekk. hom. Bl. 173.

---

sogar θάτερον für τὸν ἕτερον. In der Stelle bei Euripides (Ion. 847) ist θάτερον wol neutral zu fassen. S. ausf. Sprachl.

*) Auch dies wird in den neueren Ausgaben des Herodot gewöhnlich nicht beobachtet (2, 168. 5, 52. 1, 48 etc. ed. Gaisf. Bekk.); dagegen ωὐτός mit dem lenis Il. ε, 396. Her. 2, 79 Gsf. ὥρισοι Il. κ, 539. λ, 288 etc. Vgl. ausf. Spr. § 29 A. 12 Not. Schol. Ap. Rhod. 1, 998. 1081.

**) Daß alle diese Fälle wirkliche Krasen sind, zeigt die Analogie vieler

§. 30. Vom Apoſtroph. (28)

1. Durch die Eliſion (ἔκθλιψις §. 29, 2.) wird wie in andern Sprachen der kurze Vokal am Ende eines Worts vor einem andern Vokale hinweggenommen, worauf über die leere Stelle der Apoſtroph ’ als Zeichen geſetzt wird, z. B.

$$\text{ἐπ' ἐμοῦ}\quad\text{für}\quad\text{ἐπὶ ἐμοῦ}$$

und wenn das folgende Wort den Spir. aſper hat, die etwa vorhergehende Tenuis (nach §. 17, 3) aſpirirt wird, z. B.

$$\text{ἀφ' οὗ}\quad\text{für}\quad\text{ἀπὸ οὗ.}$$

2. In Proſa ſind gewiſſe oft wiederkehrende Wörter, welche ganz gewöhnlich elidirt werden, beſonders

1) alle zweiſilbige auf einen Vokal ausgehende Präpoſitionen (§. 115, 2), mit Ausnahme von περί

2) viele Partikeln, als ἀλλά, ἄρα und ἆρα, εἶτα, ἅμα, ἔτι, ἵνα· δέ, τέ, γέ mit ihren Zuſammenſetzungen ὥστε ꝛc.

3) gewiſſe häufige Verbindungen, wie νὴ Δία (νὴ Δί'), πάνθ' ὅσα, οἶσθ' ὅτι, τοῦτ' ἔστι ꝛc. Endlich findet man

4) vor ἄν den kurzen Vokal des vorhergehenden Wortes meiſt elidirt, z. B. μάλιστ' ἄν, ταῦτ' ἄν, τάχ' ἄν, θαυμάζοιμ' ἄν ꝛc.

Am ſeltenſten elidirt die ioniſche Proſa. Die Dichter hingegen bedienen ſich dieſer Freiheit faſt bei allen Kürzen. Nur das kurze υ, und die einſilbigen auf α, ι, ο (das epiſche ῥά ausgenommen) werden niemals elidirt.

3. Was den Accent betrifft, ſo bleibt er in barytonirten Wörtern, wenn ſie elidirt werden, unverändert auf der Silbe ſtehen, wo er vorher war, z. B. τυπτόμεθ', τὰ σώματ'. Hatte aber der abgeworfene Vokal ſelber den Accent, ſo geht er bei den Präpoſitionen und Konjunktionen immer mit verloren, z. B. ἀπ' von ἀπό, ἀλλ' von ἀλλά, οὐδ' von οὐδέ. Bei allen andern Wortarten aber tritt derſelbe, und zwar immer als Akutus, auf die vorhergehende Silbe, z. B.

(κακά) κάκ' ἔπη, (δεινά) δείν' ἔπαθον, (φημί) φήμ' ἐγώ, (τἀγαθά) τἀγάθ' αὔξεται, (ἑπτά) ἔπτ' ἔσαν.

Anm. 1. Zweiſilbige Encliticae nach Paroxytonis müſſen im Fall der Eliſion nicht etwa als einſilbige behandelt werden, die ihren Ton nach §. 14, 5 bloß abwerfen, ſondern folgen gleichfalls der obigen Regel; alſo: Soph. El. 542 Ἀιδῆς τίν' ἡμέραν (für τινά). Aesch. Ctes. p. 448 φέρει τίν' αἰτίαν. Od. π, 121 μυρίοι εἴσ' ἐνὶ οἴκῳ. ζ, 210 ꝛc.

Anm. 2. Am häufigſten findet die Eliſion ihre Anwendung bei den Proſaikern welche den Hiatus vermeiden, ſo wie in ſämtlichen Dichtungs-

anerkannten Kraſen wie ἄδοξε, τἀπί, θητέρᾳ, und der Umſtand, daß eine ſolche Aphäreſis ſich nie nach einem kurzen Vokal findet. — Die deutliche Schreibart ſolcher Kraſen hat oft Schwierigkeiten, beſonders wenn die verſchlungene Silbe den Accent behält, den man alsdann häufig über die leeren Stelle beibehalten ſieht, z. B. εἰ μὴ ᾽χοιμι (ἔχοιμι). Alle ſolche Fälle, auch die obigen, muß man anſehn als ſtünde μῆχοιμι, τῆρημία ꝛc.

arten. Vgl. §. 29, 1 u. Anm. 1. In Rücksicht der Aussprache apostro=
phirter Silben ist zu merken, daß laut Angabe der alten Grammatiker (s.
z. B. An. Bekk. 696, 2) der dem Apostroph vorhergehende Konsonant nicht
etwa mit der vorhergehenden Silbe, sondern mit dem Anfangsvokal
des folgenden Wortes zusammen gesprochen werden muß. Man lese also
γαλήν᾽ ὁρῶ nicht als stünde geschrieben γαλῆν ὁρῶ. Vgl. hiezu §. 120 A. 9
die elidirten Präp. in der Zusammensetzung, und §. 58 die Note zu Ζεύς.

Anm. 3. Der Dativus Sing. auf ι und die Partikel ὅτι
werden von Attikern höchst selten (bei den Tragikern etwa an sechs Stellen),
und auch in der epischen Sprache hauptsächlich nur dann elidirt, wenn keine
Verwechselung mit dem gewöhnlichen elidirten Akk. auf α und der Par=
tikel ὅτε dadurch entsteht, z. B. ἐν δαίτ᾽ —· ἀξέρ᾽ ὀπωρινῷ —· γιγνώ-
σκων, ὅτ᾽ ἄναλκις ἔην θεός. S. die zweite Note. — Von der Elision der
Präp. ποτί oder προτί s. §. 120 A. 8 Not.

Anm. 4. Die dritten Personen, die das bewegliche ν annehmen,
können von den Dichtern nach Bedürfnis auch apostrophirt werden, z. B.
Ar. Eq. 48 ἤκαλλ᾽, ἐθώπευ᾽, ἐκολάκευ᾽, ἐξηπάτα *). So auch die Da=
tive des Plurals, nur daß die Formen der 1. und 2. Dekl. auf αισι,
ησι, οισι alsdann mit den andern auf αις, ης, οις zusammenfallen, und
daher auch vor Vokalen keinen Apostroph annehmen. Die Elision des Dat. pl.
der dritten Dekl. aber wird (mit sehr seltenen oder zweifelhaften Aus=
nahmen) vermieden, wenn er einem andern Casus, der auf s aus=
geht, gleich lauten würde. Wo dies nicht der Fall ist, und insbesondre
in der episch verstärkten Form auf σσι, ist sie zulässig, z. B. χέρσ᾽ ὕπο,
δώμασ᾽ ἐμοῖσι, δάκρυα᾽ ἐμοῖσι, χείρεσσ᾽, πόσσ᾽, νήεσσ᾽ u. s. f. **)

Anm. 5. Die Dichter elidiren auch den Diphthongen αι, aber
nur in den passivischen Endungen μαι, σαι, ται, σθαι, z. B. βούλεσθ᾽
ἔφη, ἔρχομ᾽ ἔχων. Das αι der Infinitive aktiver Form wird nie so
elidirt, sondern macht vielmehr, wo es elidirt zu sein scheint, mit der fol=
genden Silbe eine Krasis ***). Daß die Dative μοί, σοί (τοί) elidirt wur=
den, wird bezweifelt: s. ausf. Sprachl. §. 30 A. 6. Vgl. jedoch Jl. ζ, 165
nebst dem Schol., Od. α, 60 und Spitzn. Exc. XIII ad Jl. Vereinzelt steht
ἐξότ᾽ (für ἐξότου) Ar. Av. 334. ὀξεῖ᾽ ὀδύναι Jl. λ, 272, wozu d. ausf.
Gr. §. 62 A. 3. zu vergleichen.

---

*) Bei Homer, der auch das Augment nach Belieben wegläßt, kann
somit die 3. Pers. sing. in mehrfacher Gestalt erscheinen, z. B. im Aor. von
λείπω: λίπ᾽, ἔλιπ᾽, λίπε, ἔλιπε, λίπεν, ἔλιπεν (Jl. β, 35. 106. δ, 292.
470. ε, 696. υ, 406), und ebenso im Imperf. — Beispiele der Elision des
ε vor ἄν bei Dramat. (von Elmsl. zu Med. 416 bezweifelt) s. Ar. Plut.
136. 1012. Ran. 946. Eur. Jon. 354.

**) S. über den Gegenstand und die vorkommenden Fälle sowohl im
Dat. Sing. als Plur. Lehrs qu. epp. p. 47, Spitzner exc. ad Jl. VII.,
Thiersch S. 246., Mehlh. S. 108. Lobeck zu Aj. p. 350.

***) Denn dies αι fällt vor einem kurzen Vokale nie so weg, daß die
Silbe kurz bliebe; sondern überall erfordert oder gestattet das Metrum eine
Länge. Nach der im vorigen §. gegebenen Bestimmung kann man also alle
solche als Krasen ansehn; wobei jedoch (wenn man nicht lieber die Silben,
als Synizese, ausschreiben will) der Deutlichkeit wegen der Apostroph ge=
braucht werden muß; im einen Falle so: γεῦσ᾽ ὑμᾶς für γεῦσαι ὑμᾶς (ῡ),
im andern so: γῆμαι᾽ πῆρε (ἐπῆρε). In den neuern Ausgaben des Aristo=
phanes werden jedoch alle solche Fälle als einfache Elision behandelt. S. z. B.
Nub. 7. 42. 1357. Av. 976 ꝛc.

Von den Theilen der Rede.

§. 31.   (30 a.)

1. Genau genommen gibt es nur drei Haupttheile der Rede. Denn alles was zur Benennung oder Bezeichnung der Gegenstände dient, begreift das Nomen (ὄνομα); das Wort welches für sich allein von einem Gegenstande irgend eine Thätigkeit (oder einen Zustand) aussagt, heißt Verbum (ῥῆμα, s. anom. εἰπεῖν sagen): und alle Wörter, wodurch die so entstandene Rede näher bestimmt, verbunden, belebt wird, umfaßt der Name Partikel (ἐπίῤῥημα, προσθήκη).

2. Es ist aber gebräuchlich, daß man einige wichtige Unterabtheilungen jener drei als besondere Haupttheile aushebt, daher in den bekannteren Sprachen am gewöhnlichsten acht Redetheile angenommen werden. Nehmlich aus dem Nomen werden ausgesondert: (1) Substantiv, (2) Adjektiv, worunter die Zahlwörter, und (3) Pronomen, worunter der Artikel mitzubegreifen ist. Das (4) Verbum bleibt ungetheilt; aber die Partikeln zerfallen in (5) Adverbium, (6) Präposition, (7) Konjunktion, (8) Interjektion.

Anm. Die 8 Redetheile der alten Gramm. sind: 1. Nomen (Subst. und Adj.) 2. Verbum 3. Particip 4. Artikel 5. Pronomen 6. Präposition 7. Adverb (wozu auch Interjektion) 8. Konjunction. Sie finden sich in einem hom. Verse Jl. χ, 59 vereinigt.

Vom Nomen und dessen Deklination.

§. 32. Vom Genus.   (30 b.)

1. Das Genus des Nomens, Maskulinum, Femininum, Neutrum, erhellt zum Theil aus den Endungen. Zur Bezeichnung desselben in der Grammatik dient der Artikel, ὁ der, ἡ die, τό das (dessen Deklination s. unten §. 75).

2. Die Personalbenennungen (Mann, Weib, Gott, Göttin ꝛc.) richten sich nach dem natürlichen Geschlecht, die Endung mag sein welche sie will; z. B. ἡ θυγάτηρ die Tochter, ἡ νυός die Schwiegertochter. Die Deminutive (Verkleinerungswörter) auf ον sind jedoch ausgenommen, welche immer Neutra sind: z. B. τὸ γύναιον von γυνή Weib, τὸ μειράκιον von μεῖραξ Jüngling.

Anm. 1. Neutra sind auch τὸ ἀνδράποδον, mancipium, da der Sklave als Sache betrachtet ward; ferner τὸ τέκνον oder τὸ τέκος, das Kind, und der statt Singular gebrauchte Plural τὰ παιδικά, Liebling, die mit den Deminutiven zu einer Klasse gerechnet werden können.

Anm. 2. Personalbenennungen, welche beiden Geschlechtern gemein, sind auch nach der Grammatik Communia: z. B. statt ὁ ἄνθρωπος, der Mensch, sagt man von einem Weibe ἡ ἄνθρωπος (Herod. 1, 60). So auch ὁ und ἡ ϑεός Gott und Göttin, ὁ und ἡ τροφός Erzieher und Amme, ὁ und ἡ φύλαξ Wächter und Wächterin ꝛc. Von mehren solchen Wörtern sind auch eigne weibliche Formen vorhanden, z. B. ἡ ϑεά die Göttin, deren Gebrauch alsdann bei Attikern weniger üblich zu sein pflegt.

Anm. 3. Auch mehre Thiernamen sind Communia, z. B. ὁ und ἡ βοῦς (Ochse, Kuh), ὁ und ἡ ἵππος (Pferd, Stute). In der Regel aber gilt Ein Genus (masc. oder fem.) für beide Geschlechter, daher von dem Adj. ἐπίκοινος (gemeinsam)

Genus epicoenum

genannt, z. B. ὁ λύκος Wolf, ἡ ἀλώπηξ Fuchs (niemals ἡ λύκος, ὁ ἀλώπηξ). Auch bei den Communibus ist eines der beiden Genera das gewöhnliche die ganze Gattung bezeichnende Genus, z. B. ὁ ἵππος vom Pferd überhaupt und unbestimmt, αἱ αἶγες von der ganzen Gattung, αἱ βόες (doch nur im Plural) das Rindvieh, die Rinderheerde überhaupt. In der Regel Feminina, wenn die Bezeichnung des natürlichen Geschlechts nicht ganz wesentlich ist, sind ferner: ἡ ἄρκτος Bär, ἡ κάμηλος Kameel, oft auch ἡ ἔλαφος Hirsch, und ἡ κύων Hund (bes. der Jagdhund). — Das Fem. ἡ ἵππος hat noch die besondere Bedeutung die Reiterei.

3. **Maskulina** sind ferner wie im Lateinischen die Namen der Völker: οἱ Σκύθαι, οἱ Γαλάται ꝛc.; der Flüsse (nach ὁ ποταμός Fluß): ὁ Θερμώδων, ὁ Πηνειός ꝛc.; der Monate (nach ὁ μήν Monat), welche bei den Athenern sämtlich auf ών ausgehen: ὁ Θαργηλιών, ὁ Γαμηλιών ꝛc.; der Winde (nach ὁ ἄνεμος Wind): ὁ ζέφυρος, βοῤῥᾶς.

4. (3.) **Feminina** sind ferner mit wenigen Ausnahmen die Namen der Bäume: ἡ φηγός Buche, ἡ πίτυς Fichte; und der Städte, Länder und Inseln: ἡ Κόρινϑος, ἡ Αἴγυπτος (Aegypten, dagegen ὁ Αἴγυπτος der Nil), ἡ Λακεδαίμων, ἡ Λέσβος ꝛc.

Anm. 4. Ausgenommen hievon und gen. masc. sind:
1) die Namen einiger Bäume, besonders
　　ὁ ἐρινεός wilder Feigenbaum, ὁ φοῖνιξ Palme
sodann gen. comm.: ὁ ἡ κέρασος Kirschbaum, ὁ ἡ κότινος wilder Oelbaum, ὁ ἡ πάπυρος Papyrusstaude;
2) von Städtenamen sind immer gen. masc.
　　die Plurale auf οι (lat. i, orum) und die auf εύς
z. B. οἱ Φίλιπποι, ὁ Φανοτεύς; ferner überwiegend masc.
　　die auf ους (G. ουντος) und ας (G. αντος)
z. B. ὁ ἡ Σελινοῦς, ὁ Τάρας (Tarent). Von denen auf ος sind Ὀγχησός immer, Ὀρχομενός, Πύλος, Ἐπίδαυρος, Ἁλίαρτος gewöhnlich Maskulina, die auf ών aber gewöhnlich Feminina, z. B. ἡ Βαβυλών, ἡ ὁ Σικυών. — Neutra sind ohne Ausnahme die Städtenamen
　　auf ον (lat. um), ος (G. ους) und die Plur. auf α
z. B. τὸ Δουλίχιον, τὸ Ἄργος, τὰ Κύψελα, τὰ Ἐκβάτανα ꝛc.

§. 33. Deklination. (31)

1. Die griechische Deklination hat die fünf bekannten Kasus anderer Sprachen, indem sie für den lateinischen Ablativ keine besondre Form hat, sondern dessen Bedeutung theils dem Genitiv, theils dem Dativ zutheilt.

2. In der Deklination sowohl als in der Konjugation haben die Griechen einen Numerus mehr als unsere Sprachen, den Dualis, wenn von zweien die Rede ist. Doch wird er nicht immer, von manchen Schriftstellern gar nicht, von den attischen aber am meisten gebraucht.

3. Der Dualis hat niemals mehr als zwei Endungen, deren eine dem Nominativ, Akkusativ und Vokativ, die andre dem Genitiv und Dativ gemeinschaftlich zukommt.

4. Die griech. Grammatik hat drei Deklinationen, deren Endungen in folgender Tabelle vereinigt sind.

Sing.	1. Dekl.		2. Dekl.		3. Dekl.	
Nom.	$\eta, \breve{\alpha}$	$\eta\varsigma, \bar{\alpha}\varsigma$	$o\varsigma$ Neut. $o\nu$		—	
Gen.	$\eta\varsigma - \bar{\alpha}\varsigma$	$o\nu$	$o\nu$		$o\varsigma$ $(\omega\varsigma)$	
Dat.	$\eta - \alpha$		ω		ι	
Acc.	$\eta\nu - \alpha\nu$		$o\nu$		α oder ν.	Neut. wie
Voc.	$\eta - \alpha$		ε Neut. $o\nu$		—	der Nom.
Dual.						
N. A. V.	α		ω		ε	
G. D.	$\alpha\iota\nu$		$o\iota\nu$		$o\iota\nu$	
Plur.						
Nom.	$\alpha\iota$		$o\iota$ Neut. α		$\varepsilon\varsigma$	Neut. α
Gen.	$\bar{\omega}\nu$		$\omega\nu$		$\omega\nu$	
Dat.	$\alpha\iota\varsigma$		$o\iota\varsigma$		$\sigma\iota\nu$ oder $\sigma\iota$	
Acc.	$\bar{\alpha}\varsigma$		$o\nu\varsigma$ Neut. α		$\breve{\alpha}\varsigma$	Neut. α
Voc.	$\alpha\iota$		$o\iota$ Neut. α		$\varepsilon\varsigma$	Neut. α

* Auf dieser Tabelle fehlt, der leichtern Uebersicht wegen, die sogenannte Attische zweite Dekl., von welcher unten §. 37.

5. Wenn diese Endungen purae sind und Kontraction zulassen, so findet die zusammengezogene Deklination statt, wie sie bei allen drei Dekl. angegeben ist. Wörter, welche die Zusammenziehung durch alle Kasus und Numeri annehmen, heißen
　　　　　　　$\dot{o}\lambda o\pi\alpha\vartheta\bar{\eta}$, durchaus leidende.
Dieser Fall tritt bei den contractis der 1. und 2. Dekl. immer, bei denen der 3. eigentlich nie ein (s. §. 48 A. 2).

6. Die obigen Endungen sind lauter reine Kasusendungen, d. h. solche Endungen, die gar nichts mit dem Stamm der einzelnen Wörter gemein haben. Was unmittelbar vor ihnen vorhergeht, ist der reine Stamm des Wortes, z. B. von $\tau\iota\mu\acute{\eta}$ ist er $\tau\iota\mu$. Hienach unterscheiden sich die erste und zweite Dekl. wesentlich von der dritten, indem die beiden ersten schon im Nominativ eine Kasusendung haben, die dritte nicht; mithin im Nom. der ersten beiden bereits der reine Stamm erscheint, in dem der dritten in der Regel nicht, weil daselbst mit dem Stamm gewöhnlich Veränderungen vorgehn. (Vgl. 3. Dekl.)

Anm. 1. Die drei griech. Deklinationen ſind den drei erſten lateiniſchen ziemlich ähnlich; wobei zu beachten, daß ſtatt ος bort us ober is, ſtatt ον ober ων bort um, und überhaupt ſtatt ν bort ein m ſteht. **Anm. 2.** Der Dat. Sing. hat in allen brei Dekl. ι; benn in ben beiben erſten ſteckt es als untergeſchriebenes Iota. **Anm. 3.** Der Dat. Pl. hat eigentlich in allen drei Dekl. σιν ober σι; benn αις, οις iſt nur eine Abkürzung ber ältern Form αισιν, οισιν ober αισι, οισι (§. 30 A. 4). **Anm. 4.** (7. 8.) Der Dual iſt vielleicht nur eine alte abgekürzte Form bes Plurals, bie ber Gebrauch nachher auf bie Zahl zwei beſchränkte. Vgl. bie pluraliſchen Formen ἄμμε, ὔμμε (ſ. §. 72 Anm. 6, 10.) mit bem Dual ber 3. Dekl. Wenigſtens finden ſich in ber epiſchen Sprache einige Beiſpiele, wo ber Dual ſtatt bes Plurals ſteht. Sie beſchränken ſich jedoch hauptſächlich auf bas Verbum (§. 129 Anm. 7a), unb von Nominalformen bloß auf Participien (Jl. ε, 487. α, 567. Hymn. Apoll. 487 ꝛc.) S. bie ausf. Sprachl. — Der äoliſche Dialekt entbehrt (wie bie lat. Sprache) bes Duals gänzlich.

7. In Hinſicht bes Accents iſt burchgehende Regel, baß bie Kaſus-Endungen ber Genitive unb Dative, wenn ſie lang ſinb unb ben Ton haben, immer ben Cirkumflex anneh= men, bie Nominative, Vokative unb Akkuſative aber ben Akutus. Wobei aber wohl barauf zu achten, baß in ber 3. Dekl. bie Endung bes Nom. unb Vok. Sing. keine Kaſus-Endung iſt. Ausnahmen ſ. in §. 37. unb 58 (ναῦς).

§. 34. Erſte Deklination. (32)

1. Alle Wörter auf η unb α ſinb Feminina, unb alle auf ης unb ας Maſkulina.

2. Die Wörter auf α haben im Gen. ας unb behalten ihr α burch alle Endungen bes Sing., wenn ſie vor bemſelben ei= nen Vokal haben (α purum §. 28, 1.) wie σοφία, ober ein ρ wie μάχαιρα. Außerdem behalten es auch bie zuſammengezogenen z. B. μνᾶ (Anm. I.); ferner ἀλαλά Gen. ᾶς (Kriegsgeſchrei), unb einige Eigennamen, beſ. Λήδα, Ἀνδρομέδα, Φιλομήλα, Γέλα, Διοτίμα; welche benn auch ein langes α im Nom. haben; vgl. Anm. II. 2.

3. Alle übrigen auf α, b. h. alle biejenigen, vor beren α ein Konſonant außer ρ vorhergeht, haben im Gen. ης, Dat. ῃ; nehmen aber im Akk. unb Vok. ihr α wieder an (ſ. Μοῦσα).

4. Im Plural unb im Dual kommen alle vier Endungen überein. Das übrige lehren folgende Beiſpiele.

Sing.	ἡ (Ehre)	ἡ (Weish.)	ἡ (Muse)	ὁ (Bürger)	ὁ (Jüngl.)
Nom.	τιμή	σοφία	Μοῦσα	πολίτης	νεανίας
Gen.	τιμῆς	σοφίας	Μούσης	πολίτου	νεανίου
Dat.	τιμῇ	σοφίᾳ	Μούσῃ	πολίτῃ	νεανίᾳ
Acc.	τιμήν	σοφίαν	Μοῦσαν	πολίτην	νεανίαν
Voc.	τιμή	σοφία	Μοῦσα	πολῖτα	νεανία

Dual

N. A. V.	τιμά	σοφία	Μούσα	πολίτα	νεανία
G. D.	τιμαῖν	σοφίαιν	Μούσαιν	πολίταιν	νεανίαιν

Plur.

Nom.	τιμαί	σοφίαι	Μοῦσαι	πολῖται	νεανίαι
Gen.	τιμῶν	σοφιῶν	Μουσῶν	πολιτῶν	νεανιῶν
Dat.	τιμαῖς	σοφίαις	Μούσαις	πολίταις	νεανίαις
Acc.	τιμάς	σοφίας	Μούσας	πολίτας	νεανίας
Voc.	τιμαί	σοφίαι	Μοῦσαι	πολῖται	νεανίαι

S.	ἡ (Recht)	ἡ (Meinung)	ἡ (Dreizack)	ἡ (Meſſer)	ὁ (Atride)
N.	δίκη	γνώμη	τρίαινα	μάχαιρα	Ἀτρείδης
G.	δίκης	γνώμης	τριαίνης	μαχαίρας	Ἀτρείδου
D.	δίκῃ	γνώμῃ	τριαίνῃ	μαχαίρᾳ	Ἀτρείδη
A.	δίκην	γνώμην	τρίαιναν	μάχαιραν	Ἀτρείδην
V.	δίκη	γνώμη	τρίαινα	μάχαιρα	Ἀτρείδη
Du.					
N. A.	δίκα	γνώμα	τριαίνα	μαχαίρα	Ἀτρείδα
G. D.	δίκαιν	γνώμαιν	τριαίναιν	μαχαίραιν	Ἀτρείδαιν
Pl.					
N.	δίκαι	γνῶμαι	τρίαιναι	μάχαιραι	Ἀτρεῖδαι
G.	δικῶν	γνωμῶν	τριαινῶν	μαχαιρῶν	Ἀτρειδῶν
D.	δίκαις	γνώμαις	τριαίναις	μαχαίραις	Ἀτρείδαις
A.	δίκας	γνώμας	τριαίνας	μαχαίρας	Ἀτρείδας
V.	δίκαι	γνῶμαι	τρίαιναι	μάχαιραι	Ἀτρεῖδαι

5. Von den Maskulinis auf ης haben den Vokativ auf ᾰ

a. alle auf της ausgehende, wie πολίτης, μαθητής

b. mehre zuſammengeſetzte Verbalia, die bloß ης an den Konſonant des Verbi hängen, wie γεωμέτρης, μυροπώλης, παιδοτρίβης

c. die Völkernamen, wie Πέρσης, Σκύθης.

Die übrigen, welche aber bei weitem die wenigſten ſind, haben η, beſonders die Patronymika auf δης (ſ. oben Ἀτρείδης).

Anmerkungen.

I. Es gibt in dieſer Deklination auch Kontracta, und zwar lauter ὀλοπαθῆ (§. 33, 5), daher ſie in allen Kaſus, auch im Nominativ, die Endung cirkumflektiren. Man hat Kontracta auf alle vier Endungen ᾱ, ῆ, ᾶς und ῆς, die ſonſt regelmäßig gehen, nur daß die auf ᾱ dieſen Vokal, als urſprüngliche pura, alle unverändert behalten, und die auf ᾶς durchaus den boriſchen Genitiv (Anm. IV. 4), alſo auf ᾱ bekommen. Die aufgelöſte Form iſt meiſt ganz ungebräuchlich, oder hat ſich mit einiger Veränderung bei den Joniern erhalten. Die Kontraction richtet ſich nach den allgemeinen Kontractions-Regeln (§. 28), nur wird bei denen auf ῆ und ῆς durchaus im Dual und Plural der kurze Vokal ε vom langen verſchlungen, wie bei den Adjektiven in §. 60, 6.

μνάα — μνᾶ (ion. μνέα Mine) G. μνᾶς D. μνᾷ A. μνᾶν. Pl. N.
μναῖ G. μνῶν D. μναῖς A. μνᾶς. So auch Ἀθηνᾶ (urſpr. -άα, ion.
Ἀθηναίη).

λεοντέα — λεοντῆ (Löwenhaut; ion. λεοντέη, λεοντείη) G. λεοντῆς
D. λεοντῇ A. λεοντῆν. Pl. λεονταῖ, λεοντῶν, λεονταῖς, λεοντᾶς.
So auch γῆ (aus ΓΑΑ, ion. γαῖα, ſelten γέα) die Erbe.

Ἑρμέας (ep. Ἑρμείας) — Ἑρμῆς, Ἑρμοῦ, Ἑρμῇ, Ἑρμῆν, Ἑρμῆ. Pl.
Ἑρμαῖ ꝛc.

βορέας. — auch βορρᾶς G. βορρᾶ D. βορρᾷ A. βορρᾶν. (Die Verdoppelung des ρ hier bloß zufällige Eigenheit.)

II. Quantität. 1. Der Nom. auf α, der im Gen. ης hat,
iſt immer kurz.

2. Der Nom. auf α, der im Gen. ας hat, iſt theils lang,
theils kurz. Der Accent iſt hier ein ſicherer Führer, da nicht nur, wie ſich
von ſelbſt verſteht, alle Proparoxytona und Properispomena (wie μάχαιρα,
μοῖρα, μαῖα, μυῖα) ein kurzes α haben; ſondern für dieſe Dekl. die beſtimmte Regel gilt, daß alle Oxytona und Paroxytona, die im Gen. ας
haben, im Nom. lang ſind, wie ςοά, χαρά, ἀλαλά· πέτρα, ἡμέρα, πα-
λαίςρα, σοφία, Γέλα ꝛc., das einzige Zahlwort μἴᾰ und die Eigennamen
Πύρρα, Κίρρα ausgenommen.

3. Noch gelten für die Quantität der Endſilbe α folgende Regeln:

a. Von den Wörtern auf εια haben ein kurzes α: 1) die Fem.
der Abjektiva auf υς; z. B. ἡδεῖα, ϑήλεια; 2) die Abſtracta von Abjektiven und Subſt. auf ης und ος, wie ἀλήϑεια Wahrheit, βοήϑεια
Hülfe (und ebenſo die Abſtracta auf οια, wie ἄγνοια, ἄνοια, vgl. IV, 1);
3) die Feminina von Maſk. auf ευς: βασίλεια Königin, ἱέρεια Prieſte-
rin (§. 119 n. 47). — Dagegen ein langes α haben: 1) die zweiſil-
bigen, wie λεία, μνεία, χρεία; 2) alle Subſt. abſtracta von Verbis
auf ευω, wie βασιλεία Königsherrſchaft, δουλεία Knechtſchaft, von βασιλεύω, δουλεύω. S. §. 119 u. 26. 35.

b. Alle drei- und mehrſilbige Subſtantiva, die weibliche Per-
ſonalbenennungen ſind, ſind kurz: ψάλτρια, δότειρα, Ὄμπνια ꝛc.
nebſt dem Abjekt. πότνια, da ſonſt die abjektiviſchen Feminina lang
ſind, wie κύριος, κυρία ꝛc. Vgl. auch §. 63 Anm. 1.

c. Von bekannteren Eigennamen merke man mit kurzem α: Ἐρέ-
τρια, Λάμια, Πολύμνια, Τάναγρα, Θέσπεια und die mehrſilbigen
Ortsnamen auf αια, wie Πλάταια, Φώκαια. Eigenthümlich iſt, daß
Πλάταια und Θέσπεια als Plurale die Endſilbe betonen:

$$αἱ \ Πλάταιαι, \ Θεσπιαί.$$

4. Der Vokativ auf α der Maſkulina auf ης iſt kurz, der auf ας
lang. — Die Endung α des Duals iſt immer lang.

5. Die Endung ας iſt durch dieſe ganze Dekl. b der Acc.
pl. unterſcheidet ſich dadurch von der dritten Dekl., in er kurz
iſt. Nur die Dorier (und zuweilen Heſiod, ſ. Goettl. praef. 6) haben
auch den Acc. pl. der erſten Dekl. kurz.

6. Der Akk. Sing. auf αν richtet ſich durchaus nach der Quantität
des Nominativs.

III. Accent. 1. Charakteriſtiſch iſt für dieſe Dekl. daß der Genit.
Plur. immer den Ton auf der Endung hat, das Wort mag in den
übrigen Kaſus den Ton haben, wo es ſei: Μοῦσα Μουσῶν, ἄκανϑα ἀκαν-

ϑῶν. Die Urſache liegt in der Zuſammenziehung aus der älteſten Form des
Gen. auf άων (ſ. Anm. IV, 3). Ausgenommen ſind jedoch

　　a) die Feminina der Adjektiva und Participia barytona
auf os, z. B. ξένος, ξένη — ξένων· αἴτιος, αἰτία — αἰτίων· τυπτόμενος, μένη — τυπτομένων ⌣.

　　b) die Subſtantive χρήσης (Wucherer), ἀφύη (Sardelle), οἱ ἐτησίαι (Paſſatwinde). Durch dieſen anomaliſchen Accent unterſcheiden
ſich χρηστῶν, ἀφυῶν von den gleichen Kaſus der Wörter χρηστός
(nützlich) und ἀφυής (ungeſtaltet); das letzte wird dadurch dem gleichbedeutenden Gen. Plur. von ἐτήσιος gleich.

　　2. Sonſt bleibt der Ton der hieher gehörigen Subſtantive, wo es die
Generalregeln zulaſſen, durchaus auf der Silbe wo ihn der Nom. Sing.
hat, z. B. Nom. pl. σοφίαι, Voc. πολῖτα, mit Ausnahme des ˙ ⸱
　　　　Voc. δέσποτα (von δεσπότης der Herr);
denn die homeriſchen μητίετα ⲓⲥ. haben ſchon im Nom. ſo; Anm. IV, 2.

　　3. Die Feminina der Adjektiva auf os werfen den Ton, ſobald
es die Endſilbe zuläßt, gleich wieder auf die Stelle, wo ihn ihr Maſk. hat,
z. B. ἄξιος Fem. ἀξία, Pl. ἄξιοι, ἄξιαι.

　　4. Die Wörter ἀγυιά (Straße) und ὀργυιά (Klafter) haben bei Homer ein kurzes α, und werden daher (vgl. II. 2) im Nom. und Akk. proparoxytonirt: ὄργυια, ἄγυιαν; aber ſonſt ἀγυιῇ, ἀγυιαί ⲓⲥ.

　　IV. Dialekte. 1. Die Dorier ſetzen in allen Endungen lang α
für η (τιμά, ᾶς, ᾷ, άν); die Jonier gewöhnlich η für lang α (σοφίη,
ης, η, ην· μάχαιρα, ης, η, αν· ὁ νεηνίης ⲓⲥ.), den Acc. pl. ausgenommen.
— Doch behalten die Epiker das α in θεά, θεᾶς ⲓⲥ., in Ναυσικάα, άας,
und in einigen Eigennamen auf ας, wie Αἰνείας. Eine Beſonderheit iſt im
älteren und neueren Joniſmus das η ſtatt des kurzen α in den Abſtractis
auf εια und οια*) wie ἀληθείη (Hom. Her.), προνοίη (Her. 3, 108);
ferner in κνίσση, Σκύλλη (Hom.), gew. κνίσσα, Σκύλλα; Τανάγρη (Her.);
ſo wie umgekehrt der homeriſche Vokativ νύμφᾶ für νύμφη.

　　2. Die alte Sprache hatte auch Maskulina auf ᾱ, welche in einigen Mundarten (daher auch im Lateiniſchen) blieben. So haben Homer und
die übrigen Epiker noch öfters im Nom. ἱππότα, νεφεληγερέτα, Θυέστα
ſtatt ἱππότης ⲓⲥ., und mit zurückgezogenem Accent:
　　　　μητίετα, εὐρύοπα, ἀκάκητα**)
　　3. Die älteſte Form des Genit. Sing. der Maskulina iſt ᾱο, und
des Genit. Plur. aller Endungen ᾱων. So bei Epikern Ἀτρείδαο, Μουσάων, ἀλλάων ἁλιάων (Il. σ, 432), ἐρχομενάων ⲓⲥ. Vgl. 5.

　　4. Die Dorier zogen dieſe Genitive in ᾱ zuſammen, z. B. τοῦ
Ἀτρείδα, τᾶν Μοισᾶν (für Μουσῶν), τῶν Ἀτρειδᾶν. — Dieſer dori-
ſche Genitiv iſt im Singular auch bei einigen wenigen Wörtern, beſonders
Eigennamen, im gewöhnlichen Gebrauch geblieben, z. B.
　　　　Ἀννίβας (Hannibal), τοῦ Ἀννίβα
　　　　τοῦ ὀρνιθοθήρα des Vogelſtellers.

---

*) Daher die attiſchen Dichter das α in dieſen Wörtern noch bisweilen
lang gebrauchen: ὑγιεία, εὐκλεία, ἀνοία, ἀγνοία Ar. Av. 604. Soph. Trach.
350. Eur. Andr. 519 ⲓⲥ. S. Ellendt Lex. Soph. v. ἀγνοία u. vgl. §. 119
n 47 N.

**) S. Lehrs Ariſt. p. 268, und über den, gleichſam aklitiſchen, Akku-
ſativ εὐρύοπα (Il. α, 498. θ, 206 al.): Lobeck Parall. p. 184, der auch
andere gleichlautende Kaſus von Wörtern auf ᾱ nachweiſt.

5. Die Jonier machten aus *āo* — *εω* (§. 27 A. 10), wobei das *α*
auf den Accent keinen Einfluß hat; also *πολίτεω* (§. 11 A. 4); und aus
άων — *έων*: *μουσέων* *). — Auch hievon hat die gewöhnliche Sprache den
Gen. Sing. in einigen Namen ionischer Männer beibehalten:
Λέσχεω von *Λέσχης*, *Θάλεω* von *Θαλῆς*,
und ebenso *Τήρεω*, *Πύθεω* (Thuc. Paus.). — Geht vor diesen Endungen
ein Vokal vorher, so kann in Versen das *ε* ausfallen, z. B. *έϋμμελίω*
von *έϋμμελίης*, *Βορέω*, *Αἰνείω* c.
6. Die ältere Form des Dativ Plur. *αισι*, *αισιν* (§. 33 Anm. 3)
z. B. *τιμαῖσι*, *Μούσαισιν* c. (und eben so auch in der 2. Dekl. *οισι*, *οισιν*)
haben nicht nur die ältern Dialekte, sondern auch die attischen Dichter und
selbst die ältere attische Prosa (z. B. Plato) zuweilen. — Der ionische Dialekt hat *ησιν*, *ησι* und *ης*. Doch ist bei den Epikern der Gebrauch der kürzeren Formen zwischen *αις* und *ης* schwankend. Auch diese ionischen Formen
braucht das attische Theater zuweilen **).

Uebungs-Beispiele.

ἀγορά Markt	*Κεκροπίδης* (kurz *ι*)	*Πέρσης* der Perser
Ἀγχίσης (lang *ι*)	*κεφαλή* Kopf	*πλευρά* Seite
ἀδολέσχης Schwätzer	*κλέπτης* Dieb	*πύκτης* Faustkämpfer
Ἀθηνᾶ Minerva	*κόρη* Mädchen	*πύλη* (kurz *υ*) Thor
Αἰνείας Aeneas	*κριτής* Richter	*ῥίζα* Wurzel
ἄκανθα Dorn	*κτίςης* Stifter	*σκιά* Schatten
ἄμιλλα Kampf	*λαύρα* Gasse	*Σκύθης* (*ΰ*) Scythe
ἄρουρα Acker	*λύπη* (lang *υ*) Trauer	*στέγη* Dach
ἀσχολία Geschäft	*μαθητής* Schüler	*στοά* Halle
γαλῆ Wiesel	*μέλισσα* Biene	*σφαῖρα* Kugel
γεωμέτρης Feldmesser	*μέριμνα* Sorge	*σφῦρα* Hammer
γῆ Erde	*Μίδας* (kurz *ι*)	*σχολή* Muße
γλῶσσα Zunge	*μοῖρα* Antheil	*σωτηρία* Rettung
δόξα Meinung	*μυροπώλης* Salben-	*ταμίας* Verwalter
εὐθύνη oder *εὔθυνα* (*ῠ*)	händler	*τεχνίτης* Künstler
Rechenschaft	*νίκη* (lang *ι*) Sieg	*ΰλη* (lang *υ*) Wald
ἔχιδνα Otter	*νύμφη* Braut	*φιλία* Freundschaft
ζώνη Gürtel	*ὀργή* Zorn	*χαρά* Freude
ἡμέρα Tag	*ὀρνιθοθήρας* G. *α* Vo-	*χλαῖνα* Ueberrock
θάλασσα Meer	gelsteller	*χώρα* Land
θύρα (kurz *υ*) Thür	*παιδοτρίβης* Erzieher	*ψυχή* Seele

---

*) Homer hat *άων* (auch im barytonirten Adj., s. 3) und *έων*, die Zusammenziehung in *ῶν* nur nach Vokalen: *κλισιῶν*, *τρυφαλειῶν* c., nach
Kons. aber wird, wenn eine Silbe nöthig ist, doch stets *έων* geschrieben:
θυμοραϊςέων, *πηγέων*, *πασέων*, *ἀργεννέων* c. Herodot hat durchgängig
die aufgelöste Form *έων*, welche er, auch nach Vok., nicht kontrahirt: *οἰκιέων*,
θυσιέων c. Nur bei baryt. Adj. und Partic. auf *ος* ist die einsilbige (nicht
kontrahirte) att. Form auf *ων* fast häufiger überliefert als die aufgelöste:
τῶν ἄλλων γνωμέων, *μαχέων γενομένων*, *ὅσων ἡμερέων* c. Vgl.
Breb. D. Her. 221. Lobeck zur ausf. Sprachl. II 336 f.

**) Nach Ellendt aber (lex. Soph. praef. ad t. II.) ist bei Tragikern
auch in den wenigen noch übrigen Stellen *αισι* st. *ησι* zu lesen. S. dagegen
Bergk praef. ad Soph. in.

Alle Wörter auf ον sind Neutra, und die auf ος gewöhnlich Maskulina.

Sing.	ὁ, (Rede)	ἡ, (Buche)	ὁ, (Volk)	ὁ, (Mensch)	τὸ, (Feige)
Nom.	λόγος	φηγός	δῆμος	ἄνθρωπος	σῦκον
Gen.	λόγου	φηγοῦ	δήμου	ἀνθρώπου	σύκου
Dat.	λόγῳ	φηγῷ	δήμῳ	ἀνθρώπῳ	σύκῳ
Acc.	λόγον	φηγόν	δῆμον	ἄνθρωπον	σῦκον
Voc.	λόγε	φηγέ	δῆμε	ἄνθρωπε	σῦκον
Dual.					
N. A. V.	λόγω	φηγώ	δήμω	ἀνθρώπω	σύκω
G. D.	λόγοιν	φηγοῖν	δήμοιν	ἀνθρώποιν	σύκοιν
Plur.					
Nom.	λόγοι	φηγοί	δῆμοι	ἄνθρωποι	σῦκα
Gen.	λόγων	φηγῶν	δήμων	ἀνθρώπων	σύκων
Dat.	λόγοις	φηγοῖς	δήμοις	ἀνθρώποις	σύκοις
Acc.	λόγους	φηγούς	δήμους	ἀνθρώπους	σῦκα
Voc.	λόγοι	φηγοί	δῆμοι	ἄνθρωποι	σῦκα

Anm. 1. Viele von denen auf ος sind jedoch Feminina und zwar
1) alle diejenigen die nach der Hauptregel §. 32 Feminina sind, wie
παρθένος Jungfrau, ἄμπελος Weinstock ιc.
2) die eigentlich Adjektiva, aber mit Auslassung eines Substantiv-
begriffes selbst zu Substantiven geworden sind, wie ἡ διάλεκτος (sc. φωνή)
Mundart, ἡ διάμετρος (sc. γραμμή) Durchmesser, ἡ ἄτομος (sc. οὐσία)
Atom, ἡ ἄνυδρος Wüste, ἡ χέρσος und ἡ ἤπειρος (sc. χώρα) feste Land,
ἡ σύγκλητος (sc. βουλή) Senat ιc.
3) außerdem noch viele einzelne, f. das Verzeichnis derf. auf S. 58.
Anm. 2. Der Vokativ bleibt zuweilen dem Nom. gleich; zum Theil
des Wohllauts wegen, wie in Θεός (aber Ἀμφίθεος hat voc. Ἀμφίθεε
Ar. Ach 176 *), theils auch ohne Ursach, besonders bei Attikern, wie ὦ φί-
λος (Nub. 1167); und bei Adjektiven, z. B. ὦ λαμπρὸς αἰθήρ (Eur. fr.).
Anm. 3. Quantität und Accent bedürfen keiner besondern An-
weisung; die Endung α ist kurz wie im Lateinischen; der Cirkumflex auf den
Genitiven und Dativen (f. φηγός) folgt aus §. 33, 7.
Anm. 4. Dialekte. a. Der Genit. auf ον war in der ältesten
Sprache wahrscheinlich in οο aufgelöst; daher der (sogenannte)
thessalische Genitiv auf οιο (nie elibirt)
dessen sich die epische und lyrische Sprache bedient: λόγοιο, φηγοῖο. (Wegen
der grammat. Benennung f. Ahr. D. Aeol. p. 221. D. Dor. 534.)
b. Die Dorier haben im Gen. ω und im Acc. pl. ως; z. B. von
ὁ νόμος G. τῶ νόμω, A. pl. τὼς νόμως; seltener im Acc. pl. ος, z. B.
von ὁ λύκος hat Theokrit τὼς λύκος für τοὺς λύκους.

*) Als Vok. ist Θεός bei älteren Autoren zwar nicht nachgewiesen, doch
spricht dafür vielleicht die Notiz bei Eustathius ad Jl. p. 258, 27. Ueber
die in der griech. Bibel überlieferten Vokativformen f. NT. Gr. p. 12 (cf.
Num. 16, 22).

c. Nie erscheint bei Epikern (und auch im neu. Jonismus sehr selten oder zweifelhaft) die Auflösung des gen. pl. in εων. Desto auffallender ist die zweimal bei alten Ep. überlieferte Genitivform -άων vom Neutro in κυανεάων (Hes. sc. 7) und dem hom. ἑάων ob. ἑάων, worüber §. 58 (ἑύς).
d. Von dem Dat. Pl. auf οισι, οισιν (λόγοισι, φηγοῖσιν) s. §. 34 A. IV, 6. — Die epische Sprache zerdehnt den G. D. Dual. auf οιν in οιιν z. B. ἵπποιιν.

Uebungs-Beispiele.

ἄγγελος Bote
ἀετός Adler
ἆθλος Kampf
ἆθλον Kampfpreis
ἡ ἄμπελος Weinstock
ἄνθρωπος Mensch
ἄργυρος und
ἀργύριον Silber
ἔργον Werk
εὖρος Ostwind
ζέφυρος Westwind
ἱμάτιον Oberkleid

ἴον Veilchen
καρκίνος Krebs
κασσίτερος Zinn
ὁ κέρασος Kirschbaum
ὁ κότινος wilder Oelbaum
μῆλον Apfel
ἡ μῆλος Apfelbaum
μόλιβος ob. μόλυβδος Blei
μόριον Theil
νότος Südwind
ξύλον Holz
οἶκος Haus

παιδίον Kind
ῥόδον Rose
σίδηρος Eisen
σπασμός Krampf
στρατός Heer
ταῦρος Stier
φάρμακον Arznei
ἡ φηγός Buche
φορτίον Last
χαλκός Kupfer
χρῦσός und
χρυσίον Gold

Feminina auf os.

1. Außer den Bäumen (s. §. 32, 4.) noch folgende Pflanzen:
ἡ βίβλος oder βύβλος die Papyrstaube
ἡ κόκκος die Scharlachstaube; aber ὁ κόκκος jede Beere, und besonders der Scharlach
σχοῖνος Binse   νάρδος Narbe   ῥάφανος Kohl
Hiemit verbinde man
βύσσος feine Leinwand   δοκός Balken   βάλανος }
βίβλος und δέλτος Buch   ῥάβδος Ruthe   ἄκυλος } Eichel

2. Folgende Steine und Erden
ὁ, ἡ λίθος, als Fem. hauptsächlich von seltnen und kostbaren Steinen
ἄργιλος Thon   κρύσαλλος Kryftall: aber ὁ κρύσαλ
ἄσφαλτος Bergharz   λος Eis
βάσανος Probierstein, Prüfung   μίλτος Mennig
γύψος Gips   σάπφιρος Saffir
ἤλεκτρος (auch τὸ ἤλεκτρον)   σμάραγδος Smaragd
    Bernstein   τίτανος Kalk
Hiemit verbinde man:
ἄμμος, ψάμμος, ἄμαθος, ψάμαθος Sand
ψῆφος Steinchen, Stimme   πλίνθος Ziegel
ὕαλος Glas   βῶλος Scholle
κόπρος Koth   νεός Brachacker
σποδός Asche   ἄσβολος Ruß   ὄνθος Mist

3. Zum Begriff Gefäß, Gehäuse gehörende:
κιβωτός und   ληνός Kufe, Kelter
χηλός Kasten   ἄκατος (ἡ, ὁ) Art Schiff
σορός Sarg   κάμνος (ἡ, ὁ) Krug
ἄῤῥιχος Rober, Korb   λήκυθος Oelflasche
κάρδοπος Backtrog   πρόχοος, πρόχους Gießkanne (§. 58)
πύελος Badewanne   θόλος (ἡ, ὁ) Kuppel

4. Zum Begriff Weg gehörig:

ὁδός und κέλευθος Weg   ἀτραπός und τρίβος Fußsteig
οἶμος (ὁ, ἡ) Pfad   τάφρος und κάπετος Graben

5. Folgende einzelne:

νῆσος Insel   μήρινθος Bindfaden
νόσος Krankheit   τήβεννος Toga
δρόσος Thau   βάρβιτος (ἡ, ὁ) Leier
γνάθος Kinnlade   τάμισος Lab
κέρκος Schwanz   γέρανος Kranich
ῥινός (ἡ, ὁ) Fell   κόρυθος, κορυδαλός Lerche
ψίαθος (ἡ, ὁ) Flechtdecke   κόχλος (ὁ, ἡ) Schnecke

und mit Verschiedenheit der Bedeutung:

ἡ λέκιθος Dotter   ὁ λέκιθος Erbsenbrei.

---

§. 36. Contracta der 2. Defl.   (33 b.)

Mehre Wörter auf οος und οον, εος und εον leiden gewöhn=
lich eine Zusammenziehung (als ὀλοπαθῆ §. 33, 5); und zwar
nach den oben §. 28 gegebenen Generalregeln, außer daß das α des
Neutrums in der Zusammenziehung das vorhergehende ε oder ο
verschlingt und lang wird, ὀςέα ὀςᾶ, ἁπλόα ἁπλᾶ. (Vgl.
unten die Adjektive §. 60.)

Si. ὁ, (Schiffahrt)		Plur.		Si. τὸ, (Knochen)		Plur.	
N.	πλόος πλοῦς	πλόοι πλοῖ		ὀςέον ὀςοῦν		ὀςέα ὀςᾶ	
G.	πλόου πλοῦ	πλόων πλῶν		ὀςέου ὀςοῦ		ὀςέων ὀςῶν	
D.	πλόῳ πλῷ	πλόοις πλοῖς		ὀςέῳ ὀςῷ		ὀςέοις ὀςοῖς	
A.	πλόον πλοῦν	πλόους πλοῦς		ὀςέον ὀςοῦν		ὀςέα ὀςᾶ	
V.	πλόε πλοῦ*)	πλόοι πλοῖ		ὀςέον ὀςοῦν		ὀςέα ὀςᾶ	

Dual. N. A. πλόω πλώ**)   ὀςέω ὀςώ**)
      G. D. πλόοιν πλοῖν   ὀςέοιν ὀςοῖν

Anm. 1. Nach πλόος gehen von Substantiven noch ὁ νόος Ver=
stand, ῥόος Strömung, θρόος Geräusch, χνόος Schaum, Flaum, welche alle
außer der Zusammensetzung (εὔνους ꝛc. §. 60, 5) im Plural nicht vorzu=
kommen scheinen; ferner Eigennamen wie Πάνθοος, Πειρίθοος, -ους, deren
zusgz. Formen nach Analogie der eben erwähnten adj. comm. (εὔνους ꝛc.)
accentuirt werden: Πειρίθουν, Πειρίθῳ. Auch flektire man nach πλόος die
Verwandtschaftsnamen auf δοῦς, z. B. ἀδελφιδοῦς Neffe, obwohl sie aus
-δέος (nach Göttling ἀδελφιδέος, vgl. χρύσεος §. 60) kontrahirt sind; von
ihrem Vokativ f. die Note hier unten.

Anm. 2. Nach ὀςέον geht noch das Subst. κάνεον κανοῦν
Korb, mit Versetzung des Accents; vgl. χρύσεος §. 60.

---

*) Dieser regelmäßige Vokativ steht hier wegen einiger Eigennamen
wie Πάνθους Voc. Πάνθου (Virg. Aen. 2, 322). — Von δορυξόος, οῦς
(Speerschäfter) findet sich (bei Aristoph.) der Voc. mit elidirtem o, δο-
ρυξέ, und ebenso haben vielleicht die Verwandtschaftsnamen auf δοῦς
(δέος) gehabt, also ὦ ἀδελφιδέ. Vgl. die Note zu §. 60, 5.

**) S. wegen dieses anomalen Accentes (§. 28, 6) die ausf. Sprachl.

Der zweiten Deklination wird, unter dem Namen der Attischen, noch die Deklination mehrer Wörter auf ως (Mask. und
Fem.) und auf ων (Neutr.) beigefügt. Sie hat durch alle Kasus
ein ω statt der Vokale und Diphthongen der gewöhnlichen 2. Dekl.,
und ein untergeschriebenes ι, wo in jener οι oder ῳ ist. Der Vokativ ist in derselben durchaus dem Nom. gleich; und der Gen. Sing.,
wenn er den Ton auf der Endung hat, gegen die allgem. Regel
§. 33, 7 ein Oxytonon (τοῦ νεώ); s. Anm. 4.

Si.	ὁ, (Tempel) τό, (Saal)		Dual.		Plur.	
N.	νεώς	ἀνώγεων	νεώ	ἀνώγεω	νεῴ	ἀνώγεω
G.	νεώ	ἀνώγεω	νεῶν	ἀνώγεῳν	νεῶν	ἀνώγεων
D.	νεῷ	ἀνώγεῳ			νεῷς	ἀνώγεῳς
A.	νεών	ἀνώγεων			νεώς	ἀνώγεω
V.	νεώς	ἀνώγεων			νεῴ	ἀνώγεω

Anm. 1. Wie νεώς geht ὁ λεώς (Volk), beide mit den Nebenformen ναός (ion. νηός) und λαός nach §. 27 A. 10.; ferner Eigennamen wie
Μενέλεως, Ἀμφιάρεως, Βριάρεως, und die Adjektiva in §. 61. — Sonst
gibt es nur wenig hieher gehörige Wörter, von denen die meisten noch
dazu in andere Formationen, besonders nach der dritten Dekl., übergehen; s. Anm. 5. So bilde man nach νεώς, jedoch mit Berücksich-
tigung von §. 56 Anm. 6. a. c. d., noch ὁ πάτρως, μήτρως väterlicher,
mütterlicher Oheim, ὁ ταώς Pfau, ὁ λαγώς Hase (s. Anm. 2), Μίνως;
vgl. anom. κάλως. Nach ἀνώγεων (ursprünglich auch ein neutrales Adjektiv aus ἄνω und γῆ) bilde man die Neutra der Adjektiva auf ως, wie
ἵλεων ꝛc. (§. 61). — Den Namen der Attischen führt die Dekl. bloß weil,
wenn zweierlei Formen gangbar sind (wie λαγώς — ion. λαγωός und λαγός),
die hieher gehörige in der Regel den Attikern eigen ist.

Anm. 2. Die Wörter dieser Dekl. haben auch einen besondern
Akkusativ auf ω,
einige neben dem regelmäßigen (z. B. τὸν λαγών und λαγώ), andere ganz
(oder doch beinahe) ausschließend. Dies ist der Fall bei den Ortsnamen
Κῶς, Κέως, Τέως, Ἄθως, und bei ἡ ἕως (Morgenröthe, Acc. τὴν ἕω),
welches die attische Form für das ionische ἠώς ist, das nach der zfgz. 3. Dekl.
geht (§. 49).

Anm. 3. Dem epischen Genitiv auf οιο entspricht in dieser Dekl.
der auf ωο z. B. Πετεώς G. Πετεῶο Hom., Πηνελέωο (Jl. ξ, 489 Bekk.).

Anm. 4. Nicht nur der Genit. Sing., sondern überhaupt alle
Genitive und Dative sollen nach der Theorie mehrer alten Grammatiker
(Göttl. S. 285) oxytonirt werden, welcher Theorie auch einige Neuere (wie
Mehlhorn, Curtius) folgen. Indeß geschieht dies nicht in unsern Ausgaben
(z. B. Soph. Aj. 1100), und fand auch sonst schon Widerspruch, s. Göttl.
Ueberhaupt ist grade in diesen Kasus bei den Schriftstellern die andre
Form (λαός, ναός) ungleich mehr im Gebrauch gewesen.

Anm. 5. Nach §. 11, 8 verträgt das ω der attischen Dekl. den Accent
auf der drittletzten Silbe. Dies ist indessen nur der Fall, wenn in der vorletzten Silbe dem ω entweder unmittelbar ein ε vorhergeht (ἀνώγεων, ἵλεως,
vgl. πόλεως §. 51), oder ε nur durch eine liquida (λ, ρ) vom ω getrennt
ist (δίκερως, δύσερως, φιλόγελως). Dagegen: Ἀθόω, γαλόων (s. anom.
Ἄθως, γάλως), ἀγήρως, ἀγήρων, ἀείνως, ἀείνων. Mit Recht aber rechnet

man nur diejenigen ihrer ganzen Biegung nach zu dieser Dekl., welche unmittelbar vor dem ω ein ε haben, während alle übrigen nur zum Theil sich nach dieser Dekl. richten und vielfältig in die dritte Dekl. übergehen, mithin zu den Anomalen gehören. Solche aber wie ἀγήρως, ἀείνως, entstanden aus dem ion. -αος, erscheinen (mit Ausnahme des neu. pl. ἀγήρω z. B. Plut. Mor. p. 649 d) als regelmäßige Kontracta, daher sie auch stets ihren Accent auf der paenultima behalten *).

Dritte Deklination.

§. 38. Genus. (34)

1. Bei der Mannichfaltigkeit der Wort-Endungen, die zu dieser Deklination gehören, ist die Bestimmung des Genus aus der Endung nur mangelhaft. Einige Endungen jedoch lassen sich genauer bestimmen: s. die Anm.

2. Im ganzen kommt das ς am Ende mehr dem Mask. und Fem., und der kurze Vokal in der Endsilbe mehr dem Neutrum zu. — Auf ξ und ψ gibt es gar keine Neutra.

Anm. Am wenigsten lassen sich bestimmen die Endungen ων G. ωνος und ονος, die auf νς, und die auf ξ und ψ, welche zwischen dem männlichen und weiblichen Geschlechte schwanken. Bei den Ausnahmen wird auf die Personalbenennungen, wie ἡ μήτηρ Mutter, ἡ δάμαρ Gattin, keine Rücksicht genommen; wo aber o. A. (ohne Ausnahme) steht, da gibt es auch keine Personalformen von anderm Geschlecht.

Masculina.

Alle auf ευς, als ὁ ὀρεύς Maulesel, ἀμφορεύς amphora, o. A.
Alle Subst., die im Gen. ντος haben, als ὁ τένων, οντος Flechse, ὁ ὀδούς (ion. ὀδών) όντος Zahn, ὁ ἱμάς, άντος Riem; wobei bloß die Städtenamen einige Ausnahmen machen nach §. 32 A. 4, 2.
Die auf ηρ, als ζωςήρ Gürtel. Ausg. die Fem. ἡ γαςήρ Bauch, ἡ κήρ Verhängnis, bei Dichtern auch ἡ ἀήρ und ἡ αἰθήρ; und die zusammengezogenen Neutra, wovon unten.
Die auf ως G. ωτος, als ὁ γέλως Gelächter, ὁ ἔρως Liebe.
Die auf ήν, als ὁ μήν Monat, ὁ αὐχήν Nacken. Ausg. ἡ φρήν Gemüth, ἡ ὁ χήν Gans.
Einzeln merke man ὁ πούς ποδός Fuß, ὁ κτείς κτενός Kamm, ὁ (später ἡ) φθείρ Laus, ὁ ἅλς gew. οἱ ἅλες Salz (dagegen ἡ ἅλς Meer).

Feminina.

Alle auf ώ und ως G. οος als ἠχώ, αἰδώς o. A.
Alle die im Genit. δος haben, wie ἡ κλείς, φώς, δάς, χλαμύς, δαγύς,

---

*) Gleichwol werden die übrigen Compos. von γῆρας von den alten Grammatikern sämtlich proparoxytonirt, also ὑπέργηρως (Aeschyl.), εὔγηρως (Aristot.), ἐσχατόγηρως (Strab. Plut.) 2c., vermuthlich weil sie nicht wie ἀγήρως in den aufgelösten (ionischen) Formen vorkommen, mithin erst später und nur nach Analogie der att. Dekl. sich gebildet haben. Hermann jedoch, der obigen Analogie folgend, will auch diese auf paenult. betont haben (wie auch in den Ausg. hie und da geschieht). S. Göttl. zu Theod. 249. Acc. 287. Herm. de em. rat. 24.

bef. die auf ας und ις G. αδος und ιδος z. B. ἡ Ἰάς, πατρίς, ἱκέτις. Ausgenommen sind ὁ πούς, ὁ ἡ παῖς und die Adject. Commun., wie λογάς, σποράς §. 63, 5.
Die übrigen auf ις, als ἡ πόλις εως, ἡ χάρις ιτος. Ausgenommen die Maskulina: ὄφις Schlange, ἔχις Natter, κόρις Wanze, ὄρχις Hode, μάρις gewisses Maaß (sämtlich G. εως); — κίς Holzwurm, λῖς Löwe (G. ιός); — δελφίς (ῖνος); — ferner die Communia: ὁ ἡ ὄρνις (θος) Vogel, ἡ ὁ τίγρις (ιος), ὁ ἡ θίς (ῖνός) Haufe, Ufer, οἱ, αἱ κύρβεις (εων) Gesetztafeln.
Die Abstrakta auf της (lat. tas), z. B. ἡ μικρότης parvitas, v. A.
Einzeln merke man ἡ χείρ Hand, ἡ ναῦς Schiff, ἡ ἐσθής ῆτος Kleid, ἡ δαίς δαιτός Mahlzeit.

Neutra.

Alle auf α, η, ι, υ, als τὸ σῶμα Leib, κάρη att. καρᾶ Haupt, μέλι Honig, ἄςυ Stadt, v. A.
Alle durch ε und ο kurze Endungen v. A., als τὸ τεῖχος, τὸ ἦτορ und die Neutra der Abjektiva auf ες, εν, ον.
Die auf αρ, als τὸ ἧπαρ, τὸ νέκταρ, nebst den aus -εαρ zusammengezogenen auf ηρ, als τὸ ἔαρ ῆρ (Frühling), τὸ κέαρ κῆρ (Herz), τὸ ςέαρ ςῆρ (Talg). — Nur ὁ ψάρ (der Staar) ist ausgenommen.
Die auf ωρ, welche keine Personalbenennungen sind, als τὸ ὕδωρ, τὸ τέκμωρ ꝛc. Ausgenommen ὁ ἰχώρ (Lymfe) und ὁ ἀχώρ (Blatter).
Die auf ας Gen. ατος und αος, als τὸ τέρας, ατος Wunder, τὸ δέπας, αος Becher. Ausgenommen ὁ λᾶς λαος Stein, und ὁ (oder τὸ) ΚΡΑΣ κρατός Haupt.
Sonst gibt es keine Substantiva Neutra dieser Dekl. weiter als τὸ πῦρ Feuer, τὸ φῶς Licht, τὸ οὖς Ohr, τὸ ςαῖς Teig.
Die auf ας sind also in der Regel, wenn sie im Gen. αντος haben, Maskulina; — G. αδος Feminina; — G. ατος und αος Neutra.

Flexion der dritten Deklination.

§. 39. Vom Wortstamm. (35)

1. Bei einem jeden zu deklinirenden Worte muß man (nach §. 33, 6) unterscheiden den Stamm, und die Kasus=Endung. In den beiden ersten Deklinationen hatte gleich der Nom. Sing. eine solche Kasus=Endung; in der dritten aber wird sie erst in den folgenden Kasus angehängt, z. B.
2. Dekl. λόγ-ος, λόγ-ον, λόγ-ῳ.
3. Dekl. θήρ, θηρ-ός, θηρ-ί.

2. Aber auch in der 3. Dekl. ist der Nominativ selten so ganz der unveränderte Stamm, wie θήρ; in den meisten Fällen wird die letzte Silbe desselben verändert, nach Anleitung der folg. §§.

Anm. Man muß bei der Lehre der folgenden §§. wohl bemerken, daß der Stamm eines Wortes in Hinsicht auf Biegung vielfältig verschieden ist von dem eigentlichen Wortstamm oder der Wurzel in Rücksicht auf Etymologie. So erscheint von σῶμα G. σώματος etymologisch zwar σωμ als Stamm und α, ατος als Endung, für die Flexion des Wortes aber ist σωματ Stamm, ος Kasusendung.

1. Die gewöhnlichsten Veränderungen, die der Stamm im Nom. erfährt, sind

1) die Annahme eines ς (z. B. βότρυς βότρυ-ος, ἅλς ἁλ-ός)
2) die Abwerfung des τ ohne Annahme des ς (σῶμα, ατ-ος)
3) die Wandelung des Endvokals, d. h. daß aus ε und ο des Stammes, bei Maskulinis und Femininis, im Nom. η und ω wird, z. B. εἰκών εἰκόν-ος, ἀληθής ἀληθέ-ος.

2. Um alles dies genauer zu verfolgen, müssen wir zwei Hauptfälle unterscheiden, nehmlich wenn vor der Kasus=Endung 1) ein Konsonant, 2) ein Vokal vorhergeht.

§. 41. Vom Nominativ, wenn ein Konsonant vor der Kasus=Endung. (36)

1. Außer μ und σ erscheinen alle einfachen Konsonanten vor der Kasus=Endung. Wenn nun der Nominativ das ς annimmt (was in den meisten Fällen geschieht, da nur ν und ρ nach §. 4, 5 zu Ende stehen könnten), so versteht es sich zuförderst aus der Generalregel, daß dies ς mit den Buchstaben β, π, φ und γ, κ, χ übergeht in ψ und ξ, z. B.

χάλυψ χάλυβ-ος, ὤψ ὠπ-ός, κατήλιψ κατήλιφ-ος.
αἴξ αἰγ-ός, κόραξ κόρακ-ος, ὄνυξ ὄνυχ-ος.

2. Die Nominative auf ψ und ξ verändern das ε und ο des Stammes nie (φλέψ φλεβός, φλόξ φλογός, αἰθίοψ αἰθίοπος); nur ἡ ἀλώπηξ εκος (Fuchs) ausgenommen.

3. Ist aber der nächste Buchstab vor der Kasus=Endung δ, τ oder ϑ, so fällt derselbe nach der Generalregel vor dem ς weg:

λαμπάς λαμπάδ-ος, χάρις χάριτ-ος, ὄρνις ὄρνιϑ-ος
κηλίς κηλῖδ-ος,   τέρας τέρατ-ος, κόρυς κόρυϑ-ος

wozu auch gehören folgende zwei, in denen das ς nach Ausstoßung des τ sich mit dem vorhergehenden κ zu ξ verbindet:

νύξ νυκτ-ός· ἄναξ ἄνακτ-ος.

4. Auch ν und ντ fallen vor dem ς weg; aber der kurze Vokal wird alsdann (bei ντ immer, bei ν in der Regel) auf die §. 25, 4 angegebene Art verlängert, z. B.

γίγᾱς γίγαντος, χαρίεις χαρίεντος, ὀδούς ὀδόντος
δελφίς (lang ι) δελφῖνος, Φόρκῡς Φόρκῦνος
μέλᾱς μέλανος, κτείς κτενός *).

_____

*) So nur noch τάλας (§. 62) und εἷς (§. 70). — Von kurz bleibender Endung im Nom. liefert (bei Attikern) das einzige Beispiel das Pron. τίς (§. 77).

5. Wenn aber der Nom. kein ς annimmt (welcher Fall nur eintritt bei ρ, ν und τ, und zwar bei ρ immer, bei den beiden andern nur zum Theil), so bleiben ν und ρ zu Ende stehn, τ aber muß abgeworfen werden*), z. B.

$$\sigma\tilde{\omega}\mu\alpha\ \sigma\acute{\omega}\mu\alpha\tau\text{-}o\varsigma,\ \Xi\varepsilon\nu o\varphi\tilde{\omega}\nu\ \Xi\varepsilon\nu o\varphi\tilde{\omega}\nu\tau\text{-}o\varsigma.$$

In allen Fällen aber, wo der Nominativ auf ν und ρ ausgeht, wird ε oder ο im Mask. und Fem. in η und ω verwandelt:

$$\lambda\iota\mu\acute{\eta}\nu\ \lambda\iota\mu\acute{\varepsilon}\nu\text{-}o\varsigma,\ \dot{\rho}\acute{\eta}\tau\omega\rho\ \dot{\rho}\acute{\eta}\tau o\rho\text{-}o\varsigma,\ \gamma\acute{\varepsilon}\rho\omega\nu\ \gamma\acute{\varepsilon}\rho o\nu\tau\text{-}o\varsigma.$$

6. Einige Neutra, die im Gen. ατος haben, nehmen im Nom. statt des ς ein ρ an (vgl. §. 16 A. 1, f.), z. B.

$$\tilde{\eta}\pi\alpha\rho\ \tilde{\eta}\pi\tilde{\alpha}\tau\text{-}o\varsigma,\ \varphi\rho\acute{\varepsilon}\alpha\rho\ \varphi\rho\acute{\varepsilon}\bar{\alpha}\tau\text{-}o\varsigma.$$

7. So sind nun die gewöhnlichen Fälle, wo ein Konsonant vor der Kasus-Endung vorher geht, folgende:

der Genit. auf $\left\{\begin{matrix}\beta o\varsigma,\ \pi o\varsigma,\ \varphi o\varsigma\\\gamma o\varsigma,\ \varkappa o\varsigma,\ \chi o\varsigma\end{matrix}\right\}$ v. Nom. auf $\left\{\begin{matrix}\psi\ (\check{\omega}\psi\ \text{2c.})\\\xi\ (\varphi\lambda\acute{o}\xi\ \text{2c.})\end{matrix}\right.$

der Genit. auf $\delta o\varsigma,\ \tau o\varsigma,\ \vartheta o\varsigma$ vom Nom. auf s, als $\lambda\alpha\mu\pi\acute{\alpha}\varsigma\ \lambda\alpha\mu\pi\acute{\alpha}\delta o\varsigma$ 2c.

insbesondere aber

$\alpha\tau o\varsigma$, vom Nom. auf $\left\{\begin{matrix}\alpha\ (\sigma\tilde{\omega}\mu\alpha,\ \alpha\tau o\varsigma)\\\alpha\varsigma\ (\tau\acute{\varepsilon}\rho\alpha\varsigma,\ \alpha\tau o\varsigma)\\\alpha\rho\ (\tilde{\eta}\pi\alpha\rho,\ \alpha\tau o\varsigma)\end{matrix}\right.$

der Genit. auf $\nu o\varsigma$ v. Nom. auf $\left\{\begin{matrix}\nu\ (\Pi\acute{\alpha}\nu\ \Pi\alpha\nu\acute{o}\varsigma)\\s\ (\dot{\rho}\acute{\iota}\varsigma\ \dot{\rho}\iota\nu\acute{o}\varsigma)\end{matrix}\right.$

insbesondere aber

$\varepsilon\nu o\varsigma$ und $o\nu o\varsigma$ vom Nom. auf $\eta\nu$ und $\omega\nu$
($\lambda\iota\mu\acute{\eta}\nu\ \lambda\iota\mu\acute{\varepsilon}\nu o\varsigma,\ \varepsilon\iota\varkappa\acute{\omega}\nu\ \varepsilon\iota\varkappa\acute{o}\nu o\varsigma$)

der Genit. auf $\nu\tau o\varsigma$ v. Nom. auf $\left\{\begin{matrix}\alpha\varsigma,\ \varepsilon\iota\varsigma,\ o\upsilon\varsigma,\ \upsilon\varsigma\\(\varphi\acute{\alpha}\varsigma\ \varphi\acute{\alpha}\nu\tau o\varsigma,\ \vartheta\varepsilon\acute{\iota}\varsigma\ \vartheta\acute{\varepsilon}\nu\tau o\varsigma)\\(\delta o\acute{\upsilon}\varsigma\ \delta\acute{o}\nu\tau o\varsigma,\ \varphi\acute{\upsilon}\varsigma\ \varphi\acute{\upsilon}\nu\tau o\varsigma)\\\omega\nu\ (\gamma\acute{\varepsilon}\rho\omega\nu,\ o\nu\tau o\varsigma)\end{matrix}\right.$

der Genit. auf $\rho o\varsigma$ vom Nom. auf ρ ($\vartheta\acute{\eta}\rho\ \vartheta\eta\rho\acute{o}\varsigma$)

insbesondere aber

$\varepsilon\rho o\varsigma$ und $o\rho o\varsigma$ vom Nom. auf $\eta\rho$ und $\omega\rho$
($\alpha\acute{\iota}\vartheta\acute{\eta}\rho\ \alpha\acute{\iota}\vartheta\acute{\varepsilon}\rho o\varsigma,\ \dot{\rho}\acute{\eta}\tau\omega\rho\ \dot{\rho}\acute{\eta}\tau o\rho o\varsigma$)

und von zwei Neutris auf ορ:
$\check{\alpha}o\rho$ Schwert und $\tilde{\eta}\tau o\rho$ Brust.

8. Folgende einzelne Fälle werden besser für sich gemerkt:
ὁ ἡ ἅλς ἁλός Salz, Meer (einziges Beispiel mit λ)
τὸ μέλι μέλιτος Honig, τὸ κάρη κάρητος (ionisch) Haupt
ἡ δάμαρ δάμαρτος Gattin
ὁ πούς (nicht ποῦς) ποδός Fuß**).

Anm. 1. Die Quantität des α, ι, υ in der vorletzten Silbe des Genitivs ist gewöhnlich kurz. — Dagegen haben die vorletzte Silbe immer lang alle Substantive, deren Genitiv ausgeht auf

$$\alpha\nu o\varsigma,\ \iota\nu o\varsigma,\ \upsilon\nu o\varsigma$$

---

*) Hieraus lassen sich auch γάλα γάλακτος (s. Anom.), ferner die beiden Bocative ἄνα (von ἄναξ, ἄνακτος) und γύναι (von der veralteten Form ΓΥΝΑΙΣ, s. Anom. γυνή) erklären, indem alle diese Formen, da sie kein s annehmen, ihre Konsonanten am Ende abwerfen müssen, §. 4, 5. — Auch δάμαρ gehört hieher; s. unten 8.

**) S. wegen des Accents Lob. Parall. 93. Göttl. 244. Mehlh. 154.

z. B. *Πάν Πᾶνός, παιάν παιᾶνος, ῥίς ῥινός, δελφίς δελφῖνος, μόσυν μό-
συνος.* — Das Verzeichnis der übrigen Wörter, deren vorletzte
Silbe im Genitiv lang ist, s. unter den Uebungs-Beispielen hinter §. 55.

Anm. 2. Die Quantität der Nominativ-Endung richtet sich in
der Regel nach der vorletzten Silbe des Genitivs. Daher (mit wenigen
Ausnahmen bei Dichtern) *ὄρνῑς ῑθος, κηλίς* (lang *ι*) *ῖδος, παιάν* (lang *α*)
ᾶνος. Und ebenso (nach §. 7 Anm. 4) vor *ξ, ψ*, z. B. *θώραξ ᾱκος* (ion.
θώρηξ ηκος); ferner in *φοίνιξ ῑκος, κῆρυξ ῠκος* (nach Anderen: *φοῖνιξ,
κῆρυξ* *); — dagegen *αὖλαξ ᾱκος* u. s. w.

Anm. 3. Alle einsilbigen Nominative, das Pronomen *τίς* ausgenommen, sind lang: daher *πῦρ πῠρός*. Vgl. hiezu §. 42 Anm. 2.

Anm. 4. Die wenigen Wörter, die im Genit. *νθος* haben,
werfen vor dem *s* des Nom. bloß das *θ* ab, und behalten gegen die sonstige Gewohnheit der griechischen Sprache das *ν* bei, z. B. *Ἕλμινς Ἕλμιν-
θος* (Wurm), *Τίρυνς Τίρυνθος*. S. jedoch §. 25 A. 2.

Anm. 5. (5—7.) Wenn vor dem Vokal in der Endung des Nom.
ein anderer Vokal vorhergeht, so entsteht Kontraction, welche aber, da
sie innerhalb des Stammes vorgeht, auf die Flexions-Endungen des Genit. ꝛc. keinen Einfluß ausübt und von der unten §. 48 fg. behandelten Kontraction wohl zu unterscheiden ist. Eine solche Kontraction findet statt:

a) bei den Wörtern auf *εις* mit vorhergehendem *η* oder *o*, eigentlich lauter Adjektiven, worüber s. §. 62 A. 3.

b) bei den Participien auf *έων, άων, όων* G. *έοντος* ꝛc., s. bei
der zsgz. Konjugation §. 105. Nach ihnen richtet sich die Flexion solcher
Eigennamen wie *Ξενοφῶν, ῶντος*;

c) bei zwei Neutris auf *αρ* mit vorhergehendem *ε*, nehmlich *ἔαρ*
(*ἦρ*) Frühling, G. (*έαρος*) *ἦρος* D. (*έαρι*) *ἦρι*, von welchem Worte im Nom.
die aufgelöste, im Gen. u. Dat. die zusammengezogene im att. Gebrauch ist,
und dem dicht. *κέαρ κῆρ* Herz G. *κῆρος*; angeblich und mit versetztem
Accent auch bei *σέαρ* (*στῆρ*) Talg, *φρέαρ* Brunnen, *δέλεαρ* Köder, deren
zusgz. Formen (*στητός, φρητός, δέλητος*) jedoch, bei ält. Schriftstellern wenigstens, nicht nachweisbar sind;

d) bei einigen einzelnen (z. Th. auch mit versetztem Accent), wie
Θρῆιξ Θρῇξ att. *Θρᾷξ* G. *Θρήικος Θρηκός* att. *Θρακός*. S. im Verz.
§. 58 noch die Art. *λᾶς, κλῆς, οὖς, Ποσειδῶν* und vgl. *οἷς* in §. 50.

Ueber die doppelte Kontractionsfähigkeit der Eigennamen auf *κλῆς*
s. §. 53, 3.

§. 42. Vom Nominativ, wenn ein Vokal vor der Kasus-Endung. (37)

1. Diejenigen, die einen Vokal vor den Kasus-Endungen
(*os purum* im Genitiv) haben, nehmen im Nom. fast alle ein *s* an;
einige Neutra auf *ι* und *υ*, und Feminina auf *ω* ausgenommen.

2. Da ferner nach §. 38 Anm. bloß die Neutra solche Nominativ-Endungen haben können, welche durch *ε* und *o* kurz sind,

---

*) Ueber die Streitfrage s. b. ausf. Spr.; außerdem bes. Lob. Parall.
p. 411. Ellendt lex. Soph. v. *κῆρυξ*. Mehlh. Gramm. S. 158.

so wird in Maskulinis und Femininis aus dem ε der übrigen Kasus im Nom. η und εν, und aus ο wird ω oder ου.

3. So kommt nun insbesondere

der Gen. auf ᾰος von den Neutris auf ας (σέλας σέλᾰος)
der Gen. auf ιος und νος vom Nom. auf ις, ι und νς, ν
　　　　　　　　　　　　　　　　　　　　(κίς κιός, δάκρυ δάκρυος ꝛc.)
der Gen. auf ωος vom Nom. auf ως (θώς θωός)

der Gen. auf οος von { dem Nom. auf ους (βοῦς βοός)
　　　　　　　　　　　{ den Femininis auf ω und ως
　　　　　　　　　　　{ (ἠχώ όος, αἰδώς όος)

der Gen. auf εος (εως) von { dem Nom. auf ης und ες
　　　　　　　　　　　　　　{ (ἀληθής Neutr. ἀληθές G. έος)
　　　　　　　　　　　　　　{ den Mask. auf ευς (ἱππεύς ἱππέως)

wobei noch einzeln zu merken ist: ἡ γραῦς, γραός die Alte.

4. Außerdem aber kommen die Genitive auf
　　　　　　　　εος und εως
noch, durch Veränderung des Vokals (s. §. 49 und 51)
　1) von den zahlreichen Neutris auf ος, z. B. τεῖχος τείχεος
　2) von den meisten Nominativen auf ις und ι, und einigen auf
　νς und ν, als πόλις πόλεως, ἄςυ ἄςεος.

Anm. 1. Der Gen. auf ηος gehört den Dialekten; s. §. 50—52,
§. 53 Anm. 5. u. unter den Anom. Ἄρης, εὕς, πρέσβυς, υἱός, ἡνίοχος ꝛc.

Anm. 2. Die Vokale α, ι, ν vor der Endung des Genitivs sind in
allen diesen Wörtern (bloß γραός ausgenommen) kurz; daher es auch die
mehrsilbigen Nominative auf ας, ις, νς sind. Nur die Subst. oxytona
auf ύς, (ὀφρύς, ἰχθύς) haben diese Endung und den Akk. auf ύν meistens
lang. — Von den einsilbigen Nominativen gilt hier die Regel des
vorigen §., daß sie immer lang sind, also z. B. μῖς, μῦός.

§. 43. Paradigmen.　　　(38)

1. Folgende Beispiele können in der Hauptsache für alle Fälle
der gewöhnlichen (unkontrahirten) Deklination dienen.

Sing.	ὁ (Thier)	ὁ (Zeitalter)	ὁ, ἡ (Gottheit)	ὁ (Löwe)	ὁ (Riese)
Nom.	θήρ	αἰών	δαίμων	λέων	γίγᾱς
Gen.	θηρός	αἰῶνος	δαίμονος	λέοντος	γίγαντος
Dat.	θηρί	αἰῶνι	δαίμονι	λέοντι	γίγαντι
Acc.	θῆρα	αἰῶνα	δαίμονα	λέοντα	γίγαντα
Voc.	θήρ	αἰών	δαῖμον	λέον	γίγᾰν
Dual.					
N. A. V.	θῆρε	αἰῶνε	δαίμονε	λέοντε	γίγαντε
G. D.	θηροῖν	αἰώνοιν	δαιμόνοιν	λεόντοιν	γιγάντοιν
Plur.					
Nom.	θῆρες	αἰῶνες	δαίμονες	λέοντες	γίγαντες
Gen.	θηρῶν	αἰώνων	δαιμόνων	λεόντων	γιγάντων
Dat.	θηρσί(ν)	αἰῶσι(ν)	δαίμοσι(ν)	λέουσι(ν)	γίγᾱσι(ν)
Acc.	θῆρας	αἰῶνας	δαίμονας	λέοντας	γίγαντας
Voc.	θῆρες	αἰῶνες	δαίμονες	λέοντες	γίγαντες

	ὁ (Rabe)	ἡ (Nacht)	ὁ (Fuß)	ὁ (Held) ſ. Anm. 1.	ὁ (Holz- wurm)
Sing.					
Nom.	κόραξ	νύξ	πούς	ἥρως	κίς
Gen.	κόρακος	νυκτός	ποδός	ἥρωος	κιός
Dat.	κόρακι	νυκτί	ποδί	ἥρωι	κιί
Acc.	κόρακα	νύκτα	πόδα	ἥρωα	κίν*)
Voc.	κόραξ	νύξ	πούς	ἥρως	κίς

*) ſ. §. 44 N.

Dual.					
N. A. V.	κόρακε	νύκτε	πόδε	ἥρωε	κίε
G. D.	κοράκοιν	νυκτοῖν	ποδοῖν	ἡρώοιν	κιοῖν
Plur.					
Nom.	κόρακες	νύκτες	πόδες	ἥρωες	κίες
Gen.	κοράκων	νυκτῶν	ποδῶν	ἡρώων	κιῶν
Dat.	κόραξι(ν)	νυξί (ν)	ποσί(ν)	ἥρωσι (ν)	κισί(ν)
Acc.	κόρακας	νύκτας	πόδας	ἥρωας	κίας
Voc.	κόρακες	νύκτες	πόδες	ἥρωες	κίες

	τὸ (Sache)	**Dual.**	**Plur.**
Sing.			
Nom.	πρᾶγμα	N. A. πράγματε	πράγματα
Gen.	πράγματος	G. D. πραγμάτοιν	πραγμάτων
Dat.	πράγματι		πράγμασι(ν)
Acc.	πρᾶγμα		πράγματα
Voc.	πρᾶγμα		πράγματα

Anm. 1. Dieſe Beiſpiele reichen fürs erſte völlig aus. Denn ſobald man nur Nom. und Genit. eines Wortes weiß, ſo wird eignes Nachdenken leicht zeigen, wie z. B. nach κόραξ auch alle auf ξ G. γος oder χος, ſo wie alle auf ψ (G. βος, πος, φος), nach αἰών auch δελφίς δελφῖνος, μήν μηνός, nach πούς alle die im Gen. δος, θος und τος haben, nach δαίμων δαίμο-νος auch χιών χιόνος, ποιμήν ποιμένος, κτείς κτενός, nach λέων λέοντος auch ὀδούς ὀδόντος und ſelbſt θείς θέντος (die Participia ſ. eigens durch-deklinirt §. 103), endlich nach πρᾶγμα ατος auch ἧπαρ ἥπατος, natürlich mit ſteter Berückſichtigung der unten folgenden Accentregeln, zu dekliniren ſind. Nur der Acc. und Voc. Sing. und der Dat. Plur. er-fordern noch einige beſondere Anweiſungen in den folgenden §§. — Wegen ἥρως vgl. noch das Anom. Verz.

Anm. 2. Dialekte. Außer dem was in den folg. §§. wird bei-gebracht werden, merken wir bloß an, daß die Endung οιν des Duals hier eben ſo wie bei der 2. Dekl. von den Epikern zerdehnt wird, z. B. πο-δοΐιν für ποδοῖν. Daß das cirkumflektirte ὤν auch in der 3. Dekl. bei Joniern in εων zerdehnt worden, iſt unwahrſcheinlich, daher in den neuern Ausg. des Herod. immer γυναικῶν, χηνῶν (denn χηνέων 2, 37. 68 iſt abjekt.), ποδῶν ꝛc.

Anm. 3. Quantität. Die Kaſusendungen ι, α und ας ſind hier immer kurz (ſ. §. 52 die Ausnahme bei denen auf ευς). — Von der Quan-tität der Endſilbe des Nom. und der vorletzten des Genitivs ſ. die Anmer-kungen zu den vorigen §§. und das Verz. hinter §. 55.

2. (Anm. 4.) Für den Accent gelten folgende Hauptregeln: 1) In zwei- und mehrſilbigen Wörtern bleibt der Ac-

5 *

cent, so lange es seine Natur erlaubt, auf derselben Silbe, wo ihn der Nom. hat, s. oben κόραξ, αἰών.

2) Die einsilbigen Wörter werfen den Accent in den Genitiven und Dativen aller Numeri auf die Kasus=Endungen, und zwar auf die Endungen ων und οιν nach §. 33, 7 als Cirkumflex (s. oben θήρ, κίς, νύξ, πούς).

3) Die Akkusative, Nominative und Vokative hingegen haben den Ton durchaus nie auf der Kasus=Endung *), das einzige pron. indef. τὶς (§. 77) ausgenommen.

Anm. 4. Von der zweiten Regel sind ausgenommen:

a. Die einsilbigen Participien, wie θείς θέντος, ὤν ὄντος ꝛc.

b. Der Genit. und Dat. Plural. des Adj. πᾶς, πᾶν (παντός, παντί) Gen. pl. πάντων D. πᾶσιν

c. einige, die erst durch Zusammenziehung einsilbig geworden; λᾶας λᾶς G. λᾶος (s. unt. Anom.); ἔαρ ἦρ, κέαρ κῆρ G. ἦρος, κῆρος (vgl. anom. υἱός); doch nicht alle: s. §. 41 A. 5, c. d.

d. Genit. Plur. und Dual. folgender zehn Wörter: ὁ, ἡ παῖς (Kind), ὁ θώς (Schakal), ὁ δμώς (Sklav), ὁ Τρώς (Trojaner), τὸ φῶς (Licht), ἡ φῴς (Brandfleck), ἡ δᾴς (Fackel) und der Anomala ὁ (τὸ) ΚΡΑΣ (Haupt), τὸ οὖς (Ohr), ὁ σής (Motte), also:

$$π α ί δ ω ν,\ θ ώ ω ν,\ δ μ ώ ω ν,\ Τ ρ ώ ω ν \cdot\ φ ώ τ ω ν,\ φ ῴ δ ω ν \cdot$$
$$δ ᾴ δ ω ν,\ κ ρ ά τ ω ν,\ ὤ τ ω ν,\ σ έ ω ν$$

und so im Dual παίδοιν u. s. f. **)

e. das pron. interrog. τίς §. 77.

f. der verlängerte epische Dat. pl. εσι, εσσι, §. 46 Anm. 2.

§. 44. Vom Akkusativ Sing.   (39)

1. Die Haupt=Endung des Akkusativs ist in dieser Deklin. α; allein die Wörter auf ις, υς, αυς, ους haben auch einen

Akkusativ auf ν,

indem, ganz wie in den andern Deklinationen, bloß das ς des Nom. in ν verwandelt, und die Quantität nebst dem Accent beibehalten wird. Dies ist bei denjenigen, die einen Vokal vor den Kasus= Endungen haben, die einzige Form:

$$βοῦς\ (G.\ βοός) — βοῦν \cdot\ δρῦς\ (δρυός) — δρῦν$$
und so auch ἰχθύν, πόλιν, γραῦν ꝛc. ***)

---

*) Nur übersehe man nicht, daß in dieser Dekl. die Wort=Endung (σωτ-ήρ) von der Kasus=Endung (σωτῆρ-α) immer verschieden ist.

**) Bei mehren dieser Wörter ist diese Betonung auch noch eine Spur von Zusammenziehung aus den ältern Formen πάϊς, φώϊς, δάϊς, ΚΡΑΑΣ, οὔας; bei den meisten übrigen rührt sie wol von dem Bestreben her, die Formen von den gleichlautenden Genitiven der Wörter αἱ Τρῳαί, δμωαί, θωή (Schade), ὁ φώς (Mann) zu unterscheiden.

***) Die Akkusative der beiden einsilbigen κίς und λίς sollen abweichend von obiger Regel nach der Vorschrift alter Grammatiker κῖν und λῖν betont werden, da kein einsilbiges Wort, welches den Akk. auf ν bildet (also os purum hat) diesen Akk. oxytonire. Da nun die Betonung im Akk. κῖν, λῖν der Analogie der übrigen wie μῦς, δρῦς sich an=

‑2. Diejenigen hingegen, die einen Konsonanten im Ge‑
nitiv annehmen, haben a) wenn die letzte Silbe des Nom.
betont ist, immer α:

ἐλπίς, ίδος — ἐλπίδα· πούς, ποδός — πόδα
ist aber b) die letzte Silbe tonlos, so haben sie gewöhnlich ν, oft
aber, besonders bei Dichtern, auch α, z. B.

ὄρνις, ὄρνιθος — ὄρνιν und ὄρνιθα
κόρυς κόρυθος — κόρυν und κόρυθα
ἔρις ἔριδος — ἔριν und (dicht.) ἔριδα
χάρις χάριτος — χάριν und (als Göttin) Χάριτα *)
εὔελπις εὐέλπιδος — εὔελπιν und (εὐέλπιδα)

Anm. 1. Noch drei einzelne haben den Akk. auf ν, nehmlich
οἷς, κλεῖς, λᾶας (λᾶς)
also acc. si. οἷν, κλεῖν, λᾶαν (λᾶν), s. §. 50 A. 6 und das Anom. Verz.
— Wegen der Compos. von πούς s. §. 63 Anm. 4. Vgl. auch §. 49. die
Anm. 7 zu denen auf ω und ως.

Anm. 2. Aus der alten Sprache hat sich bei nicht attischen Dichtern
auch noch erhalten βόα, εὐρέα für βοῦν, εὐρύν ꝛc. — Ueber den unre‑
gelm. Akk. Αὐλιν von Αὐλίς (Αὐλις) bei Eurip. s. Schol. Jl. β, 496.

§. 45. Vom Vokativ. (40)

1. Der Vokativ der dritten Defl. entbehrt wie der Nom. einer
besonderen Casus‑Endung, unterscheidet sich aber vom Nom. darin,
daß er den Stamm des Wortes möglichst (in manchen Wörtern
ganz) unverändert hervortreten läßt. In vielen Wörtern jedoch
wird er, bes. von Attikern, dem Nom. ganz gleich gemacht (s.
Anm. 4). Durchgehends gilt dies für alle Participia der drit‑
ten Defl. auf ων, εις, ας ꝛc., auch wenn sie nach den folgenden
Regeln einen eigenen Vokativ haben müßten; und wenn ἄρχων
(von ἄρχω) im Vok. ὦ ἄρχον hat, so ist es nicht mehr Particip,
sondern Subst.: ὁ Archont **). Die Fälle, in denen der Vokativ
am gewöhnlichsten eine eigne Form hat, sind folgende.

2. Die Endungen ευς, ις, υς, ferner die Wörter παῖς,
γραῦς, βοῦς werfen ihr ς ab, worauf die auf ευς den Cir‑
kumflex annehmen (§. 11, 3): z. B. βασιλεύς Voc. ὦ βασιλεῦ —
Πάρι, Δωρί, Τηθύ, ἡδύ ꝛc. — παῖ, γραῦ, βοῦ.

─────────────

schließt, so will Göttling auch im Nominativ schon κῖς, λῖς betont haben,
wie auch (bei λῖς wenigstens) mehrfach in den Ausgaben geschieht. Aber
gegen diese Betonung im Nominativ spricht theils die Ueberlieferung theils
das Zeugnis bewährter alter Kritiker, während sie in der Betonung des
Akkusativs κῖν, λῖν fast alle übereinstimmen. Am sichersten ist also mit
Spitzner, Bekker ꝛc. λῖς und λῖν (nach Analogie von κλεῖς und κλεῖν) zu
betonen. S. Lob. Parall. p. 84. Lehrs Arist. p. 266.
    *) So lautet die Angabe der Atticisten. Gegentheilige Beispiele sind
zwar vorhanden, aber doch selten und mehr dichterisch.
    **) Doch scheinen auch in diesem Falle die Attiker wenigstens lieber
ὦ ἄρχων gesagt zu haben. S. Bekk. Anecd. p. 27.

3. Die auf ᾱς und εις, vor deren ς ein ν oder ντ weggefallen ist, bilden ihren Vokativ auf ᾱν und εν, d. h. sie machen ihn dem Stamme gleich, wobei jedoch die mit ντ vor der Kasusendung das τ nach §. 4, 5 abwerfen müssen, z. B. τάλᾱς ᾰνος, ὦ τάλᾱν· Αἴᾱς αντος, ὦ Αἶαν· χαρίεις εντος, ὦ χαρίεν. Doch begnügen sich mehre Eigennamen auf ᾱς αντος mit dem langen α, z. B. ὦ Λαοδάμᾱ, Πολυδάμᾱ von Λαοδάμας αντος ꝛc. *)

4. Die Wörter, die in der Endung des Nom. η oder ω haben, verkürzen bloß diese Vokale im Vokativ (behalten den Stammvokal), wenn auch die übrigen Kasus ε oder ο haben, und sie im Nominativ keine Oxytona sind: s. oben δαίμων und λέων; so auch μήτηρ ἑρος, ὦ μῆτερ· ῥήτωρ ορος, ὦ ῥῆτορ, und mit Zurückziehung des Accents (A. 3): Σωκράτης εος, ὦ Σώκρατες **).

Anm. 1. Die, welche den Accent auf der Endsilbe haben, behalten den langen Vokal z. B. ποιμήν ένος, ὦ ποιμήν (Hirt), αἰθήρ ἑρος, ὦ αἰθήρ; aber nur die Substantiva, nicht die Adjektiva (z. B. ὦ κελαινεφές). Hievon sind wieder ausgenommen und folgen der Hauptregel, aber mit Zurückziehung des Accents, diese drei:
πάτερ, ἄνερ, δᾶερ
von πατήρ, ἀνήρ, δαήρ (Schwager) G. ἑρος.

Anm. 2. Die Wörter, die den langen Vokal in den übrigen Kasus behalten, bleiben im Vokativ unverändert; also ὦ Πλάτων (G. ωνος), ὦ Ξενοφῶν (ῶντος), ὦ ἰητήρ (ῆρος), ὦ Κράτης (ητος). Nur drei sind auch unter diesen, welche den Vokal im Vok. verkürzen: Ἀπόλλων ωνος, Ποσειδῶν ῶνος (Neptun), σωτήρ ῆρος (Retter); Voc.
ὦ Ἄπολλον, Πόσειδον, σῶτερ
wobei wieder die Zurückziehung des Accents nicht zu übersehn ist.

Anm. 3. Ueberhaupt hat der Vok. bei Verkürzung der Endsilbe in mehrsilbigen paroxytonis die Neigung, den Ton auf die drittletzte zurückzuziehen. Dies findet statt bei den Wörtern und Eigennamen auf ης und ηρ, wie κακόηθες, Δημόσθενες, θύγατερ, Δήμητερ; sonst nur in gewissen, meist Compositis, auf ων, worunter zu merken:
κακόδαιμον, ἐνόσιχθον, und von Eigennamen Ἀγάμεμνον, Ποσείδαον (Hom.), Ἄμφιον.
Andere, besonders die Compos. auf φρων und ωρ, thun dies nicht, z. B. χαρίεν, δαΐφρον, Λακέδαιμον, Παλαῖμον, Ἰᾶσον, Μαχᾶον, Ἀρετᾶον, αὐτοκράτορ, Πολυμῆστορ.

5. Die Feminina auf ώ und ώς formiren den Vokativ auf οῖ, (§. 11, 3:) z. B. Σαπφώ, ὦ Σαπφοῖ· Ἠώς, ὦ Ἠοῖ.

Anm. 4. Uebrigens ist leicht zu denken, daß diejenigen Gegenstände, welche nicht gewöhnlich angeredet werden, wenn einmal der Fall eintritt, lieber die Form des Nominativs behalten, wie ὦ πούς, ὦ πόλις u. d. g. Häufig geschieht dies aber auch, besonders bei Attikern, mit Wörtern und Namen wie Κρέων, Αἴας, τάλας, σωτήρ u. d. g.

---

*) 3. B. Jl. μ, 231. Od. θ, 141. 153. Nach Bekker (hom. Bl. 158) haben jedoch auch diese -ᾰν. Ein Vok. ὦ Ἄτλᾱ ist nicht nachweisbar.
**) Wegen Beibehaltung des ς im Vok. der auf ης vgl. §.49 A. 1.

Anm. 5. Das Wort ἄναξ (König) hat, bei Anrufung eines Got-
tes, einen eignen Vokativ ὦ ἄνα (Krasis: ὦνα); sonst ὦ ἄναξ (ὦναξ).
Vgl. §. 41, 5 Note.

§. 46.   Dativ Plur.   (41)

1. Wenn vor die Endung σιν, σι des Dat. Plur. (welche wie
die übrigen Kasusendungen unmittelbar an den Stamm angesetzt
wird) ein Konsonant kommt, so treten wieder die Generalregeln
ein, wie (§. 41) bei dem ς des Nominativs. S. oben κόραξ, νύξ,
πούς, αἰών· so also auch Ἄραψ Ἄραβος Ἄραψιν· ὄνυξ ὄνυχος
ὄνυξι· ἧπαρ ἥπατος ἥπασιν u. s. w.

2. Wenn in diesen Fällen der Vokal der casus obliqui von
dem des Nomin. verschieden ist, so bleibt er es auch im Dat. pl.,
d. h. der Dat. pl. behält den Vokal des Stammes unverändert:
δαίμων, ονος — δαίμοσι· πούς, ποδός — ποσίν.
ἀλώπηξ, εκος — ἀλώπεξιν.
Aber wenn ντ ausgefallen ist, tritt die nach §. 25, 4 nothwendige
Verlängerung des Vokals ein:\
ὀδούς, όντος — ὀδοῦσι· τυπείς, έντος — τυπεῖσιν
s. oben λέων λέουσι, γίγας γίγασι. Ist aber bloß ν ausgefallen,
so bleibt hier der kurze Vokal: κτείς κτενός — κτεσίν.

Anm. 1. Auch die Adjektiva (nicht Participien) auf εις, εντος haben
bloß ε, als φωνήεις, εντος — φωνήεσιν (Plat. Crat. p. 393)*).

3. Wenn der Stamm des Wortes auf einen Vokal ausgeht, also wenn ος purum im Gen. ist, so bleibt auch dieser Vokal
vor σιν, σι unverändert wie in den übrigen Casibus obliquis:
ἀληθής, έος — ἀληθέσι· τεῖχος, εος — τείχεσι·
δρῦς δρυός — δρυσίν.
Nur wenn der Nom. Sing. solcher Wörter einen Diphthongen
(ευ, ου, αυ) hat, nimmt ihn auch der Dat. Plur. an, z. B.
βασιλεύς, έως — βασιλεῦσι
γραῦς γραός — γραυσί· βοῦς βοός — βουσίν**).

Anm. 2. In der alten und epischen Sprache ist neben der Endung σι (nach kurzen Vokalen auch verschärft in -σσι, z. B. βέλεσσι, δέ-
πασσι, νέκυσσι, ποσσί, vgl. §. 21 A. 1) in allen Wörtern -εσσι (ν), seltener -εσι (ν); und diese Endung wird, da sie mit einem Vokal beginnt,
ganz wie die der übrigen Kasus angehängt: also πολί-εσσι, κοράκεσσι,
παίδεσσι, βόεσσι, βελέεσσιν· ἀνάκτεσσι. Diese Form des Dativs behält,
wenn sie von einsilbigen Wörtern gebildet ist, den Ton auf der ersten
Silbe, z. B. παίδεσσιν, ἵνεσι von παῖς, ἵς. — Den Dativ auf άσι s. im
folg. §. und bei Anom. υἱός und ἀρνός.

---

*) Also mit der epischen Verdoppelung (Anm. 2) bei Dichtern φω-
νήεσσι, χαρίεσσι, welche Dativform später auch in Prosa üblich wurde.
S. Schaef. ad Greg. C. p. 678. Steph. Par. v. χαρίεις.

**) Das υ in allen diesen Wörtern ist nehmlich aus dem Digamma
aeolicum (ϝ) entstanden, worüber s. die Bemerkung zu §. 50, 2.

§. 47. Synkope einiger auf ηρ.   (42)

1. Einige Wörter auf ηρ G. ερος stoßen im Gen. und Dativ Sing. das ε aus, und eben so auch im Dat. Plur., wo sie dafür nach dem ρ ein α einschieben, z. B. πατήρ (Vater), Gen. (πατέρος) πατρός Dat. (πατέρι) πατρί A. πατέρα V. πάτερ. Du. N. A. πατέρε G. D. πατέροιν. Pl. πατέρες G. πατέρων D. πατράσι A. πατέρας.

2. Eben so gehn auch (mit einigen Anomalien des Tones):
μήτηρ (μητέρος) μητρός μητρί μητέρα μῆτερ (Mutter)
ἡ γαςήρ (γαςέρος) γαςρός γαςρί γαςέρα γαςῆρ (Bauch)
θυγάτηρ (θυγατέρος) θυγατρός, τρί, τέρα, θύγατερ (Tochter)
Δημήτηρ (Δημήτερος) Δήμητρος Δήμητρι Acc. gleichfalls synk.
Δήμητρα, Δήμητερ (Ceres).
Von ἀνήρ s. Anom.

Anm. 1. Die Dichter vernachlässigen bald diese Synkope und sagen z. B. πατέρος, θυγατέρεσσι; bald brauchen sie solche auch da, wo sie gewöhnlich nicht statt findet, als θύγατρες, θυγατρῶν ꝛc., πατρῶν (Hom.).

Anm. 2. Der Accent dieser Formen ist sehr anomalisch: 1) steht er in der vollen Form (außer in dem zusammengesetzten Wort Δημήτηρ) immer auf dem ε, und wird daher bei μήτηρ, θυγάτηρ erst darauf gerückt; 2) geht er nach Ausstoßung des ε in den Genitiven und Dativen der meisten auf die Endung über (μητρός, θυγατρῶν, θυγατράσι); 3) zieht Δημήτηρ in allen synkopirten Formen den Ton völlig zurück: Δήμητρος ꝛc.; θυγάτηρ aber nur im Nom. und Akk., wenn die Dichter diese synkopiren (θύγατρα, θύγατρες, θύγατρας).

Anm. 3. Das Wort γαςήρ hat im Dat. pl. γαςράσιν und (bei Hippokr.) γαςῆρσιν. — Auch ἀςήρ, έρος (Stern), das sonst nicht synkopirt wird, hat doch ἀςράσιν. (Ueber den Accent s. Lob. parall. p. 175).

Zusammengezogene Deklination.

§. 48.   (43)

1. Von den Wörtern, die ος purum im Genitiv haben, sind sehr wenige, die in keiner ihrer Formen zusammengezogen werden; doch findet anderseits Zusammenziehung bei weitem nicht überall statt, wo es nach den Generalregeln geschehen könnte.

2. In einigen Fällen weicht auch die Art der Kontraction von den Generalregeln ab; und eine Gattung dieser Abweichung liegt in folgender Regel:

Der zusammengezogene Akkusativ Plur. der dritten Deklination wird dem zusammengezogenen Nominativ Plur. gleich gebildet.

Anm. 1. So wird z. B. ἀληθέες, μείζο(ν)ες regelmäßig zusammengezogen ἀληθεῖς, μείζους; und eben so lautet alsdann gegen die Generalregeln die Kontraction des Akk. ἀληθέας, μείζο(ν)ας, selbst in solchen Wörtern, welche die Kontr. des Nom. Pl. gewöhnlich versäumen, wie in βοῦς, §. 50. Die einzige Ausnahme von dieser Regel f. §. 53, 2.

Anm. 2. Ὁλοπαθῆ (§. 33, 5.) kann es eigentlich in dieser Dekl. nicht geben, weil der Nom. Sing. keine eigne Endungssilbe wie die übrigen Kasus hat. Ist aber die Wort=Endung des Nom. für sich wieder pura, so entsteht die Kontraction von der §. 41 Anm. 5 gehandelt worden.

§. 49. Contracta auf ης, ες, ος, ώ, ώς. (44)

1. Die Wörter auf ης und ες G. εος (eigentlich lauter Ad= jektiva), die Neutra auf ος G. εος und die Feminina auf ώ und ώς G. όος, werden in allen Kasus zusammengezogen, wo zwei Vokale zusammenkommen.

2. Auf ης G. εος gibt es keine eigentliche Substantiva, und auch bei τριήρης ist ναῦς zu ergänzen. Außer den Adjektiven aber gibt es noch viele Eigennamen auf ης G. εος z. B. Διομήδης und die auf κράτης als Σωκράτης, deren Flexion sich nach τριή- ρης richtet, nur daß sie häufig den Akkus. auch nach der Ersten auf ην formiren (s. §. 56 A. 4).

3. Die Neutra Adjektiva auf ες gehn, mit Ausnahme dieser Endung selbst, ganz wie die Neutra auf ος, also (von ἀληθής), Neu. ἀληθές Pl. τὰ ἀληθέα ἀληθῆ.

Sing.	ἡ (Gaeere)		τὸ (Mauer)		ἡ (Hall)	
Nom.	τριήρης		τεῖχος		ἠχώ	
Gen.	τριήρεος	τριήρους	τείχεος	τείχους	ἠχόος	ἠχοῦς
Dat.	τριήρεϊ	τριήρει	τείχεϊ	τείχει	ἠχόϊ	ἠχοῖ
Acc.	τριήρεα	τριήρη	τεῖχος		ἠχόα	ἠχώ
Voc.	τριῆρες		τεῖχος		ἠχοῖ	
Dual.						
N. A. V.	τριήρεε	τριήρη	τείχεε	τείχη	ἠχώ	
G. D.	τριηρέοιν	(τριηροῖν A. 4)	τειχέοιν	τειχοῖν	2. Dekl.	
Plur.						
Nom.	τριήρεες	τριήρεις	τείχεα	τείχη	ἠχοῖ	
Gen.	τριηρέων	(τριηρῶν A. 4)	τειχέων	τειχῶν	2. Dekl.	
Dat.	τριήρεσι(ν)		τείχεσι(ν)			
Acc.	τριήρεας	τριήρεις	τείχεα	τείχη		
Voc.	τριήρεες	τριήρεις	τείχεα	τείχη		

Anm. 1. Das schließende ς der Wörter auf ης und ος gehört (wie aus der Vokativform τρίηρες ꝛc., der Comparativbildung ἀληθέστερος ꝛc., den Compositis wie σακέσπαλος, ὀρεσκῷος erhellt) bereits dem Stamme an und fiel zwischen den zwei Vokalen in ähnlicher Weise aus, wie das σ in den zweiten Personen des Verbi (εσαι, ισο) und das Ϝ in den Wörtern §. 50. 52, worauf die Zusammenziehung erfolgte. Vgl. Reimnitz System der griech. Dekl. 1831.

Anm. 2. Der █████ auf η (z. B. Ar. Thesm. 282 ὦ περικαλλῆ Θεσμοφόρω) weicht ███ ███Generalregel ab, da er aus εε zusammengezogen ist (s. §. 28, 3). ████ brauchen aber auch die aufgelöste Form, z. B. τῶ γένεε Plato Po███ ███ 260., ξυγγενέε Ar. Av. 368.

Anm. 3. Sonst unterlassen die Attiker die Kontraction in diesen Wör=
tern nie, außer im Genitiv Plur. der auf os, wo man von mehren
derselben sehr gewöhnlich ἀνθέων, κερδέων, ὀρέων ꝛc. findet; und im
Gen. von Ἄρης (Mars) Ἄρεος. Dasselbe gilt für den iambischen Senar
der Tragiker; in den Chören und lyrischen Stellen jedoch sind Auflösungen
häufiger. S. die Beisp. besonders des Gen. έων und neu. pl. εα bei El=
lenbt lex. Soph. praef. p. 12. — Die aufgelösten Formen derer auf ώ und
ώς kommen selbst im ion. und ep. Dialekt nicht mehr vor, desto gewöhn=
licher sind sie bei den andern Wörtern auf ης und os. — Ein gen. pl. auf
ήων (st. έων) nur aus Versbedürfnis in δυσαήων Od. ν, 99.

Anm. 4. Mehre zusammengesetzte Adj. paroxytona auf ης blei=
ben auch im zsgz. Gen. pl. paroxytona, z. B. συνήθης (von ἦθος), τῶν
συνήθων (aufgelöst συνηθέων), αὐτάρκης, αὐτάρκων; dagegen νοσω=
δῶν, θηριωδῶν ꝛc.*) Vgl. die Adverbia auf ως §. 115 A. 1. — Auch der
oben regelmäßig aufgeführte Gen. pl. τριηρῶν wird gewöhnlich betont

τριήρων

als entstanden aus dem Abjekt. τριήρης, breitrubrig; und so auch du. τρι=
ήροιν Xen. Hell. 1, 5, 19. 5, 4, 56 (dagegen wird bei Spät. wieder betont
τριηρῶν, -ροῖν z. B. Arr. 2, 2, 5. 21, 8 ꝛc.)

Anm. 5. Die abweichenden Zusammenziehungen derer, die vor der
gewöhnlichen Kontraction noch einen Vokal haben, s. unten §. 53.

Anm. 6. Die Dorier und Epiker ziehen den Gen. auf εος in
ευς zusammen nach §. 28 A. 5., z. B. τοῦ γένευς von τὸ γένος.

Anm. 7. Der Akkusativ derer auf ώ wird, als dem Nom. gleich=
lautend, auch gleich betont: ἡ und τὴν ἠχώ (gegen die Regel §. 28, 6).
Bei denen auf α's aber (es gibt deren nur zwei, ἠώς und αἰδώς) wird
regelmäßig betont: τὴν ἠῶ, αἰδῶ. S. Herodian. ad Jl. β, 262. — He=
robot formirt den Akk. einiger Propria auf ώ auch häufig auf οῦν, z. B.
Ἰώ Ἰοῦν, Λητώ Λητοῦν. Vgl. Greg. Cor. p. 427 sq.

§. 50. Theilweise Kontraction. (45)

1. Für alle übrigen die os purum im Genit. haben und kon=
trahirt werden, gilt die fast durchgängige Regel, daß sie nur im
Nominativ, Akkusativ, Vokativ Plur. und zum Theil
im Dativ Sing.
Kontraction zulassen. Dies gilt zunächst für die auf υς G. υος,
und die auf ις, wenn sie auf ionische und dorische Art im Gen.
ιος haben.

2. Hiemit verbinde man sogleich die Deklination der beiden
einzelnen βοῦς und γραῦς, deren Uebereinstimmung mit denen auf
υς und ις aus der Nebeneinanderstellung erhellen wird.

---

*) Denn die Abj. auf ώδης sind keine zusammengesetzte wie die auf
οειδής, sondern einfach abgeleitete (s. An. Bekk. 1243. Lobeck zur ausf.
Gr. II. 450). Wenn auch αὐθάδης, obwohl zusammengesetzt, im Gen.
αὐθαδῶν, adv. αὐθαδῶς (§. 115 A. 1) betont wird, so folgt es der Ana=
logie der übrigen Einfachen auf δης. Doch waren die alten Grammatiker
selbst schon über die richtige Betonung im Zweifel; s. Lobeck a. a. O.

	Si.	ὁ, Fisch	[ἡ, Stadt]	ὁ,ἡ,Ochse,Kuh	ἡ, die Alte
N.		ἰχθύς	[πόλις (f. Anm. 3)	βοῦς	γραῦς
G.		ἰχθύος	πόλιος	βοός	γραός
D.		ἰχθύϊ	πόλιι πόλῑ	βοΐ	γραΐ
A.		ἰχθύν	πόλιν	βοῦν	γραῦν
V.		ἰχθύ	πόλι]	βοῦ	γραῦ
Du.					
N.A.		ἰχθύε	[πόλιε	βόε	γρᾶε
G.D.		ἰχθύοιν	πολίοιν]	βοοῖν	γραοῖν
Pl.					
N.	ἰχθύες ἰχθῦς	[πόλιες πόλῑς	βόες (βοῦς)	γρᾶες (γραῦς)
G.	ἰχθύων	πολίων	βοῶν	γραῶν
D.	ἰχθύσι(ν)	πόλισι(ν)	βουσί(ν)	γραυσί(ν)
A.	ἰχθύας ἰχθῦς	πόλιας πόλῑς	βόας βοῦς	γρᾶας γραῦς
V.	ἰχθύες ἰχθῦς	πόλιες πόλῑς]	βόες (βοῦς)	γρᾶες (γραῦς)

(Die Epiker haben γρηῦς oder γρηΰς, Dat. γρηΐ, Voc. γρηῦ, γρηΰ.) Die ungewöhnliche Zßzhg. von γρᾶες und γρᾶας in γραῦς erklärt sich aus dem Ausfall des Digamma. Das υ in βοῦς und γραῦς ist nehmlich, wie in ναῦς (§. 58) und sämtlichen auf ευς (§. 52) aus dem Ϝ entstanden (vgl. lat. bos bovis, navis). Das mithin ursprünglich zum Stamm gehörige Ϝ fiel jedoch (wie im vor. §. das σ) zwischen zwei Vokalen aus, während es vor Consonanten und am Wortende sich in υ verwandelte (also nom. βοῦς, βασιλεύς, voc. βοῦ, βασιλεῦ, dat. pl. βουσί, βασιλεῦσι, γραυσί ꝛc.) und bei γραῦς die Zßzhg. des nom. und acc. pl. in γραῦς (entstanden aus γραϜες, γραϜας) verursachte.

Anm. 1. Die epische Sprache zieht auch den Dat. auf υϊ zusammen: ἰχθυΐ, (νέκυς, νέκυΐ) νέκυι.

Anm. 2. Die Dorier sprachen βῶς, βῶν; und diesen Akkusativ hat das Wort im Homer Jl. η, 238. wo es als Fem. für Stierhaut, Stierschild steht; vgl. Jl. μ, 105 τυκτῇσι βόεσσιν.

Anm. 3. Die zu diesem ganzen §. gehörigen Wörter unterlassen auch bei Attikern öfters die Kontraction; und zwar gilt dies für den Nomin. Plur. der Einsilbigen als Regel, also κίες, μύες, δρύες, γρᾶες, βόες; aber auch die mehrsilbigen auf υς G. υος (und ebenso bei Ioniern die auf ις G. ιος) erscheinen in diesem Kasus meist aufgelöst: οἱ ἰχθύες, βότρυες, αἱ ὀφρύες, selten zßzg. αἱ ἄρκυς (Xen. Ven. 2, 9. 10. 19 ꝛc.) dagegen immer acc. τοὺς ἰχθῦς, βότρυς Plat. Xen. (und ebenso οἱ ὄφιες, μάντιες, αἱ Σάρδιες, aber τοὺς ὄφις, μάντις, τὰς Σάρδις bei Herodot.)

Anm. 4. Ein Beispiel eines zusgz. nom. dual. τὼ ἰχθῦ wird angeführt aus Antiphanes bei Ath. 10 p. 450, womit die ungewöhnl. Zßzhgen in §. 51 A. 5 zu vergleichen.

Anm. 5. Für die attische und gewöhnliche Sprache ist das oben in πόλις aufgestellte Schema der Wörter auf ις fast gänzlich außer Gebrauch gekommen, indem die Wörter auf ις G. ιος entweder nicht kontrahiren, wie κίς (vgl. unten die Adjektive auf ις, ι §. 63, 1), oder dichterisch sind, wie μῆνις, πόσις, oder in die Formation auf ιδος (wie τίγρις, τρόπις u. a., s. §. 56 A. 5) übergehen. Nur in ionischen Eigennamen findet man die ion. Formation auch bei Attikern, z. B. Gen. Σνεννέσιος Xen., Ἀργύτιος (f. Poppo zu Thuc. 1, 64). Sonst geht die Menge derer auf ις die keinen Konsonanten annehmen, wie auch πόλις selbst, gänzlich nach dem folgenden §. Selbst die epische Sprache, obwohl sie im allgemeinen der

Formation mit ι den Vorzug gibt, hat doch manche nach Art des folgenden §. aufgelöste und kontrahirte Formen, f. §. 51 Anm. 3.

Anm. 6. Das Wort $\dot{\eta}$, $\dot{o}$ $\ddot{o}\ddot{\imath}s$ (Schaf) Acc. $\ddot{o}\ddot{\imath}\nu$ folgt in der aufgelösten Form bei Epikern und Joniern (Ar. Pac. 933) der obigen Dekl. ($\pi\dot{o}\lambda\iota s$), also G. $\ddot{o}\ddot{\imath}os$ Pl. Nom. $\ddot{o}\ddot{\imath}\varepsilon s$, Acc. $\ddot{o}\ddot{\imath}s$: bei Attikern aber wird schon der Nom. Sing. zusammengezogen: $\dot{\eta}$ $o\dot{\imath}s$, dann wird deklinirt G. $o\dot{\imath}\dot{o}s$ D. $o\dot{\imath}$ A. $o\dot{\imath}\nu$ Pl. $o\dot{\imath}\varepsilon s$, $o\dot{\imath}\tilde{\omega}\nu$, $o\dot{\imath}\sigma\dot{\imath}$, $o\dot{\imath}as$ zsgz. $o\dot{\imath}s$ von welchen Formen Homer neben den aufgelösten hat: Gen. $o\dot{\imath}\dot{o}s$, $o\dot{\imath}\tilde{\omega}\nu$. Im Dat. pl. hat er 3 Formen: $o\ddot{\imath}\varepsilon\sigma\iota\nu$, $\ddot{o}\ddot{\imath}\varepsilon\sigma\sigma\iota$ und (nach §. 51) $\ddot{o}\varepsilon\sigma\sigma\iota\nu$.

Anm. 7. Die meisten Wörter auf $o\nu s$ gehn nach der 2. zsgz. Dekl. wie $\pi\lambda o\tilde{\nu} s$ $\mathfrak{c}$. Nach $\beta o\tilde{\nu} s$ gehn nur $\chi o\tilde{\nu} s$ (f. Anom.) und $\dot{\varrho}o\tilde{\nu} s$ wenn es den Sumach bedeutet; jedoch beide ohne alle Zusammenziehung.

§. 51. Die auf ιs, νs (G. $\varepsilon\omega s$,) ι, ν. (46)

1. Die meisten Wörter auf ιs und ι, und einige wenige auf νs und ν, behalten den Vokal des Nom. in der gewöhnlichen Sprache nur noch im Akk. und Vok. Sing.; in allen übrigen Endungen **verwandeln** sie ihn in ε; und alsdann wird der Dat. $\varepsilon\ddot{\imath}$ in $\varepsilon\iota$ und der Plur. $\varepsilon\varepsilon s$ und εas in $\varepsilon\iota s$, Neutr. εa in η, sonst aber weiter nichts kontrahirt.

2. Die Subst. auf ιs und νs haben alsdann den sogenannten **Attischen Genitiv** indem sie den Genitiv im Singular auf ωs, und im Dual auf $\varphi\nu$ (f. jedoch Anm. 6.) formiren, **alle drei** Genitive aber so accentuiren, als wenn die letzte Silbe kurz wäre (§. 11, 8).

3. Die **Neutra** auf ν und ι haben den gewöhnlichen Genitiv: $\ddot{a}\varsigma\nu$ $\ddot{a}\varsigma\varepsilon os$, $\dot{a}\varsigma\dot{\varepsilon}\omega\nu\cdot$ $\pi\dot{\varepsilon}\pi\varepsilon\varrho\iota$ $\pi\varepsilon\pi\dot{\varepsilon}\varrho\varepsilon os$.

4. Hieraus erwächst für die Substantiva folgende gebräuchliche Deklination:

Si	$\dot{\eta}$, Stadt	$\dot{o}$, (Elle	$\tau\dot{o}$, Stadt	Plur.		
N.	$\pi\dot{o}\lambda\iota s$	$\pi\tilde{\eta}\chi\nu s$	$\ddot{a}\varsigma\nu$	$\pi\dot{o}\lambda\varepsilon\iota s$	$\pi\dot{\eta}\chi\varepsilon\iota s$	$\ddot{a}\varsigma\eta$
G.	$\pi\dot{o}\lambda\varepsilon\omega s$	$\pi\dot{\eta}\chi\varepsilon\omega s$	$\ddot{a}\varsigma\varepsilon os$	$\pi\dot{o}\lambda\varepsilon\omega\nu$	$\pi\dot{\eta}\chi\varepsilon\omega\nu$	$\dot{a}\varsigma\dot{\varepsilon}\omega\nu$
D.	$\pi\dot{o}\lambda\varepsilon\iota$	$\pi\dot{\eta}\chi\varepsilon\iota$	$\ddot{a}\varsigma\varepsilon\iota$	$\pi\dot{o}\lambda\varepsilon\sigma\iota(\nu)$	$\pi\dot{\eta}\chi\varepsilon\sigma\iota(\nu)$	$\ddot{a}\varsigma\varepsilon\sigma\iota(\nu)$
A.	$\pi\dot{o}\lambda\iota\nu$	$\pi\tilde{\eta}\chi\nu\nu$	$\ddot{a}\varsigma\nu$	$\pi\dot{o}\lambda\varepsilon\iota s$	$\pi\dot{\eta}\chi\varepsilon\iota s$	$\ddot{a}\varsigma\eta$
V.	$\pi\dot{o}\lambda\iota$	$\pi\tilde{\eta}\chi\nu$	$\ddot{a}\varsigma\nu$	$\pi\dot{o}\lambda\varepsilon\iota s$	$\pi\dot{\eta}\chi\varepsilon\iota s$	$\ddot{a}\varsigma\eta$

Dual N. A. $\pi\dot{o}\lambda\varepsilon\varepsilon$ $\pi\dot{\eta}\chi\varepsilon\varepsilon$ $\ddot{a}\varsigma\varepsilon\varepsilon$
G. D. $(\pi\dot{o}\lambda\varepsilon\omega\nu)$ $(\pi\dot{\eta}\chi\varepsilon\omega\nu)$ $\dot{a}\varsigma\dot{\varepsilon}o\iota\nu$

5. Die **Adjektiva** auf νs Neu. ν haben den gewöhnlichen Genitiv, und ziehen das Neutr. Pl. nicht zusammen, so daß also bloß **Kontraktion** in $\varepsilon\iota$ stattfindet (§. 62), z. B.

Si. $\dot{\eta}\delta\dot{\nu} s$ Neu. $\dot{\eta}\delta\dot{\nu}$ Gen. $\dot{\eta}\delta\dot{\varepsilon}os$ Dat. $\dot{\eta}\delta\varepsilon\tilde{\imath}$
Pl. $\dot{\eta}\delta\varepsilon\tilde{\imath} s$ — $\dot{\eta}\delta\dot{\varepsilon}a$ — $\dot{\eta}\delta\dot{\varepsilon}\omega\nu$ $\mathfrak{c}$.

Anm. 1. Die **meisten** auf νs gehn nach dem vorigen §. Nach $\pi\tilde{\eta}\chi\nu s$ geht nur noch $\pi\dot{\varepsilon}\lambda\varepsilon\chi\nu s$, und zum Theil $\ddot{\varepsilon}\gamma\chi\varepsilon\lambda\nu s$ und $\pi\varrho\dot{\varepsilon}\sigma\beta\nu s$ (f. Anom.); — nach $\ddot{a}\varsigma\nu$ (außer $\pi\tilde{\omega}\ddot{\nu}$, das aber nicht zsgz. vorkommt) eine Anzahl Pflanzen- und Mineralien-Namen auf ι, wie $\sigma\dot{\imath}\nu\alpha\pi\iota$, $\kappa\iota\nu\nu\dot{\alpha}\beta\alpha\varrho\iota$ $\mathfrak{c}$.

Anm. 2. Die attischen Dichter haben den att. Gen. ἄστεως, den Spätere auch in der Prosa brauchen (Plut. Sull. 13 πεπέρεως). Auch die Adjektive werden bei Spätern vielfach mit attischem Genitiv gebildet, den älteren Schriftstellern aber ist er laut Vorschrift der alten Grammatiker durchaus abzusprechen *).

Anm. 3. Die Jonier formiren die auf ις immer ιος (πόλιος, δυνάμι, ὄφιες ꝛc.) nach dem vorigen §. — Die Epiker haben die ionische Formation; nur im Dativ haben sie εἲ zur Vermeidung des Misklangs ιι (s. Schol. ad Jl. γ, 219), z. B. πόσις (Gatte), πόσιος, πόσεῖ· ἄϊδρις, ἀϊδρεῖ. Daher denn auch dieselben, wenn sie diesen Dativ kontrahiren, ihn häufig auf ει bilden (πόλει, πόσει); aber auch nach dem vor. §. in ῑ, z. B. κόνι, παρακοίτι. Im Akk. Pl. haben sie neben der offenen Form (πόλιας) auch die zsgzogenen auf ῑς (ἀκοίτις) und εις (πόλεις). — Die att. Drama tiker befolgen in allen hieher gehörigen Wörtern die obige Flexion, nur daß sie den Gen. auf εως des Metri wegen zuweilen in εος verkürzen: πόλεος (Soph. Ant. 162), κόνεος (Eur. Cycl. 637), φύσεος (Tro. 886), ὕβρεος (Ar. Plut. 1044). Auch πόσις bilden sie, wenigstens in den kontrahirten Formen, ganz nach diesem §.: πόσει, πόσεις. — Von den hieher gehörigen Wörtern auf υς hingegen, ἔγχελυς ausg., ist die ionische Form εος, ει: πῆχυς, πήχεος ꝛc.

Anm. 4. Das Wort πόλις allein hat in der epischen Sprache auch G. πόληος, und in dieser Form lautet der Akk. πόληα. Es sind nun sämtliche bei Homer (und Hesiod) vorkommende, von den entsprechenden Casus des Adj. πολύς (s. §. 64 Anm. 1) wohl zu unterscheidende Formen dieses Substantivs in den neuern Ausgaben folgende:

G. πόλιος, πόληος D. πόλει, πόληϊ A. πόλιν (πόληα Hes.) Pl. N. πόλιες, πόληες G. πολίων D. πολίεσσιν A. πόλεις, πόλιας, πόληας; und außerdem von πτόλις G. πτόλιος D. πτόλεϊ A. πτόλιν.

Anm. 5. Zusammenziehungen wie πήχους, πηχῶν, und (von dem Adj. Neu. ἥμισυ) G. ἡμίσους, Pl. τὰ ἡμίση, sind aus dem sinkenden Atticismus. Aber auch aus ältern Attikern möge man als Beispiele ungewöhnlicher Zusammenziehungen merken namentlich als neu. pl. διπήχη, τριπήχη bei Xen. An. 4, 2, 28 (wiewohl sich hiefür, nach Anleitung von §. 121 A. 3., auch ein nom. sing. auf ης annehmen läßt). Ferner wird N. A. dual. jetzt nach den Handschriften bei Plato (rep. p. 410.) gelesen τὼ φύση st. φύσεε, Is. Paneg. 17 τὼ πόλη τούτω. Vgl. §. 50 Anm. 4.

Anm. 6. Der Genit. Dualis auf εφν steht hier der Analogie wegen und weil die Grammatiker diese Form in ihren Lehrbüchern angeben. Indessen steht in unsern Texten durchweg: γενεσέοιν, κινησέοιν, πολέοιν z. B. Thuc. 5, 29. Plat. Phaed. p. 71. Is. Paneg. 73. ꝛc.

§. 52. Die auf ευς. (47)

Die Wörter auf ευς haben ebenfalls den attischen Genitiv, aber bloß den Gen. Sing. auf ως, und ohne Besonderheit im Accent, weil sie im Nom. alle Oxytona sind. Auch bei diesen

---

*) Gleichwol kommt er noch immer hie und da bei älteren Schriftstellern vor, namentlich von ἥμισυς, z. B. ἡμίσεων mehrmals bei Plato, womit zu vergleichen die Vorschrift in An. Bekk. p. 47. Die Beispiele im Thucyd. hat Poppo entfernt. Vergl. hiezu Lob. ad Phryn. p. 247. Mehlh. Gr. S. 177., Steph. v. ἥμισυς, und die NT. Gramm. p. 23.

Wörtern erstreckt sich die Kontraction nur auf Dat. Sing. und Nom. Vok. und Akk. Plur., in welchem letzten Kasus jedoch die aufgelöste Form *έας* gebräuchlicher ist. Als attische Eigenheit ist ferner die Länge der Akkusativ-Endungen α und ας zu merken.

Sing.	ὁ, König	Dual.	Plur.
Nom.	βασιλεύς	βασιλέε	βασιλεῖς
Gen.	βασιλέως	βασιλέοιν	βασιλέων
Dat.	βασιλεῖ		βασιλεῦσι(ν)
Acc.	βασιλέᾱ		βασιλέᾱς u. βασιλεῖς
Voc.	βασιλεῦ		βασιλεῖς

Anm. 1. Des Akk. auf *εῖς* bedienen sich die neuern attischen Schriftsteller und die *κοινοί* (§. 1, 7). Aber den Akk. Sing. auf *έα* ziehen die Dichter, auch die attischen, zuweilen in *η* zusammen; Jl. o, 339. δ, 384. Od. τ, 136. Eur. El. 439. Ar. Ach. 1150 (1116.), oder verkürzen, des Verses wegen, das α; s. Pors. ad Eur. Hec. 876.

Anm. 2. Die ältern Attiker (Thucydides, Aristophanes) kontrahiren den Nom. (nicht Akkus.) Pl. in *ῆς* z. B. οἱ ἱππῆς, οἱ Μαντινῆς, Δωριῆς (aber acc. Δωριέας, Δωριᾶς §. 53 A. 4), welche Endung nicht mit dem untergeschr. ι bezeichnet werden darf, da sie aus dem alten *ῆες* entstanden ist (s. Anm. 3; und wegen des sehr seltenen oder zweifelhaften Akk. auf *ῆς* Lobeck zu Soph. Aj. 390. Matth. p. 235.) — Der aufgelöste Nom. Pl. οἱ Θησέες bei Plato (Theaet. p. 169) ist nur dem kurz vorhergehenden Ἡρακλέες (§. 56 A. 4) gleichgebildet. Sonst findet er (außer den Dialekten) wol nur bei Spätern wie Appian ꝛc. statt.

Anm. 3. Die epische Formation dieser Wörter geht überwiegend durch η, also βασιλῆος, ῆϊ, ῆα, νομῆες, ἀριστῆας, τοκήων, Ὀδυσσῆος (Ὀδυσῆος), Ἀχιλλῆος (Ἀχιλῆος), Πηλῆϊ, ῆα etc.; seltner und meist nach vorhergehender langer Silbe durch ε, z. B. τοκέων, Ὀδυσσέος (Jl. δ, 491), Ὀδυσσέα (Od. ρ, 301), Πηλέος, έϊ, und immer Ἀτρέος, Τυδέος, έϊ, (Θησέᾰ); dagegen bei Joniern (und Doriern) in der Regel durch ε: βασιλέος, έϊ etc. Der Dat. Plur. lautet überall gewöhnlich -εῦσι, seltner -ήεσσι: ἱππήεσσι Theocr., ἀριστήεσσιν Hom. — Einzeln merke man sich die kontrahirten Formen bei Homer Gen. Ὀδυσεῦς Od. ω, 398 (aus έος, vgl. §. 49 Anm. 6), Dat. Ἀχιλλεῖ Jl. ψ, 792. Ὀδυσεῖ Od. ν, 35 Bekk. und öfters Acc. Ὀδυσῆ, Τυδῆ, s. Anm. 1. Der Gen. auf έος durch Synizese einsilbig: Jl. α, 489. β, 566 al.

§. 53. Abweichende und doppelte Kontraction. (48)

1. Einige Abweichungen in der Kontraction der 3. Dekl. treten attisch zuweilen ein, wenn vor und nach einem ε ein Vokal steht. Alsdann wird die Endung εα gewöhnlich nicht in η, sondern in α zusammengezogen. Dieser Fall tritt bei denen auf ης (ες) und ος (§. 49); z. B. von ὑγιής (gesund)

Acc. Sing. und Neu. Plur. ὑγιέα zsgz. ὑγιᾶ; so auch εὐφυᾶ, ἐνδεᾶ*) von εὐφυής, ἐνδεής· χρέος (Schuld) Pl.

---

*) Jedoch ist die Zusammenziehung in η daneben im Gebrauch geblieben, bes. wenn ν vorhergeht. S. die Beisp. bei Matth. §. 113.

χρέεα — χρέᾱ. Aber Acc. Plur. masc. und fem. immer ὑγιεῖς, ἐνδεεῖς wie Nomin. (nach §. 48, 2.).

2. Die auf εύς, welche noch einen Vokal vor dieser Endung haben, verschlingen dann das ε auch in den Endungen, die gewöhnlich nicht kontrahirt werden; und zwar geschieht dies vor α, ας und ως in der Regel; also von χοεύς (ein Maaß):

Gen. χοέως zs. χοῶς Acc. χοέα, χοᾶ Acc. Pl. χοέας χοᾶς (die übrigen Kasus s. Anom. χοῦς).
Πειραιεύς G. Πειραιῶς A. Πειραιᾶ
ἀγυιεύς (der Altar vor der Hausthür), τοὺς ἀγυιᾶς, und einige Völkernamen auf εύς (s. Anm. 4), so daß in diesem einzigen Falle der zusammengezogene Akk. Plur. dem zsgz. Nom. Pl. nicht gleich ist.

3. In den Eigennamen auf κλέης zsgz. κλῆς entsteht hieraus eine doppelte Kontraction, nehmlich der Endung mit dem Stammvokal ε, jedoch gewöhnlich nur im Dativ, z. B.

N.	Περικλέης zsgz.		Περικλῆς
G.	Περικλέεος —		Περικλέους
D.	Περικλέεϊ —	Περικλέει	— Περικλεῖ
A.	Περικλέεα —		Περικλέᾱ
V.	Περίκλεες —		Περίκλεις.

So auch Ἡρακλῆς (Herkules), Θεμιςοκλῆς u. a.

Anm. 1. Selten findet man den doppelt zusammengezogenen Akk. z. B. Ἡρακλῆ (Soph. Trach. 476. Pl. Phaed. p. 89). — Daß man (jedoch nur bei Spätern) auch Ἡρακλῆν findet, erklärt sich aus §. 56 A. 4.

Anm. 2. Zuweilen tritt auch anstatt der Kontraction Synkope des einen Vokals ein, z. B. Voc. Ἡρακλες (als Ausruf in der spätern Prosa), und bei Dichtern (vgl. A. 5) Gen. Σοφοκλέος D. Ἡρακλέϊ; Hom. ὑπερδέα (statt -εα) für ὑπερδέεα von -εής; σπέσσι für σπέεσσι von τὸ σπέος.

Anm. 3. Aus dieser Synkope kann man es auch erklären, wenn die unbetonte Endung α, z. B. in τὰ κλέα, von κλέος, die vermöge der Zusammenziehung lang sein sollte, bei Epikern kurz ist. Vgl. §. 28 A. 10.

Anm. 4. Den Akk. Plur. derer auf εύς mit vorhergehendem Vokal bildet Thucydides abwechselnd bald auf έας, bald (nach Text 2) auf ᾶς, z. B. Δωριέας 7, 57. Δωριᾶς 1, 107. Πλαταιέας 2, 76. Μηλιέας 5, 51. Ἐςιαιᾶς 1, 114 etc. — Das Wort ἁλιεύς (Fischer) bleibt in den obigen drei Kasus gewöhnlich aufgelöst: ἁλιέως, ἁλιέα, ἁλιέας.

Anm. 5. Die Jonier sagen (mit wenigen Ausnahmen) immer ὑγιέα, ἐνδεέες, μουνοφυέας u. b. g.; die Eigennamen auf -κλέης bleiben im Nom. und Vok. ebenfalls aufgelöst, werden aber in den übr. Kasus (wie in A. 2) synkopirt: Ἡρακλέος, -κλέϊ, -κλέα. — Die Epiker ziehen dagegen gewöhnlich statt der Endung die beiden ersten ε in ει oder η zusammen, z. B. von κλέος, σπέος findet man Pl. κλεῖα, in Kompos. εὐκλεῖας und (gls. mit doppelter Zsshg.) ἀκλεῖς; D. σπῆϊ, selbst D. pl. σπήεσσι; ferner Ἡρακλῆος, ῆϊ, ῆα; εὐῤῥεῖος G. von εὐῤῥεής etc.

1. Von den Neutris auf ας haben κέρας Horn, τέρας Wunder, im Gen. ατος, werfen aber das τ bei Joniern (Anm. 4) weg:

κέρατος κέραος, τέρατος τέραος

und folgende drei, γῆρας Alter, γέρας Ehre, κρέας Fleisch, haben gleich ursprünglich im Gen. αος.

2. Hieraus entsteht folgende Zusammenziehung:

	Sing.		Dual.		Plur.	
N. A. V.	κέρας		κέραε	κέρᾱ	κέραα	κέρᾱ
G.	κέραος	κέρως	κεράοιν	κερῷν	κεράων	κερῶν
D.	κέραϊ	κέρᾳ *)			κέρασι(ν)	

Anm. 1. Das Wort τέρας läßt die Zusammenziehung nur im Plural zu (τέρα, τερῶν), im Sing. ist bei den Attikern τέρατος allein gebräuchlich; so wie auch bei κέρας die Form auf ατος neben der zusammengezogenen im Gange geblieben ist. Die drei andern kommen in der gewöhnlichen Sprache nur zusammengezogen vor.

3. Die übrigen Neutra auf ας, αος nehmen nur die Formen auf ᾳ und α an, z. B. σέλας (Licht), δέπας (Becher), τῷ σέλᾳ, δέπᾳ *) Pl. τὰ σέλα, δέπα. So auch δέρας, σφέλας u. a.

Anm. 2. Die Mittelsilbe ρα ist bei κέρας ursprünglich lang: κέρᾱτα (Anacr. 2. Eurip. Bacch. 919). Daher bei den (spätern) Epikern die Zerdehnung κεράατα, und hienach auch τεράατα.

Anm. 3. Dagegen wird die Endsilbe z. B. von τὰ γέρα, κρέα auch kurz gebraucht (s. §. 28 A. 10 und genaueres in der ausf. Sprachl.).

Anm. 4. Die aufgelöste Formation -αος, -αϊ ꝛc. ist in obigen 5 Wörtern (Text 1) eigentlich nur episch. Die ionische Prosa hat sie nur in γῆρας beibehalten. Bei allen übrigen bedient sie sich zum Theil der kontrahirten Formen (κρέως, κρεῶν), noch gewöhnlicher aber verwandelt sie das α dieser Wörter in ε, so daß sie also wie vom Nom. auf ος gebildet werden, z. B. κέρεος, κέρεϊ, γέρεα, sogar im dat. pl. κρέεσσιν u. d. g. Einige alte Wörter haben bloß diese Form, s. Anom. βρέτας, οὖδας, κῶας, und zum Theil κνέφας.

§. 55. Die auf ων. (50)

1. Die Komparative auf ων Neutr. ον, G. ονος (§. 67. 68) stoßen im Akk. Sing. und im Nom. Akk. Vok. Plur. oft das ν aus, und ziehen dann die beiden Vokale zusammen. Hiebei ist aber zu bemerken, daß, ohne diese Zusammenziehung, das ν niemals, auch bei Joniern nicht, ausgestoßen wird.

---

*) Neuere schreiben im Homer σέλαι, δέπαι, auch κέραι, γήραι (Thiersch §. 15, 4. und §. 189. Jl. ϑ, 563. λ, 385. Od. κ, 316. λ, 136 Bekk.) nach Analogie von τείχεϊ τείχει, αἰδόϊ αἰδοῖ, und weil das ι einem kurzen α nicht untergeschrieben werden könne.

	Sing.			*Plur.*		

Sing.
N. μείζων (größer) Neu. μεῖζον
G. μείζονος
D. μείζονι
A. μείζονα ꝰf. μείζω N. μεῖζον
V. μεῖζον

Plur.
μείζονες. μείζους N. μείζονα, μείζω
μειζόνων
μείζοσι(ν)
μείζονας, μείζους N. μείζονα, μείζω
wie Nom.

Dual.

N. μείζονε G. μειζόνοιν.

Die Attiker bedienen sich übrigens der Formen μείζονα und μείζο-νας nicht weniger gern, als der zusammengezogenen; μείζονες ist in Prosa selten, desto häufiger bei Dichtern (Eurip. ꝛc.).

2. Aehnlich ist die Zusammenziehung des Akkusativs der bei-den Namen Ἀπόλλων, ωνος und Ποσειδῶν, ῶνος (Neptun)
Acc. Ἀπόλλωνα Ἀπόλλω · Ποσειδῶνα Ποσειδῶ
bes. in der Schwurformel mit μά und νή: μὰ τὸν Ἀπόλλω, νὴ τὸν Ποσειδῶ, häufig bei Aristophanes.

Anm. Eben so bei Dichtern κυκεών (Mischtrank) acc. κυκεῶνα — κυκεῶ (ep. κυκειῶ). — Vgl. noch über diese Zusammenziehung, und einige ähnliche von εἰκών, ἀηδών ꝛc. den folg. §. Anm. 6 d. u. Anm. 7. und wegen Ἀπόλλω ꝛc. insbesondere Cob. VL. 262.

Wörter zur Uebung für die ganze dritte Deklination.
Die Buchstaben vor den Kasus-Endungen, die sich aus den obigen Regeln nicht bestimmen lassen, sind in Klammern beigefügt.

1.

Beispiele solcher, welche vor der Kasus-Endung einen Konsonanten haben:

ὁ ἀγκών Ellbogen	ἡ κόρυς (ϑ) Helm
ἡ ἀηδών (ο) Nachtigall	ὁ κτείς (εν) Kamm
ὁ ἀήρ (ε) Luft	ἡ κύλιξ (κ) Becher
ὁ αἰθήρ (ε) Aether	τὸ κῦμα Welle
ἡ αἴξ (γ) Ziege	ἡ λαῖλαψ (π) Sturm
ἡ ἀλώπηξ (εκ) Fuchs	ὁ Λάκων
ὁ ἀνδριάς (ντ) Bildsäule	ὁ λάρυγξ (γγ) Kehle
ὁ ἄξων (ο) Axe	ὁ λιμήν (ε) Hafen
ἡ αὖλαξ (κ) Furche	ἡ λύγξ (γκ) Luchs
ἡ βήξ (χ) Husten	ὁ μήν Monat
ὁ γέρων (οντ) Greis	τὸ νέκταρ
ἡ δαίς (τ) Mahlzeit	ὁ ὄνυξ (χ) Nagel, Kralle
ἡ δάς (δ) Fackel	ὁ ὄρτυξ (γ) Wachtel
ὁ δράκων (οντ) Drache	τὸ οὖθαρ (τ) Euter
ἡ Ἑλλάς (δ) Griechenland	ὁ πένης (τ) der Arme
ὁ Ἕλλην Grieche	ὁ πίναξ (κ) Tafel
ἡ ἐλπίς (δ) Hoffnung	ὁ ποιμήν (ε) Schäfer
ἡ ἔρις (δ) Zank	ἡ πτέρυξ (γ) Flügel
ὁ θεράπων (οντ) Diener	ἡ πτύξ (χ) Falte
ὁ ἱμάς (ντ) Riem	ἡ σάρξ (κ) Fleisch
ἡ κατῆλιψ (φ) Treppe	ἡ σειρήν Sirene
ὁ κλών Ast	τὸ στόμα Mund

ὁ χάλυψ (β) Stahl	ἡ Στύξ (γ)
ὁ χειμών Sturm, Winter	ἡ Σφίγξ (γγ)
ἡ χελιδών (ο) Schwalbe	ἡ Τίρυνς (θ)
ὁ χήν Gans	ὁ φθείρ Laus
ἡ χθών (ο) Erbe	ἡ φλέψ (β) Aber
ἡ χιών (ο) Schnee	ἡ φλόξ (γ) Flamme
ἡ χλαμύς (δ) Kriegskleid	ὁ φώρ Dieb
ἡ ὤψ (π) Gesicht	τὸ φῶς (τ) Licht

2.

insbesondere derer, welche die Vokale α, ι, υ in der vorletzten Silbe des Genitivs lang haben (§. 41 Anm. 1.)

auf ις und υς die in der Flexion ein δ haben (sämtl. Feminina)

ἀψίς ίδος Schwibbogen	κηλίς Fleck	ῥαφανίς Rettich
βαλβίς Schranke	κληῒς (ion.) Schlüssel	σφραγίς Siegel
καρίς Seekrebs	κνημίς Beinschiene	ψηφίς Steinchen
κηκίς Saft	κρηπίς Fußgestell	δαγύς Puppe

die in der Flexion ein θ haben

ἡ ἄγλις Knoblauchkern	ὁ, ἡ ὄρνις Vogel
ἡ μέρμις Schnur	ἡ κώμυς Büschel

auf ις und υς die in der Flexion ν haben

ἡ ἴς Sehne	ἡ ῥίς Nase	ὁ, ἡ θίς Haufe, Ufer
ἡ ἀκτίς Stral	ὁ δελφίς Delfin	
ἡ γλωχίς Spitze	ἡ ὠδίς Geburtswehe	
Ἐλευσίς	Γόρτυς	Σαλαμίς	Τραχίς	Φόρκυς

auf αν, υν, αρ

ὁ παιάν Loblied	Πάν	ὁ μόσυν hölzerner Thurm
ὁ ψάρ Staar		ὁ Κάρ Karier

auf αρ Gen. τος

τὸ φρέαρ (ἄτος) Brunnen   τὸ στέαρ Talg

auf ξ Gen. κος

βλάξ βλακός dumm	ὁ κόρδαξ Art Tanz	ὁ σύρφαξ Unflat
ὁ θώραξ Harnisch	ὁ λάβραξ gewisser Fisch	φέναξ Betrüger
ὁ ἱέραξ Habicht	ὁ οἴαξ Steuergriff	Φαίαξ Phäacier
ὁ ἴξ (ein Insekt)	ἡ βέμβιξ Kreisel	ἡ ῥάδιξ Zweig
ἡ φίξ (böot.) Sphinx	ὁ πέρδιξ Rebhuhn	ὁ σκάνδιξ Kerbel
ἡ φρίξ Schauer	ὁ Φοίνιξ Phönicier	ἡ σπάδιξ Palmzweig
ἡ αἴξ Lauf	(Palme, Röthe)	
ὁ βόμβυξ Seidenwurm	ὁ κήϋξ (ein Seevogel)	ἡ σάνδυξ Mennig
ὁ δοίδυξ Mörserkeule	κήρυξ Herold	

auf ξ Gen. γος

ἡ ῥάξ Weinbeere		ὁ κόκκυξ Kukuk
ἡ μάστιξ Geißel	ἡ πέμφιξ Bläschen	ὁ τέττιξ Grille

auf ξ Gen. χος: ἡ ψίξ Krume

auf ψ Gen. πος

ὁ ἴψ, κνίψ, θρίψ Name gewisser Insekten		
ὁ ῥίψ Binse	ὁ γύψ Geier	ὁ γρύψ Greif

3.

Beispiele solcher, die einen Vokal vor der Kasus-Endung haben,
und mehr oder weniger kontrahirt werden.

τὸ ἄνθος Blume	ἡ πειθώ Ueberredung	ὁ πέλεκυς Beil (§. 51)
ὁ βότρυς (v) Traube	ἡ Λητώ Latona	τὸ πέπερι Pfeffer
τὸ γένος Geschlecht	ὁ μάντις (ε) Seher	ἡ πίτυς (v) Fichte
ἡ γένυς (v) Kinnlade	ὁ μῦς (ῠ) Maus	ἡ ποίησις (ε) Dichtung
τὸ σκέπας Decke	ὁ ὀρεύς Maulesel	ἡ πρᾶξις (ε) Handlung
ἡ δρῦς (ῠ) Eiche	τὸ ὄρος Berg	ὁ σάχυς (v) Aehre
ὁ ἱππεύς Reiter	ἡ ὄψις (ε) Gesicht	τὸ χρέος Schuld (§. 53, 1)
ἡ ὀφρύς (v) Augenbraue	ἡ φύσις (ε) Natur	ὁ ἀγυιεύς (s. §. 53, 2)

§. 56.　Anomalische Deklination.　(51)

1. Man kann die Anomalie in der Deklination hauptsächlich
auf zwei Arten zurückführen. Die eine Art besteht darin, daß ein
Wort entweder durchweg oder doch in einzelnen Kasus auf eine
besondere, d. h. in den obigen Regeln nicht enthaltene Weise gebogen wird; s. z. B. im Verzeichniß ἀνήρ, κύων, γάλα, μάρτυς,
οὖς, ναῦς, χρέως, und wegen einzelner Kasus: Ἄρης, Θαλῆς, κλείς,
οἷς, λᾶς, ἥρως, χείρ ꝛc.

Anm. 1. Zu diesen bloßen Abweichungen der Biegung gehört auch
die einfache Deklination einiger ausländischen und späteren Namen auf s
mit langem Vokal (bes. ᾶς, ῆς, οῦς) z. B.

Φιλῆς　G. Φιλῆ　D. Φιλῆ　A. Φιλῆν　V. Φιλῆ
Ἰησοῦς　Ἰησοῦ　Ἰησοῦ　Ἰησοῦν　Ἰησοῦ

und so noch viele andre Namen in der Bibel, wie Μωϋσῆς, Λευΐς, Θω-
μᾶς, σατανᾶς etc., worüber s. Gramm. des N.T. Sprachgbr. p. 17 fg.

2. Die andere umfangreichere Art der Abweichungen aber besteht in dem, was man Formen-Verwechselung oder vielmehr
Vermischung verschiedener Deklinationsformen nennt.
Viele Wörter nehmlich haben im Griech. Doppelformen, z. B. τὸ
δάκρυον ύου, älter τὸ δάκρυ νος (Thräne).

Anm. 2. Dahin gehört es wenn ein Mask. auf ος zugleich Neutrum
auf ος ist, wie ὁ und τὸ σκότος Finsterniß, σκύφος Becher, ὄχος Wagen; die mithin sowohl nach der zweiten als nach der dritten Dekl. abge-
wandelt werden. Ferner einige Verlängerungen der weiblichen Endungen
erster Dekl. z. B. σελήνη, ἀνάγκη, ionisch σεληναίη, ἀναγκαίη, Ἀθηνᾶ
(Minerva) episch Ἀθήνη, ionisch Ἀθηναίη; γῆ, ep. γαῖα; und viele
Frauennamen auf η mit der epischen Nebenform εια: Πηνελόπη und
Πηνελόπεια, Περσεφόνεια, Τερψιχόρεια ꝛc. (s. Steph. Byz. v. Ἀγάμμεια);
die Eigennamen auf -κλῆς und κλος z. B. Ἰφικλῆς und Ἰφικλος; daher die
Dichter nach Bedürfniß des Versbaues bald der einen, bald der andern
Form folgen, wie z. B. Homer im Nom. zwar immer Πάτροκλος, aber
Acc. Πάτροκλον und Πατροκλῆα Voc. Πάτροκλε und Πατρόκλεις
sagt. Vgl. Anm. 6, c—e. Ein Verzeichnis solcher Doppelformen (Dikata-
lexen) s. bei Mehlh. Gr. S. 210.

3. Wenn nun von zweierlei Biegungsarten in einem Kasus
die eine, im anderen die andere gebräuchlich blieb, so gestaltete sich
die Biegung des Wortes dem Gebrauche nach anomal, wenn

auch die einzelnen Formen an sich betrachtet den gewöhnlichen Deklinations=Gesetzen entsprechen; z. B. γυνή sollte nach der ersten gehn, hat aber von einem andern Stamm γυναικ im Gen. γυναικός; ἔγχελυς hat regelm. nach §. 50 im Gen. υος, befolgt aber im Plural die andere Flexion in §. 51 ἐγχέλεις κ.

4. (5.) Wenn beiderlei Formen dieser zweiten Art Anomala Einen Nominativ voraussetzen, von welchem sie nur auf verschiedene Art gebogen sind, so heißt dies Wort ein

Heterokliton

z. B. wenn Οἰδίπους im Gen. Οἰδίποδος und (nach der zsgz. 2. Dekl.) Οἰδίπου hat. S. im Verz. γέλως, κάλως, Μίνως, ὄρνις, θέμις, σής, ἔγχελυς. Wenn aber die eine Kasusform einen zweiten ungebräuchlichen Nominativ voraussetzt, so heißt dies ein

Metaplasmus

z. B. δένδρον, ου, Dat. pl. δένδροις und (von dem bei Att. ungebräuchlichen τὸ δένδρος) δένδρεσιν. S. z. B. κρίνον, ὄνειρον, πρόσωπον, κοινωνός, υἱός, γυνή, Ζεύς, γόνυ, πῦρ, ὕδωρ.

5. (4.) Insbesondre nennt man diejenigen Heteroklita und Metaplasmen, bei denen in einem oder mehren Kasus beiderlei Formen neben einander gebräuchlich blieben (z. B. υἱός gen. υἱοῦ und υἱέος) Abundantia.

6. Zum Metaplasmus gehört der Fall, da von Maskulinis auf ος Neutra pl. auf α gebildet werden, was in der Prosa besonders geschieht mit

τὰ δεσμά, σαθμά, σῖτα,

von ὁ δεσμός Fessel, σαθμός Wage (Stall), σῖτος Getreide.

Anm. 2a. Σταθμός hat, wenn es Stall bedeutet, gewöhnlich -οί, seltner -ά, in der Bedeutung Wage aber immer -ά. Bei Dichtern kommen vom Nom. auf ος (Mask. oder Fem.) sehr häufig vor die Plurale τὰ δρυμά, κέλευθα, κύκλα, λύχνα, μηρά (die Opferschenkel), ῥύπα, ταρσά, τάρταρα; und zuweilen oder bei Spätern auch τὰ ἆθλα (von ὁ ἆθλος Kampf), βόσρυχα, ἰά (Geschosse), χαλινά u. a. — Einige haben schon im Nom. Sing. die Doppelform; nehmlich ὁ νῶτος und τὸ νῶτον Rücken, ὁ ζυγός und τὸ ζυγόν Joch, ὁ ἐρετμός und τὸ ἐρετμόν Ruder (die im Plural sämtlich die neutrale Form vorziehen), und τὸ σάδιον, Stadium, hat im Plural abwechselnd bald οἱ στάδιοι bald τὰ στάδια, z. B. Thuc. 7, 78 (beides).

Anm. 3. Der größte Theil der Anomalen besteht nach Text 2—4 aus Heteroklitis und Metaplasmen, oder ist gemischt aus beiden. Wir bringen hier fürerst mehre Klassen derselben unter Einen Gesichtspunkt.

Heteroklita.

Anm. 4. Zu den Heteroklitis gehören die auf ης, welche nach der 1. und 3. Dekl. gebogen werden. Einige ganz; wie μύκης (Pilz) G. ου und ητος; besonders Eigennamen wie Δάρης G. ου und ητος; s. Anom. Θαλῆς; andre theilweise: namentlich bilden viele zusammengesetzte Eigennamen, die im Gen. εος haben (aber nicht die auf κλῆς §. 53 A. 1.) den Akk. auf η und ην, z. B. Σωκράτης G. (εος) ους, Acc. Σωκράτην (Plat.) und Σωκράτη (Xenoph.)

Der Plural ſolcher Eigennamen wird, wo er vorkommt, gleichfalls nach der erſten gebildet: οἱ Ἀριϛοφάναι, τοὺς Σωκράτας; aber die auf κλῆς haben wieder nach der dritten: οἱ Ἡρακλέες (§. 52 Anm. 2). — Umgekehrt bilden die Jonier die Wörter auf ης, die nach der erſten Deklin. gehn, im Akk. Sing.*) nach der dritten, z. B.

      τὸν δεσπότεα von δεσπότης, ου
      Μιλτιάδεα von Μιλτιάδης, ου **).

Anm. 5. Eine andere Art Heteroklita ſind einige auf ις, die in der Flexion theils ein δ annehmen, theils nicht. Z. B. τίγρις gen. τίγριος (Aristot.) und τίγριδος (Dio C.) plur. τίγρεις (Plut.) ꝛc., Ἀνάχαρσις, ιδος (Aristot.) und εως (Plut.). So haben die Feminina auf ις, ιδος z. B. μῆτις (Aeschyl.), Ἶσις, Θέτις ꝛc. bei den Joniern und Doriern ſehr ge-wöhnlich ιος, letzteres auch bei Homer im Dat. Θέτῑ, obwohl im Gen. im-mer Θέτιδος. Vgl. noch §. 63, 1. und A. 6.

Anm. 6. Die Nominativ-Endungen ως, ων, ωρ veranlaſſen ebenfalls allerlei Verwechſelungen. Zu den Heteroklitis gehören

a. ως G. ω und ωος. So Μίνως (ſ. anom.), πάτρως, μήτρως; doch im Plur. gewöhnlich πάτρωες ꝛc. Vgl. anom. κάλως und ἥρως.

b. ως G. ωτος. Dieſe Wörter verlieren zuweilen ihr τ; und zwar hat ὁ ἱδρώς (Schweiß) für ἱδρῶτι, ἱδρῶτα eine epiſche Nebenform τῷ ἱδρῷ, τὸν ἱδρῶ, welche als eine Zuſammenziehung (wie κέρατι, κέρᾳ) angeſehn wird, aber auch mit den Formen der Att. 2. Dekl. übereinkommt; ebenſo χρωτί χρῷ (Anom. χρώς). Vgl. Anom. γέλως und die Flexion der Adjektive εὐρύκερως ꝛc. in §. 63 A. 5.

Solche, die ſchon im Nominativ zwei gebräuchliche Formen haben, können mit Recht weder zu den Heteroklitis noch zu den Metaplaſmen ge-rechnet werden. So kommen vor

c. Nom. ως und ος, von welchen, ſofern beide Endungen der 2. Dekl. angehören, bereits §. 37 A. 1 die Rede geweſen. Aber auch das zur dritten Dekl. gehörige ἔρως, ωτος (Begierde, Liebe) hat eine dich-teriſche Nebenform ἔρος Dat. ἔρῳ Acc. ἔρον.

d. Nom. ως und ων. Z. B. ὁ ταώς (ſ. Anom.) G. ώ, und ταών G. ῶνος (Pfau); ὁ τυφώς, ώ und τυφών, ῶνος (Wirbelwind); ἡ ἅλως (Tenne) G. ω und ωος, auch ἅλων, ωνος. (Im Plur. ſind bei allen gebräuchlicher die Formen der 3. Dekl.)

e. Einige Fem. auf ων haben eine Nebenform auf ώ G. οῦς: γλή-χων, ωνος (Polei) — γληχώ, οῦς· Γοργών, όνος, bei älteren Γοργώ, οῦς.

Metaplaſmen.

Anm. 7. Hieher gehören

1) Subst. fem. auf ων, deren Nebenform auf ώ im Nom. ſich nicht wie bei denen in Anm. 6, e. erhalten hat; z. B. von εἰκών, όνος (Bild) findet man auch G. εἰκοῦς A. εἰκώ Acc. pl. εἰκούς

---

*) Aber nicht im Att. Plur. Die 2 Stellen bei Maittaire (δεσπό-τεας ꝛc.) ſind nach Handſchriften jetzt geändert, vgl. Bred. dial. Her. p. 224.; aber ἀκινάκης (Acc. pl. ἀκινάκεας) hat ſchon im Gen. εος, Dat. εΐ (Her. 3, 128. 4, 62 ꝛc.) Doch geben auch hier viele Hbſchr. ἀκινάκας.

**) Alle Namen nehmlich, die nach Art der Patronymika gebildet ſind, wie Μιλτιάδης, Εὐριπίδης ꝛc., und die meiſten nicht ſo wie Σωκράτης ꝛc. zuſammengeſetzten, alſo Αἰσχίνης, Ξέρξης, Γύγης ꝛc. gehn mit Ausnahme dieſes Jonismus durchaus nach der erſten; obgleich die Lateiner ſie ganz nach der dritten bilden, Gen. Miltiadis, Xerxis ꝛc.)

von ἀηδών, όνος (Nachtigall) — G. ἀηδοῦς Voc. ἀηδοῖ
von χελιδών, όνος (Schwalbe) — Voc. χελιδοῖ.
2) ein Subſt. auf ώρ, das einen ungebr. Nom. auf ώς vorausſetzt:
ἰχώρ, ῶρος (Lymfe), wovon Homer Acc. ἰχῶ ſtatt ἰχῶρα *).
Anm. 8. Endlich finden ſich bei epiſchen und lyriſchen Dichtern ſtatt
der gewöhnlichen Kaſusformen gewiſſer Wörter einzelne Kaſus von einer
einfacheren Form, deren analoger Nominativ aber nicht gefunden wird.
So beſonders Formen mit den Kaſus-Endungen der 3. Dekl. ος, ι, α, ες,
εσι ſtatt der gewöhnlichen nach der 1. und 2. Dekl.; z. B.
ſtatt ἀλκῇ (von ἀλκή Stärke) — ἀλκί von ΑΛΞ
ſt. κρόκην (von κρόκη Einſchlag) — κρόκα von ΚΡΟΞ (Hes.)
ſt. ἰωκήν (von ἰωκή Verfolgung) — ἰῶκα (Jl. λ, 601.)
ſt. ἄϊδου (-αο, εω) ἄϊδῃ (von ὁ ἄϊδης Unterwelt) — ἄϊδος, ἄϊδι
von ΑϊΣ
ſt. κλάδῳ (von ὁ κλάδος Zweig) — κλαδί, und ſo auch im Plur.
κλάδεσι, von ΚΛΑΞ
ſt. ὑσμίνη (von ἡ ὑσμίνη Treffen) — ὑσμῖνι von ῾ΥΣΜΙΣ
und einige andere. Dahin gehören auch
αἱ ϛάγες für ϛαγόνες Tropfen (Apollon.)
θέραπα, θέραπες für θεράποντα, ες (Diener) Eurip.
πτύχα, πτύχες, πτύχας (Falte, Schlucht) für das ſpätere πτυχή.
μάϛι, μάϛιν für μάϛιγι, α, von ἡ μάϛιξ Geißel.
Kaum noch als Metaplaſmen aufzufaſſen ſind:
τὴν νίφα (Schnee) von ΝΙΨ (Hesiod.),
denn der gewöhnliche Name des Schnees iſt χιών, und νιφάς hat eine abgeleitete Bedeutung (Schneeflocke, Geſtöber); ferner die Kaſus
τῆς ϛιχός (Reihe) Pl. ϛίχες, ας von ΣΤΙΞ,
welche ſich dem proſaiſchen ὁ ϛίχος wegen Verſchiedenheit des Genus nicht
beifügen laſſen. — Wegen ὑπόβρυχα ſ. Lexil. II. 85.
Anm. 9. Eine ganz beſondere Anomalie der Deklination bewirkt die
Endſilbe φιν oder φι (nicht elidirt),
welche bei Ep. ſtatt des Dativs oder Genitivs Sing. und Plur. gebraucht wird, indem ſie ſich an die Wörter nach folgender Analogie anhängt:
-όφιν bei den Wörtern der zweiten Dekl. z. B. ϛρατός ϛρατόφιν,
ὀϛέον ὀϛεόφι, τὰ ἴκρια ἰκριόφι, immer als paroxyt.
-ηφιν bei denen der erſten Dekl. z. B. κεφαλή κεφαλῆφι, βία dat.
βίηφιν (nicht βίηφριν)
-εσφιν bei den Neutris auf ος G. εος, z. B. ὄχος, ϛῆθος, ἔρεβος —
ὄχεσφι, ϛήθεσφι, ἐρέβεσφιν (Jl. ι, 572. Hes. θ. 669).
Abweichungen, wie ἐσχαρόφι von ἡ ἐσχάρη, κράτεσφι von ΚΡΑΞ κρατός,
ναῦφιν von ναῦς, κοτυληδονόφιν, bleiben eigner Beobachtung überlaſſen.
— Uebrigens ſcheint ſoviel mit Sicherheit angenommen werden zu können,
daß dieſe Form urſprünglich bloße Adverbial-, hauptſächlich Lokal-Be-
deutung hatte, ganz wie die ähnlichen Endungen θι, θεν; daher ὄρεσφιν
im Gebirge, κεφαλῆφι (λαβεῖν) beim Kopfe, θύρηφι vor der Thür; daß
man aber die Bedeutung häufig durch Hinzufügung einer Präpoſition
beſtimmte, z. B. ἐπ᾽ ἰκριόφιν auf dem Verdeck, διὰ ϛήθεσφι durch die
Bruſt. Nur in wenigen Fällen ſteht dieſe Form ohne Präpoſition für
einen Kaſus, z. B. ἀγλαΐηφι πεποιθώς der Tapferkeit vertrauend, βίηφι
mit Gewalt, am ſeltenſten ſtatt des reinen Genitivs, wie ὀϛεόφιν θίς
ein Haufen Knochen. Doch nähert ſich dieſe Form auch darin den wahren

*) S. über alle dieſe und ähnliche Fälle der Vermiſchung verſchiedener
Deklinationsformen und darauf zu gründende urſprüngliche Identität aller
Deklinationen die ausf. Sprachl. §.56 Anm. 9 fg. §. 33 Anm. 3.

Kasus, daß sie oft mit solchen grammatisch verbunden wird, z. B. ἀπὸ πλατέος πτνόφιν, χειρὶ δεξιτερῆφι, und selbst bei Subst. und Adj. doppelt steht, κρατερῆφι βίηφι; was jedoch auch mit der Lokalsilbe δε geschieht in ὅνδε δόμονδε. Vgl. Bekk. hom. Bl. 206.

§. 57. Defektiva und Indeklinabilia. (52)

1. Defektiva sind zuförderst solche, die nur in Einem Numerus vorkommen, entweder bloß im Singular, wie αἰθήρ Aether; oder bloß im Plural wie τὰ παιδικά Liebling, τὰ ἔγκατα (3. Dekl.) Eingeweide, οἱ ἐτησίαι Paſſatwinde, αἱ δυσμαί Weſten, τὰ βράχεα (nicht βραχέα) Untiefe; die Feſtnamen, wie τὰ Διονύσια, Ὀλύμπια; viele Städtenamen, wie αἱ Ἀθῆναι, οἱ Δελφοί; die homeriſchen τὰ ἔντεα, κτέρεα, οἱ πρυλέες und viele andere.

2. Ferner einige Wörter, die nur in gewiſſen Verbindungen in allgemeinem Gebrauch ſind; solche sind hauptſächlich die Neutra ὄναρ (Traumgeſicht) und ὕπαρ (wirkliche Erſcheinung) bloß als Nom. und Akk.

τὸ ὄφελος und (dicht.) τὸ ἦδος (Vortheil) bloß als Nominativ, z. B. τί ἄν ἡμῖν ὄφελος εἴης; was würdeſt du uns nütze ſein? (Aristoph.), ἐμοὶ τί τόδ᾽ ἦδος; was nützt mir dies? (Hom.)

μάλη (ältere Form ſtatt μασχάλη Achſel) nur in der Redensart ὑπὸ μάλης (unterm Arme).

S. auch ὦ μέλε und ὦ τάν im Verz. Endlich die, welchen gewiſſe Kasus fehlen, ſ. Anom. ἀρνός, πρέσβυς, ὄσσε.

3. Indeklinabilia sind bloß einige ausländiſche Wörter (z. B. τὸ πάσχα Oſtern), und darunter auch die Buchſtaben-Namen, ἄλφα*), μῦ ꝛc., von echtgriechiſchen Wörtern aber nur die meiſten Kardinalzahlen (§. 70).

Anm. 1. Als indeklinabel läßt ſich gewiſſermaßen faſſen das gewöhnlich nur im Nom. und Akk. gebräuchliche Particip τὸ χρεών (Nothwendigkeit), vom Imperſonale χρή (§. 114), wegen des vorkommenden Genitivs τοῦ χρεών: Eur. Hipp. 1256 οὐκ ἔστι μοίρας τοῦ χρεών τ᾽ ἀπαλλαγή. Vgl. Θέμις im Verz. §. 58.

Anm. 2. Nicht genau iſt es, wenn man unter die Defektiva viele alte und dichteriſche Wörter rechnet, die überhaupt nur ſelten vorkommen, und also zufällig bloß in einzelnen Kaſus ſich erhalten haben, wie z. B. das §. 56 A. 8 erwähnte νίφα (ſ. auch Anom. λιτί, λίπα, ἠλέ, δαΐ, κτεάτεσσι); und zu den Indeklinabilien diejenigen die ſich zufällig bloß im Nominativ (oder die Neutra im Nom. und Akk.) erhalten haben, z. B. ἡ δάς das Geben, τὸ δέμας die Geſtalt, τὸ σέβας Ehrfurcht, τὸ πέλωρ, τέκμωρ, ἔελδωρ, εἶλαρ, πῖαρ, ἅρπαξ u. a. Indeklinabilien wären dieſe letzteren nur dann, wenn ſie zwar z. B. im Genitiv vorkämen, aber dabei die Form nicht veränderten, wie z. B. τοῦ πάσχα.

Anm. 3. Einige ſolche kurze Nebenformen bekannterer Wörter, die man als Reſte der alten Sprache anſehen kann, haben ſich gleichfalls nur im Nom. (Akk.) erhalten. Solche sind:

---

*) Wegen der (angeblichen) Pluralform τὰ σίγματα ſ. Dind. zu Hell. 4, 4, 10. und Porſon zu Eur. Med. 476.

τὸ δῶ (Haus); vollere Form τὸ δῶμα. Der Plural bei Hesiod χρύσεα δῶ läßt sich als Zusammenziehung betrachten. Vgl. an. κάρα.

τὸ κρῖ (Gerste); v. F. ἡ κριθή mit verschiedenem Genus.

τὸ ἄλφι (Mehl) Hymn.; v. F. ἄλφιτον; wahrscheinlich wurde jene einfache Form wie μέλι, ιτος deklinirt.

τὸ γλάφυ (Kluft) Hes.; offenbar das Neutr. eines Adj. ΓΛΑΦΥΣ, wofür nachher γλαφυρός (ausgehöhlt) gebräuchlich warb.

S. auch Anom. κάρα, κάρη, und einige Adjektive §. 64, 3. 4.

§. 58. (53)
Verzeichniß der unregelmäßigen Nomina.

Vorerinn. Was für die gewöhnliche Prosa gehört, ist g r o ß gedruckt, das seltnere und dichterische k l e i n. Die ungebräuchlichen Nominative sind durch V e r s a l b u c h s t a b e n unterschieden. Die hier nicht aufgeführten Nomina s. im R e g i s t e r.

Ἄθως, acc. ω und ων; gen. ep. Ἀθόω Jl. ξ, 229. S. §. 37 Anm. 2. u. 5.
ἀνδράποδον (τό, Sklav). Davon metaplastischer dat. plur. ἀνδραπόδεσσι Jl. η, 475. Vgl. κρίνον, δένδρον.

ἀνήρ (Mann) gehört zu den Wörtern, wie πατήρ (§. 47), läßt aber die Synkope in a l l e n am Ende wachsenden Kasus zu, und schaltet δ ein (§. 19 A. 1). Also: ἀνδρός, ἀνδρί, ἄνδρα, ὦ ἄνερ. Pl. ἄνδρες, ἀνδρῶν, ἀνδράσιν, ἄνδρας.

In der epischen Sprache auch regelmäßig ἀνέρος ꝛc. aber mit langem α, und im Dat. pl. ἀνέρεσσιν. Vgl. ἀρνός.

Ἀντιφάτης G. αο Acc. ην und (metaplastisch) Ἀντιφατῆα Hom.

ἄορ (τό, Schwert), mit kurzem und langem α. — Hiezu ein acc. pl. mit mast. Endung: ἄορας (Od. ρ, 222), über dessen Bed. s. Pape.

Ἀπόλλων, ωνος. Acc. Ἀπόλλωνα und -ω, Voc. Ἄπολλον. Vgl. Ποσειδῶν.

ἀργέτος, ι, ep. Verkürzung statt Gen. ἀργῆτος Dat. ῆτι von ἀργής (weiß).

Ἄρης (Mars) G. Ἄρεος, zieht diesen Gen. nicht zusammen, wohl aber D. Ἄρει. — Acc. Ἄρη und Ἄρην §. 56 A. 4.

Ep. auch Ἄρηος, Ἄρεϊ, Ἄρηα. Auch findet sich der Gen. Ἄρεως z. B. bei Plato. S. ausf. Sprachl. und Ellendt lex. Soph.

ἀρνός (τοῦ, τῆς, des Lammes), ἀρνί, ἄρνα, Pl. ἄρνες, ἀρνῶν, ἀρνάσι, ἄρνας. Der Nom. Sing. wird durch ἀμνός ersetzt.

Dies sind Kasus eines veralteten Nom. ΑΡΗΝ G. ενος, woraus ἀρνός ꝛc. durch Synkope entstand. Ep. dat. ἄρνεσσιν; vgl. ἀνήρ.

Βάττος hat den metaplast. Gen. der 1. Dekl. Βάττεω, bei Herodot.

βρέτας (τό, Bild) G. βρέτεος Pl. βρέτη (s. §. 54 A. 4).

γάλα (τό, Milch) formirt γάλακτος, γάλακτι; vgl. §. 41, 5 R.

γάλως (Schwägerin) G. γάλω; ep. Nom. γαλόως G. γαλόω.

γέλως (ὁ, Lachen) G. ωτος, Acc. γέλωτα und nach der Att. 2. Dekl., aber nur bei Dichtern: γέλων (§. 56 A. 6. b).

Homer hat auch den Dat. γέλῳ (Eustath. schrieb γέλω ohne ι, s. jedoch die ausf. Sprachl.) Od. σ, 100. und Acc. γέλω Od. υ, 8. 346. σ, 350 (Var. γέλαν und γέλον) nach §. 37 A. 2.

γόνυ (τό, Knie) G. γόνατος ꝛc. Dat. pl. γόνασιν.

Zu vergleichen δόρυ, δόρατος. — Jon. γούνατος ꝛc. und bei Dichtern γουνός, γουνί, Pl. γοῦνα, γούνων, γούνεσσιν.

γυνή (Weib) γυναικός, γυναικί, γυναῖκα, ὦ γύναι, Pl. γυναῖκες, γυναικῶν, γυναιξίν, γυναῖκας. Zum Voc. γύναι vgl. ἄνα §. 45 A. 5. und 41, 5 Not. — Der Accent γυναικός macht eine Ausnahme von §. 43, 2.

δαΐ (Schlacht), ein defectives Wort, bei Homer nur im Dativ gebräuchlich, δαΐ λυγρῇ, λευγαλέῃ. Die Abkürzung aus δαΐδι ist sehr zweifelhaft. S. Spitzn. zu Jl. ξ, 387. Lob. Parall. p. 89.

δένδρον (τό, Baum) hat im Dat. pl. gewöhnlich δένδρεσι von τὸ δένδρος, welches bei Joniern vorkommt (Her. 6, 79). Vgl. κρίνον. Von einer andern ion. Form δένδρεον ist der Plur. δένδρεα, δενδρέοις auch der gewöhnlichen Sprache nicht fremd. Vgl. ὄρνεα.

Δημήτηρ Ceres, s. §. 47. — Die Nbf. Δήμητρα (bes. häufig im Acc. -τραν, s. Lob. Parall. 142) wird den älteren Autoren abgesprochen.

δόρυ (τό, Spieß) G. δόρατος ꝛc. Dat. pl. δόρασι; vgl. γόνυ. Jon. δούρατος ꝛc. Von einer noch einfacheren Form kommen die (mehr dichterischen) Kasus δορός, δορί (Thuc. 1, 128. 4, 98), ion. δουρός, δουρί, Pl. δοῦρα, δούρων, δούρεσσιν. Bei Tragikern ist jetzt mehrfach die Dativform δόρει hergestellt. S. Ellendt lex. Soph.

ἔγχελυς. (ἡ, Aal) νος, hat im Plural att. ἐγχέλεις, ἐγχέλεων ion. ἐγχέλυες ꝛc. (§. 51 A. 1).

ἐΰς (gut), ein episches Wort, wovon nur noch Gen. ἐῆος (Bekk. ἐῆος*) Akk. ἐΰν. Auch ἠΰς Acc. ἠΰν Neu. ἠΰ. Von einer andern Form ΕΟΣ, α, ον und deren Neutr. Plur. τὰ ΕΑ (Güter) kommt der epische Gen. Pl. ἑάων (Bekk. ἑάων*), vgl. §. 35 A. 4, c.) Od. ϑ, 325 ꝛc.

εὐτείχεα, ein anom. Akk. Sing. bei Homer (πόλιν εὐτ.), wozu als Nom. entweder εὐτειχής (Pind.) oder εὐτείχεος (Hom.). S. Schol. ad Jl. π, 56.

ζαῆν (Od. μ, 313), unregelm. Akk. vom Adj. ζαής (ές) starkwehend.

Ζεύς (Juppiter) G. Διός D. Διΐ A. Δία (wie von Δίς), und nach einer minder geläufigen Form (Ζήν): Ζηνός, Ζηνί, Ζῆνα**). — Voc. Ζεῦ.

---

*) Nach der Angabe der Grammatiker (s. Lehrs qu. eqq. 66) hatte das Wort nur in den Formen, worin υ enthalten, den lenis, in allen übrigen den asper: ἐῆος, ἑάων, wie auch jetzt in den neu. Ausg. gelesen wird. Irrig wurde ἐῆος sonst als eine veraltete Form des pron. poss. der 3. Pers. (die nach §.127 A. 5 statt der 2. P. stünde) angesehn. Vielmehr ist es überall der Gen. von ἐΰς, welches Wort zuweilen (wie auch das lobende ἐσθλός) auf eine sinnvollere Weise da steht, wo auch das Possessivum stehn könnte (s. Lexil. I, 23); vgl. z. B. Jl. α, 393. ο, 138. ω, 422. 550. mit ε, 469. π, 573 ꝛc.

**) An drei Stellen (Jl. ϑ, 206. ξ, 265. ω, 331), wo der Acc. Ζῆν zu Ende eines Verses steht, das ν' also nach der Lehre der Grammatiker zum folgenden Verse gezogen werden muß (wie auch wirklich von ihnen geschrieben wurde und in Handschriften steht; vgl. Schol. zu ϑ, 206 u. §. 30 A. 2), lesen einige Kritiker, und unter den neuern Herausgebern auch Bekker, zur Vermeidung dieses bei Homer ganz außergewöhnlichen Vorgangs, ohne Apostroph: Ζῆν, wie von einem veralteten Nom. Ζῆς oder Ζῆς (vgl. ζαής, und über die zahlreichen dialektischen Nebenformen von Ζεύς Lob. parall. p. 81 sqq.). Da aber auch innerhalb des Verses die Form Ζῆν stets vor Vokalen steht (Bekker zeichnet dann wieder wie gewöhnlich Ζῆν'), so wird von andern Kritikern die Schreibung mit dem Apostroph auch in obigen 3 Stellen festgehalten. S. Spitzn. zu ξ, 265. Mehlh. Gr. p. 107.

ἠλέ, Jl. *o*, 128 *φρένας ἠλέ*, wahnsinniger! ein Vokativ, abgekürzt von dem gleichfalls seltenen *ἠλεός* (Od. *β*, 243 *φρένας ἠλεέ*).

ἡνίοχος (Wagenlenker) regelm., hat aber vom ungebr. Nom. *ἡνιοχεύς* bei Ep. auch acc. *ἡνιοχῆα* Pl. *-ῆες* und *ῆας*.

ἦρα ein defektiver Akkuf. bei den Epikern: Liebe, Hülfe (erzeigen); f. Lexik.

ἥρως, (Held) Gen. *ωος*, zieht bei den Attikern die Akkusative *ἥρωα, ἥρωας* zusammen: *ἥρω, ἥρως*, aber Nom. *οἱ ἥρωες.*
　　So lautet wenigstens die sehr bestimmte Angabe aller Atticisten. In den Handschriften und Ausgaben der Attiker findet man jedoch fast immer die nicht-kontrahirten Formen (ausg. etwa Aesch. Ag. 516. Plat. Min. p. 319). — Des Metri wegen wird auch in andern Endungen der kurze Vokal verschlungen D. *ἥρω* Nom. pl. (*οἱ ἥρως*). Vereinzelt steht acc. sing. *ἥρων* Her. 1, 167. Vgl. §. 56 A. 6, a. und wegen der Quant. des *ω* §. 7 A. 16.

Θαλῆς G. *Θάλεω* D. *Θαλῆ* A. *Θαλῆν.* Dies ist die gewöhnliche Flexion bei den ältesten und besten Schriftstellern (Herod. Plat. ꝛc.). Später sind der Genitiv *Θαλοῦ* und die Formen *Θάλητος, ητι, ητα,* und ganz verwerflich die vorn betonten Kasus nach der ersten Deklination, außer *Θάλεω.*

θέμις (*ἡ*, das Recht,. Themis) formirt alt und episch *θέμισος,* dor. *θέμιτος* (auch bei Plato die Göttin: *Θέμιτος*), gewöhnlich *Θέμιδος,* ion. *Θέμιος.*
　　In der Redensart *θέμις ἐστί* (fas est) ist *θέμις* gewissermaßen indeklinabel oder zu einem neutralen Worte geworden, daher accus. *φασὶ θέμις εἶναι* (Plat. Gorg. p. 505. X. Oec. 11, 11. Soph. OC. 1191).

θρίξ (*ἡ*, Haar), G. *τριχός* ꝛc. Dat. pl. *θριξί,* nach §. 18.

κάλως (*ὁ*, Tau) G. *ω* A. *ων.* Plur. auch (dicht.) *κάλωες* und (ion.) *κάλοι* Acc. *κάλους* (von *ΚΑΛΟΣ*) f. §. 56 A. 6, a. c.

κάρα att., *κάρη* ion. (*τὸ*, Haupt). Außer *κάρα* bei attischen Dichtern nur noch D. *κάρᾳ.* Zu *κάρη* gehören ep. *κάρητος, τι,* neben welchen aber eine vollere Form, *καρήατος, τι* ꝛc. exiftirt, von dem im Nom. ungebräuchlichen *κάρηαρ.* Im Hymnus der Demeter (V. 12) kommt der Plural *κάρα* (für -*αα* oder -*ηα*) vor. — Hievon abgeleitet, gleichfalls bei Ep. und bef. im Plural gebräuchlich: *κάρηνον, τό,* reglm.
　　Hiemit sind zu verbinden die gleichfalls dichterischen Formen *ΚΡΑΑΣ* und *ΚΡΑΣ,* deren Nom. Sing. nicht gefunden wird. Das erste ist episch und Neutrum, *κράατος, τι* pl. *κράατα,* das andre, *κρατός, τι, κρᾶτα* pl. *κράτων, κρασίν, κρᾶτας* allen Dichtern gemein und gewöhnlich Maskulinum. — Dem Sophokles eigen ist eine dritte Form: Nom. u. Acc. Sing. *τὸ κρᾶτα* (Philoct. 1457). — Endlich gehört zu diesem Stamm das adverbial gebrauchte *κρῆθεν* (*κατὰ, ἀπὸ κρ.*) bei Epikern.

κλείς (*ἡ*, Schlüssel) G. *κλειδός,* hat im Akk. *κλεῖδα* gew. *κλεῖν* und im Plur. *κλεῖδες, κλεῖδας* zsgz. *κλεῖς.*
　　Jon. und ep. *κληΐς, ιδος,* alt-attisch *κλής* G. *κλῆδος* ob. *κλῃδός* (S. Trach. 1037.), vgl. §. 41 Anm. 5., dor. *κλαΐς* (Pind.) und *κλάξ* (Theocr.)

κνέφας (Dunkelheit) zieht vor im Gen. die Form -*ους* (Aristoph. Eccl. 290.) und im Dat. *ᾳ* (§. 54, 3 und A. 4). Episch -*αος, αϊ.*

κοινωνός (Theilnehmer); statt dessen regelmäßigen Plurals braucht Xenophon *κοινῶνες* und *ας,* vgl. §. 56 A. 8.

κράατα, κρᾶτα, κρῆθεν f. *κάρα.*

κρίνον (*τὸ*, Lilie) hat eine Nebenform im Plural τὰ *κρίνεα* (Herodot), *κρίνεσι* (Aristoph.), wie von *ΚΡΙΝΟΣ.* Vgl. *δένδρον, ἀνδράποδον.*

κτεάτεσσι, ein altes Defektivum und bei ält. Dichtern nur in dieser Form vorhanden (Besitzthum). Der Nom. κτέαρ bei Spätern.

κύων (ὁ, ἡ Hund), κυνός, κυνί, κύνα, ὦ κύον. Pl. κύνες, κυνῶν, κυσί, κύνας.

κῶας (τὸ, Vließ) G. κώεος Pl. κώεα (§. 54 A. 4).
Κῶς (§. 37.) ep. Κόως, daher (acc.) Κόωνδ᾽ εὐναιομένην Hom.
λᾶας zfgz. λᾶς *) (ὁ, Stein), G. λᾶος D. λᾶι (§. 43 A. 4.) Acc. λᾶαν λᾶν *)
(§. 44 A. 1.) Du. und pl. λᾶε, λάων, λάεσσιν Hom. Selten acc. λᾶα
(Callim.), und nach der 1. Deklin. (also wie von λάᾶς) Gen. λάου (Soph.)
λίπα, ein altes Subst. Neutr. (Oel, Fett, Hippocr.) wofür auch λίπας.
Der Dat. λίπαϊ, λίπᾳ verkürzte sich in der Aussprache und lautete wieder
λίπᾰ, bes. in der Redensart λίπα ἀλείφεσθαι (Thuc. 1, 6. 4, 68) sich
mit Oel salben. Eben dahin gehört das homerische λίπ᾽ ἐλαίῳ, welches
als Dativ anzusehen ist von λίπα ἔλαιον (Olivenöl). S. ausf. Spr.
λῖς oder λίς (ὁ, Löwe) A. λῖν. Weiter kommt bei älteren nichts vor. Ueber
die Betonung s. §. 44, 1 N.
λιτί, λῖτα Dat. und Akk. eines fehlenden Nominativs (Linnen) Hom.

μάρτυς (Zeuge) formirt μάρτυρος ꝛc. Acc. μάρτυρα besser als
μάρτυν (Plut.) Dat. pl. μάρτυσιν. (Homer nur ὁ μάρτυρος pl. οι).
μείς ist der ion. Nom. für μήν (ὁ, Monat) G. μηνός ꝛc.
μέλε. Ein Vokativ, der bloß in der vertrauten Anrede ὦ μέλε,
an beide Geschlechter, vorkommt **).
Μίνως G. ω und ωος (§. 56 Anm. 6), acc. gewöhnlich Μίνων, seltner
Μίνω und bei Homer auch Μίνωα.
μόσυν (ὁ, hölzerner Thurm) regelm. Aber den dat. plur. bildet Xenophon
metaplast. τοῖς μοσύνοις (An. 5, 4, 26, wofern die Lesart richtig)
ναῦς (ἡ, Schiff). Hievon ist die attische Deklination:
Sing. N. ναῦς G. νεώς D. νηΐ A. ναῦν
Plur. N. νῆες G. νεῶν D. ναυσί A. ναῦς
Dual. N. A. kommt nicht vor; G. D. νεοῖν (Thuc.).
Die alte und dorische Form ist G. ναός (woraus νεώς nach §. 27
A. 10) ꝛc., die ionische (epische) νηῦς, νηός ꝛc. Acc. νῆα. Aus dieser
entsteht eine zweite ionische (Hom. Herod.): G. νεός A. νέα Pl. νέες,
νέας. Der Dat. si. nur νηΐ, pl. νηυσί, νήεσσι und νέεσσιν.
ὄαρ (ἡ, coniux), wovon gen. pl. ὀάρων bei Homer. Hiezu wird gezogen
der zfgz. dat. pl. ὤρεσσιν (Jl. ε, 486. v. Schol.)
Οἰδίπους G. (Οἰδίποδος und) Οἰδίπου D. οδι A. ουν (und οδα)
V. ους u. ου. Eine epische und lyrische Nebenform ist (wie vom Nom.
Οἰδιπόδης) G. Οἰδιπόδαο dor. ᾱ, ion. εω A. ην (ᾱν) V. Οἰδιπόδα.
ὄϊς, οἶς s. §. 6 Anm. 4 und die Flexion §. 50 A. 6.
ὄνειρον (Traum) formirt als Neutrum ὀνείρατος ꝛc. Plur. ὀνεί-
ρατα (vgl. πρόσωπον). Man sagt aber auch ὁ ὄνειρος, ου.

---

*) Die einsilbigen Formen λᾶς und λᾶν sind im Appellativo (einige
Stellen bei Gramm. ausg.) nicht nachweisbar, weil später λίθος in allg.
Gebrauch kam, liegen jedoch den Kompos., wie λατόμος, λατύπος zu Grunde.
Von der lakon. Stadt Λᾶς lautet der Akk. Λᾶν (vgl. Liv. 38, 30. 31.) welche
Form inbeß auch zu ἡ Λᾶ (Steph. Byz., Thuc. 8, 91. 92.) zfgz. aus Λάα
acc. Λάᾱν (Jl. β, 585) gehören kann.
**) Nicht von μέλεος, unglücklich, denn es kommt häufig auch ganz im
guten und lobenden Sinne vor (Plat. Theaet. 90. cf. Schol.). Also
ist es wie der Ausdruck „lieber Freund" als Anrede jedes Sinnes zu nehmen.

ὄρνις (ὁ, ἡ, Vogel) ὄρνῑθος ꝛc., hat im Plur. eine Nebenform (nach πόλις) ὄρνεις, ὄρνεων *): vgl. §. 56 A. 5.

Man findet auch bei attischen Dichtern den Acc. pl. ὄρνῑς (§. 50. Parab. πόλις). Die Dorier sprachen ὄρνῑχος, ὄρνῑχα ꝛc. (§. 16 A. 1. a), ohne doch den Nom. auf ξ zu bilden.

ὄσσε N. und A. (Augen) bloß Dual; formirt Gen. und Dat. bloß nach der zweiten Dekl. und zwar pluralisch: ὄσσων, ὄσσοις, ὄσσοισιν.

οὖδας (τό, Boden), οὔδεος, οὔδεϊ (§. 54 A. 4).

οὖς (τό, Ohr) G. ὠτός ꝛc. Gen. pl. ὤτων (§. 43 Anm. 4.) D. pl. ὠσίν. Zsgz. aus ουας, ατος (Hom.) dor. Nom. ὦς.

παῖς (Kind, Knabe), παιδός, hat in der zweisilbigen epischen Form πάϊς im Akk. πάϊν (Homer nur παῖδα).

πνύξ (ἡ, Versammlungsort in Athen) hat bei den älteren πυκνός πυκνί, πύκνα; nachher auch πνυκός ꝛc. S. §. 19 A. 2.

‖ Ποσειδῶν, ῶνος Acc. Ποσειδῶνα und Ποσειδῶ Voc. Πόσειδον (§. 45 A. 2. §. 55, 2).

Aelteste Form: Ποσειδάων, ωνος ꝛc. Voc. Ποσείδαον. Dor. Ποσειδάν oder Ποτειδάν, ᾶνος. Jon. Ποσειδέων, ωνος.

‖ πρέσβυς (ὁ) hat in der Bedeutung der Alte nur noch πρέσβυν, und πρέσβυ. Der Plural οἱ πρέσβεις ꝛc. gehört zur Bedeutung der Gesandte. Zur Ergänzung dienen πρεσβύτης der Alte, und πρεσβευτής der Gesandte. Also:

πρέσβυς (der Alte) G. πρεσβύτου D. πρεσβύτῃ A. πρέσβυν, V. πρέσβυ Pl. πρεσβῦται ꝛc.

πρεσβευτής (der Gesandte) G. οῦ, ῇ, ήν. Pl. πρέσβεις, πρέσβεων, πρέσβεσι, πρέσβεις.

Einzelne und dichterische Beispiele wie πρέσβυς πρέσβεως Gesandte Aesch., Aristoph. (s. Pape) und πρέσβηες (oder πρεσβῆες) Greise Scut. Herc. 245. beweisen nichts gegen den gewöhnlichen Gebrauch.

πρόσωπον (τό, Antlitz), Pl. ev. προσώπατα, προσώπασιν (s. ὄνειρον).

πρόχοος (ἡ, Gießkanne), att. πρόχους G. πρόχου nach §. 60, 5 **).

πῦρ (τό, Feuer) G. πυρός, formirt seinen Plural (z. B. die Wach=feuer) nach der 2. Dekl. τὰ πυρά Dat. πυροῖς (Xen. Anab. 7, 2, 18.)

Σαρπηδών, όνος ꝛc. zieht im Vok. den Accent zurück: Σαρπῆδον, womit zu vergleichen die (äolischen, s. Schol. Jl. ε, 633) Nebenf. bei Homer Σαρπήδοντος, ι.

σής (ὁ, Motte) G. σεός Pl. σέες, σέας Genit. σέων (Aristoph.). S. §. 43 A. 4. Bei Spätern G. σητός pl. σητῶν (Lucian.) ꝛc.

σκώρ (τό, Koth) richtiger σκῶρ (nach Analogie von σταῖς, φῶς §. 11, 3. Göttl. 240) G. σκατός ꝛc. s. ὕδωρ.

σμῶδιξ (ἡ, Schwiele) formirt σμώδιγγος ꝛc.

(τάν) ὦ τάν, eine Anrede im gemeinen Leben (o du! seltner: o ihr!), ein Wort von ungewissem Stamm, s. ausf. Spr. §. 57.

ταώς (ὁ, Pfau); die Flexion s. S. 85. Die Athener sprachen das Wort mit

---

*) Doch ὀρνέων (Ar. Av. 291. 305.) gehört zu τὸ ὄρνεον. — Die Endung ις, ιν (nom. acc. si.) wird von Dichtern auch kurz gebraucht.

**) Der sonst hier aus Aristoph. und Eurip. angeführte Dat. Plur. πρόχουσιν ist jetzt überall nach Hermanns Besserung in das regelm. πρό-χοισιν (Bergk προχοῖσιν) geändert; in Prosa πρόχοις (Dion. Hal. 2, 23).

einem spir. asper in der Mitte und circumflektirten die letzte Silbe: ταῶς, ταώ; f. ausf. Sprachl. S. 27 N. Lehrs Ar. p. 341 sq.

¶ _ῠ̓́δωρ_ (τό, Waſſer), G. ὕδατος ꝛc. D. pl. ὕδασιν.
Vgl. σκῶρ. Der alte Nom. iſt 'ΥΔΑΣ, aus deſſen Verwechſelung mit ὕδος (vgl. §. 54 A. 4) der ˍDativ ὕδει bei Heſiod ſich erklärt.

¶ _υἱός_ (Sohn) geht zwar regelmäßig, allein ſehr gewöhnlich werden, beſonders von den Attikern folgende Kaſusformen nach der 3. Dekl. gebildet, G. υἱέος D. υἱεῖ (A. υἱέα). Du. υἱέε, υἱέοιν Pl. υἱεῖς, υἱέων, υἱέσιν,~υἱέας gew. υἱεῖς (Plat. legg. p. 695).
Am gebräuchlichſten hievon ſind der Gen. und der ganze Plural. Der Akk. υἱέα (Jl. ν, 350) wird von den Atticiſten verworfen, ſo wie auch die Schreibart des Gen. υἱέως. (Spät=ep. υἷος ꝛc.) Die Grundform iſt 'ΥΙΣ, deren ſich die Epiker neben beiden andern bedienen, und deren Accent im Gen. und Dat. Sing. auf Zuſammenziehung aus ὑϊ- deutet: G. υἷος D. υἷι A. υἷα Du. υἷε Pl. υἷες, υἷας D. υἱάσι mit eingeſchal= tetem α, weil der Diphthong υι nicht vor Konſonanten zu ſtehn pflegt. — Von der Quantität des υι ſ. §. 7 Anm. 16.

φάρυγξ (ἡ, auch ὁ, Kehle) φάρυγγος ꝛc., welche Flexion von den Gramm. auch als die eigentliche attiſche bezeichnet ˍwird. Aehnlich verhält ſichs mit dem gleichbed. λάρυγξ, ſ. die Wörterb.
φύλαξ (ὁ, Wächter), κος ꝛc. Die ion. Flexion iſt φύλακος, ου. Vgl. μάρτυς.
φῶς (τό, Licht) aus φάος zuſgzog., von welcher ep. Hauptform Homer noch hat dat. φάει plur. φάεα (Augen). Wegen φόως vgl. §. 105 A. 10.

¶ _χείρ_ (ἡ, Hand), χειρός, hat im Gen. Dat. dual. χεροῖν und im Dat. pl. χερσί. Wegen τὼ χεῖρε ſ. §. 123, 4.
Bei Dichtern und Joniern auch χερός, χερί, χέρα; aber auch χει= ροῖν, ep. χείρεσι, χείρεσσιν.

χοῦς (ὁ, ein Maaß, congius) geht theils regelmäßig (nach βοῦς) χοός, χοῖ, χοῦν, Pl. χόες, χουσί, χόας; da es aber eigentlich zſgz. iſt aus χοεύς (Hippocr.), ſo kommen daher, nach §. 53, 2., die beſſer atti= ſchen Formen G. χοῶς A. χοᾶ A. pl. χοᾶς (nicht zu verwechſeln mit χοάς, von αἱ χοαί Weibguß, Todtenopfer). — Aber χοῦς (ὁ, aufgeworfene Erde) hat bloß G. χοός A. χοῦν ꝛc.

χρεώ (nur einſilbig, und vor Vokalen ſogar kurz, Jl. λ, 606. vgl. §. 7, 16) oder χρειώ, Bedürfnis, Nothwendigkeit, ein bei Homer häufig vorkom= mendes Defektivum gen. fem. (Jl. κ, 172. λ, 610), außerdem nur noch im Dativ vorhanden: ϑ, 57 χρειοῖ ἀναγκαίῃ, alſo nach ἠχώ. Zu mer= ken iſt, daß bei Homer die kurze Form χρεώ (mit Auslaſſung von ἐστί) oft ganz für χρή ſteht, deſſen Konſtruction mit dem Akkuſ. und Gen. es auch annimmt (ſ. §. 131 Anm. 4) z. B. οὔτι με ταύτης χρεὼ τιμῆς· τί δέ σε χρεὼ ἐμεῖο etc.

χρέως (τό, Schuld), Gen. wieder χρέως (Dem. p. 1189. 1203), ioniſch=attiſche Form für das gewöhnlicher gewordene χρέος (G. χρέους) Pl. χρέα (§. 53, 1.). — Aber der Dativ fehlt in beiden Numeris*). — Die Epiker haben Nom. χρεῖος und χρέος **).

---

*) Nur Apoll. Rhod. (3, 1197) hat dat. χρήεσσιν, nach σπέος σπήεσ= σιν gebildet, Manetho χρέεσσιν.

**) Nach der Darſtellung in der ausf. Sprachl. war χρέως auch ho= meriſche Form, welche Ariſtarch (ſ. Schol. zu Jl. λ, 686) wirklich ſchrieb, aber vermutblich χρεῖος ſprach, ganz wie es bei ἕως (εἷος ſ. §. 116 Anm. 10) noch geſchieht. In unſeren Ausgaben wird jedoch überall (Jl. λ, 688. Od. α,

χρώς (ὁ, Haut), G. χρωτός ⲝc. ion. χροός, χροΐ, χρόα; daher acc. si. u. pl. ταμεσίχροα, as Ilom. Der att. Dat. χρῷ findet bloß in der Redens‐ art ἐν χρῷ statt (§. 56 A. 6. b).

ὦ τάν f. τάν　　　‖　ὠτός f. οὖς.

Von den Adjektiven.

§. 59.　　　(54)

1. Die griechische Sprache hat wie im Lateinischen durch Un‐ terscheidung des Geschlechts (motio)

1) Adjektiva dreier Endungen, von welchen die erste dem Mask., die zweite dem Fem., die dritte dem Neutr. zukommt;

2) Adjektiva zweier Endungen, wovon Mask. und Fem. eine gemeinschaftliche Form (die also gen. communis ist) haben. Eine dritte Klasse, nehmlich Adj. einer Endung, gibt es eigent‐ lich nicht, indem die wenigen hieher gehörigen Adj. nicht wie im Lateinischen generis omnis, sondern nur Communia mit fehlender Neutralform sind. S. §. 63, 3—5. und die scheinbare Ausnahme ebd. Anm. 2.

2. Das Femininum der Adjektiva dreier Endungen geht immer nach der ersten Deklination.

3. Das Neutrum hat im Nominativ, und folglich in den drei gleichen Kasus immer eine eigene Form, die aber in den übri‐ gen Kasus durchaus wie das Maskulinum deklinirt wird.

4. Die Neutra der Adjektiva nach der dritten Dekl. haben in der Endsilbe (mit Ausnahme des einsilbigen πᾶς §. 62. und der Kompos. von πούς §. 63 A. 4.) immer einen kurzen Vokal. Es wird aber durchaus nur dann eine eigne Neutralform gebildet, wenn die Stammform des Mask. bereits einen kurzen Vokal in der Endsilbe hat (§. 62); Adjektiva mit langem Stammvokal bilden keine Neutra (§. 63, 3 f.).

§. 60. Adjektiva auf ος.　　　(55)

1. Am zahlreichsten sind die Adjektive auf ος nach der 2. Dekl., welche den lateinischen auf us entsprechen, und entweder, wie diese, dreier Endungen sind

Masc. ος Fem. η oder α Neu. ον

oder zweier Endungen

Commun. ος Neutr. ον.

---

409. Ap. Rhod. 1, 710 ⲝc.) jetzt χρεῖος lgeschrieben. Die Verkürzung in χρέος Od. ϑ, 353. λ, 479. Die Verlängerung in χρείως (vgl. εἵως) als Variante ϑ, 355 (f. Schol.).

2. **Dreier Endungen** sind die meisten, und diese haben, wenn ein Vokal (bes. ε und ι) oder ein ϱ vorhergeht, im Fem. lang α, G. ας, sonst immer η. Also z. B.

φίλος, φίλη, φίλον (lieb, Freund)
κοῦφος, κούφη, κοῦφον (leicht)
δεινός, δεινή, δεινόν (furchtbar)
φίλιος, φιλία, φίλιον (befreundet)
ἐλεύθερος, έρα, ερον (frei)
πυῤῥός, ά, όν (hochroth).

Die Flexion ist regelmäßig nach der 2. und 1. Dekl., nur daß, nach §. 34 Anm., das Femininum im Nom. und Gen. Plur. in der Accentuation nach dem Mask. sich richtet, also:

Nom. ἐλεύθεροι ἐλεύθεραι (nicht -θέραι)
Gen. ἐλευθέρων ἐλευθέρων (nicht -θερῶν).

Anm. 1. Die auf οος haben im Fem. η: ὄγδοος ὀγδόη, θοός θοή; wenn aber ein ϱ vorhergeht, haben auch diese α: ἀθρόος ἀθρόα*). — Das Fem. auf α von Adjektiven auf ος ist immer lang, außer (wenigstens bei Ep.) in δῖος, δῖα, δῖον (göttlich) und einigen Adjektiven auf ειος, s. ausf. Sprachl.; vgl. πότνια §. 64 A. 3. und μία §. 70.

3. **Zweier Endungen** oder Communia gibt es unter den Primitiven oder nicht zusammengesetzten auf ος nur wenige, von denen man sich etwa merke:

ὁ, ἡ βόρβαρος ungriechisch 　ἥσυχος ruhig 　λάβρος stürmend
δάπανος verschwenderisch 　ἥμερος zahm 　λάλος geschwätzig
λοίδορος lästernd 　τιθασός zahm 　ἔτυμος echt
χαῦνος locker 　χέρσος unfruchtbar κίβδηλος unecht
ἄγροικος (u. ἀγροῖκος) bäurisch, grob 　βάναυσος handwerksmäßig

z. B. αἱ βάναυσοι τέχναι ꝛc. Andre schwanken bei Dichtern und den älteren att. Prosaikern, die bei Adj. dreier Endungen oft der Form auf ος fürs Fem. den Vorzug geben, wie ἡ βέβαιος, ἡ ἐλεύθερος, ἡ ἀναγκαῖος (Anm. 2.), ἡ ἔρημος, ἡ ἕτοιμος u. a.**).

4. Dagegen sind immer Communia alle zusammengesetzte welche, ohne besondre Ableitungs-Endung bloß auf ος ausgehen, wie ὁ, ἡ βαθύκολπος, εὔφωνος, ἄδηλος, ἀργός (für ἄεργος), ἀπόκληρος, διάλευκος (obgleich das einfache ist λευκός, ή, όν), πολύγραφος; auch die von zusammengesetzten Verben auf diese Art gebildeten, wie διάφορος, ὑπήκοος von διαφέρω, ὑπακούω. Vgl. Anm. 3 a und die Ausnahmen in Anm. 4.

Anm. 2. Unter denen, welche durch deutliche Ableitungsendungen von andern Wörtern abgeleitet sind, kann man für die Prosa die Endungen κος, λος, νος, ϱος, τος, εος bestimmt als Adj. dreier Endungen bezeichnen; z. B. μαντικός (von μάντις), δειλός, δεινός (von δεῖσαι), φανερός (von φαίνω), πλεκτός (von πλέκω), χρύσεος (von χρυσός). Unbestimmt dagegen sind die Endungen μος, ιος, ειος, αιος.

---

*) Auch ζωός (subst. ζωή) hatte vermuthlich ή, s. Lexic., dagegen σῶος, σῶα (Xen. ꝛc.). Die auf ῷος haben alle α, wegen des unterg. ι, z. B. πατρῷος, πατρῴα ꝛc. Wiederum hat αὖος (trocken) fem. αὔη (Plat. legg. p. 761.), aber κραναός (Beiwort Athens) ἡ κραναά Aristoph. ꝛc.

**) Vgl. §. 65 A. 6. und bei Matth. §. 117. 118.

Nur Dichter erlauben sich des Metri oder Hiatus wegen auch ἡ λαμπρός, φανερός, κλυτός ꝛc. (s. oben 3).

Anm. 3a. Wenn ein Adjektiv eine jener Endungen (bes. κος und τος) hat und zugleich zusammengesetzt ist, so entsteht ein Widerstreit der verschiedenen Analogien, worüber fürerst folgendes zu merken ist:

1) Die Composita auf κός sind nicht zunächst durch Zusammensetzung entstanden, sondern nur abgeleitet von Compositis, und haben daher immer drei Endungen, z. B. ἐπιδεικτικός, ή, όν von ἐπιδείκνυμι, εὐδαιμονικός, ή, όν von εὐδαίμων.

2) Die Verbalia auf τος folgen, wenn sie erst als Adjektive komponirt werden, immer der Regel 4. z. B. πνευςός, ή, όν (von πνέω) — θεόπνευςος, ον gottbegeistert; παιδευτός, ή, όν (von παιδεύω) — ἀπαίδευτος, ον ungebildet. Wenn sie aber von zusammengesetzten Verbis abgeleitet sind, so gilt die im ganzen sichre Regel, daß die oxytonirten breier Endungen sind, dagegen die barytonirten zweier Endungen; also ἐξαιρετός, ή, όν, aber ἐξαίρετος, ον.

Anm. 3 b. Eine andre (wiewohl nur zum Theil befolgte) Regel ist, daß die Adjektiva, welche, durch Bildung eines Fem. auf η oder α, bieses dem verwandten Subst. abstracto gleich machen würden, das Fem. auf ος haben, z. B. σωτήριος, ἐλευθέριος, ἡσύχιος, βασίλειος, wegen subst. ἡ σωτηρία, ἐλευθερία, ἡσυχία, βασιλεία. Andere behalten die besondre fem. Endung, z. B. αἴτιος, φίλιος, ὅσιος, ία, ιον trotz der viel gebrauchten Subst. ἡ αἰτία, φιλία, ὁσία.

Anm. 4. Als Ausnahme von der Regel in 4. lassen sich die nur durch παν- verstärkten Adjektiva betrachten, wie παγκάλη Plat., παμπόλλη Xen. Ferner sind zuweilen, auch in Prosa, breier Endungen die Adjektive auf ιος (οιος ꝛc.), wenn sie mit dem α privativo oder einer Präpos. zusammengesetzt sind, z. B. ἀνάξιος, ία, ιον (Lob. ad Phryn. 106), ἀνταξίη, ἀναιτίη Herod., παραθαλασσία, μεθορία Thuc., Xen., παρακτία Eurip. ꝛc. Die Dichter brauchen auch andere Composita mit femininischer Form, z. B. ἀθανάτη, ἀμφιλύκη Hom., ἀδμήτη Soph. ꝛc.

Beispiele. Da die Bestimmung, ob zweier oder breier Endungen, für den Anfänger oft schwierig ist, so sind die Communia durch einen * bezeichnet.

ἀγαπητός geliebt	ἐναντίος entgegen	ξένος fremb
*ἄδικος ungerecht	*ἔμπειρος erfahren	*ὀξύθυμος jähzornig
*ἄμαχος unbekämpfbar	ἐρυθρός roth	ὀρθός recht, gerade
ἄξιος würbig	*εὔκαιρος gelegen	πολλαπλάσιος vielfältig
*ἀργός (später -ή) faul	*ζηλότυπος eifersüchtig	*πολυφάγος vielfressend
ἀριςερός link	*ἡμίγυμνος halbnackt	*πρόθυμος bereitwillig
*βασίλειος und	θαυμάσιος wunderbar	σεμνός ehrwürbig
βασιλικός königlich	θεῖος göttlich	σκληρός hart
γεωργικός zum Land-	θερμός warm	σοφός weise
bau gehörig	θνητός sterblich	σπάνιος selten
γυμνός nackt	ἴδιος eigen	στενός eng
δεξιός recht (dexter)	ἱερός heilig	*ταλαίπωρος mühselig
δῆλος offenbar	καθαρός rein	τυφλός blind
*διάλιθος mit Steinen	κοινός gemein	φαῦλος schlecht
besetzt	κόσμιος ordentlich	*χρήσιμος (selt. -η)
*διάφορος verschieden	λεῖος glatt	brauchbar
δίκαιος gerecht	λευκός weiß	χωλός lahm
δυνατός möglich	μαλακός weich	*ὠφέλιμος (selt. -η)
ἐλαφρός leicht	μόνος allein	nützlich

Contracta auf ους.

5. Einige auf οος werden kontrahirt; nehmlich
a) die Communia, die aus Zusammensetzung mit Contractis
der zweiten Dekl., wie πλοῦς, ροῦς ꝛc. entstehn, z. B. εὔνους,
εὔνουν wohlgesinnt. Ihre Flexion ist, da sie mit bereits
kontrahirten Wörtern zusammengesetzt sind, von den ge=
wöhnlichen Accentregeln der Contraction unabhängig, d. h. sie
behalten den Accent in allen Kasus, wo die aufgelöste Form
ihn fortrücken muß, auf der Silbe wo ihn der Nominativ
hatte, z. B. G. εὔνου (aufgelöst εὐνόου); daher man sie am
besten gleich kontrahirt flektirt. Ja sie cirkumflectiren sogar
die vorletzte Silbe, wenn sie von Natur lang ist, vor dem
zusammengezogenen οι des nom. pl. z. B. εὖνοι; aber in die
drittletzte Silbe darf der Accent niemals zurücktreten, also
περίπλοι, διέκπλοι, κακόνοι (von κακόνους, übelgesinnt) *).
Das neu. pl. auf οα bleibt bei ihnen unverändert: τὰ ἄνοα.

Sing.	εὔνους	εὔνουν	Plur.	εὖνοι	εὔνοα
	εὔνου			εὔνων	
	εὔνῳ			εὔνοις	
εὔνουν		εὔνουν		εὔνους	εὔνοα

b) die Zahlbegriffe dreier Endungen: ἁπλόος, διπλόος,
η, ον ꝛc. (einfach, zweifach ꝛc.), welche das eigne haben, daß
sie durchaus όη und όα in ῆ und ᾶ kontrahiren, also:

Si. διπλόος διπλοῦς, διπλόη διπλῆ, διπλόον διπλοῦν **)
διπλόου διπλοῦ, διπλόης διπλῆς ꝛc.
Pl. διπλόοι διπλοῖ, διπλόαι διπλαῖ, διπλόα διπλᾶ
διπλόων διπλῶν ꝛc.
Du. (nach Analogie von πλοῦς §. 36) τὼ διπλώ. S. Anm. 6.

Anm. 5. Das Adj. ἄθρόος, α, ον gesamt, auch ἄθροος geschrie=
ben (§. 120 A. 11), zieht in der guten Prosa zum Unterschiede von ἄθρους,
geräuschlos (von θρόος θροῦς §. 36), nicht zusammen ***); andre Adjektive
auf οος, wie ἀντίξοος entgegenstrebend, διχρόος διχροῦς zweizackig,
εὔπνοος, εὔχροος von gutem Athem, guter Farbe, nur in einzelnen For=
men wie τὰ διχρᾶ, τὸν εὔπνουν ꝛc. (Lob. Phryn. 142. 233).

---

*) Wie bei Positionslängen; §. 11, 4. 6. Indessen ist dies Princip in
den Ausgaben nicht konsequent durchgeführt. So lassen sich zwar zu χεί=
μαρροι (Gießbäche Hom.) und ἔπιπλα (Geräthschaften) verkürzte Nomina=
tivformen wie χείμαρρος, ἔπιπλον suppliren; aber Plat. Symp. p. 181. wird
gleichfalls accentuirt ἔπιπνοι von ἐπίπνους begeistert. Im gemeinen Spre=
chen arteten die Kontractionen auf ους ganz in Abkürzungen auf ος aus.
Daher haben die Eigennamen auf νοος Nebenformen auf νος, welche
aber dafür die vorhergehende Silbe immer verlängern, z. B. Εὐθύνους
und Εὐθῦνος, Ἀρχῖνους und Ἀρχῖνος, Καλλῖνους eigentlich Καλλῖνοος.
**) Mit diesen Zahlbegriffen muß man die mit πλοῦς (Schiffahrt) zu=
sammengesetzten nicht verwechseln, welche Communia sind, als ὁ, ἡ ἄπλους,
εὔπλους ꝛc. Neu. ουν Neu. pl. οα. — Herodot zerdehnt (nach den Hand=
schr.) die Form διπλῆ in διπλέη (3, 42).
***) Dies ist wenigstens die Angabe der Grammatiker (Tho. Mag. s. v.),
obwohl die Existenz von ἄθρους in der Beb. geräuschlos noch nicht ge=
nügend nachgewiesen ist; s. Steph.

6. Auch einige auf εος, die einen **Stoff** anzeigen, werden mit **Versetzung des Accents** kontrahirt, und zwar wird, wenn vor der Endung εος ein **Konsonant** vorhergeht (χρύσεος golden), im **Singular** έα immer in ῆ, wenn ein ϱ oder ein Vokal (ἀργύϱεος silbern, ἐϱέεος wollen), durchaus in ᾶ kontrahirt. Im **Plural und Dual** wird, wie bei den Zahlbegriffen das ο, hier überall das ε vom folgenden Diphthongen oder Vokal verschlungen, also pl. neu. τὰ χϱυσᾶ, acc. fem. τὰς χϱυσᾶς ꝛc. z. B.

Si.					
χϱύσεος	σοῦς	χϱυσέα	σῆ	χϱύσεον	σοῦν
χϱυσέου	σοῦ	χϱυσέας	σῆς	χϱυσέου	σοῦ
χϱυσέῳ	σῷ	χϱυσέᾳ	σῇ	χϱυσέῳ	σῷ
χϱύσεον	σοῦν	χϱυσέαν	σῆν	χϱύσεον	σοῦν
Pl. χϱύσεοι	σοῖ	χϱύσεαι	σαῖ	χϱύσεα	σᾶ ꝛc.

Du. (nach Analogie von ὀϛέον) τὼ χϱυσώ. S. Anm. 6.

Dagegen (ἀϱγύϱεος, έα, εον) ἀϱγυϱοῦς, ϱᾶ, ϱοῦν G. ἀϱγυϱοῦ, ϱᾶς D. ἀϱγυϱῷ, ϱᾷ ꝛc. — ἐϱεοῦς, ἐϱεᾶ, ἐϱεοῦν G. ἐϱεοῦ, ᾶς ꝛc.

Anm. 6. Die Tragiker bedienen sich vielfältig, auch im Senar, der aufgelösten Formen χαλκέῳ, χϱυσέαν ꝛc. (s. Ellendt Lex. Soph. praef.). — Die Betonung des z[gz. Nom. Dual. τὼ χϱυσώ (vgl. Schol. ad Jl. β, 262), so wie der Zahlbegriffe τὼ διπλώ (Eur. Hel. 1665. Phoen. 1367), beruht auf der Vorschrift der Grammatiker, s. Göttl. Acc. 166. Wegen des Fem. s. §. 123, 4.

§. 61. Adjektiva auf ως.　　　(56)

1. Die auf ως nach der Attischen zweiten Dekl. sind gewöhnlich Communia z. B. ὁ und ἡ ἵλεως, τὸ ἵλεων (gnädig); ferner ἀξιόχρεως, ων (ansehnlich), und die von γῆ und ναῦς gebildeten, wie εὔγεως, λειπόνεως.

Anm. 1. Derselben Deklination folgen, aber als ursprüngliche Kontracta (§. 37 A. 5) mit anderm Accent, die von γῆϱας, wie ἀγήϱως neu. ἀγήϱων (wegen der übr. Compos. von γῆϱας s. ebd. Note) ferner ἀείνως, ἀείζως s. ausf. Spr. S. 245. Die sonst an hiesiger Stelle aufgeführte Neutralform auf ω, statt ων, welche Thucydides (2, 44) gebraucht haben sollte, ist jetzt nach Handschriften beseitigt worden und hat auch zu wenig innere Wahrscheinlichkeit für sich. S. Poppo ebb. Für den Akkusativ des Maskl. und Fem. aber findet sich die Nebenform auf ω, wie oben in §. 37, z. B. ἀγήϱω Hes. ϑ. 949., auch bei Prosaikern (Demosth. 60, 32. Plut.) s. Spitzn. Exc. IV. ad Jl.

2. Dreier Endungen ist nur das einfache πλέως (voll), πλέα, πλέων Neu. pl. πλέα, dessen Composita aber wieder in allem nach obiger Regel sich richten: ἀνάπλεως, ἀνάπλεων, plur. ἔκπλεῳ neu. ἔκπλεω.

Anm. 2. Nebenformen auf ος, wie das ion. ἵλαος, ἀγήϱαος, und selbst in der attischen Prosa ἵλεα (neu. pl.), πλέος, ἔμπλεοι, ἔκπλεα, sind nicht eben selten, obwohl Verderbung durch spätere Abschreiber nahe liegt. Die herodot. Formen sind: πλέος, ἵλεος, ἀξιόχρεος ꝛc. — Die Schreibung des Fem. Pl. πλέα st. πλέαι (Soph. El. 1045 Schneid., cf. Elmsl. ad Eur. Med. 259) steht außer aller übrigen Analogie. Vgl. Mehlh. Gr. p. 89. — Von denen auf -γελως und -κερως s. §. 63; von σῶς §. 64.

§. 62. Die übrigen Adj. dreier Endungen. (57)

Die übrigen Adjektiva dreier Endungen gehn sämtlich nach der 3. Deklin. Das α des Feminini ist bei denjelben durchaus kurz. Das Neutrum nimmt in der Regel den kurzen Stammvokal des Wortes an (χαρίεις, σαφής), wodurch es oft dem Stamme ganz gleichlautend wird (μέλας, τέρην), nur die auf υς G. εος behalten υ (γλυκύς). Vgl. §. 59, 4.

1. , υς, εια, υ G. εος; ſ. §. 51, 5 und Anm. 2. z. B. (süß).

Si.			Pl.		
γλυκύς	εῖα	ύ	γλυκεῖς	εῖαι	έα
γλυκέος	είας	έος	γλυκέων	ειῶν	έων
γλυκεῖ	είᾳ	εῖ	γλυκέσι	είαις	έσι
γλυκύν	εῖαν	ύ	γλυκεῖς	είας	έα
γλυκύ	εῖα	ύ (Anm. 1)	γλυκεῖς	εῖαι	έα

Du.		
γλυκέε	εία	έε
γλυκέοιν	είαιν	έοιν

Beispiele: meist Oxytona: βαρύς ſchwer, βραδύς langjam, βραχύς kurz, εὐρύς breit, ἡδύς lieblich, ὀξύς ſpitz, ταχύς und ὠκύς ſchnell. Doch θῆλυς, θήλεια, θῆλυ weiblich, ἥμισυς, ἡμίσεια, ἥμισυ halb.

2. εις, εσσα, εν G. εντος z. B. (anmuthig).

Si.			Pl.		
χαρίεις	ίεσσα	ίεν	χαρίεντες	ίεσσαι	ίεντα
χαρίεντος	ιέσσης	ίεντος	χαριέντων	ιεσσῶν	ιέντων
χαρίεντι	ιέσσῃ	ίεντι	χαρίεσι	ιέσσαις	ίεσι
χαρίεντα	ιέσσαν	ίεν	χαρίεντας	ιέσσας	ίεντα
χαρίεν	ίεσσα	ίεν	χαρίεντες	ίεσσαι	ίεντα

Du.		
χαρίεντε	ιέσσα	ίεντε
χαριέντοιν	ιέσσαιν	ιέντοιν

Beispiele: αἱματόεις blutig, ὑλήεις waldig, φωνήεις tönend, ſ. Anm. 3. Wegen des Accents im Neutro (χάριεν) ſ. S. 101 Note, und vom dat. pl. §. 46 A. 1.

3. ᾱς, αινα, ᾱν G. ᾱνος (nach δαίμων) z. B. (ſchwarz) μέλας, μέλαινα, μέλαν G. μέλανος ꝛc.

So nur noch τάλας unglücklich.

4. Folgende einzelne:
τέρην τέρεινα τέρεν G. τέρενος τερείνης ꝛc. zart
ἑκών ἑκοῦσα ἑκόν G. ἑκόντος ἑκούσης ꝛc. freiwillig
Compos. ἀέκων gewöhnl. ἄκων ἄκουσα ἄκον
πᾶς, πᾶσα, πᾶν G. παντός πάσης παντός ꝛc. ganz
Pl. πάντες, πᾶσαι, πάντα ꝛc. alle (ſ. §. 43 A. 4).
Dazu ſämtliche Participien aktiver Form, §. 88, 8. u. §. 103.

Anm. 1. Den Voc. masc. auf ύ ſ. z. B. Jl. ν, 249 (πόδας ταχύ), den auf ύς nach §. 45, 1 bei Soph. Trach. 1042 (ὦ γλυκὺς Ἀΐδας). — Die auf υς ſind bei Dichtern auch Communia z. B. ἡδὺς ἀϋτμή Hom. θῆλυς νεολαία Theocr. (aber Thuc. 4, 104 iſt ἡμίσεος ἡμέρας gen. neutr.; cf. 4, 83. 130). — Das Fem. derer auf υς bilden die Epiker sowohl auf εια als εᾱ und (ſehr ſelten) εη: θήλειαι, ὠκέα, βαθέην (Jl. π, 766), He= rodot wahrscheinlich nur auf εᾱ: θήλεαι, εὐρέαν ꝛc. Von ἥμισυς (halb) hatte ſtatt ἡμίσεια vielleicht auch der ältere Atticismus ἡμίσεα, ſ. die Note

zu Plat. Meno. p. 83 und die ausf. Sprachl. — Wegen des neu. pl. auf
εια st. εα (Hes. α. 348) s. ebd.

Anm. 2. Das Neutr. πᾶν ist nur als einsilbiges Wort lang (§. 59);
in der Komposition findet es sich der Analogie gemäß, und zwar bei Epikern immer, kurz: πρόπἄν ἦμαρ, δάπεδον δ᾽ ἄπἄν Hom. *)

Anm. 3. Von den Adjektiven auf εις entstehn Kontracta, indem ήεις,
ήεσσα, ῆεν in ῆς, ῆσσα, (ῆν) — und όεις, όεσσα, όεν in οῦς, οῦσσα,
οῦν kontrahirt wird, z. B.

τιμήεις	τιμήεσσα	τιμῆεν zsgz.	τιμῆς	τιμῆσσα	(τιμῆν)
τιμήεντος	ήεσσης	ήεντος —	τιμῆντος	ήσσης	ῆντος rc.
μελιτόεις	όεσσα	όεν —	μελιτοῦς	οῦσσα	οῦν
μελιτόεντος	όεσσης	όεντος —	μελιτοῦντος	οὔσσης	οῦντος rc.

Hieraus entspringt die Flexion der (ursprgl. aus όεις kontrahirten) Subst.
und Eigennamen auf οῦς G. οῦντος, wie πλακοῦς (Kuchen), Ὀποῦς, Σελινοῦς rc. S. §. 41 A. 5. Jedoch sind im Adjektiv die nicht kontrahirten
Formen im ganzen gewöhnlicher, bes. im Neutro: τιμῆεν, τὸ φωνῆεν (sc.
γράμμα, der Vokal), τὰ φωνήεντα rc.

Anm. 4. Noch ist für die Adj. auf όεις und ήεις zu merken, daß
auch Homer zuweilen die kontrahirten Formen hat (τιμῆς, τιμῆντα
Jl. ι, 605. σ, 475. λωτοῦντα μ, 283), daß er neben weiblichen Ortsnamen
in den cass. obl. sich oft der mask. Endung bedient (z. B. Od. ι, 24 zwar
ὑλήεσσα Ζάκυνθος, aber sonst immer ὑλήεντι Ζακύνθῳ α, 246 rc., ferner
Πύλου ἠμαθόεντος, ποιήενθ᾽ Ἁλίαρτον u. a.), und nach einer langen Silbe
st. όεις die Form ῶεις eintritt: κητώεις, κηώεις, ὠτώεις rc. — Bei Doriern wird aus ήεις — άεις, also in der Kontr. ἀργᾱς (Aesch. Ag. 115),
φωνᾶντι, ὑλᾶντα rc. — Ein Beispiel des zsgz. Superlativs Soph. Phil.
984: τολμήσατε (für -ήεσατε). — Ueber die Neutralendung ειν st. εν bei
spät. Ep. s. die ausf. Sprachl.

§. 63. Adj. zweier und einer Endung.　　　　(58)

1. Adjektiva zweier Endungen nach der 3. Deklination
sind alle solche, von denen sich ein analoges Neutrum (§. 59, 4. u.
62 zu Anf.) bilden läßt:

1) ης Neutr. ες **) G. (εος) ους (Parad. τριήρης u. τεῖχος) z. B.

Si. σαφής	σαφές (deutlich)	Pl. σαφεῖς	σαφῆ
σαφοῦς			σαφῶν
σαφεῖ			σαφέσι
σαφῆ	σαφές		σαφεῖς σαφῆ

Du. N. σαφῆ　　G. σαφοῖν.

---

*) Vgl. Ar. Plut. 493. Ach. 998. Doch ist auch die Länge des α
in Compos. bei Attikern bezeugt und an mehren Stellen nachgewiesen, s.
ausf. Spr., Mein. ad Men. p. 51., Ellendt L. Soph. v. ἅπας.

**) Der Accent des Neutrums der Adj. auf ης und ων ist, wie oben
beim Vokativ, verschieden. So haben die barytonirten Adj. wenn sie
komponirt sind, die Neigung den Accent zurückzuziehen, mit Ausnahme
etwa der Comp. auf φρων und einiger anderer, also:

αὔταρκες, αὔθαδες (Eur. Herc. 1243), εὐμέγεθες, εὔηθες, εὔσχημον,
εὔδαιμον; aber δαίφρον, μεγαλόφρον, θυμῆρες Hom., ποδῶκες Aesch.
Wenn sie aber bloß abgeleitet sind, behalten sie den Accent auf der vorletzten, also:

Beispiele: ἀληθής wahr, ἀγεννής ausgeartet, ἀκριβής genau, αὐθάδης (lang a) stolz, αὐτάρκης hinreichend, εὐήθης schlicht (vom gen. pl. s. §. 49), εὐπρεπής anständig, θηριώδης thierisch, πλήρης voll, προπνής vorwärts geneigt, ψευδής falsch, die Compos. von ἔτος, wie διέτης (neu. διέτες), τριακοντούτης, worüber zu vgl. Anm. 1. und §. 70 Anm. 3. — Wegen ὑγιής, εὐφυής u. ä. s. §. 53.

2) ων Neutr. ον *) — z. B. πέπων, πέπον reif
    (G. ονος)   G. πέπονος ꝛc. (Parad. δαίμων)

Beispiele: ἀμύμων (lang v) untadlig, ἀπράγμων geschäftslos, εὐγνώμων wohlmeinend, εὐδαίμων glücklich, αἰδήμων züchtig, ἐλεήμων barmherzig. Hiezu gehören auch die Komparative auf ων und ίων (§. 67. 68), welche jedoch in den §. 55 bez. Kasus Kontraction zulassen.

3) ις Neutr. ι — z. B. ἴδρις, ἴδρι kundig
    (G. ιος)   G. ἴδριος ꝛc. (Parad. πόλις §. 50.)

So nur noch νῆστις nüchtern, τρόφις genährt (τρόφι κῦμα Hom.). Diese Adj. gehn zwar nach πόλις in §. 50, doch gewöhnlich ohne Kontr. ἴδριες, ἴδριας, τρόφιες Herod., Soph. Die attischen Dichter haben von diesen auch den Genitiv auf ιδος: ἴδριδος, νήστιδες. — Vom Dat. ἀϊδρεϊ (Hom.) s. §. 51 Anm. 3.

4) Folgendes einzelne
    ἄρρην oder ἄρσην Neutr. ἄρρεν, ἄρσεν männlich, G. ἄρρενος, ἄρσενος ꝛc. — (ion. ἔρσην ꝛc.)

2. Außerdem werden Adjektiva auch bloß durch Komposition eines Substantivs, mit möglichster Beibehaltung der Endung und Deklination desselben, gebildet. Alle diese sind Communia, und haben ein Neutrum, wenn es sich nach §. 59 und 62 auf analoge Art bilden läßt: z. B.

εὔχαρις, εὔχαρι anmutig G. ιτος, von ἡ χάρις, ιτος
εὔελπις, εὔελπι hoffnungsreich G. ιδος, von ἡ ἐλπίς, ιδος.
    So noch die mit ἡ πατρίς und ἡ φροντίς zusammengesetzten;
μονόδους, μονόδον **) einzahnig G. οντος von ὁ ὀδούς. όντος
ἄδακρυς, ἄδακρυ thränenlos G. υος von τὸ δάκρυ, υος
    welches letztere seine Casus gewöhnl. von ἀδάκρυτος, ον bildet.

Zuweilen kommt der Umlaut η in ω, ε in ο dazu, z. B.
von πατήρ, έρος kommt ἀπάτωρ, ἄπατορ vaterlos G, ορος
von φρήν, φρενός kommt σώφρων, ον verständig G. ονος.

3. Adjektiva Einer Endung, die aber nach §. 59, 1 nur Gen. communis nicht omnis ist, sind alle solche Adj., von denen sich nach §. 59, 4 kein analoges Neutrum bilden läßt, z. B. ὁ und ἡ ἄπαις, δος, kinderlos, ὁ und ἡ μακρόχειρ langhändig.

θηριῶδες, αἰδῆμον, ἐλεῆμον und ebenso die auf εις des vor. §.: ὑλῆεν, αἱματόεν, χαρίεν (als Adv. χάριεν Schol. Jl. π, 798). Die Komparative auf ων ziehen alle zurück: ἄμεινον, ἥδιον.

*) S. wegen des Accents des Neutr. die vorige Note.

**) Nach andern bilden die von ὀδούς ihr Neutr. nach Analogie der von πούς (Anm. 4) auf -ουν, z. B. καρχαρόδουν, χαυλιόδουν, ἀμφώδουν Arist. H. A. 2. 1. 17. Part. An. 3, 1.; dagegen wieder ἄμφωδον (proparox.) ib. 3, 2. S. Lob. Parall. 248.

4. Einer Endung sind ferner die Communia auf:
ης G. *ητος*, *ως* G. *ωτος*, *ων* G. *ωνος*, die auf ξ und ψ nebst dem einzelnen *ἀπτήν*, *ἀπτῆνος* unbefiedert.

Beispiele: auf *ης*: *γυμνής* leichtbewaffnet, *ἀργής* weiß, und alle auf *ϑνής*, *δμής*, *βλής* und *κμής* ausgehenden, als *ἡμιϑνής* halbtodt ꝛc.; — auf *ως*: *ἀγνώς*, *ῶτος* unbekannt, und mehre Compos. auf *χρώς* und *βρώς*; — auf *ων*: *χαλκοχίτων* erzbekleidet, *πολυτρήρων* taubenreich; — auf ξ und ψ: *βλάξ*, *ἄκος* dumm, *ἧλιξ*, *κος* gleichaltrig, *παράπληξ*, *γος* wahnsinnig, *μῶνυξ*, *χος* einhufig, *αἰγίλιψ*, *πος* hoch, steil u. f. w.

5. Endlich sind noch Communia dieser Art mehre auf *άς* G. *άδος*, *ις* und *νς* G. *ιδος* und *υδος*.

Beispiele: *λογάς* auserlesen, *φυγάς* Flüchtling, *νομάς* Nomade, *σποράς* zerstreut, *ἄναλκις* schwach, *ἔπηλυς* eingewandert, *σύγκλυς* zusammengelaufen. — Gewöhnlicher sind jedoch die auf *ας* und *ις* bloß Feminina, und werden mit Auslassung eines Subst. selbst zu Substantivis fem. z. B. *ἡ μαινάς* (sc. *γυνή*) Bacchantin, *ἡ πατρίς* (sc. *γῆ*) Vaterland; bei Völkernamen *ἡ Ἰάς* Jonierin, *ἡ Ἑλληνίς* Griechin, daher diese Endungen auch vorzugsweise gebraucht werden, um zu einem subst. masc. das dazu gehörige Fem. zu bilden, worüber §. 119 n. 45. 53 und 60 nachzusehen.

6. Manche Adjektiva sind auch bloß **Maskulina**; so besonders *γέρων*, *οντος* (alt), *πρέσβυς* (alt), *ἀκάμας*, *αντος* (unermüdet), *πένης*, *ητος* (arm, vgl. §. 64 A. 3), und nach der ersten Dekl. *ἐϑελοντής* (freiwillig), *γεννάδας* (edel), und viele auf *ίας*, wie *τροπίας*, *τραυματίας*, *μονίας*.

Anm. 1. Einige Communia haben femininische Nebenformen, namentlich auf *ις*, da diese Endung nach Text 5. vorzugsweise dem Fem. zukommt, z. B. die Composita von *έτος* wie *διέτης*, *τριέτης* ꝛc. fem.: *διέτις*, *τριέτις*, *αἱ τριακοντούτιδες σπονδαί* (die solenn geworbene Bezeichnung des 30jährigen Friedens, Thuc., Aristoph.), *ἡ ξύμμαχις ναῦς* das verbündete Schiff, und selbst *Ἑλληνίς* als Fem. statt des weniger üblichen *Ἑλληνική*, z. B. *αἱ Ἑλληνίδες πόλεις* (Xen.). — Ferner bei Dichtern von Mask. auf *ης* das Fem. auf -*εια* z. B. *ἠριγένεια*, *ἡδυέπεια* von *ἠριγενής*, *ἡδυεπής*; wobei die Zurückziehung des Accents nicht zu übersehen ist. S. auch §. 64 A. 3.

Anm. 2. Da nach §. 59, 3 das Neutr. immer wie das Mask. beklinirt wird, so lassen sich die Genitive und Dative auch solcher Wörter, die kein Neutrum im Nom. haben, neutral brauchen, und diese Kasus sind dann wirklich generis omnis; doch thun dies nur Dichter, z. B. *δρομάσι βλεφάροις*, *πένητι σώματι* Eur., *ἀμφιτρῆτος αὐλίου* Soph., *ἀργῆτι ἄνϑει* Nicand. ꝛc. Vgl. Lob. Parall. 262 sq.

Anm. 3. Sonst wird das fehlende Neutrum, wo es nöthig ist, durch eine abgeleitete Form auf *ον* ersetzt, z. B. *βλακικόν*, *ἁρπακτικόν*, *μώνυχον* zu *βλάξ*, *ἅρπαξ*, *μῶνυξ*.

Anm. 4. Die mit *πούς ποδός* (Fuß) zusammengesetzten gehen regelmäßig nach ihrem Subst. z. B. *δίπους*, *οδος*; aber im Neutro haben sie *ουν* (wie *εὔνους*, *εὔνουν*), dekliniren dies aber dennoch, nach der Generalregel §. 59, 3., wie das Mask.: also

ὁ, ἡ *δίπους*, τὸ *δίπουν* G. *δίποδος* D. *δίποδι*.

Im Akk. Sing. masc. u. fem. haben sie nach §. 44 *ουν* und *οδα* (*ἄπουν* Soph. Phil. 628. *τετράπουν* Eur. Rhes. 246. *τρίποδα* Athen. 2. p. 38); im Subst. ὁ *τρίπους* (Dreifuß) befestigte er sich auf *οδα*, in ὁ *πολύπους* ion. und dicht. *πουλύπους* (Meerpolyp) auf *ουν* nach Athen. 7, p. 316. Vgl.

Οἰδίπους. Der Nom. Mask. erfährt bei Dichtern oft die Verkürzung in -πος: τρίπος, ἀελλόπος, ἀρτίπος Hom. τετράπος Arat. πουλύπος Theogn.

Anm. 5. Die von γέλως, ωτος (das Lachen) verlassen gewöhnlich die Dekl. ihres Subst. und gehn nach der att. 2. Dekl. (s. §. 61); eben so auch die von κέρας, ατος (Horn) mit Veränderung des α in ω gebildeten. Beide haben aber auch den Gen. ωτος; das Neutr. ων erfährt dann eine ähnliche Anomalie, wie das Neutr. derer von πούς; z. B. φιλόγελως, δίκερως Neutr. ων, G. ω und ωτος. Die von ἔρως haben von der att. 2. Dekl. nur den Accent im Nom. z. B. δύσερως G. ωτος.

Anm. 6. Die mit πόλις zusammengesetzten nehmen in der Dekl. bei Attikern ein δ an, z. B. φιλόπολις, ι, G. ιδος; bei Joniern und Doriern regelmäßig G. ιος.

Anm. 7. Daß substantivische Formen, namentlich abgeleitete auf της, τωρ ꝛc., zuweilen auch adjektivisch gebraucht werden (z. B. μυλίτης λίθος Mühlstein, ἱπνίτης ἄρτος), darüber s. die ausf. Spr. und vgl. §. 123 A. 1.

§. 64. Adjectiva Anomala und Defectiva. (59)

1. Die beiden Adjektiva μέγας groß und πολύς viel, haben diese einfache Form nur im Sing. Nom. und Acc. Masc. u. Neutr. Alles übrige nebst dem ganzen Fem. wird von den ungewöhnlichen Formen ΜΕΓΑΛΟΣ, η, ΟΝ und πολλός, ή, όν formirt:

N.	μέγας	μεγάλη	μέγα	πολύς	πολλή	πολύ
G.	μεγάλου	μεγάλης	μεγάλου	πολλοῦ	πολλῆς	πολλοῦ
D.	μεγάλῳ	μεγάλῃ	μεγάλῳ	πολλῷ	πολλῇ	πολλῷ
A.	μέγαν	μεγάλην	μέγα	πολύν	πολλήν	πολύ

Dual und Plural gehn regelmäßig wie von Adjektiven auf ος: μεγάλω, α, ω· μεγάλοι, αι, μεγάλα· πολλοί, αί, ά ꝛc.

Anm. 1. Den Vokativ von μέγας bildet Aeschylus (Sept. 807) μεγάλε Ζεῦ; Eurip. (Rhes. 380) μέγας ὦ βασιλεῦ. — Die Formen πολλός, πολλόν (Gen. pl. fem. πολλέων und πολλάων) gehören den Joniern (und Ep.) und die regelmäßigen Formen von πολύς fast ausschließlich der epischen Sprache; wovon bei Homer vorkommen G. πολέος Pl. N. πολέες u. πολεῖς G. πολέων D. πολέσι, πολέσσι, πολέεσσιν A. πολέας (meist zweisilbig gesprochen). Derselbe hat auch gebehnt πουλύς, πουλύν (bes. in den Zusammensetzungen wie πουλυβότειρα ꝛc.) und bedient sich der masculinischen Form auch als Fem. (z. B. Jl. κ, 27), womit zu vergleichen oben §. 62 Anm. 1 und 4. — Das Comp. πάμπολυς (§. 60 Anm. 4) geht mit Ausnahme des Accents (παμπόλλη, πάμπολλοι, παμπόλλους ꝛc.) ganz nach dem Einfachen.

2. Πρᾷος sanft, fromm, ist in dieser Form bloß im Mask. und im Neutr. Sing. gebräuchlich; das ganze Fem. und die meisten Pluralformen entlehnt es von der in den Dialekten gebräuchlichen Form πραΰς (ohne ι subscr., ion. πρηΰς); also:

Sing	πρᾷος		πραεῖα		πρᾷον G. πρᾴου ꝛc.	
Plur.	πρᾷοι u. πραεῖς		πραεῖαι		πραέα	
	πραέων		πραειῶν		πραέων	
	πρᾴοις u. πραέσιν		πραείαις		πρᾴοις u. πραέσιν	
	πρᾴους u. πραεῖς		πραείας		πραέα	

3. $\Sigma \tilde{\omega} \varsigma$ (heil, salvus), zsgz. aus $\Sigma A O \Sigma$ (wovon $\sigma a \acute{\omega} \tau \epsilon \varrho o \varsigma$ §. 69 A. 5) ist in dieser Form gewöhnlich gen. comm., und eigentlich nur in den Formen $\sigma \tilde{\omega} \varsigma$ und $\sigma \tilde{\omega} \nu$ gebräuchlich: *Si. N.* $\sigma \tilde{\omega} \varsigma$, $\sigma \tilde{\omega} \nu$ *A.* $\sigma \tilde{\omega} \nu$, $\sigma \tilde{\omega} \nu$ *Pl. A.* $\sigma \tilde{\omega} \varsigma$. Selten Fem. Sing. und Neu. pl. $\sigma \tilde{a}$ (Plat.). Alles fehlende von $\sigma \tilde{\omega} \varsigma$, $\sigma \acute{\omega} a$, $o \nu$ (ion. und ep. $\sigma \acute{o} o \varsigma$).

Anm. 2. Die Formen $\sigma \tilde{\omega} \varsigma$ und $\sigma \tilde{\omega} \nu$ galten übrigens in den obigen Kasus als die allein attischen, und man vermied darin die zweisilbigen (Tho. Mag. s. v.). Ferner ist zu merken, daß beide Wörter (und ebenso auch das ion. $\sigma \acute{o} o \varsigma$) nur im Prädikats-Verhältnisse, also fast nur im Nom. und Akk. (in der Constr. der gen. abs. auch im Gen., z. B. Herod. 2, 121, 2) und ohne Art. vorkommen. Der Acc. pl. $\sigma \tilde{\omega} \varsigma$ (z. B. Dem. 19, 75 $\sigma \upsilon \mu \varphi \acute{\epsilon} \varrho o \nu$ $\check{\eta} \nu$ $a \vec{\upsilon} \tau o \grave{\upsilon} \varsigma$ $\sigma \tilde{\omega} \varsigma$ $\epsilon \vec{\iota} \nu a \iota$ $\tau \tilde{\eta}$ $\pi \acute{o} \lambda \epsilon \iota$. cf. 5, 17. 8, 16) erklärt sich durch Zsbg. aus $\Sigma A O \Upsilon \Sigma$ *). — Eben so wie aus $\Sigma A O \Sigma$ $\sigma \tilde{\omega} \varsigma$, entstand auch aus $Z A O \Sigma$ das homerische $\zeta \tilde{\omega} \varsigma$, $\zeta \acute{\omega} \nu$ und hieraus das gewöhnliche $\zeta \omega \acute{o} \varsigma$. (Vgl. die Verba $\sigma a \acute{o} \omega$ $\sigma \acute{\omega} \omega$, $\zeta \acute{a} \omega$ $\zeta \tilde{\omega}$ $\zeta \acute{\omega} \omega$.)

4. Defectiva sind hauptsächlich

a. $\vec{a} \lambda \lambda \acute{\eta} \lambda \omega \nu$ wovon §. 74.

b. $\check{a} \mu \varphi \omega$ wovon §. 78.

c. $\varphi \varrho o \tilde{\upsilon} \delta o \varsigma$ fort, verschwunden, fast nur in den Nominativen aller Genera und Numeri gebräuchlich (§. 129 A. 18).

d. $\vec{\epsilon} \pi \acute{a} \nu a \gamma \varkappa \epsilon \varsigma$ nothwendig (necesse), ein ursprüngliches Neutrum, daher es theils mit Auslassung der Kopula als Prädikat steht ($\tau o \tilde{\upsilon} \tau o$ $\pi o \iota \epsilon \tilde{\iota} \nu$ $\vec{\epsilon} \pi \acute{a} \nu a \gamma \varkappa \epsilon \varsigma$), theils wie andre Neutra adverbial gebraucht wird (necessario).

e. $\vec{\epsilon} \pi \acute{\iota} \tau \eta \delta \epsilon \varsigma$, bei Attikern stets mit zurückgezogenem Accent (wie $\vec{\epsilon} \pi \acute{a} \nu a \gamma \varkappa \epsilon \varsigma$) und nur adverbiell: mit Fleiß, ursprüngliche Neutralform eines sonst ungebr. Adjektivs $\vec{\epsilon} \pi \iota \tau \eta \delta \acute{\eta} \varsigma$ **), wovon $\vec{\epsilon} \pi \iota \tau \acute{\eta} \delta \epsilon \iota o \varsigma$.

Anm. 3. Wir merken hier noch einige seltnere und dichterische Fälle an.

1. $\pi \acute{o} \tau \nu \iota a$, episch auch $\pi \acute{o} \tau \nu a$, bloß Femininum, gebietende, Herrin.

2. $\mu \acute{a} \varkappa a \varrho$ (selig) ist commune, hat aber auch ein Fem. $\mu \acute{a} \varkappa a \iota \varrho a$.

3. Einige Adj. Masc. haben eine seltnere abgeleitete Form fürs Fem.; von $\pi \varrho \acute{\epsilon} \sigma \beta \upsilon \varsigma$: $\pi \varrho \acute{\epsilon} \sigma \beta \epsilon \iota \varrho a$ (hehre, ehrwürdige), von $\pi \acute{\epsilon} \nu \eta \varsigma$: $\pi \acute{\epsilon} \nu \eta \sigma \sigma a$ (nur bei Späteren; sonst bediente man sich dafür des Fem. von $\pi \epsilon \nu \iota \chi \varrho \acute{o} \varsigma$, arm).

4. Auch einige Communia haben eine solche als Nebenform: $\pi \acute{\iota} \epsilon \iota \varrho a$ von $\acute{o}$, $\acute{\eta}$ $\pi \acute{\iota} \omega \nu$ (fett); $\pi \varrho \acute{o} \varphi \varrho a \sigma \sigma a$ von $\acute{o}$, $\acute{\eta}$ $\pi \varrho \acute{o} \varphi \varrho \omega \nu$ (günstig). Vgl. §. 63 Anm. 1. die ep. Nebf. -$\epsilon \iota a$ bei denen auf $\acute{\eta} \varsigma$.

5. Aeltere einfache Formen der Dichter, dergleichen wir bei den Substantiven §. 57 gesehn haben, sind: $\pi \varrho \acute{\epsilon} \sigma \beta a$ für $\pi \varrho \acute{\epsilon} \sigma \beta \epsilon \iota \varrho a$, $\lambda \acute{\iota} \varsigma$ für $\lambda \iota \sigma \sigma \acute{\eta}$ (glatt), $a \acute{\iota} \pi \eta$, $a \acute{\iota} \pi \acute{a}$ vom veralt. $a \acute{\iota} \pi \acute{o} \varsigma = a \acute{\iota} \pi \acute{\upsilon} \varsigma$ hoch.

6. Drei epische nur im Feminino vorhandene Adjektivformen: $\vartheta \acute{a} \lambda \epsilon \iota a$ bei Homer stehendes Beiwort des Mahles, z. B. Jl. η, 475 $\delta a \tilde{\iota} \tau a$ $\vartheta \acute{a} \lambda \epsilon \iota a \nu$;

---

*) Nach alten Zeugnissen schrieb Thucyd. (1, 74) auch im Nom. Pl. $\sigma \tilde{\omega}$ (= $\sigma \acute{a} o \iota$), und so ist vielleicht auch an mehren Stellen des Xenophon zu lesen. S. Dindorf zu Cyr. 4, 4, 2. 4, 5, 2. Praef. ad Anab. IX.

**) Zu bemerken ist, daß die Form $\vec{\epsilon} \pi \iota \tau \eta \delta \acute{\epsilon} \varsigma$ im Homer (Jl. a, 142. Od. o, 28) nebst zwei andern: $\vec{a} \varkappa \lambda \epsilon \acute{\epsilon} \varsigma$, $\pi a \lambda \iota \mu \pi \epsilon \tau \acute{\epsilon} \varsigma$ (Jl. η, 100. π, 395. Od. ϵ, 27) von den alten Grammatikern fast einstimmig nicht als Adv., sondern als abgekürzte äol. Plurale der Adjektivform (also st. -$\epsilon \tilde{\iota} \varsigma$) angesehn werden. S. das Nähere Lexil. I. p. 43. Lehrs qu. epp. p. 138 sqq.

— λίγεια, welches zu dem gleichfalls schon von Homer gebrauchten Adj. λιγύς wegen des Accents nicht gezogen werden kann, stehendes Beiwort der Leier (φόρμιγξ), so wie auch der fingenden Muse (Od. ω, 62); — ἐλάχεια (Hymn. Ap. 197), deffelben Stammes wovon die Komparationsformen ἐλάσσων, ἐλάχιστος *). — Außer diesen gibt es aber noch manche andre, namentlich zusammengesetzte, bei Homer, wie κυδιάνειρα, ἰοχέαιρα, πουλυβότειρα, εὐπατέρεια, ὀβριμοπάτρη ꝛc., die gleichfalls nur im Fem. existiren. Vgl. Bekk. hom. Bl. p. 178. 310.

7. ϑαμέες und ταρφέες (häufige, dichte) zwei epische nur im Plural vorkommende Formen, deren Feminina ϑαμειαί, ταρφειαί lauten.

8. Wegen der Leichtigkeit, Adjektive nach §. 63, 2 ff. aus Substantiven zusammen zu setzen, machen die Dichter deren oft in einzelnen Kasus, wozu kein analoger Nom. Sing. vorausgesetzt werden kann, wie ἐρυσάρματες ἵπποι (von ἅρμα, ατος), πολύαρνι Θυέστῃ (von G. ἀρνός), Ἑλλάδα καλλιγύναικα (von γυνή, αικός), ὑπερκύδαντα und -τας (von κῦδος), ἐρίηρες ἑταῖροι (wozu als Nomin. ἐρίηρος) u. dgl.

9. Im Anom. Verz. §. 58 f. noch ἀργέτος, ἑΰς, εὐτείχεα, ἠλέ, ζαῆν.

Vergleichungs = Grade.

§. 65. Komparation der Adj. auf ος. (60 a.)

1. Die Griechen haben, wie die Lateiner und Deutschen, für die Grade der Vergleichung — Positiv (z. B. lang), Komparativ (länger), Superlativ (längste) — eigene Formen.

2. Die gewöhnlichste Komparationsform sind die Endungen
-τερος, τέρα, τερον für den Komparativ
-τατος, τάτη, τατον für den Superlativ.

3. Die Adjektive auf ος werfen vor diesen Endungen ihr ς ab, und behalten das o, wenn eine lange Silbe vorhergeht, unverändert, z. B. βέβαιος βεβαιότερος, ἰσχυρός ἰσχυρότερος, πιστός πιστότατος; auch nach muta vor liquida, z. B. σφοδρός σφοδρότατος, πυκνός πυκνότερος.

4. Wenn aber eine kurze Silbe vorhergeht, wird o in ω verwandelt, z. B. σοφός σοφώτερος, καίριος καιριώτατος, ἐχυρώτερος, καϑαρώτατος ꝛc.

Anm. 1. Das Metrum macht hier Ausnahmen, und das ω steht bei Epikern nach wirklichen Längen wie λᾱρώτατος, ὀϊζῡρώτατος, κακοξεινώτερος Hom., und in der attischen Poesie nach muta vor liq. z. B. δυσποτμώτατος Eurip. — Wegen κενότερος, στενότερος und anderer auch der Prosa zuweilen gestatteten Abweichungen s. ausf. Spr. §. 65 A. 2. 4.

Anm. 2. Einige Adj. auf ος schalten statt o oder ω gewöhnlicher αι oder εσ oder εσ ein **); und zwar 1) αι: μέσος (in der Mitte) μεσαίτερος, μεσαίτατος,

---

*) In den beiden andern Stellen (Od. ι, 116. κ, 509) ist ἐλάχεια zwar alte Lesart, jedoch wird in unsern Ausgaben nach Aristarch λάχεια gelesen, gleichfalls ein defektives Adj., in der Bedeutung: nicht steinig, εὔγεως. S. hiezu Nitzsch. Anm., und überhaupt Lehrs epp. qu. p. 166.

**) Jedoch ist bei der Seltenheit der Beispiele der att. Gebrauch mancher der hier folgenden Komparationsformen zweifelhaft, zum Theil auch die

ἴσος gleich, ἥσυχος ruhig, ἴδιος eigen, εὔδιος heiter, πρώϊος (vgl. §. 116 Anm. 6) und ὄρθριος frühzeitig, ὄψιος spät;

2) εσ hauptsächlich nur zwei bei Attifern ἐῤῥωμένος (start), ἐῤῥωμενέστερος, τατος und ἄκρᾶτος lauter (§. 66 Anm. 2); zuweilen auch ἄφθονος reichlich, αἰδοίας ehrwürdig, und in ben Dialeften ober bei Spät. noch mehre, als σπουδαῖος, ἀνιηρός, ῥάδιος ꝛc.;

3) ισ: λάλος λαλίστερος, τατος. So noch πτωχός bettelhaft, und ὀψοφάγος leckerhaft;

4) αι und εσ: ἄσμενος (gern) hat zwar, wenn es abjektivisch gebraucht wird, nach der Vorschrift der Grammatifer, regelmäßig ἀσμενώτερος, τατος. Dagegen sagt man abverbialisch balb ἀσμεναίτατα balb ἀσμενέστατα (Plat.).

Anm. 3. Einige auf αιος, nehmlich
     γεραιός alt, παλαιός alt, σχολαῖος langsam
synfopiren gewöhnlich bas ο vor ber Endung: γεραίτερος, παλαίτατος neben παλαιότερος, σχολαιότερος.

Anm. 4. Φίλος (lieb, Freund) synfopirt gleichfalls bas ο: φίλτερος, φίλτατος; und zwar ist φίλτατος die allgemein in Poesie und Prosa übliche Form bes Superl., wogegen ber Kompar. φίλτερος (Hom., Eurip.) seltner, und in ber att. Prosa so gut wie ungebräuchlich ist. Dafür bediente man sich entweder der Formen φιλαίτερος*) oder φιλώτερος (Xen. An. 1, 9, 29. Mem. 3, 11, 18), oder entlehnte ihn verwandten Wortformen, wie φιλιώτερος (Herod.), προσφιλέστερος (mehrmals bei Xen.). Vgl. noch §. 67 A. 5. — Der Analogie von φίλος φίλτερος folgen die alt-epischen Komparationsformen ἐνέρτερος (Jl. ε, 898. ο, 225) inferior, von οἱ ἔνεροι, woraus burch Aphäresis (ἔνερθε, νέρθε) bas bei Tragifern übliche οἱ νέρτεροι dii inferi entstand; — und φάαντατος (Od. ν, 93) vom Stamm φαν; vgl. anom. φαίνω.

Anm. 5. Die Contracta auf εος -ους (die aber als Stoffnamen gewöhnlich nicht komparirt erscheinen) verschlingen εω in ω z. B. πορφυρεώτατος πορφυρώτατος; die auf οος -ους hingegen nehmen am gewöhnlichsten in der aufgelösten Form εσ an: ἁπλόος ἁπλοέστατος, εὐνοέστερος und lauten baher in der Kontraction ἁπλοῦς ἁπλούστατος Xen. εὐνούστερος Plat. Doch findet sich auch ἁπλοώτερος von ἁπλους Thuc. (7, 60), εὐχροώτερος Xen.

Anm. 6. Aeußerst selten findet man die Komparationsformen auf ος als Communia, und bei Attifern wol nie, als zuweilen von solchen, deren Positiv so ist, z. B. Thuc. 3, 101 δυσεσβολώτατος ἡ Λοκρίς; cf. 3, 89, 5. 5, 71. 110. Aber Homer hat auch ὀλοώτατος ὀδμή (Od. δ, 442).

§. 66. Komparation der übrigen Abjektiva.   (60 b.)

1. Von den übrigen Abjektiven werfen die auf υς bloß das ς ab, z. B. εὐρύς, εὐρύτερος, εὐρύτατος.

2. Eben das thun die auf ας G. ανος, nehmen aber alsdann ihr vor dem ς ausgefallenes ν wieder an, setzen also τερος ꝛc. an den Stamm, z. B. μέλας, μελάντερος.

---

regelmäßige Bildung daneben im Gebrauch. S. über den Gegenstand bes. Eustath. ad Od. p. 1441. Athen. X. p. 424. Piers. ad Moer. 25.
   *) Der Superl. φιλαίτατος (Hell. 7, 3, 8) wird bezweifelt.

3. Die auf $\eta\varsigma$ (G. $\varepsilon o\varsigma$) und $\varepsilon\iota\varsigma$ (G. $\varepsilon\nu\tau o\varsigma$) verkürzen diese Endungen in $\varepsilon\sigma$, oder genauer: setzen gleichfalls $\tau\varepsilon\rho o\varsigma$ 2c. an den Stamm *), z. B. $\dot{\alpha}\lambda\eta\vartheta\dot{\eta}\varsigma$ $\dot{\alpha}\lambda\eta\vartheta\dot{\varepsilon}\sigma\tau\alpha\tau o\varsigma\cdot$ $\chi\alpha\rho\iota\varepsilon\iota\varsigma$ $\chi\alpha\rho\iota\dot{\varepsilon}\sigma\tau\alpha\tau o\varsigma$. Auch $\pi\dot{\varepsilon}\nu\eta\varsigma$, obwohl es im Gen. $\pi\dot{\varepsilon}\nu\eta\tau o\varsigma$ hat, bildet $\pi\varepsilon\nu\dot{\varepsilon}\sigma\tau\varepsilon\rho o\varsigma$ mit Verkürzung des Stammvokals.

4. Alle übrigen nehmen die Form $\dot{\varepsilon}\sigma\tau\varepsilon\rho o\varsigma$, seltner $\dot{\iota}\sigma\tau\varepsilon$-$\rho o\varsigma$ an, indem sie vor derselben wie vor den Kasus=Endungen sich wandeln, d. h. sie setzen diese Endungen an den unveränderten Stamm des Wortes, z. B. $\ddot{\alpha}\varphi\rho\omega\nu$, $\dot{\alpha}\lambda\dot{\alpha}\zeta\omega\nu$ (G. $o\nu o\varsigma$) $\dot{\alpha}\varphi\rho o\nu\text{-}\dot{\varepsilon}\sigma\tau\varepsilon\rho o\varsigma$, $\dot{\alpha}\lambda\alpha\zeta o\nu\text{-}\dot{\varepsilon}\varsigma\varepsilon\rho o\varsigma\cdot$ $\ddot{\alpha}\rho\pi\alpha\xi$ ($\ddot{\alpha}\rho\pi\alpha\gamma o\varsigma$) $\dot{\alpha}\rho\pi\alpha\gamma\text{-}\dot{\iota}\sigma\tau\alpha\tau o\varsigma$ **).

Anm. 1. Da die Endung $\eta\varsigma$ aus der ersten Dekl., wie wir oben (§. 63 A. 7) gesehn haben, zuweilen adjektivisch wird, so läßt sie auch die Komparation zu; und zwar immer mit der Form $\iota\sigma\tau\varepsilon\rho o\varsigma$ 2c. z. B. $\kappa\lambda\varepsilon\pi\tau\dot{\iota}$-$\sigma\tau\alpha\tau o\varsigma$ von $\kappa\lambda\dot{\varepsilon}\pi\tau\eta\varsigma$ (Dieb), $\pi\lambda\varepsilon o\nu\varepsilon\kappa\tau\dot{\iota}\sigma\tau\alpha\tau o\varsigma$, $\pi o\tau\dot{\iota}\sigma\tau\alpha\tau o\varsigma$ 2c. Nur $\dot{\upsilon}\beta\rho\iota\sigma\tau\dot{\eta}\varsigma$ (Frevler) hat des Wohlklangs wegen $\dot{\upsilon}\beta\rho\iota\sigma\tau\dot{o}\tau\varepsilon\rho o\varsigma$ von dem seltneren $\ddot{\upsilon}\beta\rho\iota\varsigma o\varsigma$ (s. die Wörterb.).

Anm. 2. Auch das Wort $\psi\varepsilon\upsilon\delta\dot{\eta}\varsigma$, $\dot{\varepsilon}o\varsigma$ (falsch) hat -$\iota\sigma\tau\varepsilon\rho o\varsigma$; und nach der Vorschrift der Grammatiker auch $\dot{\alpha}\kappa\rho\alpha\tau\dot{\eta}\varsigma$ (unaufhaltsam), da $\dot{\alpha}\kappa\rho\alpha\tau\dot{\varepsilon}\sigma\tau\varepsilon\rho o\varsigma$ zu $\ddot{\alpha}\kappa\rho\alpha\tau o\varsigma$ (lauter) gehöre. Allein in unsern Ausgaben wenigstens findet sich $\dot{\alpha}\kappa\rho\alpha\tau\dot{\varepsilon}\sigma\tau\varepsilon\rho o\varsigma$ auch von jenem Worte (z. B. Xen. Mem. 1, 2, 12); ebenso wie $\dot{\varepsilon}\gamma\kappa\rho\alpha\tau\dot{\varepsilon}\sigma\tau\varepsilon\rho o\varsigma$ von $\dot{\varepsilon}\gamma\kappa\rho\alpha\tau\dot{\eta}\varsigma$ (enthaltsam).

Anm. 3. Die einfachste Art ist in $\mu\dot{\alpha}\kappa\alpha\rho$ $\mu\alpha\kappa\dot{\alpha}\rho\tau\alpha\tau o\varsigma$, $\ddot{\alpha}\chi\alpha\rho\iota\varsigma$ $\dot{\alpha}\chi\alpha\rho\dot{\iota}\sigma\tau\varepsilon\rho o\varsigma$ (Hom.). Dagegen bildet Xenophon von $\dot{\varepsilon}\pi\dot{\iota}\chi\alpha\rho\iota\varsigma$: $\dot{\varepsilon}\pi\iota\chi\alpha$-$\rho\iota\tau\dot{\omega}\tau\varepsilon\rho o\varsigma$.

§. 67. Andere Komparationsform. (61)

1. Eine andere bei weitem seltnere Komparationsform ist:
-$\bar{\iota}\omega\nu$ (commun.), -$\bar{\iota}o\nu$ für den Komparativ
-$\iota\sigma\tau o\varsigma$, η, $o\nu$ für den Superlativ,
welche Endungen überall unmittelbar an den eigentlichen Wort=Stamm (nicht den des Adjektivs) gehängt werden. Die Deklination dieses Komparativs s. ob. §. 55.

2. Diese Komparationsform nehmen an
1) einige auf $\upsilon\varsigma$, auf diese Art: $\dot{\eta}\delta\text{-}\dot{\upsilon}\varsigma$, $\dot{\eta}\delta\text{-}\dot{\iota}\omega\nu$, $\ddot{\eta}\delta\text{-}\iota\sigma\tau o\varsigma$
2) vier auf $\rho\dot{o}\varsigma$, mit Ausstoßung des (zur adjekt. Bildungs=silbe $\rho\dot{o}\varsigma$ gehörigen) ρ, nehmlich
$\alpha\dot{\iota}\sigma\chi\text{-}\rho\dot{o}\varsigma$, $\alpha\dot{\iota}\sigma\chi\dot{\iota}\omega\nu$, $\alpha\ddot{\iota}\sigma\chi\iota\sigma\tau o\varsigma$ häßlich
$\dot{\varepsilon}\chi\vartheta\text{-}\rho\dot{o}\varsigma$, $\dot{\varepsilon}\chi\vartheta\dot{\iota}\omega\nu$, $\ddot{\varepsilon}\chi\vartheta\iota\sigma\tau o\varsigma$ feindlich
$o\dot{\iota}\kappa\tau\text{-}\rho\dot{o}\varsigma$, ($o\dot{\iota}\kappa\tau\rho\dot{o}\tau\varepsilon\rho o\varsigma$), $o\ddot{\iota}\kappa\tau\iota\sigma\tau o\varsigma$ traurig
$\kappa\upsilon\delta\text{-}\rho\dot{o}\varsigma$, $\kappa\upsilon\delta\dot{\iota}\omega\nu$, $\kappa\dot{\upsilon}\delta\iota\sigma o\varsigma$ ruhmvoll (poet.)
von welchen auf $\rho o\varsigma$ für den eigentlichen attischen Gebrauch nur die beiden ersten zu merken sind; s. Anm. 4. 5. — Den Wortstamm aller dieser Ad=

---

*) Denn der ursprüngliche Stamm von $\dot{\alpha}\lambda\eta\vartheta\dot{\eta}\varsigma$ ist nach §. 49 A. 1 $\dot{\alpha}\lambda\eta\vartheta\varepsilon\varsigma$, und aus $\chi\alpha\rho\iota\dot{\varepsilon}\nu\tau\text{-}\tau\alpha\tau o\varsigma$ wurde nach den Lautgesetzen $\chi\alpha\rho\iota\dot{\varepsilon}\sigma\tau\alpha\tau o\varsigma$.

**) Statt $\beta\lambda\alpha\kappa\dot{\omega}\tau\varepsilon\rho o\varsigma$, $\tau\alpha\tau o\varsigma$ (Xen. Mem. 3, 13, 4. 4, 2, 40) von $\beta\lambda\dot{\alpha}\xi$, $\beta\lambda\ddot{\alpha}\kappa\dot{o}\varsigma$, muß entweder $\beta\lambda\alpha\kappa\dot{\iota}\varsigma\varepsilon\rho o\varsigma$ oder $\beta\lambda\alpha\kappa\dot{\iota}\kappa\dot{\omega}\tau\varepsilon\rho o\varsigma$, $\tau\alpha\tau o\varsigma$ gelesen werden. S. § 63 A. 3 und die ausf. Sprachl.

jektiva erkennt man aus Formen wie $\eta\delta$-ομαι, τὸ αἰσχ-ος, ἔχθ-ομαι ꝛc. Vgl. hiezu §. 69 A. 1.

3. \ In einigen Komparativen dieser Form wird der vorher=gehende Konsonant, nebst dem ι, in σσ oder ττ verwandelt und der Vokal vorher verlängert (f. Anm. 3. 5. 6). Das Wort ταχύς (schnell), Sup. τάχιςος, bekommt in dieser seiner gewöhnlichen Kom=parativ=Form vorn ein ϑ:

θάσσων neutr. θᾶσσον; att. θάττων. θᾶττον, woraus erhellet, daß das τ aus θ entstanden ist (§. 18).

Anm. 1. Diese Komparationsform hat immer den Accent auf der drittletzten Silbe, wenn es die Quantität der letzten zuläßt; also ἡδύς, ἡδίων Neu. ἧδιον, ἥδιςος. Vgl. S. 101 Note.

Anm. 2. Das ι dieses Komparativs wird von den Dichtern, beson=ders den Epikern, auch kurz gebraucht.

Anm. 3. Von denen auf υς haben bloß ἡδύς und ταχύς diese Form gewöhnlich; die übrigen haben zum Theil immer ὑτερος und ὑτατος (wie δασύς, βαρύς ꝛc.), oder beide Komparationsformen, in wel=chem Fall die auf ιων, ιςος den Dichtern eigen ist. So bei Homer βάϑιςος von βαϑύς (tief), βράσσων, βράδιςος oder durch Metathesis βάρδιςος von βραδύς (langsam), πάσσων, πάχιςος von παχύς (dick), γλυκίων, ὤκιςος ꝛc., bei andern Dichtern (βραχίων) βράχιςος, πρέσβιςος ꝛc. — Für θᾶσσον (adv.) haben die Spätern oft τάχιον.

Anm. 4. Bei denen auf ρός ist die andre Form mehr oder weni=ger daneben gebräuchlich, und von οἰκτρός der Komp. auf ιων gar nicht.

Anm. 5. Auch μακρός (lang) gehört hieher wegen der Komparа=tionsform μάσσων (für μακίων), μήκιςος, deren sich Xenophon öfters be=dient (f. Dindorf zu Cyr. 2, 4, 27 und vgl. §. 69 Anm. 1). Sonst ist auch hier μακρότερος, μακρότατος gebräuchlicher. Von andern ist die Form auf ιων ꝛc. nur dichterisch, z. B. φιλίων Hom. [φίλιςος Soph.] von φίλος.

Anm. 6 (7). Derselben Analogie folgen auch die komparirten Adver=bia ἆσσον, ἄγχιςα (näher) von ἄγχι (Hom.) und das sehr gebräuchliche μᾶλλον (magis) μάλιςα von μάλα. S. §. 115, 7.

§. 68. Anomalische Komparation. (62)

Mehre Adjektiva haben eine ganz anomalische Kompara=tion, welche Anomalie größtentheils darin besteht, daß sie die ab=geleiteten Grade von ungebräuchlichen Positiven entlehnen. Wo bei Einem Positiv mehre Komparationsformen statt finden, da hat gewöhnlich jede eine engere Bedeutung; f. die Anmerkungen.

	Comp.	Sup.
1. ἀγαθός gut	ἀμείνων, ἄμεινον (besser)	ἄριςος (beste)
	βελτίων	βέλτιςος
	κρείσσων oder κρείττων	κράτιςος
	λωΐων gew. λῷων	λωΐςος gew. λῷςος

Die Bedeutung betreffend, so heißt ἀμείνων ἄριςος brauchbarer, tüchtiger*); βελτίων βέλτιςος besser theils im moralischen Sinne,

---

*) Von dem Positiv zeugen noch der vermuthlich damit identische Name des Kriegsgottes Ἄρης und das Abstractum davon ἀρετή, Tugend.

theils im politischen (vgl. das lat. optimates); κρείσσων κράτιστος kräf=
tiger, stärker, überlegen; λώων λῷστος wird gern in gewissen Verbin=
dungen und in der Anrede gebraucht, wie λῷόν ἐστι es ist gerathener,
ὦ λῷστε 2c. — Bei den alten Dichtern findet sich noch der eigentliche
Komparativ von ἄριστος, nehmlich ἀρείων *), und von κράτιστος selbst der
Positiv κρατύς (§. 69). — Für κρείσσων haben die Jonier κρέσσων,
die Dorier κάρρων (für ΚΑΡΣΩΝ) von einer andern Form des Po=
sitivs, woher auch das Adverb κάρτα (sehr) und der poetische Superl.
κάρτιστος. — Für βελτίων, λωΐων ep. βέλτερος, λωΐτερος, und bei
Aeschyl. βέλτατος für βέλτιστος. — Sogar das ganz regelmäßige ἀγαθώ=
τερος, -τατος findet sich bei Späteren, wie Diodor 2c.

2. κακός schlecht, böse   κακίων   κάκιστος
                   χείρων   χείριστος
            ἥσσων oder ἥττων   (ἥκιστος) **)

Κακίων heißt böser, schlimmer (peior); χείρων weniger gut (de=
terior); ἥσσων (ion. ἔσσων) schwächer, unterworfen (inferior), das Ge=
gentheil von κρείσσων; aber das Adverb ἧττον ἥκιστα steht dem μᾶλλον
μάλιστα (§. 67) gegenüber und heißt dann minus minime, s. §. 115, 7.
— Die regelmäßige Form κακώτερος brauchen die Dichter. Statt χεί=
ρων haben die Jonier χερείων, die Dorier χερήων. Bei den Ep.
findet man die Formen D. χέρηϊ A. χέρηα Pl. χέρηες, τὰ χέρηα (oder
χέρεια), welche statt jenes Komparativs gebraucht werden, obgleich sie
eigentlich Kasus des veralteten Positivs ΧΕΡΗΣ sind ***). Von χερειό=
τερος, χειρότερος s. §. 69 Anm. 3. — Der Superlativ ἥκιστος ist als
Adjektiv in der guten Prosa ganz ungebräuchlich, das Neutr. Plur.
ἥκιστα aber, jedoch nur als Adverb, sehr gewöhnlich †).

3. μέγας groß   μείζων (ion. μέζων)   μέγιστος
4. μικρός klein   { ἐλάσσων, ττων   ἐλάχιστος
5. ὀλίγος wenig   { μείων   ὀλίγιστος

Da beide Begriffe so verwandt sind, so werden besonders die For=
men ἐλάσσων, ἐλάχιστος und μείων sowohl für den Begriff des Kleinen,
als den des Wenigen gebraucht. Der alte Positiv ἐλαχύς ist noch bei
spät. Dichtern; vgl. §. 64 A. 3; — μικρότερος, τατος wird auch ge=
braucht. — Auch gibt es bei Dichtern einen Kompar. ὀλίζων (ὑπολί=
ζονες Hom. vgl. ὑφήσσων Hes. α. 258). Von μειότερος s. §. 69 A. 3.

---

  *) S. die Note auf der vorhergehenden Seite.
  **) S. die letzte Note.
  ***) Gewöhnlich werden sie als synkopirte Formen des Komparativs an=
gesehn, wie πλέες; aber die Formen deuten zu bestimmt auf Positive, in
deren Begriffe (gering, viel) aber schon eine Steigerung liegt, die sie kom=
parativischer Verbindungen, wie der mit dem gen. compar. 2c., fähig macht.
Vgl. die Constr. von ἄλλος, ἕτερος, πολλαπλάσιος u. ä. in §. 132, 12. Auch
in der Schreibung sind die Meinungen der Kritiker sehr getheilt. Bekker
schreibt sie sämtlich mit η, Eustathius mit ι subscr.: χέρηα 2c. Nach an=
dern aber (s. Herodian zu Jl. α, 80. Etym. M. p. 808) sollen alle diese For=
men, als aus den längeren χερείονα 2c. synkopirt, mit ει geschrieben wer=
den, mit Ausnahme des Dativs, wo sie zur Vermeidung des Mißklangs die
Form χέρηϊ festhalten.
  †) Als Adjektiv steht er Jl. ψ, 531, wo er aber nach dem Zeugniß der
Scholiasten auf ionische Art (§. 6 A. 2) ἥκιστος geschrieben wird. S. Spitz=
ner z. b. St. u. vgl. Lexil. I, 4. Die Form ἥκιστος nur bei Aelian.

6. πολύς viel   πλείων ob. πλέων mehr   πλεῖςος meiſte

Die Attiker bedienen ſich der zweiten Form mit ε am meiſten im Neutr. Sing. (πλέον); ſonſt aber, namentlich in den kontrahirten Caſus, geben ſie der Form mit ει den Vorzug: τὸν, τὰ πλείω, οἱ πλείους, ἐκ πλείονος ꝛc. Auch haben ſie eine eigene einſilbige Form für das Neutrum: πλεῖν, aber nur in ſolchen Verbindungen wie πλεῖν ἢ μύριοι ꝛc. — Die Jonier (und Dorier) ziehen ſo zuſammen: πλέον πλεῦν, πλέονες πλεῦνες, aber dat. pl. immer πλέοσι. — Homer braucht im Plural auch πλέες, πλέας, eine poſitive Form, ſtatt des Komparativs *).

7. καλός ſchön   καλλίων   κάλλιςος

8. ῥάδιος leicht   ῥάων   ῥᾶςος

Die Jonier, welche im Poſitiv ῥηΐδιος ſprechen, formiren ῥηΐων, ῥήϊςος; epiſch ῥηΐτερος, τατος; alles von ΡΑϊΣ, ΡΗϊΣ, aus deſſen Neu. pl. ΡΗϊΑ das Adverb ῥεῖα, ῥέα (leicht) entſtanden iſt.

9. ἀλγεινός ſchmerzlich   ἀλγίων   ἄλγιςος

Die regelm. Form ἀλγεινότερος, τατος iſt jedoch im Maſt. und Fem. gebräuchlicher.

10. πέπων reif   πεπαίτερος   πεπαίτατος

11. πίων fett   πιότερος   πιότατος

Anm. Zu den Eigenheiten der Dichter gehört der alte Superlativ auf ατος: μέσατος (mittelſte) von μέσος; und von νέος (neu, jung), νέατος, νείατος (letzte); deſſen zuſammengezogenes Fem. νήτη in der Proſa von der unterſten (bei uns höchſten) Saite gebraucht wird.

§. 69. Defektive Komparation.   (63)

1. Es gibt auch defektive Gradus ohne Poſitiv; ſ. die Anm.; und ſo kann man mehre der obigen anomaliſchen Gradus= formen wie ἥττων, κρείττων, λῷςος ꝛc. betrachten?

2. Dahin gehören insbeſondere diejenigen adjektiviſchen Ver= gleichungsformen, welche von Adverbien, und ſolche welche von einer örtlichen Partikel abgeleitet ſind, nehmlich:

πλησιαίτερος, τατος von πλησίον (nahe; wie im Lat. prope — pro-pior, proximus)
προυργιαίτερος, τατος zweckdienlicher, von προύργον
ἠρεμέστερος von ἠρέμα ruhig
πρότερος prior, πρῶτος primus, von πρό vor
ὑπέρτερος, τατος u. ὕπατος höher, höchſt, von ὑπέρ über
ἔσχατος der äußerſte, von ἐξ aus
ὕςερος, ὕςατος ſpäter, der letzte, von (ὑπό)

Auch zieht man περαίτερος (gew. adv. περαιτέρω) beſſer zum Poſ_ πέρα, πέραν jenſeits, obwohl ein Adjektiv περαῖος exiſtirt **).

---

*) Vgl. die Note zu χερηϊ ꝛc.; denn πλέες iſt eben ſo einleuchtend ſyn‐ kopirt aus πολέες, als der Kompar. πλείων ſelbſt vermöge dieſer Synkope von πολύς gebildet iſt.

**) Man findet auch von den Adverbien ἄνω, ἔνδον, ἐγγύς ꝛc. ἀνώτε‐

3. Zuweilen werden auch von einem Substantiv, wenn es sich in adjektivischem Sinne fassen läßt, Gradus formirt, z. B. ἑταῖρος Freund, ἑταιρότατος, κλέπτης κλεπτίςατος κ. s. §. 66 A. 1.

Anm. 1. Zu den von Substantiven formirten Gradus rechnet man gewöhnlich auch einige Defektiva auf ων, ισος, wovon ein verwandtes Subst. abstractum auf ος existirt, z. B.

(ῥιγίων) ῥίγιον schrecklicher ῥίγιστος schrecklichste; Subst. τὸ ῥῖγος Schauder
(κερδίων) κέρδιον nützlicher κέρδιστος verschmitzteste; — τὸ κέρδος Gewinn
ὕψιστος höchste; — τὸ ὕψος Höhe
κήδιστος theuerste; — τὸ κῆδος Sorge

und ebenso erklärt man einige der obigen Abweichungen, wie ἔχθιστος von τὸ ἔχθος (Haß), μήκιστος von τὸ μῆκος, κάλλιστος von τὸ κάλλος κ. Nur von einigen wenigen lassen sich die entsprechenden Positivformen wirklich noch in der ältesten Poesie nachweisen, so namentlich: κρατύς (Ἀργειφόντης Jl. π, 181 al.), wovon κράτιστος und τὸ κράτος; ἐλεγχέες (schändliche, Jl. δ, 242), wovon ἐλέγχιστος, τὸ ἔλεγχος. Vgl. §. 119 n. 9 und 39.

Anm. 2. Bei den Dichtern, besonders den epischen, finden sich noch mehre defektive Komparationsformen, z. B.

φέρτερος, φέρτατος, auch φέριστος (tapferer, vortrefflicher), das man zu ἀγαθός rechnen kann
κύντερος (hündischer oder unverschämter, von κύων, κυνός)
βασιλεύτερος (mächtiger, von βασιλεύς)
πύματος, μυχοίτατος, μύχατος, ὁπλότερος, παροίτερος, ὀπίςατος, ἀφάρτερος u. a., die man in den Wörterbüchern hinreichend erklärt findet. Auch λοῖσθος (letzte) gehört hierher.

Anm. 3. Höchst selten findet man von einem Worte, das schon selbst ein Komparationsgrad ist, einen neuen formirt, wie ἐσχατώτατος (dies selbst bei Xenophon), πρώτιστος, zur Verstärkung. Das meiste der Art kommt in späteren Schriftstellern vor, oder bezweckt eine komische Wirkung. Wenn die Epiker beide Formen des Komparativs verbinden, z. B. χειρότερος, χερειότερος, adv. ἀσσοτέρω Hom., λοισθότατος Hes., μειότερος Apollon., so geschieht dies bloß des Verses wegen, nicht zur Verstärkung des Sinnes.

Anm. 4. Mehre Superlative schalten bei Dichtern ein ι ein, wie μεσάτιος, ὑσάτιος, λοίσθιος, noch mehr verlängert λοισθήιος.

Anm. 5 (4). Die ältere Sprache hatte auch eine adjektivische Ableitungs=Endung τερος, die man nicht mit der komparativen verwechseln darf; z. B. ἀγρότερος ländlich, ὀρέστερος vom Gebirge, θηλύτερος so viel wie θῆλυς weiblich, vielleicht auch σαώτερος (Jl. α, 32), θεώτερος (Od. ν, 111); mit and. Acc. δεξιτερός (vgl. das prosaische ἀριστερός).

———

ρος, ἐνδότατος, ἐγγύτερος κ.; allein diese sind bei ältern Schriftstellern an vielen Stellen offenbar aus der Adverbialform ὁ ἀνωτέρω, ὁ ἐγγύτερον (s. §. 115, 6. 7 und 125, 6) verdorben. Eine seltne Ausnahme ist δι᾽ ἐγγυτάτου (adv.) Thuc. 8, 96. und das dicht. ἄγχιστος (Soph.)

Von den Zahlwörtern.

§. 70. Kardinalzahlen. (64)

1. α΄. εἷς, μιᾶ, ἕν G. ἑνός, μιᾶς D. ἑνί, μιᾷ A. ἕνα, μίαν, ἕν einer, eine, eines.

Zu bemerken ist die anomalische Wandelbarkeit des Accents in μία, μιᾶς, μιᾷ, μίαν. — Die Epiker haben statt dieses Fem. auch ἴα G. ἰῆς, und einmal sogar ἰῷ für ἑνί Jl. ζ, 422.

Hieraus entstehn durch Zusammensetzung mit den Negationen οὐ und μή (welche hier zur Vermeidung des Hiatus und geläufiger Aussprache wegen die Form der Partikeln οὐδέ und μηδέ erhalten, vgl. §. 116 Anm. 6) die verneinenden Adjektive

οὐδείς, οὐδεμία, οὐδέν und
μηδείς, μηδεμία, μηδέν, keiner, keine, keines

deren Deklination im Sing. den Accent des einfachen Wortes beibehält: G. οὐδενός, οὐδεμιᾶς D. οὐδενί, οὐδεμιᾷ, Acc. οὐδένα, οὐδεμίαν, οὐδέν. Der (wenig gebräuchliche) Plural οὐδένες accentuirt im Gen. und Dat. wieder οὐδένων, οὐδέσι.

In der getrennten Schreibart οὐδὲ εἷς, μηδὲ ἕν ꝛc., die immer im Hiatus steht (§. 29 Anm. 1), haben οὐδέ und μηδέ ihre wahre syntaktische Bedeutung, indem sie den Ausdruck verstärken: auch nicht ein, nicht das mindeste. — Homer bedient sich der beiden Adjektiva wenig (es kommen nur οὐδείς, μηδέν und einmal οὐδενί vor), sondern braucht dafür die Negativa οὔτις, μῆτις (§. 77, 4). — Jonisch lautet der Plural οὐδαμοί, μηδαμοί. — Spätere Schriftsteller schreiben statt οὐδείς auch οὐθείς Neu. οὐθέν; Fem. wie gewöhnlich: οὐδεμία, woraus folgt, daß οὐθείς ebenso wenig eine Zusammensetzung mit der Part. οὔτε ist.

2. β΄. δύο (Nom. Acc.), δυοῖν (Gen. Dat.), zwei.

Man sagte für δυοῖν auch δυεῖν, aber nur im Genitiv; jedoch ist bei den ältern Attikern die Form δυοῖν wol überall herzustellen (s. Schneider zu Plat. Civ. 5. p. 470). Auch brauchen sie δύο indeklinabel für Gen. und Dat. — Unattisch sind: N. A. δύω (dies bei Hom. und Herob. auch indekl.) G. δυῶν D. δυσί(ν). Jon. δυοῖσιν. Episch: δοιώ und δοιοί, das vollständig deklinirt wird.

3. γ΄. τρεῖς (comm.), τρία (Neutr.), drei, G. τριῶν D. τρισί(ν), Acc. wie der Nom.

4. δ΄. τέσσαρες oder τέτταρες, Neutr. α, vier, G. τεσσάρων D. τέσσαρσι, τέτταρσι (poet. τέτρασι) Acc. ας, α.

Jon. τέσσερες, dor. τέττορες, τέτορες, alt und äol. πίσυρες.

Von den übrigen Zahlen werden die einfachen bis zehn, und die runden bis hundert gar nicht flektirt.

5. ε΄. πέντε	7. ζ΄. ἑπτά	9. θ΄. ἐννέα
6. ϛ΄. ἕξ	8. η΄. ὀκτώ	10. ι΄. δέκα

11. ια΄. ἕνδεκα	14. ιδ΄. τεσσαρεσκαίδεκα	17. ιζ΄. ἑπτακαίδεκα
12. ιβ΄. δώδεκα	15. ιε΄. πεντεκαίδεκα	18. ιη΄. ὀκτωκαίδεκα
13. ιγ΄. τρισκαίδεκα	16. ιϛ΄. ἑκκαίδεκα	19. ιθ΄. ἐννεακαίδεκα

Seltner ist δεκατρεῖς, δεκαπέντε κ. — τρεῖς und τέσσαρες werden auch in diesen Zusammensetzungen flektirt, z. B. τεσσαρακαίδεκα, τεσσαρσικαίδεκα, δεκατριῶν κ., auch getrennt: τρεῖς, τρισὶ καὶ δέκα (Thuc. 8, 108. 2, 2 κ.). Δυώδεκα und δυοκαίδεκα sind ionisch und dichterisch. — Die Formen τρισκαίδεκα, ἑκκαίδεκα zeigen, daß auch die übrigen mit καί verbundenen inflexibeln Zahlen bis 19 nicht getrennt zu schreiben sind. — τεσσερεσκαίδεκα ist bei den Joniern inflexibel (Herod. I, 86 zweimal).

20. κ´. εἴκοσι, -σιν (§. 26, 3) 50. ν´. πεντήκοντα   80. π´. ὀγδοήκοντα
30. λ´. τριάκοντα   60. ξ´. ἑξήκοντα   90. ϟ´. ἐνενήκοντα*)
40. μ´. τεσσαράκοντα   70. ο´. ἑβδομήκοντα   100. ρ´. ἑκατόν.

Das lange α in τριάκοντα (aber nicht das kurze in τεσσεράκοντα) geht bei den Joniern in η über: τριήκοντα. Andre ionische und epische Formen sind ἐείκοσι oder -σιν (s. S. 37 Not.), ὀγδώκοντα, ἐννήκοντα (Hom.); dorische, 5 πέμπε, 20 εἴκατι.

Die zusammengesetzten Zahlen von 20 an werden gewöhnlich getrennt geschrieben, und wenn die kleine Zahl vorn steht, wird sie mit καί verbunden, hinten aber gewöhnlicher nicht, z. B. 21 εἰς καὶ εἴκοσι oder εἴκοσιν εἷς (μία, ἕν); 32 τριάκοντα δύο oder δύο καὶ τριάκοντα. Vgl. die letzte Note auf S. 114.

Die runden Zahlen nach hundert sind Adjektiva dreier Endungen nach der zweiten und ersten Dekl.

200. σ´. διᾱκόσιοι, αι, α 800. ω´. ὀκτᾱκόσιοι   5000. ͵ε. πεντακισχίλιοι
300. τ´. τριᾱκόσιοι   900. ϡ´. ἐνᾱκόσιοι*)   6000. ͵ϛ. ἑξακισχίλιοι
400. υ´. τετρᾱκόσιοι   1000. ͵α. χίλιοι, αι, α 7000. ͵ζ. ἑπτακισχίλιοι
500. φ´. πεντᾱκόσιοι   2000. ͵β. δισχίλιοι   8000. ͵η. ὀκτακισχίλιοι
600. χ´. ἑξᾱκόσιοι   3000. ͵γ. τρισχίλιοι   9000. ͵θ. ἐνακισχίλιοι*)
700. ψ´. ἑπτᾱκόσιοι   4000. ͵δ. τετρακισχίλιοι 10000. ͵ι. μύριοι, αι, α**)
            20000. ͵κ. δισμύριοι κ.

Das α in den ersten zwei Zahlen ist lang; daher ion. διηκόσιοι κ. (bei Hom. aus Versbedürfnis auch πεντηκόσιοι). — ἐννεάχιλοι, δεκάχιλοι sind alte Formen im Homer. — Die größern Zahlen können bei Kollektivbegriffen auch im Singular stehn: Xen. Cyr. 4, 6, 2 ἵππον ἔχω εἰς χιλίαν τριακοσίαν. An. 1, 7, 10 ἀσπὶς μυρία καὶ τετρακοσία, ein Heer von 10400 Schildträgern.

Anm. 1. Anstatt der mit 8 und 9 zusammengesetzten Zahlen wird oft eine umschreibende Redeform mit δέω (ich ermangele), welches nach §. 132 den Gen. regiert, gebraucht; z. B. für 49 oder 48 wird gesagt: ἑνὸς (μιᾶς) oder δυοῖν δέοντες πεντήκοντα, indem das Particip δέοντες im genere, num. und casu nach seinem Substantiv sich richtet (vgl. §. 71 A. 1) also Thuc. 5, 68 δυοῖν δέοντες πεντήκοντα ἄνδρες. Dem. p. 480 πεντήκοντα μιᾶς δεούσας ἔλαβε τριήρεις. Thuc. 8, 17. 25 μιᾶς δεούσαις (δυοῖν δεούσαις) πεντήκοντα ναυσίν. Eine andre spätere Ausdrucksweise (z. B. bei Plutarch, Josephus κ.) ist die mit dem gen. absol., also 49: ἑνὸς δέοντος (μιᾶς δεούσης) πεντήκοντα; 18: δυοῖν δεόντοιν

---

*) Die von ἐννέα gebildeten Formen ἐνενήκοντα, ἐνακόσιοι, ἔνατος, ἐνάκις sind bei älteren Attikern sicherer mit Einem ν zu schreiben. Jonisch lauten diese Formen εἰνακόσιοι, εἴνατος, εἰνάκις; die übrigen aber wie gewöhnlich ἰννέα, ἐνενήκοντα, ἐννεάμηνος Herod.
**) Hievon wird μύριοι unzählige, durch den Accent unterschieden.

(δεούσαιν) εἴκοσι. Daher wird jetzt mit Recht in der einzigen aus ältern Schriftstellern bekannten Stelle bei Xen. Hell. 1, 1, 5 für ἦλθε δυοῖν δεούσαιν εἴκοσι ναυσίν wie oben δεούσαις gelesen.

Anm. 2. Wenn drei oder mehr Zahlen komponirt werden, so werden sie bei vorgestellter kleinerer Zahl immer, bei nachgestellter in der Regel alle durch καί verbunden, also: ἑπτὰ καὶ εἴκοσι καὶ ἑκατόν, oder: ἑκατὸν καὶ εἴκοσι καὶ ἑπτά.

Anm. 3 (2). Wenn andere Wörter mit Zahlen komponirt werden, so wird für die Einheit μονο- (μόνος, einzig), für 2 δι-, für 3 τρι- und für 4 τετρα- gesetzt, z. B. μονόκερως, δίκερως, δισύλλαβος, διετής (von ἔτος), διώβολον (von ὀβολός), τρίπους, τετράπους κ.*). Die inflexiblen Zahlen werden bei Attikern in der Regel mit Beibehaltung ihrer gewöhnlichen Form, nur mit den wegen des Wohllauts nothwendigen Aenderungen, gesetzt; z. B. πεντεναῖα, πεντέμηνος, ἑκατόμπυλος, ἔκπηχυς**), ὀκτώπους u. d. g.; sonst auch auf α und ο formirt, z. B. πεντάμετρος, ἑξά-γωνον, ὀκτά-μηνος, εἰκοσά-εδρος (S. 37 N.), πεντηκοντόγυος, ἑκατοντα-μναῖος, χιλιο-τάλαντος. Episch wird von ἐννέα formirt εἰνάετες, εἰνάνυχες neben ἐννεάπηχυς κ. — Das α in diesen Zusammensetzungen bleibt vor Vokalen theils stehn, theils nicht; das ο wird ausgestoßen oder, in den mit ἔτος zusammengesetzten Wörtern, kontrahirt; z. B. πεντάετες, ἑξάετες (Hom.), ἑπταέτης, besser ἑπτέτης, χιλιάρχης, τριακονταέτης oder τριακοντούτης (für -οέτης; von deren Fem. auf ις s. §. 63 A. 1). Man merke noch ἐννέτης neunjährig (Hes.) ἐννῆμαρ neun Tage lang (Hom.). Ueber den angeblichen Unterschied der Betonung (τριέτης und τριετής) s. Lehrs quaest. epp. 135 sqq. und vgl. §. 121. 9, a.

§. 71. Ordinalzahlen und andere Ableitungen. (65)

1. Die Ordinalzahlen sind sämtlich Adjektiva dreier Endungen auf ος, unter denen die beiden ersten zwei defektive Komparationsformen sind; s. §. 69, 2.

1. πρῶτος ob. unter zweien πρότερος	12. δωδέκατος	30. τριακοσός
	13. τρισκαιδέκατος	40. τεσσαρακοσός
2. δεύτερος, α, ον***)	14. τεσσαρακαιδέκατος	50. πεντηκοσός
3. τρίτος, η, ον	15. πεντεκαιδέκατος	60. ἑξηκοσός
4. τέταρτος	16. ἑκκαιδέκατος	70. ἑβδομηκοσός
5. πέμπτος	17. ἑπτακαιδέκατος	80. ὀγδοηκοσός
6. ἕκτος	18. ὀκτωκαιδέκατος	90. ἐνενηκοσός
7. ἕβδομος	19. ἐννεακαιδέκατος	100. ἑκατοσός
8. ὄγδοος	20. εἰκοσός	200. διακοσιοσός κ.
9. ἔνατος u. ἔννατος	21. εἰκοσός πρῶτος	1000. χιλιοσός
10. δέκατος	oder πρῶτος καὶ	2000. δισχιλιοσός
11. ἑνδέκατος	εἰκοσός κ. †)	10000. μυριοσός κ.

*) Die Zusammensetzungen mit δισ-, τρισ- finden nur statt wo die Bedeutung von δίς, τρίς, zweimal, dreimal ausgedrückt sein muß, wie in δισθανής (Hom.), δισμύριοι, δίσεφθος, τρισάθλιος u. d. gl.

**) Nach alten Zeugnissen (Phryn. 413. Etym. M.) blieb im ält. Atticismus das ξ selbst vor Konsonanten: ἐξμέδιμνος (Ar. Pac. 630), ἔξπους, ἔξπηχυς κ. — Wegen πεντε- (st. πεντα-) s. Piers. ad Moer. 321.

***) Ein hievon gemachter Superl. δεύτατος (letzte) ist bloß poetisch.

†) Auch wie im Deutschen: ἑνὶ καὶ εἰκοσῷ ἔτει, im ein und zwan-

In den Zusammensetzungen von 13—19 wird auch getrennt gesagt
τρίτος, τέταρτος καὶ δέκατος ꝛc. — Auf diese Ordinalzahlen be=
zieht sich die Frageform πόσος; der wievielste? quotus?

Für τέταρτος ist des Metri wegen τέτρατος; ionische Formen: εἴνατος, δυωδέκατος, τεσσερεσκαιδέκατος; episch: τρίτατος, ἑβδόματος,
ὀγδόατος; dorisch: πρᾶτος für πρῶτος (aus πρόατος).

Anm. 1. Auch bei Ordnungszahlen wird die Umschreibung mit
δέω gebraucht, folgendermaßen: Thuc. 8, 6 ἑνὸς δέον εἰκοσὸν ἔτος das
19te Jahr; id. 4, 102 ἑνὸς δέοντι τριακοσῷ ἔτει.

2. Die Zahl=Adverbien, auf die Frage wievielmal, sind:
ἅπαξ (einmal), δίς, τρίς, τετράκις, πεντάκις, ἑξάκις, ἑπτάκις, ὀκ-
τάκις, ἐνάκις oder ἐννάκις, δεκάκις, εἰκοσάκις, ἑκατοντάκις, χιλιά-
κις ꝛc. (poet. -κι). Frageform: ποσάκις;

3. Die Adjektive auf die Frage wievielfach sind: ἁπλόος
ἁπλοῦς (einfach), διπλοῦς, τριπλοῦς, τετραπλοῦς, πενταπλοῦς
u. s. f. (s. §. 60) — oder auch διπλάσιος u. s. f.

4. Die Zahlen als Substantive werden alle auf άς G.
άδος gebildet, als ἡ μονάς (Einheit), δυάς, τριάς, τετράς, πεμπάς
(bei Spät. gewöhnlich πεντάς *), ἑξάς, ἑβδομάς, ὀγδοάς, ἐννεάς,
δεκάς, εἰκάς, τριᾶκάς, τεσσαρακοντάς ꝛc., ἑκατοντάς, χιλιάς, μυ-
ριάς **). — Die distributiven Bezeichnungen geschehen mittelst
der Präp., bes. ἀνά, εἰς, ἐπί, κατά; s. §. 147.

Anm. 2. Die unvollständigen Einheiten, wie ein Drittel, Fünftel ꝛc.
werden gewöhnlich durch das Subst. μέρος oder μοῖρα gegeben, z. B. τὸ
τρίτον μέρος ⅓, τῶν πέντε μερῶν τὰ δύο ⅖. Auch sagte man elliptisch
τὰ δύο μέρη, wenn der Nenner um eins größer ist, also ⅔. Die halben
Brüche wurden durch Zusammensetzung mit ἡμι- (§. 120) gebildet, z. B.
ἡμιτάλαντον, ἡμιδαρεικόν ꝛc., und so in der Mehrzahl τρία, πέντε, ἑπτὰ
ἡμιτάλαντα 1½, 2½, 3½ Tal. Aber mit Ordnungszahlen verbunden heißt
τὸ τρίτον, τέταρτον, ἕβδομον ἡμιτάλαντον 2½, 3½, 6½ Talente, wie bei
uns brittehalb ꝛc. S. Herod. 1, 50.

Pronomina.

§. 71 a.   Eintheilung der Pronomina.

1. Die Eintheilung der Pronomina wird im allgemeinen aus
der lateinischen Grammatik als bekannt vorausgesetzt; daher sie in
den folgenden §§. in der Ordnung aufgeführt werden, wie sie etymologisch von einander abzuleiten sind. Zur leichtern Uebersicht
aller griechischen Pronomina diene folgender Nachweis.

─────────────

zigsten Jahre, lat. uno et vicesimo anno. Sonst bediente man sich dieser
Ausdrucksweise wol nur, wenn die kleinere Zahl indeklinabel ist, z. B.
πεντεκαιεικοσός; aber Ὀλυμπιὰς τρίτη καὶ ἐνενηκοσή Xen. Oder man
nahm andre Wendungen, z. B. mit ἐπί c. dat.: τῇ ἕκτῃ ἐπὶ τριάκοντα
(sc. ἡμέραις); mit πρὸς c. dat.: Ὀλυμπιὰς τετάρτη πρὸς ταῖς ἐνενήκοντα; und ebenso auch bei zusammengesetzten Kardinalzahlen.
*) Die Schreibart πεμπτάς (Pl. Phaed. p. 104. X. Hell. 7, 2, 6) wird
von neu. Krit. verworfen. Vgl. Cyr. 2, 1, 22. 24. 26. Pl. Rep. 546 ꝛc.
**) Der Gen. Plur. soll attisch χιλιαδῶν, μυριαδῶν betont worden sein.

8*

2. Die Pronomina zerfallen nach der gewöhnlichen Eintheilung in drei Klassen: 1) die pron. substantiva, d. h. solche, die nur substantivisch, oder für eine Person selbst stehn; 2) die pron. adjectiva, d. h. solche, die adjektivisch, oft aber wie alle Adjektiva auch substantivisch gebraucht werden; 3) die Adverbialpronomina.

I. Pron. substantivum

1. pron. personalia *ἐγώ, σύ, ἷ* §. 72, 3 f.
2. pron. reflexiva *ἐμαυτοῦ, σεαυτοῦ, ἑαυτοῦ* ꝛc. §. 74, 3.
3. pron. reciprocum *ἀλλήλων* ꝛc. §. 74, 4.
4. pron. indefinitum *ὁ, ἡ, τὸ δεῖνα* §. 73.

II. Pron. adjectivum

1. pron. demonstrativa; dazu gehören:
   der artic. praepos. *ὁ, ἡ τό* §. 75.
   οὗτος, αὕτη, τοῦτο dieser ꝛc. §. 76, 2.
   ὅδε, ἥδε, τόδε dieser §. 76, 1.
   ἐκεῖνος, η, ο jener ꝛc. §. 74, 1.
   αὐτός, ἡ, ὁ selbst §. 74, 1. *ὁ αὐτός* derselbe ib. 2.
   ὁ ἕτερος der eine von beiden §. 78, 2. u. 4.
2. pron. relativa; dazu gehören:
   der artic. postpos. *ὅς, ἥ, ὅ* nebst den Verstärkungen *ὅσπερ* ꝛc. welcher ꝛc. §. 75.
   ὅστις, ἥτις, ὅ,τι welcher ꝛc. §. 77, 3.
   ὁπότερος welcher von beiden §. 78, 2.
3. pron. interrogativum *τίς; τί;* wer? was? §. 77, 1. *πότερος;* wer von beiden? §. 78, 2.
4. pron. indefinitum *τὶς, τὶ* irgend einer ꝛc. §. 77, 1. *πότερος* einer (von zweien) §. 78 A. 1.
5. pron. possessiva *ἐμός, ἡ, όν* mein, *σός* ꝛc. §. 72, 4.
6. pron. negativa *οὐδείς, μηδείς, -δεμία, -δέν* keiner §. 70, 1. *οὔτις, μήτις, ι* §. 77, 4. *οὐδέτερος, μηδ.* §. 78, 2.
7. pron. correlativa; darüber s. §. 78 u. 79.

III. Pron. adverbiale
Dahin gehören die von Pronominibus abgeleiteten Adverbia modi, loci, temporis §. 116.

§. 72. Personalia und Possessiva.   (67)

1. Die Personal-Pronomina der ersten und zweiten Person sind *ἐγώ* ich, *ἡμεῖς* wir, *σύ* du, *ὑμεῖς* (lang *υ*) ihr.

2. Die dritte Person (er, sie, es) entbehrt ihres Nom. Sing. *ἷ* *) gewöhnlich gänzlich, so wie das lat. se, dem es, so weit die attische Prosa sich dieses Pronomens bedient, auch in der reflexiven Bedeutung (sich) entspricht. Im Plur. hat es für das Neutrum eine besondere Form.

Anm. 1. Für das Pronomen der 3. Pers. wird bei Attikern im reflexiven Sinne gewöhnlicher das Kompositum *ἑαυτόν*, und im graben oder transitiven Sinne (ihn, sie, es ꝛc.) durchaus die Casus obl. des Pron.

---

*) Von diesem seltenen Nominativ und dessen wirklichem Vorkommen s. ausf. Sprachl., Ellendt. Lex. Soph., Schömann Redeth. 96. 107 ꝛc.

αὐτός gebraucht. Die Jonier, Epiker ꝛc. hingegen brauchen es ohne Unterschied für ihn und sich. S. Synt. §. 127 Anm. 4.

3. Folgendes ist die Deklination dieser Pronomina:

Sing.	ich	du	er (sich)
Nom.	ἐγώ	σύ	(ἵ)
Gen.	ἐμοῦ und μοῦ	σοῦ	οὗ
Dat.	ἐμοί und μοί	σοί	οἷ
Acc.	ἐμέ und μέ	σέ	ἕ
Dual.	wir beide	ihr beide	sie beide
N. A.	(νῶϊ) νώ *)	(σφῶϊ) σφώ *)	σφωέ (nur accus.)
G. D.	(νῶϊν) νῷν	(σφῶϊν) σφῷν	σφωΐν
Plur.	wir	ihr	sie
Nom.	ἡμεῖς	ὑμεῖς (ὕ)	σφεῖς　N. σφέα
Gen.	ἡμῶν	ὑμῶν	σφῶν
Dat.	ἡμῖν	ὑμῖν	σφίσι(ν)
Acc.	ἡμᾶς	ὑμᾶς	σφᾶς　N. σφέα

Anm. 2. Enklitisch sind nach §. 14.:
1) die Casus obliqui der 2. und 3. Person im Singular;
2) dieselben Kasus von ἐγώ in der einsilbigen Form (μοῦ ꝛc.),
die aber nur enklitisch vorkommt, so daß im Fall der Orthotonirung stets
die zweisilbige Form gewählt wird (Anm. 3);
3) von den mit σφ anfangenden Formen nur die Casus obliqui der
dritten Person, mit Einschluß der in Anm. 6 angeführten Dialektformen:
doch sind σφῶν und σφᾶς in dieser ihrer cirkumflectirten Form ausgenommen; in der aufgelösten hingegen (σφέων, σφέας, Anm. 6, 8), und wenn
bei Dichtern zuweilen σφάς verkürzt ist, sind auch diese enklitisch.

Anm. 3. Die Orthotonirung aller dieser Formen tritt ein 1) wenn
ein Nachdruck darauf liegt, insbesondre bei markirtem Gegensatz zu andern genannten Personen oder Gegenständen; 2) wenn sie von einer unmittelbar vorhergehenden (oder nachfolgenden) Präposition regiert werden, in welchem Falle also von der ersten Person immer die zweisilbige
Form eintritt; z: B. περὶ σοῦ, ἐν σοί, παρὰ σφίσιν, κατ' ἐμέ, ἐξ ἐμοῦ,
ἐμοῦ ἕνεκα· dagegen getrennt: μετὰ δέ σφισιν ꝛc. Nur πρός με ward
schon von alten Gramm. ausgenommen; daher jetzt überall so (auch πρός σε
zuweilen) geschrieben wird, wo das Pron. ohne Nachdruck ist. Bei Dichtern
kommen jedoch öfter Fälle wie περί μου, ἐπί μοι, εἴς με ꝛc. vor; 3) findet
noch insbesondre hinsichtlich der cass. obl. der dritten Person bei Homer
nach der Lehre der alten Kritiker der Gebrauch statt, daß sie im reflexiven
Sinne orthotonirt (vgl. §. 74 A. 3), im geraden oder transitiven Sinne
aber (außer in den eben bezeichneten Fällen) inklinirt werden; und selbst
nach Präp. unterscheidet man (obwol nicht durchgängig) zwischen ἐπὶ οἷ wenn
es reflexiv für ἐφ' ἑαυτῷ, und ἐπί οἱ wenn es für ἐπ' αὐτῷ steht. Vgl.
z. B. Jl. λ, 239. ν, 418 mit φ, 174 und die Schol. dazu. Lehrs qu. epp.
p. 109 sqq. Schömann Redeth. 107 fg. Thiersch Gr. §. 205.

Anm. 4. Zu noch größerem Nachdruck wird diesen Pronominibus
öfters die Partikel γέ angehängt (§. 149 n. 25), in welchem Falle ἐγώ,

---

*) Die aufgelösten Formen des Duals sind episch. — Wegen des zwei-
felhaften Nomin. (Akkus.) νῶϊν in Jl. π, 99 (cf. Od. ψ, 52) s. Lexil. I, 17.,
Spitzner zu d. St. und vgl. Bekker hom. Bl. 225.

ἐμοί und *ἐμέ* ben Accent zurückziehen: *ἔγωγε* (equidem), *ἔμοιγε*, *ἔμεγε* *)
(aber Gen. *ἐμοῦγε*) und die cass. obl. von *σύ* aufhören enklitisch zu sein,
z. B. *μὴ σέγ'* (nicht *μή σέγ'* — Od. α, 386).

Anm. 5. Die Casus obliqui von *ἡμεῖς* und *ὑμεῖς* sind nach der
Lehre der Grammatiker ebenfalls und zwar in denselben Fällen der Inklination unterworfen, wo sie bei den singularischen Formen stattfindet, so jedoch daß sie ihren Ton nicht auf das vorhergehende Wort werfen, sondern
nur auf die erste Silbe zurückziehen: *ἥμιν, ὕμιν, ὕμεων* ꝛc.; welches Verfahren jetzt in den neuern Ausgaben des Homer mit Consequenz beobachtet
wird, s. z. B. Jl. α, 147. 579. ξ, 482. ο, 494 ꝛc. Vgl. hiezu Anm. 6, 9.

Anm. 6. Dialekte.

1) Für *ἐγώ* ist eine alte Form der Dorier und Epiker *ἐγών*.

2) Die Dorier sagen für *σύ* — *τύ*, und im enklitischen Akk. wieder *τύ*.
Selten, und nur orthotonirt, ist der Akk. *τέ* (Theocr. 1, 5), an dessen Stelle
selbst Dorier und Aeolier sonst auch *σέ* beibehalten. — Eine alte Form des
Nominativs bei Epikern ist *τύνη*.

3) Im Dativ sagen die Dorier, Jonier und Epiker *τοί* für *σοί*,
aber nur im enklitischen Verhältnis, wogegen *σοί* in der Regel (bei
Homer immer) orthotonirt, also auch stets zu Anfang der Verse, nach Präp. ꝛc.
gesetzt wird. S. z. B. Jl. ι, 37 sqq.

4) Der Gen. auf *ου* ist bei diesen Pronominibus aus *εο* entstanden; daher bei den Epikern *ἐμέο, σέο (σεο), ἕο* oder *ἐμεῖο, σεῖο, εἷο*. Die
Jonier (Epiker) und Dorier haben daher nach §. 28 A. 5: *ἐμεῦ, μευ,
σεῦ, σευ, εὖ* (Jl. ξ, 427. ο, 165. Her. 3, 135), die Dorier für *σεῦ* auch *τεῦ*
und *τεῦς*, für *ἐμεῦ* auch *ἐμεῦς* ꝛc. Ganz anomalisch ist der Gen. *τεοῖο*
für *σέο, σεῖο* Jl. ϑ, 37. (wonach 3. P. *ἑοῖο* für *ἕο, εἷο* bei Apoll. Rhod.
1, 1032 al.)

5) Die Dichter bedienen sich eines eignen, durch Anhängung der Silbe
θεν gebildeten Genitivs: *ἐμέθεν, σέθεν, ἕθεν*, wovon *ἕθεν* im transitiven Sinne (Anm. 1 und 3) der Inklination fähig ist, z. B. Jl. α, 114.

6) Orthotonirte dorische Dative sind *ἐμίν, τίν* oder *τεῖν* (dies auch bei
Hom.) *ἷν* oder *ἵν* **), für *ἐμοί, σοί, οἷ*. Wegen *τίν* als Akkusativ (Theokr.)
s. die ausf. Spr. und Ahrens Dor. 254.

7) Der Jonismus der Epiker vermehrt das Pron. der 3. Person noch
durch ein *ε*, G. *ἑεῖο* (nicht bei Homer) D. *ἑοῖ* A. *ἑέ*. Diese Form ist (wie
ἐμοῦ) immer orthotonirt.

8) Die Jonier lösen die Kontraction des Plurals auf und sagen *ἡμέες,
ὑμέες* ***) G. *ἡμέων* ꝛc. (ep. *ἡμείων* ꝛc.) Acc. *ἡμέας, ὑμέας, σφέας (σφείας)*.

9) Die Dichter verkürzen die Endungen *ιν* und *ας* — *ἡμῖν* (dor. *ἁμίν),
ὑμῖν, [ἡμᾶς, ὑμᾶς], σφᾶς* (Jl. ε, 567). Kommt die Inklination (Anm. 5)
hinzu, so schreibt man bei Homer *ἥμιν, ἥμας* ꝛc. (Od. π, 372. υ, 272 ꝛc.),
in welcher Gestalt die Dative wenigstens auch oft bei Sophokles erscheinen:
El. 804. Phil. 8 ꝛc. (s. Ellendt), selten bei Aristoph. (Av. 386) u. a.

10) Die Dorier verkürzen auch die Endung des Nom. *ἁμές, ὑμές*, und
im Akk. nehmen sie die (sonst dualische) Endung *ε* an — *ἁμέ, ὑμέ* für
ἡμᾶς, ὑμᾶς; alles mit langem *α* und *υ*. Hieraus entsteht durch Veränderung der Aussprache und des Tones folgende alt-äolische Form, welche
die Epiker beibehalten haben:

*) Nach der Vorschrift der Grammatiker soll auch der Akkusativ
ἐμέγε oder *ἐμέ γε* geschrieben werden. Göttl. S. 365. Od. λ, 406.

**) Pind. Py. 4, 36 nach Böckhs Conjectur. Vgl. Ahr. Dor. 252.

***) Im Nominativ erscheinen jedoch die aufgelösten Formen bei Ho-
mer nirgend (sondern immer *ἡμεῖς, ὑμεῖς*) und selbst bei Herodot nur sehr
selten und zweifelhaft, *σφέες* nie. S. Bred. Dial. p. 282.

Nom. ἄμμες, ὔμμες
Dat. ἀμμῖν, ὑμμῖν ober ἄμμι, ὔμμι
Acc. ἄμμε, ὔμμε,

in welchen Formen nicht nur das ε des Aff., sondern auch das ι des Da=
tivs elidirt werden kann (Jl. η, 76. κ, 551 ꝛc.). Wenn übrigens ἀμέ ober
ἄμμε auch für ἐμέ vorkommt (Theocr. 11, 42), so ist dies dieselbe Figur
durch welche ἡμεῖς oft für ἐγώ steht.

11) Auch von der dritten Pers. Plur. gibt es eine solche Abkürzung
Dat. σφί ober σφίν· Acc. σφέ
beide enklitisch *) und elidirbar, z. B. Dat. Od. γ, 440 ꝛc. (dorisch werden sie
auch ψίν, ψέ geschrieben). — Des Akkus. σφέ bedienen sich auch Herodot
und die attischen Dichter, und zwar für alle Genera und Numeri (also
für αὐτόν, ἥν, ὁ und αὐτούς, ἅς, ἅ). Sehr selten steht σφίν für den Sin=
gular (Soph. OC. 1490 ꝛc.). S. Lexik. I, 17, 14.

12) Endlich gibt es noch einen enklit. Akkusativ der dritten Pers.
ion. μίν, bor. und att. νίν
der ebenfalls für alle Genera und Numeri steht, aber nur im transitiven
Sinne (Anm. 1) ihn, sie, es Pl. sie **). Die Attiker bedienen sich ihres
νίν durchaus nur in der Tragödie.

4. Von diesen Pronominibus sind zunächst abgeleitet die
Pronomina possessiva.

Diese sind regelmäßige Adjektiva dreier Endungen. Ihre gewöhn=
liche Form wird vom Gen. Sing. auf diese Art gebildet:

Gen. ἐμοῦ — ἐμός, ἐμή, ἐμόν, mein
Gen. σοῦ — σός, σή, σόν, dein
Gen. οὗ — (ὅς, ἥ, ὅν) sein und (vom Fem.) ihr

und vom Nom. Plural so:

ἡμεῖς — ἡμέτερος, α, ον, unser
ὑμεῖς — ὑμέτερος, α, ον, euer
σφεῖς — σφέτερος, α, ον, ihr.

Die Possessiva werden in der guten Prosa häufig, die der dritten
Person Sing. immer, durch die Genitive der Substantivprono=
mina umschrieben. S. das Genauere hierüber §. 127, 7.

---

*) Herodot insbesondre unterscheidet die beiden Dativformen σφί und
σφίσιν in der Art, daß er σφί (wie Homer ꝛc.) nur enklitisch und transitiv,
ober auch in Fällen der weiteren Reflexion (§. 127, 3a) gebraucht; σφίσι da=
gegen nach Weise der Attiker (mit seltenen Ausnahmen, z. B. 6, 137. 7, 149)
nur reflexiv und also orthotonirt; vgl. Anm. 1 und 3. — Bei Homer steht
σφίσι sowohl transitiv als reflexiv.

**) Der pluralische Gebrauch des μιν bei Epikern ꝛc. ist jedoch
sehr zweifelhaft. Wo es bei Homer auf Plurale sich bezieht, liegt entweder
ein einheitlicher Begriff zu Grunde, z. B. δώματα = Haus, νιφάδες = Schnee
(Jl. μ, 285. Od. κ, 212. ρ, 268), oder es findet, wenn mehre Begriffe vor=
her genannt waren, nach einem bekannten syntaktischen Gebrauch (vgl. §.123, 4a.
129, 5. 10) formell nur Beziehung auf Einen Gegenstand statt, wie Jl. ρ, 399.
Ueberdies läugnen die alten Grammatiker den Pluralität des μιν einstimmig
(s. bes. Schol. zu Ap. Rhod. 2, 8. und Apollon. de pron. p. 108, obwohl
derselbe den plur. Gebrauch des νιν ausdrücklich anerkennt). Daher zwar
oft die Verbindung μιν αὐτόν ꝛc., aber niemals μιν αὐτούς ꝛc. — Was
die Bedeutung des μιν betrifft, so kann es zwar reflexiv gebraucht wer=

Anm. 7. Dialekte.

1) Für σός ist dorisch und ionisch τεός, ά (ή), όν und für ὅς — ἑός, ά (ή), όν. — Wegen ἕηος s. die Note zu Anom. εὕς §. 58.

2) Für die pluralischen ist eine alte kürzere Form

ἁμός, ή, όν ˙ ὑμός, ή, όν˙ σφός, ή, όν

deren sich die Dorier und auch die Epiker bedienen; der ersten Person, aber mit dem Spir. lenis geschrieben:

ἀμός, ή, όν

bedienen sich auch die attischen Dichter, aber nur in der singularischen Bedeutung (für ἐμός vgl. A. 6, 10) z. B. Eurip. El. 555. Soph. El. 279.

Anm. 8. Die Dichter bilden auch vom Dual der 1. und 2. Person

νῶι — νωίτερος unser (beider)

σφῶι — σφωίτερος euer (beider)

welches letztere von späteren Dichtern auch für die 3. Person plur., also statt σφέτερος, gebraucht wird.

§. 73. Δεῖνα. (68)

Zu den substantivischen Pron. gehört für unbestimmte Bezeichnung einer Person oder Sache auch das Pron. indefinitum

Nom. ὁ, ἡ, τὸ δεῖνα, der und der, irgend einer

G. δεῖνος D. δεῖνι Acc. δεῖνα

Pl. N. οἱ δεῖνες G. δεῖνων D. — A. δεῖνας.

Anm. Man findet auch, obwohl sehr selten, δεῖνα ganz indeklinabel, z. B. τὸν δεῖνα τὸν τοῦ δεῖνα (υἱόν) Arist. Thesm. 622.

§. 74. Neutr. auf ο. Reflexivum. Reciprocum. (69)

1. Folgende vier Pronomina Adjectiva werden ganz regelmäßig flektirt, außer daß sie im Neutr. ο haben:

αὐτός, αὐτή, αὐτό selbst

ἐκεῖνος, ἐκείνη, ἐκεῖνο jener, jene, jenes

ἄλλος, ἄλλη, ἄλλο anderer, e, es

ὅς, ἥ, ὅ welcher (wovon §. 75).

Anm. 1. Die Jonier schalten in einigen Formen von αὐτός gern ein ε ein, Herodot wol nur im gen. plur. fem. αὐτέων (zw. αὐτέῳ 1, 133. vgl. §. 28 A. 3. §. 34. IV, 5). — Nach Apollonius (de pron. p. 76) u. a. war der Akkus. (αὐτόν) der Inklination fähig, wie auch in den Ausgaben geschieht in Jl. μ, 204. — Abwechselnd wird für ἐκεῖνος besonders von Joniern und (nach Versbedürfnis) auch attischen Dichtern κεῖνος, η, ο gebraucht. Die dorische Form ist τῆνος, α, ο, die äolische κῆνος.

2. Das Pron. αὐτός hat dreierlei Bedeutungen: 1) selbst, 2) in den Casib. obliq. ihn, sie, es, 3) mit dem Artikel, derselbige. (Das genauere lehrt die Syntax §. 127.) Im letzten Falle wird es häufig mit dem Artikel, wenn er sich nicht auf einen Konsonanten endigt, besonders in den Kasus die mit τ anfangen,

ben, aber nur in Verbindung mit αὐτόν, ἥν (Od. δ, 244. Her. 1, 24) bei Herodot auch mit ἑωυτόν (s. ebd.), oder in der sog. weiteren Reflexion, wo nach §. 127, 3a auch oft αὐτόν für ἑαυτόν steht (Herod. 1, 11. 45.)

nach §. 29 Anm. 4 durch die Krasis in Ein Wort verschmolzen; wobei zu bemerken, daß das Neutr. dann sowohl auf ον (namentlich vor Vokalen), als auf ο ausgeht; also:

Si. ὁ αὐτός   ἡ αὐτή   ταὐτό und ταὐτόν
     ταὐτοῦ   τῆς αὐτῆς   ταὐτοῦ
     ταὐτῷ   ταὐτῇ   ταὐτῷ u. ſ. ſ.
Pl. οἱ αὐτοί   αἱ αὐταί   ταὐτά u. ſ. ſ.

Anm. 2. Hier ist vor der Verwechselung der Formen ταὐτῇ und
ταὐτά, besonders wenn die Koronis —— fehlt, mit ταύτῃ und ταῦτα von
οὗτος (§. 76) zu warnen. — Beispiele der seltneren Zusammenziehung bei
Dichtern im Nom.: αὑτός Soph. Phil. 521. El. 917. Eur. Phoen. 923 etc.,
αὑταί Antig. 929 Schneid. Von ωὑτός, ωὑτοί, τωὐτό ſ. §. 29 Anm. 6.

  3.   Von αὐτός wird das gewöhnliche
              Pronomen Reflexivum
(d. h. auf das Subjekt sich zurückbeziehend)
gebildet, indem es im Singular mit den Stämmen der obliquen
Kasus der Personal-Pronomina (ἐμε, σε, ἑ) zusammengesetzt und
dann durch die drei Casus obliqui deklinirt wird. Den Plural
bilden die beiden ersten Personen immer getrennt, die dritte wird
gewöhnlich so fort deklinirt. Eine eigne Form fürs Neutrum
findet nur im Akkus. der 3. Person statt. Also:

Sing.	meiner, mir, mich	beiner, bir, bich	seiner (ihrer), sich
G.	ἐμαυτοῦ, ἐμαυτῆς	σεαυτοῦ ob. σαυτοῦ, ῆς	ἑαυτοῦ ob. αὑτοῦ, ῆς
D.	ἐμαυτῷ, ῇ	σεαυτῷ ob. σαυτῷ, ῇ	ἑαυτῷ ob. αὑτῷ, ῇ
A.	ἐμαυτόν, ήν	σεαυτόν ob. σαυτόν, ήν	ἑαυτόν ob. αὑτόν ήν
			Neu. ἑαυτό, αὑτό

Plur.	unſer, uns	euer, euch	ihrer, sich
G.	ἡμῶν αὐτῶν	ὑμῶν αὐτῶν	ἑαυτῶν ob. αὐτῶν
D.	ἡμῖν αὐτοῖς, αἷς	ὑμῖν αὐτοῖς, αἷς	ἑαυτοῖς ob. αὐτοῖς, αἷς
A.	ἡμᾶς αὐτούς, άς	ὑμᾶς αὐτούς, άς	ἑαυτούς ob. αὐτούς, άς
			Neu. ἑαυτά, αὐτά.

Doch findet sich auch von der dritten Person, obwohl seltner, die getrennte Ausdrucksweise: σφῶν αὐτῶν, σφᾶς αὐτούς (Xen. Thuc.) ꝛc.

Anm. 3. Ursprünglich bediente man sich auch im Sing. der getrennten Form. Da nun Homer noch hat σοὶ αὐτῷ, οἳ αὐτῷ, so wird
bei ihm auch ἓ αὐτήν, ἔμ᾽ αὐτόν ꝛc. (Jl. α, 271. ξ, 162) getrennt, und
zwar nach §. 72 A. 3 stets mit beibehaltenem aufrechten Accent des einf.
Personalpron. geschrieben. Daher müssen Fälle wie Od. ξ, 185. Jl. ζ, 490
τὰ σ᾽ αὐτοῦ, σ᾽ αὐτῆς als Elision für τὰ σὰ αὐτοῦ ꝛc. betrachtet und folglich getrennt geschrieben werden. S. §. 127 A. 13.

Anm. 4. Die Jonier haben in diesen Zusammensetzungen ωυ statt
αυ (§. 27 A. 11) und synkopiren das ε auch in der 1. Person nicht, also
ἐμεωυτοῦ, σεωυτόν, ἑωυτόν ꝛc.

  4.   Aus ἄλλος hingegen entsteht das
            Pronomen Reciprocum,
(d. h. die gegenseitige Wirkung auf einander bezeichnend)
G. ἀλλήλων D. ἀλλήλοις, αις A. ἀλλήλους, ας, ἄλληλα
   Dual. G. D. ἀλλήλοιν, αιν A. ἀλλήλω, α — einander
welcher Dual für eine zwischen zweien gegenseitige Handlung ist,
wofür aber eben so gut auch der Plural stehn kann.

§. 75. Die Artikel. (66)

1. Die griech. Grammatik nennt Artikel (τὰ ἄρϑρα Ge-lenke) die beiden einfachsten adjektivischen Bestimmungen eines Sub-stantivs, die sich in zwei verbundenen Sätzen auf einander beziehen, und wovon in neuern Sprachen das eine der bestimmte Artikel (der, die, das), das andre das einfache Pronomen Relativum (wel-cher, welche, welches, oder auch: der, die, das) heißt.

2. Von diesen beiden Artikeln ist der eine der Articulus praepositivus ὁ, ἡ, τό (der, die, das). Dieser wird wie die Pron. adjectiva des vorigen §. flektirt, nur daß
1) der Nom. Sing. und Plur. im Mask. und Fem. tonlos sind und den Spir. asper, alle übrigen Formen vorn ein τ haben;
2) nicht allein das Neutrum, sondern im Nominat. Sing. auch das Mask. auf o ausgeht (ὁ).

Der andre ist der Articulus postpositivus ὅς, ἥ, ὅ (welcher, e, es), und wird genau wie die Pron. adjectiva §. 74, 1 flektirt.

	Art. praepos.			Art. postpos.		
Sing.	der	die	das	welcher	welche	welches
Nom.	ὁ	ἡ	τό	ὅς	ἥ	ὅ
Gen.	τοῦ	τῆς	τοῦ	οὗ	ἧς	οὗ
Dat.	τῷ	τῇ	τῷ	ᾧ	ᾗ	ᾧ
Acc.	τόν	τήν	τό	ὄν	ἥν	ὅ
Dual.						
N. A. V.	τώ	τά*	τώ	ὥ	ἅ	ὥ
G. D.	τοῖν	ταῖν*	τοῖν	οἷν	αἷν	οἷν
Plur.						
Nom.	οἱ	αἱ	τά	οἵ	αἵ	ἅ
Gen.	τῶν —	τῶν —	τῶν	ὧν —	ὧν —	ὧν
Dat.	τοῖς	ταῖς	τοῖς	οἷς	αἷς	οἷς
Acc.	τούς	τάς	τά	οὕς	ἅς	ἅ

* S. vom Gebrauch des fem. dual. die Syntax §. 123, 4.

Anm. 1. Die Abweichungen der Dialekte sind dieselben, die in den Endungen der 1. und 2. Decl. statt finden, z. B. τοῖο für τοῦ, ἁ für ἡ, τᾶς für τῆς, τάων, τῇσι ꝛc. — Für den Gen. des postpositivi οὗ ist eine seltne homerische Form ὅου, und statt ἧς einmal ἕης (Jl. π, 208).

Anm. 2. In der alten Sprache, ehe der Artikel sich ausbildete, machten beide obige Formen zusammen das einfachste pron. demonstrat. aus, welches jedoch mit seiner ursprünglichen demonstrativen Bedeutung (der) zugleich die relative vereinigte (etwa wie im Deutschen noch der Artikel der, die, das für beides stehen kann). Die spätere Sprache sonderte das Re-lativ als eigene Pronominalform ab, aber Reste beider Bedeutungen blieben auf beiden Seiten zurück. Daher gebrauchen die Epiker noch ὅ für ὅς (Jl. α, 388. φ, 59 ꝛc.), wie umgekehrt ὅς, ἥ, ὅ nicht nur bei Ep., sondern in gewissen Verbindungen sogar noch in der gewöhnl. Sprache häufig de-monstr. Bedeutung haben, s. die Beisp. §. 126, 1 ff. Ferner werden alle Formen des Art. praepos. die mit τ anfangen, bei Epikern, Joniern und Doriern und selbst von att. Dichtern (Soph. Trach. 380. Aesch.

Sept. 37. Eur. Bacch. 712 ꝛc.) auch für die entsprechenden des postpositivi gebraucht, also

$$\tau\acute{o} \text{ für } \ddot{o}, \ \tau\acute{\eta}\nu \text{ für } \ddot{\eta}\nu \text{ u. f. w.}$$

Die aspirirten Formen finden bei Herodot überhaupt nur nach elibirten Präpositionen und gewissen conjunktionsartigen Verbindungen statt, wie $\dot{\epsilon}\pi'$ $\ddot{\omega}$, $\dot{\epsilon}\varsigma$ $\ddot{o}$, $\dot{\epsilon}\nu$ $\ddot{\omega}$, $\mu\acute{\epsilon}\chi\varrho\iota$ $o\ddot{\upsilon}$ ꝛc. ₀ Endlich haben die Dorier auch

$$\tau o\acute{\iota}, \ \tau a\acute{\iota}$$

sowohl für $o\acute{\iota}$, $a\acute{\iota}$ als für $o\ddot{\iota}$, $a\ddot{\iota}$; die Epifer meist nur für $o\acute{\iota}$, $a\acute{\iota}$ in den demonstr. Verbindungen: $\tau a\acute{\iota}$ $\delta\grave{\epsilon}$ ꝛc. (ausnahmsweise auch Soph. Aj. 1404), aber auch relativisch, z. B. Jl. β, 346. ν, 87. Od. a, 23. 67.

3. Der Art. postpos. oder das einfache Pronomen Relativum wird in vielen Verbindungen verstärkt, theils durch die enklitische Partifel $\pi\epsilon\varrho$ ($\ddot{o}\sigma\pi\epsilon\varrho$, $\ddot{\omega}\pi\epsilon\varrho$, $\ddot{\eta}\pi\epsilon\varrho$ ꝛc.), theils durch die Zusammensetzung mit dem Pronomen $\tau\acute{\iota}\varsigma$ ($\ddot{o}\sigma\tau\iota\varsigma$ ꝛc. §. 77, 3).

§. 76. $O\ddot{\upsilon}\tau o\varsigma$, $\ddot{o}\delta\epsilon$. (71)

1. Für das Pron. demonstrativum dieser, diese, dieses, haben die Griechen eine doppelte Form. Die eine wird bloß durch Anhängung der Enclitica $\delta\epsilon$ an den Artic. praepos. gebildet: $\ddot{o}\delta\epsilon$, $\ddot{\eta}\delta\epsilon$, $\tau\acute{o}\delta\epsilon$ G. $\tau o\ddot{\upsilon}\delta\epsilon$, $\tau\ddot{\eta}\sigma\delta\epsilon$, ꝛc. A. $\tau\acute{o}\nu\delta\epsilon$, $\tau\acute{\eta}\nu\delta\epsilon$; $\tau\acute{o}\delta\epsilon$ Pl. $o\ddot{\iota}\delta\epsilon$, $a\ddot{\iota}\delta\epsilon$, $\tau\acute{a}\delta\epsilon$, $\tau o\acute{\upsilon}\sigma\delta\epsilon$ ꝛc. (f. §. 14 A. 3).

2. Die andre, $o\ddot{\upsilon}\tau o\varsigma$, kommt von demselben Artifel her, und richtet sich in ihrer Flexion ganz nach demselben. Denn wo der Artifel den Spir. asper oder das τ hat, da hat dieses Pronomen eben das; wo im Artifel o oder ω, da hat dieses in der ersten Silbe ein $o\upsilon$; wo in jenem η oder α, hat dieses αυ:

Si.				Pl.			
N.	$o\ddot{\upsilon}\tau o\varsigma$	$a\ddot{\upsilon}\tau\eta$	$\tau o\ddot{\upsilon}\tau o$	$o\ddot{\upsilon}\tau o\iota$	$a\ddot{\upsilon}\tau a\iota$	$\tau a\ddot{\upsilon}\tau a$	
G.	$\tau o\acute{\upsilon}\tau o\upsilon$	$\tau a\acute{\upsilon}\tau\eta\varsigma$	$\tau o\acute{\upsilon}\tau o\upsilon$	$\tau o\acute{\upsilon}\tau\omega\nu$ —	$\tau o\acute{\upsilon}\tau\omega\nu$ —	$\tau o\acute{\upsilon}\tau\omega\nu$	
D.	$\tau o\acute{\upsilon}\tau\omega$	$\tau a\acute{\upsilon}\tau\eta$	$\tau o\acute{\upsilon}\tau\omega$	$\tau o\acute{\upsilon}\tau o\iota\varsigma$	$\tau a\acute{\upsilon}\tau a\iota\varsigma$	$\tau o\acute{\upsilon}\tau o\iota\varsigma$	
A.	$\tau o\ddot{\upsilon}\tau o\nu$	$\tau a\acute{\upsilon}\tau\eta\nu$	$\tau o\ddot{\upsilon}\tau o$	$\tau o\acute{\upsilon}\tau o\upsilon\varsigma$	$\tau a\acute{\upsilon}\tau a\varsigma$	$\tau a\ddot{\upsilon}\tau a$	

Dual. N. A. $\tau o\acute{\upsilon}\tau\omega$ $\tau a\acute{\upsilon}\tau a$ $\tau o\acute{\upsilon}\tau\omega$
G. D. $\tau o\acute{\upsilon}\tau o\iota\nu$ $\tau a\acute{\upsilon}\tau a\iota\nu$ $\tau o\acute{\upsilon}\tau o\iota\nu$

Anm. 1 (3). Der Nom. $o\ddot{\upsilon}\tau o\varsigma$, $a\ddot{\upsilon}\tau\eta$ wird auch als eine Art Vokativ oder Zuruf im Sinn des lat. heus! gebraucht: du dort! höre!

Anm. 2. In den Dialekten ist nur zu merken das ion. ϵ in $\tau o\upsilon$-$\tau\acute{\epsilon}\omega\nu$ (vgl. jedoch S. 56 N. §. 74. A. 1) und die sehr anomalische ep. Form Dat. $\tau o\ddot{\iota}\sigma\delta\epsilon\sigma\iota$, $\tau o\ddot{\iota}\sigma\delta\epsilon\sigma\sigma\iota$ für $\tau o\ddot{\iota}\sigma\delta\epsilon$ mit beibehaltener dativischer Accentuation; f. Eust. zu Jl. $\varkappa$, 462.

§. 77. $T\acute{\iota}\varsigma$, $\tau\iota\varsigma$ nebst den Compofitis. (70)

1. Das Pronomen interrogativum $\tau\acute{\iota}\varsigma$, $\tau\acute{\iota}$; G. $\tau\acute{\iota}\nu o\varsigma$ welcher, e, es? oder wer, was? (quis, quid?) hat immer den Accent auf dem ι, und zwar unverändert den Akutus, auch in den einsilbigen Formen (§. 13). Hiedurch unterscheidet es sich von dem Pron. indefinitum $\tau\iota\varsigma$, $\tau\iota$ G. $\tau\iota\nu\acute{o}\varsigma$ irgend einer, e, etwas (aliquis), welches überdies als Enclitica meistens ohne Accent erscheint. Das ι beider Pron. ist überall kurz.

2. Für den Genitiv und Dativ Sing. beider Pronomina werden öfters auch die Formen τοῦ und τῷ für alle drei Genera gebraucht, die dann, wenn sie fürs indef. stehn, gleichfalls enklitisch sind. Z. B. τῷ τεκμαίρει τοῦτο; womit beweisest du dies? γυναικός του eines gewissen Weibes; χρῆσϑαί τῳ etwas gebrauchen; und für das Neutr. Plur. des indef. ἄττα, ion. ἄσσα, jedoch immer orthotonirt, z. B. δεινὰ ἄττα für δεινά τινα· ὁποῖ' ἄσσα (Od. τ, 218). Also:

Interrogativum			Indefinitum	
		Sing.		
N. τίς;	neutr. τί;		τὶς	neutr. τὶ
G. τίνος ob. τοῦ;			τινός ob. τοῦ (του)	
D. τίνι ob. τῷ;			τινί ob. τῷ (τῳ)	
A. τίνα;	τί;		τινά	τι
		Dual.		
N. A. τίνε;			τινέ	
G. D. τίνοιν;			τινοῖν	
		Plural.		
N. τίνες;	τίνα;		τινές	τινά u. ἄττα
G. τίνων;			τινῶν	
D. τίσι(ν);			τισί(ν)	
A. τίνας;	τίνα;		τινάς	τινά u. ἄττα

Anm. 1. In den Fällen, wo die einsilbige Form τὶς, τὶ wegen folgender andrer Enclitica selbst den Akutus bekommt, muß der Zusammenhang, oder der Accent des vorhergehenden Wortes, sie von der Frageform unterscheiden, z. B. ἀνήρ τίς ποτε· εἴ τί που.

Anm. 2. Für das fragende τί als Adverb haben die Dichter eine nachdrückliche Verlängerung τίη, warum doch? Jl. α, 365. ρ, 97 ꝛc.*)

3. Das Relativum compositum ὅστις (welcher, wer), eine Verstärkung von ὅς durch das indef. τὶς, wodurch es allgemeinen Sinn erhält, wird in seinen beiden Theilen flektirt. Die Nebenformen im Gen. und Dat. Sing. (die jedoch nie fürs Femin. gelten): ὅτου, ὅτῳ sind bei Att. weit gebräuchlicher als die anderen. Die Nebf. im Neutr. Pl. lautet hier ἄττα, ion. ἄσσα. Also:

Si.	Nom. ὅστις	ἥτις	ὅ,τι (§. 15, 2)
	Gen. οὗτινος und ὅτου	ἧστινος	οὗτινος u. ὅτου
	Dat. ᾧτινι und ὅτῳ	ᾗτινι	ᾧτινι u. ὅτῳ
	Acc. ὅντινα	ἥντινα	ὅ,τι

Plur. N. οἵτινες, αἵτινες, ἅτινα ob. ἄττα (ἄσσα)
   G. ὧντινων   D. οἷστισι, αἷστισι
   A. οὕστινας, ἅστινας, ἅτινα ob. ἄττα (ἄσσα)

Anm. 3. Die Nebenform τοῦ, τῷ ist nicht mit dem Artikel zu verwechseln, von welchem sie von Grund aus verschieden ist, wie das dreifache Genus und die Dialekte zeigen. Das τοῦ des Artikels wird nehmlich bei

_____

*) In der attischen Umgangssprache wurde diese Verlängerung τιή betont, und ebenso im Relativ ὅτιή für ὅτι. So bei Aristoph., z. B. Equ. 731 τιή; ὁτιή φιλῶ σε. Eccl. 796 (auch im Satyrspiel Eur. Cycl. 635); komisch verstärkt: τιή τί δή; Thesm. 84. Pac. 1018 ꝛc. Ueber die getrennte Schreibweise der Alten: τί ἤ (Bekker schreibt τί ἤ wie ἐπεὶ ἤ) vgl. §. 149 n. 5 N., Bekk. hom. Bl. 200, Lehrs qu. epp. 62.

ben Epikern aufgelöst in τοῖο, das τοῦ für τίνος; τινός aber in τέο,
woraus ion. und dor. τεῦ. — Dat. ion. τέῳ. — So auch im Relat.
Comp. ὅτεο, ὅττεο, ὅτευ, ὅτεῳ.

Anm. 4. Die Jonier und Epiker haben die Nebenform auch im
G. und D. *Plur.* τέων, τέοισι sowohl fürs indef. als fürs interrog.*)
Und im Rel. Compos. kommt, obgleich selten, sogar bei Attikern vor ὅτων,
ὅτοισι Xen. Anab. 7, 6, 24., Oec. 3, 2 (zweif.), Soph. OT. 414. Tr. 1119.
Ar. Eq. 758.; ion. und ep. ὅτεων, ὁτέοισιν.

Anm. 5. Die Epiker können auch die Hauptform des Rel. Comp.
mit inflexibler erster Silbe bilden: ὅτις, ὅτινα (für ὅντινα und ἅτινα),
ὅτινας. — Das Neutr. wird bei ihnen, wenn sie das τ verdoppeln, so
geschrieben: ὅ,ττι.

4. ✓ Durch Zusammensetzung mit οὐ und μή entstehn aus τις
die in der gewöhnlichen Prosa nicht gebräuchlichen (vgl. §. 70, 1)
verneinenden Pronomina οὔτις, μήτις, ι, G. οὔτινος ꝛc., kein,
welche wie das einfache Wort deklinirt werden (§. 78, 1). ⌐

Pronomina und Adjectiva Correlativa.

§. 78.   (72)

1. Correlativa sind Wörter, die unter sich selbst in Beziehung stehn, so daß das eine eine Frage, die andern die verschiedenen darauf antwortenden Pronominalbegriffe enthalten. Die allgemeinen Correlativa sind im obigen enthalten, nehmlich

Interrog.	Indefin.	Demonstrat.	Relat.
τίς; τί;	τὶς, τὶ	ὁ, ὅδε, οὗτος	ὅς, ὅστις
wer? was?	einer, jemand	dieser; ἐκεῖνος ꝛc.	welcher.

Negativum οὔτις, μήτις (§. 77, 4) oder οὐδείς, μηδείς (§. 70, 1)
kein; jedes wie sich versteht mit seinem Fem. und Neutro.

2. Wenn diese Begriffe ausdrücklich auf zwei Gegenstände
oder Abtheilungen sich beschränken, so ist

Interrog.	Indefin.	Demonstrat.	Relat.
πότερος, α, ον;	πότερος, α, ον	wie oben, nebst	ὁπότερος, α, ον
welcher von	einer von bei-	ὁ ἕτερος (§. 4)	welcher von
beiden? uter?	den, alteruter	der eine v. beid.	beiden, uter

Negativum οὐδέτερος, μηδέτερος keiner von beiden, neuter.

Anm. 1. Πότερος als indef. entspricht genau dem in Bezug auf
Mehrheit stehenden τὶς, z. B. Plat. Theaet. 8 τί δ᾽, εἰ ποτέρου τὴν ψυχὴν ἐπαινοῖ; und öfter. Daß auch ὁπότερος so gebraucht wird, s. Heind.
zum a. O. — Von der Krasis ἅτερος, θατέρου ꝛc. s. §. 29 A. 5.

---

*) Homer hat bloß den Gen. τέων für τίνων (Jl. ω, 387. Od. ζ, 119 ꝛc.);
Herodot: τέων indef. (nicht enkl.) 2, 175. 5, 57., τέοισι interrog. 1, 37.,
indef. 8, 113. 9, 27. Ganz vereinzelt steht τοῖσι für τίσι Soph. Trach. 987.

3. Auf die Fragen τίς; und πότερος; kann auch geantwortet werden jeder. Im Griechischen hat dies die Form eines Komparativs und Superlativs:

ἑκάτερος, α, ον jeder von beiden

ἕκαςος, η, ον jeder (von mehren).

4. Andere allgemeine Beantwortungen der Frage τίς sind: ἄλλος ein anderer (§. 74, 1.)

πᾶς, πάντες alle (§. 62, 4).

Diesen entspricht bei der Frage πότερος;

ὁ ἕτερος der eine, oder: der andere, lat. alter

ἀμφότερος, α, ον, ἀμφότεροι, αι, α beide

für welches letztere auch gebraucht wird das bloß dualische

N. A. ἄμφω G. D. ἀμφοῖν mit verändertem Accent welches für alle drei Genera gilt.

Anm. 2. Von (späteren) Dichtern wird ἄμφω auch inbeklinabel, also wie δύο für Gen. und Dat. gebraucht.

§. 79. Πόσος, ποῖος, πηλίκος nebst Correl. (72)

1. Außer diesen ganz allgemeinen Correlativis gibt es auch bestimmtere, welche auf die Eigenschaften und Verhältnisse des Gegenstandes gehn (wie beschaffen? wo befindlich? ꝛc.).

2. Jede Reihe dieser Art (s. 5) hat ihren Wortstamm nebst der Biegungs-Endung gemeinschaftlich; unterscheidet sich aber in sich selbst durch die Anfangs-Buchstaben oder den Accent. Das *Interrogativum* fängt mit einem π an, z. B. πόσος; quantus? wie groß? Dieselbe Form, gewöhnlich mit verändertem Ton, dient auch als *Indefinitum*: ποσός, aliquantus, irgend wie groß. Das *Demonstrativum* hat statt π ein τ: τόσος, tantus, so groß. Das *Relativum* fängt das Wort mit dem Spir. asper an: ὅσος, quantus, so groß als. — Ein eigenes *Negativum* für diese Art Fragen gibt es nicht.

3. Neben dem einfachen Relativum gibt es auch ein zusammengesetztes, welches besonders in der indirekten Frage gebraucht und durch Vorsetzung der Silbe ὁ vor die Frageform gebildet wird: πόσος; *Relat.* ὅσος und ὁπόσος (poet. ὁππόσος).

4. Das einfache Demonstrativum τόσος ꝛc. kommt als volles Demonstrativ meist nur bei Dichtern vor, in der Prosa aber nur in gewissen Verbindungen, z. B. ὅσῳ βελτίων ἐςί, τόσῳ μᾶλλον φυλάττεται (Cyrop. 1, 6, 26) je — desto; τόσος καὶ τόσος so und so groß. Gewöhnlich wird eine verstärkte Form gebraucht: und zwar genau wie der Artikel ὁ verstärkt wird in ὅδε oder in οὗτος, so auch hier, z. B. τόσος, τοῖος, verstärkt: τοσόσδε oder τοσοῦτος. Das erste wird in der Mitte flektirt

Nom. τοσόσδε, τοσήδε, τοσόνδε G. τοσοῦδε, τοσῆσδε ꝛc.

— τοιόσδε, τοιάδε, τοιόνδε — τοιοῦδε, τοιᾶσδε ꝛc.

(f. wegen des Accents §. 14 A. 3). Das andere richtet sich in Hin=
sicht der Diphthongen ου und αυ ganz nach οὖτος, hat aber im
Neutro sowohl ον als ο; also

Si. τοσοῦτος, τοσαύτη, τοσοῦτον und τοσοῦτο
G. τοσούτου, τοσαύτης ꝛc.
Pl. τοσοῦτοι, τοσαῦται, τοσαῦτα
G. τοσούτων, τοσούτων, τοσούτων ꝛc.

5. Folgende sind die drei vollständigsten Reihen dieser Art:

Interrog.	Indefin.	Demonstr.	Relat.
πόσος; quantus?	ποσός	τόσος gew. τοσόσδε	ὅσος
wie groß? wie viel?		und τοσοῦτος	ὁπόσος
ποῖος; qualis?	ποιός	τοῖος gew. τοιόσδε	οἷος
wie beschaffen?		und τοιοῦτος	ὁποῖος
πηλίκος; wie alt?	πηλίκος	τηλίκος gew. τηλι-	ἡλίκος
wie groß?		κόσδε und	ὁπηλίκος
		τηλικοῦτος	

* Von den ionischen Formen κόσος, κοῖος, ὁκόσος ꝛc. f. §. 16 A. 1 c.

Anm. 1. Es gibt noch einige unvollständige Correlativa, welche
außer der Frageform, nur noch das zusammengesetzte Relativum haben;
z. B. ποδαπός; ὁποδαπός (woher gebürtig), und die abgeleiteten von
πόσος, als πόσος der wievielste, quotus, ποσαῖος, ποσαπλάσιος, —
rel. ὁποσός besser ὁπόσος ꝛc. Auch gehört zu den Correlativis das Demonstrativum τύννος, τυννοῦτος (so klein, tantillus).

Anm. 2. Auch andere Wörter, wie ἕτερος, ἄλλος, πᾶς erhalten
öfters korrelativische Endungen. Z. B. auf die Frage ποῖος antwortet auch
ἑτεροῖος, ἀλλοῖος von andrer Art, παντοῖος allerlei; so auch (ποδαπός), ἀλλοδαπός, παντοδαπός, ἡμεδαπός (unfer Landsmann) ꝛc.

Anm. 3. (4). Dichter brauchen die Form τηλικοῦτος auch fürs
Femininum, z. B. Soph. Electr. 614. OC. 751. Vgl. §. 60, 3 u. Anm. 2.

§. 80. Anhängungen.　　　(73)

1. Sämtliche Relativa nehmen die Enclitica πέρ als Ver=
stärkung an, wodurch die im Relativsatze enthaltene Aussage als
etwas bekanntes oder zugestandenes bezeichnet wird, z. B.
　　　ὅσπερ, οὗπερ, ὅσονπερ, οἷάπερ.
Sämtliche so und anders zusammengesetzte oder verstärkte Relativa,
also ὅστις, ὅτου, ὅσπερ, ὁπόσος ꝛc. hängen allen ihren Formen die
verallgemeinernde Partikel οὖν an, welche den Accent allein auf
sich behält, und in dieser Zusammensetzung dem lat. cunque ent=
spricht; z. B.
　　ὅστις welcher, ὁστισοῦν (quicunque) welcher auch immer, ἥτισ-
　　οῦν, ὁτιοῦν, ὁτῳοῦν Acc. ὁντιναοῦν oder ὁντινοῦν ꝛc.
　　ὁσπεροῦν, ὁποσοσοῦν, ὁπηλικουοῦν ꝛc.

Anm. 1. Zu noch größerer Verstärkung des Sinnes dient auch die
Formel δήποτε, z. B. ὁστισδήποτέ ἐστιν wer es nun auch sei, ὁσον-
δήποτε u. f. w.; was aber häufig auch getrennt geschrieben wird.

2.\ Eben so hängen die Demonstrativa bei den Attikern im Tone des Umgangs zur Verstärkung der deutenden Kraft das

ι demonstrativum

allen ihren Formen an, welches ebenfalls den Ton auf sich zieht, immer lang ist, und alle kurze Endvokale verschlingt, z. B.

οὗτος — οὑτοσί dieser da (lat. hicce, französ. celui-ci), αὑτηί (von αὕτη), τουτί (von τοῦτο), ἐκεινοσί (jener dort), ἐκεινονί ꝛc., τοσουτονί, τοσονδί (d. h. so viel, so groß, als ihr da seht) ꝛc. — Daß die langen Vokale und Diphthongen vor diesem ι sich verkürzen s. §. 7 A. 16.

Anm. 2. Wenn den Demonstrativis die Enclitica γέ beigefügt ist, so tritt dieses ι hinter dieselbe, z. B. τοῦτό γε, τουτογί. Ueber andere Bildungen der Art bei Kom. (τηνδεδί ꝛc.) s. d. ausf. Spr.

Anm. 3. Wenn vor diesem ι ein σ steht, so findet man es auch zuweilen mit dem beweglichen ν, z. B. οὑτοσίν, τουτουσίν. So auch unter den Adverbien οὕτωσίν von οὕτως. (Jedoch wird der Atticismus dieser Formen, trotz der Bezeugung durch alte Grammatiker, bezweifelt.)

Vom Verbum.

§. 81. (74. 75)

1. Die Konjugation des griech. Gesamtverbi läßt sich auf zwei Hauptarten zurückführen, welche von einem charakteristischen Merkmal, nehmlich der Schlußsilbe der prima praesentis im Aktiv

a) die Konjugation auf ω
b) die Konjugation auf μι

genannt werden. Von der erstern, als der regelmäßigen, wird zunächst, von der andern, in Verbindung mit den sonstigen Anomalien des Verbi unter der Bezeichnung der unregelmäßigen später (von §. 106 an) gehandelt werden.

2. (1.) Das griechische Verbum ist an Formen reicher als das lateinische und deutsche, besonders durch die Unterscheidung des Mediums, als eines besondern Genus, des Optativs als eines besondern Modus neben dem Konjunktiv, des Aorists als eigner Tempusform, des Duals als eignen Numerus, und durch die Mannichfaltigkeit von Modis und Participien in den verschiedenen Zeiten. Dazu kommt, daß es bei einer gewissen Anzahl Verba eine zweite Form des Aorists und Futurs, wie auch des Perfekts und Plusquamperfekts und ein sogenanntes Futurum 3. gibt.

Anm. (Text 2) Keineswegs ist alles was gebildet werden kann, auch in jedem Verbo vollständig gebräuchlich; jedoch pflegt man in der Grammatik an Einem Verbo, dem Haupt-Paradigma, die Formation zunächst vollständig zu zeigen.

3. Die Bedeutungen können gründlich erst in der Syntax entwickelt werden. Hier werden, so weit es für die Formenlehre nöthig ist, die Begriffe von Passiv, Konjunktiv ꝛc. aus andern Sprachen als bekannt vorausgesetzt. Vom Medium aber gibt §. 89, vom Optativ §. 88, 2 die vorläufige Notiz.

4. Was die Tempora betrifft, so ist die einleuchtendste Eintheilung in die gegenwärtige (Präsens), zukünftige (Futur) und vergangene Zeit. Die vergangene Zeit ist jedoch mannichfaltiger, als die beiden andern. Die dazu gehörigen Tempora begreift man unter dem gemeinschaftlichen Namen Praeterita. Von diesen ist wiederum auszusondern das Perfekt, welches eine Sache zwar als vergangen und geschehn erwähnt, jedoch so, daß ihre Wirkung in die gegenwärtige Zeit hinein reicht, z. B. τέθνηκε er ist gestorben, d. h. ist (jetzt) todt. Bei den übrigen hingegen versetzt sich der Geist in die vergangene Zeit: und so erzähle ich, was in derselben geschah: z. B. ἀπέθανε er starb (damals). Dieser erzählenden Gattung gehören im Griechischen drei Tempora an: Imperfekt, Plusquamperfekt und Aorist.

5. Hierauf gründet sich eine zweite Eintheilung sämtlicher Tempora, indem wir unter dem Namen

Haupt-Tempora

das Präsens, Perfekt und Futur, und unter dem Namen

Historische Tempora

das Imperfekt, Plusquamperfekt und den Aorist begreifen.

6. Was nun die Unterschiede der Form betrifft, so sind sie hauptsächlich dreierlei: 1) sämtliche Tempora unterscheiden sich untereinander durch die Endung; 2) die Präterita von den Zeiten der Gegenwart und Zukunft noch außerdem durch einen Zusatz vorn, welcher das Augment heißt (§. 82 ff.); 3) die historischen Tempora von den Haupttemp. durch eine eigne Art, die Endung durch Numeri und Personen abzuwandeln (§. 87).

Vom Augment.

§. 82.　Augmentum syllabicum.　(76. 78)

1. Augment nennt man im allgemeinen denjenigen Zuwachs, welcher den Präteritis (und dem Fut. 3. s. unten 4) zu Anfang des Stammes gegeben wird.

2. Das Augment ist zweierlei Art. Wenn nehmlich das Wort mit einem Konsonanten anfängt, so macht das Augment eine Silbe für sich aus und heißt daher Augmentum syllabicum. Von diesem wird zunächst gehandelt, weil es die Grundlage des andern (Augm. temporale) ist.

3. Jedes Verbum hat aber wieder ein zwiefaches Augment, das des Perfekts und das der historischen Tempora.

4. Das Augment des Perfekts (und des davon abgeleiteten Fut. 3. im Passiv) besteht bei den mit einem Konsonanten anfangenden Verbis darin, daß der erste Buchstab mit einem ε vor dem Wortstamm wiederholt oder verdoppelt wird, z. B.

τύπτω Perf. τέ-τυφα, Fut. 3. τε-τύψομαι

wobei es sich aus §. 18 versteht, daß wenn das Wort mit einer Aspirata anfängt, statt derselben die verwandte Tenuis vorangesetzt wird, z. B.

$$\varphi\iota\lambda\acute{\epsilon}\omega\ \pi\epsilon\varphi\acute{\iota}\lambda\eta\kappa\alpha\cdot\ \chi\omega\rho\acute{\epsilon}\omega\ \kappa\epsilon\chi\acute{\omega}\rho\eta\kappa\alpha\cdot\ \vartheta\acute{\upsilon}\omega\ \tau\acute{\epsilon}\vartheta\upsilon\kappa\alpha.$$

Dieses Augment heißt auch die Reduplikation.

5. Die historischen Tempora hingegen setzen ein bloßes ἐ, gewöhnlich das Augment schlechtweg bezeichnet, voran:

$$\tau\acute{\upsilon}\pi\tau\omega\ \text{Imperf.}\ \acute{\epsilon}\text{-}\tau\upsilon\pi\tau\sigma\nu\ \text{Aor.}\ \acute{\epsilon}\text{-}\tau\upsilon\psi\alpha$$

und das Plusquamperfekt, welches der Bedeutung des Perfekts die historische Eigenschaft hinzufügt, setzt dieses ἐ noch vor die Reduplikation des Perfekts, z. B.

$$\tau\acute{\upsilon}\pi\tau\omega\ \text{Perf.}\ \tau\acute{\epsilon}\tau\upsilon\varphi\alpha\ \text{Plusq.}\ \acute{\epsilon}\text{-}\tau\epsilon\tau\acute{\upsilon}\varphi\epsilon\iota\nu.$$

Die Haupttempora unterscheiden sich demgemäß in Rücksicht auf den Zuwachs vorn von den historischen so, daß die Haupttempora entweder gar kein Augment (Präf. und Fut.) oder nur die Redupl. (Perf.) annehmen; die historischen das einfache Augment, und unter diesen das Plusquamp., seiner Bedeutung gemäß, beides.

6. Alle Augmente finden sowohl im Aktiv als im Passiv und Medium statt; das einfache Augment jedoch überall nur im Indikativ, die Reduplikation hingegen durch alle Modi und Participien. Da nun Imperf. und Plusquamp. bloß im Indikativ existiren, so läßt sich obige Regel am faßlichsten so darstellen:

Die Reduplikation des Perfekts wird durch alle Modi und Participien beibehalten; das Augment des Aorists aber findet nur im Indikativ statt.

Also von τύπτω

Perf. τέτυφα Inf. τετυφέναι Part. τετυφώς

Aor. { 1. ἔτυψα — τύψαι — τύψας
     { 2. ἔτυπον — τυπεῖν — τυπών

Und eben so wie das Perfekt, also auch das Futurum 3. (s. 4.)

Anm. Noch genauer läßt sich die Regel so fassen: Alles, was Reduplikation ist, oder an deren Stelle steht (§. 83, 3. 84, 1), bleibt durch alle Modi, was aber einfaches Augment ist, findet bloß im Indikativ statt; daher bleibt z. B. die unregelmäßige Redupl. des Aor. λέλαθον in den Modis: part. λελαθών ꝛc. (§. 83 Anm. 10); der Aor. ἤγαγον aber wirft im Inf. ꝛc. bloß das Augm. temp. ab: ἀγαγεῖν (§. 85 A. 3). — Ausnahmen s. unter anom. ἄγνυμι und εἰπεῖν.

§. 83. Augm. syllab. (76, 4. 5)

1. (2) Wenn ein Verbum mit einem ρ anfängt, so wird dieses (nach §. 21, 2) nach dem ε verdoppelt, z. B.

$$\acute{\rho}\acute{\alpha}\pi\tau\omega\ \text{Imperf.}\ \acute{\epsilon}\acute{\rho}\acute{\rho}\alpha\pi\tau\sigma\nu.$$

Dieses Augment bleibt, statt der Redupl., auch im Perf. und Plusq.

$$\text{Perf.}\ \acute{\epsilon}\acute{\rho}\acute{\rho}\alpha\varphi\alpha\ \text{Plusq.}\ \acute{\epsilon}\acute{\rho}\acute{\rho}\acute{\alpha}\varphi\epsilon\iota\nu.$$

2. (3) Wenn ein Wort mit einem Doppelbuchstaben anfängt, so begnügt sich gleichfalls sowohl das Perf. als das Plusq. mit dem bloßen Augmente, z. B.

ψάλλω pf. ἔψαλκα plusq. ἐψάλκειν·
ζητέω, ξέω pf. p. ἐζήτημαι, ἔξεσμαι plusq. ἐξέσμην.
Und eben dies geschieht in den meisten Fällen, wo zwei Konso=
nanten ein Wort anfangen, z. B.
φθείρω perf. ἔφθορα plusq. ἐφθόρειν
σπείρω pf. pass. ἔσπαρμαι plq. p. ἐσπάρμην
κτίζω, πτύσσω pf. p. ἔκτισμαι, ἔπτυγμαι.

3. In allen diesen zu 1. und 2. gehörigen Fällen bleibt dann
auch das Augment des Perfekts (und fut. 3.), da es für die
Reduplikation steht, in den Modis und Participien:
ἔῤῥαφα inf. ἐῤῥαφέναι· ἔκτισμαι part. ἐκτισμένος.

Anm. 1. Von der letzten Regel sind ausgenommen und blei=
ben in der Hauptregel, b. h. rebuplizuren wie gewöhnlich:
  a. zwei Konsonanten, wovon der erste eine muta, der andre eine
liquida ist, also muta vor liquida, z. B.
γράφω (schreibe) Perf. γέγραφα Plsq. ἐγεγράφειν
κλίνω (beuge) Pf. p. κέκλιμαι Plq. ἐκεκλίμην
Und ebenso πέ-πνευκα, τέθλακα, κέκραγα, τέτροφα 2c. Doch γν nimmt
bloß ε an, und γλ, βλ schwanken, z. B. γνωρίζω — ἐγνώρισμαι·
κατ-εγλωττισμένος (Aristoph.); δι-εγλυπται besser als δια-γέγλυπται·
βεβλασφήμηκα (Dem.); βλάπτω βέβλαφα βέβλαμμαι (Dem. Xen.);
βλαςάνω ἐβλάςηκα (Eurip.) ἐβεβλαςήκει (a. L. ἐπ-εβλαςήκει) Thuc. 3,
26; womit man vergleiche, was in §. 7, 10 von denselben Lautverbin=
bungen gelehrt wurde.
  b. die Perfecta der beiden Anom. μνάω (μιμνήσκω) und κτάομαι
  μέμνημαι und κέκτημαι.
Die Jonier jedoch (und selbst die Attiker öfters, z. B. Plat. Meno 39)
sagen ἔκτημαι. Alle übrigen mit μν und κτ anfangenden Verba neh=
men durchaus nur ε, z. B. ἐμνημόνευκα, ἐκτεάτισμαι, ἔκτονα.
  c. die Perfecta πέπταμαι, πέπτωκα, πεπτηώς (s. Anom.
πετάννυμι, πίπτω, πτήσσω); welche aber sämtlich vielmehr durch Syn=
kope aus der Wurzel ΠΕΤΩ entstanden sind. Alle regelmäßig von πτ
abgeleiteten Perfekte haben bloß ε; so das gewöhnliche Pf. von πτήσσω
ἔπτηχα· ferner ἐπτόημαι, ἔπτισμαι von πτοέω, πτίσσω.

Anm. 2. Dieselbe Art des Augments, welche den mit ρ anfangenden
Verben eigen ist, mag in der alten Sprache auch bei andern semivocalibus
statt gefunden haben; daher die beiden Perfekte ἔμμορα und ἔσσυμαι
(s. Anom. μείρομαι und σεύω). Insbesondre können die Epiker des Metri
wegen alle semivocales nach dem Augm. verdoppeln, was indeß nur
in wenigen Imperfekt= und Aoristformen wirklich geschieht, z. B. ἔλλαβεν,
ἐλλίσσετο, ἐλλιτάνευε, ἔμμαθε, ἔσσευα, ἐσσείοντο, ἔννεον (Jl. φ, 11);
wogegen sie die Verdoppelung des ρ zuweilen vernachlässigen: ἔρεξε,
ἔρεξον. Vgl. §. 21 A. 1 und 2. — Von ἔδδεισε s. Anom. δεῖσαι.

Anm. 3. Einige wenige mit liquidis anfangende Verba haben, und
zwar in der gewöhnlichen Sprache, statt der Reduplikation die Silbe εἰ
oder εἰ, z. B. εἴληφα; s. unten die Anom. λαμβάνω, λαγχάνω, λέγω,
μείρομαι, und ΡΕΩ unter εἰπεῖν.

Anm. 4. Von beibehaltner Reduplikation vor ρ ist das einzige Bei=
spiel bei Klassikern das homerische ῥερυπωμένα (Od. ζ, 59).

Anm. 5. In drei Verbis wird von den Attikern nicht selten (doch
mehr im jüngern Atticismus, nie bei Trag., Thucyd., Plato 2c.) das Augm.
syllab. noch durch das Augm. tempor. vermehrt; nehmlich in
  βούλομαι will, δύναμαι kann, μέλλω werde, will

9*

impf. ἠβουλόμην, ἠδυνάμην, ἤμελλον neben ἐβουλόμην ꝛc. Wegen ἀπολαύω ſ. §. 86 Anm. 2. — Vgl. ben ähnlichen Fall §. 84 Anm. 8.

Anm. 6. Das Augment der hiſtoriſchen Tempora fällt bei den
nicht attiſchen Dichtern häufig weg, z. B. βάλε für ἔβαλε, βῆ für
ἔβη, γένοντο für ἐγένοντο ꝛc.; ebenſo in den Chören des attiſchen Dramas.
Dagegen im iambiſchen Senar geſchieht dies nur ſelten des Metri wegen,
in der Regel nur nach langem Vokal oder im Anfang der Verſe. S. über
ben Streitpunkt beſ. Herm. praeff. ad Hec. et Bacch. und Matth. Gr.
§. 160.

Anm. 7. (6.) In der Proſa iſt die Weglaſſung des einfachen Augments ſehr gewöhnlich beim Plusquamperfekt: τετύφεσαν, τέτυπτο
für ἐτετύφεσαν, ἐτέτυπτο· δεδίει für ἐδεδίει (Plat.). In andern Temporibus geſchieht dies nie, außer in χρῆν, ſ. anom. χράω.

Anm. 8. (6.) In der ioniſchen Proſa des Herodot findet die
Abwerfung des Augm. syll., außer im Plusq. und in den ſog. Iterativ-
formen (§. 103 Anm. II.), ſehr ſelten ſtatt, obgleich bei ihm die Vernachläſſigung des Augm. temp. ſehr gewöhnlich iſt (§. 84 A. 3). Beiſpiele
des fehlenden Augm. syll. bei Herodot ſ. 1, 155. 208. 5, 83. 7, 25. 54 ꝛc.
ed. Gaisf. In der Bekkerſchen Ausgabe iſt die Zahl derſelben abermals
verringert, ſo daß Bredow (Dial. Her. p. 287 sqq.) und Abicht (Vorr. zum
Her.) das ſyllabiſche Augm. überall hergeſtellt wiſſen wollen.

Anm. 9. (6.) Die Weglaſſung der wirklichen Reduplikation iſt
dagegen ſehr ſelten und zweifelhaft. Wegen ἔδεκτο u. b. g. ſ. §. 110, 8.

Anm. 10. (7.) Bei den Epikern hat häufig auch der Aor. 2 (Act.
und Med.) die Reduplikation, welche ſobann durch alle Modi bleibt
(ſ. §. 82, 6 mit der Anm.) z. B. πέπληγον, λελαθών, πεπιθεῖν, κεκάμω
(ſ. an. κάμνω), λελαβέσθαι ꝛc. In einigen wenigen Verben fügen ſie im
Indik. noch das einfache Augment hinzu: φράζω, ἐπέφραδον (ſ. Anom.
und vgl. κέλομαι und ΦΕΝΩ).

§. 84.   Augm. temporale.   (77)

1. Wenn das Verbum mit einem Vokal, er habe den
Spir. asper oder lenis, anfängt, ſo wird das Augment mit dieſem
Vokal in Einen langen Vokal verſchmolzen. Dieſe Art des
Augments, welches Augmentum temporale (αὔξησις χρονική von
χρόνος d. h. Quantität der Silben) heißt, bleibt alsbann in allen
Präteritis unverändert. Und zwar wird aus α oder ε durch
daſſelbe gewöhnlich η, aus o aber ω, z. B.

ἀνύω	Impf. ἤννον	Pf. ἤννκα	Plusq. ἠνύκειν
ἁρμόζω	— ἥρμοζον	— ἥρμοκα	— ἡρμόκειν
ἐλπίζω	— ἤλπιζον	— ἤλπικα	— ἠλπίκειν
ὁμιλέω	— ὡμίλεον	— ὡμίληκα	— ὡμιλήκειν

Hinſichtlich der Modi gilt die allgemeine Regel §. 82, 6. In den
Modis der Aoriſte tritt demnach nach Abwerfung des Augments
überall der urſprüngliche Vokal wieder hervor, z. B.:

ἀνύω Aor. ἤνυσα conj. ἀνύσω inf. ἀνύσαι

hingegen bleibt in den Modis des Perf. der verlängerte Vokal,
da er ſtatt der Redupl. ſteht, z. B. ὁμιλέω

Perf. ὡμίληκα conj. ὡμιλήκω inf. ὡμιληκέναι

2. Folgende Verba
ἔχω habe, ἐάω laffe, ἕλκω (u. ἙΛΚΥΩ f. Anom.) ziehe, ἕρπω und ἑρπύζω krieche, ἐθίζω gewöhne, ἑλίσσω winde, ἑςιάω be=
wirthe, ἕπω bin um etwas, ἕπομαι folge, ἐργάζομαι arbeite
verwandeln das ε nicht in η, sondern in ει, z. B. Impf. εἶχον,
εἱςίων, Perf. εἴργασμαι u. f. w.

Anm. 1. S. auch noch εἷλον, ἑλεῖν im Anom. αἱρέω, εἵωθα
im Anom. ἔθω, und die zur Stammform ἘΩ gehörigen Verba §. 108.
Mit Unrecht werden noch hieher gerechnet ἐρέω f. Anom. εἰπεῖν; ἕζω wegen εἷσα f. §. 108. II.; ἐρέω und ἐρωτάω wegen εἴρυσα, εἰρώτων, welche
Formen vielmehr zu den ionischen εἰρύω, εἰρωτάω gehören.

3. Die Vokale ι und υ können nur wenn sie kurz sind
augmentirt werden, nehmlich durch Verlängerung, z. B. ἱκετεύω Aor. ἱκέτευσα; und auch wo die Silbe durch Position schon
lang ist, muß das Augment durch die Aussprache hörbar gemacht
werden, z. B. ἰσχύω ἴσχυον, ὑμνέω ὕμνουν.

4. Von den an sich schon langen Vokalen wird aus ᾱ (nach 1)
η, z. B. ἀριςάω, ἠρίςων; die übrigen: η, ω, ῑ, ῡ, sind durchaus
keines Augmentes fähig, z. B. ἡττάομαι
Impf. ἡττώμην Pf. ἥττημαι Plusq. ἡττήμην
den Accent-Fall ausgenommen, wovon Anm. 4.

5. Ein Diphthong ist augmentfähig, wenn der erste Vokal
sich auf obige Art verändern läßt. Ist der zweite Vokal ein ι, so
wird dies dem so veränderten ersten Vokal untergeschrieben:
$$αὐλέω — ηὔλουν· εὔχομαι — ηὐχόμην$$
$$αἰτέω — ᾔτουν· ᾄδω — ᾖδον· οἰκέω — ᾤκουν.$$
Die mit ου und ει anfangenden Verba vernachlässigen jedoch
das Augment gänzlich, z. B.
$$οὐτάζω — οὔταζον· εἴκω — εἶκον, εἶξα;$$
mit einziger Ausnahme von εἰκάζω, das, aber nur zuweilen bei
Attikern, augmentirt wird: ᾔκασα, ᾔκασμαι *). Die mit εν anfangenden Verba schwanken zwischen ην und εν: εὔχομαι, ηὐχό-
μην und εὐχόμην· εὑρίσκω, εὑρέθην, selten ηὑρέθην. Vgl. §. 86, 3.

Anm. 2. Außer diesen eben bezeichneten Fällen ist die Vernachlässigung des temporalen Augments bei Attikern, den dramatischen Trimeter
eingeschlossen, und im ganzen auch in der spät. Prosa etwas ungemein seltenes.
S. ein Beisp. unter anom. ἀναλίσκω. Zuweilen geschiehte um Mißklang
zu vermeiden, wie in οἰωνίζοντο (Xen.), προοιμιασάμεθα (Plat.), ἀηδίζετο
(Gramm.), oder zur Unterscheidung ähnlicher Formen, wie das Impf. von

---

*) Ob εἴκασα oder ᾔκασα die beffer attische Form, ist bei dem fort-
während Schwanken der Handschriften, (gewöhnlich haben sie ει mit barüber=
geschriebenem η oder umgf.) kaum mehr auszumachen. Nach dem einstimmigen Urtheil aller Atticisten ist die augmentirte die attische; aber
gerade die besten Hdschr. des Plato, Thuk. ꝛc. bieten vielfältig die andere,
oft von den neu. Herausg. rezipirte Form ohne Augment. Nach einigen gehörte die augmentirte mehr den jüngeren, die nicht augm. den älteren Atticismus an, nach anderen waren beide Formen, sogar bei ein und demselben
Schriftsteller, zugleich üblich. Vergl. Schneid. ad Pl. Civ. p. 473. Poppo
zu Thuc. 2, 54. Ellendt L. Soph. s. v.

dem dicht. $\dot{\alpha}\dot{\iota}\omega$ (höre) stets $\ddot{\alpha}\iota o\nu$ heißt wegen der Formen ($\ddot{\eta}\iota o\nu$) $\ddot{\eta}\iota\varepsilon$ von $\varepsilon\dot{\iota}\mu\iota$ (dagegen der Aorist wieder $\dot{\varepsilon}\pi\dot{\eta}\iota\sigma\alpha$, Herod.). Von $\dot{\alpha}\nu\alpha\dot{\iota}\nu\omega$ oder $\dot{\alpha}\nu\alpha\dot{\iota}\nu\omega$ lautet der aor. p. $\dot{\alpha}\nu\dot{\alpha}\nu\vartheta\eta\nu$ bei Aristoph. u. Herob., aber statt $\dot{\alpha}\nu\alpha\dot{\iota}\nu\varepsilon\tau o$ (Anab. 2, 3, 16.) wird jetzt gelesen $\dot{\varepsilon}\xi\eta\nu\alpha\dot{\iota}\nu\varepsilon\tau o$, wie auch im Herob. $\dot{\varepsilon}\xi\dot{\eta}\upsilon\eta\nu\varepsilon$.

Nur beim Diphthong $o\iota$ nahm die Vernachlässigung des Augments in einzelnen Verbis besonders bei Späteren überhand, und auch bei ält. Schriftst. finden sich Spuren derselben. Außer den obigen merke man etwa noch: $o\iota$-$\kappa\dot{\iota}\zeta\omega$, $o\iota\dot{o}\omega$, $o\iota\nu\dot{\iota}\zeta\omega$, $o\iota\nu\dot{o}\omega$, $o\iota\kappa o\nu\varrho\dot{\varepsilon}\omega$, $o\dot{\iota}\sigma\varrho\dot{\varepsilon}\omega$ (ober $\dot{\alpha}\omega$), $o\iota\delta\dot{\alpha}\omega$ u. a. *)

Anm. 3. Die Jonier aber und die nicht attischen Dichter lassen dieses Augment eben so wie das syllabicum (§. 83 A. 8) vielfältig weg, z. B. $\dot{\alpha}\mu\varepsilon\dot{\iota}\beta\varepsilon\tau o$ für $\dot{\eta}\mu\varepsilon\dot{\iota}\beta\varepsilon\tau o$, $\ddot{\varepsilon}\omega\nu$ für $\varepsilon\ddot{\iota}\omega\nu$ 2c., auch im Perf. und Plusq. pass. z. B. $\ddot{\alpha}\mu\mu\alpha\iota$, $o\ddot{\iota}\kappa\eta\mu\alpha\iota$, $o\ddot{\iota}\kappa\eta\tau o$ von $\ddot{\alpha}\pi\tau\omega$, $o\iota\kappa\dot{\varepsilon}\omega$ Herod. S. ein Verzeichnis der Verba die bei Herobot immer ohne Augment er-scheinen, so wie auch derjenigen wo der Gebrauch schwankend ist, bei Krüger dial. Gr. 74. Bredow 290 sqq. — Die Dorier verändern die mit α an-fangenden anstatt des η durchaus bloß in der Quantität: $\bar{\alpha}$.

Anm. 4. Das Augm. tempor. ist aus der Zusammenziehung des Augm. syllabici $\dot{\varepsilon}$ mit dem Vokal des Verbi entstanden, z. B. $\ddot{\alpha}\gamma\omega$ $\dot{\varepsilon}$-$\alpha\gamma o\nu$ $\ddot{\eta}\gamma o\nu$; wobei die Zusammenziehung von $\varepsilon\varepsilon$ in η, und εo in ω, von der Regel §. 28, 3, b. abweicht. Hieraus und aus der allgemeinen Regel, daß der Accent niemals übers Augment zurückgehen darf (§. 103 Anm. 10), erklärt sich der Accent einiger Komposita; z. B. in $\dot{\alpha}\nu\ddot{\eta}$-$\pi\tau o\nu$ von $\dot{\alpha}\nu\dot{\alpha}\pi\tau\omega$. So ist das Augment zuweilen bloß am Accent sichtbar, z. B. $\kappa\alpha\vartheta\ddot{\eta}\kappa\omega$ (von $\ddot{\eta}\kappa\omega$) 3. Pers. Impf. $\kappa\alpha\vartheta\ddot{\eta}\kappa\varepsilon\nu$; von $\dot{\alpha}\pi\varepsilon\dot{\iota}\varrho\gamma\omega$ ist $\ddot{\alpha}\pi\varepsilon\iota\varrho\gamma\varepsilon$ der Imperativ, aber $\dot{\alpha}\pi\varepsilon\ddot{\iota}\varrho\gamma\dot{\varepsilon}$ die 3. Impf.

Anm. 5. Das Augm. syllabicum hat sich wirklich noch in manchen Fällen vor einem Vokal erhalten. Außer mehren epischen Formen ge-hören dahin in der gewöhnlichen Sprache folgende drei Verba, welche des Augmenti temp. nach der Hauptregel nicht fähig sind:

$$\ddot{\omega}\vartheta\dot{\varepsilon}\omega, \quad \dot{\omega}\nu\dot{\varepsilon}o\mu\alpha\iota, \quad o\dot{\upsilon}\varrho\dot{\varepsilon}\omega$$
Imperf. $\dot{\varepsilon}\dot{\omega}\vartheta o\upsilon\nu$, $\dot{\varepsilon}\dot{\omega}\nu o\dot{\upsilon}\mu\eta\nu$, $\dot{\varepsilon}o\dot{\upsilon}\varrho o\upsilon\nu$.

Eben dies thut Anom. $\ddot{\alpha}\gamma\nu\upsilon\mu\iota$, Aor. $\ddot{\varepsilon}\alpha\xi\alpha$ 2c. f. die folg. Anm.

Anm. 6. Auch im Perfekt ist das Augm. temp. aus dem ε entstan-ben, welches hier wie oben §. 83 die Redupl. vertreten muß. Dies ε findet sich gleichfalls unverändert im Perf. der erst angeführten Verba (also $\ddot{\varepsilon}\alpha\gamma\alpha$, $\ddot{\varepsilon}\omega\sigma\mu\alpha\iota$, $\dot{\varepsilon}\dot{\omega}\nu\eta\mu\alpha\iota$, $\dot{\varepsilon}o\dot{\upsilon}\varrho\eta\kappa\alpha$) und außerdem in den 3 Perfekten

$$\ddot{\varepsilon}o\iota\kappa\alpha, \quad \ddot{\varepsilon}o\lambda\pi\alpha, \quad \ddot{\varepsilon}o\varrho\gamma\alpha$$
von $\varepsilon\ddot{\iota}\kappa\omega$, $\ddot{\varepsilon}\lambda\pi\omega$, $\ddot{\varepsilon}\varrho\gamma\omega$, welche alle drei (wie auch $\ddot{\alpha}\gamma\nu\upsilon\mu\iota$) zu den S. 13 aufgeführten bigammirten Wörtern gehören, also ursprünglich mit einem Konsonanten angefangen haben. Das o in diesen Perfekten entsteht durch Umlaut aus dem Stammvokal (§. 97, 4, c), also: $\ddot{\varepsilon}\varrho\gamma\omega$ $\ddot{\varepsilon}$-$o\varrho\gamma\alpha$ (entstanden aus $F\dot{\varepsilon}F o\varrho\gamma\alpha$) wie $\delta\dot{\varepsilon}\varrho\kappa o\mu\alpha\iota$ $\delta\dot{\varepsilon}\delta o\varrho\kappa\alpha$.

Anm. 7. Bei den Verbis, die den Spir. asper haben, hat denselben auch diese Art des Augments, z. B. $\dot{\varepsilon}\dot{\alpha}\lambda\omega\nu$, $\dot{\varepsilon}\dot{\alpha}\lambda\omega\kappa\alpha$ von $A\Lambda O\Omega$ f. Anom. $\dot{\alpha}\lambda\dot{\iota}\sigma\kappa o\mu\alpha\iota$; auch $\dot{\alpha}\nu\delta\dot{\alpha}\nu\omega$, $\ddot{\varepsilon}\nu\nu\upsilon\mu\iota$.

---

*) 3. B. (nach den Hdschr.) $o\ddot{\iota}\sigma\varrho\eta\sigma\alpha$ Eurip., $o\iota\alpha\kappa o\sigma\varrho\dot{o}\phi o\upsilon\nu$ Aesch., $o\iota\nu\omega\mu\dot{\varepsilon}\nu o\varsigma$ (berauscht) Aristot., $o\iota\nu\dot{\iota}\zeta o\nu\tau o$, $o\iota\dot{\omega}\vartheta\eta$, $o\ddot{\iota}\mu\eta\sigma\varepsilon$ Hom. (obwohl bei dems. sonst immer $\ddot{\omega}\kappa\varepsilon o\nu$, $\ddot{\omega}\mu\omega\xi\varepsilon$, $\ddot{\omega}\kappa\tau\varepsilon\iota\varrho\varepsilon$ 2c.) Jedoch ist im ganzen bei benen auf $o\iota$- die Augmentation im ältern Atticismus sicherer, da Verberbung durch spätere Abschreiber nahe liegt. S. Lob. ad Phryn. v. $o\iota\delta\dot{\alpha}\omega$, $o\iota\kappa o\delta o\mu\dot{\varepsilon}\omega$. Elmsl. ad Eur. Bacch. 686.

Anm. 8. Wie oben (§. 83 Anm. 5) das Augm. syllab. noch durch das temporale vermehrt wurde, so wird in ὁράω (sehe) das Augm. temporale noch durch das syllabicum mit Beibehaltung des Spiritus vermehrt: Impf. ἑώρων, Pf. ἑώρακα ꝛc. Eben dies thut οἴγω, ἀνοίγω (öffne) impf. ἀνέῳγον ꝛc. f. beide im Anom.-Verz. Bei den Epikern geschieht dies auch mit andern (bigammirten) Ver-bis, z. B. ἐῳνοχόει von οἰνοχοέω, ἑήνδανε von ἁνδάνω.

Anm. 9. Wenn eine Verbalform mit εο anfängt, so nimmt der zweite Vokal das Augment an. Dieser Fall tritt ein bei dem Verbo ἑορτάζω ἑώρταζον, und den drei Perfekten von A. 6 im Plusq.

ἑῴκειν, ἑώλπειν, ἑώργειν.

§. 85. Attische Reduplikation. (77, 6. 7)

1. Die Verba, die mit einem Vokal anfangen, entbehren nach dem vorigen §. der Reduplikation. Allein eine bestimmte Anzahl Verba von ein- und zweisilbigem Stamm, der mit α, ε, ο und einem einfachen Konsonanten anfängt, haben eine ganz eigne sog. Attische Reduplikation, die darin besteht, daß im Perfekt vor dem gewöhnlichen Augm. temp. die zwei ersten Buchstaben des Verbi mit unverändertem Vokal wiederholt werden, z. B.

ἀγείρω,	versammle,	(ἤγερκα)	ἀγ-ήγερκα ἀγήγερμαι
ἐμέω,	speie,	(ἤμεκα)	ἐμ-ήμεκα
ὀρύττω,	grabe,	(ὤρυχα)	ὀρ-ώρυχα ὀρώρυγμαι
ὄζω,	rieche	(ὦδα)	ὄδ-ωδα. *)

2. Diese Form liebt in der dritten Silbe einen kurzen Vokal, und verkürzt daher die Längen, und zwar in den dem Verbo zu Grunde liegenden kurzen Stammlaut, z. B.

ἀλείφω Pf. ἀλήλιφα, ἀλήλιμμαι· ἀκούω Pf. ἀκήκοα.

Anm. 1. Selbst von ἐρείδω, wovon pf. p. ἐρήρεισμαι, konnte Homer durch diese Verkürzung bilden ἐρηρέδαται; f. Anm. IV. zu §. 103. — Auch das Augm. temp. der zweiten Silbe fällt bei Epikern zuweilen des Metri wegen weg, z. B. ἐρέριπτο, ἀραρυῖα von ἐρείπω, ἀραρίσκω.

Anm. 2. Die Verba, bei denen diese Form mehr oder weniger im gewöhnlichen Gebrauch war, und die deshalb meistens im Anom.-Verz. aufgeführt werden, sind ἀγείρω, ἀκούω, ἀλείφω, ἀλέω, ἀρόω, ἐγείρω, ἐλέγχω, ἐλίσσω (f. reg. Verz.), ἐμέω, ἐρείκω, ὄζω, ὀρύττω. Außerdem gibt es noch viele andere Perfekte dieser Art, deren einfache Präsensformen untergegangen sind, f. Anom. ἀραρίσκω, ἔρχομαι, ἐσθίω, ἐλαύνω, ὄλλυμι, ὄμνυμι, φέρω. — Andere Besonderheiten bei dieser Redupl. f. in den Anom. αἱρέω, ἐγείρω, ἔχω, ἠμύω, οἴχομαι, ὁράω, ὄρνυμι u. a.

3. Das Plusquamperfekt setzt zuweilen ein neues Augm. temp. hinzu, am gewöhnlichsten in ἀκήκοα, ἠκηκόειν **); in den meisten Fällen aber bleibt dies weg (vgl. §. 83 Anm. 7).

---

*) Der Name attische Redupl. ist jedoch nur eine grammatische Bezeichnung, und nicht so zu verstehen, als ob sie den Attikern allein zukomme; vielmehr ist die einfache Form dieser Perfekta in allen Dialekten fast ganz ungebräuchlich, in einigen Fällen grade nicht attisch, f. an. αἱρέω, ἄγω.

**) Daher die epischen Formen ἠλήλατο, ἠρήρειστο, ὠρώρει ꝛc. f. Anom.

Anm. 3. (2.) In einigen zu diesem §. gehörenden Verben hat auch der Aorist 2. bei den Dichtern eine Reduplikation, welche der des Perfekts entspricht, doch so daß das Augm. temp. die erste Stelle hat, z. B.

ΑΡΩ Pf. ἄραρα (ion. ἄρηρα) Aor. ἤραρον. So auch ἤκαχον, ὤροϱεν (f. anom. ἀκαχίζω, ὄρνυμι). In der gewöhnlichen Sprache hat das Verbum ἄγω diesen Aorist: ἤγαγον. Auch diese Redupl. bleibt in den übrigen Modis, welche nur das Augm. temp. abwerfen: ἀράϱη, ἀκαχεῖν, ἀγαγών (vgl. §. 82 Anm. §. 83 Anm. 10).

Anm. 4. (3.) Eine ganz besondre Reduplikation des Aorists am Ende des Worts findet sich bei den Epikern in ἐρύκω, Aor. ἠρύκακον, ἐρυκακέειν (für -εῖν) und ebenso in ἐνίπτω, ἠνίπαπε s. Anom.

§. 86. Vom Augment in der Zusammensetzung. (78, 2)

1. Ist das Verbum mit einer Präposition zusammengesetzt, aber so, daß die Zusammensetzung erst im Verbo geschehen ist (lose Zusammensetzung §. 121), so nimmt es das Augment (und Reduplikation) in der Mitte an, d. h. nach der Präposition. Dann wird (nach den Regeln der Zusammensetzung §. 120, 4) der Endvokal der Präp., außer bei περί und πρό, vor dem Vokal des Augments elidirt; wogegen die auf einen Konsonanten ausgehenden Präpositionen wieder in ihrer ursprünglichen Gestalt vor das Augment treten, wenn sie im Präsens nach den allgemeinen Lautgesetzen verändert werden mußten. Man bilde daher immer erst die Form am einfachen Verbo, und setze dann die Präp. davor. Z. B.

προσφέρω — προσ-έφερον· συλλέγω — συν-έλεγον
ἀποδύω — ἀπ-έδυσα, ἀπο-δέδυκα, ἀπ-εδεδύκειν
ἐμ-φύω — ἐν-έφυν, ἐμ-πέφυκα, ἐν-επεφύκειν
συῤῥάπτω — συν-έῤῥαπτον· ἀπ-αλλάττω — ἀπ-ήλλαττον
περιβάλλω — περι-έβαλλον· προβαίνω — προ-έβαινον.

Ferner wird aus ἐκ dann ἐξ: ἐκβάλλω, ἐξέβαλλον. In den Modis des Aorists nimmt nach Abwerfung des Augments die Präp. immer wieder dieselbe Gestalt an, die sie im Präsens hatte, z. B.

συλλέγω aor. συνέλεξα cj. συλλέξω inf. συλλέξαι
ἀποδύω — ἀπέδυσα — ἀποδύσω — ἀποδῦσαι
ἐκλείπω — ἐξέλιπον — ἐκλίπω — ἐκλιπεῖν (§. 26, 6)

Daß der Accent in der Zusammensetzung nie übers Augment zurückgehen darf, folgt aus §. 84 Anm. 4; vgl. §. 103 n. 10.

2. Ist dagegen das Kompositum nicht im Verbo selbst zusammengesetzt, sondern von einem bereits komponirten Worte, gewöhnlich einem Subst. oder Adj., abgeleitet (feste Zusammensetzung §. 121), so geht, gleichviel ob der erste Theil eine Präposition ist oder nicht und der letzte Theil einem einfachen Verbo gleich ist oder nicht, das Augment der Regel nach voran:

ἐναντιόομαι (von ἐναντίος) imp. ἠναντιούμην }
ἀντιβολέω (von ἀντιβολή) — ἠντιβόλουν } vgl. A. 3.
μελοποιέω (von μελοποιός): ἐμελοποίουν, μεμελοποίηκα.

So also auch ἀφρονέω ἤφρόνουν, οἰκοδομέω ᾠκοδόμησα, und von

solchen deren erster Theil eine Präpos. ist: ἐμπεδόω, ἀντιδικέω, παῤῥησιάζομαι (von ἔμπεδος, ἀντίδικος, παῤῥησία). Vgl. anom. ἐπίςαμαι. Ausn. s. Anm. 3.

3. Die mit dem Adverb εὖ (wohl) und der untrennbaren Partikel δυσ- (miß-) gemachten Zusammensetzungen, obwohl zu 2. gehörig, nehmen das Augment dennoch öfters in der Mitte an, aber nur das Augm. temporale z. B.

εὐεργετέω, εὐηργέτουν· δυσαρεςέω, δυσηρέςουν· wenn aber ein unveränderlicher Vokal oder ein Konsonant auf diese Partikeln folgt, so bekommen sie das Augment vorn, z. B.

δυσωπέω, ἐδυσώπουν· — εὐδοκιμέω, ηὐδοκίμουν δυστυχέω, ἐδυστύχησα, δεδυστύχηκα

Die mit εὖ aber lassen es in diesem Falle gewöhnlich ganz weg, als εὐφραίνετο, εὐωχούμην; aber auch εὐεργέτουν nach §. 84, 5.

Anm. 1. Daß die Präp. πρό mit dem Augm. syll. oft eine Krasis macht (προέπεμψα, προὔπεμψα) s. §. 120 A. 7.

Anm. 2. Einige zu 1. gehörige Komposita, deren Einfache nur noch den Dialekten oder Dichtern gehören, so daß sie fast wieder wie simplicia betrachtet werden können, nehmen das Augment vor die Präposition z. B. ἐκάθευδον, ἐκάθιζον, ᾔσιουν (von ἀφίημι). Doch ist dies keineswegs allgemein gültige Regel, indem auch bei den besten Schriftstellern sich findet καθῆυδον, καθίσα, ἀφίεσαν, und andere wie ἐξετάζω, ἀπαντάω, προσδοκάω, ἀπολαύω, deren Einfache gleichfalls ungebräuchlich sind, das Augment nur in der Mitte annehmen. Letzteres bildet bei Att. stets ἀπέλαυον, ἀπολέλαυκα, erst bei Spätern auch ἀπήλαυον. S. noch ἀμπέχω unter ἔχω, ἀμφιέννυμι und κάθημαι in §. 108.

Anm. 3. (4. 5.) Obgleich alle festen Zusammensetzungen dem Prinzipe nach das Augment immer zu Anfang haben sollten, so hat doch, wie schon bei denen mit εὖ und δυσ-, so besonders noch bei denjenigen, deren erster Theil eine Präposition ist, die Gewohnheit und der Wohlklang gar häufig eine Abweichung von der Regel veranlaßt, so daß auch diese Wörter, als wären sie erst im Verbo komponirt, das Augment gewöhnlich hinter der Präposition haben. So schon bei Homer, Hesiod, Pindar ἀντεβόλησεν. Bei den Attikern findet man so gebraucht eine ganze Anzahl derartiger Verba, von denen die bekannteren etwa sind:

ἐκκλησιάζω, ἐγκωμιάζω, ἐγχειρίζω, ἐμφανίζω, ἐμποδίζω, προφασίζομαι· ἐγχειρέω, ἐπιχειρέω, ἐπιορκέω, ἐπιθυμέω, κατηγορέω, προξενέω, συνεργέω, ἀπολογέομαι, ἐνθυμέομαι, προθυμέομαι· ἐπιβατεύω, ἐπιτηδεύω, ἐπιτροπεύω, ἐνεδρεύω, προφητεύω, ὑποπτεύω·

also: ἐξεκλησίασαν (s. die Note hier unten), ἐνεκωμίαζον, συνήργουν, ἐπιτετήδευκα, κατηγόρουν u. s. f.; obgleich sie alle abgeleitet sind von Substantiven, wie ἐκκλησία, ἐγκώμιον, κατήγορος ꝛc. — Ἐμπολάω treibe Handel (von ἐμπολή Waare) hat zwar gewöhnlich ἠμπόλησα, -ηκα, aber Lucian hat ἐμπεπόληκα, Isaeus ἐνεπόλησαν. — Παρανομέω handle gesetzwidrig (von παρά-νομος) bildet bei Att. stets παρενόμουν, παρανενόμηκα, bei Späteren misbräuchlich sogar παρηνόμουν, παρηνόμησα, wie von παρ-ανομέω, obwohl es gewiß nicht auf diese Weise zusammengesetzt ist; s. Poppo zu Thuc. 3, 67. und vgl. Anm. 2 und 4. — Ἐγγυάω (gebe als Pfand) hat beide Formen: ἠγγύησα, ἠγγύηκα und ἐνεγύησα, ἐγγεγύηκα *).

_____

*) Auch ganz augmentlose Formen finden sich: ἐγγύησα ꝛc. Die Formen jedoch mit dem dopp. γ in der Mitte (ἐνεγγύων) sind vermuthlich nur

— Auch von dem obigen ἐναντιόομαι (Text 2) erfordert das Metrum bei Aristoph. einmal ἐνηντιώμεθα (Av. 384).

Anm. 4. (6.) Folgende Verba nehmen gewöhnlich das Augment an beiden Stellen zugleich an: ἀνορθόω ἠνώρθουν, ἐνοχλέω ἠνώχλησα, ἀνέχομαι ἠνειχόμην, παροινεῖν πεπαρῴνηκα. Noch anoma= lischer ist dieses in den Verbis διαιτᾶν, διακονεῖν, wenn sie κατεδιή= τησα (Dem.), δεδιήτημαι (Thuc.), δεδιηκόνηκα bilden, da diese von δίαιτα, διάκονος herkommen, worin mit α kein neues Wort angeht (vgl. παρανομέω in A. 3). Indeß sind von diesen beiden Verben auch die Formen mit ein= fachem Augm. bewährt, und zwar bei διαιτάω nur in der Mitte: διῃτώμην Plat., διῃτήθην Thuc., bei διακονέω vorn: ἐδιακόνουν, δεδιακόνηκα, erst bei Spätern διηκόνουν, -ησα (s. NT. Gramm.)

Anm. 5. Außer den genannten finden sich noch andre Verba bei den besten Autoren doppelt augmentirt. So hat Bekker im Plato, Demosthenes, Isokrates nach Handschriften von ἀντιδικέω, ἀμφιγνοέω und selbst von ἀμ= φισβητέω hergestellt die Formen ἠντεδίκουν, ἠμφεγνόουν, ἠμφεσβή= τησα statt der gleichfalls üblichen und nicht weniger attischen ἠντιδίκουν ꝛc., und auch bei Xenophon (Anab. 5, 3, 1) lesen neuere Herausgeber ὡδοπε= ποιημένη (vgl. Hell. 5, 4, 39). S. auch ἀμπέχω in anom. ἔχω, διοικέω in Pape's Wört. Bei Späteren arteten die doppelten (ja dreifachen) Augmen= tationen in förmlichen Mißbrauch aus. *)

Abwandlung durch Endungen.

§. 87. Abwandlung durch Numeri und Personen. (79)
Bindevokal.

1. Es gibt im griechischen Verbo wie beim Substantiv drei Numeri sowohl im Aktiv als im Passiv; also hat eigentlich jedes Tempus 9 Personal=Endungen. In den aktiven Zeiten fehlt jedoch eine eigne Form für die erste Person des Dualis, d. h. sie ist vom Pluralis nicht verschieden.

2. Wie im Lateinischen gibt es eine eigne aktive und eine eigne passive Abwandlung der Personen innerhalb der verschiede= nen Zeiten. Der einzige Aorist (1. und 2.) Passiv. befolgt die aktive Abwandlung; s. §. 89.

durch Nachlässigkeit der Schreiber entstanden und aus den Texten der atti= schen Redner entfernt worden. Merkwürdig daß bei ἐκκλησιάζω genau dasselbe Schwanken in den Hdschr. stattfindet; am gewöhnlichsten wie bei ἐγγυάω ist ἐξεκλησίασα ꝛc., aber auch ἠκκλησίαζον ist gut bezeugt (Dem.). Wie dort so finden sich auch hier nicht nur die augmentlosen Formen, sondern auch die durch denselben Irrthum entstandene Schreibung ἐξεκκλησίαζον ꝛc., welche in spätern Schriften, z. B. den LXX, die allgemein übliche geworden zu sein scheint. Vgl. Poppo zu Thuc. 8, 93. Lob. ad Phryn. p. 155.

*) Bei der starken Hinneigung der späten Gräcität zu derartigen For= mationen (vgl. Poppo zu Thuc. 4, 130. Lobeck Path. I. 54) werden, wie auch Dindorf urtheilt (s. v. ἀντιβολέω, ἀμφισβητέω ꝛc.) viele der obigen aus Attikern angeführten Fälle, mit Ausnahme der unbestrittenen in Anm. 4, der Verderbung durch späte Abschreiber dringend verdächtig; wogegen Cobet (NL. p. 156 sq. 367. 430) sie für rechtmäßig hält und die Zahl derselben noch vermehren will, z. B. durch ἠντεβόλει, ἠντεβόλησε bei Aristoph.

3. Es unterscheidet sich ferner im Aktiv wie im Passiv auf analoge Weise die Abwandlung der Personal = Endung bei den Haupt = Temporibus, von der bei den historischen Temporibus. Alles dies erhellt aus folgender Tabelle.

Aktive Form.   Passive Form.

Haupt-Tempora

	1	2	3	1	2	3
Sing.	—	ς	—	μαι	(σαι)	ται
Dual.	fehlt	τον	τον	μεθον	σθον	σθον
Plur.	μεν	τε	σιν, σι	μεθα	σθε	νται

Historische Tempora

	1	2	3	1	2	3
Sing.	—	ς	—	μην	(σο)	το
Dual.	fehlt	τον	την	μεθον	σθον	σθην
Plur.	μεν	τε	ν oder σαν	μεθα	σθε	ντο

4. Hieran reiht sich die Lehre vom sogenannten Bindevokal.

So heißt nehmlich derjenige Vokal oder Diphthong, vermittelst dessen obige Endungen der Stammform angehängt werden. Z. B. 1. P. pl. praes. (Stamm λυ) λύ-ο-μεν 2. P. pl. λύ-ε-τε 3. P. du. aor. (Stamm ἐλυσ) ἐλυσ-ά-την; hier also: ο, ε, α.

5. Als Regel gilt nun, daß sämtliche Tempora des Verbi mit Ausnahme des Perf. und Plusq. Pass. und der un= regelmäßigen Flexion der Verba auf μι, obige Endungen mit Hülfe eines Bindevokals ihrer Stammform anhängen. Die Art wie dies geschieht, ist bei der großen Mannichfaltigkeit jener Vo= kale, die selbst innerhalb eines Tempus häufig wechseln, am besten am Paradigma zu erlernen. Ihre Zahl beim regelmäßigen Verbo ist neun, nehmlich fünf einfache Vokale α, ε, η, ο, ω, und vier Diphthongen αι, ει, οι, η *).

Anm. 1. So wird, um an einem Beispiel die Wandelbarkeit des Bindevokals zu zeigen, die Endung der 1. pl. act. -μεν an den Stamm des Präsens, Futurs ꝛc. angehängt mit ο (λύ-ο-μεν, λύσ-ο-μεν), an den des Aor. 1. und Perf. mit α (ἐλύσ-α-μεν, λελύκ-α-μεν), an den des Plusq. mit ει (ἐλελύκ-ει-μεν), an den jedes Conj. mit ω (λύ-ω-μεν), an den des Opt. Präs. ꝛc. mit οι (λύ-οι-μεν), an den des Opt. Aor. mit αι (λύσ-αι-μεν); die Endung der 2. plur. act. -τε an den Stamm des Präs. mit ε (λύ-ε-τε), an den des Konjunctivs mit η (λύ-η-τε); die der 2. sing. act. -ς an den des Konj. mit η (λύ-η-ς).

Anm. 2. Die Ausgänge der 1. und 3. Person des Singulars im Aktiv sind auf obiger Tabelle nicht angegeben, weil diese in den mei= sten Fällen keinen Konsonanten, sondern nur noch gewissermaßen den Binde= vokal allein haben **), der noch dazu in den verschiedenen Temporibus sehr

---

*) ου gehört nicht hieher, denn 3. pl. praes. λύ-ου-σι ist entstanden aus λύ-ο-ντσι. Vgl. Anm. 3.

**) Obgleich er nehmlich in diesem Falle nichts mehr zu binden hat, so ist er doch wesentlich einerlei damit und fällt daher auch in derjenigen Formation, die keinen Bindevokal hat, weg; z. B. von τίθημι (§. 107) 3. P. sing. impf. ἐτίθη, wo η noch zum Stamm gehört.

verschieden ist. Man vergleiche z. B. 1. λύ-ω 3. λύ-ει mit ἔλυσ-α, ἔλυσ-ε. In dem größeren Theil jedoch der historischen Tempusformen hat die erste Person ein festes ν (ἔλυ-ο-ν, ἐλελύκ-ει-ν) und die dritte Person, wenn ihr Vokal ein ε ist, das bewegliche ν (ἔλυ-εν oder ε). In der Konjugationsform auf μι aber haben beide Personen im Präsens eine ganz eigenthümliche Endung: μι, σι (s. §. 106).

Anm. 3. Die 3. Person des Plur. in den akt. Haupttemp. ging ursprünglich auf ντι (lat. -nt) aus, daher der lange Vokal vor der gewöhnlichen Endung σι nach §. 25, 4. S. §. 103 Anm. n. 28.

Anm. 4. Die Ausgänge σαι und σο der zweiten passiven Person erscheinen nur in den Temp., wo kein Bindevokal ist (oben 5.); in den übrigen werden sie nach Ausstoßung des σ mit dem Bindevokal bei den Attikern kontrahirt: (τύπτεσαι) τύπτῃ. S. das Nähere §. 103. III.

Anm. 5. Was nun die Eigenheiten betrifft, worin sich die historischen Tempora von den Haupt-Temporibus unterscheiden, so muß man besonders folgende Punkte auf obiger Tabelle nicht übersehn:

a. Die 3. Person des Duals act. und pass., die in den Haupt-Temp. mit der 2. Person immer gleichlautend ist, geht in den historischen Temporibus durchaus auf ην aus (s. τύπτω).

b. Die 3. Person des Plur. in der akt. Form endet sich in den Haupt-Temp. immer auf σι mit dem beweglichen ν (ουσιν, ασιν oder ουσι, ασι), in den hist. Temporibus aber immer auf Ausgänge mit festem ν (ον, αν, εισαν, ησαν).

c. In der pass. Form hingegen unterscheiden sich die beiderlei Tempora durch den ganzen Sing. und alle dritten Personen.

Anm. 6. Beispiele der sehr seltnen und alterthümlichen 1. du. pass. auf μεθον seien: Jl. ψ, 485. Soph. Phil. 1079. El. 950. Athen. 3. p. 98.

Anm. 7. Auch ist in den Dual-Endungen ον und ην ein gewisses Schwanken bemerkt worden. So steht mehrmals im Homer die Endung -ον als 3. dual. eines histor. Tempus fest (z. B. Jl. κ, 364 διώκετον· ν, 346 ἐτεύχετον; cf. ν, 301. σ, 583), und die Endung -ην als 2. dual. eines hist. Tempus nicht nur bei Dichtern (Soph. OT. 1511 εἰχέτην), sondern auch bei Plato; s. ausf. Sprachl. §. 87 A. 2 und vgl. §. 103 n. 27.

§. 88. Abwandlung durch Modi und Participien. (80)

1. Die griech. Sprache ist in Modis und Participien reicher als andre Sprachen. Denn Imperfekt und Plusquamp. ausgenommen, lassen alle übrigen Tempora Modi und Participien von sich bilden. Nur dem Futurum fehlen Konjunktiv und Imperativ, und vom Perfekt sind Konj., Opt. und Imperat. wenig im Gebrauch; s. §. 137 A. 12. Von jedem Präsens, Perfekt (1. u. 2.) Aorist (1. u. 2.) gibt es also außer dem Indik. noch Konjunktiv, Optativ, Imperativ, Infinitiv und Particip.

2. Konjunktiv und Optativ theilen sich der Bedeutung nach in den lateinischen Konjunktiv. Das genauere davon lehrt die Syntax. Benannt ist der Optativ nach der ihm inwohnenden wünschenden Bedeutung, obwohl diese Benennung nur sehr unvollkommen seinem Wesen entspricht.

3. Die Abwandlung der Konjunktive und Optative nach Per=
sonen ist in der Tabelle §. 87 mit einbegriffen, und zwar gilt hier
folgende Hauptregel:

Bei dem Konjunktiv aller Tempora liegt immer die
Biegung der Haupt=Tempora, bei dem Optativ die
der historischen Tempora zum Grunde.

Von jener Tabelle enthält also die obere Reihe zugleich die Aus=
gänge aller Konjunktive, und die untere die aller Optative. Außer=
dem aber haben Konjunktiv und Optativ ihre eigenthümlichen Binde=
vokale, wodurch sie sich theils untereinander, theils vom Indikativ
unterscheiden, und die man deshalb auch zweckmäßig Modusvokale
genannt hat.

4. Die dem Konjunktiv eigenthümlichen Binde= oder Mo=
dusvokale sind η und ω. Dabei gilt folgende Regel:

Die Flexion sämtlicher Konjunktive richtet sich
durchaus nach der des Konjunktivs im Präsens;
der Konjunktiv des Präsens aber wird vom Indik. des Präs. auf
folgende Art gebildet:

wo im Indikativ ist o, ov, ω — da hat der Konj. ω
wo im Indik. ist ε, $\varepsilon\iota$, η — da hat der Konj. η oder η,

oder vollständig sind die Ausgänge aller Konjunktive

im Aktiv: ω $\eta\varsigma$ η, — $\eta\tau ov$ $\eta\tau ov$, $\omega\mu\varepsilon v$ $\eta\tau\varepsilon$ $\omega\sigma\iota(v)$

im Passiv: $\omega\mu\alpha\iota$ η $\eta\tau\alpha\iota$, $\omega'\mu\varepsilon\vartheta ov$ $\eta\sigma\vartheta ov$ $\eta\sigma\vartheta ov$, $\omega'\mu\varepsilon\vartheta\alpha$ $\eta\sigma\vartheta\varepsilon$ $\omega v\tau\alpha\iota$.

5. Der Optativ hat als charakteristischen Buchstab ein ι,
welches sich mit dem vorhergehenden Bindevokal (bei den Verbis
in $\mu\iota$ mit dem Stammvokal) zu einem Diphthong verbindet, der
alsdann durch alle Numeri und Personen derselbe bleibt.
Im regelmäßigen Verbo hat

$o\iota$, der Optativ des Präsens und alle nach ihm sich richten=
den Optative, deren bei weitem die meisten sind

$\alpha\iota$, der Opt. aor. 1. act. und med.

$\varepsilon\iota$, der Opt. aor. 1. und 2. pass.

Der Ausgang der ersten Person aktiver Form ist entweder $\mu\iota$
oder ηv, z. B. $\tau\upsilon\pi\tau o\iota\mu\iota$, $\tau\upsilon\varphi\vartheta\varepsilon\iota\eta v$, der der passiven $\mu\eta v$, z. B.
$\tau\upsilon\pi\tau o\iota\text{-}\mu\eta v$, $\tau\upsilon\psi\alpha\iota\text{-}\mu\eta v$, $\tau\iota\vartheta\varepsilon\iota\text{-}\mu\eta v$, (σo), τo 2c.

6. Der Imperativ hat eine zweite und dritte Person durch
alle Numeri; seine Ausgänge, in allen Temporibus sind

	2	3		2	3		2	3	
Akt. S.	..,	$\tau\omega$	D.	τov,	$\tau\omega v$	P.	$\tau\varepsilon$,	$\tau\omega\sigma\alpha v$	att. $v\tau\omega v$
Pass. S.	(σo),	$\sigma\vartheta\omega$	D.	$\sigma\vartheta ov$,	$\sigma\vartheta\omega v$	P.	$\sigma\vartheta\varepsilon$;	$\sigma\vartheta\omega\sigma\alpha v$	att. $\sigma\vartheta\omega v$.

7. Der Infinitiv hat folgende Ausgänge:

Aktive Form $\varepsilon\iota v$ oder $v\alpha\iota$ oder $\alpha\iota$

Passive Form $\sigma\vartheta\alpha\iota$.

8. Sämtliche Participien sind Adjektive dreier Endungen,
und das Fem. geht also (nach §. 58, 2) immer nach der 1. Dekl.

Das Mask. der akt. Form hat im Genitiv *ντος*, woraus im Nom. *ς* oder *ν*, im Fem. *σα* wird. Die Participialendungen der aktiven Form im regelm. Verbo sind:

ων, ουσα, ον G. οντος　　ᾱς, ῡσα, ᾰν G. αντος
εἱς, εῑσα, ἑν G. ἑντος *).

Abweichend hievon endigt das Part. des Perf. Akt. immer auf

ώς, υῑα, ός G. ότος.

Die Participien passiver Form gehn sämtlich aus auf

μενος, η, ον,

nur das Part. Perf. hat zum Unterschied anders accentuirt:

μένος, η, μένον.

§. 89. Aktiv, Passiv, Medium.　　(81)

1. (2) Wenn man nach Anleitung von §. 87 die ersten Per=
sonen des Indikatirs in den sechs aktiven Zeiten (einschl. der dop=
pelten Formen des Futurs und Aorists) in die entsprechenden pas=
siven verwandelt, so erhält man ein Passivum, welches wir das
ursprüngliche oder natürliche Passiv nennen wollen.

	Act.	Pass.			Act.	Pass.
Praes.	ω	— ομαι		Fut.	σω —	σομαι
Imperf.	ον	— όμην			ῶ —	οῦμαι
Perf.	α, κα	— μαι		Aor.	σα —	σάμην
Plusq.	ειν, κειν	— μην			ον —	όμην

2. Das wirkliche Passiv aber nimmt, wie schon vorläufig
§. 87, 2 gesagt ist, im Aorist (1. und 2.) einen aktiven Ausgang
(und Formation) auf *ην* an, den es dann im Futur (1. und 2.)
in *ήσομαι* verlängert; also:

Aor. pass. 1. { θην　　Fut. pass. 1. { θήσομαι
—　　2. { ην　　　—　　2. { ήσομαι.

Die natürlichen passiven Endungen dieser Tempora
aber gehn ins Medium über, wie aus der Tabelle im folgen=
den §. ersichtlich.

3. (1) Das Medium ist eigentlich nur eine Modifikation des
passiven Begriffs. Seine Bedeutung ist ursprünglich die reflexive,
ganz wie im lateinischen versor nicht nur heißen kann, ich werde
gedreht, sondern auch ich drehe mich, d. h. der Zustand den
ich leide, wird von mir selbst und nicht von andern hervorge=
bracht. Das Nähere s. in §. 135.

4. (3) Da nun ferner das Medium folgende vier Tempora
Präsens und Imperfekt
Perfekt und Plusquamperfekt

*) Die Endungen ούς, οῦσα, όν und ύς, ῦσα, ύν gehören ausschließ=
lich der sog. Formation in *μι* an. S. §. 106, 4.

mit dem Passiv gemein hat, so sehen wir, daß es in der That
völlig mit jenem obigen natürlichen Passiv zusammen=
fällt *). Die genannten vier Tempora aber müßten genau genom=
men Passivo-Medium bezeichnet werden.

Anm. 1. Auch in den beiden andern Temporibus (Aorist und Futur)
ist die Scheidung zwischen der medialen und passiven Bedeutung nicht ganz
ausschließend, wie aus §. 113, 6 und dem Verzeichnis der sog. Deponentia
passiva (ebd. Anm. 5) hervorgeht. Der Theorie nach müßte man daher
eigentlich alle oben erwähnten passiven Tempora zusammen unter der Be=
nennung Passivo-Medium als Ein Genus dem Aktiv gegenüberstellen. In=
deß zieht es die Grammatik bei der nur beschränkten Zahl von Verben
die mediale Bedeutung und Form zulassen, doch vor, ein Medium als be=
sonderes Genus dem Passiv nachfolgen zu lassen.

Anm. 2. (Text 4. 5. 6.) Die alten griechischen Grammatiker führten
in ihren Lehrbüchern beim Medium ein besonderes Perfectum und Plus-
quamperfectum Medii auf. Daß dies indeß kein andres ist als das
sog. Perf. und Plusquamp. Secundum, wovon §. 97 die Rede sein wird,
darüber s. die Auseinandersetzung in der ausf. Sprachl.

Abwandlung durch Tempora.

§. 90.   (81, 9)

1. Ein Theil der Tempora des griech. Verbi erscheint in einer
zwiefachen Form, welche in der Grammatik durch die Zahlen
1 und 2 unterschieden werden, ohne daß eine Verschiedenheit der
Bedeutung dadurch begründet würde. Die zwiefache Form des Perf.
und Plusq. findet nur im Aktiv, die der Future und Aoriste
im Aktiv, Passiv und Medium statt.

2. Außerdem hat das Passivum aber noch ein besonderes Futurum 3. oder sogenanntes Paulopostfuturum, welches die Redupli=
kation des Perfekti annimmt. S. §. 99. und §. 138.

3. Wir geben nun nochmals eine Uebersicht aller Tempora
des Aktivs, Passivs und Mediums, in der Ordnung, wie die
Grammatik sie aufzustellen pflegt.

Anm. Die folgende Tabelle enthält nur die Bildungs=Endungen der
ersten Person Sing. Ind., wie sie dem Stamm des Verbi angehängt
werden. Der größere Strich steht für den (reinen oder veränderten,
§. 92 fg.) Stamm des Verbi, der kleinere deutet die Wiederholung des
ersten Buchstaben in der Reduplikation an. Der Spir. Asper über der
Endung des Perf. und Plusq. 1. bedeutet Aspiration des vorhergehenden
Stammkonsonanten ($\varphi\alpha$, $\chi\alpha$).

---

*) Daher wird der Anfänger wohl thun, wenn er bei Erlernung des
Parad. $\tau\acute{v}\pi\tau\omega$ ($\beta ov\lambda\varepsilon\acute{v}\omega$) nach dem Aktiv zunächst das vollständige
Medium seinem Gedächtnisse einprägt, und darauf erst das Passiv fol-
gen läßt.

	Activum.	*Passivum.*	*Medium.*
Praes.	— ω		— ομαι
Impf.	ἐ — ον		ἐ — ὀμην
Perf. 1.	-ε — ά oder κα		-ε — μαι
Plusq. 1.	ἐ-ε — εἰν oder κειν		ἐ-ε — μην
Perf. 2.	-ε — α		
Plusq. 2.	ἐ-ε — ειν		
Futur. 1.	— σω	— θήσομαι	— σομαι
Aor. 1.	ἐ — σα	ἐ — θην	ἐ — σάμην
Futur. 2.	— ῶ	— ήσομαι	— οῦμαι
Aor. 2.	ἐ — ον	ἐ — ην	ἐ — ὀμην
Futur. 3.	fehlt.	-ε — σομαι	fehlt.

§. 91. Charakter. Stamm. (82)

1. Derjenige Buchstab, welcher nach Abwerfung alles dessen, was zur Biegungs=Endung gehört, am Ende des Stammes selbst stehen bleibt, heißt der Charakter (Kennzeichen, unterscheidende Buchstab) des Verbi.

2. Wenn nun das Präsens keine Veränderung oder Verstärkung des Stammes erfahren hat (wann und wie dies geschieht, lehrt der folg. §.), so ist vor dem ω des Präsens der letzte Buchstab, sei es ein Vokal oder Diphthong, ein Konsonant oder Doppelkonsonant, der Charakter, z. B. in τιμάω das α, in λέγω das γ, in φονεύω das εν, in ἄρχω das χ, in ἕψω das ψ, in αὔξω das ξ.

3. Was ferner in solchen unveränderten Präsensformen nach Abwerfung des ω übrig bleibt, ist der Stamm des Verbi, also λεγ, τιμα, αὐξ, ἀρχ von λέγω, τιμάω, αὔξω, ἄρχω.

Anm. 1. Es ist durchaus nöthig dem Anfänger gleich von vorn herein wohl einzuschärfen, daß, wie bei der 3. Dekl. der Stamm des Wortes meistens nicht in der Hauptform (dem Nominativ), sondern erst in andern Kasus deutlich hervortrat, so hier der eigentliche Verbalstamm in vielen Fällen nicht im Präsens, sondern vielmehr in andern Temporibus, namentlich dem zweiten Aorist, deutlich zu erkennen ist; daß insbesondere wenn vor dem ω des Präsens zwei Konsonanten vorhergehen, auf die eben angegebene Weise häufig weder der Stamm des Verbi noch der Charakter gefunden werden können, mithin in Wörtern wie τύπτω, τάσσω, τέμνω, ἀρέσκω nicht etwa τ, σ, ν, κ für den Charakter des Verbi zu halten sei. Die Anleitung hiezu gibt der folgende §.

Anm. 2. Auch gilt, was §. 39 Anm. hinsichtlich der Unterscheidung der etymologischen Wurzel vom Biegungsstamm gesagt worden, auch hier beim Verbo (z. B. τιμάω, Wurzel τιμ, Verbalstamm τιμα).

4. Der verschiedene Charakter gibt den Verbis ihre verschiedene Benennung, worüber s. §. 92 b.

1. Man nimmt im Griechischen wie im Lat. 2c. das Prä=
jens als Haupt=Tempus an, wovon man in der Grammatik aus=
geht, um die übrigen Formen zu bilden.

2. In vielen Verbis aber ist der Stamm des Präsens
von dem, der in andern Temporibus erscheint, mehr oder
weniger verschieden. In dieser Hinsicht ist für den ersten Un=
terricht Folgendes zu beachten.

3. In einem Theil dieser Verba besteht die Verschiedenheit
bloß in der Verwechselung der drei Kürzen ε, ᾰ, o. Dann
nimmt man im grammatischen Vortrag den Vokal des Präsens als
den Stammvokal, und die Veränderung in andern Formen als Um=
laut an, wie z. B. in τρέφω, ἐτράφην, τέτροφα, und gerade wie
im Deutschen: sterben, starb, gestorben.

4. In vielen Verbis aber erscheint der Wortstamm im Prä=
sens gedehnter und voller als der, welcher in den übrigen Tem=
poribus zu erkennen ist, theils durch langen Vokal oder Diphthon=
gen, theils durch Mehrheit und Verschiedenheit der Konsonanten, z. B.

λείπω,	ἔλιπον·	Stamm ΛΙΠ,	im Präs.	λειπ
τήκω,	ἐτάκην·	— ΤΑΚ,	—	τηκ
τύπτω,	ἐτύπην·	— ΤΥΠ,	—	τυπτ
τάσσω,	ἐτάγην·	— ΤΑΓ,	—	τασσ

und so auch in λαμβάνω, ἔλαβον, λήψομαι (Stamm λαβ, λᾰβ, im
Präsens λαμβαν).

5. Da es nun sprachgemäßer ist, den einfachern Stamm
als den Grundstamm anzunehmen, die Grammatik aber der
Gleichförmigkeit wegen immer vom Präsens ausgeht, so nimmt man
für solche Fälle neben der gebräuchlichen Präsensform eine alte
oder ungebräuchliche an, indem man diesem einfachen oder ur=
sprünglichen Stamm (ΤΥΠ) die Endung ω ansetzt (ΤΥΠΩ).

6. Jede Präsensform nun, sie sei gebräuchlich oder nicht, von
welcher man bei Bildung anderer Theile eines Verbi ausgeht,
heißt ein Thema. Von einem Verbo, wo ein solches neben dem
gebräuchlichen Präsens zu Hülfe genommen werden muß, sagt man
es habe ein doppeltes Thema, z. B. τύπτω ΤΥΠΩ.

7. (6.) Den Charakter des einfachsten Thema nennt man, im
Gegensatz der verstärkten Formen worin er unkenntlich ist, den rei=
nen Charakter des Verbi (z. B. τύπτ-ω, aor. 2. ἔτυπ-ον, reiner
Char. π); und den Stamm des einfachsten Thema den reinen
oder einfachen Stamm, z. B. ΤΥΠ von τύπτω.

8. Zunächst lassen sich aus den Verben mit doppelten The=
men aussondern diejenigen, die eine Muta zum reinen Cha=

rakter haben (verba muta, §. 92 b), der aber im Präsens verstärkt worden ist. Diese sind dreierlei:

1) Bei den Verben, die auf πτω ausgehen, ist das τ verstär=kender Zusatz, und der reine Charakter ist einer der Lip=pen= oder P=Laute β, π, φ (vgl. §. 20); z. B.

$$\kappa\rho\acute{\upsilon}\pi\tau\omega \qquad \tau\acute{\upsilon}\pi\tau\omega \qquad \acute{\rho}\acute{\alpha}\pi\tau\omega$$
$$KPYB\Omega \qquad TP\Pi\Omega \qquad PA\Phi\Omega$$

2) Die meisten Verba mit σσ oder ττ im Präsens haben zum reinen Charakter einen der Gaumlaute γ, κ, χ, z. B.

$$\pi\rho\acute{\alpha}\sigma\sigma\omega \qquad \varphi\rho\acute{\iota}\sigma\sigma\omega \qquad \beta\acute{\eta}\sigma\sigma\omega$$
$$\Pi PA\Gamma\Omega \qquad \Phi PIK\Omega \qquad BHX\Omega$$

einige aber auch die Zungen= oder T=Laute, s. Anm. 2—4.

3) Die meisten auf ζ haben zum reinen Charakter δ, z. B.

$$\varphi\rho\acute{\alpha}\zeta\omega \; - \; \Phi PA\Delta\Omega, \; \acute{o}\zeta\omega \; - \; O\Delta\Omega$$

mehre aber auch γ, z. B.

$$\kappa\rho\acute{\alpha}\zeta\omega \; - \; KPA\Gamma\Omega.$$

9. (10.) Alle diese Verba behalten die vollere Form und den verstärkten Charakter nur im Präsens und Im=perfekt des Akt. und Pass.; das übrige hingegen kommt von dem einfacheren Thema *).

10. (9.) An diese Verba schließen sich diejenigen, deren Prä=sensverstärkung fast nur in der Quantität besteht, indem

1) der reine Charakter im Präsens verdoppelt erscheint, wel=ches in der gewöhnlichen Sprache nur mit dem λ geschieht, z. B. βάλλω ἔβαλον, ςέλλω ςελῶ ἐςάλην; oder

2) das Präsens einen Diphthongen oder langen Vokal statt des kurzen anderer Tempora hat, z. B. φαίνω φανῶ ἐφάνθην, τήκω τήξω ἐτάκην, λείπω λείψω ἔλιπον.

Diese behalten das vollere Thema zum Theil auch in andern Tem=poribus, daher die Grammatik bei ihnen nicht wie vorhin zwei Themen aufstellt, sondern eine eintretende Veränderung einfach als Verkürzung des Präsens behandelt.

11. Welcher einzelne Buchstab nun bei den unter 8. er=wähnten Verbis jedesmal der einfache Charakter ist, läßt sich mit Bestimmtheit nur bei denjenigen angeben, welche zweite Tem=pusformen bilden, d. h. solche, in denen nach dem folg. §. der reine Charakter unverändert hervortritt. Für alle übrigen Verba mit verstärktem Präsensstamm, die nur die sogenannten ersten Tempusformen bilden (§. 93), ist es völlig hinreichend zu wis=sen, ob der reine Charakter ein Lippen=, Gaum= oder Zungenbuch=

---

*) Es ist also ungrammatisch, wenn man der Kürze wegen sich häufig so ausdrückt, daß z. B. in τύψω, τυπείς das τ des Präsens τύπτω abge=worfen worden, oder daß vor dem σ in φράσω (Fut. von φράζω) nicht der reine Charakter δ, sondern ζ weggefallen wäre.

stab (genauer: ein P=, K= oder T=Laut) sei, wie man aus der Lehre von der Bildung der Tempora (§. 95 ff.) ersehn wird.

Anm. 1. Von den Verbis auf πτω, deren Charakter nach oben 8. überhaupt immer ein Lippenbuchstab (P=Laut) ist, bilden Tempora mit reinem Charakter nur folgende:

a. βλάπτω, κρύπτω (s. jedoch anom.) reiner Charakter — β.
b. τύπτω, κόπτω, κλέπτω — π.
c. βάπτω, ῥάπτω, θάπτω, σκάπτω, ῥίπτω, θρύπτω — φ.

Anm. 2. Die Verba auf σσω (ττω) haben vorzugsweise

A. einen Gaumbuchstab (K=Laut) zum Charakter. Unter ihnen aber bilden zweite Tempusformen mit reinem Charakter nur folgende:

a. ἀλλάσσω, μάσσω, πράσσω, τάσσω, φράσσω, σφάττω, πήσσω, πλήσσω, mit dem Charakter γ. Vgl. ὀρύσσω im Anom. Verz.
b. φρίσσω mit dem Char. κ. Vgl. auch anom. πτήσσω.
c. In βήσσω ist oben 8. nur muthmaßlich χ als Charakter aufgestellt worden, weil βήξ der Husten im Gen. βηχός hat *). Vgl. an. ὀρύσσω.

B. Einige aber folgen der Analogie derer auf ζω, d. h. sie haben zum Charakter einen Zungenbuchstab (T=Laut), nehmlich:

πλάσσω, πάσσω, πτίσσω, βλίττω, βράσσω, ἱμάσσω, ἐρέσσω, κορύσσω, λίσσομαι, also fut. πλάσω ꝛc.

Bei allen diesen tritt ein reiner Charakter eigentlich nur hervor in λίσσομαι (s. anom.), nehmlich τ; denn in πλάσσω und κορύσσω kann auf θ nur geschlossen werden aus Formen wie ἱπνοπλάθος (Ofensetzer), κόρυς κόρυθος *) (Helm) und dem vereinzelten κεκορυθμένος bei Homer.

Anm. 3. Von den Verbis auf ζω hat die Mehrzahl, namentlich alle abgeleiteten, zum Charakter

A. einen Zungenbuchstab (T=Laut). Nur wenige indeß bilden Tempora mit dem reinen Charakter, nehmlich:

ὄζω, φράζω, χάζομαι, ἕζομαι, χέζω mit Char. δ.

B. Mehre aber folgen der Analogie derer auf σσω, d. h. sie haben zum Charakter einen Gaumbuchstab, und zwar:

a. alle diejenigen, die einen Ton und Ruf bezeichnen, wie κράζω, στενάζω, αἰάζω, τρίζω, οἰμώζω, ἀλαλάζω ꝛc.
b. auch andre, wie σάζω, στίζω, στηρίζω, σφύζω, μαστίζω, und bei Dichtern noch mehre wie ῥέζω, ἀλαπάζω ꝛc., vgl. Anm. 6. Bei dreien ist der Charakter sogar ein doppelte Gaumlaut (γγ):
c. πλάζω, κλάζω, σαλπίζω, also fut. πλάγξω ꝛc.

Unter allen diesen (a. b. c.) aufgeführten lassen nur wenige den reinen Charakter hervortreten, nehmlich:

τρίζω, κράζω — γ· κλάζω — γγ

(τέτριγα, κέκραγα, κέκλαγγα). Vgl. an. κρίζω. In σάζω, μαστίζω u. a. zeigt sich der einfache Char. γ nur in abgeleiteten Nominalformen wie σαγών, μάστιξ G. γος ꝛc. *)

Anm. 4. Einige Verba auf σσω und ζω schwanken zwischen beiderlei Charakteren (T= und K=Laut), s. im Anom.=Verz.

ἁρπάζω, βαστάζω, νυστάζω, παίζω, νάσσω, ἀφύσσω.

---

*) Solche Schlüsse sind indeß nicht immer sicher, da der Stammlaut auch in solchen Ableitungen öfters schwankt, s. ausf. Spr. §. 92 A. 11.

Anm. 5. (3.) Noch andre sind im Präsens sowohl auf ζ als auf ττ gebräuchlich, befolgen aber in den übrigen Temporibus nur eine der beiden Formationsarten; so besonders:

σφάττω oder σφάζω (schlachte) fut. σφάξω ꝛc.
ἁρμόζω oder ἁρμόττω (füge) fut. ἁρμόσω ꝛc.
συρίζω oder συρίττω (pfeife, flöte) fut. συρίξομαι ꝛc.

Anm. 6. (7.) Daß der dorische Dialekt in den Verbis, die sonst den Zungenlaut zum Charakter haben, in einigen Temporibus den Gaumlaut annimmt, s. §. 95 A. 2. Aber auch in der epischen Sprache und überhaupt bei Dichtern finden sich außer obigen noch viele andere auf dorische Art flektirt; so z. B. bei Homer: βάζω, ἀβροτάζω, βρίζω, δαΐζω, δνοπαλίζω, ἐγγυαλίζω, ἐλελίζω, ἐναρίζω, κτερείζω, μερμηρίζω, πελεμίζω, πολεμίζω, στυφελίζω, ἀτύζω u. a., also βέβακται, ἀποβρίξαντες, δεδαϊγμένος, ἐλέλικτο, πελεμίχθη, ἀτυχθείς ꝛc.

§. 92 b.   Klassen der Verba auf ω.

Auf die Verschiedenheit des Charakters, sei er rein oder verstärkt, gründet sich die verschiedene Benennung und die Klasseneintheilung der regelmäßigen Verba auf ω. Man theilt nehmlich die Verba ein in

I.   Verba pura
(auch Klasse 1. oder Kl. α genannt)

wohin die Verba, deren Charakter ein einfacher Vokal oder ein Diphthong ist, gerechnet werden. Eine Unterabtheilung derselben bilden die Verba mit dem Char. α, ε, ο, welche, da sie im Präsens und Impf. Kontraction zulassen, verba contracta heißen.

Beisp.: κωλύω, παιδεύω· τιμάω, φιλέω, δηλόω.

II.   Verba muta

wohin alle diejenigen gehören, die eine muta (oder einen der 3 Doppelconsonanten) zum Charakter haben. Dieselben zerfallen in

a) Verba deren Char. ein P-Laut: β, π, φ und verstärkt πτ
     (auch Klasse 2. oder Kl. β genannt)
     Beisp.: τρίβω, βλάπτω· λέπω, τύπτω· γράφω, βάπτω

b) Verba deren Char. ein K-Laut: γ, κ, χ u. verst. σσ, ττ od. ζ
     (auch Klasse 3. oder Kl. γ genannt)
     Beisp.: λέγω, τάσσω, κράζω· πλέκω, φρίσσω· βρέχω· στίζω

c) Verba deren Char. ein T-Laut: δ, τ, θ u. verst. ζ od. σσ, ττ
     (auch Klasse 4. oder Kl. δ genannt)
     Beisp.: ἄδω, φράζω· ἀνύτω, λίσσομαι· πείθω, κομίζω, ἐρέσσω

III.   Verba liquida
(auch Klasse 5. oder Kl. λ genannt)

wohin die Verba gehören, deren Charakter eine liquida: λ, μ, ν, ρ.
Beisp.: ἀγγέλλω, νέμω, ἀμύνω, σπείρω.

§. 93. Bildung der Tempora. (84)

1. (4.) Sämtliche Tempora des griechischen Verbi zerfallen in Rücksicht ihrer Verwandtschaft in folgende drei Reihen, die man, Perf. und Plusq. Paff. als erste Tempora angenommen, dem Ge= dächtniß am leichtesten so einprägen kann:

I. Präsens und Imperfekt Akt. und Paff.

II. Alle ersten Tempora nebst dem Fut. 3., nehmlich):
　a. Fut. und Aor. 1. Akt. u. Med.
　b. Perf. u. Plusq. 1. nebst Perf. u. Plusq. Paff. u. Fut. 3.
　c. Aor. und Fut. 1. Paff.

III. Alle zweiten Tempora, nehmlich:
　a. Fut. und Aor. 2. Akt. und Med.
　b. Aor. und Fut. 2. Paff.
　c. Perf. und Plusq. 2.

2. (3.) Jede Veränderung, die innerhalb einer der Unterabthei= lungen jeder Reihe in dem zuerst aufgeführten Tempus vorgeht, gilt auch für die folgenden derselben Unterabtheilung, so oft sie nicht durch besondere Regeln und Ausnahmen aufgehoben wird.

3. (2.) Das Eigenthümliche einer jeden dieser drei Reihen be= steht hauptsächlich in folgendem:

Die Tempora der Reihe I. verändern den Wortstamm des wirk= lich gebräuchlichen, verstärkten oder nicht verstärkten, Präsens Akt. nie: $\tau\acute{v}\pi\tau\omega$, $\acute{\varepsilon}\tau v\pi\tau o\nu$ xc.

Die Tempora der Reihe II. werden zwar alle von dem einfachen Charakter gebildet (§. 92, 9. 11), indeß erscheint er meistens nach den Ge= neralregeln verändert, hauptsächlich durch den Zutritt eines Konsonanten in der Endung, z. B. Fut. $\tau\acute{v}\psi\omega$ aus $\tau\acute{v}\pi$-$\sigma\omega$ xc.

Die Tempora der Reihe III. haben immer den reinen Charakter des Verbi unverändert (§. 92, 11) z. B. a. 2. pass. $\acute{\varepsilon}\tau\acute{v}\pi\eta\nu$· und ver= ändern nur den Stammvokal (d. h. des Präsens) zuweilen: z. B. aor. 2. $\acute{\varepsilon}\varphi\acute{v}\gamma o\nu$ von $\varphi\varepsilon\acute{v}\gamma\omega$, $\acute{\varepsilon}\tau\varrho\acute{\alpha}\pi\eta\nu$ von $\tau\varrho\acute{\varepsilon}\pi\omega$.

§. 94. Von andern Temp. abgeleitete Tempora. (85)

Mehre Tempora werden auf eine so gleichmäßige Art von an= dern Temporibus abgeleitet, daß man nur eines derselben zu wissen braucht, um das andere danach zu bilden. Es kommen nehmlich:

1) vom Präsens auf ω das Imperfekt auf $o\nu$ — $\tau\acute{v}\pi\tau\omega$, $\acute{\varepsilon}\tau v\pi\tau o\nu$.
2) von jedem Tempus auf ω eine passive Form auf $o\mu\alpha\iota$, und zwar vom Präs. das Präs. Paff. — $\tau\acute{v}\pi\tau\omega$, $\tau\acute{v}\pi\tau o\mu\alpha\iota$· und vom Fut. das Fut. Med. — $\tau\acute{v}\psi\omega$, $\tau\acute{v}\psi o\mu\alpha\iota$. Daß hierunter auch das Fut. 2. auf -$\tilde{\omega}$, Med. -$o\tilde{v}\mu\alpha\iota$ mit begriffen ist, erhellet aus §. 95, 7 ff.
3) von jedem Tempus auf $o\nu$ eine passive Form auf $o\mu\eta\nu$, und zwar vom Impf. das Imperf. Paff. — $\acute{\varepsilon}\tau v\pi\tau o\nu$, $\acute{\varepsilon}\tau v\pi\tau\acute{o}\mu\eta\nu$· und vom Aor. 2. der Aor. 2. Med. — $\acute{\varepsilon}\tau v\pi o\nu$, $\acute{\varepsilon}\tau v\pi\acute{o}\mu\eta\nu$.

4) vom Aor. 1. Akt. der Aor. 1. Med. bloß durch Anhängung der Silbe μην — ἔτυψα, ἐτυψάμην.

5) vom Perfekt das Plusquamperfekt; und zwar in der aktiven Form durch Verwandlung von α in ειν — τέτυφα, ἐτετύφειν· und in der passiven von μαι in μην — τέτυμμαι, ἐτετύμμην.

6) von jeder der beiden Formen des Aor. Paff. das Fut. Paff. durch Verwandlung von ην in ήσομαι: ἐτύφθην und ἐτύπην — τυφθή-σομαι, τυπήσομαι.

Alle übrigen Tempora erfordern besondere Regeln.

§. 95. Futurum Aktivi. (86)

1. Die Hauptform des Futuri ist die Endung σω (med. σομαι). Sie findet bei weitem in den meisten Verben statt, und heißt daher Futurum 1. Wie alle §. 90 aufgeführten Bildungs=endungen tritt dieselbe unmittelbar an den Stamm des Verbi, und zwar geschieht dies, wenn der Charakter ein Diphthong oder ein langer Vokal ist, ohne weitere Veränderung, z. B.

παύω Fut. παύσω, ft. med. παύσομαι
δακρύω (v̄) Fut. δακρύσω (v̄).

2. Wenn der Charakter des Verbi ein Konsonant ist, so entstehn die beim σ gewöhnlichen Veränderungen, z. B.

θλίβω, λείπω, γράφω — F. θλίψω, λείψω, γράψω
λέγω, πλέκω, τεύχω — F. λέξω, πλέξω, τεύξω
σπεύδω, πείθω, πέρθω — F. σπεύσω, πείσω, πέρσω.

Anm. 1. Wenn der Charakter des Verbi ein Zungenlaut (T=Laut) mit vorhergehendem ν ist, so erfolgt vor dem σ des Futurs die Veränderung nach §. 25, 4. Der Fall tritt aber nur selten ein: am deutlichsten in σπένδω F. σπείσω. S. noch in Anom. πάσχω, χανδάνω, κυλίνδω.

3. Bei den Verben auf πτ, auf σσ oder ττ, und auf ζ, tritt nach §. 92 der reine Charakter ein, d. h. das Futur wird wie oben, aber vom einfachen Thema gebildet; z. B.

τύπτω (ΤΥΠΩ) — τύψω· ῥάπτω (ΡΑΦΩ) — ῥάψω
τάσσω (ΤΑΓΩ) — τάξω· φράζω (ΦΡΑΔΩ) — φράσω
κράζω (ΚΡΑΓΩ) — κράξω· πλάσσω (ΠΛΑΘΩ) — πλάσω.

Also allgemein ausgedrückt für alle vier Hauptcharaktere (oder die 4 ersten Klassen): Ist der Char. des Verbi

1. ein Vokal oder Diphthong, so hat das Fut. σω
2. ein Lippenbuchstab (P=Laut) — — ψω
3. ein Gaumbuchstab (K=Laut) — — ξω
4. ein Zungenbuchstab (T=Laut) — — + σω *).

---

*) Das Zeichen + bedeutet Wegfall des Charakterbuchstabs.

4. Wenn der Charakter des Verbi ein kurzer Vokal ist, so wird derselbe vor der Endung σω der Regel nach lang*); z. B.

$$τίω \; (ῐ) — τίσω \; (ῑ)$$

und aus ε und ο wird demzufolge η und ω; z. B.

$$φιλέω, \; δηλόω — φιλήσω, \; δηλώσω.$$

Ausnahmen s. Anm. 3. 4.

5. Der Charakter α**) wird im Futur in η verwandelt, außer wenn die Vokale ε, ι, oder ein ϱ vorhergehn, in welchen Fällen das Futur lang α hat (vgl. §. 34, 2. 60, 2); z. B.

$$τιμάω \; ἀπατάω — τιμήσω \; ἀπατήσω$$
$$βοάω \; ἐγγυάω — βοήσω \; ἐγγυήσω$$
$$ἐάω \; μειδιάω — ἐάσω \; μειδιάσω \; (lang \; α)$$
$$δράω \; φωράω — δράσω \; φωράσω \; (lang \; α).$$

Ausnahmen s. Anm. 6. 7.

6. Dagegen ist die vorletzte Silbe der Future auf άσω, ίσω, ύσω immer kurz, wenn sie von Verben auf ζ, oder σσ, ττ herkommen; z. B.

$$φράζω \; πλάσσω — φράσω \; πλάσω$$
$$νομίζω \; πτίσσω — νομίσω \; πτίσω$$
$$κλύζω \; κορύσσω — κλύσω \; (κορύσω) ***).$$

Anm. 2. Die Dorier nehmen das ξ statt σ (im Futur und Aor. 1) nicht allein in den meisten Verbis auf ζ an, z. B. κομίζω, δικάζω, von κομίζω, δικάζω (vgl. §. 92 Anm. 6); sondern zuweilen auch in solchen Verbis die einen Vokal vor dem ω des Präsens haben, jedoch nur wo der Vokal im Futur kurz ist, z. B. ἐγέλαξε, χαλάξας (Theocr., Pind.), ἱλάξομαι (s. anom.). Sie haben jedoch die gewöhnliche Form daneben, und wechseln in Versen nach Bedürfnis des Metri zwischen beiden ab †).

Anm. 3. Mehre Verba, die einen kurzen Vokal zum Charakter haben, lassen denselben im Futur und in allen davon abgeleiteten Temporibus (Reihe II.) unverändert; so besonders γελάω, χαλάω, θλάω, κλάω (breche), σπάω· Fut. γελάσομαι, σπάσω 2c. Vgl. auch anom. ἐράω, ἄγαμαι.

---

*) S. die Ursach Anm. 15. — Τίω ist hier nach seiner gewöhnlichen Quantität genommen, obgleich Homer es auch lang braucht.

**) S. über die Quant. des α in den Vb. auf άω §. 105 A. 1. Not.

***) Nehmlich in allen diesen Verbis ist der Vokal schon an sich kurz, und wird also nur im Futur nicht lang; wäre er an sich lang, so würde er es eben so gut bleiben als in χρήζω, χρήσω. Ob solche Verba wie κνώσσω, λεύσσω, νίσσομαι oder νείσσομαι wirklich, wie gewöhnlich angenommen wird, ein Futur κνώσω, λεύσω, νίσομαι, νείσομαι haben, ist nicht mit Sicherheit zu entscheiden. S. die ausf. Sprachl. I. S. 375. — Wegen des (zufällig nicht nachweisbaren) Futurs κορύσω vgl. Anm. 5.

†) Seltner sind die Fälle, wo der Gaumlaut auch in die weitere Formation übergeht, z. B. (ἐλυγίχθην für -ίσθην von λυγίζω) bei Theokrit. — Wegen κλάξω, ἔκλαξα s. anom. κλείω.

ἀλέω, ἀρκέω, ἐμέω, τελέω, ζέω, ξέω, τρέω, αἰδέομαι, ἀκέομαι, und z. Th. καλέω *), Fut. ἀλέσω, αἰδέσομαι ꝛc.

ἀρόω fut. ἀρόσω

ἀνύω, ἀρύω **), μεθύω, πτύω Fut. ἀνύσω ꝛc.

nebst einigen dichterischen (κοτέω, νεικέω, ἐρύω, τανύω, μύω). Außerdem gehört hieher die Flexion mehrer auf einen Vokalstamm zurückzuführender Anomala, wie κορέννυμι, κρεμάννυμι, ἐλαύνω, ἕλκω ꝛc. ft. κορέσω, κρεμάσω, ἐλάσω, ἑλκύσω ꝛc.

Anm. 4. Einige Verba schwanken zwischen beiden Formationen, theils im Futur selbst, theils in den davon abgeleiteten Temporibus (Perf. Akt. und Pass., Aor. 1. Pass. ꝛc.). So besonders

 αἱρέω, αἰνέω, ποθέω, πονέω, γαμέω, δέω (binde)

welche wegen ihrer weitern Formation im Anom.-Verz. nachzuschlagen sind, und ebenso wegen ähnlicher Schwankungen ebb. σερίσκω, μένω, ἔχω, εὑρίσκω, μάχομαι, νέμω, PEΩ unter εἰπεῖν. — Dazu kommen:

δύω, θύω, λύω

welche das ν im Perf. und Aor. 1. pass. (und Adj. verb.). die beiden letzten auch im perf. act., wieder verkürzen; s. anom. Vgl. auch ebb. φθίνω und unten bei der Wortbildung §. 119 A. 2. 5. 7.

Anm. 5. Alle Verba, welche den kurzen Vokal im Futur behalten, können dafür in der nicht attischen Poesie nach §. 21 Anm. 1 das σ im Futur sowohl als im Aorist verdoppeln, z. B. τελέσσω, ἐκόμισσε, δικάσσατε, ἐγέλασσε, καλεσσάμενος, κορυσσάμενος, ἀνύσσας.

Anm. 6. Das Verbum ἀκροάομαι (höre) hat ἀκροάσομαι (wegen des ρ; vgl. ἀθρόος fem. ἀθρόα §. 60 A. 1) gegen die Analogie von βοάω, F. ήσω. Auch ἀλοάω (dresche) bildet -άσω und -ήσω, ebenso θοινάομαι (s. §. 113 A. 5), ποινάομαι (ποινασόμεσθα Eurip.). Wegen πεινάω s. regelm. Verz. Dagegen hat χράω, χράομαι — χρήσω ꝛc. gegen die Analogie von δράω, άσω. Vgl. τρήσω von anom. τιτράω.

Anm. 7. Daß die Jonier in den Verbis auf άω, die ihre Tempora mit langem α formiren, statt dieses ein η haben (z. B. θεήσομαι, περήσω); und dagegen die Dorier statt des η immer lang α (τιμάσω, ἐβόασα), folgt aus den allgemeinen Grundsätzen §. 27 A. 5. 7. Nur ἐάω hat in allen Dialekten ἐάσω.

Anm. 8. Die Dorier, vorzugsweise die spätern, ließen aber ihr langes α vielfältig auch in die Flexion von Verben auf έω kommen, z. B. φιλάσω, δάσας, ἐπονάθη von φιλέω, δέω, πονέω.

Anm. 9. Folgende sechs, welche sämtlich eine fließende, flußartige, im flüssigen geschehende Bewegung bezeichnen,

πλέω schiffe, πνέω wehe, νέω schwimme
θέω laufe, (ῥέω fließe, χέω gieße)

nehmen im Futur, oder doch in den dadurch gehenden Ableitungen, ευ an; z. B. πλεύσομαι, ἔπνευσα, χεῦμα ꝛc.; und folgende zwei

καίω brenne, κλαίω weine

nehmen αυ an: καύσω, ἔκλαυσα. S. alle diese Verba im Anom.-Verz.

---

*) Wenn auch καλέω in einem Theile seiner Tempora den Charaktervokal verlängert (κέκληκα ꝛc.), so gehört es doch hieher, und nicht zu den sogleich folgenden Verben mit schwankendem Char., da die Verlängerung in jenen Temp. eine Folge anderer Ursachen ist, s. §. 110, 11 und Anm. 7.

**) Die Verba ἀνύω (vollende) und ἀρύω (schöpfe) haben aber im Präsens auch eine attische Nebenform ἀνύτω, ἀρύτω.

7. Die drei= und mehrsilbigen Future, welche vor der En=
dung σω einen der kurzen Vokale ᾰ, ε, ῑ haben, sind einer Ne=
benform fähig, welche man, weil die Attiker sich derselben vorzüglich
bedienten,

Futurum Atticum

zu nennen pflegt. Die dahin gehörigen Fälle kommen darin über=
ein, daß das σ auf ionische Art (§. 28 Anm. 4) ausfällt, und die
Endung eine cirkumflektirte oder Kontraktions=Endung wird.

8. Bei den Verben, deren Futur auf ᾰσω oder ἐσω
ausgeht, werden nach Ausstoßung des σ die Vokale άω und έω
zusammengezogen, und dann entsteht für dies Futur dieselbe Flexion,
wie im Präsens der Verba contracta auf άω und έω:

βιβάζω F. βιβάσω (βιβάω, βιβάεις ꝛc. ungebr.)
fut. att. βιβῶ ᾷς ᾷ· ᾶτον ᾶτον· ῶμεν ᾶτε ῶσι(ν)
τελέω F. τελέσω (ion. wieder τελέω, τελέεις ꝛc.)
fut. att. τελῶ εῖς εῖ· εῖτον εῖτον· οῦμεν εῖτε οῦσι(ν)

und ebenso das Fut. med.: ῶμαι, ᾷ ꝛc. οῦμαι, εῖ ꝛc.; vgl. §. 105.

9. Bei den Futuren auf ἰσω, wo die Vokale nicht zu=
sammengezogen werden können, bekommt das ω für sich allein den
Cirkumflex, und wird wie ein Contractum aus έω fort flektirt:

κομίζω F. κομίσω — fut. att.: κομιῶ ιεῖς ιεῖ· ιεῖτον ιεῖτον·
ιοῦμεν ιεῖτε ιοῦσι(ν). Med. κομιοῦμαι ιεῖ ιεῖται· ιούμεθον
ιεῖσθον ιεῖσθον· ιούμεθα ιεῖσθε ιοῦνται.

Anm. 10. Die Jonier (Epiker) lassen auch hier die Form έω
έεις ꝛc., wie bei den verb. contr. auf έω, ohne Zusammenziehung,
vgl. §. 105 Anm. 1. Beispiele aus Homer seien: τελέει Jl. ϑ, 415. κορέεις
ν, 831 (s. anom. κορέννυμι) und häufig τελέεσθαι ꝛc.

Anm. 11. Die Futurform auf ῶ, ᾷς wird selbst bei Joniern so
wenig als die entsprechende Präsensform der Verba contracta aufgelöst:
Herod. δικᾷν, ἐλᾷς, ἐλῶν; bei den Epikern aber sind sie nur der Zerbeh=
nung fähig: Hom. κρεμόω, ἐλάα, περάαν. Vgl. §. 105 A. 1 und 10.

Anm. 12. Noch ist für den Gebrauch dieser Futurform zu merken

1) daß sie von den Verbis auf ίζω die allgemein übliche ist, die
Future auf ίσω und άσω aber mehr oder weniger neben den cirkum=
flektirten im Gebrauch sind. Von den Verbis, wo das gebräuchliche Präsens
selbst auf έω ausgeht, mithin die Form des att. Futurs dem Präsens völlig
gleich lautet, merke man bei Attikern: τελέω, Fut. τελῶ, τελῶν, τελεῖν
(Plat. Protag. p. 311); καλέω, Fut. καλῶ, προκαλεῖσθε (Dem. Lept. 5),
παρακαλοῦντας (Xen. Hell. 6, 3, 2); ἐμέω Fut. ἐμεῖ, ἐξεμεῖν (Aesch. Aristoph.). S. auch Anom. ἀλέω, γαμέω und vgl. χέω. In den übrigen
Fällen kann keine Verwechselung mit dem Präsens statt finden, insbesondre
wenn das Fut. auf σω entweder vom Präs. auf άζω herkommt (z. B. δικᾷν
Her. 1, 97 für δικάσειν von δικάζω; βιβᾷ Plat. Phaedr. 7; κολᾷ Ar. Eq.
456. ꝛc.), oder wenn das einfache Präsens auf έω und άω ungebräuchlich
ist, z. B. ἀμφιῶ, ἀμφιεῖτε von ἀμφιέννυμι (§. 108), κορέεις (Anm. 10),
σκεδᾷ ꝛc. s. Anom. σκεδάννυμι und vgl. ἐλαύνω, δαμάω ꝛc.

2) daß sie niemals stattfindet, wenn der Futurendung eine
lange Silbe vorhergeht, also immer nur: αἰνέσω, ἀρκέσω, αἰδέσομαι,

γυμνάσω, ϑαυμάσομαι ꝛc. Vgl. hiezu Cobet NL. 65. 427. 438. 496. VL. 29. 242. Lob. Phryn. 746.

Anm. 13. Sehr selten und zweifelhaft ist es, daß auch der lange Vokal, z. B. das ω der Future auf ώσω sich verkürzt, und so diese Zusammenziehung gestattet, z. B. ἐρημοῦτε für ἐρημώσετε, οἰκειοῦντας für οἰκειώσοντας Thuc. 3, 58. 6, 23.; denn ἐρημοῦτε kann das fürs Futur stehende Präsens sein, und statt οἰκειοῦντας ist jetzt hergestellt οἰκιοῦντας von οἰκίζω. (S. hievon und von einigen ähnlichen Fällen die ausf. Sprachlehre §. 95 Anm. 16 und vgl. N℥. Gramm. p. 33.)

Anm. 14. Von den Verben auf ίζω ist die Futurform auf ιῶ auch bei den Joniern sehr gebräuchlich, und zwar ohne Auflösung, z. B. ἀγλαΐεῖσϑαι, ϑεσπιεῖν, νομιοῦμεν ꝛc. bei Herodot und Hippokrates. Nur einmal findet sich aufgelöst ϑεσπιέειν (Her. 8, 135 vgl. §. 103 n. 38 N.) Die Form κομιέαι 7, 49 ist durch Synkope eines ε zu erklären.

10. Das in der Grammatik sogenannte
Futurum Secundum
hängt nach Verkürzung der Stammsilbe an den reinen Charakter des Verbi ionisch die Endung έω und zieht diese attisch zusammen in ῶ, worauf die Flexion ebenfalls im Aktiv und Medium nach den Regeln der Kontraction fortgeht; also βάλλω, kurzer Stamm βαλ, fut. 2. βαλῶ (f. A. 16).

11. Dies Futur haben in der gewöhnlichen Sprache nur die Verba, deren Charakter λ μ ν ρ ist, wogegen ebendieselben das Futur auf σω der Regel nach gar nicht haben.

Anm. 15. Um alles obige unter Einen Gesichtspunkt zu bringen, hat folgende Annahme die meiste Analogie. Wir legen die Endung σω (Fut. 1) zum Grunde. Diese ward theils mit, theils ohne eintretenden Bindevokal ε angehängt, gerade wie die Dativendung σι der 3. Dekl. (§. 46), und ähnlich wie im deutschen Imperfekt liebte, liebte. Die kürzere Form blieb die gewöhnlichste; aber die Form έσω ließ sich auch in έω, ῶ verkürzen (Fut. 2); und diese Form blieb, mit wenigen Ausnahmen, nur den Verbis deren Charakter λμνρ ist. Wenn ferner in verbis puris vor die Endung έσω der Stammvokal trat, so schmolzen beide Vokale, Stammvokal und Bindevokal, zusammen; daher die Verlängerung Text 4. 5 (φιλήσω, τίσω). Trat aber ein solcher Vokal unmittelbar vor die Endung σω (τελέ-σω, νομί-σω), so blieben diese Formen theils unverändert, theils bewirkte dasselbe Streben, welches das Fut. 2 hervorbrachte, hier die verschiedenen Formen des Futuri Attici.

Anm. 16. So wie es bei den Verbis λμνρ einige Ausnahmen gibt mit dem Fut. 1 auf σω; so haben sich auch einige zweite Futurformen ohne den Char. λμνρ, aber sämtlich aus der Medialform, erhalten (vgl. §. 96 A. 1). Davon gehören der att. Sprache an

μαχοῦμαι und καϑεδοῦμαι

f. anom. μάχομαι und ἕζομαι. Außerdem gehören hieher πιοῦμαι, eine von den alten Kritikern gemisbilligte Form statt πίομαι (A. 18) f. Anom. πίνω, und einige dichterische Fälle, f. unter anom. τίκτω und μανϑάνω.

Anm. 17. Die Dorier brauchen in allen cirkumflektirten Futuren statt ου — ευ, welche Zusammenziehung ihnen mit den Joniern, wenn diese zusammenziehen, gemein ist: z. B. βάλλω fut. βαλῶ pl. βαλέομεν, βαλεῦμεν, vergl. §. 105 A. 13. — Die Dorier cirkumflektiren aber auch das gewöhnliche Fut. 1. auf σω (ξω, ψω) und flektiren es als Contractum von έω, z. B. τυψῶ, τυψεῦμεν (für -oύμεν), τυψεῖτε, βασεῦαι (für βή- σομαι) ꝛc.; und dieſe Form iſt unter dem grammatiſchen Namen

Futurum Doricum

von einigen Verbis auch bei den attiſchen und andern Schriftſtellern mehr oder weniger im Gebrauch, doch bloß in der Form des Futuri Medii (vgl. §. 113, 5) und mit dem attiſchen Kontractionslaut ον, z. B.

$$φεύγω, \text{ Fut. gew. } φευξοῦμαι.$$

S. anom. παίζω, κλαίω, πλέω, πνέω, νέω, πίπτω, χέζω und vgl. εἰμί.

Anm. 18. Eine ganz abweichende Form des Fut. iſt in

πίομαι werde trinken, ἔδομαι werde eſſen,

welche ganz die Form des Präf. Paſſ. der einfachen Themen haben, wozu ſie gehören; ſ. unter den Anom. πίνω und ἐσθίω.

Anm. 19. Außer dieſen beiden gibt es noch einige andere, ganz prä- ſentiſch, d. h. ohne jeglichen futuriſchen Charakter gebildete Futurformen von vb. puris auf έω, άω, ύω. Von dieſen gehört der att. Sprache nur an: χέω fut. χέω f. med. χέομαι (ſ. anom.) welches nach der Regel §. 105 A. 2 nur Kontraction in ει zuläßt. Sonſt ſ. im Anom. Bz. noch άαται, ἐγχεγάονται (unter άω, γίγνομαι), ἐρύω, τανύω und vgl. δήω, κέω (κεῖμαι), βέομαι.

§. 96. Aoriſtus 1. und 2. Akt. (87)

1. Aoriſtus 1. heißt die Form des Aoriſts auf α. Er wird in allen Fällen, wo das Futur auf σω ausgeht, auch wenn dieſe Form des Fut. nicht gebräuchlich iſt, auf σα med. σάμην ge- bildet, wobei dieſelben Veränderungen vorgehn, wie dort bei σω:

τύπτω, τύψω	— ἔτυψα, ἐτυψάμην
τάσσω, τάξω	— ἔταξα, ἐταξάμην
κομίζω, (κομίσω)	— ἐκόμῑσα, inf. κομίσαι
φιλέω, φιλήσω	— ἐφίλησα, inf. φιλῆσαι
πνέω, (πνεύσω ſ. anom.)	— ἔπνευσα

Vom Aor. 1. auf α der Verba λ μ ρ ſ. §. 101.

Anm. 1. Einige wenige Verba, die zu den Anomalen gehören, bil- den, ohne Verba λ μ ν ρ zu ſein, den Aor. 1. dennoch bloß auf α anſtatt σα, z. B χέω, ἔχεα. S. noch Anom. καίω, εἰπεῖν, σεύω, ἀλέομαι, δατέομαι, und ἤνεγκα unter φέρω *).

2. Aoriſtus 2. heißt die Form des Aoriſts auf ν. In der gewöhnlichen Konjugation iſt die volle Endung deſſelben ον (med. όμην), welche unmittelbar an den Stamm des Verbi gehängt wird, mit folgenden Beſtimmungen:

---

*) Der Alexandriniſche Dialekt (§. 1. A. 8) formirte von mehren Verben, die gewöhnlich nur den Aor. 2 auf ον haben, einen ſolchen auf α, z. B. εἶδα für εἶδον, ἔλιπαν 3. pl. für ἔλιπον, ἤλθατε u. d. g. S. die N. T. Gramm. p. 34. — Dahin gehört es auch, daß bei nichtattiſchen Schriftſtellern einige Medialformen des Aor. 2. zwiſchen α und ο ſchwanken, z. B. εὕραντο für -οντο, εἰλάμην ſ. αἱρέω, ὄσφραντο Herod.

1) der Aor. 2. wird durchaus von dem einfachen Thema und mit dem reinen Charakter des Verbi gebildet, wenn dieses (nach §. 92) im Präsens eine vollere Form hat;

2) er macht die vorletzte Silbe des Präsens gewöhnlich kurz;

3) er verwandelt das ε in der Stammsilbe zum Theil in α. S. das Nähere über diese Verwandlung Anm. 3.

3. Bloß durch diese Veränderungen unterscheidet sich der Aor. 2. der Form nach vom Imperfekt, und alle Verba, bei welchen keine derselben statt finden kann (wie z. B. ἀρύω, γράφω u. d. gl.), oder wo bloß die Quantität des Vokals den Unterschied machen würde (wie in τρίβω, κλίνω), formiren gar keinen Aor. 2. Akt. und Med. Also kann ἔγραφον, ἔκλινον, ἔτριβον nur Impf., γράφῃς, τρίβῃς nur Konj. Präs. sein. — Daß sie aber den Aor. 2. Passivi bilden können (z. B. ἐγράφην, ἐτρίβην ꝛc.) s. §. 100 Anm. 4.

4. Außerdem findet er durchaus nicht statt bei abgeleiteten Verbis, die mit bestimmten Endungen wie άζω, ίζω, αίνω, ύνω, εύω, όω, άω, έω von andern Wörtern gebildet werden (§. 104).

5. Auch von den übrigen Verbis haben die meisten im Aktiv (und Med.) den Aor. 1. und nur die weit geringere Anzahl den Aor. 2., daher der Lernende bei jedem Verbo sich aus den Verbalverzeichnissen überzeugen muß, ob letzterer wirklich vorhanden.

6. Folgende Tabelle möge nun die nach Abschn. 2. im zweiten Aorist vorgehenden Veränderungen veranschaulichen.

Charakter.

Praes.	λλ	Aor. 2.	λ	—	βάλλω	ἔβαλον
—	πτ	—	π	—	τύπτω	* ἔτυπον
			β	—	κρύπτω	* ἔκρυβον
			φ	—	ῥάπτω	* ἔῤῥαφον
—	σσ(ττ)	—	γ	—	τάσσω	* ἔταγον
			τ	—	λίσσομαι	ἐλιτόμην (einz. Beisp.)
—	ζ	—	δ	—	φράζω	* ἔφραδον (s. anom.)
			γ	—	κράζω	ἔκραγον (einz. Beisp.)

Stammvokal

im Präs.	αι	im Aor. 2.	ᾰ	—	πταίρω	ἔπταρον
—	η		ᾰ	—	λήθω	ἔλαθον
—	ει		ῐ	—	λείπω	ἔλιπον
			ε od. ᾰ, in den Verben λ μ ν ρ (§. 101.)			
—	ευ		ῠ	—	φεύγω	ἔφυγον
—	ε		ᾰ	—	τρέπω	ἔτραπον

Anm. 2. Wegen der oben mit * bezeichneten Formen ἔτυπον, ἔῤῥαφον ꝛc. sind die Anfänger zu belehren, daß dieselben entweder durchaus nicht, oder wenigstens nicht in der att. Prosa, vorkommen (sondern an deren statt ἔτυψα, ἔταξα ꝛc.); und daß sie hier nur wegen des wirklich gebräuchlichen Aor. 2. Pass. (wie ἐτύπην, ἐῤῥάφην) stehn, s. §. 100 Anm. 6.

Anm. 3. (2) Die Verwandlung des ε in α findet besonders bei den verbis liquidis statt, s. §. 101, 8. Von verbis mutis ist τρέπω fast das einzige in Prosa gangbare Beispiel, da die meisten mit ε in der Stammsilbe keinen Aorist 2. im Aktiv formiren. Vgl. im Anom. Verz. noch πέρθω, δρέπω, πέρδω. In den beiden anomalen Verbis τέμνω und τίκτω (Stamm τεμ-, τεκ-) machte die verstärkte Präsensform (also Impf. ἔτεμνον, ἔτικτον) die Verwandlung im aor. 2. unnöthig: ἔτεμον, ἔτεκον. — Häufiger ist die Verwandlung im Aor. 2. Passivi, worüber s. §. 100 Anm. 5.

Anm. 4. (3) Von der Text 3 gegebenen Regel, daß Aorist nur dasjenige sein kann, was sich der Form nach vom Imperf. unterscheidet, machen einige Imperfekte insofern eine Ausnahme, als sie dem Gebrauch nach zu völligen Aoristen geworden sind; so besonders ἔφην (§. 109), ἐκαθεζόμην (s. anom. ἕζομαι) und bei Epikern ἔκλυον (s. anom. κλύω). Vgl. hiezu die Darstellung in §. 137 Anm. 4 mit der Note.

Anm. 5. Wenn von einigen auf έω und άω sich ein Aorist auf ον findet, so kommt dies daher, daß dann die Endungen άω und έω bloße Verlängerungen der einfachen Form sind, von welcher der Aorist sich erhalten hat; z. B. κτυπέω ἔκτυπον, γοάω ἔγοον. S. §. 112, 6, a. und 7.

Anm. 6 (7.) In mehren Verben jedoch hat der Aor. 2. die Silbe vor der Endung lang, und begnügt sich mit dem Unterschiede der einfacheren Form oder des Umlautes α, z. B. εὗρον, εἶπον, ἔβλαστον, ἔπαρδον (s. Anom. εὑρίσκω, εἰπεῖν, βλαςάνω, πέρδω) u. a.

Anm. 7. In einigen dichterischen Formen wird die Positions-Länge durch eine Umstellung (Metathesis) aufgehoben, z. B. δέρκομαι ἔδρακον; s. auch Anom. πέρθω, δαρθάνω, τέρπω, ἁμαρτάνω; oder es weicht ein Buchstab, s. anom. μάρπτω.

Anm. 8. (9.) So wie wir in Anm. 1 gesehn haben, daß einige Verba den Aor. 1. mit dem Charakter des Aor. 2. bilden, so findet sich auch der entgegengesetzte Fall, nehmlich

der Aorist auf ον mit dem Charakter σ,

wovon das vollständigste Beispiel ist der für das Verbum πίπτω gewöhnliche, von ΠΕΤΩ gebildete, Aorist ἔπεσον, πεσεῖν; wozu man füge die epischen ἷξον, ἐβήσετο, ἐδύσετο, s. Anom. ἱκνέομαι, βαίνω, δύω; ferner einige Imperative: οἶσε verglichen mit dem Futur οἴσω, s. Anom. φέρω, und die epischen ἄξετε*) von ἄγω, λέξεο, ὄρσεο (s. Anom. λέγω, ὄρνυμι) verglichen mit den Imperativen βήσεο, δύσεο von den eben erwähnten Indikativen. — Wegen ἀείσεο (Hymn. 17) s. ausf. Spr.

§. 97. Perfektum 1. und 2. Aktivi.   (88 a.)

1. Das Perfektum Aktivi hat in Form 1. und 2. dieselben Ausgänge (α, ας, εν oder ε 2c.), unterscheidet sich aber in Hinsicht

---

*) Auch die entsprechenden Medialformen: ἄξεσθε (Imper.), ἄξοντο (Indik.) hat Bekker als die wahren aristarchischen Lesarten nach den Andeutungen in den Scholien zu Il. ϑ, 505 und 545. statt ἄξασθε, -αντο hergestellt. Ebenso lassen sich noch andere Formen im Homer nach derselben Analogie erklären, wie ὄψεσθε (Il. ω, 704. Od. ϑ, 313), πελάσσετον (Il. ϰ, 442), die gewöhnlich als Future mit Imperativbed. genommen werden.

des Charakters. Das Perf. 1. hat seinen eigenen Charakter, das Perf. 2. aber den unveränderten reinen des Verbi.

    2. Beim Perfekt 1. gelten folgende Regeln:

a) Wenn der Charakter des Verbi β, π, φ oder γ, κ, χ ist, so wird (oder bleibt) dieser Charakter aspirirt, z. B.

$$τρίβω, λέπω, γράφω — τέτρῖφα, λέλεφα, γέγραφα$$
$$ἄγω, πλέκω, τεύχω — ἧχα, πέπλεχα, τέτευχα.$$

Ist der Charakter des Verbi im Präsens verändert, so wird der reine Charakter aspirirt:

$$τύπτω τύψω — τέτυφα· τάσσω τάξω — τέταχα$$
$$παίζω παιξοῦμαι — (πέπαιχα) *)$$

b) Ist der Charakter des Verbi ein Zungenbuchstab oder ein Vokal, so hat das Perf. 1. κα, indem diese Endung einfach statt der Futurendung σω und mit allen denjenigen Veränderungen eintritt, welche die Stammsilbe oder der Stammvokal **) bereits im Futur erfahren hatte, z. B.

$πείθω$	· fut.	$πείσω$	perf.	$πέπεικα$
$κομίζω$	—	$(κομίσω)$	—	$κεκόμικα$
$σπένδω$	—	$σπείσω$	—	$ἔσπεικα$
$τίω$	—	$τίσω$ (lang $ι$)	—	$τέτῑκα$
$τιμάω$	—	$τιμήσω$	—	$τετίμηκα$
$ἐρυθριάω$	—	$ἐρυθριάσω$ (lang $α$) —		$ἠρυθρίᾱκα$
$σπάω$	—	$σπάσω$ (kurz $α$)	—	$ἔσπᾰκα$
$πνέω$	—	$πνεύσομαι$	—	$πέπνευκα.$

Oder allgemein ausgedrückt für alle 4 Hauptcharaktere:

    2. Wo im Futur ist $ψω$, da hat das Perf. 1. $φα$
    3.   —   — $ξω$,   —   — $χα$
 1. 4.   —   — $σω$,   —   — $κα$

    3. Das Perfekt 2. hängt eben dieselben Ausgänge an den Charakter des Verbi ohne alle Veränderung desselben, also:

$$λήθω λέληθα· σήπω σέσηπα· φεύγω πέφευγα.$$

    4. Hiebei ist aber dreierlei zu beobachten:

a) Ist der Charakter im Präsens verstärkt, so tritt, wie im Aor. 2. der reine Charakter ein, z. B.

$$πλήσσω (ΠΛΗΓΩ) — πέπληγα$$
$$φρίσσω (ΦΡΙΚΩ) — πέφρῑκα$$
$$ὄζω (ΟΔΩ) — ὄδωδα.$$

b) Im ganzen hat diese Form in der Stammsilbe einen langen Vokal, auch wenn in den Temporibus, die den einfachen Stamm haben, ein kurzer ist. Daher eben der verlängerte

---

Laut des Präsens wieder eintritt in obigen 3 Beispielen: πέφευγα, λέληθα, σέσηπα (aor. 2. ἔφυγον, ἔλαθον, ἐσάπην).
Aber das kurze α des Stammes wird auch dann in η verwandelt, wenn die Verstärkung des Präsens in dem Diphthong αι oder in Positions-Verlängerung besteht: z. B.
$$\text{δαίω a. 2. ἔδᾶον — δέδηα *)}$$
$$\text{θάλλω fut. θαλῶ — τέθηλα.}$$
Nach ϱ und nach Vokalen aber tritt, statt η, lang α ein:
$$\text{κράζω, ἔκρᾶγον — κέκρᾶγα}$$
$$\text{ἔᾱγα, ἔᾱδα in Anom. ἄγνυμι, ἀνδάνω.}$$

c) Dies Perfekt liebt aber auch den Vokal o, und dieser allein
bleibt daher nicht nur unverlängert in κόπτω κέκοπα (A. 6),
sondern er wird auch als Umlaut von ε angenommen:
$$\text{φέρβω — πέφορβα· τίκτω ΤΕΚΩ — τέτοκα.}$$
Auf den Diphth. ει des Präsens hat dies zweierlei Wirkung,
je nachdem er ε oder ι zum Grundlaut hat. Ist ε der Stammlaut
(was aber nur bei den Verbis λ μ ν ϱ eintrifft), so wird ει in o
verwandelt; ist aber ι der Stammlaut (was bei allen verbis mutis
der Fall ist), so geht ει in οι über; z. B.
$$\text{φθείρω (f. φθερῶ) — ἔφθορα}$$
$$\text{λείπω (a. 2. ἔλιπον) — λέλοιπα.}$$
Nach φθείρω auch κτείνω **) und vgl. anom. ἐγείρω, μείρομαι;
nach λείπω auch πείθω und vgl. οἶδα §. 109 und anom. εἴκω. —
Unverändert bleibt das ι in dem einzigen δέδια von an. δεῖσαι.

5. Uebrigens haben bei weitem die meisten Verba, namentlich die abgeleiteten alle, das Perf. 1. Das Perf. 2. kommt
also, wie der Aor. 2., durchaus nur von Primitiven vor; wobei
noch zu bemerken, daß es im ganzen der intransitiven Bedeutung den Vorzug gibt. S. Anm. 5.

Anm. 1. Einige Perfekta 1. haben gleichfalls den Umlaut o. Solche sind πέμπω schicke, κλέπτω stehle, τρέπω wende
Perf. 1. πέπομφα, κέκλοφα, τέτροφα ***)
ferner στρέφω drehe, und τρέφω nähre
Perf. 1. ἔστροφα, τέτροφα ***)
welche beide man auch als Perf. 2 ansehn kann (vgl. die Note auf S. 160).

---

*) Die Schreibart δέδηα, πέφηνα, σέσηρα ꝛc. ist also, wie aus obiger
Darstellung hervorgeht, inkorrekt. Vgl. §. 101 A. 2 N.

**) Ein Perfekt ἔσπορα von σπείρω ist nicht nachweisbar; dafür ist
der Umlaut o in den Ableitungsformen (σπόρος, διασπορά ꝛc.), wie denn
überhaupt in den Ableitungen dieselbe Verschiedenheit der Umlaute o und οι
sich beobachten läßt, s. §. 119 n. 24. 27. 75.

***) Zu τρέφω gehörig ist τέτροφα selten: Od. ψ, 237 steht es intran-
sitiv, Soph. OC. 186 transitiv. — Als Perf. von τρέπω steht es bei den
älteren Schriftstellern ohne Variante, z. B. S. Trach. 1009. Bei etwas
späteren findet sich die besondre Form τέτραφα, selbst bei att. Rednern,
(z. B. Dem. p. 324. Aesch. p. 27. 76. Din. p. 94. 104. 109), denen sie
jedoch von Dindorf (v. ἀνατρέπω), Cobet u. a. abgesprochen wird.

S. auch anom. λέγω (συνείλοχα) und πλέκω im reglm. Bz. — Analog ist
die Verwandlung von ει in οι in δέδοικα von ΔΕΙΩ s. Anom. δεῖσαι.

Anm. 2. Dem o aus ε entspricht das ω aus η in dem Perf. des
Anom. ῥήγνυμι (ΡΗΓΩ) ἔῤῥωγα. (Vgl. πέπτωκα in Anom. πίπτω,
und ἀπάτωρ ꝛc. §. 63, 2). Und beiden verwandt sind das ω und das o,
welche einigen Perfekten, die an und für sich zweisilbig sein würden, eingeschaltet werden, und zwar das o nach der attischen Redupl. 3. B. ἔδω
— (εἶδα) εἴωθα· ἄγω — ἦχα ἀγήοχα. S. noch im Anomalen-Verzeichnis ἐδήδοκα unter ἐσθίω, ἐνήνοχα unter φέρω, ἀνήνοθα und
ἐνήνοθα jedes für sich; und die passiven Formen ἄωρτο unter αἴρω,
ἔωνται in einer Note zu ἵημι §. 108. S. überhaupt Lexik. I. zu Ende.

Anm. 3. Daß nach der att. Reduplikation eine Verkürzung des
Vokals statt findet (ἀκούω ἀκήκοα ꝛc.), ist §. 85 bemerkt. — Des Metri
wegen konnte die epische Poesie auch das η des zweiten Perfekts wieder in
ᾰ verkürzen in den Participiis Fem. σεσᾰρυῖα, τεθᾰλυῖα, ἀρᾱρυῖα,
λελᾰκυῖα, μεμᾱκυῖα, πεπᾰθυῖα s. an. σαίρω, θάλλω, ἀραρίσκω,
λάσκω, μηκάομαι, πάσχω.

Anm. 4. Mit den wenigen Beispielen vom Perf. 2. von Verbis auf
έω und άω, wie ῥῑγέω ἔῤῥῑγα, μυκάομαι μέμῡκα, verhält es sich wie
mit den Aoristis 2. in §. 96 A. 5; sie führen anf einfache Formen ΡΙΓΩ ꝛc.
s. §. 112, 6. S. noch Anom. γηθέω, δουπέω, μηκάομαι.

Anm. 5. Von den zweiten Perfekten die zu **transitiven** Verben
gehören, merke man ἀκήκοα, λέλοιπα, τέτοκα, ἔκτονα, πέπονθα, οἶδα,
ἔοργα, ὄπωπα, δέδορκα, ἔοργα, κέχανδα, πέφορβα; von **intransitiven**
aber κέκρᾱγα, λέλᾱκα, τέτρῑγα, πέφρῑκα, ἔῤῥῑγα, ἔοικα, εἴωθα, ἔᾱδα,
ὄδωδα, ἐλήλυθα, σέσηρα, τέθηλα, τέθηπα, μέμηνα, κέχηνα, γέγονα,
κέχοδα, πέπορδα, μέμηκα, μέμῡκα, κέκλαγγα, ἄραρα, γέγωνα, βέβρῑθα,
κέκευθα, μέμηλε nebst einigen die nur durch gewisse Verbindungen transitiv
werden, wie λέληθα, πέφευγα, δέδια, und den §. 113 A. 3. 4 aufgeführten.

Anm. 6. In Rücksicht auf den Gebrauch beider Perfekte ist zu merken, daß von den Verbis, die ein Perf. 2. bilden, dieses entweder das **allein**
gebräuchliche Perfekt, oder wo beide Perfekta vorhanden sind, beide Formen auch ihrer Bedeutung nach unterschieden sind; s. §. 113 A. 3. Nur
δέδια und δέδοικα werden ohne Unterschied gebraucht. Das Perfektum 1.
ward ferner am häufigsten von solchen Verbis gebildet, bei denen es auf
κα ausgehen muß, also namentlich von allen abgeleiteten auf ἄζω, ίζω,
εύω, έω ꝛc. Die ältere epische Sprache kennt überhaupt noch
gar keine aspirirten Perfekte*), sondern nur die Form auf κα mit
vorhergehendem Vokal, wie δέδυκα, βέβληκα, daher von κόπτω, welches
später nur κέκοφα bildet, bei Homer part. perf. κεκοπώς (Jl. ν, 60) lautet.
Aber auch in der spätern Sprache sind die Formen auf φα und χα wie
λέλεχα, λέλεφα, πέπλεχα theils wenig, theils gar nicht gebräuchlich, und
man sieht deutlich, daß sie solche Perfekta zu vermeiden sucht und durch den
Aorist oder eine Umschreibung mit dem Perf. Pass. (s. §. 134 A. 1) ersetzt.

_____

*) Denn τέτροφα, τέτευχα, ἀμφιαχυῖα (anom. ἰάχω) sind keine aspi-
rirte Perfekta, sondern zweite Perfektformen, da die Aspirata in diesen Verbis **radikal** ist, und auch τέτορηχα (an. ταράσσω; vgl. adj. τραχύς, subst.
ταραχή) muß schon wegen seiner intransitiven Bed. als solches angesehen
werden; vgl. oben 5. und §. 113 Anm. 3.

Anm. 7. Im Jonismus fällt zuweilen das ϰ des Perf. 1. auf ϰα, wenn es von puris kommt, aus, wodurch also das Perf. 1. in das Perf. 2. übergeht. Dahin gehören die homerischen Participien τεϑνηώς, κεκαφηώς, τετιηώς, κεχαρηώς, τετληώς u. a. für -ηκώς f. anom. ϑνήσκω, ΚΑΦ-, ΤΙΕ-, χαίρω, τλῆναι. Eben dies, aber mit **Verkürzung** des Vokals, geschieht in der epischen Sprache in der 3. plur. und im Particip einiger Verba, als

βεβάᾱσι, βεβαὼς, ἐμβεβαῶια für βεβήκασι, ϰώς, ϰυῖα von βαίνω
πεφύασι, πεφυὼς, πεφυνῖα für πεφύκασι, ϰώς, ϰυῖα von φύω

und von einigen alten Perfekten kommen bloß diese Formen, und gar keine auf ϰα, vor; als μεμάᾱσι, μεμαὼς· δεδάᾱσι, δεδαὼς (f. Anom. ΜΑΩ, ΔΑΩ). Von der mit solchen Formen in Verbindung tretenden Synkope (z. B. βέβαμεν, τεϑνάναι für βεβάαμεν, τεϑναέναι) f. im Zusammenhange §. 110, 10.

Anm. 8. Von den Modis des Perf. f. §. 137 A. 12. 13.

### §. 98. Perfektum Passivi. 	(88 b.)

1. Das **Perfektum Paff.** hängt die Endungen μαι, σαι, ται ꝛc., und eben so das Plusq. μην, σο, το ꝛc., nicht wie in den übrigen passiven Formen vermittelst eines Binde-Vokals, sondern unmittelbar an den Charakter des Verbi (§. 87, 5).

2. Ist der Charakter des Verbi ein Lippen- oder Gaum- oder Zungenbuchstab (P- K- T-Laut), so wird er vor den Buchstaben μ, σ, τ nach den allgemeinen Regeln (§. 20. 22. 23. 24.) verändert; also von τύπτω (ΤΥΠΩ), τρίβω, πλέκω, τεύχω (ΤΥΧΩ), πείϑω, ᾄδω, φράζω (ΦΡΑΔΩ):

    τέτυ-μμαι, τέτυ-ψαι, τέτυ-πται für -πμαι, πσαι, πται
plq. ἐτετρί-μμην, ἐτέτρι-ψο, ἐτέτρι-πτο für -βμην, βσο, βτο
    πέπλε-γμαι, πέπλε-ξαι, πέπλε-κται für -κμαι, ϰσαι, ϰται
plq. ἐτετύ-γμην, ἐτέτυ-ξο, ἐτέτυ-χτο für -χμην, χσο, χτο
    πέπει-σμαι, πέπει-σαι *), πέπει-σται für -ϑμαι, ϑσαι, ϑται
    ἦ-σμαι, ἦ-σαι, ἦ-σται für -δμαι, δσαι, δται
plq. ἐπεφρά-σμην, ἐπέφρα-σο, ἐπέφρα-στο für -δμην, δσο, δτο.

Um ferner die Zusammenkunft **dreier Konsonanten** zu vermeiden (§. 19, 2), muß in der weitern Biegung von den Endungen σϑον, σϑην, σϑε, σϑαι, σϑω das σ weichen, z. B.

2. P. du. u. pl. τέτυ-φϑον, τέτυ-φϑε für -πσϑον, πσϑε
Inf. πεπλέ-χϑαι, τετά-χϑαι für -ϰσϑαι, -γσϑαι
1. P. Imp. πεπεί-σϑω πεφρά-σϑω für -ϑσϑω -δσϑω.

---

*) Das homerische πέπυσσαι ist nur metrische Verdoppelung statt πέ-πυσαι (Plat. Protag. p. 310. b).

Statt der auf *νται, ντο* ausgehenden 3. plur. aber wird gewöhn=
lich eine Umschreibung mit dem Verbo *εἶναι*, sein, gebraucht:
τετυμμένοι (αι) εἰσίν und im plusq. *ἦσαν*.

Anm. 1. Wir nehmen der Gleichförmigkeit wegen bei Zungenbuch=
staben an, daß z. B. in 2. P. du. *πέπει-σθον*, nicht das radikale ϑ vor
σθον, sondern erst das σ in *ϑσϑον* ausgefallen, und dann nach der Regel
(§. 24, 2) aus *ϑϑον* — *σϑον* geworden sei.

Anm. 2. Die Jonier haben die Umschreibung in der 3. pl. nicht
nöthig, da sie statt *-νται -ντο* setzen können *-αται -ατο*; welches ihnen
die Attifer in diesen Temporibus zuweilen nachthun. Das genauere s. in
§. 103 Anm. n. 22. 23. und §. 105 Anm. 9.

3.　Ist der Charakter des Verbi ein Vokal, so werden die
Endungen *μαι, σαι, ται* 2c. ohne weiteres an den Vokal des Fu=
turs gehängt, und auch die 3. Plur. regelmäßig auf *νται* und *ντο*
gebildet, da nicht mehr 3 Konsonanten zusammenstoßen; z. B.

$$\pi οιέω\ (\pi οιήσω)\ —\ \pi επ οίη\text{-}μαι,\ σαι,\ ται\ —\ \pi επ οίηνται$$
$$κ αίω\ (κ αύσω)\ —\ κ έκ αυ\text{-}μαι,\ σαι,\ ται\ —\ κ έκ αυνται.$$

Die wenigen Fälle, wo die Quantität des Vokals im Perf. mit
dem im Futur nicht übereinstimmt, s. §. 95 Anm. 4.

Anm. 3. Der Umlaut *ο* von *ε* geht nicht ins Perf. Pass. über,
z. B. *κλέπτω (κέκλοφα) κέκλεμμαι, συλλέγω (συνείλοχα) συνείλεγμαι*.
S. die Ausnahme bei Ep. in anom. *ἐσϑίω*. Aber die drei Verba
$$\text{\textgreek{τρέπω}}\ (\text{wende}),\ \text{\textgreek{τρέφω}}\ (\text{nähre}),\ \text{\textgreek{ϛρέφω}}\ (\text{drehe})$$
haben im Perf. Pass. einen eigenen Umlaut *α*, also *τέτραμμαι, τέ-*
τραψαι u. s. w., *τέϑραμμαι* (von *τρέφω, ϑρέψω*), *ἔϛραμμαι*.

Anm. 4. Einige Verba verwandeln den entweder im Präsens schon
vorhandenen oder im Futur erst angenommenen Diphthong *εν* im Perf.
Pass. in *ν*, z. B. *τεύχω (τέτευχα) τέτυγμαι*. So auch *φεύγω, σεύω*,
πεύϑομαι; vgl. *πέπνυμαι* in anom. *πνέω*. In *χέω* (§. 95 A. 9) geschieht
dies schon im Perf. act. *κέχυκα*, pass. *κέχυμαι*.

Anm. 5. Der vor dem *μ* in σ verwandelte Zungenbuchstab hat sich
in einigen Formen bei Doriern und Epifern unverändert erhalten; so in
den Part. *κεκαδμένος* (Pind.), *προπεφραδμένος* (Hesiod.), s. anom.
καίνυμαι, φράζω; *κεκορυϑμένος* (Hom.) von *κορύσσω*, s. §. 92 Anm. 2.

Anm. 6. Das σ nehmen auch mehre Verba an, die keinen Zungen=
buchstaben, sondern einen Vokal zum Charafter haben, z. B.
$$\text{\textgreek{ἀκούω ἤκουσμαι, σείω σέσεισμαι}};$$
insbesondere alle die §. 95 A. 3 aufgeführten, welche den kurzen Vokal in der
ganzen Flexion nicht verlängern (ausg. *ἀρόω*) z. B. *τελέω τετέλεσμαι*,
σπάω ἔσπασμαι, κορέννυμι (κορέσω) κεκόρεσμαι 2c. S. das voll=
ständige Verzeichnis der Verba, die dies sog. euphonische σ im Perf.,
sowie im Aor. 1. Pass. und bem adj. verb. theils durchweg an=
nehmen, theils beide Formationen mit und ohne σ zulassen,
§. 112, 20.

Anm. 7. Wenn *γγ* vor *μ* zu stehen kommen müßte, so fällt ein *γ*
weg; die übrigen Endungen bleiben in der Regel; z. B.

ἐλέγχω (ἐλήλεγχα) — ἐλήλεγμαι, ἐλήλεγξαι, γκται
σφίγγω — ἔσφιγμαι*), γξαι, γκται, ἐσφίγμεϑον ꝛc.

Anm. 8. Ebenso fällt, wenn das Perf. Paff. μμ haben muß, und noch ein μ aus der Wurzel hinzutritt, eines natürlicherweise aus: κάμπτω — κέκαμμαι, aber κέκαμψαι, κέκαμπται ꝛc. πέμπω — πέπεμμαι, μψαι, μπται, πεπέμμεϑα ꝛc.

4. Der Konjunktiv und der Optativ werden theils wegen Schwierigkeit der Bildung, theils wegen Seltenheit des Bedürfnisses gewöhnlich gar nicht gebildet, sondern ebenfalls die Umschreibung mit εἶναι gebraucht; τετυμμένος (η, ον) ὦ und εἴην.

Anm. 9. Diese Modi können nehmlich nur gebildet werden, wenn ein Vokal vor der Endung ist, der in die Endungen des Konjunktivs leicht übergeht, und mit dem charakteristischen ι des Opt. sich verbinden läßt, z. B. κτάομαι, κέκτημαι

Conj. κεκτῶμαι, ῇ, ῆται u. f. w.
Opt. κεκτῄμην, κεκτῇο, κεκτῇτο u. f. w.**).

Was indessen nach dieser Norm noch vorkommt, beschränkt sich für den gewöhnlichen Gebrauch auf die Modalformen der drei Perfekte:

κέκτημαι, κέκλημαι, μέμνημαι

f. anom. καλέω, μιμνήσκω und vgl. κάϑημαι in §. 108. Von βάλλω, welches sonst regelmäßig bildet βεβλημένος ὦ, εἴην (Plat. Phaedr. p. 255. Ep. 350. a) findet sich ein Konj. (oder Opt.) διαβεβλῆσϑε bei Anbocibes (2, 24. cf. 1, 142), und von δέω binde (perf. δέδεμαι) führen alte Grammatiker einen Optativ δεδῄμην an (An. Bekk. 1033. Hesych.). — Auch in Verben mit dem Stammvokal ι oder υ ist ein Optativ möglich durch Verschlingung des hinzutretenden ι, wodurch der Vokal lang wird; aber das homerische λελῦτο (oder λελῦντο) Od. σ, 238 von λύω λέλυμαι ist wol das einzige vorkommende Beispiel. Vgl. hiezu §. 107 n. 33 und an. φϑίνω.

§. 99. Futurum 3. (88 c.)

Das Futurum 3. oder Paulopostfuturum des Passivs kommt seiner Bedeutung (f. §. 138) und Form nach vom Perf. Paff., dessen Augment es behält, und läßt die Endung σομαι an die Stelle der Endung des Perfekts treten; daher man nur die 2. Person des Perf. auf σαι (ψαι, ξαι) vergleichen, und αι in ομαι verwandeln darf, z. B.

---

*) Es ist wol kein Zweifel, daß dies γ für sich allein alsdann der Nasenlaut ng ist; vgl. §. 4, 4.

**) Dies ist nach Göttling (Acc. p. 65 ff.) und der Vorschrift der alten Grammatiker, z. B. Herodians in Schol. ad Jl. ψ, 361., hier sowohl wie in den ähnlichen Fällen bei den Verbis auf μι (§. 107 n. 33) die richtige Betonung, die jetzt auch in allen neuern Ausgaben beobachtet wird; also κε- κτῆτο, κεκλῆο (S. Phil. 119), λελῦτο, διαβεβλῆσϑε, δαίνυτο ꝛc. (Aber ἐκτετμῆσϑον Plat. Rep. p. 564 ist nach Hbff. beseitigt.) — Wegen der früheren Betonung auf der antepenultima: κέκτωμαι ꝛc. f. die ausf. Sprachl., und von den Optativ-Formen κεκτῷτο, μεμνέῳτο f. im Anom.-Verz.

11*

$$\begin{array}{ll}
\tau\acute{\varepsilon}\tau\nu\mu\mu\alpha\iota \;\; (\tau\acute{\iota}\tau\nu\psi\alpha\iota) & - \;\; \tau\varepsilon\tau\acute{\nu}\psi\omega\mu\alpha\iota \\
\tau\acute{\varepsilon}\tau\rho\alpha\mu\mu\alpha\iota \;\; (\tau\acute{\varepsilon}\tau\rho\alpha\psi\alpha\iota) & - \;\; \tau\varepsilon\tau\rho\acute{\alpha}\psi\omega\mu\alpha\iota \\
\tau\acute{\varepsilon}\tau\alpha\gamma\mu\alpha\iota \;\; (\tau\acute{\varepsilon}\tau\alpha\xi\alpha\iota) & - \;\; \tau\varepsilon\tau\acute{\alpha}\xi\omega\mu\alpha\iota \\
\pi\acute{\varepsilon}\pi\varepsilon\iota\sigma\mu\alpha\iota \;\; (\pi\acute{\varepsilon}\pi\varepsilon\iota\sigma\alpha\iota) & - \;\; \pi\varepsilon\pi\varepsilon\acute{\iota}\sigma\omega\mu\alpha\iota \\
\pi\varepsilon\varphi\acute{\iota}\lambda\eta\mu\alpha\iota \;\; (\pi\varepsilon\varphi\acute{\iota}\lambda\eta\sigma\alpha\iota) & - \;\; \pi\varepsilon\varphi\iota\lambda\acute{\eta}\sigma\omega\mu\alpha\iota.
\end{array}$$

Anm. 1. In den Verbis wo der Vokal des Fut. 1. im Perf. Paff. verkürzt ist, nimmt das Fut. 3. wieder den langen Vokal an: δεδή-σομαι, λελύσομαι, τετεύξομαι f. anom. δέω, λύω, τεύχω *). Von Verbis mit kurzbleibendem Charakter ist δεδικάσομαι Lucian. 47, 14 nach Cobet (VL. 322) das einzige vorkommende Beispiel.

Anm. 2. Man wird kein Fut. 3. von Verbis λμνρ, und nur wenige von Verbis finden, die das Augm. temp. annehmen, z. B. ἠτιμώσομαι, ᾑρήσομαι, ἀνεῴξεται (von ἀτιμόω, αἱρέω, οἴγω).

§. 100. Aoriftus 1. und 2. Paff.   (89)

1. Alle Verba bilden den Aorist des Passivs entweder auf θην oder bloß auf ην, viele auch auf beide Arten zugleich; jene heißt Aoriftus 1., diese Aoriftus 2.

2. Der Aor. 1. Paff. hängt θην an den Charakter des Verbi. Ist der Charakter des Verbi ein Lippen- oder Gaumbuchstab (P- oder K-Laut), so versteht es sich (aus §. 20), daß er in die Aspiraten φ und χ verwandelt (oder beibehalten) wird:

$$\begin{array}{ll}
\lambda\varepsilon\acute{\iota}\pi\omega, \;\; \acute{\alpha}\mu\varepsilon\acute{\iota}\beta\omega, \;\; \sigma\tau\acute{\varepsilon}\varphi\omega & - \;\; \acute{\varepsilon}\lambda\varepsilon\acute{\iota}\varphi\theta\eta\nu, \;\; \acute{\eta}\mu\varepsilon\acute{\iota}\varphi\theta\eta\nu, \;\; \acute{\varepsilon}\sigma\tau\acute{\varepsilon}\varphi\theta\eta\nu \\
\lambda\acute{\varepsilon}\gamma\omega, \;\; \pi\lambda\acute{\varepsilon}\kappa\omega, \;\; \beta\rho\acute{\varepsilon}\chi\omega & - \;\; \acute{\varepsilon}\lambda\acute{\varepsilon}\chi\theta\eta\nu, \;\; \acute{\varepsilon}\pi\lambda\acute{\varepsilon}\chi\theta\eta\nu, \;\; \acute{\varepsilon}\beta\rho\acute{\varepsilon}\chi\theta\eta\nu \\
\tau\acute{\nu}\pi\tau\omega, \;\; \tau\acute{\alpha}\sigma\sigma\omega \;\; (\mathrm{T}\mathrm{Y}\Pi\Omega, \;\; \mathrm{T}\mathrm{A}\Gamma\Omega) & - \;\; \acute{\varepsilon}\tau\acute{\nu}\varphi\theta\eta\nu, \;\; \acute{\varepsilon}\tau\acute{\alpha}\chi\theta\eta\nu
\end{array}$$

ist er ein Zungenbuchstab (T-Laut), so geht er in σ über:

$$\begin{array}{ll}
\pi\varepsilon\acute{\iota}\theta\omega \;\; (\text{perf. } \pi\acute{\varepsilon}\pi\varepsilon\iota\sigma\mu\alpha\iota) \;\; - \;\; \acute{\varepsilon}\pi\varepsilon\acute{\iota}\sigma\theta\eta\nu & \Big\} \;\; \text{§. 24, 2. 4.} \\
\kappa\omega\mu\acute{\iota}\zeta\omega \;\; (\text{pf. } \kappa\varepsilon\kappa\acute{\omega}\mu\iota\sigma\mu\alpha\iota) \;\; - \;\; \acute{\varepsilon}\kappa\omega\mu\acute{\iota}\sigma\theta\eta\nu &
\end{array}$$

ist er ein Vokal so wird θην an den Vokal des Futurs gehängt:

$$\begin{array}{ll}
\pi\omega\iota\acute{\varepsilon}\omega \;\; (\pi\omega\iota\acute{\eta}\sigma\omega, \;\; \pi\varepsilon\pi\omega\acute{\iota}\eta\mu\alpha\iota) & - \;\; \acute{\varepsilon}\pi\omega\iota\acute{\eta}\theta\eta\nu \\
\tau\iota\mu\acute{\alpha}\omega \;\; (\tau\iota\mu\acute{\eta}\sigma\omega, \;\; \tau\varepsilon\tau\acute{\iota}\mu\eta\mu\alpha\iota) & - \;\; \acute{\varepsilon}\tau\iota\mu\acute{\eta}\theta\eta\nu \\
\varphi\omega\rho\acute{\alpha}\omega \;\; (\varphi\omega\rho\acute{\alpha}\sigma\omega, \;\; \pi\varepsilon\varphi\acute{\omega}\rho\bar{\alpha}\mu\alpha\iota) & - \;\; \acute{\varepsilon}\varphi\omega\rho\acute{\alpha}\theta\eta\nu
\end{array}$$

Anm. 1. (2.) Die wenigen Verba auf έω und ύω, in welchen der Vokal des Aor. mit dem Futur nicht übereinstimmt f. §. 95 Anm. 4.

3. Im übrigen richtet sich der Aor. 1. Paff. nach dem Perf. Paff.; indem er in denselben Fällen ein σ annimmt, z. B.

$$\begin{array}{l}
\sigma\varepsilon\acute{\iota}\omega \;\; (\sigma\acute{\varepsilon}\sigma\varepsilon\iota\sigma\mu\alpha\iota) \;\; - \;\; \acute{\varepsilon}\sigma\varepsilon\acute{\iota}\sigma\theta\eta\nu \\
\tau\varepsilon\lambda\acute{\varepsilon}\omega \;\; (\tau\varepsilon\tau\acute{\varepsilon}\lambda\varepsilon\sigma\mu\alpha\iota) \;\; - \;\; \acute{\varepsilon}\tau\varepsilon\lambda\acute{\varepsilon}\sigma\theta\eta\nu
\end{array}$$

---

*) Doch muß man darum nicht annehmen, das Fut. 3. fei aus dem Fut. 1. Med. mit der Redupl. gebildet; daß es vom Perf. abzuleiten, zeigt nicht nur das obige τετράψομαι (welche Form Hefychius anführt), sondern auch τετμήσομαι (Plat.), βεβλήσομαι, κεκλήσομαι, εἰρήσομαι (f. an. τέμνω, βάλλω, καλέω, εἰπεῖν).

und auch in den meiſten Fällen den Vokal der vorhergehenden
Silbe ſo verändert wie das Perf. Paſſ.; z. B.
τεύχω (τέτυγμαι) — ἐτύχθην (§. 98 Anm. 4).

Anm. 2. (1.) Einige wenige Verba, die einen Vokal zum Charakter
haben, nehmen das σ im Aor. 1. Paſſ. an, ohne es im Perf. Paſſ. zu ha=
ben, und umgekehrt, z. B. παύω, πέπαυμαι — Aor. 1. ἐπαύθην und ἐπαύ-
σθην· σώζω, σέσωσμαι — ἐσώθην. S. das vollſtändige Verzeichnis
der Verba mit dem euphoniſchen σ im Paſſiv §. 112, 20.

Anm. 3. Diejenigen, welche, ohne Verba auf λμνρ zu ſein, im Perf.
Paſſ. ihr ε in α verändern (§. 98 A. 3), behalten hier ihr ε:
ςρέφω (ἔςραμμαι) a. 1. p. ἐςρέφθην
τρέπω (τέτραμμαι) — ἐτρέφθην
τρέφω (τέθραμμαι) — ἐθρέφθην (ſ. anom.)
Doch haben die Jonier und Dorier ἐτράφθην, ἐςράφθην ſ. anom.)

4. Der Aor. 2. Paſſ. hängt ην an den reinen Charakter
des Verbi, und befolgt dabei alle oben beim Aor. 2. Akt. gegebne
Regeln, daher man nur jenen, er mag im Gebrauch ſein oder
nicht, formiren und ον in ην verwandeln darf, z. B.
τύπτω, ἔτυπον — ἐτύπην· τρέπω, ἔτραπον — ἐτράπην.

Anm. 4. (6.) Weil im Paſſ. keine ſolche Verwechſelung zwiſchen dem
Aor. 2. und dem Imperfekt möglich iſt wie im Aktiv, ſo bilden auch ſolche
Verba einen Aor. 2. im Paſſiv, bei welchen er (nach §. 96, 3) im Aktiv gar
nicht gebildet werden kann. Man kann in dieſem Falle ihn nach dem Im=
perf. Akt., eben ſo wie ſonſt nach dem Aor. 2. Akt., bilden; nur bleibt
die Regel, daß der lange Vokal im Aor. 2. kurz wird. Z. B.
γράφω (Imperf. ἔγραφον) — ἐγράφην
τρίβω (Imperf. ἔτρῑβον) — ἐτρίβην (kurz ι)

Anm. 5. (7.) In Betreff des Umlauts α bei den Verbis mit ε
in der Stammſilbe, wodurch bei ſolchen wie τρέπω die Bildung eines aor. 2.
im Aktiv und Medium überhaupt erſt möglich wurde (ἔτραπον), gilt hier
für die verba muta (von den verb. λμνρ ſ. §. 101, 5) folgendes:
1) α nehmen im aor. 2. pass. an: τρέπω, τρέφω, στρέφω, κλέπτω, βρέχω, obwohl alle, außer τρέπω, gar keinen aor. 2. im Aktiv
formiren, alſo ἐτράπην, ἐκλάπην ꝛc.
2) ε behalten: λέγω, φλέγω, und angeblich auch λέπω*), βλέπω,
ψέγω, welche gleichfalls nur im Paſſ. einen aor. 2. bilden, mithin
vom Impf. abgeleitet werden: ἐφλέγην, ἐλέγην part. συλλεγείς ꝛc.
3) α und ε hat πλέκω: ἐπλάκην und (ἐπλέκην)*).

Außerdem ſehe man noch wegen einzelner dichteriſcher Formen die anom.
τέρπω, δέρκω und vgl. §. 96 Anm. 3.

_____

*) Die Form ἐπλέκην befindet ſich jedoch bis jetzt bloß in den Hand=
ſchriften älterer Autoren, wie Plato, Herodot ꝛc., nicht in den Ausgaben,
und bei Heſychius. Bei neuern Schriftſtellern iſt ἐπλάκην die allgemein
übliche. — Auch bei λέπω führen einige Spuren (Erotian. p. 148. Hesych.
v. λαπῆναι) auf den Umlaut α.

5. Was den Gebrauch betrifft, so merke man als Regel, daß außer dem in der vorigen Anm. erwähnten τρέπω *) alle Verba, die einen gebräuchlichen Aorist 2. Aktivi (mit oder ohne Umlaut) haben, im Passiv doch nur den Aorist 1. bilden können.

Anm. 6. Dagegen existirt von vielen Verbis, die keinen Aor. 2. im Aktiv haben, der Aorist 2. Pass. neben dem Aorist 1. Z. B. ἐκρύβην, ἐτύπην, ἐβλάβην, ἐῤῥίφην, ἐτράφην, ἐκλάπην, in Prosa fast gebräuchlicher als ἐκρύφθην, ἐτρέφθην ꝛc., welche vollere Formen die Dichter, besonders die Tragiker, vorziehen. S. Pors. ad Phoen. 986.

Anm. 7. Von beibehaltenem langem Vokal in der Stammsilbe sind ἐπλήγην und ἐάγην die einzigen Beispiele, f. an. πλήσσω, ἄγνυμι.

Anm. 8. Das Verbum ψύχω nimmt im Aor. 2. Pass. (wenigstens bei Späteren) ein γ an: ἐψύγην: f. anom.

6. (A. 9.) Kein Verbum, welches einen Zungenbuchstaben (T = Laut) zum Charakter hat, kann einen Aorist 2. im Passiv formiren. Mithin haben alle Verba auf δω, θω, ζω durchaus nur den Aor. 1.

Anm. 9. Auch die Verba deren Charakter ein Vokal ist, bilden in der Regel nur den Aorist 1. Außer ἐκάην von καίω, und diesen drei, die aktive Bedeutung haben: ἐδάην, ἐῤῥύην, ἐφύην (f. anom. ΔΑ-, ῥέω, φύω) gibt es keine weiteren Beispiele eines zweiten Aorists von verbis puris. Von allen jedoch ist nur ἐῤῥύην auch in att. Gebrauch.

§. 100 a. Tabelle der Charakter=Veränderungen.

1. Die Klasseneintheilung der Verba auf ω f. in §. 92 b.

2. Da es unvermeidlich ist, daß der Lernende bei der Menge von Veränderungen, die in dieser Lehre von Bildung der Tempora (§. 95—100) mit dem Charakter vorgehn, sich häufig verirrt, so scheint es von Nutzen, seiner Anschauung sowohl wie seinem Gedächtnis durch eine Tabelle zu Hülfe zu kommen, in der er die Regelmäßigkeit und Analogie der Veränderungen der vier Hauptcharaktere, jedoch nur in den zur zweiten Reihe (§. 93) gehörigen Temporibus, deutlich erkennen wird. Das Perf. und Plusq. Pass. erscheinen hier, als die Tempora die ihm am schwersten werden, durchflektirt.

---

*) Vgl. hiezu noch ἀγγέλλω in der Note zu S. 170. und die ähnlichen, aber dichterischen, Fälle in anom. δέρκω, ἐρείπω, τέρπω, τέμνω.

	Char. Lippenb. β, π, φ und πτ	Char. Gaumb. γ, κ, χ und σσ auch ζ	Char. Zungenb. δ, τ, ϑ und ζ auch σσ	Charakter Vokal
Activum.				
fut. 1.	ψω	ξω	+ σω*)	σω
aor. 1.	ψα	ξα	+ σα	σα
perf. 1.	φα	χα	+ κα	κα
plusq. 1.	φειν	χειν	+ κειν	κειν
Passivum.				
perf.	μμαι	γμαι	σμαι	μαι
	ψαι	ξαι	+ σαι	σαι
	πται	κται	σται	ται
	μμεϑον	γμεϑον	σμεϑον	μεϑον
	φϑον	χϑον	σϑον	σϑον
	φϑον	χϑον	σϑον	σϑον
	μμεϑα	γμεϑα	σμεϑα	μεϑα
	φϑε	χϑε	σϑε	σϑε
	—	—	—	νται
plusq.	μμην	γμην	σμην	μην
	ψο	ξο	+ σο	σο
	πτο	κτο	στο	το
	μμεϑον	γμεϑον	σμεϑον	μεϑον
	φϑον	χϑον	σϑον	σϑον
	φϑην	χϑην	σϑην	σϑην
	μμεϑα	γμεϑα	σμεϑα	μεϑα
	φϑε	χϑε	σϑε	σϑε
	—	—	—	ντο
fut. 3.	ψομαι	ξομαι	+ σομαι	σομαι
aor. 1.	φϑην	χϑην	σϑην	ϑην
fut. 1.	φϑήσομαι	χϑήσομαι	σϑήσομαι	ϑήσομαι
Medium.				
fut. 1.	ψομαι	ξομαι	+ σομαι	σομαι
aor. 1.	ψάμην	ξάμην	+ σάμην	σάμην.

§. 101. Verba auf λ, μ, ν, ϱ.   (96)

1. Die Verba, deren Charakter einer der Buchstaben λ, μ, ν, ϱ ist, weichen in der Bildung ihrer Tempora so vielfach ab, daß es nothwendig ist, alles dies hier vereint zu übersehen.

2. Alle hieher gehörigen Verba haben das Fut. 1., das heißt das Fut. auf σω, gewöhnlich gar nicht, sondern dafür das Fu=turum 2. auf ῶ (ionisch έω) nach §. 95, 10. 11. Also νέμω, μένω — F. (ion. νεμέω, μενέω) gew. νεμῶ, μενῶ wovon die weitere Biegung: νεμῶ εῖς εῖ, οὖμεν εἴτε οὖσιν Med. οὖμαι, εῖ, εῖται ɔc. (Paradigma ἀγγέλλω) mit dem Präsens der Verba contracta auf έω zu vergleichen ist.

---

*) Wegen des Zeichens + s. die Note zu §. 95, 3.

3. Die Silbe vor der Endung wird, wenn sie im Präsens lang ist, in diesem Futur ohne Ausnahme kurz gemacht, zu welchem Ende von zwei λ eines wegfällt und die Diphthongen αι und ει in kurz α und ε verwandelt werden; z. B.

$$\varkappa\varrho\acute{\iota}\nu\omega, \dot{\alpha}\mu\acute{\upsilon}\nu\omega \; (\bar{\iota}, \bar{\upsilon}) \; — \; F. \; \varkappa\varrho\bar\iota\nu\tilde\omega, \dot{\alpha}\mu\bar\upsilon\nu\tilde\omega$$
$$\psi\acute\alpha\lambda\lambda\omega, \sigma\tau\acute\epsilon\lambda\lambda\omega \; — \; F. \; \psi\alpha\lambda\tilde\omega, \sigma\tau\epsilon\lambda\tilde\omega$$
$$\sigma\alpha\acute\iota\varrho\omega, \varkappa\tau\epsilon\acute\iota\nu\omega \; — \; F. \; \sigma\alpha\varrho\tilde\omega, \varkappa\tau\epsilon\nu\tilde\omega \; *).$$

4. Den Aoristus 1. formiren diese Verba gleichfalls ohne σ, bloß auf α. Sie behalten den Charakter bei, wie er im Futur ist, machen aber die Silbe vor der Endung wieder lang; jedoch unabhängig vom Präsens, indem sie entweder den Vokal des Futuri bloß verlängern, z. B.

$$\tau\acute\iota\lambda\lambda\omega \; (\tau\iota\lambda\tilde\omega) \qquad — \; \acute\epsilon\tau\bar\iota\lambda\alpha \cdot \; \varkappa\varrho\acute\iota\nu\omega \; (\varkappa\varrho\iota\nu\tilde\omega) \; — \; \acute\epsilon\varkappa\varrho\bar\iota\nu\alpha$$
$$\dot{\alpha}\mu\acute\upsilon\nu\omega \; (\dot{\alpha}\mu\upsilon\nu\tilde\omega) \; — \; \acute\eta\mu\bar\upsilon\nu\alpha$$

oder das ε des Futurs in ει, und α gewöhnlich in η verwandeln, z. B.

$$\mu\acute\epsilon\nu\omega, \varsigma\acute\epsilon\lambda\lambda\omega, \tau\epsilon\acute\iota\nu\omega,$$
$$(\mu\epsilon\nu\tilde\omega, \varsigma\epsilon\lambda\tilde\omega, \tau\epsilon\nu\tilde\omega) \qquad — \; \acute\epsilon\mu\epsilon\iota\nu\alpha, \acute\epsilon\varsigma\epsilon\iota\lambda\alpha, \acute\epsilon\tau\epsilon\iota\nu\alpha$$
$$\psi\acute\alpha\lambda\lambda\omega, \varphi\alpha\acute\iota\nu\omega \; (\psi\alpha\lambda\tilde\omega, \varphi\alpha\nu\tilde\omega) \; — \; \acute\epsilon\psi\eta\lambda\alpha, \acute\epsilon\varphi\eta\nu\alpha.$$

Mehre Verba, die im Präsens αι haben, nehmen indessen im Aor. 1. lang α an, wenn ein ι oder ρ vorhergeht; z. B.

$$\pi\epsilon\varrho\alpha\acute\iota\nu\omega, \pi\epsilon\varrho\alpha\nu\tilde\omega \; — \; \acute\epsilon\pi\acute\epsilon\varrho\bar\alpha\nu\alpha \; \text{Inf.} \; \pi\epsilon\varrho\tilde\alpha\nu\alpha\iota$$
$$\pi\iota\alpha\acute\iota\nu\omega, \pi\iota\alpha\nu\tilde\omega \; — \; \acute\epsilon\pi\acute\iota\bar\alpha\nu\alpha \; \text{Inf.} \; \pi\iota\tilde\alpha\nu\alpha\iota$$

ausg. τετρῆναι und (angebl.) μιῆναι, s. an. τετραίνω, μιαίνω.

Anm. 1. Man kann diese Verkürzung und Verlängerung im Futur und Aorist sich so vorstellen, daß zuerst das Futur als zur Reihe der zweiten Tempora gehörig (§. 93, 1.) nicht nur vom einfachen Stamm gebildet werden, sondern denselben auch unverändert hervortreten lassen muß. Da dieser nun im Präsens, sei es durch Verdoppelung des λ oder durch Verlängerung des Vokals gedehnt erscheint, so tritt im Futur die ursprüngliche Kürze überall wieder ein. So erscheinen auch die beiden Future τεμῶ und καμοῦμαι von den anom. κάμνω und τέμνω als ganz regelmäßig von den einfachen Themen ΤΕΜΩ, ΚΑΜΩ gebildet. Dagegen tritt im Aorist 1. als einer ersten Tempusform wieder die Verlängerung ein. Weil nun aber nach §. 93 auch diese Tempora vom reinen Stamm gebildet werden, der nur meist verändert erscheint, so geht der Aorist nicht wieder auf die verstärkte Präsensform zurück, sondern wählt Verlängerungen, in denen der einfache Stamm deutlicher hervortritt: τῖλαι, ψῆλαι (Stamm τιλ, ψαλ).

Anm. 2. Die meisten auf αινω und αιρω werden bei den Attikern immer regelmäßig mit η gefunden, z. B. σημαίνω σημῆναι, — χαλεπῆναι, λυμήνασθαι, ἐχθῆραι, καθῆραι ꝛc. Ausgenommen sind jedoch κοιλᾶναι, λευκᾶναι, πεπᾶναι, κερδᾶναι, ὀργᾶναι, ἰσχνᾶναι. Die Späteren formiren auch viele andre mit ᾱ wie σημᾶναι, καθᾶραι, ἐχθᾶραι (s. Nℒ. Gramm. p. 35) und wieder nach der Regel μιᾶναι (s. anom.); die Dorier thun dies natürlich durchaus, so wie die Jonier wieder meist überall ihr η haben. — Die mit α anfangenden Verba

$$\alpha\acute\iota\varrho\omega \; (\text{hebe}) \; \text{und} \; \acute{\alpha}\lambda\lambda\omega\mu\alpha\iota \; (\text{springe})$$

---

*) Die ionischen Formen z. B. ἀγγέλλω F. ἀγγελέω· κρινέω, κτενέω, φανέω von φαίνω, πλυνέω von πλύνω ꝛc. Pl. -έομεν u. s. w. verstehn sich nun überall von selbst; und eben so die nach §. 95 A. 17 in εν (aus ε) kontrahirten borisch-ionischen Formen βαλεῦμεν, βαλεῦμαι ꝛc.

haben gleichfalls ᾱ, das nur im Indikativ vermöge des Augments in η übergeht: ἦρα, ἄραι, ἄρας ꝛc.; ἠλάμην, ἄλασθαι ꝛc. *)

Anm. 3. Die ältere und die äolische Sprache bildete das Futur und den Aorist 1. auch von diesen Verben mit dem σ: Hom. ἔκερσα, Theocr. ἔτερσα, von κείρω, τείρω; welche Bildung bei einigen Verben auch in der späteren Sprache im Gebrauch blieb, als κέλλω (lande) ἔκελσα, φύρω (knete) φύρσω. S. außer diesen im Anom.-Verz. noch Anom. ἀραρίσκω, θέρομαι, κυρέω, ὄρνυμι.

5. Der **Aoristus 2.** behält den Vokal des Futurs, z. B.

βάλλω (βαλῶ) — ἔβαλον
φαίνω (φανῶ) — a. 2. pass. ἐφάνην
κλίνω (κλῖνῶ) — a. 2. pass. ἐκλίνην (kurz ι);

ausgenommen daß nach der unten (8) folgenden Regel **das ε des Fut. in zweisilbigen Verben in α übergeht**:

κτείνω, στέλλω (κτενῶ, ϛελῶ) — ἔκτανον, ἐστάλην

Anm. 4. Der Aor. 2. Akt. ist bei den wenigsten dieser Verba im Gebrauch, und wo beide vorkommen, mehr dichterisch: so ist ἔκτανον, ἤγγελον (s. d. folg. Seite) seltener als ἔκτεινα, ἤγγειλα. — Im Passiv ist dagegen der Aorist 2. bei den zweisilbigen viel gebräuchlicher als der erste Aorist, der, wenn er den Konsonanten vor dem θ behält (vgl. unten 9), gewöhnlich nur den Dichtern eigen ist, wie dies auch oft bei den verbis mutis (§. 100 A. 6) der Fall ist. Also φαίνω ἐφάνην, ϛέλλω ἐϛάλην, σφάλλω ἐσφάλην, πείρω ἐπάρην. Nur αἴρω und alle mehrsilbige haben bloß den Aor. 1. Pass.; von letztern jedoch wieder ausgenommen ἀγγέλλω, das ἠγγέλην und ἠγγέλθην hat.

6. Das **Perf. 2.** ist schon ganz in den oben §. 97, 3. 4 gegebenen Regeln mitbegriffen; also:

θάλλω — τέθηλα· φαίνω — πέφηνα.

Daselbst ist bereits erwähnt, daß der Diphthong ει des Präsens, weil er, wie aus dem Futur erhellet, bei den hieher gehörigen Verben nicht aus dem Wurzellaut ι, sondern aus ε entstanden ist, im Perf. 2. auch nicht in οι, sondern in ο übergeht:

κτείνω, φθείρω (κτενῶ, φθερῶ) — ἔκτονα, ἔφθορα.

7. Das **Perf. 1.**, das **Perf. Pass.** und der **Aor. 1. Pass.** (und die davon abgeleiteten Tempora und Verbalformen) gehn nach den allgemeinen Regeln, indem sie die Endungen κα, μαι ꝛc., θην an den Charakter mit Beibehaltung der Veränderungen des Futurs hängen, z. B.

σφάλλω, σφαλῶ — ἔσφαλκα, ἔσφαλμαι plq. ἐσφάλμην
αἰσχύνω, αἰσχυνῶ — ἤσχυγκα (s. A. 9), ἤσχυμμαι, ᾐσχύνθην
αἴρω, ἀρῶ   — ἦρκα, ἦρμαι Part. ἠρμένος
            a. 1. p. ἤρθην Part. ἀρθείς, fut. ἀρθήσομαι ꝛc.

Auch stößt das Perf. Pass. (wie in §. 98, 2) das σ der Endungen σθαι, σθε ꝛc. aus, z. B.

ἔσφαλμαι, 2. pl. ἔσφαλθε· πέφυρμαι Inf. πεφύρθαι.

Zu bemerken ist, daß die Verba auf μω (νέμω) und verstärkt

μνω (τέμνω fut. τεμῶ f. Anm. 1.) diese Tempora gar nicht auf die angegebene Art bilden können. S. Anm. 9.

8. Wenn das Futur ein ε in der Stammsilbe hat, so nehmen die zweisilbigen Verba in sämtlichen vom Stamm des Futur abgeleiteten Zeitformen außer Aorist 1. act. und med. und Perfekt und Plusquamperfekt 2., d. h. also: im Aor. 2., Perf. 1., Perf. Paff. und Aor. 1. Paff. und allen davon abgeleiteten Verbalformen den Umlaut α an, z. B. ϛέλλω f. ϛελῶ

aor. 2. act. (ἔϛαλον)· — ἐϛάλην, ϛαλήσομαι, (ἐϛαλόμην)
perf. 1. ἔϛαλκα· — ἐϛάλκειν
perf. pass. ἔϛαλμαι· — ἐϛάλμην
aor. 1. pass. ἐϛάλθην· — ϛαλθήσομαι· A. V. ϛαλτός, τέος.

Ebenso von πείρω, κτείνω, σπείρω, δέρω, z. B.
pf. 1. πέπαρκα pf. p. πέπαρμαι aor. 2. p. ἐπάρην
κτείνω (κτενῶ) aor. 2. ἔκτανον (f. unten 9.).

Die mehrsilbigen hingegen behalten ihr ε in allen die=
sen Temporibus, z. B. von ἀγγέλλω (ἀγγελῶ)
aor. 2. a. ἤγγελον *) p. ἠγγέλην pf. 1. ἤγγελκα pf. p. ἤγγελ-
μαι aor. 1. p. ἠγγέλθην, A. V. ἀγγελτέος.

Anm. 5. S. noch anom. ἀγείρω und ἐγείρω, und vgl. ὀφείλω, ἱμείρω. — Von zweisilbigen behalten es die welche mit dem ε anfangen, also ἔελμαι, ἔερμαι von Anom. εἴλω, εἴρω. Vgl. auch aor. 2. ἔϝεμον ἔϑενον von τέμνω (§. 96 A. 3), ϑείνω und Part. ϛερείς in anom. ϛερέω.

9. Folgende zweisilbige Verba auf ίνω, είνω, ύνω
κρίνω, κλίνω, τείνω, κτείνω, πλύνω
werfen im Perf. 1., Perf. und Aor. 1. Paff. und den davon ab=
geleiteten das ν weg, und nehmen den kurzen Vokal des Fut. an,
nur daß die auf είνω das ε nach 8. in α verwandeln:

κρίνω (κρῑνῶ) — κέκρῐκα, κέκρῐμαι, ἐκρῐθην, κριτός
τείνω (τενῶ) — τέτᾰκα, τέτᾰμαι, ἐτᾰθην **)
πλύνω (πλῠνῶ) — πέπλῠκα, πέπλῠμαι, ἐπλῠθην

also auch inf. perf. p. κεκρίσθαι, τετάσθαι, 3. plur. wieder ohne
Umschreibung κέκλινται, κέκρινται Xen. ἐπετέταντο Dem.

Anm. 6. Im Aor. 1. Paff. wird jedoch das ν in Versen, der Po=
sition wegen, öfters beibehalten, z. B. κτανθείς, διακρινθείς, ἐκλίνϑη,
ἐπλύνϑη (vgl. Anm. 4); und auch in der Prosa findet sich dergleichen, aber
sicher erst bei Spätern.

Anm. 7. Diejenigen auf νω, welche das ν behalten, machen im
Perf. Paff. Schwierigkeit; sie behalten es indessen unverändert

---

*) Die Existenz dieses Tempus im Aktiv (und Medium) ist von vielen
Kritikern in Abrede gestellt worden. S. ausf. Sprachl. im Anom.=Verz.,
Cob. NL. 369. War er wirklich im Gebrauch (f. z. B. Herod. 7, 142),
so ist ἀγγέλλω das zweite Beispiel zu τρέπω in §. 100, 5. und Anm. 5.

**) Man vergleiche auch Anom. ΦΕΝΩ (πέφνον) πέφαμαι. Alte The=
men ΤΑΩ, ΚΤΑΩ, ΦΑΩ zu Hülfe zu nehmen ist unnöthig.

a) in der 2. sing., wo es also sogar vor dem σ bleibt, z. B.

φαίνω — πέφανσαι

b) in den mit σϑ anfangenden Endungen; worin aber (nach Text 7) das σ dem ν weicht; z. B. Inf. πεφάνϑαι, τετραχύνϑαι

c) in der 3. sing. z. B. πέφανται er ist erschienen, παρώξυνται er hat sich entrüstet.

Ob auf diese letztere Art auch die 3. plur. gebildet ward (z. B. κέκρανται Eur. Hipp. 1255. von κραίνω, wo also ein ν ausgefallen wäre), ist streitig *). Gewöhnlicher ist die Umschreibung, wie λελυμασμένοι εἰσίν Dem.

Anm. 8. Vor den mit μ anfangenden Endungen desselben Tempus findet in Hinsicht des ν dreierlei Gebrauch statt, der indessen bei den einzelnen Verbis kein ganz fester gewesen zu sein scheint und sich bei dem fortdauernden Schwanken der Hdschr. schwer feststellen läßt:

a) das ν geht nach der Hauptregel in μ über, z. B. ἤσχυμμαι von αἰσχύνω (Jl. σ, 180). So finden sich nur noch etwa ξηραίνω (ἐξήραμμαι Athen. 3. p. 80 d.) und ὀξύνω (Aeschin. 1, 43).

b) am gewöhnlichsten wird statt ν ein σ angenommen z. B. φαίνω πέφασμαι, μολύνω μεμόλυσμαι, μιαίνω μεμίασμαι Thuc. Plat. Eben so fast alle übrigen auf αίνω und ύνω, wie σημαίνω, λυμαίνω, περαίνω, ὑφαίνω, ῥαίνω, ἡδύνω ꝛc. (auch ξηραίνω bei Herod.), welches σ indeß so wenig in die übrigen Endungen des Perf. als in den Aor. 1. Pass. übergehen darf, z. B. λελύμανται, ἐλυμάνϑην.

c) am seltensten und unsicher ist die Abwerfung des ν, mit lang bleibendem Vokal, z. B. τετραχυμένος (Aristot. H. A. 4, 9. Bekk. τετραχυσμένος). So bei Spätern (z. B. Lucian, Appian) noch einige andre Verba auf ύνω; s. ausf. Sprachl., Cob. Var. Lect. 225.

Beide letzte Arten lassen sich auch daraus erklären, daß die Endungen αίνω und ύνω ursprünglich Verlängerungen von άω und ύω sind.

Anm. 9. Wie bei den Verbis auf νω die regelmäßige Bildung des Perf. Pass. (auf μμαι) nicht eben häufig ist, so noch seltener die den Att. misfällige Form des Perf. 1. auf γκα, z. B. ἀποπέφαγκα (Dinarch.) μεμίαγκα (Plut.) ἤσχυγκα (Dio C.). Auch hier findet sich die Ausstoßung des ν, z. B. ἐβεβαδύκει (Luc.); vgl. anom. κερδαίνω. Viele von denen auf νω sind überdies verlängerte Präsensformen, z. B. τίνω, τετραίνω, und bilden daher diese Tempora von einem andern Thema nach andern Grundsätzen. Ferner gehn die auf μω und μνω, welche diese Tempora nebst dem Aor. 1. P. nicht regelmäßig bilden können, in die Form auf έω über: νενέμηκα, ἐνεμήϑην· τέτμηκα ꝛc. s. §. 110, 11.

## §. 102. Verbalia auf τέος und τός.		(92)

Die Adjektiva Verbalia auf τέος und τός kommen in Bedeutung und Gebrauch den Participien sehr nahe. Beide Endungen haben immer den Ton, und werden dem Charakter des Verbi unmittelbar angehängt, der sich daher wie vor ται in der 3. P.

**) Aber doch (wenn auch nicht in obiger Stelle) wahrscheinlich. S. NT. Gramm. p. 36 Not., Herm. zu Aesch. Pers. 569. und besonders Schol. zu Arist. Plut. 635. — Dagegen Cob. VL. 226. Schaef. zu Dion. de Comp. Verb. 355.

Sing. des Perf. Paff. nach den allgemeinen Regeln verändern muß.
Wo aber der Aorist 1. Paff. in Hinficht des Stammvokals oder
sonst wie von der Perfekt=Bildung abweicht, da richten diese
Verbalformen sich durchaus nach dem Aorist, nur daß, wo
der Aorist φϑ, χϑ hat, diese Formen πτ, κτ annehmen. Es wird
also aus

λέγω	(λέλεκται,	ἐλέχϑην)	— λεκτέος, λεκτός
γράφω	(γέγραπται,	ἐγράφϑην)	— γραπτός
ϛρέφω	(ἔϛραπται,	ἐϛρέφϑην)	— ϛρεπτός
φωράω	(πεφώραται,	ἐφωράϑην)	— φωρατέος
φιλέω	(πεφίληται,	ἐφιλήϑην)	— φιλητέος
αἱρέω	(ᾕρηται,	ᾑρέϑην)	— αἱρετός
μνάω	(μέμνηται,	ἐμνήσϑην)	— μνηστός (an. μιμνήσκω)
ϛέλλω	(ἔϛαλται,	ἐϛάλϑην)	— ϛαλτέος
τείνω	(τέταται,	ἐτάϑην)	— τατέος
χέω	(κέχυται,	ἐχύϑην)	— χυτός

* S. wegen des fog. σ euphon. in diesen Verbalformen §. 112, 20.

Anm. 1. Im ältern Jonismus und Atticismus fällt das σ in meh=
ren Verbalen auf τος zuweilen aus, besonders in Zusammensetzungen wie
ἄγνωτος, ἀδάματος, εὔκτιτος, πάγκλαντος; und den Dichtern war fogar
ϑαυματός von ϑαυμάζω erlaubt.

Anm. 2. Ueber den Gebrauch dieser Verbalia f. Syntax §. 134, 8 fg.
Hier nur so viel, daß beide paffivisch find, und daß
1) die auf τ ό ς die Möglichkeit ausdrücken, den lat. Adjekt. auf ilis,
den deutschen auf b a r entsprechend, wie sie auch selbst oft zu Adjekt. wer=
ben, z. B. ϛρεπτός einer der gedreht werden kann, drehbar, versatilis;
2) die auf τέος die Nothwendigkeit, wie das lat. Particip auf
ndus z. B. ϛρεπτέος der gedreht werden muß, vertendus;
3) das Neutrum auf τέον mit ἐστί der lat. conj. periphrast. mit dem
Part. auf ndus entspricht, z. B. ϛρεπτέον ἐϛί σοι tibi vertendum est.

§. 103.   Verbum barytonon.

Verbum barytonon nennt man das Verbum in seiner na=
türlichen Gestalt, sofern nehmlich die Endung des Präsens (ω)
unbetont ist; im Gegensatz derjenigen Verba, welche beide letzte
Silben zusammenziehen, und daher cirkumflektirt werden: verba
contracta oder perispomena, wovon §. 105.

Anm. Für diejenigen welche es vorziehen die Flexion des Verbi am
Paradigma eines verbi puri einzuüben, folgt unmittelbar hinter τύπτω das
dreisilbige βουλεύω noch einmal ganz durchflektirt, so jedoch daß nach An=
leitung von §. 89, 4 Not. dem Aktiv zunächst das vollständige Medium
gegenübergestellt wird und daran erst die dem Paffiv allein zukommenden
Tempusformen sich anschließen.

ACTIVUM.

	Indicativus	Conjunctivus	Optativus	Imperativus	Infinitivus	Participium
Praesens	τύπτω	τύπτω	τύπτοιμι	τύπτε	τύπτειν	τύπτων
Imperfectum	ἔτυπτον					
Perfectum 1.	τέτυφα	τετύφω	τετύφοιμι	(τέτυφε)	τετυφέναι	τετυφώς
Plusquamp. 1.	ἐτετύφειν					
Perfectum 2.	τέτυπα	τετύπω	τετύποιμι	(τέτυπε)	τετυπέναι	τετυπώς
Plusquamp. 2.	ἐτετύπειν					
Futurum 1.	τύψω		τύψοιμι	—	τύψειν	τύψων
Aoristus 1.	ἔτυψα	τύψω	τύψαιμι	τύψον	τύψαι	τύψας
Futurum 2.	(S. im Paradigma ἀγγέλλω.)					
Aoristus 2.	ἔτυπον	τύπω	τύποιμι	τύπε	τυπεῖν	τυπών

PASSIVUM.

	Indicativus	Conjunctivus	Optativus	Imperativus	Infinitivus	Participium
Praesens	τύπτομαι	τύπτωμαι	τυπτοίμην	τύπτου	τύπτεσθαι	τυπτόμενος
Imperfectum	ἐτυπτόμην					
Perfectum	τέτυμμαι	τετυμμένος ὦ (ᾖ, ᾖς) a) f. S. 176.	τετυμμένος εἴην (ης, η)	τέτυψο	τετύφθαι	τετυμμένος
Plusquamp.	ἐτετύμμην					
Futurum 1.	τυφθήσομαι	—	τυφθησοίμην	—	τυφθήσεσθαι	τυφθησόμενος
Aoristus 1.	ἐτύφθην	τυφθῶ	τυφθείην	τύφθητι	τυφθῆναι	τυφθείς
Futurum 2.	τυπήσομαι	—	τυπησοίμην	—	τυπήσεσθαι	τυπησόμενος
Aoristus 2.	ἐτύπην	τυπῶ	τυπείην	τύπηθι	τυπῆναι	τυπείς
Futurum 3.	τετύψομαι		τετυψοίμην		τετύψεσθαι	τετυψόμενος

MEDIUM.

	Indicativus	Conjunctivus	Optativus	Imperativus	Infinitivus	Participium
Futurum 1.	τύψομαι		τυψοίμην		τύψεσθαι	τυψόμενος
Aoristus 1.	ἐτυψάμην	τύψωμαι	τυψαίμην	τύψαι	τύψασθαι	τυψάμενος
Futurum 2.	(S. im Paradigma ἀγγέλλω.)					
Aoristus 2.	ἐτυπόμην	τύπωμαι	τυποίμην	τυποῦ	τυπέσθαι	τυπόμενος

	Indicativus	Conjunct.	Optat.
Prae- sens.	S. τύπτω ich schlage	τύπτω daß ich schlage	τύπτοιμι ich schlüge
	τύπτεις bu schlägst	τύπτῃς	τύπτοις
	τύπτει er, sie, es schlägt	τύπτῃ	τύπτοι
	D. —	—	—
	τύπτετον ihr(beibe)schlaget	τύπτητον	τύπτοιτον
	τύπτετον sie(beibe)schlagen	τύπτητον	τυπτοίτην
	P. τύπτομεν wir schlagen	τύπτωμεν	τύπτοιμεν
	τύπτετε ihr schlaget	τύπτητε	τύπτοιτε
	τύπτουσι(ν) sie schlagen	τύπτωσι(ν)	τύπτοιεν

Im- per- fect.	S. ἔτυπτον D. —	P. ἐτύπτομεν	
	ἔτυπτες ἐτύπτετον	ἐτύπτετε	} ich schlug, bu schlu=
	ἔτυπτε(ν) ἐτυπτέτην	ἔτυπτον	

Per- fect. 1.	S. τέτυφα ich habe geschlagen	τετύφω	τετύφοιμι
	τέτυφας u. s. w.	wie ber Conj.	wie ber Opt.
	τέτυφε(ν)	Praes.	Praes.
	D. —		(auch -οίην, s. un=
	τετύφατον		ten Anm. n. 13.)
	τετύφατον		
	P. τετύφαμεν		
	τετύφατε		
	τετύφᾱσι(ν)		

Plusq. 1.	S. ἐτετύφειν*) D. —	P. ἐτετύφειμεν	
	ἐτετύφεις ἐτετύφειτον	ἐτετύφειτε	} ich
	ἐτετύφει ἐτετυφείτην	ἐτετύφεσαν beffer als -εισαν	

Perf. 2. τέτυπα burch alle Mobi wie bas Perf. 1.

Plusq. 2. ἐτετύπειν wie bas Plusq. 1.

Fut. 1.	τύψω ich werbe schlagen wie bas Praes.	Conj. fehlt	τύψοιμι wie im Praes.
Aor.1.	S. ἔτυψα ich schlug (momen= tan) u. s. w.	τύψω daß ich schlage, wie ber	τύψαιμι ich schlüge
	ἔτυψας	Conj. Praes.	τύψαις ober τύψειας **)
	ἔτυψε(ν)		τύψαι ober τύψειε(ν)
	D. —		—
	ἐτύψατον		τύψαιτον
	ἐτυψάτην		τυψαίτην
	P. ἐτύψαμεν		τύψαιμεν
	ἐτύψατε		τύψαιτε
	ἔτυψαν		τύψαιεν ober τύ- ψειαν **)
Aor. 2.	ἔτυπον (Beb. wie Aor. 1.)	τύπω	τύποιμι
	wie bas Imperf.		wie im Praes.

*) Altattisch ἐτετύφη, s. unt. Anm. n. 12. mit b. Note
**) S. unt. Anm. II, 4. (n. 14.)

	Imperativus	*Infinit.*	*Particip.*

τύπτειν ſdjlagen

τύπτων
τύπτουσα
τύπτον
ſdjlagenb
G. τύπτοντος

τύπτε ſdjlage
τυπτέτω er, ſie, eſ ſdjlage

τύπτετον ſdjlaget (beibe)
τυπτέτων ſie (beibe) mögen ober müſſen ſdjlagen

τύπτετε ſdjlaget
τυπτέτωσαν, att. τυπτόντων ſie mögen ober müſſen ſdjlagen

geſt (bauernb) u. ſ. w.

(τέτυφε) wie ber Imp. Praes.	τετυφέναι geſdjla= gen ђaben	τετυφώς geſdjlagen. ђabenb τετυφυῖα τετυφός Gen. τετυφότος

ђatte geſdjlagen u. ſ. w.

Imperat. feђlt.	τύψειν ſdjlagen werben	τύψων, ουσα, ον G. οντος ſdjl. werbenb
	τύψαι ſdjlagen	τύψας ſdjlagenb ob= geſdjl. ђabenb
τύψον ſdjlage ꝛc.		τύψᾶσα τύψᾶν
τυψάτω		Gen.
		τύψαντος
τύψατον τυψάτων		
τύψατε τυψάτωσαν, att. τυψάντων		
τύπε wie im Praes.	τυπεῖν	τυπών, οῦσα, όν G. όντος

	Indicativus	*Conjunct.*	*Optat.*

Prae- S. τύπτομαι ich werbe geſchla- τύπτωμαι | τυπτοίμην
sens   τύπτῃ ober ει *) gen τύπτῃ | τύπτοιω
    τύπτεται | τύπτηται | τύπτοιτο
  D. τυπτόμεθον | τυπτώμεθον | τυπτοίμεθον
    τύπτεσθον | τύπτησθον | τύπτοισθον
    τύπτεσθον | τύπτησθον | τυπτοίσθην
  P. τυπτόμεθα | τυπτώμεθα | τυπτοίμεθα
    τύπτεσθε | τύπτησθε | τύπτοισθε
    τύπτονται | τύπτωνται | τύπτοιντο

Im- S. ἐτυπτόμην D. ἐτυπτόμεθον P. ἐτυπτόμεθα ⎫
per-   ἐτύπτου   ἐτύπτεσθον   ἐτύπτεσθε ⎬ ich wurbe
fect.   ἐτύπτετο   ἐτυπτέσθην   ἐτύπτοντο ⎭

Perf. S. τέτυμμαι ich bin geſchla- τετυμμένος(η,ον) -μένος (η, ον) εἴην
    τέτυψαι   gen worben   ὦ, ῇς, ῇ   εἴης, εἴη
    τέτυπται
  D. τετύμμεθον | τετυμμένω (α) | -μένω (α) εἴητον,
    τέτυφθον   ἦτον, ἦτον   εἰήτην
    τέτυφθον
  P. τετύμμεθα | τετυμμένοι (αι) | -μένοι (αι) εἴημεν,
    τέτυφθε   ὦμεν, ἦτε, ὦσι   εἴητε, εἴησαν
    3. P. fehlt; bafür τετυμ-
    μένοι (αι) εἰσίν

Plusq. S. ἐτετύμμην D. ἐτετύμμεθον P. ἐτετύμμεθα ich war ge-
    ἐτέτυψο   ἐτέτυφθον   ἐτέτυφθε
    ἐτέτυπτο   ἐτετύφθην   3. P. fehlt, bafür τετυμ-

Fut. 1. τυφθήσομαι ich werbe ge- Conj. fehlt. | τυφθησοίμην
    τυφθήσῃ ob. ει ſchlagen | τυφθήσοιο
    u. ſ. w.   werben | u. ſ. w.
    wie im Praes. | wie im Praes.

Aor. 1. S. ἐτύφθην ich wurbe geſchla- τυφθῶ | τυφθείην
    ἐτύφθης   gen   τυφθῇς | τυφθείης
    ἐτύφθη   τυφθῇ | τυφθείη
  D.   —
    ἐτύφθητον | τυφθῆτον | τυφθείητον
    ἐτυφθήτην | τυφθῆτον | τυφθειήτην
  P. ἐτύφθημεν | τυφθῶμεν | τυφθείημεν
            | τυφθεῖμεν
    ἐτύφθητε | τυφθῆτε | τυφθείητε
            | τυφθεῖτε
    ἐτύφθησαν | τυφθῶσι(ν) | τυφθείησαν
            | τυφθεῖεν †)

Fut. 2. τυπήσομαι | burch alle Mobi

Aor. 2. ἐτύπην | .   wie Aor. 1.

Fut. 3 τετύψομαι (ich werbe geſchlagen werben) | burch alle Mobi

*) S. unten Anm. n. 6.   †) Die verkürzte Form wirb in ber 1. unb

werben.)

auf S. 143 u. S. 172.

Imperativus	*Infinitivus*	*Particip.*
τύπτου werbe geſchlagen τυπτέσϑω er werbe geſchlagen ꝛc.	τύπτεσϑαι ge= ſchlagen werben	τυπτόμενος, η, ον, ber geſchlagen wirb
τύπτεσϑον τυπτέσϑων		
τύπτεσϑε τυπτέσϑωσαν ober τυπτέσϑων		

geſchlagen

	τετύφϑαι geſchla= gen worben ſein	τετυμμένος, η, ον ber geſchlagen worben iſt, ober: geſchlagen
τέτυψο ſei geſchlagen τετύφϑω er ſei geſchlagen ꝛc.		
τέτυφϑον τετύφϑων		
τέτυφϑε τετύφϑωσαν ober τετύφϑων		

ſchlagen worben

μένοι (αι) ἦσαν

Imperat. feblt.	τυφϑήσεσϑαι werben geſchla= gen werben	τυφϑησόμενος, η, ον ber geſchlagen werben wirb
	τυφϑῆναι geſchla= gen werben	τυφϑείς ber geſchl. τυφϑεῖσα wurbe τυφϑέν Gen.
τύφϑητι werbe geſchlagen (§. 18, 3) τυφϑήτω		τυφϑέντος
τύφϑητον τυφϑήτων		
τύφϑητε		
τυφϑήτωσαν		

wie Fut. 1.

τύπηϑι, τυπήτω ꝛc. (§. 18, 3)	wie Aor. 1.

wie Fut. 1.

2. Perſon gewöhnlicher, bie in ber 3. Perſon faſt immer gebraucht.
Vgl. §. 107. A. n. 4.

Buttmann, Griech. Grammatik. 22. Aufl.   12

(ſich·

Präſens und Imperfekt, Perfekt und Plus·

Indicativus	Conjunct.	Optat.
Fut. 1. τύψομαι ich werde mich	fehlt.	τυψοίμην
ſchlagen		wie im Präſ.
wie das Präſ. Paſſ.		Paſſ.
Aor. 1. S. ἐτυψάμην ich ſchlug mich	τύψωμαι	τυψαίμην
ἐτύψω	τύψῃ	τύψαιο
ἐτύψατο	τύψηται	τύψαιτο
D. ἐτυψάμεθον	τυψώμεθον	τυψαίμεθον
ἐτύψασθον	τύψησθον	τύψαισθον
ἐτυψάσθην	τύψησθον	τυψαίσθην
P. ἐτυψάμεθα	τυψώμεθα	τυψαίμεθα
ἐτύψασθε	τύψησθε	τύψαισθε
ἐτύψαντο	τύψωνται	τύψαιντο
Aor. 2. ἐτυπόμην	τύπωμαι	τυποίμην
wie das Imperf. Paſſ.	dieſe beiden Modi wie im	
	Präſ. Paſſ.	

Adjectiva Verbalia (§. 102.)

Deklination

	Aor. 1. act.				Aor. 2. act.		
Sing.				**Sing.**			
N.	τύψᾱς	τύψασα	τύψᾰν		τυπών	ποῦσα	πόν
G.	τύψαντος	τυψάσης	τύψαντος		τυπόντος	πούσης	πόντος
D.	τύψαντι	τυψάσῃ	τύψαντι		τυπόντι	πούσῃ	πόντι
A.	τύψαντα	τύψασαν	τύψαν		τυπόντα	ποῦσαν	πόν
V.	τύψας †)	τύψασα	τύψαν		τυπών †)	ποῦσα	πόν
Dual.				**Dual.**			
N.	τύψαντε	τυψάσα	τύψαντε		τυπόντε	πούσα	πόντε
G.	τυψάντοιν	τυψάσαιν	τυψάντοιν		τυπόντοιν	πούσαιν	πόντοιν
Plur.				**Plur.**			
N.	τύψαντες	τύψασαι	τύψαντα		τυπόντες	ποῦσαι	πόντα
G.	τυψάντων	τυψασῶν	τυψάντων		τυπόντων	πουσῶν	πόντων·
D.	τύψᾱσι	τυψάσαις	τύψᾱσι		τυποῦσι	πούσαις	ποῦσι
A.	τύψαντας	τυψάσας	τύψαντα		τυπόντας	πούσας	πόντα
V.	τύψαντες	τύψασαι	τύψαντα		τυπόντες	ποῦσαι	πόντα

†) S. §. 45, 1.

ſchlagen *).

*) ſ. Herodot. 2, 40. extr.

quamperfekt ſind einerlei mit dem Paſſiv.

	Imperativus	Infinit.	Particip.
fehlt.		τύψεσθαι	τυψόμενος, η, ον
τύψαι τυψάσθω τύψασθον τυψάσθων τύψασθε τυψάσθωσαν ober τυψάσθων		τύψασθαι	τυψάμενος, η, ον
τυποῦ τυπέσθω τύπεσθον τυπέσθων τύπεσθε τυπέσθωσαν ober τυπέσθων		τυπέσθαι	τυπόμενος, η, ον

τυπτός, τυπτέος.

ber Participia.

Perf. 1. act.			Aor. 1. pass.		
Sing.			**Sing.**		
τετυφώς	φυῖα	φός	τυφθείς	φθεῖσα	φθέν
τετυφότος	φυίας	φότος	τυφθέντος	φθείσης	φθέντος
τετυφότι	φυίᾳ	φότι	τυφθέντι	φθείσῃ	φθέντι
τετυφότα	φυῖαν	φός	τυφθέντα	φθεῖσαν	φθέν
τετυφώς†)	φυῖα	φός	τυφθείς†)	φθεῖσα	φθέν
Dual.			**Dual.**		
τετυφότε	φυία	φότε	τυφθέντε	φθείσα	φθέντε
τετυφότοιν	φυίαιν	φότοιν	τυφθέντοιν	φθείσαιν	φθέντοιν
Plur.			**Plur.**		
τετυφότες	φυῖαι	φότα	τυφθέντες	φθεῖσαι	φθέντα
τετυφότων	φυιᾶν	φότων	τυφθέντων	φθειωῶν	φθέντων
τετυφόσι	φυίαις	φόσι	τυφθεῖσι*)	φθείσαις	φθεῖσι
τετυφότας	φυίας	φότα	τυφθέντας	φθείσας	φθέντα
τετυφότες	φυῖαι	φότα	τυφθέντες	φθεῖσαι	φθέντα

*) S. §. 46 Anm. 1.

12 *

βουλεύω ich berathe (überlege)

	Indicativus	Conjunctivus	Optativus
Prae- S.	βουλεύω	βουλεύω	βουλεύοιμι
sens	βουλεύεις	βουλεύῃς	βουλεύοις
	βουλεύει	βουλεύῃ	βουλεύοι
D.	—	—	—
	βουλεύετον	βουλεύητον	βουλεύοιτον
	βουλεύετον	βουλεύητον	βουλεύοίτην
P.	βουλεύομεν	βουλεύωμεν	βουλεύοιμεν
	βουλεύετε	βουλεύητε	βουλεύοιτε
	βουλεύουσι(ν)	βουλεύωσι(ν)	βουλεύοιεν

	Imperativus	Infinitivus	Participium
S.	βούλευε	βουλεύειν	βουλεύων
	βουλευέτω		βουλεύουσα
D.	βουλεύετον		βουλεῦον
	βουλευέτων		G. -εύοντος ιc.
P.	βουλεύετε		
	βουλευέτωσαν att. ὄντων		

Im- S.	ἐβούλευον		
per-	ἐβούλευες		
fect.	ἐβούλευε(ν)		
D.	—		
	ἐβουλεύετον		
	ἐβουλευέτην		
P.	ἐβουλεύομεν		
	ἐβουλεύετε		
	ἐβούλευον		

	Indicativus	Conjunctivus	Optativus
Per- S.	βεβούλευκα	βεβουλεύκω	βεβουλεύκοιμι
fect.	βεβούλευκας	βεβουλεύκῃς	βελουλεύκοις
	βεβούλευκε(ν)	βεβουλεύκῃ ιc.	βεβουλεύκοι ιc.
D.	—	wie Conj. Praes.	wie Opt. Praes.
	βεβουλεύκατον		
	βεβουλεύκατον		
P.	βεβουλεύκαμεν		
	βεβουλεύκατε		
	βεβουλεύκασι(ν)		

	Imperativus	Infinitivus	Participinm
	(βεβούλευκε, έτω)	βεβουλευκέναι	βεβουλευκώς
	ungebr.		βεβουλευκυῖα
			βεβουλευκός
			G. -κότος ιc.

Plus- S.	ἐβεβουλεύκειν (alt ἐβεβουλεύκη)	
quam-	ἐβεβουλεύκεις	
perf.	ἐβεβουλεύκει	
D.	—	
	ἐβεβουλεύκειτον	
	ἐβεβουλευκείτην	
P.	ἐβεβουλεύκειμεν	
	ἐβεβουλεύκειτε	
	ἐβεβουλεύκεσαν besser als -εισαν	

βουλεύομαι berathe mich

	Indicativus	Conjunctivus	Optativus
Prae-sens	βουλεύομαι	βουλεύωμαι	βουλευοίμην
	βουλεύῃ ob. ει	βουλεύῃ	βουλεύοιο
	βουλεύεται	βουλεύηται	βουλεύοιτο
	βουλευόμεθον	βουλευώμεθον	βουλευοίμεθον
	βουλεύεσθον	βουλεύησθον	βουλεύοισθον
	βουλεύεσθον	βουλεύησθον	βουλευοίσθην
	βουλευόμεθα	βουλευώμεθα	βουλευοίμεθα
	βουλεύεσθε	βουλεύησθε	βουλεύοισθε
	βουλεύονται	βουλεύωνται	βουλεύοιντο

Imperativus	Infinitivus	Participium
S. βουλεύου	βουλεύεσθαι	βουλευόμενος
βουλευέσθω		βουλευομένη
D. βουλεύεσθον		βουλευόμενον
βουλευέσθων		G. ου ιc.
P. βουλεύεσθε		
βουλευέσθωσαν ob. έσθων		

Im-perf.	
	ἐβουλευόμην
	ἐβουλεύου
	ἐβουλεύετο
	ἐβουλευόμεθον
	ἐβουλεύεσθον
	ἐβουλεύεσθην
	ἐβουλευόμεθα
	ἐβουλεύεσθε
	ἐβουλεύοντο

	Indicativus	Conjunctivus	Optativus
Per-fect.	βεβούλευμαι	βεβουλευμένος (η, ον)	-μένος (η, ον) εἴην
	βεβούλευσαι	ὦ, ᾖς, ᾖ	εἴης, εἴη
	βεβούλευται		
	βεβουλεύμεθον	βεβουλευμένω (α)	-μένω (α) εἴητον
	βεβούλευσθον	ἦτον, ἦτον	εἰήτην
	βεβούλευσθον		
	βεβουλεύμεθα	βεβουλευμένοι (αι)	-μένοι (αι) εἴημεν
	βεβούλευσθε	ὦμεν, ἦτε, ὦσι(ν)	εἴητε, εἴησαν
	βεβούλευνται		

Imperativus	Infinitivus	Participium
S. βεβούλευσο	βεβουλεῦσθαι	βεβουλευμένος
βεβουλεύσθω		βεβουλευμένη
D. βεβούλευσθον		βεβουλευμένον
βεβουλεύσθων		G. ου ιc.
P. βεβούλευσθε		
βεβουλεύσθωσαν ob. σθων		

Plus-quam-perf.	
	ἐβεβουλεύμην
	ἐβεβούλευσο
	ἐβεβούλευτο
	ἐβεβουλεύμεθον
	ἐβεβούλευσθον
	ἐβεβουλεύσθην
	ἐβεβουλεύμεθα
	ἐβεβούλευσθε
	ἐβεβούλευντο

	Indicativus	Conjunctivus	Optativus
Fut. S.	βουλεύσω		βουλεύσοιμι
	βουλεύσεις		βουλεύσοις
	βουλεύσει	fehlt	βουλεύσοι
	u. ſ. f.		u. ſ. f.
	wie im Präſ.		wie im Präſ.

	Imperativus	Infinitivus	Participium
		βουλεύσειν	βουλεύσων
	fehlt		βουλεύσουσα
			βουλεῦσον
			G. -σοντος 2c.

	Indicativus	Conjunctivus	Optativus
Aor. S.	ἐβούλευσα	βουλεύσω	βουλεύσαιμι
	ἐβούλευσας	βουλεύσῃς	βουλεύσαις ob. ειας
	ἐβούλευσε(ν)	βουλεύσῃ 2c.	βουλεύσαι ob. ειε(ν)
D.	—	wie Conj. Praes.	—
	ἐβουλεύσατον		βουλεύσαιτον
	ἐβουλευσάτην		βουλευσαίτην
P.	ἐβουλεύσαμεν		βουλεύσαιμεν
	ἐβουλεύσατε		βουλεύσαιτε
	ἐβούλευσαν		βουλεύσαιεν ob. ειαν

	Imperativus	Infinitivus	Participium
S.	βούλευσον	βουλεῦσαι	βουλεύσας
	βουλευσάτω		βουλεύσασα
D.	βουλεύσατον		βουλεῦσαν
	βουλευσάτων		G. -σαντος 2c.
P.	βουλεύσατε		
	βουλευσάτωσαν att. άντων		

PASSI

βουλεύομαι ich werde

Praesens, Imperfectum, Perfectum, Plusquam-

	Indicativus	Conjunctivus	Optativus
Fut. 1.	βουλευθήσομαι	fehlt	βουλευθησοίμην
	βουλευθήσῃ ob. σει 2c.		βουλευθήσοιο 2c.
Aor. 1. S.	ἐβουλεύθην	βουλευθῶ	βουλευθείην
	ἐβουλεύθης	βουλευθῇς	βουλευθείης
	ἐβουλεύθη	βουλευθῇ	βουλευθείη
D.	—	—	—
	ἐβουλεύθητον	βουλευθῆτον	βουλευθείητον (εῖτον)
	ἐβουλευθήτην	βουλευθῆτον	βουλευθειήτην (είτην)
P.	ἐβουλεύθημεν	βουλευθῶμεν	βουλευθείημεν (εῖμεν)
	ἐβουλεύθητε	βουλευθῆτε	βουλευθείητε (εῖτε)
	ἐβουλεύθησαν	βουλευθῶσι(ν)	βουλευθείησαν ob. εῖεν.
Fut. 3.	βεβουλεύσομαι,	fehlt	βεβουλευσοίμην, οιο 2c.
	σῃ ob. σει 2c.		

Adj. Verb. βου-

	Indicativus	Conjunctivus	Optativus
Futur.	βουλεύσομαι		βουλευσοίμην
	βουλεύσῃ ob. ει		βουλεύσοιο
	βουλεύσεται	fehlt	βουλεύσοιτο
	u. f. f.		u. f. f.
	wie im Präf.		wie im Präf.

Imperativus	Infinitivus	Participium
	βουλεύσεσθαι	βουλευσόμενος
fehlt		η, ον

	Indicativus	Conjunctivus	Optativus
Aorist.	ἐβουλευσάμην	βουλεύσωμαι	βουλευσαίμην
	ἐβουλεύσω	βουλεύσῃ	βουλεύσαιο
	ἐβουλεύσατο	βουλεύσηται ꝛc.	βουλεύσαιτο
	ἐβουλευσάμεϑον	wie Conj. Praes.	βουλευσαίμεϑον
	ἐβουλεύσασϑον		βουλεύσαισϑον
	ἐβουλευσάσϑην		βουλευσαίσϑην
	ἐβουλευσάμεϑα		βουλευσαίμεϑα
	ἐβουλεύσασϑε		βουλεύσαισϑε
	ἐβουλεύσαντο		βουλεύσαιντο

Imperativus	Infinitivus	Participium
S. βούλευσαι	βουλεύσασθαι	βουλευσάμενος
βουλευσάσϑω		η, ον.
D. βουλεύσασϑον		
βουλευσάσϑων		
P. βουλεύσασϑε		
βουλευσάσϑωσαν ob. σϑων		

VUM.

berathen (überlegt)

perfectum einerlei mit dem Medium.

Imperativus	Infinitivus	Participium
fehlt	βουλευθήσεσθαι	βουλευθησόμενος, η, ον
βουλεύθητι	βουλευθῆναι	βουλευθείς, βουλευθεῖσα,
βουλευθήτω		βουλευθέν
		G. βουλευθέντος ꝛc.
βουλεύθητον		
βουλευθήτων		
βουλεύθητε		
βουλευθήτωσαν		
fehlt	βεβουλεύσεσθαι	βεβουλευσόμενος, η, ον

λευτέος, βουλευτός.

Λείπω laſſe, Med. bidȝterijdȝ.

ACTIVUM.

Praes. λείπω   Imperf. ἔλειπον
Perf. (2.) λέλοιπα   Plusq. ἐλελοίπειν
Fut. λείψα: Aor. (2.) ἔλιπον   C. λίπω ꝗc.

PASSIVUM.

Praes. λείπομαι   Imperf. ἐλειπόμην
Perf. λέλειμμαι, ψαι, πται ꝗc.   Imp. λέλειψο, λελείφθω ꝗc.
       Inf. λελεῖφθαι   P. λελειμμένος
Plusq. ἐλελείμμην, ψο, πτο ꝗc.
Fut. λειφθήσομαι   Aor. ἐλείφθην
Fut. 3. λελείψομαι

MEDIUM.

Fut. λείψομαι   Aor. (2.) ἐλιπόμην   C. λίπωμαι ꝗc.
Adj. Verbal. λειπτέος, λειπτός.

ἄρχω füge an, gerrjdȝe Med. fange an.

ACTIVUM.

Praes. ἄρχω   Imperf. ἦρχον
Perf. (ἦρχα) u. Plusq. (ἦρχειν) ǻommen nidȝt leidȝt vor.
Fut. ἄρξω
Aor. ἦρξα   C. ἄρξω   O. ἄρξαιμι, ἄρξαις, ἄρξαι ꝗc.
     Imp. ἄρξον, ἀρξάτω ꝗc.   Inf. ἄρξαι   Part. ἄρξας.

PASSIVUM.

Praes. ἄρχομαι   Imperf. ἠρχόμην
Perf. ἦργμαι   D. ἤργμεθον   P. ἤργμεθα
    ἦρξαι   ἦρχθον   ἦρχθε
    ἦρκται   ἦρχθον   3. Perjon w. umjdȝr.
       C. u. O. w. umjdȝr.   Imp. ἦρξο, ἤρχθω ꝗc.
      Inf. ἤρχθαι   P. ἠργμένος
Plusq. ἤργμην   D. ἤργμεθον   P. ἤργμεθα
    ἦρξο   ἦρχθον   ἦρχθε
    ἦρκτο   ἦρχθην   3. Perjon w. umjdȝr.
Fut. ἀρχθήσομαι
Aor. ἤρχθην   C. ἀρχθῶ   O. ἀρχθείην   Imp. ἄρχθητι
      Inf. ἀρχθῆναι   Part. ἀρχθείς
Fut. 3. fegit (j. §. 99 A. 2.)

MEDIUM.

Fut. ἄρξομαι
Aor. ἠρξάμην   C. ἄρξωμαι   O. ἀρξαίμην   Imp. ἄρξαι, ἄσθω ꝗc.
      Inf. ἄρξασθαι   Part. ἀρξάμενος
Adj. Verb. (im Sinn deß Act. u. Med.) ἀρκτέος, ἀρκτός.

Σκενάζω rüſte.

ACTIVUM.

Praes. σκευάζω   Imperf. ἐσκεύαζον
Perf. ἐσκεύακα   C. ἐσκευάκω   O. ἐσκευάκοιμι   Imp. ungebr.
Plusq. ἐσκευάκειν   ‖ Inf. ἐσκευακέναι   P. ἐσκευακώς
Fut. σκευάσω (furз α)   Aor. ἐσκεύασα   C. σκευάσω
    O. σκευάσαιμι   Imp. σκεύασον   Inf. σκευάσαι   Pt. σκευάσας

PASSIVUM.

Praes. σκευάζομαι   Imperf. ἐσκευαζόμην
Perf. ἐσκεύασμαι *)   D. ἐσκευάσμεθον   P. ἐσκευάσμεθα
    ἐσκεύασαι   ἐσκεύασθον   ἐσκεύασθε
    ἐσκεύασται   ἐσκεύασθον   3. Ƥ. ϖ. umſᴐr.
Imp. ἐσκεύασο *), άσθω ꝛc.   Inf. ἐσκευάσθαι   Part. ἐσκευασμένος
Plusq. ἐσκευάσμην *)   D. ἐσκευάσμεθον   P. ἐσκευάσμεθα
    ἐσκεύασο   ἐσκεύασθον   ἐσκεύασθε
    ἐσκεύαστο   ἐσκευάσθην   3. Ƥ. ϖ. umſᴐr.
Fut. σκευασθήσομαι   Aor. ἐσκευάσθην
Fut. 3. (ἐσκευάσομαι) ᴜ̈ommt niᴐt ᴠor.

MEDIUM.

Fut. σκευάσομαι
Aor. ἐσκευασάμην   C. σκεύασωμαι   O. σκευασαίμην   Imp. σκεύασαι,
    σάσθω ꝛc.   Inf. σκευάσασθαι   P. σκευασάμενος
Adj. Verb. σκευαστέος, σκευαστός.

*) Ꮓienaᴐ ᴠon σείω (ſᴐüttele): Perf. σίσεισμαι, σέσεισαι, σέσεισ-
ται ꝛc.   Inf. σεσεῖσθαι   Imp. σέσεισο, σθω ꝛc.   Plsq. ἐσεσείσμην,
ἐσέσεισο, στο ꝛc.

___

κομίζω bringe, Med. beᴜomme.

ACTIVUM.

Praes. κομίζω u. ſ. ϖ.   Fut. [κομίσω]
Fut. Att. κομιῶ   Du. —   Pl. κομιοῦμεν
    κομιεῖς   κομιεῖτον   κομιεῖτε
    κομιεῖ   κομιεῖτον   κομιοῦσι(ν)
Opt. κομιοῖμι, ιοῖς, ιοῖ· ιῶιτον, ιοίτην· ιοῖμεν, ιοῖτε, ιοῖεν ***)
Inf. κομιεῖν.   Part. κομιῶν, ιοῦσα, ιοῦν   G. ιοῦντος
Aor. ἐκόμισα   C. κομίσω ꝛc.   Inf. κομίσαι   Imp. κόμισον, άτω
Passivum, ſ. σκευάζω.

MEDIUM.

Fut. [κομίσομαι]
Fut. Att. κομιοῦμαι   Du. κομιούμεθον   Pl. κομιούμεθα
    κομιεῖ **)   κομιεῖσθον   κομιεῖσθε
    κομιεῖται   κομιεῖσθον   κομιοῦνται
Opt. κομιοίμην, ιοῖο, ιοῖτο· ιοίμεθον, ιοῖσθον, ιοῖσθην· ιοί-
μεθα, ιοῖσθε, ιοῖντο ***)   Inf. κομιεῖσθαι   P. κομιούμενος
Aor. ἐκομισάμην   C. κομίσωμαι ꝛc.
) Ꮥ. Ꝥot. n. 18.   *) Ᏸgl. Opt. praes. ᴠon ποιέω §. 105.

ἀγγέλλω verfünde
Med. verfünde mid) b. ɧ. verfpreche von mir.

ACTIVUM.

Praes.	Ind. ἀγγέλλω Conj. ἀγγέλλω Opt. ἀγγέλλοιμι Imp. ἄγγελλε		
	Inf. ἀγγέλλειν Part. ἀγγέλλων, έλλουσα, έλλον		
Impf.	ἤγγελλον		
Perf.	Ind. ἤγγελκα Conj. ἠγγέλκω Opt. ἠγγέλκοιμι Imp. ungebr.		
	Inf. ἠγγελκέναι Part. ἠγγελκώς		
Plusq.	ἠγγέλκειν		

	Ind. ἀγγελῶ	Opt. ἀγγελοῖμι ob. ἀγγελοίην*)	
	ἀγγελεῖς	ἀγγελοῖς ἀγγελοίης	Inf.
	ἀγγελεῖ	ἀγγελοῖ ἀγγελοίη	ἀγγελεῖν
Fut. 2.	ἀγγελεῖτον	ἀγγελοῖτον ἀγγελοίητον	Part.
	ἀγγελεῖτον	ἀγγελοίτην ἀγγελοιήτην	ἀγγελῶν
	ἀγγελοῦμεν	ἀγγελοῖμεν ἀγγελοίημεν	ἀγγελοῦσα
	ἀγγελεῖτε	ἀγγελοῖτε ἀγγελοίητε	ἀγγελοῦν
	ἀγγελοῦσι	ἀγγελοῖεν ἀγγελοίησαν	Gen. οῦντος

Aor. 1.	Ind. ἤγγειλα Conj. ἀγγείλω Opt. ἀγγείλαιμι, αις, ἀγγείλαι ob. ειε κ. Imp. ἄγγειλον, άτω Inf. ἀγγεῖλαι Part. ἀγγείλας
Aor. 2.	Ind. ἤγγελον (S. 166 N.) Conj. ἀγγέλω Opt. ἀγγέλοιμι Imp. ἄγγελε Inf. ἀγγελεῖν Part. ἀγγελών, λοῦσα, ἀγγελόν G. ἀγγελόντος

PASSIVUM.

Praes.	Ind. ἀγγέλλομαι Conj. ἀγγέλλωμαι Opt. ἀγγελλοίμην
	Imp. ἀγγέλλου Inf. ἀγγέλλεσθαι Part. ἀγγελλόμενος
Impf.	ἠγγελλόμην

Perf.	Ind. ἤγγελμαι	D. ἠγγέλμεθον	P. ἠγγέλμεθα	Conj. u. Opt.
	ἤγγελσαι	ἤγγελθον	ἤγγελθε	werden
	ἤγγελται	ἤγγελθον	3. P. w. umſchr.	umſchrieben
	Imp. ἤγγελσο, έλθω κ. Inf. ἠγγέλθαι Part. ἠγγελμένος			

Plusq.	Ind. ἠγγέλμην	D. ἠγγέλμεθον	P. ἠγγέλμεθα	
	ἤγγελσο	ἠγγέλθον	ἤγγελθε	
	ἤγγελτο	ἠγγέλθην	3. P. w. umſchr.	

Fut. 1.	Ind. ἀγγελθήσομαι Opt. ἀγγελθησοίμην u. ſ. w.
Aor. 1.	Ind. ἠγγέλθην Conj. ἀγγελθῶ Opt. ἀγγελθείην Imp. ἀγγέλθητι Inf. ἀγγελθῆναι Part. ἀγγελθείς
Fut. 2.	Ind. ἀγγελήσομαι Opt. ἀγγελησοίμην u. ſ. w.
Aor. 2.	Ind. ἠγγέλην Conj. ἀγγελῶ Opt. ἀγγελείην Imp. ἀγγέληθι Inf. ἀγγελῆναι Part. ἀγγελείς
Fut. 3.	fehlt (ſ. §. 99 Anm. 2.)

MEDIUM.

	Ind. ἀγγελοῦμαι	Opt. ἀγγελοίμην	Inf.
	ἀγγελῇ beſſer εῖ	ἀγγελοῖο	ἀγγελεῖσθαι
	ἀγγελεῖται	ἀγγελοῖτο	
	ἀγγελούμεθον	ἀγγελοίμεθον	Part.
Fut. 2.	ἀγγελεῖσθον	ἀγγελοῖσθον	ἀγγελούμενος, η, ον
	ἀγγελεῖσθον	ἀγγελοίσθην	
	ἀγγελούμεθα	ἀγγελοίμεθα	
	ἀγγελεῖσθε	ἀγγελοῖσθε	
	ἀγγελοῦνται	ἀγγελοῖντο	*) S. Anm. n. 13.

Aor. 1.	Ind. ἠγγειλάμην	Conj. ἀγγειλῶμαι	Opt. ἀγγειλαίμην αιο ꝛc.
	Imp. ἄγγειλαι	Inf. ἀγγείλασθαι	Part. ἀγγειλάμενος

Aor. 2.	Ind. ἠγγελόμην	Conj. ἀγγέλωμαι	Opt. ἀγγελοίμην
	Imp. ἀγγελοῦ	Inf. ἀγγελέσθαι	Part. ἀγγελόμενος

Adj. verb. ἀγγελτέος, ἀγγελτός

Anmerkungen zu sämtlichen Paradigmen.

I. Accent.

1. Als Grundlage der Lehre vom Ton beim Verbo ist anzunehmen, 1
daß derselbe der Regel nach so weit zurück steht als möglich, folglich
bei zweisilbigen Formen immer auf der ersten Silbe,

τύπτω, τύπτε, λείπω, λείπε

und bei drei= und mehrsilbigen, wenn die Natur der Endsilbe es ver=
stattet, auf der drittletzten,

τύπτομεν, τύπτουσι, τετύφᾱσι, τύπτομαι
ἔτυπτε, ἔτυψα, ἐπαίδευον, ἐφύλαξα.

Insbesondre gilt dies von den drei= und mehrsilbigen Imperativen

φύλαττε, φύλαξον.

daher auch die zweisilbigen Imperative in der Zusammensetzung den
Ton, wo die Endsilbe es verstattet, auf die Präposition werfen:

φέρε, λείπε — πρόσφερε, ἀπόλειπε.

Vgl. hiemit die Accentfälle in n. 2. und n. 10.

2. Wenn in den Dialekten ein betontes Augment wegfällt, so tritt 2
der Accent bei einfachen Verben immer auf die nächste Silbe, z. B. ἔβαλε,
ἔφευγε, ἔβαν — βάλε, φεῦγε, βάν; bei zusammengesetzten aber auf die
Präposition, z. B. ἐνέβαλε, προσέβη — ἔμβαλε, πρόσβη *). Wobei zu
bemerken, daß im ersteren Falle auch die einsilbigen Formen, deren Vokal
lang ist, den Ton immer als Cirkumflex aufnehmen, z. B. ἔβη — βῆ.

3. Scheinbare Ausnahmen von dieser Grundregel (oben 1.) sind 3
die Fälle, wo eine Zusammenziehung zum Grunde liegt: also, außer
den nachher besonders aufzuführenden Verbis contractis, folgende Fälle der
gewöhnlichen Konjugation:

1) Das cirkumflektirte Futur jeder Art (§. 95, 7—11).

2) Der Conj. Aor. Pass. τυφθῶ, τυπῶ, entstanden aus dem ion.
-έω, -έῃ s. n. 38. und vgl. §. 107 n. 28.

3) Das Augm. temp. in drei= und mehrsilbigen Compositis, z. B.
ἀνῆπτον, περιῆγεν, ἀπῆλθον ꝛc. s. §. 84 Anm. 4. und unten n. 10.

4. Wirkliche Ausnahmen sind folgende: 4

1) Der Aorist 2. wirft zum deutlicheren Unterschied vom Präsens
den Ton in folgenden Fällen auf die Endung:

a. im Inf. und Part. Act. und Inf. Med. immer,

τυπεῖν· τυπών, οὖσα, όν· τυπέσθαι

b. in der 2. Sing. des Imperat. Aor. 2. Med. gewöhnlich, z. B.
γενοῦ, λαβοῦ· aber Plur. γένεσθε, λάβεσθε **)

---

*) Also muß auch bei Homer (mit Bekker) konsequenter Weise accen=
tuirt werden: κάτεχε, ἄνελκε, περίχευεν, μέθιεν (Od. φ, 377), nicht κα=
τέχε ꝛc. S. Göttl. Acc. p. 47.

**) Dagegen ist geschrieben πύθεν Herod. 3, 68. ἴκον Eur. Or. 1231.
und öfter in den Hdss. der Tragiker (Herm. zu Aesch. Pers. 660. Ellendt
lex. Soph. s. v.). S. auch anom. ἐγείρω, ἐρέσθαι und φέρω.

c. in der 2. Sing. des Imperat. Aor. 2. Act. bloß bei folgenden: εἰπέ, ἐλθέ, εὑρέ, und im genauern Atticismus auch λαβέ, ἰδέ. Die zusammengesetzten Imperative folgen wieder der allgemeinen Regel: ἄπελθε, εἴσιδε, ὑπόλαβε ꝛc.; beim medialen Imperativ finden sich jedoch beide Betonungen: ἀναβαλοῦ, ἐπιλαβοῦ (Plat. Conv. p. 174. 214. Gorg. 469. Ar. Pac. 1269. al.), ἐπιλάθου (Luc. Dial. D. 4, 3. Strab. p. 378. al.).

5   2) Der Inf. und das Part. des Perf. Pass. unterscheiden sich von der übrigen passiven Form auch durch Betonung der vorletzten Silbe: τετύφθαι, τετυμμένος· πεποιῆσθαι, πεποιημένος.

6   3) Alle Infinitive auf ναι (die Dialektform auf μεναι, s. n. 33. ausgenommen) haben den Ton auf der vorletzten Silbe: τετυφέναι, τυφθῆναι, τυπῆναι. S. auch die Infinitive der Konjugation auf μι.

7   4) Der Inf. Aor. 1. Akt. auf αι, und die 3. Person des Opt. Akt. auf οι und αι, behalten, auch wenn sie mehrsilbig sind, den Ton stets auf der vorletzten Silbe, z. B.
Inf. φυλάξαι, παιδεῦσαι
3. Opt. φυλάττοι, φυλάξαι, παιδεύσαι*).

8   5) Alle Participien auf ως und εις haben den Akutus auf der letzten Silbe: τετυφώς, τυφθείς, τυπείς. So auch in der Konj. auf μι die auf εις, ας, ους, υς.'

9   6) Wo das Mask. eines Particips den Ton hat, da behalten ihn die anderen Genera auch, ohne andre Rücksicht als auf die Natur der Silben, also: φυλάττων, φυλάττουσα, φυλάττον· τιμήσων, τιμήσουσα, τιμῆσον· τετυφώς, τετυφυῖα, τετυφός.

10   7) Der Accent darf in der Zusammensetzung nie über das Augment zurückgehn, also: ἀνέσχον, ἀνέσαν. Fällt aber das Augment weg, so tritt der Fall von Anm. 2 ein (πρόσβη).

II. Einige besondere Jonismen und Atticismen.

11   1. Die Jonier formiren vom Imperfekt und beiden Aoristen *Iterativa* auf -σκον, pass. Form -σκόμην, welche von einer wiederholten Handlung gebraucht werden. Sie finden nur im Indikativ statt, haben gewöhnlich kein Augment**), und sind vom Verbo τύπτω so vorzubilden:
τύπτεσκον, τυπτεσκόμην von ἔτυπτον, όμην
τύψασκον, τυψασκόμην von ἔτυψα, άμην
τύπεσκον, τυπεσκόμην von ἔτυπον, όμην.
Die aoristischen Iterativa (z. B. ἴδεσκον, ὄρσασκον, μνησάσκετο, ἀπολέσκετο) gehören mehr der ep. Poesie an. Bei Herodot kommen die vom Aor. 2. abgeleiteten nur selten, die vom Aor. 1. gar nicht vor. S. auch die Anm. zu §. 105 u. 107. — Merkwürdig sind einige epische Formen dieser Art, welche das α des Aor. 1. mit dem Charakter vom Präf. und Impf. verbinden: ῥίπτασκον, κρύπτασκε (Hom.), ῥοίζασκεν (Hes. ϑ. 835. Göttl. ῥοίζεσκε), ἀνασσείασκε (Hymn. Ap. 403). S. ausf. Spr. §. 94 A. 4.

12   2. Das Plusquamp. (1. und 2.) Akt. auf ειν bildeten die Jonier in der ersten Pers. auf εα und in der dritten auf εε oder εεν: ἐτετύφεα,

---

*) Hiedurch, und weil (nach §. 11. Anm. 3) die 3. Opt. auf der vorletzten Silbe nie den Circumflex annimmt, unterscheiden sich die drei ähnlichen Formen des Aor. 1., z. B.
Inf. Act.	3. Opt. Act.	Imperat. Med.
παιδεῦσαι	πευδεύσαι	παίδευσαι.
Vgl. indeß dieselben Formen z. B. in σείω, κομίζω, τύπτω.
**) Das sehr seltne Augment z. B. Od. μ, 238. ξ, 521. υ, 7 ꝛc. und öfters in den Hdschr. des Herob., Apollon.; s. die Abh. von C. Schmidt Bielef. 1861. — Wegen εἴασκον s. §. 105.

ἐτετύφεε ober -εεν. Daraus ist eine attische Form zusammengezogen: und zwar zuförderst die erste Person auf η (aus εα), z. B. ἐπεπόνϑη für ἐπεπόνϑειν welche Form bei den ältern Attikern die gewöhnliche war *). Aber auch eine zweite Person auf ης (aus εας), und die dritte auf ειν (aus εεν) vor einem Vokale, als πεποίϑειν für ἐπεποίϑει Ar. Nub. 1347. ἑσήκειν, βεβλήκειν Jl. ψ, 691. ε, 661 ⁊c., δεδειπνήκειν Od. ρ, 359. ἐβεβρύχειν μ, 212 Be. (vgl. 3. Impf. ἤσκειν §. 105 A. 3. und unten ἤειν, ἤδειν, ἠνώγειν) lassen sich mit ziemlicher Sicherheit auch bei den Attikern, selbst in der att. Prosa (z. B. κατῳκήκειν Plat. Crit. 112), nachweisen. S. über alle diese Endungen, so wie von einer (angeblichen) dritten Person auf η statt ει, die ausf. Sprachl. §. 97 A. 14 ff. und Cob. NL. 212 sqq. — In der letzten Person ist die Endung -εσαν die allein attische. **)

3. Statt des Opt. Act. auf οιμι gab es eine Nebenform auf 13 οίην, οίης, οίη Pl. οίημεν, οίητε, οίησαν, die man die attische nennet: sie findet sich aber hauptsächlich nur bei den Verbis contractis, und daher auch bei dem Fut. circumflexo, z. B. ἐροίην für ἐροῖ vom Fut. ἐρῶ Xen. φανοίην Soph. ⁊c. Außerdem kommt sie von Barytonis nur im Perfekt (Sing.) vor, z. B. πεφευγοίην, ἐληλυϑοίης Cyr. 2, 4, 17. πεποιϑοίη Ar. Ach. 940., und im Opt. des anomalischen Aorists ἔσχον von ἔχω (f. Anom): σχοίην.

4. Statt des Opt Aor. 1. Act. auf αιμι gab es eine äolische Form 14 auf εια (τύψεια, ειας, ειεν ⁊c.), wovon drei oben auf dem Paradigma τύπτω (βουλεύω) mit aufgeführte Endungen
Sing. 2. τύψειας 3. τύψειε(ν) für -αις, -αι
Plur. 3. τύψειαν für -αιεν
weit gewöhnlicher sind als die regelmäßigen.

5. Die Form der 3. pl. des Imperativs auf -ντων Pass. σϑων 15 heißt die attische, weil sie bei den Attikern die gewöhnlichste ist, während sich die κοινή der andern auf -τωσαν ⁊c. bedient (f. Moer. p. 15). In der aktiven Form lautet sie immer wie der Genit. Pl. des Particips vom selbigen Tempus, ausgenommen im Perfekt (πεποιϑέτωσαν oder πεποιϑόντων — Part. πεποιϑότων). Daher müßte sie auch in dem aktivisch flektirten Aor. Pass. auf έντων ausgehen, wie auch wirklich einmal, und zwar ohne Variante, gelesen wird, Plat. Legg. p. 856. d. (πεμφϑέντων). Doch f. hierüber ausf. Gr. §. 88. u. vgl. τιϑέντων, ὄντων, ἰόντων von τίϑημι, εἰμί und εἶμι. Statt derselben Person im Perf. Pass. sagt z. B. Plato auch umschreibend: πεπεισμένοι ἔ̓ων Rep. 6. p. 502.

III. Zweite Person Sing. Pass.

1. Die ursprüngliche Endung der zweiten Person der passiven 16 Form σαι und σο hat sich in der gewöhnlichen Konjugation nur im Perfekt

---

*) Z. B. ἐκεχήνη Ar. Ach. 10. ἀπολώλη, ὠφελήκη Pl. Apol. 31. ἀποπεφεύγη ib. 36. ἀφεσήκη Theaet. 208. S. mehr Beisp. aus Plato bei Schneid. praef. ad Civ. 42. Auch von alten Gramm. ist die Form als eine echt=attische, von Thukyd. und Plato gebrauchte hinlänglich anerkannt. S. bes. Eustath. ad Od. ψ, 220.

**) Auch die beiden andern Pluralpersonen endigten ehedem wahrscheinlich auf εμεν, ετε (vgl. ἤδεμεν, τε unter οἶδα, Elmsl. zu Ar. Ach. 323. Dind. zu Cyrop. 1, 3, 10. Cobet VL. 383. Curtius Erläut. 109), nur sind sie zeitiger durch die längeren Formen -ειμεν ⁊c. verdrängt worden, als es in der dritten P. der Fall war. Es steht sonach wol außer Zweifel, daß die Grammatiker das ganze obige Plusquamperfekt=Schema mehr dem neuern Atticismus und der spätern Sprache, in welcher es das allgemein übliche und feste geworden war, entlehnt haben.

unb Plusq. unb in ben Verbis auf μι (§. 106 A. 2) erhalten. Nur unge-
bilbetere Dialekte mochten noch in ber 2. Perf. sagen τύπτεσαι, ἐτύπτεσο,
Imperat. τύπτεσο, Conj. τύπτησαι ꝛc.   S. NT. Gramm. p. 37.

17   2.   Die Jonier unb Epiker warfen von bieser alten Form bas σ
aus, unb formirten also εαι, ηαι, εο, αο; unb bie gewöhnliche Sprache zog
bieſe Enbungen wieder in η, ου, ω zusammen, z. B.

	ion.	gew.			ion.	gew.
2. Praes. Ind.	τύπτεαι	τύπτῃ,	Imperat.		τύπτεο	τύπτου
— Conj.	τύπτηαι*)	τύπτῃ.	2. Impf.		ἐτύπτεο	ἐτύπτου

2. Aor. 1. Med. ion. ἐτύψαο gew. ἐτύψω.

Eben ſo warb auch im Opt. aus οισο — οιο, welches gewöhnliche Form
blieb, ba es nicht kontrahirt werben kann. — Im Perf. unb Plusq. hingegen fällt bas σ nie aus, ausg. bei Epikern βέβληαι, μέμνηαι (Jl. ε,
284. φ, 442) von βάλλω, μιμνῄσκω, unb ἔσσυο, ſ. Anom. σεύω.

18   3.   Die Attiker hatten noch bas besonbere, baß bas aus εαι entstan-
bene η bei ihnen in ει überging (ſ. bie Parab.). Diese Form war bei
ben echten attischen Schriftstellern, auch bie Tragiker nicht ausgenommen*),
bie gewöhnliche, unb in ben Verbis βούλομαι, οἴομαι unb Fut. ὄψομαι
(ſ. Anom. ὁράω) blieb bie 2. Perf. auf biese Art

βούλει, οἴει, ὄψει

immer, auch bei Späteren, allein gebräuchlich, ſo baß βούλῃ unb οἴῃ nur
Konjunktiv ſein kann. Außerbem finbet man biese Form fast immer in bem
circumflektirten Futur βαδιεῖ, ὀλεῖ.

19   4.   Die Dorier unb Jonier haben für εο ober ου — ευ (ἐτύπτευ,
Imperat. τύπτευ (ſ. §. 28 Anm. 5); — unb bie Epiker können im Impe-
ratib bas ε in ει verlängern, was aber nur vorkommt in ἔρειο für ἔρεο
von ἔρεσθαι Jl. λ, 611. unb σπεῖο von ἕπομαι ib. κ, 285.

IV.   Jonische Form ber 3. Person Plur. Pass. auf
αται, ατο.

20   1.   In ber 3. plur. Pass. unb zwar im Inbik. (beſ. bes Perf. unb
Plusq.) unb im Optativ, aber nie im Konjunktiv, verwanbeln bie Jonier ν in α, unb sagten folglich:

Opt. βουλοίατο, γενοίατο, δεξαίατο für βούλοιντο ꝛc.

Perf. πεπαιδεύαται, κεκλίαται für πεπαίδευνται, κέκλινται

welches bie attischen Dichter bes Metri wegen zuweilen nachthun, vgl. 22.

21   2.   Auch bie Enbung οντο wirb von ben Joniern zuweilen ſo be-
hanbelt, aber mit Verwanblung bes ο in ε (vgl. §. 105 A. 9) z. B.

ἐβουλέατο, ἐγινέατο für ἐβούλοντο, ἐγίνοντο.

Dagegen bleibt bie Enbung ονται (τύπτονται, τύψονται ꝛc., mit ſehr wenigen unb beshalb zweifelhaften Ausnahmen), wie bie bes Konj. ωνται, unb
bie Enbung bes aor. 1. med. αντο, immer unveränbert.

22   3.   Die 3. pl. Perf. unb Plusq. Pass. kann burch Hülfe bieſes Jonismus auch bann gebilbet werben — unb selbst attische Prosaisten, wie

---

*) Im Konj. ist bie aufgelöste Form mehr episch, benn Herobot bebient
ſich faſt nur ber gewöhnlichen: πείθῃ, πύθῃ ꝛc. ſ. Bred. Dial. 323.

**) Ob bei ben Tragikern burchaus (b. h. im Präſ. u. Fut. Inbik.)
ει, ober burchaus η, ober wenigstens im Futur immer ει zu schreiben, barüber iſt viel gestritten. In ben neuern Recensionen ber Trag. gewinnt troz
bes Zeugnisses bei Gr. mm. (An. Bekk. p. 1290. Suid. v. ἅπτει) unb bes
häufigen Schwankens in ben Hanbschriften boch bie Schreibart mit ει bie
Oberhanb. S. über ben Gegenstanb Reisig
Praef. ad Oed. C., Ellendt lex. Soph. praef. ad t. II. unb wegen bes
prof. Gebrauchs Schneid. praef. ad Plat. Civ. p. 49., Cob. VL. 39 sq.

Thucydides (3, 13), Plato (Rep. p. 533), Xenophon (An. 4, 8, 5) thun es zuweilen — wenn der Charakter des Verbi ein Konsonant ist, jedoch mit einigen Besonderheiten, wie aus den Beispielen erhellet:

τέτυμμαι (τέτυφα) — τετύφαται
τέταγμαι (τέταχα) — ἐτετάχατο
ἔσταλμαι, ἔφθαρμαι — ἐστάλαται, ἐφθάραται.

In ἀπίκαται (ion. für ἀφίκαται f. Anom. ἱκνέομαι) plq. ἀπίκατο ist der unveränderte Charakter des Verbi beibehalten. Den ähnlichen Fall bei Verbis puris (έαται ꝛc.) f. §. 105 Anm. 9.

4. In Verben, deren Charakter ein Zungenbuchstab (T=Laut), tritt 23 jedesmal der reine Charakter wieder vor die Endung αται, ατο:

πείθω pf. p. πέπεισμαι 3. pl. πεπείθαται
ἐρείδω — ἐρήρεισμαι — ἐρηρέδαται (Hom.),

wobei der Diphthong wegen der att. Rebupl. verkürzt worden (§. 85, 2); und mit Herstellung des im ζ verborgenen δ selbst bei abgeleiteten Verbis, die sonst keinen reinen Charakter haben, z. B. bei Herodot

ἀγωνίδαται, ἐσκευάδαται, κεχωρίδαται von ἀγωνίζομαι, σκενάζω, χωρίζω.

5. In den Ausgaben Homers finden sich auf die letzte Art selbst solche 24 Verba gebildet, die weder δ noch ζ im Präsens haben. Von diesen läßt sich jedoch ἐῤῥάδαται (von ῥαίνω, ἔῤῥασμαι) von einer Nebenform PAZΩ, wovon auch ῥάσσατε im Homer vorkommt, ableiten; die andern aber haben für grammatischen Gebrauch keine Sicherheit*).

V. Vermischtes.

1. Einige ungebildete Mundarten, besonders die alexandrinische, gaben 25 der 3. plur. in allen histor. Temp. und im Opt. die Endung σαν; daher die in der griech. Uebersetzung des Alten Testaments häufigen Formen ἐφαίνοσαν, ἐφύγοσαν, λείποισαν (für ἔφαινον, ἔφυγον, λείποιεν), kontr. ἐγεννῶσαν, ἐποιοῦσαν ꝛc. S. NT. Gramm. p. 37.

2. Die Dorier und die Dichter hingegen haben statt der Temporal= 26 Endung dritter Person σαν, eine verkürzte Form auf ein bloßes ν mit kurzem Vokal. Dies geschieht namentlich in den Aoristen:

3. pl. ἔτυφθεν, ἔτυπεν für -ησαν.

Von dem homerischen μιάνθην und einigen ähnlichen Fällen mit lang bleibendem Vokal f. im Anom.=Verz. μιαίνω.

3. Die unter n. 25. erwähnten Mundarten gaben, durch eine noch stärkere 27 Anomalie, der 3. pl. perf. statt ᾱσι die (historische) Endung αν: ἔγνωκαν, εἴρηκαν (f. NT. Gramm. p. 38), ἔοργαν Batrachom. 178.

4. Die 3. plur. der Haupt=Tempora hat anstatt σιν oder σι im bo= 28 rischen Dialekte durchaus ντι (§. 87 Anm. 3); also

τύπτοντι, τετύφαντι für τύπτουσι, τετύφᾱσιν
Conj. τύπτωντι für τύπτωσιν.
Fut. 2. μενέοντι, μενεῦντι für (μενέουσι) μενοῦσιν.

Diese Form nimmt das bewegliche ν nicht an. — Die Aeoler dagegen sagen τύπτοισι für τύπτουσι. — Die ep. Verkürzung ᾱσι f. an. λαγχάνω.

5. Statt der Participial=Endungen ουσα und ᾱς, ᾱσα brauchen 29 die Aeoler und Dorier οισα (dor. auch ωσα) und αις, αισα:

τύπτοισα für τύπτουσα· a. 2. λαβοῖσα für λαβοῦσα**)
a. 1. τύψαις, τύψαισα für τύψας, ασα.

---

*) Jl. ϱ, 637 ἀκηχέδαται von ἀκήχεμαι (f. Anom. ἀκαχίζω), und Od. η, 86 ἐληλάδατο von ἐλάω, ἐλήλαμαι; beides mit bedenklichen Varianten. S. ausf. Sprachl. §. 98 Anm. 13.
**) Nicht λαβεῦσα, weil es nicht kontrahirt ist; f. §.105 A. 13. — Vom Part. fem. auf ωσα (ωα) f. Ahr. Dor. 156.

30   6. Die Epiker erlauben sich das betonte o im Partic. Perf. lang zu
sprechen, z. B. τετριγῶτας für -ότας (vgl. an. κλάζω), besonders wenn
die Silbe vorher nach §. 97 A. 7 verkürzt wird, z. B. πεφνῶτας, βεβαῶτα,
μεμαῶτα Jl. α, 590 ꝛc. (dagegen μεμᾱότες β, 818).

31   7. Die Dorier brachten ihr ᾱ auch in die Endungen ἐτυπτόμαν,
ἐτετύμμαν, τυπτοίμαν ꝛc. für -μην (dasselbe geschieht in den lyrischen
Stellen des Dramas, vgl. §. 27 A. 5); in die des Duals κτησάσθαν,
ἐποησάταν; und, jedoch nur im spätern Dorismus, in die Endung des Aor.
Pass. z. B. ἐτύπαν Theocr. 4, 53.

32   8. Die 1. plur. act. auf μεν lautet dorisch μες: τύπτομες, ἐτύ-
ψαμες; und in der 1. plur. und du. Pass. auf μεθα, (μεθον) schalten die
Dorier und alle Dichter ein σ ein:
τυπτόμεσθα, (τυπτόμεσθον).

33   9. Die Infinitive auf ειν und ναι hatten in der alten Sprache
und den Dialekten die Form auf μεναι und μεν, auf diese Art:
τυπτέμεναι,   τυπτέμεν   — für τύπτειν
τετυφέμεναι,   τετυφέμεν   — für τετυφέναι
τυπήμεναι,   τυπήμεν   — für τυπῆναι.
Zuweilen tritt eine Synkope hinzu: ἔδμεναι s. anom. ἐσθίω und vgl. οἶδα.

34   10. Die Dorier insbesondere aber formiren den Inf. anstatt auf
ειν — auf εν oder ην, ohne den Akutus zurückzuziehen oder zu verändern, z. B. μερίσδεν, εὔδεν, ἀείδεν für μερίζειν, εὔδειν, ἀείδειν,
a. 2. ἀγαγέν für ἀγαγεῖν· χαίρην für χαίρειν (nicht χαίρην). — Auch
für die Infinitive auf -ναι gab es eine äolische und borische Form, auf
-ην (und -ειν) mit zurückgezogenem Accent: μεθύσθην, δεδύκην, γεγάκειν; vgl. bes. wegen letzterer Form §. 111 A. 1.

35   11. Dem analog findet man bei einem Theile der Dorier die zweite
Person des Präs. Akt. statt εις zuweilen auf ες gebildet, ebenfalls ohne
Aenderung des Accents, z. B. ἀμέλγες, συρίσδες Theocr.

36   12. Die alte Sprache hatte in der zweiten Person der aktiven Form
die Endsilbe σθα,
die bei Homer und anderen bes. borischen Dichtern noch häufig dem Konj.,
seltner dem Opt. anhängt, z. B. ἐθέλησθα für ἐθέλῃς, κλαίοισθα für
κλαίοις (vgl. §. 107 u. 2), in der gewöhnlichen Sprache aber nur in einigen Anomalen sich erhalten hat (s. εἰμί, εἶμι, φημί, οἶδα).

37   13. In der ältesten Sprache gehörten wahrscheinlich die drei Endsilben,
welche man als Eigenheiten der Konjug. auf μι ansieht, 1. sing. μι,
3. sing. σι, Imperat. θι, dem Verbo überhaupt an. Daher der Imperat.
auf θι, nicht allein im Aor. pass., sondern auch in den synkopirten Perfekten (§. 110). Die erste Person auf μι hat sich in der gewöhnlichen
Konjug. nur im Optativ erhalten, aber die ältesten Epiker hatten sie, obwohl
selten, auch im Konjunktiv, z. B.
ἴκωμι, ἀγάγωμι für ἴκω, ἀγάγω
(s. Jl. α, 549. ε, 279. ω, 717. ι, 414. Od. τ, 490. und vgl. Bekk. hom. Bl.
218). Endlich die dritte Person sing. auf σι oder σιν, ebenfalls im
Konjunktiv, ist in der epischen Poesie sehr gewöhnlich; z. B.
τύπτησιν, ἔχησι für τύπτῃ, ἔχῃ.
(Von dem Indik. auf ησι statt der gewöhnlichen Form s. §. 106 A. 9).

38   14. Die cirkumflektirten Formen werden von den Joniern aufgelöst
oder zerdehnt, und zwar der Inf. aor. 2. Act. auf εῖν in έειν *), z. B:
φυγέειν für φυγεῖν von ἔφυγον.

---

*) Im Aorist jedoch ist die Auflösung mehr episch und dichterisch, in
der Prosa des Herodot findet sie regelmäßig nur im Inf. des cirkumflektirten Futurs statt (ἀποκτενέειν, ἀμυνέειν ꝛc.), während er im Aorist bei
weitem die nicht zerdehnte Form vorzieht; s. Bredow D. Her. p. 324. 375.

und so auch der Konj. beider Aor. Pass. auf ῶ in έω, 1. und 3. plur.
έωμεν, έωσι (ft. ῶμεν, ῶσι), episch verlängert είω 2c., also:
Conj. A. 1. Pass. εὐρεθέω für εὐρεθῶ (von εὐρέθην)
Conj. A. 2. Pass. τυπέω ep. τυπείω für τυπῶ.

Die Personalformen dieses Konjunktivs, die η in der Endung haben, bleiben
bei Herodot stets geschlossen; dagegen schwankt bei den Epikern der Gebrauch zwischen dieser Art, das vorhergehende ε in ει zu verlängern, und der
Verdoppelung ηη, z. B. (ἐδάμην, δαμῶ, δαμείω) δαμείης, δαμείη (and.
nach Aristarchs Vorschrift δαμήης, -ήη) Jl. γ, 436. χ, 246. (ἐσάπην, σαπῶ,
σαπείω) σαπήη Jl. τ, 27. (Vgl. unten die Dialektformen der Verba auf
μι in §. 107 n. 43, die man hier zu Grunde legen muß). Die Form δαμείης, δαμείη 2c. (ohne ι subscr.) kann also überall nur Optativ sein
(wahrscheinlich auch Od. δ, 222 nach §. 139 n. 68).

15. Der Konjunktiv verkürzt bei den Epikern zuweilen seinen Mo- 39
dus=Vokal, d. h. er nimmt ο und ε für ω und η an, z. B. ἴομεν (laßt
uns gehn; von εἴμι Konj. ἴω), ἐγείρομεν für -ωμεν (Jl. β, 440), ἐρύσ-
σομεν für Konj. a. 1. ἐρύσωμεν (Jl. α, 141), πεποίθομεν für -ωμεν
(Od. κ, 335), ἱμείρεται für -ηται (Od. α, 41), ναυτίλλεται (Od. δ, 672).
S. auch εἴδομεν unter οἶδα (§. 109. III, 6). Am häufigsten ist dies in der
eben angeführten Form des Konj. Aor. Pass. z. B. δαμείομεν, δα-
μείετε, woraus erhellt, daß auch die übrigen Formen nicht etwa, wie
einige glauben, Indikative sind.

16. Von einer (antiquirten) Optativform auf οιν ft. οιμι s. ausführl. 40
Sprachl. §. 88 Anm. 6 und Herm. zu Eur. Hel. 263. In der neusten Recension des Homer hat Bekker zweimal eine 3. plur. opt. auf οιν und αιν
herzustellen versucht: Jl. φ, 611. Od. v, 383. Hom. Bl. 111.

§. 104.   Gebräuchliche Tempora.   (91)

1. Zu bestimmen, welche Tempora von einem jeden Verbo
im Gebrauch sind und welche nicht, dies ist ein Gegenstand, der
sich nicht auf einfache Regeln zurückführen läßt, und daher den
Wörterbüchern und Verbal=Verzeichnissen überlassen bleibt.

2. Nur folgendes ließe sich etwa aus der Masse der Einzelheiten herausheben. Die sog. zweite Tempusbildung kommt fast
nur den Primitiven zu. Da aber die Zahl derselben verhältnismäßig klein ist, auch diese Formation in den unten folgenden Verbalverzeichnissen überall, wo sie vorkommt, ausdrücklich angegeben
ist, so hat man bei jedem Verbo, wo dies nicht geschieht, die erste
Tempusbildung anzunehmen. Dazu gehören insbesondre fast alle
abgeleitete Verba *).

3. Alle drei= und mehrsilbige abgeleitete Verba, welche
folgende Ableitungs=Endungen haben:

ἄζω, ίζω, αίνω, ύνω, εύω, όω, άω, έω

z. B. σκευάζω von σκευή, νομίζω von νόμος, σημαίνω von σῆμα,

---

*) Gerade wie im Deutschen die meisten und besonders die abgeleiteten
Verba nur das Imperf. auf te und das Part. Pass. auf t haben (schwache
Flexion) z. B. loben, lobte, gelobt; die andre (starke) Formation nur
den Primitiven zukommt: trug, getragen.

εὐθύνω von εὐθύς, παιδεύω von παῖς, δουλόω von δοῦλος, τιμάω von τιμή, φιλέω von φίλος, formiren durchaus bloß Aor. 1. Act. (Med.), Perf. 1. (auf κα), und Aor. 1. Pass. Vgl. hiezu noch §. 96, 4.

Anm. 1. Von diesen Endungen sind einige in gewissen Verben bloße Dehnungs=Endungen, d. h. sie gehören den verstärkten Präsensformen (§. 92) an, wodurch das ganze anomalisch geworden ist, z. B. ἀλιταίνω (aor. 2. ἤλιτον), δαμάω (a. 2. ἐδάμην) ꝛc.

Anm. 2. Zu derselben Norm gehören auch diejenigen abgeleiteten Verba, die nach §. 119, 4 durch solche Endungen wie σσω, πτω, λλω ꝛc. von Nominibus gebildet sind, wie χαλέπτω, φαρμάσσω ꝛc., und von welchen nur das einzige ἀλλάσσω einen Aor. 2. Pass. (ἠλλάγην) bildet.

§. 105. Zusammengezogene Konjugation. (94)

1. Die Verba auf έω, άω und όω richten sich in Formation und Flexion ganz nach den obigen Regeln und Beispielen. Allein im Präsens und Imperfekt der aktiven und passiven Form, wo die Vokale α, ε und ο unmittelbar vor den Vokalen der Endung stehn, entsteht gewöhnlich eine Kontraction.

2. Diese Kontraction befolgt durchaus die Generalregeln (§. 28); nur einige Endungen in den Verbis auf όω ausgenommen. Anstatt nehmlich, daß οει in ου, und οη in ῳ zusammengezogen werden sollte, wirkt hier das ι in den zweiten und dritten Personen Sing. vor, und die Endungen όεις und όῃς werden daher in οῖς; όει und όη in οῖ zusammengezogen:

2. Perf. Ind. Act. μισθόεις } zsgz. μισθοῖς
— Conj. — μισθόῃς }

3. Perf. Ind. Act. μισθόει } zsgz. μισθοῖ
— Conj. — μισθόῃ }

2. Perf. Ind. und Conj. Pass. μισθόῃ zsgz. μισθοῖ.

Da nun auch όοι in οῖ zusammengezogen wird, so werden hiedurch in diesen zwei Personen im Aktiv drei Modi, Indik., Konj. und Opt. einander völlig gleich. Der Infinitiv auf όειν wird aber regelmäßig kontrahirt: μισθόειν zsgz. μισθοῦν.

3. Auch die Verba auf άω haben den ganzen Indik. und Konj. im Akt. und Pass., in der Kontraction völlig gleich, weil sowohl αε als αη in α; αει und αη in ᾳ; αο, αου und αω in ω kontrahirt werden.

4. Wo in der Endung ein ι oder ι subscr. ist, da bekommt nach der Regel auch der Mischlaut (α, η, ω) das ι subscr. Nur im Infinitiv Präsentis der Verba auf άω ist die Schreibart ohne ι (ᾶν) fast gebräuchlicher als die andere *).

---

*) Vgl. ausf. Spr. §. 105 A. 17. Das ι in der Endung des Infinitivs ist nehmlich nicht so wesentlich, wie das in der zweiten und dritten Person des Indikativs; daher auch bei μισθόω im Infin. die Zusammenziehung μισθοῦν, aber im Indik. μισθοῖς, μισθοῖ. Man vergleiche hiezu die dorische Infinitiv=Endung εν in §. 103 n. 34. und unten Anm. 15. Et. M. 201, 48.

ACTIVUM.
Praesens.

	(machen)		(ehren)		(vermiethen)	
Indicativus S.	ποιέω	ποιῶ	τιμάω	τιμῶ	μισθόω	μισθῶ †
	ποιέεις	ποιεῖς	τιμάεις	τιμᾷς	μισθόεις	μισθοῖς †
	ποιέει	ποιεῖ	τιμάει	τιμᾷ	μισθόει	μισθοῖ
D.	—	—	—	—	—	—
	ποιέετον	ποιεῖτον	τιμάετον	τιμᾶτον	μισθόετον	μισθοῦτον
	ποιέετον	ποιεῖτον	τιμάετον	τιμᾶτον	μισθόετον	μισθοῦτον
P.	ποιέομεν	ποιοῦμεν	τιμάομεν	τιμῶμεν	μισθόομεν	μισθοῦμεν
	ποιέετε	ποιεῖτε	τιμάετε	τιμᾶτε	μισθόετε	μισθοῦτε
	ποιέουσι(ν)	ποιοῦσι(ν)	τιμάουσι(ν)	τιμῶσι(ν)	μισθόουσι(ν)	μισθοῦσι(ν)
Infin.	ποιέειν	ποιεῖν	τιμάειν	τιμᾶν od. τιμᾷν*)	μισθόειν	μισθοῦν
Part.	ποιέων ἔουσα ἔον	ποιῶν οῦσα οῦν	τιμάων άουσα άον	τιμῶν ῶσα ῶν	μισθόων όουσα όον	μισθῶν οῦσα οῦν
	G. ποιέοντος	G. ποιοῦντος	G. τιμάοντος	G. τιμῶντος	G. μισθόοντος	G. μισθοῦντος
Conjunctivus S.	ποιέω	ποιῶ	τιμάω	τιμῶ	μισθόω	μισθῶ †
	ποιέῃς	ποιῇς	τιμάῃς	τιμᾷς	μισθόῃς	μισθοῖς †
	ποιέῃ	ποιῇ	τιμάῃ	τιμᾷ	μισθόῃ	μισθοῖ
D.	—	—	—	—	—	—
	ποιέητον	ποιῆτον	τιμάητον	τιμᾶτον	μισθόητον	μισθῶτον
	ποιέητον	ποιῆτον	τιμάητον	τιμᾶτον	μισθόητον	μισθῶτον
P.	ποιέωμεν	ποιῶμεν	τιμάωμεν	τιμῶμεν	μισθόωμεν	μισθῶμεν
	ποιέητε	ποιῆτε	τιμάητε	τιμᾶτε	μισθόητε	μισθῶτε
	ποιέωσι(ν)	ποιῶσι(ν)	τιμάωσι(ν)	τιμῶσι(ν)	μισθόωσι(ν)	μισθῶσι(ν)

*) S. S. 194, 4.   **) S. S. 194, 4.   †) S. S. 194, 2.

13*

Optativus

ποιέω

S. ποιοίμι [ποιοῖμι], ποιοῖς, ποιοῖ
D. ποιοῖτον, ποιοίτην
P. ποιοῖμεν, ποιοῖτε, ποιοῖεν
ob. ποιοίην, φιλοίην
attisch {-οίην, -οίης, -οίη, -οίητον, -οίτην, -οίημεν, οῖτε, οῖεν (οίησαν)}

τιμάω

τιμῷμι / τιμῴην, ὤης, ὤῃ, φῃ (φῆτε)
τιμῴην, φῴη
-ῷτον, φῴτην
-ῷμεν, ὤτε, φῆεν
τιμῴην, ἀλλ' ὤην
-ῴην, ὤης, ὤῃ / -ῷτον, ὤτην / -ῴμεν, ὤτε, φῴσαν (ὤησαν)

μισθόω

μισθοῖμι, μισθοῖς, μισθοῖ
μισθοῖτον, μισθοίτην
μισθοῖμεν, μισθοῖτε, μισθοῖεν
μισθοίην, ἀλλ' οἰην, οἴη
-οίην, -οίητον, οἴητε, (οίησαν)

Imperativus

ποιέω

S. ποίει, ποιείτω
D. ποιεῖτον, ποιείτων
P. ποιεῖτε, ποιείτωσαν oder ποιούντων, att. ποιούντων

τιμάω

S. τίμα, τιμάτω
D. τιμᾶτον, τιμάτων
P. τιμᾶτε, τιμάτωσαν oder τιμώντων, att. τιμώντων

μισθόω

S. μίσθου, μισθούτω
D. μισθοῦτον, μισθούτων
P. μισθοῦτε, μισθούτωσαν oder μισθούντων, att. μισθούντων

Imperfectum.

Indic. ποιέω

S. ἐποίουν, ἐποίεις, ἐποίει (s. Anm. 3)
D. ἐποιεῖτον, ἐποιείτην
P. ἐποιοῦμεν, ἐποιεῖτε, ἐποίουν
ob. ἐποίεον, ἐποίεες, ἐποίεε(ν); ἐποιέετον, ἐποιεέτην; ἐποιέομεν, ἐποιέετε, ἐποίεον

τιμάω

S. ἐτίμων, ἐτίμας, ἐτίμα
D. ἐτιμᾶτον, ἐτιμάτην
P. ἐτιμῶμεν, ἐτιμᾶτε, ἐτίμων
ob. ἐτίμαον, ἐτίμαες, ἐτίμαε(ν); ἐτιμάετον, ἐτιμαέτην; ἐτιμάομεν, ἐτιμάετε, ἐτίμαον

μισθόω

S. ἐμίσθουν, ἐμίσθους, ἐμίσθου
D. ἐμισθοῦτον, ἐμισθούτην
P. ἐμισθοῦμεν, ἐμισθοῦτε, ἐμίσθουν
ob. ἐμίσθοον, ἐμίσθοες, ἐμίσθοε(ν); ἐμισθόετον, ἐμισθοέτην; ἐμισθόομεν, ἐμισθόετε, ἐμίσθοον

Folgende vier Tempora gehn nach denselben Temporibus von τύπτω oder βουλεύω.

Perf.	πεποίηκα Inf. -κέναι Pt. -κώς ꝛc.	τετίμηκα Inf. -κέναι Pt. -κώς ꝛc.	μεμίσθωκα Inf. -κέναι Pt. κώς ꝛc.
Plusq.	ἐπεποιήκειν	ἐτετιμήκειν	ἐμεμισθώκειν
Fut. 1.	ποιήσω	τιμήσω	μισθώσω
Aor. 1.	ἐποίησα	ἐτίμησα	ἐμίσθωσα

PASSIVUM.

Praesens.

	ποιέομαι		τιμάομαι		μισθόομαι	
Indicativus						
S.	ποιέομαι	ποιοῦμαι	τιμάομαι	τιμῶμαι	μισθόομαι	μισθοῦμαι
	ποιέῃ	ποιῇ oder εῖ	τιμάῃ	τιμᾷ	μισθόῃ	μισθοῖ
	ποιέεται	ποιεῖται	τιμάεται	τιμᾶται	μισθόεται	μισθοῦται
D.	ποιεόμεθον	ποιούμεθον	τιμαόμεθον	τιμώμεθον	μισθοόμεθον	μισθούμεθον
	ποιέεσθον	ποιεῖσθον	τιμάεσθον	τιμᾶσθον	μισθόεσθον	μισθοῦσθον
	ποιέεσθον	ποιεῖσθον	τιμάεσθον	τιμᾶσθον	μισθόεσθον	μισθοῦσθον
P.	ποιεόμεθα	ποιούμεθα	τιμαόμεθα	τιμώμεθα	μισθοόμεθα	μισθούμεθα
	ποιέεσθε	ποιεῖσθε	τιμάεσθε	τιμᾶσθε	μισθόεσθε	μισθοῦσθε
	ποιέονται	ποιοῦνται	τιμάονται	τιμῶνται	μισθόονται	μισθοῦνται
Infin.	ποιέεσθαι	ποιεῖσθαι	τιμάεσθαι	τιμᾶσθαι	μισθόεσθαι	μισθοῦσθαι
Part.	ποιεόμενος	ποιούμενος	τιμαόμενος	τιμώμενος	μισθοόμενος	μισθούμενος
Conjunctivus						
S.	ποιέωμαι	ποιῶμαι	τιμάωμαι	τιμῶμαι	μισθόωμαι	μισθῶμαι
	ποιέῃ	ποιῇ	τιμάῃ	τιμᾷ	μισθόῃ	μισθοῖ
	ποιέηται	ποιῆται	τιμάηται	τιμᾶται	μισθόηται	μισθῶται
D.	ποιεώμεθον	ποιώμεθον	τιμαώμεθον	τιμώμεθον	μισθοώμεθον	μισθώμεθον
	ποιέησθον	ποιῆσθον	τιμάησθον	τιμᾶσθον	μισθόησθον	μισθῶσθον
	ποιέησθον	ποιῆσθον	τιμάησθον	τιμᾶσθον	μισθόησθον	μισθῶσθον
P.	ποιεώμεθα	ποιώμεθα	τιμαώμεθα	τιμώμεθα	μισθοώμεθα	μισθώμεθα
	ποιέησθε	ποιῆσθε	τιμάησθε	τιμᾶσθε	μισθόησθε	μισθῶσθε
	ποιέωνται	ποιῶνται	τιμάωνται	τιμῶνται	μισθόωνται	μισθῶνται

Optativus

	ποιέω		τιμάω		μισθόω	
S.	ποιεοίμην	ποιοίμην	τιμαοίμην	τιμῴμην	μισθοοίμην	μισθοίμην
	ποιέοιο	ποιοῖο	τιμάοιο	τιμῷο	μισθόοιο	μισθοῖο
	ποιέοιτο	ποιοῖτο	τιμάοιτο	τιμῷτο	μισθόοιτο	μισθοῖτο
D.	ποιεοίμεθον	ποιοίμεθον	τιμαοίμεθον	τιμῴμεθον	μισθοοίμεθον	μισθοίμεθον
	ποιέοισθον	ποιοῖσθον	τιμάοισθον	τιμῷσθον	μισθόοισθον	μισθοῖσθον
P.	ποιεοίμεθα	ποιοίμεθα	τιμαοίμεθα	τιμῴμεθα	μισθοοίμεθα	μισθοίμεθα
	ποιέοισθε	ποιοῖσθε	τιμάοισθε	τιμῷσθε	μισθόοισθε	μισθοῖσθε
	ποιέοιντο	ποιοῖντο	τιμάοιντο	τιμῷντο	μισθόοιντο	μισθοῖντο

Imperativus

	ποιέω		τιμάω		μισθόω	
S.	ποιέου	ποιοῦ	τιμάου	τιμῶ	μισθόου	μισθοῦ
	ποιεέσθω	ποιείσθω	τιμαέσθω	τιμάσθω	μισθοέσθω	μισθούσθω
D.	ποιεέσθον	ποιείσθον	τιμαέσθον	τιμάσθον	μισθοέσθον	μισθούσθον
	ποιεέσθων	ποιείσθων	τιμαέσθων	τιμάσθων	μισθοέσθων	μισθούσθων
P.	ποιέεσθε	ποιεῖσθε	τιμάεσθε	τιμᾶσθε	μισθόεσθε	μισθοῦσθε
	ποιεέσθωσαν ober	ποιείσθωσαν	τιμαέσθωσαν ob.	τιμάσθωσαν ob.	μισθοέσθωσαν ob.	μισθούσθωσαν ob.
	ποιεέσθων	ποιείσθων	τιμαέσθων	τιμάσθων	μισθοέσθων	μισθούσθων

Imperfectum.

Indic.

	ποιέω		τιμάω		μισθόω	
S.	ἐποιεόμην	ἐποιούμην	ἐτιμαόμην	ἐτιμώμην	ἐμισθοόμην	ἐμισθούμην
	ἐποιέου	ἐποιοῦ	ἐτιμάου	ἐτιμῶ	ἐμισθόου	ἐμισθοῦ
	ἐποιέετο	ἐποιεῖτο	ἐτιμάετο	ἐτιμᾶτο	ἐμισθόετο	ἐμισθοῦτο
D.	ἐποιεόμεθον	ἐποιούμεθον	ἐτιμαόμεθον	ἐτιμώμεθον	ἐμισθοόμεθον	ἐμισθούμεθον
	ἐποιέεσθον	ἐποιεῖσθον	ἐτιμάεσθον	ἐτιμᾶσθον	ἐμισθόεσθον	ἐμισθοῦσθον
P.	ἐποιεόμεθα	ἐποιούμεθα	ἐτιμαόμεθα	ἐτιμώμεθα	ἐμισθοόμεθα	ἐμισθούμεθα
	ἐποιέεσθε	ἐποιεῖσθε	ἐτιμάεσθε	ἐτιμᾶσθε	ἐμισθόεσθε	ἐμισθοῦσθε
	ἐποιέοντο	ἐποιοῦντο	ἐτιμάοντο	ἐτιμῶντο	ἐμισθόοντο	ἐμισθοῦντο

Das folgende leidet nun keine Kontraction mehr; doch mögen Perf.
und Plusq. Paff. hier völlig durchflektirt erscheinen, um, nebst denselben
Temporibus von βουλεύω, die Analogie recht anschaulich zu machen.

Perfectum.

Indic.			
	S.	πεποίημαι	τετίμημαι	μεμίσθωμαι
		πεποίησαι	τετίμησαι	μεμίσθωσαι
		πεποίηται	τετίμηται	μεμίσθωται
	D.	πεποιήμεθον	τετιμήμεθον	μεμίσθώμεθον
		πεποίησθον	τετίμησθον	μεμίσθωσθον
		πεποίησθον	τετίμησθον	μεμίσθωσθον
	P.	πεποιήμεθα	τετιμήμεθα	μεμισθώμεθα
		πεποίησθε	τετίμησθε	μεμίσθωσθε
		πεποίηνται	τετίμηνται	μεμίσθωνται

Infinit.	πεποιῆσθαι	τετιμῆσθαι	μεμισθῶσθαι
Partic.	πεποιημένος	τετιμημένος	μεμισθωμένος

Conjunct. und Opt. fehlen. Die wenigen Verba, welche sie bilden können, f. §. 98 A. 9.

Imper.	S.	πεποίησο	τετίμησο	μεμίσθωσο
		πεποιήσθω ꝛc.	τετιμήσθω ꝛc.	μεμισθώσθω ꝛc.

Plusquamperfectum.

Indic.			
	S.	ἐπεποιήμην	ἐτετιμήμην	ἐμεμισθώμην
		ἐπεποίησο	ἐτετίμησο	ἐμεμίσθωσο
		ἐπεποίητο	ἐτετίμητο	ἐμεμίσθωτο
	D.	ἐπεποιήμεθον	ἐτετιμήμεθον	ἐμεμισθώμεθον
		ἐπεποίησθον	ἐτετίμησθον	ἐμεμίσθωσθον
		ἐπεποιήσθην	ἐτετιμήσθην	ἐμεμισθώσθην
	P.	ἐπεποιήμεθα	ἐτετιμήμεθα	ἐμεμισθώμεθα
		ἐπεποίησθε	ἐτετίμησθε	ἐμεμίσθωσθε
		ἐπεποίηντο	ἐτετίμηντο	ἐμεμίσθωντο

Fut. 1.	ποιηθήσομαι	τιμηθήσομαι	μισθωθήσομαι
Aor. 1.	ἐποιήθην	ἐτιμήθην	ἐμισθώθην
Fut. 3.	πεποιήσομαι	τετιμήσομαι	μεμισθώσομαι

MEDIUM *).

Fut 1.	ποιήσομαι	τιμήσομαι	μισθώσομαι
Aor. 1.	ἐποιησάμην	ἐτιμησάμην	ἐμισθωσάμην

Adjectiva Verbalia.

ποιητέος	τιμητέος	μισθωτέος
ποιητός	τιμητός	μισθωτός.

*) ποιεῖσθαι sich d. h. für sich machen; τιμᾶσθαι ehren (wie im Akt.);
μισθοῦσθαι sich (etwas) vermiethen lassen d. h. miethen.

Anm. 1. Von den Verben auf έω bedienen sich alle ionische Schriftsteller ohne Ausnahme der aufgelösten Formen; und zwar die spätere ionische Prosa (mit Ausnahme etwa von δεῖ, δεῖν und der in εν kontrahirten Formen, wovon Anm. 13.) durchaus; während die Epiker theils auflösen, theils zusammenziehen, theils statt έω die Verlängerung εἰω gebrauchen z. B. ὀκνείω, πλείειν, νεικείεσκε ꝛc. Die aufgelöste Form der Verba auf άω ist nur insofern ionisch zu nennen, als die Epiker sich ihrer, wiewohl nur in wenig Wörtern und Formen bedienen, z. B. ἀοιδιάει, πεινάοντα, ἔχραε, ναιετάουσιν ꝛc.*) Die Verba auf όω finden sich aufgelöst nur in dieser ersten Person; sonst immer entweder zusammengezogen, oder mit den den Epikern eignen Zerdehnungen; s. Anm. 11. In der ionischen Prosa kommen die auf άω und όω durchaus nicht anders vor, als entweder zusammengezogen (vgl. oben beim fut. att. §. 95 Anm. 10 und 11), z. B. νικᾶν, ἐνίκων, νικῷεν, εἰρώτα, βιῶ für βιάου· — δηλοῖ, ἐμισθοῦντο, ἑτεροιοῦντο ꝛc.; oder mit den Anm. 7 fg. verzeichneten besonderen Abweichungen der Formation und Kontraction.

Anm. 2. In der attischen und gewöhnlichen Sprache werden alle in dieser Konjugation vorkommende Zusammenziehungen niemals vernachlässigt, selbst in der attischen Poesie (d. h. im dramatischen Trimeter) nicht. Nur die kleinern Wörter auf έω, deren Präs. Akt. in der aufgelösten Form zweisilbig ist, wie τρέω, sind ausgenommen. Diese lassen einzig die Kontraction in ει zu**), z. B.
τρέει τρεῖ, ἔτρεε ἔτρει, πνέειν πνεῖν, πλέε πλεῖ
(Ar. Av. 596); in allen andern Formen bleiben sie aufgelöst, z. B.
ῥέω, χέομαι, τρέομεν, πνέουσι, πνέῃ ꝛc.
Hievon ist jedoch wieder ausgenommen, und kontrahirt wie gewöhnlich
δεῖν binden
z. B. τὸ δοῦν, τῷ δοῦντι Plat., (ὁ) ἀναδῶν Aristoph., διαδοῦμαι ꝛc.; zum Unterschied von δεῖν mangeln, τὸ δέον, δέομαι ꝛc.***).

Anm. 3. Das bewegliche ν nimmt die 3. P. Imperf. sing. nur in der aufgelösten, nicht in der zusgz. Form an (ἔρρεεν, ᾔτεεν). Doch hat Homer einmal (Jl. γ, 388) ᾔσκειν von ἀσκέω; vgl. §. 103 n. 12.

Anm. 4. Die unter dem Namen des attischen Optativs (§. 103 n. 13) bekannte Form ist den Contractis besonders eigen. Dabei ist zu merken, daß der attische Sprachgebrauch, durch Wohllaut und Deutlichkeit geleitet, aus jeder der beiden Formen gewisse Theile vorzog. Namentlich ward
1) der Plural der attischen Form, wegen seiner Länge (besonders von denen auf έω und όω), weniger gebraucht; am wenigsten die 3. pl. auf οίησαν ꝛc. Man sagte fast immer ποιοῖεν, τιμῷεν, μισθοῖεν.

---

*) Das α der Verba contr. auf άω ist zwar ursprünglich kurz, wie das ε und ο der beiden andern, wird jedoch in den aufgelösten Formen aus Versbedürfnis öfters lang gebraucht, wie in διψάων, πεινάοντα.

**) Nur δέει (2. P. von δέομαι) bleibt stets aufgelöst. — Die neuern Schriftst. vernachlässigen oft die Kontraction in ει (Lob. ad Phryn. 220), und selbst bei älteren finden sich hie und da Beispiele der Auflösung (vgl. anom. δέω), welche jedoch, als der Verderbung durch späte Abschreiber verdächtig, in den neuern Ausgaben entfernt werden; s. Dind. v. δέομαι, Lobeck l. c., Cobet NL. 528. Dagegen Matthä. §. 52. Kühner zu An. 7, 4, 8. Mem. 1, 6, 10.

***) Bei dem Verbo χέω muß man nicht die 3. sing. vom Aor. 1. ἔχεα mit derselben Person des Impf. verwechseln; diese wird zusammengezogen (ἔχεε, ἔχει), jene nicht, z. B. Ar. Nub. 75 κατέχεεν. Plat. Rep. p. 379 συνέχεεν.

2) Im Singular aber ist von denen auf $ἐω$ und $ὀω$ der Opt. auf $οίην$ ungleich gebräuchlicher als der andre.

3) Von denen auf $άω$ ist der attische Opt. auf -$ῴην$ im Singular bei= nah ausschließlich (auch bei Herod.), und auch im Plural, mit Aus= nahme der 3. pl., weit mehr gebräuchlich als von den beiden andern.

Anm. 5. Einige aus $άω$ zusammengezogene Verba haben zum Misch= laut $η$ statt $α$ auf dorische Art (s. Anm. 15), nehmlich

$ζῆν$ leben, $χρῆσθαι$ brauchen (s. anom. $ζάω$, $χράω$)

$πεινῆν$, $διψῆν$ Hunger, Durst leiden

also $ζῆς$, $ζῆ$, $ἔζη$, $χρῆται$ ꝛc. — Aber auch folgende drei in ihrer Be= deutung sehr nah mit einander verwandte Verba

$κνάω$ schabe, $σμάω$ streiche, $ψάω$ reibe (s. anom.)

wurden im genauern Atticismus eben so kontrahirt (s. z. B. Pl. Gorg. 494. X. Mem. 1, 2, 30. Ar. Eq. 909. Thesm. 389. S. Trach. 678.)

Anm. 6. Das Verbum $ῥιγόω$ (friere) kontrahirt gleichfalls auf do= rische Art (Anm. 15), nehmlich in $ω$ und $ῳ$, statt in $ου$ und $οι$, z. B. Inf. $ῥιγῶν$ (Ar. Vesp. 446), Opt. $ῥιγῴην$ (Lucian. 50, 11), 3. Conj. $ῥιγῷ$ (Pl. Gorg. p. 517*). — In dem der Bedeutung nach entgegengesetzten Verbo $ἱδρόω$ (schwitze) scheint dasselbe wenigstens im Jonismus stattgefunden zu haben: $ἱδρῶσαι$ Jl. $λ$, 597 (vgl. Anm. 11), $ἱδρῴη$ Hippocr. I. 338 Lind.

Dialekte.

Anm. 7. Da die Jonier die 2. Person passiver Form in der gewöhn= lichen Konjugation auf $εαι$ und $εο$ formiren, so entsteht in den Verben auf $έω$ eine Häufung der Vokale, welche die ion. Prosaisten im Präsens bei= behalten ($ποιέεαι$, $ἐπαινέεαι$ ꝛc.). Die Epiker ziehen zuweilen die zwei ersten Vokale zusammen, z. B. $μυθεῖαι$ (wie $μυθέεαι$, $μυθεῖται$) Od. $ϑ$, 180., $νεῖαι$ (an. $νέομαι$), Imp. $αἰδεῖο$ Jl. $ω$, 503. Sonst wird auch das eine $ε$ synkopirt, wobei der Accent nicht zurückgeht**), z. B. $μυ$= $ϑέαι$ Od. $β$, 202., $πωλέαι$ $δ$, 811., $φοβέο$ Herod. 9, 120., $αἰνέο$, $ἐξηγέο$ ꝛc. Einzeln steht von einem Verbo auf $όω$ die Form $ἀνακοινέο$ (Theogn. 73). Die Formen der 2. Person auf $έῃ$, $άῃ$, $όῃ$· $έου$, $άου$, $όου$, die wir auf den Paradigmen gleichförmiger Analogie wegen vorausschicken mußten, kommen durchaus nirgend vor.

Anm. 8. Die Verba auf $άω$ werden zwar nach Anm. 1. von den Joniern gewöhnlich nicht in deren eigentliche Vokale aufgelöst, viele der= selben aber so, daß das $α$ in $ε$ übergeht; z. B.

$ὀρέω$, $ὀρέομεν$ für $ὀράω$, $ὀράομεν$· $φοιτέοντες$ für $φοιτάοντες$

$χρέεται$, $μηχανέεσθαι$ für $ᾶται$, $ᾶσθαι$ (Hippocr.)

u. d. gl. Zuweilen verwandeln sie $αο$ in $εω$ (§. 27 Anm. 10), z. B. $μηχα$= $νεώνται$ (Her. 7, 172), $χρεώμενος$ (Jl. $ψ$, 834), $ἐχρέωντο$, $ὁρεώμενος$, $ὁρέωντες$ ꝛc., und ebenso geht $αου$ in $εω$ über im Imp. $χρέω$ (Her. 1, 155) für $χράου$, $χρῶ$ (wofür andre synkopirt: $χρέο$ nach Anm. 7), und in der En= dung $έωσι$ für $άουσι$ z. B. $ὁρέωσι$, $φοιτέωσι$, sowohl im dat. plur. Part. (1, 99) als 3. plur. indic. (1, 138, 2, 22)***). Einige, wie $νικᾶν$, $ἐᾶν$, $ἰάομαι$ ꝛc. erfahren niemals diese Verwandlung des $α$ in $ε$.

---

*) Einzelne abweichende Beispiele (wie Xen. Hell. 4, 5, 4 $ῥιγούντων$) entscheiden nicht gegen diesen von den Atticisten anerkannten Gebrauch, s. Moer. 336. 339.

**) Gegen diese Betonung Bekk. hom. Bl. 222. Schol. ad Jl. $ω$, 202.

***) Doch herrscht, wie in so vielen andern Punkten, so besonders hin= sichtlich dieser Verwandlung in $ε$ durchaus keine Gleichförmigkeit in den Hdschr. und Ausgaben des Herodot. Am konsequentesten ist sie überliefert in den

Anm. 9. In der 3. pl. Perf. und Plusq. verwandeln die Jonier ηνται und ωνται nicht nur in ήαται, ώαται (z. B. πεποτήαται, κεχολώατο Hom.), sondern verkürzen gewöhnlich noch η in ε: z. B. οἰκέαται, ἐτετιμέατο (Herod.) für ᾤκηνται, ἐτετίμηντο; womit zu vergleichen die Verwandlung von -ανται, -αντο in -έαται, -έατο bei den Verbis auf μι (s. §. 107 n. 34. 36) und in πεπτέαται st. πέπτανται (Her. 9, 9); s. anom. πετάννυμι. — Die schon im verbo baryt. seltene Verwandlung der Imperfekt=Endung οντο in έατο (§. 103 n. 21) bei Herodot ist im verbo contr. nur durch Synkope des Stammvokals möglich, findet sich jedoch nur einmal in ἐμηχανέατο (gew. έοντο ob. έωντο; 5, 63), und in der öfter vorkommenden (vem Plsq. gleichlautenden) Form ὡρμέατο von ὁρμάομαι, z. B. 1, 158. 7, 215. 8, 109 al.

Anm. 10. Der ältere Jonismus der Epiker zieht bald zusammen, bald nicht. In den Verben auf άω aber, deren eigentliche Auflösung nach Anm. 1 selten ist, gewährt diesen Dichtern der Jonismus noch die besondre Freiheit, den Mischlaut wieder zu zerdehnen (§. 28 A. 3), indem sie den=selben Laut, nach Bedürfnis des Metri kurz oder lang, davor setzen; also das α z. B. in

(ἐάειν, ὁράεις) ἐᾶν, ὁρᾷς — ἐάαν, ὁράᾳς
(ἀσχαλάει) ἀσχαλᾷ — ἀσχαλάᾳ
μνᾷ (aus μνάῃ), μνᾶσθαι — μνάᾳ, μνάασθαι, beidemal des
   Metri wegen mit langem ersten α, wie in μηχανάαται (Hes.
   ε. 241) mit langem zweiten α
ἠγορᾶσθε, ὁρᾶσθαι — ἠγοράασθε, ὁράασθαι
ferner ο oder ω in
(ὁράω) ὁρῶ — ὁρόω
Imperat. Pass. (ἀλάου) ἀλῶ — ἀλόω
(βοάουσι, ὑφάουσι) βοῶσι ιc. — βοόωσι, ὑφόωσι
Opt. (αἰτιάοιτο) αἰτιῷτο — αἰτιόῳτο
(δυάουσι) δρῶσι — δρώωσι
Part. fem. (ἠβάουσα) ἠβῶσα — ἠβώωσα

und ebenso beim Fut. att. auf ῶ (aus άω): κρεμάω, δαμάᾳ, δαμόωσι ιc.
In der ion. Prosa sind solche Zerdehnungen selten und zweifelhaft: Herod.
ἠγορόωντο (6, 11), κομόωσι (4, 191). — Zuweilen wird dem aus αο
kontrahirten ω, wenn Position folgt, das ο nachgestellt, und ferner das aus
αοι kontrahirte ῳ in ωοι zerdehnt; z. B.
ἠβώοντες, ἠβῴοιμι für ἠβῶντες, ἠβῷμι (von -άοντες, -άοιμι)
und für γελῶντες kann daher nach Maßgabe des Metri stehn γελόωντες
und γελώοντες *). Aus diesen Formen wird es begreiflich, daß einige
Verba auf άω gänzlich in eine eigne Formation ώω, ώεις, ώει über=
gingen. S. im Verz. ζάω, μάω und μιμνήσκω. — Eine eigne Anomalie
ist das homerische Part. Fem. ναιετάωσα für -άουσα (so Bekker in der
neust. Rec.) oder -όωσα (wie Aristarch las), σάω s. an. σώζω, und die
Form μενοινήῃσι Jl. ο, 82., wofür indeß eine andre ebenso alte Lesart
ist μενοινήσειε (Opt.); s. Spitzn. z. d. O.

Anm. 11. Alle Formen mit der Zerdehnung οω und ωο sind
auch den Verben auf όω gemein, obgleich sie bei diesen, auf gewöhnli=
chem Wege, weder durch Auflösung noch durch Zerdehnung entstehn können:

Formen, worin dem α ein ο, ω oder ου, sehr widersprechend und unsicher
in denen, worin ihm ein ε, ει oder η folgt. Wie diese letzteren werden auch
die Formen mit εω (st. αο oder αου) von den neuern Kritikern als unhe=
rodotisch stark verdächtigt. S. Bredow D. Her. p. 378 sqq.
   *) Ueber die ungewöhnl. Zerdehnungen γελοίων, γελοίωντες für
ἐγέλων, γελῶντες (Od. υ, 347. 390.) s. ausf. Spr. 482., Bekk. h. Bl. 123.

(ἀρόουσι) ἀροῦσι, epiſch ἀρόωσι
(δηϊόοντο, δηϊόοιεν) δηϊοῦντο, δηϊοῖεν, ep. δηϊόωντο, δηϊόωμεν
(ὑπνόοντας) ὑπνοῦντας ep. ὑπνώοντας
(ἱδρόοντα) ἱδροῦντα ep. ἱδρώοντα

und ſogar part. fem. ἱδρώουσα (Jl. λ, 119) wie von ἱδρώω; vgl. A. 10 und die boriſche Kontraktionsweiſe derer auf όω in Anm. 6 und 15.

Anm. 12. Das Imperf. Iterativum auf σκον (§. 103 n. 11) bilden die Jonier in den Verben mit dem Stammvokal ε auf έεσκον, z. B. φιλέεσκον, πωλέεσκε Herod., βουκολέεσκες Hom. Dieſe Form wird niemals kontrahirt, wohl aber bei Dichtern und (obwohl ſehr ſelten) bei Herodot ſynkopirt, z. B. ποιέσκετο, ἤχεσκε (Her. 7, 5. 4, 200. nach andern: ποιεέσκετο, ἤχέεσκε), καλέσκετο, πωλέσκετο von καλέω, πωλέομαι; die auf άω ſynkopiren entweder den Bindevokal: ἐξαπάτασκον (Ar. Pac. 1069), έασκε, εἴασκε von ἐάω, εἰάω (Jl. β, 132. δ, 55), γόασκε ꝛc.; oder verwandeln ihn in α: γοάασκεν, ναιετάασκον von γοάω, ναιετάω ꝛc. — Von denen auf όω hat ſich keine Iterativform erhalten.

Anm. 13. Daß die Dorier εο ſtatt in ου in ευ zuſammenziehen und daß dieſe Kontraction auch den Joniern, wenn dieſe zuſammenziehen, zukommt, iſt ſchon §. 28 A. 5 bemerkt. Sie ſagen alſo
ποιεῦμεν, ποιεῦμαι, ποιεῦντες, ἐποίευν,
und ebenſo in den Formen des cirkumflektirten und attiſchen Futurs, denen εο zum Grunde liegt: ἀμυνεῦσι, ἀπολεῦντες, ἐναγωνιεῦμαι ꝛc. Aber auch von den Verbis auf όω findet man im Herodot häufig ευ, gegen die Analogie, ſtatt des aus οο, ſeltner οε, kontrahirten ου:
ἐδικαίευν, ἐδικαίευ, πληρεῦντες von δικαιόω, πληρόω*).
Und eben dieſe Zuſammenziehung findet auch, durch die Verwechſelung von α und ε (Anm. 8), von denen auf άω ſtatt:
εἰρώτευν, ἀγαπεῦντες, ἀνιεῦνται von εἰρωτάω, ἀγαπάω, ἀνιάω.
Endlich ſteht ευ ſowohl für εου und folglich für αου, als auch für οου:
ποιεῦσι, φιλεῦσα**) für ποιέουσι, οὖσι, φιλέουσα, οὖσα
γελεῦσα, ὀρεῦσα für -ῶσα (Theocr., nicht Herod.)
δικαιεῦσι für δικαιόουσι, οὖσι.

Genauere Beobachtung muß nun lehren, welche von dieſen verſchiedenen Formen in jedem von beiden Dialekten, und ſelbſt bei einzelnen Schriftſtellern (vgl. A. 15), häufiger vorkommt. Doch verſteht es ſich, daß die 3. pl. ποιεῦσι, γελεῦσι nur ioniſch ſein kann, da die Dorier ποιεῦντι, γελεῦντι bilden (§. 103 n. 28).

Anm. 14. Nach einer den Doriern und Aeoliern gemeinſamen Zuſammenziehungsart wird öfters das ο von einem vorhergehenden α verſchlungen, das dadurch lang wird, z. B. Part. φυσᾶντες für φυσάοντες, πεινῶντι oder πεινᾶντι (Theocr. 15, 148). Vgl. βᾶμες (für βῶμεν) an. βαίνω, und oben den bor. Genit. der 1. Deklin. Andere Beiſp. bei Ahrens Aeol. 102. Dor. 197.

Anm. 15. Wenn die Jonier den Miſchlaut α oder ᾳ in η und ῃ verwandeln, z. B. ὀρῆν, φοιτῆν, ἰῆσθαι u. d. g., ſo ſtimmt das mit der Natur des Dialekts überein; doch thut es nur ein Theil der Jonier, z. B.

---

*) Den Inf. όειν kontrahirt Herod. wie gewöhnlich immer in οῦν: ζημιοῦν, δικαιοῦν (6, 82. 86 ꝛc.), und ebenſo im Paſſiv die Endungen όεσθαι, όεται, όετο in οῦσθαι, οῦται, οῦτο wie ἐναντιοῦσθαι, ἀνακοινοῦνται, ἠντιοῦτο ꝛc.

**) Das dor. έοισα kann nehmlich nur in εῦσα zuſammengezogen werden, nicht in οῖσα, welches nur im Part. Aor. 2. ſtatt findet (λαβοῖσα), wo keine Kontraction iſt: ſ. §. 103 n. 29.

Hippokrates. Herodot hat ὁρᾶν, νικᾶν und von χράω selbst χρᾶσθαι, χρᾷ ꝛc. Den Doriern hingegen, die sonst überall ᾱ statt η brauchen, ist in diesen Zusammenziehungen das η als Mischlaut grade eigenthümlich, wobei sie zum Theil in der Zusammenziehung aus αει das α untergeschr. Iota weglassen, z. B. ὁρῆν, ὁρῆς für ὁρᾶν, ὁρᾷς, τολμῆτε für τολμᾶτε ꝛc., wäh-rend sie in der Flexion doch inf. aor. τολμᾶσαι ꝛc. sagen Denselben Misch-laut η haben bei einem Theile der Dorier auch die Verba auf έω (statt ει) z. B. Inf. κοσμῆν (Theocr.), und dem analog die Verba auf όω den Mischlaut ω statt ου, z. B. Inf. ὑπνῶν (von ὑπνόω) Ar. Lys. 143.*)

Anm. 16. Die Epiker bedienen sich ebenfalls des η als Mischlau-tes, aber nur in einigen Formen sowohl von άω als έω, hauptsächlich in dem Dualis auf την, z. B. προσαυδήτην, ὁμαρτήτην (von αὐδάω, ὁμαρτέω), ferner συλήτην, ἀπαντήτην, φοιτήτην, δοϱπήτην, ἀπειλήτην**), Od. o, 302. π, 333 ꝛc.; und in den verlängerten Infinitivformen auf ῆναι, ήμεναι statt εῖν und ᾶν, z. B. φοϱῆναι, φιλήμεναι, ποϑήμεναι, γοήμε-ναι (für γοᾶν). Vgl. ὁϱῆαι §. 106 A. 9; ϑῆσϑαι in an. Θάω.

Anm. 17. Von denen auf όω ist das epische ἀϱόμμεναι (Hes. ε. 22) für ἀϱοῦν ein einzelnes Beispiel. Vgl. ἵμμεναι in §. 108. V.

Anm. 18. Aeolische Formen sind noch die Participia (nicht In-finitive, s. Ahrens D. Aeol. p. 141 sq.) auf εις, αις, οις von Verbis auf έω, άω und όω mit zurückgezogenem Accent: φίλεις, γέλαις, ὕψοις (vgl. § 27 A. 4); und part. fem. γελαῖσα (γέλαισα) für γελάουσα.

Unregelmäßige Konjugation.

§. 106. Verba auf μι.　　(95 a.)

1. Die Anomalie des griechischen Verbi eröffnen wir mit der Formation auf μι, zu welcher indeß nur eine kleine Anzahl von Verben und Theilen von Verben gehört, die selbst unter sich wie-der in manchen Stücken von einander abweichen.

2. Alle Verba auf μι haben einen Stamm, der nach der ge-wöhnlichen Formation auf ω purum, und zwar hauptsächlich auf έω, άω, όω, ύω, ausgehn würde, z. B. ΘΕΩ zu τίθημι ꝛc. — Mit dem Stammvokal ῐ gibt es nur ein Beispiel: εῖμι, wor-über s. §. 108 besonders.

3. Die Conjugation auf μι hat ihre Eigenthümlichkeiten bloß in diesen drei Temporibus
Praesens, Imperfectum, Aoristus 2.
und zwar besteht das wesentliche davon darin, daß die Biegungs-Endungen, z. B. μεν, τε, ν, μαι, nicht vermittelst des Binde-vokals (ομεν, ετε, ον, ομαι), sondern unmittelbar an den Stammvokal des Verbi angehängt werden, z. B.
τίϑε-μεν, ἵσα-μαι, δίδο-τε, ἐδείκνυ-τε, ἔϑη-ν.

---

*) Vgl. hiezu §. 103 n. 34. 35. Ahr. Dor. 195. 201. 204.
**) Dagegen αἰνεῖτον σ, 64; s. Bekk. hom. Bl. 50. Nach andern kam der Mischlaut nur denen auf άω zu (Lob. zur ausf. Spr. II, 255).

4. Hiezu kommen einige eigenthümliche Endsilben:

μι — in der 1. Person Sing. Praes. *Indic.*

σι oder σιν — in der 3. Person Sing. Praes. *Indic.*

θι — in der 2. Person Sing. *Imperat.*

Ferner geht der Infinitiv des Präsens und Aor. 2. immer aus auf ναι, und das Mask. des Particips im Nom. nicht auf ν, sondern immer auf ς mit ausgelassenem ν, wodurch also der Stammvokal verlängert wird: ᾱς, εις, ους, ῡς (Gen. ντος), welche Endungen stets den Ton und zwar als Akutus haben.

Anm. 1. Im Imperativ des Aor. 2. Akt. haben jedoch einige Verba statt θι ein bloßes ς, nehmlich von τίθημι, δίδωμι, ἵημι

θές, δός, ἕς für θέτι, δόθι, ἕθι.

Vgl. σχές und φρές in anom. ἔχω und φρέω.

5. Der Konjunktiv und der Optativ vereinigen den Stammvokal des Verbi mit ihrer Endung in einen Mischlaut, auf welchem sie, der Regel nach, immer den Ton haben. Der Mischlaut des Konjunktivs ist, wenn der Stammlaut ε oder α ist, ω und η; also:

ὦ, ῇς, ῇ, ὦμεν, ῆτε, ὦσι(ν); pass. ὦμαι, ῇ ꝛc.

wenn der Stammlaut o ist, durchaus ω:

ὦ, ῷς, ῷ, ὦμεν, ὦτε, ὦσι(ν); pass. ὦμαι, ῷ ꝛc.

der Mischlaut des Optativs ist ein Diphthong aus dem Vokal des Stammes α, ε, o mit ι, wozu im Aktiv immer der Ausgang ην, im Passiv wie gewöhnlich μην, kommt:

τιθ-είην, ἱστ-αίην, διδ-οίην; pass. τιθ-είμην ꝛc.

S. §. 107 n. 29 ff. — Die Verba auf νμι bilden diese beiden Modi am gewöhnlichsten von der Form auf νω.

6. Mehre kürzere Stammformen verbinden hiemit noch eine Reduplikation, indem sie vorn den ersten Konsonanten mit einem ι wiederholen, z. B.

ΔΟΩ δίδωμι, ΘΕΩ τίθημι (§. 18, 1).

Fängt aber der Stamm mit στ, πτ oder einem aspirirten Vokal an, so wird ein bloßes ι mit dem Spir. asper vorgesetzt:

ΣΤΑΩ ἵστημι, ΠΤΑΩ ἵπταμαι, ἙΩ ἵημι.

Nur hiedurch wird in dieser Formationsart der Aorist 2. möglich, indem er durch Ermangelung der Reduplikation vom Imperfekt, und in den Modis vom Präsens sich unterscheidet:

Pr. τίθημι (cj. τιθῶ) Impf. ἐτίθην Aor. ἔθην (cj. θῶ).

7. Der kurze Stammvokal (ε, ᾰ, o, ῠ) wird in seiner Verbindung mit den Endungen dieser Formation im

Singularis Indik. Activi aller drei Tempora immer lang; und zwar wird aus

ε | — η: (ΘΕ) τίθη-μι, ἐτίθη-ν, ἔθη-ν
α | — η: (ΣΤΑ) ἵςη-μι, ἵςην, ἔςη-ν
o — ω: (ΔΟ) δίδω-μι, ἐδίδω-ν, ἔδω-ν
ῠ — ῡ: δείκνῡ-μι, ἐδείκνῡ-ν.

Ebenso wird aus ῐ — ει im Verbo εἰμι. Im Plural derselben Tempora, in den Modis (außer Konjunktiv und Optativ) und im ganzen Paſſiv bleibt er gewöhnlich kurz, z. B. τίθεμεν, ἔθεσαν, τιθέναι, τίθετι, τίθεμαι ꝛc. Hievon ſind wieder ausgenommen, und behalten den langen Vokal:

1) der ganze Aoriſt 2. von ἵςημι, alſo ἔστην, pl. ἔςημεν, τε, σαν Imp. ςῆθι Inf. ςῆναι, nach deſſen Flexion faſt alle ſynkopirten Aoriſte (Anm. 8) ſich richten

2) die Infinitive Aor. 2. von δίδωμι und τίθημι (ἵημι), indem ſie ε in ει, o in ου verwandeln: θεῖναι, δοῦναι. Andere Ausnahmen (z. B. κιχῆναι, δίζημαι) ſ. im Anom.-Verz.

8. Die Verba auf νυμι bilden eigentlich eine beſondere Klaſſe der Verba auf μι. Denn daß den Perſonal-Endungen vorhergehende νυ iſt nicht zum reinen Verbalſtamm gehörig, ſondern ſelbſt wieder eine Verſtärkung deſſelben, daher auch die hiehergehörigen Verba keinen analogen Aoriſt 2. (auf ῦν, ſ. Anm. 4) bilden können. Gewiſſe Verba nehmlich hängen an den Stamm des Verbi die Endung νυμι oder ννυμι an; und zwar νυμι wenn der Stamm auf einen Konſonanten oder Diphthongen, z. B. δείκ-νυμι, οἴγ-νυμι, δαί-νυμι; ννυμι, wenn er auf einen kurzen (oder einfachen) Vokal ausgeht, z. B. κορέ-ννυμι, τί-ννυμι; vor welcher letztern Endung ſich aber o in ω verlängert, z. B. ζώ-ννυμι von χόω, und durch Umſtellung ςρώ-ννυμι (§. 110 A. 7) ſtatt ςορέ-ννυμι. S. die Beiſp. §. 112, 15.

9. (8.) Alle übrigen Tempora werden nach der gewöhnlichen Konjugation von der Stammform und ohne Redupl. gebildet, z. B. τίθημι, δίδωμι (ΘΕΩ, ΔΟΩ) Fut. θήσω, δώσω jedoch mit folgenden Eigenheiten und Anomalien.

10. (9.) Die Verba ἵςημι und δίδωμι verkürzen den Vokal (d. h. behalten den kurzen Stammvokal) auch in denjenigen paſſiviſchen Temp., die zur gewöhnlichen Konjug. gehören:

Act. ςήσω   pf. ἔςηκα   Pass. pf. ἔςαμαι   aor. ἐςάθην
— δώσω — δέδωκα   — δέδομαι — ἐδόθην.

Die Verba τίθημι und ἵημι (§. 108. I.) thun eben dies bloß im Aor. Paſſ. und dem davon abhängigen Futur:

ἐτέθην (für ἐθέθην, von ΘΕΩ), τεθήσομαι
ἐθείς Part. aor. 1. pass. (von ΈΩ), ἐθήσομαι.

Im Perfekt des Akt. und Paſſ. verwandeln dieſe beiden den Stammvokal in ει

τέθεικα, τέθειμαι· εἰκα, εἰμαι.

11. (10.) Die drei Verba τίθημι, ἵημι, δίδωμι haben eine ihnen ganz eigenthümliche Form des Aoriſts auf κα

ἔθηκα, ἧκα, ἔδωκα

welche Form, da ſie ſich im übrigen nach der Analogie des Aoriſts auf σα weiter gebildet hat, zum Unterſchiede der kürzeren Aoriſtform auf ν, gewöhnlich Aoriſt 1. benannt wird (ſ. jedoch ausf. Spr. S. 510 dritte Note). Dagegen hat ἵςημι regelmäßig aor. 1.

ἔςησα, ἐςησάμην.

12. Die Verba auf νυμι oder ννυμι bilden alle diese Tempora ganz regelmäßig von der einfachen ungebräuchlichen Präsensform auf ω. Also δείκνυμι von ΔΕΙΚΩ: δείξω, ἐδείχθην· κορέννυμι von ΚΟΡΕΩ: κορέσω, κεκόρεσμαι ꝛc.

Anm. 2. Da in der Konjugation auf μι der Bindevokal wegfällt, so bleiben die passiven Endungen σαι, σο hier, wie im Perf. u. Plusq. der gewöhnlichen Konjugation, meist unverändert. Doch ist auch hier die Zusammenziehung dieser Endungen mit dem Stammvokal in einigen Fällen mehr in andern weniger gebräuchlich; s. S. 211 Not.

Anm. 3. In den geläufigeren Dialekten haben sich nur wenige Verba auf ημι und ωμι erhalten, die ohne Reduplikation drei- und mehrsilbig sind; s. das Verzeichnis derselben §. 112, 15.

Anm. 4. Statt des fehlenden Aorist 2. der Verba auf νμι kann man den synkopirten Aorist einiger Verba auf ύω eintreten lassen, z. B. ἔδυν von anom. δύω. — Um übrigens schnell zu wissen, wo das υ lang oder kurz ist, darf man nur ἵστημι vergleichen; δείκνυμι ist lang wie ἵστημι, δείκνυμεν kurz wie ἵσαμεν· Aor. 2. ἔδυμεν lang wie ἔστημεν u. s. f.

Anm. 5. Alle Verba auf μι vermehren ihre Anomalie noch dadurch, daß sie auch im Präs. und Imperf. in vielen einzelnen Personen und Modis häufig die Formation derer auf μι verlassen und auf gewöhnliche Art von έω, άω, όω, also als Kontracta, jedoch mit Beibehaltung der Reduplikation (also wie von ΤΙΘΕΩ ꝛc.), die auf υμι aber auch auf ύω gebildet werden, s. die Anm. zu den Paradigmen.

Anm. 6. Zum Verständnis der Konjugation auf μι mögen noch einige allgemeine Bemerkungen dienen. Es gab im Griechischen zweierlei Arten, die Endungen des Verbi anzuhängen, mit oder ohne Bindevokal. Insofern nun die Grammatik von der längeren Form als der gewöhnlichen auszugehen pflegt, erscheint die kürzere als Synkope von jener, obwohl die synkopirte Formation (d. h. die ohne Bindevokal) erweislich älter, mindestens ebenso alt ist wie die andere.

Anm. 7. Die Flexion mit dem Bindevokal findet am natürlichsten da statt, wo der Stamm auf einen Konsonanten ausgeht (λέγ-ο-μεν); die Flexion ohne Bindevokal bei Vokalstämmen, also den verbis puris. Jedoch auch von letzteren wandten sich die meisten nach dem Vorgang der Konsonantenstämme der Flexion mit dem Bindevokal zu, der dann in Stämmen auf ε, α, ο mit dem Stammvokal zu einem Mischlaut verschmolz (φιλέ-ο-μεν, φιλοῦμεν). Ein Theil derselben (und zwar sind es die gangbarsten und nothwendigsten Verbalbegriffe) bewahrte die Flexion ohne Bindevokal (θέ-μεν), behielt deshalb die 3 obengenannten eigenthümlichen alten Bildungsendungen (μι, σι, θι) bei, weil diese keines Bindevokals bedurften, und begnügte sich mit einer theilweisen Verlängerung des Stammvokals (τίθη-μι). Versuche die alte Formation auch in diesen Verbis zu verdrängen, fanden aber schon frühzeitig statt, daher die vielfachen Anm. 5. erwähnten Nebenformen aus der gewöhnl. Konjugation bei Joniern und selbst Attikern, besonders aber in der mehr und mehr der andern Flexionsweise sich zuneigenden allgemeinen Landessprache, der κοινή, deren bessere Schriftsteller selbst sich der von allen Seiten andrängenden schlechteren Formen kaum noch erwehren konnten.

Anm. 8. Aus dieser Darstellung erhellet, daß die Formation, welche das Wesen der jetzigen Verba auf μι ausmacht, eben so gut bei einzelnen Theilen eines Verbi allein eintreten konnte, sofern sie eine ähnliche Synkope erfahren. Dies trifft insbesondre die §. 110, 6 und 10 behandelten sog. synkopirten Aorist- und Perfektformen. Mit der Konjugauf μι vergleiche man überdies noch die ganze Flexion der passiven Aoriste im regelm. Verbo.

Anm. 9. (10.) Einige äolische Mundarten bildeten die 1. praesentis insbesondere der Verba contracta statt ω auf μι; z. B. ὄρημι, φίλημι, δοκίμωμι (s. Ahrens D. Aeol. p. 134) st. ὁράω, φιλέω, δοκιμόω. Hievon findet sich einiges bei den alten Epikern, z. B. αἴνημι bei Hesiodus (ε. 681. cf. Plat. Protag. p. 346); und dahin rechnen die Grammatiker auch einige homerische Formen, namentlich die 3. Person auf ησι, z. B. Jl. ε, 6 παμφαίνησι· ι, 323 προφέρησι *) und die 2. Person Pass. ὄρηαι (Od. ξ, 343) wie von ὄρημαι (für -αμαι) von ὁράω, ημι **).

§. 107. Paradigmen der Konjugation auf μι. (95 b.)

ACTIVUM.

Praesens.

	setzen (von ΘΕΩ)	stellen *) (von ΣΤΑΩ)	geben (von ΔΟΩ)	zeigen (von δεικνύω)
Indicativus				
S.	τίθημι	ἵςημι ich stelle	δίδωμι	δείκνῡμι
	τίθης	ἵςης	δίδως	δείκνῡς
	τίθησι(ν)	ἵςησι(ν)	δίδωσι(ν)	δείκνῡσι(ν)
D.	—	—	—	—
	τίθετον	ἵςᾰτον	δίδοτον	δείκνῠτον
	τίθετον	ἵςατον	δίδοτον	δείκνυτον
P.	τίθεμεν	ἵςαμεν	δίδομεν	δείκνυμεν
	τίθετε	ἵςατε	δίδοτε	δείκνυτε
	τιθέᾱσι(ν)	ἱςᾶσι(ν)	διδόᾱσι(ν)	δεικνύᾱσι(ν)
(ion. u. dicht. τιθεῖσι)			(διδοῦσι)	(δεικνῦσι)

Anm. I, 1. Gegen die sonstige Gewohnheit ist in der 3. plur. die längere Form auf ασι(ν) bei den Attikern die herrschende, während die Jonier der cirkumflektirten Form τιθεῖσι, διδοῦσι, δεικνῦσι (vgl. n. 2 Not.) sich vorzugsweise bedienen. Eben diese haben auch hie und da die älteren att. Dichter, und sie galt späterhin für die gemeingriechische. — Von προθέουσι bei Hom. s. n. 47.

2　**Anm. I, 2.** Die zusammengezogene Form τιθεῖς, ἱςᾶς 2c. (s. §. 106 A. 5) ist im Präsens bei Herodot, den Dichtern und vielfältig auch

---

*) Doch kommt diese Form, im Homer wenigstens, nicht anders als nach einem Relativ (ὅστε, ὡς 2c.) vor; daher man sie, wie an den meisten Stellen auch geschieht, ησι schreiben, und für einen freiern Gebrauch des Konjunktivs (Schema Ibyceum s. ausf. Spr. und vgl. §. 139 n. 33. 38) halten muß. Vgl. noch zu der Stelle Od. τ, 109—114 Schneider zu Plat. Civ. II. p. 363. — Nägelsbach (Anm. z. Jl. 246) vertheidigt den Indik. in obigen Stellen, z. Th. auch Bekker (hom. Bl. 219).

**) Betont man jedoch (mit anderen) ὀρῆαι, so ist es das nach §. 105 A. 16 in η zusammengezogene ὀράεαι, welche Form vermuthlich des Wohllauts wegen vorgezogen ward, da Homer sonst regelmäßig hat ὁράται, ὁράτο 2c.

***) Von der Anomalie in der Bedeutung dieses Verbi s. unt. Anm. II.

bei Spätern im Gebrauch. Von δίδωμι haben Homer und die Jonier
διδοῖς, διδοῖ; Homer auch 2. Perſ. διδοῖσθα (äol. accentuirt δίδοισθα, ſ.
ausf. Sprachl.), von τίθημι 2. P. τίθησθα. — Die Form auf ύω ſcheint
bei Att. (nach den Hdſchr. zu urtheilen) nicht nur im Impf. (u. 6), ſondern
auch im Präſ. Aktivi neben der auf νμι in Gebrauch geweſen zu ſein; doch
gilt die auf νμι als die beſſere *).

Infinitivus

τιθέναι |ἱςάναι ſtellen |διδόναι |δεικνύναι

Participium

τιθείς (έντος)   ἱςάς (άντος)   διδούς (όντος) |δεικνύς (ύντος)
τιθεῖσα   ἱςᾶσα, ἱςάν   διδοῦσα |δεικνῦσα
τιθέν   ſtellend   διδόν |δεικνύν

Conjunctivus

S. τιθῶ   ἱςῶ   διδῶ
   τιθῇς   ἱςῇς   διδῷς   von
   τιθῇ   ἱςῇ   διδῷ   δεικνύω
D. — ἦτον, ἦτον — ἦτον, ἦτον |— ῶτον, ῶτον
P. ῶμεν, ἦτε, ῶσι ῶμεν, ἦτε, ῶσι |ῶμεν, ῶτε, ῶσι
S. von dieſen Konjunktiven unten Anm. III.

Optativus

S. τιθείην   ἱςαίην   διδοίην
   τιθείης   ἱςαίης   διδοίης
   τιθείη   ἱςαίη   διδοίη
D. —   —   von
   τιθείητον ἱςαίητον διδοίητον   δεικνύω
   τιθειήτην ἱςαιήτην διδοιήτην
P. τιθείημεν ἱςαίημεν διδοίημεν
   τιθείητε   ἱςαίητε   διδοίητε
   τιθείησαν ἱςαίησαν διδοίησαν

Anm. I, 3. Man findet auch διδώην· dies iſt aber ſchlechtere Schreib= 3
art der Spätern, ſo wie auch im Aor. 2. δώην.
Anm. I, 4. Wie im Aor. Paſſ. der gewöhnlichen Konjugation exiſtirt 4
auch hier eine abgekürzte Form des Duals und Plurals, welche, beſon=
ders in der 3. pl., die längere beinah verdrängt hat:

D. τιθεῖτον   ἱςαῖτον |διδοῖτον
   τιθείτην   ἱςαίτην |διδοίτην
P. τιθεῖμεν   ἱςαῖμεν |διδοῖμεν
   τιθεῖτε   ἱςαῖτε |διδοῖτε
   τιθεῖεν   ἱςαῖεν |διδοῖεν

Imperativus

(τίθετι ſ. Anm.) (ἱςᾶθι) ſtelle |(δίδοθι)   (δείκνῡθι)
έτω 2c.   άτω 2c. | ότω 2c.   ύτω 2c.
3. pl. τιθέτωσαν ἱςάτωσαν   διδότωσαν   δεικνύτωσαν
att. τιθέντων   att. ἱςάντων | att. διδόντων att. δεικνύντων

---

*) S. Phot. v. ὀμνύειν (διττῶς λέγουσι, μᾶλλον δὲ διὰ τοῦ ναι).
Vgl. auch Elmsl. und Porſon zu Eur. Med. 729. Dindorf zu Cyr. 6, 4, 6.
— In der 3. plur. insbeſondre ſoll nach Moeris die Endung ναι den ältern
Attikern, νασι dem neuern Atticismus, νουσι den κοινοῖς angehören. Vgl.
Schneib. zu Plat. Civ. II. p. 514 e.

5 **Anm. I, 5.** Die Form τίθετι (ſtatt -θι) kommt ſchwerlich vor, und iſt nur nach Analogie von §. 18, 3 gebildet. — Ueberhaupt iſt die 2. ſing. auf θι wenig gebräuchlich (Homer ὄμνυθι, ὄρνυθι und mit verlängertem Stammlaut: δίδωθι, ἐμπίπληθι), ſondern dafür eine abgekürzte Form mit verlängertem Stammlaut

$$τίθει \quad | ῞ιϛη \quad | δίδου \quad | δείκνῡ$$

welche Form bei Att. in allen hieher gehörigen Verbis die allein übliche geblieben iſt. So nach τίθει: μεθίει (Plat.), nach ῞ιϛη: πίμπρη (Eurip.), ἐμπίπλη (Aristoph.), nach δείκνυ: ὄμνῡ (Soph.) ꝛc. — Von ῞ιϛημι hat Homer ſowohl ῞ιϛη als (῞ιϛα) καθίϛα, Jl. φ, 313. ι, 202.

Imperfectum.

S.				
ἐτίθην	῞ιϛην ich ſtellte	*ἐδίδων	†ἐδείκνῡν
*ἐτίθης	῞ιϛης	*ἐδίδως	*ἐδείκνῡς
*ἐτίθη	῞ιϛη	*ἐδίδω	*ἐδείκνῡ
D. —	—	—	—
ἐτίθετον	῞ιϛατον	ἐδίδοτον	ἐδείκνῠτον
ἐτιθέτην	ἰϛάτην	ἐδιδότην	ἐδεικνύτην
P. ἐτίθεμεν	῞ιϛαμεν	ἐδίδομεν	ἐδείκνυμεν
ἐτίθετε	῞ιϛατε	ἐδίδοτε	ἐδείκνυτε
ἐτίθεσαν	῞ιϛασαν	ἐδίδοσαν	ἐδείκνυσαν

6 **Anm. I, 6.** Der Singular dieſes Tempus wird jedoch, außer ῞ιϛημι (cf. Her. 6, 43. 2, 106), am gewöhnlichſten nach der zſgz. Konjug., aber von der rebuplizirten Stammform, und von der Form -υω ge- bildet:

(ἐτίθουν), εις, ει· ἐδίδουν, ους, ου· ἐδείκνυον, ες, ε(ν).

Ob von τίθημι die 1. P. auf ουν gebräuchlich war, iſt ungewiß, da ἐτί- θην (Lys. 30, 17. Plat. Gorg. p.500) feſtſteht, und bei ῞ιημι nur die Ne- benform auf ειν ſicher iſt, ſ. ῞ιημι Anm. 3. Dagegen findet ſich einmal ἠφίουν, aber als 3. P. plur. bei Isaeus p. 143. — Auch in der 2. und 3. P. gibt Bekker von τίθυμι bei Plato, z. Th. gegen die Hdſchriften, die regelm. Formen ἐτίθης, η (Rep. 497 d. 528 d. Legg. 631 a.; dagegen ἀνίει Euthyd. 276 al.)

Perf.	τέθεικα	῞εϛηκα ich ſtehe	δέδωκα	
Plusq.	ἐτεθείκειν	ἑϛήκειν od. εἱ- ϛήκειν ſtand	ἐδεδώκειν	von ΔΕΙΚΩ

7 **Anm. I, 7.** Bei dieſem Perf. u. Plusq. iſt für ῞ιϛημι zu bemerken: 1) daß das ſtatt der Redupl. ſtehende Augment den Spir. asper be- hält, und das Plusq. es häufig durch das Augm. temp. ει vermehrt; 2) die ſtatt der regelmäßigen Biegung gebräuchlicheren abgekürz- ten Formen ἕϛαμεν ꝛc. ſ. unt. Anm. II.; 3) die abweichende Bedeutung ſ. ebend.

Fut.	θήσω	ϛήσω ich werde ſtellen	δώσω	
Aor. 1.	ἔθηκα	ἔϛησα ich ſtellte	ἔδωκα	von ΔΕΙΚΩ

8 **Anm. I, 8.** Dieſer unregelmäßige Aoriſt auf κα (§. 106, 11) iſt bei guten Schriftſtellern hauptſächlich im Singular gebräuchlich; im Plural, beſonders der 1. und 2. Perſon, zogen die Attiker bei weitem den Aor. 2. vor. — Modi und Participien werden von der Form auf κα gar nicht formirt, das Particip des Medii ausgenommen, ſ. Med.

Indicativus   A o r i s t u s 2.

S.	[ἔϑην ſ. 𝔄. 10]	ἔϛην ich ſtanb	[ἔδων ſ. 𝔄. 10]	fehlt.
	[ἔϑης]	ἔϛης (genau: ſtell-	[ἔδως]	
	[ἔϑη]	ἔϛη te mich, ſ.	[ἔδω]	
D.	—	— 𝔄. 21)	—	
	ἔϑετον	ἔϛητον	ἔδοτον	
	ἐϑέτην	ἐϛήτην	ἐδότην	
P.	ἔϑεμεν	ἔϛημεν	ἔδομεν	
	ἔϑετε	ἔϛητε	ἔδοτε	
	ἔϑεσαν	ἔϛησαν	ἔδοσαν	

Anm. 1, 9. Wegen bes langen Vokals im Dual unb Plural bes 9 Aoriſts ἔϛην ſ. §. 106, 7. — Die 3. plur. ἔϛησαν iſt gleichlautenb mit ber 3. pl. aor. 1. unb muß baher, bei ber vorwaltenben Verſchiebenheit ber Bebeutung (ſ. unt. Anm. II.), aus bem Zuſammenhang erkannt werben.

Anm. I, 10. Von bem Aor. 2. ἔϑην unb ἔδων hat ſich ber Sing. 10 Ind. Act. in wirklichem Gebrauch nicht erhalten, inbem bafür burchaus bie anbre Form bes Aoriſts auf κα eintrat. In ben übrigen Theilen aber iſt er theils allein, theils vorzugsweiſe, üblich; ſ. Anm. 8.

Anm. I, 11. Der Aor. ἔϛην bient zugleich als Norm für bie ſog. 11 ſynkopirten Aoriſte, §. 110, 6.

Inf.	ϑεῖναι	ϛῆναι ſtehen	δοῦναι
Part.	ϑείς, ϑεῖσα, ϑέν	ϛάς, ϛᾶσα, ϛάν ſtehenb	δούς, δοῦσα, δόν
Conj.	ϑῶ, ϑῇς ꝛc.	ϛῶ, ϛῇς ꝛc.	δῶ, δῷς, δῷ ꝛc.
Opt.	ϑείην	ϛαίην	δοίην

Konj. unb Opt. gehn wie im Präſens.

Impe- rat.	[ϑέτι] ϑές	ϛῆϑι ſtehe	[δόϑι] δός
	ϑέτω	ϛήτω	δότω
	ϑέτον, ων	ϛῆτον, των	δότον, των
	ϑέτε, τωσαν att.	ϛῆτε, τωσαν att.	δότε, τωσαν att.
	ϑέντων	ϛάντων	δόντων

Anm. I, 12. Beim Konj. unb Opt. gilt baſſelbe, was bei benſelben 12 Mobis im Präſens angemerkt worben, nur iſt bie längere Form im Optativ (ϑείημεν, δοίητε) hier häufiger als bort. Selbſt von ber britten Perſon (δοίησαν ꝛc.) finben ſich mehre Beiſpiele.

Anm. I, 13. Der einſilbige (unb allein gebräuchliche) Imper. ϑές, 13 δός (§. 106 Anm. 1) wirft in ber Kompoſition ben Accent ſtets auf bie Präp., jeboch nicht weiter als auf bie vorletzte Silbe; z. B. περίϑες, ἀπόδος, ἔνϑες, πρόσϑες, ἔνδος, ἔκδος (Eurip. Aristoph.)

Anm. I, 14. Der Imper. ϛῆϑι wirb in Compositis auch zuweilen 14 auf bieſe Art verkürzt: παράϛᾱ für παράϛηϑι. Eben ſo βῆϑι (ſ. βαίνω).

PASSIVUM.

Indicativus   P r a e s e n s.

S.	τίϑεμαι	ἵϛαμαι ich werbe	δίδομαι	δείκνυμαι
	τίϑεσαι*)	geſtellt ob. ſtelle		
		ἵϛασαι*) [mich]	δίδοσαι	δείκνυσαι
	τίϑεται	ἵϛαται	δίδοται	δείκνυται
D.	τιϑέμεϑον	ἱϛάμεϑον	διδόμεϑον	δεικνύμεϑον
	τίϑεσϑον	ἵϛασϑον	δίδοσϑον	δείκνυσϑον
	τίϑεσϑον	ἵϛασϑον	δίδοσϑον	δείκνυσϑον
P.	τιϑέμεϑα	ἱϛάμεϑα	διδόμεϑα	δεικνύμεϑα
	τίϑεσϑε	ἵϛασϑε	δίδοσϑε	δείκνυσϑε
	τίϑενται	ἵϛανται	δίδονται	δείκνυνται

*) Die zweiten Perſonen auf σαι erfahren zuweilen, bie auf σο häufig

14*

Infin. τίϑεσϑαι | ἵσασϑαι | δίδοσϑαι | δείκνυσϑαι
Part. τιϑέμενος | ἱςάμενος | διδόμενος | δεικνύμενος

Conjunctivus

S. *τιϑῶμαι | ἱςῶμαι | *διδῶμαι | von
  τιϑῇ | ἱςῇ | διδῷ | δεικνύω
  τιϑῆται | ἱςῆται | διδῶται |
D. τιϑώμεϑον | ἱςώμεϑον | διδώμεϑον |
  τιϑῆσϑον | ἱςῆσϑον | διδῶσϑον | –
  τιϑῆσϑον | ἱςῆσϑον | διδῶσϑον |
P. τιϑώμεϑα | ἱςώμεϑα | διδώμεϑα |
  τιϑῆσϑε | ἱςῆσϑε | διδῶσϑε |
  τιϑῶνται | ἱςῶνται | διδῶνται |

* Von einigen Abweichungen in der Betonung dieser Konj. ſ. u. 30 ff.

Optativus*

S. τιϑείμην | ἱςαίμην | διδοίμην | von
  τιϑεῖο | ἱςαῖο | διδοῖο | δεικνύω
  τιϑεῖτο | ἱςαῖτο | διδοῖτο |
D. τιϑείμεϑον | ἱςαίμεϑον | διδοίμεϑον |
  τιϑεῖσϑον | ἱςαῖσϑον | διδοῖσϑον |
  τιϑείσϑην | ἱςαίσϑην | διδοίσϑην |
P. τιϑείμεϑα | ἱςαίμεϑα | διδοίμεϑα |
  τιϑεῖσϑε | ἱςαῖσϑε | διδοῖσϑε |
  τιϑεῖντο | ἱςαῖντο | διδοῖντο |

* Von dem attiſchen Optativ, τίϑοιτο, ἵςαιτο, δίδοιτο ꝛc. ſ. n. 30 ff.

Imperativus (ſ. die Note hier unten)

τίϑεσο (τίϑου) | ἵςασο, ἵςω | δίδοσο (δίδου) | δείκνυσο
τιϑέσϑω ꝛc. | ἱςάσϑω ꝛc. | διδόσϑω ꝛc. | δεικνύσϑω ꝛc.

Imperfectum.

S. ἐτιϑέμην | ἱςάμην ich wurde | ἐδιδόμην | ἐδεικνύμην
  ἐτίϑεσο oder | ἵςασο oder [geſt. | ἐδίδοσο oder | ἐδείκνυσο
  ἐτίϑου | ἵςω | ἐδίδου |
  ἐτίϑετο | ἵςατο | ἐδίδοτο | ἐδείκνυτο
D. ἐτιϑέμεϑον | ἱςάμεϑον | ἐδιδόμεϑον | ἐδεικνύμεϑον
  ἐτίϑεσϑον | ἵςασϑον | ἐδίδοσϑον | ἐδείκνυσϑον
  ἐτιϑέσϑην | ἱςάσϑην | ἐδιδόσϑην | ἐδείκνυσϑην
P. ἐτιϑέμεϑα | ἱςάμεϑα | ἐδιδόμεϑα | ἐδεικνύμεϑα
  ἐτίϑεσϑε | ἵςασϑε | ἐδίδοσϑε | ἐδείκνυσϑε
  ἐτίϑεντο | ἵςαντο | ἐδίδοντο | ἐδείκνυντο

die Zuſammenziehung mit dem Stammvokal. Die längere Form auf σαι iſt aber für die attiſche Proſa die allein ſichere und nachweisbare. Für ἵςᾳ ſtatt ἵςασαι ſpricht nur ein Beiſpiel bei Aeſchylus: ἐπίςᾳ für ἐπίςα-σαι (Eum. 89); und da die Jonier nach Ausſtoßung des σ den Stammvokal α in ε verwandeln (ſ. Anm. IV.), ſo entſteht aus ἵςεαι (ἐπίςεαι Her. 7, 104. 135) bei ihnen ἵςῃ (ἐπίςῃ Theogn. 1085). Von δύναμαι bildeten nur die Tragiker und die ſpätere Proſa 2. P. δύνῃ (ſ. jedoch Anom.). Die For-men auf ου und ω aber, wie ἠτίςω, ἐδύνω, und beſonders im Aor. 2. Med.: ἔϑου, ἔδου, ϑοῦ, πρίω ꝛc. waren ſehr im Gebrauch; weniger im Imperf. und Imper. Präſ., wo man in einzelnen Verbis z. B. von τίϑημι wieder ἐτίϑεσο, τίϑεσο vorzog (Plat. Phil. p. 31. Soph. 237. Rep. 345. 352; dagegen τίϑου Aeſch. Eum. 226. Eurip. fr.), ferner ἀφίεσο Plat. ἐνεπίμπλασο Xen. ꝛc. Von ἵςημι heißt der Imp. Präſ. bei Homer und den Spätern immer ἵςασο (vgl. unten n. 37); dagegen ἵςω, ἐξίςω, ἐξανίςω bei Dramat.; von ἐπίςαμαι bei Soph. ſowohl ἐπίςω als ἐπίςασο, bei Xe-nophon immer ἐπίςω ꝛc.

Perf.	τέθειμαι	(ἕςαμαι) bin geſt.	δέδομαι	von
	τέθεισαι	worden, ſ. Anm.	δέδοσαι	ΔΕΙΚΩ
	τέθειται ꝛc.	(ἕςασαι) ꝛc.	δέδοται ꝛc.	
Plusq.	ἐτεθείμην	(ἐςάμην) war g. w.	ἐδεδόμην	

Anm. I, 15. Von den übrigen Modis des Perf. laſſen ſich *Inf.* 15 τεθεῖσθαι, δεδόσθαι *Part.* τεθειμένος *Imper.* τέθεισο, εἴσθω u. d. g. leicht formiren; *Conj.* und *Opt.* werden nicht gefunden. — Von ἵςημι aber waren Perf. und Plsq. Paſſ. (Med.) in der älteren Sprache ſo gut wie ungebräuchlich, indem dafür, auch in Compoſitis, nach Art der §. 113, 3 erläuterten Fälle, überall die aktiven Formen des Perf. ꝛc. eintraten. Erſt ſpätere Schriftſt., wie Polybius ꝛc., bedienen ſich auch der paſſ. Form *).

Fut. 1.	τεθήσομαι	ςαθήσομαι ich	δοθήσομαι	von
		werde geſt. werd.		ΔΕΙΚΩ
Aor. 1.	ἐτέθην	ἐςάθην ich	ἐδόθην	
		wurde geſtellt		

Anm. I, 16. In ἐτέθην, τεθήσομαι darf man die Silbe τε nicht 16 für ein reduplikatives Augment halten; es iſt die Stammſilbe θε, die we-gen des θ in der Endung nach §. 18 verändert iſt: alſo für ἐθέθην ꝛc.

Fut. 2. und 3. — und Aor. 2. — fehlen **).

MEDIUM.

Fut. 1.	θήσομαι	ςήσομαι werde	δώσομαι	von
		mich ſtellen (w.		ΔΕΙΚΩ
		ſtehen) u. werde		
		errichten		
Aor. 1.	(ἐθηκάμην)	ἐςησάμην ich	fehlt	
		errichtete		

Anm. I, 17. Der Aoriſt ἐθηκάμην (Herod.) nebſt dem Particip 17 θηκάμενος (Pind.) gehört bloß dem ioniſchen und doriſchen Dialekt; die übrigen Modi kommen (wie der ganze Aoriſt ἐδωκάμην) gar nicht vor. Die attiſche Proſa bedient ſich von dieſen Verben im Medium nur des Aor. 2. — Der Aor. 1. ἐςησάμην hingegen iſt ſehr im Gebrauch; ſ. unt Anm. II.

Aoristus 2.

Indicativus

ἐθέμην	[ἐςάμην]	ἐδόμην	fehlt.
(ἔθεσο) ἔθου	ſ. Anm. 20.	(ἔδοσο) ἔδου	
ἔθετο ꝛc.		ἔδοτο ꝛc.	

Geht nach dem Imperfekt des Paſſivs.

---

*) Die etwa vorkommenden Beiſp. aus ältern Schriftſt. (wie Her. 196 κατεςέαται, Plat. Tim. p. 81 διεςαμένου) ſind unecht. Dem Lernenden mögen daher obige Formen nur als Paradigma für andere Fälle, wie πε-φάσθω, κεκρεμάσθω (ſ. φημί, κρεμάννυμι) gelten. Auch das ſynk. Perf. von πετάννυμι: πέπταμαι richtet ſich in ſeiner Flexion ganz nach den-ſelben.

**) Aor. 2 und Fut. 2. Paſſ. ſind in dieſer Formation nicht möglich (außer daß einige Verba auf νυμι ſie von der Stammform bilden können; ſ. ζεύγνυμι); und ein Fut. 3. kommt von dieſen Verben gerade nicht vor.

Infinit.	ϑέσϑαι	[σάσϑαι]	δόσϑαι	
Part.	ϑέμενος	[σάμενος]	δόμενος	
Conj.	ϑῶμαι, ϑῇ ꝛc.	[σῶμαι]	δῶμαι, δῷ ꝛc.	
Opt.	ϑείμην, ϑεῖο ꝛc.	[σαίμην]	δοίμην, δοῖο ꝛc.	
Imper.	(ϑέσο) ϑοῦ	[σάσο, σῶ]	(δόσο) δοῦ	

18 **Anm.** I, 18. Diese gehn sämtlich nach dem Präs. Paff. — Von ben attischen Formen des Opt. und Konj. (πρόσϑοιτο, πρόσϑωμαι ꝛc.) f. unten Anm. III. — Wegen der Formen ἔϑον, ϑοῦ ꝛc. vgl. S. 212 N.

19 **Anm.** I, 19. Der Infinitiv behält ben Accent auch in der Komposition: ἀποϑέσϑαι, ἀποδόσϑαι. Der Imperativ behält ihn im Singular nur bann, wenn die Präposition Eine Silbe ausmacht, z. B. προσ-ϑοῦ, προσδοῦ, ἀφοῦ (von ἵημι; in der Auflösung aber betont man ἔξεο Herod. 5, 39. ἔνϑεο, σύνϑεο, oft bei Homer); ist die Präposition aber zweisilbig, so kommt ber Accent auf diese, z. B. περίϑου, ἀπόδου. Im Plural und Dual kommt der Accent immer auf die Präpos. ἐπίϑεσϑε, πρόδοσϑε, ἄφεσϑε, ἀπόϑεσϑον (Plat. Euthyd. p. 275 a.)

20 **Anm.** I, 20. Von ἵημι kommt ber Aor. 2. Med. gar nicht vor, und steht hier nur der Analogie wegen für andre Verba, z. B. ἐπτάμην von ἵπταμαι, ἐπριάμην (f. Anom. πέτομαι, πρίασϑαι). S. auch ὀνίνημι.

Adjectiva Verbalia.

ϑετέος	σατέος	δοτέος	von
ϑετός	σατός	δοτός	ΔΕΙΚΩ

II. Anmerkungen zu ἵστημι.

21 1. Das Verbum ἵστημι ist zwischen der transitiven Bedeutung stellen und ber intransitiven stehen getheilt. Im Aktiv gehören zur Bed. stellen Praes. und Impf. ἵστημι, ἵστην Fut. στήσω Aor. 1. ἔστησα stehen Perf. und Plusq. ἕστηκα, ἑστήκειν Aor. 2. ἔστην. Das Paff. heißt burchaus gestellt werden; aber das Präf. und Impf. als Medium, nebst dem Fut. Med. στήσομαι, haben balb die Bedeutung sich stellen, balb stellen, errichten (z. B. φύλακας, τρόπαιον). Zur ersteren Bed. des Mediï gehört bann als wahrer Aorist (nach §. 113, 2) ἔστην stellte mich, blieb stehen (in der Kompos.: ἀνέστην stand auf, f. b. Note), zur zweiten ber aor. 1. med. ἐστησάμην errichtete.

22 2. Ueberdies ist bas Perfekt. Akt. der Bedeutung nach nicht Perfekt, sonbern Präsens, und das Plusquamp. folglich Imperfekt (§. 113, 7); ἕστηκα ich stehe, ἑστηκώς stehend ꝛc.*) ἑστήκειν ich stand.

23 3. Dabei findet gewöhnlich im Dual, Plural und in ben Modis eine abgekürzte und in die Formation des Präf. auf μι übergehende Form bes Perfekts und Plusquamperfekts statt, die auch andern Verbis eigen ist und unten §. 110 erklärt werden wird:

---

*) In ben Compositis, beren Medium in die intransitive Bedeutung übergeht, läßt sich das Perf. Akt. als wirkliches Perfekt berselben Bedeutung faffen, so baß der Gebrauch sich etwa so stellt: ἀνίστημι ich stelle auf (f. ἀναστήσω a. ἀνέστησα), ἀνίσταμαι stehe auf, ἀναστήσομαι werde auf-stehen, ἀνέστηκα bin aufgestanden, ἀνέστην stand auf. — Von ben aus dem Perf. ἕστηκα und dem Präf. ἱστάναι entstandenen Nebenformen der spätern Gräcität: στήκω stehe, ἱστάνω stelle f. NT. Gramm. p. 41.

Perf.	Plur.	ἕϛαμεν, ἕϛᾰτε, ἑϛᾶσι(ν)
	Du.	ἕϛᾰτον
Plusq.	Plur.	ἕϛᾰμεν, ἕϛᾰτε, ἕϛᾰσαν
	Du.	ἕϛᾰτον, ἑϛάτην
Conjunct.	ἑϛῶ, ῇς, ῇ ꝛc.
Optativ.	[ἑϛαίην] kommt von diesem Verbo nicht vor (vgl. ϑνήσκω)
Imperat.	ἕϛᾰϑι, ἑϛάτω ꝛc.
Infin.	ἑϛάναι
Partic.	(ἑϛαώς) ἑϛώς, ἑϛῶσα, ἑϛός *) Gen. ἑϛῶτος
	ion. ἑϛεώς, εῶσα, εώς· εῶτος

ſo daß alſo dieſes Perf. und Plusq. in dem größeren Theile ſeiner Formen mit der Bedeutung zugleich die Bildungsart von Präſens und Imperf. angenommen hat.

4. Eben wegen dieſer Präſensbedeutung des Perf. (und weil das Fut. 24 ϛήσω heißt: ich werde ſtellen, ϛήσομαι mehr: ich werde mich oder mir ſtellen) hat ſich aus ἕϛηκα, ich ſtehe, ein beſonderes anomaliſches Futur ἑϛήξω, ſeltner oder ſpäter ἑϛήξομαι ich werde ſtehn gebildet (vgl. das ähnliche Futur im Anom. ϑνήσκω). In den Compoſitis jedoch, deren Medium intranſitive Bedeutung hat, unterſcheiden ſich die beiden Future ϛήσομαι und ἑϛήξω ſo, daß das letztere, im Gegenſatz zum gew. Futur ϛήσομαι (Dem. Phil. 1, 43) den Begriff des Dauernden in der Zukunft in ſich ſchließt. Man vergl.·z. B. Xen. Hell. 5, 2, 18 αἱ πόλεις, ἄν τι ἴδωσιν ἀντίπαλον, ταχὺ ἀποϛήσονται· mit Plat. Rep. p. 587 πλεῖϛον δὴ ἀληϑοῦς ἡδονῆς ὁ τύραννος ἀφεϛήξει (Schleierm.: wird von wahrer Luſt entfernt bleiben). Thuc. 3, 37 πάντων δεινότατον, εἰ βέβαιον ἡμῖν μηδὲν καϑεϛήξει· mit Pl. Rep. p. 546 e (καταϛτήσονται werden hervorgehn), Xen. An. 4, 5, 8 (ἀναϛήσονται werden aufſtehn) ꝛc.

5. Aber auch für die tranſitive Bedeutung gibt es ein Perf. ἕϛᾱκα 25 ich habe geſtellt, das jedoch in eine ſpätere Periode gehört. Der ältere Atticismus bedient ſich ſtatt des Perfekts in dieſer Bedeutung des erſten Aoriſts, oder einer Umſchreibung (ſ. §. 97 Anm. 6).

6. In einem Theil der homeriſchen Ausgaben findet ſich die ſynkopirte 26 Form des Plusq., 3. pl. ἕϛασαν, ſowohl im tranſitiven als intranſitiven Sinne; allein die richtige Schreibart ſcheint dieſe: ἕϛασαν, wie gewöhnlich im Sinn des Imperfekts, ſie ſtanden, und ἕϛασαν abgekürzt für ἕϛησαν (vom a. 1. ἕϛησα) als Aoriſt, ſie ſtellten Od. γ, 182., das denn auch, wie andere Aoriſte, plusquamperfektiſch gebraucht werden konnte, ſie hatten geſtellt Jl. μ, 56., wo beide Formen nebeneinander **).

7. Eine homeriſche Abkürzung iſt auch ἕϛητε, ihr ſteht (Jl. δ, 243. 27 246. nicht ἕϛητε) für ἑϛήκατε oder ἕϛατε; und Herodot bildet die 3. plur. χατεϛέασι, ἀνεϛέασι (1, 200. 3, 62 al. neben ἑϛᾶσι 1, 14. 51 al.; vgl. n. 36). Aber προεϛέατε (5, 49) iſt jetzt in das regelm. προέϛατε geändert.

---

*) Nach §. 110, 10 müßte das Neutr. ἑϛώς lauten. Jedoch findet bei dieſem Verbo nach Analogie der gewöhnl. Participia faſt überall die Verkürzung in ἑϛός ſtatt, obwohl es in der Flexion durchaus -ῶτος ꝛc. behält. S. die zahlreichen Fälle bei Plato und Thuk. in ausf. Spr. II, 208., Poppo zu Thuc. 3, 9. 4, 10., Schneib. zu Plat. Civ. p. 564 e.

**) S. die Scholien hiezu und Spitzner Exc. V ad Jl. In den übrigen Stellen: Jl. β, 525. σ, 346. Od. ϑ, 435. σ, 307 iſt jetzt das Imperf. ἕϛασαν hergeſtellt.

III. Anmerkungen zum Konjunktiv und Optativ.

28   1. Der Konjunktiv und der Optativ der Konjugation auf μι haben in ihrer regelmäßigen Form stets den Accent auf der Endung, indem sie den an sich schon langen Modusvokal mit dem Vokal des Stammes in einen langen Laut zusammenfließen lassen, also τιϑῶ, ἱϛῶ, ἱϛῆς, διδῶμεν, τιϑεῖεν, τιϑεῖντο, ἀποδῷ ꝛc.

29   2. Der Konjunktiv ἱϛᾷς, ἱϛᾷ, den man auch anführt, gehört zu der Form ἱϛάω, und ist, wie der Inf. ἱϛᾶν, ἀνιϛᾶν selbst (Plut.), minder gut und gewöhnlich; s. §. 106 A. 5.

30   3. Das Bestreben jedoch, diese Mobi im Accent der Analogie der gewöhnlichen Barytona anzuschließen, hat in der passiven Form einige Abweichungen veranlaßt. In den beiden Verben τίϑημι und ἵημι (§. 108) besteht die Abweichung darin, daß der Stammvokal ganz ausfällt, und dafür die Endungen beider Mobi aus der gewöhnlichen Konjugation genommen werden, der Accent aber, wo es angeht, zurücktritt; so daß also diese Formen ganz wie von gewöhnlichen Barytonis gebildet aussehn. Bei den Konjunktiven ist dies nur am Accent zu erkennen, z. B.

    τίϑωμαι für τιϑῶμαι
    Aor. 2. Med. πρόσϑηται, πρόηται ꝛc.

im Optativ aber kommt der Diphthong οι hinzu, z. B.

    τίϑοιτο, περίϑοιντο, ἐπίϑοιο, πρόοισϑε *).

Vgl. unten κάϑημαι bei ἧμαι und μέμνημαι in μιμνήσκω.

31   4. (5) Von ἵϛαμαι nimmt nur der Optativ (aber mit Beibehaltung des regelm. Diphthongen) diese Betonung und zwar bei allen Schriftstellern an.

    ἵϛαιο, ἵϛαιτο, ἵϛαισϑε, ἵϛαιντο

im Konj. aber immer ἱϛῶμαι, συνιϛῆται ꝛc. **) Von δίδομαι aber findet man bei Attikern beide Mobi gewöhnlich so betont:

    Conj. δίδωται   Opt. ἀπόδοιντο.

32   5. In allen andern Verben die nach ἵϛαμαι und δίδομαι gehn, meist lauter Deponentien, sind beide Mobi immer proparoxytona, z. B.

    δύνωμαι, δύναιτο, ἄγαιντο, ἐπίϛηται, ὄναισϑε

ferner ὀνίναιτο, ἐμπίπλαιτο, πρίωμαι, κρέμωμαι, μάρναιο ꝛc.; ebenso ὄνοιτο von Anom. ὄνομαι (mit radikalem o).

33   6. Die Verba auf υμι bilden beide Mobi von der Form auf ύω (δεικνύῃς, δεικνύοιμι); doch finden sich Beispiele, daß sie auch hier nach der Analogie der übrigen gebildet wurden, bes. im Optativ, indem statt des Mischlauts bloß ein langes υ gebraucht ward ***): z. B. δαινῦτο Jl. ω, 665. πηγνῦτο Plat. Phaed. extr. (s. wegen des Accents §. 98 letzte Note).

---

    *) Der Accent wird aber nie zurückgezogen, wenn der ursprüngliche Diphthong ει bleibt, also τιϑεῖτο, ἐπιϑεῖντο, vgl. die folg. Note. Wegen der Formen von ἵημι s. aber noch unter ἵημι Anm. 2.

    **) Nach Göttling (p. 81) findet auch im Konj. die Betonung ἵϛωμαι, ἵϛηται statt, wogegen er grade im Opt. die properispomenirten Formen für die richtigen hält. Welche Betonung überhaupt in allen diesen Fällen die richtige sei, ist um so schwieriger zu entscheiden, als die Hdschriften (ohnehin in Accentsachen die unsichersten Führer) nicht den mindesten Anhalt gewähren. Daher ist es auch in den neuern Ausgaben zu einer festen Norm noch nicht gekommen, ja man findet in ein und derselben Edition sowohl καταϑῆται als μεταϑῶνται· ἐπιϛῶμαι, ἐπιϛῇ und ἐπίϛηται· ἀποδῶμαι und κατάϑωμαι, bald πρόηται bald προῆται, im Opt. τιϑεῖτο, τίϑοιτο und τιϑοῖτο u. s. f.

    ***) Vgl. unten §. 110, 6 φύην. Daß im Optativ der charakteristische Vokal ι vom υ (und ebenso vom ι in φϑίμην s. an. φϑίω) verschlungen

IV. Anmerkungen aus den Dialekten.

1. Mehre von den bei der gewöhnlichen Konjug. erwähnten Dialekt= 34 verschiedenheiten finden auch hier statt; wie die Iterativa auf σκον, welche vor dieser Endung immer den kurzen Stammvokal haben, z. B. Impf. τί-θεσκον, δίδοσκον, δείκνυσκον· Aor. 2. σάσκον, δόσκον; — ferner die Infinitive τιθέμεν, ἱσάμεν, ἱσάμεναι, ἑσάμεν, ἑσάμεναι (für τιθέναι, ἱσάναι, ἑσάναι), θέμεν, θέμεναι, δόμεναι (für θεῖναι, δοῦναι) überall mit kurzem Stammvokal, aber mit langem im Aor. 2 derjenigen Verba die den langen Vokal behalten, also: σῆμεν, σήμεναι, δῦμεν, γνώμεναι ꝛc.; — die ionische Endung der 3. pl. auf αται, ατο, und zwar hier so gut im Präsens, wie im Impf. (vgl. §. 103 n. 21), z. B. τιθέαται, δεικνύαται, δυναίατο, ἐδιδόατο (aber im aor. 2. immer ἔδοντο, ἔθεντο) ꝛc. — Die Dorier haben, wo der Stammlaut α ist, überall lang α statt η: ἵσῡμι, σᾶναι.

2. Des Metri wegen brauchen die Epiker Inf. τιθήμεναι Part. 35 pass. τιθήμενος; ferner διδοῦναι statt διδόναι, ζευγνῦμεν *) statt ζευγνύναι; — und behalten die Rebupl. auch bei, wo sie gewöhnlich nicht statt findet, z. B. fut. διδώσω.

3. Die Jonier verwandeln das α derer auf ημι von άω vor Vo= 36 kalen gern in ε, z. B. ἱςέασι Her. 5, 71 (doch auch wie gewöhnlich ἱςᾶσι 3, 24. 6, 38. 1, 167). Vgl. oben n. 27 und §. 105 Anm. 8. — Daher sagen sie auch in der 3. pl. pass. ἱςέαται, ἱςέατο, δυνέαται für ἵςανται, ἵςαντο, δύνανται; vgl. §. 105 Anm. 9.

4. Die ionische Ausstoßung des σ von den Endungen σαι und σο 37 (§. 103 n. 17) erscheint hier etwas seltener: Herodot. ἐπίςεαι (für -ααι, j. anom. ἐπίςαμαι); Hom. θέο für θέσο, μάρναο für μάρνασο, δαίνυο für ἐδαίνυσο, (παρίςαο Jl. κ, 291 nach b. Schol., vgl. S. 212 M.).

5. Die Dorier haben für σι — τι; im Sing. τίθητι für τίθησι; 38 und im Plur. nach §. 103 n. 28 τιθέντι, ἱςάντι, διδόντι für -εῖσι ꝛc.

6. Die 3. pl. des Imperfekts und des Aor. 2. Akt. auf σαν wird bei 39 den Doriern und Epikern um eine Silbe verkürzt, und endet sich bloß auf ν mit vorhergehendem kurzen oder verkürzten Stammlaut, also

ἔτιθεν für ἐτίθεσαν, ἐδίδον, δίδον für ἐδίδοσαν **)
ἔφᾱν, φάν für ἔφασαν (s. unten φημί)
ἔςᾱν, ςάν, βάν für ἔςησαν, ἔβησαν
ἔδον, ἔδῡν für ἔδοσαν, ἔδυσαν.

7. Für die 1. sing. Imperf. ἐτίθην sagen die Jonier ἐτίθεα.   40

8. Die ionische Auflösung der Konjunktiv=Endung (§. 103 n. 38.) läßt hier jedesmal den Stammvokal wieder hervortreten; jedoch nach fol= gender Norm:

a) die Verba, deren Stammlaut ε und α ist, brauchen beide das ε 41 als Stammlaut (nach n. 36); also

---

wird, ist den Lautgesetzen völlig analog; daß dasselbe aber im Konjunktiv auch mit dem ω und η geschieht, ist nicht wahrscheinlich (s. Göttl. Acc. p. 79. 83. und vgl. ausf. Sprachl. §. 107 Anm. 36). Das sonst hier aufge= führte διασκεδάννυσι (Pl. Phaed. p. 77 d.) ist Indik., und für διασκεδάν- νυται (ib. b.) ist die Variante -ύηται. Vgl. Od. ω, 89 (ζώννυνται — ἐπεντύνονται) und auch Hes. α. 377 kann ῥήγνυνται Indik. sein.

*) Jl. π, 145. S. jedoch die ausf. Sprachl. §. 107 Anm. 28. Lexil. I. p. 56 und Spitzn. z. d. O.

**) Hymn. Cer. 328. 437.

für τιϑῶ, ῆς ꝛc. ῶμαι ꝛc. — τιϑέω, τιϑέῃς, τιϑέητε, τιϑέωσι, τιϑέωμαι ꝛc. und für ϑῶ, ϑῇς ꝛc. — ϑέω, ϑέῃς, ϑέωμαι für ἱςῶ, ςῶ, ςῇς ꝛc. — ἱςέω, ἱςέῃς, ςέω, ςέῃς, ςέωμεν ꝛc.

42   b) Die Verba, deren Stammlaut o ist, bedienen sich durchaus nur des ω; also:

für διδῶ, δῶ, δῶς, δῷ ꝛc. — διδώω, δώω, δώῃς, δώῃ ꝛc. *).

9. Die ionische Auflösung haben auch die Epiker; können sie aber nach metrischen Bedürfnissen auf zweierlei Art verändern:

43   a) sie verlängern das ε. Nach allgemeinen Grundsätzen müßte dies bloß durch ει geschehn; und so wird geschrieben ϑείω, ϑείῃς, ϑείομεν ꝛc. für ϑῶ ꝛc. und eben so auch ςείω für ςῶ. Wo aber der Misch-laut η ist, da kann wie §. 103 n. 38 auch die bloße Zerdehnung oder Verdoppelung ηη eintreten. Dies geschieht bei denen, deren Stammlaut α ist, gewöhnlich; also von ἵςημι, φημί epischer Konj. ςείω, ςήῃς, ςήῃ, φήῃ; bei dem Stammlaut ε aber findet man sowohl ϑείῃς, ϑείη, als ϑήῃς, ϑήῃ, ἀνήῃ (s. ἵημι) ꝛc. geschrieben **).

44   b) sie verkürzen den Modusvokal (nach §. 103 n. 39), doch meist nur bei der eben erwähnten Verlängerung des Grundlautes:

ϑείομαι, ςείομεν für ϑέωμαι, ςέωμεν
ςήετον für (ςῆτον) ςήητον· δώομεν für δώωμεν.

45   10. Da die Epiker die 3. sing. Conj. auf σι bilden (s. 103 n. 37), so entstehn hier Formen, die man theils vom Indik., theils von der 3. pl. wohl unterscheiden muß, z. B. ἱςῆσι für ἱςῇ, δῷσι für δῷ.

46   11. Der Optativ wird nicht aufgelöst, außer daß die Jonier ϑεοίμην für ϑείμην sagen, also ganz wie von ΘΕΩ (Herod. 1, 53. 7, 237).

47   12. Auf die einfache Stammform ΘΕΩ ist auch zurückzuführen das ganz vereinzelte προϑέοναι Jl. α, 291. S. ausf. Spr. §. 106 A. 9.

§. 108. Die von ʾΕΩ, ʿΕΩ, ʾΙΩ.   (96)

Unter den übrigen Anomalen auf μι sind einige kleine Verba, welche theils ʾΕΩ, theils ʿΕΩ und ʾΙΩ zur Stammform haben, und daher sehr leicht verwechselt werden können, besonders in der Komposition, wo der Spiritus zum Theil verloren geht: z. B. προςεῖναι kann von εἶναι und von εἶναι kommen; dahingegen in ἀφεῖναι und ἀπεῖναι der Spiritus zu erkennen ist; doch auch dies nicht bei ionischen Schriftstellern, die den Konsonanten nicht aspiriren. Die Stammform ʿΕΩ hat drei Hauptbedeutungen 1) sende, 2) setze, 3) kleide; ʾΕΩ bin; und ʾΙΩ gehe.

I. ἵημι, sende, werfe, von ʿΕΩ.

1. Dies als Simplex in Prosa wenig, aber in der Komposition sehr gangbare Verbum läßt sich durchaus mit τίϑημι ver-

---

*) Für den Sprachgebrauch des Herobot ist zu merken: 1) daß in Verben mit dem Stammlaut ε und α die Formen mit η und ῃ (wie beim conj. aor. pass., §. 103 Anm. n. 38) geschlossen bleiben; 2) von δίδωμι gar keine aufgelöste Conjunktivformen stattfinden. Also immer: προσϑῇ, ϑῆται, ἀντιςῇ, ἐπιδιδῶ, ἐκδιδῶσι, παραδῶ, δῶς ꝛc.

**) Da die alten Grammatiker selbst in diesem Punkte nicht übereinstimmen, so findet man beiderlei Schreibart in den besten Ausgaben. S. über den Streitpunkt die ausf. Spr. §. 107 A. 33. Spitzn. Exc. I. ad Jl. Die Formen ϑείῃς, ϑείη sind Optative, wie oben §. 103 n. 38.

gleichen, wovon es nur wenig abweicht. Das statt der Redupli-
fation stehende ι ist in der attischen Sprache (mit wenigen Ausnahmen) lang. Wenn der kurze Stammlaut ε das Wort anfängt,
so ist er des Augments fähig, indem er in ει übergeht.

Activum.

Praes.   Si.   ἵημι   ἵης   ἵησι(ν)
       Du.   —   ἵετον   ἵετον
       Pl.   ἵεμεν   ἵετε   ἱᾶσι(ν)
3sg. aus ἱέασι (vgl. τιθέασι), ion. und ep. ἱεῖσι.
     Co. ἱῶ   Opt. ἱείην   Imp. (ἵεθι) ἵει, ἱέτω ꝛc.   Inf. ἱέναι
       (Comp. ἀφιέναι)   Part. ἱείς, ἱεῖσα, ἱέν.
Impf.   Si.   ἵην (u. ἵουν)   ἵης u. ἵεις   ἵη u. ἵει
       Du.   —   ἵετον   ἱέτην
       Pl.   ἵεμεν   ἵετε   ἵεσαν
ἵουν regelm. von ΊΕΩ (§. 107 n. 6); Comp. 3. Perf. ἀφίει, ἀφίεσαν und
mit dem Augment vorn (nach §. 86 Anm. 2) ἠφίει, ἠφίεσαν oder ἠφίουν.
     Perf. εἷκα *)   Plsq. εἵκειν
     Fut. ἥσω   Aor. 1. ἧκα (ion. ἕηκα)
     Aor. 2. Si. ungebräuchlich; dafür der Aor. 1.
       Du. (— ἕτον, ἕτην) att. — εἷτον εἵτην
       Pl. (ἕμεν ἕτε ἕσαν) att. εἷμεν εἷτε εἷσαν
Compos. καθεῖμεν, ἀνεῖτε, ἀφεῖσαν, ἀνεῖσαν (ep. ἄνεσαν, πρόεσαν) ꝛc.
     Co. ὧ, ᾗς ꝛc.   Opt. εἵην   Pl. εἷμεν, εἷτε, εἷεν für εἵημεν ꝛc.
     Imp. ἕς ἕτω   Inf. εἷναι   Part. εἵς εἷσα ἕν, G. ἕντος
Compos. ἀφεῖναι, ἀφῶ, ἄφες, ἀφείς ꝛc.   Opt. pl. ἀνεῖμεν ꝛc.

Passivum und Medium (vgl. τίθημι)

Praes.   ἵεμαι, ἵεσαι, ἵεται ꝛc.   Co. ἱῶμαι   Opt. ἱείμην ꝛc.
Impf.   ἱέμην, ἵεσο, ἵετο ꝛc.   3. pl. ἀφίεντο und ἠφίεντο
Perf.   εἷμαι ꝛc. (μεθεῖμαι, μεθεῖσθαι, μεθεῖσθω) ꝛc.
Plusq.   εἵμην, εἷσο ꝛc. (vgl. Aor. 2. med.)
Aor. 1. p. (ἕθην) att. εἵθην z. B. ἀφείθην (auch Herod. ἀπείθην)
       Part. ἀφεθείς ꝛc. — Fut. ἐθήσομαι
Aor. 1. Med. ἡκάμην, nur im Indik. gebr. (Dem. p. 365. 367. Eurip.)
Aor. 2. Med. (ἕμην) att. εἵμην, εἷσο, εἷτο ꝛc. z. B. ἀφεῖτο, ἐφεῖντο
       (§. 84 Anm. 4)
     Co. ὧμαι, ᾗ ꝛc.   Opt. εἵμην, εἷο ꝛc.   Imp. οὗ (ἀφοῦ, προοῦ,
     πρόεσθε ꝛc. ion. ἕξεο s. §. 107 n. 19.)   Inf. ἕσθαι (ἀφέσθαι).
     Part. ἕμενος.
Adject. Verb. ἑτέος, ἑτός (ἄφετος).

2. Wegen des att. Konj. u. Opt. z. B. πρόωμαι, πρόηται· ἵοιτο,
ἀφίοιντο, πρόοισθε, selbst im Aktiv ἀφίοιτε, ἀφίῃ Plat. Xen. μεθίῃσι Jl.
ν, 234 **) — und wegen der Dialekte z. B. ἀφέω, ἀφείω, ἀνήῃ (Jl. β, 34)

---

*) Wie τέθεικα. — Eine seltnere (dorische) Form war ἕωκα, mit
eingeschaltetem ω nach §. 97 Anm. 2, wovon die passive Form ἀφέωνται
im NT. S. Lexil. I. S. 296 und NT. Gramm. p. 42.

**) Göttling (Acc. p. 82) verwirft bei diesem Verbo die Zurückziehung
des Accents in den Aoristformen gänzlich, weil hierdurch jede Spur des
Stammes verwischt werde. Indeß wird diese Theorie durch die Ueberlieferung in unsern Texten meist nicht bestätigt, z. B. Thuc. 1, 120. Dem. p. 311
πρόοιτο. p. 138 πρόησθε, (dagegen Arist. Vesp. 434 μεθῆσθε). Im
Aktiv, wo die Zurückziehung ohnehin jeder Analogie entbehrt (außer etwa

für Conj. ἀφῶ, ἀνῇ· ἧσι für 3. sing. Conj. ῇ, μεθέμεν für Inf. μεθεῖναι ꝛc. vgl. die Anmerkungen III. unb IV. zum vor. §.

3. Etwas eignes aber ist eine ionisch=attische Imperfektform auf -ειν statt -ην in ben Compositis, προῖειν Od. κ, 100. ἠφίειν Plat. Euthyd. p. 293. S. die ausf. Sprachl. unb Bekk. An. p. 1292.

4. Auch sind zu merken die homerischen Futur= unb Aoristformen ἀνέσει, ἀνέσαιμι ꝛc. (Od. σ, 265. Jl. ξ, 209, vielleicht auch ν, 657, wogegen φ, 537 der regelm. aor. 2), nach einer andern Formation, die aber bloß in der Zusammensetzung mit ἀνά, wo diese Präp. ben Begriff zu= rück, wieder hat, vorkommen. Vgl. Jl. β, 276. ξ, 362.

5. Auch ein Thema ΊΩ wird angenommen, besonders die Composita ΑΝΙΩ, ΜΕΘΙΩ. Doch beruhen die dahin gehörigen meist dichterischen unb ionischen Formen größtentheils auf dem Accent [1]). Sicherer gehört da= hin das homerische ξύνιον [2]), unb die ionische Form μεμετιμένος von ΜΕΤΙΩ (Impf. μετίετο ober ἐμετίετο) für μεθειμένος Her. 6, 1. al.

II. εἷσα setzte, unb ἧμαι sitze.

1. Ein befektives Verbum, von ber Stammform ἙΩ, wovon im transitiven Sinn: (ein Gebäude) gründen, (einen Hinterhalt) legen ꝛc., folgende Formen bei Dichtern unb in ben Dialekten vorkommen:

Aor. 1. εἷσα, med. εἰσάμην (Eur. Hippol. 31)
Part. ἕσας, ἑσάμενος (ἐφεσσάμενος Hom.). Inf. ἕσαι (ἐφέσσαι Hom.),
Imp. med. (ἕσαι) ἕσσαι,

wozu noch kommen 3. P. si. (ἕσσατο) mit bem Augm. syll. ἑέσσατο Od. ξ, 265 (anb. L. ἑέσσατο zum Unterschieb ber gleichlautenben Form von ἕννυμι), unb fut. med. ἕσομαι (Hom. ἐφέσσεσθαι Jl. ι, 455.: er werbe setzen). — Der Diphthong ει im Inbik. ist eigentlich nur Augment, doch ging er als Verstärkung in bie übrigen Formen über: Imperat. εἷσον (Od. η, 163.) Part. εἵσας, εἰσάμενος (Herod.. Plut., einmal als archai= stische Form auch bei Thuc. 3, 58); sehr selten fut. med. εἵσομαι. Alles fehlenbe warb burch ἱδρύω ersetzt.

2. Das hiezu gehörige Perf. Pass. aber erhält die Kraft eines in= transitiven Präsens:

ἧμαι ich sitze.

Praes. ἧμαι, ἧσαι, ἧσται ꝛc. 3. pl. ἧνται (ion. ἕαται ep. εἵαται)
Imperf. ἥμην, ἧσο, ἧστο ꝛc. 3. pl. ἧντο (ion. ἕατο ep. εἵατο [3])
Inf. ἧσθαι P. ἥμενος [4]) Imper. ἧσο, ἧσθω ꝛc.

---

wenn im Opt. ber Diphthong οι hinzukommt), scheinen die cirkumflektirten Formen sicherer, daher in obiger Stelle Bekker jetzt wieder μεθιῆσι betont. Doch herrscht auch hier burchaus keine Gleichförmigkeit in unsern Ausgaben, z. B. bei Plato ἀφίῃ unb ἀφιῇ, bei Xenophon ἀφίῃ unb ἀφιῆτε, Theognis (94) ἵῃσι (Welck. ἰῇσι), Ar. Lys. 157 ἀφιῶσι (Bergt ἀφίωσι) ꝛc. Vgl. unten 5.

[1]) Schreibt man z. B. 3. sing. praes. (ion.) μετιεῖ, so gehört es zu ἸΕΩ; μετίει aber zu ἸΩ (Her. 2, 17. 70. 96 al.), unb ebenso im Konj. παρίῃ ober παριῇ ꝛc. (3, 72. 4, 190. 7, 161 ꝛc.) s. Brebow Dial. Herod. p. 393 sq.

[2]) Bekker: ξύνιεν für ξυνίεσαν Jl. α, 273. (Vgl. S. 187 erste Note).

[3]) Vgl. ἕννυμι. Wegen ber Lesart εἵατο (Od. ν, 106) s. S. 222 Not.

[4]) Die präsentische Bebeutung bewirkte also auch präsentische Beto= nung im Particip, nicht aber im Inf., wie man aus bem Kompositum κα= θῆσθαι ersieht. Vgl. κεῖμαι unb bes. §. 111 Anm. 2.

3. Gebräuchlicher ist das Compos. κάθημαι, welches in der 3. P. das
σ nicht annimmt, außer wenn es im Imperf. das Augm. syllab. nicht hat:
κάθημαι, κάθησαι, κάθηται ꝛc. 3. pl. κάθηνται
ἐκαθήμην oder καθήμην, 3. ἐκάθητο oder καθῆστο [1])
　Inf. καθῆσθαι [2]) Part. καθήμενος [2]) Imperat. κάθησο
Conj. καθῶμαι, ῇ, ῆται ꝛc. Opt. καθοίμην ob. καθήμην
　　　　　3. καθοῖτο ob. καθῆτο [3]).
Spätere Schriftsteller bedienen sich für die 2. Person auch der Form κάθῃ
und im Imperat. κάθου, für κάθησαι, κάθησο. — Die Jonier haben,
nach ihrer Art, ein τ — κάτημαι, 3. pl. κατέαται u. s. w.

4. Alles fehlende wird durch ἕζεσθαι oder ἵζεσθαι, und dessen Kompositum mit κατά ersetzt, s. anom. ἵζω.

III. *ἕννυμι* ich kleide, ziehe an

ion. εἵνυμι, geht nach δείκνυμι und formirt das fehlende vom
Thema *ἘΩ*. S. §. 106, 8. 12. und §. 112, 15.

1. Außer der Zusammensetzung ist es nur dichterisch; und so findet man
außer Präsens und Imperf.:
　Fut. ἕσω, ἕσσω Aor. ἕσα, ἕσσα Inf. ἕσσαι Part. ἕσας, ἕσσας Imp.
　　ἕσσον Med. ἑσάμην, ἑσσάμην part. ἑσσάμενος (Jl. τ, 393 ꝛc.)
　Perf. Pass. εἷμαι, εἷσαι, εἷται ꝛc. daher 3. plur. plusq. εἵατο
　　(Jl. σ, 596), — und von der Form ἕσμαι
　　　　　Perf. 2. P. ἕσσαι Plusq. 2. P. ἕσσο 3. P. ἕστο
dann auch mit dem Augm. syll. aor. ἑέσσατο (vgl. εἷσα) plusq. ἕεστο.

2. In der Prosa ist das Compos. ἀμφιέννυμι gebräuchlich:
　Fut. ἀμφιέσω (Hom.) att. ἀμφιῶ. A. 1. ἠμφίεσα, ἀμφιέσαι.
　Perf. Pass. ἠμφίεσμαι, ἠμφίεσαι, ἠμφίεσται ꝛc. Inf. ἠμφιέσθαι
Med. (sich anziehen) fut. ἀμφιέσομαι Xen. Plat.
Aor. 1. ἠμφιεσάμην 3. pl. ἀμφιέσαντο imp. ἀμφιέσασθε Hom.
Auch im Kompos. mit ἐπί lautet der inf. aor. sogar in Prosa ohne Elision:
ἐπιέσασθαι Xen. Daß der Vokal der Präp. gewöhnlich nicht elidirt wird
(vgl. ἐπιειμένος Hom. ἐπιέσται oder ἐπιέσαι Herod. 1, 47., κατείννον,
καταειμένος Hom., Pind.), erklärt sich aus §. 6 Anm. 3. §. 120 A. 8.

IV. *εἰμί* bin; von *ἘΩ.*

1. Hievon ist Folgendes die gewöhnliche Flexion:

Praesens S.	εἰμί	εἶ [4])	ἐςίν, ἐςί (ἕςι unt. 3)
D.	—	ἐςόν	ἐςόν
P.	ἐσμέν	ἐςέ	εἰσίν, εἰσί

---

[1]) Doch findet man gegen die Vorschrift der Grammatiker (Tho. Mag.)
zuweilen καθῆτο geschrieben Dem. cor. p. 285. 300.

[2]) S. Note 4 der vorhergehenden Seite.

[3]) Wegen des Accents vgl. S. 216 (6), die Noten auf S. 163 und
219, ferner Göttl. (Acc. p. 64 f.), der auch hier überall die cirkumflektirten
Formen vorzieht, wie auch jetzt meist geschieht, z. B. Ar. Ran. 918 καθοῖτο,
Dem. p. 1367 καθῶμαι (sonst κάθωμαι, κάθοιτο). Die nach Anal. von
§. 98 A. 9 gebildete Optativform καθήμην (Cyr. 5, 1, 8. Ar. Lys. 149) gilt
für die besser attische; s. Dind. praef. ad Cyrop., Cobet Nov. L. p. 223 sqq.

[4]) εἶ ist die attische Form, εἶς nur ionisch und episch; s. S. 222 Not. 5.

Inf. εἶναι *Part.* ὤν (G. ὄντος), οὖσα, ὄν

Conj. ὦ, ᾖς, ᾖ· ἦτον, ἦτον· ὦμεν, ἦτε, ὦσι(ν)

Opt. εἴην, εἴης, εἴη· εἴητον, εἰήτην ober εἴτην· εἴημεν ober εἶμεν,
εἴητε ober εἶτε (Od. φ, 195), εἴησαν gew. εἶεν [1]

Imp. ἴσθι [2]), ἔςω [2])· D. ἔςον, ἔςων· P. ἔςε, ἔςωσαν ob. ἔςων [2])

Imperf. S. ἦν, altatt. ἦ (A. 4) ἦσθα [3])   ἦν

D. —   ἦτον ober ἦςον ἦτην ober ἦςην

Pl. ἦμεν   ἦτε ober ἦςε ἦσαν

Das Futurum wirb als Medium gebilbet:
ἔσομαι 2. ἔσῃ ober ἔσει 3. ἔσται, alt unb epifch ἔσεται
Inf. ἔσεσθαι u. f. w.

Adj. Verb. (Neutr.) ἐςέον (συνεςέον 2c.).

2. Sonft finbet fich aus bem **Mebium** noch
1. Sing. Imper. ἤμην
einerlei mit bem Aktiv, aber erft in ber fpätern Sprache [4]). Die 2. Sing.
Imper. ἔσο, ἔσσυ haben bie Dorier unb Epifer.

3. Das Präfens εἰμί 2c. ift enklitifch, wenn es bloß bie logifche
Kopula ift (ein Präbifat an ein Subjeft fnüpft); fobalb es ein wirffiches
Dafein bebeutet, behält es ben Ton. Die britte Perfon bes Sing. ins-
befonbere nimmt ihn alsbann auf bie erfte Silbe: z. B. θεὸς ἔςιν· ἔςι
μοι δοῦλος· ἔςιν οἵ (aber Plur. εἰσὶν οἵ, §. 150 n. 21). Auch fteht ἔςιν
immer, wenn es ben Saß anfängt; ferner nach ben tonlofen Partifeln
ὡς, οὐκ, εἰ, unb nach τοῦτο unb ἀλλά,
wenn biefe Wörter ben Apoftroph haben: οὐκ ἔςι, τοῦτ' ἔςιν. Sonft aber
fteht, wenn bie Inflination bloß gehinbert ift (§. 14, 7), ber Ton auf
ber Endfilbe, wie in ben übrigen Formen, z. B. λόγος ἐςί, ἀγαθὸς δ' ἐςίν,
ἐσμὲν γάρ. — Die zweite Perfon εἶ wirb nie inflinirt, wohl aber bie
Dialeft-Form ἐσσί (4.) unb zuweilen εἶς, z. B. Od. δ, 371 [5]).

3a. Zur Ergänzung ber biefem Verbo fehlenben Zeiten bienen Formen von γίγνεσθαι, z. Th. auch von φύω, f. anom.

4. In feinem Verbo finb bie **Dialefte** fo vielfach als in biefem.
Folgenbes ift bas wefentlichfte aus benfelben:

Praes. borifch: S. ἐμμί, ἐσσί, ἐστί, 3. pl. ἐντί, welche Form im jüngeren Dorismus auch für ἐστί fteht, unb bann (bei Theofrit wenigftens) bas ν ἐφελκ. nicht annimmt. Vgl. §. 103 n. 28.; — ionifch
2. sing. ebenfalls ἐσσί, 1. pl. εἰμέν, 3. pl. ἔασι(ν); — eine feltne bich-
terifche Form ift ἐμέν für ἐσμέν (Soph. El. 21. Callim. fr. 294.)

---

[1]) Die Partifel εἶεν es fei, wohl, fcheint aus ber 3. sing. εἴη entftanben; benn ber Sing. ift erforberlich, man mag τοῦτο ober ταῦτα fuppli-
ren. In ber 1. unb 2. plur. bes Opt. finb bie fürzeren Formen bei weitem feltner als bie längern.

[2]) Die 2. P. ἴσθι ift nicht zu verwechfeln mit ἴσθι wiffe; f. οἶδα
§. 109. — Die 3. P. sing. hat eine fpätere Nebenform ἤτω; unb 3. pl.
heißt auch ὄντων (Plat. legg. p. 879), bor. ἐόντων.

[3]) Bei Späteren ἦς. Vgl. §. 103 n. 36. Wegen ἦσθας f. οἶδα §. 109.

[4]) S. Dinb. zu X. Cyr. 6, 1, 9. — Von ber (jetzt befeitigten) ariftar-
chifchen Lesart εἴατο für ἦντο (Od. v, 106) f. bie ausf. Sprachl., Lehrs
Arist. 346., Beff. hom. Bl. 128.

[5]) Die alten Grammatifer betonten beshalb im Falle ber Orthotonirung: εἶς; bagegen εἶς (nicht entl.) von εἶμι. S. Lehrs qu. epp. p. 126.

Imperf. ion. balb ἦα unb ἔα (ἔ᾽ Od. ξ, 222) 2. ἔας, 3. ἦεν, mit festem ν ¹), 2. pl. ἔατε ꝛc., balb ἔον (1. ℘. Jl. ψ, 643) von der Stamm= form ᾽ΕΩ, unb ἔσκον. — Von ἔα kommt bie alt=attiſche Form ber 1. Perſon ἦ für ἦν ²).

Für bie 3. sing. ἦν haben bie Epiker auch bie Zerbehnungen ἦην unb ἔην ³). Für bieſelbe haben bie Dorier, burch eine beſonbere Ano= malie, ἦς; für bie 1. pl. ἦμεν unb ἦμες; für bie 3. pl. ἦσαν iſt ion. unb bor. ἔσαν ⁴). — Die 2. sing. bei Hom. ἔησθα.

Infin. alt unb ioniſch ἔμεν, ἔμεναι, ἔμμεν, ἔμμεναι· bor. ἦμεν [unb ἦμες], εἶμεν [unb εἶμες].

Futur. hat Homer häufig mit bopp. σ: ἔσσομαι, ἔσσεται ꝛc. unb in ber 3. ℘. zuweilen auf boriſche Art (vgl. Thuc. 5, 77) ἐσσεῖται. Enblich bilben bie Jonier von ber Stammform ᾽ΕΩ Part. ἐών (Accent auf ber Enbſilbe) Conj. ἔω, comp. μετείω (zweif. εἴη Jl. η, 340) ἔῃς, ἔῃ (Herob. ἦς, ῇ) Opt. (ἔοιμι) ἔοις, ἔοι neben ben gewöhnlichen εἴης, εἴη.

5. In ber Kompoſition nimmt bie Präpoſition in allen Fällen (wo es ben Generalregeln nicht wiberſpricht, ſ. A. 1 zu §. 103) ben Accent auf ſich, z. B. πάρειμι, 2. Perſon πάρει; aber παρῆν (wegen bes Augments), παρέσται (wegen ber Synkope), παρεῖναι (ſ. ebenbaſelbſt n. 6.), C. παρῶ, ῆς, ῇ ꝛc. unb Opt. 3. pl. παρεῖεν wegen ber Formation auf μι (wie in τυφθῶ ꝛc.). Auch bas Particip behält ben Ton, z. B. παρών, παρόντος. — Wegen πάρα, ἔνι u. b. gl. für πάρεσι ꝛc. ſ. unt. §. 117, 3.

V. εἶμι gehe; von ᾽ΙΩ.

1. Der Grunblaut bieſes Verbi iſt ι, welches im Verlängerungsfall in ει übergeht. Folgenbes iſt bas gebräuchliche.

Praes. S. εἶμι   εἶ   εἶσι(ν)
   —   ἴτον   ἴτον
P. ἴμεν   ἴτε   ἴᾱσι(ν)

Inf. ἰέναι   Part. ἰών ἰοῦσα ἰόν   G. ἰόντος (ſ. unten 7)
Conj. ἴω   Opt. ἴοιμι ober ἰοίην, 2. ℘. nur ἴοις, 3. ἴοι ꝛc.
Imperat. ἴθι ⁵), ἴτω ꝛc., 3. pl. ἴτωσαν ober ἰόντων ⁵).

---

¹) Etym.: ἦεν· οὐδέποτε εὑρίσκεται χωρὶς τοῦ ν, alſo eine Neben= form für ἦν ober ἦην. Bei Herob. lautet bie 3. sing. immer ἦν.

²) S. z. B. Plat. Phaed. p. 61. 98 al. Soph. OT. 1123. Schol. ad Jl. ε, 533. unb beſ. Schneib. ad Pl. Civ. praef. p. 44. Dieſes ἦ verhält ſich zu bem ἦν bes neuern Atticiſmus, wie oben (S. 189) bas Plsq. auf η zu ειν, unb ἦα von εἶμι zu ᾖειν, burch welche jüngere Formen ber 1. ℘. jene älteren gewiß oft aus unſeren Texten verbrängt worben ſinb. Vgl. S. 224 Not. unb 225 Not.

³) Jl. λ, 762 ſtanb ſonſt ἔην für bie erſte Perſon; ſ. bie ausf. Sprachl! S. 530 Not. unb Spitzn. z. b. O.

⁴) Zuweilen ſteht ἦν beim Plural (ſt. ἦσαν), welches, wenn es vorausgeht wie Hes. Θ. 321 τῆς δ᾽ ἦν τρεῖς κεφαλαί (cf. 825), als eine ſyntaktiſche Eigenheit erklärt werben kann, ſ. §. 129 Anm. 6., Schneib. zu Soph. Trach. 520. Valck. zu Herod. 5, 12. Jeboch iſt bie Form als Do= riſmus jetzt hinlänglich anerkannt. S. Herobn. π. μον. p. 44. Ahrens D. Dor. p. 326. Göttl. zu Heſ. unb vgl. 3. pl. μιάνθην (an. μιαίνω).

⁵) In ber Kompoſition gewöhnlich ebenſo: πρόσιθι, ἄπιθι; zuweilem auch abgekürzt: ἔξει Ar. Nub. 633. πρόσει Epict. Ench. 32. Aber X. Cyr. 1, 3, 14 iſt ἄπει Futur. — Die 3. pl. ἴτων Aesch. Eum. 32. Vgl. ἔςων.

Imperf. S. $\mathring{\eta}\epsilon\iota\nu$, att. $\mathring{\eta}\alpha$ (f. unten 9 mit der Note)

$\mathring{\eta}\epsilon\iota\varsigma$, att. $\mathring{\eta}\epsilon\iota\sigma\vartheta\alpha$

$\mathring{\eta}\epsilon\iota$ und $\mathring{\eta}\epsilon\iota\nu$ *)

P. $\mathring{\eta}\epsilon\iota\mu\epsilon\nu$, att. $\mathring{\eta}\mu\epsilon\nu$

$\mathring{\eta}\epsilon\iota\tau\epsilon$, att. $\mathring{\eta}\tau\epsilon$

$\mathring{\eta}\epsilon\sigma\alpha\nu$ **).

(Der Dual nach der Analogie der 2. pl. z. B. $\mathring{\eta}\tau\eta\nu$ Plat. Euthyd. 294)
Adj. Verb. $\iota\tau\acute{\epsilon}o\varsigma$, $\iota\tau\acute{o}\varsigma$ oder $\iota\tau\eta\tau\acute{\epsilon}o\varsigma$, $\iota\tau\eta\tau\acute{o}\varsigma$.

2. Auch wird ein besonderes MED. mit der Bedeutung eilen, fort=
eilen angeführt, wovon aber nur Praes. und Imperf. gebräuchlich seien:
$\mathring{\iota}\epsilon\mu\alpha\iota$, $\mathring{\iota}\acute{\epsilon}\mu\eta\nu$; Imp. $\mathring{\iota}\epsilon\sigma o$. Da aber das Medium von $\mathring{\iota}\eta\mu\iota$ ($\mathring{\iota}\epsilon\mu\alpha\iota$ b. i.
$\mathring{o}\varrho\mu\tilde{\omega}$, bewege mich eilig, heftig) der Bedeutung nach mit diesen Formen
ganz zusammenfällt, diese auch weit besser zu jenem Verbo paßt als zu diesem,
und da es ferner immer nur auf die Verwandlung des Lenis in den Asper
ankommt, so wird jetzt, bei der schwachen Begründung der Form $\mathring{\iota}\epsilon\mu\alpha\iota$
durch alte Zeugnisse, in den neuern Ausgaben nicht nur des Homer, son=
dern auch, wo sie sonst vorkommt, z. B. des Plutarch, Lucian durchaus ge=
schrieben $\mathring{\iota}\epsilon\mu\alpha\iota$, $\mathring{\iota}\epsilon\sigma o$, $\mathring{\iota}\acute{\epsilon}\mu\epsilon\nu o\varsigma$, $\mathring{\iota}\epsilon\nu\tau o$ 2c.

3. (2.) Die Composita haben den Accent nach derselben Norm wie die
von $\epsilon\mathring{\iota}\mu\acute{\iota}$, so daß $\pi\acute{\alpha}\varrho\epsilon\iota\mu\iota$, $\pi\acute{\alpha}\varrho\epsilon\iota$ denselben Personen aus jenem Verbo, und
die 3. sing. $\pi\acute{\alpha}\varrho\epsilon\iota\sigma\iota$ der dortigen 3. pl. gleichlautend sind.

4 (3). Dies Verbum ist das einzige Beispiel einer Form auf $\mu\iota$, die
zum Stammvokal ι hat ***). So wie nun die, deren Stammvokal ϵ ist, ihn
im Sing. in η verwandeln, so verlängert dieses das $\mathring{\iota}$ in $\epsilon\iota$ ($\epsilon\mathring{\iota}\mu\iota$, $\epsilon\mathring{\iota}\sigma\iota$),
behält ihn jedoch im Plural: $\mathring{\iota}\mu\epsilon\nu$, $\mathring{\iota}\tau\epsilon$. Im Inf. $\mathring{\iota}\acute{\epsilon}\nu\alpha\iota$ ist das ϵ nur
eingeschaltet, da er eigentlich lauten sollte $\mathring{\iota}\nu\alpha\iota$ wie $\tau\iota\vartheta\acute{\epsilon}$-$\nu\alpha\iota$; und dieser
Analogie entsprechen auch die alten und epischen Infinitive $\mathring{\iota}\mu\epsilon\nu$, $\mathring{\iota}\mu\epsilon$-
$\nu\alpha\iota$ (wie $\tau\iota\vartheta\acute{\epsilon}\mu\epsilon\nu$ für $\tau\iota\vartheta\acute{\epsilon}\nu\alpha\iota$), auch $\mathring{\iota}\mu\mu\epsilon\nu\alpha\iota$ geschrieben (Jl. v, 365).

5. In der Bedeutung hat dies Verbum die besondre Anomalie, daß
das Präsens $\epsilon\mathring{\iota}\mu\iota$ im Indikativ
 bie Bedeutung des Futurs hat: ich werde gehn.
Es vertritt also dieses $\epsilon\mathring{\iota}\mu\iota$ die Stelle des schwerfälligen Fut. $\mathring{\epsilon}\lambda\epsilon\acute{\upsilon}\sigma o\mu\alpha\iota$
von $\mathring{\epsilon}\varrho\chi o\mu\alpha\iota$. Hievon gibt es keine echte Ausnahmen, als etwa zuweilen
bei Epikern, die als eigne Futurform noch $\epsilon\mathring{\iota}\sigma o\mu\alpha\iota$ (f. 10) haben, und spä=
tern Schriftstellern (Lucian 2c.), bei denen $\mathring{\epsilon}\lambda\epsilon\acute{\upsilon}\sigma o\mu\alpha\iota$ häufiger wird.

---

*) Diese Form ist einigemal bei Plato überliefert und in den Text
genommen (Tim. p. 33. 38. 39. 43. 60.); sonst wol nur bei Dichtern zur
Vermeidung des Hiatus, wie Ar. Plut. 696. Vgl. $\mathring{\eta}\delta\epsilon\iota\nu$ unter $o\mathring{\iota}\delta\alpha$ und
oben Anm. n. 12 zu §. 103.

**) Dies ist die allgemein und fast ausnahmslos in den Handschriften
überlieferte Form. Gleichwol hat die Ansicht Cobets (VL. 32. NL. 344.
487 al.), daß wenigstens bei den ältern Attikern $\mathring{\eta}\sigma\alpha\nu$ (welches Ar. Eq. 605
durch das Metrum feststeht) die gangbare Form gewesen sei, viel innere
Wahrscheinlichkeit, da dies allein zu den übrigen anerkannt attischen Formen
$\mathring{\eta}\mu\epsilon\nu$, $\mathring{\eta}\tau\epsilon$, wie zur 1. P. $\mathring{\eta}\alpha$ paßt, während $\mathring{\eta}\epsilon\sigma\alpha\nu$ und die andern plus=
quamperfektisch ausgeprägten Formen nur dem späteren $\mathring{\eta}\epsilon\iota\nu$ angehören können.
So sei $\mathring{\eta}\epsilon\sigma\alpha\nu$ durch die Abschreiber, welche es überall schon zur deutlicheren
Unterscheidung von $\mathring{\eta}\sigma\alpha\nu$ vorzogen, in die att. Texte eingedrungen. Auch
Thuc. 1, 1 stellt er die alte Lesart $\mathring{\alpha}\kappa\mu\acute{\alpha}\zeta o\nu\tau\epsilon\varsigma$ $\mathring{\eta}\sigma\alpha\nu$ (nach Suid. v. $\mathring{\eta}\alpha$)
wieder her. Vgl. hiezu S. 225 Not., Etym. M. v. $\epsilon\mathring{\iota}\sigma\mathring{\eta}\mu\epsilon\nu$. Dind. praef.
ad Anab. 10.

***) Einzelne synkopirte Formen, die derselben Analogie folgen (vgl.
§. 106 A. 8) aus andern Verbis sind der Plural von $\delta\acute{\epsilon}\delta\iota\alpha$ und der Aor. 2.
Med. $\mathring{\epsilon}\varphi\vartheta\acute{\iota}\mu\eta\nu$; f. Anom. $\delta\epsilon\tilde{\iota}\sigma\alpha\iota$, $\varphi\vartheta\acute{\iota}\omega$.

6. Auch die übrigen Modi von *εἶμι*, deren Natur es zuläßt, können die Bedeutung des Futurs übernehmen, z. B. Thuc. 5, 7 *ἐνόμιζεν ἀπιέναι ὁπόταν βούληται* „er dachte, er würde fortgehen können, wann er wollte"; *ὤμοσεν ἀπιέναι* juravit se abiturum. Plat. Phaed. p. 103 d. *δοκεῖ σοι τὸ πῦρ προσιόντος τοῦ ψυχροῦ ἢ ὑπεξιέναι ἢ ἀπολεῖσθαι;* Ebenso beim Particip: Xen. Anab. 2, 3 extr. *ἥξω συσκευασάμενος, ὡς ἀπάξων ὑμᾶς εἰς τὴν Ἑλλάδα, καὶ αὐτὸς ἀπιὼν ἐπὶ τὴν ἐμαυτοῦ ἀρχήν.* In den meisten Fällen jedoch erscheinen alle übrigen Modi nebst dem Particip in der Bedeutung des Präsens, und stehn so für dieselben Modi von *ἔρχομαι*. Vgl. 8.

7. Man muß sich durch den anomalischen Accent auf *ἰών* nicht verleiten lassen, dieses Particip für einen Aorist zu halten. Dieselbe Anomalie ist auch in dem ionischen *ἐών* von *εἰμί* und in *κιών* s. Anom. *κίω* *).

8. Wie bei *εἶναι* die fehlenden Tempora (Aorist, Perf., Plsq.) durch Formen von *γίγνεσθαι* ergänzt werden, so geschieht dasselbe hier durch *ἔρχεσθαι*, welches Verbum mit *ἰέναι* zu einem gemischten Schema sich vereinigt. S. *ἔρχομαι*.

9. (S. 9.) Auch in diesem Verbo sind die Dialekte sehr mannichfaltig. Man merke insbesondre vom

Praes. 2. P. *εἶσθα* Hom., *εἰς* Hes. Conj. *ἴησθα*, *ἴησι* ꝛc. Hom. Im Opt. findet sich neben dem gewöhnlichen (*ἴοι*) mehrmals bei Ep. die ganz analog, aber mit *ει* statt *ι*, gebildete Form *εἴην* **) Od. ξ, 496 (wie *φύην*: s. §. 107 n. 33 mit der Note); einmal auch die anomale Form *ἰείην* (Jl. τ, 209) von *ἰ-έναι* gebildet wie *τιθ-είην* von *τιθ-έναι.* — Inf. *ἴμεν* ꝛc. s. 4.

Impf. In der ältesten (epischen) Sprache haben sich von der Grundform *ἰ-* noch erhalten die unaugmentirten dritten Personen

ἴε oder *ἴεν*, *ἴτην*, *ἴσαν* (vgl. *οἶδα*)

deren Bedeutung zwischen Imperf. und Aorist schwankt. Hesiod (scut. 254) hat auch mit verstärkter Stammsilbe 3. si. *κατεῖεν* (für *κατῄει*). Eine hiezu gehörige 1. Person (*ἴον* oder *εἶν*) hat sich im Gebrauch nicht erhalten, sondern dafür die verlängerten (d. h. den verstärkten Stamm augmentirenden) Imperfektformen

ἤιον und *ἤια* ***),

---

*) Als Präteritum läßt sich *ἰών* zwar fassen in solchen Verbindungen, wie z. B. Jl. α, 179 *οἴκαδ' ἰὼν — Μυρμιδόνεσσιν ἄνασσε.* Allein es wird §. 144 A. 3 gezeigt werden, daß auch andre Präsentia so stehn. Wahres Part. Aor. ist nur *ἐλθών* (s. Anom. *ἔρχομαι*).

**) Vgl. Jl. ω, 139. ξ, 108. Hes. ε. 615. Ueber die wahrscheinliche Existenz dieser (von den alten Grammatikern anerkannten) Optativform bei den Epikern, so wie des entsprechenden Infinitivs *εἶναι* st. *ἰέναι* f. Lehrs qu. epp. 206., Spitzner zu Jl. o, 82., Göttl. zu Hes. ε. 353.

***) Man hielt ehedem *ἤια* (woraus das attische *ᾖα* entstanden) für eine Perfektform, und leitete das gew. *ᾖειν* als ein Plusqp. davon ab (cf. Etym. M. p. 121). Es entsprechen aber *ἤιον* und *ἤια* genau den Imperfektformen von *εἰμί*: *ἔον* und *ἔα* (*ᾖα*), die beiden ersteren auf *ον* nach der gewöhnlichen, die andern auf *α* nach der Formation in *μι* (wie *ἐτίθεα* ion. für *ἐτίθην*) gebildet. Ferner ist der Bedeutung nach *ᾖα* so wenig Perfekt, als das später (durch Verlängerung aus *ᾖν*) entstandene *ᾖειν* Plusquamperfekt (vgl. *ᾔφειεν* unt. *ἵημι*), daher ist die neuere Grammatik alle diese Formen folgerichtig als Imperfekte behandelt. Den imperfektischen Sinn des *ᾖα* ersehe man unter andern vielen Stellen aus Plat. rep. init., Charmid. init., Apol. p. 21 sq. (5mal). X. Cyr. 5, 4, 10. Herod. 1, 42 etc.

erſteres nur bei Ep. (Od. x, 146. ψ, 370. Ap. Rhod. 1, 446), letzteres
bei Jon. unb Ep. überhaupt. Zu dieſen verlängerten Formen gehören:
3. P. ἦιε, ἦιεν (Herod., Hom.), kontr. ἦε, ἦεν (Hom.). 1. pl. ἦομεν
(Od. x, 251 ꝛc.), 3. pl. gewöhnl. ἦισαν, bei Hom. auch ἦσαν unb ἦιον
(Od. τ, 445. ψ, 370).

10. Als wirklich anerkannte mediale Formen ohne Nebenbegriff der
Eile (oben 1.) haben ſich nur erhalten bei Epikern
Fut. unb Aor. 1. εἴσομαι, εἰσάμην
welche beide ber Verwechſelung mit ben gleichlautenden Formen von εἴδω
(οἶδα) ausgeſetzt ſind; beſonders da Homer auch ſagt ἐείσατο, unb ben Vokal ber Präpoſition nicht elibirt: καταείσατο (ging hinunter) Jl. λ, 358.,
ἐπιείσομαι ib. 367. ἐπιεισαμένη ꝛc.

§. 109. φημί, κεῖμαι, οἶδα. (97)

Noch verdienen folgende Verba hier aufgeführt zu werden:

I. φημί ſage; von ΦΑΩ.

Praes. S. φημί φῄς φησί(ν)
        D. — φατόν φατόν
        P. φαμέν φατέ φᾱσί(ν)
      Inf. φάναι Part. φάς (ſelten, ſ. Anm. 3)
      Conj. φῶ Opt. φαίην Imp. φάϑι ober φαϑί*).
Impf. S. ἔφην ἔφης gew. ἔφησϑα ἔφη
       D. — ἔφατον ἐφάτην
       P. ἔφαμεν ἔφατε ἔφασαν (dicht. ἔφαν, φάν)
Fut. φήσω. Aor. 1. ἔφησα.

Das MED. φάσϑαι, φάμενος, ἐφάμην (Imp. φάο für φάσο bei Homer) wird zuweilen auch in Proſa gebraucht; unb als PASS. einige Perfektformen, wie πεφάσϑω (es ſei geſagt, Plat.), πεφασμένος.
Adject. Verbal. φατέος, φατός.

1. Das Praes. Indic. außer φῄς (mit anomal. Accent unb ι subscr. **)
iſt der Inklination fähig. — Die Composita werden betont σύμφημι,
συμφῄς, σύμφασι, σύμφαϑι· ἀντίφημι, ἀντιφῄς ***), ἀντίφησι, C. ἀντιφῶ.

2. (3). Für den Gebrauch iſt wohl zu merken, daß das Imperf.
ἔφην gewöhnlich ganz Aoriſt iſt, unb mit εἶπον als gleichbedeutend
abwechſelt. Unb an dieſes ἔφην ſchließt ſich der Inf. φάναι als Präteritum
an; alſo direkt: ἔφη ὁ Περικλῆς „Perikles ſagte“, indirekt: φάναι τὸν Πε-
ρικλέα „Perikles habe geſagt“. Sobald der Inf. Praes. erforderlich iſt,
braucht man in der Regel λέγειν ober φάσκειν.

3. Auch für das Particip φάς, welches faſt nur in dichteriſchem Gebrauche ſich erhielt, ſagte man in präſentiſchem Sinne entweder λέγων ober
φάσκων, im aoriſtiſchen εἰπών, ſeltner unb mehr in der beſtimmteren
Bedeutung zugeben, bejahen: φήσας.

---

*) S. über die verſchiedene Betonung des Imp. Göttl. Acc. p. 87.
**) So lautet die Vorſchrift der Grammatiker (ſ. Ellendt. lex. Soph.
s. v.), daher auch die verlängerte Form mit ι: φῆσϑα Od. ξ, 149.; aber
2. impf. φῆσϑα ohne ι Jl. φ, 186 (wie φῄς unb φῆς Jl. δ, 251. ε, 473).
***) Z. B. Plat. Gorg. 501. Dagegen ξύμφῃς Soph. 236 d. 237 d.
ἀπόφῃς Protag. 360, wozu jedoch der krit. Apparat zu vgl.

4. Durch eine Aphäresis (Wegnahme von vorn, §. 29) sind in der täglichen Umgangssprache aus φημί folgende Formen entstanden:

ἠμί sag' ich (iuquam)

bei lebhafter Wiederholung in einer Rede; und eben so im Imperf. ἦν, ἦ für ἔφην, ἔφη (φῆν, φῆ), aber bloß in den Redensarten

ἦν δ' ἐγώ sagt' ich; ἦ δ' ὅς sagt' er *)

bei Erzählung eines Gesprächs; wozu auch gehört das epische

ἦ Sprachs

nach einer angeführten Rede, als Uebergang.

II. κεῖμαι, liege, von ΚΕΙΩ, ΚΕΩ.

Praes. κεῖμαι, κεῖσαι, κεῖται 2c. 3. pl. κεῖνται
Inf. κεῖσθαι   Part. κείμενος **)   Imperat. κεῖσο, κείσθω 2c.
Conj. κέωμαι, κέῃ, κέηται 2c.   Opt. κεοίμην, κέοιτο (Plat.)
Imperf. ἐκείμην, ἔκεισο, ἔκειτο 2c.   Futur. κείσομαι
Compos. κατάκειμαι, κατάκεισο u. b. g.; aber Inf. κατακεῖσθαι **) —
2. si. im Hymn. Merc. 254 κατάκειαι.

1. Zu der Stammform ΚΕΩ gehören bei den Joniern auch noch κέεται, κέονται, κέεσθαι. Andre ionisch-epische Formen sind κείαται, κέαται, κέατο für κεῖνται 2c., und das Iterativum κέσκετο.

2. Die Homerische Aktivform κείω, κέω hat Bedeutung des Futurs, ich werde oder will mich legen; vgl. δήω im Anom. ΔΛ-.

3. Nach der Meinung einiger Grammatiker hatte dies Verbum keine Konjunktiv-Form; daher findet man noch hie und da κεῖμαι, κεῖται in der Verbindung des Konjunktivs, z. B. διάκειμαι Plat. Phaed. p. 84 e. (was jedoch nach §. 139 n. 50 auch Indik. sein kann), und κεῖται im Homer (Od. β, 102. Jl. ω, 554), wo jedoch jetzt κῆται geschrieben wird.

4. Dies Verbum ist übrigens, neben seiner einfachen Bedeutung, zugleich als ein Perf. Pass. von τίθημι anzusehn, daher alle Komposita davon in ihrer Bedeutung den Kompositis von τίθημι entsprechen, z. B. ἀνατίθημι ich weihe (der Gottheit), ἀνάκειμαι ich bin geweiht. Plat. Crat. 394 εἴ τι πρόσκειται γράμμα ἢ μετάκειται ἢ ἀφῄρηται (vgl. 418 προστιθέντες γράμματα καὶ ἐξαιροῦντες).

III. οἶδα, weiß; von ΕΙΔΩ.

1. Das alte Verbum εἴδω hat zur eigentlichen Bedeutung sehen; nur einige Tempora davon haben die Bedeutung wissen, die hier in Uebersicht gebracht werden sollen. Die Bedeutung sehen s. unter anom. ὁράω.

2. Οἶδα ist das regelrecht gebildete Perf. 2. von εἴδω (wie ἔοικα ion. οἶκα von εἴκω), also eigtl. ich habe gesehen, eingesehen; bekommt aber nun, in der Bedeutung wissen, die Kraft des Präsens, und folglich das Plusq. die des Imperfekts. Von der regelmäßigen Flexion von οἶδα kommt die zweite Person οἶδας, und der ganze Plural οἴδαμεν, οἴδατε, οἴδασι bei Attikern und Joniern selten, bei Homer gar nicht vor. An ihre Stelle sind folgende synkopirte Formen getreten:

---

*) Spr. ἦδος. Nach Bekkers Vermuthung (Pl. Symp. p. 205. 206.) auch ἦ δ' ἦ. S. dagegen Suidas und Phot. u. b. W. — Wegen der Entstehung dieser Formen (vgl. lat. aio) s. Pott, et. Forsch. I. p. 281.

**) Vgl. ἥμενος, καθῆσθαι in §. 108.

Praes. S. *οἶδα*   *οἶσθα* *)   *οἶδε(ν)*
    D. —   *ἴστον*   *ἴστον*
    P. *ἴσμεν*   *ἴστε*   *ἴσᾱσι(ν)*
Inf. *εἰδέναι* P. *εἰδώς, υῖα, ός* *Imp.* *ἴσθι* (vgl. *εἰμί*), *ἴστω* ꝛc.
Conj. *εἰδῶ*   *Opt.* *εἰδείην*
Imperf. S. *ᾔδειν,* att. *ᾔδη* **) ich wußte
       ᾔδεις, att. *ᾔδεισθα* ober *ᾔδησθα* **)
       ᾔδει unb *ᾔδειν* **)
      P. *ᾔδειμεν* ober *ᾖσμεν*
        ᾔδειτε ober *ᾖστε*
        ᾔδεσαν ober *ᾖσαν* ***)
    Dual. nach Analogie ber 2. plur.
Futur. *εἴσομαι* (feltner *εἰδήσω*) ich werbe wiffen ober erfahren.
Adject. Verb. (Neutr.) *ἰςέον.*
Der Aorift unb bas wahre Perfeft werden aus *γιγνώσκω* erfetzt.

3. Die Jonier unb Dorier fagen *ἴδμεν* unb *ἴσμεν,* bie Epifer
ἴδμεναι unb *ἴδμεν* für *εἰδέναι.* Diefelbe Berfürzung bes Stammbofals
haben fie auch im Conj. *ἰδέω* (anb. *εἰδέω,* zweifilbig, f. Spitzn. zu Jl. ξ,
235), *Part. fem. ἰδυῖα,* genauer mit bem Digamma *ϝιδυῖα,* welche Form
jetzt Beffer burch ben ganzen Homer (ausg. Jl. ϱ, 5) hergeftellt hat. Für
bas Plusq. *ᾔδειν,* 3. P. *ᾔδει* finb bie gewöhnl. ion. Nebenformen *ᾔδεα,*
ᾔδεε(ν); außerbem haben bie Epifer noch eine zerbehnte Form, z. B. 2.
(*ἠείδεις*), *ἠείδης,* 3. (*ἠείδει*), *ἠείδη* (Jl. χ, 280. Od. ι, 206. Apollon. 2,
822), unb Herobot (9, 58) *συνῃδέατε.* — Statt *ᾖσαν* hat Homer ohne Augment *ἴσαν* Od. δ, 772. (vgl. *εἰμί*).

———————

*) Synfopirte Form ftatt *οἴδασθα, οἶδ-σθα.* S. §. 103 n. 36. —
Eine Nebenform in ber attifchen Umgangsfprache war *οἶσθας* (wie *ᾖσθας*
von *εἰμί*); f. Piers. ad Moer. 283. Mein. ad Menandr. 122.

**) Die Form *ᾔδη* für bie britte Perfon gehört ben Epifern unb
bem jüngern Atticismus an; für bie erfte Perfon aber war fie bie echte alte
attifche (vgl. ben Ausgang η ft. *ειν* beim Plusq. §. 103 n. 12, bie ausf.
Spr. §. 97 A. 16., Ellendt lex. Soph. v. *οἶδα,* Piers. ad Moer. 174). — Die
Form *ᾔδειν* in ber britten Perfon warb insbefonbre zur Bermeibung bes
Hiatus bei att. Dichtern gebraucht, z. B. Eur. Ion. 1187. Ar. Vesp. 558. 635 ꝛc.
Vgl. *ᾔειν* unter *εἰμι.* — In ber zweiten Perfon gilt *ᾔδησθα* (bies bie
homerifche Form, Od. τ, 93) für attifcher als *ᾔδεισθα,* boch geben alle
Handfchr. bei Plato (Euthyd. p. 277) *ᾔδεισθα.* Die fürzere Form *ᾔδης,*
welche auch angeführt wirb, ift in ben neuern Ausgaben z. Th. in bas ge-
wöhnliche *ᾔδεις* geändert: Soph. Ant. 447 (Cob. *ᾔδησθα*), Ar. Nub. 329.

***) Die fynfopirten Formen biefes Tempus haben fich zwar in ben
Handfchriften faum noch erhalten. Daß fie jeboch in attifchem Gebrauch
gewefen finb, beweifen zahlreiche Stellen aus ben Dramatifern, wo bas Metrum fie gefchützt hat, unb bas Zeugnis ber Grammatifer (Etym. M. 438),
z. B. *ᾖσμεν* Aesch. Ag. 1098. Eur. Hec. 1112. Heracl. 658. *ᾖςην* Ar.
Av. 19. *ᾖσαν* Aesch. Prom. 451 etc. Hienach unb auf eine Angabe im
Lex. bes Harpofrat. hin (v. *ᾖσμεν*), will Cobet, wie bei *ᾖειν,* fämtliche
Stellen auch bei Profaifern geändert wiffen, was bei biefem Tempus, als
einem eigentl. Plusquamperfeft, namentlich in ber fo ungemein häufig
überlieferten Form ber 3. plur. *ᾔδεσαν* fehr bebenflich erfcheint (f. VL. 381.
NL. 684). — Dagegen lefen ftatt *ᾔδειμεν, τε* neuere Kritifer mit verfürzter
Mittelfilbe: *ᾔδεμεν, ᾔδετε* Soph. OT. 1232. Eur. Bacch. 1345., womit
bie Note auf S. 189 zu vergleichen.

4. Sonst ward in der Grammatik hier ein eigenes Verbum

$$ἴσημι$$

aufgeführt, wozu alle im obigen mit ι anfangenden Formen gerechnet, und durch Synkope erklärt wurden; die Formen οἶδα, εἰδέναι ꝛc. kamen ins Anomalen=Verzeichniß unter εἴδω. Nun ist zwar wirklich in der dorischen Sprache ein Verbum ἴσᾱμι, ἴσης *), ἴσᾱτι, ἴσᾱμεν 3. pl. ἴσαντι, part. ἴσας (mit anomalem Accent nach Apollon adv. 587, daher dat. ἴσαντι Pind.) vorhanden: daß aber obige ionisch=attische Formen nicht von dem dor. Verbo herkommen, ergibt sich daraus daß 1) das ion. ἴδμεν ꝛc. nur zu εἴδω gehören kann; 2) daß auch die att. Formen ἴσμεν ꝛc., wie aus der Note hier unten erhellt, durch Synkope aus οἴδαμεν (wie ᾔσμεν aus ᾔδειμεν) entstanden sind; 3) aus der Analogie der synkopirten Perfekte, welche nach §. 110, 9 leicht in die Formation auf μι übergehn, daher imp. ἴσθι (wie κέκραχθι ꝛc.); 4) aus der 3. pl. ἴσασι, woraus die dor. Form ἴσημι (s. Ahr. D. Dor. 345) erst gebildet zu sein scheint **).

5. (6.) Auch hier ist ein Uebergang in die Formation auf μι unverkennbar; denn während das Particip εἰδώς in der gewöhnlichen Analogie bleibt, nehmen Konj. und Opt. die Endung jener Konjug. an: εἰδῶ, εἰδείην. Die Epiker verkürzen nach §. 103 n. 39 den langen Vokal des Konjunktivs mit Zurückziehung des Accents: ἵνα εἴδομεν, εἴδετε für εἰδῶμεν, εἰδῆτε.

---

*) Theocr. 14, 34. Ahrens (D. Dor. p. 312. 345) und Meineke verwerfen jedoch das η auch in dieser Person und schreiben ἴσας.

**) Ganz entschieden wird die Sache durch einige hinzutretende Analogien, besonders von πείθω und εἴκω (vgl. §. 110, 9). So wie nehmlich von πείθω πέποιθα, so kommt von εἴκω und εἴδω — ἔοικα und eigentlich auch ἔοιδα (§. 84 A. 6), woraus verkürzt ion. οἶκα, gew. οἶδα. Aus ἔοικα, ἔοιδα entstanden durch Verkürzung des οι in ι und durch Zusammenziehung die Formen: Part. εἰκώς, εἰδώς nebst den Modis εἰδῶ, εἰδείην, wovon oben 5. Im Particip erhielten sich von ἔοικα alle drei Formen ἐοικώς, εἰκώς bei Att., οἰκώς bei Jon.; von οἶδα aber nur die eine: εἰδώς. Das Plusqpf. verlangte ein neues Augment; ἔοικα nahm es gewöhnlich nach der Analogie von ἑορτάζω, ἑώρταζον an: ἐῴκειν; aber auch das andere fand statt, nur mit Verkürzung des οι in ι:

(ἠΐδειν) ᾔδειν, (ἤϊκειν) ᾔκειν

(welche letztere Form als 3. sing. jetzt hergestellt ist Ar. Av. 1298), und ebenso aus dem Passiv: perf. (ἔϊγμαι, ᾔγμαι) 2. sing. προσήϊξαι Eurip. 3. plsq. ᾔϊκτο, ohne Augm. ἔϊκτο Hom. In den aktivischen Pluralformen gesellte sich hiezu die Synkope (§. 110), nach welcher aus ἔοικα und πέποιθα (mit Verschiedenheit des Vokallautes)

1. pl. pf. ἔοιγμεν, 3. du. plusq. εἴκτην, 1. pl. ἐπέπιθμεν

und aus οἶδα (mit derselben Verschiedenheit) die Formen

(οἴδ-σθα) οἶσθα· — ἴδμεν und ἴσμεν, ἴστε

im Plusquamperfekt aber aus ᾔδειν: ᾔσμεν, ᾔστε, ᾔσαν entstanden. — Daß aber ἴσασι nicht aus ἴσημι entstand, erhellet aus dem Accent, da von ἴσημι die 3. pl. ἴσᾱσι (s. ἴσημι) lauten müßte, und aus einer auch hier hinzutretenden Analogie des Verbi ἔοικα:

ἔοικα — (οι in ι, εἴκ-σασιν) att. εἴξασιν

οἶδα — (οι in ι, ἴδ-σασιν) gew. ἴσασιν

wobei die gemeinschaftliche Anomalie in der Endung σασι statt ασι besteht.

Uebersicht der Anomalie des Verbi.

110. Synkope und Metathesis. (99)

1. Alles, was in der Sprache von der größeren Maſſe des Regelmäßigen abweicht, folgt in dieſer Abweichung doch einer bald mehr, bald weniger deutlichen Analogie. Dieſe in den §. 110—113 vorgetragenen Analogien zuſammen gefaßt machen die Anomalie des Verbi im engern Sinne aus.

2. Was ſich von einzelnen Verbalformen auch in dieſe Analogien nicht unterbringen läßt, weil bei der Menge von untergegangenen Wortformen ſich die Analogie nicht immer kund gibt, erſcheint als vorzugsweiſe anomaliſch. Alles zuſammen aber findet man alfabetiſch geordnet am Schluſſe dieſes ganzen Abſchnitts verzeichnet.

3. Eine Hauptklaſſe von Abweichungen wird bewirkt durch
die Synkope,
d. i. Ausstoßung eines Vokals aus der Mitte des Wortes.

4. Die Synkope iſt zweierlei Art, je nachdem ein Vokal aus dem Wortſtamm oder der Bindevokal ausgeſtoßen wird. Bei der

I. Synkope des Vokals im Wortſtamm

(z. B. πέλω, Impf. ἔπελε oder ἔπλε· πέτομαι Fut. πτήσομαι) ſind zwei Fälle zu merken:

a. In einigen Verbis bildet ſich der Aor. 2. bloß auf dieſe Art: πέτομαι (Impf. ἐπετόμην) a. 2. ἐπτόμην· ἐγείρω, ἐγείρομαι a. 2. ἠγρόμην (wachte auf); ἀγείρω part. a. 2. med. ἀγρόμενοι (verſammelte); dagegen part. praes. ἀγειρόμενοι (die ſich verſammeln). — Eben dahin gehört ἤλυθον ἦλθον (ſ. ἔρχομαι), und vielleicht auch ἔσχον, ἔσπον, ſ. §. 112, 17 und die Note zu an. ἔπω.

b. Am natürlichſten iſt dieſe Synkope hinter jeder Reduplikation; daher πιπράσκω von περάω, γίγνομαι von ΓΕΝΩ, πίπτω, μίμνω von ΠΕΤΩ, μένω; ferner im Perfekt: als δέμω pf. δέδμηκα (vgl. unten 11.), πέπταμαι von ΠΕΤΑΩ ſ. πετάννυμι. — Dahin gehören auch die Aoriſte ἐκεκλόμην und ἔπεφνον von κέλομαι und ΦΕΝΩ, mit zwiefachem Augment nach §. 83 A. 10 (vgl. τέτμον).

5. Bei weitem gewöhnlicher iſt jedoch die
II. Synkope des Bindevokals
wozu nach §. 106 A. 6—8 die ganze Konjugation auf μι und einzelne Theile des gewöhnlichen Verbi gehören. Die hier zu behandelnden Fälle zerfallen in A Präſens und Impf., B Aoriſt, C Perfekt.

A. Im Präſens und Imperfekt (ſo daß letzteres Imperfekt bleibt) findet ſie ſtatt in: οἶμαι, ᾤμην für οἴομαι, ᾠόμην (wegen λοῦμαι ꝛc. ſ. λούω im Anom.=Verz.), φέρτε ep. Imperat. ſtatt φέρετε, ῥύσθαι, ἔρυσθαι, ἔρῦτο, für ῥύεσθαι, ἔρύετο (ſ. ἐρύω); vgl. auch im Verz. σεύω, στεῦται, στεῦτο, und ἔδμεναι von ἔδω.

6. Mehre Verba haben (B) einen Aoriſt, deſſen Bindevokal, wenn man die Endung des zweiten Aoriſt auf ον zu Grunde legt,

gleichfalls synkopirt erscheint. Man kann ihn zum Unterschied vom gewöhnlichen Aorist 2. den

Aorist auf *ν* oder synkopirten Aorist

bezeichnen, durch welche Synkope er sich allein in einigen Verbis vom Imperf. unterscheidet. Da dem *ν* ein Vokal vorangehen muß, so setzen alle diese Aoriste einen Vokalstamm voraus, der indeß im Präsens gewöhnlich eine verstärkte Form angenommen hat. In Hinsicht dieses Stammvokals nun gilt die Regel, daß er in den z w ö l f vollständigsten und gebräuchlichsten Aoristen dieser Art d u r c h - g ä n g i g l a n g i s t , a l s o i n d e r F l e x i o n g a n z n a c h ε ς η ν sich r i c h t e t (§. 106, 7, 1), und daß er stets den langen Vokal des Per- fekts (φθάνω ausgenommen) annimmt. Die Modalbildung mag aus den Beispielen erhellen. Die 12 Aoriste sind:

διδράσκω (*ΔΡΑΩ*) δέδρᾱκα — ἔδρᾱν ἐδρᾱμεν, δρῶ ᾷς ᾷ, δραίην, δρᾶθι, δρᾶναι, δράς
βαίνω (*ΒΑΩ*) βέβηκα — ἔβην ἔβημεν, βῶ ῆς ῇ, βαίην, βῆθι, βῆναι, βάς
πέτομαι (*ΠΤΑ*) — ἔπτην ἔπτημεν, πταίην, πτῆναι, πτάς
σκέλλω (*ΣΚΛΑ*) ἔσκληκα — ἔσκλην ἔσκλημεν, σκλαίην, σκλῆναι
ΤΛΑ-, τέτληκα — ἔτλην ἔτλημεν, τλῶ, τλαίην, τλῆθι, τλάς
φθάνω (*ΦΘΑ*) ἔφθᾰκα f. φθήσομαι — ἔφθην ημεν, φθῶ, φθαίην, φθῆναι, φθάς
σβέννυμι (*ΣΒΕ*) ἔσβηκα — ἔσβην ημεν, (σβείην), σβῆναι, σβείς
ἁλίσκομαι (*ΑΛΟ*) ἑάλωκα — ἑάλων ωμεν, ἁλῶ ῷς ῷ, ἁλοίην, ἁλῶναι, ἁλούς
γιγνώσκω (*ΓΝΟ*) ἔγνωκα — ἔγνων ωμεν, γνῶ ῷς ῷ, γνοίην, γνῶθι, γνῶναι, γνούς
βιόω, βεβίωκα — ἐβίων ωμεν, βιῶ ῷς ῷ, βιῴην, (βίωθι) βιώτω, βιῶναι, βιούς
δύω, δέδυκα — ἔδῦν ῦμεν, δύω *), δύην, δῦθι, δῦναι, δύς
φύω, πέφυκα — ἔφῦν ῦμεν, φύω *), φύην, φῦναι, φύς

Einzelne und seltne Formen solcher Aoriste f. noch in anom. βάλλω, βι- βρώσκω, γηράσκω, κλάω, οὐτάω, πλέω, πτήσσω. — Abweichend von dieser Analogie durch seinen kurzen Vokal ist der dichterische (bei Epi- kern und Tragikern sehr gebräuchliche) Aorist von: κτείνω, ἔκτᾰκα — ἔκτᾰν 3. si. ἔκτᾰ, Inf. κτάμεν pt. κτάς, f. anom.

Anm. 1. Man merke hiezu folgendes:
1) wegen der Opt. δύην, φύην (st. φυίην) vgl. §. 107 n. 33 und die vorkommenden Fälle unter an. δύω und φύω
2) in ἔδρᾱν (δέδρᾱκα) erscheint das lange α (Aristoph. δεῦρο δ' ἄν οὐκ ἀπέδρᾱμεν) statt η, weil ρ vorhergeht (vgl. γηρᾶναι von γηράσκω)

---

*) Vom Konj. Präsens unterscheiden sich diese Formen theils durch die Bedeutung (f. anom.), theils durch die Quantität. Ob aber φύω als Konj. Aor. überhaupt im Gebrauch war, ist zweifelhaft, da er in den Hdschr. ge- wöhnlich φυῶ, ῆς ꝛc. betont wird (dann also zu ἐφύην gehört, f. anom.). Dagegen findet sich conj. aor. δύω bei Plato (Crat. p. 413 b) und auch bei Homer ist δύω offenbar nicht conj. praes. (obwohl er das Präf. sonst intranf. braucht, f. Pape), sondern aoristi, weil bei ihm das ν des Präf. überall kurz ist, das ν dieses Konj. aber stets lang erscheint, f. z. B. Jl. ρ, 186. 455. χ, 125. φ, 559. ι, 604 ꝛc. Aber bei Hesiod ε. 728 kann δύη (mit kurzem ν) nur conj. pracs. sein.

3) ber Aorifi ἔπλων (an. πλέω) ift ber einzige, ber, weil er von πλώω (nicht πλόω) gebilbet ift, bas ω felbft im Particip behält: πλώς (ἐπιπλώς Jl. ζ, 291), welches aber, ba es biegungsunfähig war *), nur in biefer einen Form vorfommt.

4) im Optativ hat ῳ ftatt οι in ber gewöhnlichen Sprache nur ἐβίων zum Unterfchieb von βιοίην (opt. praes.) unb bei älteren Dichtern auch ἁλῴην von ἁλίσκομαι, f. anom.

5) bie verfürzte 3. pl. auf ν ftatt σαν hat wie bei ἔςην auch hier ben Vofal vor bem ν immer furz: βάν, ἔδράν f. §. 107 n. 39.

6) bie von obigen 12 Aoriften abgeleiteten Future nehmen fämtlich ben langen Vofal bes Aorifts, felbft wenn bie übrige Flexion ben furzen hat (z. B. σβέννυμι, σβέσω, σβήσομαι· φθάνω, φθάσω, φθήσομαι) unb bie Medialform an.

Anm. 2. Da nach §. 106. 107 bie Jmperativ-Enbung θι eben- falls ber fynkopirten Formation angehört, fo ift auch ber Jmperativ obi- ger Formen, fo weit er vorfommt, burchaus fo gebilbet, als βῆθι, δρᾶθι, γνῶθι, δῦθι (Pl. βῆτε, δῦτε ꝛc.). Hieran fchliefsen fich noch folgenbe vier Jmperative auf θι unb auf bas baraus abgefürzte s (§. 106 Anm. 1)

$$\pi\tilde{\iota}\vartheta\iota, \; \varkappa\lambda\tilde{\upsilon}\vartheta\iota, \; \sigma\chi\acute{\epsilon}s, \; \varphi\varrho\acute{\epsilon}s$$

f. im Verz. πίνω, κλύω, ἔχω, φρέω.

7. Zu biefen aft. Aoriften gefellt fich auch eine entfprechenbe **paffive Aoriftform** auf μην, σο, το ꝛc., welche alfo bem Aor. 2. Med. ber regelmäßigen Formation entfpricht, wobei aber zu be- merfen, 1) baß bie meiften Beifpiele bavon nicht mediale, fonbern völlig **paffive** Bebeutung haben; 2) baß fie in Hinficht bes Vo- fals nach bem Perf. Paff. fich richten; 3) baß fie nur ber ältern Dichterfprache angehören. Einige berfelben gehören wirflich zu einem ber obigen aftiven Aorifte als Paffiv, nehmlich:

ἐβλήμην Opt. βλείμην — von ἔβλην (ξυμβλήτην) f. βάλλω
ἐκτάμην, κτάσθαι, κτάμενος — von ἔκταν f. κτείνω.

S. noch im Verz. bie Formen συγγνοῖτο, οὐτάμενος unb, in Beziehung auf bas obige κλῦθι, bas Particip κλύμενος.

Hieraus folgt, baß biejenigen, welche biefelbe Analogie befolgen, ohne baß eine aftive Form vorfommt, eben fo anzufehen finb:

πνέω, πέπνῦμαι — (ἐπνύμην) ἄμπνῦτο
λύω, λέλῦμαι — λύμην, λῦτο (anb. λῦτο Jl. ω, 1. vgl. φ, 80. 114.)
φθίω, ἔφθῖμαι — ἐφθῖμην, φθίμενος Opt. φθίμην.

S. auch ἐπλήμην in πίμπλημι, ἐσσύμην in σεύω, ἐχύμην in χέω, unb bie Participien πτάμενος, ἁρπάμενος, (κτίμενος) ἐϋκτί- μενος in anom. πετάννυμι, ἁρπάζω, κτίζω.

8. Von biefen aber laffen fich eben fo wenig trennen biejeni- gen fynkopirten Aorifte paffiver Form, bie einen **Konfonant- ftamm** vorausfeßen (vgl. oben 6), wie ἔλεκτο, δέχθαι. Diefe finb aus bem einfachen Thema bes Verbi gebilbet, unb unterfcheiben fich, wenn bies Thema gebräuchlich ift, bloß burch biefe Synkope vom Jmperfeft unb ben Mobis bes Präfens. Sie fommen baher, wie bie vorhergehenben, ganz mit ihrem **Perf.** unb **Plusq. Paff.** ohne bie Redupl. überein, womit man fie baher vergleichen, aber

---

*) Κεκώλυται ἡ κλίσις καὶ τὸ θηλυκόν An. Cram. I. 147.

nicht für eins damit erklären darf *). In der Bedeutung, aktiv, passiv oder medial, folgen sie sämtlich ihrem Präsens auf $\mu\alpha\iota$; und auch sie gehören nur der ältesten Sprache an:

$\delta\acute{\epsilon}\chi o\mu\alpha\iota$, $\dot{\epsilon}\delta\epsilon\delta\acute{\epsilon}\gamma\mu\eta\nu$, $\dot{\epsilon}\delta\acute{\epsilon}\delta\epsilon\xi o$ 2c., $\delta\epsilon\delta\acute{\epsilon}\chi\vartheta\alpha\iota$ — Aor. syncop. ($\dot{\epsilon}\delta\acute{\epsilon}\gamma\mu\eta\nu$) $\acute{\epsilon}\delta\epsilon\xi o$, $\acute{\epsilon}\delta\epsilon\kappa\tau o$ Inf. $\delta\acute{\epsilon}\chi\vartheta\alpha\iota$ Imp. $\delta\acute{\epsilon}\xi o$. Vgl. die Note hier unten

$\mu\acute{\iota}\gamma\nu\upsilon\mu\iota$, $\text{МІ}\Gamma\Omega$ — ($\dot{\epsilon}\mu\acute{\iota}\gamma\mu\eta\nu$) $\mu\acute{\iota}\kappa\tau o$ $\lambda\acute{\epsilon}\xi\alpha\sigma\vartheta\alpha\iota$ — $\dot{\epsilon}\lambda\acute{\epsilon}\gamma\mu\eta\nu$, $\lambda\acute{\epsilon}\xi o$, $\lambda\acute{\epsilon}\kappa\tau o$, $\kappa\alpha\tau\alpha\lambda\acute{\epsilon}\chi\vartheta\alpha\iota$, $\kappa\alpha\tau\alpha\lambda\acute{\epsilon}\gamma\mu\epsilon\nu o\varsigma$ $\pi\acute{\alpha}\lambda\lambda\omega$ — ($\dot{\epsilon}\pi\acute{\alpha}\lambda\mu\eta\nu$) $\pi\acute{\alpha}\lambda\tau o$ $\acute{o}\rho\nu\upsilon\mu\iota$, $OP\Omega$ — $\tilde{\omega}\rho\mu\eta\nu$, $\tilde{\omega}\rho\tau o$ Inf. $\acute{o}\rho\vartheta\alpha\iota$ Part. $\acute{o}\rho\mu\epsilon\nu o\varsigma$ Imp. $\acute{o}\rho\sigma o$ und einige andere wie $\acute{\epsilon}\gamma\epsilon\nu\tau o$ für $\dot{\epsilon}\gamma\acute{\epsilon}\nu\epsilon\tau o$, $\acute{\epsilon}\pi\eta\kappa\tau o$ (f. $\pi\acute{\eta}\gamma\nu\upsilon\mu\iota$), $\tilde{\alpha}\lambda\tau o$ (f. $\acute{\alpha}\lambda\lambda o\mu\alpha\iota$), $\dot{\epsilon}\lambda\acute{\epsilon}\lambda\iota\kappa\tau o$ (f. $\dot{\epsilon}\lambda\epsilon\lambda\acute{\iota}\zeta\omega$), $\acute{\alpha}\rho\mu\epsilon\nu o\varsigma$ (f. $\dot{\alpha}\rho\alpha\rho\acute{\iota}\sigma\kappa\omega$). Wegen des zweif. $\acute{\iota}\kappa\mu\epsilon\nu o\varsigma$ f. anom. $\acute{\iota}\kappa\nu\acute{\epsilon}o\mu\alpha\iota$.

Anm. 3. Daß das σ in den mit $\sigma\vartheta$ anfangenden Endungen ausfällt, versteht sich hier wie beim Perf. Pass. Daher also $\delta\acute{\epsilon}\chi\vartheta\alpha\iota$, $\acute{o}\rho\vartheta\alpha\iota$. — Ob dahin auch $\mu\iota\acute{\alpha}\nu\vartheta\eta\nu$ (f. $\mu\iota\alpha\acute{\iota}\nu\omega$), und $\pi\acute{\epsilon}\rho\vartheta\alpha\iota$ (f. $\pi\acute{\epsilon}\rho\vartheta\omega$) gehören, ist zweifelhaft.

Anm. 4. In allen Verbis, deren Reduplikation in das einfache Augment übergeht, ist der Indikativ dieser passiven Aoriste, wenn er sein Augment behält, vom Plusquamperfekt der Form nach wirklich nicht zu unterscheiden: $\tilde{\omega}\rho\mu\eta\nu$, $\dot{\epsilon}\kappa\tau\acute{\alpha}\mu\eta\nu$, $\dot{\epsilon}\varphi\vartheta\acute{\iota}\mu\eta\nu$, $\dot{\epsilon}\sigma\sigma\acute{\upsilon}\mu\eta\nu$.

9. Endlich werden (C) vom Perfekt und Plusquamp. Aktivi durch die Synkope des Bindevokals zuweilen die längern Formen verkürzt, und da einige solche Perfekte Präsensbedeutung bekommen (§. 113, 7), so nehmen diese auch eine 2. Imperativi an mit der Endung $\vartheta\iota$. Dies geschieht in

$\kappa\acute{\epsilon}\kappa\rho\alpha\gamma\alpha$ — Imp. $\kappa\acute{\epsilon}\kappa\rho\alpha\chi\vartheta\iota$ (f. $\kappa\rho\acute{\alpha}\zeta\omega$) $\acute{\alpha}\nu\omega\gamma\alpha$ (f. im Verz.) — $\acute{\alpha}\nu\omega\gamma\mu\epsilon\nu$ Imp. $\acute{\alpha}\nu\omega\chi\vartheta\iota$ $\epsilon\dot{\iota}\lambda\acute{\eta}\lambda o\upsilon\vartheta\alpha$ — $\epsilon\dot{\iota}\lambda\acute{\eta}\lambda o\upsilon\vartheta\mu\epsilon\nu$ ep. Formen für $\dot{\epsilon}\lambda\acute{\eta}\lambda\upsilon\vartheta\alpha$ 2c. (f. $\acute{\epsilon}\rho\chi o\mu\alpha\iota$).

Der Umlaut $o\iota$ von $\epsilon\iota$ geht in dieser Verkürzung meist in ι über

$\pi\acute{\epsilon}\pi o\iota\vartheta\alpha$ von $\pi\epsilon\acute{\iota}\vartheta\omega$ — Hom. $\dot{\epsilon}\pi\acute{\epsilon}\pi\iota\vartheta\mu\epsilon\nu$ $\acute{\epsilon}o\iota\kappa\alpha$ von $\epsilon\acute{\iota}\kappa\omega$ — $\acute{\epsilon}o\iota\gamma\mu\epsilon\nu$, 3. du. perf. $\acute{\epsilon}\iota\kappa\tau\eta\nu$ (f. S. 229) $o\tilde{\iota}\delta\alpha$ von $\epsilon\tilde{\iota}\delta\omega$ (f. ebb.) — $\acute{\iota}\delta\mu\epsilon\nu$ oder $\acute{\iota}\sigma\mu\epsilon\nu$, $\acute{\iota}\sigma\tau\epsilon$, 3. pl. plusq. episch $\acute{\iota}\sigma\alpha\nu$, Imp. $\acute{\iota}\sigma\vartheta\iota$, Inf. episch $\acute{\iota}\delta\mu\epsilon\nu\alpha\iota$ für $\epsilon\dot{\iota}\delta\acute{\epsilon}\nu\alpha\iota$ (gew. $\epsilon\dot{\iota}\delta\acute{\epsilon}\nu\alpha\iota$); nebst den att. Plusquamperfektformen $\acute{\eta}\sigma\mu\epsilon\nu$, $\acute{\eta}\sigma\tau\epsilon$, $\acute{\eta}\sigma\alpha\nu$ für $\acute{\eta}\delta\epsilon\iota\mu\epsilon\nu$ 2c.

Anm. 5. Wenn durch diese Synkope der Konsonant des Stammes vor ein τ in der Endung tritt, so geht — wegen Aehnlichkeit des Klanges mit den passiven Endungen ($\tau\acute{\epsilon}\tau\upsilon\varphi\vartheta\epsilon$, $\acute{\epsilon}\varphi\vartheta\alpha\rho\vartheta\epsilon$ 2c.) — das τ zuweilen in ϑ über. So lauten vom Imper. $\acute{\alpha}\nu\acute{\omega}\gamma\vartheta\iota$ die andern Personen, statt

$\dot{\alpha}\nu\acute{\omega}\gamma\epsilon\tau\epsilon$, $\dot{\alpha}\nu\omega\gamma\acute{\epsilon}\tau\omega$ — $\acute{\alpha}\nu\omega\chi\vartheta\epsilon$, $\dot{\alpha}\nu\acute{\omega}\chi\vartheta\omega$;

so wird aus Perf. $\dot{\epsilon}\gamma\rho\acute{\eta}\gamma o\rho\alpha$, $\dot{\epsilon}\gamma\rho\eta\gamma\acute{o}\rho\alpha\tau\epsilon$ — $\dot{\epsilon}\gamma\rho\acute{\eta}\gamma o\rho\vartheta\epsilon$ (f. $\dot{\epsilon}\gamma\epsilon\acute{\iota}\rho\omega$); und so erklärt sich das epische $\pi\acute{\epsilon}\pi o\sigma\vartheta\epsilon$ für $\pi\epsilon\pi\acute{o}\nu\vartheta\alpha\tau\epsilon$ (f. $\pi\acute{\alpha}\sigma\chi\omega$); nehmlich sobald das ϑ vor das τ trat, ging es in σ über (wie $\acute{\iota}\delta\mu\epsilon\nu$, $\acute{\iota}\sigma\mu\epsilon\nu$) und das ν fiel weg ($\pi\acute{\epsilon}\pi o\sigma\tau\epsilon$); worauf man sich in die passive Form verirrte: $\pi\acute{\epsilon}\pi o\sigma\vartheta\epsilon$ (Il. γ, 99. Od. κ, 465. ψ, 53.)

---

*) Denn daran wird man verhindert theils durch die Beobachtung, daß selbst die Dialekte, welche das Augment vernachlässigen, nach §. 83 Anm. 6. 8. 9., doch nie die Reduplikation weglassen, theils durch die entschiedene Aoristbedeutung fast sämtlicher oben angeführter Beispiele. Nur das epische $\dot{\epsilon}\delta\acute{\epsilon}\gamma\mu\eta\nu$, $\delta\acute{\epsilon}\gamma\mu\epsilon\nu o\varsigma$ (f. Anom.), vielleicht auch $\kappa\epsilon\tilde{\iota}\mu\alpha\iota$ (ausf. Spr. §. 109. II.) und einige vereinzelte Fälle (wie $\gamma\epsilon\acute{\upsilon}\mu\epsilon\sigma\vartheta\alpha$ Theocr. 14, 51., $\acute{\epsilon}\lambda\epsilon\iota\pi\tau o$ Apoll. 1, 45.) möchten ihrer deutlichen Perfektbedeutung wegen auf diese Weise zu erklären sein. S. ausf. Spr. I. 318. und II. 17—20.

10. Natürlicher ist diese Synkope, wenn der Verbal-Charakter ein Vokal ist. Ein solcher tritt aber nach §. 97 A. 7 nur in wenigen Verben rein vor die Endung α des Perfekts: so in δέδια (s. im Verz. δεῖσαι), daher Perf. Plur. δέδιμεν, δέδιτε für δεδίαμεν, τε· Imperat. δέδιθι Plusq. ἐδέδιμεν, ἐδέδιτε, ἐδέδισαν für ἐδεδίειμεν, τε, ἐδεδίεσαν.

Da ferner einige Perfekte auf ηκα in ihrer epischen Verkürzung den Stammvokal (α) vor die Endung treten lassen: βέβηκα (βέβαα) βεβάασι, βεβαώς, s. ebend., so erklären sich daraus und durch jene Synkope die auch in der gewöhnlichen Sprache von einigen solchen Perfekten vorkommenden Formen des Duals und Plurals Ind. und des Infinitivs, z. B. von ΤΛΑΩ τέτληκα plur. τέτλᾰμεν ꝛc. Inf. τετλάναι (für τετλα-έναι). So wie dies nun völlig übereinkommt mit der Präsensform von μι: ἴςαμεν, ἰςάναι, so gesellen sich zu dieser Perfektform auch die meisten übrigen Theile der Formation auf μι: also

Pf. Plur. τέτλᾰμεν, τέτλατε, τετλᾶσι(ν)
    Du. τέτλατον
Plusq. Pl. ἐτέτλᾰμεν, ἐτέτλᾱτε, ἐτέτλᾱσαν
    Du. ἐτέτλᾱτον, ἐτετλάτην.
    Inf. τετλάναι (kurz α)
    Imperat. τέτλαθι, τετλάτω ꝛc.
    Opt. τετλαίην.

Der Konjunktiv ist von diesem Verbo in dieser Form nicht gebräuchlich; dafür stehe hier von βέβηκα, βέβαμεν ꝛc.
                Conj. βεβῶ, ῇς, ῇ ꝛc.
Das Particip allein wird nicht nach der Formation auf μι gebildet, sondern aus αώς kontrahirt: ώς, so daß also Masc. und Neutr. gleich lauten (αώς, αός G. αότος zsgz. ώς, ῶτος) und diese kontrahirte Form nimmt ein eignes Femininum auf ῶσα an, z. B. von βέβηκα
    Part. βεβώς, βεβῶσα, βεβώς G. βεβῶτος.
Von den vier Perfekten, die sich in der gewöhnlichen Sprache hienach richten: τέτληκα, τέθνηκα, βέβηκα, ἕςηκα (s. anom.: τλῆναι, θνήσκω, βαίνω und oben ἵςημι) ist in der regelmäßigen Form allein nur der Sing. Indikat. des Perf. und Plusq. (τέτληκα, ας, ε — ἐτετλήκειν, εις, ει) gebräuchlich; alle übrigen Theile haben obige Nebenformen, die meistens gebräuchlicher sind, als die regelmäßige. S. noch wegen der ep. Formen γέγαμεν, μέμαμεν die Anom. ΓΕΝ-, ΜΑΩ.

Anm. 6. Wir bemerken nun noch
a. daß außer der 3. pl. pf. (ἑςᾶσιν ꝛc.) in allen andern Formen das α kurz ist, da der kurze Vokal der Endung durch Synkope weggenommen, nicht mit dem Stammvokal zusammengezogen ist, und daß folglich auch nicht τετλᾶναι, τεθνᾶναι, ἑςᾶναι geschrieben werden darf*);
b. daß nur in dem zusammengezogenen Particip die Form des Feminini auf σα eintritt, da es in der aufgelösten Form bei Epikern regelmäßig auf υῖα ausgeht; als: βεβαώς βεβαυῖα — βεβώς βεβῶσα;

---

*) S. z. B. Arist. Ran. 1012 τεθνάναι (ᾱ). Lang des Metri wegen nur Aesch. Agam. 520 τεθνᾱναι (s. dagegen Herm. z. d. St., Cob. VL. 390). — Die epischen Infinitivformen τεθνάμεναι (Theogn. 181), τεθνάμεν erklären sich durch Vergleichung von §. 107 n. 34.

c. daß aus der Participial-Endung $\alpha\omega\varsigma$ N. $\alpha\acute{o}\varsigma$ (nach §. 27 A. 10) bei den Joniern $\epsilon\omega\varsigma$ (und zwar mit dem Fem. $\epsilon\tilde{\omega}\sigma\alpha$) wird; s. oben bei $\check{\iota}\sigma\tau\eta\mu\iota$ (§. 107 n. 23) und im Verz. $\vartheta\nu\acute{\eta}\sigma\kappa\omega$, in welchem letzteren Verbo dies gewöhnliche attische Form ist. — Man vergleiche noch $\pi\epsilon\pi\tau\acute{\omega}\varsigma$, $\pi\epsilon\pi$-$\tau\epsilon\acute{\omega}\varsigma$ in Anom. $\pi\acute{\iota}\pi\tau\omega$, und $\beta\epsilon\beta\varrho\acute{\omega}\varsigma$ in $\beta\iota\beta\varrho\acute{\omega}\sigma\kappa\omega$.

11. Der Stamm des Verbi wird ferner verändert durch

die Metathesis

oder Umstellung der Buchstaben. Wie oben beim Nomen (§. 19 A. 2) geschieht dies mit einem Vokal und einer liquida vorzüglich in zwei Fällen:

1) im Aorist 2., worüber s. §. 96 Anm. 7.

2) in mehren Verben, deren einfaches Thema eine liquida zum Charakter hat, z. B. in der Wurzel ΘAN aor. $\check{\epsilon}\vartheta\alpha\nu o\nu$ fut. $\vartheta\alpha\nu o\tilde{\upsilon}\mu\alpha\iota$, geschieht zur leichteren Biegung eine Umsetzung des Vokals, ΘNA, daher $\tau\acute{\epsilon}\vartheta\nu\eta\kappa\alpha$, $\tau\acute{\epsilon}\vartheta\nu\alpha\mu\epsilon\nu$ 2c., und in einigen erwächst hieraus erst das neue gebräuchliche Präsens; in diesem Beispiel, $\vartheta\nu\acute{\eta}\sigma\kappa\omega$. Eben dies geschieht in der Wurzel $MO\Lambda$. Allein wegen Schwierigkeit der Aussprache von $\mu\lambda$, tritt zwischen diese Buchstaben in der Mitte des Wortes nach §. 19 A. 1 ein β, $\mu\acute{\epsilon}\mu\beta\lambda\omega\kappa\alpha$ für $\mu\acute{\epsilon}\mu\lambda\omega\kappa\alpha$; und in der (neuern) Präsensform geht μ zu Anfang selbst in β über, $\beta\lambda\acute{\omega}\sigma\kappa\omega$ *). Dies vorausgesetzt, treten folgende drei Verba in eine vollständige und einleuchtende Analogie:

$$\vartheta\nu\acute{\eta}\sigma\kappa\omega, \quad \vartheta\alpha\nu o\tilde{\upsilon}\mu\alpha\iota, \quad \check{\epsilon}\vartheta\alpha\nu o\nu, \quad \tau\acute{\epsilon}\vartheta\nu\eta\kappa\alpha \quad (\Theta AN, \Theta NA)$$
$$\vartheta\varrho\acute{\omega}\sigma\kappa\omega, \quad \vartheta o\varrho o\tilde{\upsilon}\mu\alpha\iota, \quad \check{\epsilon}\vartheta o\varrho o\nu, \quad . \quad . \quad (\Theta OP, \Theta PO)$$
$$\beta\lambda\acute{\omega}\sigma\kappa\omega, \quad \mu o\lambda o\tilde{\upsilon}\mu\alpha\iota, \quad \check{\epsilon}\mu o\lambda o\nu, \quad \mu\acute{\epsilon}\mu\beta\lambda\omega\kappa\alpha \quad (MO\Lambda, M\Lambda O)$$

welche sämtlich im Verzeichnis nachzusehn; und auf eben diese Art gehören zusammen die defektiven Formen $\check{\epsilon}\pi o\varrho o\nu$, $\pi\acute{\epsilon}\pi\varrho\omega\tau\alpha\iota$, s. $\pi o\varrho\epsilon\tilde{\iota}\nu$ **).

Mit voller Sicherheit lassen sich zu dieser Metathesis nur diejenigen Verba rechnen, wo sich der umgestellte Vokal in einigen Formen kenntlich macht, wie in $\tau\epsilon\vartheta\nu\acute{\alpha}\nu\alpha\iota$ $\tau\epsilon\vartheta\nu\alpha\acute{\iota}\eta\nu$ das α, in $\mu\acute{\epsilon}\mu\beta\lambda\omega\kappa\alpha$ das o. Wo aber ein η sich zeigt, da kann es zweifelhaft scheinen, ob man die Metathesis oder die Synkope annehmen soll; z. B. ob $\delta\acute{\epsilon}\mu\omega$ (ΔEM, ΔME) $\delta\acute{\epsilon}\delta\mu\eta\kappa\alpha$, oder (wie $\nu\acute{\epsilon}\mu\omega$ $\nu\epsilon\nu\acute{\epsilon}\mu\eta\kappa\alpha$): $\delta\acute{\epsilon}\mu\omega$ ($\delta\epsilon\delta\acute{\epsilon}\mu\eta\kappa\alpha$) $\delta\acute{\epsilon}\delta\mu\eta\kappa\alpha$. Dahin gehören, mit anders gebildetem Präsens,

$\tau\acute{\epsilon}\mu\nu\omega$ f. $\tau\epsilon\mu\tilde{\omega}$ a. $\check{\epsilon}\tau\epsilon\mu o\nu$ pf. $\tau\acute{\epsilon}\tau\mu\eta\kappa\alpha$

$\kappa\acute{\alpha}\mu\nu\omega$ f. $\kappa\alpha\mu o\tilde{\upsilon}\mu\alpha\iota$ a. $\check{\epsilon}\kappa\alpha\mu o\nu$ pf. $\kappa\acute{\epsilon}\kappa\mu\eta\kappa\alpha$

Vgl. §. 101 A. 9. Sicherer ist die Metathesis bei dem Verbum $\kappa\alpha\lambda\acute{\epsilon}\omega$, da die bloße Synkope zur Erklärung des η im Perf. bei einem Verbo, das sonst den kurzen Stammvokal behält, nicht ausreicht. Nehmlich das Fut. $\kappa\alpha\lambda\acute{\epsilon}\sigma\omega$, $\kappa\alpha\lambda\tilde{\omega}$ ist vermuthlich das Fut. der einfachen Präsensform $KA\Lambda\Omega$ ***). Aus dieser Stammform entstand $\kappa\acute{\epsilon}\kappa\lambda\eta\kappa\alpha$ auf demselben Wege der Versetzung ($KA\Lambda$, $K\Lambda A$) wie obige Perfekte; daher die Dichter ein der Form $\vartheta\nu\acute{\eta}\sigma\kappa\omega$ entsprechendes Präsens $\kappa\iota\kappa\lambda\acute{\eta}\sigma\kappa\omega$ haben. Also

$\kappa\alpha\lambda\acute{\epsilon}\omega$ $\kappa\iota\kappa\lambda\acute{\eta}\sigma\kappa\omega$ f. $\kappa\alpha\lambda\tilde{\omega}$ pf. $\kappa\acute{\epsilon}\kappa\lambda\eta\kappa\alpha$ ($KA\Lambda$, $K\Lambda A$), vgl. Anm. 7.

S. im Verz. noch $\beta\acute{\alpha}\lambda\lambda\omega$ $\beta\acute{\epsilon}\beta\lambda\eta\kappa\alpha$, $\sigma\kappa\acute{\epsilon}\lambda\lambda\omega$ $\check{\epsilon}\sigma\kappa\lambda\eta\kappa\alpha$.

---

*) Grade so verhalten sich $\beta\lambda\acute{\alpha}\xi$ zu $\mu\alpha\lambda\alpha\kappa\acute{o}\varsigma$, $\beta\lambda\acute{\iota}\tau\tau\omega$ (zeidle) zu $\mu\acute{\epsilon}\lambda\iota$, s. Lexik. II. Art. 108. Und noch eine entscheidendere Analogie für $\mu o\lambda\epsilon\tilde{\iota}\nu$, $\mu\acute{\epsilon}\mu\beta\lambda\omega\kappa\alpha$, $\beta\lambda\acute{\omega}\sigma\kappa\omega$ gewähren diese zwei Fälle: $\mu\acute{o}\varrho o\varsigma$ (Tod), $\varphi\vartheta\iota\sigma\acute{\iota}\mu\beta\varrho o\tau o\varsigma$, $\beta\varrho o\tau\acute{o}\varsigma$· $\acute{\alpha}\mu\alpha\varrho\tau\epsilon\tilde{\iota}\nu$, $\acute{\alpha}\mu\beta\varrho o\tau\epsilon\tilde{\iota}\nu$, $\acute{\alpha}\beta\varrho o\tau\acute{\alpha}\zeta\epsilon\iota\nu$.

**) Von $\beta\iota\beta\varrho\acute{\omega}\sigma\kappa\omega$ hat sich die entsprechende Stammform nur in dem Subst. verbali $\beta o\varrho\acute{\alpha}$ erhalten.

***) Das gewöhnliche Präsens $\kappa\alpha\lambda\acute{\epsilon}\omega$ wäre demnach erst aus dem Futur entstanden, etwa wie das ion. Präsens $\mu\alpha\chi\acute{\epsilon}o\mu\alpha\iota$ aus fut. $\mu\alpha\chi\acute{\epsilon}\sigma o\mu\alpha\iota$.

Anm. 7. Wenn durch die Umstellung zwei Vokale zusammenkommen, so entsteht auch Kontraction. Dies ist der Fall bei *κεράω*, welches in der Flexion ein kurzes *α* hat, *κεράσω*, *κεράσαι*, aber in der Umstellung: ion. *κρῆσαι*, att. (nach *ρ*) *κέκρᾱκα* ꝛc. und vgl. *καλέω* in Anm. 6. S. ferner *πελάω*, *περάω* unter *πελάζω*, *πιπράσκω*. In der Wurzel selbst geschieht dies beim Verbum *ταράττω* (kurz *α*), in der Umstellung *θράττω* (lang *α*), und ebenso wird aus *ςορέννυμι* — *ςρώννυμι*; s. beide im Verz.

§. 111. Neue Themen aus den Temporibus entstanden. (39, 11)

1. Eine andere, jedoch nicht häufige Klasse der Anomalie ist, wenn eines der Tempora außer dem Präsens in ein neues Thema übergeht; theils weil es im präsentischen Sinne gefaßt werden konnte, theils weil es dem Ohr geläufiger war als das Präsens. Diese Fälle treten ein A. beim Perfekt und B. beim Aor. 2. Akt. und Pass.

2. Da A. das Perfekt nicht selten Bedeutung des Präsens erhält (§. 113, 7), so geht es zuweilen bei Doriern und Epikern auch in die Formation desselben über.

So liest man bei Theokrit (15, 58) *δεδοίκω* für *δέδοικα* (Anom. *δεῖσαι*), bei Homer *κεκλήγοντες* (s. jedoch *κλάζω*), bei Hesiod *ἐῤῥίγοντι* (An. *ῥιγέω*). Ferner die von Perfekten abgeleiteten Imperfekte auf *ον*; z. B. Hesiod. *ἐπέφυκον* von *πέφυκα*; wozu die dritten Personen, wie *γέγωνε*, *ἀνήνοθε*, *ἄνωγε* gehören, die bei Homer nicht nur Perfekt (d. i. Präsens) sondern öfters auch Imperfekt sind.

Anm. 1. Die Darstellung dieser Anomalie wird erschwert durch den Umstand, daß sicheren Spuren nach ein Theil der Dorier dem Perfekt in mehren seiner Theile gleiche Endungen mit dem Präsens gab: wie Inf. *γεγάκειν*, *κεχλάδειν* Pind. (Anom. *γίγνομαι*, *ΧΛΑΔ-*), *δεδύκην* oder *-ειν* Theocr. statt *δεδυκέναι·* *πεπόνθης*, *πεφύκη* (für *-εις*, *ει* statt *ας*, *ε*) Theocr.; und das Particip auf *ων*, *ουσα* statt *ώς*, *υῖα* z. B. *πεφρίκοντας*, *κεχλάδοντες* Pind. *μεμενάκουσα* (von *μεμένηκα*) Archimed. S. ausf. Sprachl. §. 88 A. 11. 14. §. 111 A. 1. Ahrens Dor. 329 sq.

Anm. 2. Im Passiv nehmen mehre Perfekte, wenn sie Präsensbedeutung bekommen, auch die Präsensform an, d. h. sie accentuiren Inf. oder Partic. nicht auf der vorletzten, sondern drittletzten Silbe. Dahin gehören die Part. *ἤμενος* und *κείμενος* (s. oben), *ἐληλάμενος*, *ἀρηρέμενος*, *ἐσσύμενος* (s. *ἐλαύνω*, *ἀραρίσκω*, *σεύω*); ferner von
  ἀκάχημαι — *ἀκάχησθαι*, *ἀκαχμένος* (auch *ἀκηχέμενος*)
  ἀλάλημαι — *ἀλάλησθαι*, *ἀλαλήμενος*
welche beiden letztern indeß von andern für reduplizirte Präsensformen (wie *ἀκαχίζω*) angesehen werden.

Anm. 3. In einigen Verbis, deren Perfekt Präsensbedeutung hat, wird vom Perfekt das zu der Bedeutung desselben gehörige Futur abgeleitet; so bei Homer *κεχαρήσω*, *ομαι* von *κεχάρηκα* s. an. *χαίρω*; ferner auch bei Attikern *κεκλάγξομαι*, *κεκράξομαι* von *κέκλαγγα*, *κέκραγα* (s. anom.), und die Fut. *ἑστήξω*, *τεθνήξω*, *ομαι* (von *ἵςημι*, *θνήσκω*) mit neuer Anomalie, indem das *κ* des Perfekts hier mit in die Flexion gezogen wird, als ob es radikal wäre.

3. Auch veranlaßt B. der Aorist 2. Akt. wegen des cirkumflektirten Inf. auf εῖν eine neue Formation wie von ἕω, z. B. ἔχω ft. ἕξω, aor. ἔσχον, σχεῖν, neues Futur σχήσω.

Hiezu müßte eine ganze Anzahl der unten aufgeführten Anomala gerechnet werden, wie εὑρίσκω, γίγνομαι, faſt alle auf άνω u. ſ. w. Indeß werden alle hieher gehörige Formen beſſer einer andern Analogie zugewieſen (ſ. §. 112, 6. III.) Sicherer laſſen ſich hieher ziehen, als vom Aoriſt 2. wie von einem neuen Thema abgeleitet, die reduplizirten Future κεκαδήσω, πεπιθήσω, πεφιδήσομαι ſ. anom. χάζω, πείθω, φείδομαι; ferner die Präſensform ἐπιτραπέουσι (Il. κ, 421) und θαλέθω, φαέθω in §. 112, 12.

4. In einigen andern Verben, deren Aor. 2. Pass. als Deponens aktive Bedeutung hat, bildete ſich ſo aus ην ein Perf. auf ηκα oder ημαι, nehmlich:

ἐρρύηκα von ἐρρύην (floß) ſ. ῥέω
κεχάρηκα und κεχάρμαι von ἐχάρην (freute mich) ſ. χαίρω
δεδάηκα und δεδάημαι von ἐδάην (lernte) ſ. ΔΑ-.

S. auch μεμάνημαι unter μαίρομαι.

§. 112. Anomal. Wandelbarkeit des Stammes. (98. 99)

1. Bei weitem der größte Theil der Anomalie beſteht aus der Vermiſchung von Formen verſchiedner Themen, ſo daß mehre abgeleitete Tempora, auf die regelmäßige Art behandelt, ein andres Präſens vorausſetzen als das gebräuchliche.

2. Oft ſind dieſe verſchiedenen Formen in einzelnen Theilen des Verbi neben einander im Gebrauch, wie ῥίπτω und ῥιπτέω, κτείνω und κτίννυμι ꝛc. Oder es verbanden ſich, wie dies bei den meiſten der unten folgenden Anomala der Fall iſt, die verſchiedenen Theile des Verbi aus den verſchiedenen Formen des Stammes zu einem gebräuchlichen Ganzen.

Anm. 1. (Text 3.) Der Fall, daß eine doppelte Präſensform in wirklichem Gebrauch iſt, kommt auch in der gewöhnlichen Proſa vor, wie λείπω und λιμπάνω, κτείνω und κτίννυμι ꝛc.

Anm. 2 (1). In andern Verben gehört die eine mehr einem gewiſſen Dialekt an, wie z. B. ἀγινέω für ἄγω, φυγγάνω für φεύγω den Joniern geläufiger war. Am meiſten hielten die Dichter aller Zeiten ſolche aus älteſter Zeit überlieferte Nebenformen feſt.

Anm. 3 (2). An eben ſolche Modifikationen der Stammform knüpfen ſich auch Verſchiedenheiten des Sinnes. Mit den volleren Formen verbanden ſich im Gegenſatz gegen den Begriff des Aoriſts ſehr natürlich die Modifikationen des Wiederholten, des Häufigen, des Gewöhnlichen. So dient z. B. das von φέρω gebildete φορέω beſtimmteren Beziehungen, wie „(ein Kleid) tragen, gewöhnlich anhaben" u. dgl.

3. Gewöhnlich erſtreckt ſich die durch Dehnung der einfachen entſtandene vollere Form nicht weiter als über Präſens und Imperfekt (vgl. §. 92, 9). Iſt nun in dieſen Temporibus die einfache Form durch ſie aus dem Gebrauch verdrängt, ſo wird dadurch das Verbum zu einem Anomalon, da die übrigen Tempora zu jener

einfachen Form gehören; z. B. βαίνω, ἔβαινον — f. βήσομαι pf. βέβηκα 2c. von ΒΑΩ.

4. (Anm. 4.) Auf diese Weise ist es möglich, daß ein Verbum in seiner Abwandlung drei- und mehrfach gemischt erscheint.

So existirt von der Stammform ΠΗΘΩ oder ΠΑΘΩ nur der Aorist ἔπαθον; eine andre durch Position mit ν verstärkte Form ΠΕΝΘΩ erhielt sich im Perf. πέπονθα; beide aber mußten im Präs. und Impf. der Form πάσχω weichen, die nun dem ganzen Verbo den Namen gibt. Von dem Stamm ΠΕΤΑΩ existirt πετάσω 2c.; im Pf. Paff. tritt die Synkope ein, πέπταμαι; und im Präs. und Impf. ist in Prosa die verlängerte Form πετάννυμι, bei Dichtern πίτνημι gebräuchlich, u. f. f.

5. (7.) Manche neuere Präsensformen sind von der Art, daß wenig oder kein ganz ähnliches Beispiel einer solchen Abänderung des Wortstammes mehr vorhanden ist, wie z. B. πάσχω von παθ-, ἐσθίω von ἔδω, ἐλαύνω von ἐλάω. Die meisten aber stehn mit andern in deutlicher Analogie, die man daher in Einen Ueberblick zu fassen suchen muß.

Vorerinn. Die hier unten aufgeführten Verba sind fast alle im Anomalen-Verzeichnis, die übrigen, wie überhaupt alle beispielweise in der ganzen Lehre vom Verbo angegebenen Verba ihrer Bedeutung wegen in den regelm. Verz. nachzuschlagen.

6. (8.) Eine der gewöhnlichsten Anomalien besteht in der Vermischung der Formation auf ω und έω, zsgz. ῶ, wie dies (I) schon im Präsens der Fall ist in

ῥίπτω und ῥιπτέω, ἐπιμέλομαι und -έομαι, εἴλω und εἰλέω, κύω und κνέω, κυρέω und κύρομαι, ςερέω und ςέρομαι, ξυρέω und ξύρομαι, μαρτυρέω und μαρτύρομαι, κυλίνδω und κυλινδέω u. a.

In der Regel ist jedoch (II) nur eine Form im Präsens die gebräuchliche, und die andre liegt dann als ungebräuchliche Präsensform andern Temporibus zu Grunde. Diese zerfallen

a) in solche, die im Präsens die Form auf έω haben, aber in der Tempusbildung vom Futur ab (d. h. außer Präs. und Imperf.) entweder ganz oder theilweise der Formation auf ω folgen, z. B. δοκέω ft. δόξω von ΔΟΚΩ.

Hieher gehören die anom. δοκέω, ὠθέω, γαμέω, und wegen einzelner dichterischer Formen γηθέω, δουπέω, κτυπέω, κεντέω, ῥιγέω, ςυγέω, φιλέω, πατέομαι, δατέομαι (vgl. §.96 A. 5).

b) in solche, die im Präsens die Form auf ω haben, aber in der Tempusbildung entweder ganz oder theilweise der Formation auf έω (fut. ίσω oder ήσω) folgen; z. B. δέω f. δεήσω 2c., ἄχθομαι f. ἀχθέσομαι 2c.

Hieher gehören die anom. ἄχθομαι, ἄλθομαι, ἄω (2), βόσκω, δέω (fehle), δέομαι, ἔδω (f. ἐσθίω), εὔδω (καθεύδω), κήδω, μάχομαι, οἴομαι, οἴχομαι, παίω, πέτομαι, τύπτω welches bei einigen in Folge des Doppelkonsonanten im Präsens geschieht, z. B. ἕψω f. ἑψήσω;

nehmlich bei den anom. ἀλέξω, αὔξω, ἕψω, ἴζω (καθίζω, καθίζομαι), μύζω, ὄζω

und bei einigen auf λμρν, die auch entweder ganz oder theilweise in die Formation auf έω übergehen, z. B. μέλλω f. μελλήσω 2c.

nehmlich bei den anom. βούλομαι, ἔῤῥω, ἐρέσϑαι, ϑέλω oder ἐϑέλω, κέλομαι, μέλλω, μέλει, μένω, νέμω, ὀφείλω, χαίρω und vermöge der Metathesis (§. 110, 11) βάλλω, δέμω, σκέλλω.

Endlich müssen hiezu (III) auch alle diejenigen gerechnet werden, deren Temporalbildung beide Themen, sowohl das auf ω als auf ἐω, voraussetzt, welche aber beide ungebräuchlich geworden und einer neuen meist verstärkten Präsensform (auf σκω, άνω ꝛc.) haben weichen müssen.

Hieher gehören die sämtlich noch einmal an ihrem Orte aufzuführenden anom. ἀκαχίζω, ἀπαφίσκω, ἐπαυρίσκομαι, γίγνομαι, ἐρέσϑαι, εὑρίσκω, ἔχω nebst Compos., λάσκω, τρέχω und die meisten auf άνω (αίνω): αἰσϑάνομαι, ἀλιταίνω, ἁμαρτάνω, ἀνδάνω, βλαςάνω, δαρϑάνω, ἀπεχϑάνομαι (ἔχϑω), κιχάνω, μανϑάνω, ὀλισϑάνω, ὀσφραίνομαι, ὀφλισκάνω, τυγχάνω. S. auch λαμβάνω.

Anm. 4 (5). Von den Joniern ist insbesondre zu bemerken, daß sie gern einzelne Theile des Präs. oder Impf. wie von ἐω bilden, ohne daß das Präsens oder die prima praesentis so vorkommt, z. B. Impf. ὤφλεε, ἔψεε, ἐνείχεε von ὦφλον, ἔψω und ἐνέχω· ἐνδυνέουσι, συμβαλλεόμενος, ἐπειρεόμενος, ἀγεόμενος, πιεζεύμενος Herod., πιέζευν Hom. ꝛc.; und noch merkwürdiger ist diese Einschaltung des ε in den zwei Perfektformen bei Herodot: ὀπώπεε für ὄπωπε, und ἐώϑεε für ἔωϑε*).

7. Bei weitem seltner ist der Uebergang von - ω in - άω ohne anderweitige Veränderung; dies geschieht in:
anom. φύρω, ἀπαυράω, γοάω, μηκάομαι, μυκάομαι, βρυχάομαι, und vgl. ἀντάω, δαμάω (von ΔΕΜΩ, aor. p. ἐδάμην)
noch seltner der Uebergang von - ω in - ύω:
anom. ἀνύω (ἄνω), ἔλκω
und die Vermischung der Themen - ω und -όω:
anom. ὄμνυμι, ὄνομαι, τρύχω.

8. (9.) Mehre zweisilbige Barytona, deren erste Silbe ein ε hat, bilden Nebenformen, zuweilen auch mit einer Nebenbedeutung (Anm. 2.), durch den Umlaut o und durch Annahme der Endung ἐω, z. B.
φέρω und φορέω, τρέμω und τρομέω, ǀπέρϑω und πορϑέω, φέβομαι (Hom.) gew. φοβέομαι, ἔχω und ὀχέω, τρέπω und τροπέω, στρέφω und (στροφέω), δέμω und (δομέω). Dahin gehören die Formen δεδοκημένος für δεδεγμένος, ἐκτόνηκα, μεμόρηται, ἐόλητο, s. δέχομαι,

---

*) S. ausf. Sprachl. — Die neuere Kritik hat sich indeß, wo sich nicht Nebenformen auf ἐω nachweisen lassen, meistens gegen die obigen Fälle ausgesprochen (s. Bredow Dial. Her. p. 365 sq. Dindorf im Steph. ꝛc.). Demnach wird jetzt gelesen ὤφλε (Her. 8, 26), συμβαλλόμενος (6, 63 al.), ἐπειρόμενος (3, 64), ἡγεόμενος (3, 14), ἐνδύνουσι (3, 98 Ddf.), und auch statt jener Perfektformen: ἔωϑε (2, 68), ὄπωπε (3, 37); oder zwar ὀπώπεε beibehalten, dies jedoch nach Lobeck u. a. als Plusquamp. genommen wie an den übrigen Stellen (1, 68 al.). Auch statt πιεζευν bei Homer liest Bekker mit Rücksicht auf Schol. Od. δ, 419 Jl. π, 510 (vgl. Herodn. π. μον. p. 44) wieder πίεζον (Od. μ, 174. 196). Im Herodot dagegen ist das öfters vorkommende πιεζεύμενος (s. Pape) mit Recht nicht geändert worden, da die Nebf. πιεζέω später wenigstens ziemlich verbreitet war, wie auch ἔψεε 1, 48 wegen der Nebf. ἐψέω (s. Lob. ad S. Aj. p. 180. 181). Auffallend bleibt das von allen Hdss. überlieferte ἐνείχεε Her. 1, 118.

κτείνω, μείρομαι, εἴλω; vgl. auch βεβόλημαι in βάλλω. — Ausnahme mit Umlaut ω: πωλέομαι von πέλω oder die Stammsilbe hat ω mit der Endung άω

τρωχάω für τρέχω, δωμάω für ΔΕΜΩ; so auch βρωμάομαι, νωμάω, τρωπάω, ϛρωφάω für βρέμω, νέμω, τρέπω, ϛρέφω. — Ausnahme ποτάομαι von πέτομαι, jedoch neben den regelmäßigen Nebenformen ποτέομαι und πωτάομαι.

9. Die Endungen άω und άζω sind in den Dialekten vielfältig Nebenformen von einander. So brauchen die Epiker: ἀντιάω für ἀντιάζω, σκεπάω (σκεπόωσι Hom.) für σκεπάζω, σκιάω (σκιόωντο Hom.) für σκιάζω, πελάω und πελάζω, δαμάω und δαμάζω, οὐτάω und οὐτάζω. S. auch βιάζομαι. Aber auch αἴω ist in den Dialekten eine Präsensverstärkung von άω, wenn es in der Flexion das kurze α behält, z. B. ναίω von ΝΑΩ (daher νάσσα); δαίω von ΔΑΩ (daher δάσασθαι). S. noch μαίομαι von ΜΑΩ, ἀγαίομαι in ἄγαμαι.

Anm. 5. Anders verhält es sich mit den beiden Verben καίω und κλαίω, att. κάω und κλάω (ohne Zsstzg.), indem hier das αι vor dem folgenden Vokal in lang α übergegangen ist, wie es auch in andern Wörtern bei Attikern geschieht, z. B. ἀετός, Ἀχαϊκός, ἐλάα statt der ion. αἰετός, Ἀχαϊκός, ἐλαία ꝛc.*)

10. (12.) Eine andere Anomalie wird dadurch erzeugt, daß vor der Endung ω der einfachen Stammform im Präsens ein ν eingeschaltet wird, in welchem Falle der Vokal vorher sich öfters verlängert; z. B. ἐλαύνω f. ἐλάσω von ἐλα-.

Hieher gehören: a) Vokalstämme, nehmlich die anom. βαίνω, ἐλαύνω, πίνω, φθάνω (s. Anm. 6) und die Nebenformen τίνω, φθίνω, δύνω von τίω, φθίω, δύω; s. auch ἱδρύω, φαίνω, ὑφαίνω und im regelm. Verz. θύνω und ἐντύνω; — b) Konsonantstämme, nehmlich δάκνω, κάμνω, τέμνω ft. δήξομαι ꝛc. welche Anomalie noch dadurch vermehrt wird, daß Präsens und Impf. außer dem ν noch die Formation auf έω annehmen, z. B. βυνέω f. βύσω von βύω.

Hieher gehören: a) Vokalstämme: anom. βυνέω, κυνέω (προσκυνέω); — b) Konsonantstämme: ἱκνέομαι, ὑπισχνέομαι, ἀμπισχνέομαι (unter ἔχω). Vgl. πιτνέω.

11. (13.) Durch die Einschaltung der Silbe αν (seltner αιν) werden viele einfache Themen im Präj. und Impf. verlängert. Fast alle bilden einen Aor. 2. von der einfachen Form, von der auch die übrigen Tempora, aber mit der Formation auf έω, gebildet werden, z. B. βλαϛάνω f. βλαϛήσω aor. ἔβλαϛον ꝛc.

Dahin gehören die anom. ἁμαρτάνω, αὐξάνω, αἰσθάνομαι, ἀλιταίνω, ἀλφάνω, ἀπεχθάνομαι (ἔχθω), βλαϛάνω, δαρθάνω, ἐρυθαίνω, ἐριδαίνω, ἰζάνω, ἱκάνω, κιχάνω (s. Anm. 6 und Not.), ὀλισθάνω, ὀσφραίνομαι und z. Th. κερδαίνω. Vgl. oben 6. III.

_____

*) In den neuern Ausgaben der alt. Autoren gewinnt mit Recht die Schreibart κάω und κλάω, welche von den Grammatikern (s. Ellendt L. Soph. v. κλαίω) einstimmig als die attische bezeichnet wird, selbst gegen alle Hdschr. (s. z. B. Poppo zu Thuc. 2, 49. Schneider zu Pl. Civ. p. 615. Kühner zu Anab. 3, 5, 5) die Oberhand. Ganz verwerflich ist die häufig überlieferte Schreibweise κάω und κλάω. Vgl. noch §. 119 n. 71 Not.

Diese Art der Anomalie wird noch dadurch vermehrt, daß mehre
Verba dieser Bildung in der Stammsilbe einen Nasenlaut (ν, μ, γ)
einschalten, und den langen Vokal in derselben verkürzen (oder den ur-
sprünglichen kurzen Vokal beibehalten), z. B. $\lambda\varepsilon i\pi\omega\ \lambda\iota\mu\pi\acute\alpha\nu\omega\cdot\ \varphi\varepsilon\acute\nu\gamma\omega$
$\varphi\upsilon\gamma\gamma\acute\alpha\nu\omega\cdot\ \dot{A}\varDelta\varOmega\ \dot\alpha\nu\delta\acute\alpha\nu\omega.$ Die weitere Flexion, mit einigen Anomalien, immer von der einfachen Form.

Hieher gehören die anom. $\dot\alpha\nu\delta\acute\alpha\nu\omega,\ \lambda\alpha\nu\vartheta\acute\alpha\nu\omega,\ \mu\alpha\nu\vartheta\acute\alpha\nu\omega,$
$\pi\upsilon\nu\vartheta\acute\alpha\nu\omicron\mu\alpha\iota,\ \chi\alpha\nu\delta\acute\alpha\nu\omega\cdot\ \lambda\alpha\mu\beta\acute\alpha\nu\omega,\ \lambda\iota\mu\pi\acute\alpha\nu\omega\cdot\ \vartheta\iota\gamma\gamma\acute\alpha\nu\omega,\ \dot\varepsilon\rho\upsilon\gamma$-
$\gamma\acute\alpha\nu\omega,\ \lambda\alpha\gamma\chi\acute\alpha\nu\omega,\ \tau\upsilon\gamma\chi\acute\alpha\nu\omega,\ \varphi\upsilon\gamma\gamma\acute\alpha\nu\omega.$ Vgl. oben 6. III.

Anm. 6. (8.) Ueber die Quantität der schwankenden Vokale vor der
Endung $\nu\omega$ in den beiden letzten Abschnitten ist zu merken, daß $\iota\nu\omega$ und
$\acute\upsilon\nu\omega$ lang sind, z. B. $\pi\acute\iota\nu\omega,\ \delta\acute\upsilon\nu\omega,$ und ebenso auch in $\varkappa\rho\acute\iota\nu\omega,\ \dot\omicron\rho\acute\iota\nu\omega,\ \beta\rho\alpha$-
$\delta\acute\upsilon\nu\omega$ 2c., die Endung $\acute\alpha\nu\omega$ aber kurz. Lang sind jedoch
bei Epikern: $\varphi\vartheta\acute\alpha\nu\omega,\ \dot\iota\varkappa\acute\alpha\nu\omega,$ bei Ep. und Attikern: $\varkappa\iota\chi\acute\alpha\nu\omega.$
Die Attiker aber weichen darin wieder ab, daß sie nicht nur
$\tau\acute\iota\nu\omega,\ \varphi\vartheta\acute\iota\nu\omega$ kurz brauchen, sondern auch
$\varphi\vartheta\breve\alpha\nu\omega,\ \varkappa\iota\chi\breve\alpha\nu\omega$ *) nach der Analogie der übrigen auf $\acute\alpha\nu\omega.$

12. (11.) Einige Verba haben Nebenformen auf $\vartheta\omega$ und
$\chi\omega$, indem diese Endungen bei Vokalstämmen an den verlängerten Stammvokal gesetzt werden.

a) Zu den Vokalstämmen welche (jedoch meist nur bei
Späteren) eine Nebenform auf $\vartheta\omega$ annehmen, gehören:
die anom. $\nu\acute\varepsilon\omega$ und $\nu\acute\eta\vartheta\omega$ (spinne), $\dot\alpha\lambda\acute\varepsilon\omega$ und $\dot\alpha\lambda\acute\eta\vartheta\omega,\ \varkappa\nu\acute\alpha\omega$ und
$\varkappa\nu\acute\eta\vartheta\omega,\ \sigma\acute\alpha\omega$ und $\sigma\acute\eta\vartheta\omega\mathaccent"705F ;$ s. auch $\pi\lambda\acute\eta\vartheta\omega$ und $\pi\rho\acute\eta\vartheta\omega$ in $\pi\acute\iota\mu\pi\lambda\eta\mu\iota$ und
$\pi\acute\iota\mu\pi\rho\eta\mu\iota,$ und vgl. $\pi\varepsilon\lambda\acute\alpha\vartheta\omega,\ \pi\lambda\breve\alpha\vartheta\omega$ in $\pi\varepsilon\lambda\acute\alpha\zeta\omega$

Anm. 6a. Konsonantenstämme setzen $\vartheta\omega$ vermittelst eines Binde-
vokals ($\varepsilon, \alpha, \upsilon$) an den Stamm, z. B. $\varphi\lambda\acute\varepsilon\gamma\omega,\ \varphi\lambda\varepsilon\gamma\acute\varepsilon\vartheta\omega.$ Doch geht die
Formation nicht über Präsens und Imperf. hinaus, und die Fälle
gehören (mit sehr wenigen Ausnahmen) sämtlich der Dichtersprache an. Zu
denen mit dem Bindevokal ε und υ gehören:
$\varphi\lambda\varepsilon\gamma\acute\varepsilon\vartheta\omega$ für $\varphi\lambda\acute\varepsilon\gamma\omega,\ \nu\varepsilon\mu\acute\varepsilon\vartheta\omega$ für $\nu\acute\varepsilon\mu\omega\cdot\ \varphi\vartheta\iota\nu\acute\upsilon\vartheta\omega$ für $\varphi\vartheta\acute\iota\nu\omega.$ Als
epische Formen merke man $\dot\eta\varepsilon\rho\acute\varepsilon\vartheta\omicron\nu\tau\alpha\iota,\ \dot\eta\gamma\varepsilon\rho\acute\varepsilon\vartheta\omicron\nu\tau\alpha\iota$ (-$\vartheta\varepsilon\sigma\vartheta\alpha\iota$)
mit veränderten Quantitäten für $\dot\alpha\gamma\varepsilon\acute\iota\rho\omicron\nu\tau\alpha\iota,\ \dot\alpha\varepsilon\acute\iota\rho\omicron\nu\tau\alpha\iota$ (s. anom.), und
die aus dem Aorist 2. gebildeten $\vartheta\alpha\lambda\acute\varepsilon\vartheta\omega$ und $\varphi\alpha\acute\varepsilon\vartheta\omega.$
Von denen mit dem Bindevokal α ist zu merken, daß sie nur als Prä-
teritum (Imperf. oder Aorist auf $\alpha\vartheta\omicron\nu$) und in den abhängigen Modis,
und zwar vorzugsweise im attischen Drama sich finden. Die vorkommenden
dieser Art sind
$\delta\iota\omega\varkappa\acute\alpha\vartheta\varepsilon\iota\nu,\ \dot\varepsilon\delta\iota\acute\omega\varkappa\alpha\vartheta\omicron\nu$ von $\delta\iota\acute\omega\varkappa\omega$ (dies auch bei Plato); $\varepsilon\dot\iota\varkappa\acute\alpha$-
$\vartheta\varepsilon\iota\nu,\ \varepsilon\dot\iota\varkappa\acute\alpha\vartheta\omicron\iota\mu\iota$ von $\varepsilon\ddot\iota\varkappa\omega\cdot\ \dot\alpha\mu\upsilon\nu\nu\acute\alpha\vartheta\varepsilon\iota\nu,\ \dot\alpha\mu\upsilon\nu\nu\alpha\vartheta\omicron\acute\iota\mu\eta\nu$ von $\dot\alpha\mu\acute\upsilon\nu\omega\cdot$
$\varepsilon\dot\iota\rho\gamma\acute\alpha\vartheta\varepsilon\iota\nu$ von $\varepsilon\ddot\iota\rho\gamma\omega$ **); und das ep. $\mu\varepsilon\tau\varepsilon\varkappa\acute\iota\alpha\vartheta\omicron\nu$ von $\varkappa\acute\iota\omega.$ Vgl.
hiezu den wirklichen Aorist $\ddot\varepsilon\sigma\chi\varepsilon\vartheta\omicron\nu$ (an. $\ddot\varepsilon\chi\omega$).

*) In diesem Worte geht dafür im Präsens die Länge bei den Atti-
kern auf die Stammsilbe (nicht Reduplikation) $\varkappa\iota$ über, welche sonst in
den übrigen Verbalformen $\ddot\varepsilon\varkappa\iota\chi\omicron\nu,\ \varkappa\iota\chi\mathaccent"7016\eta\nu\alpha\iota$ 2c. überall kurz ist. Die meisten
neuern Kritiker schreiben deshalb nach Porsons Vorgang bei Tragikern im
Präsens $\varkappa\iota\chi\acute\alpha\nu\omega,$ also ganz nach Analogie von $\tau\upsilon\gamma\chi\acute\alpha\nu\omega,\ \ddot\varepsilon\tau\upsilon\chi\omicron\nu$ 2c.,
womit es auch in Hdss. öfters verwechselt wird. S. Hesych. und Ellendt
L. Soph. s. v. Monk zu Eur. Hippol. 1442.
**) Da diese vier Präterita in überwiegend aoristischem Sinne gebraucht
werden und sich nirgend ein indic. praes. nachweisen läßt, so werden sie, obwohl sie ihrer Form nach wenig mit der Bildung eines aoristi 2. gemein

b) Zu den Vokalstämmen mit einer Rbf. auf $\chi\omega$ gehören: die anom. $\sigma\mu\acute{\alpha}\omega$ und $\sigma\mu\acute{\eta}\chi\omega$, $\psi\acute{\alpha}\omega$ und $\psi\acute{\eta}\chi\omega$, $\tau\rho\acute{\upsilon}\omega$ und $\tau\rho\acute{\upsilon}\chi\omega$, $\nu\acute{\epsilon}\omega$ und $\nu\acute{\eta}\chi\omega$ ($\nu\acute{\eta}\chi o\mu\alpha\iota$) schwimme.

13. (16.) Einige Verba nehmen, indem sie z. Th. den Stammvokal synkopiren, im Präsens und Imperf. die Reduplikation mit ι (ohne die Endung $\sigma\kappa\omega$ oder $\mu\iota$) an, die dann in den übrigen Temporibus wegfällt, z. B. $\gamma\acute{\iota}\gamma\nu o\mu\alpha\iota$ f. $\gamma\epsilon\nu\acute{\eta}\sigma o\mu\alpha\iota$ von $\gamma\epsilon\nu$-.

Dahin gehören $\gamma\acute{\iota}\gamma\nu o\mu\alpha\iota$, $\mu\acute{\iota}\mu\nu\omega$ ($\mu\acute{\epsilon}\nu\omega$), $\pi\acute{\iota}\pi\tau\omega$, $\tau\iota\tau\rho\acute{\alpha}\omega$. Aber $\tau\epsilon\tau\rho\alpha\acute{\iota}\nu\omega$ mit anomalischer Redupl. im Präsens behält dieselbe auch in den Temporibus: $\tau\epsilon\tau\rho\alpha\nu\tilde{\omega}$ 2c. Vgl. $\beta\iota\beta\acute{\alpha}\zeta\omega$ (das gleichfalls seine Redupl. behält) unter $\beta\alpha\acute{\iota}\nu\omega$ und $\acute{\iota}\sigma\chi\omega$ unter $\acute{\epsilon}\chi\omega$. — Mit einem Vokal anfangende Stämme bekommen zuweilen die (z. Th. in die Tempusbildung übergehende) Reduplikation nach Art der attischen beim Perfekt, aber auch mit ι, z. B. $\acute{\alpha}\tau\iota\tau\acute{\alpha}\lambda\lambda\omega$ von $\acute{\alpha}\tau\acute{\alpha}\lambda\lambda\omega$, $\acute{o}\pi\iota\pi\tau\epsilon\acute{\upsilon}\omega$ von $\acute{o}\pi\tau\epsilon\acute{\upsilon}\omega$ (f. anom. und vgl. unten 15). Anders verhält es sich mit $\acute{\alpha}\kappa\alpha\chi\acute{\iota}\zeta\omega$, $\acute{\alpha}\rho\alpha\rho\acute{\iota}\sigma\kappa\omega$, $\acute{\alpha}\pi\alpha\phi\acute{\iota}\sigma\kappa\omega$, welche mit verstärkter Präsensendung von bereits reduplizirten Aoristen abgeleitet sind, also gleichfalls ihre Reduplikation in den meisten Formen behalten.

14. (10.) Die Verba auf $\sigma\kappa\omega$ sind meist alle aus einfacheren entstanden, und haben daher ihre volle Form nur im Präs. und Impf. Vokalstämme behalten entweder ihren Stammvokal vor der Endung, wie $\gamma\eta\rho\acute{\alpha}\sigma\kappa\omega$, $\acute{\alpha}\rho\acute{\epsilon}\sigma\kappa\omega$ (f. $\gamma\eta\rho\acute{\alpha}\sigma o\mu\alpha\iota$, $\acute{\alpha}\rho\acute{\epsilon}\sigma\omega$) oder dehnen den (z. Th. erst durch Metathesis gewonnenen) Stammvokal, wie $\beta\iota\acute{\omega}\sigma\kappa o\mu\alpha\iota$ (von $\beta\iota\acute{o}\omega$), $\vartheta\nu\acute{\eta}\sigma\kappa\omega$, $\vartheta\rho\acute{\omega}\sigma\kappa\omega$ (f. $\vartheta\alpha\nu o\tilde{\upsilon}\mu\alpha\iota$, $\vartheta o\rho o\tilde{\upsilon}\mu\alpha\iota$, f. §. 110, 11). Die Konsonantenstämme setzen $\acute{\iota}\sigma\kappa\omega$ an den Stamm, wie $\epsilon\acute{\upsilon}\rho\acute{\iota}\sigma\kappa\omega$ (a. 2. $\epsilon\tilde{\upsilon}\rho o\nu$) und dasselbe thun auch mehre mit dem Stammvokal o, indem sie nach Abwerfung desselben bloß $\acute{\iota}\sigma\kappa\omega$ an den Stamm setzen, wie $\acute{\alpha}\nu\alpha\lambda\acute{\iota}\sigma\kappa\omega$ (f. $\acute{\alpha}\nu\alpha\lambda\acute{\omega}\sigma\omega$).

Hieher gehören $\gamma\eta\rho\acute{\alpha}\sigma\kappa\omega$, $\acute{\eta}\beta\acute{\alpha}\sigma\kappa\omega$, $\acute{\iota}\lambda\acute{\alpha}\sigma\kappa o\mu\alpha\iota$, $\phi\acute{\alpha}\sigma\kappa\omega$ (f. $\phi\eta\mu\acute{\iota}$), $\chi\acute{\alpha}\sigma\kappa\omega$, $\acute{\alpha}\rho\acute{\epsilon}\sigma\kappa\omega$, $\mu\epsilon\vartheta\acute{\upsilon}\sigma\kappa\omega$· $\beta\iota\acute{\omega}\sigma\kappa o\mu\alpha\iota$· $\vartheta\nu\acute{\eta}\sigma\kappa\omega$, $\vartheta\rho\acute{\omega}\sigma\kappa\omega$, $\beta\lambda\acute{\omega}\sigma\kappa\omega$; $\acute{\alpha}\mu\pi\lambda\alpha\kappa\acute{\iota}\sigma\kappa\omega$, $\acute{\epsilon}\pi\alpha\upsilon\rho\acute{\iota}\sigma\kappa o\mu\alpha\iota$, $\epsilon\acute{\upsilon}\rho\acute{\iota}\sigma\kappa\omega$, $\varsigma\epsilon\rho\acute{\iota}\sigma\kappa\omega$, (auch $\kappa\upsilon\tilde{\iota}\sigma\kappa\omega$); $\acute{\alpha}\lambda\acute{\iota}\sigma\kappa o\mu\alpha\iota$, $\acute{\alpha}\nu\alpha\lambda\acute{\iota}\sigma\kappa\omega$, $\acute{\alpha}\mu\beta\lambda\acute{\iota}\sigma\kappa\omega$. Eine noch größere Verstärkung erfahren einige Präsentia auf $\sigma\kappa\omega$ dadurch, daß sie außerdem wie in 13. vorn die Reduplikation annehmen, die aber in den Temporibus abgeworfen wird, z. B. $\mu\iota\mu\nu\acute{\eta}\sigma\kappa\omega$ ft. $\mu\nu\acute{\eta}\sigma\omega$ vom Stamm $\mu\nu\alpha$-.

Hieher gehören die anom. $\delta\iota\delta\rho\acute{\alpha}\sigma\kappa\omega$, $\pi\iota\pi\rho\acute{\alpha}\sigma\kappa\omega$, $\kappa\iota\kappa\lambda\acute{\eta}\sigma\kappa\omega$ ($\kappa\alpha\lambda\acute{\epsilon}\omega$), $\mu\iota\mu\nu\acute{\eta}\sigma\kappa\omega$, $\pi\iota\pi\acute{\iota}\sigma\kappa\omega$ ($\pi\acute{\iota}\nu\omega$), $\beta\iota\beta\rho\acute{\omega}\sigma\kappa\omega$, $\gamma\iota\gamma\nu\acute{\omega}\sigma\kappa\omega$, $\tau\iota\tau\rho\acute{\omega}\sigma\kappa\omega$· (vgl. auch $\acute{\alpha}\rho\alpha\rho\acute{\iota}\sigma\kappa\omega$, $\acute{\alpha}\pi\alpha\phi\acute{\iota}\sigma\kappa\omega$ oben 13). und eines, indem es die Endung $\sigma\kappa\omega$ noch nach oben 11. durch die Silbe $\alpha\nu$ verlängert, nehmlich

$\acute{o}\phi\lambda\iota\sigma\kappa\acute{\alpha}\nu\omega$ f. $\acute{o}\phi\lambda\acute{\eta}\sigma\omega$ von $O\Phi\Lambda\Omega$.

---

haben, in den neuern Ausgaben doch vielfältig seit Elmsley (zu Eur. Med. 186) auch aoristisch betont: $\epsilon\acute{\iota}\rho\gamma\alpha\vartheta\epsilon\tilde{\iota}\nu$, $\delta\iota\omega\kappa\alpha\vartheta\acute{\omega}\nu$, imp. $\acute{\alpha}\mu\upsilon\nu\alpha\vartheta o\tilde{\upsilon}$ (Aesch. Eum. 416). S. dagegen die ausf. Sprachl. II. p. 62 mit Lob. Zus., Lehrs Arist. p. 263. In den Handschriften (außer der des Hesychius) scheint nur die, den Formen allein entsprechende, präsentische Betonung überliefert zu sein, wie dies ja auch bei vielen andern aoristischen Formen der Fall ist, f. im Verz. $\pi\acute{\epsilon}\phi\nu\omega\nu$, $\acute{o}\phi\lambda\omega\nu$, $\acute{\epsilon}\gamma\rho\epsilon\sigma\vartheta\alpha\iota$, $\acute{\iota}\kappa o\upsilon$ 2c. und vgl. die Imperfekte $\acute{\epsilon}\kappa\lambda\nu o\nu$, $\acute{\epsilon}\kappa\alpha\vartheta\epsilon\zeta\acute{o}\mu\eta\nu$ u. a.

Anm. 7. (6.) Die Form auf σκω läßt sich mit den lateinischen Verbis Inchoativis vergleichen, da viele darunter ein Anfangen, Zunehmen, Werden in ihrer Bedeutung haben; allein selten unterscheiden sie sich dadurch von der einfachen Form so wie im Lat. z. B. rubescere von rubere. Ein Beispiel dieser Art ist ἡβάω, ἡβάσκω, bin — werde mannbar. Gewöhnlicher hat die einfache Form entweder dieselbe Bedeutung oder war ganz veraltet. Dagegen bekommt zuweilen die auf σκω den kausativen Sinn (s. §. 113, 2.) einen andern — lassen oder machen, z. B. μεθύω bin trunken, μεθύσκω mache trunken; πιπίσκω tränke, von πίνω. — Von diesen Verben sind die ionischen Iterativa auf σκον wohl zu unterscheiden, s. S. 188.

Anm. 8. (7.) Zu der Analogie derer auf σκω gehören zwar auch die anom. ἁλύσκω und διδάσκω, weichen aber darin ab, daß sie das κ in der Flexion behalten, und διδάσκω auch die Redupl. nicht abwirft, s. ἁλύξω, διδάξω. Noch anders verhält es sich mit λάσκω von ΛΑΚΩ, εἴσκω von εἴκω (gleiche), τιτύσκω für τεύχω, worin das κ rabikal und σ nur verstärkender Zusatz ist; s. anom. — Βόσκω s. unter 6, b.

15. (14.) Auch stellen wir hier diejenigen Verba zusammen, die im Präsens und Imperf. der Formation auf μι (mit und ohne Redupl.) den Vorzug geben, oder sie ausschließlich haben, in den übrigen Temporibus aber noch vielfache Anomalien darbieten, wie aus dem Verzeichniß zu ersehen:

a) die auf μι (oder μαι) mit Stammvokal α: ἄγαμαι, δύναμαι, ἐπίσαμαι, ἔραμαι, ἵπταμαι, ἴλημι (αμαι), κίχρημι (und -αμαι), κρέμαμαι, ὀνίνημι (und -αμαι), μάρναμαι, πίμπλημι, πίμπρημι, πρίασθαι (der Bedeut. nach ein Aorist); hiezu noch oben ἴσημι, φημί; vgl. auch χρή unter χράω

b) auf μι (oder μαι) mit Stammvokal ε: ἄημι, δίημι, δίδημι, κίχημι und vielleicht auch δίζημαι; ferner τίθημι, ἵημι, εἰμί

c) auf μι mit Stammvokal ι: εἶμι

d) auf μι (oder μαι) mit Stammvokal ο: δίδωμι, ὄνομαι

e) auf νυμι mit vorhergehendem Konsonanten oder Diphthongen (§. 106, 8): ἄγνυμι, ἄχνυμαι, δείκνυμι, εἴργνυμι, δαίνυμι, ζεύγνυμι, κτίννυμι, μίγνυμι, οἴγνυμι, ὄλλυμι (st. ὄλνυμι), ὄμνυμι, ὀμόργνυμι, ὄρνυμι, πήγνυμι, ῥήγνυμι, ἄρνυμαι, πτάρνυμαι

f) auf νυμι mit vorhergehendem Vokal (§. 106): κεράννυμι, κρεμάννυμι, πετάννυμι, σκεδάννυμι· ἔννυμι, ζέννυμι, κορέννυμι, σβέννυμι, στορέννυμι (auch ṣρώννυμι), τίννυμι· ζώννυμι, ῥώννυμι, χρώννυμι, χώννυμι.

16. (15.) Eine Veränderung, die den Dichtern mehr eigen geblieben, ist die Einschaltung eines ν vor der Endung άω; also
άω in νάω, νημι
z. B. δαμάω und δαμνάω, δάμνημι; περνάω, πέρνημι von περάω (πιπράσκω); und mit Verwandlung des ε in ι: κιρνάω, κίρνημι von κεράω (κεράννυμι); s. auch πιλνάω, πίλναμαι, πίτνημι, σκίδνημι von πελάω, πετα-, σκεδα-; und in η: κρήμνημι von κρεμάω (κρεμάννυμι).

17. Einige kleinere Analogien wird man finden bei Vergleichung der beiden Verba
ἔχω (Wurzel 'ΕΧ) und ἔπω,
die ihren Spir. asper, nach Abwerfung des ε, in den Zischlaut σ übergehen lassen (s. jedoch die Note zu ἔπω); — ferner
τίκτω und πίκτω

16 *

die nach Analogie der Verba auf πτω in der Flexion den einfachen Stamm TEK-, ΠΕΚ- hervortreten lassen;

νίζω und πέσσω

die in der Flexion einen Lippenlaut zum Charakter haben;

σπένδω und κυλίνδω

die ihren Stammvokal nach Ausstoßung von νδ (§. 95) verlängern; vgl. auch πάσχω, χανδάνω;

ἔθω und εἴκω (scheine)

statt welcher in Prosa ganz ungebräuchlichen Präsensformen die syllabisch augmentirten Perfekta εἴωθα, ἔοικα eintreten;

ἄνωγα und γέγωνα

zwei epische Perfekte mit Präsensbed., aus denen ein neues Präsens (ἀνώγω, γεγωνέω) mit regelm. Flexion sich gebildet hat.

18. (17.) Endlich gibt es noch eine Anzahl Verba, die aus verschiedenen Stämmen zusammengesetzt sind, wie im Lateinischen fero, tuli, latum; dasselbe Verbum auch im Griechischen: φέρω, fut. οἴσω, aor. ἤνεγκον.

Hieher gehören die anom. αἱρέω, εἰπεῖν, ἔρχομαι, ἐσθίω, ὁράω, πάσχω, πίνω, τρέχω, φέρω. Auch vgl. ζάω, θέω, ἴζω, ἱκνέομαι, πιπράσκω, πλήσσω, τλῆναι, ὠνέομαι und oben εἰμί.

19. Im Obigen sind die wesentlichsten Anomalien des griechischen Verbi zusammengefaßt, und es bleibt nur noch eine geringe Anzahl von Verben übrig, die entweder keiner der angeführten Analogien sich anschließen, wie βαρύνω, ῥέζω, τρώγω, χάσκω; oder defektiv sind wie δεῖσαι, μείρομαι, πορεῖν ꝛc.; oder nur in ganz vereinzelten Formen vorhanden sind, wie θέσσασθαι, λίγξε, τόσσαι ꝛc., oder zwar regelmäßig sind, doch wegen einzelner Abweichungen in Form und Bedeutung im Verzeichnis mit aufgeführt werden, wie ἄγω, αἴρω, κτείνω, λέγω, μαίνομαι, φαίνω ꝛc.

20. Als Anhang zur Anomalie des Verbi möge hier noch ein vollständiges Verzeichnis derjenigen Verba pura folgen, die im Perf. Pass., sowie im Aor. 1. Pass. und den adj. verb. das euphonische σ annehmen. Als Hauptregel gilt zuförderst,

a) daß alle diejenigen, die den kurzen Vokal in der ganzen Flexion nicht verlängern (s. dies. §. 95 A. 3), das σ in allen drei Verbalformen annehmen, mit einziger Ausnahme von ἀρόω*); wogegen sämtliche (ebendas. Anm. 4 aufgeführte) auf έω und ύω mit schwankendem (d. h. in der Flexion theils kurzem theils langem) Stammvokal, einschließlich καλέω (s. die dortige Note), das σ nicht haben, mit einziger Ausnahme der (angeblichen) Aoristform ἐποθέσθην (s. an. ποθέω).
Außerdem gibt es aber noch eine große Anzahl von Verbis puris, die das σ theils durchweg annehmen, theils beide Formationen mit und ohne σ zulassen. Es haben nehmlich, so weit es sich nach der

---

*) Vielleicht auch ἐμέω im a. 1. p., nach dem Verbale ἐμετός und dem fut. ἐξεμεθήσεται (Hiob 20, 15) zu schließen, aber part. perf. τὰ ἐμημισμένα Ael. V. H. 13, 22. — Vgl. auch anom. ἐρύω, ἀλέω.

Ueberlieferung in den Texten und bei den oft unsichern Lesarten bestimmen läßt *):

b. im perf. und aor. 1. pass. und ben adj. verb. das σ durchweg: παλαίω, παίω, πταίω, ῥαίω, κναίω oder κνάω, ψαύω, πλέω, πνέω **), πρίω, σείω, λεύω, κελεύω, ἀκούω, χόω (anom. χώννυμι), ὕω, ξύω, βύω (an. βυνέω)

c. ferner in allen brei Verbalformen mit σ, nur im Perf. auch mit ber Nebenform ohne σ: κλείω, κρούω, θραύω, χρίω.

d. Vorzüglich erscheint es als Anomalie, wenn bas Perf. nie mit σ gebildet wird, die beiden andern Verbalformen es aber annehmen. Dies thun nur: γεύω, παύω, ῥώννυμι, μιμνήσκω.

e. Mehr ober weniger schwankend (und baher sämtlich im Verz. nach= zuschlagen) find folgende: δράω, χράω (ομαι), ψάω, νέω (in allen brei Bedeutungen), καίω, κλαίω, κολούω. Vgl. auch ἀάω, βοάω, σάω.

f. Unter den auf einen Vokalstamm zurückzuführenden Anomalis neh= men das σ nach der Hauptregel (oben a) fast alle biejenigen an, die ben kurzen Vokal in der Flexion behalten, wie κορέννυμι, σκεδάννυμι, ἀρέσκω, ἔραμαι ꝛc. (f. κορέσω ꝛc.), außerdem mit beibehaltnem lan= gem Vokal: πίμπλημι, χώννυμι, χρώννυμι, γιγνώσκω (letzteres im A.V. auch ohne σ). Dagegen schwankend und beshalb im Verz. noch besonders nachzuschlagen find: τίνω (τίω), ὄμνυμι, πίμπρημι, κε= ράννυμι, πετάννυμι, ζώννυμι, ϛρώννυμι und ϛορέννυμι, ἐλαύνω, σώζω. Vgl. auch μάχομαι und ἧμαι (§. 108).

Anm. 9. Man vgl. hiemit noch bas eingeschaltete σ in ben von Ver= bis abgeleiteten Subst. §. 119 n. 17. 19.

§. 113. Anomalie der Bedeutung. (100. 123, 5)

1. Alles, was die Bedeutung der Verbalformen betrifft, ge= hört eigentlich in die Syntax oder ins Wörterbuch. Doch ist das abweichende derselben, insofern es ganzen Klassen von Verben oder Verbalformen zukommt, von der Anomalie in der Bildung nicht zu trennen.

2. Zunächst muß hier gehandelt werden von dem, was man die immediative und kausative Bedeutung der Verba nennt. Immediativ nennt man die Verba, die einen Zustand oder Handlung bezeichnen, deren Wirkung unmittelbar dem Subjekte selbst angehört (fallen, lernen, trinken); kausativ diejenigen Verba, deren Subjekt eine Handlung oder Zustand an einem andern Gegenstande bewirkt (fällen, lehren, trenken). Das regelmäßige Verhalten ist nun, daß entweder für jede dieser Bedeu= tungen ein eignes Verbum vorhanden sei, wie im Deutschen fallen und fällen, im Lat. cado und caedo, im Griech. πίνω, πιπίσκω ꝛc., oder daß die kausative Bedeutung dem Aktiv, die immediative dem Passiv oder Medium zukommt, z. B. διδάσκω lehre (kauf.), διδά= σκομαι werde gelehrt, lerne (immed.), κρεμάννυμι hänge, κρέμα= μαι hange ꝛc. Die Anomalie hingegen ist, wenn Ein Verbum

---

*) Vgl. über den ganzen Gegenstand Lobeck zu Soph. Aj. p. 315 sqq., Dinb. praef. ad Cyrop. X., Cobet NL. 447 sq. VL. 127.

**) Wegen des epischen Perf. πέπνῦμαι, πεπνυμένος f. anom.

in ein und derselben Form beide Bedeutungen vereinigt*), z. B.

ἐλαύνειν Imm. fahren, eilig sich wohin begeben; Caus. treiben
καθίζειν Imm. sitzen; Caus. setzen (jemanden).

Anm. 1. In andern Fällen ist dieser Gebrauch mehr den Dichtern
eigen, die sogar beide Bedeutungen in Einem Satze vereinigen können, z. B.
βριάω Imm. strotzen; Caus. mache strotzen (Hes. ε. 5.)
πονέω Imm. schmerzen (Schm. leiden); Caus. Schmerzen verursachen
(Anacr. 40.)

Anm. 2 (1). Ungenau ist es, diesen eben behandelten Unterschied der
Bedeutung unter die Begriffe transitiv und intransitiv zu bringen, da
zwar das Causat. seiner Natur nach immer transitiv, das Immed. aber sowohl transitiv als intransitiv sein kann. Z. B. sind transitiv die Immed.
lernen, trinken. Zweitens kann ein Verbum die transit. und intransitive
Bedeutung vereinigen, ohne deshalb zu unsern Fällen gerechnet werden zu
können; z. B. intrans. φεύγειν fliehen, trans. φεύγειν τινά jemanden fliehen,
aber nicht: jemanden fliehen machen.

3. Eine zweite Anomalie besteht darin, daß einzelne Tempora der aktiven Form die immediative, andere die kausative Bedeutung haben, wie dies bereits an ἵςημι gezeigt worden. In den
Verbis dieser Art geben dann

Fut. und Aor. 1. Akt. der kausativen
Aor. 2. und Perf. Akt., bes. Perf. 2., der immediativen,
und zwar hauptsächlich der intransitiven

Bedeutung den Vorzug. Gewöhnlich vereinigen sich dann die intransitiven Tempora des Aktivs mit dem Medium oder Passivum zu Einer Bedeutung, oder es wird eine neue Präsensform gebildet, z. B. δύω, immed. δύομαι und δύνω.

Anm. 3. I. Aorist. Die Fälle, wo sich dieses Verhalten der beiden Aoriste im Aktiv am deutlichsten kund thut, sind
ἔφυσα zeugte (Praes. φύω) — ἔφυν ward (Pr. φύομαι)
ἔσβεσα löschte aus (Pr. σβέννυμι) — ἔσβην erlosch (Pr. σβέννυμαι)
ἔδυσα hüllte ein (Pr. δύω) — ἔδυν ging ein (Pr. δύνω od. δύομαι)
ἔπισα tränkte (Pr. πιπίσκω) — ἔπιον trank (Pr. πίνω)
ἔβησα brachte — ἔβην ging (Pr. βαίνω nur: ich gehe).
So auch ἔςησα und ἔςην von ἵςημι, und unter den Anom. ἀνέγνων und
ἀνέγνωσα, ἤρειξα und ἤριξον, ἤρειψα und ἤριπον; s. auch unter σκέλλω,
τρέφω, στυγέω, ἀραρίσκω, ὄρνυμι und vgl. βιόω in der ausf. Spr. Ja
bei Verbis, die keinen Aor. 2. bilden, folgt doch öfters der Aor. 1. der hier
vorgetragenen Analogie, z. B. μεθύω bin trunken, πλήθω bin voll; aber
ἐμέθυσα berauschte, ἔπλησα erfüllte (Pr. μεθύσκω, πίμπλημι). In
allen diesen Fällen hat, wenn zwei Future existiren, das *Fut. Act.* die
kausat. Bedeutung des aor. 1., das *Fut. Med.* die immediative.

II. Perfect. In allen den Verbis, wo Aor. 1. und 2. sich in die
immediative und kausative Bedeutung theilen, gehört das Perfekt immer
der immediativen zu, und schließt sich daher dem Aor. 2. an; und zwar
sowohl Perf. 1. als 2. z. B.
φύω, φύσω, ἔφυσα zeugen — ἔφυν, πέφυκα werden

---

*) Wie im Deutschen brennen in Feuer stehn und: in Feuer setzen;
im Lat. *suppeditare* zur Hand sein und: machen daß etwas zur Hand sei,
darreichen, und so in allen Sprachen.

Ebenſo ἔςην und ἔςηκα, ἔδυν und δέδυκα, ἔσβην und ἔσβηκα, ἔσκλην und ἔσκληκα, ἤριπον und ἐρήριπα u. a. — Da ferner das

zweite Perfekt

nach §. 97, 5. mit A. 5 überhaupt dem intranſitiven Sinn den Vorzug gibt, ſo hat von einer nicht unbedeutenden Anzahl tranſitiver Verba, deren Medium oder Paſſiv ſich der immediativen Bedeutung zugewandt hat, das Perfekt 2. allein aus dem Aktiv dieſe immediative Bedeutung, die meiſtens auch intranſitiv iſt; und wenn beide Perfekte exiſtiren, ſo gehört dann jedesmal das Perf. 1. der kauſativen des Aktivs, das Perf. 2. der immediativen des Medii an. Alſo:

ἄγνυμι (breche tranſit.) — ἄγνυμαι breche intrans. pf. ἔαγα bin zerbrochen

δαίω (brenne tranſit.) — δαίομαι und δέδηα brenne intrans.

ἐγείρω (wecke), ἐγήγερκα — ἐγείρομαι erwache, ἐγρήγορα wache

ἔλπω (laſſe hoffen) — ἔλπομαι und ἔολπα hoffe

κήδω (bekümmere) — κήδομαι und κέκηδα ſorge

μαίνω, ἐκμαίνω (mache raſend) — μαίνομαι und μέμηνα raſe

οἴγω, ἀνοίγω (öffne), ἀνέῳχα — ἀνοίγομαι gehe auf, öffne mich, ἀνέῳγα ſtehe offen

ὄλλυμι (richte zu Grunde), ὀλώλεκα — ὄλλυμαι gehe zu Grunde, ὄλωλα bin verloren

ὄρνυμι (errege) — ὄρνυμαι entſtehe, pf. ὄρωρα

πείθω (überrede), πέπεικα — πείθομαι gehorche, πέποιθα vertraue

πήγνυμι (befeſtige) — πήγνυμαι werde feſt, πέπηγα bin feſt

ῥήγνυμι (zerreiße) — ῥήγνυμαι reiße intrans., ἔῤῥωγα bin zerriſſen

σήπω (machen faulen) — σήπομαι faule, σέσηπα bin verfault

τήκω (ſchmelze tranſit.) — τήκομαι ſchmelze intransit. pf. τέτηκα

φαίνω (zeige), πέφαγκα — φαίνομαι ſcheine, pf. πέφηνα.

Auf eben dieſe Art ſind die Perfekte (und Aoriſte) einiger Deponentia zu erklären, wie γίγνομαι, γέγονα; ſ. anom. ἁλίσκομαι, ἔρχομαι, μηκάομαι, μυκάομαι, οἴχομαι.

Zu den Fällen wo das Praes. Act. beide Bedeutungen vereinigt, gehört πράττω: und bei dieſem theilen ſich die beiden Perfektformen (obwohl der Gebrauch ſie vermiſcht hat, ſ. ausf. Sprachl. unter πρ.) wiederum in beide Bedeutungen:

πράττω thue, pf. πέπραχα (Cyrop. 7, 5, 42. Hell. 5, 2, 32. Anab. 5, 7, 29)

πράττω befinde mich (z. B. καλῶς), pf. πέπρᾱγα.

Anm. 4. Das leidende Verhalten, welches ein Theil der Immediativa ausdrückt, iſt vielfältig von der Art, daß ſie von uns paſſiv überſetzt werden, obwohl der Grieche ſie ſich urſprünglich nur intranſitiv dachte. Vgl. den ſyntaktiſchen Gebrauch in §. 134, 2. So erklären ſich die Fälle, wo einzelne Tempora eines Verbi bei aktiver Form paſſive Bedeutung haben; ſo aus der vorigen Anm. ἔῤῥωγα, ἔαγα, ἑάλωκα, ἑάλων, die ep. Participia τετευχώς, κεκορηώς, τετιηώς ꝛc. Schwankend zwiſchen beiden Bedeutungen, der tranſitiven und dieſer neutropaſſiven ſind, von φθείρω verderbe (tranſit.) und πλήσσω ſchlage:

διέφθορα habe verderbt, und: bin verdorben, ſ. anom.

πέπληγα habe geſchlagen, bei Spätern auch: bin geſchlagen worden und τέτροφα, ſ. unter Anom. τρέφω.

4. (3.)   Wie im Lateiniſchen, ſo gibt es auch im Griechiſchen eine große Anzahl

Deponentia

d. h. Verba die mit paſſiver oder medialer Form aktive Bedeutung verbinden. Fehlt einer ſolchen Paſſivform das Aktivum der

Form nach gänzlich, so ist dies das eigentliche oder defektive Deponens; welches dann, je nachdem der Aorist aus dem Passiv oder dem Medium genommen ist, ein Deponens passivum oder Deponens medium genannt wird.

Anm. 5. (Schulgr. §. 105 b). Die Zahl der Deponentia media (s. das Verz. derselben im Anhang) ist bei weitem größer, als die der passiva. Da es jedoch darauf ankommt, daß der Lernende frühzeitig mit den passiven Deponentien vertraut werde, so mögen hier die gangbarsten verzeichnet stehen, und zwar in 3 Klassen gesondert. Ein Theil der

(*A*.) Deponentia passiva

ist im Anom.-Verz. enthalten, als: $ἄχθομαι$, $βούλομαι$, $δέρκομαι$, $δύναμαι$, $ἐπίςαμαι$, $οἴομαι$. Alle diese und die folgenden nehmen das Futur aus dem Medium wo nicht ausdrücklich das fut. pass. angegeben ist. Unter den regelmäßigen merke man:

$ἀλάομαι$ schweife umher
$ἀμιλλάομαι$ wetteifere (selt. med.)
$ἀσάομαι$ empfinde Ekel
$διανοέομαι$ durchdenke, bin gesonnen (fut. med. u. pass.); auch $ἀπονοέομαι$ werde wahnsinnig
$ἐναντιόομαι$ bin entgegen

$ἐνθυμέομαι$ beherzige, nebst $προθυμέομαι$ (ft. p. u. med.), $εὔθυμ$.
$εὐλαβέομαι$ nehme mich in Acht
$ἡττάομαι$ unterliege (ft. p. u. med.)
$λιάζομαι$ (dicht.) beuge aus
$σέβομαι$ verehre (auch act.)
$φαντάζομαι$ werde sichtbar (ft. p.)

und das mehr bei Spätern vorkommende $ἀηδίζομαι$ empfinde Ekel. — Wir ziehen hieher auch solche, deren Aktiv in derselben oder in einer besondern Bedeutung daneben in Gebrauch ist, die mithin keine eigentliche Deponentia sind. Diese sollten freilich alle mehr oder weniger als Passiva ihrer Aktivbedeutung aufgefaßt werden, selbst wenn sie das Futur aus dem Medium nehmen, da ja nach unten 6. das fut. med. so häufig für das fut. pass. eintritt. Da aber ihre passive Natur für uns oft verdunkelt ist, indem sie theils wie völlige Deponentia gebraucht werden (z. B. $πυρεύομαι$, $ἐννοέομαι$), theils nur medial oder neutral von uns übersetzt werden können (z. B. $αἰσχύνομαι$, $μιμνήσκομαι$, $βρέχομαι$), so lassen wir die bekanntesten dieser

(*B*.) Passivo-media oder reinen Passiva

(meist mit neutraler Beb.) hier folgen:

$αἰσχύνομαι$ schäme mich (ft. pass. und med.)
$ἁλίζομαι$ u. $ἀθροίζομαι$ versammle mich (dagegen $ἠθροισάμην$, Cyr. 3, 1, 19., versammelte, ließ zusammenkommen, z. B. das Heer)
$ἀνιάομαι$ betrübe mich
$ἀπαλλάττομαι$ entferne mich, auch $διαλλάττομαι$ ꝛc. (a. 2. p., fut. med. und fut. 2. p.)
$ἀπορέομαι$ bin verlegen (auch aktiv)
$αὐξάνομαι$ nehme zu (s. anom.)
$βρέχομαι$ bin naß (aor. 1. u. 2. und vermuthlich auch ft. 2. p.)
$δαπανάομαι$ verschwende
$ἐθίζομαι$ gewöhne mich
$ἐλαττόομαι$ unterliege (fut. med. Thuc. 5, 104.)
$ἐννοέομαι$ bedenke, auch aor. act. Ebenso $ἐπιν$. und $προν$.

$ἐπείγομαι$ eile, beeile mich (ft. med. Aesch. Prom. 52.)
$ἑςιάομαι$ speise
$εὐφραίνομαι$ erfreue mich (ft. med. u. pass.)
$εὐωχέομαι$ schmause
$ἥδομαι$ freue mich (ft. pass.) s. anθυμόομαι$ zürne
$κατακλίνομαι$ lege mich nieder (aor. 1. u. 2. fut. 2. p.)
$κινέομαι$ bewege mich
$κοιμάομαι$ ruhe, schlafe (Anm. 5 a.)
$λυπέομαι$ traure, betrübe mich
$μιμνήσκομαι$ erinnere mich (ft. p.)
$ξενόομαι$ lebe in der Fremde
$ὀργίζομαι$ zürne (f. med. u. pass.)
$ὁρμάομαι$ breche auf (Anm. 5 a.)
$πείθομαι$ gehorche (f. $πείσομαι$ und $πεισθήσομαι$ s. anom.
$περαιόομαι$ setze über

πήγνυμαι werde fest (wie βρέχομαι)

πλανάομαι irre umher

πνίγομαι erstice (aor. u. fut. 2. p.)

πολιτεύομαι verwalte den Staat, bin Staatsbürger (Thuc. 6, 92.); auch passiv (vom Staat) werde verwaltet (Mem. 4, 4, 16.)

πορεύομαι reise

ῥήγνυμαι reiße, intranf. (aor. und fut. 2. p.)

σήπομαι faule (aor. u. fut. 2. p.)

σφάλλομαι fehle, irre (aor. u. ft. 2. p. u. fut. med.)

τήκομαι schmelze (aor. u. ft. 2. p.)

φθείρομαι verderbe (aor. u. ft. 2. p. u. fut. med.)

φοβέομαι fürchte (ft. p. u. med.)

und dazu die anom. δέομαι, διαλέγομαι, ἐκπλήττομαι, ἐπιμελέομαι, κρέμαμαι, μαίνομαι, μεθύσκομαι, πλάζομαι, σβέννυμαι, σεύομαι, τέρπομαι, φαίνομαι. — Endlich gibt es viele, die den Aorist

(C.) sowohl aus dem Passiv als aus dem Medium zum Theil mit verschiedener Bedeutung nehmen. Die gesperrt gedruckten sind eigentliche Deponentia. Es sind besonders:

αἰδέομαι scheue (ft. med., auch p.)

ἀνάγομαι gehe in See (a. 2. med., spät. a. 1. p.)

ἀποκρίνομαι antworte (besser med.)

ἀπολογέομαι vertheidige mich (besser med.)

ἀρνέομαι leugne

αὐλίζομαι übernachte, lagre mich

βρυχάομαι brülle

διαιτάομαι pass. (mit fut. med.) halte mich auf; med. (καταδιαιτάομαι) lasse durch d. Schiedsrichter verurtheilen (vergl. διαιτάω im reg. Verz.)

θοινάομαι schmause (gew. med.) fut. -άσομαι (Eur.) u. -ήσομαι

ἱμείρομαι begehre (auch akt.) f. an.

κατοικίζομαι lasse mich nieder (Thuc. 2, 102. beide Aoriste zugleich)

κοινολογέομαι berathe mich (später pass.)

κομίζομαι f. κομίζω im Anhang

λοιδορέομαι schmähe (auch aktiv)

μαλακίζομαι bin weichlich

μέμφομαι schelte

νεμεσάομαι bin unwillig (dicht., selten med.)

ὀλοφύρομαι jammere

ὁπλίζομαι rüste mich

ὀρέγομαι strecke mich, verlange

ὁρμίζομαι liege vor Anker (später pass.)

πειράομαι versuche

στέλλομαι reise, lasse kommen (§. 136)

φιλοτιμέομαι bin ehrgeizig

φιλοφρονέομαι behandle freundlich (aor. p. reziprok, f. Passow)

χολόομαι gerathe in Wuth, dicht. (fut. med. und tert. b. Hom.)

ψεύδομαι lüge (aor. u. ft. med.), täusche mich (aor. u. f. pass.). Perf. in beiden Bedeutungen.

und dazu die Anom. ἄγαμαι, γίγνομαι, ἔραμαι, ναίομαι, ὄνομαι. Mehr vereinzelt kommen vor ἀπημείφθη Xen., ἀμείφθη, ἐφρατεύθην Pind., ἀϊχθῆναι Hom. und so bei Herodot öfters: ἐπιλογισθέντες, πρηγματευθέντες, καταφρασθείς, ὑποτοπηθῆναι ꝛc.

Anm. 5a. Obigen Verzeichnissen liegt im allgemeinen der attische und gewöhnliche Sprachgebrauch zu Grunde. Als einer besondern Eigenthümlichkeit der epischen Sprache aber sei noch erwähnt, daß sie von Deponentien, die später den Aor. Pass. ausschließlich haben, noch häufig dem Aor. Med. den Vorzug gibt, z. B. κοιμήσατο, ὡρμήσατο, μνήσασθαι, δυνήσατο, ἥσατο (an. ἥδομαι), ὠϊσάμην (an. οἴομαι), ἠγασάμην u. a.

Anm. 6. Nicht selten erlauben es sich die Griechen, von einem Deponens Tempora mit passiver Bedeutung zu bilden. Dies geschieht 1) im Perfekt z. B. Plat. Legg. 4. p. 710 d. πάντα ἀπείργασαι τῷ θεῷ „alles ist von der Gottheit (nach §. 134, 4) geleistet worden“; 2) im Aor. Pass., namentlich wenn das Deponens, als solches, einen Aor. Med. formirt z. B. βιάζομαι ich zwinge, ἐβιασάμην ich zwang, ἐβιάσθην ich ward gezwungen; δεξάμενος der genommen hat, δεχθείς angenommen; und viele andere, welche man im Verzeichnis der verba deponentia (unten im Anhang) bezeichnet findet.

5. (4.) Viele sonst ganz regelmäßige Verba Aktiva haben die besondere Anomalie, daß das Futurum Activi gar nicht oder wenig gebräuchlich ist, indem das

Futurum Medii

die mit dem Aktiv verbundene transitive oder intransitive Bedeutung hat; dann kommt meistens das übrige Medium, mit seiner eigenthümlichen Bedeutung, von einem solchen Verbo nicht vor. Dies trifft eine Menge der bekanntesten Verba; z. B. ἀκούω ich höre, ἀκούσομαι (nicht gut ἀκούσω) ich werde hören.

Anm. 7. Die bekanntesten Future dieser Art sind etwa: ἀγνοήσομαι, ἀλαλάξομαι, ᾄσομαι (von ᾄδω), ἀπαντήσομαι, ἀπολαύσομαι, βαδιοῦμαι, βλέψομαι, βοήσομαι, γελάσομαι, γηράσομαι, διώξομαι, ἐγκωμιάσομαι, ἐπαινέσομαι, ἐπιορκήσομαι, θαυμάσομαι, θηράσομαι, κλέψομαι, κολάσομαι, οἰμώξομαι, οὐρήσομαι, πηδήσομαι, πνίξομαι, ῥοφήσομαι, σιγήσομαι und σιωπήσομαι, σκώψομαι, σπουδάσομαι, συρίξομαι, τωθάσομαι, χωρήσομαι. Hiezu füge man noch die Verba εἰμί und οἶδα, und aus dem Anomalen-Verzeichniß: ἁμαρτάνω, ἁρπάζω, βαίνω, βιόω, βλώσκω, γιγνώσκω, δάκνω, δαρθάνω, δεῖσαι, διδράσκω, ἕψω, θέω, θιγγάνω, θνήσκω, θρώσκω, κάμνω, κλαίω, λαγχάνω, λαμβάνω, μανθάνω, νέω (νεύσομαι), ὄμνυμι, ὁράω, παίζω, πάσχω, πίπτω, πλέω, πνέω, ῥέω, τίκτω, τρέχω, τρώγω, φεύγω, φθάνω, χέζω. Dabei ist jedoch zu bemerken, daß so wenig hierin als in so vielen andern Fällen der Gebrauch ganz fest gewesen: man wird also noch hie und da manche Futura Activi finden von Verbis, die sonst gewöhnlich das Fut. Med. haben; daher alle oben genannten Verba noch besonders in den Verbal-Verzeichnissen nachzuschlagen sind. Der Lernende hüte sich aber auch, den Konj. aor. 1. für das Futur zu halten in Fällen wie νῦν ἀκούσω αὖθις (s. §. 139 A. 1). — Ueber den ganzen Gegenstand vgl. Cob. NL. 248 sqq.

6. (5.) Das Fut. Medii ward aber auch als Passiv gebraucht; doch war dieser Gebrauch nie bei bestimmten Verben so fest, wie in denen des vorigen Abschnitts, sondern hing mehr von der Beurtheilung des Wohllauts und also bei Dichtern vom Metro ab. Meist vermied man dadurch bei längern Verbis das noch längere Fut. Passivi; z. B. ὠφελήσονται für ὠφεληθήσονται (Thuc.), περιέψεσθαι für περιεφθήσεσθαι (Herod.), ἐπιβουλευσόμεθα (Xen.). So also auch von ἀμφισβητεῖν, ὁμολογεῖν, ἀπαλλάττειν, φυλάττειν, γυμνάζειν, ἀδικεῖν, ζημιοῦν. Doch finden sich auch Beispiele von kürzeren Verbis wie βλάψεται, θρέψεται, οἴσεται, so wie auch manche von den in Anm. 5 aufgeführten (z. B. ἡττήσομαι, ἐλαττώσομαι) sich hieher ziehen lassen.

Anm. 8. Für den Sprachgebrauch des Homer insbesondre ist zu merken, daß er überhaupt die gewöhnliche Form des ersten Futurs im Passiv gar nicht hat, und nur höchst selten (Jl. κ, 365) die des zweiten, sondern an ihrer Stelle stets diese Form des Futurs (neben dem fut. 3. von gewissen Verben) gebraucht, also φιλήσεαι, πέρσεται, τρώσεσθαι, ἀνύσσεσθαι, und ebenso auch κατακτανέεσθε, κρανέεσθαι, τελέεσθαι u. s. f. Auch die Tragiker bedienen sich gern des fut. med. im pass. Sinne; s. eine Anzahl Beispiele bei Monk zu Eur. Hippol. 1458.

Anm. 9. Fälle, wo auch der Aoristus Medii im passivischen Sinne gebraucht würde (d. h. in solchen pass. Verbindungen, wie ἀπό c. gen. ꝛc.) gibt es in der gewöhnlichen Sprache nicht; vielmehr ist er, wo er scheinbar paſſiviſch vorkommt, ſtets im neutralen Sinne zu faſſen. So z. B. bei Attikern einige Compoſita von σχέσθαι, als κατασχέσθαι, ὄμενος Eurip. Hipp. 27. Plat. Phaedr. p. 244 e. συσχόμενος Theaet. p. 165. S. Lob. ad Phryn. 320. Ein ſeltnes (epiſches) Beiſpiel eines paſſiv gebrauchten aor. 2. med. ſ. unter πέρθω.

7. (6.) Die Fälle wo das Perfekt eine neue, und zwar präſentiſch zu faſſende Bedeutung erhält, erklären ſich aus der (§. 81 und 137 entwickelten) präſentiſchen Natur des Perfekts; z. B. κτάομαι ich erwerbe, κέκτημαι habe erworben, d. h. beſitze. Jedesmal verſteht es ſich dann von ſelbſt, daß das Plusquamperfekt zum Imperfekt wird. Vgl. οἶδα.

Anm. 10. (11.) Die nahe Verwandtſchaft beider Tempora iſt Veranlaſſung geweſen daß, beſonders bei Dichtern, öfters Präſens und Perfekt einerlei Bedeutung haben: z. B. μέλει eigentlich es geht zu Herzen, μέμηλε es liegt am Herzen, daher beides es kümmert; δέρχομαι läßt ſich faſſen, ich erblicke, δέδορκα ich habe erblickt, daher beides ich ſehe. S. noch anom. ἔθω und εἴκω.

Anm. 11. (13.) Bemerkenswerth iſt, daß dieſer letzte Fall vorzugsweiſe eintrifft bei Verben, die ein Tönen und Rufen bedeuten: z. B. κράζω und κέκραγα ich ſchreie; und ſo noch λέλακα, γέγωνα, ἄνωγα, βέβρυχα, μέμυκα, μέμηκα, κέκλαγγα, τέτριγα.

§. 114.
Verzeichnis der unregelmäßigen Verba.

Vorerinnerung.

1. Von einem jeden gangbaren Verbo, das hier Platz gefunden, erſcheint nicht bloß das eigentlich anomaliſche, ſondern auch der vollſtändige Gebrauch, ſoweit er ſich nicht von ſelbſt verſteht. Dabei iſt (nach §. 104, 2) vorausgeſetzt, daß von einem jeden Verbo, wobei Futur, Aoriſt und Perfekt nicht ausdrücklich angegeben ſind, das gewöhnliche Futurum, Aor. 1. und Perf. 1. gebräuchlich ſind. Sobald aber ein Aor. 2. oder das Perf. 2. oder das Fut. Med. ſtatt des Fut. Act. gebräuchlich iſt, ſo ſind dieſe Formen ausdrücklich beigefügt. Die Zahlen 1. und 2. ſind bei dieſen Temporibus ſelten beigeſchrieben, weil man ſie durch ſich ſelbſt erkennt; und wenn alſo z. B. bei ἁμαρτάνω bloß ſteht: Aor. ἥμαρτον, ſo deutet dies an, daß dies Verbum bloß dieſen Aor. 2., keinen Aor. 1. formirt. — Das allein ſtehende Med. bedeutet, daß das Medium vorkommt.

2. Die vielen den Ueberblick ſtörenden Hinweiſungen auf frühere §§. ſind nunmehr in Rückſicht auf das als Anhang zur Gramm. ausgearbeitete ſyſtematiſche Verzeichnis weggelaſſen worden.

A.

Ἀάω ſchade. Von dieſem Thema hat Homer 3. praes. med. ἀᾶται, a. 1. a. ἄασα zſgz. ἆσα (Od. λ, 61), pass. und med. ἀάσθην, ἀασάμην (beide vereinigt Jl. τ, 136), ἄσασθαι. Beide α ſind bald lang, bald kurz. Adj. Verb. (ἀατός); daher mit dem α priv. ἀάατος (‿‿‿‿), unverletzbar Hom. — Aus dieſer alten Form entſtand erſt das Subſt. ἄτη (lang α), und hieraus mit Verkürzung des α die neuere Verbalform (ἀτάω) Pass. ἀτῶμαι bei ben attischen Dichtern; und (ἀτέω), wovon jedoch nur part. ἀτέοντα, verblendet, bei Homer und Herob. — Vgl. ἄω, 3. und Lexil. I, 56.

ἄγαμαι bewundere, Praes. und Impf. wie ἵζαμαι (3. opt. ἄγαιντο), fut. ἀγάσομαι, aor. ἠγάσθην und (mehr ep.) ἠγασάμην. Die epischen Präsensformen ἀγάομαι, ἀγαίομαι kommen mit ben Nebenbegriffen des Neiden, Zürnen vor. §. 112, 9.

ἀγείρω versammele, regelm.; Pf. pass. ἀγήγερμαι. Aor. 2. med. ep. ἀγέροντο Inf. ἀγερέσθαι (and. ἀγέρεσθαι, vgl. ἐγείρω) Part. ἀγρόμενος (§. 110, 4). Wegen ber Nbf. ἠγερέθονται §. 112, 12.

ἄγνυμι gew. κατάγνυμι breche, mit langem α: f. ἄξω ꝛc. Die Präterita haben das Augm. syllab.: aor. ἔαξα Co. ἄξω, Inf. ἄξαι, Imp. ἄξον, aor. pass. ἐάγην (Aristoph.). Perf. 2. ἔαγα hat passive Bedeutung: bin zerbrochen (§. 113 A. 3).

Den Imp. ἄξον f. Jl. ζ, 306. φ, 178. Statt ἔαξα auch ἦξα bei Hom., für ἔαγα ion. ἔηγα. — Der aor. 2. p. ἐάγην bei Ep. gewöhnlich kurz *), daher 3. pl. ἄγεν (‿‿) für ἐάγησαν Jl. δ, 214.

Dies Augment findet man selbst bei solchen Formen, die ihrer Natur nach keins haben dürfen, z. B. κατεάξαντες (Lys. p. 158) **). — Das Hesiodische κανάξαις (ε. 664) steht für κατάξαις (opt. aor.) ***).

ἀγνώσασκε, aoristische Iterativform von ἀγνοέω bei Homer (Od. ψ, 95). Vgl. βοάω, νοέω und die ausf. Spr.

ἀγορεύω f. εἰπεῖν. 			|| ἀγρόμενος f. ἀγείρω.

ἄγω führe, mit kurzem α: fut. ἄξω, a. 2. ἤγαγον, Co. ἀγάγω, Inf. ἀγαγεῖν ꝛc. (§. 85) Perf. 1. ἦχα besser als ἀγήοχα (§. 97) pf. p. ἦγμαι. — Med. a. 2. ἠγαγόμην.

Jon. Nbf. ἀγινέω (§. 112 A. 2), wovon synk. ἀγίνεσκον, ἀγινέμεναι bei Homer (s. Pape). — Wegen ἀγεόμενος f. §. 112 Anm. 4. —

Auch ber Aor. 1. ἦξα, ἄξαι, ἄξασθαι kommt vor, doch sicher erst bei

---

*) Ebenso bei Theokr. und den spät. Epikern. Lang nur an der einen Stelle Jl. λ, 559., weshalb einige Kritiker (Ahrens, Bekker) daselbst ἐάγη schreiben. In den Ableit. jedoch: ἀαγές (Od. λ, 575), ἀγή (Ap. Rhod.), ναυάγια ꝛc. ist α immer lang. — Vgl. noch κατεπλάγην und ἐπλήγην, und ἑάλων.

**) Dieser bei Spätern überhandnehmende (von Tho. Mag. ausdrücklich als barbarisch bezeichnete) fehlerhafte Gebrauch ist vermuthlich nur daher entstanden, daß das Ohr sich durch die häufige Anwendung der Perfektformen, wie κατεαγώς, κατεαγέναι ꝛc. an den Klang gewöhnte. In die Handschriften attischer Autoren ist er daher wol nur durch Schuld der Abschreiber, die an solchen Formen keinen Anstoß mehr nahmen, gekommen. S. die Var. zu Plat. Gorg. p. 469. Phaed. p. 86. Lysias p. 156. NT. Gramm. 46.

***) Diese sonderbare Form erklärt sich aus dem Digamma. Das Verbum ΑΓΩ, ἄγνυμι hat nehmlich nach §. 6 A. 3 das Digamma (Ϝ). Durch die Komposition mit κατά entstand, da Ϝ als Konsonant gilt: ΚΑ Ϝ ΑΓΩ, so wie aus βάλλω, καββάλλω ꝛc. (§. 117 Anm. 2). Das Digamma verband sich darauf mit dem vorhergehenden Vokal zu einem Diphthongen (hier αυ), welcher Vorgang sich nicht nur in dem ganz analogen Fall bei ἀνέρυσαν (unter ἐρύω), sondern noch in manchen andern Sprachformen nachweisen läßt, z. B. in εὔαδεν (f. unt. ἀνδάνω), in ἀέξω, ἀϜέξω, αὔξω (wachse), in ἀϜίαχος (§. 120), in verschiedenen Flexionsformen berer auf ευς, ους, αυς ꝛc., worüber f. §. 50, 2.

Spätern *). — Von dem hom. Imperativ ἄξετε (wozu inf. ἀξέμεν Jl.
ω, 663), den Medialformen ἄξεσθε, ἄξοντο f. §. 96 A. 8.

Ἀ1-. Die Formen ἄσω, ἆσαι (jättigen), die zu diesem Stamme gerechnet
werden, find unter ἄω nachzusehn. Dagegen hat Homer ἀδῆσαι, ἀδηκέ-
ναι (ᾱ) Ueberdruß empfinden, wie von ΑΔΕΩ **).
ἀδεῖν f. ἀνδάνω.　　　　　　　　‖ ἀείρω f. αἴρω.
ἀζαίνω trockne (wovon καταζήνασκε und das Adj. ἀζαλέος Hom.), pass.
ἀζάνομαι verdorre Hymn.
ἄημι wehe, f. ἄω; behält fein η überall: Inf. ἀῆναι 3. impf. ἄη Od. μ,
325. (cf. ε, 478. τ, 440.) Pass. ἄημαι; aber Part. Act. ἀείς, ἀέντος.
Die paff. Form hat aktive Bed.; doch auch durchweht werden Od. ζ,
131. Wegen ἄεισι f. Göttl. zu Hes. Θ. 875.
αἰδέομαι scheue, f. reg. Vz. Präf. Nbf. αἴδομαι Hom., stets ohne Augm.
αἰνέω (gew. ἐπαινέω) lobe, αἰνέσω (ἐπαινέσομαι), ᾔνεσα, ᾔνεκα,
ᾐνέθην. Pf. pass. ᾔνημαι (§. 95). — A. V. αἰνετός.
　　Homer hat immer αἰνήσω, ᾔνησα, ἐπῄνησα. Ep. Nbf. αἴνημι.
αἴνυμαι nehme, nur Präf. und Impf. (ohne Augm.) Hom.
αἱρέω nehme, αἱρήσω, ᾕρηκα, ᾕρημαι ꝛc., a. 1. p. ᾑρέθην Co.
αἱρεθῶ (§. 95). — Aor. Act. εἷλον C. ἕλω Inf. ἑλεῖν P. ἑλών
(Comp. καθεῖλον, καθέλω ꝛc.) von ΕΛΩ. — Med. wählen,
f. αἱρήσομαι aor. εἱλόμην Inf. ἑλέσθαι ꝛc. — A. V. αἱρετός, τέος.
　　Von der Stammform ΕΛ kommen noch vor: fut. ἑλῶ Arist. Lys.
542 (aber nicht Eq. 290), A. V. ἑλετός Jl. ι, 409., iterat. ἕλεσκε Hom.
Bei Späteren werden ἑλῶ und ἑλοῦμαι häufiger. Von dem unattischen
Aor. 2. med. auf -άμην, ἀφείλατο f. §. 96 A. 1 Note und über a. 1.
ᾑρησάμην Lob. Phryn. 718. — Im Perfekt hatten die Jonier eine
eigne Redupl. ἀραίρηκα, ἀραίρημαι mit dem lenis. — In der Bedeutung ergreifen, fangen, ist als wahres Passiv hievon anzusehn ἁλίσκομαι, f. unt.

αἴρω, alte und dicht. Dehnungsform: ἀείρω (vgl. αἰκίζω) hebe,
gehen beide regelmäßig; die Aoriste lauten, von ἀείρω: aor. act., pass. und
med. ᾔειρα (vgl. εἴρω) ἀείρας, ἀερθείς, ἀείρασθαι ꝛc.; von αἴρω: aor. 1.
med. ἠράμην, aor. 2. med. (dicht.) ἠρόμην. Ferner ist zu merken: 1) daß
die attischen Dichter die unaugmentirten Modi des Aor. 2. (z. B. ἀροίμην Soph. El. 34) brauchen, wenn eine kurze Silbe nöthig ist, statt des
sonst gebräuchlichen Aor. 1., deffen α lang ist nach §. 101 Anm. 2; —
2) daß Homer im selbigen Falle sich auch des Ind. a. 2. ohne Augment
bedient (ἀρόμην), sonst aber durchaus im Indik. den a. 1., in den übrigen Modis jedoch wieder nur den a. 2. hat (ἠράμην, — ἀρέσθαι, ἀροίμην ꝛc.); — 3) daß die Epiker im Plusq. ἄωρτο (schwebte, hing) statt
ἦρτο oder ἤερτο, brauchen; f. §. 97 A. 2. — 4) daß bie att. Dichter
das α des Fut. ἀρῶ, als aus ἀερῶ zusammengezogen, auch lang brauchen; f. die ausf. Sprachl. — Wegen ἠερέθονται, το f. §. 112, 12. —
Vgl. ἄρνυμαι.

---

*) Aus den Texten älterer Autoren ist die von den Atticisten (f. Lob.
ad Phryn. 287) getadelte Form jetzt (bis auf Thuc. 2, 97) entfernt worden.
Ueberdies muß man aufmerksam sein, daß man nicht den gleichlautenden
Aorist des attischen Verbi ἄττω für ἀίσσω (f. regelm. Verz.) dafür nehme,
das zuweilen auch in der Bedeutung sich nähert (Ar. Ran. 468. Thuc. 8, 25).
**) Die Länge des α ist vermuthlich durch Zusbzg. aus αη entstanden,
wie in ἀδολέσχης ꝛc. Sonst schrieb man, weil ἄδος, Ueberdruß, kurz ist:
ἀδῆσαι, ἀδηκότες (wie ἄδδην, ἀδδεές ꝛc. f. δεῖσαι). S. über Schreibung
und Ableitung Lexil. II. 86. Lobeck zur ausf. Spr., Spitzner zu Jl. κ, 98.

αἰσθάνομαι empfinde, ft. αἰσθήσομαι aor. ἠσθόμην Inf. αἰσθέσθαι pf. ἤσθημαι, ἠσθῆσθαι.
Auch ein Präsens αἴσθομαι ist überliefert (Thuc. 5, 26. Isocr. Nic. 5. Schneid. zu Plat. Civ. p. 608), jedoch sicher erst bei Späteren.
ἄΐω (ᾰ) höre, dicht., nur Präf. und Impf., Augm. §. 84 A. 2. — Verschiedenen Stammes scheint zu sein: ἀΐω, verstärkt ἀΐσθω hauche aus (Jl. o, 252. π, 468. ν, 403). Anders die Scholiasten.
ἀκαχίζω betrübe (§. 112, 13), hat von dem Thema ΑΧΩ Aor. 2. ἤκαχον, ἀκαχεῖν f. ἀκαχήσω a. 1. ἠκάχησα. — Med. ἄχομαι oder ἄχνυμαι (betrübe mich) aor. 2. ἠκαχόμην. Perf. (bin betrübt) ἀκήχεμαι und ohne Augm. ἀκάχημαι, 3. pl. plq. ἀκαχείατο *). Wegen ἀκηχέδαται f. die Note zu §. 103 n. 24., und wegen des Tons von ἀκηχέμενος (Jl. σ, 29), ἀκαχήμενος, ἀκάχησθαι §. 111 A. 2. Zu derselben intransitiven Bedeutung gehört auch das Part. Praes. Act. ἀχέων, ουσα und ἀχεύων (ächzend).
ἀκαχμένος geschärft, gespitzt, Part. Pf. p. von einem Verbo ΆΚΩ, acuo, woher ἀκωκή die Spitze, mit beibehaltenem χ vor dem μ (§. 23 Anm.).
ἀκέων schweigend, müßig = ἀκήν, und wie dieses ursprünglich Adverb (z. B. Jl. ϑ, 459. Od. φ, 89), dann in die Participialbildung übergehend: ἀκέοντε, ἀκέουσα. S. Lexil. I.
ἀκοςήσας wohlgenährt (von ἀκοςή Gerste), def. part. aor., f. Lexil. II.
ἀλάομαι schweife, hat nach §. 111 A. 2 ein in die Präsensform übergehendes Perfekt ἀλάλημαι, ἀλάλησθαι, ἀλαλήμενος, dem Präsens gleichbedeutend, Dep. pass. Wegen des cj. aor. med. ἀπαλήσεται (st. -ηται) Hes. α. 409. vgl. §. 113 Anm. 5 a. und Lob. zur ausf. Spr.
ὀλδαίνω mache stark; Homer hat (impf.) ἤλδανε (Od. σ, 70). Intranf. ἀλδήσκω nehme zu, Jl. ψ, 599.
ἀλέξω wehre ab, f. ἀλεξήσω a. ἠλέξησα (Hom.). — Med. wehre mich, f. ἀλεξήσομαι (Her., Xen.) aor. inf. ἀλεξήσασθαι (Anab. 1, 3, 6?) gew. von der Stammform ΑΛΕΚΩ: ἀλέξασθαι (Hom. **), Her., Xen., Soph. Aj. 166), wovon noch vorkommen opt. aor. a. ἀπαλέξαι (Aesch. Suppl. 1052) und ein zweif. Fut. ἀλέξομαι (Soph. OT. 539. Anab. 7, 7, 3). — In der attischen Prosa (außer Xen.) ist das Verbum nicht gebräuchlich, dafür ἀμύνω, ομαι.
Von der Stammform kommt auch der synkopirte ep. Aorist (ἤλαλκον) ἄλαλκον, ἀλαλκεῖν c. mit der Redupl. nach §. 85 A. 3.
ἀλέομαι (und ἀλεύομαι Hes.) meide. Aor. 1. ἠλευάμην (§. 96 A. 1.) Inf. ἀλεύασθαι und ἀλέασθαι Conj. ἀλεύεται statt -ηται (Hom.) Opt. ἀλέατο Part. ἀλευάμενος. Ep. Nebenform: ἀλεείνω. — Die Aktivform ἀλεύω in der Bed. abwenden hat Aeschylus (f. Pape).
ἀλέω mahle, molo, f. ἀλέσω att. ἀλῶ c. pf. pass. ἀλήλεσμαι. — Eine spätere Präsensform war ἀλήθω (§. 112, 12).
Thuc. 4, 26 liest Bekk. (auch Cobet VL. 132) ἀληλεμένος
ἀλῆναι oder ἀλήμεναι, Ind. ἐάλην f. εἴλω.
ἄλθομαι heile (intransitiv), fut. ἀλθήσομαι (Jl. ϑ, 405). Die Präsensformen ἀλθαίνω, ἀλθήσκω, ἀλθέσσω haben kausat. Sinn.
ἀλίσκομαι werde gefangen, formirt (von ἁλο-) fut. ἁλώσομαι und mit aktiver Form aber passiver Bedeutung: Aor. sync. ἥλων, attisch ἑάλων wurde gefangen, pl. ἑάλωμεν c. (mit langem α (vgl. ἑάγην), aber die augmentlosen Formen mit kurzem, Inf.

---

*) So nach Etym., Suid. s. v.; vgl. εἴατο unter ἦμαι und ἕννυμι. Nach anb. ἀκαχήατο (ed. 2. Bekk.).
**) Bekker (hom. Bl. 320) verwirft diese Aoristform bei Homer.

ἀλῶναι C. ἀλῶ, ῷς ꝛc. O. ἀλοίην P. ἀλούς. Perf. (ebenf. mit paff. Bedeutung) ἥλωκα unb ἑάλωκα, kurz α (vgl. ἑόρακα). Homer hat im Optativ ἀλοίην unb (ἀλῴην), mit welcher letztern Form bann ber nach §. 107 n. 42 gebehnte Conjunktiv ἀλώω, ῴης ꝛc. nicht zu verwechseln. Vgl. z. B. Jl. ξ, 81 mit Od. ξ, 183. o, 300. — Das Part. ἀλόντε mit langem α: Jl. ε, 487.

Das Aktiv biefes Verbi warb nicht gebraucht, fonbern immer αἱρεῖν, wovon alfo, bem Gebrauche nach, ἁλίσκομαι bas Paffivum ift.

ἀλιταίνω fehle, fünbige, §. 112, 11., f. ἀλιτήσω a. ἤλιτον Inf. ἀλιτεῖν. Med. ἠλιτόμην, ἀλιτέσθαι mit bem Att. gleichbebeutenb. — Das abjektivifche Part. ἀλιτήμενος (Sünber, Od. δ, 807) läßt fich als ein (äolifcher) Reft ber Formation in μι, wie διζήμενος, κιχήμενος, erklären. S. Ahrens D. Aeol. p. 135. — Nbf. ἀλιτραίνω Hes.

ἄλλομαι fpringe, geht regelmäßig: ἁλοῦμαι. Im Aorift ift bei Att. vorzugsweife ber a. 1. ἡλάμην, ἅλασθαι (lang α), bei Spätern ber a. 2. ἡλόμην, ἁλέσθαι (kurz α) gebräuchlich. Homer gebraucht faft nur ben Aor. syncop. (§. 110, 8), ber ben spir. lenis annimmt, unb wovon vorkommt 2. unb 3. Perfon ἆλσο, ἆλτο, Part. ἄλμενος, ἐπάλμενος *). Der Konj., welcher ber Synkope nicht fähig ift, wirb richtiger wieber mit bem Afper gefchrieben: ἄληται, unb mit ber Verkürzung: ἄλεται (Jl. λ, 192. φ, 536. u. vgl. μ, 438 ἐςήλατο).

ἀλύσκω meibe, f. ἀλύξω **) ꝛc. Verfchieben ift ἀλύω ober ἀλύσσω Hom. (bin außer mir); womit verwanbt ift ἀλαλύκτημαι von ἀλυκτέω.

ἀλφαίνω ober ἀλφάνω, erwerbe, aor. 2. ἦλφον, ἄλφοιμι Hom.

ἁμαρτάνω fehle, irre, f. ἁμαρτήσομαι a. ἥμαρτον, ἁμαρτεῖν pf. ἡμάρτηκα. Pass. (in 3. Perf.) pf. ἡμάρτημαι a. ἡμαρτήθην.
Für ἥμαρτον hat Homer ἤμβροτον mit bem lenis (vgl. ἄλλομαι), mit Verfetzung (§. 96 A. 7), unb mit Einfchaltung bes β, nach §. 110, 11, 2. Not. — Hievon neues Präf. ἀβροτάζω f. -ξω Hom.

ἀμβλίσκω mache Fehlgeburt, f. ἀμβλώσω ꝛc. von ἀμβλόω, beffen Präf. nur als Compos. vorkommt, ἐξαμβλοῦν ꝛc.

ἀμέρδω beraube, ἀμέρσω ꝛc. bicht.; Co. aor. p. ἀμερθῆς Jl. χ, 58. Nebf. ἀμείρω Pind.

ἀμπέχω unb ἀμπισχνοῦμαι f. unter ἔχω.

ἀμπλακίσκω fehle, irre (§. 112, 14), f. ἀμπλακήσω a. ἤμπλακον, ἀμπλακεῖν. Auch mit kurzer Anfangsfilbe ἀπλακεῖν (Eurip.)

ἀναίνομαι verweigere, aor. (1.) ἠνηνάμην, ἀνήνασθαι. Dies Verbum ift kein Kompofitum (f. Lexilog. I, 63, 10), unb ber Aorift ift regelmäßig gebilbet wie ἐλυμηνάμην ꝛc. Aber weiter kommt nichts vor.

ἀναλίσκω verzehre, wenbe auf, formirt vom feltneren, aber auch bei Att. gebräuchlichen ἀναλόω (Impf. ἀνάλουν unb ἀνήλισκον) f. ἀναλώσω. Im Aorift war fowohl ἀνήλωσα als ἀνάλωσα gebräuchlich, unb bei boppelter Zufammenfetzung κατηνάλωσα; eben fo in ben übrigen Präteritis act. unb pass.

---

*) Wegen bes lenis f. §. 6 A. 2 unb vgl. ἁμαρτάνω. Die Länge bes α, welche ber Cirkumflex anbeutet, ift anomalifches Augment; baher ἐπᾶλτο, nicht ἔπαλτο. Vgl. πάλλω.

**) Dies Verbum ift offenbar abgeleitet von ἀλεύομαι mit ber Enbung σκω, bie aber mit ausfallenbem σ weiter gebogen wirb, wie in διδάσκω. — Epifche Verlängerungen hievon finb ἀλυσκάζω unb ἀλυσκάνω.

Daß beide Arten der Augmentirung im Gebrauch waren, beweisen
die durchaus widersprechenden Angaben der Atticisten und das häufige
Schwanken der Hdschr. Bei Thuk. walten die unaugmentirten, bei Xen.
und den Rednern die augmentirten vor. S. Poppo zu Thuc. 3, 81. Ben=
seler zu 1s. Areop. 133.

ἀνδάνω gefalle, ionisch und dichterisch, Imperf. ἥνδανον, ἑάνδανον, ἑήν-
δανον, f. ἁδήσω aor. ἕαδον, ἅδον, Inf. ἁδεῖν, alles mit kurzem α, perf.
ἕᾱδα (dor. ἕᾱδα). Verwandt mit ἥδω, ἥδομαι; vgl. λανθάνω, λῆθω.
— Für den Aor. ἅδον hat Homer auch εὔαδον *).
ἀνέσει, ἀνέσαιμι f. §. 108. I. 4.

ἀνήνοθα, ein Perfekt mit Präsens=Bed., bringe hervor, von einem Thema
ΑΝΟΘ oder ΑΝΕΘΩ, wovon ἄνθος Blume, und ἀνθέω blühe, erst
abgeleitet ist; f. §. 97 A. 2 und vgl. ἐνήνοθα Lexif. I. 63.

ἄντομαι begegne, nur Präf. und Imperf. — Nebenformen: 1) ἀντάω
(Hom. ἤντεον) f. ἀντήσω ꝛc., in der Prosa nur Comp. ἀπαντάω f. ἀπαντήσομαι; 2) ἀντιάω, nur in Dehnungsformen, wie ἀντιάαν, ἄασθε,
ἀντιόων, ὄωσα, ὄωσι ꝛc. Hom., und 3) ἀντιάζω, ion. und dicht.,
fut. ἀντιάσω und (ἀντιῶ) ἀντιόω Hom., aor. ἠντίασα, oft bei Tragikern.

ἀνύω (auch ἀνύω) vollende, §. 95 A. 3. 112, 20. Hiezu gehören die synk.
Formen ἄνῠμες, ἄνῠτο bei Theokr., ἤνυτο Od. ε, 243. — Jonische und
dicht. Form ἄνω (ᾱ), §. 112, 7., wozu Med. ἄνομαι gehe zu Ende. Nur
einmal ᾰ, Jl. σ, 473 ἄνοιτο; f. ausf. Sprachl.

ἄνωγα befehle, ein altes Perfekt und stets ohne Augment, 1. pl. ἄνωγμεν,
Imper. ἄνωχθι, ἀνωγέτω, ἀνώγετε, oder unregelm. ἀνώχθω, ἄνωχθε
(§. 110 A. 5), Plusq. als Impf. (ἠνώγειν) ἠνώγεα, 3. P. ἠνώγει, ohne
Augm. ἀνώγει **). Da nun dies Perfekt Präsens=Bedeutung hat, so
bildete es sich auch in die derselben entsprechende Form: 3. Praes. ἀνώγει
(auch Herod. 7, 104) Impf. ἤνωγον, ἄνωγον, so daß also (nach dem
überlieferten Text) ἀνώγει sowohl 3. Präs. als Impf. (Plsq.), und ebenso
ἄνωγεν wiederum sowohl 3. Präs. (Perf.) als Impf. sein kann, Fut.
ἀνώξω Aor. ἤνωξα. Vgl. γέγωνα.

ἀπαφίσκω betriege (vermuthlich aus demselben Stamm wie ἀπατάω er=
wachsen), Aor. ἤπαφον, ἀπαφών, auch med. opt. ἀπάφοιτο. Fut. ἀπα-
φήσω (a. ἐξαπάφησε Hymn.)

ἀπόερσε f. ἔῤῥω. ‖ ἀπούρας f. ΑΤΡ-.

ἀράομαι, att. ἀράομαι, Depon. Med. bete, fluche. Hievon findet sich ein-
mal (Od. χ, 322) ein Inf. Act. ἀρήμεναι, viell. aor. 2. pass. von ΑΡΟ-
ΜΑΙ, f. ausf. Sprachl. — Von verschiedener Bedeutung ist das hom.
Part. Pf. ἀρημένος gedrückt, gequält.

ἀραρίσκω füge. Von dem einfachen Thema ΑΡΩ kommen f. ἄρσω a. 1.
ἦρσα, ἄρσαι ꝛc. (§. 101), Pass. 3. pl. ἄρθεν Aor. 2. ἤραρον, ἄραρον,
woraus sich die Präsensform bildete: Impf. ἀράρισκε Od. ξ, 23. — Mit
dem Kausativsinn fügen vereint das Thema ΑΡΩ aber auch den Im-
mediativsinn: recht sein, anschließen (f. §. 113, 2). Nur diesen,
und zwar als Präsens, hat das Perf. 2. ἄρᾱρα ion. ἄρηρα (part. fem.
ep. ἀρᾰρυῖα §. 97 A. 3) plq. ἀρήρειν oder ἠρήρειν Hom.; und der Aorist
ἤραρον kommt, obwohl seltner, ebenfalls intransitiv vor (Jl. π, 214). —

---

*) Nehmlich von der Stammform ϜΑΔΩ kommt sowohl das Augm.
syll. in ἕαδα, als dieses εὔαδεν, das aus dem nach dem Augment verdoppelten ϝ (ἙϜϜαδε wie ἔλλαβεν) entstanden ist; denn hier, wo dieser Laut
Position machte, konnte er nicht, wie in ἔοικα, ἔολπα ꝛc., ganz wegfallen.
**) Vor einem Vokal (nach §. 103 n. 12) auch ἠνώγειν, wie jetzt
außer Jl. ζ, 170 auch gelesen wird als 3. si. Jl. η, 394. Od. ε, 112. μ, 160.
ἀνώγειν Jl. ε, 899. Vgl. ἤσκειν S. 200., ἤειν, ἤδειν unter εἶμι, οἶδα.

Mit ἄρηρα ift bem Sinne nach einerlei baß Perf. pass. ἀρήρεμαι *), gebilbet nach ber Analogie beß Fut. ἀρέσω. Dieß Futur felbft aber, mit ben anbern bavon abgeleiteten Formen (f. ἀρέσκω) hat bie Bebeutung fich fügen, gefallen, angenommen, in welche auch einige ber obigen Formen zuweilen übergehn (Jl. α, 136. Soph. El. 147). — ἄρμενος (paffenb) ift Aor. syncop. (§. 110, 8).

ἀρέσκω trans. befriebige (τινά), intr. gefalle (τινί), f. ἀρέσω ꝛc. — Pass. ἀρέσκομαι werbe befriebigt (Thuc., Her.) pf. (ἤρεσμαι) a. ἠρέσθην (Soph. Ant. 500). — Med. fich geneigt machen (Hom.). Selten ἀρέσκεται = ἀρέσκει eß gefällt (f. Poppo zu Thuc. 1, 35). Daß Berbum ift mit bem vorigen (f. b.) auß bemfelben Stamm *AP* erwachfen.

ἄρνυμαι (zu αἴρω, wie πτάρνυμαι zu πταίρω gehörig) fteht anftatt αἴρομαι in gewiffen beftimmten Beziehungen, erwerbe, erarbeite, alß Lohn, Beute ꝛc.; bie übrigen Tempora außer Praes. unb Impf. von ber Stammform: f. ἀροῦμαι aor. 2. ἠρόμην (ἄροντο, ἀροίμην). Vgl. Jl. ζ, 446 mit σ, 121., unb χ, 160 mit ι, 124.

ἀρπάζω raube, hat bei ben Attifern ἀρπάσω unb ἀρπάσομαι, ἥρπακα, ἡρπάσθην, bei Spätern auch a. 2. ἡρπάγην. Homer hat beibe Formationen, f. ἀρπάξω a. ἥρπαξα unb ἥρπασα. — Part. aor. sync. ἀρπάμενος bei fpät. Ep. §. 110, 7.

ἀρόω f. reg. Berz.　　　‖ *ΑΡΩ* f. ἀραρίσκω unb ἀρέσκω.

ἀτιτάλλω (auß ἀτάλλω nach Analogie von §. 112, 13.) pflege, ziehe auf, behält bie Rebupl. im Aor.: ἀτίτηλα Hom.

αὐδάξασθαι fprechen, ein Aorift bei Herob. von einem ungebr. Thema αὐδάζω, wovon bei fpät. Dichtern auch aftive Formen (αὐδάξω, αὐδάξασα) vorfommen. — Vgl. αὐδάω.

αὐέρυσαν f. ἐρύω.

αὔξω unb αὐξάνω (ep. ἀέξω) vermehre, f. αὐξήσω ꝛc. — Pass. mit Fut. med. unb pass. nehme zu, a. ηὐξύθην.

ΑΥΡ-. Zu biefem Stamme **) gehören zwei Composita (f. Lexif. I, 22): 1) ἀπαυράω nehme weg. Hievon fommt bei Dichtern bloß vor Impf. (mit Aorift-Bebeutung) ἀπηύρων **) unb Aor. 1. med. ἀπηυράμην **) (von *ΑΥΡΩ*), unb burch einen befonbern Umlaut bie, burch bie Bebeutung genau mit biefen Formen verbunbenen, Participien aor. 1. act. ἀπούρας unb med. ἀπουράμενος Hes. α. 173 (f. Lob. zur außf. Spr.). — Wegen ἀπουρήσουσιν (Jl. χ, 489 Be.) f. Schol. unb Lexif. I. 2) ἐπαυρίσκομαι habe Vortheil ober Nachtheil wovon, genieße (auch faft nur bichterifch) f. ἐπαυρήσομαι aor. 2. ἐπηυρόμην, ἐπαυρέσθαι (nach anb. ἐπαύρεσθαι betont, f. Schol. ad Ap. Rhod. 677) unb bei unattifchen Schriftftellern ἐπαύρασθαι **). — Die ältere Poefie bebient

_____

*) Bei Apollonius, wo ἀρηράμενος falfche Lebart ift ftatt ἀρηρέμενος. Vgl. ἀκήχεμαι unb ὀρώρεται, unb §. 111 A. 2. Bei Hefiob (ε. 429) hat bieß Perf. tranfitive Bebeutung. S. jeboch Lob. zu außf. Spr. II, p. 56.

**) Der Grunbbegriff beß beiben Verbiß gemeinfamen Stammeß ift: berühren, nehmen, bavon tragen (guteß unb böfeß, theilß abfolut, wie Jl. ζ, 353, theilß mit Gen. ober Aff. nach §. 132, 10, i). Daher finbet fich ἀπηύρα zuweilen in ber Beb. von ἐπαυρίσκομαι, z. B. Hes. ε. 240 (vgl. ἐπαυρεῖ ib. 419), Eur. Andr. 1031. — Die mebialen Aoriftf. ἀπηυράμην (Od. δ, 646. Aesch. Prom. 28) unb ἐπαύρασθαι (Hippocr.) finb z. Th. auß ben Texten entfernt worben.

sich auch der aktiven Form: Aor. 2. ἐπαῦρον Pind. Py. 3, 65., C. ἐπαύρω
Inf. ἐπαυρεῖν oder ἐπαυρέμεν Hom. Das daraus gebildete Präsens
ἐπαυρέω hat Hesiod (s. die Note), ἐπαυρίσκω Theognis.

ἀύω rufe, töne; dichterisch. In der Flexion stets getrennt und mit langem
υ, ἀύσω, ἤυσα, ἀῦσαι. Nebf. ἀϋτέω. — Ganz verschieden ist ἀύω
zünde; wovon in der Prosa ἐναύω zünde an, und wozu vermuthlich auch
gehört die Form προσαύσῃ in Soph. Ant. 619.

ἀφάω oder ἀφάω betaste, davon part. ἀφόωντα, ἀμφαφόων, med. ἀμφα-
φόωντο Hom. Jon. Nebf. ἀφάσσω, a. ἤφασα, imp. ἄφασον Her. 3, 69.

ἀφύσσω schöpfe, §. 92 A. 4., f. ἀφύξω a. 1. nur ἤφυσα, ἀφῦσαι (ἀφύσσαι)
von der alten Stammform ἀφύω (ἐξαφύοντες Hom.).

ἄχθομαι bin beschwert (Od. ο, 457), ärgere mich, f. ἀχθέσομαι,
seltner und später ἀχθεσθήσομαι a. ἠχθέσθην.

ἄω. Dies Thema erscheint unter vier verschiedenen Bedeutungen:
  1) wehen, Impf. ἄον (Apollon.); gewöhnlich ἄημι (f. ob.)
  2) schlafen, aor. ἄσα und ἄεσα (§. 112, 6). Inf. ἀέσαι Hom.
  3) sättigen fut. ἄσω aor. bloß ἄσα Inf. ἆσαι; Med. ἄσεσθαι,
ἄσασθαι. Davon im Praes. pass. ἄται und durch Zerdehnung ἄᾱται
(Hesiod. α. 101 als Fut. nach §. 95 A. 19). Inf. Act. ἄμεναι (Hom.)
für ἀέμεναι. Adj. Verb. ἀτός, daher mit dem α priv. ἄατος (Hesiod.)
ἆτος (Hom.) unersättlich. — Zu diesem Verbo wird auch gerechnet die
Konjunktivform ἑῶμεν (ob. ἐῶμεν) mit neutraler ob. medialer Beb.
Jl. τ, 402 wie von ἐάω. S. Lexil. u. Spitzner Exc. ad Jl. 31. — S.
noch die Note zu ἀάω und vgl. ΑΔ-.
  4) schaben. In dieser Bedeutung ist es zsgz. aus ἀάω, f. oben.

ἄωρτο f. αἴρω.

B.

βαίνω gehe (Stamm: βᾰ), fut. βήσομαι aor. sync. ἔβην, nach ἔςην;
also ἔβημεν, τε, σαν C. βῶ O. βαίην Imp. βῆθι (Comp. κατάβηθι
u. κατάβα wie bei ἵςημι) βήτω Inf. βῆναι P. βάς βᾶσα βάν, pf.
βέβηκα. — Pass. in Compositis, z. B. von παραβαίνω, übertrete
(in 3. Perf.): perf. παραβέβαμαι aor. παρεβάθην. — A. V. βατός.

Die nach §. 110, 10 verkürzten Formen des Perfekts z. B. βεβᾶσι,
cj. βεβῶσι (Pl. Phaedr. 252) Inf. βεβάναι, P. βεβώς (Plat.) sind bei
diesem Verbo außer den Dialekten und Dichtern selten. Die homerischen
Perfektformen βεβάασι, αώς, ἀυῖα f. §. 97 A. 7., die Konjunktiv. βέω,
βείω, βήῃ §. 107 n. 43. und wegen des dor. βᾶμες st. βῶμεν (Theocr.
15, 22) vgl. S. 203. — Das Plusquamp. ἐβεβήκειν hat in der epischen Sprache die Bedeutung des Imperf. oder Aorists, z. B. Jl. ζ, 495.
513. vgl. βάλλω, ἐβεβλήκειν. — Im Aor. 2. hat Homer auch βῆ für
ἔβησαν (§. 110 A. 1, 5), βάτην für ἐβήτην, ὑπερέβασαν für ὑπερέβησαν.
Außerdem bedient er sich in gleicher Beb. auch des medialen Aorists
nach Anal. der Fälle in §. 96 A. 8.: ἐβήσετο Imper. βήσεο. — Reduplizirte präs. Participialformen bei Homer sind βιβάς, (βιβῶν) und verstärkend
βιβάσθων (schreitend). Das Part. der Stammform βάω f. Thuc. 5, 77.

Dies Verbum hat auch die kausative Bedeutung wohin bringen, doch bloß bei Joniern und Dichtern. Das Fut. Act. βήσω und
der Aor. 1. ἔβησα gehören bloß zu dieser Bedeutung, f. §. 113 A. 3 und
wegen Od. ν, 475 (ἀναβησάμενος) §. 135, 8; auch ἐπιβῆτον einmal kausativ Od. ψ, 52. Die ep. Nebf. βάσκω heißt theils gehn (βάσκ᾽ ἴθι),
theils bringen (ἐπιβασκέμεν); Ableit.: βιβάζω nur kausativ (fut. βιβάσω und βιβῶ), auch in Prosa, bef. in Kompof. wie ἀναβιβάζω laffe
hinaufgehn, καταβιβάζω führe hinab 2c.

βάλλω werfe, f. βαλῶ (zuweilen auch βαλλήσω) a. ἔβαλον Co. βάλω ꝛc.
pf. (durch Metathesis, §. 110) βέβληκα pass. βέβλημαι (Conj. f.
§. 98 A. 9), aor. p. ἐβλήθην. — Med.
Von einem Aor. syncop. (ἔβλην, §. 110, 6. 7) kommen die epischen
Formen 3. du. ξυμβλήτην Inf. βλήμεναι Pass. ἔβλητο, βλῆσθαι, βλή-
μενος Opt. 2. si. βλεῖο oder βλῇο (Jl. ν, 288) Co. βλήεται (für -ηται),
und davon wieder ein Futur συμβλήσομαι. — Das Perf. Pass. bei Ep. auch
βεβόλημαι *). Das Plusq. ἐβεβλήκειν hat bei denselben die Bed. des
Aorists (traf), z. B. Jl. ε, 66. 73. vgl. βαίνω. — Wegen 2. pf. p. βέβληαι f. §. 103 n. 17. §. 7 A. 16.

βαρύνω beschwere, f. βαρυνῶ ꝛc. pf. p. (von βαρέω) βεβάρημαι Plat.,
aber aor. wieder ἐβαρύνθην.
Von derselben Form hat Homer part. pf. Act. βεβαρηότα, ότες
mit intranf. Bedeutung; §. 97 A. 7.

βαστάζω trage, f. βαστάσω ꝛc. nimmt im Passiv bei Späteren die
andre Formationsart an: βεβάςαγμαι, ἐβαστάχθην (§. 92 A. 4.)
ΒΑ-, βάσκω, βίβημι, βιβάζω f. βαίνω.
βέομαι oder βείομαι ein irreguläres Futur bei Homer, ich werde leben
(vgl. §. 95 A. 19), und von zweifelhafter Abstammung, f. ausf. Spr.

βιάζομαι zwinge, Dep. med., wird auch passiv gebraucht, §. 113 A. 6.
Die Jonier haben die Form auf άομαι (§. 112, 9) Inf. βιᾶσθαι
Imp. βιῶ aor. ἐβιήσατο, pass. βιηθείς. Homer auch Att. praes. βιάζετε
perf. βεβίηκε.

βιβρώσκω esse, praes., fut. und aor. gewöhnlich von ἐσθίω; pf. βέ-
βρωκα und im Paff. βέβρωμαι, ἐβρώθην.
Das Futur βρώσομαι erst bei Spätern. — Das Part. Perf. βεβρω-
κώς erfährt zuweilen eine Zusammenziehung, wie die von §. 110, 10.,
daher Soph. Antig. 1022 βεβρῶτες. — Seltner ep. Aor. ἔβρων (f. §. 110, 6)
Hymn. — Das homerische βεβρώθοις gehört zu einem besondern Verbo
mit verstärktem Sinn βεβρώθω, fresse.

(βιόω) lebe, f. βιώσομαι, Aor. 1. ἐβίωσα, gew. aor. sync. ἐβίων,
βιῶναι P. βιούς βιοῦσα (neutr.? **) C. βιῶ, ᾧς ꝛc. O. βιῷην ꝛc.
Pf. βεβίωκα (pass. βεβίωταί μοι Dem.).
Präsens und Impf. gewöhnlich von ζῆν. Das Fut. βιώσω
nur bei Spätern. — Die Form βιώσκομαι und ἀναβιώσκομαι hat sowohl intransitive Bedeutung (aufleben, Plat. Phaedo. p. 72. c. d) als
transitive (beleben, id. Crito. 9). Bloß in der letztern hat es den a. l.
ἐβιωσάμην (Od. θ, 468. Plat. Phaedo. p. 89 b); in jener ist das Aktiv
ἀναβιῶναι gebräuchlich.

---

*) Jedoch mit dem Unterschiede, daß Homer (aber nicht die neu. Epi-
ker) βέβλημαι nur braucht, wenn der Körper, βεβόλημαι wenn die Seele ge-
troffen wird; also βεβλημένος ἰῷ, ὀξέϊ χαλκῷ, aber βεβολημένος ἄχεϊ ꝛc.
S. Schol. ad Jl. ι, 3. — Die alte Wurzel dieses Verbi hat ein ε (vgl.
τέμνω τάμνω, τρέπω τράπω, und unten σκέλλω), wie βέλος und ἑκα-
τηβελέτης beweisen; daher ΒΟΛΕΩ nach §. 112, 8.
**) Da das Präsens bei Att. ungebräuchlich ist, so können die Formen
βιοῦντος, ἐπιβιοῦντα ꝛc. (Plat. Dem.) füglich als Flexionsformen des häufigen part. aor. βιούς gelten. Die Analogie (§. 110, 6) erforderte jedoch
βιόντος, neu. βιόν, welche letztere Form wahrscheinlich Jſäus gebrauchte
(nach Poll. 3, 108 ἐπιβιούς — ἐπιβιόν). Der Atticismus des Aor. 1.
ἐβίωσα (Xen. Oec. 4, 18. Pl. Phaed. 113) wird bezweifelt. Vgl. Cobet
NL. 577.

βλαστάνω sprosse, f. βλαστήσω a. ἔβλαστον, βλαστεῖν. Ueber die Redupl. im Perf. und Plusq. s. §. 83 Anm. 1.

βλώσκω gehe, bildet vom St. MOΛ fut. μολοῦμαι aor. ἔμολον, μολεῖν, μολών. Perf. μέμβλωκα (durch Metath. nach §. 110, 11 für μέμλωκα), woraus das Präsens βλώσκω entstanden. Das Praes. μολέω ist verdächtig.

βοάω schreie, f. βοήσομαι (dicht. und später βοήσω) zieht bei den Joniern οη immer in ω zusammen*), fut. βώσομαι; zieht alsdann den Accent zurück, aor. ἔβωσα; und nimmt im aor. pass. ein σ an, ἐβώσθην; aber perf. part. βεβωμένος Herod. — Med. in Compos.

ΒΟΛ- s. βάλλω und βούλομαι.

βόσκω weide, f. βοσκήσω a. ἐβόσκησα ꝛc. — Med. weide (intr.).

βούλομαι (2. P. βούλει) f. βουλήσομαι aor. ἐβουλήθην, ἠβουλήθην, βουληθῆναι, pf. βεβούλημαι. Augm. §. 83 A. 5.
Homer hat auch ein pf. 2. προβέβουλα, ziehe vor. — Bei ihm findet sich die erste Silbe auch kurz, in welchem Falle man sie mit einem ο schreibt: βόλεται, βόλεσθε (§. 5 A. 3) Jl. λ, 319. Od. π, 387 und (nach Bekker und dem Schol.) ἐβόλοντο α, 234.

βραχεῖν, ἔβραχον, ein epischer Aorist, krachen. Verschieden von βρέχειν netzen, βρέχεσθαι, βρεχθῆναι und βραχῆναι naß sein; §. 113 A. 5.

ΒΡΟΧ-, ein Stamm wovon bei Homer nur der Bedeutung schlürfen, aor. 1. a. κατα-, ἀναβρόξειε a. 2. p. ἀναβροχέν.

βρυχάομαι brülle, Dep. pass. u. med. Das Perf. Akt. βέβρῡχα hat bei Dichtern dieselbe präsentische Bedeutung, vgl. μηκάομαι, μυκάομαι. Vom Perf. ἀναβέβρῡχα sprudle hervor (Jl. ρ, 54.) s. Lexil. 85.

βυνέω verstopfe, f. βύσω a. ἔβυσα (ῡ) pf. p. βέβυσμαι, von der bei Spätern üblichen Stammform βύω.

Γ.

γαμέω heirathe d. i. uxorem duco (τινά), formirt vom St. γαμ- f. γαμῶ (ion. γαμέω) aor. 1. ἔγημα, γῆμαι. Perf. γεγάμηκα. — Med. γαμοῦμαι heirathe d. i. nubo (wie dieses immer c. dat.), f. γαμοῦμαι aor. ἐγημάμην.
Später γαμήσω, ἐγάμησα. Die Form ἐγαμήθην (wovon Theokrit γαμεθεῖσα) ist reines Passiv. — Fut. Med. γαμέσσεται (wofern die Les- art richtig) Jl. ι, 394 hat kauf. Bedeutung, zum Weibe geben.

γάνυμαι freue mich, bei Homer außerdem nur noch im Futur: γανύσσεται. — Zu demselben Stamme gehören: γαίων (κύδεϊ γαίων), γηθέω, das lat. gaudeo etc.

γέγωνα, ein Perfekt mit Präsensbedeutung: ich rufe, thue kund. Die meisten übrigen Formen aber werden wie von einem aus diesem Perfekt entstandenen Präsens auf ω oder έω gebildet: Inf. γεγωνεῖν Impf. ἐγεγώνενν (für -εον) 3. P. ἐγέγωνει, aber auch (ἐγέγωνε) γέγωνε, welche Form folglich als Präsens (Perfekt) und Imperf. vorkommt, s. §. 111, 2., fut. γεγωνήσω a. γεγωνῆσαι (Eurip. ꝛc.). Vgl. ἄνωγα.

ΓΕΝ-. Dieser Stamm (lat. gigno, genui) vereinigt die kausative Bed. zeugen mit der immediativen geboren werden.
1) zeugen. Diese Bed. hat nur der von Ep. und Trag. viel ge- brauchte Aor. 1. ἐγεινάμην ich zeugte (wozu auch gehört Od. ν, 202 γείνεαι conj. für -ηαι). Der prof. Gebrauch desselben beschränkt sich

___

*) Daß dies die wahre Vorstellung ist, lehrt die Vergleichung von βωθεῖν ion. für βοηθεῖν (Her. 9, 23 al.). Vgl. νοέω, ὀγδώκοντα.

auf Herob. und Xen., bei denen zuweilen οἱ γεινάμενοι umschreibend für οἱ γονεῖς. Alles übrige in dieser Bed. wird vom regelm. γεννάω ge=bildet. — Das nur dicht. Präf. γείνομαι (nicht bei Trag.) ist dagegen intranf. und kommt der Bed. nach völlig mit dem folg. überein (daher es von Better im Homer jetzt auch so geschrieben wird).

2) geboren werden oder häufiger bloß werden, fieri: γίγνομαι alt und attisch (ion. und bei spätern γίνομαι), f. γενήσο-μαι, aor. 2. ἐγενόμην, γενέσθαι perf. γεγένημαι oder in aktiver Form: γέγονα (bin geworden, und als Präf.: bin von Ge-burt). Zu den obigen Bed. gesellt sich noch die von sein, da ἐγενόμην und γέγονα zugleich als Präterita des Verbi εἶναι dienen.

Unattisch sind die Formen ἐγενήθην, γενηθήσομαι. — Für γέγονα ist eine dichterische Form (γέγάα) 1. pl. γεγάμεν 3. γεγάασιν Inf. γεγά-μεν (für -άναι) Part. γεγαώς, υἷα alt. γεγώς, ὦσα, ώς (f. §. 110, 10); wie von ΓΑΩ (vgl. τείνω), woher auch γεγάκειν (für γεγηκέναι f. §. 111 A. 1) bei Pindar. Ueber die anomalischen Formen γεγάᾱτε (Batrach. 143. Hom. Epigr. ult.) und ἐκγεγάονται (als Futur nach §. 95 A. 19 in Hymn. Ven. 198) f. Lexil. I. und die ausf. Spr. — έγεντο, γέντο (Hesiod. Pind.) ist synkopirt aus ἐγένετο; f. aber auch den folg. Artifel. γέντο er faßte, eine äolisch-dorische Form bei Homer, über deren muthmaß-liche Entstehung (aus ἕλετο) f. ausf. Spr. — S. auch γίγνομαι.

γεύω lasse kosten, Med. koste, pf. p. γέγευμαι, aber adj. vb. γευ-ςέος, daher vermuthlich auch aor. ἐγεύσθην.

γηθέω freue mich, γηθήσω ꝛc. pf. 2. γέγηθα einerlei mit dem Präsens und zuweilen auch in Prosa (Plat.), §. 112, 6.

γηράω, gew. γηράσκω altere, f. γηράσομαι und γηράσω (Plat.), geht regelmäßig nach γηράω, nur ziehen die Attifer dem Inf. Aor. γηρᾶσαι die Form γηρᾶναι vor.

Dieses γηρᾶναι ist der Inf. von dem ältern synkop. Aorist ἐγήρᾱν Hom. (wie ἔδρᾱν, δρᾶναι §. 110 A. 1, 2), wozu auch das epische Part. γηράς (Jl. ρ, 197. γηράντεσσιν Hes. ε. 188) gehört*).

γιγνώσκω alt und attisch (ion. und später γίνώσκω), erkenne; fut. γνώσομαι, Aor. sync. ἔγνων plur. ἔγνωμεν, τε, σαν. C. γνῶ γνῷς, γνῷ ꝛc. O. γνοίην Imp. γνῶθι, γνώτω ꝛc. Inf. γνῶναι P. γνούς γνοῦσα γνόν G. γνόντος. Perf. ἔγνωκα pass. ἔγνωσμαι a. ἐγνώσθην. A. V. γνωςός, γνωτός.

Conj. aor. ep. gedehnt γνώω, γνώῃς ꝛc. vgl. ἁλίσκομαι. Vereinzelt ist der Opt. Aor. Med. συγγνοῖτο Aesch. Suppl. 213. Wegen der 3. pl. aor. act. ἔγνων bei Pind. f. die Note zu μιαίνω. — In der kausativen Bed. überreden, welche das Compos. ἀναγιγνώσκω besonders bei Jo-niern hat, bildet es den Aor. 1. ἀνέγνωσα.

γοάω und γοάομαι wehflage, inf. γοήμεναι §. 105 A. 16., f. γοήσομαι a. 2. ἔγυον (§. 96 A. 5). Jt. γοάασκεν, γόασκε §. 105 A. 12.

γρηγορέω f. ἐγείρω.	|| ΓΩΝ- f. γέγωνα.

---

*) So die Atticisten. Neuere Kritiker bezweifeln diesen Aorist, betonen γηράναι (Soph. OC. 870. Aesch. Cho. 908) und leiten dies wie das pt. γηράς vom Thema γήρημι (wie ἵστημι, cf. Etym. 230) ab, das homer. ἐγήρα aber von γηράω; ebenso κατεγήρα bei Herob. (6, 72), da es als Aorist bei ihm ἐγήρη haben müßte, wie ἔδρη. S. Lob. zur ausf. Spr. II. 13.

ΔA-, *δαίω*. Die zu dieser Wurzel gehörigen Formen haben vier Haupt=
bedeutungen: theilen; speisen; brennen; lehren.

1. *δαίω* schneide, theile, theile zu; bloß Präs. und Imperf.,
und nur dichterisch; zu demselben Sinn aber gehören als Depon.
Med. fut. *δάσομαι* (*ᾰ*) aor. *ἐδασάμην* (it. *δασάσκετο* Hom.), die auch in
Prosa gebraucht werden; und Perf. *δέδασμαι* mit passivem Sinn (bin
vertheilt), wovon 3. pl. des Wohlklangs wegen *δεδαίαται*. S. §. 112, 9.
— Das Präsens *δατέομαι* (s. unt.), verhält sich hiezu, wie *πατέομαι*
zu *πάσασθαι*; §. 112, 6.

2. *δαίνυμι* bewirthe, speise, med. *δαίνυμαι* schmause, verzehre
(2. Pers. Impf. *δαίνυο*, 3. opt. *δαινῦτο* s. §. 107 n. 33. 37), sormirt seine
Tempora von *δαίω*, das aber im Präsens nie diese Bedeutung hat: *δαίσω*,
δαίσομαι ꝛc. — Wegen *δαισθείς* (Eurip.) s. ausf. Spr.

3. *δαίω* heißt im Präsens auch brenne, zünde an. Aber Perf.
δέδηα Plq. *δεδήειν* (§. 113, 3) gehören zum Med. *δαίομαι* brenne (intr.),
wovon a. 2. (*ἐδαόμην*) 3. Conj. *δάηται**).

4. *ΔΑΩ* vereinigt den kausativen Sinn lehren mit dem immediativen
lernen. Im erstern kommt nur der Aor. 2. vor: *ἔδαον* oder *δέδαον*
(§. 83 A. 10), wohin das homerische *δέδαε* gehört; in der Bedeutung
lernen aber Perf. (*δέδαα*) *δεδάασι*, *δεδαώς* (§. 97 A. 7) aor. pass.
ἐδάην (eigentlich ward gelehret d. h. lernte, s. §. 100 A. 9) conj. (*δαῶ*)
δαείω, inf. *δαῆναι*, *δαήμεναι*; woher das neue Persekt *δεδάηκα* (nach
§. 111, 4) oder *δεδάημαι* fut. *δαήσομαι*. — Von *δέδαα* als von einem
Präsens geht aus (*δεδάασθαι*) *δεδάασθαι*, kennen lernen, erforschen (Hom.).
Das hievon abgeleitete *διδάσκω* s. unt.

Auch gehört zu diesem Stamm das epische *δήω*, *δήεις* ꝛc., ein anom.
Futur mit der bestimmten Bedeutung werde finden**).

δάκνω beiße, von *ΔΗΚΩ* f. *δήξομαι* aor. *ἔδακον*, *δακεῖν* pf. p. *δέ-*
δηγμαι aor. *ἐδήχθην*.

δαμάω bändige***), bildet seine Tempora von dem Stamm *δεμ-*: pf. (mit
Synkope) *δέδμηκα*, pass. *δέδμημαι* aor. p. *ἐδμήθην* und a. 2. *ἐδάμην*
(*Conj.* §. 103 n. 38). In Prosa ist in diesem Sinne *δαμάζω* gebräuch=
lich, das regelmäßig geht, und wozu auch bei Homer außer dem att.
Futur (s. die Note) noch die Aoristformen *ἐδάμασα*, *ἐδάμασσα*, *δαμά-*
σασθαι, *δαμασθείς* ꝛc. gehören. — Die nach §. 112, 16 verstärkte Prä=
sensform bei den Epikern ist *δαμνάω*, *δάμνημι*, *δάμνασθαι*, aber nur
im Präs. und Impf. — Vgl. *δέμω*.

---

*) Den intranf. Sinn leiht man der Präsensform *δαίω* bloß durch
Misverstand der Stelle Jl. *ε*, 4. 7. Vgl. Jl. *σ*, 206. 227. und bes. *ν*, 316.
wo dies Verbum in drei Formen vorkommt: *μηδ' ὁπότ' ἂν Τροίη μα-*
λερῷ πυρὶ πᾶσα δάηται (intranf.) *δαιομένη* (paff.), *δαίωσι* (tranf.) δ' *Ἀρήιοι*
υἷες Ἀχαιῶν.

**) Vgl. *κείω* bei *κεῖμαι*. Beide sind alte Futura in der Form des
Fut. 2., von *ΔΑΩ*, *ΚΕΩ*, also statt *δαέω*, *κεέω* (§. 95 A. 16 und 19), mit
Zusammenziehung der zwei ersten Vokale, wie in dem Gen. *εὐρρεῖος* (aus
εὐρρέεος; s. §. 53 A. 5.

***) Als Präsens ist dies Thema jedoch nur einmal vorhanden (*δαμᾷ*
Jl. *α*, 61). Sonst sind die Formen *δαμάᾳ*, *δαμόωσι* attisches Futur von
δαμάζω, und auch das *δαμᾷ* in obiger Stelle wird deshalb von einigen,
obwohl gezwungen, als Futur gefaßt. Das eigentliche gebräuchliche Prä=
sens bei Ep. ist *δαμνάω*, s. oben.

δαρϑάνω gew. Comp. καταδαρϑάνω, schlafe, f. (δαρϑήσομαι) aor.
ἔδαρϑον, δαρϑεῖν pf. δεδάρϑηκα.
    Dies Verbum außer der Zusammensetzung nur Od. v, 143. Das
Fut. δαρϑήσομαι nach Anal. von ἁμαρτάνω. — Für ἔδαρϑον ist dichterisch ἔδραϑον (§. 96 A. 7); und das Comp. mit κατά geht im Aorist
zuweilen, aber wol nur bei Spätern (z. B. Dio C. 45, 1), in die Form
des Aor. pass. über, κατεδάρϑην, καταδαρϑείς, eingeschlafen, welche
Form somit als das einzige Beispiel eines Aor. 2. pass. mit dem Charakter ϑ (s. §. 100, 6) anzusehen wäre*).
δατέομαι theile (s. δαίω 1.). Hiezu a. 1. Inf. δατέασϑαι Hesiod. ε. 765.
f. §. 96 Anm. 1. und vgl. ἀλέομαι.
δέαται f. δόαται.   ‖ δεῖ f. δέω.   ‖ δείδω f. δεῖσαι.
δείκνυμι zeige (§. 107) f. δείξω 2c. — Med.
    Die Jonier formiren δέξω, ἔδεξα, δέδεγμαι (ἀποδεδέχϑαι) f. §. 27
A. 3. — Das Med. δείκνυμαι hat bei den Epifern (Jl. ι, 196 2c.) auch
die Bedeutung begrüßen, bewillkommen, zutrinken, wozu gehört
das Perfekt, mit gleicher Präsens-Bed., δείδεγμαι (für δέδειγμαι) 3. pl.
δειδέχαται, 3. sing. Plusq. als Imperf. δείδεκτο **). — Nebenformen:
δεικανάομαι, δειδίσκομαι und δεδίσκομαι, nicht zu verwechseln mit δεδίσσομαι, δειδίσσομαι f. δεῖσαι.

δεῖσαι fürchten, Infin. vom aor. 1. ἔδεισα, fut. δείσομαι (Hom.).
Die Bedeutung des Präsens hat das Perfektum, und zwar
sowohl perf. 1. δέδοικα (§. 97 A. 1) als perf. 2. δέδϊα, ersteres
im Singular, letzteres vorzugsweise im Plural und den synkopirten Formen (vgl. ἵζημι) und auch in den Modis gebräuchlich: δέδοικα, ας, ε· δέδιμεν, δέδιτε, δεδίασι; 3. pl. plsq. ἐδέδισαν Imp. δέδιϑι Inf. δεδιέναι P. δεδιώς ***). S. §. 110, 10.
    Conj. δεδίῃ Xen. Ath. 1, 11. δεδίωσι Dio C. 37, 40. Wegen der
sonderbaren Optativform δεδιείη bei Plato s. die ausf. Spr.
    Die Epiker sagten auch δείδοικα und δείδια (vgl. das vorhergehende
δείδεκτο); so auch δείδιμεν, δείδιϑι, δειδίμεν, δειδίοτες 2c. und noch
mehr verkürzt (bei Apollon.) Part. δειδυΐα. Hieraus entstand wieder ein
neues Präsens δείδω (das bei Homer nur in dieser 1. Pers. vorkommt) wovon man sonst alles obige ableitete.

────────

*) In die Werke älterer Autoren ist diese Aoristform vermuthlich nur
durch die Schuld der durch spätern Gebrauch verwöhnten Abschreiber gekommen. Daher wird bei Homer, der sonst nur κατέδραϑον hat, jetzt allgemein im Conj. καταδράϑω (Od. ε, 471) accentuirt, und bei Aristoph.
(Plut. 300. Thesm. 793) καταδαρϑόντα, -δάρϑωμεν den alten Lesarten
vorgezogen. Die ältere Prosa bedient sich nur der akt. Aoristform. S. Wytt.
ad Plut. Mor. p. 557. Bekk. hom. Bl. 70. Pors. ad Ar. Plut. 300.
    **) Viele bringen die Form δείδεκτο unter δέχομαι, weil man daraus
die Bedeutung empfangen, bewillkommen leichter herzuleiten glaubt.
Aber der Grundbegriff ist der des Hand-Darbietens; und δείκω hieß wohl
ursprünglich nur ich strecke die Hand aus, woraus allerdings auch δέχομαι, δέχομαι sich ableiten läßt. Vgl. δείδοικα, δείδια, wo die Redupl. δει
ebenfalls statt findet, weil die Stammsilbe auch δει ist.
    ***) Ueber den attischen Gebrauch aller dieser Perfekt- und Plusq.-For-
men, insbesondre der (in Hdschr. häufig in ἐδέδιεσαν oder ἐδέδοικεσαν verfälschten) 3. pl. ἐδέδισαν f. die ausf. Spr., Lobeck zu Phryn. 180. Cobet
NL. 465 sqq. Dinb. im Thes.

Im Homer findet man den Aorist immer geschrieben ἔδδεισα, das einzige Beispiel einer beim Augment verdoppelten Muta *).

Die Epiker brauchen δίω Impf. ἔδιον (kurz ι) in dem Sinn fürchten, und (Jl. χ, 251) fliehen. Hievon ist der kausative Begriff scheuchen. Sonderbar ist aber, daß Homer gerade diesen nur durch die passive Form ausdrückt (δίεσθαι Conj. δίωμαι ιc.). Von einer andern Form δίημι hingegen heißt das Aktiv jagen, hetzen (ἐνδίεσαν Jl. σ, 584), und das Pass. fliehen, laufen (δίενται Jl. ψ, 475). Der Inf. δίεσθαι kann zu beiderlei Formen gehören, und hat auch beiderlei Bedeutung (Jl. μ, 276. 304).

Endlich gehört zu demselben Stamm das Dep. med. δεδίσσομαι, ττομαι (dies auch zuweilen in att. Prosa), ep. δειδίσσομαι f. -ξομαι ιc., sowohl transit.: schrecke (Dem. p. 434), als intrans.: zage (Jl. β, 190).

δέμω baue, aor. ἔδειμα pf. p. δέδμημαι, -μένος ιc. (§. 110, 11). Das Futur kommt nicht vor. Die Form δείμομεν bei Homer ist verkürzter Conj. aor. f. §. 103 n. 39. In der gewöhnlichen Sprache ist οἰκοδομέω dafür gebräuchlich. — Med. (ἐδειμάμην) bei Hom. und Spät. Dasselbe Thema gibt auch die Tempora zu δαμάω f. oben.

δέρκομαι oder perf. 2. δέδορκα (sehe, blicke) aor. ἔδρακον (f. §. 96 A. 7) auch ἐδράκην und ἐδέρχθην, alles aktiv.

δέχομαι nehme an, auf, Dep. med., reglm. fut. δέξομαι ιc.

Jon. δέκομαι (woher ξενοδόκος, δωροδοκέω ιc.). — Zum aor. sync. (ἐδέγμην) gehören 3. P. ἔδεκτο, δέκτο er nahm, Imp. δέξο Inf. δέχθαι. Das Perf. δέδεγμαι heißt bei Epikern auch ich erwarte (imp. δέδεξο fut. δεδέξομαι). In diesem besonderen Präsens=Sinn (welchen das Präs. δέχομαι niemals hat) kann es die Redupl. abwerfen, z. B. 3. pl. δέχαται sie erwarten, Part. δέγμενος und Plusq. (als Impf.) ἐδέγμην, welche erste Person in der Bedeutung: ich nahm, also als aor. sync., nicht vorkommt. S. §. 110, 8. Zu demselben Stamm gehört (nach §. 112, 8) das ep. δεδοκημένος wartend, lauernd Jl. ο, 730. und vgl. δ, 107.

δέω binde (kontr. nach §. 105 A. 2); f. δήσω a. ἔδησα; das übrige mit ε: δέδεκα, δέδεμαι, ἐδέθην (§. 95). — Das Fut. 3. δεδήσομαι vertritt die Stelle des weniger attischen fut. 1. δεθήσομαι. — Med.

Wegen der Futurformen δεδήσομαι (Xen. Plat.) und δεθήσομαι (Dem.) f. Pierson zu Moer. p. 123. Das pf. act. δέδηκα bei Aeschin. p. 46. Wegen δεδήμην f. §. 163. — Von einer Präsensform δίδημι (§. 112, 15) zeugen 3. pl. διδέασι Xen. δίδη, διδέντων Hom.

δέω fehle, ermangele, f. δεήσω, ist gewöhnlich impersonal: δεῖ es bedarf, man muß (il faut), C. δέῃ O. δέοι Inf. δεῖν Part. δέον Fut. δεήσει, a. ἐδέησε ιc. — Das Pass. δέομαι, δέῃ oder δέει (nicht kontr.), δεῖται ist immer personal, ich bedarf, bitte, δεήσομαι, ἐδεήθην (§. 113 A. 5).

Conj. δέῃ einsilbig Ar. Plut. 216. — Die Zusammenziehung in ει ward in diesem Verbo zum Unterschied vom vorigen auch von Attikern zuweilen vernachlässigt, f. ausf. Sprachl., z. B. Isocr. Busir. 5: τοσούτου δέεις, und bei Xenophon öfters δέεται, δέεσθαι (vgl. jedoch S. 200 N.).

---

*) Daß die wahre Ursach der Länge, wodurch diese Schreibart hier, und ebenso in der Kompos. περιδδείσαντες, ὑποδδείσασα (nur einmal ὑποδείσατε Od. β, 66.), ἀδδεές veranlaßt wird, in einem verkannten Digamma hinter dem δ (dw) liege, darüber f. die ausf. Sprachl. Im Perf. verursachte der Ausfall des Digamma die Dehnung der ersten Silbe.

Dagegen hat Homer Aor. δῆσεν, ἔδησεν (Jl. σ, 100); aber auch eine eigne Form δενόμαι, δενήσομαι, ἐδεύησεν (Od. ι, 540). Das impers. δεῖ bei Homer nur Jl. ι, 337.

ΔΗΚ- f. δάκνω. || δήω f. *ΔΑ-*.

δηρίομαι ſtreite, regelm. Hom. Davon aor. δηρινϑήτην mit eingeſchalte-
tem ν (vgl. ἱδρύω) Jl. π, 756. Nebf. δηριάομαι.

δ ι δ ά σ κ ω lehre, verliert in der Formation das σ und behält die
Redupl.: διδάξω, ἐδίδαξα, δεδίδαχα, δεδίδαγμαι ꝛc. — Med.
Bei Dicht. auch διδασκήσω. Stammform *ΔΑΩ* (4). Vgl. ἀλύσκω.

(δ ι δ ρ ά σ κ ω) entlaufe, nur in der Komposition: ἀποδιδράσκω, δια-
διδράσκω (St. δρα-) fut. δράσομαι Aor. sync. ἔδρᾶν, ᾶς, ᾶ,
ᾶμεν, ᾶτε, 3. pl. ἔδρᾶσαν C. δρῶ, ᾷς, ᾷ ꝛc. O. δραίην Imp.
δρᾶϑι Inf. δρᾶναι P. δρᾶς. Pf. δέδρᾱκα.
3. pl. aor. bicht. ἔδρᾶν (§. 110 A. 1). Die Jonier haben durchaus η:
διδρήσκω, δρήσομαι, ἔδρην ꝛc. — Bei Spät. wird aor. 1. ἔδρασα üblich,
gleichlautend mit dem Aor. von δράω, f. d.

δίζημαι ſuche, eine Form von μι, die das η in der paſſ. Form behält,
§. 106 A. 3; fut. διζήσομαι Hom. — Zu demſelben Stamm gehört die
Aktivform δίζω (f. Pape) in der Beb.: bei ſich überlegen.

δικεῖν werfen, ἔδικον, ein defektiver Aoriſt bei Pind. und den Trag.

διψῆν f. S. 201. || δίω, δίημι f. δεῖσαι. || *ΔΜΕ-* f. δέμω.

(δόαται ober δέαται) wovon δέατο Od. ζ, 242., es ſchien, aor. δοάσσατο
C. δοάσσεται (-ηται) Hom. S. hierüber Lexik. II.

δ ο κ έ ω ſcheine, dünke, von *ΔΟΚΩ* f. δόξω ꝛc. Das Perfekt aus dem
Paſſiv: δέδογμαι, habe geſchienen.
      Die regelmäßige Formation δοκήσω ꝛc. iſt dichteriſch. — Das epi-
ſche δεδοκημένος f. unter δέχομαι.

δουπέω töne dumpf, falle, pf. δέδουπα (§. 97 A. 4), aor. ἐδούπησα und
ἐγδούπησα von einer Form *ΓΔΟΥΠ-*, die ſich zu δουπέω verhält, wie
κτυπέω zu τύπτω.

δραμεῖν, δέδρομα f. τρέχω. || *ΔΡΑ-* f. διδράσκω.

δ ρ ά ω thue, regelm. δράσω (ᾱ) ꝛc., daher pf. δέδρᾱκα gleichlautend
mit pf. von διδράσκω, das aber im Simplex nicht gebräuchlich iſt.
Im Paſſ. bald mit, bald ohne σ: δέδρᾱμαι (ſeltner δέδρασμαι),
δρασϑείς, δραξέος.

δρέπω pflücke, regelm. — Eine ſeltne zweite Aoriſtform hat Pind. (Py. 4,
231) part. δραπών. — Med.

δ ύ ν α μ α ι kann, Praes. und Impf. wie ἴσαμαι; 2. praes. δύνασαι,
dichteriſch und ſpäter δύνῃ *). Conj. und Opt. nach §. 107 n. 32.
— Fut. δυνήσομαι aor. ἐδυνήϑην, ἠδυνήϑην inf. δυνηϑῆναι (auch
ἐδυνάσϑην Xen.) pf. δεδύνημαι. Adj. Verb. δυνατός (möglich).
      Homer hat im Aoriſt ſowohl ἐδυνήσατο als ἐδυνάσϑη (§. 113
A. 5 a.), Herodot nur letzteren.

δ ύ ω (gew. ῠ). Dies Verbum**) vereinigt die kauſative Bedeutung

_____

*) Wegen δύνῃ bei Tragikern (Eur. Her. 253. Andr. 238) f. die Note
zu Soph. Phil. 798. Die Analogie von ἐπίςα (f. b.) erforderte eigentlich
δύνᾳ, und ſo leſen auch wirklich an letzter Stelle die meiſten neuern Ausgaben. S. Ellendt L. Soph. s. v. Schol. Jl. ξ, 199.
**) S. über den attiſchen Gebrauch deſſelben und ſeiner Compoſita die
lehrreiche Darſtellung bei Cobet NL. 50. 785 sqq.

einhüllen mit der immediativen eingehn: 1) Act. δύω, in transf. Bed. nur in der Kompofition mit ἀπό, ἐν, ἐκ und κατά gebräuchlich: hülle ein, verſenke, f. δύσω a. ἔδῡσα Pass. ἐδύϑην (§. 95). — 2) Med. δύομαι hülle mich ein, gehe ein, tauche unter, auch tranſ.: ziehe an (z. B. ein Kleid, nach §. 135, 4) f. δύσομαι a. ἐδυσάμην, wofür jedoch attiſch gew. aus dem Aktiv aor. sync. ἔδῡν C. δύω O. δύην *) Imp. δῦϑι δῦτε Inf. δῦναι P. δύς, δῦσα, δύν G. δύντος, und das Perf. δέδῡκα (§. 113). Hiezu neue Präſensform (mehr ion. und dicht.) δύνω = δύομαι.

Das Präf. δύω iſt bei Ep. auch intr. (f. S. 231 N.); dagegen ἀπο-δέδῡκα in der tranſ. Bed. des Akt. Xen. Anab. 5, 8, 23. — Vom Aor. Med. ἐδυσάμην (Jl. ψ, 739. σ, 376) bilden die Ep. nach §. 96 A. 8 mit dem Bindevokal ε: ἐδύσετο, ἐδύσεο Imper. δύσεο. Das Part. δυσόμε-νος mit Präſensbed. Od. α, 24. Hes. ε. 382. — Wegen δυνέουσι f. §. 112. A. 4.

<h2 style="text-align:center">E.</h2>

ἐάφϑη (auch ἐάφϑη geſchrieben) Jl. ν, 543. ξ, 419, vermuthlich von ἅπτειν fügen (vgl. ἐάγην, ἐάλων); nach Ariſtarch von ἕπομαι für εἴφϑη. S. Lexil. II. 87. Spitzn. Exc. ad Jl. 24. Lehrs Ar. 346.

ἐγείρω wecke, regelm.; perf. 1. ἐγήγερκα pass. ἐγήγερμαι. — Med. erwachen, hat im Aoriſt ἠγρόμην Inf. ἔγρεσϑαι (ſtatt ἐγρέσϑαι). Hiezu Perf. 2. ἐγρήγορα mit anomaliſcher Redupl.: bin erwacht, daher als Zuſtand: ich wache. Plusq. als Impf. ἐγρηγόρειν. S. §. 110, 4. §. 113 A. 3.

Wegen der Betonung ἔγρεσϑαι (Od. ν, 124. Plat. Symp. 223 ꝛc.) f. d. ausf. Sprachl. Imper. ἔγρεο (wie ἔνϑεο ꝛc. S. 214) Od. ο, 46 ꝛc. — Aus ἐγρηγόρατε entſteht ἐγρήγορϑε Jl. η, 371. σ, 299 und hieraus ein entſprechender Infinitiv ἐγρηγόρϑαι **) Jl. κ, 67 und mit neuer Anomalie 3. pl. ἐγρηγόρϑασι Jl. κ, 419. Vgl. §. 110 A. 5 und Lob. zur ausf. Spr. II. 25. 159. — Präſensformen, die aus ἐγρήγορα zu gleicher Bed. entſtehn, ſind ἐγρήσσω und (Part.) ἐγρηγορόων bei Homer, und γρηγορέω in der ſpät. Gräcität.

ἔδω f. ἐσϑίω.   ‖ ἐδοῦμαι f. ἕζομαι.

(ἕζομαι) καϑέζομαι ſitze, Impf. als Aoriſt ἐκαϑεζόμην ſetzte mich. Fut. καϑεδοῦμαι (§. 95 A. 16). S. ἵζω.

Die Form ἐκαϑεζόμην als Aoriſt häufig bei Plato, Xen. ꝛc. Das Präſens Indik. καϑέζομαι wird dadurch bei ältern Attikern wenigſtens verdächtig; doch bei Spätern findet es ſich; auch bei Homer einmal ἕζεαι Od. κ, 378 (oft in den Modis: ἕζεο, ἕζεν, ἕζεσϑαι ꝛc.) und καϑεῖζον-ται Lys. c. Agor. 37. — Spätere brauchten ſtatt ἐκαϑεζόμην auch ἐκα-ϑέσϑην.

---

*) Beiſp. des Konj. f. S. 231 N., des Opt.: Od. ι, 377. σ, 348. υ, 286. Vgl. §. 107 n. 33. Auch ἐκδῦμεν in der verdächtigen Stelle Jl. π, 99 neh-men einige als Opt. (für ἐκδύημεν, f. Lexil. I.). Nach dem Schol. jedoch iſt es der regelrechte Inf., deſſen Gebrauch in ähnl. Stellen nachweiſt Bekk. hom. Bl. 225. — Ob auch in Proſa dieſe Form des Opt. in Gebrauch war, iſt ungewiß. Nach Cobet hatte er bei Att. die gewöhnliche Form δύοιμι (Xen. Eq. 8, 7).

**) Die Ausgaben accentuiren dieſe Form als einen äoliſchen Infinitiv (nebſt 3 andern auf ορϑαι) nach dem Schol. ἐγρήγορϑαι (Ahr. Aeol. 147).

ἐϑέλω und ϑέλω (die längere Form bei Homer und in Prosa, die
kürzere bes. bei Tragikern) will, f. ἐϑελήσω, ϑελήσω ꝛc. Pf. ἠϑέ-
ληκα.

[ἔϑω.] Von diesem Verbo ist nur Pf. εἴωϑα plq. εἰώϑειν (§. 97)
bin gewohnt, gebräuchlich.
        Jon. ἔωϑα plq. ἐώϑεα. — Vom Präsens ist nur übrig das home-
        rische Particip ἔϑων, pflegend. — Wegen ἐώϑεε f. §. 112 A. 4.

εἴδω sehe; ein altes Verbum, wovon in dieser Bedeutung nur noch εἶδον,
ἰδεῖν, ἰδέσϑαι ꝛc. als Aorist des Verbi ὁράω gebräuchlich geblieben ist.
In der ep. Sprache findet sich aber in derselben Beb. von εἴδω (das als
Praes. Ind. nur bei spätern Dichtern vorkommt) auch die passivo-mediale
Form εἴδομαι (εἰδόμενος), εἰσάμην (ἐεισάμην, ἐεισάμενος) für gesehn
werden und scheinen (videri).

[εἴκω.] Hievon wird als Präf. gebraucht das Pf. ἔοικα, bin ähnlich, scheine, Part. ἐοικώς, Nbf. εἰκώς, υῖα, in der att. Prosa
besonders im Neutro εἰκός, z. B. εἰκός ἐστι es ist wahrscheinlich, natürlich, probabile est. Plusq. ἐῴκειν (§. 84 A. 9). Seltnes Fut. εἴξω. (Εἴκω weiche, f. reg. Verz.).
        So wie εἰκώς findet man bei attischen Dichtern auch εἰκέναι (Ar.
Nub. 185. Eur. Bacch. 1283), die 3. pl. εἴξασι (Plat. Soph. 230. Eurip. ꝛc.
f. Faye) und vermuthlich auch 3. si. plsq. ἤκειν (Ar. Av. 1298) mit
dem ν nach Anal. von §. 103 Anm. n. 12. Vgl. εἰδώς, εἰδέναι, ἴσασι, ἤδειν
unt. οἶδα. Da ferner ein Präsens εἴκω sich nirgend findet *), so leitet
Cobet (VL. 317) auch das obige Fut. εἴξω (Ar. Nub. 1001) vom Perf.
εἰκέναι ab, wie εἴσομαι von εἰδέναι, ἑςήξω von ἕςηκα u. a.
        Von den Perfektformen kommen bei Homer außer den regelmäßigen
ἔοικα, ἐοικώς, ἐῴκειν noch vor: ἐοίκεσαν (Jl. ν, 102), εἰκώς, εἰκυῖα
(Bekk. immer getrennt εἰκυῖα, vgl. οἶδα 3.), εἰοικυῖαι (σ, 418). — Wegen
der dicht. Formen εἴκτον, εἴκτην und ἤικτο, εἴκτο (Hom.), ἐοίγμεν,
προσήιξαι (Soph., Eurip.) f. S. 229 N. und §. 110, 9.

εἰλύω wälze, umhülle, ft. εἰλύσω; pass. pf. εἴλῦμαι 3. Plur. εἰλύαται (ῠ)
part. εἰλῦμένος, 3. plsq. εἴλῦτο; med. εἰλύομαι wälze mich, krieche, Soph.
— und ἐλύω, wozu ἐλυσϑῆναι sich krümmen Hom. Ueber alle diese
Formen f. Lexil. II. — Von ἰλύς (Schlamm) abgeleitet scheint die Form
κατιλυϑείς (d. h. mit Schlamm bedeckt) Xen. Oec. 17, 13.

εἴλω dränge, gewöhnlicher εἰλέω oder εἰλέω, auch εἴλλω (Plat., Thuc.) und
ἴλλω (Soph., Arist.; dies die attische Form nach Moeris p. 145) geschrieben, fut. εἰλήσω ꝛc. Von dem bloß dichterischen εἴλω: Aor. 1. Inf. ἔλσαι,
ἐέλσαι (drängen, auch stoßen, schlagen z. B. Od. ε, 132) Part. ἔλσας Perf.
pass. ἔελμαι Aor. pass. ἐάλην (3. pl. ἄλεν) Inf. ἀλῆναι oder ἀλήμεναι
Part. ἀλείς (nach andern ἐάλην, ἀλῆναι); vgl. ἐσάλην, σαλῆναι von σέλλω.
Von derselben Stammform (ΕΛΩ) kommt auch ἐλαύνω (s. unten). —
Wegen anderer hiehergehöriger Formen, als ἐόλει Pind., ἐόλητο Apollon., προυσελεῖν Aeschyl. ꝛc. f. Lexil. II. 88 und 76. und vgl. Lob. zu
Phryn. 29.

εἵμαρται f. μείρομαι.   ‖ εἰμί und εἶμι f. §. 108.

εἰπεῖν sagen, Inf. des Aor. 2. εἶπον (ep. ἔειπον) Imp. εἰπέ (Comp.
πρόειπε); gewöhnlicher als der mehr ionische Aor. 1. εἶπα (§. 96)

_____

*) Auch das Impf. εἶκε (bloß Jl. σ, 520) weist Bekk. hom. Bl. 137
dem andern Verbo zu, und schon die alten Ausleger commentirten es durch
ἐφικτὸν ἦν, συνεχώρει.

Imp. εἶπον [1]). Die Attiker brauchen indessen εἶπας so gut als εἶπες, und εἴπατε, εἰπάτω ꝛc. vorzugsweise.

Zu diesem Aorist werden gerechnet: das Fut. ἐρῶ (ion. ἐρέω) von der dichterischen Präsensform εἴρω; — und von PEΩ: das Perf. εἴρηκα pf. p. εἴρημαι, aor. pass. ἐῤῥήθην (unsicher ἐῤῥέθην), ῥηθῆναι, ῥηθείς; fut. 3. als gewöhnliches fut. pass. εἰρήσομαι [2]). — A. V. ῥητέος, ῥητός.

Im Präf. und Impf. werden λέγω und φημί, in einigen Verbindungen auch ἀγορεύω (das dafür in den übrigen Temp. bei Att. nicht üblich ist) gebraucht, z. B. κακῶς ἀγορεύειν τινά, κακῶς εἶπον. Ebenso in den Kompos., z. B. ἀπαγορεύω verbiete, a. ἀπεῖπον ich verbot; ἀντιλέγω widerspreche, f. ἀντερῶ ꝛc., προλέγω verkünde vorher, pf. προείρηκα ꝛc.

Die ion. Form des a. p. ist εἰρέθην (unsicher εἰρήθην). Der dichterische *Imperat.* ἔσπετε kommt von einer Nebenform mit eingeschaltetem σ. Vgl. λάσκω, ἔϊσκω, μίσγω.

Sehr anomalisch ist auch das dichterische ἐνέπω oder ἐννέπω, einerlei mit εἰπεῖν; wozu (ἤνισπον) ἔνισπον als Aorist zu rechnen ist, da ein Praes. *Indic.* ἐνίσπω nicht vorkommt [3]), und der *Inf.* cirkumflektirt wird (ἐνισπεῖν Od. γ, 93); *Imp.* ἔνισπε (Od. δ, 642) und (zu Ende des Verses) ἔνισπες [4]); *Fut.* ἐνισπήσω oder ἐνίψω [5]).

εἴργω schließe aus, f. εἴρξω ꝛc. — εἴργνυμι mit dem Asper, schließe ein, fut. εἴρξω ꝛc.

Die ionische und epische Sprache hat für beide Bedeutungen ἔργω oder ἐέργω (ἔρξα, ἔργον, ἐέργνυ, ἐεργμένος ꝛc.) und noch im ältern Atticismus finden sich Formen wie ἔρξεται, συνέρξετε Soph., συνέρξας, περιέρξαντες Plat. Thuc. Die 3. pl. Perf. und Plq. lautet bei Homer ἐέρχαται, -το und ohne Augment ἔρχαται, -το sind eingesperrt. — Dicht. Nbf. εἴργαθον, ἔργαθον, ἐέργαθον §. 112, 12.

εἴρω f. εἰπεῖν und ἐρέσθαι. — In der Bedeutung reihen aber ist es ein eignes Verbum, a. 1. εἶρα (Herod. 3, 87 ἐξείρας exserens) Pf. ἔερμαι (wegen des Digamma vgl. §. 84 Anm. 6.) *Part.* ἐερμένος Hom., ἑρμένος Herod. (4, 190). Die alten Gramm. leiten auch die Form σὺν δ' ἤειρεν (Jl. κ, 499) von diesem Verbo ab.

εἴωθα f. ἔθω.

ἐλαύνω treibe, fut. ἐλάσω att. ἐλῶ ᾷς ꝛc. a. ἤλασα pf. ἐλήλακα. Pass. pf. ἐλήλαμαι aor. ἠλάθην. A. V. ἐλατός. — Med.

---

[1]) Nicht εἴπόν; f. das Genauere über den Acc. NT. Gramm. p. 50.

[2]) Vgl. wegen des Augments oben §. 83 A. 3. — Hesiod (Θ. 38) bildet auf ion. Art part. praes. εἰρεῦσαι von εἴρέω.

[3]) Jl. λ, 839 und Od. ι, 37 ist ἐνίσπω Conj. Aor.

[4]) So lautet die Vorschrift der alten Grammatiker (z. B. Et. M. in v.); welche durch diesen Accent die Imperativform ἔνισπες (Jl. λ, 186) von der 2. si. ἔνισπες (ω, 388) unterschieden. S. noch Spitzn. zur erstern St.

[5]) So wie nehmlich διδάσκω und ἀλύσκω das σ im Futur ausstoßen, gerade so ἐνίσπω. Da nun das Präsens ἐνίπτειν, und eben so auch die verwandten Formen ἠνίπαπεν und ἐνίσσω im Homer nie alleinstehend sagen, wohl aber alleinstehend schelten bedeuten; so müssen alle diese von der Stammform εἰπεῖν getrennt, und unter ἐνίπτω besonders aufgeführt werden; obgleich auch aus ἐνέπω eine Präsensform ἐνίπτω wenigstens in Pindars Gebrauch ist, Pyth. 4, 358. S. überhaupt Lexil. I, 63.

Das Thema ἐλάω ist im Präsens selten ober dichterisch (X. Cyr. 8, 3, 32. Hell. 2, 4, 32. Jl. ω, 696 ꝛc.). Der schlechteren Formen mit σ: ἐλήλασμαι, ἠλάσθην, ἐλασός bedient sich auch Herod. im Perf. nie, und im Aor. schwanken die Lesarten zwischen beiden Formationen. Noch bei späteren Autoren, wie Plutarch, Polybius, Diodor sind die Formen ohne σ ungleich häufiger als die anderen.
Die Form des att. Futurs ist auch bei Jon. und Ep. vorherrschend; bei Homer in den gewöhnl. Dehnungsformen ἐλάαν (dies auch Präsens), ἐλόωσι. — 3. sing. plq. p. ἐλήλατο und ἠλήλατο Hom. (S. 135 Note). Wegen 3. plur. ἐλήλάδατο s. S. 191 Not.; und wegen ἐληλάμενος (proparox. z. B. Arat. 176) §. 111 A. 2.

ἐλελίζω wirbele, zittere, f. -ξω ꝛc. aor. sync. ἐλέλικτο.   S. Lexil. I.

ΕΛΕΤΘ-, ΕΛΘ- s. ἔρχομαι.

ἕλκω ziehe (Augm. ει §. 84, 2.) fut. ἕλξω (und ἑλκύσω) aor. (εἷλξα und) εἵλκῦσα, Pass. bloß εἵλκυσμαι, εἱλκύσθην. — Med. — Aber ἑλκέω (zerre) hat regelm. ἑλκήσω, ἥλκησα Hom.

ἔλπω lasse hoffen, ἔλπομαι (ep. ἐέλπομαι) hoffe, perf. ἔολπα einerlei mit ἔλπομαι, Plusq. als Impf. ἐώλπειν (§. 84 A. 6 und 9).

ἘΛ- s. εἴλω.   ἘΛ- s. αἱρέω.   ‖ ἐλύω s. εἱλύω.

ἐναίρω (kein Komp.) tödte. Davon (bei Trag.) aor. 2. ἤναρον und das Subst. τὰ ἔναρα spolia. — Med. mit aor. 1. ἐνηράμην Hom.

ΕΝΕΓΚ-, ΕΝΕΙΚ- ꝛc. s. φέρω.   ‖ ἐνέπω s. εἰπεῖν.

ἐνήνοθα, ein altes Perfekt, das ein Thema ΕΝΕΘΩ voraussetzt: ἐπενήνοθε, κατενήνοθε ist, sitzt, liegt auf etwas.   Vgl. ἀνήνοθα.

ἐνίπτω und ἐνίσσω (s. S. 268 letzte Note) schelte, hat im Homer zweierlei Aoristform, nehmlich entweder ἐνένιπον (s. Lexil. I.) oder mit der Reduplikation am Ende: 3. P. ἠνίπαπεν.   S. §. 85 A. 3. 4.

ἐνίσπω, ἐννέπω s. εἰπεῖν.   ‖ ἔννυμι s. §. 108. III.

ἑόλητο s. εἴλω.   ‖ ἐπαυρεῖν, ἐπαυρίσκομαι ꝛc. s. ΑΤΡ-.

ἐπίςαμαι verstehe, 2. P. ἐπίςασαι, impf. ἠπιςάμην f. ἐπιςήσομαι a. ἠπιςθθην (§. 113 A. 5). A. V. ἐπιςητός.
Conj. und Opt. praes. nach §. 107 n. 32. — 2. P. praes. ion. ἐπίςεαι, dicht. ἐπίςᾳ ober ἐπίςῃ; Imper. ἐπίςασο (ao) und ἐπίςω, s. S. 212 Note und vgl. S. 217 n. 37.

ἕπω bin um etwas, behandele. Dieses alte Verbum, wovon einige Composita (περιέπω, διέπω) auch in Prosa geblieben sind, hat das Augm. ει (διεῖπον), und einen Aor. ἔσπον, σπεῖν, σπών, (ἐπέσπον, ἐπισπεῖν, μετασπών, alles mehr dichterisch) und Herod. auch den a. 1. p. περιέφθην (wurde behandelt) und fut. med. περιέψομαι (passivisch) 5, 1. 7, 149 ꝛc. — Sehr gebräuchlich dagegen ist
Med. ἕπομαι folge, Impf. εἱπόμην fut. ἕψομαι. Aor. 2. behält im Indik. den Spir. asper: ἑσπόμην, Inf. σπέσθαι, Imp. σποῦ (σπέο, σπεῖο Hom.), welche letzteren Formen hauptsächlich in der Komposition vorkommen, ἐπίσπου ꝛc.
Die alten Dichter (Homer, Pindar) haben das ε auch in den Modis: ἕσπωμαι, ἑσπέσθαι, ἑσπόμενος, nicht aber in der Komposition, also immer ἐπισπέσθαι, μετασπόμενος ꝛc.*).   Das (bei spätern Ep. gebräuchliche)

---

*) Deshalb, und weil die einfachen Formen mit ἑ- bei Homer nur nach einem elidirten Vokal vorkommen, hat Bekker in der neusten Rec. es auch am Simplex beseitigt und schreibt (gegen Aristarch): ἅμα σπέσθαι, δὲ σπόμενος statt ἅμ' ἕσπ., δ' ἕσπομ. Vgl. hom. Bl. 56. Schol. ad Jl. κ, 246.

Präsens ἕσπεται Od. δ, 826 ist falsche Lesart statt ἔρχεται. S. Spitzn. Exc. X. — Pindar (Py. 4, 133) hat aor. med. ἐπέσποντο st. ἐφέσπ.

ἐράω liebe, begehre, nur Präs. und Impf. Das übrige von dem im Präs. nur dichterischen ἔραμαι: f. ἐρασθήσομαι a. ἠράσθην. Das Präs. ἐρῶμαι nur passiv: werde geliebt. Dicht. ἔραμαι aor. ἠρασάμην, kurz α, daher das σ in obigen Passivformen. A. V. von beiden: ἐρατός und ἐραςός. — Auffallend ist die zerdehnte Form ἐράασθε im akt. Sinne Jl. π, 208, vgl. Theocr. 2, 149. — Ein andres regelmäßiges ἐράω ist bloß in den Kompof. gebräuchlich: ἐξεράσαι ausgießen, κατεράσαι ꝛc.

EΡΓΩ und ἔρδω f. ῥέζω; — ἔργω f. auch in εἴργω.

ἐρείδω stütze, regelm. Wegen der Perf. und Plusq. Formen ἐρήρεισμαι, Herod. Plat.; ἐρηρέδαται, -το, ἠρήρειστο Hom. f. S. 135 u. N. Feh-lerhaft gebildet ist 3. pl. ἐρήρεινται bei Apollon. (2, 320. 4, 945).

ἐρείκω reiße b. h. zermalme, f. ἐρείξω a. ἤρειξα (Ar. Vesp. 649). Ep. aor. 2. ἤρικον riß (intr.) Jl. ρ, 295. Pf. p. ἐρήριγμαι Aristot.

ἐρείπω werfe nieder, kausativ: f. ἐρείψω a. 1. ἤρειψα ꝛc. Pass. aor. ἠρείφθην Soph., (ἠρίπην) ἐριπέντι Pind., plusq. ἐρέριπτο ep. statt ἐρήριπτο §. 85 A. 1.; aber a. 2. und pf. 2. ἤριπον, ἐρήριπα immed.: nieder-fallen. — Ep. Med. ἀνηρειψάμην riß in die Höhe, riß fort.

ἐρέσθαι fragen, Inf. von ἠρόμην, C. ἔρωμαι, Imper. ἐροῦ, ein Aorist. Fut. ἐρήσομαι (§. 112, 19).

Die ionische Prosa hat auch ein Präsens εἴρομαι, bedient sich aber des Imperfekts εἰρόμην, nebst εἴρεσθαι (so betont) und den übrigen Modis, eben so gut aoristisch: fut. (εἰρήσομαι) ἐπειρήσομαι (vgl. εἰπεῖν). — Die Epiker haben neben εἴρομαι, εἴρεαι ꝛc. die Formen mit einge-schaltetem ε: ἐρέεσθαι, ἐρέοντο als Präsens und Impf.; ferner die aktive Form ἐρέω (verlängert ἐρείνω), welche von dem Fut. ἐρέω (f. εἰπεῖν) wohl zu unterscheiden ist. Conj. ἐρείομεν ep. für ἐρέωμεν. Die Form ἔρεσθαι (Co. ἔρωμαι, Imp. ἔρειο §. 103 n. 19) aber ist immer Aorist, und daher entweder (mit Bekker) ἐρέσθαι zu betonen, oder nach Analogie von ἀγέρεσθαι, ἔγρεσθαι ꝛc. für einen inf. aor. mit zurückgezogenem Accent zu halten. S. Lob. zur ausf. Spr. — Wegen ἐπειρεόμενος f. §. 112 Anm. 4. — In Prosa wird alles fehlende durch ἐρωτάω ersetzt.

ἐρέω f. εἰπεῖν und ἐρέσθαι.

ἐρίζω und ἐρίζομαι streite, wetteifere, regelm. — Perf. pass. ἐρήρισμαι (Hes.) mit Präsens-Bed. Eine andre Form ist ἐριδαίνω, womit zu ver-binden die Form ἐριδήσασθαι Jl. ψ, 792 des Metri wegen mit langem ι (and.: ἐριζήσασθαι nach dem Schol.).

———

Bei Pindar sind beide Formen feststehend, z. B. Py. 4, 70. 10, 26. Ol. 8, 15. Isth. 6, 25. 5, 47. — Zur Erklärung aller dieser Formen möge in Vergleich mit ἔχω (ἔσχον) folgendes dienen. Die Aoristform der beiden Stämme EX (fut. ἕξω) und ΕΠ lautete zunächst mit Einschaltung des Spiranten σ: ἔσχον, ἔσπον, ἐσπόμην. Die erste Form verwandelte den Asper wegen der folgenden Aspirata in den Lenis: ἔσχον, in welcher Form der Sprach-gebrauch das ursprünglich radikale ε für ein bloßes Augment ansah, und die Modi demgemäß bildete σχῶ, σχεῖν ꝛc., und ebenso im Medium: ἐσχό-μην, σχῶμαι, σχέσθαι ꝛc. Derselben Analogie folgte das aktive ἔσπον, welches gleichfalls, obwohl ohne den angeführten Grund, den Asper in den Lenis verwandelte und nunmehr auch in den Modis das scheinbare Augment abwarf: σπεῖν, σπών ꝛc., nicht aber ἐσπόμην, das den Asper behielt und daher das (radikale) ἑ in den Modis noch einige Zeit, theilweise wenigstens, bewahrte.

ἕρπω krieche, Augm. ει, nur Präf. und Impf., das übrige von
ἑρπύζω: f. ἑρπύσω aor. εἵρπυσα ꝛc.
    Fut. ἔρψω Aesch. Eum. 500., Theocr. 5, 45., Aor. εἷρψα bei Spät.
ἔῤῥω gehe, bin fort, f. ἐῤῥήσω, a. ἤῤῥησα ꝛc.
    Mit dem Verbo verbindet sich gewöhnlich der Nebenbegriff des Un-
glücks, Nachtheils, daher ἔῤῥει = ἀπόλωλε Xen. (Hell. 1, 1, 23), ἔῤῥε
apage, Hom.
    (ἔρσε) ἀπόερσε riß, schwemmte fort, cj. ἀποέρσῃ opt. ἀποέρσειε Hom.
ἐρυγγάνω stoße auf, fut. ἐρεύξομαι (vom unatt. Präsens ἐρεύγομαι)
aor. ἤρυγον ἐρυγεῖν, später ἠρευξάμην.
ἐρυθαίνω röthe (f. ἐρυθήσω zweif., f. ausf. Spr.). Homer hat von der
    Stammform ἐρεύθω aor. ἐρεῦσαι Jl. σ, 329.
ἐρύκω lang υ, halte ab, f. ἐρύξω, a. ἤρυξα (ἔρυξα Hom.). Daneben Aor.
    2. ἠρύκακον Inf. ἐρυκακέειν, f. §. 85 A. 4.
ἐρύω ober (ion.) εἰρύω ziehe, kurz υ in der Flexion. Fut. wieder ἐρύω,
    med. ἐρύομαι Jl. λ, 454. ξ, 422, f. §. 95 Anm. 19. Hesiod. (ε. 816) hat
    aber auch nach der Form auf μι den Inf. εἰρύμεναι (kurz υ). — Das
    Med. ἐρύομαι (εἰρύομαι) fügt der Beb. ziehen (z. B. ξίφος, νῆας) ober
    an sich heran ziehen (Od. τ, 481), die von retten hinzu, und hat gleich-
    falls kurz υ in der Flexion (auch in der Beb. retten, z. B. Jl. δ, 186.
    χ, 351); daher es im Falle der Verlängerung wol richtiger in beiden
    Beb. mit σσ zu schreiben ist: ἐρύσσεται, ἐρύσσατο, εἰρύσσασθαι ꝛc.
    (Jl. κ, 44. λ, 363. α, 216 ꝛc.). — Die Abf. ῥύεσθαι hingegen, welche
    nur die übertragene Beb. retten, bewachen ꝛc. hat, und in dieser auch bei
    Trag., Herob. und in der Spät. Prosa häufig ist, hat bei Att. in der Flexion
    stets ein langes υ: ἐρρύσατο, daher man es bei Ep., wo es nur einmal
    kurz vorkommt (Jl. ο, 29 ῥυσάμην), ebenso schreibt: ῥύσατο, ῥύσαι ꝛc. —
    Endlich gibt es eine synkopirte Nebenform (§. 110, 5) ἔρυσθαι, εἴ-
    ρυσθαι und ῥῦσθαι mit gewöhnlich langem ν, ἔρῦσο, ἔρῦτο (einmal
    ἔρῠτο Hes. Θ. 304), εἴρῦτο, εἰρύαται, ῥύατο ꝛc. fast ausschließlich für
    die Bedeutung retten, bewachen, schützen (ausg. Od. χ, 90 εἴρῦτο,
    zog). Diese sind nicht zu verwechseln mit Perf. u. Plusq. Pass. des Stamm-
    worts, εἴρῦμαι bin gezogen worden, wovon 3. si. κατείρυσται (Od. Θ, 151)
    pl. εἴρύαται, inf. κατειρύσθαι (nicht -ρῦσθαι), aber auch εἴρῠαται, εἰ-
    ρύατο, εἰρῦμένος (in der Arsis). Aor. p. εἰρύσθην, ἐρυσθείς Hippocr.
    — S. von dem ganzen Verbo Lexik. I.
    Das hom. Verbum αὐερύω ist nicht mit dem Abv. αὖ, sondern
    mit der Präp. ἀνά zusammengesetzt, welche nach §. 147 A. 6 in der Kom-
    pos. die Beb. zurück erhält. In der Isstzg. mit Fερύω (§. 6) wird zu-
    nächst das α der Präp. apokopirt: ἀνFερύω, worauf sich das ν assimi-
    lirte: ἀFFερύω (wie ἀλλέξαι, nach §. 117 A. 2), und hieraus wurde dann
    αὐερύω, genau wie oben κανάξαις aus καFFάξαις, f. ἄγνυμι. Vgl. auch
    αὐίαχος §. 120 A. 11.
ἔρχομαι gehe, vom St. ἐλευθ- f. (ἐλεύσομαι) aor. (ἤλυθον) ἦλθον
    (§. 110, 4) C. ἔλθω Inf. ἐλθεῖν Imp. ἐλθέ (§. 103 n. 4) Perf.
    ἐλήλυθα. A. V. (ἐλευστέον) bei Spät.
    Der Aor. bei Ep. sowohl ἤλυθον als ἦλθον (beide nie ohne Augm.),
    die Modi nur vom zweiten; das Perf. εἰλήλουθα 1. pl. εἰλήλουθμεν
    (§. 110, 9) neben dem gewöhnlichen ἐλήλυθα.
    Außerdem ist schon §. 108. V. gezeigt worden, daß, besonders in
    Compositis, vielfältig Formen von εἶμι statt der entsprechenden von ἔρ-
    χομαι gebraucht wurden, so daß dies Verbum dem gewöhnlichen Ge-
    brauche nach etwa so zusammengesetzt ist: Praes. ἔρχομαι C. ἴω O. ἴοιμι
    Imp. ἴθι Inf. ἰέναι P. ἰών Impf. ἤειν oder ἦα. Pf. ἐλήλυθα Plq. ἐλη-

λύθειν. Aor. ἦλθον, ἐλθεῖν. Fut. εἶμι ſtatt beß in Proſa unge=
bräuchlichen ἐλεύσομαι. A. V. ἰτητέον.
ἐσθημένος ion., ἠσθημένος att., ein befektiveß Part. Perf., gefleibet.
ἐσθίω eſſe, von ἔδω (Hom.), f. ἔδομαι (§. 95) Perf. ἐδήδοκα pass.
ἐδήδεσμαι aor. pass. ἠδέσθην Inf. ἐδεσθῆναι. Aor. Act. ἔφα-
γον C. φάγω Inf. φαγεῖν. — A. V. ἐδεςός.
Der Umlaut o im Perf. Act. (vgl. §. 97 A. 1. 2) bleibt bei Homer
auch im Paſſiv: ἐδήδομαι, ἐδήδοται. Derſelbe hat auch Perf. ἔδηδα,
unb Inf. Praes. ἔδμεναι (§. 110, 5) für ἐδέμεναι. — Die Dichter haben
auch eine fürzere Form im Präſ.: ἔσθω.
ἔσπετε, ἔσπον, ἑσπόμην ſ. εἰπεῖν unb ἔπω. || εὔαδε ſ. ἁνδάνω.
εὔδω, gew. καθεύδω ſchlafe, f. εὑδήσω, καθευδήσω. Augm. κα-
θηῦδον, καθεῦδον unb ἐκάθευδον.
εὑρίσκω finde, f. εὑρήσω aor. εὗρον Imp. εὑρέ (§. 103 n. 4) Inf.
εὑρεῖν pf. εὕρηκα pass. εὕρημαι; aor. pass. εὑρέθην (§. 95 A. 4)
A. V. εὑρετός. — Med.
    Unattiſche Schriftſteller formiren ben Aor. med. alß aor. 1. εὑράμην
ſtatt εὑρόμην (§. 96 Note zu Anm. 1).
ἔχθω haſſe, bloß im Präſenß unb dichteriſch; davon baß Med.:
(ἐχθάνομαι) ἀπεχθάνομαι, werde verhaßt, f. ἀπεχθήσομαι Aor.
ἠχθόμην, ἀπηχθόμην Inf. mit anomaliſchem Accent: ἀπέχθεσθαι [1])
Pf. ἀπήχθημαι bin verhaßt.
ἔχω habe, Impf. εἶχον Fut. ἕξω (§. 18) unb σχήσω, abgeleitet vom
Aor. ἔσχον Co. σχῶ, σχῇς rc. (Compos. παράσχω, παράσχῃς)
O. σχοίην (§. 103 n. 13) aber in ber Kompoſition: μετάσχοιμι,
παράσχοις, παράσχοι, ἐπίσχοιμεν rc. [2]) Imp. σχές, σχέτω rc.
(§. 110 A. 2.) Compos. παράσχες [3]) Inf. σχεῖν Part. σχών. Perf.
ἔσχηκα pass. ἔσχημαι, ἐσχῆσθαι aor. p. ἐσχέθην, σχεθῆναι. —
Med. f. ἕξομαι unb σχήσομαι [4]) Aor. ἐσχόμην Inf. σχέσθαι Imp.
σχοῦ, σχέσθω (Comp. παράσχου). — Adj. Verb. ἐκτός unb σχετός.
    Vgl. ἔπω mit ber Note. — Eine Nebenform beß Präſenß iſt ἴσχω,
welche in gewiſſen beſtimmteren Bebeutungen (halten, faſſen rc.) vorge=
zogen wirb. Daß ἰ iſt Stellvertreter einer Redupl. wie baß ι in ἵςημι,
nur baß in ἴσχω ber Spir. asper wegen beß χ in ben lenis überging. —
Ein alteß Perfeft von ἔχω iſt ὄχωκα (Jl. β, 218 συνοχωκότε) [5]).

_____

[1]) Denn ein Präſ. ἀπέχθομαι war wenigſtenß nicht in gewöhnlichem
Gebrauch. S. außf. Sprachl.
[2]) Dieß iſt wenigſtenß ber allgemeine attiſche Gebrauch, auch bei ben
Tragifern. Homer bagegen hat ἐπισχοίης (Jl. ξ, 241).
[3]) Unſicher, ſelbſt bei Dichtern, iſt bie zuweilen überlieferte Abfürzung
κάτασχε, πάρασχε (Eur. Hec. 836. Herc. 1214. Plat. Prot. p. 348).
[4]) Daß fut. med. ἕξομαι wirb alß Simplex in ber Bebeutung feſt=
halten, an ſich halten (Xen. An. 7, 6, 41 rc.), σχήσομαι bagegen mehr in
ber Beb. ab=, entfernt halten (Jl. ι, 655 ν, 747 rc.) gebraucht. Die Compoſita geben balb bem einen, balb bem anbern Futur ben Vorzug.
[5]) Die einfachſte Perfeftform war nehmlich ὄχα, augmentirt ᾤχα, mit
att. Redupl. ὄκωχα, unb hierauß mit Verwandlung ber zweiten Aſpirata
(§. 18) ὄχωκα, wie οἴχωκα von οἴχομαι. S. b. außf. Spr. — Auch baß
homeriſche ἐπώχατο, waren verſchloſſen (Jl. μ, 340. vgl. ὀχεύς), läßt ſich
burch ben Uebergang von ὤχα, ὤγμαι alß 3. pl. plusq. pass. von ἐπέχω
erflären.

Homer und nach ihm auch andere Dichter gebrauchen oft eine ver=
längerte Aoriſtform ἔσχεθον inf. σχεθεῖν (Hom. -έειν) part. σχεθών
in der verſtärkten Bed. feſthalten ꝛc. Eine Präſensform σχέθω anzu=
nehmen iſt nicht rathſam; vgl. §. 112, 12 mit der Note und Ellendt Lex.
Soph. l. p. 504.

Von ἔχω ſind noch folgende anomaliſche Kompoſita zu merken:
ἀνέχω. Dies hat, aber bloß wenn es im Medio ἀνέχεσθαι
die Bedeutung ertragen hat, das doppelte Augment im Impf.
und Aor. ἠνειχόμην, ἠνεσχόμην §. 86 A. 4.

ἀμπέχω umhülle, Impf. ἀμπεῖχον Fut. ἀμφέξω Aor. ἤμπι-
σχον, ἀμπισχεῖν. — Med. ἀμπέχομαι oder ἀμπισχνοῦμαι trage,
habe an, ἀμφέξομαι aor. ἠμπισχόμην.

Das ι gehört alſo in den Präſensformen zum Verbo (ἀμπ-ισχνοῦμαι
wie ὑπ-ισχνοῦμαι), im Aoriſt dagegen zur Präp.: ἤμπι-σχον, ἤμπι-σχόμην,
da er das Augm. nach §. 86 A. 2 vorn annimmt. (Wegen bes π ſ. §. 18.)
Auch doppelt augmentirte Formen, wie bei ἀνέχομαι, werden an=
geführt: impf. ἠμπειχόμην, aor. ἠμπεσχόμην z. B. Plat. Phaed. p. 87.
Eur. Med. 1148 (Kirchh.) Ar. Thesm. 165. Luc. Peregr. 15. Vgl. je=
doch die Note zu §. 86 Anm. 5. — Eine dritte Präſensform, beſ. bei
Euripides, iſt ἀμπίσχω med. ἀμπίσχομαι (ſ. Elmsl. zu Eur. Med.
277), aus ἀμπ- und ἴσχω zuſammengeſetzt.

ὑπισχνοῦμαι (ion. und ep. ὑπίσχομαι) verſpreche, f. ὑποσχή-
σομαι Aor. ὑπεσχόμην Inf. ὑποσχέσθαι Imp. ὑπόσχου. Perf. ὑπέ-
σχημαι Inf. ὑπεσχῆσθαι.

ἕψω koche, f. ἑψήσομαι (Plat.) und ἑψήσω a. ἥψησα ꝛc. Adj. Verb.
ἑψητός (Xen.) gew. ἑφθός.

Wegen ἔψεε bei Herob. ſ. §. 112 Anm. 4.

Z.

ζάω lebe, kontr. in η: ζῇς, ζῇ ꝛc. Impf. ἔζων, ἔζης ꝛc. Inf. ζῆν
Imperat. ζῆ Part. ζῶν. Das Uebrige von βιόω.
Man findet auch nach der Form auf μι, die 1. Impf. ἔζην (cf. Dem.
p. 702. Eur. Alc. 651) und Imperat. ζῆθι, deren Atticismus zweifelhaft
iſt. Die Tempora ζήσω (Plat., Aristoph.) oder ζήσομαι, ἔζησα, ἔζηκα
kommen bei den ältern Schriftſtellern theils wenig, theils gar nicht vor.
— Die Jonier zerdehnen ζῶ in ζώω, und hieraus entſtand bei ihnen
eine neue (präſentiſche) Formation: ζώω, ζώεις, ζώετε, ἔζωον (§. 105 A. 10).

ζεύγνυμι verbinde, f. ζεύξω ꝛc. Aor. p. ἐζεύχθην, gew. ἐζύγην.
ζώννυμι gürte, f. ζώσω ꝛc. pf. p. ἔζωσμαι häufiger als ἔζωμαι
(Thuc. 1, 6), a. ἐζώσθην (Pausan.). — Med.

H.

ἡβάσκω werde mannbar, §. 112, 14., aor. ἥβησα wurde mannbar,
vom Präſ. ἡβάω bin jung, kräftig.

ἡγέομαι führe an, meine. Das Perf. ἥγημαι hat zuweilen, namentlich
bei Herodot, präſentiſche Bedeutung, ich halte dafür; ἄγημαι bei Pind.
gehe voran.

ἥδομαι freue mich, Dep. Pass. §. 113 A. 5 und 5a. Homer auch ἥσατο
Od. ι, 353. — Das Aktiv erſt bei neuern Schriftſtellern.

ἧμαι ſ. §. 108. II. ‖ ἥειρε ſ. αἴρω u. εἴρω. ‖ ἠμί, ἦν ſ. φημί §. 109.

ἠμύω ſinke. Hievon wird ὑπεμνήμυκε (Jl. χ, 491) am richtigſten abgeleitet. Das Perf. lautet nehmlich: ἠμήμυκα, vorn verkürzt ἐμήμυκα. Das Metrum verlangte eine Verdoppelung des erſten μ, ſtatt dieſer aber warb μυ genommen, wie auch ſonſt geſchieht, z. B. ἀπάλαμνος von παλάμη, νώνυμνος für νώνυμος. S. Etym. M. s. v.

ἡττάομαι, ἡσσάομαι werde beſiegt, nur Paſſivum. Die Jonier formiren von ὁω: ἑσσοῦμαι a. ἑσσώθην. §. 113 A. 5.

Θ.

θάλλω ſproſſe, ſ. reg. Verz. Homer hat von dieſer Form nur pf. 2. τέθηλα, ep. verkürzt (S. 160) τεθάλυῖα, und einen ſeltnen Aor. θάλε (Hymn.), wovon nach §. 111, 3 die Nbf. (θαλέθω) part. θαλέθων abgeleitet iſt. Sonſt hat er immer im Präſ. und Impf. θηλέω, ft. ήσω (bor. θαλέω, ſpäter θάλέω), woraus ſich mit Vertauſchung der Aſpiraten eine zweite participiale Nbf.: τηλεθάων (όωσα ꝛc.) bildete.

θάομαι bewundere, ſchaue. Aus dieſem älteſten Hauptthema, wovon ſich einzelne Formen bei Homer und den Doriern erhalten haben: θησαίατο Od. σ, 191; bor. θᾶσθε (Ar. Ach. 770), θᾶσαι ſchau, θασάμενος (bei Theokr.), entſtanden zweierlei Veränderungen: 1) bor. θαέομαι, ion. θηέομαι wovon, aber nur bei Ep., ft. θηήσομαι a. ἐθηησάμην; 2) das gewöhnliche θεάομαι fut. θεάσομαι (ion. θεήσομαι ꝛc. Herod.). Adj. V. θαητός, θηητός, θεατός. Die Bedeutung anlangend hat Homer (dem die Form θεᾶσθαι fremd iſt) nur den Begriff des bewundern; die folgenden aber brauchen alle Formen für ſchauen.

θάπτω begrabe, regelm. — Aor. 2. p. ἐτάφην (§. 18), a. 1. ἐθάφθην (Herod.) pf. pass. τέθαμμαι, τεθάφθαι (ſ. τρέφω), wovon 3. pl. bei Herob. τεθάφαται (anb. τετάφαται).

ΘΑΦ-. Perf. als Praes. τέθηπα, erſtaune, wo die zweite Aſpirata verwandelt iſt; dagegen im Aor. ἔταφον, part. ταφών die erſte (§. 18).

ΘΑΩ, ein epiſches Defektivum, wovon vorkommt Med. θῆσθαι melken, (§. 105 A. 5. 16), θήσασθαι ſaugen und (Hymn. Ap. 123) ſäugen.

θεάομαι ſ. θάομαι. || θέλω ſ. ἐθέλω.

θείνω ſchlage, nur dichteriſch, hat bei Homer einen aor. 1. part. θείνας (nur Jl. v, 481), bei Att. einen aor. 2. (ἔθενον), der aber nur in den Mobis vorkommt: θένω, θενεῖν, θενών (Aristoph.)

θέρομαι wärme mich, ein Defektivum, wovon in Proſa nur Praes. unb Impf. Homer hat noch fut. θέρσομαι (§. 101) unb Conj. aor. pass. (ἐθέρην) θερέω. — Zu demſelben Stamme gehören die defektiven Formen θέρμετε tranſ., θέρμετο intr., bei Homer.

θέσσασθαι flehen, θέσσαντο ꝛc. ein alter defektiver Aoriſt bei Heſiod, Pindar ꝛc. Adj. Verb. θεσός in Comp. wie πολύθεσος Callim., ἀπόθεστος *) Od. ρ, 296 (dicht. ſtatt πολύευκτος viel erfleht, ἄπευκτος verwünſcht), ἄθεστος Hesych.

θέω laufe, f. θεύσομαι (§. 95 A. 9); die übrigen Tempora kommen nicht vor, ſ. τρέχω.

θηέομαι ſ. θάομαι. || θῆσθαι ſ. ΘΑΩ. || ΘΗΠ- ſ. ΘΑΦ-.

θιγγάνω berühre, von ΘΙΓΩ f. θίξομαι, aor. ἔθιγον.

Die vorkommenden Formen θίγειν, θίγων ſind wahrſcheinlich alle als Aoriſt zu betonen.

---

*) Nicht von ποθέω, wie die alten Kritiker (Euſtath., Et. M. u. a.) meinten. S. Hemst. zu Hesych. s. v., wegen der Zſſtzgen mit ἀπό (= α priv.) Koen. ad Greg. C. p. 529., unb vgl. an. ποθέω.

θνήσκω sterbe, von ΘΑΝΩ aor. (ἔθανον) gew. ἀπέθανον, fut. (θανοῦμαι) gew. ἀποθανοῦμαι Perf. (burd Metath.) τέθνηκα; davon im gewöhnlichen Gebrauche folgende abgekürzte Formen: pl. τέθνᾰμεν, ατε, τεθνᾶσιν (3. plsq. ἐτέθνασαν); C. ungebr. O. τεθναίην Imp. τέθναθι, ἄτω Inf. τεθνάναι Part. τεθνεώς τεθνεῶσα τεθνεώς G. ῶτος. — Aus τέθνηκα entsteht eine att. Nbf. des Futurs, τεθνήξω, seltner ober später τεθνήξομαι. — A. V. θνητός (sterblich).
S. über alles obige §. 110, 10. 11. u. Anm. 6, c. §. 111 A. 3. In Prosa ist in ben meisten Temporibus das Compos. ἀποθνήσκω gebräuchlich, dagegen erscheint das Perf. mit allen davon herkommenden Formen nicht leicht in der Komposition *). Vom part. perf. werden beide Formen, τεθνηκώς und τεθνεώς, ziemlich gleichmäßig, die erstere vorzugsweise von den Tragikern gebraucht. — Der Inf. Perf. τεθνάναι steht zuweilen aoristisch, z. B. Plat. Crit. init. Isocr. 10, 27.
Die Tragiker bedienen sich vorzugsweise des Simplex in allen Zeitformen, nur im Futur und ben Mobis des Aorists auch der Zsstzg. mit κατά, aber immer nach ep. Weise apokopirt: κατθανούμεθα, κατθάνω, κατθανεῖν ιc., des Kompos. mit ἀπό nie.
Wegen Inf. τεθνᾶναι, τεθνάμεν, -μεναι s. Note zu §. 110 Anm. 6. Das part. perf. lautet bei Epikern nach §. 97 A. 7 τεθνηώς G. ότος, fem. υῖα, und τεθνειώς **) aber G. ῶτος. — Herob. (1, 112) hat auch verkürzt neu. τεθνεός. (Vgl. ἑστός).

θορεῖν s. θρώσκω.	‖ θράσσω s. ταράσσω.

ΘΡΕΦ- s. τρέφω.	‖ ΘΡΕΧ- s. τρέχω.	‖ ΘΥΦ- s. τύφω.

θρύπτω zerbreche, f. θρύψω ιc. — Aor. 2. p. ἐτρύφην (§. 18), aber a. 1. ἐθρύφθην (Aristot.), vgl. τρέφω. — Das Passi. hat auch die trop. Beb. sich zieren, weichlich sein, daher τρυφή Schwelgerei.

θρώσκω springe, hüpfe (mehr dicht.) §. 110, 11. und 112, 14., formirt von ΘΟΡΩ aor. ἔθορον, f. θοροῦμαι (ion. θορέομαι Her.).

θύω (meist ῡ) opfere, f. θύσω ιc., aber pf. τέθῡκα, a. 1. p. ἐτύ-θην (nach §. 95 Anm. 4 und §. 18 Anm. 2). — Med.

I.

ἰάχω (Hom.) rufe, schreie laut; auch ἰαχέω, ἰαχήσω. Hievon hat Homer einmal (Jl. β, 316) das part. perf. ἀμφιαχυῖα, s. S. 160 Not.

ἱδρύω setze, hat bei Homer (und den spätern κοινοῖς) a. 1. p. ἱδρύνθην wie von ΙΔΡΥΝΩ; womit zu vgl. §. 112, 10., δηρινθῆναι, ἀμπνύνθη unter δηρίομαι, πνέω, und ἰθύντατα §. 115 A. 6.

ἵζω, καθίζω (präf. Nbf. ἰζάνω) setze; setze mich, fut. att. καθιῶ, aor. ἐκάθισα und καθῖσα (Thuc. 6, 66). — Med. setze mich, fut. καθιζήσομαι aor. ἐκαθισάμην (Cyr. 5, 5, 7).
Die Formen καθιῶ und ἐκάθισα werden in der guten Prosa fast nur in transitivem (bei Späteren erst häufig auch im intransitiven) Sinne gebraucht, und der aor. med. (bes. im Komp.

---

*) S. z. B. Plat. Phaed. p. 64a. 72c. — Homer dagegen hat die Zusammensetzung mit κατά in den Perfektformen häufig, mit ἀπό nur Od. μ, 393 ἀπετέθνασαν, Jl. χ, 432 ἀποτεθνηῶτος.

**) Aristarch schrieb durchweg mit η: τεθνηώς, G. ῶτος und ότος. S. ausf. Spr. §. 110 Anm. 13. Spitzn. zu Jl. ζ, 71. Bekk. hom. Bl. 228.

παρεκαθισάμην) hat gewöhnlich die Beb.: ließ setzen (z. B. jemanden neben mich); für die Beb. setzte mich galt als Aorist ἐκαθεζόμην. Ein Perf. κεκάθικα (intr.) ist nur im Gebrauch der späten Prosa. Demnach lassen sich alle zu den Begriffen setzen und sitzen gehörige Formen auf folgende Art für die gangbare Prosa vereinigen:
setze: pr. καθίζω, f. καθιῶ a. ἐκάθισα (καθῖσα)
setze mich: pr. καθίζω und καθίζομαι, f. καθιζήσομαι oder
(von ἕζομαι) καθεδοῦμαι aor. ἐκαθεζόμην
sitze: pr. κάθημαι, impf. ἐκαθήμην saß.

ἱκνέομαι komme, gew. ἀφικνέομαι, f. ἵξομαι a. ἱκόμην (imp. S. 187 N.) pf. ἷγμαι; ἀφῖγμαι Inf. ἀφῖχθαι.
Das Präsens ἱκνοῦμαι heißt als Simplex bei Ep. nur: bereise, bei Trag. sehr gewöhnlich: flehe an, in welchen beiden Fällen es dann ein Objekt zu sich nimmt. In der Bedeut. kommen ist bei Ep. ἵκω (wovon Aor. ἷξον §. 96 A. 8), ἱκάνω (dies auch bei Tragikern) und ἱκάνομαι (§. 112, 11. u. A. 6). Außerdem gehört der Form sowohl als der Bedeutung nach noch ἥκω (komme, gew. bin gekommen, bin da) hieber, welches in seinen gangbaren Formen die von ἀφικνεῖσθαι zum Theil verdrängt hat. Es lassen sich nun alle zum Begriff kommen gehörige Formen für die Prosa so vertheilen:
Pr. ἀφικνοῦμαι fut. ἥξω pf. ἥκω plq. ἥκον aor. ἀφικόμην.
Das Präsens ἵκω hat ein langes ι (ausg. Jl. ι, 414.; f. jedoch Bekk. hom. Bl. 218). Der Aorist ἱκόμην aber hat der Wurzel nach ein kurzes ι, das nur im Indik. durch das Augment lang ist; bei den Epikern, die das Augment weglassen können, ist es daher bald lang, bald kurz, aber in den Modis (ἱκέσθαι, ἱκοίμην ꝛc.) überall kurz. Die abgeleitete Form ἱκάνω hingegen hat im Präsens ein kurzes ι. — Das Part. ἵκμενος (§. 110, 8) ist zweif. Lesart bei Soph. Phil. 495 (al. ἱγμένοις); dagegen mit veränbertem Spiritus ἵκμενος als Abjektiv: günstig (ἵκμ. οὖρος Hom.). — Von ἀπίκαται f. §. 103 n. 22.

ἱλάσκομαι Dep. med. sühne, versöhne, fut. ἱλάσομαι von dem seltnern ἵλαμαι, wofür Homer auch ἱλάομαι (Jl. β, 550) hat, aor. ἱλασάμην (Hom. ἱλάσσομαι, ἱλασσάμενος; Ap. Rhod. ἱλάξομαι, ἱλάξασθαι nach §. 95 Anm. 2). — Das Aktiv hat die intr. Bedeutung gnädig sein, davon bei Dichtern Imperat. ἵληθι (später ἵλαθι), Conj. und Opt. Perf. (als Präs.) ἱλήκω, ἱλήκοιμι.

ἵλλω (wovon pt. aor. ὑπίλας nach Valck. diatr. 193) f. unter εἴλω.

ἱμείρω und ἱμείρομαι (ῑ) begehre. Aor. ἱμειράμην (Hom.) und ἱμέρθην (Herod.). Vgl. κείρω.

ἵπταμαι f. πέτομαι. ‖ ἴσημι f. §. 109. III. ‖ ἴσχω f. ἔχω.

ἴσκω, εἴσκω mache gleich, ähnlich, nur praes. und impf. (Hom.). — Wegen der Beb. von ἴσκε er sprach (welche neuere Dichter haben) in den beiden hom. Stellen (Od. τ, 203. χ, 31) f. die Wörterb., die Schol. zu Jl. π, 41 u. Ap. Rhod. 1, 834., Lexik. II., Lehrs Arist. p. 105.

K.

ΚΑΔ-. 1) κέκασμαι, κέκαδμαι f. καίνυμαι. 2) κεκαδεῖν f. ἥσειν ꝛc. f. κήδω und χάζω.

καθέζομαι, καθεύδω, κάθημαι, καθίζω, f. ἕζομαι, εὕδω, ἦμαι, ἵζω.

καίνυμαι bin ausgezeichnet, übertreffe alle; hiezu gehört das gleichbedeutende Perfekt κέκασμαι, dor. κέκαδμαι (§. 98 A. 5), wozu man vgl. ῥαίνω, ῥάσσατε, ἐῤῥάδαται. (Vielleicht aus κάδνυμαι nach §. 112, 15e.)

καίνω f. κτείνω.

καίω brenne, tranſit., att. *κάω* (ohne Zuſammenziehung) fut. *καύσω* ꝛc. (§. 95). Pass. pf. *κέκαυμαι* aor. *ἐκαύθην.* Adj. Verb. *καυςέος, καυςός, καυτός.* Vgl. *κλαίω.*

Aor. 2. p. bei Homer, Joniern und den Spätern *ἐκάην.* Die Epiker haben auch einen Aor. 1. ohne σ, *ἔκηα* (§. 96 A. 1); woraus durch Ver= kürzung des η in ε *Part. κέας* (Aesch. Agam. 823. Soph. El. 757. Eur. Rhes. 97) entſteht. Die Schreibart mit ει bei Epikern in *κεῖον, κείαντο, κείομεν* (conj. nach §. 103 n. 39., der Jl. η, 333 ſtatt des Futurs ſteht nach §. 139 n. 5.) hat in den neuern Ausgaben überall der regelmäßigen mit η (von *ἔκηα*), die Präſensform *κήω, κείω* der gewöhnlichen mit αι (Jl. η, 408) weichen müſſen.

καλέω (dicht. Nebf. *κικλήσκω*) rufe, f. *καλέσω* att. *καλῶ* aor. *ἐκά= λεσα* pf. durch Metatheſis *κέκληκα* a. 1. p. *ἐκλήθην* (§. 110, 11) Pf. p. *κέκλημαι* bin genannt, heiße (Opt. *κεκλῄμην, ᾖο* ꝛc. §. 98 A. 9) f. *κεκλήσομαι* werde heißen. — Med.

κάμνω werde müde, von *ΚΑΜΩ* fut. *καμοῦμαι* aor. *ἔκαμον* perf. durch Metatheſis *κέκμηκα* (§. 110, 11).

Ep. Particip *κεκμηώς,* gen. *ότος* und *ῶτος* ſ. §. 97 Anm. 7 und vom Konj. *κεκάμω* (nach and. *κε κάμω*) Schol. ad Jl. α, 168. η, 5.

καταπροΐξεσθαι (ion. *καταπροΐξεσθαι*), ein befekt. Futur, in der Redens= art *οὐ καταπροΐξει,* das ſoll bir nicht ſo hingehn, mit folg. Particip.

κείρω ſchere, regelm. f. *κερῶ* ꝛc. — Pf. p. und a. 2. p. mit Um= laut α (§. 101). — Med.

Homer (auch Aeſch. in den Chören) hat im aor. act. immer die äol. Flexion mit σ (S. 169): *ἔκερσα,* ſonſt aber regelm. fut. att. *κερέειν,* a. med. *κείρασθαι*; Pindar einen a. 1. p. ohne Umlaut *ἐκέρθην.*

κεκαφηώς, ein befektives part. perf. act. vom Stamm *ΚΑΦ*- bei Homer, athmend, ſchnappend vom Sterbenden; ſ. §. 97 A. 7.

κελαδέω rauſche, regelm. Hiezu ep. Part. *κελάδων, οντος.*

κέλομαι rufe zu, befehle, §. 112, 6, f. *κελήσομαι* ꝛc. — Aor. *ἐκεκλόμην* (*κέκλετο*) ſ. §. 110, 4 b. — Aber *ἐκλέο* ſ. in *κλέω.*

κεντέω ſteche, regelm. Aber Homer Jl. ψ, 337 hat von der Stammform *ΚΕΝΤΩ* (woher *κοντός* Stange) Inf. a. 1. *κένσαι,* ſ. §. 112, 6.

κεράννυμι miſche, f. *κεράσω* att. *κερῶ* a. *ἐκέρασα.* In den übri= gen Formen tritt nach §. 110 A. 7 Metatheſis ein, mit langem α, Pf. *κέκρᾱκα* Pass. *κέκρᾱμαι, ἐκράθην.* Doch ſagte man auch (*κεκέρασμαι*), *ἐκεράσθην.* — Med.

Jon. mit η: *κέκρημαι* ꝛc. — Homer hat ſchon im a. 1. act. *κρῆσαι* Od. η, 164. und vom Grundthema *κεράω*: pt. *κερῶντας* imp. *κεράασθε,* impf. *κερόωντο.* Aber der Konj. *κέρωνται* (Jl. δ, 260), ſo betont, führt auf eine Form *κέραμαι* nach §. 107 n. 32 *). Vgl. *κρεμάννυμι, κρέμαμαι* C. *κρέμωμαι.* Der Imp. *κέραιε* (Jl. ι, 203) nach §. 112, 9. — Dicht., ion. und ſpätere Nbf. *κιρνάω, ημι* (§. 112, 16).

κερδαίνω gewinne, bei Attikern regelmäßig (aor. *κερδᾶναι*), bei den Joniern und Spätern *κερδήσομαι, ἐκέρδησα* ꝛc. §. 112, 11. Pf. *κε= κέρδηκα* (Dem.) und *κεκέρδακα* (ſ. S. 171 Anm. 9).

κεύθω verberge, regelmäßig. Aor. bei Homer (*ἔκευσα*) *ἐπικεύσῃς,* und (*ἔκυθον*) *κύθε, κεκύθωσι.* Pf. *κέκευθα* als Präſ. (Jl. χ, 118). Bei Trag. beides, Präſ. und Perf., auch intranſ.: bin verborgen.

*) Da ſonſt keine Formen von einem Thema *κέραμαι* ſich nachweiſen laſſen, ſo betonen Dindorf und Bekker (ed. 2.) auch hier regelm. *κερῶνται.*

κέω ſ. κεῖμαι und καίω.

κήδω ſetze in Sorgen (§. 112, 6), fut. κηδήσω; *Med.* κήδομαι κέκηδα ſorge, wovon das hom. Fut. κεκαδήσομαι (Jl. ϑ, 353) mit der Verkürzung (wie τέϑηλα, τεϑᾰλυῖα). *Imp.* aor. med. κήδεσαι für -ησαι Aesch. Sept. 136. womit zu vergleichen ἀκήδεσεν von ἀκηδέω Jl. ξ, 427.

κίνυμαι = κινέομαι bewege mich, nur praes. und impf., Hom.

κιχάνω und κιχάνομαι erreiche, treffe, ſ. κιχήσομαι, a. ἐκιχησάμην. — Aor. 2. ἔκιχον. — Ferner formirt es eine Nebenform des Impf. und die abhängigen Modi des Praes. von *KIXHMI*, welches ſein η in den meiſten Fällen unverändert läßt: ἐκίχημεν, ἐκιχήτην — *C.* (κιχῶ) κιχείω *O.* κιχείην *Inf.* κιχῆναι *P.* κιχείς und κιχήμενος ꝛc. §. 112, 15 und von *KI-ΧΕΩ* 2. si. impf. ἐκίχεις; vgl. τίϑημι. — Von der Quantität und der Schreibung κιγχάνω ſ. §. 112 A. 6.

κίχρημι ſ. χράω.

κίω gehe, im Ind. Praes. nur einmal bei Aeschylus (Cho. 680), eigentlich nur im Imperf. ἔκιον, und den abhängigen Modis gebräuchlich, z. B. *Opt.* κίοιμι, *Part.* κιών, welches den Accent auf der Endſilbe hat, ohne doch Aoriſt zu ſein, ganz wie ἰών von εἶμι, von welchem Verbum überhaupt dieſe Formen als Nebenformen zu betrachten ſind (*IΩ, KIΩ*; vgl. κέλευϑος und 'ΕΛΕΥΘΩ). — Das ep. μετεκίαϑον ſ. §. 112, 12.

κλάζω töne, ſchreie (§. 92 A. 3), f. κλάγξω (Aeschyl.) a. ἔκλαγξα pf. κέκλαγγα *), einerlei mit dem Präſens nach §. 113 A. 11, daher neues Futur κεκλάγξομαι (Aristoph.).
Die Dichter haben auch ohne den Naſenton aor. ἔκλαγον pf. κέκληγα. *Part.* κεκλήγοντες Hom. Hes. ſ. §. 111, 2 (Bekk. -ῶτες nach Schol. ad Jl. π, 430). — Aber ἔκλαξα ſ. unter κλείω.

κλαίω weine, att. κλάω (ohne Zuſammenziehung) f. κλαύσομαι oder κλαυσοῦμαι a. ἔκλαυσα (§. 95). Seltneres Futur κλαήσω (Dem.). — *Pass.* pf. κέκλαυμαι (Aesch., Soph., erſt bei Spätern κέκλαυσμαι) a. ἐκλαύσϑην. A. V. κλαυςέος κλαυςός, κλαυτός. — Med. Das (bor.) Futur κλαυσοῦμαι bei Ariſtoph. u. Kom. (Poll. 2, 64).

κλάω breche, κλάσω (kurz α) ꝛc. Paſſiv nimmt σ an. — Part. a. 2. poet. κλάς (ἀποκλάς) §. 110, 6.

κλείω ſchließe, regelm. — Perf. pass. κέκλειμαι und κέκλεισμαι aor. ἐκλείσϑην. Im ältern Atticismus üblich iſt: κλήω (Thuc.) f. κλήσω ꝛc. pf. p. κέκλημαι a. ἐκλήσϑην **).
Dieſe attiſche Schreibweiſe entſtand aus der ioniſch-epiſchen Hauptform κληίω (fut. ἴσω Od. φ, 236. ω, 165 ꝛc. wie subst. κληΐς, ῖδος; nach andern κληΐσω, κληΐσσω, ſ. die Note); daher 3. pl. pf. p. bei Herob. κεκλέαται, -το (9, 50), gleichlautend mit derſelben Perſon von καλέω; a. ἐκληΐσϑην (3, 58 ꝛc.). Aus dem Futur κληΐσω iſt im Dorismus κλάξω (eig. κλάξω ob. κλαξῶ) ἔκλαξα ***) geworden, Theocr. 6, 32. 15, 43.

---

*) Das Perf. 1. κέκλαγχα ſteht Arist. Vesp. 929 (zweif.)

**) Z. B. κλήσας Eur. Phoen. 865. κέκληκα Ar. Av. 1262. κέκλημαι Pl. Phaedr. 251. ἐκλήσϑην Thuc. 1, 117 etc. S. Matthiä und vgl. Schneid. zu Pl. Civ. 560. Cob. VL. 159. Cram. An. Oxon. I. 224.

***) Woraus hervorgeht, daß wenigſtens theilweiſe oder ſpäter eine Nbf. κληΐζω, die ſonſt zum folg. gehört, exiſtirt haben muß (ſ. Lob. zur ausf. Spr.), da die boriſche Flexion f. ίξω ꝛc. nur bei Verbis auf ίζω (ſ. ίσω) ſtattfindet, ſ. Ahrens Dor. p. 91.

(κλέω) κλείω rühme, besinge, κλέομαι bin berühmt, 2. Impf. ἐκλέο *) für ἐκλέεο. Davon κλείζω, att. (κληΐζω) κλήζω, f. κλείξω Pind., oft bei Tragikern, bef. im Paff. κλήζομαι werde rühmend genannt, gepriesen, auch zuweilen in Profa. — κέκλετο f. zu κέλομαι.
κλέπτω stehle, f. κλέψομαι a. ἔκλεψα pf. κέκλοφα. Pass. pf. κέκλεμμαι a. ἐκλάπην (dicht. ἐκλέφθην). S. §. 97. 98. 100.
κλύω höre, ein poetisches Verbum, deffen Imperf. ἔκλυον die Bedeut. des Aorists hat (§. 96 A. 4). Imperat. κλύε, κλύετε, und κλῦθι, κλῦτε, (§. 110 Anm. 2), ober mit ber Redupl. (§. 83 A. 10) κέκλῦθι, κέκλῦτε. Part. pass. κλύμενος (berühmt) §. 110, 7.
κνάω schabe, jucke, kontr. in η: κνῆν, κνῆσθαι (Pl. Gorg. 494. Impf. κνῆ Hom.) §. 105 A. 5. Pass. pf. κέκνησμαι a. ἐκνήσθην. Nebf. κναίω (bef. im Comp. ἀποκναίω), später κνήθω.
κολούω verstümmele, im Paff. mit und ohne σ; doch sind κεκόλουμαι und ἐκολούθην im ganzen sicherer (Thuc. 7, 66. Plut. ꝛc.).
κορέννυμι (mehr dicht.) sättige, f. κορέσω ꝛc. pf. p. κεκόρεσμαι ꝛc. Jon. f. κορέω, έεις pf. p. κεκόρημαι. Ep. Particip κεκορηώς (§. 97 A. 7) mit paff. Bedeut.; Med. aor. 1. κορέσασθαι, κορέσσασθαι. (Bei Att. ist, bef. im Paffiv, ἐμπίπλασθαι, ἐμπλησθῆναι gebräuchlicher). — Nicht zu verwechseln κορέω, ήσω fege.
κοτέω Act. und Med. grolle, dichterisch, fut. έσω ꝛc. Aber part. pf. ep. κεκοτηώς, ηότος (§. 97 A. 7).
κράζω (ᾰ), gew. perf. 2. κέκρᾱγα, schreie; davon Imp. sync. κέκραχθι, κέκραχθε neben dem gewöhnl. κεκράγετε **), fut. κεκράξομαι (Ar.). Aor. ἔκρᾱγον. S. §. 113 A. 11. §. 110, 9.
κραίνω vollführe, regelm. f. κρανῶ (med. κρανέεσθαι in paff. Sinn Jl. ι, 626) ꝛc., läßt aber in ber epischen Sprache in allen seinen Theilen eine Zerdehnung zu: ἐκραίαινεν, κρηῆναι (a. 1.), κεκράανται (vgl. S. 171). ΚΡΑ- f. κεράννυμι.
κρεμάννυμι hänge (transit.) fut. κρεμάσω att. κρεμῶ, ᾷς ꝛc.; aor. ἐκρέμασα. Pass. κρεμάννυμαι werde gehängt und als Med. hänge mich; für beide Bed. a. ἐκρεμάσθην f. κρεμασθήσομαι. Hiezu Med. intrans. κρέμαμαι (nach ἵσταμαι) hange, C. κρέμωμαι O. κρεμαίμην αιο ꝛc. ***); fut. κρεμήσομαι ich werde hangen, schweben; aor. wieder ἐκρεμάσθην. Ep. fut. (zerdehnt) κρεμόω, selten a. 1. med. κρεμάσασθαι (Hes.). — Dicht. Nbf. κρήμνημι (§. 112, 16), Präf. κρεμάω nur bei Spät.
κρίζω knirsche (frendo). Perf. 2 mit Präf. Beb. κέκρῑγα (Ar.). Vgl. τρίζω. — Verschieden hievon ist κρίκε knarrte, ein befekt. Aorist bei Homer. S. Lob. Parall. 408.
κρύπτω verberge, f. κρύψω ꝛc. Pass. aor. ἐκρύφθην und (dicht.) ἐκρύφην. Bei Späteren wird ἐκρύβην, κρυβήσομαι allgemein.

*) Jl. ω, 202. S. wegen ber Betonung §. 105 A. 7 und Göttl. p. 105. Dagegen ἔκλεο nach Bekf. hom. Bl. 222.
**) In den neuern Ausgaben des Aristoph. wird nach ber ältesten Ueberlieferung mit α geschrieben: μὴ κεκράγετε (Vesp. 415. cf. Ach. 133), woraus Cobet (VL. 83) auf die Flexion des Imp. perf. mit α (statt ε) als die eigentlich attische schließen will. — Die synt. Form: Vesp. 198. Ach. 334.
***) Nicht κρεμοίμην, wie sonst Ar. Vesp. 298 gelesen wurde. S. Lob. Rhem. 127. — Vom Perf. κεκρέμαμαι f. ausf. Spr.

Der aor. 2. ἐκρύφην Soph. Aj. 1145 (f. Lob. hiezu und zu Phryn. 318), fut. κρυφήσομαι (nach Elmsl., aber gegen die Hdschr.) Eur. Suppl. 543. — Wegen κρύπτασκον (Hom.) f. §. 103 n. 11.

κτάομαι erwerbe, Dep. Med.; Perf. als Präf. κέκτημαι besitze. Davon fut. κεκτήσομαι werde besitzen. Aber a. ἐκτήθην ist immer passiv nach §. 113 A. 6.

Für κέκτημαι ist die ion-ep. Form ἔκτημαι mehrmals auch bei Att. (Plato, Aeschyl.) überliefert. — Vom Konj. und Opt. Perf. f. §. 98 A. 9. und wegen Opt. κεκτώμην vgl. μιμνήσκω.

κτείνω (att. Nbf. κτίννυμι) gew. ἀποκτείνω, tödte, f. κτενῶ ꝛc. f. §. 101. Als Aorist ist in der guten Prosa nur ἔκτεινα, als Perf. nur ἔκτονα gebräuchlich. — Das Passiv wird gewöhnlich durch ϑνήσκω umschrieben, z. B. ἀπέϑανεν ὑπ' αὐτοῦ.
Dichterisch ist a. 2. ἔκτανον und ganz unattisch das perf. 1. ἔκτακα oder ἔκταγκα. — Homer hat auch ein Futur κτανέω (f. die ausf. Sprachl.), deffen Medium als Paffiv (Jl. ξ, 481 κατακτανέεσϑε) vorkommt, und ben a. 1. p. ἐκτάϑην.
Hiezu kommt der dichterische Aorist ἔκτᾰν, ας, α, 3. pl. ἔκταν (für -ασαν) C. κτέω (plur. κτέωμεν Od. χ, 216), Inf. κτάμεν, κτάμεναι, Part. κτάς (κατακτάς) Pass. ἐκτάμην, ἔκτατο, κτάμενος, κτάσϑαι (alles mit kurzem α nach §. 110, 6. 7). Der späteren Gräcität gehören an a. p. ἐκτάνϑην, pf. p. ἀπεκτάνϑαι, pf. act. ἐκτόνηκα, f. die ausf. Spr.
Als Nbf. hiezu kann angesehen werden καίνω (wozu sich κτείνω verhält wie πτόλις zu πόλις ꝛc.), bei Xen. häufig im Comp. κατακαίνω, a. 2. ἔκανον, pf. (ganz anomal) κατακεκανότες ἔσεσϑε*) An. 7, 6, 36. (κέκονα Soph. fr.). — Pass. nur Präf. und Impf.

κτερίζω bestatte, Hom. regelm. κτεριῶ, κτερίσειεν ꝛc., aber von κτερεΐζω immer fut. ίξω ꝛc. nach §. 92 A. 6.

κτίζω f. regelm. Verz. — Die ep. Formen ἐΰκτιμενος (§. 110, 7), ἐΰκτιτος, περικτίονες setzen ein altes Thema κτίω voraus.

κτυπέω schalle. Dicht. aor. 2. ἔκτυπον (§. 96 A. 5) neben ἐκτύπησα.

κυλίνδω (dicht.), gew. κυλινδέω**), auch κυλίω (Ar. Vesp. 201. und Spätere) wälze, formirt bloß vom ersten: f. κυλίσω a. ἐκύλισα. Pass. pf. κεκύλισμαι a. ἐκυλίσϑην. Med. in Compos. (Lucian., App.). — Ueber die vielfachen Nebenformen, z. B. καλινδεῖσϑαι, ferner (ἀλίνδω) ἐξαλῖσαι, ἐξήλικα (ein Pferd) sich wälzen laffen, f. Lexik. II.

κυνέω küffe (mehr dichterisch; in Prosa dafür φιλέω gebräuchlich) f. (κύσω) a. ἔκυσα mit kurzem υ. §. 112, 10.
Das Compos. προςκυνέω, werfe mich nieder, bete an, gewöhnlich regelmäßig; aber bei Dichtern auch προσκύσαι ꝛc. Κύω f. besonders.

κυρέω treffe, geht regelmäßig, hat aber eine Nebenform κύρω (§. 112, 6), Impf. ἔκυρον f. κύρσω a. ἔκυρσα (§. 101), Depon. κύρομαι Hom.

κύω oder κυέω bin schwanger, trächtig; κυΐσκω oder -ομαι empfange (§. 112, 6. 14), geht regelmäßig nach κυέω; aber die Dichter haben auch einen A. 1. act. ἔκῡσα befruchtete, z. B. ὄμβρος ἔκυσε γαῖαν Aesch., und med. ἐκῡσάμην empfing. — Vgl. auch κυνέω.

---

*) Cobet (VL. 322. NL. 426) emendirt: κατακεκονότες ἔσεσϑε.

**) Nach Dindorf (praef. ad Anab.) und Cobet (VL. 133. NL. 637) ist κυλινδεῖν, was die Hdschr. gewöhnlich haben, die spätere Form und bei Att. theils in κυλίνδειν, theils in καλινδεῖσϑαι zu ändern.

Λ.

λαγχάνω erhalte, durch Loos oder Schicksal, von *ΛΗΧΩ* f. λήξομαι aor. ἔλαχον pf. εἴληχα (§. 83 A. 3), auch, obwohl selten, pass. εἴληγμαι, ἐλήχθην (Dem., Lys.).

Ein dichterisches, auch von Spätern gebrauchtes, Perf. ist λέλογχα*), wie von *ΛΕΓΧΩ*. — Die Jonier sprachen im Futur λάξομαι (s. §. 27 A. 6). — Der hom. Aorist λελαχεῖν hat die kauf. Bed. theilhaftig machen. — Vgl. λανθάνω.

λάζομαι Hom. und λάζυμαι Eurip., nehme, nur praes. und impf.

λαμβάνω nehme, von *ΛΗΒΩ* f. λήψομαι aor. ἔλαβον Imp. λάβε und λαβέ (§. 103 n. 4) pf. εἴληφα (vgl. λαγχάνω) pass. εἴλημμαι (λέλημμαι nur bei Dramat.) a. ἐλήφθην. — Med.

Die Jonier formiren λελάβηκα (§. 111, 3) und λάμψομαι (vgl. λάμπω reg. Vj.), ἐλάμφθην, λέλαμμαι, λαμπτέος (§. 27 A. 6).

λανθάνω (seltner λήθω) bin verborgen, f. λήσω a. ἔλαθον pf. 2. λέληθα. — Med. λανθάνομαι gew. ἐπιλανθάνομαι vergesse, f. λήσομαι a. ἐλαθόμην pf. λέλησμαι.

Dicht. und ion. λήθομαι. Ep. Aor. λελαθόμην vergaß. Die ep. Nebf. λήθανω hat kausat. Bed.: vergessen machen, wozu aor. 1. ἐπέλησεν und a. 2. λέλαθον, ἐκλέλαθον Jl. β, 600. ο, 60. — Im pf. p. hat der Jonismus ᾱ: λέλασμαι (§. 27 A. 6).

In der Bedeutung vergessen kommen noch vor: ἐλησάμην bei späteren Dichtern, λασθῆμεν (λησθῆναι) Theokr., ἐπιλέλαθα Pindar, und als dicht. Freiheit part. λησόμενος passiv (obliviscendus) Soph. El. 1248. — Dagegen fut. λήσομαι bei Spätern öfters für λήσω.

λάσκω töne, rede (ep. ληκέω, dor. λᾱκέω) §. 112 A. 8, a. 2. ἔλακον, und als Med. λελακόμην (Hymn.), wovon fut. λᾱκήσομαι a. 1. ἐλάκησα (abweichend διαλᾱκήσασα Ar. Nub. 410). — Perf. (als Präsens §. 113 A. 11) λέλᾱκα ep. λέληκα; Part. λελᾱκυῖα §. 97 A. 3.

λάω ich blicke, wovon nur λάων und λάε bei Homer. Vgl. λῶ.

λέγω 1) sage, regelm. f. λέξω a. ἔλεξα pf. act. ungebräuchl. (dafür: εἴρηκα); Pass. pf. λέλεγμαι a. ἐλέχθην ft. 3. λελέξομαι; — 2) sammele, lese, besonders in der Komposition, z. B. συλλέγω pf. (εἴλοχα) συνείλοχα, im Passiv am gewöhnlichsten εἴλεγμαι (ion. nur λέλεγμαι), aor. ἐλέγην (§. 100 A. 5), seltner ἐλέχθην; nebst einem Med.

Das Comp. διαλέγομαι, unterrede mich, hat pf. διείλεγμαι, aor. διελέχθην, fut. διαλέξομαι, seltner διαλεχθήσομαι.

Homer hat auch den Aor. syncop. ἐλέγμην Od. ι, 335 gesellte mich zu, λέκτο Od. δ, 451 zählte, §. 110, 8. — Sonst bedient er sich des Medii λέγεσθαι, λέξασθαι in der Bedeutung sammeln, auswählen (Od. β, 292. Jl. ϑ, 507. φ, 27 ιc.), λέγεσθαι auch in der Bed. sagen, erzählen (Jl. ν, 275. β, 435 ιc.); und des Aorists in der Formel τίη μοι ταῦτα φίλος διελέξατο θυμός; (vgl. Hes. ε. 499).

Ganz verschieden hievon ist das altdichterische λέξαι zur Ruhe legen,

*) Od. λ, 304 λελόγχασιν mit vorletzter kurzer Silbe, über welche auch anderwärts beobachtete Verkürzung der 3. pl. perf. gehandelt ist in der ausf. Spr. §. 87 A. 4 und Ahrens D. Dor. 328. Vgl. η, 114, wo Bekker jetzt die uralte und berechtigte Lesart πεφύκᾱσι wieder hergestellt hat. Herodian. π. διχρ. 296.

λέξομαι, λέξασθαι liegen, ruhen, welches neben dieser Form ebenfalls noch den synkopirten Aorist hat (ἐλέγμην) λέκτο ꝛc. *Imperat.* λέξο oder nach §. 96 A. 9 λέξεο, und einem andern Wortstamm (wovon auch τὸ λέχος Lager) angehört, s. Lexil. II.

λείπω lasse, f. λείψω a. ἔλιπον pf. λέλοιπα. Pass. pf. λέλειμμαι a. ἐλείφθην.

Spätere Nbf. λιμπάνω (§. 112, 11). Ueber den aor. 1. ἔλειψα bei Spät. (Luc. 48, 42. Dio C. 38, 39) s. Lob. Phryn. 714. — Med. mit a. 2. mehr dicht.

λελειχμότες züngelnde, ein defektives Part. Perf. bei Hesiod. S. Lexil. I.

λελίημαι strebe, eile, ein episches Perfekt, das wahrscheinlich für λελίλημαι steht, des Wohlklangs wegen mit Ausstoßung des letzten λ, von (λιλάω) λιλαίομαι strebe. S. Lexil. I. und vgl. ἔκπαγλος von ἐκπλαγῆναι, πύελος von πλύνω ꝛc.

ληβ-, ληθ-, ληχ-, s. λαμβάνω, λανθάνω, λαγχάνω ǁ ληκέω s. λάσκω.

λίγξε tönte, klang, ein defektiver Aorist bei Homer.

λίσσομαι, selten λίτομαι, bitte, §. 92 A. 2. f. (λίσομαι) aor. 1. ἐλισάμην (cj. λίσῃ Od. κ, 526) oder ἐλλισάμην und 2. ἐλιτόμην (vgl. πίπτω).

λούω wasche. In diesem Verbo pflegen die Attiker im Präs. und Impf. Pass. (zuweilen auch im Impf. Akt.) die Formen, welche den kurzen End= und Bindevokal ε und ο haben, zu verkürzen; z. B. λοῦμαι (λούει) λοῦται ꝛc. λοῦσθαι, λούμενος Impf. ἐλούμην (ἐλοῦ) ἐλοῦτο ꝛc. (Impf. act. 3. ἔλου plur. ἐλοῦμεν, τε). — Pf. p. attisch nur λέλουμαι ohne σ. — Med.

Die volleren Formen sind zusammengezogen aus dem alten λοέω (Hom. ἐλόενν, λοέσσαι, λοέσσατο ꝛc.), die verkürzten aber sind nicht durch Synkope entstanden (etwa wie ἐλύμαι nach §. 110, 5), sondern ebenfalls zusammengezogen aus der Stammform ΛΟΩ, woher der homerische Aorist λόε (λό'); wie die Betonung ἐλοῦμεν, ἐλοῦτο (nicht ἔλουμεν, ἔλοντο wie ἔκειτο, ἔρυτο), und der Inf. λοῦν, der auch angeführt wird, zeigen. Somit hießen auch die 2. Perf. im Passiv vermuthlich λόει (Ar. Nub. 838) und ἐλοῦ.

λύω (ῠ) löse, λύσω, ἔλῡσα; aber sonst ῡ: λέλῠκα, λέλῠμαι, ἐλύθην, λυτέος (§. 95). Ft. 3. λελύσομαι (§. 99). — Med.

Wegen λύμην, λύτο s. §. 110, 7., opt. pf. pass. λελῦτο §. 98 A. 9.

λῶ will, λῇς, λῇ 3. pl. λῶντι, ein dorisches Defektivum.

M.

μαίνομαι rase, f. μανοῦμαι a. ἐμάνην perf. (dem Präs. gleichbed.) μέμηνα. Aber der Aor. Act. ἔμηνα (Xen. Hell. 3, 4, 8. Aristoph. Eurip.) hat die kausative Bed. rasend machen, worin das Comp. ἐκμαίνω gebräuchlicher ist (§. 135 A. 1).

Theokrit (10, 31) hat μεμάνημαι (§. 111, 4) in gleicher Präsens= Bedeutung wie μαίνομαι, Homer (Il. ζ, 160) den aor. med. ἐπεμήνατο. μαίομαι s. ΜΑΩ. ǁ ΜΑΚ- s. μηκάομαι.

μανθάνω lerne, f. μαθήσομαι aor. ἔμαθον pf. μεμάθηκα.

Statt des ganz anom. Futurs μαθεῦμαι bei Theokr. (11, 60) vermuthet Ahrens μᾱσεῦμαι (reglm. dor. Fut. von der Stammform ΜΗΘΩ). μαπέειν s. μάρπτω.

μάρναμαι streite, nach ἴσαμαι; bloß Präs. und Imperfekt, 2. Perf. μάρναο §. 107 n. 37. *Opt.* μαρναίμην (nicht -οίμην), vgl. κρεμάννυμι.

μάρπτω greife, bei Homer regelm. μάρψω, ἔμαρψα. Heſiodiſche Formen:
a. 2. μέμαρπον und verkürzt nach §. 96 A. 7 (ἔμαπον) wovon inf. μαπέειν 3. pl. opt. μεμάποιεν. Part. pf. μεμαρπώς.

μαρτῠρέω bezeuge, regelm. f. ήσω ꝛc. — Med. μαρτύρομαι (ἐπιμ.)
rufe zu Zeugen auf, regelm. nach §. 101.

μάχομαι ſtreite, f. (μαχέομαι Hom.) att. μαχοῦμαι (§. 95 A. 16)
a. ἐμαχεσάμην pf. μεμάχημαι. A. V. μαχετέος und -ητέος.
Aus dem Futur entſtand das ion.-ep. Präſens μαχέομαι (Jl. α, 272.
344), und Homer hat nicht allein μαχειόμενος ſondern ſelbſt μαχεούμε-
νος als Präſens, womit man vgl. ῥεούμενος in einem Orakel bei Her.
7, 140. — Des Metri wegen haben die Epiker auch fut. μαχήσομαι, aber
aor. ἐμαχέσσατο (die neu. Ausg. ſchreiben nach Ariſtarch auch hier ἐμα-
χήσατο, gegen den überlieferten Text), Herod. im Futur (nach Bekker)
nur μαχέσομαι (mit σ; Cob. μαχέομαι), aor. ἐμαχεσάμην, obwohl die
Hdſchr. auch oft η haben (ſ. Bred. Dial. Her. 339). — Vom unatt. aor.
ἐμαχέσθην ſ. ausf. Sprachl.

ΜΑΩ kommt in breierlei Form und Gebrauch vor:
1) Perf. als Präſens (μέμαα) μέμᾰασι, μεμαώς (Gen. μεμᾰῶτος
und μεμᾱότος), und mit der Synkope μέμαμεν, μέματε 3. pl. plusq.
μέμασαν (§. 110, 10 ff.) — ſtreben.
2) Praes. Med. μῶμαι begehre, ſuche, μώμενος (Soph. Aesch.)
zſgz. aus μάομαι. Hiezu nach §. 105 A. 10 der (lakon.) inf. μῶσθαι
Theogn. 769 und der zweif. imp. μώεο Xen. Mem. 2, 1, 20 (nach Ahrens:
μῶσο). Vgl. μνώεο in μιμνήσκω. — Aber f. μήσομαι a. ἐμησάμην gehören zu μήδομαι ſinne (Hom.).
3) Praes. Med. μαίομαι taſte, rühre, ſuche (§. 112, 9), fut. μάσομαι,
μάσσομαι a. ἐμᾱσάμην beſonders in Compositis; ſo entſpricht im Hom.
das Impf. ἐπεμαίετο Od. ι, 441. genau dem Aor. ἐπιμασσάμενος ib.
446. Vgl. δαίω δάσασθαι, ναίω νάσασθαι.
[μέδω Soph.], bei Homer nur in den Formen μέδων und μεδέων, herr-
ſchend, fürſorgend. Dazu das Dep. μέδομαι f. μεδήσομαι Hom.

μεθύω bin trunken, nur Präſ. und Impf. Davon μεθύσκω mache
trunken, f. (μεθύσω) a. ἐμέθυσα (§. 112 A. 7). Med. μεθύσκομαι betrinke mich, Aor. aus dem Paſſiv ἐμεθύσθην.

μείρομαι erlange, a. (ἔμμορον) pf. ἔμμορα*). Von dem kauſativen Sinn
des Activi theilen, ertheilen, (woher μέρος Theil), kommt das Perf.
Paſſ. als Impersonale εἵμαρται, es iſt vom Schickſal beſtimmt,
Part. εἱμαρμένος (ἡ εἱμαρμένη sc. μοῖρα, fatum). Vgl. §. 83 A. 2. 3.
— Man findet auch μεμόρηται und μεμορμένος.

μέλλω werde, habe vor, zögere, f. μελλήσω ꝛc. Augm. §. 83.

μέλω kümmere, liege am Herzen, bei Proſaikern im Aktiv nur in
dritten Perſonen, und zwar meiſt imperſonal: μέλει, (ſelten μέ-
λουσι), f. μελήσει a. ἐμέλησε pf. μεμέληκε ꝛc. — Pass. μέλομαι
ſorge, gew. ἐπιμέλομαι und ἐπιμελοῦμαι fut. ἐπιμελήσομαι aor.
ἐπεμελήθην. — Das Impers. μεταμέλει es reut (ſeltner med.
μεταμέλομαι) geht ebenſo.
Das fut. ἐπιμεληθήσομαι ſteht Mem. 2, 7, 8. Aeschin. p. 460. Ein

---

*) Bei den älteren Epikern erſcheint nur die 3. P. ἔμμορε und zwar
an den meiſten Stellen als deutliches Perfekt, z. B. Od. ε, 335.; auch Jl.
α, 278 läßt es ſich als Perf. faſſen. Die Aoriſtform (z. B. ἔμμορες Ap.
Rhod. 3, 4) ſcheint ſomit den alten Epifern fremd zu ſein.

Beispiel der 1. Perf. μέλω Od. ι, 20. Sonst brauchen auch die Dichter das Verbum meist inpersonal, und das Pass. wie das Akt., also μέλεται, μελέσθω σοι für μέλει ꝛc.; ferner das Perfekt in gleichem Sinn wie das Präsens und ebenfalls unpersönlich (curae est): Act. μέμηλεν und Pass. μέμβλεται (Hom. Hesiod.), entstanden aus μεμέληται, nach §. 19 A. 1 und durch Verkürzung (vgl. μέμνεο, ἀρήρεμαι). Außerdem in persönlichem Sinne das Part. μεμηλώς sorgend (Jl. ε, 708 ꝛc.) und μέμηλας haft erdacht Hymn. Merc. 437.

μένω bleibe, regeln. μενῶ, ἔμεινα ꝛc., aber im Perf. μεμένηκα nach §. 101 A. 9. — Adj. Verb. μενετέον (spät. μενητέον).
Dichterische Nbf. μίμνω, §. 112, 13. — Von einem andern, im Präf. nicht vorhandenen MENΩ (woher μένος) kommt das ionische (Her. 6, 84) und dichterische Perfekt μέμονα habe vor, gedenke (vgl. μενεαίνω), welches mit μέμαα verwandt ist *); vgl. γέγονα γέγαα.

μηκάομαι blöke. Von der Stammform part. aor. μακών pf. μέμηκα (part. μεμᾶκυῖα nach §. 97 A. 3), wovon wieder ein Imperf. ἐμέμηκον (§. 111, 2) Hom.

μιαίνω besudle. — Aor. mit η **). Perf. Pass. f. §. 101 A. 8.
Das hom. μιάνθην Jl. δ, 146 wird als die der 1. sing. gleichlautende 3. pl. für μιάνθησαν, μίανθεν erklärt ***); oder es ist vom Aor. syncop. (Sing. ἐμίαν-το) die 3. dual. ἐμιάν-σθην, ἐμιάνθην, §. 110 A. 3. Noch anders die Scholiasten.

μίγνυμι, auch μίσγω, mische, f. μίξω, lang ι, daher inf. a. μῖξαι. Pass. aor. 1. u. 2. (μίκτο f. §. 110, 8.)

μιμνήσκω erinnere, (St. μνα-) f. μνήσω ꝛc. — Pass. μιμνήσκομαι erinnere mich, gedenke, erwähne, f. μνησθήσομαι a. ἐμνήσθην adj. v. μνηστός. — Das Perfekt μέμνημαι wird Präsens: (habe mich erinnert, d. h.) bin eingedenk, Conj. μεμνῶμαι, ῇ, ῇται ꝛc. (f. §. 98 A. 9.) Opt. μεμνήμην ῇο ꝛc. Plat. Dazu fut. 3. μεμνήσομαι, werde eingedenk bleiben. — Das Komp. ἀπομιμνήσκομαι (χάριν) hat ft. med. (Thuc. 1, 137).
Mit der hie und da bei Att. vorkommenden Optativform μεμνῴμην (Soph. OT. 49. Ar. Plut. 991. X. Cyr. 1, 6, 3 und κεκτῴμεθα Eur. Heracl. 283) vergleiche man das ion. μεμνέῳτο (Hom.). Die Form μεμνοίμην beruht auf der einzigen Stelle Anab. 1, 7, 5. Der Atticismus aller dieser Formen wird aber von den Kritikern stark bezweifelt, daher man sie in neu. Ausg. theilweise schon beseitigt findet. S. noch Schol. ad Jl. ψ, 361.
Verkürzungen sind das hom. μέμνη und μέμνηαι (S. 190) für μέμνησαι, Imp. μέμνεο (Herod.) für μέμνησο. Vgl. μέμβλεται (μέλω).
Die einfache Form (μνάομαι) μνῶμαι ft. μνήσομαι a. ἐμνησάμην ist in obiger Bedeutung bloß ionisch und dicht., und μνεώμενος (Herod. 1, 96. cf. 205), μνώμενος, μνώοντο (Hom.), μνώεο (Ap. Rhod. 1, 896) ꝛc. sind ionische Zerdehnungen, f. §. 105 Anm. 10.; in der Bedeu-

---

*) In diesem Sinne, und nicht als Perf. von μένω (bleibe), ist es wahrscheinlich auch in der lyrischen Stelle Eur. IA. 1495 zu nehmen.
**) So geben die Grammatiker an. Die Tragiker aber, so wie die Spätern, haben μιᾶναι. Dagegen Homer μιήνῃ Jl. δ, 141. cf. App. 2, 104.
***) S. Lobeck zur ausf. Sprachl. S. 110, 9. und vgl. die ähnlichen Fälle, ἦν ft. ἦσαν (f. εἰμί), ἔγνων für ἔγνωσαν (ausf. Spr. II. S. 14), ἐδίδων (Hes. ε. 138 var.), und die der 1. sing. gleichlautende dritten Pluralf. bei üngern Ep., wie ῇδειν, ῇειδειν, ῇρήρειν (Apoll. Rh. 2, 65. 4, 945. 1700).

tung werben, freien aber ist μνᾶσϑαι (προμνήσασϑαι Plat.) auch in der gewöhnlichen Sprache.

μολεῖν s. βλώσκω.

μύζω brumme, wovon ἐπέμυξαν bei Hom.; nicht zu verwechseln mit μύζω, sauge (§. 112, 6.) s. μυζήσω, und μύσσω (ἀπομύττω) μύξω ꝛc. schnaube.

μῦκάομαι brülle, §. 112, 7., ist wegen der epischen Formen (von ΜΥΚΩ) ἔμῦκον pf. μέμῦκα part. μεμυκώς zu merken. Vgl. μηκάομαι.

μύω mache zu (z. B. die Augen, den Mund), auch intrans. sich schließen, hat ῦ in der Flexion, μῦσαν Jl. ω, 637. καταμύσῃ Ar. Vesp. 92., aber pf. μέμῦκα (Jl. ω, 420 von den Wunden), auch: ich schweige, s. Schol. ad Hes. ε. 506. — Ueber καμμῦσαι (Batrachom. 192) s. Phryn. s. v. und die ΝΤ. Gramm. p. 55.

N.

ναίω wohne, f. (nach §. 112, 9) νάσομαι a. ἐνάσϑην ober ἐνᾱσάμην pf. (bei spätern) νένασμαι. Das Akt. ἔνασα (ἔνασσα, νάσσα), wie auch zuweilen das Med. ἐνασάμην, hat kausative Bedeutung, wohnen lassen. Die Nebf. ναιετάω (ναιετάασκον, ναιετάωσα s. S. 202 f.) kontrahirt nie bei Ep., s. ausf. Spr.

νάσσω stopfe, f. νάξω ꝛc. — Pass. νένασμαι, ναςός (§. 92 A. 2).

νάω (ά) fließe (pt. αἰενάοντα). Nebf. ναίω Od. ι, 222, nur Präs. u. Impf.

νέμω theile zu, f. νεμῶ besser als νεμήσω, a. ἔνειμα pf. νενέμηκα ꝛc. aor. p. ἐνεμήϑην (zw. ἐνεμέϑην). A. V. νεμητέος. — Med.

[νέφει, συννέφει] gew. συννεφεῖ, es umwölkt sich. Von der erstern Form führen alte Gramm. ein perf. συννένοφεν auf *).

νέω 1) häufe, f. νήσω a. ἔνησα pf. p. νένημαι und νένησμαι a. ἐνήϑην und ἐνήσϑην. A. V. νητός. — Med.

Das Perf. ohne σ z. B. Anab. 5, 4, 27. Thuc. 7, 87.; 3. pl. νενέαται Her. 4, 62.; mit σ Ar. Nub. 1203. App. BC. 4, 80. — Jon. und epische Verlängerungen sind νηέω, νηνέω a. ἐνήησα.

2) spinne, kontrahirt im Präs. gegen die Analogie der zweisilbigen, aber in ω statt in ου: νῶσι, νῶντας, νῶσα, νώμενος **), sonst regelm. f. νήσω ꝛc. — Adj. V. νητός (εὔνητος Hom.) wie auch τὰ νηϑέντα (Plat. Polit. p. 282 e.).

Die 3. si. νεῖ Hesiod. ε. 775. — Spätere Präsensf. νήϑω (§. 112, 12), wovon pf. p. νένησμαι (Lucian.) a. ἐνήσϑην (Ael.)

3) schwimme, f. νεύσομαι und νευσοῦμαι (§. 95) a. ἔνευσα pf. νένευκα. A. V. νευςέον (Plat.).

Dicht. und spät. Nbf. νήχω, νήχομαι f. νήξομαι Hom. (§. 112, 12).

4) das poetische Verbum νέεσϑαι weggehn, zurückkehren, hat im Indic. Praes. gewöhnlich die Bedeutung des Futurs, νέομαι oder νεῦμαι, 2. Person νεῖαι (§. 105 A. 7) Od. λ, 114.

νίζω wasche, nimmt seine Tempora von dem im Präsens weniger gebräuchlichen νίπτω: f. νίψω ꝛc. (vgl. πέσσω). — Med.

---

*) Nach Schol. Jl. α, 420 hieß die Stammform (wovon νέφος, νεφέλη) nicht νέφω, sondern νείφω. Diese Form hat Bekker Jl. μ, 280 aufgenommen, aber die Lesart νιφέμεν (von νίφω schneie, s. reg. Verz.) wird sowohl durch den Sinn als die Ueberlieferung hinlänglich geschützt.

**) Wie von νάω. Vgl. Etym. M. 344. Cobet NL. 160.

νίσσομαι (ſicherer als *νείσσομαι*), eine andre gleichfalls nur dichteriſche Form für *νέομαι* gehe, fut. *νίσομαι* Jl. ψ, 76. cf. Eur. Phoen. 1240. und Spitzn. zu Jl. ν, 186.

νοέω denke, hat bei den Joniern Zuſammenziehung und Betonung wie *βοάω*, z. B. *νώσω*, *ἔνωσα*, *ἐνένωτο*.

νυϛάζω nicke, ſchlafe, *νυϛάσω* ꝛc., ſpäter *νυϛάξω* ꝛc. (§. 92 A. 4).

Ξ.

ξυρέω ſchere, Med. *ξυρέομαι* ſchere mich, regelm. — Bei etwas ſpätern im Med. auch *ξύρομαι*, *ἐξυράμην*. Perf. nur *ἐξύρημαι*. Wegen der ſpätern (präſ.) Nbf. *ξυράω* ſ. NT. Gramm. p. 50.

O.

ὀδύσασθαι (ῠ) zürnen, *ὠδυσάμην*, pf. *ὀδώδυσμαι* Hom.

ὄζω rieche, dufte (intranſ.) f. *ὀζήσω* (ion. und ſpäter *ὀζέσω*) ꝛc. — Pf. *ὄδωδα* hat Kraft des Präſens.

OI-, ſ. *οἴομαι* und *φέρω*.

οἴγω oder *οἴγνυμι* öffne, trennt in einigen augmentirten Formen bei den Ep. den Diphthong: *ὠΐγνυντο*, *ὤϊξε* (*ᾤξε* nur Jl. ω, 457). Davon *ἀνοίγω* oder *ἀνοίγνυμι* öffne, hat das Augment nach §. 84 A. 8: Impf. *ἀνέῳγον*, Aor. *ἀνέῳξα* Inf. *ἀνοῖξαι* ꝛc. Perf. 1. *ἀνέῳχα*. Das Perf. p. *ἀνέῳγμαι* hat neutrale Bed.: ich ſtehe offen, dazu fut. 3. *ἀνεῴξεται* wird offen ſtehen, Hell. 5, 1, 14. Bei Hippokrates und den Spätern wird für *ἀνέῳγμαι* das perf. 2. *ἀνέῳγα* üblich, vgl. §. 113 Anm. 3. Auch die Formen *ἤνοιγον*, *ἤνοιξα*, *ἠνοίγην* gehören den Spätern. S. jedoch Xen. Hell. 1, 1, 2. 5, 13. 6, 21. — Homer hat ſowohl *ἀνέῳγεν* als *ἀνῷγεν*, Herod. gewöhnlich ohne alles Augment: *ἄνοιξα*.

οἴομαι (2. P. *οἴει* §. 103) meine, Impf. *ᾠόμην*; 1. Perf. auch *οἶμαι*, *ᾤμην* (§. 110, 5), fut. *οἰήσομαι* aor. *ᾠήθην*, *οἰηθῆναι*. Die Epiker bedienen ſich auch der aktiven Form (aber nur in der erſten P. praes.) und löſen den Diphthong auf: *οἴω*, *ὀΐω* (ῑ), *ὀΐομαι*, *ὀΐεαι*, *ὀΐεται* ꝛc. (ῑ), davon a. *ὀΐσατο*, *ὀϊσάμενος*, *ὠΐσθην*.

οἴχομαι gehe, bin fort, Impf. *ᾠχόμην* war fort, und (als Aorist) ging fort, f. *οἰχήσομαι*. Das Perf. fehlt bei Attikern, da *οἴχομαι* ſchon Perfektbedeutung hat. Dagegen bilden Homer, die Jonier, auch Soph. aktiviſch *οἴχωκα* (Aeſch. *ᾤχωκα*), womit *ὄχωκα* unter *ἔχω* zu vgl., Homer einmal auch (*ᾤχηκα*) *παρῴχηκα*. Erſt bei Spät. wird das Kompoſ. *παρῴχημαι* (pt. *παρῳχημένος* praeteritus) allgemein, und das vereinzelte Vorkommen deſſelben bei älteren (Anab. 2, 4, 1. Her. 2, 14. cf. 4, 136) dadurch verdächtig. — Präſ. Nebf. *οἰχνέω* Hom.

ὀκέλλω lande, tranſ. und intranſitiv, außer Präſ. und Impf. nur noch aor. *ὤκειλα*. Dicht. *κέλλω* (auch tranſ. und intr.) f. *κέλσω* a. *ἔκελσα*.

ὀλισθάνω (ſpäter -*αίνω*) gleite, f. *ὀλισθήσω*, a. *ὤλισθον*.

ὄλλυμι gew. *ἀπόλλυμι* vernichte, verliere, von *ΟΛΩ* f. (*ὀλέσω*) *ὀλῶ* a. *ὤλεσα* Inf. *ὀλέσαι* pf. 1. *ὀλώλεκα*. — Med. *ὄλλυμαι* vergehe, f. *ὀλοῦμαι* Inf. *ὀλεῖσθαι* a. *ὠλόμην* Inf. *ὀλέσθαι*, wozu gehört pf. 2. *ὄλωλα* (§. 113 A. 3).

Das poet. Part. ὀλόμενος, οὐλόμενος, geht in ein Adjektiv mit akt. Bedeutung über: verderblich, Unheil bringend. Die ep. Nebf. ὀλέκω (ὀλέκεσκε, ὀλέκοντο) entstand aus dem Perf.; vgl. §. 111, 2.

ὄμνυμι schwöre, fut. ὀμοῦμαι, εῖ, εῖται ꝛc. ὀμεῖσθαι von ΟΜΩ; die weitere Formation wie von ΟΜΟΩ; a. ὤμοσα Inf. ὀμόσαι pf. ὀμώμοκα pf. p. ὀμώμοσμαι, ὀμωμοσμένος mit euphon. σ vor dem μ, aber das übrige, nebst dem Aorist, besser ohne σ: ὀμώμοται (3. pl. ὀμώμονται Andoc.), a. ὠμόθην. — Med.

ὀμόργνυμι wische ab, f. ὀμόρξω ꝛc. — Med.

ὀνίνημι *) nütze, (nach ἵςημι), hat kein Impf. Act. (dafür ὠφέλουν), und formirt von ΟΝΑΩ, ὀνήσω, ὤνησα. — Med. ὀνίναμαι habe Vortheil, impf. ὠνινάμην (Plat.) f. ὀνήσομαι aor. 2. (im Indik. abweichend) ὠνήμην, ησο ꝛc., wozu Opt. ὀναίμην, ὄναιο (§. 107 n. 32) Inf. ὄνασθαι.

Der Indikativ ὠνάμην, wovon obige Modalformen, gehört den Spätern. Homer hat den gewöhnl. Aorist: 3. P. ἀπόνητο Imp. ὄνησο pt. ὀνήμενος, während ὠνάμην bei ihm zu ὄνομαι gehört (s. z. B. Jl. ϱ, 25, wo beide Verbalformen vereinigt). — Auch der Aor. pass. ὠνήθην kommt vor Xen. An. 5, 5, 2.

ὄνομαι beschimpfe (§. 112, 15. d) von ΟΝΟΩ, daher Präs. und Impf. nach δίδομαι, 2. sing. ὄνοσαι O. ὀνοίμην, ὄνοιτο Imp. (ὄνοσο) ὄνοσσο Arat. — Fut. ὀνόσομαι, ὀνόσσομαι. Aor. ὠνόσθην Her. und ὠνοσάμην Hom. — Homer hat auch noch von der einfachsten Form ΟΝΩ 2. pl. praes. οὔνεσθε (Jl. ω, 241., nach Aristarch ὀνόσασθε, s. Spitzn. hiezu) und den Aor. ὤνατο (s. ὀνίνημι).

ὀπιπτεύω (aus ὀπτεύω nach Analogie von §. 112, 13) schaue umher, behält die Redupl. im aor.: ὀπιπτεύσας Hom.

ὁράω sehe, Impf. (ion. ὥρων, gew.) ἑώρων Pf. ἑώρᾱκα **). — Fut. ὄψομαι (2. P. ὄψει §. 103 n. 18) von ΟΠΤΩ. — Aor. εῖδον C. ἴδω O. ἴδοιμι Imp. ἴδε att. ἰδέ Inf. ἰδεῖν P. ἰδών. Med. (im Simplex dichterisch) εἰδόμην, ἰδέσθαι, ἰδόμενος ***), ἰδοῦ (und als Interjektion ἰδού siehe!). S. oben εἴδω. — Pass. perf. ἑώραμαι und ὦμμαι, ὦψαι, ὦπται ꝛc. ὦφθαι, aor. ὤφθην, ὀφθῆναι (bei spätern auch ὁραθῆναι) f. ὀφθήσομαι. Adj. Verb. ὁρατέος, ὁρατός, ὀπτός †).

Das Perf. 2. ὄπωπα, habe gesehn, gehört den Dialekten und den Dichtern. Wegen ὀπώπεε s. §. 112 Anm. 4. und wegen ὄρηαι (Hom.) s. §.

---

*) Der Inf. ὀνινάναι wahrscheinlich Plat. Rep. p. 600. Part. ὀνινᾶσα (nicht ὀνίνασα) Phileb. p. 58. — Von der Redupl. §. 112, 13.

**) Augm. §. 84 A. 8. In der att. Komödie (nach einigen auch bei den att. Rednern) ward das Perfekt, aber nur dieses, vorn verkürzt, und ἑόρακα geschrieben (vgl. ἑᾶλων und ἑᾶλωκα). S. ausf. Sprachl. und vgl. über das Vorkommen dieser Form in der spätern (vulgären) Sprache, so wie des seltenen Aorists ὠψάμην die N. T. Gramm. S. 31 und 56.

***) Die scheinbare Beibehaltung des Augm. im Partic. bei Prosaikern (προ-, ὑπειδόμενος) beruht vermuthlich nur auf einer bei diesem Verbo naheliegenden (itacistischen) Vertauschung der Buchst. ι und ει von Seiten der Abschreiber und Lexikographen. Dagegen Poppo zu Thuc. 4, 64.

†) Das letztere jedoch nur in Compos. (wie κάτοπτος, Tho. Mag. s. v.), da ὀπτός zu ὀπτάω, brate, gehört. S. regelm. Vz. und Steph. Thes.

106 A. 9 mit der Note. — Jl. ω, 704 (cf. Od. ϑ, 313) wird ὄψεσθε
von einigen nach Anal. von §. 96 A. 8. als ein aorist. Imp. erklärt, s.
Spitzn. Wegen ὀψείοντες s. §. 119, 5. — Von ἐπόψομαι ist wohl zu
unterscheiden das alterthümliche ἐπιόψομαι, aor. ἐπιωψάμην (vgl. S. 287
zweite Note) auserfehen, wählen, Hom.

ὀρέγω (Nbf. ὀρέγνυμι Hom.) strecke. Med. s. §. 113 A. 5. Davon die
3. pl. pf. und plq. ὀρωρέχαται, -το nach §. 103 n. 22.

ὄρνυμι errege, s. ὄρσω a. 1. ὦρσα (§. 101 A. 3). — Med. ὄρνυμαι entstehe, wozu fut. (ὀροῦμαι) 3. P. ὀρεῖται Jl. ν, 140. Aor. (ὠρόμην) 3. sing.
ὦρετο und synkopirt: ὦρτο Inf. ὄρθαι P. ὄρμενος Imp. ὄρσο und ὄρσεο,
ὄρσευ (§. 110, 8. §. 96 A. 8). — Das Perf. 2. ὄρωρα (3. conj. ὀρώρῃ,
plq. ὀρώρει und ὠρώρει) gehört zu derselben Bed., ich bin entstanden; aber die Form ὤρορεν (§. 85 A. 3) ist Aorist z. B. Od. τ, 201,
wie ἤραρεν, und hat auch, wie dieses, gewöhnlicher die kausative Bedeutung: er erregte. — Mit pf. ὄρωρε kommt dem Sinne nach überein
die paff. Form ὀρώρεται Conj. ὀρώρηται Jl. ν, 271 (vgl. ἄρηρα, ἀρήρεμαι). — Endlich hat Homer noch Präsens- und Imperfektformen von
ὄρομαι und ὀρέομαι, eile, bewege mich umher (Od. ξ, 104. Jl. β, 398),
worüber s. die ausf. Sprachl.

ὀρύσσω, ττω grabe, dicht. Nebf. ὀρύχω, reglm.; Red. att. — Med.
Ob der aor. 2. pass. ὠρύγην (Dio C. 77, 16 ꝛc.) auch bei älteren
Schriftstellern gebräuchlich war, ist zweifelhaft. Bei Xen. (Anab. 5, 8,
11.) ist die beglaubigtere Lesart ὀρυχθῆναι, und Ar. Av. 394 wird jetzt
ὀρυχησόμεσθα gelesen, womit die analoge Aoristbildung unter ψύχω
zu vergleichen. S. noch Lob. ad Phryn. p. 318.

ὀσφραίνομαι rieche (transitiv), f. ὀσφρήσομαι, aor. ὠσφρόμην
(ion. ὀσφράμην Herod.). Später ὠσφρησάμην und ὠσφράνθην.

οὖλε salve, ein def. Imperativ bei Homer (Od. ω, 402).

οὐλόμενος s. ὄλλυμι.   ‖ οὔνεσθε s. ὄνομαι.

οὐτάω verwunde, οὐτήσω ꝛc. — Aor. syncop. (οὖταν, §. 110, 6. 7.)
3. sing. οὖτα Inf. οὐτάμεν, -μεναι (für οὐτάναι) Part. pass. οὐτάμενος. — Daneben auch die Form οὐτάζω, οὔτασε, οὐτασμένος.

ὀφείλω bin schuldig (z. B. Geld), muß, f. ὀφειλήσω ꝛc.
Die Aoristform ὤφελον, ες, ε (gemein und dicht. ὄφελον) leitet
Wunschsätze ein, utinam *), wovon §. 150 n. 20. — Bei Homer steht für
ὀφείλω auch ὀφέλλω (Jl. τ, 200) und für ὤφελον des Metri wegen ὤφελ-
λον, ὄφελλον (Jl. ζ, 350), welche Formen man nicht mit ὀφέλλειν ver-
größern, verherrlichen, verwechseln muß. Von diesem letzten Verbo
hat Homer eine anomalische (viell. äolische) 3. P. sing. Opt. aor. 1. ὀφέλ-
λειεν Jl. π, 651. Od. β, 334.

ὀφλισκάνω mache mich schuldig, verwirke (§. 112, 14), f. ὀφλήσω,
pf. ὤφληκα, Aor. ὤφλον Inf. ὀφλεῖν.
Nach der Vorschrift der Grammatiker (Phot., Etym. M.) sollen Inf.
und besonders Part. aor. attisch ὄφλειν, ὄφλων betont worden sein, und
sie findet sich auch meist in den Hdschr. beobachtet (Thuc. 5, 101. Plat.
rep. 451. Apol. p. 39 ꝛc.). Die neueren Ausgaben betonen jedoch (seit
Elmsley) vielfach wieder der Analogie gemäß: ὀφλεῖν, ὀφλών. Vgl. πέφνων.
Später sind: das Präs. ὄφλω (App. 1, 54. Dio Chrys. p. 353) und der
Aor. ὤφλησα (einzeln bei Lysias). Seltnes part. pf. p. ὠφλημένη sc.
δίκη Dem. 29, 55. — Wegen ὤφλεε §. 112 A. 4.

---

*) Aber ἐπωφέλησα, was Sophokles einmal (OC. 540) nach dem Scho-
liasten in demselben Sinne gebraucht haben soll, gehört seiner Form und
Bedeutung nach zum Verbo ὠφελεῖν. S. die Auslegung.

Π.

π α ί ζ ω ſ(djerze, f. παιξοῦμαι. Daß übrige bei Attifern nach ber
andern Formation: aor. ἔπαισα, pf. p. πέπαισμαι ꝛc., ungeachtet
ber gleichlautenben Tempora beß folgenden Verbi; aber bei Spätern wie=
ber ἔπαιξα, πέπαιγμαι ꝛc., nebſt fut. παίξομαι (ſ. NT. Gramm.)

π α ί ω ſchlage, f. παίσω unb παιήσω, aber bie übrigen Tempora
ἔπαισα, πέπαικα, πέπαισμαι, ἐπαίσθην. — Med.

πάλλω ſchwinge, aor. 1. πῆλαι ꝛc. Aor. syncop. act. ἀμπεπαλών pass.
πάλτο (prallte an) Jl. o, 645 *). — Hieher gehören auch bie homer. For=
men ἀνέπαλτο, κατέπαλτο ſchwang ſich, bäumte ſich (nicht ἀνεπᾶλτο)
τ, 351. ϑ, 85.; bagegen ἐπᾶλτο, κατεπάλμενος (ν, 643. λ, 94) zu ἄλλομαι. S. Spitzn. Exc. XVI.
Aber π α λ ή σ ε ι ε b. i. πταίσειε (nur einmal bei Herob. 8, 21) gehört
zu einem anbern unbefannten Stamm, ſ. Matth. Gr.

ΠΑΡ-, πεπαρεῖν ſ. bei πορεῖν.

πάσασθαι erwerben, ἐπᾱσάμην, Pf. πέπᾱμαι (Xen.) beſitze; — verſchieben
von ἐπᾱσάμην, πέπασμαι, ſ. πατέομαι.

π ά σ χ ω leibe, von ΠΕΝΘΩ fut. πείσομαι (nach §. 25, 4) pf. πέπονθα; von ΠΗΘΩ aor. ἔπαθον. — Adj. Verb. παθητός.
Von ΠΗΘΩ fommt auch πεπᾱθυῖα (Hom.) unb bie unſicheren For=
men πήσομαι, ἔπησα (Her., Aesch.). — Von π έ π ο σ θ ε ſ. §. 110 A. 5.

πατάσσω ſ. πλήσσω.

πατέομαι foſte, eſſe, ἐπᾱσάμην, πέπασμαι; A. V. ἄπαϛος nüchtern (im-
pransus) Hom. Vgl. δατέομαι unter δαίω, unb πάσασθαι.

π α ύ ω mache aufhören, f. παύσω ꝛc. Med. höre auf, f. παύσομαι
(Xen. Plat. Thuc.) a. ἐπαυσάμην pf. πέπαυμαι mit fut. 3. πε-
παύσομαι (Soph.) werbe aufhören. Pass. (werbe beenbet, mir
wirb ein Ziel geſetzt) pf. wie oben aor. ἐπαύθην (Thuc.) beſſer
alß ἐπαύσθην, aber Adj. vb. immer παυϛέος.
Die Moeriß'ſche Regel (πεπαύσομαι att. ſt. παύσομαι) iſt in ihrer
Allgemeinheit wenigſtenß gegen bie Hbſchriften nicht zu halten. — Der
Imper. παῦε ſteht attiſch auch für παύου höre auf (Pl. Phaedr. 228 ꝛc.).
Aber Od. δ, 659 iſt zu leſen μνηϛῆρας. — Wegen beß einſilbigen παῦ
(Ar. Eq. 821) ſ. Herm. zu Aesch. Prom. 565.

π ε ί ϑ ω überrebe, regelm. mit e r ſ t e r Tempußbilbung: πείσω, ἔπεισα,
πέπεικα. Pass. laſſe mich überreben, auch: glaube, gehorche, pf.

---

*) Auß ber gewöhnlichen Verbinbung πάλλειν κλήρους (bie Looſe ſchüt=
teln, Jl. γ, 316 ꝛc.) ober bloß πάλλειν mit Außlaſſung von κλήρους (ib. 324 ꝛc.)
entſtanb baß Subſt. πᾶλος Looß, unb erhielt baß Med. πάλλομαι bie Bebeu=
tung l o o ſ e n: Jl. o, 191 παλλομένων (sc. ἡμῶν, nicht κλήρων, vgl. Hesych. s. v.), Her. 3, 128. In gleicher Bebeutung ſoll auch παλάσσω (ober
-ομαι) gebraucht worben ſein in ben beiben Perfeftformen πεπάλαχϑε,
πεπαλάχϑαι (Jl. η, 171. Od. ι, 331), welcher alten Leßart auch Apollo=
niuß folgte (Arg. 1, 358). Da aber παλάσσω ſonſt nur bie Beb. beſpren=
gen, umherſpritzen ꝛc. hat (ſ. Pape), auch bie hom. Stellen beibe im ent=
ſchieben aoriſtiſchen Sinne zu faſſen ſinb, ſo gaben Ariſtarch u. a. (jetzt
auch Beffer) ber anbern Leßart πεπάλασϑε, πεπαλάσϑαι ben Vorzug,
welche Formen alß reduplizirte Aoriſte vom Med. πάλλεσϑαι (wie im Aft.
ἀμπεπαλών Jl. γ, 355 ꝛc.) mit bem Char. α (ſ. außf. Spr. §. 96 Anm. 9
unb 10) erflärt werben. Vgl. Ahrenß gr. Gr. 51.

πέπεισμαι a. ἐπείσθην. Fut. πείσομαι (werde gehorchen) und πεισθήσομαι (rein passiv, oder: werde glauben). — Das Perf. 2. πέποιθα hat die Bed. vertraue.

Poetische Formen sind plusq. ἐπέπιθμεν zu πέποιθα gehörig, §. 110, 9. (wegen Imp. πέπεισθι oder πέπισθι bei Aeschylus s. ausf. Gr.); — aor. 2. ἔπιθον, ἐπίθομεν, πέπιθον, πεπίθοιμι ꝛc. (welcher reduplizirten Aoristform Homer sich im Aktiv allein bedient) für ἔπεισα, und med. ἐπιθόμην (häufig auch bei Trag.), πιθέσθαι, πίθοιο (einmal πεπίθοιτο (Jl. κ, 204) für ἐπείσθην (gehorchte) ꝛc. — neue Form πιθήσω, ἐπίθησα (§. 111, 3) in der Bedeutung gehorchen, vertrauen, πεπιθήσω überreden (Jl. χ, 223).

[πέκτω] πεκτέω, ep. πείκω, schere, kämme, fut. πέξω ꝛc. — Med.

πεινῆν s. §. 105 A. 5.   ‖ πείσομαι s. πάσχω und πείθω.

πελάζω nahe (intranf., z. B. Jl. μ, 112. Od. μ, 41 und öfter bei Tragikern) und nähere (welche transitive Bedeutung das Wort bei Homer gewöhnlich hat, daher a. p. ἐπελάσθην nahte), alt und dicht. πελάω (s. Ellendt Lex. Soph. s. v.), ep. Nbf. πιλνάω (tranf.) Hes., πίλναμαι (intr.) Hom., §. 112, 9. 16., fut. πελάσω, πελάσσω att. πελῶ ꝛc.; hat aber bei Dichtern auch die durch Metathesis (πελα, πλεα) gebildeten Aoriste: ἐπλάθην (bei Trag.; daher A.V. ἄπλατος unnahbar) und ἐπλήμην, πλῆτο (Hom.) beide im Sinne nahen; part. perf. πεπλημένος (§. 110 A. 7). — Vgl. πίμπλημι. — Eine andere (tragische) Nbf. ist πελάθω oder πλάθω, gleichfalls intransitiv (§. 112, 12). Ob auch πλάζω, welches zweimal bei Homer (προσέπλαζε, προσπλάζον) in der Bedeutung nahen vorkommt, eine Nebenform hiezu sei, kann bezweifelt werden, da es sich auch zu πλάζω ft. -γξω ziehen läßt, s. ausf. Spr.

πέλω oder πέλομαι bin, nur Präs. und Impf., synkopirt den Stammvokal nach dem Augment (§. 110, 4): 3. Impf. ἔπλε oder ἔπλετο, 2. ἔπλεο, ἔπλευ. Das Imperf. in der Medialform hat oft Präsens-Bedeutung: ἔπλευ du bist ꝛc.; vgl. φύω. — Zu demselben Verbo in seiner ältern Bedeut. sich bewegen, versari, gehören die gleichfalls synkopirten epischen Participe ἐπιπλόμενος, περιπλόμενος. — Neue Präsensform mit ω (statt ο) πωλέομαι Hom. (§. 112, 8); die analoge Form πολέομαι in e. solonischen Gesetze bei Lys. 10, 19.

ΠΕΝΘ- s. πάσχω.   ‖ πεπαρεῖν, πεπορεῖν, πέπρωται s. πορεῖν.

πεπτεώς, πεπτηώς s. πίπτω und πτήσσω.   ‖ πέπτω s. πέσσω.

περαίνω vollende, aor. ἐπέρανα ꝛc. pf. p. πεπέρασμαι (§. 101). Von der auf ion. Art (§. 27 A. 1) gedehnten Form πειραίνω (vgl. τὸ πεῖραρ = πέρας Hom.) hat Homer die 3. sing. pf. p. πεπείρανται (Od. μ, 37. und nachahmend Soph. Trach. 578; nicht zu verwechseln mit der 3. pl. von πειράω, die bei Att. ebenso lautet, aber mit langem α, ion. πεπείρηνται, vgl. Od. γ, 23). Die Dehnung der ersten Silbe in ει ging auch auf andere Dichter, namentlich Pindar und Aratus, über. Im part. aor. πειρήνας (Od. χ, 175. 192. Hymn. 2, 48) hat das Verbum die besondre Bed.: die Enden (πείρατα) eines Taues ꝛc. anknüpfen.

περάω gehe hinüber; regelm. περάσω mit langem α (ion. περήσω); aber die Formation περάσω ꝛc. bei Epikern gehört zu πιπράσκω, s. d.

πέρδω, gew. πέρδομαι, ἔπαρδον fut. παρδήσομαι pf. πέπορδα.

πέρθω verwüste, aor. ἔπερσα und ἔπραθον (§. 96 A. 7); med. in paff. Bed. διεπράθετο Od. o, 384. — Homer hat auch einen synkopirten passivischen Aorist im Inf. πέρθαι (wie von ἐπέρθμην), eig. πέρθ-θαι (oder πέρσθαι) wie δέχθαι, §. 110, 8 *).

───────────────

*) Lobeck (zur ausf. Spr. II. S. 19.) leitet diese sehr anomalische Form

πεσεῖν ſ. πίπτω.

πέσσω, πέττω koche, ſ. πέψω ꝛc. von πέπτω, das im Präſens nur bei Spätern vorkommt. Vgl. νίζω. Das Perf. P. πέπεμμαι wie von πέμπω, aber 2. P. πέπεψαι ꝛc.

πετάννυμι breite aus, ſ. πετάσω att. πετῶ ꝛc. — pf. p. mit Synk. (§. 110, 4) πέπτᾰμαι (nach ἕζαμαι), ſelten πεπέτασμαι; aber aor. pass. ἐπετάσθην. Dicht. Nbf. πιτνάω, πίτνημι §. 112, 16. — Wegen 3. pl. perf. πεπτέαται ſ. §. 105 Anm. 9.; part. aor. sync. ἀναπτάμενος (Parmen. fr.) §. 110, 7.

πέτομαι fliege, impf. ἐπετόμην, aber aor. durch Synkope (nach §. 110, 4) ἐπτόμην, πτῶμαι *), πτοίμην, πτέσθαι, πτόμενος. Fut. πετήσομαι gew. πτήσομαι. Pf. πεπότημαι (von ποτάομαι).
Neben dieſen Formen exiſtirt eine bei Jon., Epikern und Tragi-
kern **) übliche Aoriſtform ἐπτάμην, πτάσθαι, πτάμενος ꝛc. (wozu Spätere
ein neues Präſens nach der Formation in μι bildeten: ἵπταμαι) und aus
der im Präſ. ganz ungebr. aktiven Form eine dritte Aoriſtform (§. 110, 6)
ἔπτην (vor. ἔπτᾶν), πταίην, πτῆναι, πτάς ꝛc.
Die Präſensform πέταμαι und πετάομαι nebſt dem Aoriſt ἐπετάσθην (z. B. Anacr. 40, 6) gehören den Dichtern und der ſpäteren Proſa.
Als Perfekt ſcheint nur πεπότημαι (Hom. Aristoph.) im Gebrauch geweſen zu ſein; die Dichter haben auch Praes. ποτάομαι, πωτάομαι
(§. 112, 8), und auf ion. Art ποτέομαι (Od. ω, 7).

ΠΕΤ- ſ. πίπτω.   ‖ πεύθομαι ſ. πυνθάνομαι.

πέφνον, ἔπεφνον tödtete, der rebuplicirte und zugleich ſynkopirte Aoriſt (§. 110, 4) von ΦΕΝΩ (woher φόνος). Das Particip wurde von den Grammatikern vorn betont, πέφνων ***). Pass. perf. πέφαμαι Inf. πε-φάσθαι fut. πεφήσομαι; vgl. τείνω, τέταμαι §. 101, 9., und wegen πε-φήσομαι §. 99 A. 1. Vgl. auch φαίνω und φημί.

πήγνυμι mache feſt; bei Spätern auch πήσσω, πήττω; ſ. πήξω ꝛc. Pass. werde feſt; aor. ἐπάγην (ἐπήχθην rein paſſiv); Perf. 2. πέπηγα ſtehe feſt (§. 113 A. 3). — Med. Hom. (Jl. λ, 378) hat einen paſſ. Aor. κατέπηκτο nach §. 110, 8.

πίμπλημι fülle, πιμπλάναι (St. πλα-), Präſ. und Impf. nach ἵζημι; ſ. πλήσω ꝛc. Pass. pf. πέπλησμαι a. ἐπλήσθην. — Die präſ. Nebf. πλήθω aber hat bei älteren Schriftſt. nur die intr. Bed. voll ſein (z. B. ἀμφὶ ἀγορὰν πλήθουσαν Xen.). — Med. ſich (sibi) füllen, z. B. τὴν ὑδρίαν.
Wenn in der Kompoſ. ein μ vor das erſte π kommt, ſo fällt

(Jl. π, 708) durch eine Metatheſis von dem verwandten Stamm πρέω, (aor. ἐπρέμην — ἐπέρμην), πρήθω her.

*) In der Kompoſ. ἀνάπτωμαι, κατάπτηται (wie ἀνάσχωμαι ꝛc.) Gleichwol findet man faſt immer ἀναπτῶμαι ꝛc. in den Ausgaben (z. B. X. Mem. 3, 11, 5. Ar. Lys. 775. Her. 4, 132), welche Form dem Accente nach nur zu dem folg. ἐπτάμην gehören kann. Entſchieden unrichtig iſt aber die Betonung im Opt. καταπτοῖο (Luc. bis Acc. 8).

**) In einzelnen Formen nicht ſelten auch bei Kom. und ſelbſt Plato (Symp. 183. Rep. 469) überliefert.

***) Doch nicht von allen, daher Bekker wieder regelmäßig: πεφνών. S. Herodian zu Jl. π, 827. ρ, 539. und vgl. ὀφλισκάνω.

19 *

das μ in der Redupl. aus: ἐμπίπλαμαι, kommt aber wieder, sobald das Augment dazwischen tritt: ἐνεπίμπλασαν *).

Die Dichter bedienen sich des Metri wegen sowohl der Form mit
als ohne μ auch gegen diese Bestimmung (z. B. Ar. Lys. 311. Ach. 447.
Aesch. Choeph. 361 ꝛc.). — Die Formen auf ἀω und ἀνω (letztere bei
Hom. Jl. ι, 679) sind unattisch, wie ἱςᾶν und ἱςάνειν. — Der passivische
Aorist ἐπλήμην (nicht zu verwechseln mit dem gleichlautenden von πελάζω), πλῆτο, πλῆντυ Opt. πλείμην oder πλήμην **) Imp. πλῆσο ꝛc.
war auch der att. Sprache nicht fremd (ἔμπλησο, ἐμπλήμενος Ar. Vesp.
601 ꝛc. ἐνέπληντο Lys. Ergocl. 6) s. §. 110, 7. — Von dem intranf.
πλήθω (Jl. ϑ, 214 ꝛc.) gibt es auch ein Perf. πέπληϑα in gleicher Bedeutung bei jüngeren Dichtern: bin voll.

πίμπρημι verbrenne, tranfit., πιμπράναι, (St. πρα-) Präf. und
Impf. nach ἵςημι; f. πρήσω ꝛc. Pass. pf. πέπρησμαι (sicherer
als πέπρημαι) a. ἐπρήσϑην. — Mit ἐμπίπρημι, ἐνεπίμπραμεν
verhält es sich wie bei πίμπλημι; und so auch mit der Form auf
ἀω, wovon jedoch ἐνεπίμπρων Xen., ἐπίμπρας Eurip.
Präf. Nbf. πρήϑω (Jl. ι, 589), aor. ἔπρησα blies, Hom. — Merkwürdig ist die hesiodische Verkürzung ἔπρεσε für ἔπρησε (ϑ. 856), da die
Analogie auch hier ein α erwarten ließ. Vgl. hiezu die Note zu πέρϑω.

πίνω trinke, von ΠΙΩ f. πίομαι (§. 95), a. ἔπιον, πιεῖν ꝛc. Imp.
πῖϑι (§. 110 A. 2). Alles übrige von ΠΟΩ: Perf. πέπωκα pass.
πέπομαι a. p. ἐπόϑην. A. V. ποτέος, ποτός.
Dicht. imp. aor. πίε (Od. ι, 347). — Das ι in πίομαι ist gewöhn-
lich lang (vgl. Athen. 10. p. 446), in ἔπιον ꝛc. immer kurz. — Das
Fut. πιοῦμαι gehört den Spätern (§. 95 A. 16); das Präf. πίομαι (ῑ)
Pind. Ol. 6, 147. — Die Formen πίσω, ἔπισα (Pind.) haben den kauf.
Sinn trenken, wozu als Präsens πιπίσκω, §. 112, 14.

πιπράσκω verkaufe, Fut. und Aor. fehlen (dafür in Prosa: ἀπο-
δώσομαι, ἀπεδόμην); die gebräuchlichen Formen sind pf. πέπρᾱκα,
Pass. πέπρᾱμαι, a. ἐπράϑην, fut. 3. πεπράσομαι, statt des unatt.
fut. 1. πραϑήσομαι, so wie selbst das Perf. πεπρᾶσϑαι oft statt
des Aor. πραϑῆναι steht (vgl. ϑνήσκω).
Die Jonier sprachen alles dies mit η: πιπρήσκω, πέπρημαι ꝛc. —
Dicht. Nbf. πέρνημι (§. 112, 16). — Die alte und epische Sprache hat
noch fut. (περάσω) zszgz. περῶ, περᾶν (περάαν), aor. ἐπέρᾱσα von der
Stammform περάω (offenbar verwandt mit obigem περάω, ἀσω), woraus
die übrigen Formen durch Metathesis (f. §. 110 A. 7) entstanden. — Einzeln steht πεπερημένος statt πεπρημένος Jl. φ, 58.

πίπτω falle, (mit Redupl. und langem ι, daher Imper. πῖπτε, f.

---

*) Bei dem regellofen Schwanken der Hdschr. (f. Phryn. 96. Schneid.
zu Pl. Civ. p. 405. L. Dind. zu Cyrop. 4, 2, 41) und der allerdings schwachen Begründung durch alte Gramm. (Suid., Et. Gud.) bezweifeln Cobet
(NL. 141. 323) und Dind. z. a. O. die Gültigkeit dieser Regel. Lobeck
jedoch erhält sie aufrecht, f. Parall. 10. und vgl. Dind. im Steph. v. ἐμπίπλ.
Herm. zu Nubb. 1488.

**) Vgl. βλεῖο oder βλῆο unt. βάλλω. — Statt ει hätte man den Diph-
thong αι erwartet. Aber auf ΠΛΕΩ (lat. compleo) führt auch das hesiodische πιμπλεῦσαι (ϑ. 880), πιμπλέειν (Herod.). In den neuern Ausgaben
wird die analogere Schreibart mit η: πλήμην, πλῆτο festgehalten. S. Ar.
Lys. 235. Ach. 236 nebst Schol. und die ausf. Spr.

ῥίπτω), von ΠΕΤΩ f. πεσοῦμαι (§. 95) a. ἔπεσον (§. 96 A. 8).
— Perf. πέπτωκα.

In der Kompof. vertritt bies Verbum häufig das Paffiv ber Comp. von βάλλω, wie μεταπίπτω werbe veränbert (μεταβάλλω veränbere), ἐκπίπτω werbe vertrieben z. B. ὑπό τινος (f. §. 147 unter ὑπό). Dichterifche Abkürzungen bes Part. Perf. finb att. πεπτώς unb ep. πεπτεώς, ῶτος §. 110 A. 6. Letzteres führt auf πέπτηκα (von ΠΕΤΩ wie δέδμηκα von δέμω), woraus πέπτωκα burch Umlaut entftanben ift; f. Lexil. I. 63. — Πεπτηώς f. unter πτήσσω.

Auch bie regelmäßigen Aoriftformen von ΠΕΤΩ kommen vor: a. 1. ἔπεσα, ber jeboch bei ältern Schriftft. fehr zweifelhaft ift (f. ausf. Spr. unb bie NT. Gramm. p. 35), unb a. 2. ἔπετον bei ben Doriern (Pind.). Vgl. λίσσομαι.

(πίτνω unb) πιτνέω falle, aor. ἔπιτνον (§. 96 A. 5) pt. πιτνών (anb. πίτνων wie πέφνων f. b. unb vgl. Herm. unb Elmsl. zu Eurip. Med. 53. Ellenbt L. Soph.). — Aber πιτνάω, -ημι f. unter πετάννυμι.

πλάζω (mehr bicht.) jage umher, Pass. fchweife, f. πλάγξω 2c.
ΠΛ- f. πέλω.   ‖ ΠΛΑ-, πλήθω f. πελάζω unb πίμπλημι.

πλέω fchiffe, f. πλεύσομαι unb πλευσοῦμαι (§. 95) a. ἔπλευσα 2c. Pass. πέπλευσμαι, ἐπλεύσθην A. V. πλευςός (ἄπλευςος).
Das Perf. πέπλευσμαι X. Cyr. 6, 1, 16. — Die ep. Verläng. πλείω f. §. 27 A. 1. — Eine ionifche Form ift πλώω, πλώσομαι, ἔπλωσα, πέπλωκα 2c. Daher A. V. πλωτός, unb ber ep. Aor. ἔπλων, ως, ω, ωμεν 2c. Part. πλώς, wovon f. §. 110, 6. mit Anm. 1, 3.

πλήσσω, πλήττω (feltner πλήγνυμι) fchlage, comp. ἐκπλήσσω erfchrecke (tranf.) f. πλήξω 2c., behält im a. 2. p. bas η: ἐπλήγην, außer in ben Comp., bie einen Schrecken bebeuten: ἐξεπλάγην, κατεπλάγην ft. ἐκπλαγήσομαι. — Die Attiker brauchen in ber Beb. fchlagen bas Aktivum biefes Verbi faft gar nicht, fonbern ftatt beffen πατάσσω, beffen fie fich im Paffiv wieberum nicht bebienen (Lys. 4, 15).

Das Perf. 2. πέπληγα (Hom. Ariftoph.) hat bei Späteren auch paffive Bebeutung unb comp. καταπέπληγα bie intranfitive: erfchrecke. Ueber bas part. πεπληγώς f. Claffen Beob. zu Hom. 99. — Homer hat auch ben aor. 2. act. unb med., aber mit ber Rebupl. πέπληγον, ἐπέπληγον Jl. ε, 504 (vgl. φράζω), πεπληγόμην, unb im aor. pass. ftets η, auch in ben Compofitis: Jl. σ, 225 ἔκπληγεν b. i. ἐξεπλάγησαν. γ, 31 κατεπλήγη. Hymn. 6, 50.

πνέω blafe, f. πνεύσομαι unb πνευσοῦμαι, aor. ἔπνευσα 2c. (pf. p. πέπνευσμαι) a. ἐπνεύσθην, adj. vb. πνευςός (θεόπνευςος).
Das pf. p., nach Analogie von πλέω unb ber übrigen Paffivformen mit euphon. σ gebilbet (f. Lob. zu Aj. 322), läßt fich aus älteren Autoren nicht nachweifen. Bei fpäten finbet fich beibes, ἐμπέπνευμαι unb ἐμπεπνευσμένος. Das pf. p. πέπνυμαι, πεπνῦσθαι, -μένος aber (§. 98 A. 4) ift bloß bichterifch mit befonberer Bebeutung, befeelt, verftänbig fein (baher es von einigen nicht unmittelbar von πνέω abgeleitet, fonbern mit πινντός, πινύσσω verglichen wirb); unb nach berfelben Analogie ber fynk. Aorift ἄμπνυτο (für ἀνέπνυτο; §. 110, 7), ferner ἀμπνύνθη (vgl. ἱδρύνθην), unb ber Imperativ ἄμπνυε (fich erholen). — Πνείω f. πλείω.

ποθέω verlange, fut. ποθήσω unb ποθέσομαι, aor. ἐπόθησα unb -εσα (§. 95). Perf. nur πεπόθηκα (Anthol.).
Das pf. p. würbe nach Anal. bes pf. act. πεπόθημαι lauten. Ob

aber der von den Grammatikern angeführte aor. pass. ἐποθέσθην
wirklich in Gebrauch war, ist sehr unwahrscheinlich, da auch das adj. vb.
der Analogie gemäß (§. 112, 20, a) überall ποθητός, ἐπιπόθητος lautete *).
— Inf. pr. ποθήμεναι bei Homer nach §. 105 A. 16.

πονέω arbeite, leide, ft. πονήσω ꝛc. aber in der Bedeutung: physischen
Schmerz empfinden πονέσω, pf. in beiden Bedeutungen πεπόνηκα. S.
§. 95 A. 4 und §. 113, 2. — Med.

πορεῖν, ἔπορον, πόρε gab, part. πορών ꝛc., ein defektiver Aorist bei Dichtern. Zu demselben Thema mit dem Begriff ertheilen, zutheilen,
gehört (durch eine Metathesis, §. 110, 11) das Pf. pass. πέπρωται, es
ist vom Schicksal bestimmt, Part. πεπρωμένος.
Ein Inf. πεπαρεῖν oder πεπορεῖν bei Pindar Pyth. 2, 105. wird
besser mit der Bedeutung zeigen, sehen lassen, zu einer eignen Wurzel
gezogen und auf erstere Art geschrieben. S. Böckh.

ΠΟ- f. πίνω.   ‖ πέποσθε f. πάσχω.

ΠΡΑ-, πρήθω f. πιπράσκω und πίμπρημι.   ‖ πράσσω f. regelm. Verz.

πρίασθαι kaufen, ein defektiver Aorist (nach ἐπτάμην), dem Gebrauche nach zu ὠνεῖσθαι gehörig, nehmlich ἐπριάμην, C. πρίωμαι O. πριαίμην Imp. πρίασο, πρίω Inf. πρίασθαι P. πριάμενος.

πτάρνυμαι niese, nimmt seine Tempora von dem im Präf. und
Impf. ungebräuchlichen πταίρω, a. ἔπταρον ꝛc.
Das part. aor. wird πταρόντα, πτάραντα und πταρέντα bei Aristot.
geschrieben. — Opt. πταρνοίμην (zweif.) Ar. Probl. 10, 18. cf. 33, 10.

ΠΤΑ- ΠΤΟ- f. πετάννυμι, πέτομαι, πτήσσω und πίπτω.

πτήσσω ducke nieder, regelm. Die Form καταπτακών bei Aesch. Eum. 247
läßt auf den Charakter κ schließen. — Zu diesem Verbo werden gerechnet
eine 3. du. aor. καταπτήτην bei Homer (§. 110, 6), und ein part. perf.
πεπτηώς, -ῶτος, υῖα, welches aber, bei spätern Epikern wenigstens, auch
zu πίπτω gehört, mit dem πτήσσω offenbar denselben Stamm ΠΕΤ gemein hat; man vgl. z. B. Ap. Rhod. 1, 1056 mit Od. χ, 384. Bei Homer indeß ist die Bedeutung des niederbuckens in πεπτηώς vorherrschend; so als Beiwort des Begriffs liegen: Od. ξ, 354. 474. χ, 362.,
bes. in Comp. wie ὑποπεπτηώς (Il. β, 312), ποτιπεπτηώς (Od. ν, 98).
Πεπτεώς f. πίπτω.

πυνθάνομαι erfahre, von πεύθομαι (poet.) fut. πεύσομαι aor.
ἐπυθόμην pf. πέπυσμαι. Adj. Verb. πευςέος.
Das dor. Futur πευσοῦμαι (Theocr.) auch bei Aesch. Prom. 992
(Dbf. πεύσεσθαι). — Der Aor. hat bei Homer zuweilen die Redupl.:
3. opt. πεπύθοιτο. — Wegen πέπυσσαι f. §. 98, 2 N.

P.

ῥαίνω sprenge: pf. p. ἔῤῥασμαι oder ἔῤῥαμμαι nach §. 101 A. 8. (Lob.
Par. 13. 421.) Wegen ῥάσσατε und ἐῤῥάδαται (Hom.) f. §. 103 n. 24.
ῥέζω und ἔρδω Hom. (ἔρδω Her.), thue, f. ῥέξω oder (von ΕΡΓΩ) ἔρξω
aor. ἔῤῥεξα, gew. ἔρεξα (§. 83 A. 2) und ἔρξα ꝛc. pf. ἔοργα plq. ἑώργειν Pass. aor. ῥεχθῆναι. Aber ἔρχθην und ἔεργμαι gehören zu εἴργω,
ἔρξα zu beiden (vgl. Od. ν, 147 mit ξ, 411).

*) Die sonst nirgends nachweisbaren Passivformen ἐποθέσθην und
πεπόθεσμαι sind von den Grammatikern vermuthlich nur fingirt, um das
hom. Adj. ἀπόθεστος (f. Etym. M., Zonar. s. v., Eustath.) abzuleiten.
Vgl. hiezu oben θέσσασθαι.

ῥέω fließe, (dicht. oder spät. f. ῥεύσομαι a. ἔῤῥευσα). Attisch ist in derselben aktiven Bedeutung nur der a. 2. p. ἐῤῥύην nebst dem fut. ῥυήσομαι, und einem aus diesem Aorist neugebildeten Perf. ἐῤῥύηκα (§. 111, 4. 95 A. 9.).

Wegen part. ῥεούμενος f. unt. μάχομαι.

PE- f. εἰπεῖν.

ῥήγνυμι reiße, transit., f. ῥήξω ꝛc. Aor. pass. ἐῤῥάγην f. ῥαγήσομαι. Perf. 2. ἔῤῥωγα bin zerrissen (§. 97 A. 2. 113 A. 4).

Das Perf. ἔῤῥωγα statt des seltneren ἔῤῥηγμαι (Hom., Her. und Spät.). – Die Nbf. ῥήσσω pulso (Jl. σ, 571) f. in den Wörterb.

ῥιγέω schaudere, regelm., aber pf. ἐῤῥῑγα (nach §. 97 A. 4) mit Präsens-Bedeutung; part. ἐῤῥίγοντι (Hes. a. 228) f. §. 111.

ῥιγόω friere. Die abweichende Contr. f. §. 105 A. 6.

ῥίπτω und ῥιπτέω werfe, Char. φ (§. 92 A. 1). Im Pr. und Impf. beide Themen gebräuchlich (das zweite bes. in Formen mit dem Kontractionslaut ου), alles übrige bloß von der ersteren, ῥίψω ꝛc. — Aor. pass. ἐῤῥίφην und ἐῤῥίφθην.

Das ι in ῥίπτω ist lang wie in πίπτω. S. Et. M. 673.

ῥοίζασκε, ῥίπτασκον f. §. 103 Anm. n. 11.

PT- f. ῥέω. ῥύομαι f. ἐρύω.   ‖ *PΩΓ-* f. ῥήγνυμι.

ῥώννυμι stärke, fut. ῥώσω ꝛc. Perf. pass. ἔῤῥωμαι Imp. ἔῤῥωσο (lebe wohl). Aor. p. ἐῤῥώσθην.

Aber ἐῤῥωσάμην (Hom.) gehört zu ῥώομαι walle, eile.

Σ.

σαίρω fege, hat regelm. f. σαρῶ, a. ἔσηρα. Aber das Perf. σέσηρα hat eine ganz verschiedene präs. Bedeutung: grinse.

Davon σεσαρυῖα (Hes.) §. 97 Anm. 3.

σαλπίζω trompete, σαλπίγξω (§. 92 A. 3), später σαλπίσω.

σάω alte Form für σήθω, siebe, woher bei Herodot 1, 200 σῶσι. Auch bildete man Nebenf. ohne σ im Passiv (σέσημαι, σηθείς) des Wohlklangs wegen von dieser Form.   ‖ σαόω f. σώζω.

σβέννυμι lösche, f. σβέσω, a. ἔσβεσα. Pass. pf. ἔσβεσμαι, a. ἐσβέσθην. Zum Med. σβέννυμαι mit intr. Bed.: ich erlösche, gehören aor. sync. ἔσβην, σβῆναι fut. σβήσομαι pf. ἔσβηκα. S. §. 110, 6. u. A. 1, 6. Der daselbst aufgeführte opt. aor. σβείην ist nach Analogie des part. ἀποσβείς (Hippocr.) gebildet.

σεύω treibe, hat bei Homer das Augment nach Art der mit ῥ anfangenden Verba (§. 83 A. 2.) und nimmt im Aor. 1. kein σ an: ἔσσευα, ἐσσευάμην (ohne Augm. σεῦα, σεύατο). Perf. pass. ἔσσυμαι stürme daher, strebe, verlange, part. ἐσσύμενος (proparox. §. 111 A. 2). Plusq. ἐσσύμην; welche Form zugleich Aor. syncop. ist (§. 110, 7 mit A. 4), daher σύτο, σύμενος, 2. P. ἔσσυο (§. 103 n. 17) 3. ἔσσυτο (ἐπέσυτο Eurip.); aor. pass. in gleicher Bedeut. ἐσσύθην (Soph.) σύθην (Aesch.), ἐξεσύθη (Jl. ε, 293. zw.). — Es gibt auch ein Praes. pass. syncop. (§. 110, 5.) σεῦται (Soph. Trach. 645), gewöhnlicher mit dem Wohllaut ου: σοῦμαι eile, laufe, Imp. σοῦσο (Hesych.) verkürzt σοῦ (Aristoph., vgl. παύω), σούσθω, σοῦσθε (Soph. Aesch.). — Vielleicht gehört hieher das lakonische ἀπεσσούα (X. Hell. 1, 1, 23) er ist fort, welches als a. 2. p. für ἐσσύη erklärt wird. (Anders Ahrens D. Dor. 147.)

σκεδάννυμι zerſtreue, f. σκεδάσω, σκεδῶ ꝛc. pf. p. ἐσκέδασμαι
a. ἐσκεδάσθην.
Nbf. σκίδνημι, ἀποσκίδναμαι (Thuc.) §. 112, 16. — Bei Dichtern
fällt des Metri wegen σ oft aus: κίδνημι, ἐκέδασσε, κεδασθείς ꝛc.
σκέλλω (mehr dicht.) dörre, Pass. verdorre. Zu dem Immediati=
tivſinn des Paſſivs gehören: aor. sync. ἔσκλην, σκλῆναι, σκλαίην
(§. 110, 6) fut. σκλήσομαι pf. ἔσκληκα bin verdorrt.
Das homeriſche σκήλειε (a. 1. ἔσκηλα) Jl. ψ, 191 führt auf die
Form σκάλλω (das ſonſt die Bedeutung ſcharren hat); und hieraus ent=
ſtehn durch Metatheſis (§. 110) die Formen σκλῆναι, σκλαίην ꝛc.
σκεπάζω, σκιάζω ſ. reglm. Vz. Von den alten Themen σκεπάω, σκιάω
(Od. μ, 436. Theocr. 16, 81) hat Homer σκεπόωσι, σκιόωντο, §. 112, 9.
σκοπῶ oder Med. σκοποῦμαι, ſchaue, überlege, nur Präſ. und
Impf. Alles übrige vom Dep. Med. (σκέπτομαι), σκέψομαι ꝛc.
Pf. ἔσκ....ι hat auch paſſive Bed. — A. V. σκεπτέος.
Prae....und Impf. von σκέπτομαι ſind mehr epiſch und neuattiſch.
σμάω ſtreiche, Kontr. in η (σμῆς, σμῆται ꝛc. Ar. Thesm. 389) ſ. σμήσω ꝛc.;
aber der Aor. pass. iſt immer ἐσμήχθην von der im Präſ. unattiſchen
Form σμήχω (§. 112, 12). A. V. σμηκτός. — Vgl. ψάω.
σοῦμαι ꝛc. ſ. σεύω.   ‖ σπεῖν, σπέσθαι ſ. ἕπω.
σπένδω gieße aus, σπείσω, ἔσπεισμαι (§. 25, 4). — Med.
(στερέω) ἀποςερέω und στερίσκω beraube, f. στερήσω ꝛc.
Als fut. pass. gilt bei Att. ςερήσομαι (ἀποςερήσομαι) für beſſer
als στερηθήσομαι. Daneben ein paſſiviſches Präſens: στέρομαι
bin beraubt, entbehre.
Für den gewöhnlichen Gebrauch iſt zu merken, daß im Präſ. und
Impf. στερῶ, -οῦμαι faſt nur in den Kompoſ. mit ἀπό *), στέρομαι
nie, στερίσκω, -ομαι ſehr ſelten in der Komp. vorkommen. Zu den
übrigen Temp. iſt Simplex und Komp. ziemlich gleich üblich.
Homer hat die Flexion mit ε, στερέσαι, und nach ihm auch andere
(jüngere) Dichter; dicht. aor. 2. p. στερείς, und aus Att. werden von der
Stammform στέρω (Isocr. 12, 243) noch angeführt die Future στερεῖ
(Aesch. Prom. 864) und ἀποστερεῖσθε (Andoc. 1, 149. cf. Ar. Nub. 1072.)
στεῦται, στεῦνται, στεῦτο ſ. §. 110, 5.
στορέννυμι, στόρνυμι und στρώννυμι breite hin (§. 106, 8.
110 A. 7) bilden ſowohl ςορέσω, ςορῶ, ἐςόρεσα als ςρώσω,
ἔςρωσα. Perf. pass. ἔςρωμαι a. 1. p. ἐςρώθην, (ſpäter und ion.
ἐςόρεσμαι, ἐςορέσθην). A. V. ςρωτός.
στρέφω drehe, regelm. f. στρέψω a. ἔςρεψα pf. ἔςροφα pass.
ἔςραμμαι a. ἐςράφην, ſelten und mehr dicht. ἐςρέφθην.
Ableit. στρωφάω (Hom. ꝛc.) und στροφέω (Ar. Pac. 175. zw.)
§. 112, 8.
στυγέω fürchte, haſſe, regelm., hat aber bei Homer noch den a. 2. ἔςυγον
(§. 96 A. 5), und in einer kauſativen Bedeutung, furchtbar machen, den
a. 1. ἔςυξα, den aber ſpätere Dichter wieder im erſtern Sinne brauchen.
— Perf. ἀπεςύγηκα als Präſ. Her. 2, 47.
σχεῖν, ἔσχον ꝛc. ſ. ἔχω.

---

*) Vereinzelt ςερείτω Plat. Im Paſſiv ſchwanken die Lesarten häufig
zwiſchen στερούμενοι und -όμενοι, ςέροιτο und -οῖτο ꝛc., welche bei Att.
vielleicht alle auf στέρομαι zurückzuführen ſind. S. ausf. Spr.

σώζω rette, f. σώσω ꝛc.; Pf. pass. außer σέσωσμαι bei ältern Schriftstellern auch σέσωμαι*), aber a. 1. p. immer ἐσώθην von der ältern Form σαόω, ἐσαώθην. A. V. σωστέος (Eur.) — Med. Von σαόω kommt bei älteren Epikern vor: 1) die regelmäßige For-mation σαώσω, ἐσάωσα, σαώσομαι, ἐσαώθην; 2) Praes. und Impf. vorn zusammengezogen (σαόω, σαόεις) σώω, σώεις ꝛc. (woraus die gewöhn-liche Form σώζω**) entstanden ist); und wieder verkürzt (σόω) C. σόης, σόῃ, σόωσιν***). 3) Die 3. Impf. (ἐσάου) und der Imperat. (σάου), abermals zusammengezogen, würden lauten ἐσῶ, σῶ; allein die Epiker zerdehnen diese Formen wieder, jedoch nicht wie in ähnlichen Fällen durch o, sondern durch α (ganz wie in ναιετάωσα; f. §. 105 A. 10), also σάω (für ἔσωζε und σῶζε Jl. φ, 238. Od. ν, 230). — Die andere Form σώζω dagegen bei Homer nur einmal: Od. ε, 490.

T.

ΤΑΓ- f. ΤΑ-.   ‖ ταλάω f. τλῆναι.

τανύω strecke, spanne; Passiv nimmt σ an; kurz υ in der Flexion (§. 95 A. 3. 112, 20). — Fut. wieder τανύω Od. φ, 174. (§. 95 A. 19). Pass. episch auch τάνυμαι.

ταράσσω, ττω störe, hat eine zusammengezogene Nebenform: 1) bei den Attikern das Präsens, θράττω, wobei das τ in θ übergeht, und der Vokal sich verlängert (daher Neutr. part. τὸ θρᾶττον, inf. aor. θρᾶξαι); 2) bei den Epikern das Perfekt, aber mit intransitiver Be-deutung, τέτρηχα (§. 97 A. 6 Not.) bin unruhig, stürmisch, wobei das ion. η die Stelle des langen α vertritt †).

ταφεῖν und ταφῆναι f. θάπτω und ΘΑΦ-.

ΤΑ-, der scheinbare Stamm von τείνω, τέτακα ꝛc. (§. 101, 9). Zu einem gleichen Stamm in der Bedeutung fassen, nehmen gehört der Imperat. τῆ, nimm; womit verwandt ist (von ΤΑΓΩ) das epische Part. aor. 2. redupl. τεταγών, fassend. S. noch Lexil. I, 41.

τέμνω schneide, f. τεμῶ a. ἔτεμον med. ἐτεμόμην (§. 96 A. 3). — Die weitere Formation durch Metathesis: τέτμηκα, τέτμημαι, ἐτμήθην (§. 110, 11).

Selten ist bei Attikern der aor. ἔταμον (Thuc. 1, 81), der bei Jon., Epik. und Doriern, welche im Präsens schon τάμνω sagen (τέμνειν bei

---

*) Die sehr bestimmte Angabe alter Grammatiker (f. Suid. und Phot. s. v.) wonach σέσωμαι die eigentliche altattische, σέσωσμαι erst die neuere Form (παρὰ τοῖς νεωτέροις) ist, hat sich in der That durch Handschriften vielfach bestätigt gefunden.
**) Einige Neuere schreiben σῴζω (als entstanden aus σωΐζω), wie man auch wirklich nicht nur vielfältig in Handschr., sondern auch in andern alten Dokumenten geschrieben findet, f. Ahrens D. Dor. 190. Doch fand Ablei-tung und Schreibart im Alterthum schon Widerspruch; f. bef. Etym. M. s. v.
***) Liest man mit Bekker nach den Schol. (zu Jl. ι, 393. 681) statt σόης, σόῃ — σόῳς und σόῳ, so sind alle drei Formen auf gewöhnlichem Wege (aber doppelt) zusammengezogene und durch ο (§. 105 A. 10) zer-dehnte Konjunktive der Stammform σαόω und es bedarf keines Themas σόω. S. auch Lob. zur ausf. Spr.
†) Ueber die Metathesis f. §. 110 A. 7. Ein Analogon hiezu ist das Adj. μάλᾰκός — βλάξ, βλᾶκός. Die Veränderung des τ in θ f. §. 17 A. 2. — Aus diesem Verbum entsteht übrigens das Adj. τρᾱχύς, ion. τρη-χύς (rauh, uneben), und nicht umgekehrt. S. noch Lexil. I, 52.

Homer nur Od. γ, 175), allein gebräuchlich ist. Außerdem hat Homer noch die Stammform τέμω (.Jl. ν, 707 τέμει; s. ausf. Sprachl. §. 92 A. 13). — Eine epische Form ist τμήγω aor. ἔτμηξα und ἔτμαγον pass. ἐτμάγην. — Den aor. τέτμον s. bes.

τέρπω ergetze, hat in der passiven Form τέρπομαι ergetze, sättige mich, in der epischen Sprache einen vierfachen Aorist; aus dem Passiv: 1) a. 1. ἐτέρφθην (dieser auch bei Xen.) oder ἐτάρφθην und 2) aor. 2. ἐτάρπην, wovon mit der Versetzung Conj. (τραπείω) τραπείομεν für ταρπῶμεν (s. §. 96 A. 7 und Spitzn. zu Jl. ξ, 314.) — aus dem Medium: 3) a. 2. (ἐταρπόμην) τεταρπόμην Conj. ταρπώμεθα und τεταρπώμεσθα, und 4) a. 1. Part. τερψάμενος Od. μ, 188.

τέρσομαι trockne, intransit. Inf. aor. 2. pass. τερσῆναι und τερσήμεναι. — τερσαίνω trockne, transit., ἐτέρσηνα ic. regelm.

τετευχῆσθαι bewaffnet sein, Od. χ, 104., ein defektives perf. pass., von τεύχεα. Vgl. ἐσθημένος.

τέτμον, ἔτετμον traf an, C. τέτμης, η, ein defektiver Aorist bei Ep., gebildet von τέμνω (τέμω) wie ἔπεφνον, πέφνον von φένω.

τετορήσω s. τορέω. ‖ τετραίνω s. τιτράω.

τεύχω. Zwei verwandte Verba sind wohl zu unterscheiden:
1) τεύχω verfertige, ein poetisches Wort, regelm. τεύξω, ἔτευξα, τέτυγμαι (§. 98 A. 4), ἐτύχθην, τυκτός (εὔτυκτος), und aus dem Med. τεύξεσθαι (Jl. τ, 208), τεύξασθαι Hymn.
2) τυγχάνω ereigne mich, bin zufällig, c. gen. erlange, treffe, s. τεύξομαι aor. ἔτυχον perf. τετύχηκα (§. 111, 3). Ep. aor. auch ἐτύχησα. — Der Begriff von τυγχάνω ist aus dem des Passivs von τεύχω erwachsen; daher bei Ep. die Formen τέτυγμαι, ἐτύχθην mit τυγχάνω, ἔτυχον ungefähr übereinkommen. Das Perf. τέτευχα, dessen Part. bei Homer die passive Bed. von τεύχειν hat (Od. μ, 423; s. §.113 A. 4), geht ganz in die Bed. des Praes. τυγχάνω über bei Herodot (3, 14 extr.) und den κοινοῖς. Das Perf. τέτυγμαι hat auch den Diphthong ευ, in der ältern Sprache aber nur, wenn die 3. pl. auf αται, oder auf ausgeht: τετεύχαται -το Hom. und nach §. 99 A. 1. im fut. 3. τετεύξομαι. Zu τεύχω gehört, mit ion. Veränderung der aspirata (§. 16 A. 1, e), der Aor. 2. τετυκεῖν, τετυκέσθαι, bereiten; davon ein neues Präs. τιτύσκομαι (§. 112 A. 8). — τόσσαι für τυχεῖν s. bes.

τηλεθάων, τηλεθόωσα ic. blühend, s. θάλλω.

TIE-, τετίημαι bin betrübt, Part. sowohl τετιημένος als von der aktiven Form τετιηώς (§. 97 A. 7).

τίκτω gebäre, s. τέξομαι, a. ἔτεκον (§. 96 A. 3) pf. τέτοκα. Die Dichter brauchen s. τέξω und τέξομαι, a. ἔτεκον und ἐτεκόμην, Aeschylus (Cho. 124) auch das Pr. τίκτομαι im akt. Sinne. — Erst bei Spät. findet sich τέτεγμαι und ἐτέχθην (pass.) und sehr selten a. 1. ἔτεξα (zw. Ar. Lys. 553). — Vom fut. τεκεῖσθαι (Hymn.) s. ausf. Spr.

τίνω s. τίω.

τιτράω bohre, ist nebst dem Fut. τρήσω bei Attikern wenig gebräuchlich, dafür: τετραίνω s. τετρανῶ a. ἐτέτρηνα, später -ᾱνα. Das Perf. immer von der Stammform τέτρηκα, τέτρημαι.

τιτρώσκω verwunde, f. τρώσω ic. pf. p. τέτρωμαι ic. Das einfachere τρώω mit der verallgemeinerten Bedeutung schaben, Schaden thun, hat Homer. Beide hangen durch die Metathesis TOP, TPO mit τορεῖν zusammen, s. §. 110, 11.

τίω (ĭ bei Hom.) ehre, schätze, ist in dieser Beb. durchaus bloß dichterisch, und geht regelmäßig: τίσω, ἔτισα ꝛc. Part. pf. pass. τ ε τ ῑ μ έ ν ο ς. In Prosa jedoch leiht es seine Tempora der Form: τ ί ν ω (ĭ) büße, f. τίσω pf. τέτικα pf. p. τ έ τ ι σ μ α ι (ἐκτέτισμαι) a. p. ἐτίσθην. Das Med. τίνομαι (τίσομαι, ἀπετισάμην) hat die Bedeut. strafen, rächen. — A. V. τιστέον, ἀποτιστέον. Die ionische Präsensform ist τίννυμι*), τίννυμαι (§. 112, 15). — Das ι im Präs. τίνω ist bei den Epikern lang, bei den Attikern kurz nach §. 112 A. 6., in der übrigen Flexion aber lang: τῖσαι ꝛc.

τ λ ῆ ν α ι ertragen, wagen, Inf. vom aor. sync. ἔτλην, τλῶ τλῇς, τλαίην, τλῆθι, τλάς, f. τλήσομαι pf. τέτληκα.
Außer einigemal bei Xen. und Plato ist das Verbum nur dichte= risch. — Die synk. Formen des Perf. τέτλᾰμεν ꝛc. τετλάναι O. τετλαίην Imper. τέτλαθι, und das ion. Particip τετληώς (§. 110, 10. §. 97 A. 7) haben präs. Bedeutung. Eine epische Nebenform ist aor. 1. ἐτάλασα. — Im Präsens sagte man ἀνέχομαι oder ὑπομένω.

TM- f. τέμνω und τέτμον. ‖ τμήγω f. τέμνω.

τορεῖν durchstoßen, ἔτορον, ein defektiver Aorist; davon (ἀντιτορέω Hymn.) a. 1. ἀντετόρησα (Jl. ε, 337. κ, 267). Vergl. τιτρώσκω. — In der ver= wandten Bedeutung, durchdringend, laut tönen, hat Aristoph. das Fut. τετορήσω und das Präf. τορεύω.

τόσσαι ein Aorist, einerlei mit τυχεῖν; wovon bei Pindar vorkommt Part. τόσσας (τόσσαις) und die Composita ἐπέτοσσε, ἐπιτόσσας.

τραπεíω f. τέρπω. ‖ TPAΓ- f. τρώγω.

τ ρ έ π ω wende, hat sämtliche Aoriste. Der gew. und prosaische Ge= brauch ist: f. τρέψω, a. ἔτρεψα pf. τέτροφα. Pass. pf. τέτραμ= μαι a. ἐτράπην. Med. a. 1. ἐτρεψάμην (wandte ab, schlug in die Flucht) a. 2. ἐτραπόμην (wandte mich).
Seltner oder dicht. sind a. 2. ἔτραπον a. 1. p. ἐτρέφθην, ion. ἐτρά= φθην mit dem Umlaut α, den aber die Jonier z. Th. schon im Präsens haben. Wegen τέτραφα f. S. 159 N. und von τετράφαται (Jl. κ, 189) S. 191. — Nebf. τροπέω und τρωπάω (nach §. 112, 8), τραπέω (§. 111, 3), und ein spät. A.V. τραπητέον (Luc. Rhet. 8. vgl. ἐλθετέον Strab. 13, 622) im medialen Sinne.

τ ρ έ φ ω nähre, f. θρέψω (§. 18, 2) pf. τέτροφα pf. p. τέθραμμαι, τεθρᾶφθαι**) (ungenau τετράφθαι) a. p. ἐτράφην, seltner ἐθρέ= φθην**). A. V. θρεπτός. — Med.
In der ältern Sprache hatte τρέφω, jedoch nicht im Präsens, auch als Immediativum die Bedeutung dick, stark, groß werden, und in eben diese geht auch das Passivum über; daher fällt im Homer der a. 2. act. mit dem a. 2. pass. in eins zusammen, z. B. ἔτραφε einerlei mit ἐτράφη, τραφέμεν (τραφεῖν) einerlei mit dem gewöhnlichen τραφῆναι. S. ausf. Sprachl. und Spitzn. zu Jl. ψ, 90, der an dieser Stelle den

_____

*) Die andre, jetzt gewöhnlichere, Schreibart τίνυμι gründet sich auf die Ableitung von τίνω (nach §. 106, 8), womit es die Bedeutung gemein hat, τίνυμι auf bie von τίω. Aber das ι ist immer lang: τίνυμι (Hom., auch Eur. Or. 317). S. ausf. Spr. §. 112 A. 19.
**) Das θ ward hier beibehalten, weil „bie Enb=Aspirata des Stam= mes (φ) wegen des folgenden θ das Ansehn ihrer Ursprünglichkeit verliert" (Mehlh. Gr. S. 48), mithin zum Unterschied von den entsprechenden For= men von τρέπω. Im Perf. Akt. half zum Theil der Umlaut, f. S. 159 N.

(transit.) aor. 2. ἔτραφε in das Impf. ἔτρεφε geändert hat. — τέτροφα hat beide Bedeutungen (f. S. 159 und 160 Not.)

τρέχω laufe, formirt seltner von sich, θρέξομαι, ἔθρεξα (§. 18, 2.); gewöhnlicher von ΔΡΕΜΩ, f. δραμοῦμαι aor. ἔδραμον pf. δεδράμηκα (§. 111, 3). Ep. Perf. δέδρομα. Die Dorier sagen τράχω, wie τάμνω, τράπω, τράφω, σράφω ιc. f. Ahr. Dial. Dor. p. 117.

τρύχω zerreibe, zehre auf, formirt von dem seltneren od. späteren τρυχόω: τρυχώσω, ἐτρύχωσα, τετρυχωμένος (§. 112, 7). Das Fut. τρύξω bei Hom. (Od. ρ, 387). Grundform ist τρύω, regelm. f. τρύσω (Aeschyl.) pf. p. τέτρῦμαι, τετρυμένος vexatus (nach Cobet NL. 148 die att. Form für das obige τετρυχωμένος).

τρώγω nage, esse, f. τρώξομαι. Aor. ἔτραγον (von ΤΡΗΓΩ). Das A.V. im Subst. τὰ τρωκτά (= τραγήματα) Naschwerk.

τυγχάνω, τετυκεῖν f. unter τεύχω.

τύπτω schlage, hat gewöhnlich f. τυπτήσω aber aor. ἔτυψα (Hom. Herod.) pf. p. τέτυμμαι später τετύπτημαι Aor. pass. ἐτύπην. A. V. τυπτητέος (Dem.). — Med. (Herod.) Das Fut. Med. (im pass. Sinne) τυπτήσομαι hat Ar. Nub. 1379., den a. 2. act. ἔτυπον Eur. Ion. 778. — Uebrigens geht der pros.-att. Gebrauch des Verbi über Präs. und Impf. act. und pass. und allenfalls fut. act. wenig hinaus. Im aor. act. ist ἔτυψα bei Att. gar nicht, sondern dafür ἐπάταξα (Plat. ιc.) oder ἔπαισα (Xen.), im pf. act. πέπληγα, im aor. pass. ἐπλήγην vorzugsweise im Gebrauch der Attiker. Ueber die häufige Umschreibung des Passivs durch πληγὰς λαβεῖν (vapulo) f. §. 134. und über den Gesamtgebrauch des Verbi Cobet VL. 330 sqq.

τύφω räuchere, brenne, f. θύψω ιc. (§. 18, 2.) — a. p. ἐτύφην.

Φ.

φαίνω 1) transit. zeige, gebe an, f. φανῶ a. ἔφηνα pf. (πέφαγκα) Pass. φαίνομαι werde angezeigt, a. ἐφάνθην pf. πέφασμαι, νσαι, νται ιc.; 2) intransf. scheine, leuchte, nur Präs. und Impf.; in dieser Bed. gew. φαίνομαι a. ἐφάνην f. φανοῦμαι und φανήσομαι (beide gleich gebräuchllich) pf. wieder πέφασμαι gew. pf. 2. πέφηνα. — Med. in Compos.

Wegen pf. πέφαγκα f. §. 101 A. 9. — Homerische Formen sind das Iterat. φάνεσκε schien, zeigte sich (von ἐφάνην); ein Aorist von der einfachen Stammform (§. 112, 10): φάε brach an (Od. ξ, 502), wozu auch gehört fut. 3. πεφήσομαι Jl. ρ, 155 werde erschienen sein (vgl. πέφνον) und wovon die Nebf. (φαέθω) part. φαέθων (§. 112, 12), und die Zerdehnungen φαείνω für φαίνω (wie ἀείρω für αἴρω, f. b.), ἐφαάνθην, φάανθεν im Sinne von ἐφάνην. — Daß das Fut. φανῶ auch lang α hat, f. ausf. Spr.

Zu demselben Stamm φα- gehört auch das ep. πιφαύσκω, ομαι (ῐ, f. Pape), nur Präs. und Impf.

ΦΑ-, φάσκω f. φημί, φαίνω und πέφνον. ‖ ΦΑΓ- f. ἐσθίω.

φείδομαι schone, regelm. Davon die ep. Aoristformen mit der Redupl. πεφιδέσθαι, πεφιδοίμην; und Fut. πεφιδήσομαι (§. 111, 3).

φέρω trage, bildet seine Tempora von ganz andern Wortstämmen (οἰ-, ἐνεκ- oder ἐνεγκ-): Fut. οἴσω Aor. 1. ἤνεγκα und 2. ἤνεγκον Perf. ἐνήνοχα (§. 97 A. 2) pass. ἐνήνεγμαι 3. si. ἐνήνεκται

und -εγκται Inf. ἐνηνέχϑαι Aor. p. ἠνέχϑην Inf. ἐνεχϑῆναι. Fut.
pass. ἐνεχϑήσομαι oder οἰσϑήσομαι. Adj. V. οἰςέος, οἰςός (poet.
φερτός). — Med. f. οἴσομαι a. 1. ἠνεγκάμην ꝛc., aber der *Imp.*
vom zweiten: ἔνεγκον oder ἐνεγκοῦ Soph. OC. 469.
Die beiden akt. Aoriste sind bei Att. etwa so zusammengesetzt: Ind. ἤνεγκον, ας, ε, ατον ꝛc. cj. ἐνέγκω opt. ἐνέγκοιμι und
-αιμι imp. ἔνεγκε, ἄτω ꝛc. inf. ἐνεγκεῖν pt. ἐνεγκών.
Die Jonier haben aor. ἤνεικα, ἐνεῖκαι *), ἐνείκασϑαι pass. ἐνή-
νειγμαι, ἠνείχϑην. — Der Aor. ἤνεγκον ist durch Redupl. aus ΕΓΚΩ
entstanden, wovon wieder ΕΝΕΚΩ, ΕΝΕΙΚΩ Dehnungen sind, wie
ΑΛΚΩ, ΑΛΕΚΩ, ἤλαλκον; s. Lexil. I. 63, 23. — Homer sagt im
Imper. pl. φέρτε (§. 110, 5). — Von φορεῖν s. §. 112, 8. und Anm. 2.,
von φορῆναι §. 105 Anm. 16.
Zum Fut. οἴσω gehört noch der aorist. Imp. οἶσε (Hom. Aristoph.)
und die Inf. οἰσέμεν, οἰσέμεναι bei Homer (§. 96 A. 8). Ueber einige
seltne und zweifelhafte Formen: ἀνῶσαι und ἀνώϊσος bei Herod., und
προοῖσαι bei Lucian s. die ausf. Spr.

φεύγω (Nebf. φυγγάνω) fliehe, f. φεύξομαι und φευξοῦμαι aor.
ἔφυγον pf. πέφευγα. A. V. φευκτέος, φευκτός.
Homer hat auch das part. pf. pass. πεφυγμένος mit aktivem Sinn,
entronnen, das adj. vb. φυκτός (wovon ἄφυκτος att.); und ein part.
pf. πεφυζότες (vgl. φῦζα, Flucht), flüchtige.

φϑάνω (von der Quantität des α s. §. 112 A. 6) komme zuvor,
Aor. 1. ἔφϑασα und a. sync. ἔφϑην, φϑῶ, φϑῆναι, φϑάς. Fut.
φϑήσομαι, seltner (Xen.) und später φϑάσω, Perf. ἔφϑακα.
Ep. Partic. φϑάμενος = φϑάς. — Jl. κ, 346 παραφϑαίησι seltne
Form des Optativs (nach Anb. des Konj.). S. ausf. Sprachl. §. 107
A. 33 Not., Bekf. hom. Bl. 218 und Spitzner z. d. St.

φϑείρω verderbe, transit., geht regelmäßig; pf. act. (nur im Komp.)
διέφϑαρκα und (mehr dicht.) διέφϑορα. — Med. verderbe (intr.),
f. φϑεροῦμαι und φϑαρήσομαι a. ἐφϑάρην.
Das Perf. διέφϑορα hat bei Homer (Jl. ο, 128), Jon. und den
Spät. gewöhnl. intr. Bed. bin verdorben (§. 113 A. 4). — Auch findet
sich fut. φϑέρσω Jl. ν, 625 und fut. 2. Med. mit Umlaut α: διαφϑα-
ρέομαι Her. 9, 42. Vgl. κτανέω.

φϑίω (ῑ) ein in dieser Präsensform bloß homerisches Verbum mit intransitiver Bedeutung: vergehen (Od. β, 368 φϑίης, und auch φρένας
ἔφϑιεν in Jl. σ, 446 läßt sich neutral fassen). Bloß transitiv sind
φϑίσω, ἔφϑισα (die Quantität des ι s. unter φϑίνω) vernichte, reibe auf.
— Auch das abgeleitete Präsens:

φϑίνω ist, bei Homer wenigstens immer, intransitiv, daher f. φϑίσομαι
(vgl. δύνω, δύσομαι) pf. ἔφϑιμαι plusq. ἐφϑίμην, welche letzte Form als
Aor. syncop. (§. 110, 7 mit Anm. 4) eigne Modi hat; O. φϑίμην (ῑο)
ἶτο (Od. κ, 51. λ, 330. s. S. 216 Not.) Inf. φϑίσϑαι P. φϑίμενος Conj.
φϑίωμαι, verkürzt φϑίομαι, φϑίεται. Vom aor. p. (ἐφϑίϑην) kommt die
3. pl. ἔφϑιϑεν, ἀπέφϑιϑεν Od. ε, 133. ψ, 331. — Die Formation φϑι-
νήσω ꝛc. bei Spätern (Plut.).

---

*) Homer hat nach Eustathius (p. 1145, 62) nur diese Form des Aor.
auf α gebraucht: ἤνεικα; daher ἐνείκοι (Jl. σ, 147. Od. φ, 196) jetzt in
ἐνείκαι geändert ist; so daß nur ἐνείκεμεν (Jl. τ, 194) übrig bleibt, vielleicht eine alte Präsensform, womit man vgl. Hes. α. 440 συνενείκεται.

Uebrigens ist das ι sowohl in φϑίνω (§. 112 A. 6) als in φϑίσω, ἔφϑισα bei den Epikern immer lang, bei den Attikern kurz, selbst vor dem σ des Futurs und Aorists (Soph. Aj. 1027. OT. 202 ꝛc.), ἔφϑιμαι und die übrigen Passivformen aber sind überall kurz. — Die Nebf. φϑινύϑω (ι) ist transitiv und intransitiv (§. 112, 12).

φιλέω. Statt des regelm. Aorists hat Homer auch die Medialformen ἐφίλατο Imp. φῖλαι (Deponens von der einfachern Form ΦΙΛΩ, (§. 112, 6) mit langem ι nach §. 101, 4.

φλαδεῖν, defektiver Aorist bei Aeschylus, zerreißen, intrans.

φλέω fließe über, strotze, nur Präs. und Impf. (Aeschyl.), verwandt mit φλύω sprudele, fließe über, vom Wasser (Jl. φ, 361), von Worten = φλυαρέω schwatze (Aesch.), hat ein kurzes υ (wahrscheinlich auch in der Flexion), wodurch es sich unterscheidet von φλύω (Ar. Nub. 396) oder φλεύω sengen, anbrennen (περιπεφλευσμένος Her.).

φράζω sage, zeige an (bei Homer nur in letzt. Bed., s. Lehrs Arist. p. 93), hat bei ältern Dichtern einen Aorist πέφραδον, ἐπέφραδον Inf. πεφραδέειν, πεφραδέμεν (§. 83 A. 10) und ein Pf. pass. πέφραδμαι (Hes. ε. 655) §. 98 A. 5. — Med. mit der Bed. bei sich überlegen, merken ꝛc. hat beide Aoriste: ἐφρασάμην und ἐφράσϑην.

φρέω bloß in der Zusammensetzung gebräuchlich: ἐκφρεῖν, εἰσφρεῖν, διαφρεῖν, aus- ein- durchlassen, φρήσω ꝛc. — Imp. ἔκφρες Ar. Vesp. 162. (§. 110 A. 2). — Med., lasse zu mir, fut. εἰσφρήσομαι Dem. 8, 15.

φυλάσσω bewache, Med. hüte mich. — προφύλαχϑε in Hymn. Ap. 538. sehr anomalischer Imp. mit aktiver Bedeutung.

φύρω mische, knete, formirt gew. von φυράω f. φυράσω (ion. φυρήσω) ꝛc. Pf. pass. πεφύραμαι (Thuc., Ar.) a. ἐφυράϑην (Plat.). — Med.

Die alte und dicht. Flexion ist (nach §. 101 A. 3) f. φύρσω a. ἔφυρσα (Od. σ, 21) pf. p. πέφυρμαι (dies auch bei Herob., einmal bei Xen. Ag. 2, 14. und oft in spät. Prosa) a. ἐφύρϑην (Aesch.). Dieser Flexion entspricht das gegen die Regel §. 99 A. 2 gebildete fut. 3. πεφύρσομαι bei Pindar. — Ueber die Bed. s. Lob. zu Aj. p. 182.

φύω (ῠ) erzeuge, f. φύσω, a. ἔφῡσα. — Zu dem Med. φύομαι werde erzeugt, entstehe, f. φύσομαι gehören aor. sync. ἔφῡν cj. φύω (s. die Note) inf. φῦναι pt. φύς und pf. πέφῡκα (bin von Geburt) §. 113 A. 3.

Der nach Anal. von §. 107 n. 33 gebildete Opt. aor. φύην hat sich nur erhalten bei Theocr. 15, 94. In Jl. ζ, 148. 149 hat schon das Präsens φύω zuerst transitive, gleich darauf intrans. Bedeutung. Vgl. δύω. — Zu bemerken ist daß Dichter, namentlich die Trag., sich nicht nur des Perf. πέφυκα, sondern auch des Aor. ἔφυν zur Umschr. des Verbi εἶναι bedienen, und zwar im präf. Sinne. Vgl. πέλομαι. — Unattische Schriftsteller haben statt φῦναι, φύς ꝛc. auch einen Aor. pass. φυῆναι, φυῶ *), φυείς, fut. φυήσομαι. — Wegen der hom. Formen πεφύασι, πεφῡῶς s. §. 97 A. 7., ἐπέφυκον §. 111, 2., πεφύκασι unt. an. λαγχάνω.

*) Auffallend ist, daß bei Plato, der sonst nie diese Form des Aorists hat, der Konjunktiv cirkumflektirt wird: φυῇ, φυῶσιν ꝛc. Vielleicht machte diese Betonung im Konjunktiv, da er sonst nicht vom Präsens zu unterscheiden ist, schon früher auch bei Attikern sich geltend, nach Eurip. fr. Eurysth. 5 zu schließen: ὃς γὰρ ἂν χρηςὸς φυῇ (‿-). Vgl. Xen. Hier. 7, 3.

X.

χάζω gew. χάζομαι Dep. med., weiche, regelm. (χάσομαι) ep. χάσσομαι, χασσάμενος ꝛc., hat aber auch einen Aor. 2. mit der Redupl. und Ver= wandlung des χ in κ: κεκάδοντο. Aber das Aktiv κεκαδεῖν (κεκαδών) nebst dem Fut. κεκαδήσω (§. 111, 3) hat eine besondere transitive Be= deutung: berauben. Κεκαδήσομαι ſ. in κήδω. Man vgl. Jl. o, 574. λ, 334. ϑ, 353. Od. φ, 153.

χαίνω ſ. χάσκω.   ‖ χαδεῖν ſ. χανδάνω.

χαίρω freue mich, f. χαιρήσω aor. (aus dem Paſſiv) ἐχάρην, perf. mit Präſ.=Bed. κεχάρηκα (und -ημαι) nach §. 111, 4.

Von der regelm. Formation finden sich noch bei Dichtern pf. κέχαρ-μαι (Eurip.), ferner a. 1. med. ἐχηράμην und a. 2. κεχαρόμην (Hom.). — Κεχαρηώς ſ. §. 97 A. 7. — Das fut. χαρήσομαι gehört ben späteren Griechen; Homer hat κεχαρήσω und -ομαι, §. 111 A. 3.

χανδάνω faſſe in mir, aor. ἔχαδον. — Perf. κέχανδα (einerlei mit dem Präſ.) Fut. χείσομαι (Od. σ, 17) wie von XENΔΩ, §. 112, 17.

χάσκω öffne mich, gähne, formirt von dem bei ältern Schriftstel= lern nicht gebräuchlichen Präsens χαίνω, aor. ἔχανον, f. χανοῦ-μαι. Pf. κέχηνα, bin offen, gähne.

χέζω fut. χεσοῦμαι aor. ἔχεσα und ἔχεσον. Perf. κέχοδα (§. 97, 4. a. c.). χείσομαι ſ. χανδάνω.

χέω gieße, f. wieder χέω, χεῖς, χεῖ fut. med. χέομαι Aor. ἔχεα (§. 96) ἔχεας ἔχεε und ἔχεεν (S. 200 Not.) Inf. χέαι Imp. χέον, χεάτω ꝛc. Perf. κέχῠκα pf. p. κέχῠμαι a. p. ἐχύϑην (§. 98). — Med.

Vom Futur χέω, χέομαι (z. B. Ar. Pac. 169. Dem. 19, 213. Isae. p. 61) ſ. die ausf. Spr. und vgl. oben §. 95 A. 19. Die Formen χεύσω, ἔχευσα sind ungewöhnlich, waren aber die ursprünglichen, wie das Sub= ſtant. χεῦμα, und die Flexionsformen ἐχύϑην, ἔχενα ꝛc. anzeigen. Der a. p. bei Spätern auch ἐχέϑην.

Die Ep. haben auch aor. ἔχενα (wovon der Konj. χεύω ins Fut. übergeht Od. β, 322. ſ. §. 139 n. 5). Aor. sync. pass. ἐχύμην, χύμε-νος ꝛc. sich ergießen (§. 110, 7). — Verläng. ἐγχείω Hom.

ΧΛΑΔ-, ein defekt. Verbum, wovon nur pf. (κέχλᾱδα) part. κεχλᾱδώς mit präſ. Biegung κεχλάδοντες, inf. κεχλάδειν ſtrotzen, schwellen, bei Pindar. S. §. 111 Anm. 1.

χραισμεῖν helfen, ἔχραισμον, ein befektiver Aoriſt, woraus wieder entſtand χραισμήσω, ἐχραίσμησα (§. 111, 3 u. Lexil. I.).

χράω. Von diesem Verbo sind fünf verschiedene Flexionsformen zu unterscheiden; alle nach §. 105 A. 5 mit der Zusammenziehung in η, ion. (gegen die Analogie) gewöhnlich in ᾱ.

1) χράω gebe Orakel, weiſſage, geht regelmäßig: f. χρήσω ꝛc. aor. pass. ἐχρήσϑην (Thuc. 3, 96). Med. χράομαι frage (das Orakel) um Rath, f. χρήσομαι a. ἐχρησάμην.

Dem paſſ. Aor. ἐχρήσϑην (von χράω) entspricht, im Jonismus we-nigſtens, das pf. p. κέχρησμαι*). — Die Kontraction in η ſ. in Soph.

---

*) So κεχρησμένον, ἐκέχρηστο sc. τὸ χρηστήριον Her. 2, 147. 151. 3, 64. 4, 164. 7, 141. 220 ed. Bekk., aber vielfältig gegen die Hdschr. Daher hält Dind. die Form κέχρημαι für die richtige, und das σ für einen

El. 35. OC. 87. Herobot in ᾱ, oder άω in έω (χρέουσα 7, 111), wor‑
aus bei Homer wieder verlängert χρείων Od. ϑ, 79.

2) κίχρημι leihe, nach ἵϛημι: f. χρήσω, a. ἔχρησα pf. κέχρηκα
pass. κέχρημαι (Dem. p. 817). Med. (bei Spät.) κίχραμαι ent‑
lehne, χρήσομαι ꝛc., wofür bei Att. δανείζομαι gebräuchlich.

3) χράομαι brauche, χρῆ (2. sing.), χρῆται, χρῆσθαι ꝛc.
f. χρήσομαι Aor. ἐχρησάμην Perf. κέχρημαι gew. mit Präf.‑
Bed. — A. V. χρηστός (gut, brauchbar) χρηστέον.
Das Perf. κέχρημαι heißt bei Ep. auch ich bedarf, daher κεχρημέ‑
νος als Abj. bürftig, und bei Theocr. (16, 73) ein bef. fut. κεχρήσομαι.
Das Verbale setzt einen Aorist ἐχρήσθην voraus, der auch zuweilen,
z. B. Her. 7, 144. Dem. p. 519. in pass. Bed. vorkommt. — Auch hier
ion. Kontr. in ᾱ, Wandelung in έω §. 105 A. 8. 15.

4) χρή oportet, es ist nöthig, Impersonale, richtet sich zum
Theil nach den Verbis auf μι: Inf. χρῆναι Opt. χρείη Conj. χρῇ,
Part. mit anomal. Accent χρεών*) (indecl. nach §. 57 A. 1).
Impf. χρῆν oder ἐχρῆν*) (niemals ἔχρη). — Fut. (χρήσει*).

5) ἀπόχρη es ist genug (unattisch ἀποχρᾷ), pl. ἀποχρῶσιν
Inf. ἀποχρῆν Part. ἀποχρῶν, ῶσα, ῶν. Impf. ἀπέχρη fut. ἀπο‑
χρήσει aor. ἀπέχρησε. Med. ἀποχρῶμαι habe genug, lasse mir
genügen (Herod. 1, 102) nach 3.**)
χρήζω, genauer χρῄζω, verlange, will, bei Att. nur im Präf. u.
Impf. vorhanden. Die Jonier formiren auch andere Temp. (von χρηΐζω):
χρηΐσω, ἐχρηΐσα.

spätern Zusatz der Abschreiber, denen das Subst. χρησμός vorschwebte (vgl.
§. 119, 19). Im Med. χράομαι aber, da es mit χράομαι 3. dem Wesen
nach völlig übereinkommt (auch wie dieses den Dat. regiert), lautete das Perf.
gewiß nur κέχρημαι (f. Ar. Rhet. 2, 23. cf. Pl. Legg. p. 686). Im paf‑
fiven Sinne kommt es überhaupt bei Att. gar nicht vor. Vgl.
Bred. Dial. Her. 343. Paus. 7, 19, 3.

*) Die einfilbige Form des Impf. gilt für die vorzüglichere oder gang‑
barere. Beide Formen vereinigt Soph. (Alet. fr. 7.). Die anomalifche Ac‑
centuation gründet fich auf alten Gebrauch. Man hielt die ungewöhnliche
Form ehedem für einen Infin. mit vorgeschlagenem ε (f. Göttl. Acc. 46).
Nach dem Urtheil der namhafteften neueren Kritiker jedoch (Ahrens Formenl.
§. 195., Ellendt Lex. Soph. s. v., Dindorf, Bergk ꝛc.) ift χρή oder χρῆ ein
indekln. Subst. (= χρεία oder χρεώ), aus deffen Zusammensetzung und
Verschmelzung mit εἶναι nicht nur die Form χρῆν (mit anom. Augm. ἐχρῆν),
fondern auch die übrigen Formen χρείη, χρῆναι, χρεών (d. i. χρὴ ὄν), fo
wie die öfters bei Dicht. vorkommende Futurform χρῆσθαι oder χρῇ 'σται
(f. Herm. ad Soph. OC. 504., Mein. fr. Com. II. 299. 594) fich bildeten.
Hienach kann es zweifelhaft erscheinen, ob die, ohnehin äußerst felten und
unficher überlieferte, Futurform χρήσει (Her. 7, 8, 4. cf. Pl. legg. 809 b)
überhaupt in Gebrauch war. Die att. Profa wenigftens bediente fich
dafür durchaus des Fut. δεήσει. — Von einem Inf. χρῆν (Eurip.) f.
Thom. M. s. v. und die ausf. Spr.

**) Herob. 8, 14 ἀπεχρέετο imperf. für ἀπέχρα. Bei Att. hat dies
Comp. nur den verftärkten Sinn des χρῆσθαι (3) uti, abuti; f. Poppo zu
Thuc. 1, 68. — Das Akt. wird, wie der Plur. ἀποχρῶσιν, ἀποχρήσουσι
(Aristoph.) zeigt, nur überwiegend imperf. gebraucht, ebenso ἀντι-, κατα-
χράω Her. Der Inf. ἀποχρῆν (nicht -ναι) Dem. 4, 22 al., ἀποχρᾶν Herod.

Auch von dem einfachen Stamm χρα- werden Formen in dieser Bed. mit Evidenz bei Dichtern nachgewiesen, wie Soph. Aj. 1373 (χρῆς), Ant. 887 (χρῇ), Ar. Ach. 778 (χρῆσθα ob. χρῆσθα). cf. Suid. v. χρή.

χρώννῡμι färbe, f. χρώσω ꝛc. pf. p. κέχρωσμαι aor. ἐχρώσθην, erst spät ohne σ.

χώννῡμι häufe, dämme, bei ältern Schriftstellern regelmäßig: Praes. χόω Inf. χοῦν f. χώσω ꝛc. pf. p. κέχωσμαι ꝛc.
Aber ἐχωσάμην gehört zu χώομαι zürne (Hom.). Vgl. ῥώννῡμι.

Ψ.

ψάω reibe, Kontr. in η (Soph. Trach. 678. Ar. Eq. 909) §. 105 A. 5. — Statt der gewöhnlichen Formen des Perf. und Aor. pass. (ἔψημαι oder -σμαι ꝛc.) bildeten ält. Schriftst. des Wohlklangs wegen lieber von der Nebf. ψήχω (§. 112, 12): ἔψηκται (Soph.), ἐψήχθην. Vgl. σμάω. — Med.

ψύχω kühle, §. 112, 17., regelm.; Aor. 2. p. ἐψύχην (Pl. Phaedr. p. 242) in intranf. Sinne: kühlte mich ab, bei Att. sicherer als ἐψύγην*) von der (später üblichen) Präsensform ψύγω. Dagegen war auch a. 1. ἐψύχθην im Gebrauch der Attiker (Xen. Cyn. 5, 3. Plat. Tim. p. 60).

Ω.

ὠθέω stoße, Augm. syll. nach §. 84 A. 5., impf. ἐώθουν; f. ὠθήσω und (von ΩΘΩ): ὦσω, wie auch alles übrige: ἔωσα, ὦσαι, ἔωσμαι ꝛc. (vgl. ὠνέομαι). — Med.

ὠνέομαι kaufe, hat gleichfalls das Augm. syll. ἐωνούμην ꝛc. Statt seines eigenthümlichen Aorists aber (ἐωνησάμην, ὠνησάμην) bedienten sich die Attiker der Formen ἐπριάμην, πρίασθαι ꝛc. s. oben; dagegen ἐωνήθην nur passiv nach §. 113 A. 6. — Das Perf. ἐώνημαι aktiv und passiv, Dem.
In einigen Stellen (Plat. Phaed. p. 69. Xen. Equ. 8, 2.) wird schon das Präs. passiv gebraucht. — In beiden Verbis wird das Augm. syll. öfters weggelassen (s. Poppo zu Thuc. 2, 84), jedoch mehr bei Spät.

Von den Partikeln.

§. 115.   (102)

1. Die Partikeln heißen inflexibiles, weil sie keiner Dekli-nation, Motion und Konjugation fähig sind. Doch gibt es auch unter ihnen gewisse kleinere Wandlungen, oder gegenseitige Bezie-hungen auf einander (Komparation und Korrelation), die hier be-sonders vorgetragen werden sollen.

2. Aus dem allgemeinen Begriff der Partikel sind zuförderst auszusondern die achtzehn sog. alten Präpositionen:

ἀμφί, ἀνά, ἀντί, ἀπό, διά, εἰς, ἐν, ἐξ, ἐπί, κατά, μετά, παρά, περί, πρό, πρός, σύν, ὑπέρ, ὑπό.

---

*) So wird noch gelesen Ar. Nub. 151. Nach dem Urtheil der Atti-cisten (s. Moeris und Tho. Mag.) ist jedoch ψυχῆναι spätere Form, wogegen sie sowohl ψυχῆναι als ψυχθῆναι als attisch anerkennen. Vgl. ὀρύσσω.

Mit ihnen allein werden auf die einfachste Art Verba zusammen=
gesetzt, welches mit andern Präpositionen, wie ἄνευ, ἕνεκα, ἅμα ꝛc.
nicht geschieht. S. das genauere über dieselben §. 117. B. §. 121, 2.
und in der Syntax §. 147.

3. Die allgemeinste Adverbialform ist die Endung ως,
die noch ganz als eine zur Biegung des Adjektivs gehörige Endung
betrachtet werden kann; indem man nur die Kasus=Endung ος,
Nom. oder Genitiv, in ως verwandelt. Ist die Nominativ=En=
dung ος betont, so erhält die Adverbial=Endung ως den Cirkum=
flex; Zusammenziehung aber findet jedesmal dann statt, wenn auch
die Endung ος (Nom. oder Gen.) eine solche erfährt; z. B.

φίλος, φίλως· σοφός, σοφῶς
σώφρων (σώφρονος), σωφρόνως· χαρίεις, εντος, χαριέντως·
εὐθύς, έος, εὐθέως· Part. λυσιτελῶν (nützend), οὗντος,
λυσιτελούντως· aber πᾶς (παντός) πάντως, s. Anm. 1.
ἀληθής, έος zsgz. οῦς, ἀληθέως zsgz. ἀληθῶς· ἁπλόος, οῦς,
ἁπλῶς· εὔνους, εὔνως (s. Anm. 2).

Anm. 1. Eigentlich sollten alle von Adjektiven auf ης, εος kommende
Adverbien die Endung ως, als aus Zusammenziehung (έως — ῶς) entstan=
den, cirkumflektiren; einige jedoch bleiben Paroxytona, und sind also ohne
eigne Zusammenziehung von dem eben so betonten Nominativ oder Genitiv
(besonders wenn auch der Gen. Plur. paroxytonirt wird, §. 49 A. 4)
gebildet, z. B. συνήθης (συνήθων) συνήθως, ferner εὔηθος, αὐτάρκως;
aber νοσώδης (νοσώδους, νοσωδῶν Plat. Rep. p. 438) νοσωδῶς, vgl. oben
πᾶς (παντός, πάντων) πάντως. S. Arcad. p. 136. Apoll. Adv. 581.

Anm. 2. Die Adjektiva Einer Endung, die zwischen Subst. und Adj.
gleichsam zweifelhaft sind, nehmen, um das Adverb auf ως zu bilden, erst
eine gewöhnliche adjektivische Endung an; also νομαδικῶς, βλακικῶς (vgl.
§. 63 A. 3. und die Note zu §. 66). Dasselbe thun in der Regel auch die
von Adj. auf -νοος, -νους gebildeten Adverbia: εὐνοϊκῶς.

4. Gewisse Kasus und Formen der Nomina vertreten
häufig, vermöge ihrer in der Syntax zu erklärenden Kraft, auch
durch Ellipse, die Stelle der Partikeln, und werden durch häufigen
Gebrauch zu völligen Adverbien; z. B. der Dativ:

κομιδῇ eigentl. mit Sorgfalt, daher: gar sehr
σπουδῇ mit Eifer, mit Mühe, auch: schwerlich, kaum,
ferner eine Anzahl femininischer Adjektive, wobei der Begriff ὁδῷ
von ἡ ὁδός (Weg, Gang, Weise) zum Grunde liegt, z. B.
πεζῇ zu Fuße, κοινῇ gemeinsam, ἰδίᾳ, δημοσίᾳ privatim, pu=
blice u. d. g. — vgl. im folg. §. Anm. 7 ἄλλῃ ꝛc.
oder der Akkusativ; z. B. in
ἀρχήν und τὴν ἀρχήν eig. im Anfange, in der Anlage, daher
ganz und gar; — τέλος, τὸ τέλος, πέρας endlich
προῖκα gratis, umsonst (von προίξ, Gabe)
μακράν (sc. ὁδόν) weit.

S. noch Anm. 3. — Ein adverbialer Akkusativ ist auch das Neu=
trum des Adjektivs, wenn es, sowohl im Singular als
im Plural, statt des Adverbii steht. Dieser Gebrauch ist
jedoch, den Komparativ und Superlativ ausgenommen, hauptsäch=

lich den Dichtern eigen geblieben (f. §. 128 A. 3. 4); von einigen
Adjektiven ist er auch in Prosa der gewöhnliche, z. B.
ταχύ schnell, μικρόν oder μικρά ein wenig, πολύ viel.

Anm. 2 a. Bei mehren dieser Neutraladverbia findet eine Zurückziehung des Accents statt, um sie von dem Neutr. des Adj. zu unterscheiden.
So z. B. τρίετες, πεντάετες, αὐτόετες drei ꝛc. Jahre lang (Hom.), ἄληθες; in Wahrheit? (§. 150 n. 20), ἐπίτηδες (f. §. 64, 4, e), χάριεν (S. 101
Not.). Vgl. ἐπάναγκες §. 64.

Anm. 3. Auf diese Art sind viele Partikeln entstanden, deren Stammform als Nomen nicht, oder nur bei Dichtern gebräuchlich ist. Dative
dieser Art werden alsdann oft ohne ι subscr. geschrieben, z. B. εἰκῆ ver-
geblich, διχῆ zwiefach, κρυφῆ, λάθρα ion. λάθρη heimlich ꝛc.*). Dahin
gehören ferner die Genitive ἑξῆς der Ordnung nach, ἀγχοῦ nahe, ὁμοῦ zugleich (Adj. ὁμός bei den Epikern); die Neutralformen πλησίον nahe
(Adj. πλησίος bei Dichtern), σήμερον heut, αὔριον morgen; und besonders
viele auf α, wie μάλα, κάρτα sehr, δίχα besonders, κρύφα ꝛc.; wobei zu
bemerken, daß diese letzten auf α Paroxytona sind, auch wenn sie von
demselben Stamm gebildeten Adjektiva oxytonirt werden, wie τάχα (ταχύς)
schnell, vielleicht; σφόδρα (σφοδρός) sehr; σάφα (σαφής) deutlich, λίγα,
ὦκα ꝛc., ausg. θαμά (wovon θαμέες) häufig. Auch die aus δίχα, τρίχα ꝛc.
verstärkten Zahladverbia bei Homer werden oxytonirt: διχθά, τριχθά, τε-
τραχθά.

Anm. 4. Wenn außer den Neutralformen εὐθύ und ἰθύ auch εὐθύς und ἰθύς als Adverbia erscheinen (f. §. 117, 1), so kommt diese Form
nur zufällig mit dem Nom. des Mask. des Adjektivs überein, indem hierin
sowohl, als in ἐγγύς das ς eben so gut mit zur Adverbialform gehört, als
in ἀμφίς von ἀμφί, μέχρις für μέχρι, ἀτρέμας für ἀτρέμα.

Anm. 5. Einige sind auch Kasus mit vorhergehender Präposition,
z. B. παραχρῆμα sogleich, auf der Stelle (eigentlich: bei der Sache selbst)
καθά und καθάπερ (für καθ᾽ ἅ, καθ᾽ ἅπερ) so wie;
διό (δι᾽ ὅ) weswegen; aber διότι, weil, entsteht aus διὰ τοῦτο, ὅτι
προὔργου (für πρὸ ἔργου) wörtlich: zum besten der Sache (f. §. 147
unter πρό), d. h. zum Zweck;
und auch hierunter sind einige, wovon das Nomen allein nicht gebräuchlich
ist, z. B. ἐξαίφνης plötzlich, ἐπίκλην mit Zunamen. Einige solche zu-
sammengeflossene Wörter nehmen kleine Unterschiede in Schreibart und Betonung an, als ἐκποδών auf dem Wege, abseits (für ἐκ ποδῶν), ἐμποδών im Wege, hinderlich (dies zugleich syntaktisch unregelmäßig für ἐν
ποσίν), ἐπισχερώ (für ᾧ, von einem Nom. σχερός) der Reihe nach.

5. In der Komparation gilt es als Regel daß
das Neutr. Singularis des Komparativs, und
das Neutr. Pluralis des Superlativs
zugleich als Komparationsform für das Adverb dienen, z. B. σο-
φώτερον ποιεῖς du handelst weiser, αἴσχιστα διετέλεσεν er brachte
sein Leben aufs schändlichste hin. Durch Anhängung der
Endung ως an die Gradusformen des Adjektivs werden die Gra-

---

*) In den neuern Ausgaben werden sie jedoch nach der Vorschrift der
Grammatiker (z. B. Et. M. p. 78, 28 ꝛc.) ziemlich allgemein wieder mit
dem ι geschrieben. Dasselbe gilt für die Pronominaladverbia πῇ, ὅπῃ, ἀλλαχῇ ꝛc. (§. 116 A. 8). In den Hdschr. finden sich beide Schreibweisen.

dus des Adverbs seltner und meist nur dann gebildet, wenn der Be=
griff der Art und Weise gehoben werden soll, z. B. καλλιόνως auf
schönere Weise (Plat.), μειζόνως in höherem Grade (Thuc.).

Anm. 5 a. Am gewöhnlichsten findet sich die so gebildete Adverbial=
form des Komparativs, und zwar besonders bei solchen Verbis, deren
Verbindung mit dem vom Adjektiv (durch die Endung ως) abgeleiteten Ad=
verb der Sprache geläufig war, wie bei ἔχειν (vgl. §. 132 A. 28), διακεῖσθαι, διάγειν zc., z. B. ἐχθιόνως, μοχθηροτέρως ἔχειν (Xen. Plat.), φι-
λοτιμοτέρως διακεῖσθαι (Isocr.) zc. Der Superlativ auf τάτως aber
ist fast ganz ungebräuchlich (Soph. OC. 1579). Eine nicht unbedeutende An=
zahl so komparirter Adverbia hat gesammelt Elmsley zu Eur. Heracl. 544.

6. Statt ως ist eine ältere Adverbial-Endung ω, daher
οὕτως und οὕτω (§. 26, 4). Diese Endung haben einige, die von
keinem gebräuchlichen Adjektiv abgeleitet sind, als ἄφνω plötzlich,
ὀπίσω hinten, und die von Präpositionen gebildeten

ἔξω außen, ἔσω und εἴσω innen, ἄνω oben, κάτω unten
πρόσω (ep. πρόσσω) vorwärts, πόρρω (dor. πόρσω) fern

beide letzteren von πρό vor. Diese bilden ihre Gradus eben so:
ἀνωτέρω, ἀνωτάτω. Mit derselben Endung werden auch Gradus
von andern Partifeln gebildet, z. B. ἀπό (fern von, s. §. 117 A. 3)
ἀπωτάτω, ἔνδον (innen) ἐνδοτάτω, ἑκάς (fern) ἑκαστέρω, ἀγχοῦ
(nahe) ἀγχοτάτω, μακράν (weit) μακροτέρω.

7. Bei allen Partifeln, welche sich kompariren lassen, ohne
von gebräuchlichen Adjektiven zu kommen, wird bei Bildung der
Komparationsform die Analogie der Adjektive beobachtet, als ἐγγύς
ἐγγυτέρω oder ἐγγύτερον zc., seltner ἔγγιον, ἔγγιςα. Besonders mit
den Formen §. 67, 3. und §. 68. vergleiche man

ἄγχι nahe　　　ἆσσον　　　ἄγχιςα
μάλα sehr　　　μᾶλλον　　　μάλιςα

und die zu dem Komparativ ἥσσων gehörige Adverbialform
ἧσσον, ἧττον weniger, ἥκιςα am wenigsten.

Anm. 6. Außer obigen merke man noch

πέρα (§. 117, 1) — περαιτέρω oder περαίτερον
πλησίον — πλησιαίτετον oder πλησιέςερον· τῆλε — τηλοτάτω
πρωῖ — πρωίτατα, πρωιαίτατα und πρῳαίτατα (s. Pape's Wört.)
προὔργου — προυργιαίτερον· νύκτωρ — νυκτιαίτερον.

Ferner von ἰθύ (grade aus) das homerische ἰθύντατα (statt ἰθύτατα
vgl. anom. ἰθύνω). — Daß einige solche Adverbia in ihrer Komparations=
form wirklich zu Adjektiven werden, s. §. 69, 2.

Anm. 7. Auch einige Verbalformen wurden durch alltäglichen Ge=
brauch zu Partifeln, hauptsächlich zu Interjektionen. Im obigen sind
schon erwähnt ειεν (S. 222 Not.); ὤφελον (Anom. ὀφείλω); τῆ (Anom.
ΤΑ-); ἰδού siehe! (Anom. ὁράω). Gleicher Bedeutung ist ἠνίδε, entstan=
den aus dem Imp. ἰδέ und der Partifel ἤν (en), nicht ἠνί, daher vor Vo=
kalen ἤν ἰδού (nicht ἤν' ἰδού; s. z. B. Ar. Plut. 75. Eur. Herc. f. 863);
— ἄγε, φέρε, ἴθι, ἄγρει heißen alle wohlan! S. auch ἀμέλει §. 150
n. 20. — Alle solche Imperative behalten gewöhnlich die singularische Form
auch in der Anrede an mehre; ἴτε und ἀγρεῖτε ausgenommen.

Anm. 8. Das Adverb δεῦρο hieher (§. 116, 6), steht auch als Imperativ für komm her; und in diesem Fall hat es einen Plural, an mehre, δεῦτε, was man (aber irrig) durch Abkürzung erklärt aus δεῦρ' ἴτε, welches vollständig steht z. B. Aristoph. Eccl. 882*).

§. 116. Particulae Correlativae. (103)

(Vgl. §. 79. die Adjectiva.)

1. Einige Ortsverhältnisse werden durch angehängte Silben bezeichnet, und zwar auf die Frage

woher? — θεν z. B. ἄλλοθεν anderswoher
wohin? — σε — ἄλλοσε anderswohin
wo? — θι — ἄλλοθι anderswo.

Der Vokal vor diesen Endungen hat einige Verschiedenheiten, die am besten durch Beobachtung erlernt werden; z. B. Ἀθήνηθεν, οὐρανόθεν, ἀγρόθι auf dem Felde, αὐτόθι daselbst, ποτέρωθι auf welcher von beiden Seiten? ποτέρωσε nach welcher von beiden Seiten? ἑτέρωθι auf der andern Seite. Den Accent behalten die meisten auf der Stelle, oder so nah als möglich, wo ihn das Stammwort hat. Aber die mit o sind größtentheils Paroxytona, z. B. πόντος ποντόθεν, κύκλος κυκλόσε. Nur die von

οἶκος, πᾶς, ἄλλος, ἕκαςος, ἔνδον, ἐκτός

behalten den Accent immer auf der Stammsilbe, als οἴκοθεν, πάντοσε, ἄλλοθι, ἑκάςοθι, ἔνδοθι, ἔκτοθεν. Vgl. Anm. 5.

Anm. 1. Der epischen Sprache eigenthümlich ist die Verbindung der Endsilbe -θι mit der (nachgestellten) Präp. πρό z. B. in: ἠῶθι πρό, Ἰλιόθι πρό, οὐρανόθι πρό, so wie der Endsilbe -θεν mit den Präp. ἐκ, ἀπό, κατά als: ἐξ, ἀπ' οὐρανόθεν, ἐξ Αἰσύμηθεν Hom. ἀπὸ κρῆθεν Hes. κατὰ κρῆθεν Hymn., abgekürzt -θε: Jl. ω, 492 ἀπὸ Τροίηθε μολόντα (vgl. Anm. 10), in welchen Fällen also -θι und -θεν den Genitiv vertreten, vgl. die Note zu A. 3. Die letztere Verbindung kommt auch anderwärts vor, selbst bei Spätern, s. N.T. Gramm. S. 62. Lob. Phryn. 46.

2. Auf die Frage wohin? wird auch die
Enclitica δε
angehängt, und zwar immer an den unveränderten Akkusativ z. B. οὐρανόνδε in den Himmel, ἄλαδε (von ἅλς) ins Meer, ἐρεβόσδε von τὸ ἔρεβος, u. s. w.**)

---

*) Wenn auch δεῦτε vorzugsweise in der Anrede an mehre gebraucht wird (so von Homer an bis zu den spätesten Schriftstellern), so ist es doch nur eine bloße Partikel der Aufmunterung, deren Aehnlichkeit mit einer imperat. Pluralform obigen Gebrauch veranlaßte. Dies erkannte schon Herodian (π. μον. p. 27, 2). Auch hat sich in der That ein deutliches Beispiel der Verbindung mit einem Singular erhalten in einem Skolion des Pindar (Bö. fr. 87. Athen. p. 573 f.). S. über alles dies, wie über die Schreibung δηῦτε oder δ' ηὖτε bei Lyrikern Lexil. II. n. 101.

**) Daß mehre der namhaftesten alten Kritiker (Aristarch, Herobian) οἶκον δέ, Οὔλυμπον δέ, Πληίωνα δέ (Jl. ω, 338) trennten, indem sie δέ wie eine nachgestellte Präp. (etwa für εἰς) betrachteten, und nur solche Fälle wie φύγαδε, οἴκαδε als völlige Adverbia in Ein Wort schrieben, darüber s. Lehrs qu. epp. p. 40 und vgl. Merkel proll. ad Ap. Rhod. p. 4.

Anm. 2. Οἴκαδε nach Hause, und φύγαδε in die Flucht (φυγή), sind Abweichungen (f. die Note auf S. 309); und in

$$\text{Ἀθήναζε, Θήβαζε}$$

ist das δ scheinbar mit dem σ des Acc. pl. in ζ übergegangen (§. 22 A. 2); da jedoch das ζ auch einige Wörter annehmen, die nicht pluralisch sind, wie θύραζε, ἔραζε, Ὀλυμπίαζε, so wird die Endung ζε besser als eine besondre Lokal-Endung wie δε betrachtet (vgl. Apoll. Adv. 608). Auch das Lokaladverb χαμαί (auf der oder die Erde, lat. humi) bildet von sich, und zwar ausschließlich für die Richtung wohin: χαμᾶζε, welcher Form auf die Frage woher entspricht: χαμᾶθεν, die att. Form für das spätere χαμόθεν.

Anm. 3. Homer gesellt zuweilen dem Akkusativ in dieser Form noch ein Adjektiv bei, z. B. Κόωνδ' εὐναιομένην (Jl. ξ, 255), und wiederholt sogar die Lokal-Endung wie eine gewöhnliche Kasus-Endung in ὄνδε δόμονδε (in sein Haus) von ὃς δόμος*). — Wenn aber derselbe in ἄϊδόσδε dies δε an den Genitiv hängt, so rührt dies daher, daß dieser Genitiv gewöhnlich elliptisch steht, εἰς ἄϊδος sc. δόμον (vgl. die Note).

3. Auf die Frage wo? wird mehren Städtenamen nach der ersten Dekl. die Endung σιν oder σι angehängt, und zwar ησι wenn ein Konsonant, ᾱσι wenn ein Vokal vorhergeht, mit beibehaltenem Accent des Stammwortes, z. B.

$$\text{Ἀθήνησι, Πλαταιᾶσιν, Ὀλυμπίασι}$$

(von Ἀθῆναι, Πλαταιαί, Ὀλυμπία**). — Einige andere Ortsnamen, bef. nach der zweiten Dekl., bekommen die Endung οι:

$$\text{Ἰσθμοῖ, Πυθοῖ, Μεγαροῖ}$$

von Ἰσθμός, Πυθώ, τὰ Μέγαρα***). Diese Endung hat immer den Cirkumflex, außer im Adverb οἴκοι zu Hause.

---

*) Als alte Kasusformen betrachtet sie auch Bekker (hom. Bl. 117), ebenso wie die übrigen Lokalsilben θι, σε, θεν (vgl. ἐμέθεν ꝛc. §. 72 A. 6), aus welcher Annahme sich nicht nur obige Fälle, sondern auch andre Verbindungen wie πρὸ φόωσδε (Jl. π, 188), und die in Anm. 1 erwähnten würden erklären lassen.

**) Der Endung ησι wird oft das ι untergeschrieben, und Ἀθήνησι für den ionischen Dativ erklärt; allein die Endung ασι zeigt, daß hier ein Jonismus nicht stattfindet; f. Franz Epigr. 111. Demungeachtet kommt diese Endung gewiß vom Dat. pl. her, vgl. §. 133 A. 15., Thuc. 1, 143.; und ging dann (wie αζε) auf singularische Namen über. Auch findet sich ασι (ohne ι subser.) auf attischen Inschriften als wirkliche Dativ-Endung nach ι in dem Worte ταμίασι (von ταμίας, f. Pape), womit man vergleiche die von Appellativis gebildeten Adverbia bei Dichtern: θύρασιν draußen (Soph. OC. 401), ὥρασιν zur rechten Zeit (Ar. Lys. 391); also ᾱσι wegen des ι und ρ nach der gewöhnlichen Analogie, aber ησι in Ἀθήνησι wegen des ν. — Ὀλυμπιάσι mit kurzem α gehört zu ἡ Ὀλυμπιάς.

***) Nach Dindorf zu X. Hell. 2, 4, 32 auch Πειραιοῖ. — Diese Endung ist von Πυθώ der wirkliche Dativ (vgl. §. 133 A. 15), in Ἰσθμοῖ und οἴκοι der etwas veränderte Dativ Sing. der 2ten Dekl., der sodann auch auf andere Namen (Μέγαρα, Πειραιεύς) und selbst auf andre Wörter überging, wie ἐνταυθοῖ von ἐνταῦθα (f. Text 8). Man muß sich also hüten, diese Formen für Korrelativa des folgenden ποῖ, wohin, zu halten, obwohl gerade dieses ἐνταυθοῖ wirklich zuweilen auch auf die Frage wohin steht (z. B. Aristoph. Lys. 568. Plut. 608); f. die ausf. Sprachl. §. 116 Anm. 28. und vgl. unten die Note auf S. 313. An. Bekk. p. 1396.

4. Auf die bisher angeführten drei Ortsverhältnisse beziehen sich folgende drei Frageformen:

πόθεν; woher? πόσε; wohin? πόθι; wo?

die beiden letzten jedoch nur in der älteren und Dichtersprache; in der gewöhnlichen Sprache lauten sie:

πόθεν; woher? ποῖ; wohin? ποῦ; wo?

Diese und einige andere Frageformen, wovon die geläufigsten sind: πότε; wann (allgemein), πηνίκα wann? genauer: zu welcher Zeit oder Stunde des Tages ꝛc. *), πῶς; wie? πῇ; in welcher Richtung? auf welche Weise? stehen nun mit ihren unmittelbaren Correlativis (Indefinitum, Demonstrativum, Relativum) wieder in derselben Analogie, wie §. 79 die adj. Correlativa.

Interrog.	Indefin.	Demonstr.	Relat.	
	sämtl. enklit.		simpl.	compos.
πότε; wann?	ποτέ	τότε	ὅτε	— ὁπότε
ποῦ; wo?	ποῦ	. . .	οὗ	— ὅπου
ποῖ; wohin?	ποῖ	. . .	οἷ	— ὅποι
πόθεν; woher?	ποθέν	τόθεν	ὅθεν	— ὁπόθεν
πῶς; wie?	πῶς	τῶς (§. 5.)	ὡς	— ὅπως
πῇ; wie?	πῇ	τῇ	ᾗ	— ὅπῃ **)
πηνίκα; wann? (s. oben)		τηνίκα	ἡνίκα	— ὁπηνίκα

Die Bedeutungen gibt die Analogie von §. 79; also z. B. ποτέ einmal aliquando, τότε da, damals, ὅτε, ὁπότε, wann, so oft als, ποθέν irgendwoher ꝛc. Die Verstärkung der Relativa durch περ findet auch hier statt: ὥσπερ, ἥπερ, οὗπερ, ὅθενπερ ꝛc. Hiezu kommen noch zwei kleinere oder unvollständige Korrelationen

τέως
τόφρα (dicht.) } dem. so lange ἕως
ὄφρα } rel. bis

Anm. 3a. Beispiele der letzteren Korrelation (τόφρα — ὄφρα ꝛc.) sind bei Ep. häufig, selten oder zweifelhaft bei Attikern (s. S. 312 die erste Note), die entweder die Korrelation durch ἕως allein ausdrücken, oder sich anderer Wendungen bedienen. Sonst erscheint das Demonstr. τέως in der attischen Prosa noch am häufigsten als Indef. in der Verbindung τέως μέν (mit correspondirendem δέ oder εἶτα): eine Zeit lang.

Anm. 4. Von dichterischen Formen merke man noch: πόθι; wo? πόθι ὅθι und ὁπόθι und für ποῖ und ὅποι — πόσε, ὁπόσε. Ferner gehört hieher das altepische Zeitadv. τῆμος (τημοῦτος Hes., τημόσδε Theocr.) dann, ἦμος (relat., daher verstärkt ὁππῆμος oder ὁππῆμος Arat. 566) wann.

Anm. 4a. Wie nach §. 75 die Formen des (demonstr.) Artikels auch fürs Relat. stehen, so haben auch hier, aber ungleich seltner, mehre der obigen Relativ-Adverbia in den Dialekten und bei Dichtern vorn ein τ; so z. B. τῇ, τῇπερ Hom., τόθεν für ὅθεν Aesch., τέως Her. 4, 165., τόθι

---

*) Diese von den Atticisten sehr bestimmt gegebene Unterscheidung findet sich bei den ält. Schriftst. meist beobachtet, z. B. Pl. Crit. in. πηνίκα ἐστί; ὄρθρος βαθύς. Phaed. p. 76. αὔριον τηνικάδε morgen um dieselbe Zeit. Xen. An. 3, 5, 18. Thuc. 4, 125 etc. Jedoch schwächte sich der Unterschied allmählich ab, bes. beim Relativ ἡνίκα, welches oft ganz allgemein, wie ὅτε, gebraucht wird. S. Lob. zu Phryn. 49. Cobet VL. 314.

**) Wegen des untergeschr. Iota in dieser Reihe s. Anm. 8.

für ὅϑι Pind., Ap. Rhod. etc. Ja ſelbſt in die Texte der Attiker iſt einiges
davon gedrungen, indem nehmlich (nach den Handſchriften und dem Zeugniß
alter Gramm.) τέως mehrfach für ἕως gebraucht wurde *).

5. Die Demonſtrativa auf dieſer Tabelle ſind die urſprüng=
lichen einfachen, wie unter den adjektiviſchen ὁ, ἡ, τό. Unter ihnen
iſt bloß τότε im gewöhnlichen Gebrauch; die übrigen nur in gewiſ=
ſen Redensarten (ſ. §. 149 n. 14) oder bei Dichtern. Für das ganz
dichteriſche τώς (z. B. Jl. γ, 415) iſt ὥς die gewöhnlichere Demon=
ſtrativform, und zwar mit dem Akutus zum Unterſchied von dem
Relativadverb ὡς, und dann iſt es auch in Proſa gebräuchlich, be=
ſonders in den Redensarten:
καὶ ὥς, οὐδ᾽ ὥς und μηδ᾽ ὥς auch ſo, auch ſo nicht.

Anm. 5. Nach den alten Grammatikern (Jo. Al. 31. Arcad. 127.
Schol. Jl. α, 116 etc.) ſoll in dieſen drei Verbindungen betont werden:
καὶ ὥς, οὐδ᾽ ὥς, μηδ᾽ ὥς, wie auch jetzt in den Ausgaben des Homer
geſchieht. Sehr ſelten bedient ſich die att. Proſa des Demonſtr. ὥς auch in
andern Verbindungen, z. B. ὥς οὖν Thuc. 3, 37. ὥς δὲ Pl. Prot. p. 326.
— Es iſt einleuchtend, daß, wie τώς die dem Art. praepos. entſprechende
Adverbialform iſt, ſo ὥς oder ὥς das Adverb des postpos. ὅς, welches ja
in der ält. Sprache (zuweilen auch bei Att.) noch bemonſtrative Bed. hat. **)

6. Es gibt aber noch einige Demonſtrativa, welche ſtatt
des τ einen andern Wortſtamm haben. Solche ſind
ἐκεῖ (dicht. ἐκεῖϑι) dort, ἐκεῖϑεν dorther, ἐκεῖσε dorthin,
    alſo auf die Fragen ποῦ; πόϑεν; ποῖ; (ion. und dichteriſch auch
    κεῖϑι, κεῖϑεν, κεῖσε)
ὁμοῦ, ὁμόσε, ὁμόϑεν zugleich an, nach, von einem Orte
δεῦρο ***) hieher; alſo auf die Frage ποῖ;
νῦν jetzt; alſo auf die Frage πότε;
ἔνϑα hier, da, ἔνϑεν daher,
welche zwei letzteren zugleich und in der Proſa gewöhnlich Rela=
tiva, gleichbedeutend mit οὗ und ὅϑεν, ſind. Vgl. oben Anm. 5 N.

7. Von den bisher angeführten Demonſtrativis ſind fünf jener
zwiefachen (§. 79, 4 gezeigten) Verſtärkung fähig, woraus die in
Proſa gewöhnlichen Demonſtrativa entſtehn, nehmlich:

| τηνίκα | τηνικάδε (§. 14 A. 3) | τηνικαῦτα |
| ἔνϑα | ἐνϑάδε †) | ἐνταῦϑα att. — ἐνϑαῦτα ion. |

---

*) S. unter and. Pl. Symp. p. 191 b., Dem. p. 24. 446 ed. Bekk.,
Anecd. Be. 309 al. Jedoch wird der Gebrauch bei Att. bezweifelt und man
ſchreibt in neu. Ausg. entweder ἕως für τέως, oder vermuthet, daß nach
τέως ein ἕως ausgefallen. S. Buttm. Ind. ad Dem. Mid. v. τέως, Cobet
NL. 516 und vgl. Ar. Pac. 32 (τέως ἕως).

**) Ebenſo wie ὥς werden auch andre ſonſt relative Partikeln bei Ho=
mer zuweilen noch demonſtrativiſch gebraucht, z. B. ἕως, ὄφρα (Jl. ρ, 727.
ο, 547), und bei ἔνϑα, ἔνϑεν gilt dies auch für die gewöhnliche Sprache,
ſ. unten 6. Selbſt das Lokaladv. ἵνα, wo (obwohl bei Homer ſonſt immer
relativ), ſcheint demonſtrativ zu ſtehn an der einen Stelle κ, 127. S. jedoch
Bekk. hom. Bl. 267.

***) Homer einmal δεύρω (nach den Schol.) Jl. γ, 240. S. Spitzn.

†) Die Demonſtrativ=Endung δε darf mit der auf die Frage wohin
nicht verwechſelt werden. Gleichwohl findet dieſe Verwechslung gerade bei

ἔνθεν	ἐνθένδε	ἐντεῦθεν att. — ἐνθεῦτεν ion.
τῇ	τῇδε	ταύτῃ
ὡς	ὧδε *)	οὕτως οδερ οὕτω.

8. Ein Theil dieſer Demonſtrativa nimmt überdies noch das
ι demonstrativum an,
z. B. οὑτωσί (οὑτωσίν ſ. §. 80), ἐντευθενί, ἐνθαδί, ὡδί, νυνί,
δευρί. — Ἐνταῦθα bildet jedoch, außer ἐνταυθί, auch ἐνταυθοῖ **).

9. Die Relativa hängen (ſo wie die adjektiviſchen, §. 80)
zur Verſtärkung des Begriffs der Allgemeinheit
οὖν und δήποτε
an; z. B. ὁπονοῦν wo auch immer, ὁπωςοῦν (und mit einge=
ſchaltetem τὶ: ὁπωστιοῦν), ὁπουδήποτε ꝛc.

Anm. 6 (5). Wie die adjektiviſchen Korrelativ=Endungen auch andern
allgemeinen Begriffen angehängt werden (ἀλλοῖος, παντοῖος ꝛc. §. 79 A. 2),
ſo auch die adverbialen, z. B. ἄλλοτε ein andermal, ἄλλη (auf die Frage
πῆ) auf anderm Wege, andere Weiſe, πάντως, πάντη (auf πῶς, πῆ) auf
jede Weiſe, gänzlich, ἐκείνως, ἐκείνῃ auf jene Art, αὐτοῦ, αὐτόθι (beide
Formen auch in Proſa gebräuchlich) an derſelben Stelle, daſelbſt ꝛc. —
Sehr gewöhnlich werden aber die von ἄλλος, πολύς, πᾶς und ἕκαςος
abgeleiteten Adverbia dieſer Art durch Einſchaltung der Buchſtaben αχ
verlängert, z. B.
    ἀλλαχοῦ anderswo, πανταχοῦ, πολλαχοῦ, an allen, an vielen Orten,
    ἑκαςαχόθεν von jeder Seite her, ἀλλαχῇ, ἀλλαχόσε ꝛc.
und von dem ungebr. Zahlwort für εἷς (ſ. ausf. Spr. §. 70 A. 5) ΆΜΟΣ
oder ΆΜΟΣ, wovon οὐδαμοί, οὐδαμῶς ꝛc., werden abgeleitet das hom.
ἀμόθεν (ἁμόθεν) irgendwoher, und in der attiſchen Sprache die Formeln
ἀμῶς γέ πως, ἀμῇ γέ πῃ, ἁμόθεν γέ ποθεν, ἁμοῦ γέ που auf irgend
eine Weiſe ꝛc., welchen die adj. Verbindung εἷς γέ τις (Pl. Phaedr. 242 b. ꝛc.)
entſpricht. S. hiezu Pors. Adv. 311. Cob. VI. 255.

Anm. 7 (6). Auch Negativa werden von den meiſten dieſer Re=
lationen gebildet, und zwar von πότε und πῶς durch bloße Zuſammen=
ſetzung: οὔποτε, μήποτε, niemals, in Proſa gewöhnlicher οὐδέποτε,
μηδέποτε, aber ohne den Nachdruck der Form οὐδέ, wie in οὐδείς (§.70,
1); ebenſo οὐδεπώποτε noch niemals (§. 149); — οὔπως, μήπως keines=
weges. Dieſe letzten Formen werfen bei Homer auch ihr s vor Konſonanten
ab (οὔπω, μήπω Jl. γ, 306. ρ, 422. vgl. Soph. OT. 594.) und ſind als=

ἐνθάδε öfters ſtatt; aber es geſchieht daſſelbe auch mit ἔνθα und ἐνταῦθα,
die gar nicht ſelten mit Verbis der Bewegung in Verbindung tre=
ten, ſ. die Wörterb., Ammon. p. 51. Apoll. adv. 564, 19. Dergleichen Un=
genauigkeiten in der Anwendung der Lokalpartikeln nehmen in der ſpätern
Schriftſprache immer mehr überhand, wo οὖ, ὅπου, ἐκεῖ gleichfalls oft auf
die Frage wohin ſtehen, und ſelbſt aus ältern und attiſchen Texten werden ſie
ſich ohne Willkür nie ganz beſeitigen laſſen. Vgl. NT. Gramm. p. 62. Lob.
zu Phryn. 43. Thuc. 1, 134, 4. X. Hell. 2, 3, 54 etc.
    *) Wie οὔτω mit der Adverbialendung ω nach §.115, 6 von οὗτος,
ſo iſt ὧδε mit derſelben Endung von ὅδε gebildet.
    **) S. S. 310 Note. Außer bei Homer und den Spätern findet ſich
dieſe Form oft bei Plato, Ariſtoph. und and. attiſchen Autoren auf beide
Fragen. Elmsley (zu Eur. IT. 1010) und and. Kritiker misbilligen jedoch
die Form bei Att. und ändern ſie, oft ohne handſchriftl. Vorgang, in ἐν=
ταῦθα oder ἐνταυθί.

dann mit der Zeitbeſtimmung πώ (οὔπω, μήπω noch nicht, §. 149) nicht zu verwechſeln. — Andere Negativa werden von dem alten und ioniſchen Abjektiv οὐδαμός, μηδαμός (Anm. 6) kein, gebildet: οὐδαμῶς auf keine Weiſe, οὐδαμῇ, οὐδαμοῦ, οὐδαμόθεν ꝛc.

Anm. 8. Das untergeſchr. Iota beim η findet eigentlich nach §. 115 A. 3 in denjenigen Formen nicht ſtatt, von welchen kein wirklicher Nominativ vorhanden iſt; alſo πῇ, ὅπῃ, πάντῃ, ἁμηγέπη, ἀλλαχῇ; dagegen: ᾗ, τῇ, ταύτῃ, ἄλλῃ. Viele ſchreiben aber (ſ. ebend.) auch jene ſo.

Anm. 9. Wenn die Formen τότε und ὅτε zweimal (zuweilen auch nur einmal) für ποτὲ — ποτὲ bald — bald, ſtehn (§. 149 n. 14), ſo werden ſie accentuirt τοτ ὲ —, ὀτ ὲ —.

Anm. 10. Dialekte. a. Die Epiker verdoppeln das π des Metri wegen: ὅππως, ὁππότε ꝛc.

b. Die Jonier haben für das π in allen obigen Formen κ, z. B. κῶς, κοῦ, ὅκως, ὁκόθεν, οὔκω; ſ. §. 16 A. 1. c.

c. Die Dorier für πότε, ὅτε ꝛc. — πόκα, ὅκα ꝛc. ſ. ebend. und für ἐκεί — τηνεί ſ. §. 74 Anm. 1.

d. Für die Endung θεν iſt eine verkürzte Form bei Dichtern θε, z. B. ἄλλοθε, ἔκτοσθε; vgl. oben Anm. 1. und §. 26 Anm. 2.

e. Für ῇ eine epiſche Form ῆχι oder ῆχι.

f. Für τέως, ἕως ſind ep. Formen τείως, είως; und wo bei Homer τέως und ἕως an der Stelle eines Trochäus ſtehn, muß τεῖος und εῖος (Od. δ, 90. 120. ο, 109 ꝛc.) geleſen werden. Vgl. χρέως in §. 58.

g. Andere ep. Partikeln: τίπτε warum? für τί ποτε, αὗθι für αὐτόθι daſelbſt, illico, χαμάδις, ἄλλυδις für χαμᾶζε, ἄλλοσε, dor. οἴκαδις ꝛc.

§. 117. Wandelbarkeit einiger andern Partikeln. (104 a.)

A. In den Buchſtaben.

1. Von οὐ, οὐκ, οὐχ und ἐξ, ἐκ, ferner vom beweglichen ν oder ς am Ende einiger Partikeln iſt §. 26 gehandelt. Hier iſt noch zu erwähnen, daß bei einigen dieſer letzten ſich auch ein Unterſchied im Sinne hinzugeſellt. Dahin gehören:

πέραν ion. πέρην (trans) jenſeit, hauptſächlich von Flüſſen und anderm Gewäſſer; gegenüber (Jl. β, 535), — dagegen πέρᾱ (ultra) über, drüber hinaus, wobei der Gegenſtand als eine Grenze gedacht iſt. S. Lexil. II. 69., Ellendt Lex. Soph. s. v.

ἀντικρύ und ἄντικρυς. Homer braucht in allen Bedeutungen die erſtere Form. Für die Attiker aber geben die Grammatiker die Regel, daß ἀντικρύ (in Proſa gew. καταντικρύ) bloß im eigentlichen Sinne gegenüber, grad aus, ſtatt finde, ἄντικρυς hingegen nur im übertragenen, geradezu, ohne Umſtände, u. d. g. Aber es finden ſich bedeutende gegentheilige Beiſpiele jeder Art. S. ausf. Sprachl.

εὐθύς und εὐθύ (ſ. §. 115 A. 4). Im zeitlichen Sinne (ſogleich) wird bloß εὐθύς gebraucht; aber im örtlichen (grad aus, auf etwas zu) gewöhnlich εὐθύ, z. B. εὐθὺ Λυκείου, εὐθὺ Ἐφέσου grad auf das L., auf E. zu, ſelten des Metri oder Hiatus wegen εὐθύς (Eurip. Hippol. 1197). — Die ioniſchen Formen ἰθύς, ἰθύ werden ohne allen Unterſchied und bloß im örtlichen Sinne gebraucht.

2. Folgende Verſchiedenheiten werden ohne Unterſchied der Bedeutung gebraucht, oder gehören den attiſchen Dichtern, oder ſind als Joniſmen auch den Attikern nicht fremd:

ἐάν, ἤν, ἄν (§. 139 n. 24), wenn, in ber britten Form mit langem α *) σήμερον, att. τήμερον heut; — χϑές häufiger als ἐχϑές gestern. σύν, ält. ξύν, mit; — εἰς, ion. auch att. ἐς in (äol. unb bor. auch ἐν Pind. Py. 2, 21. 158. 5, 50, entstanden aus ber ältesten Form ἐνς, f. Ahrens D. Dor. 359).

ἀεί (bei Att. gewöhnlich furz α, f. Ellenbt L. Soph.), ion. unb bicht. αἰεί, αἰέν, immer (bor. auch ἀέ, αἰές ꝛc. f. Ahr. 378).

ἕνεκα ober ἕνεκεν (bies selbst vor Konsonanten, ꝛ. B. Xenoph. Hier. 3, 4. 5, 1), ion. εἵνεκα, εἵνεκεν, wegen; vgl. §. 27 A. 1.

ἔπειτα, ion. ἔπειτεν, hernach. — Von ὅτιή st. ὅτι f. S. 124 N.

Für οὔ, nicht, nein, unb ναί ja, sagen bie Attifer bei größerem Nach- brucf οὐχί (ion. οὐκί), ναίχι (§. 11 A. 2).

Anm. 1. Noch einige anbere Dialeft-Verschiebenheiten. Für πρός (zu) alt προτί, bor. ποτί. (S. Beff. hom. Bl. 197.) Für μετά (mit ꝛc.) äol. πεδά. Für οὖν (also) bor. unb ion. ὦν. Für αὖϑις (wieberum) ion. u. ep. αὖτις, erst spät αὖϑι. Vgl. §. 116 a. E. Für κέ, κέν, ein enflitisches Wörtchen, bessen sich bie Epifer statt ἄν (ἄ) bebienen (§. 139), bor. κᾱ; baher ὅκκα st. ὅταν. Für γέ (wenigstens) bor. γᾱ. Für εἰ (wenn) bor. αἰ, welcher Form sich auch bie Epifer, aber nur in αἴ κε, αἰ γάρ unb αἴϑε (§. 139. n. 7. 8. 66) bebienen. Epische Formen sind noch ἠέ für ἤ (ober, als); über bie Accentuirung ἤ, ἠέ f. §. 149 n. 7 Not. — ἐπειή angebl. für ἐπειδή (f. eb. n. 5) — εἰν, ἐνί, εἰνί für ἐν; — μάν, μέν für μήν wahrlich; — αὐτάρ unb ἀτάρ (letzteres auch bei Att. unb in Prosa) aber. Einige Präpositionen, besonbers παρά, διά unb ὑπό, nehmen zuweilen in ber älteren Poesie statt α unb o bie Enbung αι an: παραί, ὑπαί, διαί, (in Kompos. auch καται-). Für ὑπέρ ep. auch ὑπείρ. S. ausf. Spr. Anm. 3. Hoffm. Quaest. Hom. I. 165.

Anm. 2. Die Konjunction ἄρα, unb bie Präpositionen παρά unb ἀνά werfen bei ben Doriern unb in ber epischen Sprache ben Vofal auch vor Konsonanten öfters ab: ἄρ, πάρ, ἄν; ꝛ. B.

οὔτ' ἄρ φρένας, πὰρ ϑεῷ, ἂν δέ (vgl. S. 317 Note).

Wenn in biesem Falle ἄν vor einen Lippen- ober Gaumbuchstaben zu stehen fommt, so ist in alter Gebrauch, anstatt ἂν πέλαγος, ἂν μέγα, ἂν κράτος u. b. g. zu schreiben

ἀμπέλαγος, ἀμμέγα, ἀγκράτος (Xen. Equ. 8, 10).

S. §. 25 A. 4. — Dieselbe Apofope erfährt auch bie Präpos. κατά, verwanbelt aber babei bas τ in ben folgenben Konsonanten, ober wenn es eine Aspirata ist (nach §. 21, 3) in bie verwanbte Tenuis; also:

κάττόν· καδδέ, καμμέν, καγγόνυ **), καπφάλαρα

für κατὰ τόν, κατὰ δέ, κατὰ μέν, κατὰ γόνυ, κατὰ φάλαρα u. f. w. Das borische ποτί (für πρός) thut eben bas, aber nur vor bem τ bes Arti- fels (unb οὗτος), ꝛ. B. ποττώς (Thuc. 5, 77) für ποτὶ τούς ***). —

*) Die Meinung mehrer Kritifer, baß bies ἄν auch furz gebraucht wor- ben wäre, wiberlegt Herm. Op. IV. 373. Selbst in ἐάν (entst. aus εἰ unb ἄν) scheint bie Länge ber ersten Silbe auf bie zweite übergegangen zu sein, obwohl bie völlige Sicherheit fehlt. S. Elmsl. zu Soph. OC. 1407. Dinb. zu Ar. Vesp. 228.

**) Ob in biesem Falle γγ wirflich wie gg gelesen warb (Herm. em. rat. 59), bürfte zweifelhaft sein, wenn man κάμβαλε (S. 316 N.) vergleicht.

***) Die neuern Herausgeber ziehen ber Deutlichfeit wegen vor, ἄμ πέ- λαγος, κὰδ δέ, κὰμ μέν, κὰγ γόνυ, πὸτ τούτοισι ꝛc. zu schreiben; woburch

Dieselben Veränderungen finden auch in den zusammengesetzten Wörtern statt:

παρθέμενοι, παρςᾶσα· — ἀνςάντες, ἀννείμῃ, ἀλλέξαι, ἀγξηραίνω, ἄνσχεο (Indik. und Imper. aor. von ἀνέχομαι) ἀνσχεθέειν, ἄνσχετος κατταννύσαι, κατθανεῖν· κάββαλε *), κακκείοντες, κάλλιπον, καμμύω, καννεύσας, κάππεσε, καρρέζω· κακχεναι·

und so werden auch die Präpositionen ἀπό und ὑπό in der Zusammensetzung abgekürzt; jedoch selten und nur vor verwandten Konsonanten:

ἀππέμπειν, ὑββάλλειν (Jl. τ, 80. Od. ο, 83).

Wenn auf diese Weise drei unvereinbare Konsonanten zusammentreffen, so verliert die Präp. zuweilen noch ihren letzten Konsonanten:

καστορνῦσα, κάκτανε, κάσχεθε, ἀμνάσει

für κασστορνῦσα, κάκκτανε, κάσσχεθε, ἀμμνάσει Od. ρ, 32. Jl. ζ, 164. λ, 702. Pind. Py. 4, 96., welches bei Pindar selbst ohne diesen Grund geschieht in κάπετον Ol. 8, 50. für κατέπετον (anom. πίπτω). Anbres hieher gehörige (καφθίμενος, καβαίνων ꝛc.) s. in d. ausf. Spr.

B. Wandelbarkeit im Accent.

3. Die meisten zweisilbigen unter den alten Präpositionen, welche den Accent auf der Endsilbe haben (wozu auch die Dialektform ἐνί gehört), ziehen den Ton zurück in folgenden beiden Fällen:

1) wenn sie nach altem, den Dichtern aller Zeiten (vornehmlich den epischen) eigen gebliebenen Gebrauche in der

Anastrophe **)

d. h. hinter dem von ihnen regierten Nomen stehn, z. B.

τούτου πέρι für περὶ τούτου
θεῶν ἄπο für ἀπὸ θεῶν
μάχῃ ἔνι für ἐνὶ (oder ἐν) μάχῃ

wovon jedoch ἀμφί, ἀντί, διά, ἀνά ausgenommen sind ***);

2) wenn sie statt der Zusammensetzungen mit dem Verbo εἶναι gebraucht werden, oder genauer: wenn sie mit Auslassung des

---

die Schrift das trennt, was die Aussprache verbindet. Daß dies Verfahren manche Inkonsequenzen nach sich zieht, s. in der ausf. Spr. §. 117.

*) Nach den alten Gramm. wurde κάμβαλε gesprochen, theilweise auch wirklich so geschrieben. S. Hoffm. qu. Hom. 81. Bekk. hom. Bl. 38. 118. 278, und vgl. ἀμπέμψει in den Schol. zu Od. ο, 83.

**) S. über die Bedeutung des Wortes ἀναςροφή bei den alten Gramm. und die Vorschriften derselben im Zusammenhange Lehrs qu. epp. p. 68. Göttling Accentl. 376 ff.

***) Nach der Angabe der alten Grammatiker (An. Be. 930) ἀμφί und ἀντί als die beiden einzigen Präp. die nicht aus zwei Kürzen bestehen, z. B. Jl. ν, 447. ω, 161., διά und ἀνά zum Unterschiede von δία und ἄνα (für ἀνάςηθι, oder den Vok. von ἄναξ), z. B. Jl. δ, 230. ε, 824. Auch ποτί, obwohl aus zwei Kürzen bestehend, soll nach denselben (als dorische Form, s. Cram. An. I. p. 170, 31) der Anastrophe unfähig sein; in unsern Ausgaben aber wird auch diese anastrophirt Jl. ρ, 287. 419.

Verbi als Adverbia allein ſtehn; in welchem Falle für ἐν das ioniſche ἐνί auch in die gewöhnliche Sprache kommt; z. B.
ἐγὼ πάρα für πάρειμι
ἔπι, ἔνι, ὕπο für ἔπεςιν ꝛc.
wohin man auch rechnen muß ἄνα für ἀνάςηϑι, auf!*)

Anm. 3. Die Präpoſitionen werden auch dann ſo betont, wenn ſie
bei Dichtern hinter ihrem Verbo ſtehn, z. B. Jl. ξ, 7 λούσῃ ἄπο für
ἀπολούσῃ, und wenn ſie als Adverb ſtehn, z. B. πέρι ſehr, vor andern (ſ. jedoch §. 147 Anm. 5 Not.), ὕπο unten. Auch ſchreibt man in
den (älteren) Ausgaben ἄπο, wenn dieſe Präp. abgeſondert, entfernt
von bedeutet. Da jedoch dies Verfahren ſchon im Alterthum bedeutenden
Widerſpruch fand, ſo betont man jetzt wieder wie gewöhnlich. S. z. B.
Jl. β, 162 (und die Schol. hiezu), Thuc. 1, 7. Kühner zu Mem. 1, 2, 25.

Anm. 4. Eine andre Regel iſt, daß wenn im erſten der hier behandelten Fälle (oben 1. und Anm. 3) die Präp. elibirt iſt, ſie gar keinen
Accent bekommen ſoll: Jl. β, 150 νῆας ἐπ' ἐσσεύοντο. o, 343 ἐνάριζον ἀπ' ἔντεα (=ἀπενάριζον). Hievon gibt es nur wenige Ausnahmen,
d. h. der Accent bleibt auf der erſten Silbe: a) wenn unmittelbar nach
der Präp. interpungirt wird: Od. ρ, 246 ἄστυ κάτ' · αὐτὰρ —; b) um der
Deutlichkeit willen: Jl. α, 350 ϑῖν' ἐφ' ἁλὸς πολιῆς (damit man ἐπί nicht
zum folgenden ἁλός ziehe); σ, 191 Ἡφαίστοιο πάρ' οἰσέμεν (um die mögliche Verbindung παροισέμεν zu verhindern); Od. ε, 251 τόσσον ἔπ' εὐρεῖαν
σχεδίην (=ἐπὶ τόσον). Auch im zweiten Fall (oben 2) bleibt der Accent: Od. β, 58 οὐ γὰρ ἔπ' ἀνήρ (für ἔπι, ἔπεστι).

Anm. 5 (4). Bei zwiſchengeſtellter Präp. findet Zurückziehung
nicht ſtatt, wenn das Adj. vorangeht, alſo μεγάλου ὑπὸ κύματος, πολίεσιν
μετὰ Καδμείοισιν ꝛc., wohl aber bei voraufgehendem Subſtantiv: Jl. γ, 119
νῆας ἔπι γλαφυράς. υ, 385 Τμώλῳ ὕπο νιφόεντι, außer wiederum im
Fall der Eliſion: α, 530 κρατὸς ἀπ' ἀϑανάτοιο. η, 361 Τρώεσσι μεϑ'
ἱπποδάμοις u. ſ. f.

Anm. 6. Endlich wird auch dann die Präp. nicht anaſtrophirt ſondern wie gewöhnlich betont, wenn ſie durch ein Wort (δέ, τέ ꝛc.) von dem
zu ihr gehörenden Worte getrennt iſt: Jl. o, 358 ὅσον τ' ἐπί (b. i. ἐφ'
ὅσον) δουρὸς ἐρωὴ γίγνεται. κ, 95 τρομέει δ' ὑπὸ φαίδιμα γυῖα. ε, 308
ὧσε δ' ἀπό etc. Nur wenn die Präp. zu Ende eines Satzes oder Verſes
ſteht, tritt immer Anaſtrophe ein, Soph. Eurip. etc.

Anm. 7. Die Präp. περί erfährt auch in der Proſa, und zwar
nicht nur des Herodot, ſondern ſelbſt des Plato, Xen. ꝛc. zuweilen die Anaſtrophe, aber nur wenn ſie den Genitiv regiert, z. B. τοῦ πέρι, λόγων
πέρι Plat. ὑγιείας πέρι X. Cyr. 1, 6, 12 ꝛc.

Anm. 8. Auch einſilbige Präpoſ. werden häufig umgeſtellt, aber
nur in ihrer Verbindung mit einem Subſtantiv, z. B. Ἀρτέμιδι ξύν,
Ἴλιον εἰς, ὥρῃ ἐν εἰαρινῇ ꝛc. S. wegen des Accents der Atona §. 13, 4 mit
der Note. Ebenſo ὡς (ſ. ebb.), welches aber in der Umſtellung ſtets den
Akutus erhält, auch wenn ein Wort dazwiſchen tritt: Jl. ξ, 413 στρόμβον
δ' ὧς ἔσσευε. — Von Ἰλιόϑι πρό u. ähnl. ſ. §. 116 A. 1.

Anm. 9. Zu den oben 3, 2 aufgeführten Fällen gehört bei Dichtern
und Herodot auch μέτα, wenn es für μέτεσι ſteht. S. z. B. Od. φ, 93.
Soph. Ant. 48. Herod. 1, 88 ꝛc.

---

*) Auch das apokopirte ἄν gehört hieher, wenn es bei Homer nach
einem vorausgehenden ἀνέςη, ὦρτο ꝛc. für ἀνέςη ſelbſt ſteht: Jl. γ, 268.
ψ, 837. 887 ꝛc. Vgl. hiezu §. 147 A. 7.

Anm. 10. (5.) Die Interjektion ὦ hat einen zwiefachen Accent: als Zeichen des Vokativs hat sie stets den Cirkumflex; im Sinne des Ausrufs aber, also vor den übrigen Kasus, den Akutus oder Gravis; z. B. Soph. Aj. 372 ὦ δύσμορος, ὃς μεθῆκα (o ich unglücklicher!); ὦ τῆς ἀναιδείας o der Unverschämtheit! ὤ μοι weh mir! und in dem epischen Ausruf ὦ πόποι.

§. 118. Von der Wortbildung. (104 b.)

1. Die Wortbildung im vollen Verstande dieses Ausdrucks liegt außerhalb der Grenzen der Sprachlehre. Denn da die Analogien in dem älteren Theile des Wortvorrathes durch die Zeit vielfältig zerrissen und verdunkelt sind, so setzt die Auffassung derselben ein vielseitiges Studium voraus, welches unter dem Namen der Sprachforschung von der gewöhnlichen Sprachlehre aus praktischen Ursachen getrennt bleibt.

2. Gewisse Arten der Ableitung jedoch, von welchen man annehmen kann, daß sie neuer sind, haben sich so vollständig erhalten, daß sie mit Sicherheit zusammengestellt werden können, und ihnen die Grammatik deshalb billig eine Stelle einräumt.

3. Dieser Abschnitt kann nur die Verba, Substantiva, Adjektiva und Adverbia begreifen, da die übrigen Theile der Rede in andern Abschnitten dieser Grammatik schon behandelt sind. Die Ableitung selbst aber zerfällt in zwei Haupttheile, 1) die Ableitung durch Endungen, 2) die Zusammensetzung.

§. 119. Ableitung durch Endungen. (104 c.)

I. Verba.

1　1. Von Verbis kommen hier hauptsächlich diejenigen in Betracht, die von Nominibus (Subst. und Adj.) abgeleitet sind. Diese Ableitung geschieht am gewöhnlichsten durch die Endungen
άω, έω, όω, εύω, άζω, ίζω, αίνω, ύνω.

2　2. Diese Endungen treten an die Stelle der Nominativ-Endung, wenn das Stammwort nach der 1. oder 2. Dekl. geht, oder auch nach der dritten, doch in der Regel nur wenn der Wortstamm auf einen Vokal ausgeht; z. B. τιμή τιμάω, πτερόν πτερόω, ἀληθής ἀληθεύω, ἡδύς ἡδύνω; bei den übrigen Wörtern der 3. Dekl. treten sie an die Stelle des ος Genitivi z. B. κόλαξ κολακεύω, πῦρ (πυρός) πυρόω, χρῆμα χρηματίζω.

3　**Anm. 1.** Zuweilen können auch Wörter nach der 3. Dekl. (z. B. auf α, ας und ις), die einen Konsonanten im Genit. annehmen, auf die erstere Art abgeleitet werden, jedoch nur vermittelst Uebergangs in verwandte Verbal-Endungen (α und ας in άζω, αίνω· ις in ίζω), z. B. θαῦμα θαυμάζω, σῆμα σημαίνω, ἐλπίς ἐλπίζω; jede ihnen fremde Endung wird an den Konsonanten des Genitivs gehängt, z. B. φυγάς φυγαδεύω, χρῆμα χρηματίζω.

3. In Hinsicht der Bedeutung können hier bei jeder Endung nur die Grundbegriffe des Mehrtheils der Verba angegeben werden.

a. — έω und εύω. Diese Verba werden fast von allen Endungen ge- 4 bildet, und drücken hauptsächlich den Zustand oder die Handlung ihres Stammworts aus, z. B. κοίρανος Herrscher κοιρανέω herrsche, κοινωνός Theilnehmer κοινωνέω nehme Theil, δοῦλος Knecht δουλεύω diene, κόλαξ Schmeichler κολακεύω schmeichele, ἀληθής wahr ἀληθεύω bin wahrhaftig (rede wahr), βασιλεύς βασιλεύω ꝛc., alle am gewöhnlichsten intransitiv; je- doch auch transitiv, wie φίλος Freund φιλέω liebe.

Ferner auch die Ausübung dessen, was das Stammwort bezeichnet, 5 z. B. πολεμεῖν, ἀθλεῖν, πομπεύειν, χορεύειν, φονεύειν, βουλεύειν; oder was sonst jedesmal die geläufigste Beziehung ist; z. B. αὐλός Flöte αὐλεῖν Flöte spielen, ἀγορά Versammlung ἀγορεύειν zu der Versammlung reden, ἱππεύειν (zu Pferde) reiten ꝛc.

b. — άω. Diese Verba entstehn am natürlichsten aus Wörtern der 6 1. Dekl. auf α und η, gehn aber dann auf andre über, und drücken haupt- sächlich das ausgezeichnete Haben einer Sache oder Eigenschaft und die Ausübung einer Handlung aus, z. B. κόμη Haar, χολή Galle — κομᾶν lange Haare haben, χολᾶν viel Galle haben (zornig sein); λίπος Fett λιπᾶν Fett haben (fett sein); βοή Geschrei, γόος Wehklagen — βοᾶν, γοᾶν; τόλμα Kühnheit τολμᾶν wagen, τιμή Ehre τιμᾶν ehren. S. auch noch die Krank- heitsverba n. 13.

c. — όω, meist von Wörtern der 2. Dekl., drücken aus 1) das Ma- 7 chen oder Umschaffen zu dem, was das Stammwort bezeichnet, δουλόω mache zum Knecht, δηλόω mache bekannt (von δῆλος bekannt); 2) das Be- handeln oder Bearbeiten mit der Sache des Stammworts, χρυσόω ver- golde, πυρόω setze in Feuer, τορνόω bearbeite mit dem τόρνος; 3) das Versehen, Belegen mit der Sache: στεφανόω kröne, πτερόω gebe Flügel (πτερόν), σταυρόω kreuzige, ζημιόω bestrafe ꝛc.

d. — άζω und ίζω, die erstere Endung am natürlichsten von Wörtern 8 auf α, ης, ας ꝛc., dann aber, Wohlklangs wegen, auch von andern Endun- gen; — beide umfassen so vielerlei Beziehungen, daß sie sich nicht auf be- stimmte Klassen bringen lassen (z. B. δικάζω, χειμάζω, προοιμιάζω, ὁρίζω, μελίζω, θερίζω, λακτίζω ꝛc.). Doch verdient bemerkt zu werden, daß wenn sie von Nom. propr. von Völkern und Menschen gebildet sind, sie das Annehmen der Sitten, der Partei oder der Sprache derselben bedeuten, z. B. μηδίζειν medisch gesinnt sein, ἑλληνίζειν griechisch reden, δωριάζειν dorisch reden, φιλιππίζειν es mit dem Philippus halten.

e. — αίνω und ύνω. Letztere Endung kommt meistens von Adjektiven 9 her, und drückt das Machen dazu aus; z. B. ἡδύνειν versüßen, σεμνύνειν ehrwürdig machen; wobei zu bemerken, daß die Adjektive, deren Verglei- chungsgrade ίων, ισος einen alten Positiv auf ύς vorauszusetzen scheinen, die Verba auf ύνω nach diesem bilden, z. B. αἰσχρός (αἰσχίων) — αἰσχύνω; so auch μακρός, καλός — μηκύνω, καλλύνω ꝛc. Dieselbe Bedeutung haben die auf αίνω: λευκαίνειν weiß machen, κοιλαίνειν aushöhlen ꝛc.; doch haben mehre dieser letzteren auch neutrale Bedeutung, χαλεπαίνειν, δυσχε- ραίνειν bös werden ꝛc.

4. Eine besondere Art, Verba von Nominibus zu bilden, ist 10 die, daß die Nominalendung bloß in ω verwandelt wird, dafür aber die vorhergehende Silbe, nach Maßgabe der Konsonanten, eine jener Verstärkungen erhält, dergleichen wir oben §. 92 als Ver- stärkungen des Präsens gesehen haben.

So wird aus ποικίλος ποικίλλω, ἄγγελος ἀγγέλλω, καθαρός κα
θαίρω, μαλακός μαλάσσω, φάρμακον φαρμάσσω, μείλιχος μειλίσσω,
πυρετός πυρέσσω, χαλεπός χαλέπτω ꝛc. Die Beziehung des Sinnes ist
jedesmal die geläufigste, die aus dem Stammwort hervorgeht.

11   5. Noch gibt es folgende Klassen abgeleiteter Verba:

1) Desiderativa, ein Verlangen bezeichnend, am gewöhnlichsten gebildet durch Verwandlung des Futuri (vom Verbo der verlangten Sache)
auf σω in ein Präsens auf σείω — γελασείω ich möchte gern lachen, πο
λεμησείω verlange nach Krieg, ὀψείοντες visuri, Hom. ꝛc.

12   Eine andere Form der Desiderativa ist die auf άω oder ιάω, eigentlich von Substantiven, z. B. θανατᾶν nach dem Tode verlangen, σρατηγιᾶν
Feldherr werden wollen; dann aber auch von Verben, indem man diese erst
in Substantive formt, z. B. ὠνεῖσθαι (ὠνητής) — ὠνητιᾶν zu kaufen
wünschen; κλαίω (κλαῦσις) — κλαυσιᾶν Lust zu weinen haben.

13   Diese Form ging sehr natürlich in eine Art Imitativa über, z. B.
τυραννιᾶν den Tyrannen machen oder spielen. Aber sehr irrig will man
die Krankheits-Verba unter denselben Begriff bringen, wie ὀφθαλμιᾶν,
ὑδεριᾶν, ψωρᾶν ꝛc., welche vielmehr zu n. 6 gehören.

14   2) Frequentativa auf ζω, z. B. ῥιπτάζειν (von ῥίπτειν) hin und
herwerfen, Med. sich hin und herwerfen, unruhig sein; στενάζειν (von στέ
νειν) viel und sehr seufzen; αἰτεῖν fordern αἰτίζειν betteln; ἕρπειν kriechen
ἑρπύζειν langsam kriechen.

3) Inchoativa auf σκω, s. §. 112, 14. mit Anm. 7.

II. Substantiva.

6. Von Substantiven sind zuförderst zu behandeln

A. die von Verben unmittelbar abgeleiteten.

In Hinsicht dieser ist im allgemeinen zu erinnern

15   1) daß die mit einem Konsonanten anfangenden Endungen
mit den gleichmäßigen Flexionsformen des Verbi nur in den
Punkten nothwendig übereinkommen, die auf den Grundregeln der
Sprache (§. 16 ff.) beruhen, z. B. die Subst. auf σις mit dem Futur auf σω in ἐξετάζω -άσω ἐξέτασις, τρίβω τρίψω (ῑ) τρῖψις;
die auf μός, μα, μη mit der 1. Pers. perf. pass. in πλέκω πέπλε
γμαι πλέγμα u. s. w. In allen andern herrscht mit den ähnlichen
Endungen des Verbi zwar vielfältige Uebereinkunft, aber keine nothwendige; z. B. in Hinsicht des Vokals vor der Endung, wie in
δέω (δήσω, δέδεμαι) δέμα und διάδημα; aber βιόω (βιώσομαι ꝛc.)
βίοτος u. s. f. Vgl. n. 17. 19.

16   2) daß die mit einem Vokal anfangenden Endungen (wie η,
ος, ευς) auch von Contractis auf έω und άω so gebildet werden,
daß ε und α wegfallen; die kleinern Verba jedoch ausgenommen,
welche ihren Vokal, als zur Wurzel gehörig, nicht verlieren, sondern
nur verwandeln können (ῥέω, ῥοή).

17   Anm. 2. Vor τ und μ nehmen die von Verbis, deren Charakter ein
Zungenbuchstab ist, gebildeten Wörter durchaus ein σ an, wenige Dichterformen ausgenommen (s. §. 102 A. 1 θαυματός). Die von Verbis puris
hingegen nehmen das σ, ohne Rücksicht der Biegung des Verbi
bald an, bald nicht, s. n. 19. — Wo das σ nicht statt findet, kann man
sich im ganzen bei allen Endungen nach der Analogie des Fut. richten, und

z. B. θεατής, θέαμα, θῦμα haben ben Vokal lang, wie θεάσομαι, θύσω. Ausnahmen hievon f. unter n. 23. u. 30. unb §. 95 A. 4 mit ber Note.

7. Um die **Handlung** ober die **Wirkung** des Verbi zu be- 18 zeichnen, gibt es hauptsächlich folgende Endungen: μός, μη, μα, σις, σία, η ober α, ος Mask., ος Neutr.

a. — μός, μη ober μή, μα (G. τος). Diese Endungen lassen sich mit 19 dem Perf. Pass. vergleichen; aber die auf μός nehmen, wenn ein Vokal in dem Wortstamm vorhergeht, gewöhnlich das σ an, die beiben andern hingegen selbst dann nicht immer, wenn das Perf. Pass. es hat. Ferner behalten die, welche das σ nicht annehmen, ben langen Vokal des Futuri in der Regel selbst wenn ihn das Perf. Pass. verkürzt; einige schwanken zwischen dem langen und kurzen Vokal, in welchem Falle der lange Vokal mehr ben Attikern, ber kurze ben Spätern eigen ist. Z. B. τίθημι (τέθειμαι) — θεσμός, θέμα, ἀνάθημα spät. ἀνάθεμα; δέω (δέδεμαι) — δεσμός, δεσμή und δέσμη, δέμα, διάδημα; γιγνώσκω (ἔγνωσμαι) — γνώμη; λύω (λέλυμαι) — λῦμα; εὕρημα, πῶμα, κρῖμα, spät. εὕρεμα (Phryn. 445), πόμα, κρίμα ιc. In Hinsicht der Bedeutung bezeichnen die auf μός das wahre Abstractum, z. B. πάλλω παλμός das Schwingen, ὀδύρομαι ὀδυρμός das Wehklagen, οἰκτείρω οἰκτιρμός das Mitleid, λύζω (λύξω) λυγμός das Schlucken, σείω σεισμός das Beben. — Die Endung μα hingegen bezeichnet mehr die **Wirkung** des Verbi als Concretum, und selbst das Objekt, so daß es am meisten mit dem Neutro Part. Perf. Pass. übereinkommt, z. B. πρᾶγμα das Gethane, bie That, μίμημα die Nachahmung, d. h. das Abbild, σπείρω σπέρμα das Gesäte, der Same ιc. — Die Endung μη schwankt zwischen beiden, z. B. μνήμη Erinnerung, ἐπιςήμη Erkentnis, τιμή Ehre; — ςιγμή Punkt, γραμμή Linie, welche sich nur in Nebenbegriffen unterscheiden von ςίγμα Stich, γράμμα Schriftzug, Schrift.

Anm. 3. Einige auf μός aus der ältern Sprache haben vor dem 20 μ bloß den Vokal ohne σ, z. B. δειμός Furcht, κρυμός das Frieren (die Kälte); — oder sie haben statt des σ ein θ, z. B. ὀρχηθμός Tanz, von ὀρχέομαι· μυκηθμός, κλαυθμός, μηνιθμός, βαθμός (f. Anm. 4), selbst nach ρ, wie σκαρθμός Sprung, von σκαίρω, womit zu vergleichen ἴθμα (Schritt), ἰσθμός (Anm. 4) von εἶμι; ἄσθμα (das Keuchen) von ἄω.

Anm. 4. Obige Unterschiede der Bedeutung sind als Grundlage noth- 21 wenbig zu merken; obwohl die Bedeutungen besonders des Abstracti und Concreti vielfältig in einander übergehn. So heißen z. B. λαχμός (vgl. §. 23 Anm.), χρησμός nicht etwa das Loosen, das Weissagen, sondern das Loos, der Orakelspruch; dagegen φρόνημα Verstand, Gesinnung u. b. g.

b. — σις, σία bezeichnen das Abstractum des Verbi z. B. μίμησις 22 das Nachahmen, πρᾶξις die Handlung, σκῆψις Vorwand ιc.; δοκιμασία die Prüfung, θυσία das Opfer, ἐξοπλισία ιc. In gewissen Zusammensetzungen drückt die Endung σία die Handlung als eine fortbauernde Eigenschaft aus, z. B. ὀξυβλεψία, καχεξία, mit welchen Formen zu vergleichen die ähnlichen aus Nominibus gebildeten, wovon n. 35.

Anm. 5. Einige hieher gehörige Formen weichen in der Quantität 23 von der Analogie des Futurs ihres Verbi ab, namentlich αἵρεσις, γένεσις, θέσις, τίσις, λύσις, φύσις, δύσις, θυσία; f. n. 17. Wegen der Kürze von τίσις und φθίσις vgl. man die Verba im Anomalen-Verz.

Die folgenden lassen sich in Hinsicht der Bedeutung weniger 24 bestimmen; doch waltet der Begriff des Abstracti vor.

c. — η und α, größtentheils Oxytona, z. B. εὐχή Bitte von εὔχομαι; σφαγή das Schlachten von σφάττω; διδαχή Lehre von διδάσκω; χαρά Freude von χαίρω; — mit dem Umlaut ο (aus ε): τομή, πλοκή von τέμνω,

πλέκω, und mit dem Umlaut o ober οι aus ει (je nachdem der Verbalstamm sich auf eine liquida ober auf eine muta endet, vgl. §. 97, 4): διασπορά von σπείρω, φθορά von φθείρω, ἀοιδή von ἀείδω, ἀλοιφή von
ἀλείφω ꝛc. — Auch nehmen einige eine Reduplication an, die der sogenannten
attischen des Perfekts entspricht, und immer ein ω in der zweiten Silbe hat,
z. B. ἀγωγή von ἄγω, ἐδωδή von ἔδω (ἔδηδα), ὀκωχή, ἀνοκωχή (woraus
später durch falsche Gewöhnung das munbrechte ἀνακωχή sich bildete, s.
Piers. ad Moer. 86) Waffenstillstand, von ἔχω, s. anom.

Paroxytona sind z. B. βλάβη Schaden von βλάπτω, βλάβω; μάχη;
Schlacht von μάχομαι, νίκη Sieg von νικάω.

25   — εια, welche bloß von Verbis auf εύω durch Veränberung von εν
in ει gebildet werden, z. B. παιδεία von παιδεύω. Diese haben stets ein
langes α, und daher den Akutus auf dem ει.

26   **Anm. 6.** Den Ton aller Nomina auf εια betreffenb, merke man,
mit Vergleichung von §. 34 A. II, 3, folgende Regel:

Properispomena sind die Fem. der Adj. oxyt. auf ύς: ἡδύς, ἡδεῖα
Proparoxytona 1) die Abstracta von Nominibus auf ης unb ος z. B.
ἀλήθεια (s. n. 35), βοήθεια von βοηθός, 2) die Feminina von Mask.
auf εύς z. B. ἱέρεια Priesterin (s. n. 47); 3) die von masc. baryt. auf
υς z. B. θήλεια von θῆλυς.

Paroxytona die Abstr. von Verben auf εύω unb die zweisilbigen.

27   d. — ος Mask. Bei weitem die meisten von diesen haben in der
Hauptsilbe ein o, entweder von Natur ober als Umlaut aus ε, z. B. κρότος
das Klatschen von κροτέω, φθόνος Neib von φθονέω, λόγος Rede von λέγω,
ῥόος (ῥοῦς) von ῥέω, σπόρος von σπείρω ꝛc.; — doch auch ἔλεγχος Wider-
legung von ἐλέγχω, τύπος von τύπτω, πάλος von πάλλω ꝛc.

Zu biesen lassen sich fügen die Substantiva auf τος, welche gewöhnlich
Oxytona sind; z. B. ἀμητός das Mähen, κωκυτός das Heulen; zum Theil
mit kleinen Veränberungen, wie ὑετός der Regen von ὕω, παγετός der
Frost von πήγνυμι. Den Ton rückwärts haben z. B. βίοτος das Leben,
πότος das Trinken (von πίνω, πέπομαι).

28   e. — ος Neutr. (vgl. n. 39.) Z. B. τὸ κῆδος Sorge von κήδω,
λάχος Loos von λαγχάνω, πρᾶγος einerlei mit πρᾶγμα. Diese haben nie
ein o in der Hauptsilbe; daher τὸ γένος Geschlecht (aber ὁ γόνος Zeugung).

29   8. Das Subjekt des Verbi, als Mann, bezeichnen:

a. — της (G. ου), τήρ, τωρ. Von biesen ist die Endung της nach
der 1. Dekl. die gewöhnlichste, unb die Wörter sind theils Oxytona, theils
Paroxytona. Z. B. ἀθλητής Kämpfer von ἀθλέω, μαθητής Schüler von
μαθεῖν, θεατής Zuschauer von θεάομαι, δικαςής von δικάζω, κριτής von
κρίνω ꝛc.; bagegen κυβερνήτης Steuerer, von κυβερνάω; πλάςης (von
πλάττω, πέπλασμαι), δυνάςης, ψάλτης ꝛc.

— τήρ unb τωρ sind die selteneren Formen, die in den Dialekten (auch
oft bei Xenophon) unb bei Dichtern vielfältig neben της, in vielen Wörtern
aber auch in der gewöhnlichen Sprache im Gebrauch sind, z. B. σωτήρ Retter,
ῥήτωρ Rebner (von σαόω unb ΡΕΩ), ἑςιάτωρ ꝛc.

30   **Anm. 7.** Einige verkürzen den Vokal vor der Endung (s. n. 17.)
z. B. θύτηρ, θέτης, αἱρέτης, namentlich die von ἡγέομαι mit Substantiven zusammengesetzten, wie ὁδηγέτης, Μουσηγέτης ober Μουσαγέτης.

31   b. — εύς z. B. γραφεύς Schreiber, φθορεύς Verberber.

Anm. 8. Die Endungen a. unb b. sind zum Theil auch auf Sachen übergegangen, die als Subjekt einer Handlung gedacht werden können,
z. B. ἀήτης Wind, ἐπενδύτης Oberkleid (Ueberzieher), πρηςήρ Sturm,
ζωςήρ Gürtel, ἐμβολεύς der Stempel.

c. — ος, meist nur in der Zusammensetzung z. B. ζωγράφος Maler, 32 πατροκτόνος Vatermörder ꝛc.; doch τροφός (ὁ, ἡ) Erzieher, ἀοιδός Sänger ꝛc., und einige alte, wie ἀρχός der Anführer (Hom.).

d. — ης und ας G. ου, in Zusammensetzungen, wie μυροπώλης, τριηράρχης (und ος s. NT. Gramm. 64), ὀρνιθοθήρας, πατραλοίας ꝛc.

9. Die Benennung von Werkzeugen oder zu einer Hand- 33 lung gehörigen Gegenständen sind aus den obigen Subjekt-Namen gebildet, oder setzen doch der Form nach solche voraus. Z. B.

— τήριον, τρον und τρα von der Subjekt-Endung τηρ, z. B. λουτήριον Badewanne, λουτρόν Bad, λοῦτρον Badewasser, ἀκροατήριον Hörsaal, ξύστρα Striegel, ὀρχήστρα Tanzplatz.

— εἶον von der Endung εύς z. B. κουρεῖον Barbierstube von κουρεύς Barbier; τροφεῖον Erzieherlohn, von τροφεύς.

10. Eine andere Hauptgattung von Substantiven sind 34

B. die von Adjektiven und Attributiven abgeleiteten und zwar hauptsächlich nur, das Abstractum des Adjektivs auszudrücken. Dahin gehören die Endungen

a. — ία, durchaus mit langem α (ion. η) z. B. σοφός weise, σοφία 35 Weisheit; so κακία, δειλία ꝛc. Auch βλακία, von βλάξ, εὐδαιμονία von εὐδαίμων ονος, ἀνδρία (wegen der vom Adj. ἀνδρεῖος herzuleitenden Form ἀνδρεία vgl. n. 36; und die ausf. Spr.) von ἀνήρ ἀνδρός; πενία von πένης ητος; ἀμαθία von ἀμαθής έος. Gewöhnlicher bilden die auf ης ihr Substantiv auf εια (n. 35 a). — Die zusammengesetzten Adjektive auf τος ändern bei dieser Bildung das τ in σ, z. B. ἀθάνατος ἀθανασία, δύσπεπτος δυσπεψία; vgl. n. 49 und 67.

Aus der Endung ία sind die auf εια und οια durch Zusammen- 35 ziehung entstanden, wobei aber das α kurz, und der Accent zurückgezo- ⁎ gen wird, jene von Adjektiven auf ης, εος z. B. ἀλήθεια und ἀληθής; diese von den Adjektiven auf ους wie ἄνοια von ἄνους. S. wegen der Quantität des α noch §. 34 Anm. II, 3 und IV, 1 Not.

Anm. 9. Von einigen Adjektiven werden die Abstracta auch bloß 36 auf η oder α (doch immer als Paroxytona) gebildet, z. B. von κακός (fem. κακή) ἡ κάκη für κακία; von ἐχθρός (fem. ἐχθρά) ἡ ἔχθρα die Feindschaft. Daher von den Adjektiven auf ιος z. B. ὅσιος, ἄξιος, αἴτιος, Subst. ἡ ὁσία das Recht, die Pflicht, ἀξία Würde, αἰτία Schuld; welche Formen vom Fem. des Adj. zufällig nicht unterschieden sind.

b. — της G. τητος fem., z. B. ἰσότης Gleichheit von ἴσος, παχύτης 37 von παχύς. Alle sind Paroxytona mit Ausnahme einiger wenigen, wie ἰαχυής, δηϊοτής, G. ῆτος.

c. — σύνη z. B. δικαιοσύνη, δουλοσύνη, am häufigsten von Adjekti- 38 ven auf ων, ονος, z. B. σωφροσύνη von σώφρων ονος. Die, welche in der vierten Silbe vom Ende eine Kürze haben, nehmen, eben so wie bei den Komparativen auf τερος geschieht, in die drittletzte ein ω; es sind aber außer ἱερωσύνη Priesterthum, bei Demosthenes, nur einige wenige aus der spätern Sprache; s. NT. Gramm. p. 64.

d. — ος Neutr., besonders von Adjektiven auf υς, z. B. βάθος Tiefe 39 von βαθύς, τάχος von ταχύς; daher auch von solchen, deren Vergleichungsgrade einen dergleichen alten Positiv vorauszusetzen scheinen, z. B. τὸ κάλλος, τὸ αἶσχος, τὸ μῆκος von καλός (καλλίων), αἰσχρός (αἴσχιστος), μακρός (μήκιστος). — Alle Neutra auf ος (vgl. n. 28) sind o. A. Barytona.

21*

11. Unter den Substantiven, die

C. von andern Substantiven herkommen,

sind zuförderst einige Endungen zu merken, welche bloß nach der Analogie der Verbalia gebildet sind. So bezeichnen

1) die Mask. auf *της* (worunter die auf *ίτης* alle ein langes *ι* haben) oft bloß einen Mann in irgend einer Beziehung auf den Gegenstand, den das Stammwort augibt, z. B. *πολίτης* Bürger von *πόλις* Stadt, *ὁπλίτης* Bewaffneter von *ὅπλον*, *ἱππότης* Reiter von *ἵππος*, *γενειήτης* ein Bärtiger von *γένειον*, *φυλήτης* Zunftgenosse von *φυλή*, und gehn (nach §. 63 A. 7) selbst in adjektivische Bedeutung über;¹

2) eben so die auf *ευς* z. B. *ἱερεύς* Priester von *ἱερόν* Tempel; *γριπεύς*, *ἁλιεύς* Fischer von *γρῖπος* Netz, *ἅλς* Meer; *γραμματεύς* ꝛc.

42   12. Die übrigen bringen wir unter folgende Abtheilungen:

1) Den einer Gottheit geweihten Ort auf *ιον*, *αιον*, *ειον* z. B. *Διονύσιον*, *Ἀφροδίσιον*, *Ἥραιον* oder *Ἡραῖον*, *Μουσεῖον*, *Ἡράκλειον*.

2) Solche die einen Ort bezeichnen, wo gewisse Gegenstände in Mehrheit sind, auf *ών* G. *ῶνος* (Mask.) und *ωνιά*, z. B. *ἀμπελών* Weingarten, *ῥοδωνιά* Rosengebüsch, *ἀνδρών* Männerstube, *μελετών* Uebungssaal.

3) Weibliche Benennungen

a. — *τειρα*, *τρια* und *τρίς* G. *τρίδος*, von Maskulinis auf *τηρ* und *τωρ*; doch auch von solchen auf *της*. Z. B. *σώτειρα* Retterin, *ὀρχήστρια* Tänzerin, *αὐλητρίς* Flötenspielerin (*ὀρχηστής*, *αὐλητής*).

b. — *ις* G. *ιδος*, welche Endung, wenn sie an die Stelle der maskulinischen auf *ης* 1. decl. tritt, barhton bleibt, z. B. *δεσπότης* *δεσπότις*, *ἱκέτης* *ἱκέτις*, *Σκύθης* *Σκύθις* (acc. *Σκύθιν*), *μυροπώλης* *μυρόπωλις*; aus z. *Πέρσης*, *ἡ Περσίς*; von andern Wörtern abgeleitet aber orhtonirt wird: *σύμμαχος* *συμμαχίς*, *φύλαξ* *φυλακίς* ꝛc. Vgl. §. 63, 5 und Anm. 1.

c. — *αινα* hauptsächlich von Mask. auf *ων* z. B. *θεράπων* (*οντος*) *θεράπαινα* Dienerin, *λέων* (*οντος*) *λέαινα* Löwin, *τέκτων* (*ονος*) *τέκταινα* Verfertigerin, *Λάκων* (*ωνος*) *Λάκαινα*; — auch von einigen auf *ος* z. B. *θεός*, *θέαινα*.

d. — *εια*, von zweien auf *ευς*, *ἱέρεια*[*]) Priesterin (von *ἱερεύς*), *βασίλεια* (besser als das folgende *βασίλισσα*), Königin, f. §. 27 A. 8.

e. — *σσα* von mehren Endungen der 3. Dekl. z. B. *βασίλισσα* von -*εύς* (vgl. d); *πένησσα* von -*ης* (§. 64 A. 3); *ἄνασσα* von *ἄναξ*, *Κίλισσα*, *Θρῇσσα* (att. *Θρᾷττα*) von *Κίλιξ* und *Θρῇξ* oder *Θρᾷξ*.

4) Gentilia, Benennungen vom Vaterlande. Diese sind A. männliche, B. weibliche, C. besitzliche (adjectiva).

A. Männliche

— *ιος*, und von erster Dekl. -*αῖος*; z. B. *Κορίνθιος*, *Τροιζήνιος*, *Ἀσσύριος*, *Βυζάντιος* (von *Βυζάντιον*), *Ἀθηναῖος*, *Λαρισσαῖος*, zum Theil mit Veränderungen des Stammworts; z. B. von *Μίλητος* *Μιλήσιος* (vgl. n. 35)

---

*) Die trag. Form dieses Wortes ist *ἱερία* mit langem *α* (Eur. Bacch. 1114. cf. IT. 34. 1400. Or. 261. Soph. fr. 401), die ionische *ἱρείη* ob. *ἱρηίη* (Her. 1, 175. 5, 72 ꝛc.), was gleichfalls ein langes *α* voraussetzt und womit die ähnlichen Fälle wie *ἀγνοία*, *ἀληθείη*, *προνοίη* (§. 34, IV, 1) zu vergleichen. Ueber die sehr widersprechenden Angaben der Grammatiker f. ausf. Spr. — Die Form *ἱερεία* als Abstraktum von -*εύω* (nach n. 26) war den Attikern völlig fremd.

und von Namen auf *ους, ουντος* nicht nur *Ὀπούντιος*, sondern auch (von *Ἀμαθοῦς, Φλιοῦς, Ἀναγυροῦς) Ἀμαθούσιος, Φλιάσιος, Ἀναγυράσιος*.

— *ηνός, ᾱνός, ῑνος* nur von Städten und Ländern außerhalb Grie- 50 chenland; z. B. *Κυζικηνός, Σαρδιανός* ion. *Σαρδιηνός* von *Σάρδεις, Ἀσιανός, Ταραντῖνος*.

— *ίτης, ήτης, άτης**), *ιώτης* z. B. *Ἀβδηρίτης, Χερρονησίτης, Αἰ-* 51 *γινήτης* von *Αἴγινα· Πισάτης, Σπαρτιάτης* (ion. *-ιήτης), Σικελιώτης*; oder auf

— *εύς* z. B. *Αἰολεύς, Φωκεύς* (Phocier), *Δωριεύς· Μεγαρεύς* von 52 *Μέγαρα, Μαντινεύς* von *Μαντίνεια, Πλαταιεύς* von *Πλάταιαί, Φωκαιεύς*, besser *Φωκαεύς* (Phocäer) von *Φώκαια, Εὐβοεύς* ꝛc.

B. **Weibliche.** — Außer der gewöhnlichen Motion der Endung *ος* 53 in *η* und *α*, z. B. *Ἀσιανή, Ἀθηναία*, verwandeln diese entweder (nach n. 45) bloß das *ης* der männlichen Endungen in *ις* z. B. *Σπαρτιᾶτις, Συβαρῖτις* ꝛc. — oder sie hängen die Endungen *ις* und *άς* nach Maaßgabe des Wohllauts dem Stamme selbst an, z. B. *Αἰολίς, Δωρίς, Μεγαρίς, Φωκίς, Φωκαΐς, Δηλιάς, Ἰάς* (von *Ἴων*, alt *Ἰάων*); — wobei noch zu merken, daß alle diese Namen, je nachdem man *γυνή* oder *γῆ* dazu denkt, von einem Weibe und vom Lande gebraucht werden.

C. **Besitzliche Gentilia** (*κτητικά*) nennt man die abjektivischen For- 54 men, welche von den unmittelbaren Gentilien erst abgeleitet, nur eine Be- ziehung auf diese, meist den Besitz ausdrücken (deutsch — isch), fast durchaus mit der Endung *κός* (s. n. 71), z. B. *Συβαριτικός, Κορινθιακός, Λακε- δαιμονικός*.

5) Patronymica, Geschlechts- und Abstammungs-Namen.   55

A. **Männliche.** Hier sind die Endungen

— *ίδης, άδης, ιάδης*, Gen. *ου*, die gewöhnlichsten Formen; und zwar kann man die auf *ίδης* als die Grundform ansehn, welche von den meisten Endungen gebildet wird, dahingegen das bloße *άδης* nur von Namen der ersten Dekl. auf *as* und *ης* statt findet, z. B: *Κέκροψ Κεκροπίδης, Κρόνος Κρονίδης, Ἀλκαῖος Ἀλκαΐδης, Βορέας Βορεάδης, Ἱππότης Ἱπποτάδης.* Die Endung *ιάδης* entstand wol hauptsächlich durch Veranlassung der Na- men auf *ιος*, wo der Wohlklang diese Form bewirkte, z. B. *Μενοίτιος Με- νοιτιάδης*. Aber der angenehme Fall dieser Endung (‒◡◡‒), und das Be- dürfnis des Hexameters machte, daß diese Form von einer Menge Namen gebildet ward, die eine lange Silbe vor der patronymischen Endung dar- boten, z. B. *Φερητιάδης* von *Φέρης ητος, Τελαμωνιάδης, Ἀβαντιάδης* ꝛc. Auf der andern Seite aber begünstigte der dramatische Jambus die gewöhn- liche Form, die daher von solchen Namen auch gebildet wird, z. B. *Παλ- λαντίδης, Ἀλκμαιωνίδης, Ὁμηρίδης*.

— *ίων* G. *ωνος* (selten *ονος*) ist eine seltnere Form neben der andern, 56 doch nur bei Dichtern, z. B. *Κρονίων, Ἀκτορίων.* Die Quant. des *ι* wird durch das Metrum und die folg. Silbe bestimmt: z. B. *Κρονίωνος, Κρο- νίονος* (vgl. *μεμᾱότος* und *μεμᾱῶτος* in an. *ΜΑΩ*).

Anm. 10. Die Patronymika von Namen auf *εύς* und auf *κλῆς* 57 haben ursprünglich *είδης* und daher in der gewöhnlichen Sprache durch Zusammenziehung *είδης* z. B. *Πηλείδης, Τυδείδης* von *Πηλεύς, Τυδεύς; Ἡρακλείδης* von *Ἡρακλῆς;* — und eben so bei der Endung *ίων*, z. B. *Πηλείων.* — Die Dorier behielten die aufgelöste Form, z. B. *Κρηθεύς·*

———————————

*) Die Regel, daß die Gentilia auf *άτης* lang *α* haben, darf also nicht auf solche ausgedehnt werden, wo keine Ableitung von einem Stamm- wort stattfindet, wie in *Σαρμάτης*, Sarmata.

Κρηθεΐδας. Aus der ionischen Flexion *ευς* G. *ηος* aber entsteht die epische Form *Πηληϊάδης.*

58 **Anm. 11.** Auf gleiche Art wird das o mit dem *ι* zusammengezogen in *Πανθοΐδης, Λητοΐδης,* von *Πάνθοος (Πάνθους), Λητώ ους* Latona.

59 **Anm. 12.** Oefters hat schon der einfache Name eines Mannes die patronymische Form z. B. *Μιλτιάδης, Σιμωνίδης, Δευκαλίων,* und zuweilen erscheint derselbe Name in beiderlei Form z. B. *Εὔρυτος* und *Εὐρυτίων.* Dies veranlaßte die Epiker, daß sie auch von solchen Namen, die gewöhnlich nicht auf *ων* ausgehn, eine solche Form voraussetzten, um ein für ihr Metrum passendes Patronymikum davon zu bilden, z. B. von *Ἀκρίσιος — Ἀκρισιωνιάδης,* von *Ἰαπετός — Ἰαπετιονίδης.* Aber aus gleichem Grunde ließen sie auch das *ων* solcher Wörter, die es wirklich hatten, im Patronymikum weg, z. B. *Δευκαλίων — Δευκαλίδης.*

60 **B. Weibliche.**

Diese entsprechen im ganzen den männlichen, und zwar den Formen auf *ίδης, άδης* die weiblichen auf *ίς* und *άς,* z. B. *Τανταλίς, Ἀτλαντίς, Θεστιάς*; denen auf *ειδης* die auf *ηΐς* z. B. *Νηρηΐς*; denen auf *ιων* die auf *ιώνη* und *ίνη* z. B. *Ἀκρισιώνη, Ἀδρησίνη.*

61 **6) Deminutiva, *ὑποκοριστικά.*** Von diesen ist

a. — *ιον (τό)* die Hauptendung, z. B. *παιδίον* ein kleiner Knabe, *σωμάτιον* ein Körperchen, *ῥάκιον* von *τὸ ῥάκος* 2c. — Um die Verkleinerung noch zu steigern, wird oft noch diese Endung durch eine Silbe verlängert, auf folgende Art: *ίδιον, άριον, ύλλιον, ύδριον, ύφιον,* z. B. *πινακίδιον* von *πίναξ, παιδάριον* von *παῖς, μειρακύλλιον* von *μεῖραξ, μελύδριον* von *τὸ μέλος, ζωύφιον* von *ζῶον.*

62 **Anm. 13.** Von diesen sind Proparoxytona alle vier= und mehrsilbige (wohin auch die Contracta gehören wie *βοίδιον* für *βοΐδιον*), und die meisten dreisilbigen von drei Kürzen. Paroxytona sind die meisten dreisilbigen, die einen Dactylus bilden, mit wenigen Ausnahmen.

63 **Anm. 14.** Die Endung *ίδιον* wird mit mehren Vokalen zusammengezogen, wie *βοίδιον, γήδιον, γράδιον, ζώδιον,* richtiger *γῄδιον, γρᾴδιον, ζῴδιον*; mit *υ* und mit *ι* wird *ῡ* und *ῑ* daraus z. B. *ἰχθύδιον, ὕδιον,* von *ἰχθύς, ὗς· ἱματίδιον* von *ἱμάτιον.* Die Wörter auf *ις* und *ευς* G. *εως* kontrahiren in *-είδιον,* wie *ῥησείδιον* (von *ῥῆσις*), *ἀμφορείδιον* (von *ἀμφορεύς*). Die Schreibart *-ῑδιον* bei denen auf *ις* G. *εως* ist bei Att. zweifelhaft.

64 **Anm. 15.** Viele Wörter auf *ιον* haben den Verkleinerungsbegriff ganz verloren, z. B. *θηρίον* das Thier, *βιβλίον* das Buch.

65 b. — *ίσκος, ίσκη* z. B. *στεφανίσκος, παιδίσκη.*

c. — *ίς (ἡ)* G. *ίδος* und *ῖδος* z. B. *θεραπαινίς* (von *θεράπαινα*), *πινακίς* (von *ὁ πίναξ*), *σχοινίς, ῖδος* von *σχοῖνος* 2c.

d. — *ύλος* (dorisch) z. B. *Ἐρωτύλος* von *Ἔρως.*

e. — *ιδεύς* bloß von Jungen der Thiere, z. B. *ἀετιδεύς* von *ἀετός*; welche Form gewissermaßen in die patronymische Bedeutung hinüberspielt, z. B. *υἱιδεύς* Sohnes Sohn, Isocr. Ep. 8. in.

Einige besondere, wie *πολίχνη* von *πόλις, πιθάκνη* von *πίθος,* lehre die Uebung.

III. Adjectiva.

66 **13.** Von den Adjektiven, die das deutliche Gepräg analoger Ableitung tragen, enden sich die meisten auf *ος,* wobei es aber auf den oder die nächstvorhergehenden Buchstaben ankommt.

a. — ιος ist eine der allgemeinsten Endungen, welche unmittelbar von
Nominibus, meist Primitiven herkommt und das andeutet was zu dem Gegenstand gehört, ihn angeht, davon herkommt ꝛc., ʒ. B. οὐράνιος,
ποτάμιος, ξένιος, φόνιος, ἑσπέριος ꝛc. — Dieselbe Endung wird gebraucht,
um von einem Abjektiv auf os ein neues Abjektiv abzuleiten, ʒ. B. ἐλεύθερος frei, ἐλευθέριος liberalis, dem Freien geziemend, καθαρός rein, καθά-
ριος reinlich ꝛc.

Anm. 16. Wenn die Endung ιος einem Worte angehängt wird, das 67
ein τ hat, so wird dies zum Theil in σ verwandelt ʒ. B. ἐνιαυτός Jahr,
ἐνιαύσιος jährig; ἑκών ὄντος — ἑκούσιος. S. auch n. 49 u. 35.

Eigentlich entstehen aus diesem ιος durch Anschließung des ι an einen 68
vorhergehenden Vokal, die besondern Endungen
                  αιος, ειος, οιος, φος
ʒ. B. ἀγοραῖος von ἀγορά, Ἀθηναῖος von Ἀθῆναι; αἰδοῖος, ἠῷος von
αἰδώς ὁος, ἠώς ὁος; σπονδεῖος von σπονδή (statt σπονδήιος). Doch hat
der Gebrauch zuweilen eine dieser Endungen als eine besondere und aus-
drucksvollere gegeben: ʒ. B. πάτριος überhaupt was die Väter, Vorfahren,
Vaterland angeht, πατρῷος bestimmt: was den Vater angeht; und hienach auch μητρῷος, παππῷος. — Besonders ist die Endung
— ειος im Gebrauch als Ableitung von solchen Wörtern, die lebende 69
Wesen bezeichnen: ʒ. B. ἀνθρώπειος menschlich, λύκειος vom Wolf, ἀνδρεῖος,
γυναικεῖος ꝛc. (dagegen von einem leblosen Gegenstande οἰκεῖος eigen). Sodann ist es die gewöhnliche Form der Ableitung von persönlichen Eigennamen, deren Endung es nur irgend verstattet, ʒ. B. Ὁμήρειος, Ἐπικού-
ρειος, Πυθαγόρειος, Εὐριπίδειος ꝛc.

b. — εος bedeutet hauptsächlich nur den Stoff, woraus etwas ge- 70
macht ist, und wird zusammengezogen in οῦς, s. oben §. 60, 6.

c. — κός, ist eben so allgemein ʒu fassen wie ιος. Die gewöhnlichste 71
Form ist ικός, welches dem ursprünglichen Wortstamm angesetzt wird, ʒ. B.
γραφικός, ἀρχικός (von γράφειν, ἄρχειν) zum Malen, Herrschen gehörig,
tauglich, βασιλικός (von βασιλεύς), πολιτικός (von πολίτης) ꝛc. Dieselbe
Endung ικός dient (wie ιος) daʒu, um von einem Abjektiv ein neues Abj.
abzuleiten, wie φιλικός, ξενικός, γυμνικός (von φίλος, ξένος, γυμνός), εὐδαιμονικός, βλακικός (von εὐδαίμων, βλάξ) ꝛc., und von Abj. auf αιος
wird daraus -αϊκός, in der Regel mit kurzem α, ʒ. B. Ἀθηναϊκός,
Θηβαϊκός (fem. Ἀθηναΐς, Θηβαΐς Anthol. 6, 348., Ovid., Stat.), Ἰουδάϊ-
κός (Juven. sat. 14, 101), Κυρηναϊκός ꝛc., wenn aber das αι in dem Pri-
mitivwort stammhaft geworden, mit langem α: ʒ. B. Πλαταϊκός, Ἀχαϊκός
(fem. Ἀχαΐς Ov. Met. 5, 306. Hor. Od. 1, 15), Ἀλκαϊκός, ἀρχαϊκός (Ar.
Nub. 821) von Πλάταιαί, Ἀχαιός, Ἀλκαῖος, ἀρχαῖος*). Von Wörtern
auf νς wird -νκός gebildet, ʒ. B. θηλυκός, und -ακός von Endungen die
ein ι vor sich haben (obwohl nicht durchgängig), ʒ. B. Ὀλυμπία, Ἴλιος —
Ὀλυμπιακός (und Ὀλυμπικός), Ἰλιακός· σπονδεῖος σπονδειακός κουρεῖον
κουρεακός; und ebenso in Doppelableitungen von Abj. auf ιος, ʒ. B. Κό-
ρινθος, Κορίνθιος, Κορινθιακός· Πελοπόννησος, -νήσιος, -νησιακός. —
Einzelne Abweichungen, wie Εὐβοϊκός von Εὔβοια· κεραμεικός, Δαρεικός,
Δεκελεικός von κεραμεύς, Δαρεῖος, Δεκέλεια· βοεικός von βοῦς ꝛc. bleiben
der Beobachtung überlassen.

———

*) Die Schreibung dieser letztern Abj. mit ᾱ entspricht der in der Note
auf S. 240 enthaltenen Beobachtung. Jedoch ist vielfältig auch die ältere
(epische) Schreibweise mit αι überliefert: Ἀχαιικός, Ἀχαιίς, ἀρχαιικός, und
warb von einigen Gramm. sogar als die attische empfohlen; s. Lob. zu
Phryn. 39. Tho. Mag. ꝛc.

72 d. — νός eine ältere paſſiviſche Endung (wie τός, τέος), daher δεινός
furchtbar, σεμνός (von σέβομαι) ehrwürdig, ϛυγνός verhaßt ꝛc.
— ινος als Proparox. deutet faſt durchgängig einen Stoff an, z. B.
ξύλινος von Holz, λίϑινος ꝛc. Ein einzelner Fall iſt ἀνϑρώπινος gleich
umfaſſend wie ἀνϑρώπειος. — Als Oxytonon bildet es Adjektive von Zeit-
begriffen, z. B. ἡμερινός, χϑεσινός (geſtrig, von χϑές); ſelten mit langem ι,
wie in ὀπωρινός bei Homer.
πεδῖνός und die Wörter auf εινός zeigen eine Fülle oder etwas durch-
gehendes an: πεδῖνός (b. h. lauter Ebene), ganz eben, ὀρεινός gebirgig,
εὐδιεινός ganz heiter ꝛc.
— ῖνος, ανός, ηνός ſind bloß Gentilia ſ. n. 50.

73 e. — λος eine ältere aktiviſche Endung, daher δειλός der fürchtet
(furchtſam), ἔκπαγλος (ſ. anom. λελίημαι) der andere erſchreckt (furchtbar);
am gewöhnlichſten ſind die verlängerten Endungen ηλός und ωλός, die einen
Hang und Gewohnheit andeuten, ἀπατηλός betriegeriſch, ἁμαρτωλός der
leicht fehlt ꝛc.

74 f. — ιμος ſind faſt lauter Verbalia, hauptſächlich die Tauglichkeit (aktiv
und paſſiv) bezeichnend, und werden nach verſchiedenen Analogien angehängt,
z. B. χρήσιμος von χράομαι brauchbar, τρόφιμος nahrhaft, ϑανάσιμος töd-
lich, πότιμος trinkbar. Auch wird dieſe Endung zuweilen noch durch αῖος
verlängert, als ὑποβολιμαῖος.

75 g. — ρός, ερός, ηρός drücken meiſt ein Erfülltſein aus, z. B. οἰκτρός, φϑονερός voll Trauer, Neid, νοσηρός und νοσερός krankhaft.
h. — αλέος bedeutet ungefehr eben das, z. B. ϑαῤῥαλέος (von ϑάῤ-
ῥος), ῥωμαλέος, δειμαλέος, ψωραλέος ꝛc.
i. — τός und τέος ſ. §. 102.
k. — ος, bloß an den Verbalſtamm angehängt, indem wiederum (vgl.
n. 24. 27) das ε und ει der Stammſilbe in ο und οι übergeht, z. B. λάλος,
λοίδορος, τομός, λοιπός, ἀμοιβός, von λαλέω, λοιδορέω, τέμνω, λείπω,
ἀμείβω. Dieſe Bildung iſt bei Einfachen ſehr ſelten, da ſie eigentlich eine
ſubſtantiviſche iſt (n. 27. 32) z. B. ἀοιδός, ἀρχός, πομπός, ἄγγελος ꝛc.,
in Compositis dagegen, wie πατροκτόνος, ἀνήκοος, ἄμαχος, ἄλογος, Ἕλλο-
γος, δικογράφος ꝛc., ſehr gewöhnlich, ſ. §. 120, 2.

76 14. Die übrigen adjektiviſchen Endungen ſind
a. — εις, εντος, mit vorhergehendem ι, η oder ο, ſelten ω, eine Fülle:
χαρίεις voll Anmuth, ὑλήεις voll Walbung, πυρόεις voll Feuer, κητώεις
Hom. (ſ. Lexil. II.). Die Kontraction dieſer Abj. ſ. §. 41 und 62.

77 b. — ης, ες G. ους dient zur Ableitung nur in Zuſammenſetzungen
(ſ. §. 121, 9, a); doch entſteht daraus die beſondere Endung
— ώδης, ῶδες G. ους, z. B. γαστρώδης dickbäuchig, σφηκώδης weſpen-
artig, ſchlank, γυναικώδης weibiſch; gewöhnlich aber eine Fülle, Menge bezeichnend, beſonders im tabelnden Sinn, z. B. ψαμμώδης, αἱματώδης, ἰλυώ-
δης voll Sand, Blut, Schlamm, daher man –ώδης als eine beſondre Ab-
jektivendung (wie -osus), und nicht für eine aus -οειδής (z. B. μηνοειδής)
kontrahirte anſehen muß. S. ausf. Spr.

78 c. — μων G. ονος, Verbalia nach der Analogie der Subſtantiva auf
μα und zum Theil von dieſen erſt gebildet, meiſtens die vom Verbo ausgehende aktive Eigenſchaft bezeichnend; z. B. νοήμων von νοεῖν verſtändig,
πολυπράγμων von πολύς und πρᾶγμα oder πράττειν, der viel Geſchäfte
ſich macht ꝛc., ἐπιλήσμων vergeßlich.

Endlich entſtehn eine Menge Adjektiva bloß durch Zuſammenſetzung, wovon in den folgenden §§.

IV. Adverbia.

15. Außer der einfachen Art, Adverbia durch Verwandlung der adjektivischen Deklinir=Endung in ως zu bilden (§. 115), gibt es noch folgende besondere Endungen von Adverbien:

a. — δην, lauter Verbalia, die aus solchem Verbo genommene Bestimmung, Art und Weise einer Handlung ausdrückend; die Endung theils nach Art der Endung τέος, τός angehängt; doch mit nothwendiger Veränderung des Verbal=Charakters, und niemals mit einem σ: z. B. συλλήβδην zusammenfassend, b. h. im ganzen, im allgemeinen, κρύβδην heimlich, βάδην im Schritt, ἀνέδην ausgelassen, ohne Scheu (von ἀνίημι, ἀνετός); — theils in der Form -άδην an den Wortstamm mit dem Umlaut o, z. B. σποράδην zerstreut, προτροπάδην (φεύγειν) vorwärts gekehrt, ohne sich umzusehn (fliehen) 2c.

b. — δόν, ηδόν. Sie kommen meist von Nominibus und gehn hauptsächlich auf äußere Form und Verfassung z. B. ἀγεληδόν heerdenweise, βοτρυδόν traubenförmig, πλινθηδόν (von πλίνθος) ziegelförmig gelegt, κυνηδόν wie ein Hund. — Wenn sie Verbalia sind, so kommen sie mit denen auf δην überein z. B. ἀναφανδόν sichtbar.

c. — ί oder εί. Diese bezeichnen einen mit der Handlung, welche der Satz ausdrückt, verbundenen Umstand. Der Wohlklang, bei Dichtern auch vielleicht das Metrum (da ι auch kurz sein kann), und die Ueberlieferung in den Handschriften entscheiden für die eine oder die andere Endung. — Die Verbalia insbesondere gehen aus auf

— τί oder τεί, welche Endungen ganz nach Art der Endung τός angehängt werden, z. B. ὀνομαςί bei Namen, namentlich (z. B. aufrufen), ἐγρηγορτί wachend; besonders in der Zusammensetzung mit der Verneinung und andern Begriffen z. B. ἀγελαςί ohne zu lachen, ἀνιδρωτί ohne zu schwitzen, ohne Mühe, ἀμαχητί ohne zu kämpfen, ἀκηρυκτεί oder -ί ohne anzukündigen. — Hieraus und aus dem, was n. 8 von den Verbis auf ίζω gesagt worden, fließt die Bedeutung der Adverbia auf ιςί nach Art, Sitte, Sprache eines Volkes, einer Klasse, eines Individuums z. B. ἑλληνιςί auf griechische Art, in griechischer Sprache, γυναικιςί nach Art der Weiber, so ἀνδραποδιςί, βοϊςί 2c.

82

— Die von Nominibus gebildeten haben bloß ί oder εί an der Stelle der Deklinir=Endung, so daß also in ἑκοντί gutwillig, ἀνατεί ohne Schaben, von ἄτη, das τ zum Stamm gehört. Die meisten sind Komposita z. B. πανδημεί glf. als ein ganzes Volk, b. h. in vereinter Menge, Macht, z. B. ausziehen, αὐτονυχί (von einer alten Flexion, νύξ χός) noch in derselben Nacht, ἀμαχεί ohne Kampf, αὐτοχειρί mit eigner Hand, ἀμισθί ohne Lohn, νηποινί ungestraft. Die Schreibung, ob ί oder εί, ist bei vielen dieser Wörter schwankend und unsicher. S. Ellendt lex. Soph. v. ἀνατεί und die bort angeführte Litteratur.

d. — ξ, eine seltne Form, die meist den vorhandenen Gaumlaut benutzt, und allgemeine Abverbialbedeutung hat, z. B. ἀναμίξ durchmischt, durcheinander, παραλλάξ wechselweise, ὀκλάξ (von ὀκλάζω) kauernd, ὀδάξ mit den Zähnen (von ὀδούς).

e. — ινδα, eine Abv.=Endung zur Bezeichnung von Spielen, z. B. βασιλίνδα, κυνητίνδα, μυΐνδα παίζειν, König, Küssen, Blindekuh spielen, ποσίνδα (wahrscheinliche Lesart bei Xen. Hipp. 5, 10) παίζειν Gleich und Ungleich spielen, von πόσος 2c. S. An. Be. 1353. Poll. 9, 110.

f. — ινδην, zur Bezeichnung von Klassen, bes. in den beiden Abb. ἀρισίνδην, πλουτίνδην aus dem Abel, den Reichen (auswählend 2c.).

§. 120. Erster Worttheil. (105)

1. Der erste Theil einer jeden Zusammensetzung ist entwe=
der ein Nomen, oder ein Verbum, oder ein inflexibles Wort.

2. Wenn das erste Wort ein Nomen ist, so wird am ge=
wöhnlichsten dessen Deklinir=Endung in o gebildet, welches jedoch,
wenn das zweite Wort mit einem Vokal anfängt, in der Regel
elidirt wird, z. B.

λογοποιός, παιδοτρίβης, σωματοφύλαξ, ἰχθυοπώλης (von
ἰχθύς, ὑός), δικογράφος (von δίκη)
νομάρχης (von νόμος und ἄρχω), παιδαγωγός (von ἄγω,
ἀγωγή), κακεξία (von κακός und ἔχω).

In den meisten Fällen jedoch, wo v oder ι in der Nominal=En=
dung ist, wird kein o angenommen, z. B.

εὐθύδικος, πολυφάγος, πολίπορθος (von εὐθύς, πολύς, πόλις)
eben so auch nach ου und αυ, z. B.

βουφορβός, ναυμαχία (von βοῦς, ναῦς)
und häufig auch nach ν, z. B.

μελαγχολία, μελάμπεπλος (von μέλας, ανος), παμφάγος (von
πᾶς παντός).

Anm. 1. Das o bleibt zuweilen vor Vokalen, besonders vor sol=
chen Wörtern, welche in der ältern Sprache das Digamma hatten, z. B.
μηνοειδής, μενοεικής, ἀγαθοεργός. In den mit ἔργον und ἔχω zusam=
mengesetzten wird das o gewöhnlich mit dem ε zusammengezogen: δημιουργός, λειτουργός, κακοῦργος, δᾳδοῦχος, ῥαβδοῦχος.

Anm. 2. Ein ω kommt entweder von den Attischen oder von den
zusammengezogenen Deklinations=Formen, z. B. νεωκόρος (von νεώς), ὀρεω-
κόμος (von ὀρεύς G. ὀρέως), κρεωφάγος (von κρέας G. αος, ως). Aus γῆ,
Erde, wird in allen Zusammensetzungen γεω- z. B. γεωγράφος, statt
γαο-, von der alten Form ΓΑΑ (s. §. 27 A. 10).

Anm. 3. Einige Primitive auf μα G. ατος verwandeln ihr α oft
bloß in o, oder werfen es ab: αἱμοραγής, στομαλγία, von αἷμα, στόμα.

Anm. 4. In einigen, besonders dichterischen, Zusammensetzungen wird
die Form des Dat. Sing. oder Dat. Plur. zur Zusammensetzung genom=
men, z. B. πυρίπνους, νυκτιπόρος, γαςρίμαργος, ὀρεινόμος (von ὄρος, εος),
ναυσιπόρος, ἐγχεσίμωρος*). — Daß in Zussetzgen mit εσ von Wörtern
auf ος G. εος, wie σακέσπαλος, τελεσφόρος, ὀρεσκῷος (von τὸ σάκος, τέλος, ὄρος) der ursprüngliche Stamm hervortritt, folgt aus §. 49 Anm. 1.

Anm. 5. Es gibt noch einzelne Besonderheiten, die eigner Beobach=
tung überlassen bleiben, z. B. μεσαιπόλιος von μέσος (vgl. §. 65 A. 2);
ὁδοιπόρος von ὁδός; ἀργίπους von ἀργής oder ἀργός; Ἀργειφόντης von
Ἄργος, ου; ποδανιπτήρ von πούς ποδός; ἀκράχολος von ἄκρος; Θηβα-
γενής, αἰθρηγενής, μοιρηγενής von Θήβη, αἴθρη, μοῖρα; ἐλαφηβόλος,

---

*) Natürlich sind in diesen Zusammensetzungen ebenso wenig Dative zu
suchen, als etwa in Θεόσδοτος, λαοσσόος (s. Anm. 5.) oder in Adverbial=
formen wie εὐθύς (§. 115 A. 4), ἑτός (οὐκ ἑτός nicht umsonst) ꝛc. Nominative, mit welchen Kasus sie nur zufällig übereinstimmen.

λαμπαδηφόρος von ἔλαφος, λαμπάς; — und das scheinbar beibehaltene os Nominativi in Θεόσδοτος, Θεοσεχθρία, λαοσσόος (s. die Note auf S. 330). 3. Wenn das erste Wort ein Verbum ist (eine im ganzen seltnere Art der Zusammensetzung, s. den folg. §.), so wird die Endung desselben am gewöhnlichsten entweder in ε mit vorhergehendem unveränderten Charakter des Verbi, oder in σι gebildet, z. B. ἀρχέκακος von ἄρχειν, δακέθυμος von δάκνω, ἔδακον λυσίπονος, τρεψίχρως, ἐγερσίχορος von λύω, τρέπω, ἐγείρω. Vor einem Vokal findet Elision, auch zuw. des Stammvokals, statt: φέρασπις, ῥίψασπις· φιλέταιρος.

Anm. 6. Seltner sind die Fälle, wo das ι ohne σ steht, wie in τερπικέραυνος, λαθικηδής und vielen von ἄρχειν z. B. ἀρχιθέωρος; oder wo auch das Verbum ein ο annimmt, wie φαινομηρίς, und fast bei allen Zusammensetzungen mit λείπω z. B. λειποτάξιον, λειπόνεως, richtiger λιποτάξιον, λιπόνεως ꝛc. — Auch ist die Form ταμεσίχρως (von τέμνω), λιπεσήνωρ (von λείπω) zu merken, und die daraus verkürzte, φερέσβιος (für φερεσίβιος).

4. Die inflexibeln Wörter bleiben in der Zusammensetzung unverändert, mit Ausnahme der Veränderungen, die durch die allgemeinen Regeln bewirkt werden. Elision des kurzen Endvokals vor einem andern Vokal findet in manchen Fällen statt, in andern nicht. Als Regel aber merke man, daß alle auf einen Vokal ausgehenden Präpositionen, außer περί und πρό (vgl. §. 30, 2 und §. 86), vor einem andern Vokal elidirt werden. Z. B.

ἀγχίαλος (von ἄγχι, ἅλς), πένταθλος von πέντε· παλαιγενής von πάλαι· παλίμβολος von πάλιν· ἀναβαίνω, ἀνέρχομαι von ἀνά· ἐξέρχομαι, ἐκβαίνω von ἐξ· προάγω, περιάγω ꝛc. Vgl. §. 25. u. 70 A. 3.

Anm. 7. Die Präposition πρό macht zuweilen eine Krasis z. B. προὔχω, προῦπτος, προύργον für προέχω, πρόοπτος, πρὸ ἔργου; bes. beim Augment, z. B. προὔπεμψα, προὔφαινε für προέπεμψα, προέφαινε. Von προὔχω (wovon bes. part. προὔχων bei Hom. und Thukyd.) lautet bei Spätern selbst das Impf. zuweilen προῦχον (App. B. C. 2, 65. 4, 85), gewöhnlich aber προεῖχον, bei Homer (ohne Augm.) πρόεχε und προὔχοντο, aor. med. προὐσχόμην Aristoph.

Anm. 8. Außer περί *) wird auch ἀμφί öfters nicht elidirt, z. B. in ἀμφίαλος, ἀμφίετες von ἅλς, ἔτος. Die dor. Dialektform ποτί oder προτί ward gleichfalls, bei den älteren Ep. wenigstens, nicht elidirt, d. h. sie verwandelte sich vor Vokalen in die gewöhnliche Form πρός **); doch kommen auch ohne Elision vor προτιάπτω, προτιόσσομαι und mit dazwischentretendem Digamma προτιειλεῖν, προτιείποι, wie außerhalb der Zusammensetzung προτὶ ἄστυ, προτὶ Ἴλιον ꝛc. Die übrigen Präpositionen behalten in der alten Sprache auch meist nur in solchen Zusammensetzungen, die ursprünglich das Digamma vor dem zweiten Worte hatten, den Vokal;

---

*) Im Aeolismus wurde περί bisweilen elidirt, wovon einige Beispiele sich bei Hesiod und Pindar erhalten haben; s. Göttling zu Hes. Θ. 678., Ahrens D. Aeol. p. 150. Dor. 357. Herm. Orph. p. 820.

**) Und zwar sowohl innerhalb wie außerhalb der Zusammensetzung; also immer bei Homer προσέφη, προσηύδα, πρὸς Ὄλυμπον ꝛc. Ebenso bei Pindar. Der jüngere Dorismus aber elidirt: ποθόρημι, ποτέδραμε, ποτ᾽ ἴσχια, ποτ᾽ ἄντρα ꝛc. (Theocr. 6, 22. 25. 28. 30. Mosch. 3, 117 ꝛc.) Vgl. Bekk. hom. Bl. 198.

so bei Homer διαείδεται, ἐπιέλπομαι, die Composita von ἕννυμι (S. 221), aber auch ohne Dig. καταείσατο (von εἶμι), ἀποαίνυτο, ἀποαίρεο, ἀποαιρεῖσθαι, ἀναοίγεσκον ꝛc., im Atticismus etwa nur noch in ἐπιορκεῖν, ἐπιέσασθαι (§. 108, III.) und dem Adj. ἐπιεικής.

Anm. 9. In Rücksicht der Silben-Trennung beobachtet man die Regel, daß wenn die Präposition für sich auf einen Konsonanten ausgeht, dieser in der Trennung immer bei der ersten Silbe bleibt; also εἰς-ἔρχομαι, προς-άγω, ἔν-υδρος, ἐξ-έρχομαι. Beginnt aber der Konsonant in der Präp. an sich schon die zweite Silbe, so thut er dies auch wenn in der Komposition der Vokal elidirt wird, z. B. πα-ράγω, ἀ-παιτεῖν, und zwar in der Schrift wie in der Aussprache. Vgl. §. 30 Anm. 2.

5. Von den untrennbaren Partikeln sind die vornehmsten: ἡμι- halb, z. B. ἡμίπους halber Fuß, ἡμίεφθος halb gekocht, ἡμίονος Maulesel; — δυσ-, welches eine Schwierigkeit, Widerwärtigkeit u. d. g. andeutet (z. B. δύσβατος schwer zu betreten, δυσδαιμονία widriges Geschick; — und das sogenannte

$$α\ privativum\ (ςερητικόν)$$

welches geradezu verneint, wie das deutsche un-, und das lat. in-, z. B. ἄβατος ungangbar, ἄπαις kinderlos. Vor einem Vokal hat dies ἀ gewöhnlich ein ν bei sich, z. B. ἀναίτιος (unschuldig).

Anm. 10. Mehre mit einem Vokal anfangende Wörter, besonders die bigammirten (S. 13) nehmen jedoch auch das bloße ἀ an, z. B. ἀήτητος, ἄοικος, ἄοινος ꝛc.; daher es auch der Kontraction unterworfen ist, wie in ἄκων (ungern) für ἀέκων, ἀργός (müßig) mit verändertem Accent (§. 121 A. 6) aus ἀεργος. — Dagegen bleibt das ν vor einem Konsonanten in ἀννέφελος, ἀμφασίη von ἀ und φημί*).

Anm. 11. Verschieden von diesem α, wenigstens der Bedeutung nach, ist ein anderes, welches nach der ihm inwohnenden vergrößernden Kraft von vielen Grammatikern im Gegensatz zum vorigen das

$$α\ intensivum\ (ἐπιτατικόν)$$

genannt wird, womit wir zugleich das α verbinden wollen, welches vereinigende Kraft besitzt. Am entschiedensten zeigt sich

1) die vergrößernde Kraft in: ἀτενής sehr gespannt, ἀχανής weit gähnend, ἀσπερχές und ἀσκελές sehr heftig, ἀκήδεια tiefe Betrübnis; und wahrscheinlich auch in ἄξυλος holzreich, ἄβρομος, αὐίαχος (= ἀϜίαχος, s. S. 252 N.) geräuschvoll. Dieses α ist vermuthlich desselben Ursprungs wie das vorige und entspricht dem deutschen un- in Unthier, Unmasse, Ungewitter ꝛc.

2) die verbindende Kraft in: ἀκοίτης fem. ἄκοιτις und ἡ ἄλοχος (von κοίτη und λέχος) Bettgenosse, ἀγάλακτες Milchgeschwister; ἀγάςορες und ἀδελφός, -ή Geschwister, ἀτάλαντος (wörtlich Eines Gewichts) gleich, ἀκόλουθος der desselben Weges geht, Begleiter (von κέλευθος; vgl. anom. κίω und wegen des Umlauts ου anom. ἔρχομαι), ἀβολεῖν zusammentreffen; in welchen Fällen allen es vermuthlich von dem aspirirten ἁ in ἁπλοῦς, ἅπας, ἅμα ausgeht, daher ἁθρόος gesamt, att. ἀθρόος.

Es bleiben aber auch einige Fälle übrig wo das ἀ überflüssig, oder ungewissen und für die Erklärung schwierigen Ursprungs ist, als ἀάσχετος, ἄβληχρος, ἄβιος, ἄπτερος, ἄπεδος u. a.

---

*) Hieraus und aus der Vergleichung mit dem νη- in Anm. 12 folgt, daß das ν zur Wurzel gehört, wie ja auch ἄνευ aus demselben Stamme hervorgegangen ist, (deutsch: un-, ohne). Noch deutlicher zeigt sich das radikale ν in solchen alt-epischen Wörtern wie ἀνάεδνος ohne Mitgift Hom., ἀνάελπτος unverhofft, ἀνάπνευσος athemlos Hesiod.

Anm. 12. Eine ſeltnere Verneinungsform macht das untrennbare *νη-*, welches vor einem Vokal Zuſammenziehung erfährt, z. B. *νήποινος* ungeſtraft, *νῆσις* nüchtern (von *ἔδω*), *νήπιος* infans (nach der Auffaſſung der alten Gramm. von *εἰπεῖν*), *νῆις ιδος* nescius (*οἶδα*), *νώνυμος* namenlos (*ὄνομα*, ſ. §. 121, 8), *νωδός* zahnlos (*ὀδούς*). — Ob auch dies *νη-* oder *ν-* ſteigernde Kraft beſitzt (Schol. Ap. Rhod. 3, 350), iſt zweifelhaft. **Anm. 13.** Noch können als untrennbare gemerkt werden *ἀρι, ἐρι* und *ζα* ſämtlich vergrößernd, z. B. *ἀριπρεπής* ſehr ausgezeichnet, *ἐρίβρομος* laut ſchallend, *ζαμενής* ſehr muthig.

6. In allen Zuſammenſetzungen wird, wenn das zweite Wort mit einem *ρ* anfängt, vor welches ein kurzer Vokal tritt, das *ρ* nach §. 21 in der Regel verdoppelt, z. B. *ἰσορρεπής* von *ἴσος* und *ῥέπω, περιρρέω, ἀπόρρητος, ἄρρητος* (von *ἀ* und *ῥητός*).

§. 121. Zweiter Worttheil. (106)
Loſe und feſte Zuſammenſetzung.

1. Die Form des letzten Theiles einer Zuſammenſetzung beſtimmt das ganze Wort, das demzufolge ein Verbum oder ein Nomen oder eine Partikel iſt.

2. Die geläufigſte Zuſammenſetzung der Verba iſt die loſe Zuſammenſetzung (*παράθεσις*), in welcher das Verbum unverändert bleibt, und ſeine eigenthümliche Flexion mit Augment und Endung behält. Dieſe findet nur ſtatt mit den achtzehn alten Präpoſitionen (ſ. hierüber und über die bei Dichtern übliche ſog. Tmeſis §. 147 Anm. 6 und 7). Jede ähnliche Verbindung des unveränderten Verbi mit Adverbien und andern Wortarten wird als Nebeneinanderſtellung betrachtet und daher getrennt geſchrieben z. B. *εὖ πράττειν, κακῶς ποιεῖν.*

Anm. 1. Nur in der alten Poeſie pflegt man gewiſſe Verba, beſonders Participien, mit vortretenden innig damit verbundenen adverbialen, ſelbſt Objekts-Beſtimmungen, auch in eins zu ſchreiben. Solche Participien ſind: *εὐναιόμενος, εὐναιετάων, εὐκτίμενος, εὐρυρέων, εὐρυκρείων, καρηκομόωντες, δαϊκτάμενος, ἀρικτάμενος* (wie *ἀρηΐφιλος*), *κηρεσσιφόρητος, δακρυχέων, παλιμπλαγχθείς, παλινόρμενος* ꝛc. Auch ſolche Doppelzuſammenſetzungen, wie *ἀντευποιεῖν, ἀντευπείσεται* (Plat. Demoſth.) können füglich nur in eins geſchrieben werden. Jedoch herrſcht in der Schreibung dieſer und ähnlicher Wort-Kompoſitionen noch wenig Uebereinſtimmung in unſern Ausgaben, da die Konſequenz in der Durchführung der einen oder andern Schreibweiſe ſtets mit mannichfachen Schwierigkeiten verbunden iſt. Vgl. Lob. Parerg. 573. Wolf. Praef. ad Jl. 62. Bekk. hom. Bl. 310. Claſſen hom. Sprachgbr. 65 ff.

3. Die feſte Zuſammenſetzung (*σύνθεσις*) hingegen, wobei das erſtere Wort ſich mit dem folgenden ganz in eins verbindet, und ſo auch die mit untrennbaren Partikeln, können die Verba nur erfahren, indem ſie ſelbſt ihre Form verändern; das heißt, es entſtehn eigene zuſammengeſetzte Verbalformen mit einer Ableitungs-Endung, am gewöhnlichſten mit *έω*; wobei meiſtens ein zuſammengeſetztes Nomen (4 folg.) zum Grunde liegt; z. B. aus

ἔργον und λαμβάνω entsteht ἐργολάβος und hieraus ἐργολαβεῖν, aus εὖ und ἔρδω (ΕΡΓΩ) εὐεργέτης und hieraus εὐεργετεῖν (wohlthun), aus δυσ- und ἀρέσκω — δυσάρεσος mißvergnügt, δυσαρεστεῖν Mißfallen haben, aus φείδεσθαι (schonen), mit dem α privativum: ἀφειδής — ἀφειδεῖν. — Daß auf eben diese Art auch Zusammensetzungen mit Präpositionen entstehen, s. §. 86.

Anm. 2. (3.) Wenn in solchen Zusammensetzungen das Verbum unverändert erscheint, so liegt dies in einer zufälligen Uebereinstimmung der Ableitungs-Endung mit der des Stamm-Verbi, z. B. ποιέω mache, μελοποιός, μελοποιέω (mache Lieder); so kommt μυροπωλέω nicht von μύρον und πωλέω, sondern von μυροπώλης, ἀφρονέω nicht von ἀ- und φρονέω, sondern von ἄφρων. Wegen ἀτιμάω (= ἀτιμάζω) s. ausf. Spr. II. 472.

4. Substantiva werden selten so komponirt, daß sie als unveränderter letzter Theil den **Hauptbegriff** enthalten, der durch das vornstehende nur bestimmt wird, z. B. πρόξενος der öffentliche oder Staats-Gastfreund, σύνοδος Zusammenkunft, ὁμόδουλος Mitknecht. Nur die **Adjektiva** lassen vermöge ihrer stärkeren verbalen Natur diese Art der Zusammensetzung häufiger zu, z. B. πιςός zuverlässig, ἄπιςος unzuverlässig, φίλος lieb, ὑπέρφιλος über die maßen lieb. Wenn aber z. B. ein Subst. abstr. wie τιμή durch das α priv. verneint werden soll, so wird erst auf die folgende Art (5) ein Adj. ἄτιμος und hieraus ein neues Subst. ἀτιμία gemacht.

Anm. 3. Die Adjektive auf ve gehn in solcher Zusammensetzung meist in die Endung ης über, z. B. ἡδύς angenehm, ἀηδής unangenehm, βαρύς — οἰνοβαρής, ὠκύς — ποδώκης ꝛc.

5. In den meisten so zusammengesetzten Nominibus enthält der zweite Theil nicht das **Subjekt** des der Benennung zum Grunde liegenden Satzes, sondern das **Objekt** davon. Oft ist dieser zweite Theil das **unveränderte** Nomen, besonders wenn dies Nomen selbst eine Endung hat, die dem Genus der zu bildenden Benennung entspricht. So ist also
ἄποικος, δεισιδαίμων nicht selbst ein οἶκος, ein δαίμων, sondern jenes ist einer der ἀπὸ τοῦ οἴκου, von seinem Hause entfernt ist; dieses ein δείσας τοὺς δαίμονας, ein die Götter fürchtender. So ist μακρόχειρ der eine lange Hand hat, ἄπαις kinderlos, ἔνθεος von Gott beseelt, ἐπιχαιρέκακος einer der ἐπιχαίρει τοῖς κακοῖς, ein Schadenfroh.
Wenn aber die Endung des Nomens nicht mit der beabsichtigten Benennung übereinstimmt, so nimmt es die am nächsten verwandte **Deklinations-Endung** an, also entweder ein bloßes ς oder die Endungen ος, ως G. ω, ης G. ους, ις G. δος, oder die durch den §. 63, 2 erwähnten Umlaut entstehenden ων und ωρ:
ἄδακρυς (δάκρυ) thränenlos; τρεχέδειπνος (δεῖπνον) der den Mahlzeiten nachläuft, εὐθύδικος der gerades Recht übt, ἄτιμος entehrt, φιλοχρήματος der das Geld (χρήματα) liebt; εὔγεως (von εὖ und γῇ) fruchtbar, λιπόνεως sein Schiff verlassend; κακοήθης der ein böses Gemüth (ἦθος) hat; ἄναλκις (δος) ohne Muth (ἀλκή); σώφρων (von σῶς und φρήν) vernünftig, εὐπάτωρ adlich.
Vgl. hiezu §. 63. Auf diese Art entsteht ein großer Theil aller zusammengesetzten Adjektive oder attributiven Substantive.

6. Am gewöhnlichsten jedoch, wenn mit Hülfe eines Verbi ein zusammengesetztes Nomen gebildet werden soll, tritt das Ver-

bum nach), und bekommt eine Nominal=Endung; das vorhergehende
Wort enthält dann entweder die Bestimmung oder das Ob=
jekt der Handlung des Verbi, z. B. ἐργολάβος der ein Werk über=
nimmt, ἱπποτρόφος der Pferde ernähret. Die einfache Endung ος
ist bei Zusammensetzungen dieser Art die gewöhnlichste, außerdem
noch für Substantiva die Endungen ης und ας nach der ersten Dekl.
(s. die Beispiele §. 119 n. 32), und für Adjektiva ης nach der drit=
ten (z. B. εὐμαθής, ές der gut lernt); auch die übrigen (§. 119, 8
verzeichneten) Nominal=Endungen z. B. νομοθέτης, ου von νόμος
und τίθημι, u. s. w.

7. Von allen solchen ersten Zusammensetzungen werden dann
wieder andere abgeleitete Wörter gebildet (παρασύνθετα), wie δει-
σιδαιμονία, νομοθεσία, νομοθετικός ιc. und so also auch die unter
3. erwähnten Verba composita wie ἱπποτροφέω von ἱπποτρόφος,
εὐπαθέω von εὐπαθής ιc.

8. Unter den Veränderungen, die in der Zusammensetzung
überhaupt zuweilen mit dem zweiten Worte vorgehn, ist beson=
ders zu merken, daß die Wörter, die mit kurzem α oder ε anfan=
gen, sehr gewöhnlich ein η, und die mit ο anfangen, ein ω
annehmen, jedoch niemals die Verba, welche auf die oben 2. be=
schriebene Art mit Präpositionen zusammengesetzt sind, wohl aber
die von solchen wieder abstammenden Attributiva, und die zusam=
mengesetzten Verba der zweiten Art (oben 3.), z. B.
ὑπήκοος gehorsam von ὑπακούω, ϛρατηγός Heerführer von ϛρατός
und ἄγω (vgl. S. 16 die mit ᾱ von ἄγω und ἄγνυμι abgeleiteten), κατήγορος, κατηγορέω (von κατά und ἀγορά, ἀγορεύω) Kläger, anklagen,
εὐήνεμος von ἄνεμος, δυσήλατος von ἐλαύνω, ἀνώμοτος von ὄμνυμι ιc.,
wobei die von ὄνομα das zweite ο in υ verwandeln, ἀνώνυμος, εὐώ-
νυμος (von der äolischen Wortform ὄννυμα).

9. In Hinsicht des Accents ist die Generalregel, daß durch
die Komposition der Accent des einfachen Wortes (nach §. 12, 2. a.)
so weit zurückgezogen wird als möglich. Also z. B. von τέκνον,
θεός kommt φιλότεκνος, φιλόθεος, von ὁδός σύνοδος· von παῖς,
παιδός — ἄπαις, ἄπαιδος· von τιμή ἄτιμος· von ἑταῖρος, παρθένος — φιλέταιρος, εὐπάρθενος· von αἰόλος παναίολος· von
παιδευτός — ἀπαίδευτος, δυσπαίδευτος u. s. w. Hiebei ist jedoch
folgendes zu bemerken:

a) Die Adjektiv=Endung ης, ες hat auch in der Komposition gewöhn=
licher den Accent auf der Endung z. B. φιλομειδής, προσφιλής, ἀπαθής,
εὐγενής ιc. Doch mehre davon, wie die Zsstzgen mit ἀρκέω, ἀνδάνω, ἀντάω, μέγεθος, den zweisilbigen auf ος· mit η in der Stammsilbe wie ἦθος,
μῆκος, κῆτος, und (bei Attikern wenigstens) mit ἔτος ziehen den Accent
zurück: αὐτάρκης, αὐθάδης, προσάντης, εὐμεγέθης, εὐήθης, περιμήκης,
τριέτης, ἑξέτης (Ar. Nub. 861) ιc., so wie, den abgeleiteten auf ήρης und
ώδης entsprechend, noch andre mit η und ω, z. B. τανυήκης, ποδώκης,
ἐξώλης ιc.; s. ausf. Sprachl., und die z. Th. sehr widersprechenden Accentregeln der alten Gramm. bei Lehrs qu. epp. p. 135 sqq. 147.

b) Die Verbalia auf ή, ά, ής, ήρ, εύς und εος, welche als Simplicia
den Ton auf der Endung haben, behalten ihn auf derselben auch in der Zusammensetzung; z. B. ἐπιτομή, συμφορά, μισθοφορά, συνδικαστής, ἀμαλ-

λοδετήρ, συγγραφεύς, ἐπιτιμητέος. Ebenso die Subst. auf μός, als διασυρμός, κατασκευασμός ꝛc., ausg. die von δεσμός, wie σύνδεσμος ꝛc.

c) Wörter, die nicht selbst komponirt, sondern erst von Compositis abgeleitet sind (oben 7), folgen im Accent der allgemeinen Analogie ihrer Endungen, z. B. die Abstracta Verbalia auf ή und ά wie συλλογή, προσφορά von συλλέγω, προσφέρω; ferner ἀδικητικός von ἀδικεῖν, παροξυσμός von παροξύνω ꝛc. Die Adjectiva composita auf τος haben theils den Ton auf der letzten, wie ἐξαιρετός, προσδοκητός, theils ziehen sie ihn zurück (s. Anm. 7. und vgl. §. 60 Anm. 3a); sobald sie aber überkomponirt werden, ziehen sie ihn immer zurück, z. B. ἀπροσδόκητος.

d) Die Komposita, deren erste Hälfte aus einem Nomen oder Abverb, die zweite aus einem transitiven Verbum, mit der bloßen Endung ος (nicht τος, νος u. b. g.) gebildet ist, haben der Regel nach, wenn sie aktive Bedeutung haben und die vorletzte Silbe kurz ist, den Accent auf dieser, im passiven Sinne aber auf der Silbe vorher, z. B.

λιθοβόλος Steine werfend
λιθόβολος mit Steinen geworfen.

Orest ist ein μητροκτόνος, aber der Medea Kinder sind μητρόκτονοι; δικογράφος einer der Anklagen schreibt, λεπτόγραφος fein geschrieben; und so durchaus, auch wenn nur die aktive Bedeutung statt finden kann, wie in οἰκονόμος, οἰνοχόος, τοιχωρύχος von ὀρύσσω, ἀδηφάγος u. b. g. Ist aber die vorletzte Silbe lang, so geht der Accent auf die Endsilbe z. B. ψυχοπομπός, σκυτοδεψός, ἱπποβοσκός, λιθουλκός (von ἕλκω), μελοποιός, δεινωπός (von ΟΠΤΩ), ὁδηγός, παιδαγωγός, ἀργυραμοιβός.

Anm. 4. Komposita dieser Art, die gegen die Bestimmungen Proparoxytona sind, gibt es wenige, nehmlich außer mehren epischen Beiwörtern (ἱππόδαμος, σακέσπαλος, πτολίπορθος) nur noch die von einigen mit einem Vokal anfangenden Verbis, als ἡνίοχος (von ἡνίον ἔχω), ναύαρχος; und diese Betonung liegt auch bei den properispomenis zum Grunde, wie δᾳδοῦχος (von δᾷδα ἔχω), κακοῦργος, πανοῦργος von ΕΡΓΩ; die übrigen vom letztern Verbo folgen der Regel, ἀγαθοεργός, λιθουργός ꝛc.

Anm. 5. Wenn das Verbum intransitive Bedeutung hat, so bleibt es in der allgemeinen Regel. Also sagt man zwar αὐτοκτόνος (von ἐμαυτὸν κτείνω), aber αὐτόμολος (von αὐτὸς ἔμολον); so also auch ἰσόρροπος, βαρύβρομος ꝛc.; auch αἱμόρρους, πυρίπνους, weil in diesen die Verba ῥεῖν, πνεῖν intransitiv und die Nomina nur als Dative gefaßt sind.

Anm. 6. Einige Kompositionen wurden gegen die Generalregel Oxytona, weil man deren Ableitung wenig mehr vor Augen hatte, z. B. ἀτραπός, ἀδελφός, βουλυτός. S. oben S. 332 ἀργός.

Anm. 7. Wenige einzelne Fälle, wo die mit Präpositionen komponirten Wörter den Accent nicht zurückziehen, z. B. ἀντίος, ἐναντίος, oder wo das von einem Composito bloß abgeleitete Wort doch den Accent zurückzieht, wie besonders viele auf τος z. B. ἐξαίρετος, ἐπίληπτος, ὕποπτος, περίρρυτος, lehre die Uebung.

Zweiter Theil.

Syntax.

Uebersicht. (108)

1. Die Syntax lehrt den Gebrauch der Formen, deren Bildung der erste Theil der Sprachlehre gezeigt hat. Sie befolgt in dieser Hinsicht die Haupteintheilung der Rede, wie sie oben §. 31. festgestellt worden ist.

2. Es wird demnach in der Syntax gehandelt werden 1) vom Nomen an sich, und mit andern Nominalformen gehäuft; 2) vom Nomen in der Verbindung; 3) vom Verbum; 4) von den Partikeln; 5) von verschiedenen zusammengesetzten Konstructions- und Redensarten.

Vom Nomen.

§. 122. Substantiv.

(Abstr. pro concreto. Vertauschung der Numeri.)

1. Der unter den Gesichtspunkt der Metonymie fallende Gebrauch, concrete Gegenstände durch abstrakte Begriffe (im Singular oder Plural) zu bezeichnen, findet namentlich in 3 Fällen statt: 1) wenn der abstrakte Begriff, wie es in allen Sprachen geschieht, in aussagendem oder **prädikativem** Verhältnis zu einem concreten Gegenstande steht (etwa wie im Deutschen: er ist mein **Stolz** ꝛc.); 2) in der affektvollen, lobenden oder tadelnden **Anrede**, besonders im vorwurfsvollen und **schmähenden Ausruf**, weil der im Abstraktum enthaltene Begriff gleichfalls als Prädikat des (angeredeten) Gegenstandes gedacht wurde; in Folge dessen 3) in der gewöhnlichen oder Volks-Sprache (also bes. bei Komikern und Rednern) mehre einen Tadel enthaltende Ausdrücke als **Schmähwörter** oft in concretem Sinne gebraucht wurden.

Beispiele: zu 1) Jl. ϱ, 150 (Σαρπηδόνα) κάλλιπες Ἀργείοισιν ἕλωϱ καὶ κύϱμα γενέσθαι, ὅς τοι πόλλ᾽ ὄφελος γένετο. 38 ἤ κέ σφιν δειλοῖσι γόου κατάπαυμα γενοίμην. τ, 124 Εὐρυσθεύς, σὸν γένος (= υἱός); dagegen ξ, 201 Ὠκεανόν, θεῶν γένεσιν (= πατέρα). γ, 50. π, 498. χ, 358 ꝛc. Thuc. 2, 41 λέγω τὴν πᾶσαν πόλιν (Athen) τῆς Ἑλλάδος παίδευσιν εἶναι. — Zu 2) Jl. ξ, 42 ὦ Νέστορ, μέγα κῦδος Ἀχαιῶν. Ar. Eccl. 973 ὦ ἐμὸν μέλημα, Κύπριδος ἔρνος, Χαρίτων θρέμμα. Jl. β, 235 ὦ πέπονες, κάκ᾽ ἐλέγχε᾽, Ἀχαιΐδες, οὐκέτ᾽ Ἀχαιοί. — zu 3) Beispiele solcher bei Aristoph., Demosth. ꝛc. oft im affectvollen Ausruf vorkommender Schmähwör-

ter seien: ὄλεϑρος (z. B. ὄλεϑρος Μακεδών, ὄλ. γραμματεύς Dem.),
μῖσος, λῆρος, γέλως, mehre auf μα, als κάϑαρμα (Scheusal), ἄλημα, κρό-
τημα, τρίμμα, παιπάλημα (Ar.) u. a.

Anm. 1. Hieran schließt sich die bes. ben epischen Dichtern eigene
Art der Umschreibung persönlicher Gegenstände durch abstr. Begriffe
wie ἴς, μένος, βία, σϑένος, mit folgendem Genitiv der Person, wofür
auch das abgeleitete Abjectiv in gleichem Kasus eintreten kann, z. B. ἱερὴ
ἴς Τηλεμάχοιο, μένος Ἀλκινόοιο, σϑένος Ἠετίωνος, βίη Ἡρακληείη ꝛc.,
so wie die Umschreibung von Personen vermittelst der appellativen Begriffe
κάρα, δέμας, σῶμα ꝛc. mit folg. Gen. oder Abj., vorzüglich bei Tragi-
tern; z. B. ὦ κοινὸν αὐτάδελφον Ἰσμήνης κάρα, τοὐμὸν δέμας b. i. ἐγώ
Soph. μητρῷον δέμας b. i. μήτηρ· μαντεῖα, ἃ τοῦδ' ἐρχήσϑη σώματος
auf mich, den Oedipus Electr. 355., ferner mit ὄμμα, χείρ, πούς in
mannichfachen Wendungen, und die auch bei Prosaikern übliche mit χρῆμα,
sofern der Gegenstand mehr als ein sächlicher bezeichnet werden soll, z. B.
τὸ δῖον ὄμμα b. i. Ζεύς Aesch. τί χρῆμ' (== τί; warum?) ἐπέμψω τὸν
ἐμὸν ἐκ δόμων πόδα Eurip. Hec. 977. συὸς μέγα χρῆμα Herod., σφεν-
δονητῶν πάμπολύ τι χρῆμα Xen.

2. Mehr der Prosa angehörig ist der (auch anderen Sprachen geläufige) Gebrauch, statt einer Vielheit persönlicher Gegenstände das von dem betreffenden Concretum abgeleitete Abstraktum im Singular, also in collectivem Sinne, zu setzen, wie im Lat.
iuventus st. iuvenes, nobilitas st. nobiles. Vgl. Zumpt §. 675.
Beispiele so gebrauchter Abstrakta seien: ἡλικία b. i. ἥλικες (vgl.
ὀμηλικίη Jl. γ, 175. ν, 431), ὑπηρεσία remigium, συμμαχία Bundesgenossen, πρεσβεία legatio, ἑταιρία, δουλεία Plat. Thuc. etc.

3. **Collectiva** in gewöhnlichem Sinne, sofern eine Anzahl
von Gegenständen unter den singularischen Begriff der Einheit zusammengefaßt wird, wie λαός, στράτευμα, ἀγέλη, ἄμμος ꝛc., hat
die griechische Sprache mit allen andern gemein. Eigenthümlicher
ist der syntaktische Fall, daß der concrete, ursprünglich zur Bezeichnung der Einheit dienende Begriff selbst collectiv gefaßt wird,
oder daß ein hervorragender charakteristischer Theil zur Bezeichnung einer collectiven Gesamtheit benutzt wird.
Beispiele dieses Gebrauchs des Sing. finden sich vorzugsweise wiederum
bei Dichtern, z. B. bei Homer: ϑαλερὸν κατὰ δάκρυ χέοντες, κῦμα πο-
λυφλοίσβοιο ϑαλάσσης βρέμεται, βοάᾳ ꝛc.; aber auch für die Prosa hat
er insofern seine Geltung, als es gewisse Wörter gibt, welche oft collectiv
angewandt wurden, und allmählich, außer ihrer gewöhnlichen und eigentlichen, diese collective als zweite Bedeutung in sich aufnahmen. Solche Wörter sind: ἡ ἵππος Reiterei (§. 32), ἡ ἀσπίς die Schwerbewaffneten (S. 113),
ferner τὰ ὅπλα == ὁπλῖται (Anab. 2, 2, 4 ꝛc.), χείρ (manus), ἐσϑής (Klei-
bervorrath, Teppiche ꝛc.), χάραξ (festes Lager), πλίνϑος (Ziegelschicht), δόρυ
(häufig bei Trag. für: bewaffnete Mannschaft) u. a. Insbesondere gehört
noch hieher die im histor. Stil gewöhnliche Bezeichnung der Völker durch
den Singular, wie ὁ Ἀσσύριος, ὁ Λυδός, ὁ Πέρσης ꝛc. ꝛ

4. Wenn umgekehrt der Plural bei solchen Begriffen eintritt, zu deren Bezeichnung andere Sprachen sich des Singulars
bedienen, so ist der Gebrauch, so weit er rein formeller Natur ist,
bereits in dem Abschnitt über die pluralia tantum (§. 57) behandelt worden. Hier bleibt noch zu erwähnen, daß die alten Sprachen unserem Sprachgebrauch entgegen abstrakte Begriffe oft

pluralisch geben, wenn nicht die abstrakte Idee als solche, sondern mehr ihre äußere Erscheinung, oder ihre Anwendbarkeit auf eine Mehrheit von Personen oder Gegenständen angedeutet werden soll. Vgl. Zumpt §. 92. Auch Stoffnamen werden so gebraucht.

Beispiele schon bei Homer: Jl. ν, 108 μάχονται ἡγεμόνος κακότητι μεθημοσύνῃσί τε λαῶν. Od. α, 7 αὐτοὶ γὰρ σφετέρῃσιν ἀτασθαλίῃσιν ὄλοντο; (s. die Übr. Fälle bei Nägelsb. Anm. z. Hom. 337. Bekk. hom. Bl. 167). Ferner in Prosa: αἱ φιλίαι, τὰ ἔχθεα Herod., φόβοι, θυμοί, φρονήσεις, ἀνδρίαι, ὑγίειαι καὶ εὐεξίαι τῶν σωμάτων (Plat. Prot. p. 354), ψύχη τε χειμῶνος καὶ θάλπη θέρους καρτερεῖν (Xen. Oec. 5, 4), und oft bei Isokrates ἀλήθειαι, ἀργίαι, αὐθάδειαι u. s. s. — Stoffnamen: κονίαι bei Homer (z. B. κάππεσον ἐν κονίῃσι), ψάμαθοι, πυροί, κριθαί ꝛc.

5. Wenn ferner ein (konkreter wie abstrakter) Begriff in irgend einem Kasus auf ein andres Substantiv (Subjekt) im Plural so bezogen wird, daß er auf gleiche Weise jedem einzelnen der durch den Plural bezeichneten Mehrheit angehört, so erfordert der genauere (im Deutschen vernachlässigte) Sprachgebrauch, daß ersterer gleichfalls im Plural steht. Abweichungen davon sind im Griechischen selten und, bei älteren Schriftstellern wenigstens, mehr dichterisch. Vgl. Abschn. 3.

Beispiele: Cyr. 4, 5, 58 ἐκέλευσεν αὐτούς, τοὺς θώρακας καὶ τὰ ξυστὰ ἔχοντας ἐπὶ τῶν ἵππων ὀχεῖσθαι (mit Harnisch und Lanze auf dem Pferde zu sitzen); vgl. Anab. 3, 4, 35 δεῖ ἐπισάξαι τὸν ἵππον Πέρσῃ ἀνδρὶ καὶ θωρακισθέντα ἀναβῆναι ἐπὶ τὸν ἵππον (alles collektiv). Mem. 4, 1, 2 οἱ τὰ σώματα πρὸς ὥραν καὶ τὰς ψυχὰς πρὸς ἀρετὴν εὖ πεφυκότες (dagegen ἠδεῖς τὴν ὄψιν Pl. Rep. p. 452). Od. ϱ, 87 ἐς δ' ἀσαμίνθους βάντες λούσαντο (in die Badewanne steigend); vgl. B. 90. — Dagegen: Od. γ, 37 ἀμφοτέρων ἕλε χεῖρα. cf. Jl. κ, 259. Aesch. Cho. 1043 (δυοῖν δρακόντοιν κάρα). Ar. Plut. 984 (ταῖς ἀδελφαῖς ἀγοράσαι χιτώνιον). Eur. Hipp. 1203. Med. 335. 1070. Vgl. noch NT. Gramm. S. 67.

§. 123. Substantiv und Adjektiv. (109)

1. Das Substantiv kann näher bestimmt werden durch attributive (appositionale) Beifügungen. Diese sind entweder 1) wieder ein Substantiv (Apposition im engern Sinne); oder 2) Adjektive, wozu auch Artikel, Pronomina, Participien gehören.

2. Wenn ein Substantiv zu einem andern in Apposition tritt, so muß es, wie im Lat., stets in demselben Kasus, meistens auch in demselben Numerus stehn, z. B. Πλάτων, ὁ φιλόσοφος. Vom Artikel in solchen Fällen s. §. 124, 3.

Anm. 1. Wenn das beigefügte Subst. bestimmte Endungen fürs Mask. und Fem. hat, z. B. βασιλεύς und βασίλεια (wie im Lat. victor und victrix), so versteht es sich von selbst, daß es dann auch im Genus sich nach dem ersten Subst. richtet. Abgeleitete Subst. mit specifischer Geschlechts-Endung dürfen eigentlich gar nicht zu einem dem Geschlechte nach verschiedenen Subst. in Apposition treten. Indeß erlauben sich die Dichter zuweilen, solche attributive Nomina, die der Form nach bloß maskulinisch sind (§. 119, 8), mit Femininis zu verbinden, selbst wenn eine eigene Ableitungs-Endung für das Fem. existirt; z. B. Μοῦσαι ἴσορες ᾠδῆς, Ἐρι-

νύες λωβητῆρες, παμβώτορα γαῖαν, φίλων διαφϑορεῦ zu einem Weibe
Eur. Hipp. 682., τύχη δὲ σωτὴρ ἐφέζετο (= σώτειρα) Aesch. Ag. 642 etc.
S. Lob. Parall. 272 sq.

Anm. 2. Fälle wo die Apposition in einem anderen Kasus steht als
ihr Nomen, sind anakoluthisch und gehören der freieren Dichter- oder Volks-
sprache an. So z. B. bei Homer die appositionalen Bestimmungen im Nominativ (gleichs. als eingefügter Ausruf) neben einem vorausgehenden
Akkus. Jl. x, 437 (ἵππους — λευκότεροι χιόνος κτλ.). cf. 547. ζ, 396.
Von den ähnl. absoluten akkusativischen Beifügungen s. §. 131 A. 13.
Vgl. auch NT. Gramm. p. 68. — Andres die Appositionsbest. betreffende
ist berührt in der Lehre vom Artikel §. 124, 3. §. 129 A. 15.

3. (1.) Alles was dem Substantiv in der Eigenschaft des
Adjektivs beigefügt wird, muß mit demselben wie in andern
Sprachen in gleichem Genus, Numerus und Kasus stehn.

Anm. 3. Eine Abweichung von dieser allgemeinen Regel ist die im
Griechischen sehr beliebte sog. constructio κατὰ σύνεσιν, von der
§. 129, 11 im Zusammenhange die Rede sein wird.

4. (2.) Eine scheinbare Abweichung davon ist, wenn, wie bei
Attikern gewöhnlich geschieht, dem Femininum im Dual die
adjektivischen (participialen) Bestimmungen mit maskulinischer
Endung beigefügt werden, z. B. mit dem Artikel τὼ ϑεώ und τοῖν
ϑεοῖν (Demeter und Persephone) von ἡ ϑεός· τὼ χεῖρε, τοῖν χεροῖν Plat. Xen. Da wir aber §. 60, 3. gesehn haben, daß die Adjektiva auf ος, besonders bei Attikern, häufig generis communis
sind, so darf man sich die Sache nur so vorstellen, daß dies im
Dual gewöhnlich mit allen Adjektiven ꝛc. der Fall ist.

Beisp. Cyr. 1, 2, 11 μίαν ἄμφω τούτω τὼ ἡμέρα λογίζονται
(halten sie für Einen). Pl. Phaedr. p. 237 ἡμῶν ἐν ἑκάςῳ δύο τινέ
ἐστον ἰδέα ἄρχοντε καὶ ἄγοντε, οἷν ἑπόμεϑα. cf. Jl. ϑ, 455. Hes.
ε. 197. Ar. Plut. 512. Ebenso τούτοιν τοῖν κινησέοιν Plat. τώδε τὼ
κασιγνήτω, ὢ — ἐξεσωσάτην etc. Soph. El. 977 ff. — Dagegen τὰ κόρα
Antig. 769. ταῖν ὑπολοίποιν μόραιν X. Hell. 6, 4, 17. ταύταιν ταῖν τέχναιν
Pl. Polit. p. 260 e. cf. Lys. or. 19, 17. Soph. OT. 1462. Ar. Vesp. 376 ꝛc.

Anm. 4. Die Vermischung dualischer und pluralischer Formen
findet hauptsächlich nur bei der Verbindung von Subjekt und Prädikat statt,
worüber das Nähere s. §. 129, 6. Wenn aber Homer häufig verbindet
ὄσσε φαεινά, αἱματόεντα, ἄλκιμα δοῦρε, so ist dies ganz analog der Konstruction ὄσσε δαίεται (Od. ζ, 131; vgl. §. 129, 3), woraus man erkennt,
daß er ὄσσε, δοῦρε als Plurale gen. neutr. auffaßt.

4a. Wenn ein Adjektiv oder sonst eine attributive Bestimmung zu zwei (oder mehren) Subst. gehört, so gelten hinsichts
des Geschlechts und des Numerus dieselben Regeln wie im Lateinischen. Sind die Subst. von verschiedenem Geschlecht und Num.,
so ist das gewöhnlichste, daß das Adj. ꝛc. formell nur nach einem derselben sich richtet, wenn es auch dem Sinne nach zu
beiden (oder den mehren) gehört. Vgl. hiezu §. 129, 10.

Beisp. Aesch. Ctes. p. 76, 1 ὁρᾶτε πρεσβύτας ἀνϑρώπους, πρεσβύ-
τιδας γυναῖκας ὀψὲ μεταμανϑάνοντας τὴν ἐλευϑερίαν, ἀγομένας
γυναῖκας καὶ παῖδας εἰς δουλείαν. ibid. οὔτε πόλις οὔτ᾿ ἰδιώτης ἀνὴρ
οὐδεὶς καλῶς ἀπήλλαξε Δημοσϑένει χρησάμενος. Dem. f. leg. init. μηδεμίαν μήτε χάριν μήτε ἄνδρα ποιεῖσϑε περὶ πλείονος ἢ τὸ δίκαιον.
S. mehr Beisp. §. 129, 10 und Anm. 11.

5. (3.) Das Adjektiv kann auch ohne Substantiv stehn, nicht nur in Bezug auf ein im selbigen Zusammenhang stehendes Substantiv, sondern sehr oft auch ohne dergleichen; indem man die Idee eines solchen (wie Mann, Frau, Ding ꝛc.) im Sinne hat. Ein solches Adjektiv bekommt alsdann ganz die Eigenschaft eines Substantivs, z. B. ὁ σοφός der Weise, οἱ πολλοί die Menge, das Volk, τὰ ἐμά meine Sachen.

Anm. 5. Solche Auslassungen des Subst., wobei das Adjektiv mit dem betreffenden Artikel allein zurückbleibt und womit der Gebrauch in §. 125, 5 und 7. zu vergleichen ist, sind in vielen Fällen herkömmlich geworden; so namentlich außer den obigen bei den Begriffen:

ἡμέρα· z. B. ἡ ἐπιοῦσα, ἡ ὑςεραία, ἡ προτεραία
γῆ, χώρα· z. B. ἡ ἄνυδρος, ἡ ἡμετέρα, ἐν τῇ πολεμίᾳ ꝛc.
χείρ· z. B. ἡ δεξιά, ἡ ἀριςερά
γνώμη· z. B. κατὰ τὴν ἐμήν Plat.

Aus diesem Streben, die Substantiva, die sich aus der Verbindung leicht errathen lassen, nur anzudeuten, geht der Gebrauch hervor, daß der aus dem Verbalbegriff des Satzes sich ergebende substanzielle Begriff ganz wegfällt, und das Adj. allein zurückbleibt, z. B. τὴν αὐτὴν ἰέναι sc. ὁδόν· ὡς βαθὺν ἐκοιμήθης sc. ὕπνον· ἐς μίαν βουλεύειν sc. βουλήν· τοῦτον ὀλίγας ἔπαισε sc. πληγάς· ἐρήμην κατηγορεῖν, καταδικάζειν τινός sc. δίκην einen abwesenden anklagen, verurtheilen.

Anm. 6. (2.) Umgekehrt setzen die Griechen öfters den Personalbenennungen, die ein Geschäft oder einen Stand anbeuten (wie Hirt, Richter ꝛc.), gleichsam als Abjektiven die Begriffe ἀνήρ und ἄνθρωπος hinzu, sobald solche Begriffe eben als persönliche Individuen (nicht als Appellativa) sollen aufgefaßt werden. So steht z. B. ποιμήν Hirt, allein nur in Beziehung auf seine Heerde; aber ἀνὴρ ποιμήν, wo der genauere Sinn ist: ein Mann, der ein Hirt ist; z. B. βοῶν ἐπιβουκόλον ἄνδρα Hom. ἀνδρὶ ςρατηγῷ Plat. Ἀθηναῖοι νομοθέτας ᾑροῦντο Τισαμενὸν καὶ ἑτέρους ἀνθρώπους ὑπογραμματέας Lys. 30, 28. An mehre gerichtet ist es eine ehrende Anrede: ἄνδρες δικαςαί, ἄνδρες ςρατιῶται.

Anm. 7. Ein seltener dichterischer Gebrauch ist es, wenn ein Abjektiv, statt auf ein Subst. im Genitiv, zu dem Subst. bezogen wird, wovon jener Genitiv abhängt, z. B. Soph. OT. 1400 τοὐμὸν αἷμα πατρός. Ant. 794 τόδε νεῖκος ἀνδρῶν ξύναιμον. Eur. H. fur. 445 οὐ δύναμαι κατέχειν γραίας ὄσσων πηγάς.

6. (Anm. 3.) Das Adjektiv vertritt ferner in manchen Fällen (häufiger als im Lat.) die Stelle des deutschen Adverbs, d. h. gewisse Bestimmungen, besonders der Zeit, werden im Griechischen anstatt wie im Deutschen auf das Prädikat, adjektivisch auf das Subjekt des Satzes bezogen, ohne deshalb aufzuhören Adverbialbestimmungen zu sein; z. B. ὁ δὲ ἐθελοντὴς ἀπῄει er ging freiwillig weg, αἰφνίδιοι προςέπεσον griffen plötzlich an.

So werden viele Abjektiva, besonders wenn sie die Endung αιος haben, konstruirt, in Prosa namentlich: ἄςμενος gern, ἐθελοντής, ἑκών, ἑκούσιος freiwillig, ferner ἥςυχος, συχνός, ἁθρόος, ἐναντίος, δρομαῖος, ὑπαίθριος, σχολαῖος, ὑπόσπονδος u. a., Zeit- und Ordnungsbestimmungen, wie πρότερος, πρῶτος, ὕςερος, αἰφνίδιος, τριταῖος, ἑκταῖος (am folg. Tage, nach 3, 6 Tagen), σκοταῖος (in der Dunkelheit), ὄρθριος, ὄψιος, τελευταῖος ꝛc. Bei Dichtern, die sich dieser Ausdrucksweise mit Vorliebe bedienen, oder in mehr dichterischer Prosa findet sich noch eine ganze Anzahl so gebrauchter

Abjektive, wie μέγας, πολύς, ἄφθονος (diese auch bei Xen.), χθιζός, μεσονύκτιος, παννύχιος, πανημέριος, ἑαρινός; Ortsbestimmungen wie ἐφέςιος (beim Heerde), θυραῖος (an der Thüre), θαλάσσιος, μετέωρος, πλάγιος, ὑπερπόντιος, ἀγχηςῖνος, μυχοίτατος etc. etc.

Beisp. X. An. 3, 4, 24 οἱ Ἕλληνες εἶδον ἄσμενοι τοὺς γηλόφους. 6, 4, 38 ἦλθον δὲ ἑκταῖοι εἰς Χρυσόπολιν. 7, 1, 21 οἱ στρατιῶται προσπίπτουσι τῷ Ξενοφῶντι πολλοὶ καὶ λέγουσι. Mem. 2, 1, 3 τὸ μὴ φεύγειν τοὺς πόνους, ἀλλὰ ἐθελοντὴν ὑπομένειν, τῷ ἄρχειν παιδευομένῳ ἂν προσθείημεν. So κρήνη ἄφθονος ῥέουσα Xen., ἐχ ἥσυχος Ar., Herod., ἐφέςιοι ἑζόμεθα Soph., παννύχιος φερόμην, χθιζὸς ἔβη Hom.

Anm. 7a. Obwohl der Unterschied zwischen dieser und der adverbialen Ausdrucksweise (z. B. δρόμῳ παρῆλθεν und δρομαῖος π., ἄσμενοι und ἀσμένως εἶδον) sich in der Uebersetzung schwer wiedergeben läßt, so ist er doch für das antike Ohr jedenfalls immer vorhanden gewesen, und auch für die Bedeutung oft wesentlich. Denn wie wir im Lat. unterscheiden zwischen prior und prius, solum und solus, so auch im Griech. zwischen τοῦτο ἐποίησα πρότερος (als der erste) und πρότερον ἐποίησα τοῦτο (zuerst that ich dies); und ebenso zwischen πρῶτος und πρῶτον, ὕςερον und ὕςερος, μόνος und μόνον κ.

7. Der Komparativ hat, wenn der Begriff, womit verglichen wird, ausgelassen ist, wie im Lat. auch die Bedeutung unsers Positivs mit zu, allzu, etwas zu sehr.

Beisp. Her. 6, 108 ἡμεῖς ἑκαςέρω οἰκέομεν. 1, 116 ἐδόκεε ἡ ἀπόκρισις ἐλευθεριωτέρη εἶναι. Thuc. 8, 84 ὁ δὲ αὐθαδέςερόν τι ἀπεκρίνατο.

Anm. 7b. In anderen Fällen gewinnt der Kompar., wenn er absolut ohne einen verglichenen Gegenstand steht, vermöge einer logischen Ungenauigkeit des Ausdrucks ganz das Ansehn eines Positivs; z. B. Cyr. 5, 1, 12 ὁρῶ αὐτοὺς διδόντας πολλά, ὧν οὐ βέλτιον αὐτοῖς στέρεσθαι vieles, was zu entbehren ihnen nicht gut ist (entstanden aus dem Gedanken: ὧν μὴ στέρεσθαι αὐτοῖς βέλτιον ἦν). Od. ρ, 176 οὔ τι χέρειον (d. i. ἀγαθὸν ἐςι) ἐν ὥρῃ δεῖπνον ἐλέσθαι. Hes. ε. 748 οὐ γὰρ ἄμεινον (denn es taugt nichts). So steht αἴσχιον für αἰσχρόν (s. Poppo zu Thuc. 2, 40), ῥᾷον für ῥᾴδιον (Dem. 16, 24), und ebenso die adverb. compar. θᾶσσον, ἥδιον κ. Vgl. Ind. ad Plat. Meno. v. ἄμεινον.

Anm. 8. Verstärkt wird der Komparativ durch ἔτι, πολύ oder πολλῷ (§. 133, 4, d.) und selbst (pleonastisch) durch μᾶλλον, z. B. Jl. ω, 243 ῥηΐτεροι μᾶλλον. Herod. 1, 32 μᾶλλον ὀλβιώτερος. Pl. legg. p. 781 τὸ θῆλυ γένος λαθραιότερον μᾶλλον καὶ ἐπικλοπώτερον ἔςυ διὰ τὸ ἀσθενές.

Anm. 8a. Vom Komparativ in Verbindung mit dem Genit., mit ἤ, ἢ κατά, mit ganzen Sätzen, so wie vom Positiv scheinbar st. Compar. s. die Nachweisungen im Register.

Anm. 9. Die Verstärkungen des Superlativs sind denen des Komp. entsprechend: πολύ, πολλῷ, μάλιςα, (bei Ep. ὄχα, ἔξοχα), besonders aber die relat. Partikeln ὡς, ᾗ, und Pron. οἷος, ὅσος mit folgendem δύνασθαι oder δυνατὸν εἶναι u. a. Z. B. ᾗ ἂν δύνωμαι τάχιςα, ὡς ἔνι μάλιςα Xen. Γύλιππος ἧκεν, ἄγων ἀπὸ τῶν πόλεων ςρατιὰν ὅσην πλείςην ἐδύνατο Thuc. 7, 21. Von der Auslassung des Verbalbegriffs δύνασθαι κ. bei ὡς und ὅσον, und der Verstärkung des Sup. durch ὅτι s. §. 149, 1. 3. §. 150, 8. §. 151, 5.

8. (4.) Wenn ein Komparativ auf eine andere Eigenschaft an demselben Gegenstande bezogen wird, so steht diese wie im Lateinischen nicht im Positiv, sondern ebenfalls im Komparativ.

Beisp. Thuc. 3, 42 ὁ μὴ πείσας ἀξυνετώτερος ἂν ἔδοξεν εἶναι

ἢ ἀδικώτερος. Ar. Ach. 1078 ἰὼ ϛρατηγοὶ πλείονες ἢ βελτίονες.
Her. 3, 65 δείσας μὴ ἀπαιρεϑέω τὴν ἀρχὴν, ἐποίησα ταχύτερα ἢ σο-
φώτερα. Eur. Med. 490 ἱκόμην πρόϑυμος μᾶλλον ἢ σοφωτέρα.

§. 124. (110)
Vom Articulo praepositivo.

1. Der artic. praepos. hat, wie er selbst ursprünglich ein
pron. demonstr. ist, deiktische b. i. zeigende Kraft, indem er einen, conkreten wie abstrakten, Begriff als einen allgemein bekannten
oder im Vorhergehenden bereits hinreichend bezeichneten und bestimmten vor die Seele des Anschauenden führt. Zweitens aber
dient er auch zur Bezeichnung der Gattung, indem der Redende
voraussetzt, auf einen Gattungsbegriff als auf einen allen gemein-
samen Begriff hinweisen zu können.
Beisp. οἱ ϑεοὶ ἐκόλασαν τὴν τοῦ ἀνδρὸς ὕβριν. — αἱ ἡδοναὶ πεί-
ϑουσι τὴν ψυχὴν μὴ σωφρονεῖν. — ὁ ἐλέφας τὸν δράκοντα ὀῤῥωδεῖ. —
Anab. 2, 6, 10 δεῖ τὸν στρατιώτην (b. h. jeder Soldat) φοβεῖσϑαι μᾶλλον
τὸν ἄρχοντα ἢ τοὺς πολεμίους.

2. Der unbestimmte Artikel neuerer Sprachen wird im
Griech. gar nicht ausgedrückt, und nur wenn man das Unbestimmte
zugleich als Individuum oder als eine Sache hinstellt, die man
nicht näher bezeichnen will oder kann, tritt das Pronomen τὶς, τὶ
an dessen Stelle.
Beisp. γυνή τις ὄρνιν εἶχεν. Her. 7, 57 ἵππος ἔτεκε λαγών. Thuc.
1, 46 ἔστι δὲ λιμὴν καὶ πόλις ὑπὲρ αὐτοῦ. Eur. Or. 716 πιϛὸς ἐν κακοῖς ἀνὴρ κρείσσων γαλήνης ναυτίλοισιν (bicht. st. τοῖς ναύταις) εἰσορᾶν.
Ar. Plut. 348 ἔνεϛί τις κίνδυνος ἐν τῷ πράγματι.

3. Die persönlichen Eigennamen entbehren ihrer Natur
nach des Artikels. Er wird aber gesetzt, wenn der Name entweder im Vorhergehenden bereits genannt, oder ein allgemein bekannter ist, so daß im Artikel etwa der Sinn liegt: „der von welchem
wir vorhin gesprochen", oder „den wir alle kennen". Weggelassen
aber wird er der Regel nach, wenn jemand in die Erzählung erst
eingeführt wird; und wenn eine nähere Bestimmung (Apposition)
mit dem Artikel darauf folgt, häufig; z. B. Σωκράτης ὁ φιλόσοφος, Πρόξενος ὁ Βοιώτιος, der aus Böotien; aber Θουκυδίδης
Ἀϑηναῖος, Th., ein Athener. — Dasselbe gilt im allgemeinen auch
für die Städtenamen. Die Namen der Völker und Länder
dagegen haben als ursprüngliche Adjektiva den Artikel: οἱ Ἀϑηναῖοι, ἡ Θεσσαλία ꝛc., doch ist auch bei ihnen, insofern sie zu völligen nomm. propr. geworden, die Auslassung desselben sehr gewöhnlich. — Die Namen der Flüsse pflegt man zwischen Artikel
und das Substantiv ποταμός zu setzen: ὁ Εὐφράτης ποταμός *);
dagegen Σελινοῦς ποταμός, ein Selinus genannter Fluß.

---

*) Weil nehmlich die Flußnamen alle gen. masc. sind, so konnte sich
diese Ausdrucksweise befestigen, während bei Städten und Bergen die Verschiedenheit des Geschlechts und Num. der Stellung hinderlich war. Bei

Anm. 1. Der deutsche Sprachgebrauch ist in der ganzen Lehre vom Artikel ein ziemlich sicherer Führer, so daß man, freilich nur ganz im allgemeinen, annehmen kann, daß wenn im Deutschen der Artikel fehlt oder ebenso gut fehlen könnte, ihn auch die griech. Sprache wegläßt. Dabei ist jedoch nie zu vergessen, daß hier sowohl wie dort es in vielen Fällen lediglich von der Willkür des Redenden abhängt, ob er einen Gegenstand bestimmt oder unbestimmt auffassen will; vgl. Anm. 7. Es sind daher jetzt nur diejenigen Fälle besonders hervorzuheben, worin der griechische Sprachgebrauch wirklich vom unsrigen abweicht.

Anm. 2. (1.) Der Artikel steht zunächst abweichend vom Deutschen bei vielen Pronominibus, besonders bei den hinweisenden, die bei uns den bestimmten Artikel schon jedesmal in sich haben, z. B. οὗτος, ἐκεῖνος ὁ ἀνήρ; s. das Nähere §. 127. Bei den Demonstr., in welchen ein so enthalten ist (τοιοῦτος, τοσοῦτος, τοιόσδε ꝛc.), wo wir theils den unbestimmten theils gar keinen Artikel setzen, findet im Griech. ein doppelter Gebrauch statt, nehmlich mit dem Artikel, sofern der so beschaffene Gegenstand als ein allgemein bekannter oder im Vorhergehenden bezeichneter genannt wird, z. B. ὁ τοιοῦτος ἀνήρ, τὰ τοιαῦτα wörtlich: der so beschriebene Mann, das so beschaffene, (wir: ein solcher Mann, solches); dagegen ohne Art., wenn die Beschaffenheit als solche hervorgehoben werden soll, oder mit dem Pron. auf eine noch zu gebende Schilderung hingewiesen wird, daher bei nachfolgendem (auch vorausgehendem, §. 143, 10) Relativ, wie οἷος, ὅσος, ὅς, vor ὥσε, in Ausrufungen ꝛc. — Daß ferner, wenn der Ausdruck im prädikativen Verhältniß steht, der Artikel wegfällt, folgt aus §. 129, 2. Beisp. Thuc. 2, 50 τῶν τοιούτων ὀρνίθων ἐπίλειψις σαφὴς ἐγένετο. Pl. Phaedr. p. 261 πῶς δὴ τὸ τοιοῦτο λέγεις; Dem. Ol. p. 35 οἱ Ἀθηναῖοι οἰκοδομήματα καὶ κάλλη τοιαῦτα καὶ τοσαῦτα κατεσκεύασαν (so schöne und große!). Cyr. 1, 1, 5. 2, 3 etc.

Anm. 3. Abweichend vom Deutschen findet sich ferner der Artikel selbst bei fragenden Pronominibus, wenn nehmlich die Frage auf etwas vorhergenanntes hinweist. So im scenischen Dialog: S. OT. 120. Eur. Phoen. 707 τὸ ποῖον; τὰ ποῖα ταῦτα; In traulicher Rede sogar: Ar. Pac. 696 πάσχει δὲ θαυμαστόν. Τὸ τί; Ferner bei Plato (Gorg. p. 521) ἐπὶ ποτέραν οὖν με παρακαλεῖς τὴν θεραπείαν in Bezug auf die vorhergenannte θεραπεία.

Anm. 4. (2.) Vor den *Possessivis* ist der Artikel im Griech. wesentlich, weil auch durch diese in der Regel bestimmte Gegenstände bezeichnet werden, z. B. ὁ σὸς δοῦλος dein Sklav; dagegen σὸς δοῦλος nur heißen kann: ein Sklav von dir. Vgl. §. 127, 7. Nimmt der Ausdruck mit dem Possessiv die Stelle des Prädikats im Satze ein, so steht gleichfalls kein Artikel; §. 129, 2.

Anm. 5. Bei Kardinalzahlen pflegt der Artikel zu stehen, wenn von einem Ganzen bestimmte Theile benannt werden, oder das Zahlenverhältniß überhaupt ein bekanntes ist, z. B. Hell. 4, 2, 19 τῶν Ἀθηναίων αἱ μὲν ἓξ φυλαὶ κατὰ τοὺς Λακεδαιμονίους ἐγένοντο, αἱ δὲ τέτταρες κατὰ Τεγεάτας. ib. 1, 6, 24. Her. 4, 28 ἔνθα τοὺς ὀκτὼ τῶν μηνῶν ἀφόρητος οἷος γίνεται κρυμός. cf. Pl. Rep. p. 460 e. Xen. An. 2, 6, 15 ἦν δὲ, ὅτε ἐτελεύτα, ἀμφὶ τὰ πεντήκοντα ἔτη (als runde Zahl). ib. 4, 8, 15.

Anm. 6. (3.) Jedoch hüte man sich vor der Vorstellung, daß der

---

Städten und Inseln fand sie selbst bei gleichem Geschlecht (mit πόλις und νῆσος) sehr selten statt, und ebenso wenig die bei der lat. Bezeichnung (urbs Romae) analoge mit folg. Genitiv. Die deutsche Ausdrucksweise entspricht hier fast überall der griechischen. S. Ellendt zu Arr. 2, 4, 9.

griechiſche Artikel geradezu für unſern unbeſtimmten ſtehen könne. Daß
es vielmehr immer nur auf die rechte Beurtheilung der zum Grunde lie⸗
genden Anſchauung ankommt, mache man ſich deutlich an folgenden Beiſpie⸗
len. Xen. Oec. 15, 7 εἴ μοι αὐτίκα δόξειε γεωργεῖν, ὅμοιος ἄν μοι δοκῶ
εἶναι τῷ περιιόντι ἰατρῷ, εἰδότι δὲ οὐδὲν ὅ,τι συμφέρει τοῖς κάμ⸗
νουσιν· wir gewöhnlich: einem Arzte, der ꝛc.; der Gegenſtand iſt hier zwar
an ſich ein unbeſtimmter, erſcheint aber in dieſem Zuſammenhange ſofort
durch die Beiſätze περιιόντι und εἰδότι als genau bezeichnet und faſt indi⸗
vidualiſirt. Pl. Lach. p. 184 καὶ γὰρ ἔτι τοῦ διακρινοῦντος δοκεῖ μοι
δεῖν ἡμῖν ἡ βουλή, deutſch: es bedarf eines Mannes, jemandes, aber auch:
des Mannes der entſcheidet. Dies iſt indeß ein allgemeiner Gebrauch des
Art. bei Participien, wovon ſ. §. 144, 1. u. A. 1. 2. — Pl. Rep. p. 329
τὸ τοῦ Θεμιστοκλέους εὖ ἔχει, ὃς τῷ Σεριφίῳ λοιδορουμένῳ — ἀπεκρίνατο
pflegen wir, aber ungenau, zu überſetzen: einem gewiſſen Seriphier (auch
Cic. de sen. 3. Seriphio cuidam).

Anm. 7. (4.) Dagegen iſt es weit gewöhnlicher, daß die Griechen,
ſelbſt wo von ganz beſtimmten Verhältniſſen und Dingen die Rede iſt und
die Hinzufügung des Artikels nach obigen Grundregeln nothwendig geweſen
wäre (daher auch wir ihn dann gewöhnlich ſetzen), dennoch den Artikel
fortlaſſen. Dies iſt jedoch nicht ſo zu denken, als ob der unbeſtimmte
Ausdruck ohne weiteres für den beſtimmten einträte, ſondern es erſcheint
dies mehr als eine Freiheit, die in der alten Sprache und beſonders bei
Dichtern noch ziemlich unbeſchränkt war, in der ſpätern proſaiſchen Rede⸗
weiſe aber ſich allmählich auf einige beſtimmtere Fälle zuſammenzog. So
fehlt der Artikel häufig 1) bei allgemeinen (beſ. abſtrakten) Begriffen
in ſentenziöſen Sätzen z. B. Pl. Legg. p. 727 θεῖον γὰρ ἀγαθόν που τιμή.
Charm. 18 οὐκ ἄρα σωφροσύνη ἄν εἴη αἰδώς. Theaet. 23 αἴσθησις, φής,
ἐπιστήμη; Xen. Mem. 4, 3, 14 ἀνθρώπου ψυχὴ βασιλεύει ἐν ἡμῖν; aber
auch in der Anwendung auf beſtimmt gegebne Fälle: An. 6, 3, 14 οὐ γὰρ
δόξης ὁρῶ δεομένους ὑμᾶς εἰς ἀνδρειότητα, ἀλλὰ σωτηρίας. — 2) in all⸗
gem. Adverbialbeſtimmungen, wo auch wir ihn häufig auslaſſen, wie
ἰέναι ἐπὶ θήραν, ἐπὶ λείαν, εἰς προβολήν, δρόμῳ; der Zeit, wie: χει⸗
μῶνος ἀρχομένου, ἅμα ἡμέρᾳ, μέχρι δείλης. ἐπεὶ ἡμέρα ἦν πέμπτη
(Thuc.); des Ortes, wie: ἐν αἰγιαλῷ, ἐν λιμένι, πρὸς πόλιν (etwa: ſtadt⸗
wärts) u. a. — 3) bei ſolchen Wörtern die durch den Zuſammenhang gewöhn⸗
lich hinlänglich begrenzt erſcheinen, z. B. θεός, πόλις, πατρίς, μήτηρ, πα⸗
τήρ, γονεῖς, παῖς, γυνή (die beiden letzten beſonders in der häufigen Ver⸗
bindung παῖδες καὶ γυναῖκες (Thuc. 1, 89. 103 ꝛc.), νεκροί die Todten
(nehml. die jedesmal in der Schlacht gefallenen, Thuc. 8, 106 ꝛc.) u. a.,
namentlich wenn ſie in einem casu obl. ſtehn; — wie auch 4) bei
ſolchen Appellativis, die ſich den Eigennamen nähern, als ἥλιος, σελήνη, γῆ,
θάλασσα, οὐρανός· βασιλεύς vom Perſerkönig gebraucht. — Daß indeß
alle dieſe Beſtimmungen keine feſte ſind, mithin der Artikel in den meiſten
Fällen doch zuläſſig iſt, wird aufmerkſame Beobachtung bald lehren. Z. B.
in der Anab. heißt es 6, 4, 9 θύειν ἐπὶ ἐξόδῳ; 6, 35 im gleichen Falle
θύειν ἐπὶ τῇ πορείᾳ. 6, 6, 20 εἰς κρίσιν, 26 πρὸς τὴν κρίσιν. So wech⸗
ſelt ἐπὶ θάλατταν, ἐν γῇ fortwährend mit ἐπὶ τὴν θάλ., ἐν τῇ γῇ (Λα⸗
κεδαιμόνιοι ἄρχουσιν ἐν τῇ γῇ καὶ ἐν τῇ θαλάττῃ zu Waſſer und zu
Lande 6, 6, 13). Sehr oft hat aber die Hinzufügung des Artikels ihren be⸗
ſtimmten Grund, worauf bei der Leſung zu achten der Lernende ſich früh
gewöhnen möge.

Anm. 8. (5.) Daß Homer eigentlich noch keinen rechten Artikel hat,
davon iſt §. 126 A. 7 die Rede. Seinem Beiſpiele folgten die übrigen
Dichter mehr oder weniger, vielfältig auch die Tragiker.

Artikel bei näher bestimmten Subst., beim Infin. ꝛc.

1. Zwischen den Artikel und das Substantiv werden einge=
schaltet alle dem Subst. zugehörigen attributiven Bestimmun=
gen, und zwar nicht nur die adjektivischen (z. B. ὁ καλὸς παῖς,
ὁ σὸς δοῦλος, οἱ ὑπάρχοντες νόμοι), oder die durch das Genitiv=
verhältnis gegebenen substantivischen (ἡ τοῦ βασιλέως στρατιά),
sondern auch adverbiale, sofern sie die Stelle eines Attributs zum
Subst. vertreten, z. B. Ael. 4, 25 ἐμέμνητο τῆς ἐν μανίᾳ διατρι-
βῆς er erinnerte sich der im Wahnsinn zugebrachten Zeit; wobei
ein Particip, wie γενομένη u. d. g. als ausgelassen hinzugedacht wer=
den kann, z. B. ἡ πρὸς Γαλάτας μάχη, ὁ ἔπειτα χρόνος. S. von
diesen adverbialen Zusätzen noch unten 6.

Anm. 1. Zu den seltneren Fällen gehört es, 1) wenn durch den
bloßen (sächlichen) Dativ gegebene Bestimmungen, und 2) wenn selbst ganze
Nebensätze (bes. Zeit= und Relativsätze) so zwischen Artikel und Subst.
eingeschoben werden, und dadurch gleichfalls die Geltung eines zum Subst.
gehörigen (adjektivischen oder genitivischen) Attributs erhalten. Z. B. Lys.
6, 4 τὸ Ἐλευσῖνι ἱερόν. Pl. Rep. p. 341 ὁ τῷ ἀκριβεῖ λόγῳ ἰατρός.
X. Ages. 1, 5 τεκμήριον τοῦτο τῆς πρὶν ἄρξαι αὐτὸν ἀρετῆς d. h. der
von ihm, ehe er regierte, gezeigten Tugend. Dem. p. 106, 15 τῇ μὲν τῶν
ὠνίων ἀφθονίᾳ λαμπροί, τῇ δ᾿ ὧν προσῆκε παρασκευῇ καταγέλαστοί
ἐστε (wo der Satz ὧν προσῆκε dem voraufgehenden τῶν ὠνίων entspricht).
id. p. 349, 11 τὴν ὅτ᾿ ἀδωροδόκητος ὑπῆρχε προαίρεσιν αὐτοῦ. id. p. 276
συνέβη Φιλίππῳ, κρατοῦντι τοὺς ὁποίους δήποθ᾿ ὑμεῖς ἐξεπέμψατε στρα-
τηγούς, κακοπαθεῖν. id. Phil. 2, 29. Plat. Crat. p. 435 τῇ ᾗ φῇς σὺ
σκληρότητι ἀνόμοιος etc. Vgl. hiemit den Gebrauch in Anm. 9.

Anm. 1a. Das Pron. τίς wird von Herodot gern zwischen den
davon abhangenden Genitiv und dessen Artikel eingeschaltet, z. B. τῶν τις
Περσέων, τῶν τινας δορυφόρων 1, 85. 7, 146. cf. App. 3, 93 τῶν τινα
δημάρχων. Annähernd ist Plat. Gorg. p. 451 τούτων τις τῶν τεχνῶν.
Thuc. 5, 82 τῶν ἐν Πελοποννήσῳ τινὲς πόλεων. cf. 1, 45. An. 5, 6, 11.

2. Wenn die so eingeschaltete Bestimmung wieder mit dem
Artikel anfängt, so können auf diese Art zwei auch drei Artikel,
jedoch nur wenn sie der Form nach verschieden sind, hintereinander stehn.

Beisp. τὸ τῆς ἀρετῆς κάλλος die Schönheit der Tugend. — Lys.
30, 31 τῶν φίλων καὶ τῶν τὰ τῆς πόλεως πραττόντων ἐδέοντο ὑπὲρ
αὑτοῦ (die welche die Angelegenheiten des Staates besorgen). Aesch. Tim.
p. 2 ἔνοχος ἔσω τῷ τῆς τῶν ἐλευθέρων φθορᾶς νόμῳ (dem wegen Ver=
führung der Freien gegebenen Gesetze). Vgl. Bekk. hom. Bl. 315.

3. Aber die Bestimmungen des Substantivs können auch nach=
folgen, welches namentlich geschieht, um den Gegenstand von an=
dern derselben Gattung zu unterscheiden. Dann muß der Artikel
bei adjektivischen Ausdrücken immer wiederholt werden, z. B.
ὁ ἀνὴρ ὁ ἀγαθός wörtlich: der Mann nehmlich der gute, ἡ στοὰ
ἡ ποικίλη nehmlich die ποικίλη genannte, nicht andere; τὸν παῖδα
τὸν σόν, ὁ χιλίαρχος ὁ τὰς ἀγγελίας εἰσκομίζων; bei andern zum

Subst. gehörenden (adverbialen) Bestimmungen muß es wenigstens als Regel gelten z. B. ἡ μάχη ἡ πρὸς Γαλάτας *). Die Stellung des Genitivs ist die ungebundenste, da er auch ohne wiederholten Artikel dem Subst. sowohl nachfolgen, als auch vorhergehen kann; also nicht nur ἡ ἐσβολὴ ἡ τῶν Πελοποννησίων, sondern auch ἡ ἐσβολὴ τῶν Π. und τῶν Π. ἡ ἐσβολή; oder endlich nach oben 1. eingeschoben ἡ τῶν Π. ἐσβολή.

3 a. In allen obigen Fällen kann, wenn die Bestimmung mit wiederholtem Art. dem Subst. nachfolgt, und das Subst. zu denen gehört, welche auch ohne Artikel hinlänglich begrenzt erscheinen oder überhaupt nach §. 124 A. 7 ohne Artikel stehen können, das erstemal der Artikel fehlen. Beisp. X. Mem. 2, 1, 32 σύνειμι μὲν θεοῖς, σύνειμι δὲ ἀνθρώποις τοῖς ἀγαθοῖς. — βασιλεὺς ὁ μέγας (Plat. Eryx. p. 393. cf. Soph. 230 c); γάμος ὁ ἐκ μειζόνων (Xen. Hier. 1, 27); κατὰ ἔχθος τὸ Ῥηγίνων, παρα γνώμην τὴν αὑτοῦ (Thuc. 4, 1. 3, 60. vgl. Poppo zu 2, 62, 2).

Anm. 2. Der partitive Genitiv kann nie zwischen Art. und Subst. eingeschoben werden, noch, wenn er hinter dem regierenden Nomen steht, den Artikel desselben wiederholt bei sich haben; also immer: τὸ πλῆθος τῶν νεῶν, οἱ ἄριςοι αὐτῶν, ὑμῶν οἱ πολλοί, und ebenso bei Participien in Formeln wie τῶν ξένων οἱ βουλόμενοι, οἱ καταφυγόντες αὐτῶν. Eine Ausnahme erleidet diese Regel nur wenn dem Artikel noch andre Begriffe folgen: Thuc. 6, 102 οἱ πρὸς τὴν πόλιν αὐτῶν τὸ πρῶτον καταφυγόντες, wo αὐτῶν von καταφυγόντες abhängt. Isocr. 7, 41 οἱ κακοὶ τοὺς ἀκριβῶς τῶν νόμων ἀναγεγραμμένους παραβαίνουσιν. Vgl. §. 127 A. 12 u. 14.

Anm. 3. Beim attributiven Particip ist die Wiederholung des Artikels deswegen nöthig, weil sonst der Satz die im Griech. so gewöhnliche Participial-Konstruction bildet, wovon unten §. 144. 145.

Anm. 3a. Wenn zu einem mit dem Artikel versehenen Subst. zwei attributive Bestimmungen (ohne καί) gefügt werden, so werden sie gemeiniglich ohne wiederholten Artikel dazwischen gestellt, wie z. B. ὁ ἄλλος πᾶς λόγος Cyr. 2, 2, 9.; οἱ ξύμπαντες ἄλλοι φίλοι, ὁ καλὸς διὰ τῶν ὀμμάτων ἰός Pl. Phaedr. p. 255. Indessen findet sich auch die zweite Bestimmung mit wiederholtem Artikel sowohl vor als nach dem Substantiv, folgendermaßen: ἐν τῇ ἀρχαίᾳ τῇ ἡμετέρᾳ φωνῇ Cratyl. p. 398.; ἐν τῇ τοῦ Διὸς τῇ μεγίςῃ ἑορτῇ Thuc. 1, 126. cf. 8, 90, 4.; τὰ τείχη τὰ ἑαυτῶν τὰ μακρὰ ἐπετέλεσαν 1, 108. Die nicht-abjektivischen Bestimmungen können aber dann (nach oben 3 Not.) in der Nachstellung auch ohne wiederholten Artikel stehn, wie ἡ μεγάλη ςρατεία Ἀθηναίων καὶ τῶν ξυμμάχων ib. 110.; πρὸς τὴν νῦν ὑμετέραν ὀργὴν ἐς Μυτιληναίους ib. 3, 44.; bei abjektivischen geschieht es in der guten Prosa nur sehr selten (z. B. Thuc. 6, 46 τὰ ἐξ Ἐγέςης ἐκπώματα καὶ χρυσὰ καὶ ἀργυρᾶ; cf. 6, 31, 5), erst bei Spätern häufiger. Vgl. Bernh. Synt. 323 und die NT. Gramm. p. 79. 80.

Anm. 4. (3.) Wenn das Abjektiv ohne Artikel dem mit dem Artikel versehenen Substantiv vorhergeht oder nachfolgt, so vertritt das Abj.

---

*) Eine Ausnahme erleidet die Regel in Hinsicht auf die adverbialen Zusätze zuweilen bei solchen Verbalsubstantiven, deren Stammverbum ebenso konstruirt wird, z. B. Thuc. 2, 52 ἡ ξυγκομιδὴ ἐκ τῶν ἀγρῶν ἐς τὸ ἄςυ. Her. 5, 108 ἡ ἀγγελίη περὶ τῶν Σαρδίων; oder wenn das regierende Subst. bereits mit einem andern Attribut versehen ist, s. Anm. 3a.

die Stelle eines Nebensatzes, worin es das Prädikat sein würde;
z. B. ἥδετο ἐπὶ πλουσίοις τοῖς πολίταις heißt nicht, er freute sich über
die reichen Bürger, sondern: er freute sich über seine Bürger, wenn oder
insofern sie reich waren; Luc. D. Deor. 8 ἔχει τὸν πέλεκυν ὀξύτατον das
Beil, das er hat, ist sehr scharf. Eur. IA. 305 καλόν γέ μοι τοὔνειδος
ἐξωνείδισας. Isocr. p. 212 Ἡρακλῆς καὶ Θησεὺς ἐξ ἀδελφῶν γεγονότες,
ἀδελφὰς καὶ τὰς ἐπιθυμίας ἔσχον. Thuc. 1, 49, 5. 2, 93, 4. al.

Anm. 5. (3.) Mehre Adjektive wie ὅλος, μέσος, ἔσχατος, ἄκρος
befolgen in der Regel diese Stellung, obwohl sie auch die andre zulassen,
jedoch mit einem Unterschiede. So heißt ἐσχάτη ἡ νῆσος die Insel wo sie
am äußersten ist, das Ende der Insel, aber ἡ ἐσχάτη νῆσος die äußerste
Insel (von mehren); ἐν μέσῃ τῇ ἀγορᾷ in medio foro, aber τὸ μέσον
στῖφος (An. 1, 8, 13) der mittelste Haufe; ὅλην τὴν νύκτα die ganze Nacht
(im Gegensatz zum Tage), τὴν ὅλην νύκτα die ganze Nacht (im Ggf. zu einem Theile der N.), τὸ ὅλα πράγματα die Staatsangelegenheiten (Dem.
Ol. 1. p. 10); ἐπ' ἄκροις τοῖς ὄρεσιν oben auf den Bergen. — Ueber den
Gebrauch von ἥμισυς s. §. 132 Anm. 3.

4. Wenn das Substantiv aus dem Zusammenhang sich ver=
steht, so wird es sehr gewöhnlich ausgelassen, und der Artikel steht
alsdann bei der Bestimmung allein, z. B. ὁ ἐμὸς πατὴρ καὶ ὁ τοῦ
φίλου „mein Vater und der meines Freundes".

5. Wie oben beim Adjektiv (§. 123, 5), so gibt es auch, wenn
das mit dem Art. versehene Subst. durch einen Genitiv oder einen
adverbialen Ausdruck näher bestimmt ist, gewisse herkömmliche
Auslassungen des Substantivs, so daß dann der zu demselben
gehörige Artikel allein vor jenen Bestimmungen zurückbleibt; z. B.

υἱός, παῖς, θυγάτηρ· Ἀλέξανδρος ὁ Φιλίππου, oder auch allein: ὁ Σωφρονίσκου, der Sohn des Sophr., d. h. Sokrates.

χώρα, γῆ· εἰς τὴν Φιλίππου ins Land des Philippus; ἐς τὴν
ἑαυτῶν in ihr Land.

οἶκος, δῶμα, ἱερόν ꝛc. z. B. Ἕκαστος ᾤκει τὸν ἑαυτοῦ ἔχων· ἐν
τῷ τοῦ Διός (Dem.), εἰς τὸν ob. εἰς τὰ Πιττάλου (Ar.), jedoch nach
Präp. gewöhnlicher auch mit Auslassung des Artikels, εἰς Πλάτωνος, εἰς ᾅδου ꝛc. s. §. 132 A. 30.

ἄνθρωποι· οἱ ἐν ἄξει die Einwohner; οἱ κατ' ἐμέ meine Zeit-
genossen. So sagt man von Freunden, Angehörigen οἱ περὶ oder ἀμφί
τινα (s. §. 150 n. 25), οἱ σύν τινι ꝛc.

χρήματα oder πράγματα· τὰ τῆς πόλεως die Angelegenheiten
der Stadt, τὰ (oder τὸ) τῆς ἀρετῆς die Tugend. s. Anm. 6.

Anm. 6. (3a.) Ἄνθρωποι und χρήματα. Diese beiden Aus=
lassungen sind so gewöhnlich, daß wir sie als einen besondern griechischen
Sprachgebrauch zusammenfassen wollen. Der Grieche liebt es nehmlich ganz
vorzüglich, Gegenstände und Begriffe, die aus dem Zusammenhange
oder dem nachfolgenden Ausdruck hinlänglich erhellen, nur vermittelst des
Artikels anzudeuten. Diese ausgelassenen Begriffe sind entweder Personen oder Sachen. Im ersten Fall steht natürlich der Artikel im Mask. und
Fem., im zweiten im Neutro. Sind 1) Personen der ausgelassene Begriff, so tritt mit dem Artikel eine allerhäufigsten eine adverbiale Bestimmung in Verbindung, z. B. οἱ ἐν ἄξει, οἱ ἐκ τῆς πόλεως, οἱ μετ' αὐτοῦ
(Begleiter, Bundesgenossen), οἱ μεθ' ἡμᾶς (Nachfolger), ὁ ἐπὶ τῶν ἱππέων
(Anführer), οἱ παρὰ τοῦ βασιλέως (Gesandte); ὁ πάνυ, οἱ τότε s. unten 7.
Wenn aber 2) das ausgelassene Wort eine Sache ist, so steht neutr. τό
oder τά: a) mit nachfolgendem Genitiv, um entweder ganz allgemein an-

zubeuten das was einen Gegenstand angeht, von ihm ausgeht, herrührt, oder als Umschreibung fürs einfache Substantiv selbst z. B. τὰ τῆς πόλεως. — Dem. p. 772 τὴν Δίκην Ὀρφεύς φησι πάντα τὰ τῶν ἀνθρώπων ἐφορᾶν. — τὸ δὲ τῶν χρημάτων ποθεῖτε ἀκοῦσαι, πόθεν ἔξαι, was das Geld betrifft, Dem. — τὰ τῶν θεῶν φέρειν δεῖ. — Dem. Ol. 1. p. 15 τὰ τῶν Θεσσαλῶν ἄπιςά ἐςι φύσει (wie οἱ Θεσσαλοί). — Pl. Menex. p. 245 τὸ τῆς πόλεως (wie ἡ πόλις) γενναῖον καὶ ἐλεύθερόν ἐςι. — Phaedr. in. πάντων δὲ κομψότατον τὸ τῆς πόας, das Gras. — b) mit irgend einem adverbialen Ausdruck. Die Mannichfaltigkeit dieser Redeweise wird am besten an einer Anzahl von Beispielen erhellen, wie: τὰ πρὸς Ἔω (nehml. Länder, Gegend). — τὰ κατὰ γῆς Unterwelt. — τὰ εἰς τὸν πόλεμον ἀσκεῖν Xen. — τὰ πρὸ τῶν ποδῶν das Gegenwärtige. — So heißt Phaed. p. 75 τὰ ἐκ τῶν αἰσθήσεων die Wahrnehmung der Sinne; Thuc. 8, 48 τὰ ἀπὸ τοῦ Ἀλκιβιάδου die Versprechungen des A.; Her. 1, 51 τὰ ἀπὸ τῆς δειρῆς der Halsschmuck; 8, 15 τὸ ἀπὸ Ξέρξεω die Strafe des X.; Thuc. 1, 110 τὰ κατὰ τὴν ςρατείαν ἐτελεύτησεν soviel wie ἡ ςρατεία; Cyr. 3, 1, 30 τὰ ἐνθάδε εὖ ἔχει die hiesigen Angelegenheiten; τὰ τότε, τὸ νῦν etc. s. unten 7.

6. Adverbia, welche als zum Subst. gehörige Attribute nach oben 1. zwischen Artikel und Subst. eingeschoben oder nach 3. dem Subst. mit wiederholtem Artikel nachgestellt werden, mithin die adjekt. Stellung einnehmen, erhalten dadurch die Geltung von wirklichen Adjektiven; z. B. von μεταξύ dazwischen, ὁ μεταξὺ τόπος der dazwischen liegende Ort.

Beisp. Αἱ πέλας oder αἱ πλησίον κῶμαι die benachbarten Dörfer, οἱ τότε, νῦν, ἐνθάδε ἄνθρωποι, οἱ πάλαι σοφοὶ ἄνδρες, ἡ ἄνω πόλις die obere Stadt, εἰς τὸν ἀνωτάτω τόπον (s. §. 115, 6), ἡ ἐξαίφνης μετάςασις die plötzliche Entfernung*); wohin auch gehört ἡ οὐ διάλυσις u. d. g. §. 148 A. 3.; — ὅταν ἐγείρησθε ἐκ τῆς ἀμελείας ταύτης τῆς ἄγαν aus dieser übermäßigen Sorglosigkeit, Dem.

7. Wird nun nach oben 5. das aus dem Zusammenhang oder dem Begriff selbst erhellende Substantiv ausgelassen, so bekommt das Adverb auch das Ansehn eines Substantivs.

Beisp. Aus αὔριον morgen, wird mit Auslassung von ἡμέρα Tag, ἡ αὔριον der morgende Tag, ὁ πάνυ der berühmte Mann, ἡ Λυδιςί die lydische Tonart (ἁρμονία ausgelassen), οἱ τότε die damaligen Menschen, τὸ νῦν, τὸ πρίν die Gegenwart, die Vergangenheit (vgl. Anm. 8),

---

*) Möglich ist die Verbindung des Adv. und adv. Bestimmungen auch mit einem Subst. ohne Artikel, namentlich mit Verbalsubstantiven, oder wenn durch die Stellung des Adv. Undeutlichkeit vermieden wird. Z. B. Xen. Hell. 6, 2, 39. Cyr. 4, 2, 5 μάλα ςρατηγός, μάλα συμφορά. Thuc. 7, 44 ἐμπειρίᾳ μᾶλλον τῆς χώρας διεφύγγανον (= διὰ τὸ μᾶλλον ἔμπειροι εἶναι). 5, 69 ἔργων ἐκ πολλοῦ μελέτη, verglichen mit 2, 85 τὴν Ἀθηναίων ἐκ πολλοῦ ἐμπειρίαν. Pl. Legg. I. p. 639 οὐκ ἀνδρῶν ἄρχοντα ἀλλὰ τινων σφόδρα γυναικῶν. Auch die Lateiner, welche keinen Artikel haben, können durch eine ähnliche Art von Zwischenstellung dergleichen bewirken, wie omnes circa populi, suam quisque alius alibi militiam exprobrat (Liv.), nullis extrinsecus adiumentis (Tac.), pacis semper laudator (Cic.). S. Zumpt §. 262. — Sehr selten oder dicht. sind Fälle wie ἐνθένδε ἄνδρες Thuc. 6, 10. 28. ἐξ ἐμοῦ παῖδας Eur. Med. 803., Stellungen wie Ἥρας δεσμοὶ ὑπὸ υἱέος, Ἡφαίςου ῥίψεις ὑπὸ πατρός Plat. Rep. p. 378. Vgl. Bernh. Synt. 338.

ἐς τοὐπίσω (für τὸ ὀπίσω) nach hinten, rückwärts. Anacr. τὸ σήμερον μέλει μοι mich kümmert nur das Heute, d. h. was heute geschieht.

8. Ferner erhalten durch Beifügung des **neutralen Arti-kels** (τὸ) das Ansehn und die Geltung von Substantiven: 1) die **Infinitive** z. B. τὸ πράττειν das Handeln, τὸ κακῶς λέγειν das Uebelreden, ἥδομαι τῷ περιπατεῖν ich habe Freude am Spazieren. Nur hüte man sich vor der Vorstellung, als ob das Verbum damit auch die **Konstruktionsweise** eines Subst. annehme, also etwa das **Verbal-Subjekt** oder Objekt in den Genitiv, die Adverbia in Adjektiva verwandeln müsse, wie im Deutschen z. B. das laute **Schreien der Kinder**, das **Fällen der Bäume**. Vielmehr behält der Infinitiv rücksichtlich der hinzutre-tenden Bestimmungen seine ganze **verbale** Kraft, wie dies unten §. 140, 5, c. gelehrt wird.

2) jedes **Wort** in jeder beliebigen Form, wenn es eben nur als solches betrachtet wird, z. B. τὸ λέγω d. h. das Wort λέγω

3) jeder **Satz**, sowohl Haupt- als Nebensatz, sofern er für sich als ein einheitlicher Begriff, mithin als eine Art **Abstraktum** aufgefaßt wird.

Beisp. zu 1) s. §. 140, 5. a. b. c. — zu 2) Pl. Prot. p. 345 περὶ ἑαυτοῦ λέγει τοῦτο τὸ ἑκών. Gorg. p. 496 τὸ διψῶντα λυπούμενον δήπου ἐστί; — zu 3) τὸ πότε δεῖ λέγειν δίδασκέ με wörtlich: das „wann man reden muß" lehre mich. Phaedr. p. 273 καταχρήσασθαι δεῖ αὐτὸν τῷ Πῶς δ᾽ ἂν ἐγὼ τοιόσδε τοιῶδε ἐπεχείρησα er muß sich dieser Rede bedienen: Wie sollte ich ꝛc. Rep. p. 327 ἓν ἔτι λείπεται, τὸ ἢν πείσωμεν ὑμᾶς ὡς χρὴ ἡμᾶς ἀφεῖναι. X. Mem. 4, 2, 24 τὸ γνῶθι σαυτόν. cf. Dem. p. 693 ꝛc. Auch steht der Artikel, in Rücksicht auf ein voraufgehendes Subst., mit diesem in gleichem Genus: Stob. 54, 51 Ἰφικράτης ἔφη χειρίστην φωνὴν εἶναι τὴν Οὐκ ἂν προσεδόκησα. cf. X. Mem. 1, 3, 3. Pl. Polit. p. 304. c. e.

Anm. 7. (4.) Gewöhnlich wird zwar jedes als Gegenstand betrachtete Wort zum Neutro; im grammatischen Vortrag ist es jedoch gebräuchlich, jedem Worte das Genus zu geben, welches dem Namen des Redetheils eigen ist; z. B. weil man sagt ἡ ἀντωνυμία (das Pronomen), so sagt man auch ἡ ἐγώ (das Pronomen ἐγώ); und ὁ ἐπεί, wegen ὁ σύνδεσμος (die Konjunction).

Anm. 8. (5.) Durch eine andere Eigenheit steht aber auch der Ar-tikel τό (τά) nebst seiner Begleitung, selbst wieder **adverbialisch**, und zwar nicht nur mit Adjektiven gen. neutr., z. B. τὸ τελευταῖον (zuletzt), τὸ πρῶτον oder τὰ πρῶτα (zuerst), τὸ λοιπόν (übrigens, nachher), τὸ ἀρχαῖον (vor Alters), τὸ ἐγχώριον (= ἐγχωρίως Thuc. 4, 78), was nach §. 128, A. 4 und 5 zu erklären ist, sondern selbst vor ganz indeklinabeln adverbialen Begriffen, so daß dann τό und τά völlig abundirt, z. B. τὸ κατ᾽ ἀρχάς anfänglich, τὸ παράπαν überhaupt, τὸ πρίν vormals, τανῦν (eigentlich τὰ νῦν) für jetzt, τὸ ἀπὸ τοῦδε von nun an; und alles dies wieder von Präpositionen abhängig, z. B. ἐς τὰ μάλιστα maxime, Herodot., ἐκ τοῦ παραχρῆμα sogleich, Demosth.

Anm. 9. (6.) Wenn der Artikel zuweilen, nach einem echt attischen Gebrauche, vor Relativsätzen, aber in gleichem Genus mit dem fol-genden Relativ steht, so ist der Fall dem in Anm. 1. analog. Wie dort der Relativsatz durch seine Stellung zum Attribut eines Subst., so wird hier der Relativsatz durch den Artikel zum Substantiv selbst erhoben.

In der Uebersetzung können wir uns freilich nur des gewöhnlichen (und auch im Griech. sonst üblichen) Demonstr. statt des Artikels bedienen, wodurch aber die Eigenthümlichkeit jener Ausdrucksweise verloren geht. Z. B. Plat. Parm. 130 τῶν οἷοι ἡμεῖς ἐσμεν πάντων (= τῶν π. ἀνθρώπων). Theaet. 168 τῶν οἳ πρότερον ἦσαν. Rep. p. 510 τὸ ὁμοιωθὲν πρὸς τὸ ᾧ ὡμοιώθη das Verglichene gegen das, womit es verglichen ist. Lys. or. 23, 8 τὸν Εὐθύκριτον καὶ τὸν ὅς ἔφη δεσπότης τούτου εἶναι μάρτυρας παρέξομαι. Her. 3, 133 οὐδὲν τῶν ὅσα ἐς αἰσχύνην ἐστὶ φέροντα. Und mit Auslassung der Kopula: Pollux 7, 65 τὸ ὥσπερ κάρνον (das nußähnliche Ding). Dem. p. 613 προσήκει μισεῖν τοὺς οἷόσπερ οὗτος; daher im Fall der Attraktion: τοῖς οἵοις ἡμῖν ꝛc., worüber s. im Zusammenhang §. 143, 16. — Vgl. Bernh. Synt. 313.

9. Die kleinen Partikeln, als δέ, τέ, γέ, δή, γάρ, μέν, μὲν δή, τοίνυν treten am gewöhnlichsten zwischen Artikel und Substantiv, oder das dasselbe vertretende Wort: ὁ γὰρ ἄνθρωπος, ἡ μὲν γὰρ τέχνη ꝛc., seltner (oder bei Spätern) nach dem Subst. ꝛc. z. B. οἱ παῖδες δέ, τὰ ἄλλα γάρ etc. Vgl. §. 147 A. 3.

10. Sind mehre Substantiva durch Konjunctionen verbunden, so muß es wenigstens als Regel gelten daß bei verschiedenem Geschlecht oder Numerus der Artikel wiederholt wird: ὁ πατὴρ καὶ ἡ μήτηρ; sind beide gleich, so genügt zwar bei kopulativen Konjunctionen der einmalige Artikel, bei adversativen aber und disjunktiven, und selbst bei καί in dem Fall daß die verbundenen Glieder in einem gewissen Gegensatz oder mehr selbständig für sich dastehn, wird der Artikel wiederholt, z. B. οὐ μόνον οἱ ϛρατιῶται ἀλλὰ καὶ οἱ ἄρχοντες, οἱ Λακεδαιμόνιοι καὶ οἱ σύμμαχοι ꝛc.

Anm. 10. Bei verschiedenem Genus (aber gleichem Numerus) findet Auslassung nur etwa dann statt, wenn die verbundenen Begriffe als eine Einheit oder als eng zusammengehörig gefaßt werden sollen; z. B. τὰ ναυάγια καὶ νεκροί Thuc. 1, 54 (cf. 2, 92); ὁ σωφρονῶν καὶ σωφρονοῦσα Pl. legg. p.784 e., τοῦ ὄντος τε καὶ ἀληθείας ἐρασταί εἰσιν οἱ φιλόσοφοι Rep. p. 501 d. Apol. p. 28 a. Thuc. 7, 70, 4. Vgl. hiezu die ausf. Auseinandersetzung in der NT. Gramm. p. 84 ff.

Anm. 11. (10.) Dichter können den Artikel nach Belieben das erste- oder zweitemal weglassen z. B. Soph. Aj. 1250 οὐ γὰρ οἱ πλατεῖς, οὐδ᾿ εὐρύνωτοι φῶτες ἀσφαλέσατοι. Eur. Phoen. 506 εἶπον καὶ σοφοῖς καὶ τοῖσι φαύλοις ἔνδικα.

§. 126. ὁ, ἡ, τό und ὅς, ἥ, ὅ als Demonstr. (113)

1. Sowohl der Artic. praepos. ὁ, ἡ, τό, als auch der postpos. ὅς, ἥ, ὅ waren in der ältesten Sprache nach §. 75 Anm. 2 Pronomen Demonstrativum für οὗτος oder ἐκεῖνος, welcher Gebrauch besonders in der epischen Poesie geblieben ist. Vgl. A. 7.

Beisp. dieser demonstrativen Bed. beider Artikel bei Ep. seien (außer den häufig vorkommenden Formen die mit τ anfangen) von ὁ oder ὅ (masc.): Jl. κ, 224 καί τε πρὸ ὅ τοῦ ἐνόησεν. ο, 417 ꝛc. — von ὅς, ἥ, ὅ: Od. α, 286 ὅς γὰρ δεύτατος ἦλθεν Ἀχαιῶν. ω, 255 ἦ γὰρ δίκη ἐστὶ γερόντων. ω, 190. Jl. ψ, 9 ὅ γὰρ γέρας ἐϛὶ θανόντων; β, 703. κ, 352 ꝛc. womit zu vgl. die demonstr. Bed. der Partikeln ὥς, ἕως, ὄφρα in §. 116 A. 5 u. Not. — Selbst bei den Tragikern finden sich noch einzelne Beisp.

des in epischer Weise demonstrativ gebrauchten Artikels, wie Aesch. Sept. 17. Soph. El. 45. OT. 200. 1082 ꝛc.

2. Aber auch in der gewöhnlichen Sprache vertritt der Artikel ὁ ἡ τό das Demonstrativ in mehren Fällen, hauptsächlich bei Eintheilung und Unterscheidung der Gegenstände. Hier steht gewöhnlich zuerst ὁ μέν, und nachher folgt ein= oder mehrmal ὁ δέ*); eigentlich nur von bestimmten Gegenständen; deutsch dieser — jener; dann aber auch von unbestimmten: der eine — der andere — noch ein anderer (in welchem Falle zuweilen noch τὶς dabei steht); und so durch alle Genera und Numeri. Beisp. τὸν μὲν ἐτίμα, τὸν δὲ οὔ. — τὸ μὲν γὰρ ἀνόητον, τὸ δὲ μανικόν. — Cyr. 4, 2, 28 τῶν πολεμίων (oder auch οἱ πολέμιοι §. 132 A. 4.) οἱ μὲν ἐθαύμαζον τὰ γιγνόμενα, οἱ δ᾽ ἐβόων, οἱ δὲ συνεσκευάζοντο. Stob. III. p. 259 καλῶς πένεσθαι κρεῖσσον ἢ πλουτεῖν κακῶς· τὸ μὲν γὰρ ἔλεον, τὸ δ᾽ ἐπιτίμησιν φέρει. Cyr. 3, 2, 10 οἱ μέν τινες ταχὺ ἀπέθνησκον, οἱ δ᾽ ἔφευγον, οἱ δέ τινες καὶ ἑάλωσαν αὐτῶν. — Auch in verschiedenen Casus: Thuc. 2, 42 ἐβουλήθησαν τοὺς μὲν τιμωρεῖσθαι, τῶν δὲ ἐφίεσθαι.

Anm. 1. (3.) In der Abhängigkeit von Präpositionen stehn μέν und δέ in der Regel gleich hinter denselben, z. B. Pl. Phaedr. p. 263 ἐν μὲν τοῖς συμφωνοῦμεν, ἐν δὲ τοῖς οὔ. Is. Paneg. 41 εἰς μὲν τοὺς ὑβρίζοντες, τοῖς δὲ δουλεύοντες. X. Mem. 3, 1, 8. Vgl. §. 147 A. 3.

Anm. 2. (4.) Nicht immer entsprechen sich in eingetheilten Sätzen die Formen so regelmäßig, wie sie im obigen angegeben sind, sondern sehr häufig folgt z. B. auf οἱ μέν im folgenden Satze τινές δέ, ἔνιοι δέ, oder auch ein Name und jede andere Bezeichnung.

3. Der Artic. *postpositivus* steht auf diese Art (ὅς μὲν, ὅς δέ· ἃ μέν, ἃ δέ ꝛc.) bei den echten Attikern nie, oder nur in zweifelhaften Fällen; desto häufiger aber bei späteren Schriftstellern wie Plutarch, Lucian ꝛc. Beisp. Luc. Tim. 57 διαδίδωσιν ἅπασι τοῖς δεομένοις, ᾧ μὲν πέντε δραχμὰς, ᾧ δὲ μνᾶν, ᾧ δὲ ἡμιτάλαντον. Ein Beispiel aus dem Demosthenes ist pro Cor. p. 248 Reisk. πόλεις Ἑλληνίδας, ἃς μὲν ἀναιρῶν, εἰς ἃς δὲ τοὺς φυγάδας κατάγων, wo jedoch beidemal auch τάς gelesen wird: cf. p. 282. 288.

4. In der Erzählung steht ὁ, ἡ, τό auch häufig nur einmal mit δέ, im Gegensatz auf einen vorher genannten Gegenstand, und als Anknüpfung des folgenden Satzes mit dem vorigen. In Prosa geschieht dieß jedoch in der Regel nur mit dem Subjekt des folgenden Satzes selbst, im Gegensatz zum Subj. des unmittelbar vorhergehenden, also bei wechselndem Subjekt. Beisp. An. 5, 6, 21 Σινωπεῖς δὲ πέμπουσι πρὸς Τιμασίωνα· ὁ δὲ λέγει τάδε· und in indir. Rede: Her. 4, 9 ἰδόντα δὲ ἐπείρεσθαι —· τὴν δὲ φάναι κτλ. cf. Cyr. 1, 4, 26 ꝛc. Mit andern Satzgliedern findet diese Anknüpfungsweise ohne vorhergegangenes ὁ μέν ꝛc. in Prosa nur ausnahmsweise statt; z. B. An. 1, 3, 24 ἀναγγέλλουσι ταῦτα τοῖς στρατιώταις· τοῖς δὲ ὑποψία μὲν ἦν (= οἱ δὲ ὑπώπτευον). Thuc. 1, 81. Cyr. 8, 7, 4 οἱ

---

*) In neuern Editionen wird in diesem Fall (nach der Vorschrift der alten Grammatiker) jetzt häufig im Nom. masc. und fem. accentuirt: ὅ μέν, ἥ δέ, οἵ μέν ꝛc., was zuweilen der Deutlichkeit schadet.

δὲ δεῖπνον παρετίθεσαν· τῷ δὲ ἡ ψυχὴ (= ὁ δὲ) σῖτον μὲν οὐ προς-
ίετο; — deſto häufiger bei Dichtern: τὸν δὲ σκότος ὄσσε κάλυψεν· τοῦ
δ᾽ ἔκλυε Φοῖβος Ἀπόλλων· τῇ δ᾽ ἀντίος ὤρνυτο etc.

Anm. 3. (1 a.) Ein bemerkenswerther dichteriſcher, namentlich epiſcher
Gebrauch iſt, daß ὁ δέ (und ebenſo ὅγε) oft als Fortſetzung in der Erzählung ſogar von derſelben Perſon geſagt wird, die vorher das Subjekt
war, z. B. Jl. ο, 127 (Ἀθήνη) ἔγχος ἔςησε —· ἡ δ᾽ ἐπέεσσι καθάπτετο
θοῦρον Ἄρηα. 586 Ἀντίλοχος δ᾽ οὐ μεῖνε —, ἀλλ᾽ ὅγ᾽ ἄρ᾽ ἔτρεσε. So
ſteht in disjunktiven Sätzen ἢ — ἢ ὅγε von derſelben Perſon, z. B. Jl. γ,
409. Od. β, 327. δ, 790. (vgl. ϑ, 489 ἢ σέ δε — ἢ σέ γε). Auch im Herodot findet ſich ähnliches.

5. Wenn dieſer demonſtrative Artikel Subjekt des Satzes
iſt und für Perſonen ſteht, ſo kann er auch in einem durch καί
verbundenen Satze, aber gleich hinter der Konjunction ſtehn;
dann wird jedesmal im Nominativ die Form des *postpositivi*
ὅς, ἥ, οἵ, αἵ, im Akkuſativ (mit dem Infinitiv) aber die des
praepositivi τόν ꝛc. gebraucht.

Beiſp. καὶ ὅς, ἀκούσας ταῦτα, ὠθεῖται αὐτὸν ἐκ τῆς τάξεως An.
3, 4, 48.; καὶ οἵ, διαλυθέντες ἐκ τοῦ συνεδρίου, ἐξέβαινον ἐς τὰς νέας
Herod. 8, 56.; καὶ τὸν κελεῦσαι δοῦναι Cyr. 1, 3, 9. cf. Her. 4, 9 ꝛc.

Anm. 4. (2.) Hieher gehören auch die bei Erzählung eines Geſprächs
gewöhnlichen Formeln: ἢ δ᾽ ὅς ſagte er (ſ. S. 227.), und das elliptiſche
καὶ ὅς (sc. ἔφη) hierauf ſagte jener. — Die Anknüpfung bemonſtrativer Sätze
durchs Relativ ohne eine Konjunction ſ. §. 143, 6.

Anm. 5. Von der alten Bedeutung des Artikels als Demonſtrativ
kommt auch die Rebensart τὸν καὶ τόν, τὰ καὶ τά u. b. g., welche ganz
unſerm der und der, das und das entſpricht, bloß in den Formen ſtatt
findet, die mit τ anfangen, und beſonders dem Demoſthenes geläufig iſt; —
und das häufige Zeitadverb πρὸ τοῦ (vor bem) §. 150. n. 17.

Anm. 6. Endlich erklärt ſich daraus der zum Adverb gewordene dichteriſche Dativ τῷ deswegen, darum. Jl. ε, 816 γιγνώσκω σε, θεά —
τῷ τοι προφρονέως ἐρέω ἔπος, darum will ich bir offenherzig ſagen. Welches auch burch den Akkuſativ (vgl. unten §. 128 A. 5) ausgebrückt werden
kann: Jl. γ, 176 ἀλλὰ τάγ᾽ οὐκ ἐγένοντο· τὸ καὶ κλαίουσα τέτηκα, darum
vergehe ich in Thränen.

Anm. 7. Was insbeſondre den homeriſchen Artikel betrifft, ſo
ſteht feſt, daß der Artikel, wie ihn die ſpätere Sprache zu einem beſonderen
Redetheil entwickelt hat, in der Sprache Homers noch nicht vorhanden iſt
(συνήθως ἐλλείπει τοῖς ἄρθροις Ap. Synt. 77, 27). Wenn auch die An-
fänge des ſpäteren Artikels an einer immerhin großen Anzahl von Stellen
ſich deutlich erkennen laſſen, ſo iſt doch die Sprache noch nicht zum Bewußt-
ſein der Nothwendigkeit beſſelben gelangt, daher ſie den Art. in ben meiſten
Fällen nicht ſetzt, wo ihn die ſpätere Sprache ſetzen muß*). Dem Homer
war der präpoſ. Artikel (die Fälle ausgenommen wo er nach §. 75 A. 2
relativiſch ſteht) noch überwiegend bemonſtratives Pronomen. Um ſich
dies anſchaulich zu machen, darf man nur Stellen wie Jl. α, 340. δ, 399.
ε, 715. Od. ε. 106. ζ, 165 nachſehen, welche obenhin betrachtet den gewöhnlichen proſaiſchen Artikel barzubieten ſcheinen; aber der Zuſammenhang lehrt,
baß er an allen jenen und vielen ähnlichen Stellen wirkliches Demon-

---

*) Sehr inſtruktiv iſt in dieſer Hinſicht eine Vergleichung der Stelle
bei Plato (Rep. III. p. 393e), wo er die Verſe Jl. α, 12—42 paraphraſirt,
b. h. proſaiſch (ἄνευ μέτρου) wiedergibt.

strativum ist, oder der Gegenstand wenigstens als der Seele des Dichters sehr gegenwärtig dargestellt wird. Besonders muß man sich hüten, diese Form als Artikel zu fassen, wenn sie durch das Verbum oder einen ganzen Satztheil vom Subst. getrennt ist, wie: ἡ μὲν ἄρ᾽ ὣς εἰποῦσ᾽ ἀπέβη πόδας ὠκέα Ἶρις· denn hier ist ἡ als Pronom. demonstr. für unser sie zu nehmen, da der Artikel auf solche Art vom Subst. nicht getrennt zu werden pflegt: „Also sprach sie und ging, die leicht hinschwebende Iris". Dies beweisen solche Stellen, wo auf das wirkliche Pronomen οἱ (ihm) das Subst. eben so nachfolgt, z. B. Od. v, 106. — Gleichwol gibt es auch eine beträchtliche Anzahl Stellen, in denen er sowohl seiner Bedeutung als äußeren Stellung nach sich kaum noch vom nachherigen attischen Artikel unterscheidet, mithin der Uebergang in den wahren Artikel sichtbar ist, indem er z. B. oft wie dieser auf einen vorher genannten Gegenstand zurückweist (Jl. ω, 801. ψ, 877. α, 167 ꝛc.), Adjektiva zu Subst. erhebt (ὁ γέρων, τὸν ἄριϲον, οἱ ἄλλοι, τἄλλα ꝛc.), vor Possessivbestimmungen gesetzt wird (τὸ σὸν γέρας, τῷ ἐμῷ κεχαρισμένε θυμῷ), die nachgesetzte Attributivbest. einführt (Μαχάονι τῷ Ἀσκληπιάδῃ, πεδίον τὸ Τρωικόν) und auch die sonst übliche Stellung bei näher bestimmten Subst. einnimmt (τὸν δεξιὸν ἵππον, οἱ ἔνερθε θεοί, τὸ κατειβόμενον Στυγὸς ὕδωρ ꝛc.). Doch bleibt auch in allen diesen Fällen die pronominale oder deiktische Bed. des Artikels die vorherrschende, der Gedanke also mehr oder weniger bei Homer noch so zu fassen: dies dein Geschenk, er der Alte, sie die übrigen u. s. f. S. die Beisp. bei Nägelsb. Anm. 323 ff. Thiersch §. 284. Krüger II. 212 fg.

§. 127. Pronomina. (114)

1. a) Die Demonstrativa οὗτος und ὅδε stehn im Nominativ (auch im Akkus.) oft anstatt der Lokal-Adverbien, sowohl bei Dichtern, besonders den Tragikern, wie in der Prosa. Beisp. Od. α, 185 νηῦς δέ μοι ἥδ᾽ ἕστηκεν. χ. 367 ἐγὼ μὲν ὅδ᾽ εἰμί. S. Aj. 1224 (ὁρῶ) Ἀγαμέμνον᾽ ἡμῖν δεῦρο τόνδ᾽ ὁρμώμενον. Pl. Rep. in. οὗτος, ἔφη, ὄπισθεν προσέρχεται da kommt er hinter dir her.

b) Unter sich sind οὗτος und ὅδε (und ebenso τοιοῦτος und τοιόσδε, die Adverbia οὕτως und ὧδε ꝛc.) insofern verschieden, als οὗτος, jedoch nicht ohne Ausnahme, auf das Vorhergehende, ὅδε auf das Nachfolgende hinzeigt. Dem relativen Satze geht in der Regel οὗτος voran, wenn nicht ein besonderer deiktischer Nachdruck ὅδε verlangt. Beisp. Xen. An. 2, 1, 21 ὁ δὲ εἶπε· ταῦτα μὲν δὴ ἀπαγγελοῦμεν· ἀλλὰ καὶ τάδε (das folgende) ἐκέλευσεν εἰπεῖν βασιλεύς. Is. ad Nic. p. 18 τῶν πολιτειῶν αὗται πλεῖσον χρόνον διαμένουσιν, αἵτινες ἂν ἄριϲα τὸ πλῆθος θεραπεύωσιν. Oder mit voraufgehendem Relativsatz id. Demon. p. 5 ἃ ποιεῖν αἰσχρόν, ταῦτα νόμιζε μηδὲ λέγειν εἶναι καλόν. Dagegen: Soph. OT. 645 πίϲευσον τάδε, τόνδ᾽ ὅρκον αἰδεσθεὶς θεῶν, ἔπειτα κἀμὲ, τούσδε θ᾽, οἳ πάρεισί σοι. Pl. Lach. p. 191 ἀνδρεῖός πού οὗτος ὃν καὶ σὺ λέγεις· ἀλλὰ τί αὖ ὅδε, ὃς ἂν φεύγων μάχηται τοῖς πολεμίοις. Dichterisch ist αὐτός vorm Relativ z. B. Eur. Tro. 684 ἀπέπτυσ᾽ αὐτὴν, ἥτις ἄνδρα — ἀποβαλοῦσ᾽ ἄλλον φιλεῖ; oder es steht für das verstärkte αὐτὸς οὗτος (c.), z. B. Pl. Rep. p. 362 αὐτὸ ᾽οὐκ εἴρηται, ὃ μάλιϲα ἔδει ῥηθῆναι.

c) Mehre Demonstrativa verstärken einander; so namentlich αὐτὸ τοῦτο eben dies, τοῦτ᾽ ἐκεῖνο, ὅδ᾽ ἐκεῖνος ꝛc. z. B. τοῦτ᾽

ἐκεῖν᾽ οὐγῶλεγον Aristoph., und noch ſtärker: τοῦτ᾽ ἔϛι τοῦτο τὸ
κακὸν αὖϑ᾽ οὐγῶλεγον id. Vgl. unten 2, III.

d) Auꭍgelaſſen werden die Demonſtrativa oft wie im Lat.
vor Relativiꭍ, und zwar ſowohl bei gleichen alꭍ bei verſchiedenen
Kaſuꭍ, bei voraufgehendem wie bei nachfolgendem Relativſat.
Beiſp. Pl. Gorg. p. 485 ἀμελεῖς ὦν δεῖ σε ἐπιμελεῖσθαι. Soph.
Ant. 582 εὐδαίμονες, οἷσι κακῶν ἄγευϛος αἰών. Od. π, 385 οἰκία κείνου
μητέρι δοῖμεν ἔχειν, ἠδ᾽ ὅϛις ὀπυίοι. Xen. Symp. 4, 42 οἷς μάλιϛα τὰ
παρόντα ἀρκεῖ, ἥκιϛα τῶν ἀλλοτρίων ὀρέγονται *).

So verſchmelzen die beiden Säte oft völlig zu einem; beſon-
derꭍ wenn daꭍ Demonſtrativ von einer Präpoſition abhing, und
dieſe nun unmittelbar vor Relativ tritt; aber auch ohne Präpoſition. Der Relativſat vertritt dann die Stelle eineꭍ Sub-
ſtantivꭍ, deſſen Stellung zum Sate (Kaſuꭍ) auꭍ dem Zuſammenhange hervorgeht. Vgl. die Attraktionꭍfälle §. 143, 14.
Beiſp. Mem. 2, 6, 34 ἐγγίγνεταί μοι εὔνοια πρὸς οὓς ἂν ὑπολάβω
εὐνοϊκῶς ἔχειν πρὸς ἐμέ. Pl. Prot. p. 359 ἐπὶ ἅ γε θαῤῥοῦσι πάντες
ἔρχονται καὶ δειλοὶ καὶ ἀνδρεῖοι. Phaed. p. 116 ἔπιον ἔνιοι (nehmlich
den Giftbecher), ξυγγενόμενοι (sc. τούτοις) ὦν ἂν τύχωσιν ἐπιθυμοῦν-
τες. Cyr. 7, 5, 72 νῦν ἔχομεν καὶ γῆν πολλὴν καὶ ἀγαθὴν καὶ οἵτινες
ταύτην ἐργαζόμενοι θρέψουσιν ἡμᾶς. — Vgl. noch §. 143, 8 ff.

e) Dagegen ſtehen ſie häufig faſt abundirend, wenn ſie
einen folgenden Infinitiv oder ganzen Sat einleiten (vgl. §. 132
A. 22. §. 140 A. 3 und 5).
Beiſp. Pl. Phaed. p. 75 τὸ εἰδέναι τοῦτ᾽ ἔϛι, λαβόντα τον ἐπι-
ϛήμην ἔχειν. Eur. Suppl. 310 τὸ συνέχον ἀνθρώπων πόλεις τοῦτ᾽ ἔσθ᾽,
ὅταν τις τοὺς νόμους σώζῃ καλῶς. Ebenſo daꭍ Relativ: Thuc. 5, 6 ὅπερ
προσεδέχετο ποιήσειν αὐτόν, ἐπὶ τὴν Ἀμφίπολιν ἀναβήσεσθαι. 3, 59, 3 ꝛc.

f) Endlich findet, wie beim Relativ, ſo auch bei allen demon-
ſtrativen Pron., beſ. bei αὐτός, die ſog. constructio ad synesin
ſtatt, wozu auch gehört, wenn ſie ſich auf ein nur dem Sinne
nach im Vorhergehenden enthalteneꭍ Nomen beziehen.
S. hierüber im Zuſammenhange unten zu §. 143, 5.

2. Die drei Hauptbedeutungen deꭍ Pron. αὐτός (§. 74, 2)
müſſen auf folgende Art wohl unterſchieden werden.
I. Selbſt (ipse) heißt eꭍ
a. wenn eꭍ zu einem andern Nomen ſo gehört, daß eꭍ wie in
Appoſition damit ſteht, daꭍ heißt entweder hinter demſelben
oder noch vor dem Artikel, z. B. μᾶλλον τοῦτο φοβοῦμαι ἢ
τὸν θάνατον αὐτόν alꭍ den Tod ſelbſt, αὐτὸν τὸν βασιλέα
ἀποκτεῖναι ἐβούλετο; — auch getrennt: ὁ δὲ ἐκέλευεν αὐτὼ
ἐλθεῖν τὼ Λάκωνε παρὰ Σεύθην (ſie ſelbſt, die Lak.)

*) Analog ſind die Fälle wo vor dem relativen Lokal-Adverb daꭍ
bezügliche Demonſtrativ auꭍgelaſſen wird, und zwar nicht nur bei gleich-
artigem Verhältniꭍ (da — wo ꝛc.) ſondern auch bei ungleichartigem (dahin
— wo ꝛc.); z. B. X. An. 4, 1, 2 οἱ δὲ ἀφίκοντο, ἔνθα ὁ Τίγρης ποταμὸς
παντάπασιν ἄπορος ἦν. 1, 3, 17 φοβοῦμαι μὴ ἡμᾶς ἀγάγῃ, ὅθεν οὐχ
οἷόν τε ἔϛαι ἐξελθεῖν. Thuc. 7, 73 προσήλασαν ἐξ ὅσου τις ἔμελλεν
ἀκούσεσθαι. Und mit voraufgehendem Relativ: X. Hell. 7, 4, 1 ἐγὼ δὲ
ἔνθεν ἐξέβην ἐπάνειμι. Pl. Phaed. 78 b.

23*

b. wenn es mit Auslassung des Personalpronomens, das aus dem Zusammenhang erhellet, für ich selbst, er selbst ꝛc. steht. So wird hauptsächlich der Nominativ gebraucht z. B. Pl. Phaed. in. αὐτός, ὦ Φαίδων, παρεγένου Σωκράτει, ἢ ἄλλου του ἤκουσας; — παρεγενόμην αὐτός ich kam selbst hin; die Casus obliqui aber nur wenn sie mit besonderm Nachdruck vorangestellt werden, z. B. αὐτὸν γὰρ εἶδον (ihn selbst habe ich gesehen); oder im deutlichen Gegensatz zu andern Gegenständen stehn z. B. λαμβάνουσιν αὐτὸν καὶ γυναῖκα.

II. Statt des einfachen Pronomens der dritten Person steht es durchaus nur in den Casibus obliquis, also für ihn, sie, es, ihm ꝛc. (lat. eum etc.); in dieser Bedeutung kann es aber nur hinter andern Worten des Satzes stehn, z. B. ἔδωκεν αὐτοῖς τὸ πῦρ er gab ihnen das Feuer; οὐχ ἑώρακας αὐτόν; hast du ihn nicht gesehn? Pl. Charm. p. 161 Κριτίου ἀκήκοας αὐτὸ ἢ ἄλλου του τῶν σοφῶν; Man verbinde hiemit Anm. 1.

III. Derselbige (idem) heißt es wenn es den Artikel unmittelbar vor sich hat, z. B. ὁ αὐτὸς ἀνήρ derselbe Mann; Dem. p. 1132 ὁ νόμος οὑτοσὶ τοῖς αὐτοῖς νόμοις πολιτεύεσθαι ἡμᾶς κελεύει; — und wenn es einem pron. demonstr. voran gesetzt wird: eben, grade dieser (is ipse): Cyr. 2, 3, 4 νῦν οὖν λεγέτω τις ἀναξὰς περὶ αὐτοῦ τούτου, d. h. über eben dies, wovon die Rede war, von nichts anderm; cf. An. 1, 9, 21.

Anm. 1. Aus dem obigen geht hervor, daß der Nom. αὐτός ꝛc. niemals bloß er ꝛc. heißen kann. Wohl aber gehören zu II. auch die Fälle wo nach griech. Konstruction das Subjekt als Casus obliquus auftritt, namentlich als Genitiv in der Konstruction des gen. absol., und beim Infinitiv als Akkusativ; in welchen Fällen also die Casus obliqui von αὐτός (wie im Lat. eo, eum) durch unsern Nominativ er, sie, es übersetzt werden; z. B. ἐπικειμένων δ' αὐτῶν als sie aber einbrangen; μετὰ ταῦτα ἀπελθεῖν αὐτόν hierauf sei er weggegangen; Soph. Phil. 777 (bete) μή σοι γενέσθαι πολύπονα αὐτά (nehmlich τὰ τόξα, der Bogen).

Anm. 2. Die Epiker brauchen auch αὐτός ohne Artikel für ὁ αὐτός: Od. ϑ, 107 ἦρχε δὲ τῷ αὐτὴν ὁδόν, ἥνπερ οἱ ἄλλοι. cf. κ, 263. etc. — Zuweilen steht es, und zwar selbst in der Prosa, für μόνος, allein, z. B. αὐτοὶ γάρ ἐσμεν (Pl. legg. p. 836) denn wir sind allein. Xen. Laced. 3, 4 Λυκοῦργος ἐπέταξε τοῖς νεανίαις ἐν ταῖς ὁδοῖς περιβλέπειν μηδαμοῖ, ἀλλ' αὐτὰ τὰ πρὸ τῶν ποδῶν ὁρᾶν. cf. Il. ϑ, 99. — Mit Ordnungszahlen entspricht es dem deutschen selb-: αὐτὸς πέμπτος selbfünfter.

3. Die Nominative der Pron. personalia der 1. u. 2. P. (ἐγώ, σύ, ἡμεῖς ꝛc.) werden, da sie bereits in der Verbalendung ausgedrückt sind, in der Regel nur (wie im Lat.) bei besonderem Nachdruck oder im Gegensatz zu andern Personen gesetzt, oder wenn die Auslassung der Copula eine nähere Bezeichnung des Subjekts nothwendig macht, wie ἕτοιμος ἐγώ, αἴτιος σύ (s. §. 129 A. 18). In Rücksicht der cas. obl. der Personalpron. (mir, dich ꝛc.) entspricht der griech. Sprachgebrauch im ganzen dem unsrigen, jedoch mit dem Unterschiede, daß so oft der Personalbegriff auf das Subjekt des Satzes sich zurückbezieht, statt unserer einfachen Personalia jedesmal die mit αὐτοῦ ꝛc. zusammengesetzten Re-

flexiva eintreten; z. B. ἔϑιζε σαυτόν gewöhne dich, γέγραμμαι ἐμαυτῷ ταῦτα (§. 135 A. 4) 2c. Dagegen heißt es immer: ἔδωκα σοί, φιλεῖς ἐμέ oder με 2c. Vgl. hiezu unten 7, 1.

Anm. 3. Da also in den Reflexivformen ἐμαυτοῦ 2c. das Pron. αὐτός seinen Nachdruck verloren hat (ganz wie in dem engl. my-, thyself), so tritt, wenn in ihnen der Begriff selbst hervorgehoben werden soll, außerdem noch αὐτός zum Subjekt hinzu; im andern Fall aber, d. h. wenn keine Reflexion statt findet, bleiben die beiden Begriffe (mir selbst 2c.) getrennt: ἐμοὶ αὐτῷ, σὲ αὐτόν 2c., meist mit Voranstellung von αὐτός: αὐτόν σε, αὐτοὺς ὑμᾶς 2c., oder es übernimmt, mit Ergänzung des Personalpron., αὐτός allein die Bedeutung beider Pronominalbegriffe. Beisp. Xen. Cyr. 7, 5, 84 αὐτοὶ ἡμῖν αὐτοῖς δορυφορήσομεν werden uns selbst schützen. Pl. Menex. p. 243 ἡμεῖς αὐτοὶ ἡμᾶς αὐτοὺς καὶ ἐνικήσαμεν καὶ ἡττήϑημεν. Und ebenso bei der 3. Pers. s. Anm. 6. — Dagegen: Pl. Euthyd. p. 273 ὁ δὲ παρ᾽ αὐτὸν ἐκαϑέζετο ἐξ ἀριστερᾶς. Gorg. p. 472 ἐγὼ δ᾽ ἐὰν μὴ σὲ αὐτὸν μάρτυρα παράσχωμαι, οὐδὲν οἶμαι ἄξιον λόγου μοι (s. Anm. 3a) πεπεράνϑαι. Symp. p. 198 ἐφοβούμην μὴ αὐτόν με λίϑον ποιήσειε. Soph. Phil. 1315. Plut. Pomp. 25. X. An. 3, 2, 21 τὰ ἐπιτήδεια πότερον ὠνεῖσϑαι κρεῖττον, ἢ αὐτοὺς (sc. ἡμᾶς) λαμβάνειν; cf. Mem. 2, 10, 5 2c.

3a. Das Reflexiv der 3. Pers. ἑαυτόν oder αὐτόν entspricht in seinem Gebrauche ganz dem lat. sui, sibi, se. Denn es wird nicht nur immer gesetzt, wenn es sich auf das Subjekt desselben Satzes, sondern häufig auch, wenn es sich auf das erste Subjekt zweier verbundenen Sätze bezieht, und wir dennoch ihn, ihm brauchen; z. B. νομίζει τοὺς πολίτας ὑπηρετεῖν ἑαυτῷ, er glaubt daß seine Mitbürger ihm dienen. Doch ist der griechische Sprachgebrauch darin freier als der lateinische, daß er in diesem Falle bald das reflexive ἑαυτόν 2c., bald das einfache αὐτόν 2c. setzen kann, je nachdem es der Schriftsteller für gut findet, das Hauptsubjekt oder das Nebensubjekt vorwalten zu lassen. Vgl. hiezu unten 7, 2.

Beispiele der reflexiven Formen ἑαυτόν 2c., auf die oben angegebene Weise gebraucht, seien: Hell. 5, 1, 31 Ἀρταξέρξης νομίζει δίκαιον, τὰς ἐν τῇ Ἀσίᾳ πόλεις ἑαυτοῦ εἶναι (ihm gehörten). Isocr. Paneg. p. 49 ἑκάτεροι ἔχουσιν ἐφ᾽ οἷς φιλοτιμηϑῶσιν, οἱ μὲν (sc. οἱ ϑεαταί) οταν ἴδωσι τοὺς ἀϑλητὰς αὐτῶν ἕνεκα (sc. τῶν ϑεατῶν) πονοῦντας, οἱ δ᾽ (sc. οἱ ἀϑληταί) ὅταν ἐνϑυμηϑῶσιν, ὅτι πάντες ἐπὶ τὴν σφετέραν (sc. τῶν ἀϑλητῶν) ϑεωρίαν ἥκουσιν. Mem. 1, 2, 52. Phaedr. p. 259a. Eur. Hipp. 977. Hes. Th. 34 (σφᾶς αὐτάς) 2c. — Dagegen Beispiele der andern Form αὐτόν 2c.: Dem. Ol. 2. p. 20 οὐδεὶς ἔστιν ὄντιν᾽ οὐ πεφενάκικεν ὁ Φίλιππος τῶν αὐτῷ χρησαμένων. Xen. Ages. 6, 4 Ἀγησίλαος τοὺς στρατιώτας ἅμα πειϑομένους καὶ φιλοῦντας αὐτὸν παρεῖχε. Dem. Phil. 1. p. 42 (ὑπὲρ αὐτοῦ) und and. in Exc. X. ad Dem. Mid.

Anm. 3a. Dasselbe Verhalten findet auch in Rücksicht der beiden andern Personen statt, indem bei Reflexion im weitern Sinne, d. h. in abhängigen, bes. Infinitiv- und Participial-Sätzen bald die einfachen, bald die reflexiven Personalia gebraucht werden. Z. B. Lys. 24, 1 ἐπιδείξω τοῦτον μὲν ψευδόμενον, ἐμαυτὸν δὲ βεβιωκότα ἐπαίνου ἄξιον. Dagegen ib. 21 ὑμῶν δέομαι τὴν αὐτὴν ἔχειν περὶ ἐμοῦ διάνοιαν. S. Trach. 708 ὁρῶ δέ μ᾽ ἔργον δεινὸν ἐξειργασμένην (§. 144 A. 8). S. auch das Beisp. aus Gorgias oben in Anm. 3. und andere beim acc. c. inf. §. 141 A. 4. Note. — Zu den sehr seltenen Fällen wo selbst bei direkter Reflexion die einfachen

Pron. stehen, gehört die bekannte Redensart δοκῶ μοι, worüber f. §. 151, I. Not., und das homerische ἐγὼν ἐμὲ λύσομαι Jl. x, 378.

Anm. 4. (3.) Was den Gebrauch der einfachen Formen der dritten Person οὗ, οἷ, ἕ und bef. Plur. σφεῖς, σφᾶς ꝛc. betrifft, so merke man, daß Homer (und nach ihm auch andre Dichter) und Herodot sie nicht nur im reflexiven, sondern auch im transitiven Sinne statt der casus obl. von αὐτός gebrauchen, z. B. Jl. β, 197 φιλεῖ δέ ἑ (βασιλῆα) μητίετα Ζεύς. α, 104 ὄσσε δέ οἱ πυρὶ λαμπετόωντι εἴκτην, sogar in Bezug auf ein Neutrum: Jl. α, 236 (σκῆπτρον). Ap. Rhod. 4, 986 (δρέπανον). Her. 4, 25 οὔρεα ἀποτάμνει ἄβατα, καὶ οὐδείς σφεα ὑπερβαίνει. Bei Attikern aber stehen sie nur reflexiv*), meist bei Reflexion im weiteren Sinne, und zwar hauptsächlich a) wenn durchaus kein Nachdruck darauf ruht, z. B. Plat. Rep. in. κατιδὼν ἡμᾶς ὁ Πολέμαρχος ἐκέλευσε τὸν παῖδα περιμεῖναί ἑ κελεῦσαι er befahl dem Sklaven uns aufzuforbern, daß wir ihn erwarten sollten; so bef. die Dative οἷ An. 3, 1, 5. Phaedo p. 117 e. Prot. p. 316 c., σφίσιν Hell. 5, 4, 11. ꝛc. Wenn aber b) in einer sermone obliquo angeführten Rede der Sprechende selbst erwähnt wird, dann wird dies Pronomen auch häufig in Gegensätzen (§. 142 A. 3) gebraucht. Man sehe z. B. Rep. p. 617 d. e. Symp. p. 175 wo σφᾶς, οὗ, οἷ, ἕ so vorkommen. Uebrigens ist der Singular dieser Form, namentlich οὗ und ἕ, bei Attikern sehr selten; der Plural hingegen war ihnen geläufiger; und selbst der Nominativ kommt vor, wenn in einer indirekt angeführten Rede die Sprechenden oder Meinenden selbst Subjekt, aber nur in deutlichem Gegensatz zu anderen, sind, z. B. Anab. 7, 5, 9 Ἡρακλείδης λέγειν ἐκέλευε τοὺς στρατηγοὺς πρὸς Σεύθην, ὅτι οὐδεὶς ἂν ἧττον σφεῖς ἀγάγοιεν τὴν σρατιὰν ἢ Ξενοφῶν daß sie eben so gut das Heer anführen würden, als X. In solchem Falle würde αὐτοί zwar stehen können, aber dann doch mehr heißen sie selbst; ebenso im Singular αὐτός; ohne Beziehung auf andere würde gar kein Pronomen stehen. Vgl. hiemit §. 142 A. 3.

Anm. 5. Die Reflexiva dritter Person bekommen zuweilen, selbst in Prosa, die Kraft eines allgemeinen Reflexivs, das auch für die erste und zweite Person steht, also ἑαυτοῦ, αὑτοῦ auch für ἐμαυτοῦ und σαυτοῦ**). Als Beispiel diene für die erste Person: Soph. OT. 138 οὐχ ὑπὲρ τῶν φίλων, ἀλλ' αὐτὸς αὑτοῦ, τοῦτ' ἀποσκεδῶ μύσος mein selbst wegen; für die zweite P.: Trach. 451 εἰ δ' αὐτὸς αὑτὸν ὧδε παιδεύεις — ὀφθήσει κακός bich felbst; für die 1. plur.: Thuc. 1, 82 τὰ αὑτῶν ἐκποριζώμεθα. Pl. Phaed. p. 78 δεῖ ἡμᾶς ἀνερέσθαι ἑαυτούς; für die 2. pl.: Aesch. 1, 84 οὐκ ἀναλαβεῖν αὑτοὺς ἠδύνασθε konntet euch (vor Lachen) nicht halten. Xen. Hell. 1, 7, 19 εὑρήσετε σφᾶς αὑτοὺς ἡμαρτηκότας. Bei andern, namentlich epischen Dichtern und den Spätern geht dieser Gebrauch noch viel weiter, indem σφέτερος ohne Unterschied der Person und des Numeri für den allgemeinen Begriff eigen steht, und ἑός, z. B. bei Apollonius, theils (wie σφέτερος) auch für den Plural, theils als Reflexivum der 1. und 2. Person dient. Einige bekanntere (obwohl zum Theil

---

*) Daß einige Ueberbleibsel des transitiven Gebrauchs auch in attischer Prosa sich finden, ist bei der großen Verbreitung desselben in älterer Zeit nicht zu verwundern. S. z. B. Thuc. 5, 49, 1. X. Hell. 6, 5, 35. 1, 7, 5. An. 5, 4, 33. Bei Spätern wie Dio Cassius, Paus., Lucian, Appian ꝛc. wird er wieder häufiger. Zuweilen mag auch Rückbeziehung auf das logische Subjekt die Wahl dieses Pron. veranlaßt haben. Vgl. das ἑαυτῷ in Hell. 5, 3, 13.

**) Ueber diesen von der allg. Sprachvergleichung anerkannten, auch über andre Sprachgebiete sich erstreckenden Gebrauch f. Schöm. Redeth. 109. Curt. Erläut. 72. Die Zeugnisse der Alten f. bei Ellendt Lex. Soph. I. 272.

schon von den alten Kritikern angefochtene oder anders interpretirte) Stellen der Art bei Epikern seien: Od. ν, 320 ἀλλ᾽ αἰεὶ φρεσὶν ᾗσιν ἔχων δεδαϊγμένον ἦτορ ἡλώμην ft. ἐμαῖς. cf. ι, 28 α, 402 κτήματα δ᾽ αὐτὸς ἔχοις καὶ δώμασιν οἶσιν ἀνάσσοις (Bekk. σοῖσιν). Hes. ε. 58 ἅπαντες τέρπονται ἑὸν κακὸν ἀμφαγαπῶντες ft. σφέτερον. Scut. 90 ὃς προλιπὼν σφέτερόν τε δόμον σφετέρους τε τοκῆας ᾤχετο ft. ἑόν. S. Wolf. Proleg. ad Hom. p. 247., Nitzsch zu Od. α, 402. Spitzn. zu Jl. κ, 398. und vgl. σφέ in §. 72 Anm. 6, 11.

Anm. 6. Auch beim Reflex. der 3. Perf. wird wie bei den andern Personen (oben Anm. 3), wenn der Begriff selbst hervorgehoben werden soll, αὐτός noch außerdem zum Subjekt hinzugefügt; z. B. Anab. 7, 1, 11 ὁ δὲ εἶπεν, ὃς ἂν μὴ παρῇ, ὅτι αὐτὸς αὑτῷ αἰτιάσεται se ipse accusabit. Dabei mag die eigenthümliche Stellung des αὐτός zwischen dem frembartigen Kasus oder gar nach der Präpos. bemerkt werden: Aesch. Agam. 836 τοῖς αὐτὸς αὑτοῦ πήμασιν βαρύνεται. Pl. Alc. II. p. 144 οὐ τὴν ὁτουοῦν μητέρα διενοεῖτο ἀποκτεῖναι, ἀλλὰ τὴν αὑτὸς αὑτοῦ. Aesch. Pr. 920 τοῖον παλαιστὴν νῦν παρασκευάζεται ἐπ᾽ αὐτὸς αὑτῷ.

4. Das Pron. *indefinitum* τὶς steht auch für unser **man**, z. B. ἄνθρωπον ἀναιδέςερον οὐκ ἄν τις εὕροι; selbst wenn eine ganze Versammlung verstanden wird, z. B. ἤδη τις ἐπιδεικνύτω ἑαυτόν nun muß man (d. h. jeder von euch) sich hervorthun*). Die andern Ausdrucksweisen für **man** f. §. 129, 19.

Anm. 7. Nach Adjektiven und adj. Pronom., auch zuweilen bei Zahlwörtern hat es die Bedeutung etwas, ungefehr; z. B. Pl. Rep. p. 432 δύσβατός τις ὁ τόπος φαίνεται καὶ ἐπίσκιος. p. 358 ἐγώ τις, ὡς ἔοικε, δυσμαθής. Thuc. 7, 34 ἑπτά τινες (sc. νῆες) ἄπλοι ἐγένοντο. cf. 7, 87, 2. 8, 73, 6. 3, 68 (wo mit Auslassung des Zahlbegriffes: ἐνιαυτόν τινα = circiter annuum) ꝛc. So auch ποῖός τις, πόσον τι, τοιαῦτ᾽ ἄττα διελέχθησαν, auch bei Adverbien, wie σχεδόν τι faſt, beinahe Hell. 4, 2, 14 al. — Ueber die prägnante Bedeutung von τὶς, τὶ (wie im Lat. aliquis) z. B. ηὔχεις τις εἶναι, λέγειν τι d. h. etwas großes, bedeutendes, πάσχειν τι d. h. etwas schlimmes (sterben) f. die Wörterb. u. vgl. unten §. 129 Anm. 8 Rot.

5. Das Pron. *interrogativum* τίς; und ebenso alle direkt fragenden Pronomina und Adverbia (ποῦ; ποῖος; πότε; ꝛc.) werden im lebendigen ungezwungenen Gesprächston (z. B. bei Plato), nicht nur zu Anfang eines Fragesatzes, sondern auch in der Mitte irgend eines andern, etwa Relativ-, Participial- oder wieder eines Fragesatzes gebraucht, in welchem letzten Falle mehre Fragen zugleich in Einem Satze enthalten sein können.

Beisp. Pl. Gorg. p. 448. c. νῦν ἐπειδὴ τίνος τέχνης ἐπιστήμων ἐσί, τίνα ἂν καλοῦντες αὐτὸν ὀρθῶς καλοῖμεν; Rep. p. 332. c. ἡ δὲ τίσι τί ἀποδιδοῦσα τέχνη ἰατρικὴ καλεῖται; Theag. p. 125 τῶν τί σοφῶν λέγεις αὐτούς;

Anm. 8. Ebenso in indirekten Fragesätzen: Pl. Rep. p. 569 γνώσεται τότ᾽ ὁ δῆμος, οἷος οἷον θρέμμα γεννᾷ. Soph. Ant. 940 λεύσσετε, οἷα πρὸς οἵων ἀνδρῶν πάσχω. Thuc. 7, 75, 6. Dem. Phil. 1, 3. Solche Sätze sind für uns oft schwer zu übersetzen; z. B. Cyr. 4, 5, 29

---

*) Daher die scheinbar widersprechende Verbindung πᾶς τις (Ar. Av. 526; f. auch Eur. Rhes. 683 in §. 129 A. 13.) Oft läßt es sich durch mancher übersetzen, z. B. Jl. β, 271 ὧδε δέ τις εἴπεσκεν ἰδὼν ἐς πλησίον ἄλλον. φ, 126 ꝛc.

σκέψαι, οἵῳ ὄντι μοι περὶ σὲ οἷος ὤν περὶ ἐμὲ ἔπειτά μοι μέμφῃ. — Daß in inb. Fragen oft die direkten Fragewörter eintreten s. §. 139. H.

6. Das Pronomen *relativum* ὅς, ἥ, ὅ verhält sich zu dem zusammengesetzten ὅςις (und ebenso οἷος, ὅσος und adv. ὡς zu ὁποῖος, ὁπόσος, ὅπως ꝛc.) so, daß ersteres auf einen genannten oder bestimmt gedachten Gegenstand sich bezieht, letzteres allgemein ist. Daher bedient man sich der zusammengesetzten auch in den indirekten Fragesätzen (§. 139 n. 63). Daß aber auch die einfachen Relat. mit ἄν zusammengesetzt allgemeinen Sinn erhalten s. §. 139 B. — S. von den Relativsätzen noch §. 143.

Anm. 9. Daß Homer dem Relativ oft die Partikel τε beifügt, s. §.149 n. 8. Durch die Anhängung von περ (§. 149 n. 32) wird die im Relativsatz enthaltene Aussage als etwas bekanntes, zugestandenes bezeichnet, z. B. Πέλλα, ἥπερ μεγίςη τῶν ἐν Μακεδονίᾳ πόλεων Xen.

Anm. 10. Die Stellen, worin ὅςις auf bestimmt abgegränzte Gegenstände zurückweist, sind meistentheils eigenthümlicher Erklärung fähig, z. B. Eur. Hipp. 1063 ὦ θεοί, τί δῆτα τοὐμὸν οὐ λύω στόμα, ὅςις γ᾽ ὑφ᾽ ὑμῶν διόλλυμαι, etwa: der ich einer von denen bin, welche ꝛc. Vgl. Soph. Aj. 1055 (ὅςις ςρατῷ ξύμπαντι cet.), 1299 (ἐκ πατρὸς ὅςις ἀριςεύσας cet.). Nur hie und da scheint es, wie bei Spätern ziemlich häufig geschieht (s. N.T. Gramm. p. 100), auch bei ältern Schriftst. geradezu für ὅς zu stehen. So schon bei Homer: Jl. ψ, 43 οὐ μὰ Ζῆν᾽ ὅςις τε θεῶν ὕπατος καὶ ἄριςος. Ferner Her. 1, 7 Ἄτυς, ἀπ᾽ ὅτευ ὁ δῆμος Λύδιος ἐκλήθη. 2, 151. Eur. Hipp. 943 σκέψασθε εἰς τόνδ᾽, ὅςις ἐξ ἐμοῦ γεγὼς etc. Ion. 813. Alc. 241. 620. S. noch Poppo zu Thuc. 6, 3 u. 8, 92.

Anm. 11. Die Allgemeinheit des ὅςις und anderer Relativformen, wie ὁποῖος, ὅπως, ὅπου ꝛc. wird erhöht durch Anhängung der Partikeln οὖν, δή, δήποτε, welche noch dazu dem Relativ gewöhnlich die Kraft eines allgemeinen *Indefiniti* verleihen, so daß sie dann ohne Verbum stehen; z. B. Pl. Rep. p. 335 ἔςιν ἄρα δικαίου ἀνδρὸς βλάπτειν ὁντινοῦν ἀνθρώπων; Ebenso ἡ ὁτουοῦν μήτηρ, ἐν ὁποιῳοῦν ξύλῳ, ᾗτινι δὴ γνώμῃ (Thuc. 8, 78) ꝛc. Zuweilen geschieht dies mit ὅςις, ὁποῖος allein, z. B. Hipp. maj. p. 282 πλέον ἀργύριον εἴργασαι ἢ ἄλλος δημιουργὸς ἀφ᾽ ἡςτινος τέχνης. X. Oec. 8, 19 (ἐὰν ὁποῖα ᾖ). Vgl. Dind. zu Hell. 1, 5, 9.

7. Die Possessiva werden in Prosa gewöhnlich durch die persönlichen und reflexiven Pronomina im Genitiv umschrieben. Der Sprachgebrauch ist folgender:

1) Statt der Poss. der 1. und 2. Pers. *sing.* werden a) die enklitischen Formen μου und σου gebraucht, jedoch so, daß sie entweder dem Artikel vor-, oder dem Subst. nachgesetzt werden: also μου, σου ὁ φίλος oder ὁ φίλος μου, σου. Oder b) man nimmt, wenn die Possessivbestimmung auf das Subjekt des Satzes sich bezieht, die reflex. ἐμαυτοῦ, σεαυτοῦ, ἧς, setzt sie jedoch entweder zwischen Art. und Subst., oder nach dem Subst. mit wiederholtem Artikel. Also: ὁ ἐμαυτοῦ, σεαυτοῦ φίλος, oder ὁ φίλος ὁ ἐμαυτοῦ, σεαυτοῦ.

2) Statt des in Prosa ganz ungebräuchlichen (selbst bei Trag. seltenen) Pron. poss. der 3. P. wird a) αὐτοῦ, ἧς, αὐτῶν gebraucht, und zwar wieder (wie in 1, a.) vor dem Artikel oder nach dem Hauptwort, wenn die Possessivbestimmung sich nicht auf das Subjekt des Satzes bezieht: also αὐτοῦ ꝛc. ὁ φίλος oder ὁ φίλος αὐ-

τοῦ ꝛc. Oder b) man ſetzt daß reflex. ἑαυτοῦ, ἧς, ἑαυτῶν in der vorhin (1, b.) angeführten Stellung, wenn die Poſſeſſivbeſtimmung auf daß Subj. ſich bezieht, alſo: ὁ ἑαυτοῦ ꝛc. φίλος und ὁ φίλος ὁ ἑαυτοῦ ꝛc. Auch hier gilt waß oben 3 a von dem freieren Ge= brauch der pron. ἑαυτοῦ und αὑτοῦ gelehrt worden. 3) Die Poſſeſſiva der 1. und 2. P. plur. ſind faſt gebräuch= licher alß die Umſchreibung durch ἡμῶν und ὑμῶν. In der Ver= bindung mit dem Art. befolgen ἡμῶν und ὑμῶν in der Regel die= ſelbe Stellung wie μου und σου. Beiſpiele ergibt in hinlänglicher Anzahl die Leſung. Einige mögen genügen: X. Cyr. 5, 1, 24 ὁρῶμεν τοὺς φίλους σου πάντας ἐθελουσίους ἑπομένους. 1, 6, 10 ἀναίτιος ἔσῃ παρὰ τοῖς σαυτοῦ στρατιώταις. Hell. 2, 4, 26 οἱ ἱππεῖς καὶ λῃσὰς ἐχειροῦντο καὶ τὴν φάλαγγα αὐτῶν ἐκα= κούργουν· περιέτυχον δὲ καί τισιν ἐς τοὺς αὐτῶν ἀγροὺς πορευομένοις. Ar. Pac. 62 ὦ Ζεῦ, τί δράσεις ἡμῶν τὸν λεών. Ebenſo im Dual: τοῖς συμμάχοις νῷν, νῷν τὸ φθέγμα id. Auch können Wörter dazwiſchen treten: Cyr. 2, 1, 21 εὐθὺς αὐτῶν παρεσκεύασε τὰς γνάμας cet.

Anm. 12. (10.) Eine Abweichung von dieſem ſehr genau biß zu den κοινοῖς herab beobachteten Sprachgebrauch beſteht darin, daß die Formen μου, σου, αὐτοῦ ꝛc. zuweilen zwiſchengeſchoben werden, wenn bereits an= dre Attribute ſich in derſelben Stellung befinden (vgl. §. 125 A. 2), z. B. εἰς τὴν κάτω μου κοιλίαν (Ar. Ran. 485), ἡ πάλαι ἡμῶν φύσις (Pl. Conv. p. 189), οἱ δὲ αὐτοῦ ξυστραφέντες ὁπλῖται (Thuc. 5, 10) τὰς ἐπὶ Παίονας αὐτοῦ στρατείας (Dem. 1, 13), ἡ αὐτοῦ ἐπ᾽ Ἰσαῷ ἧσσα (Arr. 3, 22); die Formen αὐτοῦ, ὧν auch dann, wenn ſie nach §. 127, 3 a in der weiteren Reflexion (alſo eigentl. für ἑαυτοῦ ꝛc.) ſtehn, z. B. Isocr. 12, 1. Thuc. 3, 91, 2. 8, 48, 4. 3, 22, 6 (a. L. αὐτῶν). — Die nicht=entſl. Form der 1. Perſ. ἐμοῦ ſteht in dieſer Verbindung nicht*), außer etwa wenn das Subſt. ausgelaſſen iſt, wie: ἥκετ᾽ οὖν εἰς ἐμοῦ Arist. Lys. 1065. 1211. Vgl. Krüger II. p. 175. — Die Stellung der Poſſeſſiva ἐμός, σός, ἡμέτερος ꝛc. iſt adjektiviſch, alſo ὁ ἐμὸς φίλος oder ὁ φίλος ὁ ἐμός· τῇ ἡμετέρᾳ πόλει καὶ τοῖς ἤθεσι τοῖς ἡμετέροις Dem. — Beiſp. des ep. ὅς bei Trag. ſeien Aesch. Sept. 641. S. Trach. 266. Aj. 437. Eur. Andr. 53 ꝛc.

Anm. 13. (6.) Dem lateiniſchen Sprachgebrauch entſprechend können beide Ausdrucksweiſen, die abjektiviſche mit der ſubſtantiviſchen vereinigt werden, wenn nehmlich zur Verſtärkung (deutſch: mein ei= gen ꝛc.) dem abj. Poſſeſſivum das ſubſt. αὐτός beigefügt wird und beide in den ihnen zukommenden Kaſus (αὐτός alſo im Gen.) ſtehen bleiben: Hom. Od. α, 7 αὐτῶν γὰρ σφετέρῃσιν ἀτασθαλίῃσιν ὄλοντο, sua ipsorum temeritate perierunt (wofür V. 33. αὐτοὶ σφῇσιν ἀτ.); β, 45 ἐμὸν αὐτοῦ χρεῖος. In Proſa iſt der Gebrauch im Singular nicht häufig, weil da die Poſſeſſiva meiſtens durch die pron. person. ausgedrückt werden, deſto häufiger bei den plu= raliſchen Poſſ. der 1. und 2. Perſon: τὰ ὑμέτερ᾽ αὐτῶν ἀνηλίσκετε, auch Gen. τῶν ὑμετέρων αὐτῶν κτημάτων Dem. Ol. p. 25., ἐν τῇ πόλει τῇ ἡμετέρᾳ αὐτῶν σεσυλήμεθα τὰ ἡμέτερ᾽ αὐτῶν ὑπὸ τούτων Dem. p. 931. Herod. 6, 97 ꝛc. Statt αὐτοῦ ꝛc. kann auch ein Subſt. im Genit. zu den Poſſeſſivis treten; z. B. διαρπάζουσι τὰ ἐμὰ τοῦ κακοδαίμο= νος; oder ein Particip: Cyr. 8, 7, 26 εἴ τις ὄμμα τοὐμὸν ζῶντος ἔτι προσιδεῖν ἐθέλει, προσίτω. cf. Eur. IA. 1226. Andr. 107**).

---

*) Die ſcheinbaren Ausnahmen bei Homer (Jl. ζ, 344. Od. τ, 348. ρ, 153. δ, 746) ſind anderer Erklärung fähig. Vgl. Bekk. hom. Bl. 293.

**) Hiemit vergleiche man die Fälle, wo zu einem im Abjektiv enthal=

8. Am gewöhnlichsten wird aber das Possessivum bei solchen
Begriffen, die immer in nothwendiger Beziehung stehn, wie Sohn,
Vater, Freund, Herr, Hand, Fuß ꝛc., wenn der Sinn nicht
die Hinzufügung desselben verlangt, gar nicht ausgedrückt und durch
den Artikel allein vertreten. Beisp. φίλει τοὺς γονεῖς. — νίζομαι τὰς χεῖρας. — Thuc. 4, 38 οἱ
δὲ ἀκούσαντες παρῆκαν τὰς ἀσπίδας καὶ τὰς χεῖρας ἀνέσεισαν. Dagegen
Xen. Occ. 4, 23 ἢ σὺ ταῖς σαῖς χερσὶν ἐφύτευσας τὰ δένδρα; (mit eignen Händen).

9. (6.) Die Stellung mit dem Artikel betreffend, so
stehen die demonstrativen Pronom., namentlich οὗτος, ὅδε, ἐκεῖνος
(und αὐτός selbst, s. ob. 2), ferner die verwandten Adjektiva ἕκαςος und ἑκάτερος, ἄμφω und ἀμφότεροι, πᾶς und ἅπας in der
guten Prosa entweder vor dem Artikel oder hinter dem Substantiv, z. B. τούτων τῶν ἀνδρῶν dieser Männer, ὁ ἀνὴρ οὗτος
dieser Mann, ἄμφω τὼ πόλεε beide Städte, πάντες οἱ Ἕλληνες
alle Griechen, τῷ δήμῳ ἅπαντι, ἀμφοῖν τούτοιν τοῖν θεοῖν. Seltener und mit Nachdruck steht πᾶς zwischen Artikel und Subst. οἱ
πάντες βόες τε καὶ ἵπποι Plat., τοὺς πάντας Ἀργείους die Arg.
insgesamt, Soph. — Ohne Artikel steht πᾶς im Sing. gewöhnlich
für ἕκαςος, z. B. πᾶς ἀνήρ ein jeder Mann.

Anm. 14. (8.) Wenn noch andere Bestimmungen zwischen Art. und
Subst. stehen, so pflegt das Demonstr. gleichfalls eingeschoben zu werden
(vgl. oben A. 12 und §. 125 A. 2), z. B. Anab. 4, 2, 6 ἡ στενὴ αὕτη
ὁδός. Thuc. 8, 80 αἱ τῶν Πελοποννησίων αὗται νῆες. ib. 100, 4 ἡ τῶν
φυγάδων αὕτη διάβασις.

Anm. 15. (9.) Der Artikel muß aber wegfallen bei den in 9.
angegebenen Pronom., wenn sie nicht abjektivisch mit ihrem Subst. verbunden sind, sondern vielmehr das Subst., als Prädikat, sich auf sie zurückbezieht (s. §. 129, 2). So heißt αἰτίαι μὲν αὗται ἦσαν, dies waren die
Ursachen (aber αὗται αἱ αἰτίαι diese Ursachen); τούτῳ παραδείγματι χρῶν-
ται dies führen sie als Beispiel an. Aber der Artikel kann dann wieder
stehen, wenn das Substantiv das Subjekt ist, worauf das Pronomen
sich als Prädikat bezieht, z. B. Pl. Rep. p. 338. b. αὕτη ἡ Σωκράτους σοφία,
αὐτὸν μὲν μὴ ἐθέλειν διδάσκειν, παρὰ δὲ τῶν ἄλλων περιιόντα μανθάνειν d. h. nicht: dies ist die W., sondern: die Weisheit des S. bestand
darin daß ꝛc.; wohl verschieden z. B. von Dem. Ol. 1. p. 10 ἔςτι τοῦτο
δέος, μὴ ὁ πανοῦργος παρασπάσηταί τι τῶν πραγμάτων nicht: die Furcht
ist diese, sondern: dies ist zu fürchten, metuendum est.

Anm. 16. Als Ausnahmen von der Regel oben 9. sind die Fälle
zu merken, wo mit den erwähnten Wörtern Begriffe verbunden werden,
die, auch bestimmt gefaßt, den Artikel nicht erfordern, wie ὅδε Ἀρίσαρχος,
αὐτὸς βασιλεύς, πάντες ἄνθρωποι d. h. alle die Menschen sind, genannt
werden; πάντας θεοὺς δεῖ ἐπαινεῖν Plat., πασῶν πόλεων Ἀθῆναι μάλιςα
πεφύκασιν ἐν εἰρήνῃ αὔξεσθαι Xen., καθ' ἑκάςην ἡμέραν als allg. Ad-
verbialstimmung ꝛc. Vergl. hiezu §. 124 A. 7.

10. (5.) Ἄλλος ohne Artikel ist das lat. alius ein anderer; ἕτερος ohne Artikel ist dasselbe mit stärkerem Ausdruck der

tenen Substantiv, ein andres Subst. im Genitiv gleichsam in Apposition
tritt, z. B. Jl. ε, 741 ἐν δέ τε Γοργείη κεφαλὴ, δεινοῖο πελώρου (sc.
Γοργοῦς); cf. β, 54. Luc. Alex. 6 (ἦν Πελλαία, εὐδαίμονος χωρίον).

Verſchiedenheit; ὁ ἕτερος hingegen findet immer nur zwiſchen zweien ſtatt, und iſt das lat. alter der andere; ſ. §. 78, 4. — Im Plur. heißt ἄλλοι andere, und οἱ ἄλλοι die andern, ceteri; οἱ ἕτεροι ſetzt eine deutliche Abſonderung in zwei Theile voraus: die andere Partei. — Der Sing. ὁ ἄλλος drückt ein Ganzes mit Ausſchluß und im Gegenſatz eines beſtimmten Theiles davon aus: ἡ ἄλλη χώρα das ganze übrige Land.

§. 128. Vom Neutrum Adject. (115)

1. Das Neutrum aller adjektiviſchen Wortarten ſteht ohne Subſtantiv, oder ſelbſt als ſolches, in vielfachen Beziehungen. Am natürlichſten dient die Geſchlechtsloſigkeit des Neutr. zu allgemeinen, oder eine Vielheit von Gegenſtänden umfaſſenden Begriffsbeſtimmungen. In dieſem Falle ſteht, wie im Lat., das Neutr. Plur., während wir uns, wegen mangelnder Geſchlechtsendung im Plural, durchaus des Sing. bedienen müſſen; z. B. εἶπε ταῦτα er ſagte dieſes, τὰ καλά das Schöne d. h. alles was ſchön iſt, τὰ ἐμά meine Sachen, alles was mich angeht (Anm. 2), πολλὰ καὶ ἀγαθά multa bona, viel gutes. Xen. Oec. 20, 1 οὐδὲ τὰ ἀναγκαῖα δύνανται πορίζεσθαι.

2. Das Neutr. Sing. hingegen drückt mehr die abſtrakte Idee der Gegenſtände aus, z. B. τὸ καλόν das Schöne, τὸ θεῖον die Gottheit, τὸ τῆς γυναικὸς δοῦλον καὶ θεραπευτικόν die unterwürfige und dienſtfertige Natur des Weibes, ἐρᾶν τοῦ ἀληθοῦς die Wahrheit lieben. Daher ſteht auch das Neutrum des Particips als Abſtractum, z. B. τὸ συγκεχωρηκός „das Nachgebende" d. h. die Nachgiebigkeit, τὸ λυποῦν, τὸ συμφέρον. Man unterſcheide: τὸ παρόν, τὸ μέλλον und τὰ παρόντα, τὰ μέλλοντα.

Anm. 1. In der philoſophiſchen Sprache wird, um die abſtracte Idee noch beſtimmter zu bezeichnen, dem Adjekt. im Neutro noch αὐτό vorgeſetzt: αὐτὸ τὸ καλόν das Schöne an und für ſich betrachtet; Pl. Rep. p. 479 οἱ δὲ πολλὰ καλὰ θεώμενοι αὐτὸ τὸ καλὸν οὐχ ὁρῶσι.

3. Ferner dient das Neutr. Sing. der Adjektiva, beſonders der auf ικός, gewöhnlich durch den Art. τό ſubſtantivirt, dazu, eine Vielheit conkreter Gegenſtände in ihrer Einheit und Zuſammengehörigkeit darzuſtellen, z. B. οἱ Δωριεῖς einfach die Dorier, aber τὸ Δωρικόν der geſamte doriſche Stamm; τὸ ὑπήκοον die Maſſe der einzelnen Unterthanen zuſammengenommen, daher z. B. Thucyd. das Prädikat dabei im Plural ſtehen läßt (vgl. §. 129, 11.) So auch τὸ ἱππικόν, τὸ ὁπλιτικόν, τὸ βαρβαρικόν. Auch Participia können ſo gebraucht werden.

Beiſp. Thuc. 6, 69 τὸ ὑπήκοον τῶν ξυμμάχων τὸ πρόθυμον εἶχον (zeigten Bereitwilligkeit). Her. 7, 209 εἰ τούτους τε καὶ τὸ ὑπομένον (ſt. τοὺς ὑπομένοντας) ἐν Σπάρτῃ καταστρέψεαι, οὐδὲν ἄλλο ἔθνος σε ὑπομενέει. Mem. 1, 2, 43 τὸ κρατοῦν τῆς πόλεως. Ohne Artikel: X. Ages. 1, 15. 23 ἱππικὸν οὐκ εἶχεν Ἀγησίλαος. cf. Thuc. 1, 4. etc.

Anm. 2. Die Umſchreibung ſubſtantiviſcher Begriffe mit dem Neutro des Artikels (τό oder τά) und folgendem Genitiv u. ſ. w.

ift bereits erklärt worden §. 125 A. 6. Ganz analog werden substantivische
Begriffe auch durch das Neutr. Plur. von Abjektiven, gewöhnlich mit
dem Artikel, gegeben, z. B. τὰ Πελοποννησιακά der pel. Krieg, ἐπὶ τῶν
Πελοποννησιακῶν zu den Zeiten des pel. Krieges, τὰ πολεμικά ganz wie
τὰ εἰς oder περὶ τὸν πόλεμον in §. 125., τὰ ἐμά u. ſ. w. Das Neutr.
des Poffeffivi mit dem Art. τό dient insbesondre zur Umschreibung für das
Pron. person.: also τὸ ἐμόν für ἐγώ, eigentlich was mich angeht, meine
Perſon: Pl. Rep. p. 533 τό γ᾽ ἐμὸν οὐδὲν ἂν προθυμίας ἀπολίποι.
Herod. 8, 140 τὸ ὑμέτερον αἴτιόν ἐστι.

Anm. 3 (4). Das Neutrum der Abjektive, ſowohl im Singular
als im Plural, ſtatt des Abverbs iſt beſonders der Dichterſprache eigenthümlich.
Beiſp. Od. o, 10 οὐκέτι καλὰ δόμων ἄπο τῆλ᾽ ἀλάλησαι. cf. Jl.
ζ, 326. ω, 388. ο, 53 εἰ δὴ ταῦτ᾽ ἐτεόν γε καὶ ἀτρεκέως ἀγορεύεις.
μ, 217. Od. π, 181 ἀλλοῖός μοι ἐφάνης νέον ἠὲ πάροιθεν. cf. Soph.
OC. extr. Ferner: ὦ μέγ᾽ ἀναιδές, ἀσπερχὲς μενεαίνειν, ἔκπαγλα
φιλεῖν, ἴσα in der Beb. von ὡς: Jl. ν, 176 ὃ δέ μιν τίεν ἴσα τέκεσσιν
(cf. Her. 3, 57 θησαυρὸς ἀνακέεται ὁμοῖα τοῖσι πλουσιωτάτοισι), und oft
bei Verbis des Tönens und der Wahrnehmung, z. B. εἰ μὴ ἄρ᾽ ὀξὺ νόησε,.
σμερδαλέον κονάβησε, μεγάλ᾽ ἴαχε, ἡδὺ γελάσσας, ὀξὺ δ᾽ ἄκουσεν etc.

Anm. 4. In der gewöhnlichen Sprache findet dieſer Gebrauch allgemeine Anwendung nach §. 115, 5. nur auf die Comparative und Superlative; für den Poſitiv beſchränkt er ſich außer den ebend. 4. angeführten
(πολύ, μικρόν oder -ά, häufig auch ταχύ) auf einige mit Neutralabjektiven
gleichſam zuſammengeſetzte Begriffe, wie μέγα φρονεῖν, μέγα δύνασθαι
(dicht. μέγα σθένειν, μέγ᾽ ἰσχύειν) und auf einzelne Nachbildungen des eben
behandelten dicht. Gebrauchs bei Verbis des Tönens 2c., wie bei Plato:
μέγα βοᾶν, ἀμβλὺ ὁρᾶν, ὀξὺ ὁρᾶν καὶ ἀκούειν, ὄζειν ἡδὺ καὶ καλόν.
(vgl. Cob. NL. 270). Auch ſolche Fälle wie X. An. 5, 9, 5 ἤλλοντο ὑψηλὰ
τε καὶ κούφως ſind dichteriſcher Natur, und nach Analogie von Soph. OT.
1300 ὁ πηδήσας μείζονα (sc. πηδήματα, ſ. §. 131, 4) zu erklären.

Anm. 5. Dagegen wird das Neutr. Sing. wie Plur. der Pronomina und der dem Pronominalbegriff ſich nähernden allgemeinen Abjektive,.
wie πᾶς, ἄλλος, ἕκαςος, πολύς 2c. bei Dichtern und Proſaiſten ſehr gewöhnlich adverbial gebraucht, z. B. τάδε μαίνεται (auf ſolche Art, Hom.), τί
(wozu) χρήσομαι αὐτῷ, πάντα, πολλά τ᾽ ἀλλ᾽ εὐδαιμονεῖ 2c., über welchen Gebrauch, ſofern er unter den Geſichtspunkt des ſog. adverbialſci-
renden Akkuſativs fällt, unten §. 131, 8a noch beſonders gehandelt werden
wird. Hier ſei nur bemerkt, daß ὅ, τοῦτο, ταῦτα oft kauſale Beſtimmungen enthalten: weswegen, deshalb, z. B. Eur. Hec. 13 ὃ καί με γῆς
ὑπεξέπεμψεν. Pl. Prot. p. 310 ἀλλ᾽ αὐτὰ ταῦτα νῦν ἥκω παρὰ σέ. Man
merke ferner für die Proſa noch: τὸ πᾶν gänzlich, τὸ ξύμπαν überhaupt,.
omnino (Thuc. 3, 68. 4, 63), τὰ πολλά größtentheils, τὸ λοιπόν und τὰ λοιπά
fernerhin, in Zukunft, τοῦτο μέν - τοῦτο δέ oder τὰ μέν - τὰ δέ einestheils - andertheils, z. B. Dem. Lept. p. 474 τοῦτο μὲν τοίνυν, Θαςίους
πῶς οὐκ ἀδικήσετε, ἐὰν ἀφέλησθε τὴν ἀτέλειαν; τοῦτο δέ, Ἀρχέβιον
καὶ Ἡρακλείδην; — Mem. 1, 3. in. Σωκράτης ὠφελεῖν δοκεῖ μοι τοὺς
ξυνόντας τὰ μὲν ἔργῳ δεικνύων ἑαυτὸν οἷος ἦν, τὰ δὲ καὶ διαλεγόμενος. Vgl. noch §. 150 n. 14—16.

Anm. 6. Das Neutr. Sing. der Ordinalzahlen mit und ohne
Artikel (vgl. §. 125 A. 8.) ſteht gleichfalls adverbial, wie im Lat. tertium,.
quartum; z. B. τρίτον, τέταρτον, τὸ τρίτον 2c. zum 3ten, 4ten Male.

Vom Nomen in der Verbindung.

§. 129.   Subjekt und Prädikat.   (116)

1. Die Begriffe Subjekt und Prädikat und die allgemeinen Konstructionsregeln werden alle aus der lateinischen Grammatik als hinlänglich bekannt vorausgesetzt, da sie auch für die griechische Sprache ihre volle Geltung haben. Wir beschränken uns daher auf die Eigenthümlichkeiten des griech. Sprachgebrauchs.

2. Das Prädikat entbehrt, wenn es ein Substantiv, oder ein Subst. mit seinem Adjektiv (Pronomen ꝛc.) ist, seiner Natur nach als Aussagewort des Artikels. Steht auch das Subjekt ohne Artikel, so pflegt das Prädikat voran zu stehen.
Beisp. νὺξ ἡ ἡμέρα ἐγένετο Herod. — Πρόξενος καὶ Μένων εἰσὶν ὑμέτεροι μὲν εὐεργέται, ἡμέτεροι δὲ ϛρατηγοί Anab. 2, 5, 41 (vgl. §. 124 A. 4.); ἡ δύναμις τῆς τέχνης τοσαύτη ἐστὶ καὶ τοιαύτη Plat. Gorg. p. 456 (vgl. §. 124 A. 2). Πάντων χρημάτων μέτρον ἄνθρωπος (Ausspruch des Protagoras; Theaet. p. 152); s. anb. Beisp. §. 124 A. 7, 1. — Dagegen Isocr. Nic. p. 28 λόγος ἀληθὴς ψυχῆς ἀγαθῆς εἴδωλόν ἐϛι.

Anm. 1. Das Prädikat kann aber etwas aussagen, und dabei doch zugleich auf etwas bekanntes oder vorhererwähntes hinweisen, in welchem Falle auch zum Prädikat der Artikel tritt; z. B. Luc. DM. 18 τουτὶ τὸ κρανίον ἡ Ἑλένη ἐϛι. Solche Beispiele müssen immer im Zusammenhange, durch den sie bedingt sind, aufgefaßt werden, daher es hier genügen mag, auf einige kurz hinzuweisen: Anab. 6, 4, 7. Cyr. 3, 3, 4 (ἀνακαλοῦντες αὐτὸν τὸν εὐεργέτην, τὸν προδότην). Phaed. p. 64. c (ἡγούμεθα τὸν θάνατον εἶναι τὴν ἀπαλλαγὴν etc.). So auch bei substantivirten Adjektiven und Participien: ib. p. 78 ταῦτ᾽ ἐϛι τὰ ἀξύνθετα. Hipp. maj. p. 296 τὸ ὠφέλιμόν ἐϛι τὸ καλὸν καὶ τὸ ποιοῦν τὸ ἀγαθόν. Thuc. 2, 43, 4. Man unterscheide εἰρήνη ἐϛὶν ἀγαθόν und τἀγαθόν.

3. (1.) In Ansehung des Numerus und der Person muß das Prädikat nach dem Subjekt sich richten. Hievon jedoch ist eine Hauptausnahme, welche wiederum als Regel gilt, daß das Subjekt, wenn es ein Neutrum Pluralis ist, das aussagende Verbum (oder Copula) im Singular bei sich hat.
Beisp. τὰ ζῶα τρέχει die Thiere laufen. — Epict. ench. in. τῶν ὄντων τὰ μέν ἐϛιν ἐφ᾽ ἡμῖν, τὰ δ᾽ οὐκ ἐφ᾽ ἡμῖν (in unserer Gewalt). — Xen. Symp. 1, 15 ἐπεὶ γέλως ἐξ ἀνθρώπων ἀπόλωλεν, ἔῤῥει τὰ ἐμὰ πράγματα. — τὰ τῶν Ἀθηναίων ἐϛὶ καλά.

Anm. 2. (1.) Jedoch lassen Dichter wie Prosaiker zuweilen den Plural eintreten, wenn das Subjekt beseelte Gegenstände bezeichnet: Thuc. 7, 57 τοσάδε μετὰ Ἀθηναίων ἔθνη ἐϛράτευον. Isocr. p. 280 τὰ μειράκια τὴν αὐτὴν ἐμοὶ γνώμην ἔσχον. cf. Eur. Herc. 47.; oder der Begriff der Einzelheit und Vielheit besonders hervorgehoben werden soll: φανερὰ ἦσαν ἀνθρώπων καὶ ἵππων ἴχνη πολλά Xen. An. 1, 7, 17. cf. 4, 1, 13. ἐγένοντο εἴκοσι καὶ ἑκατὸν τάλαντα Thuc. 6, 62 (vgl. Poppo zu 1, 126, 5). Auch befolgen die zum neutr. plur. gesetzten Participia gern die constr. κατὰ σύνεσιν, in welchem Falle dann jedesmal auch das Prädikat sich darnach richtet: s. die Beisp. unten 11. — Homer setzt auch ohne alle solche Gründe, oft nur des Metri wegen, den Plural: Jl. β, 135. ν, 632. ξ, 53. Od. β, 156. ϑ, 299. ν, 223 etc. (s. Nägelsb. Anm. p. 339); und daß auch

sonst hie und da Abweichungen vorkommen (z. B. X. Hell. 1, 1, 23. Mem.
2, 4, 7 al.), zeigt Bremi in Exc. X. ad Lysiam.

4. Bei mehren Subjekten muß der Regel nach das Prä=
dikat im Plural stehen. Dabei hat wie in andern Sprachen die
erste Person vor der zweiten und dritten, die zweite vor der
dritten den Vorzug.
Beisp. Hell. 2, 3, 15 ἐγὼ καὶ σὺ πολλὰ καὶ εἴπομεν καὶ ἐπρά-
ξαμεν. Eur. Alc. 405 ἐγὼ καὶ σφὼ πεπλήγμεϑα. 661 σὺ χῇ τεκοῦσ᾽
ἠλλαξάτην (s. hiezu §. 87 A. 7. und vgl. Pl. legg. p. 753 a. 888 b. σὺ καὶ
οἱ σοὶ φίλοι — ἔσχετε) 2c.
    Anm. 3. Wenn alle Subjekte Neutra Plur. sind, so versteht es sich,
daß das Präd. im Singular stehn bleibt. Ja dasselbe geschieht auch, obwohl
selten, bei Substantiven verschiedenen Geschlechts, wenn es lauter abstrakte
oder unpersönliche Gegenstände sind; z. B. Jl. ρ, 386 γούνατά τε κνῆ-
μαί τε πόδες τε — χεῖρές τ᾽ ὀφϑαλμοί τε παλάσσετο. Pl. Symp. p. 188
πάχναι καὶ χάλαζαι καὶ ἐρυσίβαι (Mehlthau) γίγνεται. Vgl. A. 4.

5. Nichts ist indessen gewöhnlicher, als daß bei mehren Subjekten das Prädikat sowohl in Hinsicht auf die Person als den Numerus nach Einem, und zwar dem zunächststehenden Subjekte sich richtet, also auch im Singular steht, wenn dieses im
Sing. 2c. Vorzüglich geschieht dies, wenn das Prädikat vorangeht. Vgl. unten 10.
Beisp. Statt 1. plur.: Eur. Med. 1010 ταῦτα γὰρ ϑεοὶ κἀγὼ
κακῶς φρονοῦσ᾽ ἐμηχανησάμην. — Statt 2. plur.: Mem. 4, 4, 7 οὔτε
σὺ οὔτ᾽ ἂν ἄλλος οὐδεὶς δύναιτ᾽ ἀντειπεῖν. — Statt 3. plur.: Eur.
Suppl. 144 Τυδεὺς μάχην ξυνῆψε Πολυνείκης ϑ᾽ ἅμα. Thuc. 1, 29
ἐστρατήγει δὲ τῶν νεῶν Ἀριστεὺς καὶ Καλλικράτης καὶ Τιμάνωρ. Jl. π.
844. etc. Vergl. hiezu §. 143, 3. beim Relativ.
    Anm. 4. (Text 2.) Bei vorangestelltem Prädikat (oder Copula) ist
dies so gewöhnlich, daß auch wenn das zunächststehende Subst. ein Plural
ist, oder lauter Plurale folgen, das Verbum doch im Singular stehen
kann. Vgl. hiezu den Gebrauch in Anm. 6.
    Beisp. An. 5, 10, 10 ἦν δὲ ὑπὲρ ἥμισυ τοῦ στρατεύματος Ἀρκάδες
καὶ Ἀχαιοί. — Pl. Rep. p. 463 ἔστι καὶ ἐν ταῖς ἄλλαις πόλεσιν ἄρχοντές
τε καὶ δῆμος. — p. 363 παρακελεύονται οἱ πατέρες υἱέσιν, ὡς χρὴ δίκαιον εἶναι, ἵνα γίγνηται αὐτοῖς ἀρχαί τε καὶ γάμοι καὶ ἄλλα τοιαῦτα. cf. Euthyd. p. 302 c. Herod. 5, 12 (ἦν Πίγρης καὶ Μαντύης, ἄνδρες Παίονες), und mehr Beisp. bei Ast zu Pl. Rep. p. 363.
    Anm. 5. Völlig dichterisch ist der Gebrauch, der nach dem Dichter
Alkman das Schema Alcmanicum genannt wird, daß das zu mehren singularischen Gegenständen gehörige Prädikat zwar nach der Regel im Plural
(Dual) steht, dennoch aber gleich dem ersten Subjekt, obwohl dies ein
Singular ist, beigegeben wird.
    Beisp. Od. κ, 513 ἔνϑα μὲν εἰς Ἀχέροντα Πυριφλεγέϑων τε ῥέου-
σιν Κώκυτός τε. Jl. ε, 774 ἧχι ῥοὰς Σιμόεις συμβάλλετον ἠδὲ Σκά-
μανδρος. υ, 138 εἰ δέ κ᾽ Ἄρης ἄρχωσι μάχης ἢ Φοῖβος Ἀπόλλων.
    Anm. 6. (3.) Einige Dialekte erlauben sich auch mit einzelnen
maskulinischen und femininischen Pluralen sachliches Gegenstände den Singular zu verbinden, welche Eigenheit man von Pindars Gebrauch (z. B.
Ol. 10, 5 μελίγαρυες ὕμνοι — τέλλεται) Schema Pindaricum oder Boeo-
ticum zu nennen pflegt. S. Hes. scut. 113. 245. 254. und vgl. Göttl.
zu Theog. 791. Boeckh zu Pind. Ol. 8, 8. Analoger (vgl. Anm. 4) sind

die Fälle wo das Verbum vorausgeht, wie Eurip. Bacch. 1348 δέ-
δοκται, πρέσβυ, τλήμονες φυγαί, oder in dem hesiodischen τῆς δ' ἦν
τρεῖς κεφαλαί (s. jedoch hiezu Note 4 zu S. 223). In dieser Voranstellung
wurde dann insbesondere ἔστι und ἦν auch in Prosa gebräuchlich (vgl.
das franzöf. *il est des hommes*), z. B. Her. 1, 26 ἔτι δὲ μεταξὺ τῆς πόλιος
καὶ τοῦ νηοῦ ἑπτὰ σάδιοι. S. noch 7, 34. Pl. Gorg. p. 500 d (beim
Dual), und vgl. die Beisp. in Anm. 4. Hieraus entstand die gewöhnliche
Redensart ἔσιν und ἦν οἵ ꝛc., worüber s. §. 150 n. 21.

6. (5.) Was den griech. Dualis betrifft, so kann jeder Satz,
der von zweien spricht, nicht nur ganz in den Plural gestellt sein,
sondern es kann in demselben auch dem Subjekt im Dual das Verbum im Plural beigefügt werden; wenn mehre Prädikate sind, so
können sie wieder, nach dem Bedürfnis des Wohlklangs, zwischen
beiderlei Formen abwechseln.

Beisp. Hom. Jl. ε, 275 τὼ δὲ τάχ᾽ ἐγγύθεν ἦλθον, ἐλαύνοντ᾽
ὠκέας ἵππους. Mem. 1, 2, 18 Σωκράτει συνήσην, οὐ φοβουμένω, μὴ
ζημιοῖντο ὑπ᾽ αὐτοῦ. Jl. η, 279 μηκέτι, παῖδε φίλω, πολεμίζετε
μηδὲ μάχεσθον. cf. Hes. α. 402. 405. Soph. OC. 1435 οὔ μοι ζῶντί
γ᾽ αὖθις ἕξετον· μέθεσθε δ᾽ ἤδη, χαιρετόν τ᾽· οὐ γάρ μ᾽ ἔτι ἐσόψεσθε.

Anm. 7. (6.) Die unmittelbar zusammengehörigen Nominalformen
behaupten jedoch die nach §. 123 erforderliche Gleichförmigkeit, außer daß
1) den Zahlbegriffen δύο und ἄμφω selbst zuweilen auch Pluralformen
sich zugesellen (z. B. δυεῖν ἡμερῶν, ναυσὶν Λεσβίαις δυοῖν *), ἡμᾶς ἄμφω,
ἀμφοῖν ταῖς πολίεσσι Thuc. 5, 79), und 2) daß die Participial-Konstruction an der Freiheit des Verbi theilnimmt, z. B. Eurip. Alc. 903 δύο
δ᾽ ἀντὶ μιᾶς Ἅιδης ψυχὰς συνέσχεν ὁμοῦ, χθονίαν λίμναν διαβάντε
(s. §. 123, 4) cf. Od. σ, 65. X. Mem. 1, 2, 33. vgl. 2, 3, 18 wo auch das
Relativ im Plural auf einen Dual zurückweist.

Anm. 7 a. Der (sehr seltne) Fall, daß dem Subjekt im Plural
bei wirklich pluralischen Gegenständen das Prädikat im Dual beigefügt
ist, rührt vermuthlich daher, daß die Dualformen des Verbi in den ältesten
Zeiten noch Pluralbedeutung hatten (vgl. §. 33 A. 4). Die meisten der ho-
merischen Stellen lassen jedoch auch eine dualische Auffassung zu, und ver-
weisen wir wegen solcher Stellen wie Jl. δ, 452 (χείμαρροι συμβάλλετον),
Jl. ϑ, 185 sq. Od. ϑ, 48., ferner Hymn. Ap. 456 (ἧσθον τετιηότες), Pind.
Ol. 2, 87 (γαρύετον), auf die Erörterung in der ausführl. Sprachlehre §. 87
Anm. 1. Den späteren Epikern ist der Gebrauch nicht abzusprechen, s. ausf.
Spr. ebb., Lehrs quaest. epp. p. 319.

7. Wenn das Prädikat ein Adjektiv ist, so richtet sich das
Genus desselben nach dem Subjekt: ὁ παῖς ἐςι καλός.

8. (6.) Hievon ist eine sehr gewöhnliche Ausnahme, daß wenn
das Subjekt (mag es ein Mask. oder Fem., ein Sing. oder Plural
sein), als eine Sache soll aufgefaßt werden, oder wenn man den
Begriff Ding (χρῆμα, κτῆμα) oder etwas (τι) hinzudenken kann,
das Adjektiv im Neutr. Singularis steht.

Beisp. ἡ ἀρετή ἐςιν ἐπαινετόν die Tugend ist lobenswerth. —
Jl. β, 204 οὐκ ἀγαθὸν πολυκοιρανίη· εἷς κοίρανος ἔςω. — Eur. Med.

---

*) Elmsley's Behauptung (zu Oed. C. 531), daß die Dualform δυοῖν
bei Att. niemals mit einer Pluralform sich verbände, läßt sich ohne willkürliche Aenderung vieler Stellen nicht aufrecht erhalten. S. noch Dem. 5, 23.
Eur. Hel. 571. u. vgl. Poppo zu Thuc. 5, 84. Ellendt zu Arr. 4, 3, 1.

1095 οἵ γ᾽ ἄτεκνοι, εἴθ᾽ ἡδὺ βροτοῖς, εἴτ᾽ ἀνιαρὸν παῖδες τελέθουσ᾽ (ἄπειροι). — Philem. fr. inc. 34 χαλεπὸν ἀκροατὴς ἀσύνετος. — Arist. Eccl. 236 χρήματα πορίζειν εὐπορώτατον γυνή. Plut. 203 ꝛc.

Anm. 8. Die Neutraladjektive οὐδέν und μηδέν erhalten ge= wöhnlich, wenn sie auf diese Weise prädikativ auf masfulinische oder fem. Subjekte sich beziehen, eine gewisse ethische Nebenbedeutung, wie Eur. Andr. 1077 οὐδέν εἰμι, d. h. ἀπωλόμην. Pl. Rep. p. 556 ἄνδρες οἱ ἡμέτεροι πλούσιοί εἰσιν οὐδέν sind nichts nütze *). In Verbindungen, die einen an= bern Kasus erforderten, können dieselben sogar wie indeclinabilia unver= ändert stehen bleiben, z. B. Eur. Heracl. 168 γέροντος οὔκενα, τὸ μηδὲν ὄντος. cf. Thuc. 8, 5. Luc. Pisc. 25.

Anm. 8a. Die Neutra ber comparativen Begriffe mehr und we= niger: πλέον, πλεῖν, μεῖον, ἔλαττον, werden gleichfalls oft wie Indekli= nabilia behandelt, jedoch nur wenn sie im attributiven Verhältnisse stehen, z. B. Hell. 7, 1, 20 τριήρεις πλέον ἢ εἴκοσιν. Cyr. 2, 1, 6 ἱππέας (ἄγεις) μεῖον ἢ τὸ τρίτον μέρος τοῦ τῶν πολεμίων ἱππικοῦ. Thuc. 6, 95 ἐπράθη ταλάντων οὐκ ἔλαττον πέντε καὶ εἴκοσι. Dagegen regelmäßig Cyr. 2, 5, 1 etc.

Anm. 9. Ist ein ganzer Satz ober ein Gedanke das Subjekt, worauf sich ein Adjektiv als Präb. bezieht (wo wir den Satz meist mit es beginnen), so steht das Adj. im Neutr. Sing.; also καλόν ἐςι θανεῖν ὑπὲρ τῆς πατρίδος. Doch ist ber Gebrauch nicht selten, daß das Adj. auch im Neutr. Pluralis steht. Vgl. hiezu die adj. verb. §. 134.

Beisp. Herod. 1, 91 τὴν πεπρωμένην μοῖραν ἀδύνατά ἐςι ἀπο= φυγέειν. Thuc. 1, 125 ἀδύνατα ἦν ἐπιχειρεῖν ἀπαρασκεύοις οὖσιν. Eur. Hec. 1240 ἀχθεινὰ μέν μοι, τἀλλότρια κρίνειν κακά. S. Phil. 524.

9. Die Regel, daß (a) das adj. Pronomen als Subjekt sich nach dem Genus des Prädikat=Substantivs richtet (lat. *hic* est pa= ter meus), gilt im allgemeinen auch für die griech. Sprache: οὗτός ἐςιν ἐμὸς πατήρ, da es ja streng genommen grammatisch unrichtig ist, wenn wir sagen: dies (statt: dieser) ist mein Vater. Wenn aber (b) das Pronomen, sei's als Subjekt oder als Prädikat, so auf einen Gegenstand hinweist, daß nicht der Gegenstand als sol= cher, sondern der Begriff, das Wesen desselben in Betracht kommt (genau: so etwas, das eben beschriebene, was für ein?), so steht das Neutrum wie im Deutschen und z. Th. auch im Lateinischen. Man unterscheide: τίς ἐστι πατήρ; und τί ἐστι πατήρ; und vgl. §. 143, 4.

Beisp. a) Pl. Crat. p. 428 ὀνόματος ὀρθότης ἐστὶν αὕτη, ἥτις ἐνδείξεται οἷόν ἐστι τὸ πρᾶγμα. Ebenso beim Prädikats=Akkusativ: Euthypr. in. οὗτοι δὴ Ἀθηναῖοι δίκην αὐτὴν καλοῦσιν, ἀλλὰ γραφήν. — b) Rep. 1. p. 336 τοῦτο ἐφάνη ἡ δικαιοσύνη ὄν als so etwas erschien

---

*) Diesem ethischen οὐδέν entspricht als Gegensatz entweder das neu. pl. πάντα, z. B. Dem. p. 660 πάντ᾽ ἦν Ἀλέξανδρος; auch mit dem Dativ (wie im Deutschen): p. 240 πάντ᾽ ἐκεῖνος ἦν αὐτοῖς. cf. Thuc. 8, 95. (Liv. 40, 11 Demetrius iis unus omnia est); oder das Neutr. Sing. von τὶς: εἶναί τι d. h. etwas sein, vorstellen, z. B. Pl. Apol. p. 41 ἐὰν δοκῶσί τι εἶναι μηδὲν ὄντες, ὀνειδίζετε αὐτοῖς. Vgl. §. 127 A. 7 und NT. Gramm. S. 100. 111. — Auch merke man die Redensart τὰ πρῶτα εἶναι mit folg. Gen. (praestare, excellere inter—): Her. 6, 100 Αἰσχίνης ἐὼν τῶν Ἐρε= τριέων τὰ πρῶτα. S. Wesseling.

die Gerechtigkeit Phaedr. p. 245 τοῦτό ἐστι πηγὴ καὶ ἀρχὴ κινήσεως dies,
d. h. das so eben beschriebene ist ꝛc. Phaed. p. 73 οὐκοῦν τὸ τοιοῦτο
ἀνάμνησίς ἐστι; Crat. 398 ὁ ἥρως τί ἂν εἴη; X. Mem. 3, 9, 8. 9 φθόνον σκοπῶν, ὅ, τι εἴη, λύπην τινὰ ἐξεύρισκεν αὐτὸν ὄντα· σχολὴν δὲ
σκοπῶν, τί εἴη, ἔφη cet. Vgl. im Lat.: nunc scio quid sit amor, Virg.;
quid dicam bonos, perspicuum est, Cic. Krüger lat. Gr. §. 430.

Anm. 10. Dagegen findet sich das Neutr. Plur. eines Demonstr.,
jedoch nicht ohne eine gewisse ethische Nebenbeziehung, selbst auf Personen bezogen; z. B. Eur. Andr. 168 οὐ γάρ ἐσθ᾽ Ἕκτωρ τάδε. Tro. 99
οὐκέτι Τροία τάδε. Thuc. 6, 77 οὐκ Ἴωνες τάδε εἰσὶν οὐδ᾽ Ἑλλησπόν-
τιοι καὶ νησιῶται, ἀλλὰ Δωριῆς.

10. Wenn zwei oder mehre Subjekte vorhanden sind,
und das Präd. ein Adjektiv ist, so gelten in Hinsicht auf das
Genus und den Numerus des letztern genau dieselben Regeln
wie im Lateinischen. Auch hier kann, wie beim Prädikatsver-
bum (ob. 5.) das Adjektiv formell bloß zu Einem der Subjekte
bezogen werden. Dasselbe findet dann auch im attributiven Verhältnis der Adjektiva (Participien ꝛc.) statt.

Beisp. Aesch. f. l. p. 43, 37 ἡ τύχη καὶ Φίλιππος ἦσαν τῶν ἔργων
κύριοι. Cyr. 3, 1, 7 ὡς εἶδε πατέρα τε καὶ μητέρα αἰχμαλώτους
γεγενημένους, ἐδάκρυσε; und so auch im gen. absol.; Her. 3, 119 πατρὸς καὶ μητρὸς οὐκέτι μὲν ζωόντων. Jl. ε, 891 αἰεὶ γάρ τοι ἔρις τε
φίλη πόλεμοί τε μάχαι τε. Sogar auf das entferntere bezogen, wenn es
dem Sinne nach mehr zu jenem paßt: Thuc. 8, 63 ἐπύθετο Στρομβιχίδην
καὶ τὰς ναῦς ἀπεληλυθότα. Jl. β, 136. Vgl. das Beispiel aus Thuc.
1, 54. in §. 147 unt. κατά.

Anm. 11. Sonst steht nach mehren einzeln genannten Gegenständen,
die entweder alle, oder zum Theil Sachen sind, das Präd. am gewöhnlichsten im Neutr. Plur. Z. B. Her. 2, 132 (ἡ βοῦς) τὸν αὐχένα καὶ τὴν
κεφαλὴν φαίνει κεχρυσωμένα. — Mem. 3, 1, 7 λίθοι τε καὶ πλίνθοι καὶ
ξύλα καὶ κέραμος ἀτάκτως ἐῤῥιμμένα οὐδὲν χρήσιμά ἐςιν. — ib. 3, 7, 5
αἰδῶ καὶ φόβον ὁρᾷς ἔμφυτα ἀνθρώποις ὄντα. Her. 3, 57 extr.

11. (3.) Noch ein Fall ist übrig, wo die grammatische Kon-
gruenz zwischen Subj. und Präd. gestört wird, wenn nehmlich der
Sinn die grammatische Genauigkeit überwiegt; d. h. wenn entweder a) bei collektivischen Begriffen im Sing. das Prädikat im
Plural steht; oder b) wenn das Prädikat nicht nach dem grammatischen sondern dem natürlichen Genus des Subjekts sich
richtet. Dies wird die

　　constructio κατὰ σύνεσιν oder ad sensum

genannt, ein wichtiger Theil der griech. Syntax, dessen Anwendung
sich auch auf andere Gebiete derselben (bes. Relativ- und Participialsätze) erstreckt.

Beisp. a) ὡς φάσαν ἡ πληθύς Hom., so sprach die Menge. An.
1, 7, 4 τὸ πλῆθος ἐπίασιν. Thuc. 5, 60 τὸ ϛρατόπεδον ἀπεχώρουν
καὶ διελύθησαν ἐπ᾽ οἴκου *); und ebenso bei Pronominibus, f. die Beisp.
§. 143, 5, b. — b) τὸ μειράκιόν ἐςι καλός. Pl. Phaedr. p. 240 ἄγα-
μον, ἄοικον τὰ παιδικὰ ἐραςῆς εὔξαιτ᾽ ἂν γενέσθαι. Daher im attributiven Verhältnis φίλε τέκνον Od. β, 363. ο, 125. Am gewöhnlichsten tritt

---

*) Vgl. ib. 4, 32. 57. etc. Sogar als Genitivi absoluti: τοῦ στόλου
— πλεόντων in einem Zeugnisse bei Demosth. (Mid. p. 569).

dieſer Fall ein in Participialconſtructionen: Od. ζ, 156 σφίσι ϑυμὸς ἰαίνε-
ται, λευσσόντων (Gen. abs. ſt. λεύσσουσι) τοιόνδε ϑάλος (sc. Ναυσικάαν)
χορὸν εἰσοιχνεῦσαν. Thuc. 4, 15 ἔδοξεν, τὰ τέλη (magistratus) κα-
ταβάντας ἐς τὸ ςρατόπεδον βουλεύειν παραχρῆμα. cf. 4, 88. Pl. Lach.
p. 180 τὰ μειράκια πρὸς ἀλλήλους διαλεγόμενοι ϑαμὰ ἐπιμέμνηνται
Σωκράτους καὶ σφόδρα ἐπαινοῦσιν; und bei Umſchreibungen mit dem Genitiv, ſo daß das Präbifat das Genus des im Genitiv liegenden Hauptbe-
griffs annimmt: Rep. p. 365 τὸ τῶν ϑηρίων (b. i. τὰ ϑηρία) ἐλευϑερώ-
τερά ἐςιν. Jl. β, 459 ὀρνίϑων ἔϑνεα πολλὰ — ἀγαλλόμεναι (Bekk. -να)
πτερύγεσσιν. — Ebenſo beim Relativ (βίη Ἡρακληείη, ὅς cet.) §. 143, 5, c.

Anm. 12. Aus dem pluraliſchen Subjekte ſondert ſich häufig ein col-
lektiviſcher Pronominalbegriff, wie ἕκαςος, ἄλλοϑεν ἄλλος (§. 150 n. 12) ꝛc.
heraus, der dann, wenn das Subjekt nicht weiter ausgedrückt wird, zum
Präbifat im Plural ohne Veränderung tritt: z. B. Od. α, 424 δὴ τότε
κακκείοντες ἔβαν οἰκόνδε ἕκαςος. Jl. ι, 311 ὡς μή μοι τρύζητε πα-
ρήμενοι ἄλλοϑεν ἄλλος. Pl. Charm. p. 153 ἠρώτων δὲ ἄλλος ἄλλο.

Anm. 13. (4.) In der Anrede an mehre wird oft, namentlich bei
Dichtern, nur die Hauptperſon genannt, und das Verbum ſteht dabei im
Plural: Soph. Phil. 466 ἤδη, τέκνον, ςέλλεσϑε; Hes. α. 327. 350. (cf.
Virg. Aen. 9, 525 vos, o Calliope, precor). Und umgekehrt ſtehn, wenn
wirklich die Mehrzahl genannt und angeredet wird, doch die Singulare der
Imperativs: εἰπέ, ἄγε, φέρε, ἰδέ (§. 115 A. 7): Arist. Pac. 383 εἰπέ
μοι, τί πάσχετ᾽, ὦνδρες. Dem. Phil. 1. p. 43. Xen. Apol. 14 ἄγε δὴ
ἀκούσατε τὰ ἄλλα. Ferner kann, analog dem Fall in der vorigen Anm.,
zur 2. Perſon des Imperativ ein Pron. wie τίς, πᾶς, πᾶς τις hinzutreten,
ohne weitere Aenderung der Perſon, beſonders im ſceniſchen Dialog;
z. B. Ar. Av. 1186 χώρει δεῦρο πᾶς ὑπηρέτης· ἄϑρει δὲ πᾶς κύκλῳ
σκοπῶν. Eur. Rhes. 683 ἴσχε πᾶς τις. Vgl. Bacch. 346., wo beide Perſonen abwechſeln.

Anm. 14. (5.) Wenn die einzelne Perſon (wie beſonders in der Tragödie oft geſchieht) von ſich im Plural redet, ſo iſt zu merken, daß auch bei
einer weiblichen Perſon dann immer das Präbifat oder andere beklinirbare Beſtimmungen im Maſkul. Plur. ſtehn. So ſagt Elektra bei Soph.
El. 391 πεσούμεϑ᾽, εἰ χρή, πατρὶ τιμωρούμενοι. Klytämneſtra in Eur.
IA. 823 οὐ ϑαῦμά σ᾽ ἡμᾶς ἀγνοεῖν, οἷς μὴ πάρος προςῆκες. cf. Alc. 383.
Wenn hingegen dieſe Beſtimmungen wieder in der Singularform ſtehen,
ſo tritt das natürliche Genus ein: Herc. fur. 858 ἥλιον μαρτυρόμεσϑα
δρῶσ᾽, ἃ δρᾶν οὐ βούλομαι. Iph. Aul. 980 οἰκτρὰ πεπόνϑαμεν, ἣ —
οἰηϑεῖσα — κενὴν κατέσχον ἐλπίδα.

12. (4.) Wenn die Copula (εἶναι, γίγνεσϑαι, καλεῖσϑαι u. a.)
näher beim Präbifat ſteht als beim Subjekt, ſo nimmt ſie auch wol
den Numerus des Präbifats an. Vgl. §. 143, 4.

Beiſp. Herod. 6, 112 ἦσαν δὲ ςάδιοι οὐκ ἐλάσσονες τὸ μεταίχ-
μιον αὐτῶν ἢ ὀκτώ. Thuc. 4, 102 οἱ Ἀϑηναῖοι ἔκτισαν τὸ χωρίον,
ὅπερ πρότερον Ἐννέα ὁδοὶ ἐκαλοῦντο. Her. 2, 15 τὸ πάλαι αἱ Θῆβαι
Αἴγυπτος ἐκαλέετο. Beiſp. mit dem Part. (ὤν) ſ. §. 143, 4.

13. (Anm. 7.) Das Präbifat kann auch durch ein Adverbium ausgedrückt werden, wenn entweder das zum Adverbialbegriff
gehörige Adjektiv in der Sprache nicht vorhanden iſt (vgl. oben
Subſt. §. 125, 7), oder das Adverbium mit der Copula zu Einem
Begriff verſchmilzt, oder wenn εἶναι den nachdrücklicheren Sinn
daſein, ſich verhalten hat. Solche Adverbia ſind: ἅλις, σῖγα,

ἀκήν (Hom.), ἑκάς, ἐγγύς oder ἐγγύθεν, πλησίον, δίχα, χωρίς, παραπολύ (Pl. Apol. p. 36) u. a.
  Beisp. οἱ πολέμιοι ἐγγὺς, χωρὶς ἦσαν, ἐγγύτερον ἐγίγνοντο Xen.
αἱ γνῶμαι ἐγίνοντο δίχα (waren getheilt) Herod. σῖγα πᾶς ἔξω λεώς Eur.
Hec. 532.; ferner die Prädikatbegriffe καλῶς, κακῶς, χαλεπῶς εἶναι z. B.
εἴ τι τῶνδ᾽ ἐξὶν καλῶς (sich gut verhält) ib. 732. ὀρθῶς ἐστι Pl. Euthypr. in., vgl. Stallb. z. b. St.

14. (7.) Daß das in den neuern Sprachen durch die Pronomina Substantiva (ich, du, er, es ꝛc.) bezeichnete Subjekt gewöhnlich nicht ausgedrückt wird, s. §. 127, 3.

Anm. 15. (8.) Dem ausgelassenen, aber in der Endung des Verbi
liegenden Pronomen kann durch die Apposition noch etwas beigefügt werden, z. B. Eur. Andr. 413 ὦ τέκνον, ἡ τεκοῦσά σε στείχω πρὸς Ἅιδην
ich, die Mutter. cf. 1071. Luc. DD. 24, 2 ὁ δὲ Μαίας τῆς Ἀτλαντίδος
διακονοῦμαι αὐτοῖς. Man bemerke hiebei, daß wenn zu einem Pronomen
personale, auch wenn es nur im Verbo enthalten ist, der dadurch vertretene
oder bestimmter abgegränzte Begriff selbst noch hinzugesetzt wird, der Grieche
diesem den Artikel beifügt (vgl. §. 129a, 2): Anab. 4, 6, 16 ἐγὼ ὑμᾶς
ἀκούω τοὺς Ἀθηναίους δεινοὺς εἶναι κλέπτειν τὰ δημόσια. 3, 1, 46
αἱρεῖσθε οἱ δεόμενοι ἄρχοντας. 5, 5, 21 οἱ δ᾽ ἄλλοι σκηνοῦμεν ὑπαί-
θριοι. Ohne Artikel steht der Zusatz im prädikativen Verhältnis zum
Subjekt (übersetze: als ein solcher, weil wir — sind ꝛc.) z. B. Cyr. 3, 2,
15 ὀλίγα δυνάμενοι προορᾶν ἄνθρωποι περὶ τοῦ μέλλοντος, πολλὰ
ἐπιχειροῦμεν πράττειν. Eur. Med. 231. Vgl. Krüger zu Anab. 1, 7, 7.

Anm. 15a. Nach einem echt antiken Gebrauche kann statt des in der
Endung des Verbi liegenden Pron. der ersten Person der Name des Red-
ners oder Schriftstellers selbst, und zwar ohne Aenderung der Person,
zum Verbo hinzutreten, z. B. Thuc. 1, 137 Θεμιστοκλῆς ἥκω παρὰ σέ (cf.
Nep. Them. 9). Eur. Or. 1664 Φοῖβός σ᾽ ὁ Λητοῦς παῖς — καλῶ. Hel.
1644 ꝛc. Die andere Redeweise, nehmlich mit der Nennung seines eigenen
Namens die dritte Person zu verbinden, findet sich bei älteren Griechen
meist nur in Eingängen zu Schriften, Dokumenten ꝛc., gleichsam die Ueber-
schrift vertretend, muß jedoch im weitern Verlauf der Darstellung alsbald
der natürlicheren ersten Person weichen, z. B. Thuc. 1, 128 Παυσανίας ἀπο-
πέμπει καὶ — ποιοῦμαι (cf. Nep. Paus. 2). ib. 129. Hell. 5, 1, 31.
Herod. 3, 14 (var.). Demetr. Eloc. p. 12. Thuc. 1, 1. Die Fälle bei Dra-
matikern will Cobet (VL. 111. NL. 197) sämtlich emendiren. Mit der Xeno-
phontischen Anabasis als einem anonymen oder pseudonymen Schriftstück
(Hell. 3, 1, 2. Plut. Mor. p. 345) hat es eine andere Bewandnis.

15. (Anm. 8.) Wenn in einem (bei- oder untergeordneten)
Nebensatze dasselbe Subjekt wie im Hauptsatze ist, so wird es im
Nebensatze nicht besonders ausgedrückt. War es aber im Hauptsatz
in einem casu obliquo enthalten, so muß dem Nebensatze wenigstens ein stellvertretendes Pronomen als Subjekt beigegeben werden. Aber auch dies wird nicht selten, wenn keine Undeutlichkeit
entsteht, vernachlässigt, um das Schleppende solcher Verbindungen
zu vermeiden. Dasselbe geschieht in mehren verbundenen Relativsätzen, worüber s. §. 143, 7. 8.
  Beisp. Pl. Rep. p. 533 ταύτας τὰς τέχνας ἐπιςήμας μὲν πολλάκις
προσείπομεν, δέονται δὲ (sc. αἱ τέχναι) ὀνόματος ἄλλου. — X. An. 3, 3, 5
(οἱ πολέμιοι) διέφθειραν τὸν Νίκαρχον, καὶ ᾤχετο ἀπιών (sc. ὁ Νίκ.).
Vgl. noch den §. 151, I. 6 behandelten syntaktischen Gebrauch in abh. Sätzen,

deren Subjekt dem Hauptsatz als Objekt beigegeben wird und dann im
Nebensatz nicht wiederholt werden darf.

Anm. 16. Zuweilen muß das Subjekt des Nebensatzes aus einem
andern Worte im Hauptsatze erst supplirt werden, wie Herod.
9, 8 τὸν Ἰσθμὸν ἐτείχεον· καί σφι ἦν πρὸς τέλεϊ (sc. τὸ τεῖχος). Aehnlich beim
gen. absol.: Thuc. 8, 40 τειχιζομένου τοῦ Δελφινίου καὶ ἀτελοῦς ὄντος
(sc. τοῦ τείχους). Vgl. noch oben Anab. 3, 3, wo das Subj. οἱ πολέμιοι
erst aus dem vorhergehenden ἐν τῇ πολεμίᾳ zu ergänzen war. Oec. 21, 12.

16. (8.) Das Subjekt-Wort wird auch dann ausgelassen,
wenn das Verbum die gewöhnliche Handlung eines dazu bestimmten Subjekts ist. Solche Verba sind σαλπίζει oder σημαίνει (sc.
ὁ σαλπιγκτής), θύει (sc. ὁ θυτήρ), ἐκήρυξε (sc. ὁ κῆρυξ), οἰνο-
χοεύει (sc. ὁ οἰνοχόος), ἀναγνώσεται ὑμῖν beim Demosth. (sc. ὁ
ἀναγνώςης), und beim Herodot auch von andern gewöhnlichen Ge-
schäften bei Opfern, Jagen ꝛc.
Beisp. An. 3, 4, 36. 1, 2, 17.. Dem. Lept. p. 465. Hom. Od.
ψ, 142. Herod. 2, 47. 70. u. vgl. unten Anm. 17.

17. (9.) Eben dies geschieht, wo wir „es" sagen, und eine
Wirkung der Natur oder der Umstände meinen, z. B. ὕει es regnet
(obwohl die Griechen auch sagen ὁ Ζεὺς oder ὁ θεὸς ὕει).
Beisp. προσημαίνει es kündigt sich an (z. B. in der Luft), συσκοτάζει (sc. ἡμέρα) es wird dunkel Xen., ἔσεισε es war ein Erdbeben Thuc.,
πρόσω τῆς νυκτὸς προελήλατο Herod. 9, 44., ἐδήλωσε δέ und so zeigte
sichs auch (Mem. 1, 2, 32), ἐς τόδ᾽ ἦλθε, ἥκει, προύχώρει, ἀφίκτο (Dem.
4, 41. Thuc. 7, 75) es ist dahin gekommen u. s. f.

18. (10.) Was man Impersonalia im eigentlichen Sinne,
d. h. Verba, die nie weder eine Person noch überhaupt ein Nomen
zum Subjekte haben, nennet, ist von anderer Art; bei diesen ist das
Subjekt nicht, wie in den eben erwähnten, im Dunkeln gelassen,
sondern die Handlung, worauf sie sich beziehn, sie sei durch einen
Infinitiv oder andern abhängigen Satz ausgedrückt, ist das wahre
Subjekt solcher Verba. Z. B. ἔξεσί μοι ἀπιέναι d. h. τὸ ἀπιέναι
ἔξεσί μοι es steht mir frei wegzugehn. Von dieser Art sind δεῖ,
χρή, ἀπόχρη, δοκεῖ, πρέπει es ziemt, ἐνδέχεται es ist möglich, oder
Redensarten wie ἔχει λόγον consentaneum est, u. a. m. Daß diese
zum Theil auch personale Konstructionen zulassen wie: ὀρθό-
τατα νῦν μοι δοκεῖς εἰρηκέναι Plat., darüber s. im Zusammenhange
§. 151. I, 7.

19. (11.) Das deutsche man wird am gewöhnlichsten nach
§. 127, 3 durch das Pron. τις ausgedrückt; in gewissen Fällen wie
im Lat. auch durch die zweite Person, z. B. φαίης ἄν dixeris oder
diceres man möchte sagen, oder durch die 3. plur. des Aktivs, wie
in φασί, καλοῦσι, ὀνομάζουσι u. a.; am seltensten (und eigentlich
nur bei λέγεται) durch die 3. sing. des Passivs.
Beisp. S. Trach. in. οὐκ ἂν αἰῶν᾽ ἐκμάθοις βροτῶν, πρὶν ἂν
θάνῃ τις, οὔτ᾽ εἰ χρηστὸς οὔτ᾽ εἴ τῳ κακός sc. ὁ αἰών. Mem. 2, 2, 1
τοὺς εὖ παθόντας, ὅταν χάριν μὴ ἀποδῶσιν, ἀχαρίστους καλοῦσιν.
Is. Demon. p. 10 μηδενὶ χρῶ πονηρῷ· ὧν γὰρ ἂν ἐκεῖνος ἁμάρτῃ, σοὶ
τὰς αἰτίας ἀναθήσουσιν. Plut. Apophth. p. 185 Ἀδειμάντου εἰπόν-
τος· Ὦ Θεμιστόκλεις, τοὺς ἐν τοῖς ἀγῶσι προεξανισταμένους μασιγοῦσι·

Ναὶ, εἶπεν ὁ Θεμ., τοὺς δὲ λειπομένους οὐ ϛεφανοῦσιν. — Wo die 3. sing. des Pass. so gebraucht zu sein scheint, ist, wie auch bei *λέγεται*, überall das Subjekt entweder der davon abhängige Satz, oder nach Art der vorigen Abschnitte ein unbestimmter neutraler Begriff (es), niemals aber eine allgemein gehaltene Anzahl von Personen (man), z. B. Thuc. 1, 93 *ὑπῆρκτο τοῦ Πειραιῶς* b. h. es war der Anfang gemacht worden mit dem Bau des P., cf. 1, 46. Hell. 1, 3, 20 *ἐπεὶ αὐτοῖς παρεσκεύαστο* (nehml. das Nöthige), Cyr. 1, 4, 26 *καὶ Κῦρον αὐτὸν λέγεται σὺν πολλοῖς δακρύοις ἀποχωρῆσαι.* Die den Lateinern geläufige Art, auch von intransitiven Verbis sich des Pass. zu bedienen (itur, ventum est) fehlt im Griech. gänzlich.

Anm. 17. (9.) Das Wort *τὶς* kann auch ausgelassen, und also die 3. sing. allein gesetzt werden, wenn man sich unter dem Begriff man entweder 1) die Person denkt, der die Handlung zukommt (vgl. ob. 16.) z. B. *τὸν λαμπτῆρα προϛενεγκάτω* „man bringe die Laterne her" Xen. Symp. 5, 2. cf. 2, 21; oder 2) das unbestimmt gelassene Subjekt eines vorhergehenden Verbi, namentlich des Infinitivs (vgl. §. 140, 1. Schöm. Redeth. p. 46 Not.), z. B. Pl. Meno. p. 97 *οὐκ ἔϛιν ὀρθῶϛ ἡγεῖσθαι, ἐὰν μὴ φρόνιμος ᾖ* wenn man nicht verständig ist. Vgl. p. 79a. Euthyd. 289b. und Theaet. 176b oben in §. 26 A. 3. Der Lat. würde hier überall die 2. sing. gesetzt haben.

20. (12.) Auch die Copula kann ausgelassen werden, besonders in allgemeinen Sentenzen und sprichwörtlichen Redensarten, daher am gewöhnlichsten, wenn sie im Präs. Indik. und in den dritten Personen (sing. oder plur.) stehen sollte, sonst aber nur, wenn durch den unmittelbaren Zusammenhang oder durch andere Satztheile die Form der zu ergänzenden Copula hinlänglich angedeutet ist.

Beisp. *Ἕλλην ἐγώ.* — Pl. Rep. p. 331 *Σιμωνίδῃ οὐ ῥᾴδιον ἀπιϛεῖν· σοφὸς γὰρ καὶ θεῖος ὁ ἀνήρ.* Soph. fr. 92 *φίλου κακῶς πράξαντος ἐκποδὼν φίλοι.* Eur. Or. 724 *κοινὰ τὰ τῶν φίλων.* 780 *σιγᾶν ἄμεινον.* Pl. Phaedr. p. 238 *τούτων μέντοι σὺ αἴτιος.* — Auslassung des Imperativs: S. OC. 1480 *ἵλαος, ὦ δαίμων.* Cyr. 7, 5, 72 *τοῖς θεοῖς μεγίϛη χάρις* (sc. ἔϛτω), *ὅτι ἔδοσαν ἡμῖν ταῦτα*; des Imperfekts Thuc. 4, 40, 2., des εἶναι beim Dativ id. 2, 45., des Konjunktivs in Relativsätzen §. 143, 9. S. die Beisp. aus Homer, bei dem diese Auslassung auch in abhängigen Sätzen nicht selten ist, in Lehrs Arist. p. 380 ff.

Anm. 18. (10.) Einige Wörter werden vorzugsweise in dieser elliptischen Art konstruirt; so die Substant. *ἀνάγκη, χρεών, θέμις, καιρός, ὥρα*; das part. neu. *εἰκός*; die Adjekt. *ἕτοιμος, φροῦδος, αἴτιος, ῥᾴδιος, χαλεπός, δῆλος, οἷόϛτε* u. a., die Redensarten *θαυμαϛὸν ὅσον, ἀμήχανον ὅσον* (§. 150 n. 8), *οὐδὲν οἷον* (eb. n.11.) und die Neutra der Adjectiva Verb. auf *τέον* oder (Plur.) *τέα.*

Beisp. *τοῖς ἄρχουσι πείθεσθαι ἀνάγκη* Xen. — *οὐ τὸ μὴ λαβεῖν τὰ ἀγαθὰ οὕτω χαλεπὸν, ὥσπερ τὸ λαβόντα ϛερηθῆναι λυπηρόν* Cyr. 7, 5, 82. *φροῦδα πάντα* alles ist dahin Luc. 11, 24. *φροῦδος πρέσβυς, φροῦδοι παῖδες* Eur. Hec. 161. *κἀγὼ πάσχειν ὁτιοῦν ἕτοιμος* Dem. Phil. I, 29., sogar ohne *ἐγώ* Pl. Parm. p. 137. Luc. Cat. 10.; *τοῦτο ποιητέον*; auch in Relativ- und ähnlichen Sätzen: Rep. p. 392 *τοῦτο νῦν σκεπτέον, καὶ ἡμῖν ἅ τε λεκτέον καὶ ὡς λεκτέον ἐσκέψεται.*

Anm. 19. Unstatthaft ist im Griech. die Auslassung der Copula beim Particip, so daß dieses fürs verb. fin. stünde, und es müssen daher die etwa vorkommenden Fälle anders interpretirt werden; vergl. §. 151, IV 5 und 9. Matth. Gr. §. 560 Anm., Lehrs Arist. p. 385. Nur die partic.

neutr. der Impersonalia stehn zuweilen (als Abjektivbegriffe, wie oben εἰκός) mit Auslassung von ἐστί statt ihrer Indikative. So z. B. ξυμφέρον (= ξυμφέρει) Thuc. 3, 44., δέον Dem. Ol. III. in., πρέπον Lept. 8. Thuc. 3, 59. al. — Ueber die nicht ungewöhnliche Auslassung des Particips von εἶναι selbst jedoch s. §. 144 Anm. 7. und vgl. §. 145 Anm. 10, 2.

Von den Kasus.

§. 129 a. Nominativ und Vokativ.

1. Der Nominativ benennt die Gegenstände und ist daher der natürlichste Kasus des Subjekts im selbständigen Satze. Der Vokativ unterscheidet sich nur darin vom Nominativ, daß er sie anruft und anredet, daher er auch der Form nach wenig, oft gar nicht von ihm verschieden ist. In der Regel hat er die Inter= jektion ὦ vor sich.

Anm. 1. Dichterisch wird zuweilen, wenn ein Subst. im Vokativ mit einem Abjektiv verbunden ist, ὦ zwischen beide Begriffe, auch wol zweimal gesetzt; z. B. Jl. ϱ, 716 ἀγακλεὲς ὦ Μενέλαε. Eur. Or. 1245 Μυκηνίδες ὦ φίλαι. Soph. Phil. 799 ὦ τέκνον ὦ γενναῖον.

2. Appositionsbestimmungen zum Vok., seien sie durch ein Substant., oder ein substantivirtes Adj. oder Particip ausgedrückt, erhalten den Artikel. Dasselbe geschieht (nach §. 129 A. 15), wenn zu der mit σύ (oder ὑμεῖς) angeredeten, oder auch zu der im Verbo liegenden nicht besonders ausgedrückten Person, Appositions= bestimmungen treten.

Beisp. Pl. Hipp. maj. in. Ἱππίας, ὁ καλός τε καὶ σοφός, ὡς διὰ χρόνου ἡμῖν κατῆρας εἰς Ἀθήνας. Cyr. 6, 3, 33 σὺ δὲ, ὁ ἄρχων τῶν ἀνδρῶν, ὅπισθεν ἐκτάττου· ὑμεῖς δὲ, οἱ ἡγεμόνες cet. Mem. 3, 14, 4 παρατηρεῖτε τοῦτον, οἱ πλησίον. Pl. Symp. p. 172 ὁ Φαληρεὺς οὗτος Ἀπολλόδωρος, οὐ παραμενεῖς; Aehnlich selbst bei Anfügungen mit καί: Cyr. 3, 3, 20 ὦ Κῦρε καὶ οἱ ἄλλοι Πέρσαι, ἐγὼ ἄχθομαι cet. — Dagegen Soph. OC. 1700 ὦ πάτερ, ὦ φίλος, ὦ τὸν ἀεὶ κατὰ γᾶς σκότον εἱμένος· Aj. 977 ὦ φίλτατ' Αἴας, ὦ ξύναιμον ὄμμ' ἐμοί stehen nicht im Appositionsverhältnis, sondern sind doppelte Anrufungen.

Anm. 2. Durch eine Art von Attraktion oder Assimilation findet man bei griechischen (auch römischen) Dichtern zuweilen eine Prädikatsbe= stimmung in dem Satze, der dem Ausruf unmittelbar folgt, im Vokativ statt im Nom., wodurch dieser Satz und der Ausruf völlig in einander verschmelzen, z. B. S. Philoct. 760 ἰὼ δύσηνε σύ, δύσηνε δῆτα διὰ πό- νων πάντων φανείς. Aj. 695 ὦ Πάν, ἁλίπλαγκτε Κυλλανίας ἀπὸ δει- ράδος φάνηθι. cf. Eur. Tro. 1229. Theocr. 17, 66. Hor. Serm. II, 6, 20. Virg. Aen. 9, 485.

Anm. 3. Daß nach einem Vok. der darauf folgende Satz oft durch δέ und andere abversative Partikeln scheinbar getrennt wird, s. §.149 n.9.

§. 130. (117)

Objekt. Casus obliqui. Auslassung des Objekts.

1. Der Gegenstand, an welchem sich eine Handlung äußert oder auf den sie sich bezieht, das Objekt, steht immer in einem

der drei Kasus Genitiv, Dativ, Akkusativ, welche daher die abhängigen Kasus, Casus obliqui, heißen.

2. Das nähere Objekt oder die nothwendige Beziehung
des Verbi transitivi steht gewöhnlich im Akkusativ: λαμβάνω τὴν
ἀσπίδα ich ergreife den Schild; das entferntere aber, welches
neben dem Akkusativ, und auch beim Intransitivo statt findet, wird
mit einer Präposition verbunden: λαμβάνω τὴν ἀσπίδα ἀπὸ τοῦ
πασσάλου ich nehme den Schild von dem Nagel, ἔϛηκα ἐν τῷ
ἐδάφει ich stehe auf dem Boden.

3. Von diesen ein entfernteres Objekt bildenden Beziehungen
werden die am häufigsten wiederkehrenden meistens durch einen bloßen Kasus ausgedrückt, wozu in den bekannteren alten und neueren
Sprachen hauptsächlich zwei Kasus, Genitiv und Dativ, gebraucht werden, z. B. er versicherte mich seines Wohlwollens,
ich gebe das Geld dem Manne.

4. Häufig bedienen sich jedoch die Sprachen beider Arten zugleich; z. B. im Deutschen: er sagte mir, und zu mir; ich werde
ihm oder an ihn schreiben. Wenn daher im Griechischen ein bloßer Kasus steht, wo andre Sprachen eine Präposition gebrauchen,
so muß man sich hüten, den Kasus durch eine etwa ausgelassene
Präpos. zu erklären, vielmehr annehmen, daß das Verhältniß, welches wir uns in solchen Fällen wol durch eine Präp. anschaulich
machen können, schon in dem Kasus enthalten sei.

5. Als ein allgemeiner Grundsatz beider alten Sprachen ist
es anzusehen, daß sie das Objekt, näheres und entferneres, so
oft der Gegenstand schon genannt ist, und die Beziehung darauf
durch das Verbum selbst hinreichend erhellet, nicht ausdrücken
(eben so wie in andern Fällen das Subjekt und das Possessivum, s. §. 129, 15. 127, 8), und dadurch die Menge der unsern
Sprachen so hinderlichen Pronomina vermeiden. Es wird genug
sein, mit Beifügung einiger Beispiele auf diesen Charakter der alten
Sprachen aufmerksam zu machen.

Beisp. Cyr. 1, 2, 12 ἐν ᾗ δ᾽ ἂν τῶν φυλῶν πλεῖϛοι ὦσιν ἀνδρικώ-
τατοι, ἐπαινοῦσιν οἱ πολῖται (sc. ταύτην). — Hell. 3, 4, 3 ἐπαγγειλαμένου
τοῦ Ἀγησιλάου τὴν στρατείαν (da A. sich zur Anführung des Feldzugs
erbot), διδόασιν οἱ Λακεδαιμόνιοι (sc. αὐτῷ) ὅσαπερ ᾔτησεν. — Athen. 8.
p. 339 ὃν ἦν ἴδῃ, τὰς χεῖρας οὐκ ἀφέξεται (sc. αὐτοῦ). — Rep. p.465
πρεσβυτέρῳ νεωτέρων πάντων ἄρχειν τε καὶ κολάζειν (sc. αὐτούς) προσ-
τετάξεται. — S. Antig. 901 θανόντος ἐγὼ ἔλουσα, κἀκόσμησα, κἀπι-
τυμβίους χοὰς ἔδωκα. Vgl. ib. 537. Dem. p. 426 οἱ δὲ πολλοὶ οὐχ ὅπως
(§. 150, 1) ὠργίζοντο ἢ κολάζειν ἠξίουν τοὺς ταῦτα ποιοῦντας, ἀλλ᾽ ἀπέ-
βλεπον, ἐζήλουν, ἐτίμων, ἄνδρας ἡγοῦντο. — Vgl. Zumpt §. 766 f.

Anm. 1. Wenn zwei verbundene Verba, insbesondere ein Participium mit seinem Verbum finitum, ein gemeinsames Objekt
haben, so setzt es der Grieche, auch wenn beide verschiedne Kasus regieren,
in der Regel nur einmal, gewöhnlich in dem Kasus den das zunächst
stehende Verbum erfordert.

Beisp. Jl. α, 356 ἑλὼν γὰρ ἔχει γέρας, αὐτὸς ἀπούρας. π, 406
ἕλκε δὲ δουρὸς ἑλών. Mem. 3, 4, 1 ὁ δὲ τὰς οὐλὰς τῶν τραυμάτων ἀπο-
γυμνούμενος ἐπεδείκνυεν. Hes. ε. 166 τοῖς δὲ (ἡμιθέοις) δίχ᾽ ἀνθρώπων

βίοτον καὶ ἦθε' ὀπάσσας, Ζεὺς Κρονίδης κατένασσε πατὴρ ἐς πείρατα
γαίης (sc. αὐτούς). Cyr. 2, 3, 17 Κῦρος εἶπε τοῖς ἑτέροις, ὅτι βάλλειν
δεήσοι ἀναιρουμένους ταῖς βώλοις, wo ταῖς β. zu βάλλειν gehört. Pl.
Crat. p. 404 λέγεται ὁ Ζεὺς τῆς Ἥρας ἐρασθεὶς ἔχειν.

Anm. 2. Es gibt ferner eine Anzahl Verba, bei denen die Auslassung eines Objektssubstantivs oder des Reflex. ἑαυτόν, ἐμαυτόν ꝛc.
fast herkömmlich geworden ist, z. B. ἄγειν sc. τὸ ϛράτευμα· προσάγειν sc.
ἑαυτόν. Indem nun die so gebrauchten Verba (deren Zahl durch die eigenthümliche Behandlung der Sprache von Seiten der einzelnen Schriftsteller,
Dichter wie Prosaiker, stets vermehrt wurde) nach und nach die Objektsbeziehung gleichsam in sich aufnehmen, können sie die transitive und intransitive Bedeutung vereinigen *).

Beisp. ἄγειν nebst Kompos. z. B. ἐξεχώρησε τῆς ὁδοῦ, προσάγον-
τος τοῦ τυράννου. Cyr. 3, 3, 57 ὁ μὲν ἤρξατο ἄγειν, οἱ δ' εἵποντο. —
αἴρειν nebst den Komp. ἀπαίρειν, ἀνταίρειν ꝛc. Thuc. 4, 103 ὁ Βρασίδας ἄρας ἐξ Ἀρνῶν, ἐπορεύετο. — βάλλειν z. B. in der Redensart
βάλλ' ἐς κόρακας, und in Kompos. wie εἰσβάλλειν vom Flusse (vgl. Jl.
λ, 722 εἰς ἅλα βάλλων), προσβάλλειν vom Angriff. — ἐλαύνειν veho
und vehor: Cyr. 1, 4, 20 ἐγὼ δὲ ἐπὶ τοῦσδε ἐλῶ· οὕτω δὴ ὁ Κυαξάρης
προσελαύνει. — ἔχειν (halten) z. B. ἔχε δή, καλῶς ἔχειν, nebst den Kompos., z. B. ἀνέχειν hervorragen, aufgehen; und viele andere, wie ὁρμᾶν,
τελευτᾶν, οἰκεῖν, δηλοῦν, ἁρμόζειν, λείπειν, ἀπολείπειν, ἐκλείπειν, κλίνειν, καθίζειν, bei Dichtern λήγειν, παύειν u. s. w. Von Compositis, deren
Simplicia nicht so vorkommen (s. die Note hier unten), merke man unter
andern: ἀπαλλάσσειν, X. Mem. 3, 13, 6 πῶς δὴ ἀπήλλαχεν ἐκ τῆς ὁδοῦ·
προσμίσγειν, Thuc. 7, 70 οἱ Ἀθ. προσέμισγον τῷ ζεύγματι; die von
διδόναι und ἰέναι z. B. ἐκδιδόναι, ἐξιέναι vom Flusse, ἐπιδιδόναι
zunehmen, κατορθοῦν Glück haben, siegen ꝛc.

Anm. 3. Die von einem Verbo abgeleiteten Substantive und
Adjektive verwandeln den Kasus des Verbi entweder nach der Regel
(§. 132, 13) in den Genitiv, oder sie machen eine Umschreibung nöthig. Zuweilen aber findet man bei den Griechen, mit eigner Kraft oder Kürze, nicht
nur den Dativ des Verbi auch dem Nomen zugesellt (vgl. §. 133, 2, b),
z. B. ἡ ἑκάϛῳ διανέμησις die Handlung, da man jedem etwas zutheilt,
πρὸς ἐπίδειξιν τοῖς ξένοις um es den Fremden zu zeigen; — sondern
auch den Akkusativ, in Prosa jedoch nur, wenn die Objektbestimmung
durch einen neutralen, abjektivischen oder pronominalen, Ausdruck gegeben
wird (womit der allgemeine §. 131, 8 behandelte Sprachgebrauch zu vgl.),
z. B. τὰ μετέωρα φροντιϛής, einer der überirdischen Dinge nachdenkt
(Plat. Apol. 2.) von φροντίζειν τι; Alcib. II. p. 141 ἀνήκοον εἶναι ἔνιά
γε χθιζά τε καὶ πρωΐζα γεγενημένα einiges neulich vorgefallene nicht gehört habeu (sonst immer ἀνήκοον εἶναί τινος); App. 4, 67 τὰ Ἑλληνικὰ
διδάσκαλος ein Lehrer des Griechischen. Ebenso ἐπιϛήμων (ἕκαϛα, τὰ
προσήκοντα Xen.) und bei Dichtern τρίβων, φύξιμος, ξυνίστωρ u. a. —
Insbesondre merke man daß das Adj. ἔξαρνος, wenn es in Verbindung
mit εἶναι oder γίγνεσθαι in die Bed. von ἀρνεῖσθαι (leugnen, ableugnen)
übergeht, dann auch wie solches konstruirt wird, d. h. entweder mit dem Inf.
(ἔξαρνός εἰμι ποιῆσαι) oder mit dem Objekts-Akkusativ, z. B. Pl. Euthyd.

---

*) Vgl. §. 113, 2 und Not. Man merke hiezu, daß auch durch die
Komposition sehr gewöhnlich transitive Verba intransitiv werden (z. B.
διδόναι, ἐκδιδόναι; teneo, pertineo; nehmen, zunehmen), aber auch umgekehrt intransitive transitiv (z. B. gehen, angehen; ire, adire; ἰέναι, εἰσιέναι
f. §. 133 Anm. 11a.); überhaupt eine strenge Scheidung zwischen transit. und
intrans. Verben grammatisch unausführbar ist (vgl. §. 131, 3).

p. 283 ὅπως μὴ ἔξαρνος ἔσει ἃ νῦν λέγεις. Charm. p. 158 ἔξαρνός εἰμι τὰ ἐρωτώμενα. Isae. 3, 21 τὴν μαρτυρίαν etc.

Anm. 4. Viele Verba können sowohl ein eigentliches Objekt, als, statt des Objekts, mittelst einer Konjunction einen andern Satz bei sich haben; daher findet man zuweilen beides neben einander bei Einem Verbo, z. B. καὶ χρήματα παρασκευάζονται καὶ φίλους, καὶ ὅπως ἂν ὦσιν ὡς πιθανώτατοι λέγειν Pl. Gorg. p. 479. — τῶν πολλῶν ἱκανῶς ἰδόντες τὴν μανίαν, καὶ ὅτι οὐδεὶς αὐτῶν οὐδὲν ὑγιὲς πράττει Rep. p. 496.

§. 131. Affufativ. (118)

1. Der Akkufativ ist der Kafus des leidenden Verhaltens, d. h. er bezeichnet den Gegenstand, worauf sich die Thätigkeit des handelnden Subjekts so erstreckt, daß er ihr gleichsam unterworfen (leidend) erscheint. Daher ist er in allen Sprachen der Kafus des (nähern) Objekts bei transitiven Verbis: τύπτω σε, ἀγαπῶ τὸν παῖδα, und wird bei der Umwandlung des Verbi in das Paffiv (d. h. die leidende Form desselben) zum Subjekt des Satzes: ὁ παῖς ἀγαπᾶται ὑπ' ἐμοῦ. Oft aber ist bei den Griechen näheres Objekt, was in andern Sprachen durch Kafus des entfernteren Objekts (Gen. Dat.) ausgedrückt wird, oder es werden Begriffe transitiv aufgefaßt, die in andern Sprachen gar kein Objekt zu sich nehmen können. Manche ursprünglich intransitive Begriffe sind ferner erst durch Verbindung mit einem Objektsakk. zu transitiven geworden (s. unt. 3), indem die Thätigkeit des Verbi so auf einen Gegenstand sich erstreckend gedacht wird, daß er sich wie ein Objekt dazu verhält. So oft nun die Sprache mit einem Verbo, Bedeutung und Form mag sein welche sie will, einen so energischen Thätigkeitsbegriff verbindet, kann es den Akkuf. regieren. S. die Beisp. in den folg. Abschnitten, und vgl. §. 130 A. 3.

Anm. 1. Man ersieht hieraus schon, wie mannichfaltig viele Verba konstruirt werden können, da die Wahl des Kafus oft nur von der individuellen Vorstellung, die der Schriftsteller mit dem Thätigkeitsbegriff verband, abhing. Bei vielen Verbis hat sich der Gebrauch auf einen bestimmten Kafus befestigt, bei andern nicht. S. z. B. die Note zu §. 133, 4, c. Vollständigkeit in Angabe des syntakt. Gebrauchs der einzelnen Verba ist hier nicht zu erwarten sondern ist Sache der Wörterbücher, auf welche ein= für allemal bei jedem einzelnen Verbo verwiesen wird. Die Grammatik muß auf diesem Gebiete mehr die allgemeinen Gesichtspunkte verfolgen, und bedient sich der einzelnen Angaben vorzugsweise nur, um die Natur des Kafus anschaulich zu machen.

2. So regieren nun einen Objektsakkusativ abweichend vom deutschen Sprachgebrauch, d. h. werden gewöhnlich mit Verbis übersetzt, die bei uns einen andern Kafus oder eine Präp. regie= ren, etwa folgende:

Ὀνινάναι, ὠφελεῖν nützen, βλάπτειν schaden, ἀδικεῖν Unrecht thun, εὐεργετεῖν, κακουργεῖν, ὑβρίζειν, λυμαίνεσθαι, λωβᾶσθαι, auch κακῶς, εὖ ποιεῖν, κακῶς, εὖ λέγειν (deren Paffiva εὖ, κακῶς πάσχειν, εὖ κ. ἀκούειν lauten, f. §. 134, 2) wohl, übel thun oder reden — θεραπεύειν (bei Dichtern auch zuweilen λατρεύειν) dienen — θώπτειν, θωπεύειν, κολακεύειν ſchmeicheln — μιμεῖσθαι, ζηλοῦν nachahmen — φθάνειν zuvorkommen, λανθάνειν verborgen ſein, φεύγειν, ἐκφεύγειν entfliehen, ἀποδιδράσκειν, δραπετεύειν entlaufen, λείπειν, ἐπιλείπειν mangeln, — ὀμνύναι ſchwören z. B. τοὺς θεούς bei ben Göttern, ἐπιορκεῖν, ἀσεβεῖν, ἀλιτεῖν meineibig ſein, ſich verſündigen gegen jemanb.

Beiſp. Mem. 2, 1, 28 εἴτε τοὺς θεοὺς ἵλεως εἶναί σοι βούλει, θεραπευτέον τοὺς θεούς· εἴτε ὑπὸ φίλων ἐθέλεις ἀγαπᾶσθαι, τοὺς φίλους εὐεργετητέον· εἴτε ὑπό τινος πόλεως ἐπιθυμεῖς τιμᾶσθαι, τὴν πόλιν ὠφελητέον· εἴτε ὑπὸ τῆς Ἑλλάδος πάσης ἀξιοῖς ἐπ᾽ ἀρετῇ θαυμάζεσθαι, τὴν Ἑλλάδα πειρατέον εὖ ποιεῖν. Cyr. 1, 4, 13 βουλεύομαι ὅπως σε ἀποδρῶ. Eur. Hel. 940 μιμοῦ τρόπους πατρὸς δικαίου. Jl. τ, 265 θεοὶ ἄλγεα διδοῦσιν, ὅτις σφ᾽ ἀλίτηται. ὀμόσσας. — Paſſiv Hell. 7, 4, 4 ἐκήρυξαν οἱ Κορίνθιοι, εἴ τις ἀδικοῖτο Ἀθηναίων, ἀπογράφεσθαι (baß er verklagen ſollte, nehmlich τὸν ἀδικοῦντα.

Anm. 2. Um auch einige Abweichungen des Gebrauchs anzuführen (ſ. Anm. 1), ſo bemerken wir noch, baß viele Verba, bie zum Begriffe des Nützen und Schaben gehören, nur mit dem Dativ (dat. commodi) verbunden werden; beſ. λυσιτελεῖν, ἀρήγειν, βοηθεῖν, ἐπικουρεῖν. Auch das bicht. λύει (= λυσιτελεῖ) regiert ben Dativ (ober ben acc. c. inf. nach §. 142 A. 2), ſ. bie Ausl. zu Xen. An. 3, 4, 36 unb bie Wörterb. Unter ben oben aufgeführten ferner werben auch mit bem Dativ verbunden: ὠφελεῖν (Eur. Or. 658), βλάπτειν (Aesch. Eum. 658), λυμαίνεσθαι (Her. 9, 79), λωβᾶσθαι (Pl. Crit. p. 47c, ᾧ τὸ ἄδικον λωβᾶται), ἐπιλείπειν ſ. Poppo zu Thuc. 7, 75; anbre mit Präpoſ., wie ὑβρίζειν εἴς τινα Isocr. ꝛc. Anbre können auch mit bem Dativ (ber Perſon) unb Akkuſ. (ber Sache) zugleich konſtruirt werben, wie ἀρήγειν, wozu bann auch ἀμύνειν, ἀλέξειν u. a. gehören. — Ἐκφεύγειν wirb wegen ſeiner Zuſammenſetzung bei Homer auch mit bem Genitiv konſtruirt, z. B. βέλος ἔκφυγε χειρός.

Anm. 3. Die Verba des Affekts, nehmlich Schmerz, Freude, Unwillen empfinden über etwas (ἄχθεσθαι, ἀγανακτεῖν, δυσανασχετεῖν, δυσχεραίνειν, χαίρειν, ἐπιχαίρειν, ἥδεσθαι unb bei Dichtern ἀλγεῖν, ὠδίνειν, γηθεῖν, τέρπεσθαι) nehmen ben Gegenſtanb des Affekts zwar auch im Akkuſ. zu ſich, jeboch nur entweber wenn ber Gegenſtanb ein neutraler' ober ſächlicher Begriff iſt, wie ἀγανακτῶ αὐτὸ τοῦτο Dem., πρᾶξιν ἣν ἤλγησ᾽ ἐγώ Soph. — einige auch nach Anleitung des folgenben Abſchnitts 3 (bei Sachen unb Perſ.), wie δυσχεραίνειν θεούς, τὸν ἕνα μόναρχον Plat. ἔῤῥιγα μάχην Hom. — ober (ſelten unb mehr bichteriſch) in Verbinbung mit ber §. 144. zu zeigenben Participialkonſtr., z. B. χαίρω σε εὖ ἔχοντα. Am gewöhnlichſten aber werben ſie entweber mit bem Dativ (§ 133) ober, beſ. bei Sachen, mit ἐπί unb bem Dativ verbunben, ſ. ἐπί.

Anm. 4. Die Imperſon. δεῖ unb χρή werben ſo mannichfach konſtruirt, baß es bei ihrem häufigen Gebrauch von Nutzen erſcheint hier ben ganzen Ujus zuſammenzufaſſen. Wenn Perſon unb Sache burch nominelle Begriffe bargeſtellt werben, ſo ſteht bei δεῖ gewöhnlich Dativ b. P. unb Gen. b. S.: δεῖ μοί τινος, bei Dichtern unb in ſpäterer Proſa auch ber Aff. b. P.: δεῖ μέ τινος. Wirb aber bie Sache burch ben Infinitiv (δεῖ μάχεσθαι) ausgebrückt, ſo tritt bie Perſonenbenennung in ben Aff. (acc. c. inf.) δεῖ σε μάχεσθαι; aber ber Dativ kann, obwohl ſelten, auch ſtehen bleiben: δεῖ μοι μάχεσθαι. — Χρή wirb hingegen, wenn beibe Beſtimmungen nominell ſinb, immer nur mit bem Aff. b. P. unb Gen. b. S. verbunben: χρή μέ τινος, zieht aber bei weitem bie verbale Verbinbung (acc. c. inf.) vor: χρή σε λέγειν. Die Perſon im Dativ iſt zweifelhaft.

Beiſp. Cyr. 7, 5, 9 δεῖ ἡμῖν τῶν φυλάκων. Soph. El. 612 ποίας ἐμοὶ δεῖ πρός γε τήνδε φροντίδος; Eur. Rhes. 834 μακροῦ γε δεῖ σε καὶ σοφοῦ λόγου. Cyr. 1, 4, 5 τί δεῖ σε θηρία ζητοῦντα πράγματα ἔχειν;

An. 3, 4, 35 ἐάν τις θόρυβος γένηται, δεῖ ἐπισάξαι τὸν ἵππον Πέρσῃ ἀνδρί. Od. φ, 110 τί με χρὴ μητέρος αἴνου; (ebenso χρεώ sc. ἐςί, oft bei Homer, ʒ. B. Jl. λ, 606; vgl. Eur. Hec. 970 τίς χρεία σ᾽ ἐμοῦ;) Hell. 5, 3, 7 οὐδ᾽ οἰκέτας χρή σε κολάζειν ὀργῇ. S. Antig. 736 ἄλλῳ ἦ ᾽μοὶ χρή γε τῆσδ᾽ ἄρχειν χθονός; S. jedoch Schneidewin hiezu, und überhaupt wegen des Dat. Ellendt lex. S. v. χρή. Elmsl. ʒu Med. 552. 1334.

3. (2.) Im Obigen (§. 130 A. 2 Not.) ist bereits bemerkt worden, daß eine strenge Scheidung zwischen transitiven und intransitiven Verbis grammatisch unausführbar ist. Sie ist es im Griech. um so mehr, als diese Sprache mehr als andere die Kraft besitzt, neutralen oder medialen, ja passiven Begriffen durch einfache Hinzufügung einer Objektsbeziehung transitive Bedeutung zu verleihen (s. oben 1), ohne weitere Veränderung der Form des Verbi, wie es in andern Sprachen gewöhnlich geschieht (ʒ. B. folgen, befolgen; streben, erstreben). Wir machen diesen durchgreifenden Sprachgebrauch deutlich an einigen

Beispielen. So heißt κλαίειν weinen, τινά jemand beweinen; θαῤῥεῖν schlechtweg: Muth haben; in θαῤῥεῖν τινα erstreckt sich diese Thätigkeit auf einen bestimmten Gegenstand, also: Muth haben ʒu jemanden, ihm vertrauen, ʒ. B. Dem. Ol. p. 30 οὔτε Φίλιππος ἐθάῤῥει τοὺς Ὀλυνθίους, οὔθ᾽ οὗτοι Φίλιππον. Ebenso δορυφορεῖν Leibwache sein, τινά jemanden (durch diese Thätigkeit) beschützen; προσκυνεῖν niederfallen, τινά ihn durch niederfallen verehren; πρεσβεύειν Gesandter sein, τὴν εἰρήνην als G. den Frieden betreiben (Dem. 19, 273); ferner ἀρέσκειν τινά gewinnen, ἐπιτροπεύειν bevormunden, ἀντιάζειν angreifen (vgl. Note ʒu §. 133, 4, c), σπεύδειν beschleunigen, ὑποσχῆναι versprechen, εἰπεῖν τινα anreden (Jl. ρ, 237), und, wie §. 134 f. geʒeigt wird, viele mediale und passive Begriffe, als τιμωρεῖσθαι, αἰσχύνεσθαι, κόπτεσθαι, περαιοῦσθαι, ἐκπλήττεσθαι ꝛc. Auf dieselbe Weise ʒu erklären sind alle solche Wendungen wie πλεῖν θάλασσαν (wir: das Meer befahren), αἱ πηγαὶ ῥέουσι γάλα καὶ μέλι. Wozu sich, namentlich aus Dichtern, die vermöge dieser Spracheigenthümlichkeit unʒählige neue Wendungen schaffen konnten, noch viele Beispiele aufführen lassen, als ἐξαναζεῖν χόλον, φόνον βλέπων (tobblickend), μένεα πνείοντες ꝛc. S. Aj. 845 σὺ δ᾽, ὦ τὸν αἰπὺν οὐρανὸν διφρηλατῶν, Ἥλιε. Pind. Isthm. 1. in. τὸν ἀκειρεκόμαν Φοῖβον χορεύω. Sinnreich und kraftvoll: Dem. Phil. I. p. 53 οἱ σύμμαχοι τεθνᾶσι τῷ δέει τοὺς τοιούτους ἀποςόλους.

Anm. 5. Nicht anders darf man es auffassen, wenn die Dichter bei Verbis der Bewegung den bloßen Akkus. setzen, um die Richtung ausʒudrücken, indem der Gegenstand der Richtung sich wirklich als das Objekt der Thätigkeit auffassen läßt; ʒ. B. Jl. α, 317 κνίσση οὐρανὸν ἷκεν stieg auf zum Himmel, erreichte den H. ξ, 309 τόδ᾽ ἱκάνω (vgl. Bekk. hom. Bl. 211). Soph. El. 893 ἦλθον πατρὸς τάφον. Eur. Andr. 3 ꝛc. Und ebenso bei Verbis der Ruhe (καθίζειν, θάσσειν, κεῖσθαι), um den Ort ʒu beʒeichnen: Eur. Or. 943 οὐδέν σ᾽ ἐπωφέλησεν ὁ Πύθιος τρίποδα καθίζων. S. Phil. 145 νῦν γὰρ τόπον προσιδεῖν ἐθέλεις, ὅντινα κεῖται. Mehr Beispiele aus Trag. s. bei Krüger II. p. 160.

4. Hieran schließt sich der auch unserer Sprache nicht fremde Gebrauch, einem Verbo das Substantiv, welches den Sinn des Verbi als Abstraktum darstellt, also mit ihm stamm- oder sinnverwandt ist, im Akkus. beizugeben, aber immer um noch eine Bestimmung hinzuʒuthun. So auch bei uns: ich schlafe einen

tiefen Schlaf, sterbe einen rühmlichen Tod, gehe ebendenselben Weg als x. (Accus. etymologicus.)

Beisp. κινδυνεύσω τοῦτον τὸν κίνδυνον ich werde mich dieser Gefahr unterziehen. ζῇ βίον ἥδιςον er führt ein sehr angenehmes Leben, φανερῶς τὸν πόλεμον πολεμήσομεν· — ἡ ἀδικία ἣν ἠδίκουν σε (vgl. Anm. 12); — γλυκὺν ὕπνον κοιμᾶσθαι· — οἷον πάθος πέπονθας· — βασιλείαν πασῶν δικαιοτάτην βασιλεύομαι· — ἐξῆλθον ἄλλας ἐξόδους· — ἐπιμελοῦνται πᾶσαν ἐπιμέλειαν. So ὕβριν τινὰ ὑβρίζειν Plat., μάχην μάχεσθαι ἀξίαν λόγου Isocr., μεγίςους ἀγῶνας ἀγωνίζεσθαι Xen., ὁρᾶν δυσθέατον θέαμα Aeschyl.; ἰέναι, βαίνειν, τρέχειν, πορεύεσθαι ὁδόν, ἐξιέναι und συνιέναι ςρατείαν (Thuc. 1, 3. 15) u. s. f. Vgl. §. 134 A. 2.

Anm. 6. (2.) Auch das Abjektiv mit dem Verbum εἶναι hat zuweilen noch einen solchen verwandten Akkusativ bei sich, z. B. δοῦλός ἐςι τὰς μεγίςας δουλείας (Pl. Rep. 9. p. 579), ἄδικος ἑκάςην ἀδικίαν, σοφὸς τὴν ἐκείνων σοφίαν, κακὸς πᾶσαν κακίαν (ib. 6. p. 490).

Anm. 7. Ueberhaupt war diese Struktur den griech. Schriftstellern, Dichtern wie Prosaikern, bis in die spätesten Zeiten herab so geläufig geworden, daß sie häufig, unserm Sprachgebrauch zuwider, derselben auch dann sich bedienten, wenn das Verbale sich wie das einfache Objekt zum Stammverbo verhielt, oder beide Begriffe so zu Einem verschmolzen, daß sie auch ohne jeglichen Beisatz das ganze Prädikat des Satzes ausmachten. So schon bei Homer: κτέρεα κτερίζειν, χοὴν χεῖσθαι (Tobten-, Weihgußopfer bringen), βουλὰς βουλεύειν (Kriegsrath halten), τέκνα τεκεῖν Od. τ, 266.; ferner γάμους γῆμαι Her. 4, 145. δίκας δικάζειν (Recht sprechen) 3, 31 al. ἀρχὴν ἄρξαι Pl. Symp. p. 183 a. Andoc. Myst. 73 al. πομπὴν πέμπειν Thuc. 6, 56. Dem. Phil. I, 26. λόγους λέγειν (Reden halten) Thuc. 8, 14. (oder bloß: Worte machen) Eur. Med. 321. cf. λῆρον ληρεῖς Ar. Plut. 517. γραφὰς γράφεσθαι (τινά, s. 4 a.) Lys. 1, 44. εἰσφορὰς εἰσφέρειν id. 7, 31. χορηγίας χορηγεῖν Antiph., διαθήκας διαθέσθαι Dem. Isae., σπονδὰς σπένδειν, θύματα θύειν Eurip. u. a. S. über den ganzen Gegenstand Lob. Parall. p. 501 sqq. u. vgl. NT. Gramm. p. 129.

4 a. (Anm. 7.) Eine neue Eigenthümlichkeit erwächst der griech. Sprache daraus, daß nicht nur in dem eben (A. 7) behandelten Falle, sondern so oft überhaupt ein Prädikat mit seinem ihm zugehörigen Objekt zu Einem einfachen Begriff verschmilzt, hiezu wieder ein neuer Gegenstand in das Objektsverhältnis treten kann, ohne daß sonst eine Aenderung geschieht.

So heißt λείαν ποιεῖσθαι Beute machen oder plündern, daher Thuc. 8, 41 τὴν χώραν καταδρομαῖς λείαν ἐποιεῖτο. Andere Beispiele der Art: id. 4, 15 ἔδοξεν αὐτοῖς, σπονδὰς ποιησαμένους τὰ περὶ Πύλον, ἀποςεῖλαι πρέσβεις. Her. 1, 68 τυγχάνεις θῶυμα ποιεύμενος τὴν ἐργασίην τοῦ σιδήρου. Lys. 1, 44 οὐ συκοφαντῶν γραφάς με ἐγράψατο (s. A. 7.) Vielfach bedienen sich die Dichter dieser Freiheit zu immer neuen Wendungen: S. Aj. 1107 ἀλλ' ὧνπερ ἄρχεις ἄρχε, καὶ τὰ σέμν' ἔπη κόλαζ' ἐκείνους, wo τὰ σέμν' ἔπη κόλ. zu Einem Begriffe verschmelzen, und man nicht nöthig hat ein λέγων x. zu ergänzen; cf. OT. 339. Jl. θ, 171 κτύπε Ζεύς, σῆμα τιθεὶς (d. i. σημαίνων) Τρώεσσι μάχης ἑτεραλκέα νίκην. Aesch. Ag. 824 θεοὶ ἀνδροθνῆτας, Ἰλίου φθορὰς — ψήφους ἔθεντο. Eur. Or. 1075 ἔν σοι μομφὴν ἔχω. Bacch. 1287 τὸ μέλλον καρδία πήδημ' ἔχει (d. i. φοβεῖται); und mit Hinzutreten des Falles von Text 4: Ion. 1487 κρύφιον ὠδῖνα ἔτεκόν σε Φοίβῳ (gebar dich heimlich); 1518 φίλον εὕρημά σε εὗρον. Heracl. 853 δίκην ἀποτίσασθαι ἐχθρούς. IA. 1182 δεξόμεθά σε δέξιν, ἥν σε δέξασθαι χρεών. Ebenso in Prosa: Thuc. 8, 75 ὥρκωσαν τοὺς μεγίςους ὅρκους πάντας τοὺς στρατιώτας. Aeschin. p. 79, 35

Μιλτιάδης τὴν ἐν Μαραϑῶνι μάχην τοὺς βαρβάρους ἐνίκησεν. Vgl. die
Beisp. in Anm. 12., und Elmsl. zu Med. 258.

5. Insbesondere aber nennt man die Konstruction mit dem
doppelten Akkusativ die, wo die Thätigkeit eines Verbalbegriffs
auf zwei Gegenstände zugleich, von denen einer in der Regel eine
Person, der andre eine Sache bezeichnet, sich so erstreckt, daß
beide als gleich nahe Objekte der Thätigkeit betrachtet werden, mit=
hin im Akk. stehen können (z. B. *τὸν χιτῶνα ἐνδύω τὸν παῖδα*
d. h. ich hülle den Mantel um das Kind, oder: ich hülle das Kind
in den Mantel); eine Konstruction, die im Griech. häufig, im Lat.
weniger, im Deutschen eigentlich nur beim Verbo lehren in An=
wendung kommt.

Im Griech. findet sie vornehmlich statt bei den Begriffen des Thun
und Sagen: *ποιεῖν, δρᾶν, ἐργάζεσθαί τινά τι · λέγειν, εἰπεῖν, ἀγορεύειν*;
in der Regel aber nur dann, wenn der sächliche Objektsakk. ein neutraler
(adj. oder pron.) Begriff ist, mit welchem das Verbum nach oben 4a zu
einem neuen Transitivbegriff verschmilzt, z. B. *ἀγαϑὰ ποιεῖν* = *εὐεργετεῖν*,
κακὰ λέγειν = *ὀνειδίζειν* u. s. f.: des Fragen: *ἐρέσϑαι, ἐρωτᾶν* nebst
Komp., und mit einem neutralen Akk.: *ἐξετάζειν, ἱστορεῖν, ἀνιστορεῖν* aus=
forschen; des Lehren: *διδάσκειν*, wie im Deutschen und Lat.; des For=
dern: *αἰτεῖν, ἀπαιτεῖν, πράττεσθαι, προκαλεῖσθαι* auffordern (wozu);
des An= und Auskleiden: *ἐνδύειν, ἀμφιεννύναι, ἐκδύειν, ἀμπέχειν*;
des Wegnehmen: *ἀφαιρεῖσθαι, συλᾶν, ἀποστερεῖν*, bei den Dichtern *ἀπαυ=*
ρᾶν, ἀπορραίειν, ἐναρίζειν; des Eintheilen: *κατανέμειν, δάσασϑαι*;
des Verhehlen: *ἀποκρύπτειν*, dicht. *κεύϑειν*; des Erinnern: *ὑπο=,*
ἀναμιμνήσκειν τινά τι jemand woran erinnern. — Im Passiv bleibt
ein Akkusativ stehn, s. §. 134, 6.

Beisp. Ar. Vesp. 697 *οὐκ οἶδ᾽ ὅ,τι χρῆμά με ποιεῖς.* — Her. 3, 75
Πρηξάσπης ἔλεγε, ὅσα ἀγαϑὰ Κῦρος Πέρσας πεποιήκοι. — 8, 61
τότε δὴ ὁ Θεμιστοκλῆς τοὺς Κορινθίους πολλά τε καὶ κακὰ ἔλεγεν. —
Eur. Hec. 987 *τὰ ἄλλα δεύτερον σ᾽ ἐρήσομαι.* — Pind. Ol. 6, 82 *ἅπαν=*
τας εἴρετο παῖδα (nach dem Knaben). — Cyr. 1, 2, 8 *διδάσκουσι*
τοὺς παῖδας σωφροσύνην. — ib. 3, 17 *παῖς τις, ἕτερον παῖδα ἐκδύσας*
χιτῶνα, τὸν μὲν ἑαυτοῦ ἐκεῖνον ἠμφίεσεν, τὸν δ᾽ ἐκείνου αὐτὸς ἐνέδυ.
— Hell. 7, 1, 26 *οἱ Ἠλεῖοι ἀπῄτουν τὰς πόλεις τοὺς Ἀρκάδας.* —
Mem. 1, 2, 5 *Σωκρ. τοὺς ἑαυτοῦ ἐπιθυμοῦντας οὐκ ἐπράττετο χρή=*
ματα. Her. 5, 84. Thuc. 4, 65. — Ar. Ach. 625 *διὰ ταῦϑ᾽ ὑμᾶς Λακε=*
δαιμόνιοι τὴν εἰρήνην προκαλοῦνται. — Iph. T. 158 *ἰὼ δαίμων, ὅς τὸν*
μοῦνόν με κασίγνητον συλᾷς. — Hec. 282 *τὸν πάντα δ᾽ ὄλβον ἦμαρ*
ἕν μ᾽ ἀφείλετο. — Her. 7, 121 *τρεῖς μοίρας ὁ Ξέρξης δασάμενος*
πάντα τὸν πεζὸν στρατόν, (ἐπορεύετο). — E. Hipp. 912 *οὐ μὴν φίλους*
γε κρύπτειν δίκαιον σάς, πάτερ, δυσπραξίας. — Anab. 3, 2, 11 *ἀνα=*
μνήσω ὑμᾶς τοὺς τῶν προγόνων κινδύνους. — Dem. p. 704 *ἀνάγκη*
ὑπομνῆσαι τοὺς χρόνους ὑμᾶς. — Analog ist Od. β, 203 *οὐδέ ποτ᾽ ἶσα*
ἔσσεται, ὄφρα κεν ἥγε διατρίβῃσιν Ἀχαιοὺς ὃν γάμον.

Anm. 8. Viele der oben aufgeführten Verba lassen auch andre Kon=
structionen zu. Vgl. Anm. 1. So z. B. *ἀφαιρεῖσθαι* theils mit dem
Dativ, theils nach §. 132, 4 mit dem Genit. der Person, wie das Aktiv
ἀφαιρεῖν, welches überhaupt nie mit dem dopp. Akk. scheint konstruirt wor=
den zu sein: Od. α, 9 *αὐτὰρ ὁ τοῖσιν ἀφείλετο νόστιμον ἦμαρ.* Cyr. 7,
2, 26 *μάχας δέ σοι καὶ πολέμους ἀφαιρῶ.* Aesch. p. 397 *ἡμῶν Ὠρωπὸν*
ἀφείλετο. X. Ag. 1, 22 *ἀφαιρεῖ αὐτῶν ὅσα δοῦλοι δεσπόταις ὑπηρε=*
τοῦσι. — Ferner *ποιεῖν*: An. 5, 8, 24 *τούτῳ τἀναντία ποιήσετε ἢ τοὺς*
κύνας ποιοῦσι (and. *τοῦτον*); cf. Od. ξ, 289. u. Dorv. ad Char. p. 316.

— Die Komp. von μιμνήσκειν haben nach §. 132, 10 d. die Sache, woran
erinnert wird, auch im Genit. z. B. Thuc. 7, 69. Pl. Menex. p. 246. Wegen
der Passiva ἀναμιμνήσκεσθαι ꝛc. s. §. 132. — Αἰτεῖν hat oft die Person
im Genit. mit παρά bei sich, z. B. πλοῖα, ἡγεμόνα αἰτεῖν παρά τινος
Xen. etc., welche Konstruction beim Medio αἰτεῖσθαι in Prosa die allein
gebräuchliche ist (s. Pape), und bei προκαλεῖσθαι wird der Gegenstand wozu
man auffordert auch durch Präp. (ἔς τι, ἐπί τι) gegeben.

Anm. 9. Bei den Verbis Eintheilen kann das Ganze auch im
Genitiv stehen, d. h. man läßt das Ganze als gen. partit. von der nomi-
nellen Theilbestimmung, nicht vom Verbo, abhangen; z. B. Herod. 1, 94
ὁ βασιλεὺς δύο μοίρας διεῖλε Λυδῶν πάντων. Xen. Lac. 11, 4 Λυκοῦργος μόρας διεῖλεν ἕξ καὶ ἱππέων καὶ ὁπλιτῶν. Auch passiv: Cyr.
1, 2, 5 δώδεκα Περσῶν φυλαὶ διῄρηνται.

Anm. 10. (3.) Zu der oben 5. erläuterten Konstr. des doppelten
Akkus. (der Person und Sache) gehört auch die, welche man insbesondere das
σχῆμα καθ᾽ ὅλον καὶ μέρος
nennt, oder die Konstruction, in der sowohl das Ganze als der Theil im
Akkus. stehn; z. B. Hom.: ποῖόν σε ἔπος φύγεν ἕρκος ὀδόντων· τὸν δὲ
σκότος ὄσσε κάλυψεν· τί δέ σε φρένας ἵκετο πένθος; ἢ ῥά σε οἶνος
ἔχει φρένας; Πάτροκλον ἔλουσαν ἄπο βρότον αἱματόεντα· αἶμα κάθη-
ρον Σαρπηδόνα (Jl. σ, 345. π, 667), ποῖ μ᾽ ὑπεξάγεις πόδα (Eur. Hec.
812). — Vgl. hiezu §. 132 A. 4. 133, 5. Bekk. hom. Bl. 165 N. 292.

6. (Anm. 3.) Anders verhält es sich mit der (schon aus dem
Lateinischen bekannten) Konstr. des dopp. Akkus. bei den Verbis,
welche bedeuten: nennen (λέγειν, καλεῖν, ὀνομάζειν), erwählen
(αἱρεῖσθαι, χειροτονεῖν), zu etwas haben oder machen (ἔχειν,
κτᾶσθαι, ποιεῖν, τιθέναι, κατασκευάζειν, ἀποδεικνύναι, καθιςάναι),
für etwas halten (νομίζειν, ἡγεῖσθαι). Hier ist der eine Akk. das
eigentliche Objekt des Verbi, der andre aber, welcher entweder ein
substanzieller oder adjektivischer Begriff sein kann, steht zu ihm im
Prädikats-Verhältnis. — Im Passiv steht der doppelte Nominativ wie im Lateinischen.

Beisp. σοφιςὴν ὀνομάζουσι τὸν ἄνδρα τοῦτον. — τοὺς Ἀθηναίους
εἵλοντο ξυμμάχους. Pl. Gorg. p. 473 φίλον σε ἡγοῦμαι. Rep. p. 450
κοινωνὸν ἐμὲ τῆς ψήφου ταύτης τίθετε. Crat. p. 435 τὴν σιγὴν σου
ξυγχώρησιν θήσω. X. Ages. 8, 8 Ἀγησίλαος τὴν αὑτοῦ ψυχὴν ἀνά-
λωτον κατεσκεύασεν ὑπὸ ἡδονῶν. Hell. 4, 4, 6 οἱ δὲ ἐπειρῶντο Κόρινθον ἐλευθέραν ἀποδεῖξαι καὶ τῶν μιαιφόνων καθαράν. An. 1, 9, 7
ὁ Κῦρος ὑπὸ τοῦ πατρὸς στρατηγὸς πάντων ἀπεδείχθη. Analog:
S. OC. 919 καίτοι σε Θῆβαί γ᾽ οὐκ ἐπαίδευσαν κακόν.

Anm. 10a. In gleichem Falle steht bei solchen Verbalbegriffen, die
einen andern cas. obl. regieren, der doppelte Gen. oder Dat. des Objekts
und Prädikats. Z. B. An. 5, 5, 14 ἐρωτᾶτε αὐτοὺς, ὁποίων τινῶν ἡμῶν
ἔτυχον. Aesch. Prom. 322 οὐκ, ἔμοιγε χρώμενος διδασκάλῳ, πρὸς κέντρα
κῶλον ἐκτενεῖς. Und mit beigefügtem ὡς oder ὥσπερ (wie im Lat. ut):
χρῆσθαί τινι ὡς πολεμίῳ Thuc., καί μοι ὥσπερ παιδὶ χρῇ Plat.

Anm. 11. Ist bei den Verbis nennen die Prädikatsbestimmung
nur ein pronominaler Ausdruck (τί, τοῦτο ꝛc.), so pflegt ὄνομα dabei zu
stehen. Z. B. Eur. Ion. 269 ὄνομα τί σε καλεῖν ἡμᾶς χρεών; — Mem. 2,
2, 1 τοὺς ποιοῦντας τὸ ὄνομα τοῦτο (sc. ἀχαρίςους) ἀποκαλοῦσιν;
Auch wenn die Sache benannt ist, kann ὄνομα stehn bleiben: doch geht
dann vermöge einer eigenen syntakt. Ungenauigkeit der benannte Gegenstand
in den Dativ über: Pl. Polit. p. 279 τουτοισὶ δὴ τοῖς σκεπάσμασι

τὸ μὲν ὄνομα ἱμάτια ἐκαλέσαμεν (ihnen den Namen gegeben). Anb.
Beiſp. ſ. bei Heind. zu Crat. 6., ſo wie wegen des analogen Dativs bei
ἐπονομάζειν (cognomentum dare) zu Phaedr. 30.

7. (6.) Vermöge eines beſonderen Gräcismus tritt zu intranſitiven Verbis, oder auch zu nominalen Prädikatsbeſtimmungen,
namentlich zum Adjektiv ein Subſt. im Akkuſativ, ſofern damit
der Theil, Umſtand oder beſtimmtere Gegenſtand bezeichnet werden
ſoll, worauf die in jenen Prädikaten enthaltene allgemeine Ausſage
ſich erſtreckt oder eingeſchränkt wird. Dieſe Struktur iſt unter dem
Namen des griechiſchen Akkuſativs bekannt, und wird von lat.
Dichtern häufig nachgeahmt (z. B. os humerosque deo similis).
Daß der Akk. nicht von der ausgelaſſenen Präp. κατά herrührt,
folgt aus §. 130, 4.

　　Beiſp. καλός ἐςι τὸ σῶμα er iſt ſchön an Körper. πόδας ὠκύς
ſchnellfüßig; πονεῖν τὰ σκέλη· ἀλγεῖν τὰς γνάθους· θαυμαςὸς (be-
wundernswürdig, ſehr erfahren) τὰ τοῦ πολέμου. Σίρος ἦν τὴν πατρίδα. Σωκράτης τοὔνομα. Διὶ μῆτιν ἀτάλαντος. Eur. Bacch. 1346
ὀργὰς πρέπει θεοὺς οὐχ ὁμοιοῦσθαι βροτοῖς.

　　Anm. 11a. Aehnlich werden die Namen der Spiele, Kämpfe,
Opfer zu den Handlungen des Kampfes, Opfers im Akk. gefügt, als δρα-
μεῖν τὸ ςάδιον, νικᾶν Ὀλύμπια, ἐςεφανῶσθαι Πύθια, εὐαγγέλια (in den
Pythien, wegen der guten Botſchaft bekränzt werden), δαινύναι γάμον, θύειν
ἐπινίκια, und mit dopp. Akkuſativ (nach 4a): Ar. Plut. 764 ἀναδῆσαί σε
βούλομαι εὐαγγέλια.

8. (7.) Sobald an die Stelle des ſubſtantiviſchen (ſächlichen)
Objekts ein pronominaler oder adjektiviſcher Ausdruck im Neutro
Sing. oder Pluralis tritt, ſo kann dieſer auch bei ſolchen Verbis, die mit andern Kaſus verbunden werden, im Akkuſ. ſtehn; z. B.
δεῖσθαι τοῦ ἀργυρίου des Geldes bedürfen; aber allgemein: ἥν του
oder auch ἥν τι δέωνται, wenn ſie etwas bedürfen. Oft wird hiedurch, da in den übrigen Kaſus die Neutralform vom Maſk. (Fem.)
ſich nicht unterſcheidet, Undeutlichkeit im Ausdruck vermieden. — Vgl.
hiezu die ähnl. Akkuſ. (ſtatt des Gen.) bei Adj. ꝛc. §. 130 A. 3.

　　So ſagt man zwar πλήθει, δόξῃ, ῥώμῃ προέχειν, aber neutral: τί,
οὐδὲν, σμικρὸν προέχειν; ferner τῷ, ὅσῳ, τοσούτῳ, ἐνὶ διαφέρει und τί,
ὅσον, τοσοῦτον, οὐδὲν διαφέρει ꝛc. Cyr. 1, 6, 5 τί γάρ μέμνησαι ἐκεῖνα;
Herod. 7, 139 ταῦτα λέγων οὐκ ἂν ἁμαρτάνοι τἀληθές (Bekk. τἀλη-
θέος), vgl. Popp. zu Thuc. 1, 38, 6. 39. 69, 5. Pl. Prot. p. 335 βουλοίμην ἄν σοι χαρίζεσθαι, εἴ μου δυνατὰ δέοιο (vgl. den dopp. Gen. in
§. 132 A. 14). Cyr. 7, 2, 22 οὐκ αἰτιῶμαι τάδε τὸν θεόν. Hell. 7, 5,
12 τὸ ἐντεῦθεν γενόμενον ἕξει τὸ θεῖον αἰτιᾶσθαι. (Dagegen οὐδενός Dem. 19, 333). Soph. OC. 1106 αἰτεῖς ἅ τεύξει. Eur. Suppl. 266
γρᾶες τυχοῦσαι οὐδὲν ὧν αὐτὰς ἐχρῆν. cf. Anab. 6, 6, 32. Pl. Legg.
p. 853 δοῦλοι πολλὰ ἂν ἐπιχειρήσειαν τοιαῦτα (letzteres auch mit Hinzutritt von πρᾶγμα oder ἔργον, ſ. Paße und vgl. §. 133, 2, b.)

8a. Auf gleiche Weiſe tritt zu intranſitiven Begriffen, zu Paſſiven, oder zu einem bereits mit einem Objekts-Akkuſativ verbundenen
tranſitiven Verbo ein ſolcher neutraler Akk., wo wir uns in der
Regel des Adverbs oder ſonſt irgend einer adverbialen Beſtimmung bedienen (adverbiaſcirender Akkuſativ).

　　Beiſp. τοῦτο ἀπορῶ hierin bin ich unſchlüſſig; οὐκ οἶδα ὅ,τι
(wozu) χρῶμαι αὐτῷ. Pl. Phileb. p. 36 τῇ σκέψει τόδε χρησώμεθα.

Thuc. 1, 3, 5. 2, 4. 15. Eur. frgm. οὐκ ἔστιν ὅστις πάντ᾽ ἀνὴρ εὐδαιμονεῖ. Cyr. 2, 2, 3 ὁ δὲ μάλα τοῦτό γε εὐτάκτως ὑπήκουσεν. Thuc. 3, 40 πόλις βραχέα ἡσθεῖσα μεγάλα ζημιώσεται. Pl. Conv. p. 221 πόλλ᾽ ἄν τις καὶ ἄλλα ἔχοι Σωκράτη ἐπαινέσαι καὶ θαυμάσια. Vgl. hiezu noch §. 128 Anm. 5.

Anm. 12. (4.) Dieser in 8 und 8a behandelte Gebrauch ist Veranlassung gewesen, daß man die Zahl der Verba mit dem dopp. Akk. ohne Grund erweitert hat, indem aus Sätzen wie: τὰ μέγιςα ὠφελήσετε τὴν πόλιν· πολλά με ἠδίκηκεν· ἔβλαψέ τι τοὺς πολεμίους· τοῦτό με ἀναγκάζουσι, βιάζονται· νουθετῶ, πείθω, αἰτιῶμαί σε τοῦτο, οἷα ὑβρίζει αὐτοὺς noch nicht folgt, daß ὠφελεῖν, ἀδικεῖν ꝛc. auch deshalb mit zwei substantivischen Akk. verbunden werden, es sei denn, daß der Fall von Text 4 hinzutritt: πολλὴν ἀδικίαν ἠδίκησεν ἐμέ, τίνα αἰτίαν σε ᾐτιάσατο Dem. 36, 25. ἡμᾶς ὑβρίζειν οὐκ ἐρχῆν τοιάνδ᾽ ὕβριν Eurip. Suppl. 512., worüber s. besonders oben 4a.

9. (8.) Der Akkus. drückt, wie bei uns, auch die Dauer einer Zeit und das Maaß einer Entfernung aus. Beisp. Xen. vect. 5, 2 εὐδαιμονέσαται πόλεις, αἳ ἂν πλεῖσον χρόνον ἐν εἰρήνῃ διατελῶσι. Dem. cor. 30 οἱ πρέσβεις οὗτοι καθῆντο ἐν Μακεδονίᾳ τρεῖς ὅλους μῆνας; — auch mit Ordnungszahlen (vgl. A. 15), wo wir uns entweder ebenso ausdrücken, oder seit übersetzen: E. Rhes. 444 δέκατον ἤδη αἰχμάζεις ἔτος. cf. Anab. 4, 5, 24. Thuc. 2, 5 ἀπέχει ἡ Πλάταια τῶν Θηβῶν σταδίους ἑβδομήκοντα.

10. (9.) Endlich wird der Akk., wie bereits §. 115, 4. 5. 7. §. 128 A. 4. 5. bemerkt worden, auch zu manchen Adverbialbestimmungen gebraucht. Zu den daselbst aufgeführten Beispielen füge man noch τίνα τρόπον; qua ratione? κυνὸς δίκην nach Art eines Hundes, ἐμὴν χάριν mea gratia (§. 146 A. 2), τὴν ὥραν zur rechten Zeit, τὴν ταχίςην, εὐθεῖαν, μακράν sc. ὁδόν, πρόφασιν μὲν — τὸ δ᾽ ἀληθές vorgeblich — in Wahrheit, γνώμην ἐμὴν nach meiner Ansicht (Aristoph.) ꝛc.

Anm. 13. (5.) Einem Satze wird zuweilen, mehr dichterisch, ein Akkusativ beigefügt, gleichsam als eine Apposition zur Handlung; z. B. Jl. ω, 735 ἤ τις Ἀχαιῶν ῥίψει (αὐτὸν) ἀπὸ πύργου, λυγρὸν ὄλεθρον d. h. welches ein grausenvoller Tod ist; Eur. Or. 1105 Ἑλένην κτάνωμεν, Μενέλεῳ λύπην πικράν dem M. zum herben Schmerz; id. El. 231 εὐδαιμονοίης, μισθὸν ἡδίςων λόγων. Ap. Rhod. 2, 1195 Ζηνὸς χόλον.

Anm. 14. (6.) Eine sprichwörtliche Redensart wird gewöhnlich so bezeichnet, daß man vor derselben mitten im Zusammenhang einschaltet τὸ λεγόμενον. Z. B. Plat. Gorg. init. ἀλλ᾽ ἦ, τὸ λεγόμενον, κατόπιν ἑορτῆς ἥκομεν; kommen wir, wie man zu sagen pflegt, nach dem Feste? Ebenso τὸ τοῦ ποιητοῦ, wenn eine Stelle aus einem Dichter angeführt wird, z. B. Theaet. p. 183 Παρμενίδης μοι φαίνεται, τὸ τοῦ Ὁμήρου, αἰδοῖός τέ μοι ἅμα δεινός τε. Ferner: τοὐναντίον im Gegentheil (z. B. οὗτος δὲ, πᾶν τοὐναντίον, ἡδύλετο μὲν, οὐκ ἡδύετο δέ); ταυτὸ τοῦτο ganz ebenso, τὸ ἐπ᾽ ἐμέ, τὸ κατ᾽ ἐμέ, τὸ καθ᾽ ὑμᾶς, auch τό γ᾽ ἐμόν (Pl. Prot. p. 338 c) was mich betrifft ꝛc. vgl. §. 128 A. 2.

Anm. 15. (6.) Als eine ähnliche Verkürzung eines zwischengeschobenen Satzes muß man erklären den Akkus. bei Zeitangaben mit Ordnungszahlen, welche einen Moment der Vergangenheit nach der Gegenwart bemessen (deutsch: vor), z. B. Dem. p. 29 μέμνησθε, ὅτε ἀπηγγέλθη Φίλιππος ὑμῖν, τρίτον ἢ τέταρτον ἔτος τουτί, Ἡραῖον τεῖχος πολιορκῶν. p. 1257 ἐξήλθομεν, ἔτος τουτὶ τρίτον, εἰς Πάνακτον, genau: es sind jetzt 2 volle Jahre und darüber, vor 2 bis 3 Jahren.

Anm. 16. Der Akkusativ in Ausrufungen wie im Lat. findet im Griech. eigentlich nicht statt. Die Sprache bedient sich hier des Genitivs (§. 132). Doch erhält bei Dichtern durch Auslassung von λέγω der Akk. zuweilen die Kraft des Ausrufes, wie S. Ant. 441 σὲ δὴ σὲ τὴν νεύουσαν ἐς πέδον κάρα, φῂς ἢ καταρνῇ μὴ δεδρακέναι τάδε; Vgl. den acc. c. inf. bei Ausrufungen §. 141 A. 7.

§. 132. Genitiv. (119)

1. Den Gebrauch des Genitivs, sowohl des subjektiven als des objektiven, in Abhängigkeit von einem andern Substantiv hat die griechische Sprache mit allen andern gemein; auch können beide Arten des Genitivs von einem Subst. zugleich abhängen, in welchem Falle der subjektive in der Regel dem Subst. vorangeht, der objektive nachfolgt.

Beispiele des objektiven Genitivs, der bei Dichtern häufig ist, seien: πόθος υἱοῦ Sehnsucht nach dem Sohne, εὔνοια Ἀθηναίων gegen die A., ἡ τοῦ θεοῦ λατρεία Gottesdienst, εὔγματα Παλλάδος, λιταὶ θεῶν an die Götter, ἡ τῶν Πλαταιέων ἐπικράτεια gegen die Pl., σωτὴρ κακῶν aus dem Unglück, μελεδήματα πατρός ꝛc. Beide Genitive: τῶν Ἰώνων ἡ ἡγεμονίη τοῦ πρὸς Δαρεῖον πολέμου Her. 6, 2; ἡ ἐκείνων μέλλησις τῶν εἰς ἡμᾶς δεινῶν Thuc. 3, 12. Vgl. Fritzsche zu Lucian. 111.

Anm. 1. Zu merken ist, daß statt des objektiven Genit. der pron. person. nach einem Substantiv auch, wie im Lat., das possessivum in gleichem Kasus mit dem Subst. eintreten kann. So schon bei Homer σὸς πόθος, Sehnsucht nach dir (Od. λ, 202), und sonst: ἡ ἐμὴ αἰδώς Aeschin. τὸ ἡμέτερον δέος Thuc. ἐμὴν χάριν (§. 131, 10) etc. — Anab. 7, 7, 29 οἱ νῦν σοι ὑπήκοοι γενόμενοι οὐ φιλίᾳ τῇ σῇ ἐπείσθησαν, ἀλλ᾽ ἀνάγκῃ.

2. Bei Anführung von Städten mit den Ländern worin sie liegen, wo wir die Präp. in setzen, steht das Land im Genitiv, indem es zu dem Namen der Stadt wie zu einem gewöhnlichen Subst. in Abhängigkeit tritt (vgl. unten 5). Man sagt also τῆς Ἀττικῆς ἐς Οἰνόην Thuc., ἐν Κορησσῷ τῆς Ἐφεσίης Herod.

3. Um den Genitiv in seiner Verbindung besonders mit Verbalbegriffen aufzufassen, muß man davon ausgehen, daß der Grundbegriff des Genitivs der der Absonderung, des Ausgehns von etwas ist, sowohl innerlich wie äußerlich gedacht, daß also der Begriff der Präp. ἐκ (Ausgehn aus dem Innern) und ἀπό (Ausgehn vom Aeußern, von der Seite eines Gegenst.) schon in ihm liegt. Wenn also in Verbindungen, wo die gewöhnliche Sprache sich des bloßen Genitivs bedient, hin und wieder eine dieser Präpos. gesetzt ist, so ist dies nach §. 130, 4. nur als ein der Deutlichkeit wegen geschehener Zusatz zu betrachten. Und wo umgekehrt der Ausdruck mit der Präp. gewöhnlicher ist, kann doch in manchen Fällen, namentlich bei Dichtern wieder der bloße Genitiv eintreten.

Beisp. solcher Genitive bei Dichtern, wo die mehr distinguirende prosaische Sprache die Präp. zu setzen pflegt, seien: ἀναδῦναι ἁλός Hom. βάλλειν ἰῷ τείχεος id. δόμων τι φέρειν Eur. Ὀλύμπου πτάμενος, ἐλαθῆναι Ἑλλάδος id. ποδὸς ἐς πόδα τείνει Arat. So auch in Prosa statt des gew. γενέσθαι ἔκ τινος von jemand abstammen: Xen. Cyr. 1, 2, 1 πατρὸς μὲν δὴ λέγεται Κῦρος

γενέσθαι Καμβύσεω, μητρὸς δὲ ὁμολογεῖται Μανδάνης γενέσθαι; unb
ebenſo ἄρχειν, ἄρχεσθαι in der Bedeutung anfangen balb mit ἐκ ober
ἀπό, balb mit dem bloßen Genitiv: μύθων, μάχης ꝛc. Vgl. Anm. 2.

4. Daher ſteht der Genitiv des getrennten Gegenſtandes, ſei es eine Perſon oder Sache, bei allen tranſitiven und intransitiven, einfachen und zuſammengeſetzten Verbis, in denen der
Begriff der Trennung liegt, als: χωρίζειν, κωλύειν, εἴργειν, dicht.
νοσφίζειν, ἐρητύειν trennen, abhalten, τινά τινος; — στερίσκειν,
ἀφαιρεῖν, ἀποςερεῖν berauben; — ἐλευθεροῦν, λύειν, ἀφιέναι, ἀπαλλάττειν, σώζειν, (ἀμύνειν, ἀλέξειν ſ. Anm. 2) befreien, retten, ab-
wehren; — ἐξανιςάναι, χωρεῖν, ὑποχωρεῖν, εἴκειν weichen; —
ἀπέχειν, διέχειν, διαφέρειν (vgl. 12.) entfernt, verſchieden ſein; —
ἁμαρτάνειν, σφάλλεσθαι, ψεύδεσθαι, dicht. ἀμπλακίσκειν verfehlen,
ſich täuſchen; — μεθίεσθαι, ἀφίεσθαι, μεθιέναι, ὑφιέναι, παύειν,
παύεσθαι, λήγειν, ἐπέχειν nachlaſſen, aufhören, aufhören machen.
Und ſo auch die verwandten Adjektiva, wie γυμνός, ἐλεύθερος, διάφορος; Adverbia, wie νόσφι, χωρίς, ἑκάς.
Beiſp. Eur. Phoen. 1016 νόσου τήνδ' ἀπαλλάξω χθόνα. An.
1, 10, 4 διέσχον ἀλλήλων βασιλεύς τε καὶ Ἕλληνες ὡς τριάκοντα ςάδια.
Jl. ζ, 107 Ἀργεῖοι λῆξαν φόνοιο. Od. δ, 659 μνηςῆρας ἔπαυσαν ἀέθλων-
(ſ. anom. παύω). Jl. δ, 234 μεθίετε θούριδος ἀλκῆς. cf. Od. φ, 377.
E. Phoen. 388 τὸ ςέρεσθαι πατρίδος κακὸν μέγα. Androm. 381 ἀλλ'
ἐξανίςω τῶνδ' ἀνακτόρων (Tempel) θεᾶς. ib. 374 γυνὴ ἀνδρὸς ἁμαρ-
τάνουσ' ἁμαρτάνει βίον. Memor. 4, 2, 26 οἱ ἄνθρωποι διὰ τὸ ἐψεῦσθαι ἑαυτῶν πάσχουσι πλεῖςα κακά. E. Hecub. 869 ἐγώ σε θήσω
τοῦδ' ἐλεύθερον φόβου. — Hieraus zu erklären die ſeltneren oder dicht.
Fälle, wie Od. α, 69 ὀφθαλμοῦ ἀλάωσεν er blendete ihm das Auge; φρενῶν κεκομμένος Aeschyl., σοῦ μόνος Soph. Eurip., τελευτᾶν βίου, λόγου
Xen. Thuc., κλέπτειν (entwenden) τῆς πόλεως, ὑμῶν Aeschin. 1, 110 ꝛc.

Anm. 2. Daß viele der genannten Verba auch mit der Präp. konſtruirt werden können (z. B. ἐλευθεροῦν τὴν Ἑλλάδα ἀπὸ τῶν Μήδων
Thuc., σώζειν ἐκ κινδύνων Plat., παύειν, ἀπαλλάττειν ἐκ κακῶν Soph.),
bedarf nun kaum einer Erwähnung, ſo wenig als es befremden kann, wenn
auch andere Kaſus, namentlich der Akkuſativ, mit denſelben Verbis in Verbinbung treten, wenn ſie anders ihrem Weſen nach zuläſſig ſind. S. §. 131
Anm. 2. So haben wir ſchon andre Konſtructionen kennen gelernt von
ἀφαιρεῖν, ἀποςερεῖν (§. 131, 5 und Anm. 8), von ἀμύνειν, ἀλέξειν (§. 131
A. 2), μεθιέναι mit dem Akk. ꝛc. Wegen ἐκφεύγειν ſ. §. 131 A. 2.

5. Am leichteſten läßt ſich hieraus herleiten der Gebrauch des
Genit., inſofern er das Ganze iſt, von dem ein Theil genommen
wird, mag dieſer nun als losgetrennt oder noch am Ganzen haftend gedacht werden (Genit. partitivus, von deſſen Stellung beim
Art. ſ. §. 125 A. 2). Dieſer Genitiv ſteht zunächſt
a) nicht nur, wie ſich nach oben 1. von ſelbſt verſteht, nach
den Subſtantiven, ſondern auch nach den Adjektiven (Participien)
und Pronominibus, wenn durch dieſe ein Gegenſtand von andern ausgehoben wird; daher bei allen Zahlwörtern und den
Adj., die eine Anzahl ausdrücken, als πολύς, ὀλίγος, οἱ μέν und
οἱ δέ, οὐδείς, ἥμισυς (Anm. 3), μόνος, ὁ ἕτερος und die übrigen
pron. demonstr. und relat.; und da die Gradbeſtimmungen immer
eine gewiſſe Anzahl vorausſetzen, in welcher die Verſchiedenheit des

Grades stattfindet, auch nach den Komparativen und Super=
lativen, um diese größere Anzahl zu benennen.

Beisp. οὐδεὶς τῶν Ἑλλήνων· μόνος ἀνθρώπων· τῶν ϛρατιωτῶν
τοῖς μὲν ἐδόκει, τοῖς δ᾽ οὔ· αὗται τῶν πόλεων. — οὓς τῶν πολιτῶν
δεδίασιν, ἀποκτείνουσιν οἱ τύραννοι (X. Hier. 6, 15). — οἱ φρόνιμοι
τῶν ἀνθρώπων (b. h. schlechtweg: kluge Leute). — τῶν ἀνδρῶν τοῖς καλοῖς κἀγαθοῖς αἱρετώτερόν ἐϛιν ἀποθανεῖν ἢ δουλεύειν. — τῶν πολεμίων
τοὺς προσμίξαντας μάχῃ ἐκράτησαν. — ὁ μείζων τοῖν δυοῖν παίδοιν. —
ἡ μεγίϛη τῶν νόσων ἀναίδεια. — κτημάτων τιμιώτατόν ἐϛιν ἀνὴρ φίλος
συνετός τε καὶ εὔνους.

Anm. 3. (1.) So wie in der pluralischen Redensart οἱ φρόνιμοι
τῶν ἀνθρώπων, so pflegen die Griechen auch, wenn der Theil eines singularischen Ganzen durch eine gleichfalls singularische abjektivische Bestimmung
ausgedrückt wird, den Theil anstatt ins Neutrum, in gleiches Genus mit
dem Genitiv des Ganzen zu setzen, z. B. ἡ πολλὴ τῆς Πελοποννήσου der
größere Theil des P.; insbesondre bei Superlativen: τὸν πλεῖστον τοῦ
βίου, τοῦ χρόνου Thuc. 1, 5. 30. τῆς γῆς ἡ ἀρίϛη ἀεὶ τὰς μεταβολὰς τῶν
οἰκητόρων εἶχεν ib. 1, 2. ἡ ὀρθοτάτη τῆς σκέψεως die richtigste Art der
Untersuchung Pl. Cratyl. 18. — Das Adj. ἥμισυς thut entweder eben dies,
z. B. ὁ ἥμισυς τοῦ χρόνου Dem. Lept. 8, ὁ ἥμισυς τοῦ ἀριθμοῦ Pl. Phaed.
p. 104; oder konstruirt wie gewöhnlich, d. h. sowohl substantivisch: τὸ ἥμισυ
(auch ἡ ἡμίσεια die Hälfte) τοῦ στρατοῦ, τῆς γραμμῆς, τοῦ τιμήματος
Thuc. Plat., als auch ganz abjektivisch: τὸν ἥμισυν σῖτον, τὰ ἄρματα τὰ
ἡμίσεα Xen.

Anm. 4. (2.) Bei οἱ μὲν — οἱ δέ steht das Ganze auch in demselben Kasus, worin diese Pronomina stehn, z. B. Od. μ, 73. 101 οἱ δὲ
δύω σκόπελοι, ὁ μὲν οὐρανὸν εὐρὺν ἱκάνει· — τὸν δ᾽ ἕτερον σκόπελον
χθαμαλώτερον ὄψει, Ὀδυσσεῦ. Thuc. 7, 13 καὶ οἱ ξένοι οἱ μὲν κατὰ
τὰς πόλεις ἀποχωροῦσιν, οἱ δὲ ὡς ἕκαϛοι δύνανται. Aehnlich An. 5,
5, 11 ἀκούομεν ὑμᾶς — ἐνίους σκηνοῦν ἐν ταῖς οἰκίαις. Dem. Ol. 3, 11.
Jl. λ, 11 Ἀχαιοῖσιν σθένος ἔμβαλ᾽ ἑκάϛῳ. Bgl. §. 131 A. 10. 133, 5.

Anm. 5. Der im Lat. so weit ausgedehnte Gebrauch des Genit.
eines Subst. nach dem Neutrum eines Pron. oder Adj. (quantum
hostium, parum diligentiae cet.) findet zwar im Griech. auch statt, doch
meist nur bei wirklichen quantitativen Angaben (z. B. πολὺ τῶν πολεμίων, ὅσον ἀργυρίου) und auch da ist die abjektivische und nicht neutrale
Ausdrucksweise (πολλοὶ τῶν πολ.) gewöhnlicher; oder aber bei Grab=
bestimmungen, f. Anm. 6. Die Erweiterung dieses Gebrauchs zu quali-
tativen Bestimmungen ist aber fast nur dichterisch: S. Ant. 1229 ἐν τῷ
ξυμφορᾶς διεφθάρης; El. 169 τί ἀγγελίας ἔρχεται; Eur. Phoen. 1485
βοϛρυχώδεος ἀβρὰ παρηΐδος. Dagegen Fälle wie Thuc. 4, 130 ἦν τι
στασιασμοῦ ἐν τῇ πόλει, 7, 69 ᾧ ὑπῆρχε λαμπρότητός τι sind quantita-
tiv aufzufassen. Noch weniger findet die genit. Verbindung statt, wenn auch
der abhängige Begriff ein adj. Neutrum ist (lat. quid novi, nihil boni),
griechisch: τί καινόν; οὐδὲν καλόν· wohl aber mit dem Art. οὐδὲν τοῦ
καλοῦ (vom Subst. τὸ καλόν).

b) bei Zeit= und Orts=Bestimmungen, die als Theile eines
größern Umfangs angegeben sind, also nach den adv. temp. et loci.

Beisp. τρὶς τῆς ἡμέρας dreimal des Tages, ὁπότε τοῦ ἔτους zu
welcher Zeit des Jahres, πανταχοῦ τῆς ἀγορᾶς überall auf dem Markt,
πόρρω τῆς ἡλικίας weit vorgerückt in Jahren, ποῖ γῆς ἀφικόμην; (wie
ubi terrarum?)

Anm. 6. (3.) Hieraus entstehen bei Tragikern die häufigen Wendungen wie: οὐχ ὁρᾷς, ἵν᾽ εἶ κακοῦ; ποῦ ποτ᾽ εἶ φρενῶν; τί λέξω,

πoῖ φρενῶν ἔλθω, πάτερ; und auch in Prosa die Redensarten, um den Grab zu bestimmen, wie im Lat. eo vesaniae etc. z. B. εἰς τοῦτο ἀναισχυντίας προβέβηκε, εἰς πᾶν προελήλυθε μοχθηρίας τὰ παρόντα, bis zu diesem, zum höchsten Grade von Unverschämtheit, von Elend; πρὸς τοῦτο καιροῦ πάρεςι τὰ πράγματα zu diesem (entscheidenden) Zeitpunkt; An. 1, 7, 5 ἐν τοιούτῳ ἦσαν τοῦ κινδύνου. Aehnlich Thuc. 7, 55 ἐν παντὶ δὴ ἀθυμίας ἦσαν. Eur. Alc. 9 τόνδ' ἔσωζον οἶκον ἐς τόδ' ἡμέρας.

c) auch in mannichfachen Verbalverbindungen, sofern sich die Aussage auf einen Theil erstreckt, steht das Ganze oft im Genit., besonders bei εἶναι, γίγνεσθαι. Man pflegt zur Erklärung τίς, τί dabei zu ergänzen. Beisp. Thuc. 1, 65 Ἀρισεὺς ἤθελε τῶν μενόντων εἶναι. 3, 70 ὁ Πειθίας ἐτύγχανε τῆς βουλῆς ὤν. Hell. 6, 3, 5 εἰ ὁμογνωμονοῖμεν, οὐκ ἂν τῶν θαυμας ῶν (sc. τί) εἴη, μὴ εἰρήνην ποιεῖσθαι; Dem. Lept. in. τῶν ἀδίκων ἐστίν (cf. p. 498 τῶν αἰσχρῶν ἔν τι). An. 7, 4, 5 ἀφιεὶς δὲ τῶν αἰχμαλώτων (sc. τινάς) ἔλεγεν. Thuc. 4, 80 τῶν Εἱλώτων ἐβούλοντο ἐκπέμψαι. Auch das Subjekt (oder Objekt) vertretend: An. 3, 5, 16 ἔφασαν ἐπιμιγνύναι σφῶν τε πρὸς ἐκείνους καὶ ἐκείνων πρὸς ἑαυτοὺς (vgl. Ell. zu Arr. 4, 23, 6. N.T. Gramm. p. 138). — Dahin gehören Sätze wie ἔδωκά σοι τῶν χρημάτων· κατέαγα τῆς κεφαλῆς (habe ein Loch im Kopfe, Pl. Gorg. p. 469) und bei Dichtern viele Wendungen wie πάσσε δ' ἁλὸς θείοιο, ὀπτῆσαι κρεῶν, χαριζομένη παρεόντων Hom. ꝛc.

d) bei allen Verbis und Adjektiven, in denen der Begriff des Antheils, der Theilnahme liegt; z. B. bei μετεῖναι, μετέχειν (Adj. μέτοχος), μεταιτεῖν, μεταδιδόναι, μεταλαμβάνειν, κοινωνεῖν (Adj. κοινωνός); des theilhaftig sein: τυγχάνειν, λαγχάνειν, κληρονομεῖν, und mehr dicht. ἀντιᾶν (ἀντιάζειν, ἀντᾶν, vgl. die Note zu §. 133, 4, c), κυρεῖν. Beisp. Mem. 4, 3, 14 ἡ ψυχὴ τοῦ θείου μετέχει. — Is. ad Nic. 37 ἐπειδὴ θνητοῦ σώματος ἔτυχες, πειρῶ τῆς ψυχῆς ἀθάνατον τὴν γνώμην καταλιπεῖν. Dem. p. 690, 10 οὗτοι κληρονομοῦσι τῆς ὑμετέρας δόξης καὶ τῶν ὑμετέρων ἀγαθῶν. Soph. El. 689 (Ὀρέςης) κέκευθεν, οὔτε του τάφου ἀντιάσας, οὔτε γόων παρ' ἡμῶν.

Anm. 7. Bei den meisten dieser Verba ist auch der Akkusativ (bei μετεῖναι demnach der Nomin.) nicht ungewöhnlich, weil mit ihnen sich leicht verbinden die transitiven Begriffe: haben, bekommen, besitzen, geben. Z. B. Thuc. 2, 37 μέτεςι πᾶσι τὸ ἴσον. Arist. Plut. 1144 οὐ γὰρ μετεῖχες τὰς ἴσας πληγάς ἐμοί. (Einzelnes Beisp. mit Dat. Thuc. 2, 16.) X. Anab. 4, 5, 5 μετέδοσαν αὐτοῖς πυροὺς ἢ ἄλλο τι. cf. Herod. 8, 5. Jl. ε, 582 βάλε χερμαδίῳ ἀγκῶνα τυχὼν μέσον (dagegen ἐν-, συν-, auch περιτυγχάνω ihrer Zusammens. gemäß immer m. b. Dat.). Aesch. Sept. 684 κακος οὐ κεκλήσει βίον εὖ κυρήσας. — Bei κληρονομεῖν steht sowohl die beerbte Person als geerbte Sache im Genit.; erst bei Spätern beides auch im Aff.: Luc. DM. 11, 3 οὐκ ἐπεθύμεις κληρονομεῖν ἀποθανόντος ἐμοῦ τὰ κτήματα. Plut. Sull. 2 ἐκληρονόμησε τὴν μητρυιάν. Alciphr. 1, 39 τὸν πατέρα. — Auch λαγχάνειν regiert bei Dichtern wie Prosaikern häufig den Aff. in verschiedenen Bedeut., s. die Wörterb. — Κοινωνεῖν mit dem Dat. der Person neben Gen. der Sache heißt: theilhaben mit jemand an etwas.

Anm. 8. Wie oben ὄνομα (§. 131 A. 11)¹, so steht bei den Verbis der Theilnahme, in der Prosa besonders um noch eine Bestimmung (viel, wenig ꝛc.) hinzuzuthun, oft noch das Subst. μέρος, so daß dann der Genit. von μέρος abzuhängen scheint.

Beifp. Aesch. Ag. 518 οὐκ ηὔχουν θανὼν μεθέξειν φιλτάτου τάφου μέρος. Isocr. 3, 43 τῶν ἀρετῶν οὐδὲν μέρος τοῖς πονηροῖς μέτεςι. Cyr. 7, 5, 44 μικρόν τι ὑμῖν μέρος ἐμοῦ μετέσται. Hier. 2, 7.

e) endlich bei den hiemit nah verwandten Begriffen haften,
fassen, berühren, nehmlich ἅπτεσθαι, λαμβάνεσθαι nebst Komp.
bef. ἀντιλαμβάνεσθαι, ἔχεσθαι, ψαύειν, nebft den im ganzen mehr
dichterischen θιγγάνειν, δράττεσθαι, καθικνεῖσθαι.

Beifp. S. OC. 955 θανόντων οὐδὲν ἄλγος ἅπτεται. An. 7, 6,
41 ἦν σωφρονῶμεν, ἑξόμεθα αὐτοῦ (werden wir ihn fefthalten). Eur.
Or. 790 δυσχερὲς ψαύειν νοσοῦντος ἀνδρός. Dem. Ol. p. 15 ἕως ἐςὶ
καιρός, ἀντιλάβεσθε τῶν πραγμάτων. Thuc. 3, 22. 106 etc.

Anm. 9. Einige Beifpiele abweichender Konstructionen (wie in Anm.7)
feien: der Akk.: Od. α, 342 μάλιςά με καθίκετο πένθος ἄλαςον; — der
Dativ: Pi. Pyth. 4, 527 ἀσυχίᾳ θιγέμεν, cf. 9, 75 ꝛc.; — der doppelte
Genitiv (womit §. 131 Anm. 10 zu vgl.) des Ganzen und des Theiles: Jl.
ο, 76. Od. τ, 348 ἐμεῖο ἥψατο γούνων, denn ἐμεῖο ist nicht gen. posses-
sivus nach §. 127 A. 12 N.

Anm. 10. Hierauf find zurückzuführen alle folche Verbindungen, wie
τῆς χειρὸς ἄγειν τινά an der Hand (d. h. an feiner, eius) führen, ἐπι-
σπάσας τινὰ κόμης (App. B. C. 4, 17. Eur. Hel. 116) bei den Haaren zie-
hend, λαβεῖν, λαβέσθαι, ἑλεῖν τινα ποδός, γούνων, κεφαλῆς ꝛc. oft bei
Homer; auch kann die Präp. ἐκ dabeiftehen, f. §. 147. Man verwechfele
alfo nicht λαβεῖν τινα χειρί jem. mit der Hand ergreifen.

Beifp. Jl. γ, 369 ἦ, καὶ ἐπαΐξας κόρυθος λάβεν ἱπποδασείης. X.
Anab. 1, 6, 10 ἔλαβον τῆς ζώνης τὸν Ὀρόντην. 4, 7, 12. Cyr. 5, 5, 7.

Anm. 11. Aus der Gewohnheit, fich den Bittenden oder Flehenden
zu denken als einen, der die Kniee der Gottheit oder der angerufenen Perfon umfaßt, kommt es daß bei Dichtern die Verba des Flehen, fonst
reine Transitiva, befonders aber λίσσεσθαι, ἱκετεύειν, γουνάζεσθαι, ἱκνεῖ-
σθαι auch mit dem Gen. des Gegenstandes oder der Person, bei welcher
die Bitte ꝛc. stattfindet, verbunden werden. So vollständig bei Homer (Jl.
ζ, 45. φ, 71) λαβὼν, ἑλὼν, ἁψάμενος λίσσετο γούνων; mit Akkuf. und
Genit. (χ, 345): μή με, κύον, γούνων γουνάζεο, μηδὲ τοκήων. Eur. Or.
660 ταύτης (τῆς δάμαρτος) ἱκνοῦμαί σε. Hec. 752 ἱκετεύω σε τῶνδε
γουνάτων καὶ σοῦ γενείου δεξιᾶς τ' εὐδαίμονος; und daher endlich auch
(Od. β, 68) λίσσομαι ἠμὲν Ζηνὸς Ὀλυμπίου ἠδὲ Θέμιςος sc. ὑμᾶς. Vgl.
noch §. 147 unter πρός c. gen. — Die Konstr. von δεῖσθαι bitten f.
unten A. 14. und von εὔχεσθαι §. 133, 2, c.

6. Da der Theil als am Ganzen haftend gedacht wird und
alle Theile zusammen das Ganze ausmachen, fo kann auch das,
woraus eine Substanz besteht oder gemacht ist, durch das
Genitivverhältnis ausgedrückt werden. (Genit. materiae.)

Beifp. ςέφανος ὑακίνθων ein Kranz von Hyacinthen, φιάλαι χρυσοῦ
καὶ χαλκοῦ καὶ ἀργύρου Plat.. ςήλη λίθου Herod. eine steinerne Säule,
ῥόπαλα ξύλων id. 7, 63.; und im Verbalverhältnis: Cyr. 7, 5, 22 φοίνικός
(εἰσιν) αἱ θύραι πεποιημέναι. Lucian. 39, 23. Her. 2, 138 ἐςρωμένη
ἐστὶ ὁδὸς λίθου. Thuc. 1, 93 οἱ θεμέλιοι παντοίων λίθων ὑπόκεινται.

7. Aber nicht nur um die äußerliche Materie, fondern auch
um die innerlichen Beziehungen der am Gegenstande haftenden Eigenschaft und Eigenthümlichkeit (gen. qualitatis), fo wie die
mehr perfönlichen des Eigenthums und Befißes (gen. posses-
sivus) auszudrücken, dient am natürlichsten der Genitiv. Dieß ist

die gewöhnlichste Bedeutung des Genit. nach Subst. (τὸ τοῦ χρυ-
σίου σέλας· τῆς ἀρετῆς τὸ κάλλος· δένδρον πολλῶν ἐτῶν· οἱ τοῦ
πατρὸς παῖδες); doch findet er auch statt nach Adjektiven (z. B.
οἰκεῖος, ἴδιος, κοινός ꝛc.) und in mannichfachen Verbalverbindungen, insbesondere mit den Verbis εἶναι und γίγνεσϑαι und allen
denjenigen Prädikaten, zu denen der Inf. εἶναι (oder Part. ὤν) ergänzt werden kann, wie νομίζειν, ἡγεῖσϑαι, κρίνειν, φαίνεσϑαι,
εὑρίσκεσϑαι, καλεῖσϑαι, ποιεῖσϑαι, τιϑέναι u. a. S. Anm. 13.
Beisp. Isocr. p. 19 ἅπαντα τὰ τῶν οἰκούντων τὴν πόλιν οἰκεῖα
τῶν καλῶς βασιλευόντων ἐςίν. S. b. Hbr. Beisp. in Anm. 13. 26 f.

Anm. 12.   Dichter können durch ein Subst. im Genit. geradezu ein
Abjektiv umschreiben, z. B. S. Trach. 356 π ό ν ω ν   λ α τ ρ ε ύ μ α τ α   mühvoller
Dienst. OT. 533 τ ο σ ό ν δ' ἔ χ ε ι ς   τ ό λ μ η ς   π ρ ό σ ω π ο ν. Antig. 114 λ ε υ κ ῆ ς
χ ι ό ν ο ς   π τ έ ρ υ ξ. Aj. 1003 ὦ   δ υ σ ϑ έ α τ ο ν   ὄ μ μ α   κ α ὶ   τ ό λ μ η ς   π ι κ ρ ᾶ ς.

Anm. 13. (4.)   Die Verbindung des Genit. mit εἶναι, γίγνεσϑαι
(und den oben 7. genannten vollständigen Prädikaten zu welchen der Inf.
εἶναι ergänzt werden kann) entspricht nicht ganz der lat. von esse cum genit.
(abl.), daher wir sie hier im Ganzen überschauen wollen. Ist nehmlich
I. das Subjekt eine Sache, ein Abstraktum, eine Vorstel-
lung (oft durch den Infin. gegeben), so steht der Gegenstand (Person), dem
dieselbe angehört, im Genit. Ein solcher Satz läßt sich jedesmal wiedergeben
durch: es ist die Sache ꝛc., oder genauer: a) das Eigenthum: z. B. πᾶσα
ἡ γῆ ἐςι βασιλέως gehört dem K., X. Ag. 1, 33 Ἀγ., εἴ τινες τὴν Ἀσίαν
ἑαυτῶν ποιοῦνται, πρὸς τοὺς ἐλευϑεροῦντας ἔφη παρεῖναί. Pl. Theaet.
p. 186 ποτέρων τίϑης (sc. εἶναι) τὴν οὐσίαν; — b) die Eigenschaft,
die Gewohnheit (Zeichen), das Gebührende (Pflicht): z. B. τῶν μάχη
νικώντων καὶ τὸ ἄρχειν ἐςίν An. 2, 1, 4.; ἀνδρὸς ἐςι φρονίμου
ὠφελεῖν τοὺς ἀνϑρώπους (vgl. πρός §. 147), δικαίου πολίτου κρίνω τὴν
τῶν πραγμάτων σωτηρίαν ἀντὶ τῆς χάριτος αἱρεῖσϑαι Dem. Ol. 3, 21;
in welchem Falle für den persönlichen Ausdruck im Gen. auch das entsprechende
Abstraktum eintreten kann, wie im Lat. est stulti und stultitiae, z. B. Soph.
El. 1054 π ο λ λ ῆ ς   ἀ ν ο ί α ς (ἐςί) καὶ τὸ ϑηρᾶσϑαι κενά. Dem. Ol. 1, 10
τὸ πολλὰ ἀπολωλεκέναι τῆς ὑμετέρας ἀμελείας ἄν τις ϑείη δικαίως.
cf. Lept. 11.; — c) das Vermögen: z. B. in dem Sprichwort ο ὐ   π α ν -
τ ὸ ς   ἀ ν δ ρ ὸ ς   ε ἰ ς   Κ ό ρ ι ν ϑ ο ν   ἐ σ ϑ' ὁ   π λ ο ῦ ς. S. OT. 393 τὸ αἴνιγμ' οὐχὶ
τ ο ὐ π ι ό ν τ ο ς (d. i. τοῦ τυχόντος) ἦν ἀνδρὸς διειπεῖν, ἀλλὰ μαντείας
ἔδει. Oder
II. das Subjekt ist eine Person, in welchem Falle die Lateiner
so oft die derselben zukommende bauernde Eigenschaft durch ein mit einem
Abjektiv verbundenes Substantiv im genit. (abl.) mit esse ausdrücken: Cae-
sar erat magna prudentia etc., sehr selten aber die Griechen (z. B. Her.
1, 107 Καμβύσης οἰκίης μὲν ἦν ἀγαϑῆς, τρόπου δὲ ἡσυχίου; cf. Ar.
Plut. 246. Dem. Cor. p. 324), die vielmehr sich abjektivisch ausdrücken: σώφρων ἐςὶν ὁ ἀνήρ, bef. mit beigefügtem Aff.: ϑαυμαςὸς ἦν τὴν εὐεπίαν
(singulari eloqu.), μέγας ἦν τὸ σῶμα (magnae staturae). — Dagegen
bedient sich die griech. Sprache dieser Verbindung von εἶναι mit dem Gen.
für andre genitivische Verhältnisse, wie das des Theilhaftigseins (f. 5, c.),
der Materie: στήλη ἦν λίϑου (oben 6), der vorübergehenden Eigenschaft:
ἦν ἐτῶν τριάκοντα Xen., τῆς αὐτῆς γνώμης εἶναι Thuc.

8.   Der Begriff des Ausgehens aus dem Innern eines Gegenstandes und des Haftens an demselben gestaltet sich ferner sehr
natürlich zu einem Verhältniß der (äußerlichen wie geistigen) Abhängigkeit oder zu einem kausalen. Deshalb werden nicht

nur Präpos. wie περί, ἕνεκα, ὑπό ꝛc. mit dem Genit. verbunden,
sondern auch viele der unten folgenden Adjektiva und Verba, um
auszudrücken, aus welcher Ursache eine Eigenschaft, eine Thätigkeit, ein Zustand stattfindet, z. B. τόπος δασὺς δένδρων in Folge
der Menge von Bäumen, ἄγαμαί σε τῆς ἀνδρείας wegen deiner
Tapferkeit. (Genit. causalis.)

9. Wenn nun die Ursache einer Thätigkeit zugleich der Gegenstand wird, worauf sich die Thätigkeit richtet (beides fällt oft
zusammen), so bekommt der Genit. dann den dem Grundbegriff
scheinbar entgegengesetzten Begriff der Richtung oder des Zie-
les worauf. 3. B. ἐπιθυμῶ τῆς ἀρετῆς d. h. die Tugend ist
zugleich Ursache meines Bestrebtseins und Ziel meines Strebens.
Daher werden die Präp. ἐπί und viele der unten folgenden Adj.
und Verba mit dem Genit. verbunden. (Genit. objectivus.)

10. (5.) Folgendes sind die wichtigsten der Adjektiva und
Verba, die nach Anleitung von Text 8 und 9, die wir absichtlich
nicht trennen, die nothwendigen (vgl. Anm. 27) Ergänzungen
ihrer Begriffe gewöhnlich im Genit. zu sich nehmen:
a) alle Wörter, die Fülle oder Mangel anzeigen, haben
den Gegenstand, der diesen Zustand veranlaßt oder in Beziehung
worauf er stattfindet, im Gen. bei sich, nehmlich πληροῦν, πιμπλάναι, εὐπορεῖν, γέμειν, δεῖ, χρή, προσήκει, δεῖσθαι, χρῄζειν, ἀπορεῖν,
σπανίζειν (dicht. κορέννυσθαι, ἄσαι, ἄσασθαι, βρίθειν, βρύειν,
χηροῦσθαι), nebst den Adj. πλέως, πλήρης, μεςός, κενός, ἐπιδεής,
ἔρημος, ψιλός u. ä.; den Adv. ἅλις, ἅδην (ep. ἄδην).
Beisp. Pl. Rep. p. 557 ἴσως οὐκ ἂν ἀποροῖς παραδειγμάτων.
S. OT. in. πόλις θυμιαμάτων γέμει. Cyr. 1, 2, 9 ἡ τῶν ἐφήβων ἡλικία
ἐπιμελείας δεῖται. Jl. λ, 562 ἐκορέσσατο φορβῆς. ο, 317 δοῦρα λι-
λαιόμενα χροὸς ἆσαι. Jl. ω, 717 ἄσεσθε κλαυθμοῖο. Od. ι, 219 τυρῶν
βρῖθον. E. Hec. 228 παρέσχηκεν ἀγὼν πλήρης ϛεναγμῶν οὐδὲ δακρύων κενός. Herod. 4, 21 ἡ τῶν Σαυρομάτεων γῆ ψιλή ἐϛι καὶ ἀγρίων
καὶ ἡμέρων δενδρέων. Jl. τ, 423 οὐ λήξω, πρὶν Τρῶας ἄδην ἐλάσαι
πολέμοιο.
Anm. 14. Ueber die Konstr. von δεῖ, χρή, προσήκει vgl. §. 131 A. 4.
133, 2. e. — Aus dem Begriff des Bedürfens ist es herzuleiten, daß δεῖσθαι und χρῄζειν auch in der Bedeutung bitten den Gen. der Person
haben; Cyr. 5, 5, 35 σὺ νῦν ἐμοὶ χάρισαι ἅ ἄν σου δεηθῶ. Herod. 5, 19
ἐγώ σευ χρῄζω μηδὲν νεοχμῶσαι; und aus der Zusammensetzung beider
Begriffe erklärt sich der doppelte Genit. z. B. Cyr. 8, 3, 19 ἐδέοντο Κύρου ἄλλος ἄλλης πράξεως. Her. 7, 53 τῶνδ᾿ ἐγώ ὑμέων χρῄζω.
cf. 5, 40. Vgl. λίσσομαι Anm. 11. Aber ἀξιοῦν hat in derselben Bed.
nur den Akk. der Person. — Mehre der obigen Verba werden auch, bef.
bei Dichtern, mit dem Dativ verbunden, wie βρίθειν, βρύειν gewöhnlich,
πίμπλασθαι zuweilen (Soph., Aesch., auch Thuc. 7, 75 δάκρυσι πλησθέν),
ὕβρι κεκορημένος Her. 3, 80.
b) Werth oder Unwerth: ἄξιος, ἀνάξιος, ἀξιοῦσθαι· ἀξιοῦν, ἀτιμάζειν und (dicht.) προτίειν τινά τινος.
Beisp. Xen. Ag. 10, 3 ἐγκωμίων τί ἀξιώτερον ἢ νῖκαι. Cyr. 2,
2, 17 οὐδὲν ἀνισώτερον τοῦ τῶν ἴσων τόν τε κακὸν καὶ τὸν ἀγαθὸν
ἀξιοῦσθαι. Soph. Ant. 22 τάφου Κρέων τὸν μὲν προτίσας, τὸν δ᾿
ἀτιμάσας ἔχει.

c) insbesondere werden die Angaben des Werthes bei den Verbis schätzen, kaufen, verkaufen (ἀξιοῦν, τιμᾶν, τιμᾶσθαι, ἀγοράζειν, πρίασθαι, πωλεῖν, ἀποδίδοσθαι ꝛc.) durch den Gen. gegeben; indem sowohl 1) der Werth oder der Preis im Gen. stehen kann (genit. pretii); als auch 2) die Waare oder das erworbene (genit. mercis), jedoch nur in gewissen Wendungen bei den Verbis διδόναι, λαμβάνειν, κατατιθέναι u. ähnl. Auch tritt (in b. und c.) die Präp. ἀντί vor den Gen., s. ἀντί.

Beisp. 1) δραχμῆς ἀγοράζειν τι· ὀκτακοσίων ταλάντων διεγγνᾶσθαι (Thuc. 3, 70); πλοῖα τετιμημένα χρημάτων (4, 26). Pl. Apol.. p. 37 τούτου τιμῶμαι, τῆς ἐν πρυτανείῳ σιτήσεως. Mem. 3, 7, 6 οἱ ἐν τῇ ἀγορᾷ φροντίζουσιν, ὅ,τι ἐλάττονος πριάμενοι πλείονος ἀποδῶνται. 2, 1, 20 τῶν πόνων πωλοῦσιν ἡμῖν πάντα τἀγάθ᾽ οἱ θεοί. — Hienach zu erklären ἀλλάξασθαί τι τινός um etwas eintauschen Thuc. 8, 82., μισθοῦ τι πράττειν um Lohn oder Sold Xen., Dem., τάσσειν πολλοῦ ἀργυρίου einen hohen Preis setzen Thuc. 4, 26. — 2) Dem. p. 529 χρήματα οὐ προσήκει τῶν τοιούτων λαμβάνειν. Cyr. 3, 1, 37 ἀπάγου τους παῖδας, μηδὲν αὐτῶν καταθείς. — τρεῖς μνᾶς κατέθηκε τοῦ ἵππου.

d) die Begriffe erfahren, fähig, kundig, eingedenk und die Gegentheile: ἔμπειρος, ἐπιστήμων, ἴδρις, μνήμων, ἄπειρος, ἰδιώτης, (bei Dichtern δαήμων, ἀδαήμων, ἀδαής; daher auch Participia, wie τόξων εὖ εἰδώς, διδασκόμενος πολέμοιο Hom.); ferner das Verbum πειρᾶσθαι versuchen, erproben, nebst allen Ableitungen und Kompositis; die Verba sich erinnern, vergessen: μιμνήσκεσθαι nebst Compos., μνημονεύειν, ἐπιλανθάνεσθαι, die jedoch auch andre Verbindungen, namentlich mit dem Akkus. der Sache und περί c. gen. zulassen; s. Anm. 14 a.

Beisp. Dem. p. 1414 τῆς γεωμετρίας καὶ τῆς ἄλλης τοιαύτης παιδείας ἀπείρως ἔχειν αἰσχρόν. X. Mem. 1, 2, 21 ὅταν τῶν νουθετικῶν λόγων ἐπιλάθηταί τις, τοῦτον οὐδὲν θαυμαστὸν καὶ τῆς σωφροσύνης ἐπιλαθέσθαι. Pl. Phaedr. p. 234 σὺ τῶν εἰρημένων μέμνησο; Jl. φ, 580 (Ἀγήνωρ) οὐκ ἔθελεν φεύγειν, πρὶν πειρήσαιτ᾽ Ἀχιλῆος.. Od. φ, 180 τόξου πειρώμεσθα. Pl. Prot. p. 311 ἀποπειρώμενος τοῦ Ἱπποκράτους τῆς ῥώμης ἠρώτων αὐτόν. An. 3, 5, 7. etc.

Anm. 14 a. Der Akkus. bei diesen Verbis steht meist nur bei neutralen Pronom. (s. Beisp. §. 131, 8) oder sächlichen Gegenständen, oder gibt dem Verbo eine andere Bedeutung, wie πειρᾶσθαι (Pind. Py. 2, 62), Τυδέα οὐ μέμνημαι (Jl. ζ, 222. wie im Lat.: Cinnam meminic ꝛc.). Den dopp. Aff. bei ἀναμιμνήσκω und ὑπομ. s. §. 131, 5. Wenn πειρᾶσθαι mit dem Dativ verbunden wird, so heißt es: sich worin versuchen.

Beisp. Cyr. 6, 1, 25 (Κῦρος ἔπραττε ταῦτα), ὅπως ἐν ταῖς ἀγωγαῖς τὰς τάξεις ὑπομιμνήσκοιντο. Eur. Hel. 265 τὰς τύχας — Ἕλληνες ἐπελάθοντο. cf. Od. δ, 119. — ἐγὼν ἔπεσιν, ἐγχείῃ πειρήσομαι, πόδεσσιν ἐπειρήσαντο, ἕκαστά τε πειρήσαιτο Hom. — Mit περί: Hell. 4, 5, 9 οἱ πρέσβεις περὶ τῆς εἰρήνης οὐκέτι ἐμέμνηντο. cf. 4, 4, 15. Andoc. p. 73 μὴ περὶ τῶν πεπραγμένων αὐτοῖς ἐπιλάθησθε.

e) die Verba sorgen, sich bekümmern und die Gegentheile: ἐπιμέλεσθαι, κήδεσθαι, φροντίζειν, μέλει μοί τινος, ἀμελεῖν, ὀλιγωρεῖν, dicht. ἀλεγίζειν; bewundern, beneiden, beklagen, geringschätzen: ἄγασθαι, θαυμάζειν, εὐδαιμονίζειν, μακαρίζειν, φθονεῖν, οἰκτείρειν, καταφρονεῖν, ὑπερορᾶν (A. 15), καταγελᾶν, schonen φείδεσθαι, haben das Objekt (oder Ursache) der Sorge ꝛc. im Genitiv. Vgl. hiezu noch §. 133, 2, d.

Beiſp. Xen. Cyr. 5, 3, 40 οἱ ἄρχοντες ἐπιμελείσθων πάντων.
S. OT. 1060 μή, πρὸς θεῶν, εἴπερ τι τοῦ σαυτοῦ βίου κήδει, ματεύ-
σῃς. E. Med. 1046 φεῖσαι τέκνων. Dem. p. 472 μηδενὸς καταφρό-
νει. X. Cyr. 5, 4, 32 οἰκτείρω σε τοῦ πάθους. Lys. 2, 81 ἐγὼ μὲν
τοὺς ἐν τῷ πολέμῳ τετελευτηκότας μακαρίζω τοῦ θανάτου.

Anm. 15. (Anm. 4 a.) Die Verba bewundern haben gewöhnlich
1) den Akkuf. der Perſon und Genit. der Sache bei ſich, wie ἄγαμαί σε
τῆς ἀνδρείας (vgl. oben 8); aber auch 2) den Genit. der Perſon, beſonders wenn der Gegenſtand der Bewunderung noch ein Particip, oder
einen Satz mit ὅτι, εἰ ꝛc. bei ſich hat; z. B. Cyr. 3, 1, 15 ἄγασαι τοῦ
πατρός, ὅσα βεβούλευται. Herod. 6, 76 ἄγασθαι ἔφη Ἐρασίνου οὐ
προδιδόντος τοὺς πολιήτας. cf. Pl. Crit. in. — und Akkuf. der Sache,
als einfaches Objekt: ἄγαμαι τὴν τούτου φύσιν Plat. — Φθονεῖν befolgt die erſtere Konſtruction, nur daß ſtatt des Akkuf. der Dativ der
Perſon eintritt, z. B. Eur. Ion. 1024 φθονεῖν γάρ φασι μητρυιὰς τέκ-
νοις. Pl. Hipp. p. 228 Ἵππαρχος οὐκ ᾤετο δεῖν οὐδενὶ σοφίας φθονεῖν. cf. Cyr. 8, 4, 16. — Die Verba geringſchätzen, wie καταφρονεῖν, ὑπερορᾶν haben ſowohl die Perſon als auch die Sache meiſtens im
Genit. bei ſich; jedoch finden ſich auch Beiſpiele mit dem Accuf., beſ. bei
ὑπερορᾶν, z. B. Xen. Ag. 8, 4 καὶ τοῦτο ἐπαινῶ Ἀγησιλάου τὸ ὑπερι-
δεῖν τὴν βασιλέως ξενίαν. Pl. Rep. p. 364 a. Thuc. 5, 6. Eur. Bacch.
495 καταφρονεῖ με καὶ Θήβας ὅδε. Thuc. 8, 8. 82 ꝛc. — Sonſt finden
bei obigen Verbis noch vielfache andre Konſtructionen ſtatt, wie mit περί
c. gen. (z. B. τούτου σφι ἔμελε πέρι Her.); mit ὑπέρ (z. B. φροντίζειν
ὑπέρ τινος Dem.), ἐπί c. dat. (z. B. ἀμελεῖν Soph.), dem bloßen Dativ
(z. B. θαυμάζων, ἀγασθέντες τῷ ἔργῳ Thuc. Plat.). Dem Herodot eigentümlich iſt die Verbindung καταγελᾶν τινι (3, 37. 38. 155 ꝛc.), gegen die
Analogie der Komp. mit κατά. S. jedoch Cobet NL. 97.

f) begehren: ἐπιθυμεῖν, ὀρέγεσθαι, ἐφίεσθαι, γλίχεσθαι,
ἀντιποιεῖσθαι, ἐρᾶν *), dicht. ἔρασθαι, ἱμείρειν; zielen: ςοχάζε-
σθαι, bei Dichtern τιτύσκεσθαι, die auch τοξεύειν, ἀκοντίζειν, ἐπα-
ΐσσειν und ähnl. Verba mit dem Genit. verbinden.

Beiſp. Anab. 3, 2, 39 εἴ τις χρημάτων ἐπιθυμεῖ, κρατεῖν πει-
ράσθω. Cyr. 8, 2, 22 ὀρέγομαι ἀεὶ πλειόνων. Eur. Hec. 996 μὴ ἔρα
τῶν πλησίον. Jl. δ, 100 ὄἵςευσον Μενελάου. θ, 118 τοῦ δ᾿ ἰθὺς με-
μαῶτος ἀκόντισε. ε, 263 etc.

g) verklagen, verurtheilen: κατηγορεῖν, καταγιγνώσκειν,
καταδικάζειν mit dem Gen. der Perſon und Aff. des Verbrechens;
dagegen γράφεσθαι, κρίνειν, διώκειν (paff. φεύγειν), αἰτιᾶσθαι,
ferner αἱρεῖν überführen (paff. ἁλίσκεσθαι) umgekehrt mit dem
Aff. der Perſon und Genit. der Sache.

Beiſp. Dem. p. 1319 τίς ὑμῶν ἂν καταγνοίη μου τοσαύτην
μανίαν; Cyr. 5, 5, 19 ἔχεις τινὰ πλεονεξίαν μου κατηγορῆσαι; Ar.
Eq. 367 διώξομαί σε δειλίας. Pl. Apol. p. 35 (Σωκρ.) ἀσεβείας ἔφευ-
γεν ὑπὸ Μελίτου. Mem. 1, 2, 49 οὐκ ἔξεςι (τῷ υἱεῖ) παρανοίας ἑλόντι

---

*) In ἐρᾶν, lieben, liegt der Grundbegriff des Begehren; daher der
Gen.; dagegen verbindet ſich mit φιλεῖν, στέργειν, ἀγαπᾶν als gewöhnlichen
Transitiv-Begriffen der Objekts-Akkuſativ, mit den beiden letzteren auch
der Dativ, wenn der Begriff des zufrieden ſein, ſich begnügen (ἀρέ-
σκεσθαι) überwiegt. Jedoch kann in ſolchen Dingen immer nur der Sprachgebrauch entſcheiden; denn auch Begriffe des Begehren, wie ποθεῖν, ἐπι-
ποθεῖν, werden a'ɂ reine Tranſitiva nur mit dem Aff. konſtruirt.

τὸν πατέρα δῆσαι. Ebenſo κλοπῆς, δώρων ἁλῶναι Aristoph. — S. noch
wegen der Konſtr. beim Paſſiv §. 134 Anm. 2 a.

Anm. 16. Seltner iſt die Verbindung von κατηγορεῖν, καταγιγνώσκειν mit zwei Genitiven, z. B. Dem. p. 790 παρανόμων αὐτοῦ κατέγνωτε.
Aeschin. p. 61 ἁπάντων τῶν τεττάρων καιρῶν κατηγορῶ σου. Is. 4, 157.
(vgl. Anm. 14). — Bei γράφεσθαι ſteht gewöhnlich noch der Akk. des Subſt.
γραφή oder δίκη, ſo daß der Genit. dann davon abhängt, alſo γράφεσθαί
τινα γραφὴν φόνου, auch ohne Genit. Dem. p. 311 οὐδεμίαν πώποτ' ἐγρά-
ψατό με δίκην (vgl. §. 131, 4 a). Sonſt findet ſich bei γράφεσθαι, αἰτιᾶσθαι, καταιτιᾶσθαι etc. die Sache allein auch im Akk., als einfaches Objekt, z. B. Dem. p. 501 ἐγράψατο τὴν Χαβρίου δωρεάν. Thuc. 5, 30
ᾐτιῶντο τὴν ἐξήγησιν τοῦ παντός. 3, 42 ἀμαθίαν etc. — Andre, wie
ἐγκαλεῖν, ἐπεξιέναι werden auch mit dem Gen. verbunden, nehmen
aber ihrer Zuſammenſetzung gemäß den Dativ der Perſon zu ſich: Pl. legg.
p. 873 οἱ προσήκοντες ἐπεξίτωσαν τοῦ φόνου τῷ κτείναντι. Das Adj.
ἔνοχος wird bald mit dem Dativ, bald mit dem Gen. der Schuld verbunden. — Mit dem Gen. der Sache treten auch Präpoſ. in Verbindung,
namentlich περί, z. B. περὶ προδοσίας ἔκρινε Isocr.

Anm. 17. Die Strafe, wozu man verurtheilt oder worauf man
angeklagt wird, ſteht gemeiniglich im Akkuſativ, z. B. καταδικάζειν τινὸς
θάνατον, ζημίαν· ὀφλεῖν τάλαντα δέκα, daher auch ὀφλισκάνειν γέλωτα, αἰσχύνην ꝛc. gleichſam ſich die Strafe des Spottes, der Schande
zuziehen. Doch findet ſich auch der Genitiv, beſonders in der Redensart:
jemanden auf den Tod anklagen: Cyr. 1, 2, 14 θανάτου οὗτοι κρίνουσι.
cf. Thuc. 3, 57. Her. 6, 136 (θανάτου ὑπαγαγὼν Μιλτιάδεα). Ebenſo
ſteht der Gen. (nach Anleit. von 10, c) auch bei τιμᾶν, wobei die auffällige
Verbindung mit dem Dat. der Perſon zu merken, z. B. τιμᾶν αὐτῷ
θανάτου, φυγῆς, τῶν ἐσχάτων (glf. die Strafe des Todes ꝛc. jemandem
zuerkennen), τίνος ὑμῖν ἀντιτιμήσομαι; Pl. Apol. p. 36. 37. 38. Dem. Mid.
102. 151. Bei ζημιοῦν dagegen iſt die Verbindung mit dem Dativ der
Strafe Regel, z. B. ζημιοῦν τινα θανάτῳ, ἀειφυγίᾳ, χρήμασιν.

h) die Verba der äußeren Sinne, ſehen ausgenommen,
ὀσφραίνεσθαι riechen (auch ὄζειν, πνεῖν mit der neutralen Bedeutung: duften), γεύειν, γεύεσθαι koſten, ψαύειν, ἅπτεσθαι berühren
(vgl. 5, e.), ἀκούειν hören; ferner die der inneren Wahrnehmung, als αἰσθάνεσθαι, πυνθάνεσθαι, τυγχάνειν, z. Th. auch
μανθάνειν, συνιέναι, ἐπαΐειν haben dasjenige was die Wahrnehmung hervorbringt oder veranlaßt, im Genitiv bei ſich.

Insbeſondre ſteht bei den Verbis der Wahrnehmung, namentlich bei ἀκούειν (ἀκροᾶσθαι, dicht. κλύειν), wenn ſie bloß mit ſub-
ſtanziellen Begriffen verbunden werden, die Perſon, ſofern ſie
die Urſache der Wahrnehmung iſt, ſtets im Gen. (auch von παρά
oder ἐξ abh.), die Sache als Objekt derſelben gewöhnlich im Akk.,
im Gen. nur ſofern ſie metonymiſch für die (tönende oder redende)
Perſon ſelbſt eintritt, mithin als Urſache der Wahrnehmung *) auf-

*) Daher regiert ἀκούειν nebſt den Kompoſ. auch in der engeren Bed.
gehorchen den Genitiv, und zwar ſowohl der Perſon: Cyr. 8, 6, 1 τοὺς
χιλιάρχους οὐκ ἄλλου ἢ ἑαυτοῦ ἐβούλετο ἀκούειν; als auch der Sache
(ſtellvertretend für eine Perſon): τῶν νόμων Aeschin. p. 374, ἀρχῆς τῆς
ἐμῆς Aesch. Sept. 176. cf. Pl. Theaet. p. 162 d. Ebenſo ἀνηκουεῖν, die Adj.
κατήκοος, ὑπήκοος, εὐπειθής. Nur bei ὑπακούειν iſt, wie bei obsequi,
der Dativ Regel, nach Analogie von πείθεσθαι (§. 133, 1), welches jedoch

gefaßt wird (f. die Beisp.). Auch können sie zugleich mit dem
Genit. der Person und Akk. der vernommenen Sache verbunden werden *).

Beisp. ὄζειν, πνεῖν μύρων nach Salben duften. Herod.
1, 80 οἱ ἵπποι ὄσφραντο τῶν καμήλων. Dem. p. 782 τοὺς γενομένους κύνας
τῶν προβάτων κατακόπτειν φασὶ δεῖν. Pl. Hipp. maj. p. 291 τοῦ ἀνδρὸς οὐ τυγχάνομεν. Legg. p. 791 τὰ μήπω φωνῆς συνιέντα παιδία.
cf. Her. 1, 47. Beisp. von ἀκούειν: c. gen. pers.: Pl. Alcib. I. p. 112
περὶ τῶν δικαίων καὶ ἀδίκων ἀκήκοας ἄλλων τε πολλῶν καὶ Ὁμήρου. —
c. acc. rei: Anab. 1, 2, 5 βασιλεὺς ἤκουσε παρὰ Τισσαφέρνους τὸν Κύρου στόλον. Mem. 2, 5, 1 ἤκουσά ποτε καὶ ἄλλον αὐτοῦ λόγον. — c. gen.
rei (immer nur mit Subst. die eine Rede, Ton, Schall bezeichnen): Cyr. 6,
2, 13 προεῖπεν, εἴ τις βούλοιτο προςίστασθαι ἀκουσόμενος τῶν λόγων
(b. i. αὐτοῦ λέγοντος), μὴ κωλύειν. Ebenso ἀγγελίας, φωνῆς, μύθων,
λοιδοριῶν καὶ κατηγοριῶν (Dem. p. 226) ꝛc. — c. acc. pers. et gen. rei:
Cyr. 1, 4, 3 ἐπεθύμει ἄν τις ἔτι πλείω ἀκούειν αὐτοῦ. Pl. Apol. p. 17
ὑμεῖς ἐμοῦ ἀκούσεσθε πᾶσαν τὴν ἀλήθειαν. Vgl. §. 144, 6.

Anm. 17a. Der Gegenstand, worüber man etwas hört oder erfährt, steht im Gen. mit περί (de), f. §. 147., sehr selten und dichterisch
(nach Anl. von Text 3) auch ohne περί, also im bloßen Gen., z. B. Od. δ,
114 δάκρυ χαμάδις βάλε, πατρὸς ἀκούσας. ν, 256 πυνθανόμην Ἰθάκης. S. Ant. 1182 κλύουσα παιδὸς πάρεστι. Jedoch sind wohl alle derartige Fälle als Abkürzung eines Participialsatzes (z. B. θανόντος, ἀπο-
φθιμένοιο, δὴν οἰχομένοιο f. §. 144 A. 6a), oder durch einen im Sinne behaltenen erläuternden Nebensatz (f. Anm. 29a) zu erklären.

i) die hiemit und mit den Begriffen des Antheils (5, d) verwandten Verba genießen, Vortheil haben, als ἀπολαύειν, ὀνί-
νασθαι, γεύειν (lasse kosten), γεύεσθαι (f. h), ἐπαυρίσκεσθαι (mehr
dicht.) haben ihr Objekt im Genitiv.

Beisp. Eur. Alc. 1069 ὦ τλήμων ἐγώ, ὡς ἄρτι πένθους τοῦδε
γεύομαι πικροῦ. IT. 1078 ὄναισθε μύθων καὶ γένοισθ᾽ εὐδαίμονες.
Hienach Hell. 3, 3, 6 οὐκ ἐδύναντο κρύπτειν τὸ μὴ οὐχ ἡδέως ἄν καὶ
ὠμῶν ἐσθίειν αὐτῶν (aus Haß). — Beispiele wie ἐσθίειν τοῦ ἄρτου,
πίνειν αἵματος, οἴνοιο (Od. λ, 96 ꝛc.) sind auf Abschn. 5, c. zurückzuführen.

Anm. 18. Die natürlichsten Präp. bei diesen Verbis sind ἐκ und
ἀπό, welche man daher oft vor dem Genit. findet: Pl. Apol. p. 31 εἰ ἀπὸ
τούτων ἀπέλαυον καὶ μισθὸν ἐλάμβανον, εἶχον ἄν τινα λόγον. cf. Rep.
p. 395. c. — Ueber ἐπαυρίσκομαι c. acc. f. Lexil. I. p. 83.

11. (5, 9.) Aus Abschn. 8. ist es auch zu erklären, daß bei
Komparativen
der Gegenstand, in Hinsicht worauf oder in Vergleich womit der
höhere Grad stattfindet, im Genitiv (lat. Abl.) steht, z. B. σοφώ-
τερός ἐσι τοῦ διδασκάλου er ist klüger in Vergleich mit seinem
Meister oder als sein M.; κάλλιον ἐμοῦ ᾄδεις. — οὐκ ἔςιν ἀρετῆς κτῆμα τιμιώτερον Eurip.

---

*) (obwohl in Prosa sehr selten), gleichfalls der Verbindung mit dem Genit.
fähig ist: Eur. IA. 726. Thuc. 7, 73. cf. Cyr. 4, 5, 19.

**) Ueber den Unterschied der mittelbaren und unmittelbaren
Wahrnehmung bei diesen Begriffen und ihre Verbindung mit den Participialkonstr. und dem acc. c. inf. f. §. 144 Anm. 6a.

Anm. 19. Die diesen Genit. erläuternden Präpos. sind παρά und πρός (c. accus.), womit wirklich Beispiele vorkommen, s. die Präp. Die Regel, daß der Genit. nur gesetzt wird, wenn in der Auflösung mit als (ἤ, quam) der Nom. und zum Theil auch der Akk. stehen würde, findet sich im Griech. nicht so genau beobachtet wie im Lat., da er oft genug auch für ἤ mit dem Dativ eintritt, z. B. μείζων τῷ εἰπόντι γίγνεται βλάβη τοῦ πεποιηκότος b. h. ἤ τῷ πεποιηκότι. Thuc. 7, 63 ταῦτα τοῖς ὁπλίταις οὐχ ἧσσον τῶν ναυτῶν παρακελεύομαι. cf. 1, 85. 2, 60. Anab. 2, 5, 13. Aeschin. p. 60, 21. Solche Fälle erklären sich übrigens aus einer den Griechen eigenthümlichen Breviloquenz, welche namentlich auch dann hervortritt, wenn sie statt des verglichenen Theiles oder der vergl. Eigenschaft ꝛc. sofort das Ganze oder den die Eigenschaft ꝛc. besitzenden Gegenstand eintreten lassen z. B. Cyr. 3, 3, 41 χώραν ἔχετε οὐδὲν ἧττον ἡμῶν (b. i. τῆς ἡμῶν) ἔντιμον. Vgl. Jl. φ, 191, die folg. Anm., und den Gebrauch in §. 133 Anm. 4.

Anm. 20. (5.) In allen diesen und vielen andern Fällen, z. B. in Sätzen wie κάλλιον ἐμοῦ ἄδεις, μείζονα ἔργα ἐμοῦ διέπραξεν, kann der Genitiv auch als eine Verkürzung aus einem ganzen Satz angesehen werden, nehmlich statt ἤ ἐγὼ ἄδω, διέπραξα. Die daraus zuweilen entstehende Zweideutigkeit kann nur durch den Zusammenhang aufgeklärt werden, z. B. Her. 2, 134 πυραμίδα ἀπελίπετο πολλὸν ἐλάσσω τοῦ πατρός b. h. ἤ ὁ πατὴρ ἀπελ., oder nach der vor. Anm. τῆς πυραμίδος τοῦ π. Ar. Plut. 558 τοῦ Πλούτου παρέχω βελτίονας ἄνδρας b. h. ἤ ὁ Πλ. παρέχει. Namentlich vermag die Sprache durch gewisse subst. abstracta im Genit. solche kleinere Sätze auszudrücken, welchen Gebrauch die Lateiner nachahmen.

Beisp. Her. 2, 35 ἔργα λόγου μέζω. Thuc. 2, 50 κρεῖσσον λόγου τὸ εἶδος τῆς νόσου größer, stärker als sich sagen läßt. 2, 64 ἐλπίδος κρεῖσσον spe melius. Hell. 2, 3, 24 πλέονες τοῦ καιροῦ. Pl. Gorg. p. 484 περαιτέρω τοῦ δέοντος b. h. ἤ δεῖ. So ist zu erklären Thuc. 1, 84 οἱ Λακεδαιμόνιοι ἀμαθέστερον τῶν νόμων τῆς ὑπεροψίας παιδεύονται als daß sie die Gesetze übertreten könnten.

Anm. 21. Wenn nach πλέον, ἔλαττον, μεῖον ein Zahlbegriff folgt, so kann wie im Lat. quam, hier ἤ ohne weitere Veränderung des Kasus wegfallen. Pl. legg. p. 856 μὴ ἔλαττον δέκα ἔτη γεγονότες. Paus. 8, 21 οὐ πλέον ἀπέχει σταδίους ἑπτά. Thuc. 6, 95 ἡ λεία ἐπράθη ταλάντων οὐκ ἔλαττον πέντε καὶ εἴκοσι. 4, 44. Ar. Av. 1251. Jedoch ist, bes. bei deklinirbaren Zahlen, die regelm. Ausdrucksweise ungleich gebräuchlicher.

Anm. 22. Pleonastisch wird dem Komparativ zuweilen noch der Genit. eines Demonstrativpron. gen. neutr. (τοῦδε, τούτου) beigefügt, um auf einen ganzen mit ἤ angeknüpften Satz hinzuweisen, z. B. Eur. Heracl. 298 οὐκ ἔςι τοῦδε παισὶ κάλλιον γέρας, ἤ πατρὸς ἐσθλοῦ κἀγαθοῦ πεφυκέναι. Jl. ο, 509 ἡμῖν δ᾽ οὔτις τοῦδε νόος καὶ μῆτις ἀμείνων ἤ μῖξαι χεῖρας. Vgl. §. 127, 1, c. — Dies ἤ beim folgenden Jnfin. kann wiederum fehlen: Pl. Gorg. p. 519 τούτου τοῦ λόγου τί ἂν ἀλογώτερον εἴη πρᾶγμα, ἀνθρώπους ἀγαθοὺς ἀδικεῖν; Noch kürzer Eur. Alc. 900 τί γὰρ ἀνδρὶ κακὸν μεῖζον, ἁμαρτεῖν πιςῆς ἀλόχου; Vgl. §. 140 Ä. 3.

Anm. 23. Auch beim Superlativ kann der genit. comparationis eintreten, wenn nehmlich dem Sup. der Gen. des pron. reflex. beigefügt wird, um den höchstmöglichen Grad auszudrücken: Mem. 1, 2, 46 δεινότατος σαυτοῦ ἧσθα du übertraffst dich selbst. Her. 1, 193 (ἡ γῆ) ἐπεὰν ἄριςα αὐτὴ ἑωυτῆς ἐνείκῃ, ἐπὶ τριηκόσια ἐκφέρει. cf. Plut. Ages. 26. X. Oec. 21, 7. Ebenso beim Komparativ: ἑαυτῶν εὐμαθέστεροι γίγνονται

d. i. mehr als gewöhnlich. Pl. Prot. p. 350 ἑαυτῶν θαῤῥαλεώτεροι. — Sonstige Beispiele des gen. compar. bei Superlativen seien: Od. λ, 483 (σεῖο οὔτις ἀνὴρ μακάρτατος). Eur. Andr. 6. Herod. 2, 35. 3, 119. X. Oec. 21, 7., deren Echtheit jedoch z. Th. bezweifelt wird. Vgl. Elmsl. und Herm. zu Eur. Med. 67. Cob. NL. 686.

Anm. 24. (6.) Die Wörter ἄλλος und ἕτερος ahmen zuweilen dem Komparativ nach, z. B. ἄλλος ἐμοῦ ein anderer als ich, ἕτερα τούτων verschieden hievon. Mem. 4, 4 extr. πότερον τοὺς θεοὺς ἡγῇ τὰ δίκαια νομοθετεῖν, ἢ ἄλλα τῶν δικαίων; Pl. Euthyd. p. 298 a.

12. (5, 10.) Daher werden auch alle Verba und Adjektiva, in denen eine Vergleichung, gleichsam der Begriff eines Komparativs oder Superlativs liegt, mit dem Genitiv verbunden. Dazu gehören z. B. προτιμᾶν (τί τινός) höher schätzen, und viele andere mit πρό zusammengesetzte; πλεονεκτεῖν übervortheilen, μειονεκτεῖν den Kürzern ziehen; die Verba übertreffen: περιγίγνεσθαι, περιεῖναι, διαφέρειν, ὑπερβάλλειν, ἀριστεύειν, (καλλιστεύειν, διαπρέπειν Herod., Eurip.); nachstehen: ἡττᾶσθαι, ἐλαττοῦσθαι, ὑστερεῖν; auch herrschen: ἄρχειν (die Bed. anfangen s. oben 3), βασιλεύειν, κρατεῖν (dicht. ἀνάσσειν vgl. A. 25), ἡγεῖσθαι, ἐπιστατεῖν u. a.; die Adj. ἐγκρατής, ἀκρατής, διάφορος, διαπρεπής, διπλάσιος, πολλαπλάσιος, περιττός; Auch hat ἥττω εἶναί τινος die besondere Bedeutung unterworfen, ergeben sein, κρείττω εἶναί τινος erhaben sein über etwas.

Beisp. Dem. p. 792 ὅταν τὸ δίκαιον ἡττᾶται τοῦ φθόνου, πάντα χρὴ νομίζειν τετράφθαι. X. Ag. 5, 6 πολὺ πλέονες τῶν πολεμίων ἢ τῶν ἡδονῶν δύνανται κρατεῖν. Cyr. 8, 2, 21 οἱ μὲν, ἐπειδὰν τῶν ἀρχουμένων περιττὰ κτήσωνται, κατορύττουσι. Mem. 1, 5, 1 ἥττω εἶναι τῆς γαστρός (der Völlerei). Dem. Ol. p. 35 δόξα κρείττων τῶν φθονούντων.

Anm. 25. Die mit πρό zusammengesetzten wiederholen auch gern die Präp. πρό vor dem Genit.; andre werden oft mit ἐν c. dat., und die Verba herrschen bei Dichtern vielfach mit dem bloßen Dativ verbunden: Jl. α, 288 πάντων μὲν κρατέειν ἐθέλει, πάντεσσι δ' ἀνάσσειν. cf. β, 816. 864 Τρώεσσιν ἡγεμονεύειν, ἡγεῖσθαι (s. Bekk. hom. Bl. 209), ἄρχειν E. Andr. 666; ebenso ἐπιστατεῖν τινι seiner Zusammensetzung gemäß. Noch andere mit dem Akkusativ, wie κρατεῖν (s. S. 407 Note), ὑπερβάλλειν ɾc.

13. Daß wie wir gesehn haben so viele, ja eigentlich alle Adjektiva mit dem Genitiv verbunden werden, hat darin seinen Grund, daß der Genitiv der natürliche Objektskasus des Nomen überhaupt (Subst. und Adj.) ist. Wenn daher aus dem Verbo ein Adjektiv (insbesondere mit der Ableitungsendung ικός) gebildet wird, so geht der verbale Objektskasus (Akk.) in den Genit. über.

Also von ἐπίστασθαί τι, κακουργεῖν τινα kommt ἐπιστήμων τινός, κακοῦργός τινος, von συγγιγνώσκειν τι kommt συγγνώμονα εἶναί τινος, z. B. ἁμαρτημάτων, von παρασκευάζειν τι kommt παρασκευαστικός τινος u. s. f. Seltner geschieht dies, wenn das Verbum den Dativ regiert, der in der Regel dann auch beim Adj. bleibt, z. B. von ὑπακούειν τινί kommt ὑπήκοος τινί und τινός, von πείθεσθαί τινι kommt εὐπειθὴς τοῖς νόμοις, aber auch τῶν νόμων (Pl. legg. 1. p. 632). Vom Akkusativ bei Adj. f. §. 130 A. 3.

Beisp. des Genitivs: S. OT. 1436 ῥῖψόν με γῆς ἐκ τῆσδ', ὅπου θνητῶν φανοῦμαι μηδενὸς προσήγορος (von προσαγορεύω). Herod. 2, 74 ὄφιες, ἀνθρώπων οὐδαμῶς δηλήμονες (von δηλεῖσθαι schaden). Mem. 1, 5, 3 (ὁ ἀκρατὴς) κακοῦργος μὲν τῶν ἄλλων, ἑαυτοῦ δὲ πολὺ κακουργότερος. 3, 1, 6 τὸν στρατηγὸν εἶναι χρὴ παρασκευαστικὸν τῶν

εἰς τὸν πόλεμον, καὶ πορισ τικὸν τῶν ἐπιτηδείων τοῖς ςρατιώταις. Ar.
Polit. 7, 7 φιλητικὸς τῶν γνωρίμων. Thuc. 1, 126 ἀλιτήριοι τῆς θεοῦ.

Anm. 26. Ebenso können auch andere Abjektiva, die gewöhnlich mit
dem Dativ konstruirt werden, den Genitiv bei sich haben, sobald sie mehr
von ihrer nominalen Seite aufgefaßt werden. Z. B. τὰ ψυχῆς ξυγγενῆ
Plat., ὦ ἀηδοῖ, τῶν ἐμῶν ὕμνων ξύντροφε Aristoph., γύναι, τῶν ἐμῶν
λέκτρων ξύννομε Aeschyl., ὅσα τούτων ἀδελφά Plat., τὸ Ἀνακτόριον
ἦν κοινὸν Κερκυραίων καὶ Κορινθίων Thuc. (1, 55), τὸ βουλεύεσθαι
ἴδιον ἂν φαῖμεν τῆς ψυχῆς εἶναι Plat., ἡ ξύνοικος τῶν κάτω θεῶν
Δίκη Soph.; τἀναντία τούτων, ἐπὶ τοὐναντίον τῆς αὐτοῦ φύσεως Xen.
Plat. *); selbst bei Participien: τὸ τοῦ κρείττονος ξυμφέρον st. τῷ
κρείττονι Plat., πρέπον δαίμονος τοῦ 'μοῦ τόδε Soph.

Anm. 27. In andern Fällen könnte man leicht diesen Genit. bei
Abj. für identisch halten mit dem §. 131, 7 berührten akkusativischen Beisatz; er ist jedoch wesentlich davon verschieden. Jener Akkus. ist mehr eine
adverbiale Hinzufügung, wodurch die an sich schon vollständige, aber allgemeine Aussage näher begrenzt und auf etwas eingeschränkt wird: καλὸς τὸ
σῶμα; der Genit. aber benennt den Gegenstand, von welchem gleichsam die
Eigenschaft erst ausgeht, ist also die nothwendige Ergänzung des im
Abj. unvollständig gegebenen Eigenschaftsbegriffes, wie z. B. πόλις ἐπώ-
νυμος durch den Gen. Κάδμου erst seinen eigentlichen Inhalt erhält. An
folgenden Beispielen (worunter viele aus Dichtern, die auf diese Weise viele
neue Wendungen schaffen) möge man sich das Gesagte erläutern: εὐδαίμων
τοῦ τρόπου καὶ τῶν λόγων Plat., ὑπεύθυνος ἀρχῆς Aesch., ὦ σχετλία
τόλμης, ὦ τάλαιν' ἐγὼ σέθεν, δύσηνε κακῶν, δύσηνος φρενῶν Soph.,
Eurip., ξένος τοῦ λόγου τοῦδε Soph., τέλειος τῆς ἀρετῆς Plat., παῖς
ὡραίη γάμου Herod., ἐπιςεφὴς οἴνου Hom., κατηρεφὴς παντοίων ἀγαθῶν Anacr., κακῶν οὐδεὶς δυσάλωτος Soph. Daher steht er namentlich
bei den mit dem α privativum zusammengesetzten Abj., womit zu
vergleichen der Genit. in 10, a. Z. B. ἄπαις ἀρρένων παίδων Herod.,
Περικλῆς ἐγένετο χρημάτων ἀδωρότατος Thuc., τιμῆς ἄτιμος ἔξω Plat.,
φίλων ἄκλαυςος, ἀλαμπὲς ἡλίου, ἄνατος κακῶν etc.

Anm. 28. Wesentlich auf dieselbe Vorstellung gründet sich der Genitiv bei den Redensarten ὡς, πῶς, ὅπως ἔχει, καλῶς, μετρίως
ἔχειν ꝛc. z. B. ὡς ποδῶν εἶχον τάχιςα ἐβοήθεον Her. 6, 116. ὡς ἕκαςος
εὐνοίας ἢ μνήμης ἔχοι Thuc. 1, 22. καλῶς καθίςασθαι τοῦ πολέμου, χρησίμως ἔχειν τῆς παρόδου id. 3, 92. und überhaupt noch bei vielen Verbis, die nicht unter den obigen Rubriken mit aufgeführt sind **).

---

*) Ob auch ὅμοιος und ἴσος in der guten Prosa mit dem Genit. ver-
bunden werden, darüber fehlen, vielleicht zufällig, sichere Beweisstellen. S.
Thom. M. s. v. ὅμ. und vergleiche Schneid. zu Pl. Rep. p. 472. D. Kühner
zu Anab. 4, 1, 17. (Ar. Ran. 1059. Pac. 527. Plut. Cor. 32.)

**) Denn alle die Verba, die irgendwo, namentlich bei Dichtern, zufällig
mit dem Genitiv verbunden werden, anzugeben, und so die Zahl der Rubriken ins Endlose auszudehnen, wäre ein ebenso vergebliches als zweckloses
Verfahren. Auch hier gilt, was bereits §. 131 Anm. 1. gesagt worden.
Obige Rubriken dienen überhaupt nur, um zu zeigen wie der Kasus in Folge
der Anschauung, die die Sprache damit verbindet, sich gewissen Klassen von
Begriffen vorzugsweise zugesellt. Es kann nicht fehlen, daß endlich immer noch eine Anzahl einzelner Fälle übrig bleibt, die indeß ebenso gut in
der allgemeinen Sprachanschauung des Kasus begründet sind wie jene. So
z. B. εὖ πάσχειν τῶν αὐτοῦ κτεάνων Theogn., ἠὼς προφέρει ὁδοῦ καὶ
ἔργου Hes., die hom. ἐπείγεσθαι, πρήσσειν ὁδοῖο, θέειν πεδίοιο, βλάπτειν τινὰ κελεύθου, λοῦσαι ποταμοῖο, πρῆσαι πυρός, θερέω πυρός, νί-

14. (6, 4.) Endlich wie überhaupt die Kasus zur Bezeich=
nung adverbialer Beziehungen dienen (§. 115, 4. u. A.
3), so der Genitiv insbesondere zu allgemeinen Zeit= und Ortsbestim=
mungen, im Gegensatz zum Dativ, der der Kasus der bestimmten
Angaben ist; und zwar stehn im Genitiv
a) die Zeitangaben meist auf die Frage wann, von unbe=
stimmter und dauernder Zeit, wie bei uns tags, nachts, z. B. ἡμέρας, νυκτός, δείλης, χειμῶνος, ἔαρος, θέρους, auch τῆς αὐτῆς
ἡμέρας, ταύτης τῆς νυκτός im Laufe desselben Tags, dieser Nacht
(dagegen ταύτῃ τῇ νυκτί in dieser Nacht).
Beisp. Xen. Oec. 9, 4 ἡ οἰκία χειμῶνος μὲν εὐήλιος ἔσω, τοῦ
δὲ θέρους εὔσκιος. Plut. Mor. p. 181 πολλῶν ἡμερῶν οὐ μεμελέτηκα
seit vielen Tagen. Hell. 7, 5, 18 ὀλίγων ἡμερῶν ἀνάγκη ἀπιέναι in, nach
wenigen Tagen. Pl. Phaedr. p. 248 ἐκεῖσε οὐκ ἀφικνεῖται ἐτῶν μυρίων,
binnen zehntausend Jahren (als unbestimmte Zeitangabe). Eine Anzahl von
Beisp. dieses Gen. bes. bei Dichtern und spät. Schriftst. s. bei Krüger Bd. II.
p. 169. — Vgl. noch §. 147 ἐπί c. gen.

b) Daß der Kasus für allg. Ortsbestimmungen gleichfalls
der Genit. ist, sieht man schon aus den allgemeinsten Ortsadver=
bien ποῦ, ὅπου, οὖ, αὐτοῦ, οὐδαμοῦ (§. 116 A. 5) und aus der An=
wendung dieses (lokalen) Genitivs bei Dichtern. Aber in die Prosa
ist dieser Gebrauch nicht übergegangen (man merke etwa δεξιᾶς,
ἀριστερᾶς χειρός Herod.), sondern sie bedient sich zu diesem Zweck
der Präpositionen, besonders κατά, s. §. 147*).
Beisp. aus Homer seien: Jl. ρ, 372 πάσης γαίης. ι, 219 ἷζεν τοίχου
τοῦ ἑτέροιο; und oft bei Ortsnamen: Ἄργεος Ἀχαικοῦ, Πύλου ἱερῆς,
Μυκήνης, Ἰθάκης Od. γ, 251. φ, 108 ꝛc.

Anm. 29 (7). Zuweilen steht ein Genitiv fast absolut zu Anfang
eines Satzes, um im voraus anzudeuten, daß in Betreff dieses Gegenstan=
des etwas ausgesagt werden soll. Die gewöhnliche, zur Erläuterung dieses
Gen. dienende, Präp. hiebei ist περί (was anbetrifft, s. §. 147). Z. B. Xen.
Oec. 3, 11 τῆς δὲ γυναικὸς, εἰ διδασκομένη ὑπὸ τοῦ ἀνδρὸς τἀγαθὰ
κακοποιεῖ, δικαίως ἂν ἡ γυνὴ τὴν αἰτίαν ἔχοι. cf. Eur. Andr. 360.

ψασθαι πολιῆς ἁλός, ἀγγελίης ἐλθεῖν (auf Botschaft kommen, s. Spitzner
zu Jl. ν, 252, und wegen anderer ähnlichen hom. Verbindungen Bekk. hom.
Bl. 210 fg., Krüger Bd. II. p. 157), das prosaische ἰέναι τοῦ πρόσω (Anab.
1, 3, 1) ꝛc. Alles dies sind kausale Beziehungen, wo die spätere Sprache
sich entweder anders, oder mit Hülfe der Präpos. ausdrückte.
*) Offenbar ist dieser ganze Gebrauch der Kasus für allgemeine adver=
biale Bestimmungen weniger eine syntaktische Eigenthümlichkeit, als er zur
Wortbildung gehört. Wenigstens findet hier, wie überall in der Sprach=
entwicklung, eine Wechselwirkung statt. Ursprünglich bediente man sich zu
solchen Bestimmungen gewisser den Nominibus angehängter Endsilben (wie
φι, θε, θι). Weil nun diese Wortformen nach §. 56 A. 9 der Bedeutung
nach oft den Kasus sich näherten, so geschah es, daß man allmählich auch
die wirklichen Kasus=Endungen zu ähnlichen Zwecken benutzte, wie νυκτός,
λαιᾶς χειρός, Μυκήνης; — lat.: nocte, mari, domi, der Gebrauch bei Städte=
namen; — deutsch: eines Tages, linker Hand u. s. w. Von vielen Adver=
bialformen mit genitivischer Bildungsendung läßt sich nicht einmal ein ent=
sprechender gebräuchlicher Nominativ nachweisen, und sind solche Formen
mithin zu völligen Adverbien geworden, z. B. ποῦ, ἑξῆς, — lat. noctu, —
deutsch links, des Nachts; s. §. 115. 116. Vgl. Bekk. hom. Bl. 207.

Anm. 29 a. Auch muß hier des nicht ungewöhnlichen Gebrauchs Erwähnung geschehen, wonach zu einem verbo dicendi, quaerendi, cognoscendi ɔc. gleichsam vorbereitend der Gegenstand, von dem in einem unmittelbar folgenden Nebensatze mit ὅτι, ὡς oder indir. Fragsatze etwas
ausgesagt wird, im bloßen Genitiv hinzutritt. Man pflegt diesen Gen.
von einem ausgelassenen neutralen Pron., wie τί, τόδε (welche wirklich zuweilen dabeistehn) abhängen zu lassen, besser faßt man den ganzen Nebensatz
unter einem nominalen oder neutralen Begriff zusammen (vgl. §. 125 A. 9),
wozu dann jener Gen. in Abhängigkeit tritt. Vgl. hiezu §. 151, I, 6.
Beisp. S. Trach. 1122 τῆς μητρὸς ἥκω τῆς ἐμῆς φράσων, ἐν
οἷς νῦν ἐστιν. Phil. 439. Od. λ, 174 εἰπὲ δέ μοι πατρὸς τε καὶ υἱέος,
ἦ ἔτι πὰρ κείνοισιν ἐμὸν γέρας, ἦε cet. Cyr. 5, 2, 18 ἐνενόησεν αὐτῶν ὡς ἐπηρώτων ἀλλήλους. Pl. Gorg. p. 517 ἀγνοοῦμεν ἀλλήλων
ὅ,τι λέγομεν. id. Rep. p. 375 οἶσθα τῶν γενναίων κυνῶν ὅτι τοῦτο
αὐτῶν τὸ ἦθος cet. Eur. IA. 1117. Anab. 3, 1, 19 (μακαρίζω) διαθεώ-
μενος αὐτῶν ὅσην χώραν ἔχοιεν. Mem. 1, 1, 12. Thuc. 1, 52, 3. 68, 2.
S. OT. 701. Cyr. 8, 1, 40 καταμαθεῖν τοῦ Κύρου δοκοῦμεν ὡς ἐνόμιζε cet. Pl. legg. 689 c ἐμοῦ καταμανθάνετε ὃ λέγω (cf. Cyr. 8, 6, 17).
Mit τόδε: Pl. Theaet. p. 182 a.

Anm. 30 (9). Eine andre Art eines scheinbar absolut stehenden Genitivs ist derjenige, welcher durch Auslassung des Begriffs οἶκος und des
dazu gehörigen Artikels entsteht, so daß der Gen. des Besitzers allein
zurückbleibt, ein Fall der jedoch nur nach Präp. eintritt. Z. B. εἰσῆμεν
εἰς Ἀλκιβιάδου in des Alcibiades Haus, φοιτᾶν εἰς διδασκάλου in die
Schule gehen (Cyr. 2, 3, 9), ἐν ἀφνειῶ πατρὸς κειμήλια κεῖται (Jl. ζ, 47),
sogar ἐκ Πεισάνδρου (Od. σ, 299); daher ἐν ᾅδου, εἰς ᾅδου in der, in
die Unterwelt. — Eine eigene Anomalie ist ἐν ἡμετέρου Her. 1, 35. 7, 8,
womit zu vgl. das mehrmals überlieferte ἐς οὗ (= ἐς ὅ) 1, 67. 3, 31.

Anm. 31. (10.) Aus Abschn. 10, e. und dem ähnl. Sprachgebrauche
andrer Sprachen erklärt sich der Genitiv in verwundernden und bejammern-
den Ausrufungen, theils mit einer Interjektion z. B. οἴμοι τῶν κακῶν,
o des Unglücks, οἴμοι ταλαίνης Antig. 82., ὦ Ζεῦ, τῆς πανουργίας welche
Schlauheit! — theils auch allein: τῆς παχύτητος über die Dummheit! τῆς
τύχης, τὸ ἐμὲ νῦν δεῦρο ἐλθεῖν Cyr. 2, 2, 3. Ar. Nub. 818.

§. 133. Dativ. (120)

1. Der Begriff des Dativs ist ursprünglich dem des Genitivs
entgegen gesetzt, sofern demselben eine Näherung, ein Nahesein,
eine Vermittelung zum Grunde liegt, daher auch Präpositionen
wie ἐν und σύν durchaus den Dativ regieren. Wir übergehen im
Laufe dieses Abschnittes alle diejenigen Fälle, welche mit dem deutschen und lateinischen Sprachgebrauch übereinstimmen und an sich
leicht verständlich sind, wie δοῦναί τινι, ἐχθρός τινι, πείθεσθαι
τοῖς νόμοις (vgl. S. 394 Note), ἕπεσθαί τινι*), die auch im Griech.
übliche Verbindung von εἶναι, γίγνεσθαι mit dem Dat. als Umschreibung der Begriffe haben, erhalten ɔc. Wegen der Konstr.
von γαμεῖν und γαμεῖσθαι f. anom. Viele solcher durch den Dativ

---

*) Bei ἕπεσθαι, ὀπηδεῖν u. ä. steht auch oft eine Präp. wie σύν,
ἅμα, oder μετά c. gen., da sie dann mehr ein Zusammengehn, Begleiten
(von Soldaten, Sklaven ɔc.) bedeuten, f. Passow.

ausgedrückten Verhältnisse aber werden von uns zum Theil deutlicher durch Präpositionen wie an, für, gegen, zu ꝛc. wiedergegeben, s. 2, a.

2. Die Beziehungen des Dativs sind zweierlei Art, indem die Handlung oder der Zustand des Verbi sich entweder in persönlichen (oder persönlich gefaßten), oder in sächlichen Gegenständen vermittelt. Im erstern Falle (Dativ der Person oder des betheiligten Gegenstandes) entspricht er im ganzen dem Dativ anderer Sprachen, im zweiten ersetzt er die meisten Beziehungen des lat. Ablativs. Es folgt nun zunächst

(A) der Dativ der Person

a) auf alle Wörter, deren Begriff sich auf den der Vereinigung, des Zusammentreffens, der Näherung zurückführen läßt, wo wir meist Präpositionen brauchen. Z. B. ὁμιλεῖν umgehen mit jem., μίγνυσθαι, μάχεσθαι, πολεμεῖν, ἐρίζειν, ἁμιλλᾶσθαι, dicht. ὁμαρτεῖν u. ähnl.

Beisp. Ἀγαθοῖς ὁμίλει. — Mem. 3, 9, 2 οἱ Λακεδαιμόνιοι οὐκ ἂν ἐθέλοιεν Σκύθαις ἐν τόξοις διαγωνίζεσθαι.

b) auf die mit den Präp. der Annäherung, Vereinigung zusammengesetzten Verba, oder solche die durch die Zusammensetzung diesen Begriff erhalten, wie προςελθεῖν, ἐπιςρατεύειν und -εσθαι, συγγίγνεσθαι, συντυγχάνειν, καταλλάττεσθαι (sich versöhnen), διαλέγεσθαι; besonders die Verba des Angreifens, als προσβάλλειν, ἐπιτίθεσθαι, ἐπικεῖσθαι, ἐπιχειρεῖν (sich an etwas machen), ἐπιβουλεύειν, ἐπέρχεσθαι. Vgl. hiezu Abschn. 3.

Beisp. An. 5, 9, 23 τὰ ὄρνεα μάλιςα ἐπιτίθεσθαι λέγουσι τῷ ἀετῷ καθημένῳ. Mem. 2, 3, 5 τίς ἂν ἐπιχειροίη τοῖς ἀδυνάτοις;

Anm. 1. Sobald der Gegenstand aber als bloß leidend und der Thätigkeit des Verbi gleichsam ganz unterworfen erscheint, so steht bei vielen wiederum der Akkusativ. Z. B. Eur. Suppl. 648 Ἄδραςος ἐπεςράτευσε Καδμείων πόλιν. Pl. Phaed. p. 88 αὐτόν με νῦν ἐπέρχεται. Arist. pac. 180 πόθεν βροτοῦ (sc. ὀσμή) με προςέβαλε; cf. Jl. η, 421. An. 1, 6, 6 οὗτος ἐπολέμησεν ἐμοί· ἐγὼ δὲ αὐτὸν προσπολεμῶν ἐποίησα ὥςε δόξαι τούτῳ παύσασθαι. Vgl. hiezu Anm. 11a.

c) auf die (auch meist mit Präp. zusammengesetzten) Verba des Befehlen, Ermahnen und Flehen, wie παραινεῖν, παρεγγυᾶν, ἐπιτέλλειν, ὑποτίθεσθαι, προςτάσσειν, ἐπιτρέπειν, εὔχεσθαι, προςεύχεσθαι, ἀρᾶσθαι. Andere, wie νουθετεῖν, und in welchen der Begriff der Aufmunterung überwiegt, wie ἐποτρύνειν, παροξύνειν werden mit dem Akkusativ verbunden. Κελεύειν, jubere, zieht auch im Griech. die Konstruction mit dem accus. c. inf. vor (vgl. §. 142 A. 2); erst bei Späteren, wie Plutarch, Appian ꝛc., den Dativ mit dem Inf., welcher Verbindung auch Homer, wenn es zurufen bedeutet, sich bedient.

Beisp. Cyr. 3, 2, 8 Κῦρος παρηγγύησε τοῖς Πέρσαις συσκευάζεσθαι. — νουθετῶ σε ὡς ἑταῖρον Plat. — κελεύω σε ἀπιέναι. — Jl. β, 151 τοὶ δ' ἀλλήλοισι κέλευον ἅπτεσθαι νηῶν. cf. Plut. Mor. p. 229 ꝛc.

Anm. 2. Ueberhaupt werden die meisten der obigen Verba mehr oder weniger auch mit dem Akk. verbunden; man vgl. daher bei jedem einzelnen die Angaben im Wörterbuche. Insbesondere s. noch wegen des Genit.

und **Att.** bei andern Verbis des Flehen, Bitten, wie δεῖσθαι, λίσσεσθαι, προσκυνεῖν ꝛc. §. 132 A. 11. 14. §. 131, 3.

d) auf die Begriffe tadeln, vorwerfen, beneiden, bes.. μέμφεσθαι nebst Komp., ἐπιτιμᾶν, ἐπιπλήσσειν, ἐγκαλεῖν, ὀνειδίζειν, λοιδορεῖσθαι, φθονεῖν. Die Sache, die vorgeworfen ꝛc. wird, steht am gewöhnlichsten im Akkusativ, oder von einer Präp. (ἐπί, περί, εἰς) abhängig, zuweilen auch (inSbes. bei φθονεῖν nach §. 132, 10, e) im Genitiv.

Beisp. X. Hier. 5, 3 ἡ τυραννὶς ἀναγκάζει καὶ ταῖς ἑαυτῶν πατρίσιν ἐγκαλεῖν. Jl. μ, 211 Ἕκτορ, ἀεὶ μέν πώς μοι ἐπιπλήσσεις ἀγορῇσιν. Cyr. 1, 4, 9 ὁ θεῖος αὐτῷ ἐλοιδορεῖτο. Lys. 16, 15 πᾶσιν ἀνθρώποις δειλίαν ὀνειδίζει. Her. 6, 88 Νικόδρομος ἐμέμφετο τοῖσι Αἰγινήτῃσι τὴν ἑωντοῦ ἐξέλασιν. — Gen. der Sache: εὐχωλῆς ἐπιμέμφεται ἢ ἑκατόμβης Jl. α, 65. cf. Thuc. 8, 109. Die Beisp. von φθονεῖν s. §. 132 Anm. 15.

Anm. 3. Auch für diese Verba gilt, was in Anm. 1. und 2. in Bezug auf die Verbindung mit dem Akkusativ gesagt ist, der besonders bei μέμφεσθαι häufig ist. Andere hieher gehörige Verba, wie μωμᾶσθαι, λοιδορεῖν (in der aktiven Form), bei Dicht. νεικεῖν, κερτομεῖν, ἐνίπτειν ꝛc.. werden überhaupt nur mit dem Akk. konstruirt. Z. B. An. 2, 6, 30 τούτων οὐδεὶς κατεγέλα οὐδ' εἰς φιλίαν αὐτοὺς ἐμέμφετο. Cyr. 1, 4, 8· οἱ φύλακες ἐλοιδόρουν αὐτόν. Pl. Phaedr. p. 257 καὶ γάρ τις αὐτὸν τοῦτ' αὐτὸ λοιδορῶν ὠνείδιζε. Auch mit dem dopp. Akk. nach Anal.. von §. 131, 6 (dicht.): Soph. OT. 412 τυφλόν μ' ὠνείδισας.

e) auf die Verba πρέπει, προσήκει decet, ἔξεσι licet, die indeß auch mit dem acc. c. inf. (§. 142 A. 2) konstruirt werden.. Wegen der Konstr. der Imperf. δεῖ und χρή s. §. 131 A. 4.

Beisp. Ar. Av. 970 τί προσήκει δῆτ' ἐμοὶ Κορινθίων; An. 3, 2, 11 ἀγαθοῖς ὑμῖν προσήκει εἶναι (s. §. 142, 2, b.). Cyr. 7, 5, 83 οὐ τὸν ἄρχοντα τῶν ἀρχομένων πονηρότερον προσήκει εἶναι. Vgl. hiezu die Beisp. in §. 142 Anm. 2.

f) auf die Wörter der Gleichheit und Ungleichheit, wie ὅμοιος, ἴσος, παραπλήσιος, ἐναντίος, und zwar nicht nur, wo wir auch den Dativ setzen, bei unmittelbarer Vergleichung, sondern auch bei mittelbarer, wo wir den verglichenen Gegenstand durch wie, als einführen, also etwa für ὡς oder ἤ mit dem entsprechenden Kasus. Daher steht er auch bei ὁ αὐτός derselbe (adv. ὡσαύτως): οὗτός ἐσιν ὁ αὐτὸς ἐκείνῳ wie jener; τὰ αὐτὰ πάσχω σοί ich leide eben das was du (erleidest).

Beisp. Cyr. 2, 1, 15 ἄνδρες Πέρσαι, ὑμεῖς καὶ ἔφυτε ἐν τῇ αὐτῇ ἡμῖν (wie wir) χώρᾳ· ἐν μὲν τῇ πατρίδι οὐ μετείχετε τῶν ἴσων ἡμῖν· νῦν δ' ἔξεσιν ὑμῖν εἰς τὸν αὐτὸν ἡμῖν κίνδυνον ἐμβαίνειν καὶ τῶν ὁμοίων ἡμῖν ἀξιοῦσθαι. Euthyd. 298 ἢ σὺ ὁ αὐτός εἰ τῷ λίθῳ; (einerlei mit).

Anm. 4. In den Fällen der mittelbaren Vergleichung läßt sich der Dativ, ähnlich wie §. 132 A. 19 und 20. der gen. compar., auch als eine Art Breviloquenz oder Abkürzung eines ganzen Satzes betrachten, z. B. Pl. Lach. p. 184 τὴν ἐναντίαν, ὡς ὁρᾷς, Λάχης Νικίᾳ ἔθετο Ψ. stimmte entgegengesetzt wie Nik. gestimmt hat. Isocr. p. 212 Θησεύς κατὰ τὸν αὐτὸν χρόνον Ἡρακλεῖ ἐγένετο zur selben Zeit, in der H. lebte. Cyr. 5, 1, 3 ὁμοίαν ταῖς δούλαις εἶχε τὴν ἐσθῆτα. Jl. ρ, 51 κόμαι Χαρίτεσσιν ὁμοῖαι wie die Sklavinnen, die Charitinnen hatten. Und

ebenſo wie bort (Anm. 20) können z. B. auch bei ὁ αὐτός mit bem Datib
Zweibeutigkeiten entſtehen, bie ber Zuſammenhang entfernen muß, z. B. τὰ
αὐτὰ λέγω ἐκείνῳ baſſelbige ſage ich ihm ober wie er. Den Gebrauch
bes Dat. bei ὁ αὐτός ahmt ber Lateiner nach: Ov. Am. 1, 4 vir tuus est
epulas *nobis* aditurus easdem. Daß aber, wie im Lat. ac nach aeque,
idem 2c. ſo auch im Griech. ber verglichene Gegenſtanb burch καί eingeführt werben kann, ſ. §. 149 n. 8. — Vom Genitib bei ben Abj. ὅμοιος,
ἐναντίος 2c. ſ. §. 132 A. 26.

g) auf jebe Handlung, bie eine Richtung bes Nutzens ober
Schabens hat. Dieſer ſogenannte Dat. Commodi et Incommodi
iſt zwar aus ber lat. Grammatik bekannt, ſein Gebrauch iſt aber
im Griech. viel ausgebehnter unb eigenthümlicher.
Beiſp. ſiehe Anm. 5—9.

h) Eigenthümlich iſt ber Gebrauch bes perſönl. Datibs bei
ſolchen Subſtantiven, bie entweber von Verbis abgeleitet werben
welche ben Datib regieren (§. 130 A. 3), ober bie eine Beziehung
bes Nutzens ober Schabens zulaſſen (σχῆμα Κολοφώνιον).
Beiſp. Hes. ϑ. 93 Μουσάων ἱερὴ δόσις ἀνϑρώποισιν. Aesch. Pr.
617 πυρὸς βροτοῖς δοτῆρ᾽ ὁρᾷς Προμηϑέα. Pl. Alc. I. p. 116 τὴν τοῖς
φίλοις βοήϑειαν λέγω καλὴν εἶναι. Rep. p. 332 c. τοῖς σώμασι τὰ
ἡδύσματα. Dem. p. 726 ἡ παράδοσις ἡ τοῖς ἔνδεκα. Thuc. 5, 5 φιλία
τοῖς Ἀϑηναίοις. 7, 50 ἡ τοῖς Συρακοσίοις στάσις. Eur. Hec. 1267 ὁ Θρῃξὶ
μάντις. Vom ſächlichen Datib bei Subſt. ſ. §. 125 A. 1.

Anm. 5. (2.) Unter bem Dat. Commodi et Incommodi wirb zunächſt bie faſt allen Sprachen gemeinſame Beziehung bes Datibs begriffen,
wie ſie z. B. liegt in bem Homeriſchen πείσεται, ἄσσα οἱ Αἶσα γεινο-
μένῳ ἐπένησε λίνῳ was ihm bie Parce bei ſeiner Geburt (gutes ober
böſes) geſponnen hat, Jl. v, 127; Μενελάῳ τόνδε πλοῦν ἐξείλαμεν bem
Menelaos zu liebe Soph. Aj. 1045. οἱ στρατιῶται ὑπ᾽ αὐλητῶν ἐχώρουν,
ἵνα μὴ διασπασϑείη αὐτοῖς ἡ τάξις Thuc. 5, 70. Hierauf grünbet ſich
ber leiſere Dat. Comm. et Incomm. (gemeiniglich dat. *ethicus* genannt),
welcher beigefügt wirb mit Beziehung auf Abſicht ober Willen einer Perſon,
z. B. Xen. Lac. 2, 1 ἐπειδὰν τάχιςα αὐτοῖς οἱ παῖδες τὰ λεγόμενα ξυν-
ιῶσιν, wo bas αὐτοῖς ſich auf bie Erwartung ber Eltern bezieht. Ebenſo
bezieht es ſich auch auf bie Empfinbung, welche eine Handlung bei jemanb
erregt, z. B. Plat. Lys. p. 208 ἡ μήτηρ ἐᾷ σε ποιεῖν, ὅ,τι ἂν βούλῃ, ἵν᾽
αὐτῇ μακάριος ῇς. Soph. p. 230 οἱ πατέρες τοὺς υἱεῖς παραμυϑοῦνται,
ὅταν αὐτοῖς ἐξαμαρτάνωσι wo man in bem αὐτοῖς nicht etwa bie beſtimmte Richtung ber Vergehung (gegen ſie), ſonbern bloß eine Nebenbeziehung auf bie Empfinbung ber Väter ſuchen muß. Von ſolchen Stellen muß
man ausgehn, um auch anbre richtig zu faſſen, wo nach einer ben Griechen
geläufigen Art ber Dat. μοί, σοί 2c. bloß eingeſchaltet wirb, um bie Rebe
gemüthlich zu machen: z. B. Od. δ, 569. wo zum Menelaos geſagt wirb, baß
bie Götter (564.) ihn nach Elyſium ſenben würben, οὕνεκ᾽ ἔχεις Ἑλένην καί
σφιν γαμβρὸς Διός ἐσσι.

Anm. 6. (4.) Ein beſonberer Gräciſmus iſt es, wenn zu bem Dat.
Commodi noch ein Abjektiv ober Particip im Datib tritt, um ben
Affekt, in welchen ber betheiligte Gegenſtanb burch eine Handlung verſetzt
wirb, näher zu bezeichnen. So wirb bie Unbeſtimmtheit bes ἐμοὶ ἦλϑεν
aufgehoben, ſobalb ich ſage, ἐμοὶ ἡδομένῳ ἦλϑεν, b. h. mir zur Freube
kam er, ich freute mich baß er kam. Solche (von Dichtern wie Proſaikern
ohne Unterſchied gebrauchte) Wenbungen geſchehen beſonbers mit ben Participien unb Abjektiven: ἀσμένῳ, ἡδομένῳ, βουλομένῳ, ἐλπομένῳ,
ϑέλοντι, προσδεχομένῳ, ποϑοῦντι, ἄκοντι, ἀχϑομένῳ. Z. B.

26*

Plat. Crat. p. 418 ἀσμένοις τοῖς ἀνθρώποις τὸ φῶς ἐγίγνετο. — Od. γ, 228 οὐκ ἂν ἔμοιγε ἐλπομένῳ τὰ γένοιτ᾿, οὐδ᾿ εἰ θεοὶ ὣς ἐθέλοιεν. — Aehnlich ist der Fall, wenn solche Participia, namentlich βουλομένῳ, zum Verbo εἶναι mit folgendem Infinitivsatz treten, welcher Ausdruck als eine Umschreibung des einfachen Begriffs βούλεσθαι gelten kann. Z. B. Pl. Gorg. p. 448 εἰ αὐτῷ γέ σοι βουλομένῳ ἐστὶν ἀποκρίνεσθαι, wörtl.: wenn es bir im Willen liegt selbst zu antworten, kurz: wenn bu selbst antworten willst. cf. Cratyl. 2. Thuc. 2, 3. X. Hell. 4, 1, 11.

Anm. 7. Hiemit verwandt ist der persönliche Dativ, woburch eine Aussage als das subjektive Urtheil der im Dativ stehenden Person erscheint. So wird die objektive Aussage (Memor. in.): ἄξιός ἐστι θανάτου zum subjektiven Urtheil durch die Dative: ἐμοί, τῇ πόλει ἄξ. ἐ. θαν., nach meinem Urtheil, in den Augen der Bürger ist er des Todes schuldig. S. OC. 1446 ἀνάξιαι γὰρ πᾶσίν ἐστε δυστυχεῖν. Ant. 904 καίτοι σ᾿ ἐγὼ ᾿τίμησα τοῖς φρονοῦσιν εὖ (s. Schneidewin). — Daraus sind die Parenthesen eines Dativs mit ὡς zu erklären, wie ὡς ἐμοί, ὡς ἐμῇ δόξῃ. Soph. Ant. 1161. Plat. Rep. p. 536 c. Xen. Vect. 5, 2. Vgl. hiezu §. 143, 16. 140 A. 4.

Anm. 8. Aber nicht nur innere und ethische, sondern auch rein zeitliche Beziehungen zur betheiligten Person werden durch einen der Aussage beigesetzten Dativ der Person gegeben, wenn damit noch ein Particip oder Sätze mit temporalen Konjunctionen in Verbindung treten.

Beisp. Soph. Phil. 354 ἦν δ᾿ ἦμαρ ἤδη δεύτερον πλέοντί μοι. Eur. Ion. 353 χρόνος δὲ τίς τῷ παιδὶ διαπεπραγμένῳ; Jl. φ, 155 ἤδε δέ μοι νῦν ἠὼς ἑνδεκάτη, ὅτ᾿ ἐς Ἴλιον εἰλήλουθα. cf. ω, 765. Freier Thuc. 3, 29 ἡμέραι δὲ ἦσαν τῇ Μυτιλήνῃ ἑαλωκυίᾳ ἑπτά, ὅτ᾿ ἐς τὸ Ἔμβατον κατέπλευσαν. Vgl. §. 145, 5. unb Anm. 3.

Anm. 9. (3.) Vom Dat. Commodi geht auch der (im ganzen mehr bichterische) Gebrauch aus, bem ganzen Satze den Dativ statt des zu einem Subst. gehörigen Genitivs beizufügen, z. B. ἐπὶ τῆς ἁμάξης δέ σφι ὀχέετο ἡ μήτηρ (Herod. 1, 31. cf. Od. β, 50. δ, 767. 771) ihnen saß die Mutter, anstatt: ihre M. saß auf dem Wagen. Eur. Phoen. 1548 οὐκέτι σοι τέκνα λεύσσει φάος. Daher einem solchen Dativ zuweilen ein wirklicher Genitiv, burch eine Art Nachlässigkeit, nachgeschickt wird, s. Od. ρ, 231. 232. unb die anb. Beisp. in §. 145 A. 2.

Anm. 10. Bei nahen Verhältnisbegriffen, wie Verwandter, Freund, Angehörige, Mitbürger, Gast findet bieser Gebrauch auch in attischer Prosa statt, z. B. Pl. Theaet. p. 143 τίνες ἡμῖν τῶν νέων ἐπίδοξοι γενήσονται; ib. οἵω ὑμῖν τῶν πολιτῶν μειρακίῳ ἐντετύχηκα (welche von unsern Jünglingen, welchem von euren Bürgersöhnen). Thuc. 1, 6 οἱ πρεσβύτεροι αὐτοῖς τῶν εὐδαιμόνων — χιτῶνας λινοῦς ἐπαύσαντο φοροῦντες. Dem. 20, 50 τὴν πόλιν ἡμῖν (al. ἡμῶν) πονηρᾶς δόξης ἀναπλήσει. Pl. Soph. p. 216 τοῦ ξένου ἡμῖν ἡδίως ἂν πυνθανοίμην *).

3. (Schulgr. Anm. 4.) Der Gebrauch, bei zusammengesetzten Verben statt der mit ihrem Kasus wiederholten Präp. den einfachen Dativ zu setzen, ist bei weitem nicht so ausgedehnt

---

*) Der umgekehrte Fall, daß nehmlich der Genit. des pron. person. statt des Dat. Commodi eintritt, scheint stattzufinden in Stellen wie Pl. Phaed. p. 117 ἐάν σου βάρος ἐν τοῖς σκέλεσι γένηται, wo man annimmt, daß σου, zu σκέλεσι gehörig, statt σοί beim Verbo steht. Ein eigner Sprachgebrauch läßt sich jedoch auf solche vereinzelte Erscheinungen, die überbies auch anderer Interpretation fähig sind (vgl. §. 151, III), nicht gründen.

wie im Lat. und im ganzen mehr den Dichtern eigen. Ganz allgemein jedoch findet er statt 1) in den (z. Th. schon oben 2, b. und c.
bezeichneten) Fällen, wo das Verbum durch die Zusammensetzung
eine jener übertragenen Bedeutungen erhält, die eine Beziehung
des Dativs zulassen, wie προσέχειν τὸν νοῦν τινι den Geist richten
auf etwas, περιπίπτειν κακοῖς malis incidere, περιβάλλειν τινὰ
συμφοραῖς ꝛc., während im eigentlichen Sinne, d. h. bei ganz räumlicher Auffassung, in der att. Prosa wenigstens die Wiederholung
der Präp. üblicher ist. So sagt Eurip. zwar: τῇ πόλει εἰσκομί-
ζειν, aber Thukyd. immer ἐς τὴν πόλιν; — 2) wenn das Verbum
mit einer Präpos. zusammengesetzt ist, die an sich schon den Dativ
regiert, namentlich σύν, ἐν und ἐπί, so daß also die Präposition
des Verbi den darauf folgenden Dativ gleichsam noch mitregiert,
wie συναποθνήσκειν τινί; s. §. 147 A. 9.

Beisp. zu 1) Pl. Isthm. 6, 60 ὁ δ᾿ ἀνατείνας οὐρανῷ χεῖρας αὔδασε.
Pl. legg. p.783 προσέχουσιν αὐτοῖς τε καὶ τῇ πράξει τὸν νοῦν. Her.
1, 1 Φοίνικες τῇ τε ἄλλῃ χώρῃ ἐσαπικνέοντο καὶ δὴ καὶ ἐς Ἄργος.
S. OC. 372 εἰσῆλθε τοῖν τρισαθλίοιν ἔρις κακή. Is. Paneg. p. 67
περιβάλλει τὰς πόλεις ταῖς μεγίσταις συμφοραῖς. de pac. 176 πλείοσι
καὶ μείζοσι κακοῖς περιέπεσον. X. Hell. 7, 3, 9 οἱ χρήμασι διαφθαρέντες
αἰσχύνῃ περιπίπτουσιν. — zu 2) s. §.147.

Anm. 11. Da der Grundbegriff des Dativs ein Näherungsverhält-
niß (oben 1) bezeichnet und die alte Sprache überhaupt schon (nach §. 130,
4. 132, 3) der kasuellen Ausdrucksweise vor der mit Präp. den Vorzug gibt,
so konnten sich die Dichter dieses bloßen Dativs nicht nur bei zusammengesetzten, sondern selbst bei einfachen Verbis bedienen, um die Richtung
nach etwas hin, in etwas hinein (wo in Prosa nur eine Präp. stehn
kann) zu bezeichnen; z. B. Jl. ε, 82 χειρὶ πεδίῳ πέσε. η, 187 κλῆρον
κυνέῃ βάλε. Soph. El. 747 πίπτειν πέδῳ. Trach. 597 οὔποτ᾿ αἰσχύνῃ πεσεῖ. Vgl. §. 147 die Präp. ἐν, und ἐνθάδε ꝛc. §. 116.

Anm. 11a. Wenn aber mit Präp. wie εἰς, πρός ꝛc. zusammengesetzte
Verba den bloßen Akkus. regieren, so haben sie wiederum eine solche Bedeutung angenommen, die eine Objektsbeziehung zuläßt, d. h. sie sind nach
§. 130 A. 2 Not. transitive Begriffe geworden. S. die Beisp. oben in
Anm. 1 und 2. So haben εἰσιέναι, εἰσέρχεσθαι, εἰσδῦναι außer dem Dativ (s. oben) oder der Präp. auch den bloßen Akkusativ bei sich, besonders in tropischem Sinn (ergreifen, anwandeln ꝛc.), z. B. πόθος μ᾿ ἐσέρ-
χεται Eurip., ἐπιθυμία τοὺς πολλούς Plat., εἴςει αὐτούς, ὅπως ἂν ἔχον-
τές τι οἴκαδε ἀφίκοιντο (incessit eos cura, quomodo etc.) Anab. 6, 1, 17.,
εἰσέδυ με μνήμη κακῶν Soph., ἀκοντιστὺν ἐςδύσεαι Hom. etc.

4. (3.) Der im allgemeinen dem lat. Ablativ entsprechende
(B) Dativ der Sache
drückt dagegen hauptsächlich folgende Beziehungen aus:

a) das Werkzeug oder überhaupt das, wodurch man etwas
ist oder thut (Dat. Instrumenti). So wie man nehmlich sagt χρῆσθαί τινι *), sich eines Dinges bedienen, so auch πατάσσειν

---

*) Χρῆσθαι hat auch in der Bedeutung um Rath fragen (Gott, das
Orakel) den Dativ bei Homer, Herodot und den Spätern (z. B. Plut. vit.
Alex. c. 14). Die Attiker gebrauchten dafür andre Verba, bes. ἐπερέσθαι
z. B. τὸν θεόν Xen. Thuc. — Auch νομίζειν, wenn es den Dativ regiert, bekommt die Bedeutung: sich gewöhnlich bedienen, s. die Wörterb.

ῥάβδῳ mit dem Stocke schlagen, σμίλῃ πεποιημένον mit dem Schnitz=
messer gemacht; und ebenso bei abstrakten Begriffen, sobald sie als
Werkzeug einer Handlung oder eines Zustandes aufgefaßt werden.
Beisp. Isocr. p. 215 Θησεὺς διετέλεσε τὸν βίον οὐκ ἐπακτῷ
(erkünstelt) δυνάμει τὴν ἀρχὴν διαφυλάττων, ἀλλὰ τῇ τῶν πολιτῶν
εὐνοίᾳ δορυφορούμενος, τῇ μὲν ἐξουσίᾳ τυραννῶν, ταῖς δ᾽ εὐεργε-
σίαις δημαγωγῶν.

Anm. 12. Ist eine Person oder ein persönlich gedachter Gegenstand
das Mittel oder das Werkzeug, so steht (wie im Lat.) die Präposition, ge=
wöhnlich διά c. gen. *). Dasselbe geschieht aber auch oft bei Sachen (j. §. 147
unter διά), selbst bei abstrakten Begriffen, meist aber mit einem gewissen Un=
terschiede; denn wie man im Lat. unterscheidet per vim und vi, so auch im
Griech. πρὸς βίαν auf gewaltthätige Weise, und βίᾳ mit Gewalt, j. §. 147
unter πρός c. acc. und vgl. Zumpt §. 301. Mit folgendem gen. obj. erhält
βίᾳ die Bed.: gegen den Willen jemandes, z. B. βίᾳ ἡμῶν, θεῶν invitis
nobis, diis (Thuc. Dem.)

Anm. 13. (6.) Ebenso muß, wo wir die Präp. mit im Sinne der
Begleitung brauchen, wie im Lat. die Präposition (σύν oder μετά) ge=
setzt werden, und zwar nicht nur bei Personen, sondern auch bei Sachen,
wofern nehmlich der Begriff des Zusammenseins den der Vermittelung
überwiegt. Eine Ausnahme davon ist, daß die Wörter στρατιά, στόλος,
νῆες oder die eine Truppenabtheilung ausdrücken, wie ὁπλῖται, πεζοί ꝛc.
gewöhnlich im Dativ ohne σύν stehn (wie im Lat. copiis ꝛc. ohne cum) z. B.
ἀφίκοντο εἴκοσι ναυσίν· ἐβοήθησαν ἑαυτῶν τε πεντακοσίοις καὶ χιλίοις
ὁπλίταις καὶ τῶν ξυμμάχων μυρίοις Thuc. 1, 107. 3, 95. Her. 5, 100 ꝛc.

Anm. 14. (7.) Die Präp. σύν wird häufig dadurch ersetzt, daß man
dem Dativ des Subst. (mit und ohne Art.) das Pron. αὐτός in gleichem
Kasus beifügt. Die Verbindung erscheint sodann als eine dem Raume und
der Zeit nach unzertrennliche und unmittelbare (samt). An. 1, 3, 17 φοβοῦμαι,
μὴ ἡμᾶς αὐταῖς ταῖς τριήρεσι καταδύσῃ. Thuc. 4, 14 ἔλαβον μίαν
ναῦν αὐτοῖς ἀνδράσι. S. Elmsl. zu E. Med. 160. Lob. Phryn. 99.

b) die Art und Weise, z. B. ταῦτα ἐγένετο τῷδε τῷ τρόπῳ
hac ratione, δρόμῳ παρῆλθεν er kam im Laufe herzu; μεγάλῃ
σπουδῇ πάντα ἐπράττετο. Für diesen Dativ stehn auch sehr ge=
wöhnlich Präpositionen wie διά, κατά, πρός ꝛc. j. §. 147.

c) die Ursach oder vielmehr das Mittel wodurch eine Hand=
lung, ein Zustand herbeigeführt wird, wo wir die Präp. aus, vor,
an, über brauchen, z. B. οὐκ ἀγροικίᾳ τοῦτο ποιῶ aus Rohheit;
τέθνηκεν ἀποπληξίᾳ am Schlagfluß. Am gewöhnlichsten ist dieser
Dativ bei den Verbis des Affekts (§. 131 A. 3) wie χαίρειν,
ἀλγεῖν, ἄχθεσθαί τινι, χαλεπῶς φέρειν, δυσφορεῖν, ἀπειρηκέναι,
ἀθυμεῖν πράγμασι an der Sache verzweifeln, und viele andre, wie
θαυμάζειν, ἄγασθαι, γελᾶν ꝛc. Mehre davon haben wir bereits
mit dem Genitiv (§. 132 A. 15) verbunden gesehen, den man daher
leicht mit diesem Dativ für identisch halten kann, und wirklich wer=
den beide in der Uebersetzung oft gar nicht unterschieden. Aber
aufzufassen ist er als einerlei mit dem Dativ in a und b., daher

---

*) Eigenthümlich aber doch sprachgemäß sagt Thukyd. (8, 82): ξυνέ-
βαινε τῷ Ἀλκιβιάδῃ τῷ μὲν Τισσαφέρνει τοὺς Ἀθηναίους φοβεῖν,
ἐκείνοις δὲ τὸν Τισσαφέρνην, indem hier die Person ganz als Sache
gefaßt wird, glf.: mit dem Namen des Tiss. ꝛc.

sowohl von jenem Genitiv, als dem Akkuſ. in §. 131, 7 weſentlich
verſchieden *). Die dieſen Dativ erläuternde Präp. (§. 130, 4) iſt
ἐπί, ſ. §. 147.

Beiſp. Cyr. 3, 1, 28 οἱ μὲν εὐνοίᾳ καὶ φιλίᾳ τῇ ἐμῇ τὸ δέον
συλλαμβάνουσιν, οἱ δὲ ἀνάγκῃ πάντα ἐκπονοῦνται. Dem. Phil. 1. πρῶτον μὲν οὐκ ἀθυμητέον τοῖς παροῦσι πράγμασιν. cf. Ol. III, 8.
Thuc. 4, 85 θαυμάζω τῇ ἀποκλήσει μου τῶν πυλῶν. E. Hippol. 1260
οὔθ᾽ ἥδομαι τοῖσδ᾽ οὔτ᾽ ἐπάχθομαι κακοῖς.

Anm. 14 a. Kürze des Ausdrucks oder Parallelismus mit andern
Dativen desselben Satzes ist zuweilen Urſach, daß der Dativ zu Zweckbe-
ſtimmungen, genauer: zu Angaben der Richtung, der Rückſicht worauf, verwandt wird, wofür ſonſt ἐπί mit dem Aff. oder auch mit dem Dativ ſteht
(ſ. §. 147). Dies zeigt ſich in Beiſpielen wie Thuc. 6, 33 (Ἀθηναῖοι
ὥρμηνται), πρόφασιν μὲν (§. 131, 10) Ἐγεσταίων ξυμμαχίᾳ καὶ Λεον-
τίνων κατοικίσει, τὸ δὲ ἀληθὲς Σικελίας ἐπιθυμίᾳ ꝛc. 1, 123 (ξυνα-
γωνιοῦνται) τὰ μὲν φόβῳ, τὰ δὲ ὠφελίᾳ. cf. 3, 82, 1. 2, 44, 3. Für
ſolche Fälle eine eigne Rubrik unter der allgemeinen Benennung dat. con-

---

*) Solche für das Verſtändnis der Kaſus oft ſehr lehrreichen Fälle, da
ein Wort mit zwei, ja allen drei Kaſus verbunden wird, ſeien
z. B. παιδὸς οὐκ ἀλγεῖν δοκεῖς· τὸ σὸν μὲν ἀλγῶ, Κάδμε· εὐγενῶς
ἀλγει κακοῖς (Eur. Hec. 1256. Bacch. 1327. Tro. 729.) — Ferner δασὺς
δένδρων und δένδρεσι· ἐγγύς, ἐναντίος ἡμῖν und ἡμῶν, κρατεῖν
(überwältigen) τινά und τινός, bei Homer in der Bedeutung herrſchen mit
dem Dat. (Od. π, 265); ebenſo ſchon bei Homer ἀνάσσειν τινί und τινός; — ἡγεῖσθαι, in der Beb. anführen, befehligen τινί und τινός in Poeſie
und Proſa, erhält mit dem Akkuſ. die tranſ. Bedeutung (durch vorangehen)
zeigen z. B. ὁδὸν, ἄστεα ἀνθρώπων Hom., βωμούς Aeschyl.; — ἀκούειν
τὶ und τινός, zuweilen auch τινί auf jemand hören, ihm Gehör ſchenken
(vom Gotte Jl. π, 514. 531). — Man unterſcheide: εἰμὶ τὸ γένος Ἀσσύριος Cyr. 4, 6, γένει προσήκων βασιλεῖ Ar. 1, 6., γένους μὲν ἥκεις
ὧδε τοῖσδε E. Heracl. 213. obgleich wir jedesmal überſetzen können: an
Geſchlecht. — Ἀντιᾶν (ἀντᾶν, ἀντιάζειν) wird nach ſeiner Bedeutung gemäß
am gewöhnlichſten mit dem Dativ konſtruirt. Aber Jl. π, 423 ἀντήσω
τοῦ δ᾽ ἀνέρος, wie ἀντία τοῦ δ᾽ ἀνέρος εἰμι. Und Herod. (4, 118) ἀν-
τιάζωμεν τὸν ἐπιόντα d. h. ihm entgegen gehen und ihn bekämpfen. Bei
Homer kommt das Verbum ἀντιάω allein ſchon in Verbindung mit allen
3 Kaſus vor, z. B. mit Genitiv: Od. ω, 56 ꝛc. Dativ: Jl. ζ, 127 ꝛc.
Akkuſativ: α, 31. Siehe über die verſchiedene Bedeutung Lexik. I. 8. —
Ἄγασθαι und θαυμάζειν bei Perſonen τινά und τινός, bei Sachen
τί, τινός und τινί. — Ἐπιβαίνειν hat in der Bedeutung betreten, be-
ſteigen, den Genitiv: ἐπιβαίνειν τῆς χώρας, τῆς νεώς (wie βαίνω ἐπὶ
τῆς νεώς §. 147 unter ἐπί), auch im feindlichen Sinne (nach §. 132, 10, f):
Τροίης ἐπιβήμεναι Od. ξ, 229; in der Bedeutung angreifen den Dativ
(nach oben 2, b) Cyr. 5, 2, 26.; und endlich nimmt es, beſonders bei Dichtern, einen Objektsakkuſ. zu ſich, wie Πιερίην, λειμῶνα ἐπιβάς Hom. Soph.
cf. Herod. 7, 50. — Χαλεπῶς φέρειν hat den Gegenſtand des Affekts
entweder im Dativ (mit und ohne ἐπί) z. B. τοῖς παροῦσι πράγμασι An.
1, 3, 3. cf. Hell. 3, 4, 9., oder als gewöhnliches Objekt im Akkuſ., beſ. bei
neutralen Begriffen (Thuc. 8, 54 etc.); den Genitiv Thuc. 2, 62 (αὐτῶν
sc. ἐξερημένων) erklärt ſich aus der Analogie des Gebrauchs in §. 132,
10, e. und durch den Parallelismus mit dem gleich darauf folgenden ὀλιγω-
ρῆσαι. — S. auch πειρᾶσθαι S. 392. ἀφαιρεῖσθαι S. 381. μέμφεσθαι
S. 402 d. u. Anm. 3. und die Note auf S. 393.

silii aufzuftellen ift nicht gerathen, da fie vielmehr unter ben Gefichtspunkt brachylogifcher Ausbruckösweife zu bringen find.

d) bei Komparativen und ähnlichen Verbis (wie διαφέρειν), um auszubrücken, um wieviel etwas mehr ift, ober worin etwas übertrifft; z. B. πολλῷ ἀμείνων multo melior, ὀλίγῳ μείζων paullo maior.

Beifp. Hell. in. οὐ πολλαῖς ἡμέραις ὕςερον ἦλθεν Θυμοχάρης. — Mem. 3, 3, 13 οὔτε εὐφωνίᾳ τοσοῦτον διαφέρουσιν Ἀθηναῖοι τῶν ἄλλων οὔτε ῥώμῃ, ὅσον φιλοτιμίᾳ. — Oft fteht ftatt bes Dativs ber abverbiale Akkufativ: πολύ, ὀλίγον, οὐδέν ꝛc. (vgl. §. 131, 8) z. B. πολύ μείζων, οὐδὲν χεῖρον um nichts fchlechter, d. h. ebenfo gut Thuc. 2, 43.

e) die beftimmte Zeit (vgl. §. 132, 14), z. B. παρῆν τῇ τρίτῃ ἡμέρᾳ tertio die aderat; τῇ ὑςεραίᾳ τὴν βουλὴν ἐκάλουν am folgenden Tage beriefen fie ben Senat.

f) die beftimmten Ortsangaben auf die Frage: wo, f. Anm. 15. Jedoch hat ber Sprachgebrauch fich hier nach und nach faft burchweg für die Präp. entfchieben.

Anm. 15. (8.) Daß einige Städtenamen auf die Frage wo eine befonbere Dativform erhalten, f. §. 116, 3. Bei Dichtern findet fich ber wirkliche Dativ häufiger, z. B. bei Städten, Ὀλυμπίᾳ Pind. Ol. 7, 16. Μυκήναις Eur. Phoen. 608. Ἐλευσῖνι, Μαραθῶνι Aristoph. (auch Thuc. 1, 73. Dem. p. 297. Ἰσθμοῖ καὶ Νεμέᾳ Lys. 19 extr.), bei Landfchaften, Ἑλλάδι ναίων Jl. π, 595. Δήλῳ Od. ζ, 162. Φλέγρᾳ Eur. Ion. 988; und bei andern Ortsbeftimmungen, wie οὔρεσιν ἔτρεφε Hes. Θ. 1001. ε. 232. cf. Theocr. 3, 16. ἀγροῖσι τυγχάνει Soph. El. 312. Bekk. hom. Bl. 208.

5. Endlich können auch zwei Dative bei einem Verbo ftehen, doch nicht, wie im Lat. bei gewiffen Verbis fo, daß ber eine Dativ der perfönliche auf die Frage wem, der andre ber fächliche auf die Frage wozu ift, fondern entweder bem in §. 131 A. 10 befprochenen dopp. Akk. (καθ' ὅλον καὶ μέρος) analog, ober fo, daß der eine Dativ mehr eperegetifch dem andern beigefügt wird. Der Gebrauch ift vorzugsweife dichterifch. — Vom dopp. Dativ (bes Obj. und Präd.) bei χρῆσθαι f. §. 131 A. 10a.

Beifp. Jl. λ, 11 Ἀχαιοῖσιν δὲ μέγα σθένος ἔμβαλ' ἑκάςῳ καρδίη. Eur. IA. 1580 ἐμοὶ δ' ἐςῆειν ἄλγος οὐ μικρὸν φρενί. Heracl. 63 βούλει πόνον μοι τῇδε προσθεῖναι χερί; Pi. Ol. 8, 110 κόσμον ὃν σφι Ζεὺς γένει ὤπασεν. 2, 27 Ζεῦ, ἄρουραν ἔτι πατρίαν σφίσιν κόμισον λοιπῷ γένει. Vgl. §. 132 A. 9 und wegen Ἀχαιοῖσιν ἑκάςῳ u. ähnl. ebb. Anm. 4.

Vom Verbum.

§. 134. Paffiv. (121)

1. Das Paffiv hat feiner Natur nach basjenige als Subjekt im Nominativ bei fich, was bei bem Aktiv als nächftes Objekt im Akkufativ ftand (§. 131, 1). Das Subjekt oder der Nominativ des Aktivs wird ber Gegenstand von dem ich leibe; und wenn dies eine Person ift, fo fteht im Griechifchen am gewöhnlichsten die Präpofition ὑπό mit bem Genitiv, z. B. ὁ Ἀχιλλεὺς κτείνει τὸν Ἕκτορα paffiv: ὁ Ἕκτωρ κτείνεται ὑπὸ τοῦ Ἀχιλλέως.

2. Viele Verba die ein leidendes Verhalten des Subjekts voraussetzen, können im Aktiv (Medium) ganz wie Passiva, d. h. mit ὑπό und dem Gen., konstruirt werden und dienen dann dazu, weniger gebräuchliche Passiva zu ersetzen.

So finden sich passivisch gedacht und konstruirt zunächst πάσχειν selbst, in mannichfachen Verbindungen und Zusammensetzungen, bes. εὖ, κακῶς π. (aktiv: εὖ, κακῶς, κακά ꝛc. ποιεῖν s. d. Not.); ferner ἀποθανεῖν, ἀπολέσθαι, τελευτᾶν getödtet, vernichtet werden; φεύγειν, ἐκπίπτειν, ἀναστῆναι, ἐξαναστῆναι vertrieben werden (akt. ἐκβάλλειν), auch andre Comp. von πίπτω (s. anom.) wie εἰσπίπτω, μεταπίπτω; κατιέναι, κατελθεῖν restitui in patriam (akt. κατάγειν); εὖ, κακῶς ἀκούειν*), auch ἔπαινον ἔχειν, ἐν ἀξιώματι εἶναι (Thuc.) gelobt, getadelt, gepriesen werden; δίκην od. γραφὴν φεύγειν (auch bloß φεύγειν s. §. 132, 10 g) vor Gericht belangt werden; αἰτίαν ἔχειν, λαβεῖν beschuldigt werden; δίκην διδόναι wie im Lat. poenas dare; πληγὰς λαβεῖν als Umschreibung des wenig gebräuchl. Acrists vom Pass. τύπτομαι, und manche andre.

Beisp. Thuc. 1, 122 αἰσχρὸν πόλεις τοσάσδε ὑπὸ μιᾶς κακοπαθεῖν. Xen. Cyr. 1, 6, 45. Hier. 10, 4 πολλοὶ δεσπόται βίᾳ ὑπὸ τῶν δούλων ἀπέθανον. Thuc. 1, 8 οἱ ἐκ τῶν νήσων (§. 151, I, 8) κακοῦργοι ἀνέστησαν ὑπὸ τοῦ Μίνω. ib. 131 ὁ Παυσανίας ἐς τὴν εἱρκτὴν ἐσπίπτει ὑπὸ τῶν ἐφόρων. Eur. Med. 1015. κάτει σὺ πρὸς τέκνων ἔτι. Vgl. 1016 ἄλλους κατάξω πρόσθεν cet. Thucyd. 8, 68, 3. 4, 66 (τοὺς ἐκπεσόντας ὑπὸ σφῶν κατελθεῖν). Pl. Crit. p. 51 πρὸς τὸν πατέρα οὐ δίκαιον οὔτε κακῶς ἀκούοντα ἀντιλέγειν, οὔτε τυπτόμενον ἀντιτύπτειν. Thuc. 5, 50 Λίχας ἐν τῷ ἀγῶνι ὑπὸ τῶν ῥαβδούχων πληγὰς ἔλαβεν. Dem. 30, 5 δικαίως οὗτος φεύγει ταύτην ὑπ' ἐμοῦ τὴν δίκην. Pl. Apol. 35. X. An. 7, 6, 15 πῶς ἂν δικαίως ὑφ' ὑμῶν αἰτίαν ἔχοιμι. ib. 11. 7, 6, 33. Pl. Gorg. 525 ὠφελοῦνται οἱ ἄνθρωποι δίκην διδόντες ὑπὸ θεῶν. — Instruktiv sind: Cyr. 1, 6, 45. Mem. II. cap. 2. Lys. or. 12, 57.

3. Bei weitem seltner wird anstatt ὑπό die Präp. πρός, gleichfalls mit dem Genitiv, gebraucht, z. B. πρὸς ἁπάντων θεραπεύεσθαι; — zuweilen auch παρά z. B. οἶμαι γάρ με παρὰ σοῦ σοφίας πληρωθήσεσθαι (Plat. Symp. p. 175 c.); — und (besonders bei Joniern) ἐξ, z. B. εἴ τί σοι κεχαρισμένον ἐξ ἐμοῦ ἐδωρήθη Herod. S. über dies alles und die hom. Verbindung von ὑπό c. dat. bei Passiven §. 147.

4. Endlich steht auch ohne alle Präposition zur Bezeichnung des Urhebers der Dativ einer Person beim Passiv; am häufigsten beim Perf. Pass., zur Umschreibung des weniger gebräuchlichen Perf. Akt., worüber s. §. 97 A. 6.

---

*) Auch für sich allein hat ἀκούω oft (wie audio) die Bedeutung des Passivs von λέγω: von mir wird gesagt, ich werde genannt, oder neutral: heiße, stehe im Ruf, daher die Verbindung mit dem Nomin., wie Dem. cor. p. 241 νῦν κόλακες καὶ θεοῖς ἐχθροὶ ἀκούουσι, und mit dem Nom. beim folg. Infin. (§. 142, 2): Pl. Lys. p. 207 οὐ τὸ καλὸς εἶναι μόνον ἄξιος ἦν ἀκοῦσαι. Her. 3, 131 Ἀργεῖοι ἤκουον μουσικὴν εἶναι πρῶτοι: die Konstr. mit ἐξ bei Theokr. (29, 21) ἀγαθὸς ἀκούσεαι ἐξ ἀστῶν. — Noch ist zu bemerken, daß wenn für die Adv. εὖ und κακῶς bei ἀκούειν und πάσχειν adjektivische Ausdrücke treten, diese dann in der Regel, wie bei λέγειν und ποιεῖν, im Neutr. Plur. stehn: καλὰ, ἄριστα, τὰ αἴσχιστα ἀκούειν. πολλὰ κακὰ πάσχειν etc.

Beisp. Dem. Ol. p. 35 οὐκ εἰς περιουσίαν ἐπράττετο αὐτοῖς τὰ τῆς πόλεως nicht zu eignem Vortheil wurde von ihnen der Staat verwaltet. Soph. El. 621 αἰσχροῖς γὰρ αἰσχρὰ πράγματ' ἐκδιδάσκεται. Cyr. 3, 2, 16 ἃ ὑπισχνοῦ ποιήσειν ἀγαθὰ ἡμᾶς, ἀποτετέλεσαί σοι ἤδη. Aesch. p. 374 μέχρι δεῦρο εἰρήσθω μοι. — Vgl. Abschn. 9.

Anm. 1. Daß aus diesem Sprachgebrauch häufig eine Zweideutigkeit entstehen kann (z. B. πάντα σοι λέλεκται du hast alles gesagt, oder: man hat dir alles gesagt) ist nicht zu leugnen; aber aufmerksame Beachtung des Zusammenhanges wird sie fast immer entfernen. Man vergl. noch den lat. Sprachgebrauch mihi laudatus etc.

5. Der allgemeinen Regel nach sollte bloß das nähere Objekt, das beim Aktiv im Akkusativ steht, Subjekt des Passivs werden, und diese Regel beobachten die deutsche, lateinische und andre Sprachen sehr strenge. Allein da doch manches Objekt, das nach dem griech. Sprachgebrauch im Genitiv oder Dativ beim Aktiv steht, auch als näheres Objekt gedacht werden kann: z. B. ἀμελεῖν τινος jemand vernachläßigen, πιςεύειν τινι jemanden glauben (des Vertrauens würdigen), so erlauben sich die Griechen auch im Passiv zu sagen τὰ τούτου πράγματα ἀμελεῖται ὑπὸ τῶν θεῶν (werden von den Göttern vernachläßigt Pl. Apol. p. 41), ὁ ψεύ- ςης οὐ πιςεύεται (dem Lügner wird nicht geglaubt).

Beisp. Thuc. 5, 75 Ἀθηναῖοι, ὥσπερ προσετάχθησαν, τὸ Ἡραῖον ἐξειργάσαντο. An. 5, 7, 12 ὥρα ἡμῖν βουλεύεσθαι περὶ ἡμῶν αὐτῶν, μὴ καταφρονηθῶμεν. Hell. 3, 5 ex. κατηγορουμένου Παυσανίου καὶ οὐ παρόντος, θάνατος αὐτοῦ κατεγνώσθη (vgl. Anm. 2a). Mem. 4, 2, 35 πολλοὶ διὰ τὸν πλοῦτον ἐπιβουλευόμενοι ἀπόλλυνται. Hier. 7, 10. Symp. 4, 29 κρεῖττόν ἐςι πιςεύεσθαι ὑπὸ τῆς πατρίδος μᾶλλον ἢ ἀπιςεῖσθαι. So τὸ ἀπορούμενον quod in controversia est, Plat. ἀρχθῆναι, ἐπιχειρεῖσθαι, ἁμαρτηθῆναι Thuc. 2, 8. 11. 65. πλεονεκτεῖσθαι, ἐγκαλεῖσθαι, καταβαίνεσθαι (X. Equ. 11, 7). Doch sagte man auch προσετάχθη μοι Aesch. 1, 29. ἣν κατακριθῇ μου X. Apol. 7.

6. Das Passiv kann im Griechischen auch einen Akkusativ bei sich haben. Wenn nehmlich das Aktiv (nach §. 131, 5) zwei Akkusative hat, und der Akk. der Person Subjekt des Passivs wird, so bleibt der Akk. der Sache unverändert (gls. als das dem Verbalbegriff inhärirende Objekt) beim Passiv stehn, z. B. οἱ παῖδες διδάσκονται σωφροσύνην. Die deutsche Sprache ist dieser Konstruction unfähig, die lateinische ahmt sie nach: pueri docentur modestiam, humus poscebatur segetes.

Beisp. Dem. p. 217 οἱ Μακεδόνες παρ' ἐλάχιςον (beinahe) ἀφῃρέθησαν τὴν κατὰ θάλατταν ἡγεμονίαν. Xen. Apol. 17 τί αἴτιον τοῦ ἐμὲ (Sokr.) μηδ' ὑφ' ἑνὸς ἀπαιτεῖσθαι εὐεργεσίαν;

Anm. 2. Der §. 131, 4 berührte Sprachgebrauch, daß ein (intransitives) Verbum das ihm stamm- oder sinnverwandte Abstraktum im Akkus. zu sich nimmt, um noch eine Bestimmung hinzuzufügen, findet auch beim Passiv statt, insofern das Passiv als ein eigner Intransitivbegriff aufgefaßt und dadurch jener Verbindung theilhaftig wird. Z. B. τύπτεται πληγὰς πολλὰς er bekommt viele Schläge. Eur. Hipp. 1227 ὁ τλήμων δεσμὸν δυσεξήνυσον ἕλκεται δεθείς. Pl. Legg. 3. p. 695 παιδείαν τὴν Μηδικὴν περιεῖδεν παιδευθέντας αὐτοῦ τοὺς υἱεῖς.

7. Die beiden letzterwähnten Fälle (5. und 6.) können auch in Einem Satze vereinigt sein, so daß nehmlich der als entfernte-

res Objekt beim Aktiv ſtehende Dativ der Perſon Nominativ des
Paſſivs wird, und der Akkuſ. des Aktivs wie vorhin beim Paſſiv
ſtehen bleibt, z. B. aus ἐπιτρέπειν τῷ Σωκράτει τὴν δίαιταν wird
ὁ Σωκράτης ἐπιτρέπεται τὴν δίαιταν. Beiſp. Eur. Andr. 654 τήνδ' ἐκ χερῶν ἁρπάζομαι. Soph. Tr. 157
δέλτος ἐγγεγραμμένη ξυνθήματα. Anab. 2, 6, 1 οἱ ςρατηγοὶ τῶν Ἑλλή-
νων ἀποτμηθέντες τὰς κεφαλὰς ἐτελεύτησαν. Luc. enc. patr.
12 οἱ πιςευόμενοι τὰς στρατηγίας. Dem. p. 247 ἑώρων Φίλιππον τὸν ὀφ-
θαλμὸν ἐκκεκομμένον, τὴν κλεῖν κατεαγότα, τὴν χεῖρα, τὸ σκέ-
λος πεπηρωμένον. — Προμηθεὺς ὑπ' ἀετοῦ ἐκείρετο τὸ ἧπαρ.
Anm. 2 a. Die zu ben Begriffen verklagen, verurtheilen gehörenden Verba, deren Aktiv mit bem Genitiv ber Perſ. unb Akk. ber Sache
verbunben wirb (§. 132, 10 g), wie καταγιγνώσκειν u. ähnl., werben erſt
bei ſpätern Schriftſtellern auf bieſelbe Weiſe ins Paſſivum verwanbelt, z. B.
Diog. L. 2, 51 Ξενοφῶν φυγὴν ὑπ' Ἀθηναίων κατεγνώσθη. App. 2, 3
φυγὴν καταδικασθείς. Dio Cass. 68, 1 πολλοὶ θάνατον κατεδικάσθησαν.
Bei älteren finbet ſich zwar einigemal abſolut: ὡς κατεγνώσθησαν, ἐὰν
καταγνωσθῇ τις (Thuc. 4, 74. Hell. 4, 4, 2. 1, 7, 22. 3, 5 ex.), wenn aber
die Sache babeiſteht, ſo wirb bieſe Subjekt bes paſſiviſchen Ausbrucks, bie
Perſon bleibt im Genit. ſtehn: θάνατος αὐτοῦ κατεγνώσθη Hell. 3,
5 ex. 7, 3, 7., δεδέσθω, ἕως ἂν ἐκτίσῃ ὅ,τι ἂν καταγνωσθῇ αὐτοῦ
Dem. p. 712. κατηγορεῖτο τοῦ Παυσανίου μηδισμός Thuc. 1, 95. — Dem
Herob. eigenthümlich iſt ber dat. pers. bei κατακρίνεσθαι, ſ. Pape, unb
vgl. καταγελᾶν §. 132 A. 15.

8. Daß die **Adjectiva Verbalia** auf τέος unb τός paſſiviſch ſinb, unb von ihrer Bebeutung, ſ. §. 102 A. 2.

9. Eben dieſer ihrer paſſiven Natur wegen werben ſie, beſonbers das auf τέος, auch paſſiviſch konſtruirt, inbem ſie bas
Subjekt beim Aktiv nach oben 4. im Dativ, das Objekt beim
Aktiv aber im Nominativ bei ſich haben (wie im Lat. beim gerund.
necess.: leges mihi scribendae sunt), z. B. ἡ πόλις ὠφελητέα σοί
ἐςι, bu mußt bem Staat nützen; τοῦτο οὐ ῥητόν ἐςί μοι, ich
kann, darf bies nicht ſagen. Fehlt ihnen dieſe perſönliche Beſtimmung, ſo ſinb ſie allgemein burch **man** muß, **man** kann zu überſetzen: z. B. λυτέος ὁ τοιοῦτος νόμος καὶ οὐκ ἐατέος κύριος εἶναι
Dem., πέτρα ὅθεν οὐκέτι Νεῖλος ὁρατός Theocr.
Beiſp. Pl. Rep. p. 459. e. ὕμνοι ποιητέοι τοῖς ἡμετέροις ποιη-
ταῖς πρέποντες τοῖς γάμοις. id. Conviv. p. 189. b. καί μοι ἔςω ἄρρητα
τὰ εἰρημένα. Xen. Cyr. 5, 3, 43 ἐν τῇ πορείᾳ ἥ τε σιωπὴ ἀσκητέα, καὶ
ἡ τάξις διαφυλακτέα.

10. Das **Neutr.** auf τέον, mit unb ohne ἐςίν, entſpricht
zwar auch bem lateiniſchen Ausbruck mit bem Gerund. necess.:
λεκτέον ἐςίν dicendum est, man muß reden, unterſcheibet ſich aber
baburch vom lat. Ausbruck, baß es in bieſer Neutralform alle Ob-
jekts-Verbindungen des Verbi unverändert wie beim Aktiv
annehmen kann, z. B. ἀρετὴν ἔχειν πειρατέον· τοῖς λόγοις
προςεκτέον τὸν νοῦν· ταῦτα πάντα ποιητέον μοι. — Das
Neutr. auf τόν wirb nur für ſich allein, ohne ſolche Objekts-Ver-
binbungen, gebraucht, z. B. βιωτόν ἐςι man kann leben.
Beiſp. Mem. 2, 1, 28 τὰς πολεμικὰς τέχνας παρὰ τῶν ἐπιςα-
μένων μαθητέον καὶ ἀσκητέον. Hes. Θ. 732 ἔνθα Τιτῆνες κεκρύφαται,
τοῖς οὐκ ἐξιτόν ἐςι welche nicht herausgeben können. cf. Alciphr. 3, 90.

Anm. 3. Die Attiker (auch Herobot) brauchen in gleicher Bedeutung und Konstruction auch den Plural auf τέα z. B. Arist. Ach. 393 καί μοι βαδιςέα ἐστίν ich muß gehn. Plut. 1085 συνεκποτέ' ἐστί σοι καὶ τὴν τρύγα du mußt die Hefen mit austrinken. Thuc. 1, 93 τῆς θαλάσσης ἀνθεκτέα ἐστίν. cf. ib. 79. 88. Her. 3, 61 προεῖπεν ὡς Σμέρδιος ἀκουςέα εἴη. Vgl. Xen. Anab. 4, 6, 17. und §. 129 Anm. 9.

Anm. 4. Durch eine andre attische Eigenheit hat die Form auf τέον, gleichsam vermöge des in ihr liegenden Begriffs δεῖ, das Subjekt des Aktivs statt im Dativ, nicht selten im Akkusativ bei sich, z. B. Plat. Gorg. p. 507 d. τὸν βουλόμενον εὐδαίμονα εἶναι σωφροσύνην διωκτέον καὶ ἀσκητέον (= δεῖ διώκειν etc.). Legg. p. 688 τὸν νομοθέτην πειρατέον, ταῖς πόλεσι φρόνησιν ἐμποιεῖν. Andere Beisp. s. Pl. Crit. p. 49. a. Dem. Ol. p. 21. X. Mem. 3, 11, 1. und Heind. ad Phaedr. 128.

Anm. 5. Da die Deponentia in einigen ihrer Formen auch passivisch gebraucht werden (§. 113 A. 6), so werden auch die Verbalia wie von regelmäßigen Activis davon gebildet, z. B. ἐργάζομαι ich arbeite, ἐργαςόν was gearbeitet ist oder werden kann, ἐργαςέον man muß arbeiten. Ja bei solchen Verbis, deren Passiv oder Medium eine Bedeutung bekommt, die sich als neues Aktivum denken läßt, kann das Verbale beiderlei Bedeutungen haben; z. B. πεισέον man muß überzeugen von πείθω (Pl. Rep. 421 c) und: man muß gehorchen von πείθομαι (ib. 365 e). Ebenso συνεθιςέον, παρασκευαςέον, man muß sich gewöhnen, sich rüsten, ohne ἑαυτόν (Gorg. p. 507. Rep. 520.); ἡ ὁδὸς πορευτέα Soph. Phil. 994.

Anm. 6. Die auf τός nehmen oft ganz die Bedeutung, aber nicht die Konstruction eines part. perf. pass. an, indem sie dann nur in adjektivischer Verbindung stehen können, z. B. ποιητός gemacht, πλεκτός geflochten, ςρεπτός gebreht, ἀγαπητός geliebt, angenehm.

Vom Medium.

§. 135.   (121)

1. Auszuschließen bei Betrachtung des Medii sind alle eigentlichen Deponentia, da sie ihrer Bedeutung nach zu völligen Aktivis geworden. Nur diejenigen Media, deren Aktiv in Gebrauch ist und die bei passiver Form mediale Bedeutung haben, können in Betracht, natürlich auch dann, wenn sie ihren Aorist aus dem Passiv nehmen. S. das Verz. derselben §. 113 Anm. 5.

2. Die Grundbedeutung des Medii ist die reflexive. Die eigentliche, vollständig reflexive Bedeutung ist die, wo das Subjekt des Verbi zugleich dessen nächstes Objekt ist, das also beim Aktiv im Akkusativ steht. So ist also λοῦμαι als Medium soviel als ἐγὼ λούω ἐμαυτόν ich bade mich. Hiebei ist aber wohl zu merken, daß man sich das Medium keineswegs als eine Verbalform vorstellen darf, die dazu diente, um von jedem beliebigen Verbalbegriff, der irgendwie eine Reflexion aufs Subjekt zuläßt, dieselbe dadurch auszudrücken; sondern daß vielmehr nur eine beschränkte Zahl von Verben, und zwar nur solche, die in dieser ganz reflexiven Bedeutung sehr gewöhnlich vorkommen, das Medium in dieser seiner ersten Bedeutung wirklich ha-

ben. Von den meisten Verbis kann daher dieselbe Beziehung, wenn sie erforderlich ist, nur durch das Aktiv mit dem Pron. reflexivum ἐμαυτόν, ἑαυτόν ꝛc. ausgedrückt werden.

Beispiele dieser eigentlichen Media (zum Theil mit passivischem Aorist, §. 113) sind: ἀπάγχεσθαι sich erdrosseln, ἀπέχεσθαι sich enthalten, ἀμύνεσθαι sich wehren, φυλάττεσθαι sich hüten, ἐγγυᾶσθαι sich verbürgen, αἰσχύνεσθαι sich schämen, παρασκευάζεσθαι sich rüsten, κρεμάννυσθαι nebst Comp. sich erhängen, und andre Handlungen, die am eignen Körper geschehen, und wobei man statt der Person im Akkus. auch τὸ σῶμα beim Aktiv ergänzen kann: λοῦσθαι, χρίεσθαι, γυμνάζεσθαι, ἐνδύσασθαι, ἀπομόργνυσθαι, κείρεσθαι, στεφανοῦσθαι.

3. In vielen Verbis tritt diese ursprünglich reflexive Bedeutung mehr zurück, indem sie entweder wirkliche Intransitiva werden, oder wenigstens von uns, in Ermangelung eines passenden reflexiven Ausdrucks, intransitiv übersetzt werden. Beisp. ϛέλλειν schicken, ϛέλλεσθαι (sich selbst wohin schicken, d. h.) reisen, παύειν zur Ruhe setzen, παύεσθαι (sich selbst zur Ruhe setzen, d. h.) aufhören; πλάζειν (jemand) herumtreiben, πλάζεσθαι herumschweifen; εὐωχεῖν, δαινύναι bewirthen, εὐωχεῖσθαι, δαίνυσθαι schmausen; πορεύεσθαι reisen, φαίνεσθαι scheinen, κοιμᾶσθαι ruhen. Auch hiezu vgl. §. 113 A. 5.

Anm. 1. (2.) Diese Media verhalten sich, wie man sieht, zu ihrem Aktiv, als Immediativa zu ihren Causativis. So noch γένομαι ich koste, σήπομαι faule, ἔλπομαι hoffe, deren selten vorkommendes Aktiv man im Deutschen nur durch machen, lassen ꝛc. umschreiben kann: γένω ich lasse kosten, σήπω mache faulen, ἔλπω lasse hoffen. S. auch μαίνομαι in Anom.

4. Aber eben so leicht wird das Medium auch ein Transitivum. Denn so wie das Passivum nach dem vor. §. häufig einen Akkusativ als Objekt bei sich hat, so auch das Medium. Am einfachsten geschieht dies, wenn das Aktiv mit zwei Akkusativen konstruirt wird, von denen dann, wie beim Passiv, das sächliche Objekt des Aktivs beim Medium bleibt z. B. ἐνδύειν τινὰ χιτῶνα (einem ein Kleid anlegen) Med. ἐνδύσασθαι χιτῶνα sich das Kleid anlegen. Und diesem analog können alle (oben 2. berührten) Handlungen am eigenen Körper das sächliche Objekt im Medium beibehalten, da sie im Aktiv, wenigstens einzeln, sowohl die Person als die Sache im Akk. bei sich haben, z. B. λούειν τινά und λούειν τὰς χεῖρας, medial: λοῦσθαι τὰς χεῖρας, d. h. seine eigenen Hände (vgl. unten 6).

Beisp. ἀμφιέσασθαι, ἀμπισχέσθαι sich ankleiden, umhüllen, κείρεσθαι sich scheren (z. B. τὴν κεφαλήν), ὑποδήσασθαι und ὑπολύεσθαι an= und ablegen (die Schuhe); ϛεφανοῦσθαι sich bekränzen, ἀπομόργνυσθαι sich abwischen, ἐγκαλύπτεσθαι sich einhüllen ꝛc. — Memor. 1, 6, 2 Σωκράτης ἱμάτιον ἠμφίεσο οὐ μόνον φαῦλον, ἀλλὰ τὸ αὐτὸ θέρους καὶ χειμῶνος. Od. σ, 200 ἣ δ' ἀπομόρξατο χερσὶ παρειὰς φώνησέν τε. Il. ψ, 739 οἳ δ', ἀπομορξαμένω κονίην, δύσαντο χιτῶνας. Pl. Crat. p. 411 ἐπεὶ τὴν λεοντῆν ἐνδέδυκα (s. anom.), οὐκ ἀποδειλατέον.

5. (4.) Das Medium nimmt aber auch ein eignes Objekt an, wenn aus der reflexiven Handlung ein neuer einfacher Begriff sich entwickelt, den man sich nach Anleitung von §. 131, 1 und 3 als transitiv denken kann.

Beisp. περαιοῦν τινα jemand übersetzen (über einen Fluß) Med.

περαιοῦσθαι (eig. fich felbft überfetzen, b. h.) paffiren; und fo nimmt es nun den Fluß im Akk. zu fich, περαιοῦσθαι τὸν Τίγριν den Tigris paffiren; — φοβεῖν τινα jemand fchrecken, φοβεῖσθαι (eig. fich felbft fchrecken, b. h.) fürchten, alfo φοβεῖσθαι τοὺς θεούς die Götter fürchten; — τίλλειν raufen, κόπτειν, τύπτειν fchlagen, τίλλεσθαι fich raufen (b. h. das Haar fich ausraufen), κόπτεσθαι, τύπτεσθαι fich fchlagen; da nun dies Handlungen find, wodurch man jemand betrauert, fo heißt τίλλεσθαι, κόπτεσθαι, τύπτεσθαί τινα durch Haarraufen 2c. jemand betrauern; — und auf diefelbe Weife dachte man fich (wenn wir es auch durch die Ueberfetzung nicht genau wiedergeben können) als tranfitiv: αἰσχύνεσθαι fich fchämen, τινά vor jemand, φυλάσσεσθαί τινα fich vor jemand hüten, ἀμύνεσθαί τινα fich vertheidigen gegen jemand. — Herod. 2, 42 οἱ περὶ τὸ ἱρὸν τύπτονται τὸν κριόν, καὶ ἔπειτα θάπτουσι. Cyr. 1, 4, 7 Ἀσυάγης συμπέμπει (σὺν τῷ Κύρῳ) πρεσβυτέρους, ὅπως ἀπὸ τῶν δυσχωριῶν φυλάττοιεν αὐτόν· οἱ δὲ ἔλεγον (τῷ K.), τὰς δυσχωρίας ὅτι δέοι φυλάττεσθαι οὐδὲν ἧττον ἢ τὰ θηρία.

6. (5.) In allen bisherigen Fällen entfteht das Medium aus der Konftruction des Aktivs mit dem Akkufativ. Allein fo wie das Paffiv zuweilen aus der Konftruction mit dem entfernteren Objekt, namentlich dem Dativ entfteht (§. 134, 5. 7), fo ift dies auch beim Medium der Fall, und der andere Gegenftand, der beim Aktiv im Akkufativ ftand, bleibt alsdann ebenfo beim Medium ftehn, z. B. προσποιῆσαί τινί τι jemanden etwas zu eigen machen (z. B. einem Staat irgend ein Gebiet), προσποιήσασθαί τι etwas fich (sibi) felbft zueignen. Hieher zu rechnen ift die beträchtliche Anzahl der Media, in denen durch die Medialform nur angedeutet wird: daß die Handlung in der Sphäre des Subjekts vorgeht, zu feinem Nutzen oder Schaden gefchieht, kurz in irgend einer innern Beziehung zum Subjekt fteht.

So heißt θεῖναι νόμους Gefetze vorfchreiben, z. B. einem unterworfenen Staate, θέσθαι νόμους fich felbft und feinem Staate Gefetze vorfchreiben; στήσασθαι τροπαῖον, εἰκόνα eine Trophäe, eine Bildfäule für fich, in feiner Angelegenheit errichten. Wenn auch die Schriftfteller öfters das Aktiv fürs Medium fetzen, b. h. von der innern Rückbeziehung der Handlung aufs handelnde Subjekt abfehen (z. B. τροπαῖον στησάντων Thuc. 7, 5. ληΐζειν 3, 85. μεταχειρίσαι, μεταπέμπειν 1, 13. 112. cf. Elmsl. ad Med. 769), fo find fie doch darin genau, daß fie das Medium nicht fetzen, wo folche Hinweifung aufs Subjekt gar nicht ftatt findet. Vgl. 9. u. Anm. 3.

Beifp. πορίζεσθαί τι fich etwas verfchaffen, erwerben, κλαίεσθαι beweinen, z. B. τὰ πάθη feine eigenen Leiden, aber κλαίειν τὰ πάθη τινός die Leiden eines andern; σύμμαχον, φίλον, πρόξενον ποιεῖσθαί τινα jemand zu feinem Bundesgenoffen, Freunde 2c. machen; καταστήσασθαι φύλακας Wächter ftellen; αἵρεσθαι auf fich nehmen z. B. πόλεμον; συναίρεσθαί τινι πόλεμον den Krieg auf fich nehmen mit jemand, ihn unterftützen im Kriege; εὑρίσκομαι ich finde für mich, nanciscor; ἄγεσθαι γυναῖκα ein Weib nehmen; κληρώσασθαι erloofen; καταστρέψασθαι fich unterwerfen, in feine Gewalt bringen; εἰσκομίζεσθαι für fich oder die Seinigen z. B. Zufuhr in die Stadt fchaffen, und ebenfo ἐκκομίζεσθαι; διαθέσθαι τὰ τῆς πόλεως. Daher haben die Begriffe des Abftoßens von fich, des Ablegens, Verfchmähen fehr gewöhnlich die Medialform: ἀπώσασθαι, ἀποκρούσασθαι, ἀποθέσθαι und viele andere mit ἀπό zufammengefetzte, προέσθαι, προβάλλεσθαι u. a. — Mem. 4, 4, 19 τοὺς νόμους ἔχοις ἂν εἰπεῖν, ὅτι οἱ ἄνθρωποι αὐτοὺς ἔθεντο; ἐγὼ μὲν, ἔφη, θεοὺς οἶμαι τοὺς νόμους τούτους τοῖς ἀνθρώποις θεῖναι. Thuc. 2, 78 οἱ Πλαταιῆς παῖδας καὶ γυναῖκας ἐκκεκομισμένοι ἦσαν ἐς τὰς Ἀθήνας. Dem. p. 41 ταύτῃ χρησάμενος τῇ γνώμῃ Φίλιππος πάντα κατέςραπται καὶ ἔχει.

Anm. 1a. Insbesondre dient das Meb. ποιεῖσθαι mit einem Ab=ftrattum zur Umschreibung für den entsprechenden einfachen Verbalbegriff, wobei die Beziehung aufs Subjekt sich allemal von selbst versteht. S. oben §. 131, 4a. σπονδάς, λείαν, θῶνμα ποιεῖσθαι für σπένδεσθαι, ληΐζεσθαι, θαυμάζειν; ferner πλοῦν, ἔξοδον, ἐξέτασιν, κρίσιν, ἐπίδειξιν 2c. ποιεῖσθαι für πλεῖν, ἐξιέναι 2c. Fehlt die Rückbeziehung aufs Subjekt, so darf in gleichem Falle nur das Aktiv stehn, z. B. Ar. Pac. 211 πολεμεῖν ᾑρεῖσθ', ἐκείνων (sc. τῶν θεῶν) πολλάκις σπονδὰς ποιούντων. cf. Ach. 58. Mehr ionisch und dichterisch sind die ähnlichen Umschreibungen mit τίθε=σθαι (τιθέναι); s. Ellendt L. Soph. s. v. Cob. NL. 257 sq.

Anm. 2. Auch der Struktur mit dem doppelten Akkusativ ist das Medium fähig, sofern es in seiner besonderen (transitiven) Medialbedeutung zu einem jener oben §. 131, 5 aufgeführten Begriffe gehört. S. daselbst die Verba ἀφαιρεῖσθαι, πράττεσθαι, προκαλεῖσθαι. Ferner bei Homer τίσασθαι rächen (sonst τινά τινός): Od. o, 236 ἐτίσατο ἔργον ἀεικὲς ἀντίθεον Νηλῆα. Ob aber αἰτέω, welches bereits im Aktiv zwei Akk. regiert, bie=felben auch im Medio behalten kann, etwa um die Beziehung aufs Subjekt noch dazu auszudrücken (αἰτοῦμαί σε τοῦτο ich erbitte mir das von dir) ist zweifelhaft; s. §. 131 Anm. 8.

7. Das Medium drückt ferner auch eine gegenseitige (re=ziproke) Handlung aus: διανέμεσθαι unter sich vertheilen, δια-λέγεσθαι sich unterreden; z. B. κοινῇ διανειμάμενοι πέντε δραχ-μάς ἕκαςος προςεδέξαντο Dem. p. 1317.

Beisp. βουλεύεσθαι, σπένδεσθαι, σπονδοποιεῖσθαι, viele Kompof. mit διά, wie διαλλάττεσθαι, διαλύσασθαι, διακελεύεσθαι; ferner alle Verba des Streiten, Uneinsein: διαφέρεσθαι, κρίνεσθαι, διακοντίζεσθαι, διαδορατίζεσθαι, ἀκροβολίζεσθαι, φιλοτιμεῖσθαι, ἀγωνίζεσθαι, die meist ganz wie μάχεσθαι zu Deponentien geworden sind.

8. Eine andere Art der reflexiven Handlung ist, wenn etwas auf meinen Befehl an mir geschieht, welches im Deutschen durch das Verbum lassen ausgedrückt wird. So heißt κείρομαι zwar, ich schere mich, aber auch ich lasse mich scheren; das Passiv. καρῆ-ναι wird nur vom ganz leidenden Verhalten gebraucht, z. B. vom Schafe. — Auch hier findet die entferntere Beziehung statt, z. B. παρατίθεμαι τράπεζαν ich lasse mir einen Tisch vorsetzen.

Beisp. μισθόω ich vermiethe, μισθοῦμαί τι lasse mir vermiethen, miethe; διδάξασθαι υἱόν seinen Sohn unterrichten lassen; καταδικάζειν, καταδιαιτᾶν τινος jemand verurtheilen (vom Richter oder Schiedsrichter), καταδικάζεσθαι, καταδιαιτᾶσθαί τινος jemanden verurtheilen lassen, δίκην seinen Prozeß (durch den Ausspruch des Richters, Schiedsrichters) gewinnen; πρεσβεύειν Gesandter sein, πρεσβεύεσθαι Ges. schicken, (d. h. sein lassen); ἐγχεῖσθαι sich einschenken lassen. — Hell. 7, 4, 33 οἱ ἄρχοντες κατεδίκασαν αὐτῶν (cf. An. 5, 8, 21). Dagegen Dem. p. 1144 τὴν δίκην ὑμῖν διηγή-σομαι, ἵν' εἰδῆτε ὅτι ἀδίκως ἐμοῦ κατεδικάσατο. p. 1013 ὁ διαιτητὴς κατεδιήτησεν αὐτοῦ· οὗτος δὲ (der Verurtheilte) οὐκ ἔφη με καταδιαιτή-σασθαι τὴν δίκην αὐτοῦ etc. Cyr. 5 in. Ἀβραδάτης πρὸς βασιλέα πρε-σβεύων ᾤχετο. Ages. 2, 21 εἰρήνης ἐπιθυμήσαντες οἱ πολέμιοι ἐπρε-σβεύοντο. Od. o, 475 οἱ μὲν ἀναβάντες ἐπέπλεον ὑγρὰ κέλευθα, νὼ (acc.) ἀναβησάμενοι (uns zu sich in das Schiff nehmend).

9. Auch ohne eine bestimmte Rückbeziehung aufs Subjekt fin=det man das Medium auf diese Art, so daß es dann bloß durch

den Infinitiv des Aktivs mit lassen zu übersetzen ist, z. B. Cyr.
1, 4, 18 wo es heißt, daß Cyrus die Waffen anlegte, ἃ ὁ πάππος
ἐπεποίητο welche sein Großvater hatte machen lassen.

Anm. 3. (4.) In manchen Verbis und einzelnen Fällen ist die Beziehung auf das Subjekt zwar vorhanden, aber so unmerklich und schwach,
daß wir sie in der Uebersetzung kaum wiedergeben können, z. B. in ἰδεῖν
und (dicht.) ἰδέσθαι, ἀποφαίνεσθαι und ἀποφαίνειν darlegen, beweisen,
παρέχειν und παρέχεσθαι darreichen, θύειν und θύεσθαι opfern, σκοπεῖν
und σκοπεῖσθαι sehen, betrachten; oder es wird das Medium in gewissen
Nebenbedeutungen oder in anderer Verbindung gebraucht, wie in αἱρεῖν
nehmen, αἱρεῖσθαι wählen.

Anm. 4. (6.) Wenn die entferntere Beziehung auf das Subjekt, der
Deutlichkeit oder des Nachdrucks wegen, durch ein Pronomen (wie ἐμαυτοῦ,
ἐμός ꝛc.) bezeichnet wird, so kann das Medium (wo es statt findet), obgleich
dies alsdann nicht weiter erforderlich wäre, doch stehen bleiben. So sagt
z. B. Demosthenes (Mid. p. 557) γέγραμμαι ἐμαυτῷ ταῦτα ich habe mir
das aufgeschrieben. Mem. 2, 1, 22 τὴν δὲ γυναῖκα κατασκοπεῖσθαι θαμὰ
ἑαυτήν, ἐπισκοπεῖν δὲ καὶ εἴ τις ἄλλος αὐτὴν θεᾶται. Pl. Phaedr.
p. 258 λέγει ἐπιδεικνύμενος τὴν ἑαυτοῦ σοφίαν. cf. 234 b. Symp. 194 b.

§. 136. Unterscheidung passiver und medialer Form. (123)

1. (3.) In der Formenlehre (§. 89) ist bereits dargethan, daß
die Tempora, welche gewöhnlich das wahre Medium ausmachen,
sind: Präsens und Imperfekt, Perfekt und Plusquamp. aus dem
Passiv, und Futur und Aorist mit der eignen Medialform.
Beisp. des Perfekts seien: Cyr. 7, 3, 14 ἀκινάκην πάλαι παρε-
σκευασμένη, σφάττει ἑαυτήν. 7, 2, 12 διαπέπραγμαι παρὰ σοῦ
μὴ ποιῆσαι ἁρπαγήν ich habe ausgewirkt ꝛc.

2. Daß aber auch der Aorist bei so vielen medialen Verbis
aus dem Passiv genommen wird (§. 113), rührt einestheils daher,
daß die beiden Genera des Verbi (Passiv und Medium) sich überhaupt nicht streng von einander scheiden lassen sondern vielfach in
einander übergehn (vgl. §. 113, 6); anderheils aber daher, daß so
mancher von uns medial übersetzte Begriff von den Griechen überwiegend oder völlig passiv aufgefaßt wurde. Ebenso wenig kann
die Konstruction mit dem Objektsakkusativ entscheiden, welche Verba
passiv und welche medial sind, da, wie aus §. 134, 6. 135, 4 erhellt, beide Verbalformen diese Verbindung zulassen.
Beispiele solcher passiven Aoriste mit einer Objektsbestimmung seien
noch: An. 2, 3, 22 ᾐσχύνθημεν καὶ θεοὺς καὶ ἀνθρώπους προδοῦναι
αὐτόν. Soph. El. 1045 καὶ μὴν ποιήσω γ᾽, οὐδὲν ἐκπλαγεῖσά σε. Thuc.
6, 33. 76. Isae. p. 55 φανερὸς εἶ δαπανηθεὶς οὐδέν.

Anm. 1 (2). Bei einigen Verbis hat die Passivform eine besondere
Bedeutung z. B. στέλλεσθαι reisen, σταλῆναι; στέλλεσθαι sich kleiden, auch,
kommen lassen, στείλασθαι. S. mehr Beispiele §. 113 Anm. 5.

Anm. 2 (3). Wenn der Aor. Med. gebräuchlich ist, so kann der Aor.
Pass. auch als Passiv einer besonderen Bedeutung des Medii gebraucht
werden. So heißt γραφείς geschrieben, von γράφειν, aber auch verklagt
von γράφεσθαι, γράψασθαι verklagen; ᾑρέθην aor. pass. sowohl von
αἱρεῖν nehmen als αἱρεῖσθαι wählen, z. B. Mem. 3, 1, 3 (dies letzte schon

im Präsens: wählen und gewählt werden: ib. 3, 2, 3 βασιλεὺς αἱρεῖ-
ται und gleich darauf στρατηγοὺς αἱροῦνται); so gehört ἐχρήσθην sowohl zu χράω (gebe Orakel) als zu χράομαι (gebrauche), beidemal in
pass. Bedeutung, z. B. Her. 1, 49 τὰ ἐκ Δελφῶν οὕτω τῷ Κροίσῳ ἐχρή-
σθη; 7, 144 αἱ νῆες, ἐς τὸ μὲν ἐποιήθησαν, οὐκ ἐχρήσθησαν. — Vgl.
die mit * versehenen Dep. media im Anhang.

§. 137. Von den Temporibus. (124)

Die griechische Sprache hat zwei ihr eigenthümliche Tempora,
Aorist und Futur 3. Vom letztern s. §. 138. Um aber den Aorist
kennen zu lernen, muß man die übrigen Präterita vergleichen.

1. Aus der Reihe der Präterita ist auszusondern das Perfekt, als nicht erzählendes Tempus. Es ist seiner Natur nach prä-
sentisch, und unterscheidet sich vom Präsens nur darin, daß dieses
eine in der Gegenwart unvollendete noch geschehende, das Perf. die
in der Gegenwart vollendete und abgeschlossene Handlung bezeichnet. Es setzt also das Geschehene, als vergangen, mit der gegenwärtigen Zeit in Verbindung, z. B. ich weiß es, denn ich habe
es gesehen, d. h. bin einer der es sah.
Beisp. Cyr. 2, 2, 22 τοῦτό γε ψευδόμενος ἑάλωκα (verschieden von
οὐκ ὀρθῶς ἔλεξα). Euthyd. p. 272 Εὐθύδημος καὶ Διονυσόδωρος πρὸ
τοῦ μὲν ταῦτα δεινὼ ἤστην μόνον, νῦν δὲ τέλος ἐπιτεθείκατον
τῇ τέχνῃ· ἢ γὰρ ἦν λοιπὴ αὐτοῖν μάχη ἀργός (die Kampfart, mit der
sie noch nicht vertraut waren), ταύτην νῦν ἐξείργασθον· — οὕτω δεινὼ
γεγόνατον ἐν τοῖς λόγοις κτλ. — Dem. p. 845 οὗτος Μέγαράδ' ἐξῴκηκε,
κἀκεῖ μετοίκιον (das Schutzgeld) τέθεικεν. cf. X. Hell. 6, 5, 37 2c.

2. Die übrigen Präterita: Aorist, Imperf. und Plusquam-
perf., sind die eigentlich erzählenden (historischen) Tempora. Von
diesen erzählen Imperfekt und Plusquamperfekt mit bestimmter Voraussetzung einer andern Zeitbestimmung, der Aorist hingegen ohne
solche Voraussetzung. Eine durch Aoriste fortgeführte Erzählung nehmlich versetzt uns in die Vergangenheit, und erzählt so
nach einander die Begebenheiten, ohne die Zeitbeziehungen der er-
zählten Thatsachen zu einander hervorzuheben, sondern diese dem
Hörer überlassend. Sobald dagegen die Umstände, unter welchen damals die Sache geschah, erwähnt werden, d. h. wenn man
ausdrücklich hervorheben will, daß eine Begebenheit mit einer andern gleichzeitig geschah, so geschieht dies durchs Imperfekt.
Wenn man aber das, was damals schon vergangen war, mit
der Erzählung in Verbindung setzt, so geschieht dies durch das
Plusquamperfekt.
Beisp. Plut. Mor. p. 969 Πύρρος ὁ βασιλεὺς ὁδεύων ἐνέτυχε κυνὶ
φρουροῦντι νεκρὸν — καὶ ἐκέλευσε μεθ' ἑαυτοῦ κομίζειν· ὀλίγαις δὲ
ὕστερον ἡμέραις ἐξέτασις ἦν καὶ παρῆν ὁ κύων· ἰδὼν δὲ τοὺς φονέας
ἐξέδραμε κτλ. — Thuc. 2, 103 οἱ Ἀθηναῖοι ἅμα ἦρι κατέπλευσαν
ἐς τὰς Ἀθήνας καὶ ὁ χειμὼν ἐτελεύτα οὗτος. — 3, 34 ἑάλω δὲ μάλιστα ἡ πόλις, ὅτε ἡ δευτέρα Πελοποννησίων ἐσβολὴ ἐγίγνετο. — 36
καταςάσης τῆς ἐκκλησίας ἄλλαι τε γνῶμαι ἐλέγοντο, καὶ Κλέων, ὅσπερ
καὶ τὴν προτέραν (γνώμην) ἐνενικήκει, ἔλεγε τοιάδε.

3. Wenn die Zeitbeziehung aus dem Zusammenhang hinrei=
chend erhellet, so kann der Aorist auch statt des Perfekts, und
in der Erzählung statt des Plusquamperfekts (Anm. 1) ge=
braucht werden. Meist nur da, wo es dem Sprechenden auf den
Ausdruck des genauen Zeitverhältnisses ankommt, wird das Perf.,
und in der Erzählung das Plusq. gesetzt; wobei jedoch immer dem
Wohlklang ein Antheil an der Entscheidung zukommt.

Beisp. Mem. 1, 6, 14 τοὺς θησαυροὺς τῶν πάλαι σοφῶν, οὓς ἐκεῖνοι κατέλιπον (uns hinterlassen haben) ἐν βιβλίοις γράψαντες, διέρ-
χομαι. Anab. 3, 1, 4 Πρόξενος αὐτὸν μετεπέμψατο (hatte ihn kommen
lassen). Thuc. 4, 17 (Anfang der Rede; vgl. 1, 73.) ἔπεμψαν ἡμᾶς
Λακεδαιμόνιοι, περὶ τῶν ἐν τῇ νήσῳ ἀνδρῶν πράξοντας, ὅ,τι ἂν πεί-
θωμεν (Konjunktiv, s. §. 139 n. 9.). 7, 77 εἴ τῳ θεῶν ἐπίφθονοι ἐςρα-
τεύσαμεν, ἀποχρώντως ἤδη τετιμωρήμεθα. 4, 92 ἡμεῖς νικήσαν-
τες πολλὴν ἄδειαν τῇ Βοιωτίᾳ μέχρι τοῦδε κατεςήσαμεν. — Ebenso
bei Dichtern, z. B. Od. α, 170 τίς, πόθεν εἰς ἀνδρῶν, ὁπποίης δ' ἐπὶ
νηὸς ἀφίκεο. 182 νῦν δ' ὧδε ξὺν νηῒ κατήλυθον u. s. f.

Anm. 1. Die schwerfällige Form des Plusquamperfekts wird
gern vermieden, und namentlich wird man bemerken, daß in der Erzählung
in Nebensätzen mit einer temporalen Konjunktion (wie ἐπεί, ἐπειδή,
ὡς ꝛc.), wo also die Zeitbeziehung schon hinlänglich aus dem Zusammenhang
erhellt, sehr gewöhnlich der Aorist, und wo Dauer oder Wiederholung zu
bezeichnen ist, sogar das Imperfekt die Stelle unsrs Plusq. vertritt.
(S. Krüger zu An. 1, 1, 6.) Thuc. 7. in. Γύλιππος καὶ Πυθὴν, ἐπεὶ ἐπε-
σκεύασαν τὰς ναῦς, παρέπλευσαν ἐς Λοκρούς. Cyr. 6, 2, 21 ἐπεὶ δὲ
ταῦτα εἶπεν ὁ Κῦρος, ἀνέςη Χρυσάντας. Ebenso in Relativsätzen, z. B.
das Imperf.: Thuc. 4, 24 οἱ Συρακόσιοι τὸ ἄλλο ναυτικὸν, ὃ παρε-
σκευάζοντο (4, 1, 4), προσκομίσαντες τὸν πόλεμον ἐποιοῦντο. cf. An.
1, 10, 1. 2, 1, 6 ꝛc. Seltner geschieht es in unabhängigen Sätzen z. B.
Cyr. 5, 1. in. ὁ ἀνὴρ αὐτῆς πρεσβεύων ᾤχετο· ἔπεμψε δὲ αὐτὸν ὁ
Ἀσσύριος περὶ συμμαχίας. — Nur bei Homer und Herodot finden sich
viel Plusquamperfekte. Homer nehmlich gebraucht von einer gewissen An=
zahl Verba das Plusquamp. häufig in ganz aoristischer Bedeutung, z. B.
Jl. ε, 696 τὸν δ' ἔλιπε ψυχή, κατὰ δ' ὀφθαλμῶν κέχυτ' ἀχλύς. So ἐβε-
βήκει, βεβλήκει (s. anom. βαίνω, βάλλω), δειδέχατο, ἐλήλιχτο, ὀρωρέχατο,
πεπόνητο, ἐλήλατο. Und Herodot, dessen Erzählungsweise noch der der
Epiker am nächsten steht, indem er gern wie diese die Sätze mehr bei= als
unterordnet, bedient sich deshalb auch des Plusq. häufiger als die att. Prosa.
Z. B. 1, 84 αὐτός τε ἀναβεβήκεε καὶ κατ' αὐτὸν ἄλλοι Περσέων ἀνέ-
βαινον. οὕτω δὴ Σάρδιες ἡλώκεσαν καὶ πᾶν τὸ ἄςυ ἐπορθέετο. cf.
8, 38. 114 und öfter.

Anm. 1a. Der aus der lat. Grammatik bekannte Gebrauch der Präterita im Briefstil (misi, dedi litteras Zumpt §. 503) findet auch im Griech.
statt, und zwar abwechselnd mit dem Perf. und Aorist; z. B. Plat. Ep. 12
τὰ παρ' ἐμοὶ ὑπομνήματα, ὡς ἔχει, ἀπέςαλκά σοι. Dem. Ep. 3 περὶ ὧν
νῦν ἐπέςαλκα, βούλομαι etc. Thuc. 1, 129 μετ' Ἀρταβάζου, ὅν σοι
ἔπεμψα, πρᾶσσε θαρσῶν etc. Vgl. NT. Gramm. p. 171.

4. Mit dem Begriff der Gleichzeitigkeit verbindet sich sehr
natürlich auch der der Dauer, indem das Gleichzeitige, weil es
geschieht während etwas andres geschieht, als etwas Dauerndes
aufgefaßt wird, wenn die Handlung auch nur den Zeitraum ei=
nes Momentes erfordert. Z. B. alles schlief, da ertönte ein Ge=
schrei; oder: ich that eben meinen Mund auf, ihn zu rufen, da

trat er herein. Hieraus entsteht ein zweiter Sprachgebrauch, ver=
möge deffen, außer der Zeitbeziehung, mit dem Imperfekt der
Begriff der Dauer, und, im Gegensatz deffelben, mit dem Aorist
der des Momentanen sich verbindet. — Daher wird das Imper=
fekt überall gebraucht, wo in der Vergangenheit ein Pflegen, oder
etwas das häufig geschah (verschieden vom Aorist, Anm. 5), dar=
gestellt werden soll.

Beisp. Anab. 5, 4, 24 τοὺς μὲν οὖν πελτασὰς ἐδέξαντο οἱ βάρβαροι (momentan) καὶ ἐμάχοντο (fortdauernd); ἐπεὶ δὲ ἐγγὺς ἦσαν οἱ
ὁπλῖται (natürliches Imperf.) ἐτράποντο (momentan); καὶ οἱ πελτασαὶ
εὐθὺς εἵποντο (fortdauernd). — In dem Beispiel oben 2. heißt es weiter
ὁ κύων ἐξέδραμε, καὶ καθυλάκτει αὐτούς, um das anhaltende Anbellen
zu bezeichnen. — Athen. p. 412 Μίλων ὁ Κροτωνιάτης ἤσθιε (pflegte zu
effen) μνᾶς κρεῶν εἴκοσι. Ael. V. Hist. 1, 25 Ἀλέξανδρος Φωκίωνι μόνῳ
τῷ ςρατηγῷ γράφων προσετίθει τὸ χαίρειν.

5. Obgleich der Unterschied zwischen dem Dauernden und Mo=
mentanen ebenso gut auch in der Gegenwart und Zukunft stattfin=
det, so hat doch die Sprache zu diesem Zweck im Indikativ keine
doppelte Form. Aber in den abhängigen Modis (d. h. im Konj.,
Opt., Imper. und Infin.) kann die griechische beides immer unter=
scheiden. Von diesen haben nehmlich nur
die Modi des Perfekts und Futurs
die Zeitbeziehungen ihrer Indikative. Dahingegen bezeichnen
die Modi des Präsens und Aorists
durchaus keine Zeit *). So entsteht eine doppelte, in Hinsicht
der Zeitbeziehung nunmehr gleichgültige Form: τύπτειν oder
τύψαι, φιλῇς oder φιλήσῃς rc., welche die griechische Sprache da=
hin benutzt, daß sie sich der Modi des Präsens bedient, um
eine dauernde, der Modi des Aorists, um eine momentane
Handlung zu bezeichnen. Hiebei ist jedoch zu bemerken, daß dieser
Unterschied vielfältig bloß von der Ansicht des Schriftstellers ab=
hängt, und daß daher an unzähligen Stellen es wirklich gleichgültig
ist, ob λέγειν oder λέξαι, λέγε oder λέξον steht, ohne daß dadurch

*) Doch haben die Modi des Aorists zuweilen auch die Bedeutung
der Vergangenheit, wie der Konj.: Arist. Ran. 1415 τὸν ἕτερον λαβὼν
ἄπει, ἵν᾽ ἔλθῃς μὴ μάτην, damit du nicht vergebens hergekommen
seiest; der Opt.: Il. ε, 311 καί νύ κεν ἔνθ᾽ ἀπόλοιτο Αἰνείας, εἰ μὴ
ἄρ᾽ ὀξὺ νόησε — Ἀφροδίτη (f. S. 435 Note). cf. Her. 9, 71 (ταῦτα φθόνῳ
ἂν εἴποιεν), App. 3, 88 rc. So vertritt in abhängigen, bef. Relativ= und Aus=
sage=Sätzen der Optativ Aoristi die ungangbare Form des Opt. Perf., in der=
felben Weise wie nach Anm. 1. der Indik. Aor. fürs Plusq. steht. Z. B.
Cyr. 1, 4, 10 Κῦρος ἐδίδου τὰ θηρία τῷ πάππῳ καὶ ἔλεγεν, ὅτι αὐτὸς
ταῦτα θηράσειεν ἐκείνῳ. ib. 4, 4, in. Κῦρος ἐπυνθάνετο, εἰ σω-
θεῖεν πάντες, καὶ ὁπόσην ὁδὸν διήλασαν. οἱ δ᾽ ἔλεγον ὅτι πολλὴν
διελάσειαν cet. cf. Hell. 1, 3, 19. Ages. 1, 10. Hier. 7, 11 οὐδεὶς ἑκὼν
εἶναι (§. 150 n. 38) τυραννίδος ἀφεῖτο, ὅσπερ ἅπαξ κτήσαιτο. Auch
der Infinitiv ist öfter so zu erklären, wie Anab. 3, 1, 5 ὁ Σωκράτης ὑπο-
πτεύσας, μή τι πρὸς τῆς πόλεώς οἱ ἐπαίτιον εἴη Κύρῳ φίλον γενέσθαι, συμβουλεύει τῷ Ξενοφῶντι cet. — Vom conj. aor. mit ἄν und
vom opt. aor. für das lat. fut. exact. f. §.139 n. 16.

der Unterschied im ganzen an seiner Wahrheit etwas verlöre. S. wegen des Infin. und Optativs noch besonders §. 141 A. 2.

Beisp. Dem. Phil. 1. p. 44 πρῶτον μὲν τριήρεις πεντήκοντα παρασκευάσασθαί φημι δεῖν, εἶτ᾿ αὐτοὺς οὕτω τὰς γνώμας ἔχειν —; die Kriegsschiffe will D. sofort ausgerüstet haben, die Stimmung aber (γνώμας ἔχειν) ist etwas dauerndes. Und nachher (p. 45) ἵν᾿ ἢ διὰ τὸν φόβον — ἡσυχίαν ἔχῃ (dauernd), ἢ παριδὼν ταῦτα ἀφύλακτος ληφθῇ (momentan). — Ebenso beim Imperat. (p. 44) ἐπειδὰν ἅπαντα ἀκούσητε, κρίνατε (momentan), καὶ μὴ πρότερον προλαμβάνετε (weil der Redner annimmt, daß das Bilden einer vorgefaßten Meinung allmählich vor sich geht.

Anm. 2. Auch eine lange dauernde Handlung kann in den abhängigen Modis im Aorist stehen, wenn nehmlich die endliche Vollendung nicht nur mitgedacht, sondern als Zweck mit gedacht ist. Z. B. Pl. Crit. 15 τῶν παίδων ἕνεκα βούλει ζῆν, ἵνα αὐτοὺς ἐκθρέψῃς καὶ παιδεύσῃς. Alc. I. p. 111 οἱ πολλοὶ οὐχ ἱκανοί εἰσι τοῦτο διδάξαι.

6. **Die Participia haben immer die Zeitbeziehung ihrer Indikative.** Insbesondere hat das Particip des Aorists die Bedeutung der Vergangenheit und abgeschlossenen Vollendung, sowohl wenn es substantivisch oder adjektivisch steht, als besonders in den eigentlichen Participialkonstructionen. Das Particip des Präsens hingegen bezeichnet entweder eine gegenwärtig noch geschehende, unvollendete, oder in der Erzählung vergangener Thatsachen eine gleichzeitige Handlung, umfaßt also die Relationen des Präsens und des Imperfekts, wie das Part. Perf. die des Perf. und Plusquamperfekts. Vgl. §. 141 A. 2.

Beisp. Thuc. 6, 75 οἱ Συρακόσιοι τοὺς Ἀθηναίους εἰδότες ἐν τῇ Νάξῳ χειμάζοντας, ἐστράτευσαν πανδημεὶ ἐπὶ τὴν Κατάνην καὶ τὸ στρατόπεδον ἐμπρήσαντες ἀνεχώρησαν ἐπ᾿ οἴκου. 4, 26 ἐπώκελλον τὰ πλοῖα τετιμημένα χρημάτων da sie abgeschätzt waren. S. noch §. 145, 2.

Anm. 3. Analog dem in 3. Gesagten geht das Part. des Aorists zum Theil ganz ins Part. Perf. über, z. B. ἀποβαλών der verloren hat und jetzt nicht mehr besitzt, μαθών der gelernt hat, weiß, θανών, τελευτήσας gestorben, todt, οἱ πεσόντες die Gefallenen, Todten. So sagt Demosthenes (Mid. p. 576) „von einer Rede voll treffender Vorwürfe ist der wahre Verfasser ὁ παρεσχηκὼς τὰ ἔργα, οὐχ ὁ ἐσκεμμένος οὐδ᾿ ὁ μεριμνήσας τὰ δίκαια λέγειν d. h. der welcher die Thaten dazu hergegeben, nicht der, welcher sich wohl vorbereitet und Sorge getragen hat zu sagen was recht ist." Also μεριμνήσας ganz parallel mit den Perfekten, um das minder gefällige μεμεριμνηκώς zu vermeiden.

Anm. 4. In allen bisherigen ist hauptsächlich vom attischen Sprachgebrauch die Rede. Im Homer ist der nachherige Aorist, wie so vieles andre, gleichsam noch im Entstehn, und namentlich läßt sich das Imperfekt bei ihm noch häufig vom Aorist nicht trennen *). — Auch im Herodot

---

*) Zur Begründung mögen dienen: Jl. α, 437. 438. 465. β, 43—45. Denn es wäre widersinnig anzunehmen, daß das Aussteigen der Schiffsleute, das Zerhacken des Fleisches, das Umwerfen des großen Mantels der Seele des Dichters als dauernde, Zeit erfordernde Handlungen erscheinen sollten, während das Herausführen der (vielen) Opferthiere, das Anstecken der (vielen) Stücke Fleisch an die Spieße, das Umgürten des

wird noch häufig das Imperfekt, für unſer Gefühl wenigſtens, als Aoriſt
d. h. in der Erzählung momentaner Ereigniſſe gebraucht, deren Gleichzeitigkeit
mit andern Ereigniſſen nicht nothwendig in dem Zuſammenhang begründet
iſt, z. B. 3, 28 ἐκάλεε, ἐκέλευε*) und vielfältig auch ἠρώτα, ἀμείβετο 1, 31.
35. 36 ꝛc.

Anm. 4a. Da die Vorſtellung des Momentanen das weſentlichſte
Merkmal des griech. Aoriſts (im Gegenſatz zum Imperf.) ausmacht, ſo dient
er insbeſondre bei ſolchen Verbalbegriffen, deren Präſens eine d a u e r n d e
Thätigkeit oder Zuſtand bedeutet, oft dazu, um d a s E i n t r e t e n, d e n A n-
f a n g dieſer Thätigkeit ꝛc. auszudrücken. So heißt ποθῶ, ἐπόθουν ich
trage, trug Verlangen, ἐπόθησα das Verlangen ergriff mich; ἔχω habe,
ἔσχον erhielt; ἀσθενῶ bin krank, ἠσθένησα fiel in Krankheit u. ſ. f. — Dies
auf die Verba, die irgend eine a m t l i c h e Thätigkeit bezeichnen, angewandt, heißt alſo ἐβασίλευσα, ἐτυράννησα nur: w u r d e König, Tyrann;
z. B. X. Hell. 2, 2, 24 ὁ ἐνιαυτὸς ἐν ᾧ μεσοῦντι Διονύσιος ἐτυράν-
ν η σ ε. Thuc. 2, 15 ἐπειδὴ Θησεὺς ἐβασίλευσε, τά τε ἄλλα διεκόσμησε
τὴν χώραν καί etc.; und ebenſo im Part. und Inf.: ἄρξας ἐποίει zur
Herrſchaft gelangt (Mem. 2, 6, 25), βουλεύσας Senator geworden (ib. 1,
1, 18), στρατηγήσας Feldherr geworden; daher στρατηγῆσαι ἐπιθυμῶν F. werden wollend (Thuc. 6, 15), πρὶν ἄρξαι αὐτόν Xen. ꝛc.
S. Schneid. zu Isocr. 9, 39. Kühner zu Memor. 1, 1, 18.

Anm. 5. Wenn außer der Erzählung ein P f l e g e n, oder eine
gewöhnliche Erſcheinung in der Welt erwähnt wird, ſo ſteht anſtatt des
Präſens, womit in andern Sprachen und auch im Griechiſchen dieſes ausgedrückt wird, durch einen beſondern Gräcismus häufig der A o r i ſt (aoristus
gnomicus), jedoch mit dem Unterſchiede, daß der Aoriſt außerdem das M o-
m e n t a n e der Handlung im Gegenſatz zur d a u e r n d e n des Präſens bezeichnet**); z. B. Dem. Ol. p. 20 μικρὸν πταῖσμα ἀνεχαίτισε καὶ διέ-
λυσε πάντα „ein kleines Verſehn zerrüttet und vernichtet oft alles wieder",
d. h. ſolche Vorgänge liegen bereits thatſächlich vor und können ſich zu a l l e n
Z e i t e n wiederholen. Mid. p. 537 οὐ γὰρ ἡ πληγὴ παρέστησε (bewirkt)
τὴν ὀργήν, ἀλλ᾽ ἡ ἀτιμία· οὐδὲ τὸ τύπτεσθαι — ἐςὶ δεινόν, ἀλλὰ τὸ
ἐφ᾽ ὕβρει sc. τύπτεσθαι. cf. Eur. Tro. 691. Is. Paneg. p. 50 αἱ μὲν ἄλλαι
πανηγύρεις διὰ πολλοῦ χρόνου συλλεγεῖσαι ταχέως διελύθησαν, ἡ δὲ
ἡμετέρα πόλις ἅπαντα τὸν αἰῶνα πανηγυρίς ἐσιν. S. auch d. Beiſp.
Cyr. 3, 1, 20 in §. 139 n. 18. Daher ſo oft in den homeriſchen Gleichniſſen, z. B. Jl. δ, 275 ὡς δ᾽ ὅτ᾽ ἀπὸ σκοπιῆς εἶδεν νέφος αἰπόλος
ἀνήρ, ῥίγησέν τε ἰδών cet. γ, 33. ꝛc. (Vgl. §. 139 n. 38.). — Der abhängige Modus in Nebenſätzen iſt dann, da ein ſolcher Aoriſt die Geltung eines Haupttempus hat, nicht der Opt. ſondern der Konjunktiv

Schwertes in demſelben Gedanken momentan wären. Und noch entſchei-
bender iſt λεῖπε β, 107. vgl. 106. Indeſſen iſt auch wiederum nicht zu ver-
kennen, daß ein großer Theil der Imperfekte bei Homer eine fortgeſetzte
wiederholte oder gleichzeitige Handlung bezeichnet, insbeſondre aber dazu
dient, in der Schilderung inhaltreicher Begebenheiten d a s G e m ü t h d e s
H ö r e n d e n b e i d e n e i n z e l n e n Vorgängen länger verweilen zu
l a ſ ſ e n. Auch wird man die umgekehrte Verwechſelung, das heißt einen
Aoriſt bei nothwendiger Gleichzeitigkeit oder Wiederholung, nicht leicht
im Homer finden.

*) Von einigen verbis dicendi, namentlich κελεύειν und λέγειν,
ſcheint das Impf. auch von Attikern mit Vorliebe ſtatt des Aoriſts gebraucht
worden zu ſein: ſ. z. B. An. 2, 5, 3. 7, 1, 13. Poppo zu Thuc. 1, 72.

**) S. die Abhandlung von Moller über „den gnomiſchen Aoriſt" im
Philol. 8. Jahrg. 1. und vgl. die NT. Gramm. §. 137, 8.

(vgl. §. 139 n. 9), z. B. Jl. α, 218 ὅς κε θεοῖς ἐπιπείθηται, μάλα τ᾽ ἔκλυον αὐτοῦ (denn ἔκλυον ist Aorist, f. §. 114). Dem. p. 461 οἱ τύραννοι πλούσιον, ὃν ἂν βούλωνται, παραχρῆμ᾽ ἐποίησαν, — παρὰ δ᾽ ὑμῖν ἀδεῶς, ἃ ἂν λάβῃ τις, ἔχειν ὑπῆρξεν. cf. Isocr. 7, 11. Eur. Med. 244.

Anm. 6. Noch ein Fall, wo der Aorist statt des Präsens zu stehn scheint, ist der Indic. Aor. nach der Frage τί οὖ, z. B. τί οὐκ ἐποιήσαμεν; wörtlich: warum haben wir dies nicht gethan? d. h. laßt uns das thun; τί οὐκ ἔφρασας; d. h. sage mir gleich. Auch das Präsens steht zuweilen Mem. 3, 1, 10 τί οὖν οὐ σκοποῦμεν; Hell. 4, 1, 11 τί οὖν οὐ πυνθάνῃ; S. Heind. ad Plat. Charm. 5. — Eine ähnliche, besonders den Attikern eigene Umschreibung des Imperativs ist die mit dem negativ fragenden Indik. Futuri, z. B. οὐ παραμενεῖς; warte, Ar. Plut. 440., οὐκ ἀφήσεις με; laß mich los, Vesp. 450.; daher in der negativen Aufforderung (nach §. 148, 3) noch μή hinzutritt: Ran. 202 οὐ μὴ φλυαρήσεις; schwatze nicht. Pl. Symp. p. 175 οὐκ οὖν καλεῖς αὐτὸν καὶ μὴ ἀφήσεις; laß ihn nicht los. Soph. Aj. 75 οὐ σῖγ᾽ ἀνέξει, μηδὲ δειλίαν ἀρεῖς; Trach. 1183. 978. Eur. Med. 1149 οὐ μὴ δυσμενὴς ἔσει φίλοις, παύσει δὲ θυμοῦ καὶ πάλιν στρέψεις κάρα; Hippol. 500. 601. Andr. 757.

Anm. 7. Eine große Freiheit in der Wahl der Tempusformen gewannen die Griechen noch dadurch, daß sie in der Erzählung überall wieder das Präsens anbringen konnten, wo die wahre Zeit aus dem Zusammenhang erhellet; und zwar nicht bloß das auch in andern Sprachen gebräuchliche Praesens historicum, womit der größern Lebhaftigkeit wegen ganze Abschnitte durchgeführt werden; sondern mitten in einer Verbindung; Anab. 1, 7, 16 wird erzählt, daß das Heer des Cyrus an einen Graben kam; dann folgt sogleich ταύτην δὲ τὴν τάφρον βασιλεὺς μέγας ποιεῖ ἀντὶ ἐρύματος, ἐπειδὴ πυνθάνεται Κῦρον προσελαύνοντα. Jede andere Sprache müßte hier nothwendig zweimal das Plusquamp. setzen. cf. Thuc. 2, 101 (τὸν δὲ Σεύθην etc.).

Anm. 8. Einige Verba gibt es, die schon im Präsens selbst eine Perfektbedeutung in sich schließen, wodurch dann das Imperf. das Ansehn des Plusquamp. bekommt. Hieher gehören besonders ἥκω bin gekommen, bin da, οἴχομαι bin gegangen, bin fort; ferner alle Verba, die ein Hören und Erfahren bedeuten (ἀκούω, πυνθάνομαι, μανθάνω, αἰσθάνομαι), bei denen wir uns gemeiniglich des Perfekts bedienen. Z. B. Plat. Crit. in. ἄρτι ἥκεις ἢ πάλαι; Thuc. 5, 59 ἵπποι αὐτοῖς οὐ παρῆσαν· οὐ γάρ πω — ἧκον. An. 4, 6, 17 τῶν ἡγεμόνων πυνθάνομαι, ὅτι οὐκ ἄβατόν ἐστι τὸ ὄρος. Dem. Phil. 1. p. 46 συμπλεῖν κελεύω, ὅτι καὶ πρότερόν ποτ᾽ ἀκούω ξενικὸν τρέφειν ἐν Κορίνθῳ τὴν πόλιν. Cyr. 5, 4, 11 τὸ μὲν ἐπ᾽ ἐμοί, οἴχομαι (perii), τὸ δ᾽ ἐπὶ σοί, σέσωσμαι d. h. du allein hast mich gerettet. — Ferner haben τίκτειν, τεκνοῦν, γεννᾶν τινα außer der Bedeutung gebären, zeugen, bei Dichtern auch die: Vater, Mutter von jemand sein; daher ihre Präsentia oft ganz als Perfekta zu fassen sind; z. B. πολλοῦ σε θνητοῖς ἄξιον τίκτει πατήρ. Anthol. 4, 83 νᾶσος ἐμὰ θρέπτειρα Τύρος· πάτρα δέ με τεκνοῖ Ἀτθίς. — Ueber θνήσκειν in der Beb. tobt sein (S. OT. 118. Eur. Hec. 695 al.) s. Jac. zu Anth. P. p. 265.

Anm. 9. Einzelne Besonderheiten des griechischen Sprachgebrauchs sind noch: das Imperf. mit nach- oder vorgestelltem ἄρα, besonders in der Formel ἦν ἄρα, ἆρ᾽ ἦσθα ꝛc., für unser Präsens, als Ausdruck der Ueberraschung, Verzweiflung, Dio C. 47, 49), Verwunderung ꝛc. z. B. Eur. Hipp. 359 Κύπρις οὐκ ἄρ᾽ ἦν θεός. Ar. Av. 230. Soph. Phil. 978 οἴμοι, ἀπόλωλ᾽· ὅδ᾽ ἦν ἄρα ὁ ξυλλαβών με κἀπονοσφίσας ὅπλων, d. h. er war es und ist es noch, ich merkte es aber nicht (s. mehr Beispiele bei Heind. zu Phaedo. 35); — ferner gewisse Aoriste erster Person, wie ἤσθην, ἐπηνεσα, ἀπέπτυσα, statt des Präsens, die entschiedene Empfindung oder Stimmung bei einer Handlung auszudrücken, häufig im szenischen Dialog, z. B. Soph. Aj. 536 ἐπήνεσ᾽ ἔργον καὶ πρόνοιαν ἣν ἔθου. Vgl. Soph. Phil. 1289. 1314. Herm. zu Vig. 162. Wegen des·epischen ἔπλετο f. Anom. πέλω.

Anm. 10. Daraus daß Praes. und Imperf. immer in der Dauer, also ohne Vollendung sind, fließt der Gebrauch, daß mehre Verba, deren Vollendung eigentlich nur durch den Zutritt des andern statt findet, wie geben durch das annehmen, wegschicken durch das weggehn, in jenen Temporibus auch von der bloß einseitigen Handlung oder, wie man dies auszudrücken pflegt, de conatu, vom Vorhaben gebraucht werden. Z. B. Herod. 7, 221 Λεωνίδης φανερὸς ἔςι τὸν μάντιν ἀποπέμπων, ἵνα μὴ συναπόληταί σφι· ὁ δὲ ἀποπεμπόμενος αὐτὸς μὲν οὐκ ἀπελίπετο (verließ ihn nicht), τὸν δὲ παῖδα ἀπέπεμψε. 3, 81 τὰ μὲν Ὀτάνης εἶπε, τυραννίδα παύων, λελέχθω κἀμοὶ ταῦτα. Eur. IT. 350 ὥστε μόσχον Δαναΐδαι χειρούμενοί μ᾽ ἔσφαζον. So ist δίδωσι, ἐδίδου oft nur durch anbieten zu übersetzen; πείθει genau nur suadet, nicht persuadet, κτείνει, φονεύει, ἐκβάλλει bes. bei Tragikern. S. die Beispiele im Index zu Demosth. Mid. unter Praesens.

Anm. 10a. Der Gebrauch daß, namentlich im ungezwungenen Gesprächston, das Präsens als allgemeinste Tempusform fürs Futur eintritt, ist eine allgemein-sprachliche Erscheinung. Zur festen Norm gestaltete er sich, wie bereits §. 108 bemerkt, beim Präs. εἶμι; aber auch sinnverwandte Präsentia, wie ἔρχομαι, πορεύομαι werden so gebraucht, und ebenso γίγνεσθαι, dessen Begriff werden die Futurbed. schon in sich schließt. Vgl. hiezu die NT. Gr. p. 176 f.

Anm. 11. Zur Umschreibung fürs Futur dient μέλλειν mit dem Infinitiv, doch mit dem Unterschied, daß das Futur die Handlung unbestimmt in die Zukunft setzt, die Umschreibung aber den Zeitpunkt feststellt, von dem aus die Handlung als zukünftig gedacht wird; also ποιήσω einfach: ich werde thun, faciam: μέλλω ποιεῖν ich bin (jetzt) einer der thun wird, ἔμελλον ποιεῖν ich war (damals) einer der thun wollte, facturus sum. eram. Der Unterschied zwischen dem Präsens und Aorist des beigefügten Infinitivs liegt wieder in der Dauer und dem Momentanen der Handlung; in der Regel wird jedoch, und in der guten Prosa fast ausnahmslos (Tho. Mag. s. v.), nach §. 140, 1, b. durch eine Art Pleonasmus der Infinitiv des Futurs gesetzt: z. B. Cyr. 1, 6, 17 δεῖ ςρατιὰν, εἰ μέλλει πράξειν τὰ δέοντα, μηδέποτε παύεσθαι τοῖς πολεμίοις κακὰ πορσύνουσαν. Phaedr. p. 260 τῷ μέλλοντι ῥήτορι ἔσεσθαι τὰ δίκαια μανθάνειν ἀνάγκη. Daher τὸ μέλλον ἔσεσθαι schlechtweg: die Zukunft*). — Ueber die Umschreibung des Fut. durch εἶμι, ἔρχομαι f. §. 144 A. 17.

Anm. 12. (11.) Das Perfekt hat auch einen Konj. und Opt. und das Futur einen Opt., welche auch wirklich gebraucht werden, wenn das Aussageverhältnis dieser Modi mit jenen Zeitbestimmungen zusammentrifft,

---

*) Dies Verbum hat sonst auch den Nebenbegriff des Bestimmtsein, Sollen, Können, wie ἃ ἤμελλον πάσχειν was ich erdulden sollte. Insbesondre bei Homer, der es nur sehr selten in rein zeitlicher Beziehung gebraucht (Jl. ζ, 515. κ, 454. Od. χ, 9), wird es von den alten Auslegern in der Regel durch ἔοικε, es läßt sich erwarten (nach muthmaßlicher Folgerung) oder ὑποκείμενον ἦν es war bestimmt (seis nach des Schicksals Willen, oder nach menschlicher Anordnung, oft mit dem Aorist) erklärt. S. z. B. Jl. κ, 326. λ, 817. 700. π, 46. β, 36. 116. Od. δ, 181. ι, 475 ꝛc. und vgl. Nitzsch zu Od. α, 232. Lehrs Arist. p. 124.

z. B. εἴθε ὁ υἱὸς νενικήκοι hätte er doch gesiegt. Her. 3, 75 ἔλεγε ὅσα ἀγαθὰ Κῦρος Πέρσας πεποιήκοι. Arist. Equ. 1148 ἀναγκάζω αὐτοὺς πάλιν ἐξεμεῖν, ἅττ᾽ ἂν κεκλόφωσί μου. Pl. Rep. p. 337 ταῦτα προΰλεγον, ὅτι σὺ ἀποκρίνεσθαι μὲν οὐκ ἐθελήσοις, εἰρωνεύσοιο δὲ καὶ πάντα μᾶλλον ποιήσοις ἢ ἀποκρινοῖο, εἴ τίς τί σε ἐρωτᾷ. cf. Hellen. 7, 5, 18 und öfter. Da indessen für die meisten dieser Fälle auch die Modi des Präs. und Aor. mit Hülfe des Zusammenhanges hinreichend sind, und auch der Indikativ im sermo obliquus sehr gewöhnlich ist (vgl. §. 139 n. 69), so werden jene Formen im allgemeinen nur gesetzt, wenn die Deutlichkeit besonders dadurch gewinnt. Aber auch dann brauchen die Schriftsteller für den Konj. und Opt. des Perfekts wie im Passiv, so auch im Aktiv lieber die periphrastische Form: πεφιληκὼς ὦ und εἴην, z. B. Hellen. 1, 4, 2 ἔλεγον ὅτι πάντα πεπραγότες εἶεν παρὰ βασιλέως.

Anm. 13. Der Imperativ des Perfekts kommt sowohl im Aktiv wie im Passiv hauptsächlich nur von solchen Verben vor, deren Perfekt Bedeutung des Präsens hat, wie κέκραχθι, κεκράγετε, κεχήνετε (Aristoph.), μέμνησο, ἔρρωσο· τεθνηπέτω, δεδορκέτω (Lucian.); die dritte Person im Perf. Passivi aber, die im allgemeinen häufiger ist, hat einen abschließenden Sinn, z. B. Pl. Rep. p. 503 νῦν δὲ τοῦτο τετολμήσθω εἰπεῖν (es sei gewagt). Arist. Vesp. 1129 πεπειράσθω es sei versucht d. h. versuche es nur; τοῦτο εἰρήσθω μοι oft bei Plato u. a.

§. 138.　Futurum 3.　(125)

1. Das Futurum 3. ist eigentlich, wie der Form so auch der Bedeutung nach, aus dem Perfekt und dem Futur zusammengesetzt: es versetzt das völlig vergangene und vollendete in die Zukunft, oder anticipirt eine zukünftige Handlung als vollendet; wenn aber das Perfekt einen in der Gegenwart fortdauernden Zustand bedeutet, wie ἐγγέγραμμαι ich bin eingeschrieben, d. h. stehe auf der Liste, so bleibt dies auch in diesem Futur.

Beisp. Pl. Rep. p. 506 ἡ πολιτεία τελέως κεκοσμήσεται, ἐὰν ὁ τοιοῦτος αὐτὴν ἐπισκοπῇ φύλαξ, wird vollkommen eingerichtet sein (adornata erit, nicht adornabitur). Arist. Nub. 1436 μάτην ἐμοὶ κεκλαύσεται, werde umsonst geweint haben. id. Eq. 1371 οὐδεὶς κατὰ σπουδὰς μετεγγραφήσεται, ἀλλ᾽, ὥσπερ ἦν τὸ πρῶτον, ἐγγεγράψεται, keiner wird nach Gunst umgeschrieben werden, sondern so wie er war wird er eingeschrieben bleiben.

2. Daher ist dies das eigentliche Futur solcher Perfekte, die eine eigene Bedeutung bekommen, welche sich als Präsens fassen läßt, wie λέλειπται es ist übrig, λελείψεται es wird übrig sein (λειφθήσεται es wird zurückgelassen werden); κέκτημαι besitze, μέμνημαι gedenke, κεκτήσομαι, μεμνήσομαι.

3. Außerdem aber brauchen die Attiker von mehren Verbis im Passiv das Fut. 3. als einfaches Fut. Passiv. Dies ist namentlich der Fall bei den Verbis δέω und πιπράσκω (s. anom.). Bei andern wechselt dies Futur mit dem gewöhnlichen Fut. Pass. zu gleicher Bedeutung ab, wie κεκόψομαι (s. reg. Verz.), βεβλήσομαι, λελέξομαι, εἰρήσομαι u. a. — Wegen πεπαύσομαι für παύσομαι (Soph.) s. anom. παύω.

Anm. Zuweilen hat das Fut. 3., namentlich bei den dramatischen Dichtern, einen eignen Nachdruck, und zwar entweder 1) es soll, ich will; z. B. Soph. Aj. 1141 wird auf des Menelaos Rede, ἕν σοι φράσω· τόνδ' ἐςὶν οὐχὶ θαπτέον geantwortet: σὺ δ' ἀντακούσει τοῦτον ὡς τεθάψεται (vgl. §. 151, I, 6), wo das gewöhnliche ταφήσεται lange nicht so kraftvoll gewesen wäre; 2) eine Beschleunigung, z. B. φράζε, καὶ πεπράξεται (Arist. Plut. 1027 cf. 1200) sage es, und es soll sogleich ausgeführt werden. Und auf solche Stellen scheint die alte Benennung dieses Futurs als Paulopostfuturum sich zu gründen.

4. Das Aktiv entbehrt einer besondern Form des fut. exacti, und hilft sich für den Indik., (Optat.) und Infin. mit der natürlichen Umschreibung: πεφιληκὼς ἔσομαι, (ἐσοίμην), ἔσεσθαι, welche auch im Passiv stattfindet, wenn kein fut. 3. gebildet werden kann (§. 99). Vom Konjunktiv (mit ἄν) und Opt. Aor. als stellvertretend für fut. ex. in Nebensätzen s. §. 139 n. 16.

Beisp. Dem. Ol. p. 30 θεάσασθε ὃν τρόπον ὑμεῖς ἐςρατηγηκότες πάντα ἔσεσθε ὑπὲρ Φιλίππου. cf. p. 13, 10. Hell. 7, 5, 24 Ἐπαμινώνδας ἐνόμιζεν ὅλον τὸ ἀντίπαλον νενικηκὼς ἔσεσθαι. Dem. p. 1452 τὰ δεδογμένα νῦν ὑμεῖς ἔσεσθ' ᾑρημένοι. Hell. 7, 5, 18 ἐνθυμούμενος ὅτι λελυμασμένος ἔσοιτο τῇ ἑαυτοῦ δόξῃ.

§. 139. Von den Modis. (126)

1. Der Indikativ als Modus der faktischen Gewißheit, der Imperativ als Modus des Befehlens stimmen im wesentlichen mit dem Gebrauche anderer Sprachen überein. In das bedingte oder abhängige Aussageverhältnis aber (den lat. Konjunktiv) theilen sich zwei Modi, Konjunktiv und Optativ. Ihr wesentlichster Unterschied ist der, daß der Konjunktiv ein Aussageverhältnis bezeichnet, worüber die Erfahrung zu entscheiden hat, inwiefern die Aussage Gültigkeit habe oder nicht; der Optativ hingegen anzeigt, daß die Aussage als eine bloß vorgestellte, gedachte, subjektive zu fassen sei, welche zunächst gänzlich davon absieht, ob die Erfahrung sie bestätigen wird oder nicht.

Anm. 1. Obgleich Konjunktiv und Optativ ihrer Natur nach nur in abhängigen Sätzen stehen sollten, so gibt es doch bestimmte Fälle, wo sie auch in einfachen Sätzen gebraucht werden. Diese schicken wir voraus, ehe wir vom Gebrauch dieser Modi in abhängigen Sätzen handeln. Es steht nehmlich

I. der Konjunktiv in einfachen Sätzen   2

1) als Ausdruck des Zweifelns und Ueberlegens (conjunct. dubitativus oder deliberativus) fast nur in der ersten Person Sing. und Plur. Solche Sätze sind ihrer Natur nach als abhängige zu denken, indem βούλει, θέλεις, οὐκ οἶδα entweder dabeistehn oder zu ergänzen sind: z. B. πόθεν βούλει ἄρξωμαι; wovon soll ich anfangen? βούλει οὖν σκοπῶμεν; Anacr. τί σοι θέλεις ποιήσω; (conj. aor.) — oder ohne solche Verba: εἴπω οὖν σοι τὸ αἴτιον; soll ich dir die Ursach sagen? Plat. Theaet. 17. νῦν ἀκούσω αὖθις; Luc. DM. 30, 1. τί ποιῶ; πῇ βῶ; ποῖ τράπωμαι; Eur. Hec. 1056 sqq. εἴπωμεν ἢ σιγῶμεν, ἢ τί δράσομεν; Ion. 758. Möglich ist dieser Konjunktiv auch in der dritten Person, z. B. Dem. Mid. p. 525 ὁ τοιοῦτος πότερα μὴ δῷ δίκην; Aesch. Ctes. p. 84 οὗτος δὲ ποῖ καταφύγῃ; Soph. OC. 170 ποῖ τις ἔλθῃ; cf. Aj. 403.

2) als Ausdruck der Aufmunterung (Conj. adhortativus), nur in 3 der ersten Person, besonders des Plurals; z. B. ἴωμεν laßt uns gehen,

ἴδωμεν, συμβουλεύωμεν ꝛc. Im Singular steht er gewöhnlich in Verbindung mit einem Imperat. (ἄγε, φέρε) z. B. φέρ᾽ ἴδω Eurip., φέρε δὴ τὰς μαρτυρίας ἀναγνῶ Demosth. cf. Jl. ζ, 340. und so kommt, aber sehr selten, selbst die zweite Person vor: Soph. Phil. 300 φέρ᾽, ὦ τέκνον, νῦν καὶ τὸ τῆς νήσου μάϑης.

4 3) für den Imperativ in der zweiten und dritten Person, aber nur in negativen Aufforderungen mit μή, μηδέ ꝛc., wobei zu bemerken, daß in diesem Falle nur der Conj. Aoristi gebraucht wird (s. §. 148, 3), z. B. μὴ τρέσῃς, zittre nicht; Soph. Ant. 84 ἀλλ᾽ οὖν προμηνύσῃς γε τοῦτο μηδενί. Dem. Phil. p. 114 μηδεὶς εἴπῃ, τί τούτων μέλει τῇ πόλει.

5 4) bei Epikern der Konj. Aoristi häufig fürs Futur, welches dem Konjunktiv überhaupt nah verwandt ist *), insofern das was geschehn wird, doch jedenfalls noch der Erfahrung anheimgestellt bleibt, daher man auch in der Uebersetzung solche Stellen besser nicht direkt durchs Futur gibt; z. B. οὐ γάρ πω τοίους ἴδον ἀνέρας οὐδὲ ἴδωμαι, noch soll ich sie sehen, Jl. α, 262. καί ποτέ τις εἴπῃσι ζ, 459. Auch mit dem Futur zusammen Od. μ, 383 δύσομαι εἰς Ἀΐδαο καὶ ἐν νεκύεσσι φαείνω. π, 437 οὐκ ἔσϑ᾽ οὗτος ἀνήρ, οὐδ᾽ ἔσσεται, οὐδὲ γένηται. Vgl. n. 14 Note.

6 5) Auch in der spätern, besonders attischen Sprache gibt es einen Konjunktiv, der gewissermaßen fürs Futur steht, nehmlich der Konj. nach οὐ μή, zu deutsch etwa: schwerlich, wodurch das Eintreten eines Faktums vom redenden Subjekt in Abrede gestellt wird. Man läßt ihn gemeiniglich von einem ausgelassenen Verbum der Besorgnis abhängen, so daß οὐ den unabhängigen, μή den (ursprünglich) abhängigen Gedanken verneine; indessen thut man besser, solche Sätze, wie den der Bedeutung nach hiemit sehr ähnlichen Optat. mit οὐκ ἄν, nur als bedingte Ausdrucksweisen zu betrachten, und sie als selbständige ohne solche Hülfsmittel, die auch nicht immer passen, aus der Natur des Konjunktivs zu erklären. Vgl. §. 148 A. 4 und 6. Z. B. Soph. Phil. 102 fragt Neopt., warum er gegen Philoktet List anwenden sollte, worauf Ob. antwortet: οὐ μὴ πίϑηται· πρὸς βίαν δ᾽ οὐκ ἂν λάβοις. El. 1029 ἀλλ᾽ οὔποτ᾽ ἐξ ἐμοῦγε μὴ πάϑῃς τόδε. X. Hier. extr. ἐὰν τοὺς φίλους κρατῇς εὖ ποιῶν, οὐ μή σοι δύνωνται ἀντέχειν οἱ πολέμιοι dann möchten bir die Feinde schwerlich widerstehen können. cf. Dem. p. 130. Pl. Phileb. 48 d. ꝛc. — Statt des Konjunkt. steht nach denselben Partikeln und in demselben Sinne, nur energischer, das Futurum Indik., z. B. Ar. Ran. 508 μὰ τὸν Ἀπόλλω, οὐ μή σ᾽ ἐγὼ περιόψομαι ἀπελϑόντα ich werde bich wahrlich nicht weggehen lassen. Aesch. Ctes. p. 79, 12 τοὺς πονηροὺς οὐ μή ποτε βελτίους ποιήσετε, τοὺς δὲ χρησοὺς εἰς τὴν ἐσχάτην ἀϑυμίαν ἐμβαλεῖτε. cf. E. Med. 728. Soph. El. 1052. OC. 176 **). Vgl. noch den Canon. Dawes. in der Note zu n. 45. — Sehr verschieden hievon ist das οὐ μή beim fragenden Futur als Umschr. für den Imperativ, wovon s. §. 137 Anm. 6.

---

*) Diese Verwandtschaft deutet die Sprache schon dadurch an, daß auch der Form nach insbesondere Futur und Konj. aor. 1. act. (med.) in den meisten Verbis sehr ähnlich sind.

**) Dieselbe Konstruction (mit Konj. und Fut.) findet auch in abhängigen Sätzen statt, und zwar nicht nur in solchen die ein verb. finitum haben, wie nach Relativen: Pl. Crit. p. 44 ἐξέρημαι τοιούτου ἐπιτηδείου, οἷον ἐγὼ οὐδένα μήποτε εὑρήσω; oder nach ὅτι, ὡς ꝛc.: X. Cyr. 8, 1, 5 εἰδέναι χρή, ὅτι οὐ μὴ δύνηται (al. δυνήσεται) Κῦρος εὑρεῖν. ib. 3, 2, 8 ꝛc., sondern auch (aber sehr selten) in Infinitivsätzen, so daß dann οὐ μή selbst vorm Infin. stehn bleibt: E. Phoen. 1590 εἶπε Τειρεσίας, οὐ μή ποτε σοῦ τήνδε γῆν οἰκοῦντος εὖ πράξειν πόλιν. Pl. Lach. p. 197 c. Bkk.

II. der Optativ in einfachen Sätzen 7

1) ohne ἄν als Ausbruck des Wunsches: Plat. Phaedr. extr. ὦ θεοί, δοίητέ μοι καλῷ γενέσθαι τἄνδοθεν· πλούσιον δὲ νομίζοιμι τὸν σοφόν etc., in welchem Falle oft noch die Wunschpartikeln εἰ (αἰ), εἴθε, εἰ γάρ, ὡς (utinam), auch οὕτως (sic, §. 149.) dabeistehn: Hell. 4, 1, 38 εἴθ᾽, ὦ λῷςε, φίλος ἡμῖν γένοιο. Eben dieser Optativ lindert in der 3. Person die Strenge des Befehls, indem er dieselbe Person des Imperativs vertritt: Jl. ω, 145—150 μηδέ τις ἄλλος ἅμα Τρώων ἴτω ἀνήρ· κῆρυξ τίς οἱ ἕποιτο γεραίτερος. cf. Od. ξ, 496 ꝛc.; während er in der ersten Person zuweilen als zögernder und milbernder Ausbruck des eigenen Willens gefaßt werden kann: Od. π, 386 οἰκία κείνου (des Telemach) μητέρι δοῖμεν ἔχειν, ἠδ᾽ ὅςις ὀπυίοι. cf. Jl. ο, 45. Theocr. 29, 37.

2) ohne ἄν als Zugeständnis, um anzudeuten daß man etwas geschehen lasse, nicht hindern wolle oder könne. So schon bei Homer: λῆγ᾽ ἔριδος, Τρῶας δὲ καὶ αὐτίκα δῖος Ἀχιλλεὺς ἄςεος ἐξελάσειε Jl. φ, 359. εἴη ταῦτα mag dies sein Plat., aus welchem Gebrauch die häufige Uebergangspartikel εἶεν (§. 108, IV N.) entstand *).

3) ohne ἄν als Fortsetzung der indirekten Rede s. n. 70.

4) mit ἄν. Darüber s. n. 15.

Anm. 2. Wenn der Wunsch in die Vergangenheit fällt (hätte ich dies 8 doch gethan!), so tritt für den Opt. der Indikativ eines Präteriti mit einer Wunschpartikel ein. Z. B. Mem. 1, 2, 46 εἴθε σοι τότε συνεγενόμην, ὅτε δεινότατος σαυτοῦ ἦσθα. Eur. Suppl. 824 εἴθε με Καδμείων ἔναρον στίχες ἐν κονίαισιν. cf. Andr. 1185. Da nehmlich der Wunsch nicht mehr realisirt werden kann, so ist dieser Modus nach n. 12. und 13. dem Sachverhältnis völlig angemessen; so daß, wenn ein derartiger Wunsch in die Gegenwart fällt, εἴθε ꝛc. mit dem Indik. des Imperf. eintritt; z. B. Eur. Heracl. 732 εἴθ᾽ ἦσθα δυνατὸς δρᾶν, ὅσον πρόθυμος εἶ. El. 1061 εἴθ᾽ εἶχες, ὦ τεκοῦσα, βελτίους φρένας (utinam haberes, nicht utinam habes). Hiemit verbinde man den, vorzugsweise dichterischen, Gebrauch dieser Art Wunschsätze durch den Aorist ὤφελον (i. n. 13), gewöhnlich mit einer Wunschpartikel und mit davon abhängendem Infin. praes. oder aoristi einzuführen; z. B. Jl. φ, 279 ὥς μ᾽ ὄφελ᾽ Ἕκτωρ κτεῖναι. Pl. Crit. p. 44 εἰ γὰρ ὤφελον οἷοίτε εἶναι οἱ πολλοί, s. die Fortsetzung des Beispiels in n. 51. **)

2. Ihre eigentliche Stellung aber haben Konjunktiv und Op= 9 tativ in abhängigen Sätzen. Die Beobachtung nun, daß mit den Haupt=Temporibus überwiegend der Konjunktiv, mit den historischen überwiegend der Optativ sich verbindet, gründet sich auf die Natur dieser Modi, s. Text 1. Man sagt nehmlich in Rück= sicht auf die Gegenwart: οὐκ οἶδα ὅποι τράπωμαι (non habeo quo me vertam), weil man dabei voraussetzt, daß die Zukunft dar= über entscheiden wird, wohin ich mich wenden werde. Daher

---

*) Man vergleiche hiemit den ganz ähnlichen Gebrauch des (permissiven) Imperativs, bes. in der dritten Person, z. B. Pl. Apol. p. 19 ὅμως δὲ τοῦτο ἴτω ὅπῃ τῷ θεῷ φίλον. cf. Dem. Lept. 14; und in der Verbindung mit der Part. εἶεν: Pl. Rep. p. 350 εἶεν, ἦν δ᾽ ἐγώ, τοῦτο μὲν ἡμῖν οὕτω κείσθω.

**) Die beiden homerischen Fälle des Infinitivs nach den Wunschpartikeln αἰ γάρ (Od. η, 311. ω, 376) erklären sich durch ein im Sinne behaltenes ὤφελον (ὤφελες) und durch Analogie des in §. 141 Anm. 6 behandelten Sprachgebrauchs.

folgt der Konj. auch auf das (seiner Natur nach präsentische) Per=
fekt und Futur, und selbst auf den Aorist, wenn er nach §. 137, 3.
und Anm. 5 fürs Perfekt oder Präsens steht. S. die Beisp. eben=
daselbst. In der Erzählung hingegen versetzt sich der Geist in die
Vergangenheit und somit in die Seele des handelnden oder reden=
den Subjekts, wobei gänzlich davon abgesehen wird, ob die Er=
fahrung nachher entschieden hat oder noch entscheiden wird. So
erscheint die Aussage immer als ein subjektiver Gedanke. Z. B.
οὐκ ᾔδειν ὅποι τραποίμην (non habebam quo me verterem); ὁ δὲ
ἔλεγεν, ὅτι ἔλθοιεν οἱ πρέσβεις.

10 3. Mit der Lehre von den Modis verbindet sich die Lehre
von der Partikel ἄν
auf das innigste. Diese zeigt an, daß dasjenige, was in der Aus=
sage enthalten ist, als von gewissen Bedingungen abhängig zu den=
ken sei, welche Bedingungen sie aber in den meisten Fällen nicht
ausspricht, sondern nur fühlen läßt; so daß ἄν eigentlich jedes=
mal einen eine Bedingung enthaltenden ganzen Satz in
sich schließt. Den epischen Gebrauch des κέ, κέν, obgleich freier
als der des ἄν, begreifen wir hier aus mehrfachen Gründen zugleich
mit unter den Gebrauch dieser Partikel. Die einzelnen Fälle sind
folgende:

11 1) ἄν mit dem Indikativ des Präsens und Perf. ist eine an
sich unmögliche Verbindung, indem es die Gewißheit der Behauptung, daß
etwas ist, wieder von einer Bedingung abhängig, also ungewiß machen
würde. Wenn daher diese Verbindung scheinbar vorkommt, gehört ἄν nicht
zu dem Indikativ, sondern zu andern Satztheilen; z. B. bei οἴμαι ἄν, οὐκ
ἄν οἶδ' ὅτι, gehört ἄν in den abhängigen Satz (wozu die Beispiele s.
n. 19). — Dagegen kann es stehen beim Indik. des Futuri, indem da=
durch die Entschiedenheit der Aussage bei noch zukünftigen Dingen gemildert
wird, ähnlich dem Konjunktiv Aoristi statt des Futurs s. n. 5. und 6. Z. B.
Od. γ, 80 εὔρεαι, ὁππόθεν εἰμέν· ἐγὼ δέ κέ τοι καταλέξω. χ, 66 αὐτὸν
δ' ἄν πύματόν με κύνες — ἐρύουσι (s. anom.). Jl. α, 174 πάρ' ἔμοιγε
καὶ ἄλλοι, οἵ κέ με τιμήσουσι. Vgl. die Note zu n. 14. Außerhalb der
ep. Poesie aber galt die Verbindung von ἄν mit dem Indik. Fut. für feh=
lerhaft (s. Bekk. An. 126, 23. 127, 24), daher alle derartigen, ohnehin fast
immer unsicher überlieferten Fälle aus den neuern Texten entfernt worden
sind, oder anderweitig interpretirt werden. Bei Späteren wird sie häufiger.
Vgl. hiezu unt. n. 18 Not. und die Stellen bei Herm. Op. IV. p. 30 sq.

2) ἄν mit dem Indik. der historischen Tempora bedeutet
12 a) die Wiederholung einer Handlung, sofern eben diese Wie=
derholung als von gewissen Bedingungen, deren Dasein man aber durch
den Beisatz von ἄν nur andeutet, abhängig gedacht wird; z. B. ἐποίει ἄν
er pflegte zu thun, nehmlich: wenn die Umstände es erlaubten, so oft er
wollte ꝛc. Dieser Gebrauch findet sich bei allen Schriftstellern. Z. B. Anab.
1, 9, 19 Κῦρος εἴ τινα ὁρῴη δεινὸν ὄντα οἰκονόμον, οὐδένα ἄν πώποτε
ἀφείλετο (sc. τὴν χώραν), ἀλλ' ἀεὶ πλείω προςεδίδου. cf. 2, 3, 11. Mem.
1, 1, 16. Ar. Plut. 982 sqq. 1140. 1180. Her. 3, 119 ἡ δὲ γυνὴ φοιτέουσα
ἐπὶ τὰς θύρας τοῦ βασιλέος, κλαίεσκε καὶ ὀδυρέσκετο. Soph. Phil.
290 die Leiden des Philoktet: πρὸς δὲ τοῦθ', ὅ μοι βάλοι ἄτρακτος,
αὐτὸς ἄν τάλας εἰλυόμην· — εἴ τ' ἔδει τι καὶ ποτὸν λαβεῖν καὶ ξύλον
τι θραῦσαι, ταῦτ' ἄν ἐξέρπων τάλας ἐμηχανώμην· εἶτα πῦρ ἄν οὐ
παρῆν κτλ. cf. Dem. Cor. p. 301. Luc. Peregr. 15. 39.

b) Ebenſo allgemein iſt der Gebrauch des ἄν bei den hiſt. Temp. um anzudeuten, daß eine Sache nur unter Vorausſetzung gewiſſer Bedin= gungen geſchähe oder geſchehen wäre, aber wegen Unmöglichkeit oder Nichterfüllung jener Bedingungen gleichfalls nicht in Erfüllung gehen kann oder konnte; (demnach mit der Negation, οὐ ꝛc., daß eine Sache nur unter Vorausſetzung gewiſſer Bedingungen nicht geſchähe oder ge= ſchehen wäre, aber wegen Nichterfüllung ꝛc. dieſer Bedingungen wirklich geſchieht oder geſchehen iſt.) Und zwar ſteht in der Regel das Im= perf. mit ἄν, wenn der Fall in der Gegenwart; das Plusq. und der Aoriſt mit ἄν, wenn er in der Vergangenheit ſtatt findet. Z. B. ἐποίουν ἄν τοῦτο ich würde es thun (im Sinn: ἀλλ᾽ οὐ ποιῶ); und mit der Ne= gation: οὐκ ἄν ἐποίουν ich würde es nicht thun (im Sinn: ἀλλὰ ποιῶ); ἐποίησα ἄν oder ἐπεποιήκειν ἄν ich würde es gethan haben (im Sinn: ἀλλ᾽ οὐκ ἐποίησα); οὐκ ἄν ἐποίησα, οὐκ ἄν ἐπεποιήκειν ich hätte es nicht gethan (im Sinn: ἀλλ᾽ ἐποίησα). Vgl. hiezu n. 28.

Beiſp. An. 4, 2, 10 αὐτοὶ μὲν ἄν ἐπορεύθησαν, ἥπερ οἱ ἄλλοι· τὰ δὲ ὑποζύγια οὐκ ἦν ἄλλῃ ἢ ταύτῃ ἐκβῆναι. Dem. p. 242 διὰ τού- τους ὑμεῖς ἔτε σῶοι, ἐπεὶ διά γε ὑμᾶς αὐτοὺς πάλαι ἄν ἀπολώλειτε (die nicht ſich realiſirende Bedingung iſt: daß ihr für euch allein handeltet). Od. β, 184 ὡς σὺ καταφθίσθαι σὺν ἐκείνῳ ὤφελες, οὐκ ἄν τόσσα θεο- προπέων ἀγόρευες. Dem. 9, 68 τίς ἄν ᾠήθη wer hätte geglaubt!

Anm. 3. Ausgelaſſen wird dies ἄν bei den Verbis die ausdrücken, daß etwas geſchehen müßte oder erlaubt wäre, als: χρῆν, ἔδει, προσῆ- κεν, ἐξῆν, ἐνῆν (lat. debebam ꝛc.) z. B. Soph. El. 1505.

χρῆν δ᾽ εὐθὺς εἶναι τήνδε τοῖς πᾶσιν δίκη·
ὅστις πέρα πράσσειν τι τῶν νόμων θέλει,
κτείνειν· τὸ γὰρ πανοῦργον οὐκ ἄν ἦν πολύ.

Der Grund iſt, daß man dabei nicht im Sinne hat: ἀλλ᾽ οὐ χρή; denn es wird nicht die Nothwendigkeit des Faktums, ſondern das Faktum ſelbſt geleugnet. Dagegen antwortet man nachher: ἀλλ᾽ ἔτι πολύ. Ἐξῆν γὰρ ἀποφεύγειν ich hätte entfliehen können (im Sinn: ἀλλ᾽ οὐκ ἀπέφυγον). Vgl. Cyr. 5, 5, 9. Pl. Lach. p. 181 b. Sobald man jedoch entgegnen kann: ἀλλὰ δεῖ, ἔξεςι oder οὐ δεῖ, tritt ἄν wieder ein. Pl. Rep. p. 328 οὐ θα- μίζεις ἡμῖν καταβαίνων εἰς τὸν Πειραιᾶ· χρῆν μέντοι. εἰ μὲν γὰρ ἐγὼ ἔτι ἐν δυνάμει ἦν τοῦ ῥᾳδίως πορεύεσθαι πρὸς τὸ ἄστυ, οὐδὲν ἄν σε ἔδει δεῦρο ἰέναι. cf. Xen. An. 5, 1, 10. Auch bei ὤφελον (vgl. n. 8), ἔμελλον, ἐβουλόμην iſt aus demſelben Grunde die Auslaſſung gewöhn= lich; z. B. Jl. α, 415 αἴθ᾽ ὤφελες παρὰ νηυσὶν ἀδάκρυτος καὶ ἀπήμων ἧσθαι. Ar. Ran. 866 ἐβουλόμην μὲν οὐκ ἐρίζειν ἐνθάδε· οὐκ ἔς ἴσου γάρ ἐςιν ἀγών. Vgl. Anab. 7, 7, 40 (αἰσχρὸν ἦν cet.), Dem. cor. p. 309 (θαυμαςὸν ἦν cet.), Aesch. 1, 192 (κρείττων ἦν μὴ γεγενημένος), App. BC. 5, 99 (βέλτιον, ἄριςον ἦν). — Andere Fälle der Auslaſſung von ἄν ſ. in n. 51. und 30 b.

3) ἄν mit dem Konjunktiv iſt eine an ſich unnöthige Verbindung. 14 Denn indem der Konj. allein ſchon (nach n. 1) die Gültigkeit der Ausſage von der Erfahrung, mithin von gewiſſen jetzt oder in der Zukunft ſich rea- liſirenden Bedingungen abhängig macht, enthält er das ἄν eigentlich jedesmal ſchon in ſich. Daher tritt ἄν niemals zum Modus ſelbſt und demnach kann es, in der gewöhnlichen Sprache wenigſtens, keine einfachen Sätze mit dem Konjunktiv und ἄν geben*). Wenn dagegen in abhängigen

---

*) Bei Homer gibt es derartige Sätze in Menge. Denn wie bei ihm der conj. aoristi allein ſchon mit dem Futur wechſelt (oben n. 5), ſo bedient er ſich noch häufiger des Konjunktivs (z. Th. mit verkürztem Modusvokal, ſo daß er dann dem Indik. ganz gleich iſt) mit ἄν oder κέ theils für das

Sätzen, oder solchen, die durch eine Konjunktion oder ein Pronomen eingeleitet werden, der Konjunktiv steht, so ist es Sprachgebrauch, daß sich dann
das *ἄν* aus dem Begriffe des Konjunktiv absondert, und sich mit der Partikel oder dem Pronomen innig verbindet, z. B. *ἐάν, ὁπόταν* (für
εἰ ἄν, ὁπότ' ἄν), *ἕως ἄν, ὃς ἄν* ꝛc. — Beisp. s. unten §. 139 A. sqq.

15   4) *ἄν* mit dem Optativ ist der Ausdruck der von irgend einer (ausgesprochenen oder unausgesprochenen) Bedingung abhängigen oder eingeschränk-
ten subjektiven Meinung, also der unsicheren Behauptungen oder der bloß gedachten Möglichkeit, wofür im Deutschen Umschreibungen mit möchte, kann,
könnte dienen (Opt. potentialis); z. B. Mem. 1, 2, 19 ἴσως οὖν εἴποιεν
ἂν πολλοί, ὅτι οὐκ ἄν ποτε ὁ σώφρων γένοιτο ὑβριςής. Cyr. 6, 1, 45 ἀσμένως ἂν πρὸς ἄνδρα, οἷος σὺ εἶ, ἀπαλλαγείην. Pl. Phaed. p. 81 τὸ σωμα-
τοειδές ἐςιν οὗ τις ἂν ἅψαιτο. Dies ist die den Attikern ganz besonders
eigne Ausdrucksweise, die sie, vermöge der ihnen eignen Mäßigung, an die
Stelle der sichersten Behauptungen treten lassen, oder um die Bestimmtheit des
Futurs zu vermeiden; z. B. οὐκ ἂν φύγοις du wirst nicht entfliehen; Dem.
Phil. p. 44 οὐ γὰρ ἂν τά γε ἤδη γεγενημένα τῇ νυνὶ βοηθείᾳ κωλῦσαι
δυνηθείημεν. Herod. 5, 9 γένοιτο δ' ἂν πᾶν ἐν τῷ μακρῷ χρόνῳ. Endlich wird dieser Optativ mit *ἄν* auch gebraucht, um die Strenge des Befehls zu mildern, also λέγοις ἄν für λέγε Eur. Ion. 335. χωροῖς ἂν εἴσω
Soph. El. 1483. — οὐκ ἂν φθάνοις s. §. 150 n. 37.

16   4. Wenn die mit *ἄν* zusammengesetzten Partikeln und Pronom. den Konjunktiv des Aorists bei sich haben, so formirt
dieser ein vorausgesetztes Präteritum, und folglich, wenn der Zusammenhang auf die Zukunft geht, ein künftiges Präteritum
(lat. Fut. exactum, worüber s. §. 138, 4).
Beisp. Dem. Mid. p. 525 χρὴ δὲ, ὅταν μὲν τίθησθε τοὺς νόμους,
ὁποῖοί τινές εἰσι σκοπεῖν· ἐπειδὰν δὲ θῆσθε, φυλάττειν καὶ χρῆσθαι
wenn ihr sie aber gegeben habt. Phil. p. 44 ἐπειδὰν ἅπαντα ἀκούσητε,
κρίνατε wenn ihr alles werdet gehört haben, dann urtheilet. Cyr. 2, 3, 5 τίς
ἐθελήσει μηδὲν καλὸν ποιῶν, ἃ ἂν ἄλλοι τῇ ἀρετῇ καταπράξωσι,
τούτων ἰσομοιρεῖν; ib. 6 ἐξ ὧν (d. i. ἐκ τούτων ἃ) ἂν ἐγὼ ποιήσω,
οὐκ ἂν κριθείην οὔτε πρῶτος οὔτε δεύτερος. Pl. Prot. p. 311 περιόντες
ἐν τῇ αὐλῇ διατρίψωμεν, ἕως ἂν φῶς γένηται.

Anm. 3a. Nach voraufgehendem hist. Temp. in Hauptsätzen oder in
der or. obl. muß der Regel nach (s. n. 9. und 67.) dieser Konjunktiv in
den Opt. übergehen, worauf (nach n. 68.) *ἄν* bei der Partikel oder dem Relativ wegfällt, und somit dann der Optativ Aoristi allein die Bedeutung des Fut. exacti übernimmt.
Beisp. Cyr. 1, 4, 21 οἱ πολέμιοι προὐκίνησαν τὸ στῖφος, ὡς παυ-
σομένους (sc. ἐκείνους, acc. absol. nach §. 145 A. 7) τοῦ διωγμοῦ, ἐπεὶ
σφᾶς ἴδοιεν προορμήσαντας. Vgl. ib. 23 (ὡς ἂν, ἐπειδὴ εἰς τόξευμα

einfache Futur, theils für das hiemit nah verwandte Aussageverhältnis
des Opt. mit *ἄν* (n. 15) und mit beiden Aussageformen abwechselnd. Jl.
α, 205 ἧς ὑπεροπλίῃσι τάχ' ἄν ποτε θυμὸν ὀλέσσῃ. ξ, 484 τῷ καί κέ
τις εὔχεται ἀνήρ. Od. ρ, 418 ἐγὼ δέ κέ σε κλείω. ζ, 221 ἄντην οὐκ
ἂν ἔγωγε λοέσσομαι. μ, 81. Jl. α, 184 τὴν μὲν πέμψω, ἐγὼ δέ κ'
ἄγω Βρισηΐδα. 137 ἐγὼ δέ κεν αὐτὸς ἕλωμαι, ἢ τεὸν — ἄξω ἑλών·
ὁ δέ κεν κεχολώσεται (vgl. n. 11). Jl. λ, 387 εἰ μὲν σὺν τεύχεσι πειρη-
θείης, οὐκ ἄν τοι χραίσμῃσι βίος (vgl. n. 26). γ, 52—54. Od. δ, 692
ἥτ' ἐστὶ δίκη θείων βασιλήων, ἄλλον κ' ἐχθαίρῃσι βροτῶν, ἄλλον κε
φιλοίη. Jl. σ, 307 ἤ κε φέρῃσι μέγα κράτος ἤ κε φεροίμην. ω, 655.

γε ἀφίκοιντο, στησομένους). Cyr. 5, 3, 53 πορεύεσθαι ἐκέλευεν ἡσύχως, ἕως ἄγγελος ἔλθοι. Vgl. An. 1, 2, 2 und die Beisp. in n. 37. 40. 67.

5. Jeden durch ἄν bedingten Satz kann die griechische Sprache, 17 wenn es die Konstruction verlangt, in den Infinitiv und in das Particip verwandeln, läßt aber sodann das ἄν beim Inf. oder Part. stehn; wodurch es ihr möglich wird, die Kraft eines Optativs oder Indikativs mit ἄν (n. 12, a und b., n. 15) auch dem Particip und Infinitiv mitzutheilen.

Für Sätze aber mit dem Konjunktiv und ἄν kann nur ein Particip ohne ἄν stehn, da nach n. 14 dies ἄν nie eigentlich mit dem Konjunktiv, sondern mit der dabei stehenden Partikel oder Pronomen sich verbindet, also auch wegfallen muß, wenn die Partikel oder das Pron. wegfällt. Ebenso wenig darf zu Participien, die für Nebensätze im Opt. oder Indik. ohne ἄν stehn, ἄν hinzutreten.

Beisp. Cyr. 3, 2, 19 ὦ Ἀρμένιε, βούλοιο ἄν σοι τὴν νῦν ἀργὸν οὖσαν γῆν ἐνεργὸν γενέσθαι; ἔφη ὁ Ἀρμένιος πολλοῦ ἄν τοῦτο πρίασθαι· πολὺ γὰρ ἄν αὐξάνεσθαι τὴν πρόσοδον, wo man die indirekte Rede in die direkte verwandle. cf. An. 7, 7, 40. Dem. Ol. p. 36 τἄλλα σιωπῶ, πόλλ᾽ ἄν ἔχων εἰπεῖν (sc. εἰ βουλοίμην, s. n. 26 a). Herod. 7, 139 νῦν δὲ Ἀθηναίους ἄν τις λέγων (= ὅστις ἄν λέγοι) σωτῆρας γενέσθαι τῆς Ἑλλάδος οὐκ ἄν ἁμαρτάνοι τὸ ἀληθές (§. 131, 8). Pl. Crit. p. 48 οἱ ῥᾳδίως ἀποκτιννύντες καὶ ἀναβιωσκόμενοι γ᾽ ἄν, εἰ οἷοιτ᾽ ἦσαν die leichtsinnig tödten, und auch wol wieder ins Leben zurückbrächten, wenn sie nur könnten (vgl. n. 29 a). Hell. 6, 4, 11. Dem. 9, 48 (bei Wiederholung, n. 12, a). Dasselbe gilt von dem Particip, wenn es nach §. 144, 6 durch einen Satz mit daß gegeben wird, z. B. nach εὑρίσκειν, ὁρᾶν etc. s. Thuc. 7, 42 in n. 26 a. — Dagegen Part. ohne ἄν: Men. fr. ὁ μὴ δαρεὶς ἄνθρωπος οὐ παιδεύεται (= ὅστις ἄν μὴ δαρῇ). Isocr. 1, 16 αἰσχρὰ ποιήσας (= ἐὰν ποιήσῃς) μὴ ἔλπιζε λήσειν. An. 7, 7, 38 οὔτ᾽ ἄν ἐχθρὸν βουλόμενος κακῶς ποιῆσαι δυνηθείην (konstr.: οὔτ᾽ ἄν δυν.), οὔτ᾽ ἄν, εἴ σοι βουλοίμην βοηθῆσαι, ἱκανὸς ἄν γενοίμην. Dem. p. 235 οὐκ ἄν ἥψατ᾽ αὐτῶν, ἡμῶν παρόντων (= εἰ ἡμεῖς παρῆμεν). Is. Paneg. 109.

5a. Nach den Verbis δοκεῖν, οἴεσθαι, ἐλπίζειν, οὐκ ἔστι 18 und anderen Prädikaten, mit denen eine auf die Zukunft gehende Aussage sich verbindet, verleiht das ἄν dem Infinitiv des Aorists und nicht selten auch des Präsens die Kraft des Inf. futuri. Vgl. hiezu §. 140, 1, c. und wegen des inf. aor. ohne ἄν ebd. Anm. 1.

Beisp. Cyr. 3, 1, 20 ὁ ἰσχύϊ κρατηθεὶς ἔστιν ὅτε ᾠήθη (glaubt bisweilen, §. 137 A. 5) σωμασκήσας ἀναμαχεῖσθαι· καὶ πόλεις γε ἁλοῦσαι, συμμάχους προσλαβοῦσαι, οἴονται ἀναμαχέσασθαι ἄν. Dem. p. 53 οὐκ ἔστιν ἕνα ἄνδρα ἄν δυνηθῆναί ποτε ταῦθ᾽ ὑμῖν πρᾶξαι ἅπαντα. ib. p. 40 ἡγοῦμαι καὶ πρῶτος ἀναστὰς εἰκότως ἄν συγγνώμης τυγχάνειν. Anab. 1, 3, 6 νομίζω ὑμᾶς ἐμοὶ εἶναι φίλους καὶ συμμάχους, καὶ σὺν ὑμῖν ἄν οἶμαι εἶναι τίμιος, ὅπου ἄν ὦ. Der Infin. Fut. ohne ἄν (s. das erste Beisp.) stellt die Sache schärfer als muthmaßliche Gewißheit dar. Cyr. 2, 1, 12 οἱ δ᾽ ἥσθησαν, νομίζοντες μετὰ πλειόνων ἀγωνιεῖσθαι *). — Auch dem Particip des Aorists verleiht das ἄν nicht

---

*) Daß auch zum Infin. des Futurs, und ebenso zum part. und opt. fut., noch ἄν hinzutreten kann, wird von neueren Kritikern, namentlich Dindorf und Cobet (NL. 693. VL. 92. 267 sqq.) entschieden in Abrede gestellt und alle derartige Fälle für corrumpirt erklärt, was sich mit Evidenz an Stellen wie Dem. p. 284 (συμπνευσόντων ἄν) und aus dem Umstande

selten futurische Bedeutung: Hell. 7, 1, 44 ταῦτα πράττω, πάλαι μὲν χαλεπῶς φέρων, ὥσπερ ὑμεῖς, ἄσμενος δ' ἂν τὴν δουλείαν ἀποφυγών. Thuc. 6, 24, 3.

19 **Anm.** 4. Was die Stellung des ἄν betrifft, so kann es der Regel nach nie den Satz anfangen. Welchem Wort es aber nachgesetzt wird, hängt in vielen Fällen offenbar von der Willkür des Schriftstellers, oder von dem Bedürfnis ab, die Ungewißheit früher oder später fühlen zu lassen, in manchen Fällen jedoch auch nicht. So steht es zwar sehr häufig gleich hinter dem Optativ und Indikativ, nie aber hinter dem Konjunktiv aus dem in n. 14 angeführten Grunde. Aber nicht nur in Sätzen mit dem Konj., sondern auch mit dem Opt. und Ind. schließt sich ἄν gern gewissen Wörtern an, als τίς, πῶς, γάρ, den Adverbien wie μάλιϛα, τάχα ꝛc. und besonders den Negationen οὐκ, οὐδείς u. s. w. Der Redensarten οἶμαι ἄν, οὐκ ἂν οἶδα ist bereits in n. 11 Erwähnung gethan. Beispiele seien: Pl. Phaed. p. 102 σὺ δ' οἶμαι ἄν, ὡς ἐγὼ λέγω, ποιοῖς, wo ἂν zu ποιοῖς gehört. Tim. p. 26 b. οὐκ ἂν οἶδ' εἰ δυναίμην ἅπαντα ἐν μνήμῃ πάλιν λαβεῖν d. h. εἰ δυναίμην ἂν „ob ich könnte", wenn nehmlich gefragt würde. Ἐδόκει ἂν ἡμῖν ἡδέως πάντα διαπρᾶξαι, wo ἂν zum Inf. gehört. Man beachte ferner die Stellung des ἄν in Sätzen wie Dem. Ol. p. 13 τί οὖν ἂν τις εἴποι ταῦτα λέγεις ἡμῖν νῦν, wo sich das zu εἴποι gehörige ἄν mit dem τί οὖν eines andern Satzes verbindet. Phaedo. p. 87 a. τί οὖν ἂν φαίη ὁ λόγος ἔτι ἀπιϛεῖς; für τί οὖν ἀπιϛεῖς, φαίη ἂν ὁ λ. Dem. p. 680 ἐκ τούτου τοῦ ψηφίσματος κυρωθέντος ἄν, εἰ μὴ δι' ἡμᾶς, ἠδίκηντο οἱ βασιλεῖς d. h. εἰ τὸ ψ. ἐκυρώθη, οἱ βασιλεῖς ἠδίκηντ' ἄν (n. 28) εἰ μὴ δι' ἡμᾶς d. h. wenn wir nicht wären s. §. 150 n. 26.

20 **Anm.** 5. Das ἄν wird, ähnlich der Negation, auch doppelt gesetzt, ohne weitere Vermehrung des Sinnes, z. B. Eur. Ion. 625 δημότης ἂν εὐτυχῆς ζῆν ἂν θέλοιμι μᾶλλον ἢ τύραννος ὤν. Anab. 1, 3, 6 ꝛc. Insbesondere geschieht es in solchen Sätzen, wo das ἄν sich nach Anm. 4 mit einem der gewöhnlichen Worte verbunden hat, und dann beim Modus (also Indik., Inf. oder Opt.) nur wiederholt wird, z. B. πῶς ἄν ποτ' ἀφικοίμην ἄν· οὐκ ἂν φθάνοις ἄν· κἂν εὔξαιτ' ἄν ꝛc., oder wenn Sätze dazwischen treten: Soph. El. 333 ὥστ' ἄν, εἰ σθένος λάβοιμι, δηλώσαιμ' ἂν οἷ' αὐτοῖς φρονῶ. cf. Thuc. 1, 136, 4; oder bei voraufgehenden Participien, um die Modalität des Satzes zeitig fühlbar zu machen: Thuc. 5, 9 τὸν πολέμιον μάλιϛ' ἄν τις ἀπατήσας τοὺς φίλους μέγιϛ' ἂν ὠφελήσειεν. Pl. Alcib. II. p. 142 οἱ πολλοὶ οὔτε ἂν τυραννίδος διδομένης ἀπόσχοιντ' ἂν οὔτε στρατηγίας. cf. Cyr. 1, 6, 18. Thuc. 6, 18, 2. Eur. Tro. 1244 (dreimal). — Beispiele der unmittelbaren Verbindung beider Formen (woraus man sieht,

ergäbe, daß Lucian (76, 2) Verbindungen wie συνῆσων ἄν ausdrücklich als Soloecismus bezeichne. Allerdings besteht das regelrechte Verhalten darin daß mit den Futurformen ohne ἄν die Aoristformen mit ἄν zu gleicher Bedeutung abwechseln, z. B. Thuc. 6, 50 ἀπεκρίναντο πόλει μὲν ἂν οὐ δέξασθαι, ἀγορὰν δ' ἔξω παρέξειν. Aber da die Verbindung der abh. Futurformen mit ἄν ungleich häufiger als die mit dem Indik. (n. 11), zuweilen einstimmig und von den besten Hdschriften (z. B. Isocr. Archid. 62. dreimal, Pac. 81, Dem. Phil. 3, 70 ꝛc.) überliefert worden, und es doch denkbar ist daß gewisse Verbindungen mit ἄν, wie τάχ' ἄν, ἴσως ἄν, τί ἄν, ὁτιοῦν ἄν, μάλιϛ' ἄν (vgl. Anm. 4) ꝛc. mit der Zeit so geläufig wurden, daß sie leicht der individuellen Beschaffenheit der Stelle und den abh. Futurformen sich beigesellen konnten, so hat man andererseits billig Anstand genommen, einem grammatischen Canon zu liebe sämtliche Stellen ohne Ausnahme durch willkürliche Aenderungen zu uniformiren. Vgl. Matth. §. 598., Herm. Op. IV, 180 sqq., Poppo zu Thuc. 2, 80, 8 etc.

daß ἄν und κέ etymologisch verschieden sind) bei Homer seien Jl. *ν*, 127 οὓς οὔτ' ἄν κεν Ἄρης ὀνόσαιτο. cf. Od. ε, 361. ζ, 259. ι, 334., auch bei spätern Dichtern, s. Herm. ad Vig. 923. — Umgekehrt kann aber auch das ἄν, wo es zweimal stehen sollte, bei verschiedenen Prädikaten, das einemal fehlen: Mem. 2, 1, 18 ὁ μὲν ἑκὼν πεινῶν φάγοι ἄν, ὁπότε βούλοιτο, καὶ ὁ ἑκὼν διψῶν πίοι. ib. 27. Oec. 21, 8. Od. o, 452. al. — Endlich steht ἄν sogar ohne Verbum, jedoch jedesmal mit nothwendiger Ergänzung eines vorangegangenen oder aus dem Zusammenhange sich ergebenden Verbalbegriffes in der dem Satz entsprechenden Form, s. das Beisp. aus Demosth. in §. 143 A. 3, wo der Konj. μισῇ zu ergänzen. Ar. Av. 356. Plut. 983. Eur. Alc. 182. Vgl. den Gebrauch von ὡς ἄν und ὥσπερ ἄν εἰ in §. 151 IV, 3.

---

6. Die abhängigen Sätze nun, in denen die Modi ihre 21 eigentliche Stelle haben, sind sehr mannichfaltig. Die Lehre von den Modis in diesen Sätzen ist aber von der der einfachen Sätze nicht zu trennen, sondern Konjunktiv wie Optativ stehn auch hier nur dann, wenn sie nach der allgemeinen Regel stehn können. Es ist demnach falsch zu glauben, daß die Wahl der Modi von der vorausgehenden Partikel abhängt, vielmehr modificirt sich häufig umgekehrt die Partikel nach dem Modus. Doch ist es von Nutzen, die verschiedenen Arten der abhängigen Sätze kurz durchzugehen, um die allgemeine Definition eben in der Anwendung der Modi zu verfolgen und an Beispielen zu verdeutlichen, und namentlich um zu erkennen, welche Konstructionen vorzugsweise in den einzelnen abhängigen Sätzen statt finden, und warum.

§. 139 A.   Bedingungssätze.

In jedem bedingten Satze wird die Bedingung (ὑπόθεσις) ent- 22 weder als möglich oder unmöglich (nicht wirklich) gedacht. Das Mögliche wird entweder als bestimmt, oder als von der Erfahrung abhängig dargestellt, oder nur als subjektive Vorstellung bezeichnet. Hieraus ergeben sich folgende vier Hauptfälle.

1. Möglichkeit ohne Ausdruck der Ungewißheit d. h. ohne Annahme und mit Ausschluß eines anderen oder des entgegengesetzten Falles (n. 24): εἰ mit dem Indikativ: εἴ τι ἔχεις, δός.
Beisp. Ar. Rhet. 2, 19 εἰ ἐβρόντησε, καὶ ἤστραψεν. Pl. Symp. p. 188 εἴ τι ἐξέλιπον, σὸν ἔργον, ἀναπληρῶσαι. S. Philoct. 1236 κερτομῶν λέγεις τάδε; Neopt. εἰ κερτόμησίς ἐστι τἀληθῆ λέγειν. Anab. 4, 1, 14.

Anm. 1. Das Zukünftige ist an sich immer ungewiß oder wenigstens von gewissen Bedingungen abhängig, daher der Grieche in solchen Fällen die folgende Konstruction mit dem Konjunktiv vorzieht. Doch steht εἰ mit dem Indik. Futuri, selbst in der indirekten Rede, so oft die Erfüllung der Bedingung entweder gehofft oder gefürchtet wird, weil solche Fälle aus der ruhigen Betrachtung herausfallen, und das affizirte Gemüth des Redenden sich nur der Vorstellung dieses einen Falles hingibt, z. B. Xen. An. 4, 7, 3 τῇ στρατιᾷ οὐκ ἔστι τὰ ἐπιτήδεια, εἰ μὴ ληψόμεθα τὸ χωρίον. Plat. Phaedo. p.107 c. ὁ κίνδυνος δόξειεν ἂν δεινὸς εἶναι, εἴ τις τῆς ψυχῆς ἀμελήσει. Eurip. Hel. 1010 ἀδικοίημεν ἄν, εἰ μὴ ἀποδώσω. S. noch das Beisp. aus Eurip. (Or. 559) in n. 30 c, und andere bei Krüger zu An. 7, 1, 16. Ellendt lex. Soph. v. εἰ p. 486.

24 2. Die Bedingung ist von der Art, daß erst die Erfahrung darüber entscheidet, ob der Fall eintreffen wird oder nicht. Daß hier der Konjunktiv stehen muß, folgt aus der allgemeinen Definition §. 139, 1., und daß sich dann *ἄν* mit der Partikel verbindet (*ἐάν, ἤν, ἄν, ὅταν, ὁπόταν*, ep. *εἴ κε, ὅτε κεν* ꝛc.) aus n. 14. z. B. *ἐάν τι ἔχωμεν, δώσομεν* wenn es sich zeigen sollte, daß wir etwas haben, so werden wir es geben. Beisp. Dem. Lept. p. 484 *ἐάν τίς τινα τῶν ὑπαρχόντων νόμων μὴ καλῶς ἔχειν ἡγῆται, γραφέσθω.* Aesch. c. Tim. 4. *τοῦτο ἐὰν σκοπῆτε, εὑρήσετε, ὅτι πάντων ἄρισα ἔχει.*

25 **Anm. 2.** Doch ist es dem griechischen Sprachgebrauch nicht zuwider, daß dies *ἄν* zuweilen wegfällt, folglich *εἰ* mit dem Konj. konstruirt wird. Der Fall ist wesentlich derselbe mit dem vorigen, nur ist die Bedingung dann weniger von zufälligen Ereignissen abhängig zu denken. Die Verbindung ist auch den Attikern nicht fremd, z. B. Soph. OT. 873 *ὕβρις, εἰ πολλῶν ὑπερπλησθῇ, ὥρουσεν εἰς ἀνάγκαν,* eine Bedingung, deren Erfüllung aus dem Wesen der *ὕβρις* allein schon zu erwarten steht. ib. 198 *εἴ τι νὺξ ἀφῇ, τοῦτ᾿ ἐπ᾿ ἦμαρ ἔρχεται.* Thuc. 6, 21. Bei Epikern ist der Gebrauch weniger bestimmt: Jl. *α,* 340. *ε,* 257. Od. *π,* 98. Herm. Op. IV. 97.

25 a. **Anm. 2a.** In der Abhängigkeit von einem histor. Tempus oder in der indirekten Rede nimmt der Vordersatz dieses hypothetischen Verhältnisses in der Regel die Form des Vordersatzes im dritten hyp. Falle, *εἰ* mit Opt., an (s. hierüber im Zusammenhange n. 67 und die Ausnahmen ebd.), zum Infinitiv (oder Particip) des Nachsatzes aber darf nicht *ἄν* hinzutreten; vgl. die folg. Anm. Beisp. Cyr. 3, 3, 6 *Κῦρος ἐνόμιζεν, εἰ ἕκαστος τὸ μέρος ἀξιέπαινον ποιήσειε, τὸ ὅλον αὐτῷ καλῶς ἔχειν.* Thuc. 2, 7 *ἐπρεσβεύοντο ἐς τὰ περὶ Πελοπόννησον χωρία, ὁρῶντες, εἰ σφίσι φίλια ταῦτα εἴη, τὴν Πελοπόννησον καταπολεμήσοντες.*

26 3. Die Bedingung ist nur die subjektive Annahme eines zwar an sich möglichen Falles, doch wird einstweilen gänzlich davon abgesehen, ob sie in der Zukunft sich realisirt oder nicht: *εἰ* mit dem Optativ. Im Nachsatz (s. unten 5.) steht gewöhnlich der Opt. mit *ἄν.* Beisp. *εἴ τις ταῦτα πράττοι, μέγα μ᾿ ἄν ὠφελήσειε,* wenn dies jemand thäte (ob es einer thun wird, darauf kommt es jetzt nicht an), würde er mir einen großen Dienst leisten. Mem. 3, 7, 2 *εἴ τις δυνατὸς ὢν τὴν πόλιν αὔξειν ὀκνοίη τοῦτο πράττειν, εἰκότως ἄν δειλὸς νομίζοιτο.*

27 **Anm. 3.** In der indirekten Rede oder wenn ein Particip die Stelle des Hauptsatzes vertritt, bleibt der Vordersatz unverändert, zum Inf. und Particip aber muß *ἄν* hinzutreten (nach n. 17), wodurch sich der Satz vom abhängigen zweiten Fall (Anm. 2) unterscheidet. Vgl. n. 29 a. Beisp. Thuc. 1, 140 *προὔχονται, εἰ καθαιρεθείη τὸ ψήφισμα, μὴ ἄν γίγνεσθαι τὸν πόλεμον* (dir.: *οὐκ ἄν γίγνοιτο ὁ π.*). 2, 80 *ἐνόμιζον, εἰ τὴν Στράτον λάβοιεν, ῥαδίως ἄν σφίσι τἆλλα προσχωρήσειν.* 7, 42 *ὁρᾷ τὸ παρατείχισμα ἁπλοῦν τε ὂν καὶ, εἰ ἐπικρατήσειέ τις τοῦ στρατοπέδου, ῥαδίως ἄν αὐτὸ ληφθέν* (dir. *ληφθείη ἄν*).

27 a. **Anm. 3a.** Von den zweifelhaften Fällen, wo bei vorausgehendem historischen Tempus *ἐάν* beim folgenden Optativ stehen bleibt, s. n. 68. Dagegen findet sich häufiger *εἰ ἄν* getrennt mit dem Opt., in welchem Fall das *ἄν* zum Opt. zu ziehen ist (wie auch z. Th. schon durch die Stellung

angedeutet wird z. B. Cyr. 4, 2, 37.) und den §. 139 n. 15 angegebenen Modus formirt. Dem. p. 196 εἰ δίκαιά τις ἂν φήσειε Ῥοδίους πεπονθέναι, οὐκ ἐπιτήδειος ὁ καιρὸς ἐφησθῆναι. cf. Mem. 1, 5, 3. Cyr. 3, 3, 55. Ebenso in den indir. Fragen, f. n. 64.

4. Unmöglichkeit oder Nichtvorhandensein der im Vordersatz 28 enthaltenen Aussage, oder allgemein: die Vervollständigung des in n. 12. b. angegebenen Verhältnisses. Der Regel nach steht dann für die gegenwärtige Zeit im Vordersatze: εἰ mit dem Indik. des Imperf. ohne ἄν, im Nachsatze Imperf. mit ἄν, z. B. εἴ τι εἶχεν, ἐδίδου ἄν wenn er etwas hätte, so würde er es geben (im Sinn: er hat aber nichts); — für die vergangene Zeit im Vordersatze: εἰ mit dem Indik. des Aorists, im Nachsatz Aorist mit ἄν: z. B. εἴ τι ἔσχεν, ἔδωκεν ἄν, wenn er etwas gehabt hätte, so hätte er es gegeben; — oder die Sätze fallen in ungleiche Zeiten, z. B. εἰ ἐπείσθην, οὐκ ἂν ἠῤῥώςουν, hätte ich gehorcht, so wäre ich (jetzt) nicht krank. — Auch versteht es sich, daß ein Satz der außerhalb der Hypothesis im Perfekt stehn würde, ins Plusquamp. (wie das Präsens ins Imperf.) tritt.

Beisp. Pl. Apol. p. 20 ἐγὼ ἐκαλλυνόμην τε καὶ ἡβρυνόμην ἄν (würde prunken und prahlen), εἰ ἠπισάμην ταῦτα· ἀλλ᾽ οὐ γὰρ ἐπίςαμαι. ib. p. 31 εἰ ἐγὼ πάλαι ἐπεχείρησα πράττειν τὰ πολιτικὰ πράγματα, πάλαι ἂν ἀπολώλη (§. 103 n. 12.) καὶ οὔτ᾽ ἂν ὑμᾶς ὠφελήκη οὐδὲν, οὔτ᾽ ἂν ἐμαυτόν. Dem. Ol. 3. p. 32 εἰ αὐτάρκη τὰ ψηφίσματα ἦν, οὐκ ἂν Φίλιππος τοσοῦτον ὑβρίκει χρόνον. cf. ib. p. 30, 5 *).

Anm. 4. Wenn der Fall zwar der Vergangenheit angehört aber zu- 29 gleich als dauernd ausgedrückt werden soll, so kann in beiden Sätzen auch das Imperf. (im Hauptsatze demnach das Imperf. mit ἄν) stehen. Z. B. Thuc. 1, 9 Ἀγαμέμνων οὐκ ἂν οὖν νήσων ἔξω τῶν περιοικίδων ἠπειρώτης ὢν ἐκράτει, εἰ μή τι καὶ ναυτικὸν εἶχεν. Herod. 7, 139 καὶ οὕτω ἂν ἐπ᾽ ἀμφότερα ἡ Ἑλλὰς ἐγίνετο ὑπὸ Πέρσῃσι. Demosth. Mid. p. 523 πάντ᾽ ἂν ἔλεγεν οὗτος τότε.

Anm. 4 a. In der indirekten Rede, wo der Hauptsatz in den Inf. 29 mit ἄν (f. n. 17) zu stehen kommt, oder wenn der Nachsatz die Form des a. Particips (gleichfalls mit ἄν, f. ebb.) annimmt, bleibt der Vordersatz unverändert, weil eine Verwandlung des Indik. in den Abhängigkeits-Modus (Optativ) die Form des abhängigen dritten Falles ergeben würde.

Beisp. Thuc. 4, 27 ἔφη καὶ αὐτός γ᾽ ἄν, εἰ ἦρχε, τοῦτο ποιῆσαι (er würde es thun, wenn er Feldherr wäre). Her. 3, 22 οὐκ ἂν τοσαῦτα δύνασθαι ζώειν σφέας, εἰ μὴ τῷ πόματι ἀνέφερον (durch den Trank sich stärkten). X. Mem. 4, 4, 4 Σωκράτης ῥᾳδίως ἂν ἀφεθεὶς ὑπὸ τῶν δικαςῶν, εἴ τι τούτων ἐποίησε, προείλετο ἀποθανεῖν. Dem. Ol. 3, 8. Vgl. hiemit die drei Beisp. des abhängigen dritten Falles aus Thucyd. in Anm. 3. — Ist der Vordersatz ausgelassen oder anders ausgedrückt, so muß der Zusammenhang entscheiden, welchem hyp. Verhältnis der Satz angehört, z. B. Thuc. 3, 89 ἄνευ σεισμοῦ (= εἰ μὴ σεισμὸς ἦν) οὐκ ἄν μοι δοκεῖ τὸ τοιοῦτο ξυμβῆναι γενέσθαι. S. b. Beisp. in n. 17. und 18.

---

*) Als eine Abweichung des epischen Sprachgebrauchs muß bemerkt werden, daß Homer bei regelrecht ausgebildetem Vordersatz dennoch im Hauptsatz öfters den Optativ mit ἄν statt des Indikativs mit ἄν hat. Vgl. Schol. zu Jl. α, 232. Z. B. Jl. ρ, 70 ἔνθα κε ῥεῖα φέροι κλυτὰ τεύχεα Πανθοΐδαο, — εἰ μὴ οἱ ἀγάσσατο Φοῖβος Ἀπόλλων. — ε, 311 καὶ νύ κεν ἔνθ᾽ ἀπόλοιτο κ. f. S. 419 Not.

30
a. 5. Was den **Haupt-** oder **Nachſatz** der Bedingungsſätze betrifft, ſo iſt er als ſelbſtändiger Satz an keine beſtimmte Konſtruction gebunden. (Es kann demnach der Opt. mit *ἄν* als Modus in
unabhängigen Sätzen (n. 15) ebenſo gut auf *εἰ* mit dem Indik.
oder *ἐάν* mit dem Konj. folgen, und wiederum iſt nach *εἰ* mit dem
Opt., im Nachſatz der Indik. möglich. Vgl. hiezu den Fall in n. 39.
Beiſp. Plat. Apol. p. 25. b. πολλὴ ἄν τις εὐδαιμονία εἴη περὶ τοὺς
νέους, εἰ εἰς μὲν μόνος αὐτοὺς διαφθείρει, οἱ δ᾽ ἄλλοι ὠφελοῦσιν. Eur.
Alc. 1079 τί ἂν προκόπτοις, εἰ θέλεις ἀεὶ στένειν. — Plat. Apol. p. 19
καλόν γ᾽ ἐμοὶ δοκεῖ εἶναι, εἴ τις οἷόστ᾽ εἴη παιδεύειν ἀνθρώπους. Prot.
p. 334. b. ἡ κόπρος, εἰ ἐθέλοις ἐπὶ τοὺς πτόρθους καὶ τοὺς νέους κλῶνας
(an die Keime und jungen Triebe) ἐπιβάλλειν, πάντα ἀπόλλυσιν. Xen.
Oec. 11, 15. — An. 5, 1, 9 ἐὰν οὖν κατὰ μέρος φυλάττωμεν καὶ σκοπῶμεν, ἧττον δύναιντ᾽ ἂν ἡμᾶς θηρᾶν οἱ πολέμιοι (ſagt Xenophon in einer
für die Bedingungsſätze überhaupt lehrreichen Rede).

30
b. **Anm.** 5. Nur im **vierten Fall** (oben 4), ſind, da Vorderſatz und
Nachſatz ſich gegenſeitig bedingen, auch beide Sätze an die dort gegebene
Form gebunden. Denn ſo wie im Nachſatze der bloße Indik. ohne
ἄν ſtünde, ſo ergäbe dies den erſten Fall (n. 22). Dennoch kann der bloße
Indik. ohne *ἄν* in gewiſſen ob. n. 13. angegebenen oder aus der Natur des
Satzes zu erklärenden Fällen ſtehen. Man merke z. B. die **Auslaſſung von**
ἄν im **Hauptſatze** in folgenden Beiſpielen: Thuc. 3, 74 ἡ πόλις ἐκιν-
δύνευσε πᾶσα διαφθαρῆναι, εἰ ἄνεμος ἐπεγένετο, denn die Gefahr
war doch jedenfalls immer vorhanden. cf. Aesch. p. 71, 8. Pl. Symp. p. 198. c.
ὑπ᾽ αἰσχύνης ὀλίγου ἀποδρὰς ᾠχόμην, εἴ πη εἶχον, wo das ὀλίγου (faſt)
ἄν überflüſſig macht. An. 7, 6, 21 οὔκουν αἰσχύνῃ ἐξαπατώμενος; ναὶ μὰ
Δία ᾐσχυνόμην μέντοι, εἰ ὑπὸ πολεμίου γε ὄντος ἐξηπατήθην, wegen
der nachdrücklichen Behauptung. Andere inſtructive Stellen der Art ſind:
Xen. rep. Ath. 1, 6. Pl. Gorg. p. 514. c. Legg. 9. p. 869. b. Eur. Andr. 725.
S. OT. 255, wo man überall eine Annäherung an den erſten Fall (n. 22) finden wird. — Wegen des Opt. mit *ἄν* im Nachſatze bei Homer ſ. vor. Note.

30
c. **Anm.** 6. Wenn hingegen einem im Indik. mit *ἄν* ſtehenden Hauptſatze (oben 4) kein regelrecht ausgebildeter Vorderſatz (b. h. *εἰ* mit Indik.
eines hiſt. Temp.), ſondern ein zu einem **andern Bedingungsverhält-**
nis gehöriger Vorderſatz vorhergeht, ſo ſind ſolche Fälle nur durch
Ellipſe eines zu ergänzenden Zwiſchengedanken zu erklären. Z. B. Eur. Or.
559 εἰ γὰρ γυναῖκες ἐς τόδ᾽ ἥξουσιν (n. 23) θράσους ἄνδρας φονεύειν,
καταφυγὰς ποιούμεναι ἐς τέκνα —, παρ᾽ οὐδὲν αὐταῖς ἦν ἂν ὀλλύναι
πόσεις (im Sinn etwa: wenn die Gelegenheit ſich darböte). Ar. Av. 793
εἰ μοιχεύων τις ὑμῶν ἐστιν ὅστις τυγχάνει (n. 22), οὗτος ἂν πάλιν
ἀνέπτατο (nehmlich, wenn er Flügel hätte, ſ. 785). Dem. 27, 63 εἰ ἐκεῖνα
ἀνήλωται ὀρθῶς, οὐδὲν ἂν τῶν νῦν παραδοθέντων ἐξήρκεσεν εἰς ἕκ-
τον ἔτος (wozu aus dem Vorhergehenden zu ergänzen: εἰ κατελείφθην
ἐνιαύσιος cet.). 9, 45 οὐ γὰρ ἂν αὐτοῖς ἔμελεν, εἴ τις τινὰς ὠνεῖται
καὶ διαφθείρει, μὴ τοῦθ᾽ ὑπολαμβάνουσιν, wo der zu ἔμελεν gehörige
Vorderſatz im Part. ὑπολαμβ. enthalten. cf. Lys. 10, 8.

B. Relativſätze.

31
1. Zu den Relativen gehören natürlich auch die Pronominaladverbia oder die relativen Adv. loci (οὗ, ὅπου rc.), temporis
(ἡνίκα rc.; die Zeitſätze ſ. beſonders n. 37 ff.), modi (ὡς, ὅπως rc.).

Die Relativſätze (von den indirekten Frageſätzen, unten H., wohl
zu unterſcheiden) werden entweder wie unabhängige Sätze konſtruirt;
oder als abhängige Sätze betrachtet, und dann finden durchaus dieſelben Konſtructionen ſtatt, wie ſie bereits an den Conditionalſätzen
entwickelt worden ſind.

2. Wir bemerken daher nur, daß 1) Relativſätze mit dem 32
Indikativ entweder faktiſch und objektiv auf ein vorhergehendes
oder zu ergänzendes Demonſtr. zurückweiſen; oder auch allgemeiner
Art (mit ὅστις, ὅστισδήποτε ꝛc.) ſein können, welche Sätze den lat.
mit quicunque etc. entſprechen; — 2) in Sätzen mit dem Konjunktiv ſich ſtets wie in den Conditionalſätzen der zweiten Art ἄν
zum Relativ geſellt, welche Sätze dann immer allgemeiner Art
ſind; — 3) Sätze mit dem Optativ ohne ἄν den Conditionalſätzen der dritten Art entſprechen, indem ſie entweder eine ſubjektive Annahme, oder eine im Sinne des redenden oder handelnden
Subjekts geſprochene Ergänzung zum Hauptgedanken enthalten (vgl.
n. 9); daher dieſe Form insbeſondre dann zur Anwendung kommt,
wenn Relativſätze der erſten oder zweiten Art Zwiſchenſätze zur
or. obliqua werden (vgl. n. 67 u. 69); — 4) dem Optativ noch
ἄν hinzugefügt wird, wenn das Ausſageverhältnis des in n. 15 behandelten (unabhängigen) Modus ſtattfinden ſoll (vgl. n. 68); —
5) die hiſtoriſchen Tempora im Indik. mit ἄν da ſtehen, wo
ſie im einfachen Satze ſtehen würden (n. 12, a. und b.). Alles dies
wird aus den Beiſpielen erhellen.

Beiſp. zu 1: λέξω ἃ ἤκουσα. Xen. An. 6, 5, 6 ἔθαπτον, ὁπόσους
ἐπελάμβανεν ἡ ϲρατιά. Cyr. 3, 2, 26 δώσω, ὅσον τις δήποτε ἔδωκε.
Hier. 7, 12. — zu 2: Eur. IT. 39 θύω γὰρ, ὃς ἂν κατέλθῃ τήνδε γῆν
Ἕλλην ἀνήρ. Troad. 1031 νόμον δὲ τόνδε ταῖς ἄλλαισι θὲς γυναιξὶ, θνήσκειν, ἥτις ἂν προδῷ πόσιν. — zu 3: An. 2, 5, 32 οἱ ἱππεῖς διὰ τοῦ
πεδίου ἐλαύνοντες, ᾧτινι ἐντυγχάνοιεν Ἕλληνι, πάντας ἔκτεινον (vgl.
n. 39). Cyr. 3, 1, 10 ὁ Ἀρμένιος κρατηθεὶς ὑπ᾽ Ἀϲυάγους συνωμολόγει
συστρατεύσεσθαι, ὅπου ἐπαγγέλλοι (sc. Ἀϲυάγης). ib. 28 τοιούτοις
ἔγωγε ὑπηρέταις, οὓς εἰδείην ἀνάγκῃ ὑπηρετοῦντας, ἀηδῶς ἄν μοι δοκῶ
χρῆσθαι. cf. 1, 6, 19. 2, 4, 10. Oec. 13, 2. Hell. 7, 3, 7. — zu 4: Od. ι, 126
οὐδ᾽ ἄνδρες νηῶν ἔνι τέκτονες, οἵ κε κάμοιεν νῆας ἐϋσσέλμους, αἵ κεν
τελέοιεν ἕκαϲα. Eur. Hel. 815 μι᾽ ἔϲιν ἐλπὶς, ᾗ μόνῃ σωθεῖμεν ἄν.
cf. X. Mem. 1, 2, 6. Dem. 4, 31. — zu 5: An. 7, 6, 26 ἡμῖν δὲ ὁπλιτικὸν
μὲν ἦν, ᾧ ἴσως ἂν ἐδυνάμεθα σῖτον λαμβάνειν οὐδέν τι ἄφθονον.

Anm. 1. Während der Gebrauch, in Sätzen mit dem Konj. dem 33
Relativ ἄν beizufügen, für die attiſche Proſa wenigſtens, feſt ſteht, begnügen ſich die Epiker weit häufiger mit dem bloßen Konj., z. B. Jl.
α, 229 ἦ πολὺ λώϊόν ἐστι — δῶρ᾽ ἀποαιρεῖσθαι ὅστις σέθεν ἀντίον εἴπῃ.
γ, 62. χ, 23 ꝛc. Dieſen Gebrauch ahmen die Tragiker zuweilen nach (vgl.
n. 25): z. B. Soph. Trach. 251 τοῦ λόγου δ᾽ οὐ χρὴ φθόνον, γυνὴ, προσ-
εῖναι, Ζεὺς ὅτου πράκτωρ (Vollbringer) φανῇ. Eur. Ion. 863 τῶν ἐλευθέρων οὐδεὶς κακίων δοῦλος, ὅστις ἐσθλὸς ᾖ. — Vgl. hiezu die Beiſp.
des ſog. Schema Ibyceum (S. 208 N.) in der ausf. Spr. I. p. 497.

Anm. 2. In Relativſätzen, die zugleich eine Abſicht ausdrücken, 34
oder daß etwas geſchehen ſoll oder kann, wo im Lateiniſchen durchaus der
Konjunktiv ſtehen muß, ſteht der Indikativ des Futuri *), ſelbſt in Zwi-

*) Statt des Futurs ſteht bei Epikern (z. B. Jl. γ, 287. ι, 165) auch

schensätzen zur indirekten Rede (s. n. 69), z. B. Hell. 2, 3, 2 ἔδοξε τῷ δήμῳ τριάκοντα ἄνδρας ἑλέσθαι, οἳ τοὺς πατρίους νόμους ξυγγράψουσι, καθ᾽ οὓς πολιτεύσουσι. Eur. IT. 1209 καὶ πόλει πέμψον τίν᾽, ὅτις σημανεῖ. An. 2, 3, 6 ἔλεγον ὅτι ἥκοιεν ἡγεμόνας ἔχοντες, οἳ αὐτοὺς ἄξουσιν, ἔνθεν ἕξουσι τὰ ἐπιτήδεια. cf. 3, 1, 20. Auch nach negativen Sätzen steht oft der Indik., wo im Lat. der Konj. stehn müßte: Hell. 6, 1, 5 παρ᾽ ἐμοὶ οὐδεὶς μισθοφορεῖ, ὅστις μὴ ἱκανός ἐστιν ἴσα πονεῖν ἐμοί.

35 **Anm.** 3. (sonst §. 143, 1.). Aber nicht nur finale, sondern auch kau-
a. sale Bedeutung kann ein Relativsatz haben. Der natürlichste Modus in solchen Sätzen ist der Indikativ, s. unten D. Es stehen dann also ὅς, οἵ für ὅτι ἐγώ, σύ, ἡμεῖς ꝛc. weil ich, du ꝛc., οἷος für ὅτι τοιοῦτος, ὅσος für ὅτι τοσοῦτος, ὡς für ὅτι οὕτως u. s. f.

Beisp. Mem. 2, 7, 13 θαυμαςὸν ποιεῖς, ὃς ἡμῖν οὐδὲν δίδως. Her. 1, 33 (Σόλων Κροίσῳ) κάρτα ἔδοξε ἀμαθὴς εἶναι, ὃς τὰ παρεόντα ἀγαθὰ μετεὶς τὴν τελευτὴν παντὸς χρήματος ὁρᾶν ἐκέλευε. 1, 31 αἱ Ἀργεῖαι ἐμακάριζον τὴν μητέρα, οἵων τέκνων ἐκύρησε. Eur. Hel. 74. θεοί σ᾽, ὅσον μίμημ᾽ ἔχεις Ἑλένης, ἀποπτύσαιεν. Pl. Phaedo. p. 58 εὐδαίμων μοι Σωκράτης ἐφαίνετο, ὡς ἀδεῶς καὶ γενναίως ἐτελεύτα. cf. Thuc. 2, 41, 3. 4, 26, 4 al. Aehnlich ist der Gebrauch von ὅσος und οἷος bei Homer in Sätzen wie Il. σ, 95 ὠκύμορος δή μοι, τέκος, ἔσσεαι, οἷ᾽ ἀγορεύεις, in benen sich das Relativ dem ausrufenden Demonstr. nähert. Vgl. χ, 347 (οἷά μ᾽ ἔοργας), ρ, 471. 587. Od. δ, 611. Aesch. Prom. 908.

35 **Anm.** 4. Nach einem voraufgegangenen Demonstr., wie οὕτως ꝛc.,
b. haben die Relativa folgernde Kraft, und stehen dann für ὥςε (unten F.). Auch diese Sätze werden nur mit dem Indik. (oder den denselben vertretenden Mobis) konstruirt. Doch ist der Gebrauch nicht eben häufig.

Beisp. An. 2, 5, 12 τίς οὕτω μαίνεται, ὅστις οὐ σοι βούλεται φίλος εἶναι. Cyr. 6, 1. 14. S. Antig. 220 οὐκ ἔςιν οὕτω μῶρος, ὃς θανεῖν ἐρᾷ. Pl. Rep. p. 360 οὐδεὶς ἂν γένοιτο οὕτως ἀδαμάντινος, ὃς ἂν μείνειεν ἐν τῇ δικαιοσύνῃ. Die Stellen bei Demosth. s. Rehdantz Ind. zu Dem. unter ὅστις. (Thuc. 8, 72 steht der Inf. nach §. 141 A. 5).

36 **Anm.** 5. (3.) In gewissen Redensarten kann auch durch ein plötzliches Uebergehn in die unmittelbare Anrede der Imperativ nach Relativis stehen, z. B. οἶσθ᾽ ὃ δρᾶσον, οἶσθ᾽.ὡς ποίησον im att. Drama (welches auch durch Umstellung erklärt wird: δρᾶσον οἶσθ᾽ ὅ); auch in der 3. Pers.: οἶσθα νῦν ἅ μοι γενέσθω Eurip. IT. 1203. cf. Hec. 225. Soph. OT. 543. Ar. Av. 54 al. S. über diesen (in den Hdschr. oft verfälschten) Atticismus Koen. ad Greg. 18. Cob. VL. 101. und vgl. unten n. 61.

C. Sätze mit den Zeitpartikeln.

37 1. Zu diesen Partikeln gehören ὡς, ἡνίκα, ὅτε, ὁπότε, ἐπεί, ἐπειδή, ἕως, ἐξ οὗ, πρίν, ἔςε, μέχρι, die ep. ἦμος, ὄφρα, εὖτε u. a. Ihre Konstruction stimmt, wie sie selbst meist Relativa sind, mit der Konstruction der Relativsätze (n. 32, 1—4) wesentlich überein. Die Konstruction mit dem Konj. fügt wieder ἄν zur Partikel hinzu (ὅταν, ἐπειδάν, ἕως ἄν ꝛc.) mit Ausnahme von ὡς, welches

der Konjunktiv, was ihrem Sprachgebrauche gemäß ist, vgl. oben n. 5. Sehr selten (und zweifelhaft) ist er aber in solchen Sätzen bei Attikern, auch bei den Schriftstellern, die sich desselben nach den eigentlichen Absichtspartikeln (n. 45 u. 67) vorzugsweise bedienen. S. Poppo zu Thuc. 7, 25, 1.

in dieſer Verbindung, bei Attikern wenigſtens, entweder wie heißt
(z. B. Dem. Lept. in.) oder finale Bedeutung bekommt, ſ. unten E.
Beiſp. *Οἱ πολέμιοι, ὡς εἶδον τοὺς Μήδους, ἔφησαν.* An. 3, 1, 9
*εἶπε δὲ, ὅτι, ἐπειδὰν τάχιϛα (ſobald) ἡ ϛρατεία λήξῃ, εὐθὺς ἀποπέμψει
αὐτόν.* 3, 5, 18 *παρήγγειλαν, ἐπειδὴ δειπνήσειαν, συνεσκευασμένους
πάντας ἀναπαύεσθαι, καὶ ἕπεσθαι, ἡνίκ᾽ ἄν τις παραγγείλῃ* (n. 67).
Phaed. p. 101 *εἰ δέ τις αὐτῆς τῆς ὑποθέσεως ἔχοιτο, χαίρειν ἐῴης ἂν
καὶ οὐκ ἀποκρίναιο ἕως ἂν τὰ ἀπ᾽ ἐκείνης ὁρμηθέντα σκέψαιο.*

Anm. 1. Auch hier gilt, wie bei den Relativis und den Bedingungs= 38
partikeln, die Beobachtung, daß die Epiker beim Konjunktiv gewöhnlicher
(und nachahmend auch andere Dichter) *ἄν* oder *κέ* auslaſſen, z. B. *ἀλλ᾽
ὅτε γηράσκωσι πόλιν κάτα φῦλ᾽ ἀνθρώπων* Od. o, 408. cf. ξ, 170. Soph.
Ant. 1025. OC. 1225. Und zwar iſt es ein vorzüglich homeriſcher Sprach=
gebrauch, der ſich auf dieſe Beobachtung hier und in n. 33. gründet, in
Gleichniſſen nach Partikeln jeder Art den Konjunktiv eintreten zu laſſen;
z. B. nach *ὡς ὅτε, ὡς ὁπότε* Jl. λ, 155. 292. 305., *ὡς εἴ* ι, 481., auch nach
der Vergleichspartikel allein: *ὡς* (=wie wenn) ε, 161. κ, 486., *ὥστε* ſ. 149
n. 2) λ, 68. μ, 167. ν, 198 ꝛc., dem gleichbedeutenden *ἠΰτε* (ebb. n. 1 Note)
ρ, 547.; vgl. ε, 137. ο, 579. — Sonſt finden ſich, auch in Proſa, Beiſpiele
mit dem bloßen Konj. öfters nach ſolchen Partikeln, die zugleich eine finale
Beziehung in ſich ſchließen (nach Anal. von n. 45), wie *ἔϛε, ἕως, μέχρι, πρὶν,*
z. B. Soph. Aj. 1182 *ἀρήγετ᾽, ἔϛτ᾽ ἐγὼ μόλω;* ſelbſt nach hiſt. Temp.
(vgl. n. 45. 67): Thuc. 4, 41 *οἱ Ἀθηναῖοι ἐβούλευσαν αὐτοὺς φυλάσσειν,
μέχρι οὗ τι ξυμβῶσιν.* cf. 4, 46. 8, 9 *οὐ προεθυμήθησαν ξυμπλεῖν, πρὶν
τὰ Ἴσθμια διεορτάσωσιν.* S. mehr Beiſp. bei Herm. Op. IV. p. 103.
Poppo zu Thuc. 1, 137. 6, 10.

Anm. 2. Nach den Partikeln, die eine Wiederholung anzeigen 39
namentlich *ὁπότε,* ſteht in der Erzählung der Optativ, auch wenn von
bereits gegebenen Thatſachen (inſofern dieſelben als der ſubjektive Beweg=
grund der im Hauptſatze enthaltenen Handlung angeſehen werden) die Rede
iſt, viel ſeltner der Indikativ; in Erfahrungsſätzen (nach Haupttemp.) da=
gegen der Konjunctiv mit dem nach n. 14 zur Partikel hinzutretenden *ἄν*
(*ὁπόταν*). Z. B. *ὁπότε οἱ πολέμιοι ἐπίθοιντο, ἀπεχώρουν.* Cyr. 8, 4, 2
Γαδάτας, ὁπότε μὲν συνδειπνοῖέν τινες, ἐπεμέλετο (wartete auf), *ὁπότε
δὲ αὐτοὶ* (allein) *εἶεν, συνεδείπνει.* 3, 2, 7 *οἱ Χαλδαῖοι μισθοῦ ϛρατεύ=
ονται, ὁπόταν τις αὐτῶν δέηται.* Die ungewöhnliche Konſtruction von
ὁπότε mit dem Opt. erklärt ſich aus der Umwandlung, ſ. n. 68. — So
bekommen auch andere Partikeln, wie *εἰ, ὡς* (*ὅκως* bei Herod.) und
beſonders Relativſätze durch dieſen Optativ (auch nach Haupt=Temp.) die
Bedeutung der Wiederholung. Z. B. Thuc. 7, 79 *εἰ μὲν ἐπίοιεν οἱ Ἀθη=
ναῖοι, ὑπεχώρουν, εἰ δ᾽ ἀναχωροῖεν, ἐπέκειντο.* Ar. Eq. 571 *εἰ δέ που
πέσοιεν ἐς τὸν ὦμον ἐν μάχῃ τινί, τοῦτ᾽ ἀπεψήσαντ᾽ ἂν* (n. 12, a),
εἶτ᾽ ἠρνοῦντο μὴ πεπτωκέναι, ἀλλὰ διεπάλαιον αὖθις. Her. 7, 119 *ὅκως
δὲ ἀπίκοιτο ἡ ϛρατιή, σκηνὴ μὲν ἔσκε πεπηγυῖα ἑτοίμη· ὡς δὲ δείπνου
γίνοιτο ὥρη, οἱ μὲν ἔχεσκον πόνον· ὅκως δὲ νύκτα ἀγάγοιεν, ἀπε=
λαύνεσκον* cet. S. Ant. 666 *ὃν ἡ πόλις στήσειε, τοῦδε χρὴ κλύειν.*
Jl. β, 188. 198 *ὅντινα μὲν βασιλῆα κιχείη, τὸν δ᾽ – ἐρητύσασκε· ὃν
δ᾽ αὖ δήμου τ᾽ ἄνδρα ἴδοι, βοόωντά τ᾽ ἐφεύροι, τὸν σκήπτρῳ ἐλά=
σασκεν* cet. Vgl. hiezu §. 103. n. 11.

Anm. 3. *Ἕως, ἔϛε* (ſynk. aus *ἐς ὅ, τε,* dor. *ἔϛε*) ep. *ὄφρα* mit 40
dem Indik. drückt faktiſch die Dauer aus, während welcher etwas geſchieht,
und heißt dann ſo lange als, oder, wenn das Eintreten einer andern
Handlung, eines Vorfalls der Haupthandlung ein Ziel ſetzt, bis d. i. ſo
lange bis. Dem. Ol. p. 15 *ἕως ἐϛὶ καιρός, ἀντιλάβεσθε τῶν πραγμά=*

των. Cyr. 7, 5, 6 ἤεσαν, ἕως μὲν ἐξικνεῖτο τὰ βέλη ἀπὸ τοῦ τείχους, ἐπὶ πόδα· ἐπεὶ δὲ ἐν τῷ ἀσφαλεῖ ἐδόκουν εἶναι, ξυνεῖρον ἀπιόντες, ἔστε ἐπὶ ταῖς σκηναῖς ἐγένοντο. 3, 3, 46. Ἕως ἄν, ἔστ᾽ ἄν mit dem Κonj. (ep. εἰσόκε, εἰς ὅτε κε, ὀφρ᾽ ἄν, ion. ἐς ὅ) unb ἕως ꝛc. mit dem bloßen Optativ heißen gleichfalls bis (so lange bis), mit dem Unterschiede daß im erstern Falle (meist nach Haupttemp.) das Eintreten einer andern Handlung mehr als der objektive, im zweiten (nach hist. Temp.) mehr als der subjektive Beweggrund erscheint, welcher der Haupthandlung ein Ziel setzt. 3. B. Mem. 4, 8, 2 ὁ νόμος οὐκ ἐᾷ δημοσίᾳ τινὰ ἀποθνῄσκειν, ἕως ἄν ἡ θεωρία ἐκ Δήλου ἐπανέλθῃ. Cyr. 3, 3, 46 μὴ οὖν ἀναμείνωμεν ἕως ἄν πλείους ἡμῶν γένωνται, ἀλλ᾽ ἴωμεν ἕως ἔτι οἰόμεθα (f. oben) εὐπετῶς ἄν αὐτῶν κρατῆσαι (n. 18). Jl. α, 509 τόφρα δ᾽ ἐπὶ Τρώεσσι τίθει κράτος, ὄφρ᾽ ἄν Ἀχαιοὶ υἱὸν ἐμὸν τίσωσιν. η, 377 μαχησόμεθ᾽, εἰς ὅ κε δαίμων ἄμμε διακρίνῃ. An. 2, 1, 2 ἔδοξεν αὐτοῖς προϊέναι, ἕως Κύρῳ συμμίξειαν. Od. ε, 385 vom Aeolus: ὦρσε δ᾽ ἐπὶ κραιπνὸν βορέην, ἕως ὅγε Φαιήκεσσι μιγείη. Ueber den Opt. mit ἄν nach ἕως f. die Beisp. in n. 37. unb 68. unb vom Konj. ohne ἄν Anm. 1.

41 **Anm. 4.** Die Partikel πρίν (weniger attisch πρὶν ἤ) bevor, wird mit dem Infinitiv verbunden, läßt jedoch auch die Konstruction mit den modis finitis zu. Und zwar steht, wo von bereits vorhandenen oder bestimmt vorausgesetzten Thatsachen die Rede ist, der Indikativ; wo von bloß möglichen, gedachten oder zukünftigen, der Infinitiv, Konj. mit ἄν unb Optativ, jedoch mit dem ferneren Unterschiede, daß der Konj. mit ἄν (zuweilen nach n. 38 auch ohne ἄν) unb der Opt. ohne ἄν (nach hist. Temp.) nur dann gebraucht werden, wenn der Hauptsatz eine Negation enthält (nicht eher als bis), nach positiven Sätzen dagegen der Infinitiv (ehe, bevor). Nur ist der Gebrauch des Infinitiv insofern freier, als er, wenigstens bei Dichtern, auch nach negativen Sätzen eintritt, daher Homer beide Konstructionen, die mit dem Konj. oder Opt. unb dem Infin., ohne wesentlichen Unterschied zu Einem Satze vereinigt (Jl. ϱ, 504. Od. β, 373). Homer setzt auch im Hauptsatz πρίν, das dann doppelt steht. Das ep. πάρος (bevor) wird, wo es Konjunktion ist, immer mit dem Infin. verbunden (denn Jl. π, 629 ist es Adverb). Auch das gleichbedeutende πρότερον ἤ unb selbst das gegentheilige ὕσερον ἤ lassen die Konstruction mit dem Infinitiv zu.

Beisp. Indik.: Soph. OT. 775 ἡγόμην δ᾽ ἀνὴρ ἀσῶν μέγιστος τῶν ἐκεῖ, πρίν μοι τύχη τοιάδ᾽ ἐπέστη. An. 3, 2, 29 οὐ πρόσθιν ἐξενεγκεῖν ἐτόλμησαν πρὸς ἡμᾶς πόλεμον, πρὶν τοὺς στρατηγοὺς ἡμῶν συνέλαβον. cf. Thuc. 2, 65. (In Stellen mit dem Fut. Indik. ist πρίν nicht die Konjunktion, sondern das Zeitadverb, antea, wie Jl. α, 29. σ, 283. Od. ν, 427 unb ib. 336 ist πειρήσεαι cj. aor.) — Konj. mit ἄν: X. Hier. 7, 13 ὅτι ἄν τις λάβῃ παρὰ τοῦ τυράννου, οὐδεὶς οὐδὲν αὐτοῦ νομίζει, πρὶν ἄν ἔξω τῆς τούτου ἐπικρατείας γένηται. cf. Enr. Med. 277. 677. etc. — ohne ἄν: S. Aj. 741 (ἀπηύδα) μὴ ἔξω παρήκειν, πρὶν παρὼν αὐτὸς τύχῃ. cf. Eur. Or. 1351. Alc. 849 unb oben n. 38. — Opt.: Jl. φ, 580 οὐκ ἔθελεν φεύγειν, πρὶν πειρήσαιτ᾽ Ἀχιλῆος. cf. Cyr. 1, 4, 14. (mit ἄν Hell. 2, 3, 48 unb vgl. unten n. 68.). — Inf.: Pl. Prot. p. 350 (οἱ ἄνθρωποι) θαρραλεώτεροί εἰσιν ἐπειδὰν μάθωσιν, ἤ πρὶν μαθεῖν. Nach Neg. Eur. Herc. 605. Jl. ξ, 19. — doppelt: Jl. η, 480 οὐδέ τις ἔτλη πρὶν πιεῖν, πρὶν λεῖψαι ὑπερμενεῖ Κρονίωνι. — πάρος: Od. α, 20 ὁ δ᾽ ἀσπερχὲς μενέαινεν Ὀδυσῆι, πάρος ἥν γαῖαν ἱκέσθαι. — πρότερον ἤ: Thuc. 8, 45 αἱ πόλεις ἐς Ἀθηναίους πρότερον ἤ ἀποστῆναι ἀνάλουν. 1, 69. 6, 58. Her. 2, 44. 6, 91. — ὕσερον ἤ: Thuc. 6, 4, 2 ἔτεσιν ὕστερον ἑκατὸν ἤ αὐτοὺς οἰκῆσαι, Σελινοῦντα κτίζουσι. — Vom acc. unb nom. c. inf. nach πρίν f. §. 141, 1. 142, 4. unb über πρίν überhaupt Herm. unb Elmsl. zu Med. 215.

D. Kausalsätze.

1. Von den Zeitpartikeln können mehre auch Kausalbedeutung 42 haben, wie ἐπεί, ἐπειδή, auch ὅτε und ὁπότε in der Bed. quandoquidem (§. 149 n. 6); sonst gehören noch hieher ὅτι, διότι, dicht. οὕνεκα. Sie werden entweder mit dem Indik. konstruirt, wenn der Grund objektiv, oder mit dem Optativ, wenn er aus der Seele des handelnden oder redenden Subjekts angeführt wird, also meist nur in der Erzählung.

2. Der Konjunktiv kann mit diesen Partikeln nicht verbunden 43 werden, weil jeder Kausalsatz (auch wenn er zukünftige Dinge enthält), indem er die Ursache der im Hauptsatze ausgesprochenen Handlung angibt, zu diesem in einem solchen Verhältnis steht, daß die Erfahrung darüber völlig entschieden hat. Denn z. B. „ich bleibe, weil er bald kommen wird" ist so viel als: weil ich weiß, daß er bald kommen wird (s. das Beisp. unten).

3. Der Opt. mit ἄν und die histor. Temp. mit ἄν sind nur 44 Modifikationen des unabhängigen Aussageverhältnisses und erklären sich hinlänglich aus der allgemeinen Definition §. 139, 3.

Beisp. zu 1—3: Fut. Indik.: Soph. OC. 1435 τάδε τελεῖτέ μοι θανόντ᾽, ἐπεὶ οὔ μοι ζῶντί γ᾽ αὖθις ἕξετον. Jl. α, 132. — Opt.: Mem. 1, 4, 19 Σωκράτης ἐμοὶ τοὺς συνόντας ἐδόκει ποιεῖν ἀπέχεσθαι τῶν ἀνοσίων, οὐ μόνον ὁπότε ὑπὸ τῶν ἀνθρώπων ὁρῶντο (n. 39), ἀλλὰ καὶ ὁπότε ἐν ἐρημίᾳ εἶεν, ἐπείπερ ἡγήσαιντο, μηδὲν ἄν ποτε (n. 18), ὧν πράττοιεν (n. 32), θεοὺς διαλαθεῖν. An. 4, 3, 29. — Andere Beispiele gibt die Lesung; den Indik. Aor. mit ἄν s. Jl. o, 228. Soph. Ant. 389.; den Opt. mit ἄν Ar. Plut. 120. Xen. Mem. 3, 2, 2. Oec. 12, 1. — Die Relativsätze mit Kausalbez. s. n. 35. a.

E. Finalsätze.

1. Die Konjunctionen des Zweckes und der Absicht sind ὡς, 45 ὅπως, ἵνα, (ep. ὄφρα), und μή, wozu man auch ὅπως rechnen muß, wenn es durch daß zu übersetzen ist nach gewissen Verbis die eine Aufforderung, eine Sorge, ein betreiben, sich bestreben, hüten (παρακαλεῖν, φροντίζειν, φυλάττεσθαι, ὁρᾶν, σκοπεῖσθαι, ἐπιμέλεσθαι, μέλει μοι, πράττειν, παρασκευάζεσθαι u. a.) ausdrücken. Obwohl nun Angaben des Zwecks und der Absicht immer als der Gedanke des handelnden Subjekts erscheinen und darin begründet sind, so ist doch die natürlichste Verbindung, selbst oft nach historischen Temp., die mit dem Konjunktiv, weil in der Regel diese Angaben eben keine bloße Vorstellung sein wollen, sondern das handelnde Subjekt immer zugleich nach der Realisirung seiner Absicht strebt und bemüht ist, daß sein Gedanke ins Leben trete. Nur wo die Zweckangabe ausdrücklich als ein subjektiver Gedanke aufgefaßt werden soll, steht der Optativ, in der Regel aber nur nach hist. Temp. (s. 3). Nichts ist indessen gewöhnlicher, als daß, wie bei den Relativis wenn sie die Absicht mit enthalten (s. n. 34),

statt des Konjunctivs das Futurum Indicativi mit diesen Par=
tikeln (außer ἵνα, s. n. 47) sich verbindet. Vgl. oben n. 5. und 6. *).
Beisp. Mem. 3, 1, 8 ἐν μέσῳ δεῖ τοὺς χειρίςους τάττειν, ἵνα ὑπὸ
μὲν τῶν ἄγωνται, ὑπὸ δ' αὖ τῶν ὠθῶνται. Thuc. 3, 4 οἱ πρέσβεις
τῶν Μυτιληναίων ἔπρασσον, ὅπως τις βοήθεια ἥξει. 1, 57 Περδίκκας
ἐς τὴν Λακεδαίμονα πέμπων ἔπρασσεν, ὅπως πόλεμος γένηται. cf. 56.
1, 65 Ἀριςεὺς ξυνεβούλευε τοῖς ἄλλοις ἐκπλεῦσαι, ὅπως ὁ σῖτος ἀντί-
σχῃ. Cyr. 4, 1, 18 ὅρα, μὴ πολλῶν ἑκάςῳ ἡμῶν καὶ ὀφθαλμῶν καὶ
χειρῶν δεήσει. cf. Dem. Ol. 2, 12. X. Hipparch. 9, 2 κράτιςόν ἐςι τὸ
ὅσα ἂν γνῷ (§. 129 A. 17) ἀγαθὰ εἶναι ἐπιμελεῖσθαι ὡς ἂν πραχθῇ
(s. n. 47). Jl. η, 339 πύλας ποιήσομεν, ὄφρα δι' αὐτάων ὁδὸς εἴη (Bekk.
εἴη). An. 1, 6, 9 συμβουλεύω τὸν ἄνδρα τοῦτον ἐκποδὼν ποιεῖσθαι ὡς
τάχιςα, ὡς μηκέτι δέοι τοῦτον φυλάττεσθαι, ἀλλὰ σχολὴ εἴη ἡμῖν (al.
δέῃ und ῇ). cf. Pl. Rep. p. 410 b. Dem. 22, 11. Ar. Ran. 24. Beide
Modi (Konj. und Opt.) verbindet Xen. Hell. 2, 1, 2.

46　　**Anm. 1.** Hiemit verbinde man die den Dichtern wie Prosaikern gleich
geläufige elliptische Konstructionsweise von ὅπως mit dem Futuro Indikat., indem das Verbum, welches die Aufforderung enthält, zu ergänzen
ist, und der Satz mit ὅπως somit die Stelle eines nachdrucksvollen
Imperativs vertritt. An. 1, 7, 3 ὅπως ἔσεσθε ἄνδρες ἄξιοι τῆς ἐλευθερίας seid ja Männer ꝛc. Aesch. Prom. 68 ὅπως μὴ σαυτὸν οἰκτιεῖς
ποτε. Ob auch der Konjunktiv stehen kann, ist bei der weit größern und
sicheren Anzahl von Beispielen mit dem Futur zweifelhaft, weshalb in den
neuern Ausgaben an den noch übrigen Stellen der Konj. meistens ins Futurum geändert ist. S. z. B. X. Cyr. 4, 1, 16 (Dbf.: ὅπως μὴ ἀναγκά-
σωμεν). Symp. 4, 8. Pl. Prot. p. 313 c. Ar. Nub. 824. und mit vorgesetz-
tem ἄγε 489. Diog. L. 6, 2, 36. — Vgl. n. 50 Note.

47　　2. Noch ist für den Gebrauch der Finalpartikeln zu bemerken,
daß in der Konstruction mit dem Konjunktiv nur ὡς und ὅπως
die Partikel ἄν zu sich nehmen können **), ἵνα aber in der Be-

---

*) Dawes hatte die Norm aufgestellt, daß die Partikeln ὅπως und
οὐ μή (oben n. 6) bei guten Attikern niemals den Konj. Aor. *primi* act.
und med. bei sich hätten, sondern statt dessen jedesmal das Fut. Indic. Da
man in der That diese Regel häufig durch Hdschr. bestätigt fand, auch die
Verderbung durch Abschreiber, die an den späteren allgemeinen Gebrauch
des Konj. (vgl. NT. Gramm. §. 139, 8) gewöhnt waren, an manchen Stellen mit Evidenz sich nachweisen ließ (s. z. B. S. Trach. 978), so sind darauf hin in den Ausgaben eine Menge Stellen geändert worden, indem es
größtentheils nur auf kleine Aenderungen der Art: σῃς in σεις, σωμεν in
σομεν ꝛc. ankam. Aber es zeigte sich bald, daß des Besserns kein Ende
werden würde, und daß auch Stellen vorkommen, die sich nicht so leicht
bessern lassen, wie ὅπως ἐκπλεύσῃ ἡ στρατιά (Xen. An. 5, 6, 21), ὅπως
κλαύσω (Soph. El. 1122), οὐ γὰρ τό γε ἀγαθὸν μήποτέ τι ἀπολέσῃ (Pl.
Rep. p. 609), μείνῃ, περιμείνητε (An. 4, 8, 13. Aesch. Ctes. 64), δείσῃς,
σκώψῃς, παρακούσητε (An. 7, 3, 26. Ar. Nub. 296. Luc. 70, 11) ꝛc. Man
ist daher jetzt von obigem Kanon, dessen unbedingte Nothwendigkeit für einen rein äußerlich abgegrenzten Theil von Verben sich ohnehin, syntaktisch
wenigstens, schwer begreifen läßt, zurückgekommen, oder hat ihn wenigstens
bedeutenden Einschränkungen unterworfen. S. Bernh. Synt. p. 402. Cob.
NL. 255. 518 al.

**) Ebenso das epische ὄφρα, z. B. mit ἄν: Od. ρ, 10 τὸν ξεῖνον ἄγ'
ἐς πόλιν, ὄφρ' ἂν ἐκεῖθι δαῖτα πτωχεύῃ. σ, 364. — mit κέ: Jl. β, 440

deutung damit (und ebenso μή in der Beb. damit nicht) stets
ohne ἄν steht, so daß also ἵν᾽ ἄν nur heißen kann ubi, ubicunque. Auch mit dem Indik. Futuri darf ἵνα in der Bedeutung
damit nie verbunden werden.

Beisp. Ar. Plut. 112 σὺ δ᾽ ὡς ἂν εἰδῇς ὅσα, παρ᾽ ἡμῖν ἦν μέ-
νῃς, γενήσετ᾽ ἀγαθά, πρόσεχε τὸν νοῦν, ἵνα πύθῃ. — Nach einem hist.
Temp. Her. 8, 7 τῶν νεῶν διηκοσίας περιέπεμπον ἔξωθεν Σκιάθου, ὡς
ἂν μὴ ὀφθέωσι ὑπὸ τῶν πολεμίων. cf. 1, 5. — ἵνα (ubi) c. fut.: Eur.
Bacch. 1370 ἄγετέ με, κασιγνήτας ἵνα ληψόμεθ᾽ οἰκτράς. cf. Soph. OC.
502. 621. — ἵν᾽ ἄν c. conj.: S. OC. 404 σὲ προσθέσθαι πέλας χώρας θέ-
λουσι, μηδ᾽ ἵν᾽ ἄν (ubi) σαυτοῦ κρατῇς. — ubicunque: Ar. Plut. 1151
πατρὶς γάρ ἐστι πᾶσ᾽, ἵν᾽ ἄν πράττῃ τις εὖ. Eur. Ion. 315. — Auch die
Verbindung des einfachen ὡς (st. ὅπως) mit dem fut. ind. scheint bei ält.
Schriftst., außer nach den verb. timendi (Anm. 3), vermieden worden zu
sein; bei späteren wird sie häufiger (Lucian. 44, 27 ꝛc.).

3. Alle diese Konjunctionen aber können nach hist. Temp. 48
nach n. 9 auch mit dem Opt. (aber ohne ἄν) verbunden werden.

Beisp. Xen. Laced. 2, 2 ἔδωκεν αὐτῷ μαςιγοφόρους, ὅπως τιμω-
ροῖεν (τοὺς παῖδας), εἰ δέοι. Plat. Rep. 3. p. 393 ἀπιέναι δὲ ἐκέλευε
(τὸν Χρύσην) καὶ μὴ ἐρεθίζειν, ἵνα σῶς οἴκαδε ἔλθοι. Cyr. 1, 4, 25
Κῦρος ἔλεγεν, ὅτι ἀπιέναι βούλοιτο, μὴ ὁ πατήρ τι ἄχθοιτο, καὶ ἡ
πόλις μέμφοιτο αὐτῷ. cf. Jl. ε, 1. τ, 354. 347.

Anm. 2. (3.) Wenn bei dem finalen ὅπως und ὡς mit dem Op- 49
tativ ἄν zu diesen Partikeln sich gesellt, so formirt dies ἄν wiederum den
in n. 15. angegebenen Modus. Z. B. Jl. τ, 330 ἐώλπειν σὲ Φθίηνδε νέ-
εσθαι, ὡς ἄν μοι τὸν παῖδα Σκυρόθεν ἐξαγάγοις καί οἱ δείξειας ἕκαςα
damit du ihn bringen und ihm alles zeigen könntest. Diese Struktur ist bei
Homer und Herod. nicht ungewöhnlich (z. B. Od. θ, 21. Her. 1, 75. 99.
110 ꝛc. cf. Ar. Av. 1337), desto seltener bei Attikern (Thuc. 7, 65. Aesch.
Agam. 365), die sich derselben fast nur bedienen, wenn sich ὅπως und ὡς
durch wie übersetzen lassen, also in relativischem oder indirekt fragendem
Sinne (s. n. 32, 4. 64), z. B. nach βουλεύεσθαι, ὁρᾶν, ἐπιμέλεσθαι, παρασκευάζεσθαι ꝛc.: Cyr. 1, 2, 5 ἐπιμέλονται, ὡς ἂν βέλτιςοι εἶεν οἱ πολῖται. Hell. 3, 2, 1 ἐβουλεύετο, ὅπως ἂν μὴ βαρὺς εἴη τοῖς ξυμμάχοις.
Cyr. 3, 1, 1. Dem. Phil. 2, 4 etc. Vgl. noch die folg. Anm. u. n. 68.

Anm. 3. Hieher zieht man auch am natürlichsten die Sätze, in be- 50
nen eine Furcht, Besorgnis ꝛc. ausgedrückt wird, nach δέδοικα ꝛc., nach
welchen μή, auch ὅπως μή, wie im Lat. ne durch unser daß gegeben wird,
also daß nicht durch μὴ οὐ (s. §. 148, 4. unb Anm. 7). Ihre Konstr. ist
ganz die der Finalsätze, also Konj. (auch nach hist. Temp., aber stets ohne ἄν),
Opt., und Fut. Indik. z. B. Thuc. 3, 102 δεινὸν ἦν, μὴ οὐκ ἀντίσχωσιν
οἱ πολῖται. S. OT. 1075 δέδοιχ᾽ ὅπως μὴ 'κ τῆς σιωπῆς τῆσδ᾽ ἀναῤ-
ῥήξει κακά. Cyr. 1, 4, 22 Ἀςυάγης δείσας, μὴ — πάθ ιέν τι, ἡγεῖτο
πρὸς τοὺς πολεμίους*). cf. Anab. 7. in. ꝛc. Vor der lat. Sprache hat aber
die griechische das voraus, daß sie auch den Indikativ vergangener
Zeiten in Verbindung mit diesen Partikeln setzen kann, um den Gegenstand

ἴομεν, ὄφρα κε θᾶσσον ἐγείρομεν (für -ωμεν) ὀξὺν Ἄρηα. χ, 382 ꝛc. —
mit bl. Konj.: ὄφρ᾽ εὖ εἰδῶ, εἰδῇς, ὄφρα τελέσσω ꝛc. Jl. α, 185. 515. 523 ꝛc.

*) Wenn dem μή c. opt. noch ἄν hinzugefügt wird, so geschieht dies
nur in Folge eines unterdrückten hypothetischen Vordersatzes, s. die Ausl. zu
Thuc. 2, 93. Anab. 6, 1, 28. S. Trach. 628 unb vgl. die vollständig ausgeprägten Sätze Xen. Vect. 4, 39. 41.

der Furcht als schon wirklich vorhandene Thatsache hinzustellen*); z. B.
Pl. Lys. p. 218 φοβοῦμαι μὴ λόγοις τισὶ ψευδέσιν ἐντετυχήκαμεν (vereor
ne inciderimus); cf. Od. ε, 300. Thuc. 3, 53. Auch darin ist die griech.
Sprache freier, daß, nach dem jebesmaligen Zusammenhange, auch andre
Partikeln und Konstructionen nach diesen Verbis stehn können, z. B. εἰ (wenn
etwa), ὅτι (weil), ὡς mit folg. fut. indic., und der Infin., z. B. S. Trach.
176 φόβῳ ταρβοῦσα, εἴ με χρὴ μένειν ἀρίξου φωτὸς ἐξερημένην. Cyr.
3, 1, 1 ἐφοβεῖτο, ὅτι ὀφθήσεσθαι ἔμελλε τὰ βασίλεια οἰκοδομῶν. 5, 2, 12
μὴ φοβοῦ, ὡς ἀπορήσεις. 6, 2, 30 μὴ δείσητε, ὡς οὐχ ἡδέως καθευδή-
σετε. cf. S. Electr. 1309. 1426. Hec. 756 πατήρ νιν ἐξέπεμψεν ὀρρω-
δῶν θανεῖν (ne periret).

51   4. Wenn endlich ausgedrückt werden soll, daß eine Absicht
erreicht würde oder erreicht worden wäre, wenn etwas anderes ge-
schähe oder geschehen wäre, so steht in diesem Fall nach den Absichtspart. (in Prosa ἵνα) der Indik. eines hist. Temp., doch ohne ἄν.
Beisp. Soph. OT. 1386 ff. Der blinde Oedipus jammert und möchte
sich auch noch des Gehörs berauben: ἵν᾽ ἦν τυφλός τε καὶ κλύων μηδέν
(damit ich wäre 2c.). Und nachher: ἰὼ Κιθαιρών, τί μ᾽ οὐ λαβὼν ἔκτεινας εὐθύς, ὡς ἔδειξα μήποτε ἔνθεν ἦν γεγώς. So auch bei Plat. Crit.
p. 44 εἰ γὰρ ὤφελον οἷοί τε εἶναι οἱ πολλοὶ τὰ μέγιξα κακὰ ἐξεργάζεσθαι,
ἵνα οἷοίτε ἦσαν αὖ καὶ ἀγαθὰ τὰ μέγιξα· νῦν δὲ οὐδέτερα οἷοίτε.
Meno. p. 89 τῶν νέων τοὺς ἀγαθοὺς ἂν ἐφυλάττομεν —, ἵνα μηδεὶς αὐτοὺς διέφθειρεν. Vgl. An. 7, 6, 23. Dem. p. 599, 28. Eur. Hipp. 647. 1079.
Ebenso nach dem finalen πρίν (vgl. n. 38) Dem. Lept. p. 486. — Seltne
(oder zweif.) Beisp. der Hinzufügung von ἄν: Isae. 11, 6. Luc. Pisc. 2. Plat.
Legg. p. 959 b. Eur. Hipp. 931. und andre bei Elmsl. zu S. OT. 1389.
Cob. VL. 102. 359.

F. Folgerungssätze.

52   1. Die Folgerungspartikel ὥςε ist zusammengesetzt aus ὡς
und τέ, wörtlich und so, in welcher Bedeutung es den Satz anfängt, und völlig dem lat. itaque entspricht, z. B. Anab. 1, 7, 7.
In der Bedeutung so daß wird es mit dem Indik. aller Tempora verbunden, wenn es sich mit und so vertauschen läßt, überhaupt aber, wenn der Erfolg nicht als ein beabsichtigter, sondern
als ein faktisch vorhandener, und mehr äußerlicher oder zufälliger
dargestellt wird.

53   2. Dagegen wird ὥςε (wofür auch ὡς) mit dem Infinitiv
verbunden, wenn der Erfolg als ein beabsichtigter oder als ein im
Sinne des Hauptsatzes begründeter, innerlich nothwendiger soll

---

*) Da demnach in diesem Sinne auch einer Verbindung mit dem
Indik. Präsentis von logischer und grammatischer Seite nichts entgegen-
steht, so ist derselbe mehrfach sowohl nach diesen und andern Finalbegriffen,
als auch insbesondre wenn μή oder ὅπως μή mit Ergänzung eines solchen
einen absoluten Satz der Besorgnis einleiten (vgl. §. 148 A. 4), aus
den besten Hdschr. hergestellt; z. B. Soph. Trach. 550. Ant. 1253. Eur.
Phoen. 93. Ion. 1530. Ar. Ach. 342. Pl. Prot. 312a. Phaed. p. 84 e. S.
über den Gegenstand bef. Elmsl. zu Med. 310., Wyttenb. zu Pl. Phaed. p. 77 b.
Ellendt L. Soph. II. p. 104., Hartung Part. II. p. 139.

aufgefaßt werden. S. wegen der Verbindung mit dem bloßen Inf.,
dem nom. und acc. c. inf. §. 141, 1. 3. 142, 4.

3. Statt des Indikativs kann ὥϲε auch mit dem Optativ 54
und ἄν und den hiſtor. Zeitformen und ἄν (wofür hier auch der
Infin. mit ἄν ſtehen kann) verbunden werden, welche Konſtructionen ſich aus den allgemeinen Definitionen (n. 12. 15) erklären.
Beiſp. An. 2, 2, 17 Οἱ δὲ κραυγὴν πολλὴν ἐποίουν καλοῦντες ἀλλήλους ὥϲε καὶ τοὺς πολεμίους ἀκούειν (beabſichtigte Folge); ὥϲε οἱ
μὲν ἐγγύτατα τῶν πολεμίων καὶ ἔφυγον ἐκ τῶν σκηνωμάτων (ein Umſtand, der nur aus dem erſten beabſichtigten hervorgeht). 3, 3, 14 τοῖς θεοῖς
χάρις, ὅτι οὐ σὺν πολλῇ ῥώμῃ, ἀλλὰ σὺν ὀλίγοις ἦλθον (sc. οἱ πολέμιοι)· ὥϲε βλάψαι μὲν μὴ μεγάλα, δηλῶσαι δὲ, ὧν δεόμεθα. 1, 8, 10
εἶχον τὰ δρέπανα εἰς γῆν βλέποντα, ὡς διακόπτειν ὅτῳ ἐντυγχάνοιεν.
Mem. 3, 1, 9 ἀλλ᾽ οὐκ ἐδίδαξεν· ὥϲε αὐτοὺς ἂν ἡμᾶς δέοι τούς τε ἀγαθοὺς καὶ τοὺς κακοὺς κρίνειν. Ages. 1, 26 πάντες πολεμικὰ ὅπλα κατε-
σκευάζον, ὥϲε τὴν πόλιν ὄντως ἡγήσω ἂν πολέμου ἐργαϲήριον εἶναι.
An. 5, 9, 31 καί μοι οἱ θεοὶ ἐσήμηναν, ὥϲε καὶ ἰδιώτην ἂν γνῶναι, ὅτι
τῆς μοναρχίας ἀπέχεσθαί με δεῖ. Vgl. Dem. 8, 36. Thuc. 2, 49 in 4.

4. Nach voraufgegangenem Demonſtr. des Grades, wie 54
οὕτως, ἐς τοσοῦτο ꝛc. wird der Folgerungsſatz der Regel nach durch a.
ὥϲε eingeleitet. Dabei ſtehn abwechſelnd bald der Indik. (oder die
denſelben erſetzenden Ausſageformen) bald der Infin., je nach der
Vorſtellung, die der Schriftſteller mit dem Satze verbindet.
Beiſp. Cyr. 1, 4, 15 Ἀνάγκης οὕτως ἥσθη τῇ τότε θήρᾳ, ὥϲε
ἀεὶ συνεξῄει τῷ Κύρῳ. cf. 8, 1, 4. Mem. 1, 6, 4. — ib. 4, 4, 1 (Σωκρ.
ἀπεδείκνυτο τοῖς ἄρχουσι) πειθόμενος οὕτως, ὥϲε διάδηλος εἶναι παρὰ
τοὺς ἄλλους εὐτακτῶν. 1, 2, 1 Σωκρ. ἦν πεπαιδευμένος οὕτως, ὥϲε
πάνυ ῥᾳδίως ἔχειν ἀρκοῦντα. — Opt. mit ἄν: Cyr. 1, 1, 4. Infin. mit
ἄν: Thuc. 2, 49 τὰ δὲ ἐντὸς οὕτως ἐκάετο, ὥϲε ἥδιϲα ἂν ἐς ὕδωρ ψυχρὸν σφᾶς αὐτοὺς ῥίπτειν. cf. Isocr. 12, 20. Mem. 4, 8, 1.

Anm. 1. Daß niemals der Konj. ſich mit ὥϲε in Verbindung ſetzt, 55
kommt daher, daß das Verhältnis von Urſach und Wirkung kein unge-
wiſſes iſt, worüber die Zukunft noch zu entſcheiden hat, ſelbſt wenn der Folgerungsſatz ein Futurum enthält (Cyr. 1, 4, 28), welches wiederum auf die
n. 43 angegebne Weiſe zu erklären iſt*); und noch viel mehr würde dies
Verhältnis aufgehoben, wenn man ἄν mit ὥϲε unmittelbar verbinden wollte,
da es ja eben von allen zufälligen Bedingungen entfernt gedacht werden
muß. Auch die Verbindung mit dem bloßen Optativ widerſtrebt dem mehr
oder weniger objektiven Ausſageverhältnis dieſer Sätze (die ſubjektiven Ne-
benbeziehungen derſelben werden ohnehin dem Inf. zugetheilt, ſ. 2 und 4),
und ein Beiſpiel wie Xen. Oec. 1, 13: εἴ τις χρῷτο τῷ ἀργυρίῳ, ὥϲε
κάκιον τὸ σῶμα ἔχοι — πῶς ἂν ἔτι τὸ ἀργύριον αὐτῷ ὠφέλιμον εἴη,
kann dieſer Bemerkung keinen Eintrag thun, da der Opt. hier gleichſam noch
mit in den durch den Opt. ausgeſprochenen Bedingungsſatz gehört.

Anm. 2. Auch ἢ ὥϲε (ſeltner ἢ ὡς) nach Komparativen wird 56
am gewöhnlichſten mit dem Infinitiv verbunden: νεώτεροί εἰσιν ἢ ὥϲε εἰδέναι οἵων πατέρων ἐϲέρηνται, ſie ſind zu jung als daß ſie wiſſen könn-

---

*) In Pl. Crit. p. 45 b. ξένοι οὗτοι ἐνθάδε ἕτοιμοι ἀναλίσκειν· ὥϲε,
ὅπερ λέγω, μὴ ταῦτα φοβούμενος ἀποκάμῃς σαυτὸν σῶσαι vertritt
der Konj. die Stelle des Imperativs und ὥϲε iſt = itaque, ganz wie Soph.
El. 1171 ὥϲε μὴ λίαν ϲένε.

ten ꝛc. Indik. mit ἄν: An. 1, 5, 8 θᾶττον ἢ ὡς τις ἂν ᾤετο. Beach=
tenswerth ist hiebei, daß statt des Komp. der Positiv eintreten kann,
und demzufolge das ἤ vor ὥϛε wegfällt, ohne daß der Sinn sich ändert.
Die negative Auffassung des Ganzen folgt dann jedesmal aus dem Zusam=
menhange mit Nothwendigkeit; z. B. Plat. Prot. p. 314 νέοι ἔτι ἐσμὲν,
ὥϛε τοσοῦτον πρᾶγμα διελέσθαι (nicht etwa: so jung, daß wir können ꝛc.).
Cyr. 4, 5, 15 ὀλίγοι ἐσμὲν, ὥϛε ἐγκρατεῖς εἶναι αὐτῶν. Mem. 3, 13, 3
ψυχρὸν ὥϛε λούσασθαι ἐϛίν. Eur. Andr. 80 γέρων ἐκεῖνος, ὥϛε σ᾽
ὠφελεῖν παρών. Auch der bloße Inf. ist hinreichend: Thuc. 1, 50 ἔδεισαν,
μὴ αἱ δέκα νῆες ὀλίγαι ἀμύνειν ὦσι. cf. 2, 61. Xen. Oec. 16, 11.

Anm. 3. Wie ὥϛε wird auch ἐφ᾽ ᾧτε konstruirt, s. §. 150 n. 9.

57　　5. Wenn die adjekt. Pronomina demonstr. τοιοῦτος und το=
σοῦτος dem Folgerungssatze voraufgehen, so pflegen die entspre=
chenden relativen Pron. οἶος und ὅσος die Stelle von ὥϛε zu
vertreten, und wie dieses mit dem Infinitiv konstruirt zu wer=
den, so jedoch, daß das Relativ immer in demselben genere, num.
und casu steht wie das voraufgehende Demonstr. (d. h. es findet
Attraktion statt). Vgl. die Relat. nach οὕτως ꝛc. n. 35. b.

Beisp. Pl. Charm. p. 156 b. ἔϛι γὰρ τοιαύτη (ἡ δύναμις) οἵα μὴ
δύνασθαι τὴν κεφαλὴν ὑγιᾶ ποιεῖν. Mem. 2, 1, 15 δοῦλος τοιοῦτος,
οἷος μηδενὶ δεσπότῃ λυσιτελεῖν. Inf. mit ἄν (s. 3): Cyr. 5, 2, 4 ἀπήγ=
γελλον ὅτι τοσαῦτα εἴη ἔνδον ἀγαθά, ὅσα μὴ ἂν ἐπιλιπεῖν τοὺς ἔνδον
ὄντας. Auch mit ausgelassenem Demonstr. vorher: Pl. Theag. p. 127 c.
φοβοῦμαι ὑπὲρ τούτου, μή τινι ἄλλῳ (sc. τοιούτῳ) ἐντύχῃ, οἴῳ τοῦτον
διαφθεῖραι. Thuc. 1, 2 νεμόμενοι τὰ αὐτῶν ἕκαϛοι, ὅσον ἀποζῆν. So
wird οἷος mit dem Inf. zu einem völligen Adjektiv: so beschaffen daß (wie
δυνατός oder οἷόϛε), z. B. Mem. 1, 4, 6 οἱ πρόσθεν ὀδόντες πᾶσι ζώοις
οἷοι τέμνειν εἰσὶν, οἱ δὲ γόμφιοι (Backzähne) οἷοι παρὰ τούτων δεξά=
μενοι λεαίνειν (zermalmen). Hell. 2, 3, 45. Pl. Prot. p. 352 c. — Ueber
die Auslassung von οἷος ꝛc. vorm Inf. s. §. 140 Anm. 3.

G. Aussage=Sätze nach den Verbis: sagen, glauben ꝛc.

58　　1. Das deutsche daß nach den Verbis: sagen ꝛc. wird im
Griech. abwechselnd durch die Konstruction des Infin. mit dem
Akkus. oder Nomin. (§. 142, 2), in vielen Fällen auch durchs Par=
ticip (§. 144), und zwar beide nach Beschaffenheit der Aussage mit
und ohne ἄν (n. 17), und durch die Konjunktionen ὅτι, ὡς, dicht.
οὕνεκα, ὁθούνεκα gegeben. Mit diesen Konjunktionen verbindet sich
der bloße Optativ, wenn der durch ὅτι ꝛc. eingeleitete Gedanke
ausdrücklich als aus der Vorstellung des redenden oder denkenden
Subjekts angeführt gedacht werden soll (vgl. n. 9); sonst aber folgt
durchgängig der Indikativ, oder die Modificationen des unabh.
Aussageverhältnisses (Opt. mit ἄν, histor. Temp. mit ἄν). Der
Konjunktiv kann nach diesen Konjunktionen aus demselben Grunde
wie bei den Kausalpartikeln gar nicht stehn.

Beisp. Πάντες ὁμολογοῦσιν, ὡς ἡ ἀρετὴ κράτιϛόν ἐϛι. An. 4, 5,
10 αὗται ἠρώτων αὐτοὺς τίνες εἶεν· ὁ δὲ ἑρμηνεὺς εἶπεν, ὅτι παρὰ βα=
σιλέως πορεύοιντο πρὸς τὸν σατράπην· αἱ δὲ ἀπεκρίναντο, ὅτι οὐκ
ἐνταῦθα εἴη etc. Oder abwechselnd Indik. und Opt. (ib. 2, 1, 3) οὗτοι
ἔλεγον, ὅτι Κῦρος μὲν τέθνηκεν, Ἀριαῖος δὲ πεφευγὼς εἴη cet.; und

Opt. mit ἄν: ibid. — καὶ λέγοι, ὅτι περιμείνειεν ἂν αὐτοὺς cet. —
Inb. mit ἄν: Isocr. Euag. 38 ἐκ μὲν τῆς Κύρου στρατηγίας οὔπω δῆλον,
ὅτι καὶ τοὺς Εὐαγόρου κινδύνους ἂν ὑπέμεινεν (sc. ὁ Κῦρος), ἐκ δὲ
τῶν τούτῳ (sc. Εὐαγ.) πεπραγμένων φανερὸν, ὅτι ῥᾳδίως ἂν κἀκείνοις
τοῖς ἔργοις (sc. τοῦ Κύρου) ἐπεχείρησεν. **Anm.** 1. Bon der perſönlichen Konſtr. gewiſſer Rebensarten wie
λέγεται, φανερόν ἐςιν ὅτι ꝛc. ſo wie von dem Gebrauch, daß das Subjekt
des ath. Satzes Objekt des Hauptſatzes wird, ſ. §. 151. I, 6. 7.
Anm. 2. Das beutſche daß kann auch burch ὅτε (als) gegeben wer= 59
ben, nach ben Berbis ſich erinnern unb erfahren, z. B. Thuc. 2, 21
μεμνημένοι καὶ Πλειστοάνακτα, ὅτε ἐσβαλὼν ἀνεχώρησε πάλιν· wörtlich:
ſich erinnernb ber Zeit als Pl. ꝛc.; vgl. Jl. ο, 18. Pl. legg. p. 782 c. (nach
ἀκούω), Dem. Ol. p. 29. Soph. Aj. 1273 (ἡνίκα).
Anm. 3. Das beutſche daß kann auch burch εἰ gegeben werben nach 60
ben Verbis θαυμάζω wunbre mich, ἀγαπάω bin zufrieden, αἰσχύνομαι ſchäme mich, unb einigen anbern Verbis ber Empfinbung, inbem
bie Attiker es vorzogen, auch bei ganz gewiſſen Sachen ben Ton ber Be=
ſtimmtheit zu vermeiben. Doch läßt ſich bies εἰ nur bann füglich burch
b aß überſetzen, wenn es mit bem Inbik. verbunben iſt. Cyr. 4, 5, 20 οὐδὲν
θαυμάζω, εἰ Κυαξάρης ὀκνεῖ περὶ ἡμῶν. Dem. Mid. p. 548 οὐκ ἠσχύνθη
εἰ τοιοῦτο κακὸν ἐπάγει τῳ, baß er jemanben ein ſolches Unglück zuzog.
Aesch. p. 74, 28 οὐκ ἀγαπᾷ εἰ μὴ δίκην ἔδωκεν, baß er ungeſtraft ge=
blieben. So auch nach χαλεπῶς φέρειν Cyr. 5, 5, 12. δεινὸν ποιεῖσθαι (in-
dignari) Thuc. 6, 60 al. — Doch ſinb alle bieje Präbikate auch anberer Kon=
ſtructionen fähig, inbem ſie als verba sentiendi theils mit ben Partikeln
ὅτι, ὡς (Dem. Ol. p. 37. Xen. An. 5, 5, 13. Cyr. 1, 4, 20), theils nach Be=
ſchaffenheit ber Ausſage mit ben Inſinitiv= unb Participialconſtr. (§. 140 ff.
144, 6), theils auch mit inbirekten Fragjätzen in Verbinbung treten, in wel=
chem letzten Falle θαυμάζειν bie Nebenbebeutung nicht wiſſen unb gern
erfahren wollen (wörtl.: wunbernb fragen) erhält, z. B. Mem. in. πολλάκις ἐθαύμασα, τίσι ποτὲ λόγοις Ἀθηναίους ἔπεισαν οἱ γραψάμενοι
Σωκράτην, ὡς ἄξιος εἴη θανάτου. Cyr. 1, 4, 18 Ἀςυάγης ἐθαύμασε,
τίνος κελεύσαντος ἥκοι. Laced. in. ἐθαύμασα ὅτῳ ποτὲ τρόπῳ τοῦτ'
ἐγένετο. cf. Theophr. Char. init.
Anm. 4. Selbſt vor unveränbert, nehmlich birekt angeführten Worten 61
bes Rebenben ſteht ὅτι, alſo völlig abunbirenb: Cyr. 3, 1, 8 ὁ Κῦρος
εἶπεν, ὅτι εἰς καιρὸν ἥκεις. 5, 2, 9 ἀπεκρίνατο, ὅτι, ἔφη, ὦ Γωβρύα,
οἴομαι etc.; baher vorm Imperativ: Thuc. 4, 92 χρὴ δεῖξαι, ὅτι, ὧν
μὲν ἐφίενται, — κτάσθωσαν. cf. Cyr. 2, 3, 21. — Wenn unmittelbar
nach ὅτι, ὡς Zwiſchenſätze treten, ſo kann bie Konjunktion wieberholt wer=
ben: An. 5, 6, 19 λέγουσιν ὅτι, εἰ μὴ ἐκποριοῦσι (n. 23.) τῇ ςρατιᾷ μισθὸν,
ὅτι κινδυνεύσοι μεῖναι τοσαύτη δύναμις. cf. 7, 4, 5; ober beibe Konjunktio=
nen wechſeln: Cyr. 5, 3, 30. Iler. 3, 71. Auch kann in gleichem Fall nach
bem Zwiſchenſatze bie Konſtr. bes Aff. mit bem Inf. ober bie mit bem Par=
ticip eintreten, ſo baß bann ὅτι ober ὡς abermals abunbiren: Hell. 2, 2, 2
(ταῦτα ἐποίησε) εἰδὼς ὅτι, ὅσῳ ἂν πλείους συλλεγῶσιν εἰς τὸ ἄςυ, θᾶττον τῶν ἐπιτηδείων ἔνδειαν ἔσεσθαι. cf. ib. 5, 4, 35. Thuc. 5, 46, 3. 4,
37 γνόντες δὲ, ὅτι — διαφθαρησομένους αὐτοὺς —, ἔπαυσαν τὴν μάχην *).

---

*) Was ſich bei guten Schriftſt. als einzelne Abweichung aus bem
Geiſte ber Sprache (vgl. §. 151 II) unb ber Natur ber Stelle wohl erklären
läßt, geſtaltete ſich bei Späteren mehr unb mehr zu einem affektirten feh=
lerhaften Gebrauch. S. hierüber beſ. Heinb. zu Phaed. 19. Dinb. zu
Cyr. 2, 4, 15. Kühn. zu An. 3, 1, 9. unb vgl. §. 141 Anm. 1. Cobet (NL. 317.

— Die unmittelbare Nebeneinanderstellung beider Partikeln ὡς ὅτι für das einfache ὅτι (Hell. 3, 2, 14 ?) gehört einer späteren Periode an, f. NT. Gr. p. 308.

61 **Anm.** 5. Umgekehrt wird ὅτι öfters ausgelassen, d. h. es tritt
a. statt der abhängigen, die direkte Aussageform ein, bef. nach δοκῶ, δοκεῖ μοι, ὁρᾷς, ὁρᾶτε, οἶμαι (dies häufig, wie ἔφη, φασί ꝛc., auch eingeschoben, vgl. §. 147 A. 3), οἴει, οἶδα. 3. B. Thuc. 1, 3 δοκεῖ δέ μοι, οὐδὲ τοὔνομα τοῦτο ξύμπασά πω εἶχεν. 4, 62. Eur. Or. 591 ὁρᾷς, τούτῳ (sc. Ἀπόλλωνι) πιϑόμενος τὴν τεκοῦσαν ἔκτανον. X. Cyr. 6, 1, 40 οἶμαι δὲ καὶ βουλευμάτων κοινωνὸν ἄν σε ποιοῖντο. Soph. OC. 995. 1197. Ar. Ach. 12.
— Ueber die Einschaltung von εὖ οἶδ᾽ ὅτι u. ä. f. §. 151. IV, 4.

H. Direkte und indirekte Fragesätze.

62 1. Die **direkten** Fragen werden in der Regel eingeleitet durch eine Fragepartikel, besonders ἆρα; ferner ἄλλο τι ἤ, ἆρ᾽ οὐ, οὐκοῦν oder bloß οὐ (die in der Regel zur Antwort ja erwarten, nonne), ἆρα μή oder bloß μή, μῶν, μῶν μή, οὔκουν (die meist nein er= warten, num), in Doppelfragen durch πότερον-ἤ (f. über alle diese §. 149 n. 18); theils durch ein Pronomen interrog., wozu die fra= genden Adverbialpron. (ποῦ; ποῖ; ꝛc.) gehören. Sie werden, als selbständige Sätze, auch wie solche konstruirt. Nur liebt es der Grieche, sich bei Fragen der subjektiven Aussageform, Optat. mit ἄν, zu bedienen: τί εἴποις ἄν; πῶς ἂν οἴοιτο;*) — Von dem Konjunktiv in zweifelnden Fragen f. n. 2.

63 2. Die **indirekte** Frage wird eingeleitet entweder durch die Partikeln εἰ (ἤν) ob, εἰ μή oder bloß μή ob nicht, bei Doppelfra= gen εἴτε-εἴτε, πότερον-ἤ, εἰ-ἤ, dicht. ἤ-ἤ (über ἤ-ἤ f. §. 149 n. 7 Not.); oder durch die indirekt fragenden Pronomina und Adverbial= pronomina ὅστις, ὅπου, ὅπως, ὁπηλίκος ꝛc. an deren Stelle aber oft, insbef. nach den verbis quaerendi (nicht dicendi oder cogno= scendi) auch die direkt fragenden Pronomina τίς, ποῦ ꝛc. gebraucht werden**). Ihre Konstruction ist die der abhängigen Sätze,

---

432 sq.) bestreitet die Zulässigkeit derartiger Stellen bei Att., und korrigirt sie fast sämtlich.

*) Abweichend vom Deutschen werden negirte direkte Fragesätze, wenn sie umschreibend für eine entsprechende positive Aussage im Indik. stehn (deutsch: wie sollte ich nicht wissen? = ich weiß sehr wohl), gern sofort durch den Indikativ, seltner durch den Opt. mit ἄν, gegeben. 3. B. Soph. El. 923 πῶς οὐκ ἐγὼ κάτοιδ᾽, ἅ γ᾽ εἶδον ἐμφανῶς; Dem. Lept. p. 471 εἶτ᾽ οὐκ αἰσχυνόμεϑα, εἰ τοὺς παῖδας ἀφῃρημένοι φανούμεϑα τὴν δωρεάν; p. 495 εἰ ταῦτα ποιεῖν ζητήσουσι, πῶς οὐκ ἀσεβέστατον ἔργον πράξουσι; Dagegen p. 497 πῶς οὐχὶ δεινότατ᾽ ἂν πεπονϑὼς ὁ Χαβρίας φανείη, εἰ cet. — Vgl. die Redensart τί δ᾽ οὐ μέλλει; in §. 150 n. 35.

**) Bemerkenswerth ist, daß wenn in der Umgangssprache der Ange= redete die an ihn gerichtete direkte Frage vor Ertheilung der Antwort wiederholt, bies regelmäßig in Form der indirekten Frage geschieht, und zwar ohne regierendes Verbum. So häufig bei Aristoph.: Nub. 214 ἡ Λα= κεδαίμων ποῦ ᾽στιν; — ὅπου ᾽στιν; 677 πῶς με χρὴ καλεῖν; — ὅπως; 689 πῶς γ᾽ ἂν καλέσειας; — ὅπως ἄν; 1495 τί ποιεῖς; — ὅ,τι ποιῶ; Av. 960 σὺ δ᾽ εἶ τίς; — ὅστις; Thesm. 483 ποῖ σὺ καταβαίνεις; — ὅποι;

und daher bereits im Obigen enthalten; s. die Beisp. Anm. 1 a. Jedoch ist hier wohl zu beachten, daß in der Konstruction mit dem Konjunctiv nicht, wie bei den Relativis, ἄν sich zu dem Fragewort gesellt. Da nun diese Konstruction nur nach negirten oder solchen Prädikaten stattfindet, in denen eine Negation, ein Zweifel (s. Anm. 2) enthalten ist, so erkennen wir in diesem Konj. wieder den in n. 2 beschriebenen conj. dubitativus.

Beisp. Soph. OT. 1367 οὐκ οἶδ᾽ ὅπως σε φῶ βεβουλεῦσθαι καλῶς. Cyr. 8, 4, 16 τὰ δὲ ἐκπώματα, ἔφη, οὐκ οἶδ᾽, εἰ Χρυσάντᾳ τούτῳ δῶ (geben soll). Eur. Or. 713 κοὐκέτ᾽ εἰσὶν ἐλπίδες, ὅποι τραπόμενος θάνατον φύγω. — Nach hist. Temp. übernimmt der Optativ ohne ἄν diese dubitative Bedeutung (obwohl auch in diesem Falle der Konjunktiv nicht ausgeschlossen ist), z. B. Hell. 3, 1, 24 ὁ Μειδίας ἀπορῶν, ὅ,τι ποιοίη, εἶπεν. 1, 3, 21 Ἕλιξος καὶ Κοιρατάδας, οὐδὲν ἔχοντες (nicht wissend) ὅ,τι ποιήσαιεν, παρέδοσαν σφᾶς αὐτούς. cf. 5, 4, 44. Anab. 3, 5, 3. — Konj.: Mem. 2, 1, 21. Thuc. 2, 52, 3.; s. Anm. 2.

Anm. 1. Hiebei ist zu bemerken, daß wenn dieser dubitative Konj. oder Opt. durch die Imperf. χρή oder δεῖ gewissermaßen umschrieben wird, diese Verba selbst stets im Indikativ stehn. Cyr. 5, 5, 25 οὐκ οἶδ᾽ ὅπως χρὴ λέγειν. Thuc. 1, 91 οὐκ εἶχον ὅπως χρὴ ἀπιστῆσαι. Cyr. 4, 3, 19 ἀπορούσιν ὅπως δεῖ χρῆσθαι τοῖς ἀγαθοῖς καὶ πῶς αὐτῶν χρὴ ἀπολαύειν. Vgl. Hell. 2, 2, 10 mit 3, 1, 24. Pl. Phaed. p. 115c. (var.)

Anm. 1a. In der gewöhnlichen Frage bedient man sich entweder selbst in indirekter Rede, des Indikativs (oder der denselben ersetzenden Aussageformen) oder, besonders nach historischen Zeiten, des Optativs. Z. B. An. 7, 3, 37 σκέψαι τοίνυν, εἰ ὁ Ἑλληνικὸς νόμος κάλλιον ἔχει. Soph. Ant. 38 δείξεις τάχα, εἴτ᾽ εὐγενὴς πέφυκας, εἴτ᾽ ἐσθλῶν κακή. Mem. 3, 12, 8 αἰσχρὸν γηρᾶσαι, πρὶν ἰδεῖν ἑαυτὸν (§. 151, I, 6), ποῖος ἂν κάλλιστος γένοιτο. An. 4, 8, 7 ἠρώτων εἰ δοῖεν ἂν τούτων τὰ πιστά. 4, 1, 28 ἐρωτῶσιν εἴ τις ἐθέλοι συμπορεύεσθαι. Hell. 3, 3, 5 ἤροντο οἱ ἔφοροι, πῶς φαίη τὴν πρᾶξιν ἔσεσθαι. cf. ib. 6, 7, 9, 11. S. noch wegen des Indik. Anm. 1. und die folgenden allg. Bemerkungen.

Anm. 2. Daß auch in affirmativen Sätzen (selbst nach historischen Temporibus) jener Konjunktiv sich findet, ist nicht auffallend, da auch in affirmativen Fragen, namentlich im Doppelfragen der conj. dubit. sehr wohl statthaft ist, z. B. Herod. 2, 52 ἐχρηστηριάζοντο οἱ Πελασγοὶ εἰ ἀνέλωνται τὰ οὐνόματα τὰ ἀπὸ τῶν βαρβάρων ἥκοντα (ob sie etwa annehmen sollten oder nicht). Aesch. Prom. 779 ἑλοῦ γάρ, ἢ τὰ λοιπά σοι φράσω, ἢ τὸν ἐκλύσοντ᾽ ἐμέ. Thuc. 7, 1 ἐβουλεύοντο, εἴτ᾽ ἐν δεξιᾷ λαβόντες τὴν Σικελίαν διακινδυνεύσωσιν ἐσπλεῦσαι, εἴτε — κατὰ γῆν ἔλθοιεν. 2, 4 ἐβουλεύοντο, εἴτε κατακαύσωσι τὸ οἴκημα, εἴτε τι ἄλλο (§. 131, 3) χρήσωνται. Ebenso der stellvertretende Optativ (nach hist. Temp., vgl. die Beisp. in n. 63): Mem. 3, 6, 4 διεσιώπησεν ὡς σκοπῶν, ὁπόθεν ἄρχοιτο. An. 1, 10, 5 ἐβουλεύοντο, εἰ πέμποιέν τινας ἢ πάντες ἴοιεν. Oder abwechselnd mit Konj. und Opt., wie Herod. 1, 53 Κροῖσος ἐνετέλλετο ἐπειρωτᾶν τὰ χρηστήρια, εἰ στρατεύηται ἐπὶ Πέρσας Κροῖσος (ob er es wagen solle, Krieg zu führen gegen die Perser) καὶ εἴ τινα στρατὸν προσθέοιτο σύμμαχον. cf. Il. σ, 307.

Anm. 3. Homer fügt diesen indirekten Fragesätzen, auch wenn sie im Konjunktiv stehen, sehr gewöhnlich κέ hinzu, Il. ν, 742. ι, 701. χ, 244., besonders in dem elliptischen αἴ κε oder εἴκε mit dem Konj. z. B. Il. ε, 279. α, 420 αἴ κε τύχωμι, αἴ κε πίθηται (um zu sehen, ob etwa —) Od. α, 379 θεοὺς ἐπιβώσομαι, αἴ κέ ποθι Ζεὺς δῷσι παλίντιτα ἔργα γενέσθαι. cf. Il. σ, 307 (Konj. und Opt.). — Diesem analog ist der Ge brauch des ἐάν (ob) nach den Verbis die ein Untersuchen (σκοπεῖν, ὁρᾶν) bedeuten, auch in Prosa, z. B. Pl. Gorg. p. 510b. σκόπει δή, ἐάν σοι δοκῶ εὖ λέγειν (cf. Theaet. p. 192e), und ebenso elliptisch wie das hom. εἴ κε z. B. Alcib. 1. p. 122 μηδὲ τοῦτο ἡμῖν ἄῤῥητον ἔςω, ἐάν πως αἴσϑῃ οὗ εἶ. Eur. Andr. 44. cf. Thuc. 2, 12 (εἰ ἄρα), 7, 79, 5 (εἴ πως) mit folg. Opt. nach hist. Temp.

66   **Anm. 4.** Mehres andere die Fragsätze betreffende s. §. 127, 5.; über
a. πῶς ἄν mit folg. Opt. in der wünschenden Bedeutung (vgl. das lat. utinam) bei Tragikern (z. B. Eur. Med. 97. Hipp. 345. Soph. Aj. 388) s. zu Soph. Phil. 794. — Von der den Griechen eignen Art, das Subjekt des abh. Satzes zum Objekt des Hauptsatzes zu machen, so wie von der auch in diesen Sätzen stattfindenden persönl. Konstruction §. 151, I, 6. 7.

Allgemeine Bemerkungen
über den Gebrauch der Modi in abhängigen Sätzen und in der oratio obliqua.

67   **Anm. 1.** Die Regel, daß der Konjunctiv nach Haupttemp., der Optativ nach historischen Temp. eintrete, hat sich in Obigem, freilich nur im allgemeinen, bestätigt gefunden. Demnach muß die Verwandlung eines Haupttempus im regierenden Satze in ein historisches, Einfluß haben auf die Modi der Nebensätze, und namentlich wird in allen Fällen, wo die Grammatik die doppelte Konstr. mit dem Konj. und Optativ unterscheidet, die Konstruction mit dem Konjunktiv lieber mit einem Haupttempus, die mit dem Opt. mit einem historischen sich verbinden. Z. B. der Satz: καὶ, ἐάν τι ἔχωμεν, δώσομεν abhängig gemacht von ἐκέλευσεν würde heißen: καὶ ἡμᾶς, εἴ τι ἔχοιμεν, ἐκέλευσε δοῦναι. Oder das Beispiel Dem. Phil. 3 p. 122 οἱ Ἀθηναῖοι ἐκόλαζον καὶ ἐτιμωροῦντο, οὓς αἴσϑοιντο δωροδοκοῦντας auf die gegenwärtige Zeit bezogen, würde heißen: οἱ Ἀθ. κολάζουσι καὶ τιμωροῦνται, οὓς ἂν αἴσϑωνται δωροδοκοῦντας. So sagt Isaeus de Arist. her. 17 οἱ μὲν, ὅταν περὶ χρημάτων δυστυχῶσι, τοὺς σφετέρους αὐτῶν παῖδας εἰς ἑτέρους οἴκους εἰσποιοῦσιν, ἵνα μὴ μετάσχωσι τῆς τοῦ πατρὸς ἀτιμίας· οὗτοι δὲ ἄρα εἰς ὑπόχρεων (verschuldet) οὐσίαν καὶ οἴκοϑεν εἰσεποίουν σφᾶς αὐτούς, ἵνα καὶ τὰ ὑπάρχοντα προσαπολέσειαν. Doch da der Optativ sowohl wie der Konjunktiv lediglich von der Vorstellung, die der Schriftsteller jedesmal mit dem Satze verbindet, nicht vom vorhergehenden Tempus allein, abhängen, so gibt es Fälle genug, wo er

1) lieber die Konstr. mit dem Konj. nach histor. Temp. beibehält. So namentlich bei den Absichtspartikeln (s. n. 45. und vgl. πρίν, ἕως rc. in n. 38), bei μή nach den Verbis des Fürchtens (n. 50), und beim conj. dubitat. in indirekten Fragsätzen*). Jedoch finden sich auch ἐάν, ὃς ἄν, ὅστις ἄν, ὅπου ἄν, ὅταν, ἐπειδάν rc. mit dem Konj. in der Erzählung, in der mustergültigen Prosa jedoch meist nur in der indirekten Rede, wenn in der direkten dieselbe Konstruction statt finden würde, also besonders nach Infinitiven; z. B. Thuc. 1, 62, 3 ἦν ἡ γνώμη τοῦ Ἀριστέως, ἐπιτηρεῖν τοὺς Ἀθηναίους, ἢν ἐπίωσι, καὶ ὅταν χωρῶσι etc. Xen. Ages. 1, 7. Hell. 2, 1, 24 Λύσανδρος τὰς ναῦς ἐκέλευσεν ἕπεσϑαι· ἐπειδὰν δὲ ἐκβῶσιν, ἀποπλεῖν. S. Anab. 3, 1, 9. 4, 3, 29. 1, 3, 14 rc.

2) wo der Optativ nach Haupttemp. folgt. So z. B. wieder nach den Absichtspart. und dem μή der Besorgnis, aber auch sonst; z. B.

---

*) Es ist zu beachten, daß unter den Historikern Herodot und Thucydides in allen obigen Fällen die Konstruction mit dem Konjunktiv, Xenophon aber im Ganzen den Optativ vorzieht. S. die Beisp. in n. 65.

Dem. Ol. 3 p. 38 τὴν αὐτὴν σύνταξιν ἁπάντων (ꜱc. λέγω ober βούλομαι), ἵνα τῶν κοινῶν ἕκαϛος τὸ μέρος λαμβάνων, ὅτου δέοιτο ἡ πόλις, εἰς τοῦϑ' ἕτοιμος ὑπάρχῃ (Dbf. ὑπάρχοι); cf. Xen. Oec. 11, 12 sqq.
unb anbere Beiſp. in n. 30a. 32. 39. 45. 64.

Anm. 2. Was bie Partifel *ἄν* betrifft, ſo haben wir geſehn, baß 68
bieſelbe ſich häufig mit einem burch ben Konj. ausgebrückten abhängigen
Satze verbinbet, während ber Optativ bieſelbe verſchmäht. Dennoch iſt es
nicht ſelten, (wiewohl bem Lernenben anzurathen, ſolche Fälle immer nur als
Abweichungen vom regelrechten Sprachgebrauch zu betrachten), baß, inbem
in konjunktiviſchen Sätzen bas *ἄν* ſtets mit ber Konjunktion ober bem Pronomen ſich innig verbinbet, ber Optativ, wenn bie Konſtruction in bieſen
übergeht, biee *ἄν* bei ber Konjunktion ober bem Pron. beibehält, ohne
beshalb ben in u. 15 angegebenen 𝔐obus zu formiren. Daher finbet man
oft in unſern Büchern nach hiſt. Temp. *ὅϛις ἄν, ἐπειδάν, ἕως ἄν, πρὶν ἄν,
ὁπόταν, ὅπως ἄν*, ſelbſt zuweilen *ὅταν* unb *ἐάν* mit bem Optativ, z. B.
Cyr. 5, 5. iо. *ἐπέϛελλεν αὐτῷ ἥκειν, ὅπως σύμβουλος γίγνοιτο, ὅ,τι ἄν
δοκοίη πράττειν.* An.₂ 7, 5, 8 *ἐμέμνητο, ὡς, ἐπειδάν ἐπὶ ϑάλατταν
ἀπέλϑοι, παραδώσοι αὐτῷ Βισάνϑην.* ib. 7, 7, 57 *ἐδέοντο μὴ ἀπελϑεῖν,
πρὶν ἂν ἀπαγάγοι τὸ ϛράτευμα καὶ Θίμβρωνι παραδοίη.* cf. Hell.
2, 4, 18. ib. 5, 4, 47 *Ἀγησίλαος ἐκέλευε φυλάττειν, ἕως ἂν αὐτὸς ἔλϑοι.*
Xen. Mem. 4, 1, 2. An. 1, 5, 9. 7, 2, 6. So nach *ὁπόταν* Cyr. 1, 3, 11.,
ὅταν Aesch. Pers. 448., *ἐάν* Thuc. 8, 27, 4. Doch ſinb viele bieſer Fälle
burch bie Hanbſchriften nicht hinlänglich geſichert, ober werben in neuern
Ausgaben ſelbſt gegen bie Hbſchr. verbeſſert, weil man vermuthet, baß bie
Abſchreiber, burch ben nachläſſigen Gebrauch ber Späteren verwöhnt, benſelben auch in bie Schriften ber alten Attifer hineintrugen. (Die Fälle bei Lucian hat neuerbings geſammelt Dumeſnil Stolp. Progr. 1867. p. 19.)

Anm. 3. Der ber oratio obliqua, beſonbers in ber Erzählung, zu- 69
fommenbe 𝔐obus iſt ber Optativ; baher er auch ber Regel nach in Zwi-
ſchenſätzen zur or. obl. ſteht, z. B. Xen. Ages. 1, 10 *Τισσαφέρνης ὤμοσεν,
εἰ σπείσαιτο, ἕως ἔλϑοιεν, οὓς πέμψειε πρὸς βασιλέα ἀγγέλους,
διαπράξεσϑαι* etc. Doch ba ſich bie griechiſche Sprache in abhängigen Sätzen
weit häufiger bes Inbifativs bebient als bie lateiniſche (z. B. nach bem
Abſichtspartifeln unb benen bes Erfolges, wozu vgl. n. 34), ſo thut ſie es
auch in ben Zwiſchenſätzen· zur or. obliqua. Denn wie bie griechiſchen
Schriftſteller überhaupt gern aus ber inbirekten Rebe in bie birefte
überzuſpringen pflegen (z. B. Hell. 2, 1, 25 *Ἀλκιβιάδης οὐκ ἐν καλῷ
ἔφη αὐτοὺς ὁρμεῖν, ἀλλὰ μεϑορμίσαι εἰς Σηστὸν παρήνει· οὗ ὄντες ναυ-
μαχήσετε, ἔφη, ὅταν βούλησϑε.* cf. 6, 5, 35. 1, 1, 28. 4, 1, 13. Cyr. 5, 3, 54.
8, 3, 3. Thuc. 8, 53 al.), ſo tritt nicht ſelten auch ba plötzlich ber Inbifa-
tivus ein, wo man nach allen Geſetzen ber Konſtruction einen abhängigen
𝔐obus erwarten ſollte, unb bie lat. Sprache regelmäßig ben Konj. ſetzt.
Wir zeigen bies an einem Beiſpiel aus An. 1, 3, 14 *εἰς δὲ δὴ εἶπε, στρατηγοὺς μὲν ἑλέσϑαι ἄλλους ὡς τάχιϛα, εἰ μὴ βούλεται Κλέαρχος ἀπά-
γειν· — ἐλϑόντας δὲ Κῦρον αἰτεῖν πλοῖα, ὡς ἀποπλέοιεν· ἐὰν δὲ μὴ
διδῷ ταῦτα (ſ. n. 67), ἡγεμόνα αἰτεῖν Κῦρον, ὅστις διὰ φιλίας τῆς χώρας ἀπάξει. — πέμψαι δὲ καὶ προκαταληψομένους τὰ ἄκρα, ὅπως μὴ
φϑάσωσι (ſ. n. 45) μήτε ὁ Κῦρος μήτε οἱ Κίλικες καταλαβόντες, ὧν πολλοὺς καὶ πολλὰ χρήματα ἔχομεν ἀνηρπακότες.* cf. Cyr. 1, 4 extr. 4, 2,
36. Dem. Ol. 1, 12. Thuc. 4, 36. 99. 7, 3 etc.

Anm. 4. Auch muß hier noch bes Optativs ohne *ἄν* in ber in- 70
birekten Rebe ſtatt bes Infinitivs Erwähnung geſchehen, ber ganz unſerm
bloßen Konj. ber inbirekten Rebe entſpricht, aber nur bann eintreten fann,
wenn er bie Fortſetzung einer burch *ὅτι, ὡς* ober ben Infin. eingeleiteten
inbir. Rebe bilbet, z. B. An. 7, 3, 13 *ἔλεγον πολλοί, ὅτι παντὸς ἄξια λέγει*

Σεύθης· χειμὼν γὰρ εἴη καὶ οἴκαδε ἀποπλεῖν οὐ δυνατὸν εἴη. cf. Hell.
3, 2, 23. 6, 5, 36. 7, 1, 23. Soph. Phil. 615. Pl. Rep. p. 420 c. Theaet. 201 c.
Phileb. 58 c. Thuc. 2, 72, 2. Dem. Ol. 1, 22. Lys. 13, 78.

71   **Anm. 5.** Zum Schluß der ganzen Betrachtung über die Modi mögen hier einige in dieser Beziehung besonders instruktive Stellen aus den
am meisten gelesenen Büchern angemerkt werden. Demosth. Phil. 3. p. 128
(14: ἐκεῖνό γε αἰσχρὸν, ὕςερόν ποτ᾽ εἰπεῖν cet.). Cyrop. 5, 3, 26—28.
Memor. 1, 5. ib. 1, 2, 55. und bes. 59 cet. ib. 3, 6, 16—18. und die Fortsetzung des Beispiels aus n. 69 (Anab. 1, 3, 15. cet.).

72   **Anm. 6.** Die einzelnen Stellen, an denen, in Ermangelung eines
besondern Kapitels, vom Imperativ die Rede ist, findet man im Register
vollständig verzeichnet.

§. 140. (127)
Vom Infinitiv.

1. Der Infinitiv ist die Form des Verbi, die unbestimmt,
d. h. ohne alle personale und modale Beziehung, nur den Begriff
des Verbi benennt. Dadurch nähert er sich auf der einen Seite
dem Substantiv, wie auch seine Verbindung mit dem Artikel
(Abschn. 5) beweist, auf der andern aber bewahrt er seine verbale
Natur durch die Zulassung temporaler Unterschiede und die Verbindung mit dem Verbal-Kasus und den Adverbialbestimmungen. Daher wird hier vom Inf. gehandelt werden, sofern er A. ohne Artikel rein verbal aufzufassen ist, und B. mit dem Art. das Ansehn
eines Substantivs erhält. Es wird nun

A. der Infinitiv ohne Artikel

nicht nur überall gebraucht, wo die lateinische, sondern auch wo die
deutsche Sprache den bloßen Infinitiv oder den, mit zu verbundenen setzt, und häufig auch da, wo beide Sprachen sich der Konjunctionen bedienen. Er steht nehmlich   ·

a) als **Subjekt** des Satzes, wie im Lateinischen, nach den
unpersönlichen Redensarten wie δεῖ, προσήκει, πρέπει ꝛc., so wie
nach allen mit εἶναι zusammengesetzten prädikativen Ausdrücken, sowohl Adjektiven als Substantiven, wie καλόν, ἀγαθόν, εἰκός ἐστι·
ὥρα, καιρός, ἔθος, ἀνάγκη ἐστί u. s. w. Z. B. δεῖ λέγειν· ἡδὺ
θηρᾶν· ὥρα ἐστὶν ἀπιέναι.

b) als **Objekt** des Satzes oder als **Ergänzung** eines unvollständigen Verbalbegriffes, und zwar nicht nur, wo ihn die lat.
Sprache hat, als nach pflegen, können, gedenken, sich bestreben ꝛc., sondern auch wo im Lat. meist eine Konjunction (ut,
quin, quominus) steht, als nach bitten, befehlen, ermahnen,
verhindern ꝛc. z. B. οἷός τ᾽ εἰμὶ ποιεῖν· δέομαί σου παραμένειν·
παραινῶ σοι λέγειν· οὐδὲν κωλύει ἀκούειν σου etc.

1 a. Nach manchen Verbis, deren Begriff auf die Zukunft geht,
namentlich μέλλειν (§. 137 A. 11), dann auch δοκῶ μοι in der
Bed. in animo est (§. 151, I, 7 Not.), ἐλπίζειν, ἀναβάλλεσθαι,
ὀμνύναι, προσδοκᾶν, ἀπειλεῖν, ἐπαγγέλλεσθαι, ὑπισχνεῖσθαι und
dem stellvertretenden φημί pflegt die griech. Sprache den ergänzen-

den Verbalbegriff im Infin. Futuri hinzuzufügen. Daß für denselben oft auch der Inf. Aoristi oder Präsentis mit ἄν eintritt,
ist bereits §. 139 n. 18 bemerkt worden.

Beisp. Dem. Ol. 3. p. 31 εἴ τις ὑμῶν ἀναβάλλεται ποιήσειν
τὰ δέοντα, ἰδεῖν ἐγγύθεν βούλεται τὰ δεινά. Cyr. 1, 6, 4 ἐλπίζεις τ ε ύ-
ξεσθαι ὧν ἂν δέῃ. Thuc. 4, 28 Κλέων ἔφη ἐντὸς ἡμερῶν εἴκοσιν ἢ
ἄξειν Λακεδαιμονίους ζῶντας, ἢ αὐτοῦ ἀποκτενεῖν.

Anm. 1. Doch lasse sich der Lernende dadurch keineswegs bestimmen,
dieselbe Regel auch nach andern solchen Begriffen (wie βούλομαι, κελεύω,
παραινῶ, ἐπιθυμῶ, δέομαι ꝛc.) in Anwendung bringen zu wollen. Vielmehr ,steht nach bei weitem den meisten Verbis der Art durchaus nur, je
nachdem der abhängige Verbalbegriff etwas dauerndes oder etwas momen-
tanes bezeichnet, entweder der Inf. Präsentis, oder der Inf. Aoristi,
wovon man sich durch aufmerksame Lesung bald überzeugen wird. Ja bie-
selbe Unterscheidung des Momentanen und Dauernden ist oft genug Veranlassung gewesen, auch nach manchen der oben 1, c aufgeführten Verbalbegriffe,
wie ἐλπίζω, ἐλπίς ἐστι, προσδοκῶ ꝛc. dem Inf. Aor. oder Präs. vor dem
des Futur den Vorzug zu geben, z. B. Pl. Phaed. p. 67 ἐκεῖσε ἔρχονται,
οἵ ἀφικομένοις ἐλπίς ἐστιν, οὖ διὰ βίου ἤρων, τ υ χ ε ῖ ν. Andoc. 3, 27
ἐκ τοῦ πολέμου χρονισθέντος Κόρινθον ἑλεῖν προσδοκῶσιν. cf. Thuc.
4, 13. 70, 2. Dem. p. 677, 11. Eur. Herc. 746 ꝛc. Ebenso beim acc. c. inf.
Cyr. 2, 4, 15 ἐλπίζω, ἐκείνους ἐλθεῖν πρὸς σὲ μᾶλλον.*)

2. (3.) Der Infinitiv ohne Art. wird ferner einem Adjektiv
(oder auch Substantiv) zur Vervollständigung oder näheren Bestimmung des Begriffs beigefügt; und zwar steht der Infin. des
Aktivs (Präsentis oder Aoristi) nicht nur dann, wenn die Bestimmung aktiver, sondern auch wo sie passiver Art ist**), und
die Lateiner sich des Supini auf u bedienen. Jedoch ist der Infin.
Pass. in diesem Falle, bes. bei Späteren, nicht ungebräuchlich.

Beisp. ἐπιτήδειος ποιεῖν τι. — οὐ δεινός ἐς ι λέγειν, ἀλλ' ἀδύνατος σιγᾶν. — Eur. IT. 1032 δειναὶ γυναῖκες εὑρίσκειν τέχνας. Hipp. 346
οὐ μάντις εἰμὶ τἀφανῆ γνῶναι σαφῶς. — ἡδὺ ἀκούειν suave auditu. —
θαῦμα ἰδέσθαι mirabile visu, Hom. — ῥάδιος νοῆσαι. — πόλις χαλεπὴ
λαβεῖν. — τὰ δέοντα εἰπεῖν dicenda, Dem. — Plut. Thes. 23 νεανίσκος

---

*) S. über den Gebrauch der verschiedenen Infinitive nach obigen Be-
griffen besonders Lobeck zu Phryn. 745-756, Elmsl. u. Herm. zu Med. 750,
Poppo zu Thuc. 1, 81, 6. Tho. Mag. p. 64 sqq. und die bei Matth. §. 501
verzeichnete reichhaltige Litteratur. Manche der dort behandelten Aorist- und
Präsensformen sind zwar in neueren Ausg. mit Hülfe der Hdschriften und
eingehender Kritik beseitigt worden; es bleibt jedoch noch immer eine so bedeutende Anzahl zweifellos überlieferter Fälle übrig, daß man sie (sei's durch
Herstellung der Futurform oder Hinzufügung von ἄν zum Infinitiv des
Aorists) sämtlich wegzuemendiren gerechtes Bedenken trägt, ja sogar hie und
da die (von Stephanus willkürlich geänderten) Aoristformen wiederhergestellt
hat, wie Thuc. 2, 3. 4, 28. 52. 6, 42. Pl. Euthyd. 278 ꝛc. Da das Futurum
jene Unterscheidung des Dauernden, Wiederholten, Momentanen ꝛc. nicht zuläßt, so wählten die Schriftst., wo ihnen dieser Unterschied wichtiger erschien,
eben jene zeitlosen (mithin den Begriff des Zukünftigen keineswegs aus-
schließenden) Infinitive des Präsens und Aorists. Cobet dagegen (NL.
365. 405. VL. 97) entscheidet sich überall für die Futurformen. — Vgl.
noch §. 141 A. 4 a.
**) Weil er nehmlich als unbestimmte Verbalform so gut die passive
wie die aktive Bed. in sich schließt. Vgl. Schömann Redeth. p. 50 ff.

ϑηλυφανὴς ὀφϑῆναι wie bei Horaz niveus videri. — ἄξιος μισεῖσϑαι (Aeschin. p. 67. 403.), ἄξιος μνημονεύεσϑαι (Dio C.).

3. (2.) Der Infin., und zwar wiederum des Präsens und Aorists je nachdem der Begriff der Dauer oder des Momentanen vorwiegt, steht auch nach vollständigen Prädikatbegriffen, bes. nach denen der Bewegung (wie kommen, gehen, schicken), um den Zweck oder die Bestimmung auszudrücken, wo die Lateiner sich durchaus der Konjunctionen oder der Konstruction mit dem Gerundium (Supinum) oder Part. fut. pass. bedienen. Auch hier werden die aktiven Infinitivformen bei Att. den passiven vorgezogen. Beisp. βῆ δ᾽ ἰέναι, βῆ δὲ ϑέειν, μάςιξεν δ᾽ ἐλάαν Hom. — Thuc. 1, 128 Παυσανίας ἀφικνεῖται ἐς Ἑλλήσποντον, τὰ πρὸς βασιλέα πράγματα πράσσειν. Pl. Apol. p. 33b. παρέχω ἐμαυτὸν ἐρωτᾶν (daß man mich frage). Gorg. 480c. Xen. Ages. 4, 3 Ἄγ. τὰς αὐτῷ χάριτας (Schenkungen) ὀφειλομένας τῇ πατρίδι καρποῦσϑαι παρεδίδου. Anab. 2, 2, 3 ἐμοὶ ϑυομένῳ ἰέναι ἐπὶ τὸν βασιλέα οὐκ ἐγίγνετο τὰ ἱερά als ich opferte, um gegen den König zu ziehen ꝛc., und weiterhin: ἰέναι δὲ παρὰ τοὺς Κύρου φίλους, πάνυ καλὰ ἡμῖν τὰ ἱερὰ ἦν, womit zu vergleichen ἐκαλλιέρεε ταῦτα ποιεῖν Herod. 6, 76. — Pl. Prot. p. 329 σμικροῦ τινος ἐνδεὴς εἰμι πάντ᾽ ἔχειν (bedarf nur noch wenig, um alles zu haben). Phaedr. p. 229 ἐκεῖ σκιά τ᾽ ἐστὶ καὶ πόα καϑίζεσϑαι ἢ κατακλιϑῆναι. Thuc. 1, 132 Ἀργίλιος λύει τὰς ἐπιςολὰς καὶ αὐτὸν εὑρεν ἐγγεγραμμένον κτείνειν (ut necaretur; cf. Dio C. p. 56 ἐγγεγραμμένος κτείνεσϑαι).

Anm. 2. Vermöge einer gewissen syntaktischen Freiheit steht öfters dieser ergänzende Infin. in Abhängigkeit von einem Worte, wovon bereits andere nominale Bestimmungen abhängen; oder genauer: diese nominalen Bestimmungen werden statt auf den Infin., wozu sie eigentlich gehören, zu demselben Worte gezogen, wovon bereits der Infin. abhängt (d. h. es findet Attraktion dieser Bestimmungen statt). Z. B. Pl. Crit. p. 52b. οὐκ ἐπιϑυμία σε ἄλλης πόλεως οὐδ᾽ ἄλλων νόμων ἔλαβεν εἰδέναι (wo πόλεως und νόμων eigentlich als Objekt zu εἰδέναι gehören sollten, aber wegen der Nähe von ἐπιϑυμία von diesem Worte angezogen werden). Thuc. 3, 6 τῆς μὲν ϑαλάσσης εἰργον μὴ χρῆσϑαι τοὺς Μυτιληναίους (st. εἰργον τ. Μ. μὴ χρ. τῇ ϑαλάσσῃ). Pl. legg. p. 626 δοκεῖς μοι τῆς ϑεοῦ ἐπωνυμίας ἄξιος εἰναι μᾶλλον ἐπονομάζεσϑαι. Soph. Phil. 836 πρὸς τί μενοῦμεν πράσσειν. Jl. η, 409 οὐ γάρ τις φειδὼ νεκύων γίγνεται, — πυρὸς μειλισσέμεν ὦκα. Dem. Ol. 2. p. 19 τούτων οὐχὶ νῦν ὁρῶ τὸν καιρὸν τοῦ λέγειν. Jl. σ, 585. ω, 36. Soph. Trach. 57. Thuc. 1, 138, 2. 5, 15, 1*). — Vgl. hiezu die ganz analoge Konstr. der Verba πιςεύειν ꝛc. in §. 142 A. 4., und die ähnl. Fälle beim lat. Gerundium, Zumpt §. 661.

4. Endlich steht der Inf. in Verbindung mit Partikeln:

a) nach ὥςε (seltner ὡς), worüber s. §. 139 F. Hier sei noch bemerkt daß nach solchen Prädikaten, deren ergänzender Infinitivbegriff im Verhältnis einer (beabsichtigten oder natürlichen) Folge steht, wie ποιεῖν, διαπράττεσϑαι, πείϑειν, συμφέρειν, συμβῆναι, ἱκανός εἰμι, ἀδύνατόν ἐστι ꝛc., zuweilen pleonastisch noch ὥςε dem folgenden Infinitiv hinzugefügt wird.

---

*) Zu dem ganzen Inhalte dieser Anm. gehört es, wenn nach Beschaffenheit des Hauptprädikats die vom Inf. weggezogene Objektsbestimmung Subjekt des ganzen Satzes wird, also in den Nominativ zu stehen kommt: Thuc. 6, 22 πολλὴ γὰρ οὖσα ἡ στρατιὰ οὐ πάσης ἔσται πόλεως ὑποδέξασϑαι (st. οὐ πάσ. πόλ. ἔσται ὑπ. τὴν στρατιάν). cf. S. OT. 393.

Beiſp. Cyr. 3, 2, 29 φησὶ πειράσεσθαι ποιῆσαι, ὥςε σε νομίζειν καλῶς βεβουλεῦσθαι. Her. 6, 5 Ἰσιαῖος οὐκ ἔπειθε τοὺς Χίους ὥςε ἑωυτῷ δοῦναι νέας. Pl. Gorg. 479 Ἀρχέλαος διεπράξατο ὥςε μήτε κολάζεσθαι μήτε διδόναι δίκην. Thuc. 5, 14 ξυνέβη ὥςε πολέμου μηδὲν ἔτι ἅψασθαι μηδετέρους. Pl. Prot. p. 338 ἀδύνατον ὑμῖν ὥςε Πρωταγόρου σοφώτερόν τιν᾽ ἑλέσθαι. — ohne ὥςε: Xen. Mem. 3, 6, 15 Ἀθηναίους πάντας νομίζεις δυνήσεσθαι ποιῆσαι πείθεσθαί σοι; 1, 2, 23 αἱ ἡδοναὶ πείθουσι τὴν ψυχὴν μὴ σωφρονεῖν. Symp. 2, 13 ꝛc.

b) nach ἐφ᾽ ᾧτε, ſ. §. 150 n. 9.
c) nach πρίν, πάρος, ſ. §. 139 n. 41.
d) nach ἢ μήν, ſ. §. 149 n. 29.

Inwiefern nach allen dieſen Partikeln der bloße Inf. oder die Konſtr. des nom. oder des acc. c. inf. eintritt, ſ. §. 141, 1. 3. 142, 4.

Anm. 3. Die Auslaſſung von ὥςε beim Inf. nach einem voraufgegangenen Demonſtr. des Grabes (οὕτως ꝛc.) iſt dichteriſch, z. B. Aesch. Ag. 490 τίς ὧδε φρενῶν κεκομμένος, — ἀλλαγᾷ λόγου καμεῖν. S. das Beiſpiel Eur. Or. 559. in §. 139 n. 30c. Ebenſo die Ausl. von οἷος (eb. n. 57): Jl. ζ, 463 χήτεϊ τοιοῦδ᾽ ἀνδρός, (sc. οἵου) ἀμύνειν δούλιον ἦμαρ. Vgl. den Gebrauch des Demonſtr. vor Inf. in §. 127, 1. e. und 132 A. 22.; und nach dieſer Analogie findet ſich zuweilen auch in Proſa οὕτως abundirend und ohne beſonderen Nachdruck vorm Infinitiv, gleichſam denſelben vorbereitend, z. B. Cyr. 8, 7, 10 ἐπαιδεύθην οὕτως ὑπὸ τῆς πατρίδος, τοῖς πρεσβυτέροις ὑπείκειν· καὶ ὑμᾶς δὲ οὕτως ἐπαίδευον, τοὺς μὲν γεραιτέρους προτιμᾶν, τῶν δὲ νεωτέρων προτετιμῆσθαι.

Anm. 4. (5.) Der Infinitiv einiger kurzer Zwiſchenſätze läßt ſich aus obigen Konſtructionen herleiten; theils ohne Konjunktion, z. B. ἁπλῶς εἰπεῖν kurz zu ſagen, ἐμοὶ δοκεῖν, wie mir ſcheint, nach meinem Bedünken, ὀλίγου oder μικροῦ δεῖν faſt, beinahe, πολλοῦ δεῖν (Dem. 23, 7) bei weitem nicht (ſ. die perſönliche Konſtr. damit §. 151, I, 7); theils nach ὡς, ὅσον, ὅσα z. B. ὡς συντόμως εἰπεῖν, ὡς συνελόντι εἰπεῖν (wofür auch kurz συνελόντι, vgl. §. 145 A. 3.) um es kurz zu ſagen Xen., ὡς μικρὸν μεγάλῳ εἰκάσαι (Thuc. 4, 36), οὐχ, ὅσον γ᾽ ἔμ᾽ εἰδέναι (Ar. Nub. 1252).

B. Infinitiv mit Artikel.

5. Daß der Infinitiv den Artikel τό zu ſich nimmt, dadurch das Anſehn eines Subſtantivs bekommt und der Deklination fähig wird, iſt bereits §. 125, 8 bemerkt worden. Dabei bewahrt er jedoch (abweichend vom Deutſchen) ſeine ganze verbale Natur, indem alle näheren Adverbial- und Objekts-Beſtimmungen unverändert hinzutreten, und zwar in der Regel zwiſchen den Artikel und den Inf., als: τὸ καλῶς ἀποθανεῖν, τὸ τοὺς φίλους ἀδικεῖν, τὸ ὑπὸ τῶν φίλων ἀδικεῖσθαι ꝛc. Der Artikel pflegt nun geſetzt zu werden, ſo oft der Inf. die Stelle eines Subſt. vertritt und ſich mit Leichtigkeit in ein ſolches verwandeln läßt. Dies geſchieht

a) wenn der Infin. Subjekt des Satzes iſt und der an die Stelle deſſelben geſetzte ſubſtantiviſche Begriff nach den allg. Beſtimmungen gleichfalls den Artikel zu ſich nehmen würde, z. B. χαλεπὸν τὸ ποιεῖν, τὸ δὲ κελεῦσαι ῥάδιον. — τὸ μὴ καλῶς ζῆν αἰσχύνην φέρει. S. mehr derartige Beiſpiele unter c.

Anm. 5. Die Beſtimmung ob der Artikel ſteht oder nicht, hängt in vielen Fällen lediglich von der Willkür des Schreibenden ab, je nachdem

er den Verbalbegriff als einen gegenständlichen (z. B. ἡδὺ τὸ θηρᾶν
die Jagd ist angenehm), oder die barin liegende Thätigkeit oder Zustand
als solche, also verbal auffaßt (ἡδὺ θηρᾶν es ist angenehm zu jagen).
Andoc. 2, 5 μεγάλη τὸ ἐξαμαρτεῖν δυσπραξία ἐστίν, — ἀλλ᾽ ἔστιν ἐν
τῷ κοινῷ πᾶσιν ἀνθρώποις καὶ ἐξαμαρτεῖν τι καὶ κακῶς πρᾶξαι.
Anm. 5a. Nach einem vorbereitenden Demonstr. gen. neutr. im
Hauptsatze (§. 127, 1. e.) ist zwar die Auslassung des Artikels Regel, da jenes
schon die Stelle desselben vertritt: Eur. Hipp. 470 ἐν σοφοῖσι γὰρ τάδ᾽ ἐσὶ
θνητῶν, λανθάνειν τὰ μὴ καλά. Or. 1161 βάρος τι κἂν τῷδ᾽ ἐστὶν,
αἰνεῖσθαι λίαν. Hec. 904. Androm. 371. Thuc. 2, 77 extr. Dem. 9, 68;
doch findet sich auch der Art. vorm Infin.: Dem. 18, 2. 23, 3 2c., nament=
lich wenn die Konstr. den Gen. oder Dativ verlangt, s. unten c.

Anm. 6. Steht dagegen der Infin. wie in Apposition zu einem
nominalen und mit dem Art. versehenen Subjekt, so steht der Artikel: Thuc.
1, 41 ἡ εὐεργεσία ἡ ἐς Σαμίους, τὸ δι᾽ ἡμᾶς (die Korinthier) Πελοπον-
νησίους τοῖς Σαμίοις μὴ βοηθῆσαι, παρέσχεν ἡμῖν τὴν Σαμίων κό-
λασιν. Cyr. 7, 5, 52 ἦλθεν ἡ δεινὴ ἀγγελία, τὸ πάντας ἀνθρώπους ἐφ᾽
ἡμᾶς συλλέγεσθαι.

b) wenn der Infin. Objekt des Satzes ist, also von Ver=
ben abhängt, die den Akkusativ regieren, aber auch nur dann, wenn
der Infin. als wirkliches Objekt der im Hauptverbo liegenden
Thätigkeit, also substantivisch, soll aufgefaßt werden.

Beisp. Cyr. 1, 4, 21 ὥσπερ κύων γενναῖος φέρεται πρὸς κάπρον,
οὕτως ὁ Κῦρος ἐφέρετο, μόνον ὁρῶν τὸ παιεῖν τὸν ἁλισκόμενον. Dem.
Phil. p. 41 ἐσκόπει τό τε πλῆθος τῆς δυνάμεως καὶ τὸ τὰ χωρία πάντα
ἀπολωλέναι τῇ πόλει. Mem. 4, 3, 1 τὸ μὲν οὖν λεκτικοὺς καὶ πρα-
κτικοὺς γίγνεσθαι τοὺς συνόντας οὐκ ἔσπευδεν. Dem. Lept. in. ἀφείλετο
τοὺς ἔχοντας τὴν ἀτέλειαν, ὑμᾶς δὲ τὸ δοῦναι. cf. Cor. p. 259, 12.
Her. 9, 79. und and. Beisp. unten 6 und in §. 132, 10, i.

Anm. 7. Sobald aber der Inf. nur eine Ergänzung des verbalen
Begriffs des regierenden Verbi ist, mithin rein verbal aufgefaßt wird, so
steht kein Artikel; daher nach oben 1, b: βούλομαι, παραινῶ, κελεύω λέγειν 2c. Man unterscheide wieder: Hell. 1, 6, 10 Κῦρος ἀεὶ ἀνεβάλλετό
μοι διαλεχθῆναι· und Mem. 3, 6, 6 τὸ μὲν πλουσιωτέραν τὴν πόλιν ποιεῖν
ἀναβαλούμεθα. Vgl. Anm. 8.

c) vorzüglich aber, und zwar mit Nothwendigkeit steht der Artikel beim Infin., wenn er von einer Präposition abhängt, oder
die Konstruction den Genitiv (z. B. nach Subst., Adj., gen. compar. 2c.) oder Dativ (instrum.) verlangt, weil eben nur mit Hülfe
des Artikels diese Kasus des Inf. bezeichnet werden können *). Ver=

---

*) Jedoch hüte man sich vor der Vorstellung, daß auch nach Verben,
die den Gen. oder Dat. eines Subst. regieren, der abhängige Inf. jedes=
mal den Art. zu sich nehmen müßte. Denn dies geschieht, wie oben beim
Akkus., nur wenn der Inf. stellvertretend für ein Subst. eintritt, z. B. Mem.
3, 6, 16 φυλάττου, ὅπως μὴ τοῦ εὐδοξεῖν (= τῆς δόξης) ἐπιθυμῶν εἰς
τοὐναντίον ἔλθῃς. Cyr. 5, 3, 43 ἐπιμελεῖσθε τοῦ σιωπῇ πορεύεσθαι;
sonst aber (wie in Anm. 7) durchaus ohne Artikel: ἐπιθυμῶ, εὐπορῶ
λέγειν, ἐπιχειρῶ λαβεῖν 2c. Im Deutschen läßt sich der Unterschied zwischen
beiden Ausdrucksweisen oft kaum wiedergeben; man vgl. z. B. Her. 1, 158
ἔσχε μὴ ποιῆσαι ταῦτα Κυμαίους mit Anab. 3, 5, 11 ὁ ἀσκὸς δύο ἄνδρας
ἕξει τοῦ μὴ καταδῦναι. Is. 9, 62 μικροῦ ἐδέησε Κύπρον κατασχεῖν mit
7, 17 μικρὸν ἀπέλιπον τοῦ μὴ ταῖς ἐσχάταις συμφοραῖς περιπεσεῖν.

möge dieser in der griech. Prosa besonders sehr ausgebildeten Redeweise werden nicht nur sehr viele Bestimmungen, die in andern
Sprachen einen ganzen Satz mit einer Konjunction erfordern, sondern auch (wie in a. und b.) vielfältig Abstrakta durch den Infinitiv gegeben. In diesem letztern Falle versteht es sich dann nach
§. 125, 8, daß die von dem gedachten Abstraktum etwa abhängenden
Adjektiva in Adverbia verwandelt und die Genitive zum Infin.
in dem Kasus treten müssen, den das Verbum verlangt.
Beisp. Apollod. 1, 4, 2 *Ἀθηνᾶ ἔῤῥιψε τοὺς αὐλοὺς διὰ τὸ τὴν
ὄψιν αὐτῆς ποιεῖν ἄμορφον* (weil). — *τὸ μὲν οὖν ἐπίορκον καλεῖν τινα
ἄνευ τοῦ τὰ πεπραγμένα δεικνύναι, λοιδορία ἐςίν* (ohne zu). Ar. Rhet.
1, 5 *τὸ πλουτεῖν ἐςιν ἐν τῷ χρῆσθαι μᾶλλον ἢ ἐν τῷ κεκτῆσθαι.* Pl.
Crat. p. 396 *τίς ἐςιν ἡμῖν αἴτιος μᾶλλον τοῦ ζῆν* (des Lebens, vgl. A. 8),
ἢ ὁ βασιλεὺς τῶν πάντων. Dem. Mid. 18. Ol. 1, 23 *τὸ εὖ πράττειν
παρὰ τὴν ἀξίαν ἀφορμὴ τοῦ κακῶς φρονεῖν τοῖς ἀνοήτοις γίγνεται,
διόπερ πολλάκις δοκεῖ τὸ φυλάξαι τἀγαθὰ τοῦ κτήσασθαι χαλεπώτερον
εἶναι* (die Bewahrung der Güter schwerer als der Erwerb). Lept. 471 *ἄξιοι
χάριν ἀνταπολαμβάνειν οἱ προϋπάρχοντες τῷ ποιεῖν εὖ.* Ebenso nach
einem vorbereitenden Demonstr. im Hauptsatze (Anm. 5a): Dem. 18, 123 ꝛc.*)

Anm. 8. Dagegen steht der Artikel nicht, selbst nach einem Substantiv, sobald der Inf. eine verbale Ergänzung und Vervollständigung des Begriffs enthält, wovon er abhängt (s. Anm. 7), oder das regierende Nomen mit seinem Verbo zu Einem Prädikatbegriff verschmilzt. Man sehe dies an folgenden Beispielen: Isocr. p. 349 *οἱ ῥήτο-
ρες τοὺς ἄλλους διδάσκειν τέχνην ἔχουσι* (so viel als: *ἐπίςανται*). Thuc.
1, 16 *ἐπεγένετο ἄλλοις τε ἄλλοθι κωλύματα μὴ αὐξηθῆναι* (s. v. a. *ἐκω-
λύοντο*). cf. Dem. 8, 8 (*ἐξουσίαν δώσομεν ποιεῖν*). Eur. Tro. 689. Mem.
2, 1, 25. — nach Adjektiven: S. Ant. 1173 *τεθνᾶσιν· οἱ δὲ ζῶντες αἴτιοι
θανεῖν* (daß sie starben) Hell. 7, 5, 17 *αἴτιοι ἐγένοντο σωθῆναι πάντα.*
— In andern Fällen erscheint die Auslassung des Artikels als ein freierer
dichterischer Gebrauch, z. B. Eur. Alc. 11 *παῖς Φέρητος, ὃν θανεῖν ἐῤ-
ρυσάμην.* Phoen. 600. Andr. 824 *πόθῳ θανεῖν.* Die Beispiele der Auslassung des Artikels beim Inf. nach Präpositionen (Her. 1, 210. 6, 32.
7, 170) scheinen unecht.

Anm. 9. (3.) Aus §. 131, 8. ist es zu erklären, wenn der Infin.
mit *τό* (Akkus.) da eintritt, wo die Konstruction den Genitiv verlangte;
z. B. Thuc. 3, 1 *τὸν ὅμιλον εἶργον τὸ μὴ τὰ ἐγγὺς τῆς πόλεως κακουργεῖν.* cf. 2, 53. Pl. Lach. p. 190 c. Eur. Phoen. 1175. Hippol. 49.

Anm. 10. (4.) Der Infinitiv mit dem Artikel im Genitiv,
aber gewöhnlich nur in ganzen Redensarten, drückt zuweilen eine Absicht
aus, z. B. Thuc. 1, 23 *ξυνέγραψα τὰς διαφορὰς, τοῦ μή τινα ζητῆσαί
ποτε, ἐξ ὅτου τοσοῦτος πόλεμος κατέςη,* damit niemand künftig zu forschen habe. cf. Cyr. 1, 3, 9. 6, 40. Lac. 8, 3. Man pflegt hiebei *ἕνεκα* als
ausgelassen anzusehn. Vgl. §. 132, 8. Der spätern Prosa ist diese Struktur
sehr geläufig, s. N.T. Gramm. §. 140, 12 sqq. — Dichter können sogar auch
hier dem Inf. *τό* vorausgehen lassen: S. OT. 1416 *πάρεσθ' ὅδε Κρέων, τὸ*

*) Da auch durch das substantivirte Particip gen. neutr. (nach §. 128, 2)
Verbal-Abstrakta umschrieben werden können, so wechseln zuweilen beide Verbalformen ohne erheblichen Unterschied der Bedeutung mit einander ab. z. B.
Pl. Rep. p. 346 *ὑγιὴς γίγνεται διὰ τὸ ξυμφέρον* (al. -ρειν) *αὐτῷ πλεῖν
ἐν τῇ θαλάττῃ.* Thuc. 1, 142 *ἐν τῷ μὴ μελετῶντι ἀξυνετώτεροι
ἔσονται.* 5, 9 *τοῦ ὑπαπιέναι πλέον ἢ τοῦ μένοντος τὴν διάνοιαν
ἔχουσιν.* (Auf einer anomalen Vermischung beider Ausdrucksweisen beruhen
die Stellen 4, 63, 1. 5, 7, 2. 8, 105, 2).

πράσσειν καὶ τὸ βουλεύειν, Eur. Alc. 694 σύ γ' οὖν ἀναιδῶς διε-
μάχου τὸ μὴ θανεῖν. S. Exc. 11. ad Dem. Mid.

Anm. 11. Es gibt noch einen andern Infinitiv mit τοῦ, den
fog. epexegetifchen, der zur Erklärung eines abstrakten Substantivs dient,
wo wir eher den Kafus des vorausgehenden Abstraktums erwartet hätten.
Z. B. Dem. pac. p. 62 λαβεῖν ἠβούλετο τὴν δόξαν τοῦ πολέμου, τοῦ
δοκεῖν δι' αὐτὸν κρίσιν εἰληφέναι. Pl. legg. 2. p. 657 ἡ τῆς ἡδονῆς
καὶ λύπης ζήτησις τοῦ ζητεῖν ἀεὶ καινῇ μουσικῇ χρῆσθαι cet. Phaed.
p. 97 ἡ ξύνοδος τοῦ πλησίον ἀλλήλων τεθῆναι.

6. Nicht nur alle zum Infin. gehörigen näheren Bestimmungen, sondern 'auch ganze untergeordnete Sätze können so zwischen
den Artikel und den Infin. eingeschoben werden.
Beisp. Mem. 1, 2, 4 (Σωκράτης) τὸ μὲν οὖν ὑπερεσθίοντα ὑπερ-
πονεῖν ἀπεδοκίμαζε (mißbilligte er), τὸ δὲ, ὅσα γ' ἡδέως ἡ ψυχὴ δέχε-
ται, ταῦτα ἱκανῶς ἐκπονεῖν, ἐδοκίμαζε. cf. Oec. 13, 6.
Anm. 12. Homer kennt noch keinen durch den Art. substantivirten
Infin., und auch die Stelle Od. v, 52 dürfte kaum als Ausnahme zu betrachten fein. S. Nägelsb. Anm. z. H. 327.

7. Der Infinitiv steht oft ganz unabhängig
statt des Imperativs
zweiter Person, in welchem Fall das Subjekt, wenn es ausgedrückt
wird, und die dazu gehörigen deklinablen Bestimmungen immer im
Nominativ stehen bleiben. Man pflegt dabei μέμνησο u. dgl.
Verba zu ergänzen, deren man besser entbehrt.
Beisp. Jl. ρ, 692 ἀλλὰ σύγ' αἶψ' Ἀχιλῆι, θέων ἐπὶ νῆας Ἀχαιῶν,
εἰπεῖν. Plat. Soph. p. 218.a. ἂν δ' ἄρα τι τῷ μήκει πονῶν ἄχθῃ, μὴ
ἐμὲ αἰτιᾶσθαι τούτων. id. Crat. p. 426b. Thuc. 5, 9 σὺ δὲ τὰς πύλας ἀνοίξας ἐπεκθεῖν καὶ ἐπείγεσθαι ὡς τάχιστα.
Anm. 13. Vom absoluten Infin. in Befehlsfätzen, Gebetsformeln f.
§. 141 Anm. 6.

§. 141. Accus. cum Infin. (128)

1a. Wenn der Infinitiv fein eignes Subjekt bei sich
hat (d. h. wenn es von dem im Hauptfatze verschieden ist), fo ist
Grundregel, daß es alsdann mit allen seinen deklinirbaren (substantivischen, adjektivischen und participialen) Bestimmungen im Akkufativ steht. So bei dem mit dem Artikel (τό, τοῦ, τῷ), oder mit
einer Partikel wie ὥςε, πρίν ꝛc., eingeführten Infinitiv:
Beisp. S. Trach. 65 τὸ σὲ πατρὸς μὴ πυθέσθαι ποῦ 'στιν, αἰσχύνην φέρει sc. σοι. Pl. Symp. p. 218 ἐμοὶ οὐδέν ἐστι πρεσβύτερον τοῦ
ὡς βέλτιςον ἐμὲ γενέσθαι. Dem. Ol. p. 29 ἐκ τοῦ πρὸς χάριν δημηγο-
ρεῖν ἐνίους εἰς πᾶν προελήλυθε μοχθηρίας τὰ πράγματα. Xen. Apol.
14 ἀπιςοῦσι τῷ ἐμὲ τετιμῆσθαι ὑπὸ δαιμόνων. Plut. Mor. p. 223 Κλεο-
μένης Ἄργους ἀπέπεσε, διὰ τὸ τὰς γυναῖκας ὅπλοις αὐτὸν ἀμύνεσθαι.
Pl. Prot. p. 320 Ἀρίφρων, πρὶν ἒξ μῆνας γεγονέναι, ἀπέδωκε τὸν παῖδα.
— Beisp. mit ὥςε f. §. 139 F., mit ἢ μήν §. 149 n. 29.

1b. Auch dann, wenn das Subjekt des Inf. nicht besonders
ausgedrückt, oder unbestimmt gelassen ist (man), werden die etwa
hinzutretenden deklinirbaren Bestimmungen doch in den Akkuf.

gesetzt, wofern nehmlich im Hauptsatze ein andres Subjekt ist, als jenes nicht ausgedrückte. So wiederum bei dem mit dem Artikel (oder mit ὥϛε ꝛc.) eingeführten Infinitiv: Beisp. Pl. Crit. p. 49 οὐδέποτε ὀρϑῶς ἔχει τὸ κακῶς πάσχοντα ἀμύνεσϑαι ἀντιδρῶντα κακῶς (daß, wenn man böses erlitten, man sich räche indem man böses erwidert). X. Cyr. 5, 4, 19 τὸ ἁμαρτάνειν ἀνϑρώπους ὄντας οὐδὲν ϑαυμαζόν. Mem. 1, 2, 55 Σωκρ. παρεκάλει ἐπιμελεῖσϑαι τοῦ ὡς φρονιμώτατον εἶναι. Anab. 7, 8, 23 συνέπραττον οἱ ϛρατηγοί — ὥϛε ἱκανὸν εἶναι (sc. αὐτὸν) καὶ ἄλλους εὖ ποιεῖν. Ebenso beim Inf. ohne Art.: Dem. Ol. p. 20 οὐκ ἔϛιν ἀδικοῦντα καὶ ἐπιορκοῦντα δύναμιν βεβαίαν κτήσασϑαι. p. 25 πολὺ ῥᾷον ἔχοντας φυλάττειν ἢ κτήσασϑαι πάντα πέφυκεν.

2. Insbesondre aber nennt man im Griechischen, wie im Lateinischen, die Konstruction des

Akkusativs mit dem Infinitiv,

wenn nach Verbis, vorzüglich nach denen, deren Grundbedeutung ist sagen, glauben ꝛc. der darauf folgende abhängige Infinitivsatz sein eignes Subjekt (nach Abschn. 1 a) im Akkus. bei sich hat; z. B. οἱ μυϑολόγοι φασὶ τὸν Οὐρανὸν δυναϛεῦσαι πρῶτον τοῦ παντός die Mythologen sagen, Uranos habe zuerst über das Weltall geherrscht. Diese Konstruction wird namentlich gebraucht in ganzen aus der Seele eines Subjekts (sermone obliquo) vorgetragenen Abschnitten, wo wir uns des bloßen Konjunctivs bedienen.

Anm. 1. (2.) Mit der Konstr. des acc. c. inf. wechseln ohne Unterschied der Bedeutung Sätze mit den Konjunctionen (ὅτι, ὡς ꝛc. §. 139.) ab, oft in einem und demselben Satze; z. B. Hell. 4, 3, 1 ἀγγέλλει Δερκυλλίδας, ὅτι νικῷέν τε Λακεδαιμόνιοι, καὶ αὐτῶν μὲν τεϑνάναι ὀκτώ κτλ. Ja beide Konstructionen gehn vermittelst einer gewissen Anakoluthie eine in die andre über, wovon bereits einige Beispiele in §. 139 n. 61. Hell. 6, 5, 42 ἐλπίζειν χρὴ, ὡς ἄνδρας ἀγαϑοὺς μᾶλλον ἢ κακοὺς αὐτοὺς γενήσεσϑαι. cf. Cyr. 2, 1, 23. Her. 7, 226.

Anm. 2. (1.) Wie das Particip des Präsens zugleich die Relationen des Imperfekts mitbegreift (§. 137, 6), so bedient sich die Sprache auch des Infinit. Präsentis, um in der Darstellung vergangener Thatsachen Dauer, Wiederholung oder Gleichzeitigkeit zu bezeichnen, daher er in der obliquen Rede überall da eintritt, wo in der direkten das Imperfekt stehen würde, z. B. Pl. Symp. p. 175 μετὰ ταῦτα ἔφη σφᾶς μὲν δειπνεῖν, τὸν δὲ Σωκράτη οὐκ εἰσιέναι. Thuc. 3, 70 ὁ δὲ ἀνϑυπάγει πέντε ἄνδρας, φάσκων τέμνειν χάρακας ἐκ τοῦ Διὸς τεμένους (zu wiederholten Malen) Bauholz gefällt hätten. Mem. 2, 6, 31 (φασὶν) ἀπὸ τῆς Σκύλλης διὰ τοῦτο φεύγειν τοὺς ἀνϑρώπους, ὅτι τὰς χεῖρας αὐτοῖς προσέφερε· τὰς δὲ Σειρῆνας, ὅτι πόρρωϑεν ἐπῇδον, πάντας ὑπομένειν καὶ ἀκούοντας αὐτῶν κηλεῖσϑαι. Und wie in der Erzählung Imperf. und Aorist, so wechselt in längern sermone obliquo vorgetragenen Abschnitten fortwährend der Inf. des Präs. mit dem des Aorists nach Beschaffenheit der Aussage ab; s. z. B. Herod. 6, 137 ꝛc. — Ebenso verhält sichs mit dem Optativ Präs. nach ὅτι, ὡς ꝛc., z. B. X. Hell. 2, 2, 17 ἐπεὶ δὲ ἧκε τετάρτῳ μηνὶ, ἀπήγγειλεν ἐν ἐκκλησίᾳ, ὅτι αὐτὸν Λύσανδρος τέως μὲν κατέχοι, εἶτα κελεύοι (vgl. S. 421 erste Note) ꝛc.

Anm. 3. Vermöge einer syntaktischen Ungenauigkeit stehn zuweilen auch in der direkten Rede Hauptsätze im Akk. mit dem Inf., indem sie fast unwillkürlich von einem in der Nähe befindlichen verbo dicendi angezogen werden, der Satz aber nun grammatisch unvollständig erscheint. Z. B.

Her. 4, 5 ὡς δὲ Σκύθαι λέγουσι, νεώτατον ἁπάντων ἐθνέων εἶναι τὸ σφέτερον (als ob vorausging: Σκ. λέγουσι). 95 ὡς ἐγὼ πυνθάνομαι τούτων, τὸν Ζάλμοξιν δουλεῦσαι ἐν Σάμῳ. Vgl. Lys. 19, 23 in §. 143, 11. — Aehnlich An. 6, 4, 18 ὡς ἐγὼ ἤκουσά τινος, ὅτι Κλέανδρος μέλλει ἥξειν.

3. Das Subjekt des Infinitivs wird aber nach den Verbis, die diese Konstruction zulassen, nicht gesetzt, wenn der Hauptsatz dasselbe Subjekt hat, z. B. ἔφη σπουδάζειν, dixit se festinare. Der Lernende lasse sich also nicht durch den lat. Sprachgebrauch verführen, in solchen Fällen das lat. se (me, te) des Subjekts durch ἑαυτόν ꝛc. zu geben. Dasselbe gilt von jedem andern Infinitivsatz, wenn er das Subjekt mit dem Hauptsatze gemein hat, also insbesondre auch in den oben 1 a bezeichneten Fällen (Inf. mit dem Art., und nach ὥςε, πρὶν ꝛc.).

Beisp. An. 1, 3, 1 οἱ ςρατιῶται οὐκ ἔφασαν ἰέναι τοῦ πρόσω· ὑπώπτευον γὰρ ἐπὶ βασιλέα ἰέναι· μισθωθῆναι δὲ οὐκ ἐπὶ τούτῳ ἔφασαν cet. Cyr. 2, 2, 10 πιθανοὶ οὕτως εἰσί τινες, ὥςε, πρὶν εἰδέναι τὸ προςταττόμενον, πρότερον πείθεσθαι. Mem. 4, 2, 26 διὰ μὲν τὸ εἰδέναι ἑαυτοὺς (Objekt) πλεῖστα ἀγαθὰ πάσχουσιν οἱ ἄνθρωποι, διὰ δὲ τὸ ἐψεῦσθαι ἑαυτῶν πλεῖςα κακά.

Anm. 4. In zwei Fällen findet, sowohl bei Dichtern wie Prosaikern, eine Abweichung von dieser Grundregel statt. Es wird nehmlich das Subjekt des Hauptsatzes wie im Lat. beim Infin. im Akkusativ wiederholt, d. h. es tritt auch bei gleichem Subjekte die Konstr. des acc. c. inf. ein: 1) wenn besondrer Nachdruck die ausdrückliche Wiederholung des Subj. durch ein Pron. im abh. Satze verlangt, in welchem Falle dann aber nach der Regel (§. 127, 3) die reflexiven Formen*) gebraucht werden müssen; oder 2) wenn noch andre Subjekte im abhängigen Satze eintreten, in welchem Falle indeß auch der Nominativ mit dem Inf. stehen kann. S. über den zweiten Punkt im Zusammenhange §. 142 A. 3.

Beisp. ad 1) Herod. 2, 2 Αἰγύπτιοι ἐνόμιζον ἑωυτοὺς πρώτους γενέσθαι πάντων ἀνθρώπων daß sie es wären welche ꝛc. 1, 34 Κροῖσος ἐνόμιζε ἑωυτὸν εἶναι ἀνθρώπων ἁπάντων ὀλβιώτατον. cf. 1, 171. Pl. Apol. p. 36 ἡγησάμενος ἐμαυτὸν τῷ ὄντι ἐπιεικέστερον εἶναι ἢ ὥςε εἰς ταῦτ᾽ ἰόντα σώζεσθαι. Is. Paneg. p. 58 (οἱ πρόγονοι) ἐφιλονίκησαν, οὐκ ἐχθροὺς ἀλλ᾽ ἀνταγωνιςὰς σφᾶς αὐτοὺς εἶναι νομίζοντες. cf. Jl. η, 198. ν, 269. — ad 2) s. §. 142 A. 3.

Anm. 4a. Auch da wo die abhängige Rede nach den verbis dicendi ꝛc. einen Wunsch, Befehl, Verbot enthält (also im Lat. ut, ne oder der bloße Konj. stehen muß) begnügt sich die griech. Sprache mit der Infinitiv-Konstruction. Man pflegt dann einen Begriff wie δεῖν beim Inf.

----

*) Aber auch mit dem einfachen Personalpron. (also ganz wie im Lat.) finden sich Beispiele, namentlich in der Dichtersprache (vgl. §.144 A.8): Od. ϑ, 221 τῶν δ᾽ ἄλλων ἐμέ φημι πολὺ προφερέςερον εἶναι. cf. Jl. η, 198. ν, 269. υ, 361. Eur. Alc. 668 κεῖνον λέγω καὶ παῖδά μ᾽ εἶναι καὶ φίλον. ib. 641. Andr. 553.; zuweilen auch bei Plato nach οἶμαι, z. B. Charm. p. 173 οἶμαι μὲν ληρεῖν με. cf. Soph. p. 234e. Legg. 860c. Gegen den großen griech. Sprachgebrauch aber erscheinen alle derartige Fälle als vereinzelte Abweichungen. An andern Stellen wird die ausdrückliche Bezeichnung des Subj. (aber gleichfalls im Akk.) durch die Voranstellung des abh. Satzes motivirt, z. B. Pl. Soph. p. 217 λόγων ἐπελάβομεν, ὧν καὶ πρὶν ἡμᾶς δεῦρ᾽ ἐλθεῖν — ἐτυγχάνομεν. An. 3, 1, 17 ἡμᾶς δὲ — τί ἂν οἰόμεθα παθεῖν. cf. Thuc. 4, 6, 2.

zu ergänzen. Richtiger ist die Vorstellung daß, wie der Inf. als beziehungs=
lose Verbalform erst durch den Zusammenhang seine genauere Bestimmung
erhält und daher nach §. 140, 1, b auf alle Verba des Wunsches 2c.
folgt, so auch nach den Verbis dicendi 2c., wenn sie diesen Begriff mit
enthalten. Daß die Regirung des Inf. dann durch μή geschieht, folgt
aus §. 148, 2, d. Die in positiven Sätzen leicht entstehende Zweideutigkeit
muß aufmerksame Beachtung des Sinnes entfernen. Vgl. Anm. 6.
Beisp. Xen. An. 5, 7, 34 πάντες ἔλεγον, τοὺς μὲν τούτων ἄρξαντας
δοῦναι δίκην· ἐὰν δέ τις ἄρξῃ ἀνομίας, ἄγεσθαι αὐτοὺς ἐπὶ θανάτῳ cet. 7, 1, 40 ἔλεγον Κοιρατάδη μὴ θύειν. Hell. 4, 7, 4 ᾤοντο
ἀπιέναι (fortgehen zu müssen). 5, 1, 15. Cyr. 4, 5, 16 δοκεῖ μοι ὡς τάχιστα ἰέναι τινὰ εἰς Πέρσας καὶ διδάσκειν cet. Ages. 1, 33 κηρύγματι
ἐδήλου, τοὺς ἐλευθερίας δεομένους πρὸς αὐτὸν παρεῖναι· εἰ δέ τινες τὴν
Ἀσίαν ἑαυτῶν ποιοῦνται, ἐν ὅπλοις παρεῖναι. Aeschin. p. 63, 23 γράφει
Δημοσθένης ὑπὲρ τῆς εἰρήνης ὑμᾶς βουλεύσασθαι. 88, 27 ὃν γέγραφας
στεφανοῦσθαι (ut coronaretur) etc. — So auch in Gesetzen, Bündnisformeln,
Verträgen 2c., wenn deren Inhalt referirt wird, s. z. B. Thuc. 5, 18. Dio
C. p. 131 προσεγράφη τὸ διὰ φροντίδος τοὺς ὑπάτους σχεῖν, ὥςε κτλ.
(darent operam consules ne etc.)

Anm. 5. Die Griechen gehen im Gebrauche des Infinitivs in der
abhängigen Rede auch darin weiter als die Lateiner, daß sie weit gewöhn=
licher als diese die Relativ= und andern Nebensätze zu derselben ebenso
konstruiren wie die Hauptsätze; z. B. Plat. Alcib. I. p. 123 ἔφη παρελθεῖν
χώραν, ἣν καλεῖν τοὺς ἐπιχωρίους ζώνην welches die Einwohner ge=
nannt hätten den Gürtel. Dem. Lept. p. 505, 15. Her. 1, 86 ὡς δὲ ἄρα μιν
προσῆναι τοῦτο, Κροῖσον ἀναςενάξαντα ἐς τρὶς οὐνομάσαι Σόλωνα
als ihm das vor die Seele gekommen sei, habe Krösus 2c. cf. 6, 137. An.
2, 2, 1. 5, 7, 18. Thuc. 2, 13, 5. 24. 102, 5. 6, 64, 3 (nom. c. inf. nach §. 142,
2). Mem. 1, 1, 13 Σωκράτης ἐθαύμασεν, εἰ μὴ φανερὸν αὐτοῖς ἐςιν, ὅτι
ταῦτα οὐ δυνατόν ἐςιν ἀνθρώποις εὑρεῖν· ἐπεὶ καὶ τοὺς μέγιςον φρο-
νοῦντας ἐπὶ τῷ περὶ τούτων λέγειν οὐ ταὐτὰ δοξάζειν ἀλλήλοις.
Am seltensten geschieht es in Bedingungssätzen und selbst (wofern die
Lesarten richtig) nach dem finalen ὅπως. Her. 3, 105 εἶναι δὲ ταχύτητα
οὐδενὶ ἑτέρῳ ὅμοιον, οὕτω ὥςε, εἰ μὴ προλαμβάνειν τῆς ὁδοῦ τοὺς
Ἰνδοὺς, ἐν ᾧ τοὺς μύρμηκας συλλέγεσθαι, οὐδένα ἄν σφεων ἀποσώ-
ζεσθαι. Thuc. 4, 98, 4. — Nach ὅπως: Xen. Oec. 7, 29. Hell. 6, 2, 32.
und vgl. Poppo zu Cyr. 4, 2, 37.

Anm. 5a. Wenn in einem zum acc. c. inf. gehörigen Relativ= oder
Nebensatze mit ὡς, ὥσπερ, καθάπερ, ἤ 2c. das Prädikat fehlt, indem er
dasselbe mit dem Infinitivsatze gemein hat, so steht das Subjekt der Regel
nach (wie im Lat.) im Akkusativ, z. B. Soph. OC. 870 δοίη Ἥλιος, σὲ
βίον τοιοῦτον, οἷον κἀμὲ, γηρᾶναί ποτε. cf. Thuc. 5, 99. 6, 68, 2. Doch
ist in diesem Falle auch der Nominativ nicht ungebräuchlich, z. B. X. Mem.
1, 6, 4 πέπεισμαί σε μᾶλλον ἀποθανεῖν ἄν ἑλέσθαι ἢ ζῆν ὥσπερ ἐγώ.
Thuc. 7, 48 οὐ τοὺς αὐτοὺς ψηφιεῖσθαι, καὶ τὰ πράγματα, ὥσπερ καὶ
αὐτοί, ὁρῶντας γνώσεσθαι. cf. Ar. Ran. 303. Aehnliches geschieht bei
Participialsätzen wenn sie in einem cas. obl. stehen; z. B. Thuc. 7, 55
(πόλεσι δημοκρατουμέναις, ὥσπερ καὶ αὐτοί, κτλ.), und überhaupt wenn
der mit ὡς 2c. eingeführte Gegenstand einem int cas. obl. stehenden Begriff
beigefügt ist, z. B. Ar. Ran. 303 ἔξεστιν, ὥσπερ Ἡγέλοχος, ἡμῖν λέγειν.
Jl. κ, 556 ῥεῖα θεός καὶ ἀμείνονας, ἠέπερ οἴδε, ἵππους δωρήσαιτο. S.
dagegen α, 260 und mehr Beispiele bei Bekk. hom. Bl. 265.

Anm. 6. Endlich kann der Infin. mit dem Akkus. auch ganz unabhängig d. h. ohne regierendes Verbum stehn, theils als Befehl, indem
der Satz dann die Stelle eines Imperativi dritter Person vertritt,

theils als Inhalt eines an die Götter gerichteten Wunsches oder Gebetes.
Man pflegt zur Erklärung einen Verbalbegriff wie κελεύω, εὔχομαι oder
(nach Anm. 4a.) φημί, und δός (welches auch öfters dabeisteht) hinzuzudenken.
Vgl. §. 140, 7. und Bekk. hom. Bl. 225.

Beisp. Jl. γ, 285 εἰ μέν κεν Μενέλαον Ἀλέξανδρος καταπέφνῃ,
αὐτὸς ἔπειθ᾽ Ἑλένην ἐχέτω cet.; εἰ δέ κ᾽ Ἀλέξανδρον κτείνῃ ξανθὸς
Μενέλαος, Τρῶας ἔπειθ᾽ Ἑλένην ἀποδοῦναι. Vergl. noch Jl. η, 79
mit ζ, 92. Hes. ε. 391 γυμνὸν σπείρειν, γυμνὸν δὲ βοωτεῖν (nudus ara,
sere nudus; Virg.), wo das Subjekt als unbestimmt gelassene dritte Person,
τὶς, anzunehmen ist; Ar. Ach. 172. Pac. 551. — Jl. η, 179 Ζεῦ πάτερ, ἢ
Αἴαντα λαχεῖν ἢ Τυδέος υἱόν (vgl. γ, 322. 351, wo δός dabeisteht); Eur.
Suppl. 3 Δήμητερ, εὐδαιμονεῖν με Θησέα τε παῖδ᾽ ἐμόν. Ar. Ran. 387.
887. ꝛc. — oder impersonal, z. B. Herod. 5, 105 ὦ Ζεῦ, ἐκγενέσθαι
μοι Ἀθηναίους τίσασθαι möge es mir vergönnt sein, mich an den Athenern zu rächen. — Vom Inf. nach αἱ γάρ s. S. 427 Not.

Anm. 7. Dieselbe Konstruction mit und ohne τό dient zuweilen als
verwundernder Ausruf: σὲ ταῦτα δρᾶσαι daß du vergleichen thun
konntest! Ar. Nub. 816 τὸ Δία νομίζειν, ὄντα τηλικουτονί daß du in
diesem Alter noch an Zeus glauben kannst! cf. Cyr. 2, 2, 3. Aesch. Eum.
801 ἐμὲ παθεῖν τάδε, φεῦ, ἐμὲ κατὰ γᾶν οἰκεῖν.

§. 142. Attraction beim Infinitiv. (129)

1. Wenn dem Subjekte des Infinitivs andre Bestimmungen,
sei es als Attribut oder als Prädikat, in Form von Substantiven oder Adjektiven ꝛc. beigefügt sind, so versteht es sich von
selbst, daß diese, wenn der Subjekts-Akkusativ ausgedrückt ist, auch
im Akkusativ stehn.

Beisp. Ἅπαντες νομίζομεν τὴν γῆν σφαῖραν εἶναι. Od. α, 173
οὔ σε πεζὸν οἴομαι ἐνθάδ᾽ ἱκέσθαι.

2. Sobald aber das Subjekt des Inf. nicht ausgedrückt ist,
dasselbe aber im Haupt=Satze bereits in irgend einem Kasus
enthalten ist, so findet die den Griechen besonders eigne
Attraction
statt, d. h. diese Beifügungen stehn nun nicht im Akkus., sondern
in demjenigen Kasus, worin derselbe Gegenstand im Hauptsatze enthalten ist, werden also gewissermaßen, wegen Abwesenheit des Sub-
jektwortes, von dem nächst vorhergehenden Verbo angezogen. Hiebei finden zwei Fälle statt:

a) Ist das beim Infinitiv ausgelassene Subjekt zugleich Subjekt (Nominativ) jenes vorhergehenden Verbi finiti, wovon der
Infinitiv abhängt, so müssen die Bestimmungen beim Infinitiv ebenfalls im Nominativ stehn, z. B.

ὁ Ἀλέξανδρος ἔφασκεν εἶναι Διὸς υἱός
(lat. dicebat se esse Jovis filium); welches auch dann geschieht,
wenn das Subjekt beim ersten Verbo selbst nicht ausgedrückt ist.

Beisp. ἔπεισα αὐτοὺς εἶναι θεός (daß ich ein Gott sei). Lys. 23, 8
ἔφασκες εἶναι δεσπότης. Is. Paneg. 97 ἐνόμιζον ἡμῶν προδιαφθαρέν-
των οὐδ᾽ αὐτοὶ σωθήσεσθαι. Jl. δ, 101 εὔχεο Ἀπόλλωνι ῥέξειν ἑκατόμ-
βην οἴκαδε νοστήσας. An. 3, 2, 39 ὅστις ὑμῶν τοὺς οἰκείους ἐπιθυμεῖ
ἰδεῖν, μεμνήσθω ἀνὴρ ἀγαθὸς εἶναι.

b) Kommt dagegen das ausgelassene Subjekt des Infinitivs bei dem vorhergehenden Verbo als nahes oder entferntes Objekt vor; so stehen jene Bestimmungen beim Infinitiv ebenfalls in dem Casu obliquo, worin ihr Subjekt als dortiges Objekt steht, also entweder im Genitiv z. B.

ἐδέοντο αὐτοῦ εἶναι προθύμου sie baten ihn unverdros-
	sen zu sein; Hell. 1, 5, 2.

oder im Dativ z. B.

ἔξεςί μοι γενέσθαι εὐδαίμονι Dem. Ol. p. 35.

(lat.: licet illis esse *beatis*): oder endlich im Akkusativ, in welchem Falle es mit der Hauptregel zusammenfällt, z. B.

κελεύω, προτρέπω, παρακαλῶ σε εἶναι πρόθυμον.

Beisp. 1) m. d. Dativ sind häufig; beim Präd.: Xen. Hipp. 7, 1 παντὶ προσήκει ἄρχοντι φρονίμῳ εἶναι. An. 3, 2, 11. Thuc. 7, 77 ἀναγ-καῖόν ἐςιν ὑμῖν ἀνδράσιν ἀγαθοῖς γίγνεσθαι. 5, 9 ὑμῖν ὑπάρχει ἢ Λακεδαιμονίων ξυμμάχοις κεκλῆσθαι, ἢ Ἀθηναίων δούλοις. cf. Is. Areop. 73. Xen. Laced. 13, 11. — beim Attribut: Ar. Eccl. 652 σοὶ μελή-σει, λιπαρῷ χωρεῖν ἐπὶ δεῖπνον. cf. 705. Jl. ω, 525 ἐπεκλώσαντο θεοὶ δειλοῖσι βροτοῖσιν, ζώειν ἀχνυμένοις. S. die übr. Beisp. mit dem Part. bei Classen hom. Spr. 140. — 2) m. d. Genit. selten: Her. 5, 80 χρᾷ ὁ θεὸς ἡμῖν τῶν Αἰγινητέων δέεσθαι τιμωρητήρων γενέσθαι. Pl. Tim. p. 20a. Vgl. hiezu die Beisp. in §. 144 Anm. 11.

Anm. 1. (2.) Daß indeß die Attraction keineswegs nothwendig ist, zeigen die vielen Beispiele, wo sie, selbst nach ausdrücklichem Genitiv und Dativ, vernachlässigt wird, indem sowohl a) die Prädikatsbestimmun-gen (mit Ausnahme des in §. 144 A. 11 erläuterten Falles), als auch b) die sonstigen attributiven Beisätze (Adj., Part. ꝛc.) im Akkusativ stehen, und zwar im letztern Fall bei ält. Schriftst. gewöhnlich. Vgl. A. 2.

Beisp. zu a: Her. 6, 100 Ἐρετριέες Ἀθηναίων ἐδεήθησαν σφίσι βοηθοὺς γενέσθαι (vgl. oben 5, 80). Hell. 1, 4, 27 παρῄνεσαν (sc. τοῖς στρατιώταις) προθύμους εἶναι (dagegen ἑτοίμοις εἶναι App. BC. 1, 57). Is. Aegin. extr. δέομαι ὑμῶν τοιούτους μοι γενέσθαι δικαςὰς, οἵων ἂν αὐτοὶ τυχεῖν ἀξιώσαιτε. — zu b: Isocr. p. 297 δέομαι ὑμῶν ἀκροά-σασθαι τῶν λεγομένων, ἐνθυμηθέντας ὅτι cet. X. Anab. 3, 2, 1 ἔδο-ξεν αὐτοῖς προφύλακας καταςήσαντας συγκαλεῖν τοὺς στρατιώτας. 1, 3, 5. 2, 1, 19. Thuc. 1, 31. 53 ꝛc. Die Stellen bei Homer, sämtlich nach voraufgeh. Dat. (z. B. Jl. α, 541. δ, 341 ꝛc.) s. bei Classen hom. Spr. 142. Aber Od. ι, 224 war der Akkus. (nach vorausg. Nom.) nothwendig, s. Nitzsch z. d. St. und über den ganzen Gegenstand Lobeck zu Aj. p. 419.

Anm. 2. Auch bei den Impersonalien πρέπει, προσήκει, ἔξεςι, συμβαίνει steht zuweilen die Prädikatbestimmung (a) im Akkusativ neben dem voraufgegangenen Dativ, nach Analogie von Anm. 1, a. Das gewöhnliche Verfahren jedoch ist, daß sie Prädikatbest. entweder (b) nach der Hauptregel (oben 2) dem voraufg. persönl. Dativ sich assimilirt (bei ἔξεςι geschieht dies fast immer), oder daß umgekehrt (c) die Person nachfolgt, d. h. als Subj. des folg. Infinitivsatzes gleichfalls in den Akk. übergeht, so daß diese Verba dann (wie oben κελεύειν, oder δεῖ in §. 131 A. 4) einfach mit dem acc. c. inf. konstruirt werden. — Dagegen tritt (d) bei bloßen zum Infinitivsatz gehörigen attributiven Bestimmungen in der Regel der Fall von Anm. 1, b ein, d. h. sie stehen im Akk. neben vorausg. Dativ.

Beisp. zu a: Xen. Lac. 13, 9 ἔξεςι τῷ νέῳ — φαιδρὸν εἶναι. Cyr. 2, 3, 8 ἄλκιμον εἶναι οὐ τῷ μὲν προσῆκον τῷ δ᾽ οὔ, ἀλλὰ πᾶσιν. Thuc. 4, 20 ἔξεςι Λακεδαιμονίοις, ὑμῖν φίλους γενέσθαι. — zu b: s. oben zu 2, b. — zu c: Plat. Ion. p. 539 οὐκ ἂν πρέποι ἐπιλήσμονα εἶναι ἄνδρα ῥαψῳδόν. X. Cyr. 7, 5, 83 οὐ τὸν ἄρχοντα τῶν ἀρχομένων πονηρότερον προσήκει εἶναι. Au. 3, 2, 15 ὑμᾶς προσήκει καὶ ἀμείνονας εἶναι καὶ προθυμοτέρους. Thuc. 7, 11, 4 συμβέβηκεν ἡμᾶς αὐτοὺς τοῦτο πάσχειν. — zu d: Hell. 4, 1, 35 νῦν ἔξεστί σοι μεθ' ἡμῶν γενομένῳ, μηδένα δεσπότην ἔχοντα ζῆν καρπούμενον τὰ σαυτοῦ. ib. 8, 4. 5, 4, 60. Hier. 2, 8 τοῖς ἰδιώταις ἔξεστιν ὅποι ἂν βούλωνται πορεύεσθαι μηδὲν φοβουμένους. Thuc. 1, 29, 5 al.

Anm. 2a. Mehr logiſch als grammatiſch ſteht zuweilen der Nominativ beim Inf., wo man den Akkuſ. (oder irgend einen andern Kaſus) erwarten ſollte. Dies geſchieht öfters 1) wenn das regierende Verbum ein Particip in einem cas. obl. iſt, indem der Schriftſteller dafür in Gedanken einen Satz mit einem verb. fin. ſubſtituirt; z. B. Her. 4, 137 ἦν γνώμη Ἱσιαίου ἐναντίη ταύτῃ, λέγοντος — οὔτε αὐτὸς Μιλησίων οἷός τε ἔσεσθαι ἄρχειν οὔτε etc. Thuc. 5, 41 οὐκ ἐώντων Λακεδαιμονίων μεμνῆσθαι περὶ αὐτῆς, ἀλλὰ — ἕτοιμοι εἶναι. cf. 7, 3, 1. 8, 48, 6. und die Beiſp. in der Note hier unten. — 2) wenn der Infinitivſatz von einem beigefügten δεῖν, προσήκειν, χρῆναι, ἀνάγκην εἶναι ꝛc. abhängt, dennoch aber ſo konſtruirt wird, als ob der Gebrauch in §. 141 A. 4a ſtattfände, alſo der Inf. für ſich allein ſtünde; z. B. X. Hier. 2, 8 αὐτοὶ ὡπλισμένοι οἴονται ἀνάγκην εἶναι διάγειν. Is. Euag. 30 οὐχ ἡγήσατο δεῖν χωρίον ὀχυρὸν καταλαβὼν περιιδεῖν, εἴ τινες βοηθήσουσιν. Lys. 25, 18. 30, 8. Dem. p. 414, 12 und noch freier 1089, 5. S. Lob. ad Phryn. 755.

3. Dieſelbe Attraction findet auch ſtatt, wenn der Satz mit dem Infinitiv den Artikel (τό, τοῦ, τῷ, §. 140, 5, c) vor ſich hat, und das Subjekt deſſelben zugleich in irgend einem Kaſus im Hauptſatz enthalten iſt.

Beiſp. Ar. Rhet. 2, 13 πρὸς τὸ συμφέρον ζῶσι, διὰ τὸ φίλαυτοι εἶναι (weil ſie voll Eigenliebe ſind). Dem. cor. p. 262 Δημοσθένης σεμνύνεται τῷ γραφεὶς ἀποφυγεῖν D. thut groß damit, daß er von der Anklage freigeſprochen. Thuc. 1, 34. οὐκ ἐκπέμπονται ἐπὶ τῷ δοῦλοι, ἀλλ' ἐπὶ τῷ ὅμοιοι τοῖς λειπομένοις εἶναι. 121, 5. Arist. Eth. 3, 5 ἐφ' ἡμῖν ἐςι τὸ ἐπιεικέσι καὶ φαύλοις εἶναι. — Und ebenſo der Akkuſativ in Beziehung auf einen vorausgehenden gleichen Kaſus: Is. Ar. p. 154 ἐπέδειξε τὰς καλῶς πολιτευομένας πολιτείας προεχούσας τῷ δικαιοτέρας εἶναι. Aesch. Prom. 235. X. Mem. 1, 2, 55 ꝛc.

4. Auch in der Konſtruction mit ὥςε, πρίν ꝛc. ſteht der Nominativ beim Infinitiv, wenn ihn der erſtere Satz erfordert.

Beiſp. Dem. Ol. p. 34 οὐ γὰρ οὕτως ἄφρων εἰμὶ ἐγώ, ὥςε ἀπεχθάνεσθαι βούλεσθαι μηδὲν ὠφελεῖν νομίζων (daß ich mir Haß zuziehen wollte, ohne überzeugt zu ſein, dem Staate zu nützen); — und der Satz p. 32. unabhängig gemacht würde heißen: μηδεὶς τηλικοῦτος ἔςω παρ' ὑμῖν, ὥςε τοὺς νόμους παραβὰς μὴ δοῦναι δίκην. cf. Thuc. 7, 6, 4. — Cyr. 5, 2, 9 ἀποθνήσκουσι πρότερον, πρὶν δῆλοι γενέσθαι οἷοι ἦσαν. cf. Thuc. 8, 42. S. noch Anm. 3 *).

---

*) Einzelne Abweichungen von der Regel müſſen aus der Beſchaffenheit der Stelle erklärt werden; ſo der Nomin. (vgl. Anm. 2a): Thuc. 2, 49 (nach den meiſten Hdſchr.): τὰ δὲ ἐντὸς οὕτως ἑκάετο, ὥςε — μήτε γυμνοὶ ἀνέχεσθαι cet. Iſt die Lesart richtig, ſo muß der Nom. ad synesin auf den Hauptſatz bezogen werden, indem dem Schriftſt. ſt. τὰ ἐντός als Subj. die von der Krankheit befallenen Perſonen ſelbſt vorſchwebten. In Hell. 5, 4, 1 βουληθέντας Λακεδαιμονίοις τὴν πόλιν δουλεύειν, ὥςε αὐτοὶ τυραννεῖν, ſteht αὐτός als ob vorausginge οἳ ἐβουλήθησαν (vgl. Thuc.

Anm. 3. (1.) Nach §. 141. A. 4. muß, wenn dasselbe Subj. im abhängigen Satze bleibt, dies im abh. Satze entweder wegfallen, oder in den Akkusativ treten. Mithin ist in ὑπέσχετο αὐτὸς ποιήσειν das Pron. αὐτός nicht Subj., sondern bloß eine adjekt. Beifügung zum ausgelassenen Subj.: se *ipsum* facturum. Wenn aber im abh. Satze außer dem Subj. im Hauptsatze noch andere Subjekte eintreten, und somit um des Gegensatzes willen die Wiederholung des Subjekts im abh. Satze nothwendig erscheint, so findet eine doppelte Konstr. statt, indem entweder 1) alle Subjekte im Akkus. stehen bleiben, oder 2) das aus dem regierenden Satze wiederholte Subj. allein in den Nomin. tritt, den andern im Akkus. gegenüber, welcher Konstr. sich die Redner und Historiker vorzugsweise bedienen.

Beisp. 1) mit Akkus.: Hell. 2, 1, 26 οἱ ςρατηγοὶ ἀπιέναι αὐτὸν ἐκέλευσαν' αὐτοὺς (al. αὐτοὶ) γὰρ νῦν ςρατηγεῖν, οὐκ ἐκεῖνον. Pl. Hipp. M. p. 282 οἶμαι ἐμὲ πλείω χρήματα εἰργάσθαι ἢ ἄλλους σύνδυο. cf. Symp. 175 a. c.   Charm. 175 c.   Euthyd. 305 d.   Amat. 133 b.   Gorg. 452 τί ἐστι τοῦτο, ὃ φῂς σὺ μέγιςον ἀγαθὸν εἶναι καὶ σὲ δημιουργὸν εἶναι αὐτοῦ; — 2) mit Nomin.: Dem. Mid. p. 579 ἐμὲ οἴεσθ' ὑμῖν εἰσοίσειν, ὑμεῖς δὲ νεμεῖσθαι; ihr meint, ich soll immer beitragen, und ihr immer verzehren? und weiterhin: νομίζεις ἡμᾶς μὲν ἀνέξεσθαί σου, αὐτὸς δὲ τυπτήσειν; καὶ ἡμᾶς μὲν ἀποψηφιεῖσθαι, σὺ δὲ οὐ παύσεσθαι; Her. 7, 136 (Ξέρξης ἔφη) Λακεδαιμονίους συγχέαι τὰ πάντων ἀνθρώπων νόμιμα, αὐτὸς δὲ ταῦτα οὐ ποιήσειν. Thuc. 8, 76 in einer ind. Rede: τοὺς μὲν ἡμαρτηκέναι, τοὺς πατρίους νόμους καταλύσαντας, αὐτοὶ δὲ σώζειν (sc. τ. νόμους) und vorher: δυνατώτεροι εἶναι σφεῖς ἔχοντες τὰς ναῦς πορίζεσθαι τὰ ἐπιτήδεια τῶν ἐν τῇ πόλει (als die in der Stadt). 4, 8, 8. 28, 2. Cyr. 2, 4, 25. Und ebenso bei ὥςε: Cyr. 6, 1, 14 (ἀναχομίζονται τὰ ἐπιτήδεια), ὥστε αὐτοὶ μὲν ἔχειν, ἡμᾶς δὲ μὴ δύνασθαι λαμβάνειν. Thuc. 7, 6, 4. — Bei Späteren: Muson. ap. Stob. p. 167 Σωκρ. ἔφη τοὺς μὲν πολλοὺς ζῆν ἵνα ἐσθίωσιν, αὐτὸς δὲ ἐσθίειν ἵνα ζῇ. (Dagegen Diog. L. 2, 34 αὐτὸν δὲ ἐσθίειν.) Plut. Ages. 10. — Vgl. hiezu noch §. 144 Anm. 8.

Anm. 4. Eine besondere (aber bereits in §. 140 A. 2 behandelte) Art von Attraction findet bei den Verbis πιςεύειν, πείθεσθαι statt, wenn in dem darauf folgenden abh. Infinitivsatz das persönliche Subjekt, anstatt im abh. Satze im Akk. zu stehen, sich zum Hauptverbum im Dativ gesellt und dafür beim Jnf. wegfällt; z. B. Plat. Charm. p. 161 Ὁμήρῳ πιστεύεις καλῶς λέγειν; (glaubst du daß Homer recht hat?) Phaedr. p. 271 μὴ πειθώμεθ' αὐτοῖς, τέχνῃ γράφειν. cf. Thuc. 3, 4, 5. 4, 92, 7. Was aber zum ausgelassenen Subjektworte gehört, steht ebenfalls in der Attraction, z. B. Cyrop. 3, 3, 55 οὐδ' ἂν τούτοις ἐπίστευον ἐμμόνοις ἔσεσθαι.

§. 143. Konstruction der Relativsätze.   (130)
Attraction derselben.

1. Von allen Nebensätzen sind die Relativsätze diejenigen, welche die mannichfaltigsten Konstructionen und eigenthümlichsten Wendungen darbieten, und daher einen wesentlichen Theil der griech.

7, 55 in §. 141 A. 5a), lediglich um der Deutlichkeit willen, da αὐτούς auch auf die Laked. bezogen werden könnte. — Der Akkus.: X. Hier. 1, 12 οἱ τύραννοι τὰ οἴκοι οὐ κέκτηνται ἐχυρά, ὥςε ἄλλοις παρακαταθεμένους ἀποδημεῖν (nach Analogie der Fälle in Anm. 1). cf. Isocr. 5, 121.

Syntax ausmachen. Diese sollen hier zusammengefaßt, und mit Ausschluß der modalen Beziehungen im Zusammenhange dargestellt werden. S. auch noch die Nachweisungen im Register unter Rel.

2. Wie im Lat. muß in Relativsätzen, die auf Pronominalbegriffe der ersten und zweiten Person zurückweisen, das Verbum in derselben Person stehen. Beisp. Eur. Suppl. 1094 οὐκ ἄν ποτ᾽ εἰς τόδ᾽ ἦλθον, εἰς ὃ νῦν κακὸν, ὅςις (τοῦ υἱοῦ) ς ερίσκομαι. Od. β, 41 οὐχ ἑκὰς οὗτος ἀνήρ (= ἐγώ), ὃς λαὸν ἤγειρα. Her. 2, 115 ἐγὼ ἄν σε ἐτισάμην ὃς ἔργον ἀνοσιώτατον ἐργάσαο (ſ. §. 139 n. 35a). Dazu gehört auch Eur. IA. 991 οἰκτρὰ πεπόνθαμεν, ἢ κενὴν κατέσχον ἐλπίδα nach §. 129 A. 14.

Anm. 1. Auf Vokative bezogen muß der Relativsatz natürlich in der zweiten Person stehn, wie Jl. κ, 278 κλῦθί μευ, Διὸς τέκος, ἥτε μοι αἰεὶ παρίςασαι· und nur als höchst seltene Ausnahme kann angesehen werden Jl. ρ, 248 ὦ φίλοι, Ἀργείων ἡγήτορες ἠδὲ μέδοντες, οἵτε παρ᾽ Ἀτρείδῃς δήμια πίνουσιν, καὶ σημαίνουσιν ἕκαςοι λαοῖς. Vgl. Voß zu Hymn. Cer. 269 (εἰμὶ Δημήτηρ, ἥτε — τέτυκται).

3. Bezieht sich ein Relativum auf mehre einzelne Gegenstände, so gelten dieselben Regeln, wie in §. 129, 4. 5. 10. Beisp. Pl. Conv. p. 179 (πατρός τε καὶ μητρός) οὓς ἡ Ἄλκηςις ὑπερεβάλετο τῇ φιλίᾳ. Is. Panath. p. 278 ταῦτα δ᾽ εἶπον, οὐ πρὸς τὴν εὐσέβειαν οὐδὲ πρὸς τὴν δικαιοσύνην οὐδὲ πρὸς τὴν φρόνησιν ἀποβλέψας, ἃ σὺ διῆλθες. de pac. in. ἥκομεν ἐκκλησιάσοντες περὶ πολέμου καὶ εἰρήνης, ἃ μεγίςην ἔχει δύναμιν ἐν τῷ βίῳ. — Od. β, 283 οὐδέ τι ἴσασιν θάνατον καὶ κῆρα μέλαιναν, ὃς δή σφι σχεδόν ἐςιν. Dem. p. 274 καλῶ τοὺς θεοὺς πάντας, καὶ πάσας, ὅσοι ἔχουσι τὴν Ἀττικήν. Isocr. p. 163 τὴν πόλιν οἰκήσομεν, ἀπαλλαγέντες πολέμων καὶ κινδύνων καὶ ταραχῆς, εἰς ἣν νῦν καθέσταμεν.

4. Wenn im Relativsatze das Prädikat durch ein Substantiv ausgedrückt ist, so richtet sich das Relativ im Genus und Numerus oft nach diesem, und nicht nach dem ersten Nomen, worauf es sich eigentlich bezieht. Vgl. hiezu §. 129, 9. Beisp. Pl. legg. p. 699 πάρεςιν αὐτῷ φόβος, ἣν αἰδῶ ἐν τοῖς ἄνω εἴπομεν. Crat. 405 τὸν οὐρανόν, οὓς δὴ πόλους καλοῦσιν. Phileb. 40 λόγοι μήν εἰσιν ἐν ἑκάςοις ἡμῶν, ἃς ἐλπίδας ὀνομάζομεν. Phaedr. 255 c. (Dagegen legg. 629 d. τὸ μὲν, ὃ καλοῦμεν ςάσιν). — Dasselbe geschieht zuweilen beim Particip (ὤν), da es als ein abgekürzter Relativsatz betrachtet werden kann: Thuc. 5, 4 καταλαμβάνουσι Βρικιννίας, ὃν (= ὅ ἐςι) ἔρυμα ἐν τῇ Λεοντίνῃ. Pl. legg. 735 e. Her. 3, 108. Dem. p. 401 ὑπεξέθεντο τὰς θυγατέρας, παιδία ὄντα. Hell. 4, 5, 1 ὡς Ἄργους τῆς Κορίνθου ὄντος (wo Kor. Subjekt und Argos Prädikat ist; vgl. 8, 34).

5. Sehr gewöhnlich findet beim Relativ (und ebenso nach §. 127, 1 beim Demonstrativ, ſ. die Beisp. hier unten) die Konstruction κατὰ σύνεσιν (§. 129) statt, und zwar hauptsächlich in vier Fällen, nehmlich:

a) das allg. Relat. (ὅςις, ὃς ἄν) im Singular wird auf Plurale bezogen, weil in der Allgemeinheit dieser Relative schon immer der Plural implicite gegeben ist. Beisp. Jl. τ, 260 (θεοὶ) ἀνθρώπους τίνυνται, ὅτις κ᾽ ἐπίορκον ὀμόσσῃ. Pl. Rep. p. 566 προσγελᾷ καὶ ἀσπάζεται πάντας, ᾧ ἄν περιτυγχάνῃ. cf. Soph. Antig. 707. Eur. Med. 219.

b) umgekehrt kann das Relat. im Plural stehn, wenn der voraufgehende Begriff ein Collektivum ist.

Beisp. Jl. π, 368 (Ἕκτωρ) λεῖπε λαὸν Τρωικὸν, οὓς ἀέκοντας τάφρος ἔρυκεν. Pl. Phaedr. p. 260 (ὁ ῥήτωρ μανθάνει) τὰ δόξαντα ἂν πλήθει, οἵπερ δικάσουσι. — Freier oder dichterischer sind folgende: Od. μ, 97 κῆτος, ἃ μυρία βόσκει ἀγάσονος Ἀμφιτρίτη. ε, 438 κύματος ἐξαναδύς, τά τ' ἐρεύγεται ἠπειρόνδε. cf. Jl. ξ, 410. Od. δ, 177. Dem. 18, 310 ἀνδρὶ καλῷ τε κἀγαθῷ, ἐν οἷς οὐδαμοῦ σὺ φανήσει γεγονώς. cf. 8, 41. — Beim Demonstr.: Lys. p. 177 (ὁ δῆμος ἐψηφίσατο αὐτοὺς) πρεσβεύειν ὑπὲρ αὐτῶν, καὶ οὐδέποτε αὐτοῖς μετεμέλησε. Dinarch. p. 106 (τὸ δεσμωτήριον — ἐκείνους) cf. Her. 1, 32 (ἄνθρωπος — αὐτέων).

c) das Relativ richtet sich nach dem natürlichen Genus seines Nomens.

Beisp. Jl. ε, 638 ἀλλ' οἷόν τινά (Bekk. ἀλλοῖόν τινα) φασι βίην Ἡρακληείην (= Herakles) ὅς ꝛc. χ. 87 φίλον θάλος (d. i. Hektor), ὃν τέκον αὐτή. Od. ζ, 157. Pl. Lys. 204 e (παιδικῶν — αὐτόν).

d) das Relativ bezieht sich auf ein nur dem Sinne nach im Hauptsatze enthaltenes Nomen.

Beisp. Thuc. 6, 80 ἀπὸ Πελοποννήσου παρέξαι ὠφελία, οἳ (sc. οἱ ὠφελίαν φέροντες) τῶνδε κρείσσους εἰσὶ τὰ πολέμια. 2, 45 δεῖ με γυναικείας τι ἀρετῆς, ὅσαι (sc. γυναῖκες) νῦν ἐν χηρείᾳ ἔσονται, μνησθῆναι. Eur. Hec. 420 ἄνυμφος, ἀνυμέναιος, ὧν (sc. ὑμεναίων) μ' ἐχρῆν τυχεῖν. Andr. 652. — Beim Demonstr.: Thuc. 1, 136 ὁ Θεμιστοκλῆς φεύγει ἐς Κέρκυραν, ὧν αὐτῶν (sc. Κερκυραίων) εὐεργέτης. 3, 5. 4, 1.

6. Daß der artic. postpos. in gewissen Fällen seine ursprüng=liche demonstr. Natur behalten hat, ist §. 126 gelehrt worden. Da=gegen ist der im Lat. so gewöhnliche Gebrauch, daß ein Relativsatz die Stelle eines angeknüpften Demonstrativsatzes vertritt, mithin selbständig steht, im Griech. bei weitem seltner, und hat meist einen affektvollen Anstrich, oder gehört der Dichtersprache, bes. dem dra=matischen Dialog, oder fällt in eine spätere latinisirende Periode.

Beisp. Pl. Apol. p. 35 εἰ οὖν οἱ δοκοῦντες διαφέρειν σοφίᾳ τοιοῦτοι ἔσονται, αἰσχρὸν ἂν εἴη· — οἳ ἐμοὶ δοκοῦσιν αἰσχύνην τῇ πόλει περι=άπτειν. S. OT. 723 τοιαῦτα φῆμαι μαντικαὶ διώρισαν. ὧν ἐντρέπου σὺ μηδέν. Eur. Or. 424 (im Dialog) MEN. Παλαμήδους σε τιμωρεῖ φόνος. OP. οὗ γ' οὐ μετῆν μοι· διὰ τριῶν δ' ἀπόλλυμαι. — Bei Spä=teren: Apollod. 1, 1, 3 Κρόνος πρώτην μὲν Ἑστίαν κατέπιεν, εἶτα Δήμη=τραν καὶ Ἥραν, μεθ' ἃς Πλούτωνα καὶ Ποσειδῶνα. App. BC. 3, 71 ἀλλὰ δὲ Ἀντωνίου τέλη καλοῦντος, ὧν (= καὶ τούτων) βραδέως ἰόντων, ἐκράτοιν οἱ τοῦ Καίσαρος. Jos. B. Jud. 2, 2, 4 al.

7. Wenn in zwei mit einander coordinirt verbundenen Re=lativsätzen der zweite einen andern Kasus des Relativs erfor=derte, so gilt entweder a) das Relativ des ersten Satzes zugleich für den folgenden Satz mit; oder b) es tritt für das Relativ im zweiten Satze das Demonstrativ (αὐτόν, αὐτῷ ꝛc.) in dem betreffenden Kasus ein.

Beisp. a) Pl. Alcib. I. p. 134 e. ᾧ γὰρ ἂν ἐξουσία μὲν ᾖ ποιεῖν ὃ βούλεται, νοῦν δὲ μὴ ἔχῃ, τί εἰκὸς συμβαίνειν; Phaedo p. 82 d. ἐκεῖ=νοι, οἷς τι μέλει τῆς ἑαυτῶν ψυχῆς, ἀλλὰ μὴ σώματα πλάττοντες ζῶσιν, ἀπέχονται τῶν κατὰ τὸ σῶμα ἐπιθυμιῶν. Jl. α, 162 ᾧ ἔπι πόλλ' ἐμό=γησα, δόσαν δέ μοι υἷες Ἀχαιῶν. cf. Od. β, 54. 114. Jl. γ, 235. Pl. Prot. p. 313 b. Πρωταγόρας, ὃν οὔτε γιγνώσκεις, οὔτε διείλεξαι οὐδεπώποτε.

30*

Xen. Hell. 6, 1, 13 ἡ πατρὶς, ἥ σε τιμᾷ καὶ (sc. ἐν ᾗ) σὺ πράττεις τὰ κράτιϛα. cf. Anab. 3, 1, 17. 2, 5. — b) Jl. α, 79 Ἀγαμέμνων, ὃς μέγα πάντων Ἀργείων κρατέει, καί οἱ πείθονται Ἀχαιοί. Pl. Meno. p. 90 e. παρὰ τούτων, οἳ μήτε προσποιοῦνται διδάσκαλοι εἶναι, μήτ᾽ ἐϛὶν αὐτῶν μαθητὴς μηδείς. Dem. Ol. p. 35 οἱ πρόγονοι. οἷς οὐκ ἐχαρίζονθ᾽ οἱ λέγοντες, οὐδ᾽ ἐφίλουν αὐτοὺς ὥσπερ ὑμᾶς οὗτοι νῦν, τῶν Ἑλλήνων ἦρξαν. cf. Thuc. 2, 74, 3. Aeschin. 1, 180. Isocr. 12, 152. Od. α, 70.

8. Ist aber einem Relativsatze noch ein anderer Nebensatz untergeordnet, in welchem letztern ein auf das Hauptsubstantiv bezügliches Demonstrativ, aber in einem andern Kasus als das Relativ, stehn sollte: so verschmelzen beide Sätze zu Einem Relativsatze, indem das Relat. den Kasus des Demonstr. annimmt, das Demonstr. wegfällt *).

Beisp. Isocr. p. 168 αὐτόμολοί εἰσιν, οἷς ὁπόταν τις διδῷ πλείω μισθόν, μετ᾽ ἐκείνου ἐφ᾽ ἡμᾶς ἀκολουθήσουσιν (ϛ. οἵ, ὁπόταν αὐτοῖς). p. 243 συνέβη κυρίαν ἑκατέραν γενέσθαι τῆς ἀρχῆς τῆς κατὰ θάλατταν. ἣν ὁπότεροι ἂν κατάσχωσιν, ὑπηκόους ἔχουσι τὰς πλείϛας τῶν πόλεων Dem. Phil. p. 128 πολλὰ ἂν εἰπεῖν ἔχοιεν Ὀλύνθιοι νῦν, ἃ τότ᾽ εἰ προείδοντο, οὐκ ἂν ἀπώλοντο. Pl. Rep. p. 466 οἱ φύλακες, οἷς ἐξὸν (§. 145 A. 10) πάντα ἔχειν τὰ τῶν πολιτῶν οὐδὲν ἔχοιεν. Isocr. 1, 37.

Anm. 2. Ueber die pleonastische Hinzufügung des Demonstr. zum Relativ in demselben Satze bei Spätern (ὧν ὁ μὲν αὐτῶν ꝛc.) s. NT. Gramm. 240. Herm. zu Vig. n. 28. In älteren Schriftst. findet sich analoges allenfalls nach Zwischensätzen, z. B. Dem. p. 86 ὃς τὸν μὲν Καρύστιον, ὑπὲρ οὗ — ἔπεμψατε, τοῦτον τὸν ἄνδρα ἐκεῖνος ἐβούλετο etc. cf. X. Laced. 10, 4. Cyr. 4, 1, 4., oder als hervorhebende Apposition wie Her. 4, 44 Ἰνδός, ὃς κροκοδείλους δεύτερος οὗτος ποταμῶν πάντων παρέχεται, oder ist dichterisch (Eur. Phoen. 1596. S. Philoct. 415). Wohl zu unterscheiden hievon sind die Fälle, wo αὐτός (αὐτὸς οὗτος) dem Relativ den Begriff selbst hinzufügt (Lucian. 29, 6), und ganz verschieden diejenigen, wo ein indirekt fragendes Rel. prädikativ zu einem folgenden Demonstr. sich verhält (Jl. λ, 612. Od. ι, 348).

9. Jeder Relativsatz müßte, um vollständig zu sein, sein verbum finitum bei sich haben. Doch ist die Auslassung der Kopula nicht selten. Vgl. §. 129, 20.

Beisp. Jl. η, 50 προκάλεσσαι Ἀχαιῶν ὅστις ἄριϛος. Eur. Phoen. 745 ἑλοῦ προκρίνας οἵπερ ἀλκιμώτατοι. Pl. Rep. p. 466 ἄξουσι τῶν παίδων εἰς τὸν πόλεμον ὅσοι ἁδροί. Sogar, aber sehr selten, des Konjunktivs: ib. p. 370 e. κομίζονται, ὧν ἂν αὐτοῖς χρεία (§. 139 n. 20).

Anm. 3. Wenn im Relativsatze dasselbe Prädikat stehn müßte wie im Hauptsatze, so läßt man auch wol, um Wiederholungen zu vermeiden, im Relativsatze das ganze Prädikat fehlen; z. B. Od. λ, 413 κτείνοντό σύες ὣς ἀργιόδοντες, οἵ ῥά τ᾽ ἐν ἀφνειοῦ ἀνδρὸς μέγα δυναμένοιο ἢ γάμῳ ἢ ἐράνῳ sc. κτείνονται. Dem. cor. p. 319 τοῦ ῥήτορός ἐστι τὸ τοὺς αὐτοὺς μισεῖν καὶ φιλεῖν, οὕσπερ ἂν ἡ πατρίς (sc. μισῇ καὶ φιλῇ,

*) Ganz ähnlich konstruirt finden sich Sätze mit γάρ, bes. bei Herodot und Thukyd. z. B. Her. 2, 101 τῶν ἄλλων βασιλέων οὐ γὰρ ἔλεγον οὐδεμίαν ἔργων ἀπόδεξιν, κατ᾽ οὐδὲν εἶναι λαμπρότητος (ϛ. τοὺς ἄλλους βασιλέας, οὐ γὰρ αὐτῶν ἔλ. cet.). Thuc. 8, 30 τοῖς Ἀθηναίοις προσαφιγμέναι γὰρ ἦσαν ἄλλαι νῆες, πάσας ξυναγαγόντες ἐβούλοντο ἐφορμεῖν (ϛ. οἱ Ἀθ., ἦσαν γὰρ αὐτοῖς ꝛc.). cf. 1, 72. 115. Her. 1, 24. 4, 149. 200. Vgl. die Verbindungen ἀλλὰ - γάρ, καὶ - γάρ §. 149 n. 16 f.

§. 139 n. 20). cf. Dem. 10, 40. 53, 12. Jl. η, 286. Ueber diesen auch in andern Nebensätzen vorkommenden elliptischen Gebrauch (z. B. Hell. 1, 7, ex. *κατελθὼν, ὅτε καὶ οἱ ἐκ Πειραιῶς* sc. *κατῆλθον*) vgl. §. 151, IV. 4. 9.

10. Die Stellung betreffend, so kann der Relativsatz wie in andern Sprachen auch vorangehen, z. B. Cyr. 1, 6, 11 *ὅ,τι δ᾽ ἂν λαμβάνῃ τις, χάριν τούτων εἰκὸς εἰδέναι τῷ διδόντι.* Daß das dazu gehörige Demonstr. oft wegfällt, s. §. 127, 1, d.

11. Dabei ist es ein im Griech. (wie zum Theil auch im Lat.) gar nicht seltner Fall, daß der Nachsatz grammatisch dem vorausgehenden Relativsatze nicht genau entspricht, sondern eine andre Wendung nimmt. Solche Fälle gründen sich aber auf keinen festen Sprachgebrauch, sondern sind mehr eine Folge ungezwungener und volksthümlicher Redeweise, welche von den Schriftstellern, Dichtern wie Prosaikern, häufig der grammatischen Concinnität vorgezogen wird. Oft müssen wir einen Satz wie „dies ist, das will ich sagen" ergänzen, oder wir bedienen uns andrer z. Th. sehr schleppender Wendungen, z. B. was anbetrifft 2c.

Beisp. Mem. 2, 2, 6 *ἃ μὲν ἂν αὐτοὶ ἔχωσιν οἱ γονεῖς ἀγαθὰ πρὸς τὸν βίον, διδάσκουσι τοὺς παῖδας· ἃ δ᾽ ἂν οἴωνται ἄλλον ἱκανώτερον εἶναι διδάξαι, πέμπουσι πρὸς τοῦτον.* Pl. Euthyd. in. *ὃ δὲ σὺ ἐρωτᾷς, τὴν σοφίαν αὐτοῖν, ὦ Κρίτων, πάνσοφοι ἀτεχνῶς.* An. 6, 1, 29 *ὃ δ᾽ ὑμεῖς ἐννοεῖτε, ὅτι ἧττον ἂν στάσις εἴη ἑνὸς ἄρχοντος ἢ πολλῶν, εὖ ἴστε ὅτι* cet. Hell. 2, 3, 45 *ἃ δ᾽ αὖ εἶπεν, ὡς ἐγώ εἰμι οἷος μεταβάλλεσθαι, κατανοήσατε* cet. Luc. Deor. C. 5 *καὶ ὁ πάντων γελοιότατον, καὶ τὸν κύνα τῆς Ἠριγόνης ἀνήγαγεν*; in welchem letztern Falle vermöge einer gewissen Anakoluthie unmittelbar ein Satz mit *ὅτι* oder *γάρ* oder ein Infinitivsatz folgen kann: Pl. Rep. p. 491 *ὃ πάντων θαυμασιότατον ἀκοῦσαι, ὅτι ἓν ἕκαστον ὧν ἐπῃνέσαμεν τῆς φύσεως ἀπόλλυσι τὴν ψυχήν.* Dem. Mid. 2 *ἃ δ᾽ ἐν ὑμῖν ἐστιν ὑπόλοιπα, ὅσῳ γὰρ πλείοσιν οὗτος ἠνώχλησε, τοσούτῳ μᾶλλον ἐλπίζω τὸ δίκαιον ἕξειν.* Lys. 19, 33 *ὃ δὲ πάντων δεινότατον, τὴν ἀδελφὴν ὑποδέξασθαι παιδία ἔχουσαν πολλά.* Man vgl. hiezu Schneid. zu Isocr. 7, 68 und unten §. 151. IV, 10.

12. (2.) Wie im Lat. ist es sehr gewöhnlich, daß das Nomen, worauf sich das Relat. bezieht, im Hauptsatze ausgelassen, und dafür dem Relativsatze mit dem Relativ in gleichem Kasus beigefügt wird; z. B. statt *οὗτός ἐστιν ὁ ἀνὴρ ὃν εἶδες*:
οὗτός ἐστιν, ὃν εἶδες ἄνδρα.
Wobei zu bemerken ist, daß bei dieser Umstellung das Substantiv, in der Regel den Artikel verlierend, nicht unmittelbar nach dem Relativ gesetzt wird. Oefters wird der so geformte letztere Satz, wenn der Nachdruck es erfordert, vorausgeschickt:
ὃν εἶδες ἄνδρα, οὗτός ἐστιν.
Beisp. Aeschin. 1, 106 *οὐκ ἔστιν, ἥντινα οὐκ ἦρξεν ἀρχὴν* es ist kein Amt, das er nicht verwaltet hätte. Jl. ι, 131 *τὰς μέν οἱ δώσω, μετὰ δ᾽ ἔσσεται, ἣν τότ᾽ ἀπηύρων κούρην Βρισῆος* (a. L. *κούρη*). Pl. Phaed. p. 61 *οὓς προχείρους εἶχον μύθους τοὺς Αἰσώπου, τούτων ἐποίησα* (brachte in Verse) *οἷς πρώτοις ἐνέτυχον.* Au. 1, 9, 19 *Κῦρος, εἴ τινα ὁρῴη κατασκευάζοντα, ἧς ἄρχοι χώρας, οὐκ ἂν ἀφείλετο.* Thuc. 8, 87, 5.

13. (3.) Auch hier tritt eine ähnliche
Attraction
wie bei der Konstruction mit dem Infinitiv, ein. Wenn nehmlich)

das Relativ wegen seines Verbi im Akkusativ stehn müßte, das
Nomen aber, worauf es sich bezieht, im Genitiv oder Dativ
steht, und kein demonstratives Pronomen (wie οὗτος, ἐκεῖνος) bei
sich hat, so wird das Relativum davon angezogen, und nimmt
denselben Kasus statt des Akkusativs an; z. B.

μεταδίδως αὐτῷ τοῦ σίτου, οὗπερ αὐτὸς ἔχεις du theilst ihm von
der Speise mit, welche du selbst hast (Mem. 2, 7, 13),

wo οὗπερ, wegen des Genitivs σίτου, worauf es sich bezieht, ebenfalls im Genitiv steht, anstatt des Akkusativs ὅνπερ, welchen das
Verbum ἔχειν erforderte; ebenso

εὖ προσφέρεται τοῖς φίλοις, οἷς ἔχει, er begegnet den Freunden gut,
die er hat.

Dasselbe geschieht auch wenn der erforderliche Akkusativ eigentlich der
des entfernteren Objekts ist, z. B. Dem. Mid. p. 555 δίκην ὧν ἂν ἀδικηθῇ
τις λαμβάνειν, von ἃ ἀδικοῦμαι d. h. worin ich beleidigt bin. Plut. Mor.
p. 334 τὸν μισθὸν ὧν ἔτερπες ἀπελάμβανες ἀντιτερπόμενος den Lohn
für das, womit du mich erfreutest *). — Diese Attraction, vermöge welcher
die beiden Sätze fast zu Einem verschmolzen werden, findet insbesondere
dann statt, wenn der Relativsatz einen integrirenden Theil des Hauptsatzes ausmacht, d. h. wenn er eine zur Vervollständigung des Hauptsatzes nothwendige Bestimmung enthält. Wo aber dem bereits hinlänglich limitirten und an sich vollständigen Hauptbegriff durch einen Relativsatz
nur noch andere Nebenbestimmungen nachträglich hinzugefügt werden, tritt
keine Attraction ein; also z. B. nicht in Sätzen wie ἐπῃνέθη ὑπὸ πάντων
τῶν ἑαυτοῦ πολιτῶν, οὓς μεγάλα ὠφέλησεν. Vgl. §. 151. I, 2.

Beisp. Thuc. 7, 21 ὁ Γύλιππος ἧκεν ἄγων ἀπὸ τῶν πόλεων, ὧν
ἔπεισε, στρατιὰν μεγάλην. S. Trach. 680. Herod. 7, 164 Κάδμος Κῷος
ἐκράτησε μεγάλων χρημάτων, τῶν οἱ Γέλων ἐπετράπετο. An. 1, 3, 16
τῷ ἡγεμόνι πιστεύσομεν, ᾧ ἂν Κῦρος δῷ. Cyr. 3, 1, 33 χρήματα σὺν τοῖς
θησαυροῖς, οἷς ὁ πατὴρ κατέλιπεν, ἑξὶ τάλαντα τρισχίλια. — Jl. ψ, 649
οὔ σε λήθω τιμῆς, ἧστέ μ᾿ ἔοικε τετιμῆσθαι μετ᾿ Ἀχαιοῖς. cf. Lys. 13,
74 (τῆς φυγῆς ἧς ἔφυγον). Ar. Plut. 1044 (τῆς ὕβρεος ἧς ὑβρίζομαι).
Her. 4, 78. S. Lob. zu Aj. 493.

Anm. 4. Noch ist zu bemerken 1) daß die zum Relativsatz gehörigen Prädikats-Akkusative mit in die Attraction gezogen werden, so wie
2) daß man oft auch da, wo das Demonstr. im ersten Satze ausgedrückt
ist, dennoch das Relat. in gleichem Kasus folgen ließ. Beisp. Dem. cor.
p. 325 οὐδὲν ἐμὲ προηγάγετο, ὧν ἔκρινα δικαίων καὶ συμφερόντων
τῇ πατρίδι, οὐδὲν προδοῦναι. Xen. Oec. 2, 1 ὑπό γε τούτων, ὧν σὺ
δεσποινῶν καλεῖς, οὐ κωλύομαι. Pl. Gorg. p. 452 οἱ δημιουργοὶ τούτων ὧν ἐπῄνεσεν ὁ τὸ σκολιὸν ποιήσας. Phaed. 76 b. Cyr. 1, 6, 11.

14. (4.) Mit dieser Attraction kann ferner der oben 12. behandelte Gebrauch in Verbindung treten, daß nehmlich das Nomen
des erstern Satzes von diesem hinweg, und zum zweiten gestellt wird,
so daß es samt dem Relativ in dem Kasus bleibt, welchen
der erste Satz erfordert. Auf diese Weise werden, besonders wenn
das Demonstr. von einer Präposition abhing, und diese nunmehr

---

*) Sehr seltnes Beispiel mit dem Nominativ: Her. 1, 78 ὑπεκρί-
ναντο ταῦτα, οὐδέν κω εἰδότες τῶν ἦν περὶ Σάρδις. cf. Thuc. 7, 67, 3.
— mit dem Dativ: Plat. Prot. extr. ὧν ἐντυγχάνω, πολὺ μάλιςα
ἄγαμαί σε. Aber Mem. 4, 1, 4 (ἐξεργασικώτατοι ὧν ἂν ἐγχειρῶσι) läßt
sich wol auf den Akkus. in §. 131, 8 zurückführen.

nach Wegfall des Demonstr. unmittelbar vors Relativ tritt,
beide Sätze auch äußerlich völlig zu Einem verschmolzen; z. B.

μεταδίδως αὐτῷ οὗπερ αὐτὸς ἔχεις σίτου
εὖ προσφέρεται οἷς ἔχει φίλοις

Und mit der Umstellung: οἷς ἔχει φίλοις εὖ προσφέρεται.

Beisp. ἀπολαύω ὧν ἔχω ἀγαθῶν. Dem. Ol. 3. p. 35 τότε μὲν
καλῶς εἶχε τὰ πράγματα ἐκείνοις χρωμένοις, οἷς εἶπον προςάταις.
An. 1, 9, 14 Κῦρος, οὓς ἑώρα ἐθέλοντας κινδυνεύειν, ἄρχοντας ἐποίει ἧς
κατεςρέφετο χώρας. Soph. OC. 333 (ἦλθον) ξὺν ᾧπερ εἶχον οἰκετῶν
πιςῷ μόνῳ. S. die anderen Beisp. mit Präpositionen Abschn. 15.

15. (5.) Oft fällt das Nomen, wenn kein bestimmter Begriff
darin liegt, oder wenn es schon einmal da war, ganz weg, so daß
das Relativum (mit oder ohne Präposition) dann ganz allein in dem
Kasus steht, in dem jenes Nomen zum Hauptsatze stehen mußte:

μεμνημένος ὧν ἔπραξε

für μεμνημένος τῶν πραγμάτων ὧν ἔπραξεν, und dies für ἃ
ἔπραξεν. Und mit der Umstellung: οἷς ἔχω χρῶμαι.

Beisp. δεινότερά ἐςιν ἃ μέλλω λέγειν ὧν (d. i. τούτων ἃ) εἴρηκα.
Hell. 3, 5, 18 Λύσανδρος ξὺν οἷς εἶχεν ᾔει πρὸς τὸ τεῖχος. Eur. Or.
564 ἐφ' οἷς δ' ἀπειλεῖς, ὡς πετρωθῆναί με δεῖ, ἄκουσον cet. Pl. Apol.
p. 30 ἐδεήθην ὑμῶν μὴ θορυβεῖν ἐφ' οἷς ἂν λέγω. Soph. OT. 862 οὐδὲν γὰρ ἂν πράξαιμ' ἂν ὧν οὔ σοι φίλον (d. i. τούτων ἃ ἐμὲ πρᾶξαι
οὔ σοι φίλον ἐσίν). X. Ages. 1, 11 πολὺ ςράτευμα μετεπέμπετο πρὸς ᾧ
πρόσθεν εἶχεν.

Anm. 5. Die Attraction erstreckt sich auch auf relative Adverbia
(vgl. §. 151, I. 8.); z. B. Thuc. 1, 89 οἱ Ἀθηναῖοι διεκομίζοντο εὐθὺς
ὅθεν ὑπεξέθεντο παῖδας καὶ γυναῖκας (st. ἐκεῖθεν, ὅπου). cf. S. Trach.
703. Phil. 482.

16. (6.) In einem Falle erfährt auch der Nominativ des
Relativs diese Attraction. Wenn nehmlich im vollständigen Satze
der Nom. des Relativs οἷος (ὅσος, ἡλίκος) mit dem Verbo εἶναι
stehn müßte, z. B. πάνυ ἡδέως χαρίζονται ἀνδρὶ τοιούτῳ, οἷος
σὺ εἶ, so wird das Demonstr. nebst dem Verbo εἶναι ausgelassen,
und das Relativ alsdann von dem Hauptsatze so angezogen, daß es
mit allen sonst etwa damit verbundenen Nominativen den Kasus
des Nomens annimmt worauf es sich bezieht, und sogar noch vor
demselben eingeschaltet wird: πάνυ ἡδέως χαρίζονται οἴῳ σοὶ ἀνδρί (Mem. 2, 9, 3). Oft fällt auch hier das Nomen selbst weg,
z. B. χαλεπὸν ἤρου καὶ οἴῳ γε ἐμοὶ ἄπορον schweres fragtest du,
und für jemand wie ich bin, kaum zu beantwortendes (Pl. Soph.
237). Da nun ferner der ganze Ausdruck (οἴῳ σοί, οἴῳ ἐμοί) wie
ein Adjektiv zu seinem Subst. (ἀνδρί) sich verhält, so kann er auch,
wie jeder andre adjekt. Beisatz, den Artikel in gleichem Kasus
zu sich nehmen, also τῷ οἴῳ σοὶ ἀνδρί, oder ohne Subst.: τοῖς
οἴοις ἡμῖν, τοὺς οἴους ὑμᾶς d. i. τοιούτους οἷοι ὑμεῖς ἐςε.

Beisp. Thuc. 7, 21 πρὸς ἄνδρας τολμηροὺς, οἵους καὶ Ἀθηναίους, οὐκ ἀντιτολμῶσι. Cyr. 6, 2, 2 οἱ δὲ οἷοί περ ὑμεῖς ἄνδρες τὰ
βουλευόμενα καταμανθάνουσιν. Hell. 2, 3, 25 γιγνώσκουσιν, τοῖς οἴοις
ἡμῖν τε καὶ ὑμῖν χαλεπὴν εἶναι δημοκρατίαν (vgl. §. 125 A. 9). Luc.
Alex. 20. Dem. p. 330 (ἴσμεν πάντες) τὰς τῶν πρότερον εὐεργεσίας,
οὔσας ὑπερμεγέθεις, οὐ μὲν οὖν ἄν τις εἴποι ἡλίκας. Od. κ, 112 τὴν

δὲ γυναῖκα εὗρον ὅσην τ᾽ ὄρεος κορυφήν, κατὰ δ᾽ ἔζυγον αὐτήν. Ar. Ach. 703 εἰκὸς ἄνδρα κυγὸν, ἡλίκον Θουκυδίδην, ἐξολέσθαι. Pl. Symp. p. 220 Σωκράτης, καί ποτε ὄντος πάγου οἵου δεινοτάτου καὶ πάντων οὐκ ἐξιόντων, ὅμως ἐξῄει. Freier: Apol. p. 39 φημί, ὦ ἄνδρες, τιμωρίαν ὑμῖν ἥξειν χαλεπωτέραν ἢ οἵαν ἐμὲ ἀπεκτόνατε (ettwa: eine Strafe, schwerer als die über mich verhängte Todesstrafe).

Anm. 5 a. Noch anomaler ist die Beibehaltung des Subjekts-Nominativs im Vergleichungssatze trotz stattfindender Attraction des Relativs, wie Hell. 1, 4, 16 τῶν οἵωνπερ αὐτὸς ὄντων οὐκ ἔστι δεῖσθαι μεταξάσεως. cf. Ar. Ach. 601. Dem. Androt. extr. Vgl. das Beisp. Thuc. 7, 55 in §. 141 Anm. 5 a.

17. Wenn aber umgekehrt das Nomen vom Kasus des Relativs, das demnach in dem ihm zukommenden Kasus stehn bleibt, angezogen wird (attractio inversa), so ist dies eine Art Anakoluthie oder ein Verlassen der angefangenen Konstruction. Z. B. Μελέαγρος δὲ τὰς τιμὰς ἃς ἔλαβε, φανεραί statt αἱ τιμαί, ἃς Μελ. ἔλ. (Xen. Cyn. 1, 10. cf. Virg. Aen. 1, 573 urbem quam statuo vestra est). In der Regel geschieht dies, wenn statt des voraufgehenden Nomen ein allg. pronominaler Begriff, wie ἄλλος, τις, ἕτερος, πᾶς steht, der sich leicht mit dem Relativ verbindet.

Beisp. Thuc. 3, 104 θῆκαι ὅσαι ἦσαν ἐν Δήλῳ πάσας ἀνεῖλον. Pl. Meno. p. 96 a. ἔχεις εἰπεῖν ἄλλου ὁτουοῦν πράγματος, οὗ οἱ φάσκοντες διδάσκαλοι εἶναι ὁμολογοῦνται οὐκ ἐπίξασθαι τὸ πρᾶγμα; cf. ib. c. Her. 2, 106 τὰς δὲ σήλας τὰς ἵνα Σέσωστρις, αἱ μὲν πλεῦνες οὐκέτι φαίνονται περιεοῦσαι. Jl. κ, 416. ξ, 371. und and. Beisp. bei Bekk. hom. Bl. 314. — Ferner: Dem. cor. p. 230 ἑτέρῳ δ᾽ ὅτῳ κακόν τι δώσομεν ζητοῦμεν. Hell. 1, 4, 2 Λακεδαιμόνιοι πάντων ὧν δέονται πεπραγότες εἰσίν (welche Fälle man daher nicht durch eine Umstellung: ὅτῳ δ᾽ ἑτέρῳ, ὧν πάντων, zu erklären braucht). Aehnlich ist: Jl. σ, 192 ἄλλου δ᾽ οὔ τευ οἶδα, τεῦ ἂν κλυτὰ τεύχεα δύω. Hier steht τεῦ (d. i. τίνος), wo man τοῦ (οὗ) erwarten sollte, entstanden aus dem indirekten Fragsatze: οὐκ οἶδα, οὗτινος τεύχεα δύω.

Anm. 6. Dasselbe geschieht wiederum wie in Anm. 5 bei adverbialen Correlativis, z. B. Pl. Crit. p. 45 πολλαχοῦ μὲν γὰρ καὶ ἄλλοσε ὅποι ἂν ἀφίκῃ, ἀγαπήσουσί σε, st. ἀλλαχοῦ ὅποι cet. — Vgl. die Redensarten θαυμασίως ὡς ꝛc. in §. 151, I, 5.

Anm. 7. Auf die attr. inversa zurückzuführen ist die Redensart οὐδεὶς ὅςις οὐ für: jedermann, welches gleichfalls wie ein einfaches Wort deklinirt wird. S. §. 148 A. 8. — Aehnlich ist das von Plato öfters gebrauchte ὃς βούλει für: jedweder, lat. wörtlich quivis, welches auch flektirt wird: ὅτου βούλει cujusvis, ὧντινων βούλει. Z. B. Pl. Crat. p. 432 αὐτὰ τὰ δέκα ἢ ὅστις βούλει ἄλλος ἀριθμός. cf. Ion. p. 533 a.

18. (19.) Endlich vertreten Relativsätze oft die Stelle anderer Nebensätze. So haben wir sie als Finalsätze (§. 139. E.), als Kausalsätze (eb. D.), als Folgerungssätze (eb. F.) kennen gelernt. Hier sei noch erwähnt, daß wie εἴ τις, ἤν τις oft für ὅςις (§. 149 n. 5), so auch umgekehrt ὅςις, ὃς ἄν da stehen, wir wir natürlicher Sätze mit εἴ τις ꝛc. erwarten.

Beisp. Cyr. 1, 5, 13 ὅ,τι γὰρ μὴ τοιοῦτον ἀποβήσεται παρ᾽ ὑμῶν, εἰς ἐμὲ τὸ ἐλλεῖπον ἥξει. S. Trach. 905 ἔκλαιε δ᾽ ὀργάνων ὅτου ψαύσειεν. Thuc. 6, 14 τὸ καλῶς ἄρξαι τοῦτ᾽ ἔστιν, ὃς ἂν τὴν πατρίδα ὠφελήσῃ ὡς πλεῖσα. cf. 3, 45 (πολλῆς εὐηθείας, ὅστις οἴεται cet.). 4, 18, 4. 2, 44, 1. Anab. 2, 5, 21. 6, 6. und das erste Beisp. oben 11.

§. 144. Konstruction mit dem Particip. (131)

1. Das Particip (μετοχή, s. im Anhang) faßt den Begriff des Verbi adjektivisch auf, daher es wie das Adjektiv mit Subst. in Verbindung tritt (wo es dann nach §. 125 zwischen Artikel und Subst. gestellt, oder mit wiederholtem Artikel dem Subst. nachgesetzt wird), durch den Artikel substantivirt wird (wie das Adj. in §. 123, 5) u. s. f. Dabei bewahrt es aber seine Verbalnatur in derselben Weise wie der Infinitiv (§. 140, 1) durch Zulassung temporaler Unterschiede und die Verbindung mit dem Verbal=Kajus und den Adverbialbestimmungen.

Beisp. Λύκος λιμώττων· οἱ ὑπάρχοντες νόμοι oder οἱ νόμοι οἱ ὑπάρχοντες· οἱ διὰ τοῦτο αὐτῷ ξυγγενόμενοι φίλοι· ὁ χιλίαρχος ὁ τὰς ἀγγελίας εἰσκομίζων· ἡ εἰκὼν ἡ ὑπ' Ἀπελλοῦ γραφεῖσα· τῶν φίλων οἱ παρόντες· τὰ προσήκοντα, τὰ ἐμοὶ προσήκοντα, κτλ.

1 a. Den weiteren Gebrauch der Participia, insofern sie ganze Nebensätze vertreten oder wenigstens von uns so übersetzt werden, kann man dreifach unterscheiden, indem sie 1) statt eines Relativsatzes, 2) statt eines Nebensatzes mit einer Konjunction, wie als, weil, nachdem, wenn ꝛc., 3) zur Ergänzung eines andern Verbalbegriffes dienen (unten 6). Den Artikel kann das Part. in den beiden letzten Fällen gar nicht zu sich nehmen, und auch im ersten Falle nur dann, wenn das Particip substantivirt ist, d. h. wenn es durch is qui (derjenige welcher) oder auch aliquis qui (ein solcher welcher, s. Anm. 1) übersetzt werden muß; dagegen solche Relativsätze, die sich in einen Satz mit einer Konjunction umwandeln lassen, durchs Part. ohne Artikel gegeben werden.

Beisp. Mem. 4, 2, 28 οἱ μὲν εἰδότες ὅ,τι ποιοῦσιν, ἐπιτυγχάνοντες (wenn sie verlangen) ὧν πράττουσιν, εὔδοξοί τε καὶ τίμιοι γίγνονται· οἱ δὲ μὴ εἰδότες ὅ,τι ποιοῦσι, οἷς ἂν ἐπιχειρήσωσιν ἀποτυγχάνοντες ἀδοξοῦσι διὰ ταῦτα, καὶ καταφρονούμενοι καὶ ἀτιμαζόμενοι ζῶσιν. Dem. Ol. p. 31 οὐχ εὑρήσετε τὸν γράψοντα ἃ συμφέρει, διὰ τὸ παθεῖν τι κακὸν τὸν εἰπόντα καὶ γράψαντα. S. auch §. 124 A. 6. und unt. 3.

Anm. 1. Auch wenn das substantivirte Particip unbestimmte Gegenstände bezeichnet (also durch aliquis qui ꝛc. übersetzt werden muß), ist der Artikel nothwendig, sobald man unter dem Ausdruck „ein solcher" oder „einige welche" Gegenstände versteht, die eben durch das nebenstehende Particip ihre bestimmte Begrenzung erhalten, also wenn sie (eben durch den Artikel) gleichsam zu einem Gattungsbegriff erhoben werden sollen (vgl. §. 124, 1 und Anm. 2). Sollen jedoch unbestimmte Gegenstände ausdrücklich als solche durch ein Particip gegeben werden, so muß das unbest. Pron. τίς zum Particip treten, weil durch die Weglassung des Artikels allein das Part. wieder seine verbale Natur erhalten würde, also z. B. ἦλθον ἄγοντες in der Regel nur heißen könnte: sie kamen, indem sie brachten.

Beisp. ἦλθέ τις λέγων einer der sagte. Hell. 7, 5, 24 χαλεπὸν εὑρεῖν τοὺς ἐθελήσοντας μένειν, ἐπειδάν τινας φεύγοντας τῶν ἑαυτῶν ὁρῶσιν. Dem. Phil. 1. p. 45 εἰσὶν οἱ πάντ' ἐξαγγέλλοντες ἐκείνῳ πλείους τοῦ δέοντος. Is. Areop. p. 144 χαλεπώτερον ἦν ἐν ἐκείνοις τοῖς χρόνοις εὑρεῖν τοὺς βουλομένους ἄρχειν ἢ νῦν τοὺς μηδὲν δεομένους. Pl. Menex. p. 236 ἤκουσε γὰρ ὅτι μέλλοιεν Ἀθηναῖοι αἱρεῖσθαι τὸν ἐροῦντα, obwohl wir sagen: einen der reden sollte. Daher ὁ τυχών, οἱ τυχόντες die ersten die besten.

Anm. 2. Gleichwohl kann die Sprache doch den Artikel weglassen ohne daß das Particip seine subst. Bedeutung verliert, wenn keine Verwechs= lung mit einer Verbalkonstr. möglich ist, die Hinzufügung von τὶς aber oder des Art. unthunlich gewesen wäre. Man lerne dies an folgenden Beisp. Cyr. 6, 2, 1 beginnt ein neuer Abschnitt: ἦλθον παρὰ τοῦ Ἰνδοῦ χρήματα ἄγοντες καὶ ἀπήγγειλαν (so·daß also nichts anderes Subjekt sein kann als ἄγοντες). Isocr. p. 360 ἀφικνοῦνται ἀπαγγέλ-λοντες ὅτι ὁ πατήρ ἀφεῖται. cf. X. Mem. 1, 3, 11. Hell. 3, 1, 19. 2, 1, 8. Apol. 23. Her. 1, 42 οὐ γὰρ συμφορῇ τοιῇδε κεχρημένον οἰκός ἐστι ἐς ὁμήλικας εὖ πρήσσοντας ἰέναι (zwar allgemein, doch mit deutlicher Hin= weisung auf den Abrast gesprochen, daher die Hinzufügung von τινά ver= mieden). An. 6, 5, 9 οἱ πολέμιοι τεταραγμένοι ἐμπίπτουσιν εἰς τεταγ-μένους. Pl. legg. p. 795 διαφέρει πολὺ μαθὼν μὴ μαθόντος καὶ ὁ γυμνασάμενος τοῦ μὴ γυμνασαμένου ohne fühlbaren Unterschied. Hes. ε. 12.

2. Nebensätze, namentlich solche die ein Zeitverhältnis (als, indem, nachdem, während), einen Grund oder Ursache (da, weil), eine Bedingung (wenn), eine Einschränkung (obgleich, s. A. 15), eine Absicht (damit, s. Text 3) enthalten, können, so oft die Deutlichkeit darunter nicht leidet, durch ein Particip (also immer ohne Artikel) gegeben werden. Ist nun das Subjekt des Nebensatzes bereits im Hauptsatz in irgend einem Kasus ent= halten, so ist die Grundregel, daß das Particip, als adjektivische Wortform, sich nach demselben richtet, d. h. mit seinem im Haupt= satze enthaltenen Subjektworte in gleichem gen., num. und casu steht (konstruirtes Particip). Die verschiedenen Zeitbeziehungen bedingen die Wahl unter den verschiedenen Participialformen, wo= bei §. 137, 6 zu beachten. Beisp. Ἐπεσκεψάμην τὸν ἑταῖρον νοσοῦντα (welcher oder als, weil er krank war). — τῷ μεγάλῳ βασιλεῖ οὐ πάτριόν ἐστιν ἀνδρὸς ἀκροᾶ-σθαι μὴ προσκυνήσαντος (wenn). Mem. 1, 4, 8 τὸ σῶμα συνήρμο-σαί σοι, μικρὸν μέρος λαβόντι ἑκάστου (indem). Dem. Phil. p. 44 οὕτω δεῖ τὰς γνώμας ἔχειν, ὡς, ἐὰν δέῃ, πλευστέον (sc. ἡμῖν) εἰς τὰς ναῦς αὐτοῖς (s. unten 7) ἐμβᾶσιν (nachdem).

Anm. 3. (7.) Bei allen Participial=Konstructionen liegt eine Zeit= beziehung zum Grunde, d. h. die Handlung des Particips mag mit der andern stehn in welcher Verbindung es sei, so wird sie immer zugleich als jener vorgängig, gleichzeitig oder zukünftig gedacht, und dem gemäß in das erforderliche Tempus gesetzt. Allein hier ist oft eine andere Ansicht möglich als die uns geläufige. Z. B. in dem homerischen ὣς εἰπὼν ὤτρυνε μένος καὶ θυμὸν ἑκάστου erwarten wir das Präsens λέγων; aber der Anführer muß auch schon etwas Bewegendes gesagt haben, wann jene bewogen werden. Ebenso Xen. Mem. 3, 6, 2 τοιάδε λέξας κατέσχεν αὐτόν. Dage= gen ebb. 1, 2, 61 Σωκρ. βελτίους ποιῶν τοὺς συγγιγνομένους ἀπέπεμπεν erwarten wir den Aorist; es soll aber heißen: er machte (fortwährend, jedes= mal, s. §. 137, 6) diejenigen die zu ihm kamen besser, und entließ sie dann; das part. ποιήσας würde mehr auf einen einmaligen Fall gehn. — Ins= besondre steht das Part. Praes. bei mehren Handlungen, die mit der fol-genden nothwendig verbunden sind und fast zusammengebracht werden, wie gehen, laufen, führen, bringen (vgl. §. 150 n. 33 f.). Z. B. οἴκαδ' ἰὼν Μυρμιδόνεσσιν ἄνασσε (Jl. α, 179); στῆ δὲ θέων (Jl. ρ, 707); ἔγχος ἔρησε φέρων πρὸς κίονα (Od. α, 127); καί με καθίζει ἄγων (Pl. Charm. 2).

Herod. 8, 118 τοὺς δὲ προϲκυνέοντας ἐκπηδέειν, weil nehmlich die Knie=
beugung als unzertrennlich von dem Verlaſſen der königlichen Perſon gedacht
iſt. — Endlich iſt es nicht ungewöhnlich, einem Aoriſt eine gleichzeitige
Handlung auch im Part. Aoriſti beizufügen, wo man dann das Part. zur
Erklärung in den Indik. deſſelben Tempus verwandeln und mit καὶ ver=
binden kann. Z. B. Cyr. 1, 3, 8 (ἔφασαν) τὸν Ἀϲνάγην σκώψαντα εἰπεῖν. S. Herm. ad Vig. not. 224. und vgl. λανθάνειν, φθάνειν in Anm. 6.
— Andere Fälle der Part. des Aoriſts, ſofern er das Eintreten einer
Handlung bezeichnet (ἄρξας ἐποίει ꝛc.) ſ. §. 137 A. 4a.

3. Insbeſondere bedienen die Griechen ſich des Particips
vom Futur, um finale Beſtimmungen oder ſolche Sätze zu ge=
ben, die bei uns mit den Partikeln damit oder um zu anfangen.
Beiſp. Xen. ταῦτα μαθὼν ὁ Κῦρος ἔπεμψε τὸν Γωβρύαν ἐπο-
ψόμενον damit er ſehn ſollte. Plat. Gorg. p. 478 τὸν ἀδικοῦντα παρὰ
τοὺς δικαϲὰς ἄγειν δεῖ δίκην δώσοντα, damit er geſtraft werde. Dem.
Ol. p. 14 τοὺς συμμάχους δεῖ σώζειν καὶ τοὺς τοῦτο ποιήσοντας
στρατιώτας ἐκπέμπειν (ſ. wegen des Artikels ob. 1.).

Anm. 4. Da das Präſens häufig vom Vorhaben (de conatu §. 137
A. 10) gebraucht wird, ſo kann, wenn der Zuſammenhang den Sinn leicht
an die Hand gibt, eine ſolche Zweckbeſtimmung durchs Particip des
Präſens gegeben werden. Z. B. ἔπεμψεν αὐτὸν ἀγγέλλοντα, um zu
verkünden. Pl. Euthyphr. p. 8 πάντα ποιοῦσι καὶ λέγουσι φεύγοντες
τὴν δίκην. Hell. 3, 5, 7 οἱ Θηβαῖοι πρέϲβεις ἔπεμψαν Ἀθήναζε λέγον-
τας τάδε. cf. 2, 4, 37.

4. Indem nun die Griechen die Participial=Konſtruction mit
der des Relativs und der des Infinitivs verbinden, Fragſätze hin=
ein verweben, auch ein Participium vom andern abhängig machen
(in welchem Falle die Part. nicht durch καί verbunden ſein
dürfen), können ſie ohne Verwirrung mehre Sätze in und durch
einander winden.
Beiſp. Ἐκεῖνα μόνον διεξῄει, ἃ τοὺς ἰδόντας ἡγεῖτο τεθνηκέναι
er erzählte nur das, wovon er glaubte daß diejenigen geſtorben ſeien,
welche es geſehen hätten. Dem. Mid. p. 564 τιμήσετε αὐτῷ οὐκ ἐλάσσο-
νος, ἢ ὅσον καταϑεὶς παύσεται τῆς ὕβρεως als eine ſolche Straße, wodurch, wenn er ſie erlegt haben wird, ihm der Uebermuth benommen ſei.
Mem. 1, 3, 10 τί δὴ ἰδὼν ποιοῦντα ταῦτα κατέγνωκας αὐτῷ; wir etwa:
was ſahſt du ihn thun, daß du ſo über ihn urtheilſt? Eur. IT. 1360 τίνος
τίς ὢν σὺ τήνδ᾽ ἀπεμπολᾷς χθονός; (ſ. ähnl. Beiſpiele §. 127, 5 u. Anm. 8).
Jl. σ, 372 τὸν δ᾽ εὗϲ᾽ ἱδρώοντα ἑλισσόμενον περὶ φύϲας, wo das
erſte Part. durch das zweite näher beſtimmt wird. Od. ε, 374 αὐτὸς δὲ
πρηνὴς ἁλὶ κάππεσε, χεῖρε πετάσσας νηχέμεναι μεμαώς, wo das zweite
durchs erſte beſtimmt wird. S. mehr Beiſp. bei Claſſen hom. Sprachgbr. 127.
Auf dieſe Weiſe und durch den Zutritt der abſoluten Participialconſtructionen
(§. 145) werden oft viele theils gleiche, theils verſchiedenartige Participial=
ſätze zu Einem Satz vereinigt: ſ. z. B. Aesch. Ctes. p. 74, 33 (148 sq.),
Polyb. 1, 45. Pl. Gorg. p. 471 c.

Anm. 4a. Sind dagegen die Participia koordinirt, ſo werden ſie
durch Konjunctionen (τέ, καί, μὲν-δέ ꝛc.) verbunden; und zwar ſowohl die
gleichartigen, als auch die ungleichartigen (d. h. theils konſtruirten, theils
abſoluten) Participialſätze; vgl. A. 14. Z. B. Thuc. 4, 29 Κλέων πάντα
διαπραξάμενος ἐν τῇ ἐκκλησίᾳ, καὶ ψηφισαμένων Ἀθηναίων αὐτῷ τὸν
πλοῦν, τῶν τε ἐν Πύλῳ στρατηγῶν ἕνα προσελόμενος, τὴν ἀγωγὴν
ἐποιεῖτο. 1, 67 οὐχ ἡσύχαζον, ἄνδρων τε σφίσιν ἐνόντων καὶ ἅμα περὶ
τῷ χωρίῳ δεδιότες. cf. 1, 65. 6, 93. Isocr. 4, 142. 6, 8 ꝛc.

Anm. 5 (1). Abweichungen von der oben 2. gegebenen Hauptregel sind keineswegs selten, und zwar nicht nur a) in Hinsicht auf Numeri und Genus, insofern die Participia nach Anleitung von §. 129, 11 die Konstruktion κατὰ σύνεσιν befolgen, z. B. Cyr. 7, 3, 8 ὦ ἀγαθὴ ψυχή, οἴχῃ δὴ ἀπολιπὼν ἡμᾶς; Thuc. 3, 79 ἐπὶ τὴν πόλιν οὐκ ἐπέπλεον, καίπερ ἐν πολλῇ ταραχῇ ὄντας. Hell. 2, 2, 3 οὐδεὶς ἐκοιμήθη (= alle wachten), οὐ μόνον τοὺς ἀπολωλότας πενθοῦντες, ἀλλὰ καὶ νομίζοντες cet. (f. mehr Beisp. §. 129); — sondern auch b) in Hinsicht auf die Kasus, welches dann Folge einer in Gedanken veränderten Konstruction ist.

Beisp. zu b). Das Particip steht im Nominativ nach (auch vor) einem Subst. im Dativ; Plat. Apol. 6 καὶ διαλεγόμενος αὐτῷ ἔδοξέ μοι οὗτος ὁ ἀνὴρ εἶναι σοφός (= ἐνόμιζον τὸν ἄνδρα cet.) cf. Legg. p. 811. d. Lys. 12, 7. Thuc. 7, 42 καὶ τοῖς Συρακοσίοις κατάπληξις οὐκ ὀλίγη ἐγένετο, ὁρῶντες (= κατεπλάγησαν); — nach dem Akkusativ: Eur. Hec. 964 αἰδώς μ' ἔχει, ἐν τῷδε πότμῳ τυγχάνουσ', ἵν' εἰμὶ νῦν (= αἰδοῦμαι). Hippol. 23 τὰ πολλὰ προκόψασ' οὐ πόνου πολλοῦ με δεῖ (= δέομαι oder χρείαν ἔχω). Ion. 927 κακῶν γὰρ ἄρτι κῦμ' ὑπεξαντλῶν φρενί, πρὺμνηθεν αἴρει μ' ἄλλο σῶν λόγων ὕπο (moveor tuis verbis); — nach dem Genitiv: Herod. 4, 132 Δαρείου ἡ γνώμη ἦν — εἰκάζων τῇδε (= Δαρεῖος τὴν γνώμην εἶχε); cf. Eur. IT. 695 (σωθεὶς δὲ κ.); — im Dativ nach dem Genitiv (vgl. §. 145 A. 2): Thuc. 1, 62 ἦν δὲ γνώμη τοῦ Ἀριστέως, τὸ μὲν μεθ' ἑαυτοῦ στρατόπεδον ἔχοντι, ἐπιτηρεῖν cet. — im Akkusativ nach dem Dativ: Soph. El. 479 ὕπεστί μοι θράσος (= ὕπεισί μοι θράσος), κλύουσαν. — Vgl. hiemit noch §. 145 A. 1. 4. 8. und den Abschnitt über das Anakoluth §. 151 II.

5. Der Regel nach sollten immer die Nebenumstände im Particip, die Haupthandlung dagegen im verbo finito stehen. Indeß kehren es die Griechen, nach unserm Gefühl wenigstens, bisweilen um, Dichter namentlich, um dem Ausdruck dadurch mehr Eigenthümlichkeit zu verleihen.

Beisp. S. OC. 1038 χωρῶν ἀπείλει νῦν d. h. geh fort mit deinen Drohungen, denn nachher heißt es: σὺ δ' ἡμῖν ἔκηλος αὐτοῦ μίμνε. Jl. δ, 535 ὁ δὲ χασσάμενος πελεμίχθη wich bestürzt zurück. Ap. Rhod. 2, 541 οἷά τε πολλὰ πλαζόμεθ' ἄνθρωποι τετληότες. Pl. Gorg. p.486 τὸν τοιοῦτον ἔξεστιν ἐπὶ κόῤῥης τύπτοντα μὴ διδόναι δίκην, wo offenbar der Begriff τύπτειν von ἔξεστιν abhängt: einen solchen darf man schlagen ungestraft. S. and. Beisp. aus Plato bei Heind. zu Gorg. 86 und vgl. Lob. zu Phryn. 55.

5a. (sonst Anm. 6). Insbesondre ist es ein allgemeiner (schon dem Homer nicht unbekannter, vornehmlich aber in der prosaischen Schriftperiode von Herodot ab zur vollen Ausbildung gekommener) Sprachgebrauch, daß gewisse Nebenumstände, welche andre Sprachen adverbiell auszudrücken pflegen, im Deutschen namentlich die Begriffe **gerade, unvermerkt, offenbar, kurz vorher, immer**, im Griech. zum verbo finito werden, von dem dann dasjenige, was bei uns Hauptbegriff ist, im Particip abhängt. Diese Verba sind:

τυγχάνειν und bei Dichtern κυρεῖν (zutreffen): ὡς δὲ ἦλθον, ἔτυχεν ἀπιών als ich kam (traf es sich daß er fortging, d. h.) ging er gerade weg. Aehnlich ὑπάρχειν: Dem. Ol. p. 30 ὑπῆρχον οἱ Ὀλύνθιοι δύναμίν τινα κεκτημένοι, sie besaßen zu der Zeit eine Macht.

λανθάνειν (verborgen sein): ταῦτα ποιήσας ἔλαθεν ὑπεκφυγών als er dies gethan hatte, machte er sich unvermerkt fort; oder in Rücksicht auf das Subjekt selbst: τὸν φονέα λανθάνει βόσκων er nährt ohne es

ſelbſt zu wiſſen ſeinen Mörder; ἔλαϑε πεσών er fiel unverſehens; wel=
ches noch zu der in Anm. 3 erwähnten Anomalie gehört, da das Part. Aor.
ſteht, weil das Verbum ſelbſt ein Aoriſt iſt; ſo auch λάϑε βιώσας lebe
unbemerkt. Aber auch umgekehrt ἄλτο λαϑών Jl. μ, 390 (ſ. Anm. 6),
λαϑὼν εἰσέρχεται Pl. Prot. p. 321. — Dem λανϑάνω ὤν entſpricht als Ge=
gentheil die Verbindung φαίνομαι ὤν ich bin offenbar, z. B. Κῦρος
πάντων τῶν ἡλίκων διαφέρων ἐφαίνετο Xen., worüber im Zuſammen=
hange ſ. unten 6.

φϑάνειν (zuvorkommen): ἔφϑην ἀφελών ich nahm es kurz vor=
her weg. (S. noch §. 150 n. 37.) Auch hier findet der umgekehrte Fall
ſtatt: Thuc. 4, 8 ὑπεκπέμπει φϑάσας. An. 4, 6, 11. — Die Verbindung
mit dem Infin. gehört den Späteren, obwohl ſie (nach der Hdſchr.) ſelbſt
zweimal bei Ariſtoph. ſich findet (Eq. 934. Nub. 1384).

διατελεῖν (beharren): διατελεῖ παρών er iſt immer da; Dem.
Lept. p. 460 οἱ Ἀϑηναῖοι ὑπὲρ δόξης τὰς ἰδίας οὐσίας προσαναλίσκοντες
διετέλουν. So auch διάγειν und διαγίγνεσϑαι. Z. B. Mem. 4, 8, 4
Σωκράτης οὐδὲν ἄλλο ποιῶν διαγεγένηται ἢ πράττων τὰ δίκαια καὶ
τῶν ἀδίκων ἀπεχόμενος. Aehnlich λέγων διατρίβω ich rede lange
oder zu lange Cyr. 1, 2, 12. Dem. Ol. p. 11.; und λιπαρεῖν bei Herod.
z. B. 3, 51 ἐλιπάρεε ἱστορέων fuhr fort im Erzählen. cf. 1, 94 (διάγειν
λιπαρέοντας). Hell. 3, 1, 17 (ἐκαρτέρει ϑυόμενος).

οἴχομαι (gehe, bin fort) dient häufig zu Umſchreibungen, indem es
den Hauptbegriff im Part. zu ſich nimmt; z. B. ᾤχετο φεύγων, ἀπιών
etwa: er entfloh eiligſt, verſchwand; οἴχεται ϑανών (dicht. für τέϑνηκε).

Die Auslaſſung von ὤν bei dieſen Verbis ſ. A. 7. Auch laſſen ſich
die Verba χαίρειν, ἀγαπᾶν, ἥδεσϑαι, ἄχϑεσϑαι ꝛc. (ſ. unten 6.) mit folg.
Particip häufig durch gern, ungern überſetzen; z. B. Eur. Hipp. 7 οἱ
ϑεοὶ τιμώμενοι χαίρουσιν ἀνϑρώπων ὕπο. 458 στέργουσι νικώμενοι.
Soph. Phil. 673 οὐκ ἄχϑομαί σ᾽ ἰδών τε καὶ λαβὼν φίλον. Aeschin. 1, 152
ὁμιλῶν ἥδεται κακοῖς. — Vgl. ἐϑέλω in §. 150 n. 36.

Anm. 6. Homer bedient ſich dieſer Struktur verhältnismäßig ſelten,
und auch da wo er ſie noch am häufigſten anwendet, bei λανϑάνειν (λήϑειν)
und φϑάνειν, wechſelt er beſtändig mit der andern (ἄλτο λαϑών, ὁ δέ μιν
φϑάμενος βάλε δουρί), die ſeinem Sprachgebrauch gemäßer erſcheint, wenn
man Fälle wie κακὰ πόλλ᾽ ἔρδεσκε ἔϑων (= ἔρδειν εἰώϑει), οὔ τι χαίρων τοῖσδε ἀνάσσω, ἐς αὐτὸν τερπόμενοι λεύσσουσι ꝛc. mit den obigen vergleicht. S. hierüber Claſſen hom. Spr. 86.

6. (5.) Viele Verba, insbeſondre die Verba der ſinnlichen
und geiſtigen Wahrnehmung, des Wiſſens und Nichtwiſ-
ſens, des Affizirtſeins, des offenbar ſein und machen,
darſtellen, überführen, angefüllt ſein, geſchehen laſſen,
ausdauern, aufhören, anfangen, recht und unrecht thun,
nehmen bei den Griechen den ergänzenden Verbalbegriff im Particip
zu ſich, an deſſen Stelle wir den Satz durch das anführende daß
(mit folgendem verbo finito) einleiten. Wie bei den übrigen Par-
ticipialkonſtructionen hat ein ſolches Particip entweder einerlei Subjekt mit dem vorhergehenden Verbo und ſteht dann im Nominativ, oder das Subjekt des Particips iſt einerlei mit dem (näheren
oder entfernteren) Objekt des Hauptſatzes, in welchem Falle das
Particip mit jenem Objekt in demſelben cas. obl. ſteht, den der
Satz verlangt.

Doch kommt dieſe Konſtruction mit dem Particip nur dann zur Anwendung wenn dies §. ſeiner Natur nach wirklich ſtehen kann, d. h. wenn

eine Auflösung durch indem, weil, als einer der ꝛc. denkbar ist. Ist
dies nicht der Fall, so steht der Infinitiv, der zwar in manchen Fällen fürs
Part. eintritt, dagegen nie umgekehrt. Den Unterschied zwischen beiden
Konstructionen, der sich auf die Verschiedenheit der beiden Verbalformen
gründet*), mache man sich deutlich an folgenden Beispielen: φαίνομαι
ὤν apparet me esse, φαίνομαι εἶναι esse videor; — μανθάνω, ἐπίςαμαι ὤν ich merke, weiß daß ich bin, μ., ἐπ. εἶναι ich lerne, ich weiß
zu sein; — οὐ περιορῶ σε τοῦτο ποιήσαντα ich lasse es nicht ruhig
hingehen, daß du dies thatest, οὐ π. σε τοῦτο ποιῆσαι ich leide es nicht
daß du dies thust. Ferner μεμνῆσθαι: Philem. fr. 101 μέμνησο ἄνθρωπος ὤν. An. 3, 2, 39 ὅστις τοὺς οἰκείους ἐπιθυμεῖ ἰδεῖν, μεμνήσθω ἀνὴρ
ἀγαθὸς εἶναι. — αἰσχύνεσθαι: Cyr. 5, 1, 21 χάριν ὑμῖν ἀποδιδόναι
οὔπω ἀξίαν δύναμιν ἔχειν μοι δοκῶ, καὶ τοῦτο μὲν οὐκ αἰσχύνομαι
λέγων· τὸ δὲ, ἢν μένητε παρ’ ἐμοί, ἀποδώσω, εὖ ἴστε ὅτι τοῦτο αἰσχυ-
νοίμην ἂν εἰπεῖν. — γιγνώσκειν: Thuc. 7, 77 γνῶτε (erkennet) ἀναγ-
καῖον ὂν ὑμῖν ἀνδράσιν ἀγαθοῖς γίγνεσθαι. Hell. 4, 5, 5 ὁ δ’ Ἀγησίλαος ἔγνω (beschloß) παραδοῦναι αὐτοὺς τοῖς φυγάσι, τὰ δ’ ἄλλα πάντα
πραθῆναι. S. auch die Note wegen ἀκούειν.

Die vorzüglichsten Verba, welche diese Participial-Verbindung zulassen,
sind im Griech. etwa folgende: ὁρᾶν, ἀκούειν, αἰσθάνεσθαι, πυνθάνεσθαι,
μανθάνειν· γιγνώσκειν, εἰδέναι, μεμνῆσθαι, ἀγνοεῖν· χαίρειν, ἥδεσθαι,
ἄχθεσθαι, αἰσχύνεσθαι, μεταμέλεσθαι· ἀποφαίνειν, ἀποδεικνύναι, δηλοῦν,
ἐξελέγχειν, εὑρίσκειν, ἀγγέλλειν, μνημονεύειν, ὁμολογεῖν· passiv oder medial: φαίνεσθαι, εὑρίσκεσθαι, ἁλίσκεσθαι ꝛc. (wozu auch gehören die persönlich konstr. Redensarten δῆλος, φανερός εἰμι s. §. 151, I. 7); ἐμπλησθῆναι, ἀρκεῖν· περιορᾶν, ὑπομένειν, ἀνέχεσθαι, καρτερεῖν· παύειν, παύεσθαι,
λήγειν, ἐπιλείπειν, κάμνειν, ἄρχεσθαι· εὖ, κακῶς, ὀρθῶς ποιεῖν, ἀδικεῖν,

---

*) Das Particip nehmlich ist, wie seine bei weitem ausgeprägtere En-
dungen und Abwandlung durch Numeri, Genera ꝛc. beweisen, eine viel be-
ziehungsreichere Verbalform als der Infinitiv. Wenn also eine Thätigkeit
(oder Zustand) zu einer andern in ein deutliches, bestimmtes, nach Ort, Zeit
und anderen Beziehungen limitirtes Verhältnis tritt, wird man am liebsten
die Participialkonstr. anwenden. Z. B. ἀκούω: An. 1, 8, 16 ὁ δὲ
θορύβου ἤκουσε διὰ τῶν τάξεων ἰόντος, καὶ ἤρετο τίς ὁ θόρυβος εἴη,
weil er den Lärm mit eignen Ohren (s. Anm. 6a) vernimmt und seinen
Lauf gleichsam durch alle Reihen hindurch verfolgt. Oec. in. ἀκούω Σωκράτους τοιαῦτα διαλεγομένου ich folge der Rede des Sokrates. Cyr.
2, 4, 12 ὁ Ἀρμένιος καταφρονεῖ σου, ὅτι ἀκούει τοὺς πολεμίους προσ-
ιόντας ἐφ’ ἡμᾶς, wo zwar ἀκ. nur heißt, von andern erfahren, aber
durch das Part. wird das gegenwärtige Anrücken der Feinde lebendiger
gezeichnet als durch den Inf. — Dagegen: Mem. 3, 1, 1 ἀκούω αὐτὸν εἰς
τὴν πόλιν ἥκειν einfache Aussage: ich höre, jener sei angekommen, ohne
jegliche nähere Beziehung auf das hörende Subjekt. Es ist also nicht zufällig, wenn die Verba der innern und äußern Wahrnehmung (bes. sehen),
der Erkenntnis, des Wissens, des Afficirtseins bei weitem häufiger mit dem
Particip verbunden werden als mit dem Inf., dahingegen die Verba des
bloßen Glaubens, Meinens, Vermuthens so wie alle, deren Begriff auf die
Zukunft geht (hoffen, versprechen ꝛc.), der Regel nach mit dem Inf. verbunden werden. Daher können die verba narrandi bald auf die eine, bald
auf die andere Weise konstruirt werden, aber Φίλιππος ἀγγέλλεται τὴν
Ὄλυνθον πολιορκῶν ist offenbar energischer, als τὴν Ὀλ. πολιορκεῖν. Der
Inf. benennt nur ganz allgemein die Handlung, das Particip beschreibt,
schildert sie, und so ist es begreiflich, daß der Infin. als allgemeinere Verbalform oft statt des Particips eintritt, aber nicht umgekehrt.

σφάλλεσθαι, χαρίζεσθαι, εὐτυχεῖν und noch viele andre sinnverwandte Begriffe. S. noch Anm. 14.

a. Beispiele des Nominativs (wobei das eigentliche Subjektwort,
wenn es bereits in der Endung des Hauptwerbi enthalten ist, gänzlich fehlen
kann): οὐ συνίεσαν μάτην πονοῦντες. Herod. 3, 1 διαβεβλημένος
οὐ μανθάνεις; Cyr. 8, 4, 31 Κῦρος διδοὺς μᾶλλον ἢ κτώμενος ἥδετο.
Eur. Med. 547 ἐν τῷδε δείξω πρῶτα μὲν σοφὸς γεγὼς, ἔπειτα σώφρων,
εἶτά σοι μέγας φίλος. Pl. Gorg. p. 470 μὴ κάμῃς φίλον ἄνδρα εὐεργε-
τῶν. X. Oec. 1, 23 αἱ ἐπιθυμίαι αἰκιζόμεναι τὰ σώματα τῶν ἀνθρώπων καὶ τὰς ψυχὰς οὔποτε λήγουσιν, ἔς᾽ ἂν ἄρχωσιν αὐτῶν. Plat.
Phaed. p. 60 εὖ γ᾽ ἐποίησας ἀναμνήσας με. Thuc. 1, 53 ἀδικεῖτε, ὦ
ἄνδρες, πολέμου ἄρχοντες καὶ σπονδὰς λύοντες. 8, 104 ὡς ἔγνωσαν
ναυμαχήσοντες (da sie sahen daß es zur Seeschlacht kommen werde),
παρέτειναν τὸ κέρας. Auch mit ἄν (s. §. 139 n. 17): Isocr. p. 311 σκο-
πούμενος εὑρίσκον οὐδαμῶς ἂν ἄλλως τοῦτο διαπραξάμενος, etwa:
ich fand, daß ich ein solcher bin, der dies nicht anders würde bewerkstelli-
gen können. Passiv: S. OT. 1397 νῦν κακός τ᾽ ὢν κἀκ κακῶν εὑρίσκομαι.
Dem. Ol. p. 20 ὁ Φίλιππος ἐξελήλεγκται πάνθ᾽ ἕνεκα ἑαυτοῦ ποιῶν.

b. Beispiele des Akkusativs: Cyr. 1, 2, 2 οἱ Πέρσαι διαμνη-
μονεύουσι τὸν Κῦρον τοιαύτην ἔχοντα φύσιν cet. Thuc. 3, 106 ᾔσθοντο
τοὺς Ἀμπρακιώτας ἥκοντας (vgl. Anm. 6a). Jl. ε, 895 ἀλλ᾽ οὐ μάν
σ᾽ ἔτι δηρὸν ἀνέξομαι ἄλγε᾽ ἔχοντα (s. ebb.). Pl. Gorg. p. 454 τὰς τέχνας
ἁπάσας ἕξομεν ἀποδεῖξαι πειθοῦς δημιουργοὺς οὔσας. Dem. Phil. I p. 55
οἶδα συνοῖσον τῷ τὰ βέλτιςα εἰπόντι. Ein Beisp. mit ἄν: Thuc. 7, 42
in §. 139 n. 27a. Eigenthümlich ist die Redensart: κλαίοντά τινα καθίζειν
jemanden zum Weinen bringen, Xen. Plat. — Zu bemerken ist, daß die
akkusativische Participialverbindung bei den Verbis des Affects nur
dichterisch ist: S. Aj. 134 σὲ μὲν εὖ πράσσοντ᾽ ἐπιχαίρω (s. Lob.). Phil.
1314 ἥσθην πατέρα τὸν ἀμὸν εὐλογοῦντά σε. E. Rhes. 390. Die Grammatiker bezeichneten die Struktur ihrer Seltenheit wegen mit einem bes. Namen: σχῆμα Ἀρωπικόν (s. Suid. v. χαίρω). — Nom. und Akk. in Einem
Satze: Isocr. 4, 118 οἱ βάρβαροι οὐ μόνον ἐπαύσαντο στρατείας ἐφ᾽ ἡμᾶς
ποιούμενοι ἀλλὰ καὶ τὴν αὑτῶν χώραν ἠνείχοντο πορθουμένην.
Eur. Hipp. 56 οὐ γὰρ οἶδ᾽ (sc. Ἱππόλυτος) ἀνεῳγμένας πύλας Ἅιδου,
φάος δὲ λοίσθιον βλέπων τόδε. — S. noch Anm. 8.

c. Beispiele des Genitivs und Datives: Mem. 4, 4, 11 ᾔσθη-
σαι πώποτέ μου ἢ ψευδομαρτυροῦντος ἢ ἄλλο τι ἄδικον πράττοντος; (vgl. Anm. 6a). Aesch. Ag. 281 εὖ γὰρ φρονοῦντος ὄμμα
σου κατηγορεῖ. Stob. 33, 12 Σιμωνίδης ἔλεγε, μηδέποτε αὐτῷ μεταμε-
λῆσαι σιγήσαντι, φθεγξαμένῳ δὲ πολλάκις. Pl. legg. p. 857 οὐδὲν
διαφέρει τῷ κλέπτοντι, μέγα ἢ σμικρὸν ὑφελομένῳ daß (ob) er viel
oder wenig entwandt hat. Thuc. 3, 44 ξυμφέρον ἔσται πρὸς τὸ ἧσσον
ἀφίςασθαι (sc. τοὺς συμμάχους), θάνατον ζημίαν προθεῖσιν (die Todesstrafe zu verhängen).

Anm. 6a. Die Verba der inneren und äußeren Wahrnehmung, welche
nach §. 132, 10h einer zwiefachen nominalen Verbindung fähig sind, also
hören, empfinden, erfahren, lassen eine doppelte (objektive) Participialverbindung zu, die mit dem Genit. und dem Akkusativ. Ist nehmlich die Wahrnehmung eine unmittelbare, d. h. wird der Gegenstand der
Wahrn. zugleich als Ursache derselben dargestellt, so steht der gen. c. part.,
ist die eine durch Andere vermittelte, so steht der acc. c. part. (oder
infin.), und der Satz vertritt dann lediglich die Stelle des zum Hauptverbo
gehörigen Objekts. Auch bei andern Verbis finden sich beide Constructio-
nen, namentl. bei μεμνῆσθαι und ἀνέχεσθαι.

Beisp. (außer den in b. und c. und der vor. Note zu ἀκούειν enthalten): Hell. 4, 2, 19 οὐκ ᾐσθάνοντο προςιόντων τῶν πολεμίων. An. 7, 2, 7 Φαρνάβαζος ᾔσθετο Ἀρίσαρχόν τε ἥκοντα εἰς Βυζάντιον καὶ Ἀναξίβιον οὐκέτι ναναρχοῦντα. 1, 7, 16 πυνθάνεται Κῦρον προς‑ελαύνοντα. Pl. Charm. p. 156 μέμνημαι ἔγωγε Κριτίᾳ τῷδε ξυνόντα σε. X. Hier. 1, 10. Cyr. 1, 6, 8 μέμνημαι καὶ τοῦτό σου λέγοντος. An. 2, 2, 1 Ἀριαῖος ἔφη πολλοὺς εἶναι Πέρσας, οὓς οὐκ ἂν ἀνασχέσθαι (§. 141 A. 5) αὐτοῦ βασιλεύοντος. Pl. Apol. p. 31 b. Eur. Andr. 712 οὐκ ἀνέξεται τίκτοντας ἄλλους, οὐκ ἔχουσ᾽ αὐτὴ τέκνα. Isocr. 4, 118.

Zuweilen tritt jedoch, namentlich bei Dichtern, die genitivische Partici‑pialconstr., als die energischere, da ein, wo man nach der Regel die akfusa‑tivische erwarten sollte, selbst bei solchen Verbis, die nur den Akkuf. regie‑ren, wie sehen, begreifen, erkennen, sofern sie uneigentlich mehr im Sinne der Wahrnehmung oder Empfindung zu verstehen sind.

Beisp. Od. α, 289 εἰ δέ κε τεθνηῶτος ἀκούσῃς μηδ᾽ ἔτ᾽ ἐόντος, σῆμά τέ οἱ χεῦαι. β, 375. λ, 458. ρ, 525. Jl. ω, 490. S. Phil. 427 (δύο) οἶν ἥκις᾽ ἂν ἠθέλησ᾽ ὀλωλότοιν κλύειν. Jl. ρ, 377 οὔπω πεπύσθην Πα‑τρόκλοιο θανόντος. Thuc. 4, 6 ὡς ἐπύθοντο Πύλου κατειλημμένης, ἀνε‑χώρουν. — Jl. δ, 357 γνῶ χωομένοιο (sc. αὐτοῦ). Pl. Apol. p. 27 ἆρα γνώσεται Σωκρ. ἐμοῦ χαριεντιζομένου (wird er merken daß ꝛc.). Crat. p. 435 a. S. Trach. 394 ὡς ἕρποντος εἰσορᾷς ἐμοῦ (f. A. 14). Mem. 1, 1, 11 οὐδεὶς Σωκράτους οὐδὲν ἀσεβὲς οὔτε πράττοντος εἶδεν, οὔτε λέγοντος ἤκουσεν. cf. Ach. Tat. 2, 8.

Anm. 7. Das Particip ὤν, ὄντα ꝛc. wird bisweilen ausgelassen, so daß dann das Prädikatsnomen in dem betr. Kasus allein zurückbleibt. Beisp. Pl. Alcib. I. p. 130 οὐδὲν ἄλλο ὁ ἄνθρωπος συμβαίνει ἢ ψυχή (sc. ὤν). S. OC. 1210 σὺ δὲ σῶς ἴσθι (von οἶδα). OT. 576 οὐ φονεὺς ἁλώσομαι. Eur. Hipp. 1077 τόδ᾽ ἔργον σε μηνύει κακόν. Und ebenso bei den Verben in 5a sehr oft: Hell. 2, 3, 25 οἱ βέλτιςοι ἀεὶ ἂν πιςοὶ διατελοῖεν. Soph. El. 313 νῦν ἀγροῖσι τυγχάνει sc. ὤν.

Anm. 8. Wenn das Subjekt des Part.-Satzes dasselbe ist wie im Hauptsatze (nom. c. part.), so darf es der Regel nach im Part.-Satze nicht besonders ausgedrückt werden, da es bereits im Hauptsatz enthalten ist. Indessen kann es auch hier wie beim Inf. (§. 141 A. 4) bei besonderm Nachdruck oder Gegensatz zu andern Subjekten in Form des Reflexivs (bei Dicht. auch des einfachen Personalpron., s. ebb. Note) doch gesetzt werden, die Konstr. geht dann aber nothwendig in das Akkusativis über.

Beisp. Cyr. 1, 4, 4 Κῦρος οὐχ, ἃ κρείσσων ᾔδει ὤν, ταῦτα προὐκαλεῖτο τοὺς συνόντας, ἀλλ᾽ ἅπερ εὖ ᾔδει ἑαυτὸν ἥττονα ὄντα. Dem. Phil. p. 70 ἀμφότερα οἶδε, καὶ ἑαυτὸν ὑμῖν ἐπιβουλεύοντα καὶ ὑμᾶς αἰσθανομένους. Isocr. 12, 239. S. Trach. 708 ὁρῶ δέ μ᾽ ἔργον δει‑νὸν ἐξειργασμένην. OC. 1210 lesen andere (f. Anm. 7.) σὲ δὲ σῶν ἴσθι.

Anm. 9. (2.) Bei solchen Verbis, die das Pron. Reflex. im Da‑tiv bei sich haben, z. B. σύνοιδα ἐμαυτῷ ich bin mir bewußt, kann das Particip in zweierlei Kasus stehn: οὔτε μέγα οὔτε σμικρὸν ξύνοιδα ἐμαυτῷ σοφὸς ὤν (Pl. Apol. p. 21) und ξύνοιδα ἐμαυτῷ οὐδὲν ἐπιςα‑μένῳ (ib. 22). Ebenso findet sich συγγιγνώσκειν mit beiden Kasus konstruirt: Her. 5, 91 συγγινώσκομεν αὐτοῖσι ἡμῖν οὐ ποιήσασι ὀρθῶς. Lysias 9, 11 συνέγνωσαν αὐτοὶ σφίσιν ὡς ἠδικηκότες. cf. Soph. Ant. 926. Men. sent. 157 ἑαυτὸν οὐδεὶς ὁμολογεῖ κακοῦργος ὤν. — Ἐοικέναι wird, jenachdem der Begriff des scheinen oder des ähnlich sein vorwiegt, ent‑weder mit dem nom. oder mit dem dat. c. part. (am gewöhnlichsten jedoch mit b. Inf.) konstruirt: Hell. 6, 3, 8 ἐοίκατε τυραννίσι μᾶλλον ἢ πολι‑τείαις ἡδόμενοι. Cyr. 8, 8, 14. Mem. 4, 3, 8. Pl. Alc. I. p. 116 οὐκ οἶδ᾽ ὅ,τι λέγω, ἀλλ᾽ ἀτεχνῶς ἔοικα ἀτόπως ἔχοντι.

7. (Anm. 4.) **Alle zum Particip gehörenden deklinirbaren Bestimmungen gehen natürlich immer mit in denselben Kasus über, worin das Particip selber steht.** Insbesondere gilt dies für die Prädikats-Nominative bei ὤν, γενόμενος und Participien wie καλούμενος, νομιζόμενος ꝛc. Beisp. ὑμῖν δὲ οὖσιν Ἀθηναίοις οὐ πρέπει ἡσυχίαν ἄγειν. Thuc. 5, 9 ὑμῖν ἀγαθοῖς γενομένοις ἐλευθερία ὑπάρχει. An. 7, 5, 12 ἐπορεύοντο διὰ τῶν Μελινοφάγων καλουμένων Θρακῶν. Herod. 8, 140 ἐνορέω ὑμῖν οὐκ οἷοισί τε ἐσομένοισι πολεμέειν Ξέρξῃ. Cyr. 1, 6, 14 ἐκέλευσάς με τοῖς ϛρατηγικοῖς νομιζομένοις ἀνδράσι διαλέγεσθαι. Pl. Hipp. min. p. 372 οἱ νόμοι πολὺ χαλεπώτεροί εἰσι τοῖς ἑκοῦσι κακὰ ἐργαζομένοις ἢ τοῖς ἄκουσιν (sc. ἐργ.).

Anm. 10. Die Participia καλούμενος und ὀνομαζόμενος erhalten in Verbindung mit einem Subst. und dem Artikel die Bedeutung unseres: sogenannt, und nehmen entweder die Stellung der Adj. ein, nehmlich zwischen Art. und Subst., z. B. αἱ καλούμεναι ῥῆτραι, τῶν καλουμένων ἰατρῶν, ἐν τῷ καλουμένῳ θανάτῳ Plat. Plutarch., oder die Benennung tritt zwischen Artikel und Particip: τῶν δήμων καλουμένων, τοὺς Ῥείτους καλουμένους, τὸ Δέλτα καλούμενον Thuc. Xen.

Anm. 11. Mit der Participialkonstruction tritt die oben §. 142, 2, b gezeigte **Attraction beim Inf.** in Verbindung. Und zwar gilt hier als Regel, daß wenn das verb. regens eines Infinitivsatzes im Part. steht und beide Sätze ein und dasselbe Subjekt haben, das zum Inf. (εἶναι, γίγνεσθαι) gehörige Prädikat jedesmal den Kasus des Particips annimmt, also mit ihm gleichmäßig flektirt wird: ὁ φάσκων ἀγαθὸς εἶναι, τοῦ φάσκοντος ἀγαθὸν εἶναι, τῷ φάσκοντι ἀγαθῷ εἶναι ꝛc. Beisp. Pl. Apol. p. 22 ᾐσθόμην αὐτῶν οἰομένων (6, c), σοφωτάτων εἶναι ἀνθρώπων. Thuc. 7, 51 οἱ Συρακόσιοι ἔλεγον μὴ ἀνιέναι τὰ τῶν Ἀθηναίων, ὡς καὶ αὐτῶν (selbst) κατεγνωκότων (Anm. 14), μηκέτι κρεισσόνων εἶναι σφῶν (als sie, die Syrak.). Pl. Apol. p. 21 ἦλθον ἐπί τινα τῶν δοκούντων σοφῶν εἶναι. Hell. 7, 5, 16 Θετταλοῖς τοῖς κρατίϛοις ἱππεῦσιν εἶναι δοκοῦσιν ἔμελλον μάχεσθαι. Phaedr. p. 160 τῷ μέλλοντι ῥήτορι ἔσεσθαι. Her. 1, 176 ꝛc.

Anm. 12. (5.) Ebendaselbst (§. 142, 2) ist bereits erwähnt worden, daß auch das Particip selber, wie jede andre zum Infinitivsatz gehörige attributive Bestimmung die Attraktion erfährt. Z. B. Ar. Lys. 13 εἴρηται αὐτοῖς ἀπαντᾶν ἐνθάδε βουλευσομένοις, entstanden aus dem unabh. Satz: ἀπαντῶσιν ἐνθ. βουλευσόμενοι. Mem. 1, 1, 9 μαντεύονται, ἃ τοῖς ἀνθρώποις ἔδωκαν οἱ θεοὶ μαθοῦσι διακρίνειν, wo μαθ. zu διακρίνειν gehört. An. 3, 1, 5 Σωκρ. συμβουλεύει τῷ Ξενοφῶντι, ἐλθόντι εἰς Δελφοὺς ἀνακοινῶσαι τῷ θεῷ. Isocr. 10, 53. Verwickelter und für die Uebersetzung schwierig werden diejenigen Sätze, wo auch das den Verbalbegriff ergänzende Part. (oben 6) mit in die Attr. gezogen wird, z. B. Dem. p. 241 συμβέβηκε τοῖς τἆλλα πλὴν ἑαυτοὺς πωλεῖν οἰομένοις πρώτους ἑαυτοὺς πεπρακόσιν ᾐσθῆσθαι, entst. aus: αἰσθάνονται πρώτους ἑαυτοὺς πεπρακότες. Isocr. Paneg. 95 ταῖς πόλεσι λυσιτελεῖ μᾶλλον ἐξ ἀνθρώπων ἀφανισθῆναι, ἢ δούλαις (Anm. 11) ὀφθῆναι γενομέναις. cf. Areop. 72. — Daß aber die Attr. in den zu dieser Anm. gehörigen Fällen nicht nothwendig ist, mithin die Participia bei vorausgehendem Dativ oder Genitiv doch im Akkusativ stehen bleiben können, s. §. 142 Anm. 1.

8. **Mit den Participien treten häufig Partikeln in Verbindung,** wie aus den folg. Anm. zu ersehen.

Anm. 13. (6.) Wenn das Particip vor dem andern Verbo vorausgeht und durch andere Satztheile von demselben getrennt ist, so wird zwiſchen beide noch ο ὕ τ ω ς oder ἔ π ε ι τ α, auch ε ἶ τ α, gleichſam das Part. wiederaufnehmend, eingeſchaltet, z. B. Dem. Mid. p. 536 ἐχρῆν αὐτόν, τὰ ὄντα ἀναλίσκοντα, ὥσπερ ἐγώ (§. 141 A. 5 a), οὕτω με ἀφαιρεῖσθαι τὴν νίκην er mußte indem er das Seinige aufwandte, wie ich, ſo (b. h. eben durch dieſen Aufwand) mir den Sieg entreißen*). Xen. Hier. 7, 9 ὅταν οἱ ἄνθρωποι ἄνδρα ἡγησάμενοι εὐεργετεῖν ἱκανὸν εἶναι, ἔπειτα τοῦτον ἀνὰ ϛόμα ἔχωσιν ἐπαινοῦντες, τὸν οὕτω τιμώμενον μακαρίζω. An. 1, 2, 25 οὐ δυνάμενοι εὑρεῖν τὰς ὁδούς, εἶτα πλανώμενοι ἀπώλοντο. S. wegen ἔπειτα und εἶτα noch §. 149 n. 19. Auch Ausbrücke mit Präpoſitionen wie μ ε τ ὰ τ α ῦ τ α, δ ι ὰ τ ο ῦ τ ο, ἐ κ τ ο ύ τ ο υ finden ſich auf ſolche Weiſe nach Participien. — Von μ ε τ α ξ ύ und ἅ μ α ſ. das Reg.

Anm. 14. (6 a.) Mit den Participien, ſowohl den konſtruirten wie den abſoluten (§. 145), werden ferner verbunden: a) wenn ſie einen in der Wirklichkeit gegebenen und objektiv dargeſtellten Grund enthalten, die Partikeln ἄ τ ε, ο ἶ α, ο ἷ ο ν, oft durch δ ή verſtärkt: ἄ τ ε δ ή, ο ἶ α δ ή, ο ἷ ο ν δ ή. — Dagegen tritt b) ὡ ς oder ὥ σ π ε ρ vor ſie, theils wenn die durch das Part. gegebene Beſtimmung, von welcher Art ſie auch ſein mag (insbeſondere auch die den Verbalbegriff ergänzenden Participia nach den Verbis der Empfindung, der geiſtigen Wahrnehmung und des Darſtellens, oben 6.) aus der Vorſtellung oder der Seele des im Hauptſatze befindlichen (redenden oder handelnden) Subjekts, alſo ſubjektiv gedacht und geſprochen iſt; theils um eine Vergleichung oder auch bloß den Schein (quasi) auszudrücken. Dieſe Voranſtellung von ὡ ς findet bei allen Kaſus ſtatt. — Endlich wird c) durch das Partic. des Futurs mit ὡ ς die Abſicht einer Handlung (oben 3.) aus der Seele des Handelnden dargeſtellt.

Beiſp. a) Cyr. 1, 3, 3 Κῦρος ἄ τ ε παῖς ὢν καὶ φιλόκαλος καὶ φιλότιμος, ἥδετο τῇ ϛολῇ. ib. 2. K. εὐθύς, ο ἶ α δὴ παῖς φιλόϛοργος ὢν φύσει, ἠσπάζετο τὸν πάππον. Hell. 4, 2, 21 ἄ τ ε δὴ ἀπαθεῖς ὄντες, ξυντεταγμένοι ἐπορεύοντο. Pl. Charm. in. ἧκον μὲν ἐκ Ποτιδαίας· ο ἷ ο ν δὲ διὰ χρόνου ἀφιγμένος ἀσμένως ᾖα ἐπὶ τὰς ξυνήθεις διατριβάς. Abſ. Gen.: Hell. 4, 5, 4 πολλὰ πυρὰ ἐγένετο, ἄ τ ε πολλῆς ὕλης παρούσης. — b) ὡ ς mit Nomin.: Pl. Rep. p. 329 ἀγανακτοῦσιν ὡς μεγάλων τινῶν ἀπεϛερημένοι. Cyr. 8, 1, 42 οἱ δ᾽ οὐ μετεϛρέφοντο ἐπὶ θέαν οὐδενός, ὡς οὐδὲν θαυμάζοντες. An. 1, 2, 1 τὴν πρόφασιν ἐποιεῖτο ὡς Πεισίδας βουλόμενος ἐκβαλεῖν ἐκ τῆς χώρας. mit Genit.: Pl. Euthyd. 273 περὶ ὑμῶν διενοούμην, ὡς δεινοῖν ὄντοιν ἐν ὅπλοις μάχεσθαι. Anab. 1, 3, 6 ὡς ἐμοῦ ἰόντος, ὅπῃ ἂν καὶ ὑμεῖς, οὕτω τὴν γνώμην ἔχετε. cf. Cyr. 1, 6, 11. S. Aj. 274 ὡς ὧδ᾽ ἐχόντων τῶνδ᾽ ἐπίϛασθαί σε χρή (ſ. über den Gen. Anm. 6a). mit Dativ: S. Phil. 33 ϛειπτή γε φυλλὰς, ὡς ἐναυλίζοντί τῳ (§. 134, 9). Aes. fab. 181 ἔλαφος ἐπὶ τοῖς ποσὶν ἤχθετο, ὡς λεπτοῖς οὖσι καὶ ἀσθενέσιν. mit Akkuſ.: S. OT. 955 ἥκει πατέρα τὸν σὸν ἀγγελῶν ὡς οὐκ ἔτ᾽ ὄντα, ἀλλ᾽ ὀλωλότα. Phil. 253 ὡς μηδὲν εἰδότ᾽ ἴσθι μ᾽ ὧν ἀνιϛορεῖς. 415 ὡς μηκέτ᾽ ὄντα κεῖνον ἐν φάει νόει. mit ἄ ν: Anab. 1, 1, 10 Ἀρίϛιππος αἰτεῖ Κῦρον εἰς δισχιλίους ξένους, ὡς οὕτω περιγενόμενος ἂν τῶν πολεμίων. Bei zwei koordinirt verbundenen Participialſätzen wird ὡ ς in der Regel nur einmal geſetzt, ſelbſt wenn ſie in verſchiedenen Kaſus ſtehn, oder (nach Anm. 4a) ungleichartig ſind: Thuc. 4, 5 οἱ δὲ ἐν ὀλιγωρίᾳ ἐποιοῦντο, ὡς ἢ οὐχ ὑπομενοῦντας σφᾶς ἢ ῥᾳδίως ληψόμενοι βίᾳ. 6, 24 ἔρως ἐνέπεσε πᾶσιν ἐκπλεῦσαι, ὡς ἢ καταϛρεψομένοις —, ἢ οὐδὲν ἂν σφαλεῖσαν μεγάλην δύναμιν (§. 145

---

*) Völlig analog wird, wenn das Particip mit dem Artikel, alſo ſtatt eines Abjektiv = (Relativ-) Satzes ſteht, das Pron. οὗτος im gleichen Kaſus mit dem Part. wiederholt. Z. B. Her. 9, 67 οἱ γὰρ μηδίζοντες τῶν Θηβαίων, οὗτοι εἶχον προθυμίην οὐκ ὀλίγην. cf. Cyr. 4, 2, 39.

A. 7). Isocr. 15, 69. 89. Dem. p. 182. Din. 1, 103. Dagegen ſuborbinirt:
An. 1, 1, 11 *Κῦρος Πρόξενον ἐκέλευσε παραγενέσθαι; ὡς ἐπὶ Πεισίδας*
βουλόμενος στρατεύεσθαι, ὡς πράγματα παρεχόντων Πεισιδῶν τῇ
ἑαυτοῦ χώρᾳ. — c) *ὡς* mit part. fut.: Hell. 4, 2, 5 *οἱ μὲν δὴ ξυνεσκευάζοντο*
ὡς ἀκολουθήσοντες· ὁ δὲ Ἀγησίλαος προεῖπε καὶ τοῖς ἱππάρχοις, ὅστις
εὐιπποτάτην τάξιν παρέχοιτο, ὡς καὶ τούτοις νικητήριον δώσων.

Anm. 15. (6 b.). Haben die Participia einſchränkende Bedeutung, ſo
wird ihnen in der Regel vorangeſetzt die Partikel *καίπερ* (oder dichteriſch
περ, enklit.), ſeltner *καίτοι* (Pl. Prot. p. 339 c), auch bloß *καί*; wobei der
eigenthümliche Gebrauch zu beachten, daß das zum Hauptverbum gehörige
ὅμως (tamen) oft unmittelbar zum Particip geſetzt wird: Eur. Or. 680 *κἀγώ*
σ' ἱκνοῦμαι καὶ γυνὴ περ οὖσ' ὅμως. cf. Ion. 734. Pl. Phaed. p. 91 *ὁ Σιμ-*
μίας φοβεῖται, μὴ ἡ ψυχὴ ὅμως καὶ θειότερον ὂν (§. 143, 4, Beiſp.) *τοῦ*
σώματος προαπολλύηται. Vergl. Reisig Enarr. ad Soph. OC. 659.

9.　Endlich dient das Particip wie in allen Sprachen zu al-
lerhand Umſchreibungen einfacher Tempusformen.

Anm. 16.　Dies geſchieht zunächſt durch Zuſammenſetzung mit den
Verbis *εἶναι, γίγνεσθαι,* und zwar bei Proſaikern in der Regel, wo
ungebr. oder fehlende Verbalformen erſetzt werden müſſen (ſ. §. 98, 1. 4. 137
A. 12. 138, 4.), oder um den im verbalen Präd. vorhandenen nominalen
(ſubſt. oder adj.) Begriff mehr hervorzuheben, bei Dichtern auch ohne ſolche
Gründe: Dem. 3, 26 *οὕτω σώφρονες ἦσαν καὶ ἐν τῷ τῆς πολιτείας ἤθει*
μένοντες. 1, 12 *τί τὸ κωλῦον ἔςαι;* cf. 6, 29. Pl. legg. p. 908. b (*μι-*
σοῦντες γίγνονται τοὺς κακούς). Soph. Phil. 1217 *ἐγὼ μὲν ἤδη πάλαι*
ςείχων ἂν ἦν, εἰ μὴ — ἐλεύσσομεν ſt. *ἔςειχον.* Aj. 588 *ἱκνοῦμαί σε, μὴ*
προδοὺς ἡμᾶς γένῃ ſt. *προδῷς.* cf. Eur. Alc. 123. Auch bei Herob. öfters
ἦσαν ἱέντες, ἀπικνεόμενος ἐςὶν 2c. — Homer bedient ſich der Periphraſis
faſt nur mit dem part. perf. pass., ſelten act.; ſ. Lehrs Arist. 383 sq.

Anm. 17.　Seltener iſt die Zuſammenſetzung eines Particips mit
den Verb. *εἶμι, ἔρχομαι,* gleichſam um ein neues Futur zu ſchaffen
(vgl. *μέλλειν* c. inf.); z. B. Soph. Phil. 1197 *οὐδέποτ', ἴσθι τόδ' ἔμπε-*
δον, οὐδ' εἰ πυρφόρος ἀςεροπητὴς βροντᾶς αὐγαῖς μ' εἰσι φλογίζων.
Und mit dem franz. Sprachgebr. vergl. man Her. 1, 194 *τὸ* (d. i. ὃ) *δὲ*
ἁπάντων θῶυμα μέγιςόν μοί ἐςι, ἔρχομαι φράσων. cf. Pl. Theag.
p. 129 a. X. Ages. 2, 7 *οὐ τοῦτο λέξων ἔρχομαι.* Dem. 10, 38.

Anm. 18.　Eine beſ. den Tragikern geläufige und unſerm Sprachgebrauche ſich annähernde Umſchreibung iſt die des Perfekti (b. h. der Vollendung in der Gegenwart) durch ein Particip eines Präteriti und
das Verbum *ἔχειν.* Entſtanden iſt dieſer Gebrauch aus ſolchen Wendungen, wo der Begriff des Haben noch ſeine volle Bedeutung hatte,
z. B. Her. 1, 28 *τοὺς ἄλλους πάντας εἶχε καταςρεψάμενος Κροῖσος.*
Thuc. 1, 30 *τοὺς μὲν ἀπέκτειναν, Κορινθίους δὲ δήσαντες εἶχον.*
Dagegen tritt der Begriff des haben mehr zurück in S. Phil. 1362 *σοῦ δ'*
ἔγωγε θαυμάσας ἔχω τόδε (b. h. verhalte mich als ein ſolcher, der 2c.).
El. 590 *τοὺς παῖδας ἐκβαλοῦσ' ἔχεις.* Antig. 32 *τοιαῦτά φασι Κρέοντα*
κηρύξαντ' ἔχειν. cf. Pl. Phaedr. p. 257 c. — Auch mit dem part. praes.
bei dauernden und wiederholten Handlungen: Eur. Tro. 318 *τὸν θανόντα*
πατέρα καταςένουσ' ἔχεις. Mem. 2, 7, 6 *ὠνούμενοι ἀνθρώπους ἔχουσιν.*

§. 145.　Casus absoluti.　(132)

1.　In den bisherigen Fällen hing das Particip von einem
der zum Hauptverbum gehörigen Nomina ab, und ſtand daher auch
mit demſelben in gleichem Kaſus. Tritt aber ein neuer Gegenſtand

als Subjekt ein, so steht dies nebst dem Particip in einem Kasus, der von dem Haupt-Verbo unabhängig ist (absolutes Particip, oder die Konstruction der casus absoluti).

2. Gewöhnlich ist der Kasus, worin diese Worte stehn, der Genitiv, und diese sog. *Genitivi absoluti* sind eben das, was bei den Lateinern die Ablativi consequentiae. Die ursprüngliche Bedeutung davon geht auf die Zeit; da nach §. 132, 14 der Genitiv ein Zeitverhältnis anzeigt *). Die Wahl des Particips wird durch das gegebne Zeitverhältnis bedingt, wobei wiederum §. 137, 6 zu beachten. Vgl. §. 144, 2.

Beisp. Πάντων οὖν σιωπώντων εἶπε τοιάδε. — Plut. Per. 29 μετὰ ταῦτα κυμαίνοντος ἤδη τοῦ Πελοποννησιακοῦ πολέμου Περικλῆς ἔπεισε τὸν δῆμον, Κερκυραίοις ἀποςεῖλαι βοήθειαν. — Thuc. 1, 105 πολέμου καταστάντος πρὸς Αἰγινήτας Ἀθηναίοις ναυμαχία γίγνεται μεγάλη. — id. 2, 2 οἱ Θηβαῖοι ἐβούλοντο τὴν Πλάταιαν ἔτι ἐν εἰρήνῃ τε καὶ τοῦ πολέμου μήπω φανεροῦ καθεςῶτος προκαταλαβεῖν etc.

3. Dieselbe Konstruction dient aber auch zu andern Bestimmungen als bloß zeitlichen, und muß dann mit wenn, da, weil ꝛc. aufgelöst werden; wobei noch im allgemeinen zu bemerken, daß bei der größern Anzahl aktiver Participien die passivischen Gen. absol. bei weitem seltner sind, als im Lateinischen.

Beisp. Thuc. 3, 82 πᾶν τὸ Ἑλληνικὸν ἐκινήθη, διαφορῶν οὐσῶν ἑκαςαχοῦ. 5, 116 οἱ Μήλιοι εἷλον τὴν πόλιν, παρόντων οὐ πολλῶν τῶν φυλάκων· καὶ ἐλθούσης στρατιᾶς ὕςερον ἄλλης, γενομένης καὶ προδοσίας τινὸς ἀφ᾽ ἑαυτῶν, ξυνεχώρησαν. Mem. 3, 1, 3 ὅλης τῆς πόλεως ἐν τοῖς πολεμικοῖς κινδύνοις ἐπιτρεπομένης τῷ στρατηγῷ, μεγάλα τά τε ἀγαθά, κατορθοῦντος αὐτοῦ, καὶ τὰ κακὰ, διαμαρτάνοντος, εἰκὸς γίγνεσθαι. Ein Beisp. des part. fut. s. Herod. 8, 69., fut. pass. Thuc. 6, 94.

Anm. 1. Nicht selten erlaubt sich die Sprache auch dann, wenn das Subjekt des Participialsatzes schon im Hauptsatz enthalten ist, die Konstruction der gen. absol. gegen die grammat. Regel anzuwenden. Dies geschieht z. B., wenn der Participialsatz dem Hauptsatz vorausgeht, mithin die Wirkung des Hauptsatzes etwas zurücktritt, oder wenn das Subjekt des Participialsatzes zu andern Gegenständen, bes. andern Participialsätzen gegenüber, in einen deutlichen Gegensatz treten soll, zuweilen aber auch ohne solche Gründe. Vgl. hiezu noch Anm. 8.

Beisp. Cyr. 1, 4, 20 ταῦτα εἰπόντος αὐτοῦ, ἔδοξέ τι λέγειν τῷ Ἀςυάγει st. Nomin. εἰπών. Her. 9, 99 οἱ Σάμιοι, ἀπικομένων Ἀθηναίων αἰχμαλώτων, — τούτους λυσάμενοι πάντας ἀποπέμπουσι st. Akkus. Ἀθηναίους ἀπ. cf. 1, 41. Thuc. 1, 114 διαβεβηκότος ἤδη Περικλέους, ἠγγέλθη αὐτῷ Π. 2, 83 οἱ Κορίνθιοι ἀντιπαραπλέοντας ἑώρων τοὺς Ἀθηναίους, παρὰ γῆν σφῶν κομιζομένων. 3, 78 οἱ Ἀθηναῖοι ὑπεχώρουν καὶ ἅμα τὰς τῶν Κερκυραίων ἐβούλοντο προκαταφυγεῖν, ἑαυτῶν σχολῇ τε ὑποχωρούντων, καὶ πρὸς σφᾶς τεταγμένων τῶν ἐναντίων, sie wollten daß die Korcyr. einen

---

*) Gleichsam in der Mitte zwischen den konstruirten und diesen absoluten Part. stehn die Fälle, wo der participiale Genitivsatz unmittelbar nach nu meralen Zeitangaben (im Akk.) eintritt, so daß er noch als davon regiert erscheint; z. B. Thuc. 8, 23 τρίτην ἡμέραν αὐτοῦ ἥκοντος. Aesch. Ctes. p. 64 ἑβδόμην ἡμέραν τῆς θυγατρὸς αὐτῷ τετελευτηκυίας. Vgl. Anm. 5.

Vorsprung gewännen, indem sie, die Ath. ꝛc. Andere Beispiele seien: Xen.
An. 2, 6, 3. 5, 2, 24. Hell. 6, 5, 10. Dem. Cor. 135. Thuc. 3, 13, 7. 22.
4, 120, 2; und mit ausgelassenem Subjektwort (αὐτῶν, σφῶν ꝛc.) nach unten
4: An. 2, 4, 24 διαβαινόντων μέντοι ὁ Γλοῦς αὐτοῖς ἐπεφάνη. Thuc.
2, 8. 3, 72. 4, 41. 73. 130. Eur. Hel. 58, wohin vermuthlich auch gehört Od.
δ, 646 ἤ σε βίῃ ἀέκοντος ἀπηύρα cet. s. Anm. 2a.

Anm. 2. Ein schon §. 133 Anm. 9 berührter homerischer Gebrauch
ist es, daß dem statt des Genit. stehenden Dativ eines pron. person. das
Particip im Genit. nachfolgt; Od. ι, 458 τῷ κέ οἱ ἐγκέφαλός γε —
θεινομένου ῥαίοιτο πρὸς οὐδεϊ. cf. ι, 257. ζ, 156. ρ, 231. Jl. ξ, 25.
π, 531 ꝛc. Und vermöge einer ähnlichen Ungenauigkeit folgt der Dativ des
Part. einem vorausgehenden Genitiv: Jl. ξ, 139 Ἀχιλλῆος ὀλοὸν κῆρ γηθεῖ
— δερκομένῳ. S. noch κ, 188. Od. ρ, 554. Ap. Rhod. 4, 170 und vgl.
§. 144 Anm. 5. Classen zom. Spr. 159. 175.

4. Wenn das Nomen aus dem vorhergehenden erhellet, kann
das Particip auch ganz allein im Genitiv stehn.

Beisp. παρόντα τὸν ἡγεμόνα ἥδοῦντο, ἀπόντος δὲ ἠσέλγαινον.
Pl. Menex. p. 243 (in diesem Kriege) ἐκφανὴς δὲ ἐγένετο ἡ τῆς πόλεως
ἀρετή· οἰομένων γὰρ ἤδη (nehml. die Laced. und Barbaren) τὴν πόλιν
καταπεπολεμῆσθαι, οἱ Ἀθηναῖοι ἐμβάντες — ἐνίκησαν. Mit besonderer
Kürze in einer Fabel bei Aristot. (Rhet. 2, 20) συνομολογήσαντος (sc. τοῦ
ἵππου) καὶ ἀναβάντος (sc. τοῦ ἀνθρώπου). S. auch Anab. 1, 2, 17. 6, 1.
2, 1, 3. und die Beisp. aus Thuk. in Anm. 1.

Anm. 2a. Die Adj. ἑκών und ἄκων werden wie Participia betrachtet und bedürfen daher in der Constr. der gen. absol. nicht der Hinzufügung der Copula ὄντος ꝛc. So schon bei Homer: Jl. α, 301 τῶν οὐκ
ἄν τι φέροις ἀνελὼν ἀέκοντος ἐμεῖο. Pl. Crit. 52 ἐξῆν σοι, ὅπερ νῦν
ἀκούσης τῆς πόλεως ἐπιχειρεῖς, τότε ἑκούσης ποιῆσαι. An. 3, 3, 4 ꝛc.
Sonst ist die Auslassung der Copula bei Adj. ꝛc. sehr selten oder dichterisch:
S. OC. 83 ἕξεισι φωνεῖν, ὡς ἐμοῦ μόνης πέλας. cf. OT. 966. Poppo
zu Thuc. 3, 82, 1.

5. Dativi absoluti werden gebraucht, jedoch nur sehr selten,
theils bei Zeit-Angaben, theils in einer vom Dat. Instrumenti ausgehenden Redensart. Vgl. hiemit §. 133 A. 8.

Beisp. Hell. 3, 2, 25 περιιόντι τῷ ἐνιαυτῷ πάλιν φαίνουσι
φρουρὰν ἐπὶ τὴν Ἦλιν (als das Jahr zu Ende ging). 5, 2, 4. Xen. Ages.
1, 2 ἔτι καὶ νῦν τοῖς προγόνοις ὀνομαζομένοις ἀπομνημονεύεται
ὁποσὸς ἀφ' Ἡρακλέους ἐγένετο (mit Nennung seiner Vorfahren.) Thuc.
2, 90 ἔπλεον, δεξιῷ κέρᾳ ἡγουμένῳ. 4, 120 διέπλευσε, τριήρει προ-
πλεούσῃ (mit einer voraufgehenden Triere).

Anm. 3. So kann ferner nach §. 133 A. 8 der Dativ eines Particips, aber nur scheinbar absolut, dem Hauptverbo beigefügt werden,
wo wir es durch „wenn man", zu übersetzen pflegen, indem das im Part.
liegende Subj. das unbestimmte τις oder irgend eine nicht ausdrücklich beim
Hauptverbo genannte Person ist.

Beisp. Thuc. 1, 24 Ἐπίδαμνός ἐστι πόλις ἐν δεξιᾷ ἐσπλέοντι τὸν
Ἰόνιον κόλπον. 2, 49 τὸ μὲν ἔξωθεν ἀπτομένῳ σῶμα οὔτε θερμὸν
ἦν οὔτε χλωρόν. cf. Her. 2, 29 in.

Anm. 4. (1.) Casus absoluti im strengen Sinne sind eigentlich nur
die Nominativi absoluti, d. h. solche Nominative die, grammatisch genommen, weder Subjekt noch Prädikat des Satzes sind. Dies kann aber
nur durch eine Unterbrechung der Gedankenfolge geschehn; und alle Nominativi absoluti gehören daher mehr oder weniger zu den Anakoluthen (s.
§. 151. II). Z. B. Hell. 2, 3, 54 ἐκεῖνοι δὲ (οἱ ἔνδεκα) εἰσελθόντες

σὺν τοῖς ὑπηρέταις, ἡγουμένου αὐτῶν Σατύρου, εἶπεν ὁ Κριτίας —, wo diese Konstruction, um doppelte Genitivi absol. zu vermeiden, vorgezogen worden. Cyr. 4, 6, 3 ὁ δὲ βασιλεὺς εἰς θήραν τὸν ἐμὸν παῖδα παρακαλέσας —, ὁ μὲν (sc. ὁ ἐμὸς παῖς) ὡς φίλῳ συνεθήρα, φανείσης δὲ cet. Vgl. Thuc. 3, 34, 3. 4, 80, 4. Isocr. 4, 107 (ἔχοντες γὰρ — ἡμᾶς). 12, 118. Her. 7, 23 Be. und oben §. 144 A. 5. — Der Poesie besonders geben solche Konstructionen, als Ausdruck einer zwanglosen Natur, der die Sprache so gern die grammat. Genauigkeit opfert, einen vorzüglichen Reiz, wie das homerische: ὁ δ' ἀγλαΐηφι πεποιθώς, ῥίμφα ἑ γοῦνα φέρει μετά τ' ἤθεα καὶ νομὸν ἵππων. Jl. ο, 267. cf. ε, 135. Od. λ, 606. Eur. Phoen. 283.

Anm. 5. (2.). Die drei andern Kasus können in diesem Sinne nie casus absoluti sein; in allen obigen Fällen sind sie vielmehr, genau betrachtet, nur Bestimmungen des Verbi wobei sie stehn; ganz ebenso, wie nach §. 130 die casus obliqui für sich zur Bezeichnung nicht nur von Zeit-, sondern auch von Kausal- und andern Beziehungen gebraucht werden. Es war daher natürlich, daß man in gewissen Fällen, wo die Zeitbeziehung fühlbar gemacht werden muß, zum Unterschied von diesen übertragenen Konstructionen Präpositionen hinzusetzte. Wie z. B. der Genitiv einer historischen Person von der Präp. ἐπί abhängig (§. 147) dazu dient, um einen Zeitraum nach dieser Person zu benennen (ἐπὶ Κέκροπος zur Zeit des K.), so fügte man, namentlich im Urkunden-Stile, auch noch ein Partic. Präsentis zu diesem Ausdruck hinzu, also: Dem. p. 266. 282 ἐπὶ ἄρχοντος Εὐθυκλέους, Ἡροπύθου (zu Anfang der Staatsbeschlüsse). cf. Thuc. 2, 2. Ferner ἐπί zum Dativ (§. 133, 4, e): Her. 2, 22 ἐπὶ χιόνι πεσούσῃ; μετά zum Akkus. (§. 147): id. 1, 34 μετὰ Σόλωνα οἰχόμενον. So verbindet sich, um die unmittelbare Zeitfolge auszudrücken (sobald als), ἅμα mit einem Partic.-Satze im Dativ, z. B. ἅμ' ἠοῖ φαινομένηφιν Hom., ἅμα τῷ ἦρι ἀρχομένῳ Thuc., ἅμα τοῖς πρὸς σὲ λεγομένοις Isocr. 5, 12.; ferner μεταξὺ c. gen. abs. um das Gleichzeitige, Nebenherlaufende zu bezeichnen (während): μεταξὺ σοῦ λέγοντος, διαλεγομένων ἡμῶν μεταξύ. Pl. Theag. p. 128. Rep. 336.

Anm. 6. (4.) Dem in §. 132 Anm. 4 bei οἱ μέν — οἱ δέ behandelten Sprachgebrauch gemäß finden sich auch die Participia, sofern sie das Ganze enthalten, statt im Genitiv, in gleichem Kasus mit dem nachfolgenden Theile, so daß sie dann streng genommen gleichfalls absolut dastehen. So schon bei Homer die Nominative in den bekannten Versen: Jl. γ, 211 ἄμφω δ' ἑζομένω γεραρώτερος ἦεν Ὀδυσσεύς. κ, 224 σύν τε δύ' ἐρχομένω καί τε πρὸ ὁ τοῦ ἐνόησεν. Aber auch in Prosa: Thuc. 5, 81 οἱ Λακεδαιμόνιοι καὶ Ἀργεῖοι ξυστρατεύσαντες τὰ ἐν Σικυῶνι ἐς ὀλίγους κατέστησαν οἱ Λακεδ. κτλ. Ebenso umgekehrt, wenn der Participialsatz die Theilbestimmung enthält: z. B. Thuc. 2, 54 ἀνεμνήσθησαν καὶ τοῦδε τοῦ ἔπους, φάσκοντες οἱ πρεσβύτεροι πάλαι ᾄδεσθαι κτλ. cf. 4, 6 (νομίζοντες); 4, 73 (λογιζόμενοι); 4, 69 (διελομένη ἡ στρατιά); Dem. 10, 29. 33 (wo die Theilbestimmung durch die allg. Pronominalbegriffe ἕκαστος und οὐδείς c. part. gegeben wird). — Zu vergleichen sind solche Fälle, wo gewisse hinzutretende Bestimmungen durch (accusativi oder) nominativi absoluti ausgedrückt werden, wie z. B. Herod. 2, 41 τοὺς βοῦς θάπτουσι, τὰ κέρατα ὑπερέχοντα (so daß die Hörner hervorragen); ib. 133 ἵνα οἱ (ihm) δυώδεκα ἔτεα ἀντὶ ἓξ ἐτέων γένηται, αἱ νύκτες ἡμέραι ποιεύμεναι (indem die Nächte zu Tagen gemacht wurden). cf. Cyr. 8, 3, 12 ἅμα ἐξήγετο, φοινικίσι καταπεπταμένοι οἱ ἵπποι. Hell. 2, 2, 3 ἡ οἰμωγὴ εἰς ἄστυ διῆκεν, ὁ ἕτερος τῷ ἑτέρῳ παραγγέλλων. Thuc. 5, 3 τὸ ἄλλο ἐκομίσθη ὑπ' Ὀλυνθίων, ἀνὴρ ἀντ' ἀνδρὸς λυθείς. — Was aber sonst als accus. absol. aufgefaßt wird, wie z. B. Jl. ρ, 489 οὐκ ἄν, ἐφορμηθέντε γε νῶϊ, τλαῖεν ἐναντίβιον στάντες μαχέσασθαι Ἄρηϊ. S. OC. 1120 μὴ θαύμαζε, τέκν' εἰ φανέντ' ἄελπτα μηκύνω λόγον, gewöhne man sich nach Anleitung von §. 131, 4a als dem Sinne nach vom Hauptgedanken abhängige Objekte zu betrachten; oder als Folge einer plötzlich geänderten Konstruction (Anakoluth) z. B. Cyr. 2, 1, 5 (τοὺς μέντοι Ἕλληνας cet.) f. §. 151 II, 4.

Anm. 7. (5.) Nur in einem Falle wechselt die Konstr. der accus. absoluti mit der genitivischen ohne wesentlichen Unterschied. Nach §. 144 A. 14 wird nehmlich einer durchs Particip gegebenen Bestimmung, wenn sie aus der Seele jemandes angeführt wird, die Partikel ὡς (ὥσπερ) vorgesetzt, und zwar kann dies mit allen Kasus geschehen, je nach der Beschaffenheit des Hauptsatzes, f. die Beisp. ebend. 'Dasselbe geschieht nun auch, wenn die Konstr. einen absoluten Kasus erfordert. Am natürlichsten kommen dann die Genitive zur Anwendung: Pl. Phaed. p 61 ἐπικελεύει μουσικὴν ποιεῖν, ὡς φιλοσοφίας μεγίςης οὔσης μουσικῆς. Daß aber so oft die Akkusative dafür eintreten, hat darin seinen Grund, daß man sich einen aus der Seele anderer gesprochenen Gedanken wie von einem zu ergänzenden verbo sentiendi abhängig dachte: ἐσιώπα, ὡς πάντας εἰδότας er schwieg, weil doch (dachte er) alle wüßten. Mem. 1, 2, 20 οἱ πατέρες εἴργουσι τοὺς υἱεῖς ἀπὸ τῶν πονηρῶν ἀνθρώπων, ὡς τὴν τούτων ὁμιλίαν κατάλυσιν οὖσαν τῆς ἀρετῆς, weil sie überzeugt sind, daß deren Umgang eine Zerstörung der Tugend ist. ib. 2, 3, 3 τῶν ἀδελφῶν ἀμελοῦσιν, ὥσπερ ἐκ τούτων οὐ γιγνομένων φίλων als wenn aus diesen keine Freunde zu werden pflegten. Dem. 7, 22. S. noch das Beisp. Cyr. 1, 4, 21 in §. 139 v. 16. und mit ἄν: Thuc. 6, 24 in §. 144 A. 14.

Anm. 8. Auch hier tritt, wie in Anm. 1., zuweilen die absolute Konstr. gegen die allgemeinen Regeln ein. Die Veranlassung dazu erkläre man sich aus den einzelnen
Beisp. Cyr. 6, 1, 37 οἱ φίλοι συμβουλεύουσιν ἐκποδὼν ἔχειν ἐμαυτὸν, μή τι καὶ πάθω ὑπὸ σοῦ, ὡς ἠδικηκότος ἐμοῦ μεγάλα (wo der Participialsatz, obwohl grammatisch auf das Subjekt in πάθω sich beziehend, im Genitiv steht, weil er aus der Seele der Freunde gesprochen wird). Pl. Charm. p. 165 σὺ μὲν, ὡς φάσκοντος ἐμοῦ εἰδέναι, προσφέρῃ πρός με, καὶ ὁμολογήσαντός σοι.

Anm. 9. (6.) Die Impersonalia im weitern Sinne, d. h. solche deren Subjekt aus dem Verbalbegriff zu ergänzen (§. 129, 16. 17), gehn, wenn die Konstruction einen absoluten Kasus verlangt, in den Genit. Sing. des Particips über, z. B. συσκοτάζοντος ἤδη da es dunkelte Lys. (Dion. H. 6. p. 489 R.); ὕοντος πολλοῦ da es sehr regnete Xen. (Hell. 1, 1, 16); σημήναντος sc. τοῦ σαλπιγκτοῦ Her. (8, 11). Ist das nicht ausgedrückte Subjekt ein neutraler Begriff (dies, es 2c.), so steht der Genit. Sing. oder Plur., je nachdem der Schriftsteller sich als Subjekt zum verbo fin. τοῦτο oder ταῦτα gedacht hat, z. B. οὕτως ἔχοντος Plat. (Rep. p. 381), περὶ σωτηρίας προκειμένου Aristoph. (Eccl. 401), ὡς ὧδ' ἐχόντων Soph. (Ant. 1179), οὕτω γιγνομένων, προχωρούντων, προκεχωρηκότων Xen. (Cyr. 5, 3, 13. Hell. 2, 4, 29. 5, 3, 27.)

Anm. 10. (7.) Diejenigen Impersonalia aber, deren Subjekt ein Infinitiv oder ein Satz mit ὅτι 2c. ist (§. 129, 18), werden als Casus absoluti auf zweierlei Art behandelt.

1) Wenn das bloße Zeitverhältnis bezeichnet wird, so bleibt es beim Genitiv; dieser Fall tritt hauptsächlich bei den Passivis ein, die ein sagen, ankünden bedeuten, und zwar sowohl im Gen. sing. als plur., je nachdem man τούτου oder τούτων hinzudenkt, z. B. ὁ Περικλῆς ᾤχετο ἐπὶ Καύνου, ἐσαγγελθέντων ὅτι Φοίνισσαι νῆες ἐπιπλέουσιν als gemeldet worden war Thuc. 1, 116. So σημανθέντων ὅτι Cyr. 1, 4, 18., δηλωθέντος ὅτι Thuc. 1, 74. ἀγγελθέντος 6, 58. Aesch. 1, 43.

2) In allen übrigen Fällen steht der Akkus. (oder Nom.) des Neutr.

So sagt man εἰρημένον (von εἴρηται) da, weil angesagt worden, προσ-
ταχϑέν, χρησϑέν da befohlen, geweissagt war (Lysias, Thuc.), ἐξόν,
παρόν (von ἔξεςιν, πάρεςιν) wenn, obgleich es erlaubt ist, παρέχον da
es frei steht (Herod.); εὖ, καλῶς παρασχόν (Thuc. 1, 120. 5, 14.)
wenn eine
günstige Gelegenheit sich zeigt, wenn es angeht, χρεών, προσῆκον, δέον
da es nöthig ist, τυχόν, παρατυχόν da es sich trifft, δοκοῦν, δόξαν*)
da es scheint, μεταμέλον da es leid thut (Phaed. p. 113), μέλον da es
kümmert. 3. B. Ar. Lysistr. 13 εἰρημένον αὐτοῖς παρεῖναι, οὐχ ἥκουσι
(obgleich ihnen angesagt war); Cyr. 7, 1, 42 αἱροῦνται ὑμᾶς σῶσαι, ἐξὸν
ἀπολέσαι (obgleich sie könnten); Ep. Diss. 3, 26 (30) ἄπειμι πάλιν, ἐκείνῳ
δοκοῦν (nehmlich ἐμὲ ἀπιέναι). Pl. Phaedr. p. 235 δὶς καὶ τρὶς τὰ αὐτὰ
εἴρηκεν, ὡς οὐ πάνυ εὐπορῶν, ἢ ἴσως οὐδὲν αὐτῷ μέλον τοῦ τοιούτου.
Auch mit ἄν (§. 139 n. 17): Thuc. 5, 60 μὴ ἂν σφίσι ποτὲ κάλλιον παρασχόν da sich ihnen wol keine schönere Gelegenheit je darbieten könnte.
— Selbst Adjektiva, wie δυνατόν, αἰσχρόν, ἄδηλον, ἀπόῤῥητον, werben (in Prosa meist mit Hinzufügung von ὄν, vgl. Anm. 2a) so gefunden:
Thuc. 1, 2 ἄδηλον ὄν, ὁπότε τις — ἀφαιρήσεται. 7, 44 ἀδύνατον ὂν —
σημῆναι. Cyr. 2, 2, 20 ἅμα μὲν ἡμῶν συναγορευόντων, ἅμα δὲ καὶ αἰσχρὸν ὂν ἀντιλέγειν. Plat. Rep. p. 519 d. Ohne ὄν: Soph. Ant. 44 ἦ γὰρ
νοεῖς ϑάπτειν σφ', ἀπόῤῥητον πόλει; S. Heind. zu Pl. Prot. p. 323 b.

§. 146.
Von den Adverbien. (133)

1. Diejenigen inflexiblen Wörter, durch welche eine Thätigkeit, ein Zustand, oder auch eine Eigenschaft nach den drei Katego-
rien des Orts, der Zeit, der Art und Weise näher bestimmt wird,
heißen Adverbia (ἐπιῤῥήματα), über deren Bildung, Ableitung ꝛc.
s. bes. §. 115 fgg.

2. (1.) Die von Adjektiven abgeleiteten Adverbia theilen ganz
die ihren Adjektiven zukommenden syntakt. Verbindungen, z. B. ἀξίως
ἡμῶν πολεμήσομεν, ὁμοίως τινί ꝛc. Ebenso die Komparative und
Superlative, z. B. μάλιςα πάντων (am meisten unter allen); οἱ
πένητες τῶν εὐδαιμόνων μᾶλλον δύνανται ἐσθίειν τε καὶ καθεύδειν (besser als die Reichen). Von ihrem sonstigen mannichfaltigen
synt. Gebrauch, ihrer Verbindung mit dem Artikel, Vertauschung,
Attraktion ꝛc. s. die Nachweisungen im Register.

3. Von den Adverbien werden in den meisten Sprachen als
besonderer Redetheil unterschieden die Präpositionen, d. h. solche
Adverbia des Orts, der Zeit, der Art und Weise, welche in der
Regel nicht anders als in Verbindung mit einem von ihnen abhängenden in einem cas. obl. stehenden Subst. gebraucht werden. Die
griech. Grammatik rechnet jedoch nur solche zu den eigentlichen oder
alten Präpositionen, mit denen Zusammensetzungen (d. h. lose
s. §. 121.) gebildet werden können. Die übrigen behalten den Na-

---

*) Auch mit beigefügtem Pronom. in demselben Kasus wie δόξαν
ἡμῖν ταῦτα (von ταῦτ' ἔδοξε, An. 4, 1, 13), und mit Plur.: δόξαντα
δὲ ταῦτα καὶ περανϑέντα (Hell. 3, 2, 19); aber auch genit. δόξαντος
τούτου, δοξάντων τούτων (Hell. 1, 7, 30. 1, 1, 36).

men Adverbia, wenn sie auch begriffsmäßig ganz zu Präp. geworden sind. Auch werden diese letztern nur mit Einem Kasus, dem
Genitiv (ausg. ἅμα oder ὁμοῦ, und ὡς s. Anm. 1), die alten
Präpos. aber entweder mit einem, oder zwei, oder allen drei Kasus
konstruirt. Daß indeß auch die alten Präp., wie sie selbst sämtlich
adverbialen Ursprungs sind, vielfältig noch adverbial gebraucht werden, s. §. 147 Anm. 5 ff.

Anm. 1. Von obigen zwei Adverbien wird ἅμα (ὁμοῦ) als Präp.
mit dem Dativ verbunden, und bezeichnet dann stärker als σύν das unmittelbare Zusammensein der Zeit oder dem Raume nach, wie ἅμα τῇ
ἡμέρᾳ, τῷ ἡλίῳ (zugleich mit der Sonne); ὅσσοι ἅμ' Ἀτρείδης ὑπὸ Ἴλιον
ἤλθον Hom. — Ὡς aber steht, als Präp. des Ortes (zu), mit dem Akkus.
auf die Frage wohin, jedoch immer nur auf Personen sich beziehend,
z. B. εἰσῆλθεν ὡς ἐμέ er kam zu mir herein, ἀνήχθησαν ὡς τὸν βασιλέα.

4. Von den Adverbien, die mit dem Genitiv konstruirt
werden, und mehr oder weniger nur so, d. h. als Präp., vorkommen, sind 1) diejenigen zu merken, die vermittelst einer Adverbial-
Endung oder durch Zusammensetzung von den alten Präpos. abgeleitet, und 2) solche die auf anderm Wege gebildet sind.

Zu 1. gehören, mit der Endung ω: ἄνω (ἐπάνω), εἴσω (ἔσω), ἔξω,
κάτω, πρόσω; auf τός: ἐντός, ἐκτός; auf θεν, θε: πρόσθεν, ἔμπροσθεν,
ὕπερθεν, καθύπερθε, ἀπόπροθεν (auch -θι), ἀπάνευθεν, προπάροιθε
(vgl. Anm. 4); ferner ἄντα, ἀντίον, ἀντία, ἀντικρύ, ἀμφίς, μεταξύ.

Zu 2. gehören: ἄνευ, ἄτερ sine; πλήν, νόσφιν, χωρίς, δίχα praeter, extra: πέραν, πέρα trans; ἕνεκα, χάριν causa; δίκην instar;
κρύφα, λάθρα clam; μέχρι, ἄχρι und (als Präp. jedoch mehr bei Spätern)
ἕως usque ad, tenus; εὐθύ, ἰθύς obviam; ὄπισθεν pone; ὀπίσω rückwärts, hinten, zurück; die Begriffe nahe und entfernt, als ἄγχι, ἐγγύς,
πέλας, πόρρω, ἑκάς, τῆλε samt allen ihren Komparationsformen und Ableitungen, wie ἆσσον, ἐγγύτατα, τηλόθι u. a.

Anm. 2. Von obigen Adverbien ist ἀμφίς (abgesondert, ohne) mit
dem Genit. nur bei Epikern (und Pindar) gebräuchlich z. B. ἀμφὶς ὁδοῦ
von dem Wege ab (Jl. ψ, 393), Διὸς ἀμφίς (θ, 444); verschieden davon ist
ἀμφίς, wenn es bei Homer vor Vokalen oder am Versende nur eine Nebenform der Präp. ἀμφί ist (z. B. Jl. ε, 723. λ, 634. ξ, 274 Κρόνου ἀμφίς). — Εἴσω und ἔσω regieren bei Homer selten den Genitiv (Od. η, 135.
θ, 290); bei weitem am gewöhnlichsten gebraucht er sie als Nebenf. von εἰς,
also mit dem Akk., sowohl vor- als nachgestellt: Ἴλιον, οὐρανὸν εἴσω, εἴσω
ἁλὸς εὐρέα πόντον (Jl. φ, 125), ἔσω κλισίην, δέρτρον ἔσω (Jl. ω, 155.
Od. λ, 579), wozu auch gehört ἄϊδος εἴσω. — Ἄτερ ist poetische Form
statt ἄνευ und wird in der Regel dem Subst. nachgesetzt ἄτης ἄτερ; wogegen ἄνευ nur selten bei Dichtern, oder nach Relat. (ὧν ἄνευ), diese Stellung hat. — Πλήν steht wie unser außer auch ohne Kasusverbindung, d. h.
es wird jedem beliebigen Kasus adverbial vorgesetzt: οὐκ ἀφικνεῖται, πλήν
ἡ τοῦ φιλοσοφήσαντος (sc. ψυχή); παντὶ δῆλον πλήν ἐμοί Plat.; οὐκ
ἔδωκεν ἱππέας πλήν μετρίους τινάς Xen. Ferner verbindet es auch ganze
Sätze, in der Regel jedoch in Verbindung mit andern Konjunktionen, wie
πλήν εἰ, πλήν ἀλλά, πλήν ἤ, bei Spätern (Lucian, Polyb. 2c.) oft auch
für sich allein (ceterum). — Ἕνεκα (§.117) wird seinem Substantiv bald
vor-, bald nachgesetzt. Ursprünglich heißt es in Rücksicht worauf, ratione
habita alejs rei, wie Herod. 1, 42 ἀπήμονα τοῦ φυλάσσοντος εἵνεκεν
προσδόκα τοι ἀπονοςήσειν (παῖδα); cf. 3, 122. In Verbindung mit γε
bekommt es eine eigenthümliche einschränkende Bedeutung: Pl. Charm. p. 158

εἴ σοι φίλον, ἐθέλω σκοπεῖν, εἰ δὲ μή, ἔαν. Ἀλλὰ πάντων μάλιςα, ἔφη, φίλον, ὥςε τούτου γε ἕνεκα σκόπει, wenn es nur barauf ankommt. Mem. 4, 3, 3 εἰ μὴ τὸ φῶς εἴχομεν, ὅμοιοι τοῖς τυφλοῖς ἂν ἦμεν, ἕνεκά γε τῶν ἡμετέρων ὀφθαλμῶν. cf. Phaed. p. 85 b. — Δίκην brauchen einige, z. B. Aeschylus, Plato, gern als Umschreibung für das gewöhnl. ὡς: κυνὸς δίκην Agam. 3., ὄρνιθος δίκην βλέπων ἄνω Phaedr. p. 249. — Χάριν, faſt immer nachgeſetzt, iſt gleichfalls mehr bichteriſch, und wird als urſprüng= liches Subſt. wie im Lat. gratia, causa, mit dem pron. poss. in gleichem Kaſus verbunden, also: ἐμήν, σήν, auch τὴν σὴν χάριν (§. 132 A. 1) mea, tua causa; wonach Eurip. (Heracl. 241) ſogar πατρῷαν χάριν b. i. πατρὸς χάριν. cf. S. Aj. 176. Trach. 485. — Μέχρι (ἄχρι) wird in Proſa balb als Präp. mit dem Genit., balb als Konjunktion (donec) gebraucht, da es dann vollſtändig μέχρι οὗ (An. 1, 7, 6) heißen ſollte. Die Form ἄχρι kommt in ber guten Proſa überhaupt bei weitem ſeltner vor und ben Tra= gikern ſind beide Wörter fremb. S. noch §. 150 n. 10. — Wenn πρόσω und ὀπίσω auf die Zeit gehen, ſo bezieht ſich jenes auf die Vergangen= heit, ὀπίσω aber auf die Zukunft (eigtl.: vor und nach ber Gegenwart). So bei Homer häufig: ἅμα πρόσσω καὶ ὀπίσσω, πάντα τελευτήσεσθαι ὀπίσσω ꝛc. Vgl. Soph. OT. 488. Her. 1, 75. Ebenſo verhält ſichs mit πρόσθεν und ὄπισθεν ober -σθε (auch ὄπιθεν, -θε bei Ep.)

Anm. 3. Wenn ἐγγύς, πέλας und anb. Abverbia, z. B. ἐκποδών, ἐμποδών ꝛc. mit dem Dativ verbunben werden, ſo ſind ſie nicht wie Präp. konſtruirt, ſonbern machen bann mit bem Verbo (εἶναι, γίγνεσθαι. ἵξα= σθαι ꝛc.) einen Präbikatbegriff aus, wozu bann jener Dativ gehört. Z. B. Cyr. 2, 3, 2 ὁ μὲν ἀγὼν ἐγγὺς ἡμῖν sc. ἐςί. Eur. Phoen. 40 τυράν= νοις ἐκποδὼν μεθίςασο. Hel. 783 ἥκεις ἐμποδὼν ἐμοῖς γάμοις.

Anm. 4. Die Verbindung von Präp. mit Abverbien (ohne Ar= tikel) iſt nicht ungewöhnlich und nimmt je ſpäter je mehr überhanb. Oft werben beide, wie bem Begriff, ſo auch der Form nach zu einem Wort ver= ſchmolzen. Z. B. ἐς ἀεί, ἐς ὀψέ, εἰς αὖθις, εἰς τρίς Thuc. Xen., ἐς πότε Soph., μέχρι τότε, καθ' ἅπαξ, παραυτίκα, ἐξοπίσω, κατόπισθεν, καταν= τικρύ u. viele anbere. S. Lob. zu Phryn. 45 unb vgl. NT. Gr. p. 275.

§. 147. Von den Präpoſitionen. (134)

1. Außer den im vorhergehenden §. erwähnten ſind folgende die gewöhnlichen, von den allgemeinſten Ortsbegriffen ausgehenden, alten Präpoſitionen (προθέσεις) mit ihren Kaſus:

ἀντί, ἀπό, ἐξ (ἐκ), πρό regieren ben Genitiv
ἐν, σύν (ξύν) ben Dativ
ἀνά, εἰς (ἐς) ben Akkuſativ
διά, κατά, ὑπέρ ben Genitiv unb ben Akkuſativ
ἀμφί, ἐπί, μετά, παρά, περί, πρός, ὑπό ben Genitiv, Dativ unb Akkuſativ.

Räumlich gefaßt ſteht ber Akkuſativ überwiegenb auf die Frage wohin, ber Dativ auf die Fr. wo, ber Genitiv auf die Fr. woher.

2. Der Gebrauch der Präpoſitionen iſt ſehr mannichfaltig und eigenthümlich, ba 1) in vielen Fällen die Präp. ſteht, wo im Deut= ſchen unb andern Sprachen ein bloßer Kaſus, unb umgekehrt; unb 2) die meiſten zwar ihrer Grundbedeutung nach auf beſtimmte Ver= hältnißbegriffe zurückzuführen ſind, die indeß in der Anwenbung, be= ſonders wenn ſie metaphoriſch gebraucht werben, oft ſo verbun-

felt ſind, daß wir in der Ueberſetzung ein und derſelben Präp. uns der verſchiedenſten deutſchen bedienen müſſen.

Anm. 1. Beides, Einheit des Begriffs und Mannichfaltigkeit des Gebrauchs, möge man ſich nun nach Anleitung des Folgenden
bei jeder einzelnen Präp. anſchaulich machen.

Präpoſitionen mit dem Genitiv.

ANTI. Die älteſte Bedeutung iſt gegen, gegenüber, wie aus den
Adverbien ἀντίον, ἀντία, ἄντα, den Kompoſitionen mit ἀντί (Anm. 6)
und einzelnen Beiſpielen bei Epikern erhellet: πῶς δὲ σὺ νῦν μέμονας ἀντὶ
ἐμεῖο ϛήσεσϑαι Jl. φ, 481. vgl. o, 415. Hes. ε. 725. wo indeß jetzt überall
ἀντί', ἄντ' geſchrieben wird. S. Spitzn. Exc. ad Jl. XVII. — Die bei
weitem geläufigſte, jedoch hiemit verwandte, Bedeutung iſt anſtatt, ſtatt
bei den Begriffen der Veränderung, des Tauſches, Werthes ꝛc., z. B. κενε-
αυχέες ἠγοράασϑε, Τρώων ἀνϑ' ἑκατόν τε διηκοσίων τε ἕκαϛος ϛήσεσϑ'
ἐν πολέμῳ, νῦν δ' οὐδ' ἑνὸς ἄξιοί εἰμεν Jl. ϑ, 233. δεῖ τὰ βέλτιϛα ἀντὶ
τῶν ἡδέων, ἂν μὴ συναμφότερα ἐξῇ, λαμβάνειν Dem. Ol. p. 33. Hieraus erklären ſich eigenthümlichere Ausdrucksweiſen, wie Jl. φ, 75 ἀντί τοι
εἰμ' ἱκέταο (als ein Flehender), Mem. 2, 7, 14 ἀντὶ κυνὸς εἰ φύλαξ (wie
ein Hund), ib. 12 ἱλαραὶ ἀντὶ σκυϑρωπῶν ἦσαν. An. 3, 1, 17 ἐϛρατεύ-
σαμεν ἐπὶ βασιλέα ὡς δοῦλον ἀντὶ βασιλέως ποιήσοντες (aus einem König); bei Komparativen: ὁ χρόνος μάϑησιν ἀντὶ τοῦ τάχους κρείσσω
δίδωσι Eur. Suppl. 420. Herc. 519. und die häufigen konjunctionsartigen
Verbindungen mit ἀνϑ' οὗ, ἀνϑ' ὧν dafür daß: Hell. 2, 4, 17 πάντες,
ἀνϑ' ὧν ὑβρίσϑημεν, τιμωρώμεϑα τοὺς ἄνδρας. An. 7, 7, 8 σὺ εὖ ποιήσας, ἀνϑ' ὧν εὖ ἔπαϑες, ἡμᾶς ἀποπέμπεις (für ἀντὶ τούτων ἃ nach
§. 143, 15). Ar. Plut. 434. Eur. Andr. 389 τί καίνεις μ'; ἀντὶ τοῦ;

ΑΠΟ bezeichnet das Ausgehn von einem Gegenſtande her, die Entfernung; in Beziehung auf die Zeit, nach, ſeit. Der freiere Gebrauch der
Präp. ergibt ſich leicht aus den einzelnen Beiſpielen. Ἔφεσος ἀπέχει ἀπὸ
Σάρδεων τριῶν ἡμερῶν ὁδόν Hell. 3, 2, 11. ἀπ' ἵππου ϑηρεύειν, μάχε-
σϑαι Her. ὁ ἀπὸ τῶν πολεμίων φόβος Xen. τρέφειν τὸ ναυτικὸν ἀπὸ
προσόδων Thuc. ζῆν ἀπὸ ἰχϑύων Her. ἀφ' οὗ, τὸ ἀπὸ τοῦδε, ἀπὸ
τοῦ πρώτου ὕπνου (ſeit) Thuc. — Eigenthümlichere Redensarten ſind: ἀπ'
ἐλπίδων, ἀπὸ (anb. ἄπο) δόξης gegen die Meinung ꝛc., ἀπὸ γλώσσης
mündlich, ἀπὸ σπονδῆς mit Fleiß, ἀπὸ τύχης aus Zufall.

ΕΚ unterſcheidet ſich von ἀπό weſentlich dadurch, daß es ein Ausgehn
aus dem Innern eines Gegenſtandes bezeichnet; daher dient es zur Angabe der Urſache bei paſſiven und neutralen Verbis, der inneren Abhängigkeit, und der unmittelbaren Berührung in räumlicher und zeitlicher
Hinſicht. Z. B. ἰέναι ἐκ τοῦ δόμου· τὰ ἐκ τοῦ πατρὸς προσταχϑέντα·
τελευτᾶν ἐκ τοῦ τρώματος Herod. ἔϑανεν ἐξ ἐμῆς χερός Soph. τοῦτο
ἐποίει ἐκ τοῦ χαλεπὸς εἶναι Xen. ἐκ τῆς παιδείας πολὺ διενεγκόντες
ἐϑαυμάσϑησαν id. Cyn. 1, 5. — ἐγέλασεν ἐκ τῶν πρόσϑεν δακρύων Cyr.
1, 4, 28. ἐκ κυμάτων γὰρ αὖϑις αὖ γαλήν' ὁρῶ Eur. Or. 279. ἐξ οὗ ſeit-
dem. ἐκ παιδός, ἐκ νέου, und in Bezug auf Mehrheit ἐκ παίδων, ἐκ νέων
a puero, pueris. — δεῖν τι ἐκ πασσάλου, ἐκ τῶν ζωϛήρων φορεῖν τι,
κρεμάσαι τινὰ ἐκ τοῦ ποδός an den Nagel, beim Fuße ꝛc. — Einzeln
merke man ſich: ἐκ τρίτων ſelbdritter Pl. Symp. p. 213., ἐκ τύχης, ἐκ τοῦ
προφανοῦς öffentlich Thuc. 3, 43., ἐκ βραχέος brevi 3, 92., ἐκ ποδός ſogleich, ἐκ πολλοῦ, πλείονος, πλείσου ſowohl vom Raum als von der Zeit:
von fern, ſeit langer Zeit ꝛc. Thuc. Xen., ἐξ ἴσου gleichmäßig.

ΠΡΟ bedeutet vor ſowohl in räumlicher als zeitlicher Beziehung; hieraus entwickeln ſich im übertragenen Sinne die Bedeutungen ſtatt (ἀντί),
für (ὑπέρ) und vor (prae, am Vorzug bezeichnend). Z. B. οἱ πρὸ αὐτοῦ

βασιλέως τεταγμένοι· πρὸ ἡμέρας Xen. Ἄλκησις ἤθελε θανεῖν πρὸ κείνου (Ἀδμήτου sc.) Eur. Alc. 18. Σωκράτης ᾤετο κάλλιον εἶναι πρὸ τοῦ φεύγειν ὑπέχειν τῇ πόλει δίκην Phaed. p. 99. διακινδυνεύειν πρὸ βασιλέως· βουλεύεσθαι πρὸ τῶν ϛρατιωτῶν Xen. πρὸ πολλῶν χρημάτων τιμήσασθαί τι Isocr. οὐδεὶς οὕτω ἀνόητός ἐϛι, ὅϛις πόλεμον πρὸ εἰρήνης αἱρέεται Herod. 1, 87. — Einzeln merfe man noch: πρὸ ὁδοῦ εἶναι opportunum esse, πρὸ φόβοιο vor Furcht (Hom.), γῆν πρὸ γῆς ἐλαύνομαι Aesch. Prom. 687. Luc. Alex. 46.

Präpofitionen mit dem Datio.

ʼEN ſteht auf die Frage wo, und heißt in, oft auch bei, unter (inter). Daraus entſpringt in zeitlicher Beziehung die Bedeutung in, während, und im übertragenen Sinne bei (penes). Z. B. ἡ ἐν Λεύκτροις μάχη, ἐν Μαντινείᾳ apud M. ἐν μνηϛῆρσι Hom. λέγειν ἐν πᾶσι· οἰκεῖν ἐν πονηροῖς Aeschin. ἐν θεῷ, ἐν ἐμοί, ἐν σοί ἐϛι (vgl. ἐπί c. dat.). — Mit ἐν werden viele Adverbialausbrücfe gebildet, wie ἐν ἐλαφρῷ, ἐν ὁμοίῳ, ἐν κέρδεϊ ποιεῖσθαι für gering, gleich, für Gewinn achten Her., ἐν φροντίδι, ἐν ἡδονῇ ἐϛί μοι Xen., ἐν ἑαυτῷ ober (elliptiſch) ἐν ἑαυτοῦ εἶναι, γίγνεσθαι bei ſich ſein, zu ſich b. h. zur Beſinnung fommen Plat. Charm. p. 155. Ar. Vesp. 642. S. Phil. 950., ἐν δίκῃ jure, ἐν καιρῷ zur rechten Zeit, ἐν καλῷ bequem, mit folgenbem Genitiv, z. B. ἡ Κέρκυρα κεῖται ἐν καλῷ τοῦ Κορινθιακοῦ κόλπου Hell. 6, 2, 9. Enblich ſind noch zu merfen ber homeriſche Gebrauch bes ἐν für εἰς bei Verbis ber Bewegung (wie κάππεσον ἐν Λήμνῳ, ἐν πυρὶ βάλλεν) unb ber ſcheinbar pleonaſtiſche beim Dat. instrum., wie ἐν ὀφθαλμοῖσιν ὁρῶ Hom., ἵππον ἐν χαλινῷ ἱππεύειν Xen. ἐν τούτοις εὔδηλον id. ἐν οἷς ἑτερπόμην Eur. Alc. 289.

ΣΥΝ mit, b. i. bie innige Verbindung zu einer Einheit im Raume ober auf geiſtigem Gebiet (vgl. μετά), z. B. πειρᾶσθαι χρὴ σὺν τοῖς θεοῖς ἄρχεσθαι παντὸς ἔργου X. Oec. 6, 1. mit völliger Uebereinſtimmung ber Götter, ihrer Hülfe gewiß (energiſcher als μετὰ τῶν θ.); σὺν τῷ δικαίῳ, σὺν τῷ νόμῳ bem Geſetze gemäß. Daher σύνδυο zwei zuſammen ober zugleich: σύνδυο κύλικας ἔχοντες πίνουσι ὁμοῦ Her. 4, 66.

Präpofitionen mit dem Affuſativ.

ʼANA heißt urſprünglich auf, b. h. hinauf (von unten nach oben, im Gegenſatz zu κατά; vgl. ἄνω unb bie Compos.) unb regiert in bieſer Bebeutung bei Dichtern auch ben Dativ z. B. Eur. IA. 1058. Jl. α, 15. Od. λ, 128.*) In ber Proſa wirb ſie nur mit bem Affuf. verbunben, unb es fehlt im Deutſchen an einem entſprechenben Verhältnisbegriff. Sie wirb gebraucht von allen burchgreifenben, umfaffenben Bewegungen in räuml. unb zeitl. Beziehungen unb geht oft in bie biſtributive Bebeutung über. Z. B. μνηϛῆρες δ' ὁμάδησαν ἀνὰ μέγαρα σκιόεντα Od. α, 365. οἱ Ἀλκμαιωνίδαι ἐβώσθησαν ἀνὰ τὴν Ἑλλάδα Her. 6, 131. οἱ Ἕλληνες ἀριϛήϊα ἐδίδουν τῷ ἀξιωτάτῳ γενομένῳ ἀνὰ τὸν πόλεμον τοῦτον id. 8, 123. ἀνὰ πᾶσαν τὴν ἡμέραν ben ganzen Tag hinburch; aber ohne Artifel heißt ἀνὰ πᾶσαν ἡμέραν, ἀνὰ πᾶν ἔτος täglich, jährlich; ähnlich ἐπορεύθησαν ἀνὰ τέτταρας zu vieren, ἀνὰ πέντε παρασάγγας τῆς ἡμέρας Xen. — Einzeln merfe man ἀνὰ κράτος (ἀγκράτος f. S. 315) summis viribus, z. B. φεύγειν (vgl. κατὰ κρ.), ἀνὰ χρόνον eine Zeit lang, ἀνὰ τὸν ποταμόν ben Fluß aufwärts, ἀνὰ λόγον nach Verhältnis, analog.

ΕΙΣ, ἐς (bei Homer auch εἴσω, ἔσω f. §. 146 A. 2., äol. ἐν §. 117, 2) ſteht auf bie Frage wohin unb heißt in, oft auch bloß zu, bis zu,

---

*) In Od. β, 416 ἂν δ' ἄρα Τηλέμαχος νηὸς βαῖν' hängt νηός von rem burch bie Tmeſis getrennten Kompoſ. ἀναβαίνειν ab, welche Verbinbung ber von ἐπιβαίνειν τινός nachgebildet iſt. cf. ι, 177. ο, 284.

gegen und noch allgemeiner, in Beziehung auf: z. B. ἐς μὲν Μενέλαον ἐγὼ κέλομαι ἐλθεῖν Od. γ, 317. κάλεόν τέ μιν εἰς ἓ ἕκαςος Jl. ψ, 203. εἰς σὲ Soph. Phil. 500. *) ἐκ θαλάττης εἰς θάλατταν Xen. οἱ μὲν ἔδραμον εἰς τοὺς πολεμίους id. οὐ μέν τι κακῷ εἰς ὦπα ἐῴκει Od. α, 411. εἰς μαλακίαν σκώπτειν τινά Dem. ἡ πόλις εὖ ἔχει εἰς τὰ πολεμικά Xen. ἀσκεῖν τὰ εἰς τὸν πόλεμον id. Κῦρος πολὺ διήνεγκεν εἰς τὸ ἄρχειν ἀνθρώπων Cyr. 1, 1, 6. ἐς τί; wozu? — Bei Zeitbestimmungen giebt es den ungefehren Zeitpunkt an, bis zu welchem etwas geschieht oder geschehen soll: ὁ Ἀρμένιος προεῖπεν εἰς τρίτην ἡμέραν παρεῖναι Cyr. 3, 1, 42. μάχεσθαι ἂν βούλησθε, ἥκετε εἰς τὴν τριακοςὴν ἡμέραν 5, 3, 6. etwa: innerhalb 30 Tagen; εἰς αὔριον, εἰς τὴν ἐπιοῦσαν, εἰς τὸν ἔπειτα χρόνον. — Bei Zahlen heißt es entweder auch circa, ad, gegen: εἰς εἴκοσι, εἰς πέντε μυριάδας und mit Hinzufügung des synonymen ὡς: ὡς ἐς ἑπτακοσίους (welche Ausdrücke, wie im Lat. und Deutschen, auch substantivisch, d. h. als Subjekt oder Objekt des Satzes stehen können, s. die Note zu ἐπί c. acc.), oder ist distributiv: εἰς ἕνα, εἰς δύο πορεύεσθαι je einer, je zwei; oder (bei Beschreibung von Märschen, Schlachtordnungen) παρατάττεσθαι εἰς ὀκτώ, ἐς δέκα ἐγένοντο 8, 10 Mann hoch oder tief (Hell. 6, 4, 12. 2, 4, 12; vgl. ἐπί c. acc.). — Wenn, umgkel. wie bei ἐν, bei Verbis der Ruhe εἰς steht, so muß der Begriff der vorgängigen Bewegung beim Verbo supplirt werden, daher so oft bei κεῖμαι (d. i. τέθειμαι), στὰς ἐς μέσον Herod. παρεῖναι, φανῆναι εἰς τὴν πόλιν etc. — Adverbialausdrücke sind: εἰς καιρόν (f. ἐν), ἐς κενόν frustra, ἐς τοῦτο, τοσοῦτο (mit nachf. Gen.) so weit, εἰς δύναμιν oder τὸ δυνατόν nach Möglichkeit, εἰς τάχος u. a.

Präpositionen mit dem Genitiv und Akkusativ.

ΔΙΑ c. genit. ist 1) durch vom Raum und der Zeit, wohin auch gehört z. B. εὐδοκιμεῖν διὰ πάντων τῶν Ἑλλήνων (unter), ἔπρεπε διὰ πάντων (vor) Her. Hom., und die Bedeutung nach in zeitlicher Hinsicht: διὰ τρίτης ἡμέρας, δι' ἐτέων εἴκοσι, δι' ὀλίγου Her. Thuc. — 2) durch vom Mittel, besonders bei Personen, aber auch bei Sachen, die sonst im bloßen Dativ stehn. Ebenso beim Passiv, wenn im Lat. per. nicht a, steht (d. h. wenn die Person das Mittel, nicht die bewirkende Ursache ist, f. ὑπό, ἐκ). Also: ἀνερωτᾶν τινα διὰ ἑρμηνέως, ἔλεξαν δι' ἀγγέλων, aber auch δι' ὤτων, δι' ὀφθαλμῶν αἰσθάνεσθαί τι Xen. διὰ γυμνασίων τὴν ὑγίειαν ποριζόμεθα Ael. V. A. 2, 5. τοῦτο μέγιςόν ἐςιν ἐν παντὶ ἔργῳ, ὅπου τι δι' ἀνθρώπων γίγνεται, καὶ ἐν γεωργίᾳ δέ Xen. Oec. ex. ταῦτα διὰ τοῦ ἱπποκόμου διατελεῖται id. — Mit διὰ und den Verbis εἶναι, γίγνεσθαι, ἔχειν, ἰέναι, ἥκειν ꝛc. werden viele eigenthümliche Wendungen gebildet, als: διὰ ςόματος ἔχειν τινά im Munde führen, διὰ χειρὸς ἔχειν τι sich beschäftigen womit; δι' ὀργῆς, δι' ἐπιθυμίας ἔχειν zornig, begierig sein; διὰ χαρίτων, δι' ἀθυμίας, δι' ἔχθρας γίγνεσθαι angenehm, muthlos, feindselig sein; διὰ φιλίας ἰέναι τινί, διὰ μάχης, ἥκειν τινί Freund sein, kämpfen mit jemand; δι' ἡσυχίας, διὰ φόβου εἶναι. Adverbialausdrücke: διὰ τάχους, διὰ ταχέων (Hell. 7, 5, 6), διὰ βραχυτάτων in Kürze, διὰ μακροτέρων weitläufig Dem. Isocr., διὰ τέλους bis ans Ende u. a.

— cum accus. heißt am gewöhnlichsten wegen (propter, nicht causa), und bezeichnet den Grund, aus welchem ich etwas thue oder leide: μυρίας

---

*) S. Schneidewin hiezu. — Ueber den mehr epischen Gebrauch des εἰς bei Personen nach den Verbis der Bewegung f. Spitzn. Exc. ad Jl. 35. In der attischen Prosa steht dafür nach §. 146 Anm. 1. regelmäßig ὡς, während εἰς bei persönl. Begriffen nur steht, wenn es so viel wie unter heißt, also bei Pluralen oder kollektiven Wörtern, z. B. εἰς ὑμᾶς, εἰς τοὺς κριτάς, εἰς τὴν στρατιὰν ἐλθεῖν. Vgl. Poppo zu Thuc. 1, 137. Bernh. Synt. p. 215 und die daselbst angeführte Litteratur.

ἡμῖν ἀσχολίας παρέχει τὸ σῶμα διὰ τὴν ἀναγκαίαν τροφήν Phaed. p. 66.
διὰ τοῦτο, διὰ σέ, δ. τοὺς θεοὺς εὖ πράττω etc. — Ju bem bei weitem
seltneren Fällen heißt es burch, unb wird bann ohne erheblichen Unter=
schied für διά c. gen. gebraucht; 3. B. ἀμβροσίην διὰ νύκτα, διὰ τάφρον
ἐλαύνειν, Κρονίδεω διὰ βουλάς Hom. διὰ στόμα ἔχειν Aristoph. διὰ
τὸν νόμον διαπράξασθαί τι Lys., βελτίω γενέσθαι διά τινα Plat. etc.

ΚΑΤΑ c. gen. bezeichnet, wie aus dem Abv. κάτω unb ben Compos.
erhellet, im Gegensatz zu ἀνά bie Richtung nach unten hin, von oben
herab, 3. B. κατὰ τῶν πετρῶν ῥίπτειν τινά von ben Felsen herabstürzen;
βῆ δὲ κατ᾽ Οὐλύμποιο καρήνων Jl. β, 167. καταχεῖσθαι ὕδωρ κατὰ χειρός Aristoph., auch ruhenb: οἱ κατὰ γῆς Xen. — Jm metaphor. Sinne
heißt es gegen (eigtl.: auf jemanben herab), über (de, in welcher Beb.
sonst περί c. gen.) hauptsächlich in Beziehung auf persönliche Gegenstänbe:
λέγειν, ὀμνύναι κατά τινος (im feinblichen Sinne, adversus, baher λόγος
κατὰ Μειδίου, κατὰ Κτησιφῶντος), τὸ καθ᾽ ὑμῶν ἐγκώμιον Dem. ταῦτα
μὲν κατὰ (de) πάντων Περσῶν ἔχομεν λέγειν Cyr. 1, 2, 16.

— c. accus. läßt sich (1) schlechthin burch keinen einzelnen Verhältnis=
begriff wiebergeben, weil es entweber wirklich ganz allgemeine Verhält=
nisse bezeichnet, ober bestimmte Beziehungen absichtlich so allgemein aus=
brückt, baß erst aus bem jebesmaligen Zusammenhange erhellt, welche be=
stimmtere gemeint sei. Dazu bienen folgenbe Beispiele: κατ᾽ ἀγρόν ruri;
οἱ Ἀθηναῖοι ἦρχον κατὰ γῆν καὶ κατὰ θάλατταν Xen. οἱ κατὰ τὴν
Ἀσίαν ὑπὸ βασιλεῖ ὄντες id. ὁ Ἑρμος ἐκδιδοῖ ἐς θάλασσαν κατὰ Φώ-
καιαν πόλιν Her. 1, 80. (ἀνὴρ) τοῦ κλέος εὐρὺ καθ᾽ Ἑλλάδα καὶ μέσον
Ἄργος Od. α, 344. — von ber Zeit: κατὰ Ἄμασιν βασιλεύοντα, κατὰ
πάντα τὸν πλόον Herod. κατα τοὺς αὐτοὺς χρόνους Thuc. κατ᾽ ἐμέ
zu meiner Zeit Her. — Selten brückt κατά c. acc. eine Bewegung aus,
unb zwar nur bann, wenn eben bas Ungefähre ber Richtung angegeben
werben soll, wie: οἱ δὲ ἀνείλοντο τὰ ναυάγια καὶ νεκροὺς τὰ κατα σφᾶς
(in ihre Gegenb) ἐξενεχθέντα Thuc. 1, 54. ἰέναι κατὰ θέαν, κατὰ ληΐην
(schärfer ἐπί) Thuc. Her. — Auch (2) im metaphorischen Sinne bezeich=
net es nur bie allgemeinsten Beziehungen auf einen Gegenstanb, baher es
bisweilen bem §. 131, 7. besprochenen Akkus. hinzugesetzt wirb, wie ἴδρις
κατὰ γνώμην Soph. OT. 1087., besonbers aber bann steht, wo ber Akkus.
allein nicht stehen könnte, also bei Subst. zur Umschreibung bes Abj., wie:
αἱ κατὰ τὸ σῶμα ἡδοναί, ἐπιθυμίαι Plat., ober bes Genitivs: τὰ κατὰ
Παυσανίαν (bie Thaten, Schicksale bes P.) Thuc. 1, 138. Bei ben Verbis
bes Sagens, Glaubens ꝛc. heißt es über, de: κατὰ τὴν τροφὴν τῶν παίδων τοσαῦτα ἔλεγον Herod., bei anbern läßt es sich oft mit wegen (propter) übersetzen: οὗτος (ὁ προδότης) τιμώμενος ἐξ ἀρχῆς κατα τὸν πατέρα Ἄγνωνα Hell. 2, 3, 30. κατα τί weshalb? αἰτίαν, καθ᾽ ἥντινα αἰ-
κίζεταί με, σαφηνιῶ Aesch. Pr. 226. Jn anbern Fällen (3) hat es bie
bestimmtere Bedeutung nach (secundum), wie: κατὰ νόμον, κατὰ δύναμιν,
κατ᾽ ἐμαυτόν (nach meiner Art), κατὰ τὸ μαντεῖον, ποιήσω κατὰ τοῦ
βασιλέως γράμματα, wozu auch ber bistributive Gebrauch gehört in κατὰ
κώμας vicatim, κατ᾽ ἄνδρα viritim, καθ᾽ ἡμέραν täglich, κατὰ μῆνα, καθ᾽
ἕνα ꝛc. — Einzeln merke man noch bie sehr gewöhnliche Rebensart αὐτὸς
καθ᾽ ἑαυτὸν für sich: ἐξοπλίσθητε καθ᾽ ὑμᾶς αὐτούς für euch allein Cyr.
6, 3, 32; unb Abverbialausbrücke wie κατὰ μικρόν allmählich, κατὰ τὸ
ἰσχυρόν, κατὰ κράτος vi, 3. B. αἱρεῖν πόλιν (verschieben von ἀνὰ κράτος,
f. unter ἀνά), καθόσον sofern, καθάπερ wie, κατα τάχος ꝛc.

ΥΠΕΡ c. gen. 1) über, b. h. oben, barüber befinblich: ὁ ἥλιος ὑπὲρ
ἡμῶν αὐτῶν καὶ τῶν σεγῶν πορεύεται Mem. 3, 8, 9. ἔςι δὲ λιμὴν καὶ
πόλις ὑπὲρ αὐτοῦ Thuc. 1, 46. 2) für, wie πράττειν, εἰπεῖν ὑπὲρ τοῦ
κοινοῦ· δειμαίνειν, θαρρεῖν ὑπέρ τινος um jemanb; εὐδαιμονίζω ὑμᾶς

ὑπὲρ τῆς ἐλευθερίας (vgl. den bloßen Genit. in §. 132 Anm. 15.) Ap. 1, 7, 3. Statt περί, de (bei reden ⁊c.) ohne den Nebenbegriff zu jemandes Besten steht es mehr bei Spätern (Polyb.).

— c. accus. hat die bestimmte Bedeutung darüber hinaus, wie ὑπὲρ τὰ τεσσαράκοντα ἔτη über 40 Jahre, ὑπὲρ ἡμίσεις ⁊c. Daher heißt δύναμις ὑπὲρ ἄνθρωπον übermenschliche Kraft Her. 8, 140, 2., ὑπὲρ ὅρκια gegen den Eid Jl. δ, 67., ὑπὲρ θεόν invito deo (ϱ, 327), ὑπὲρ ἐλπίδα contra spem (Soph. Ant. 366).

Präpositionen mit allen drei Kasus.

ΑΜΦΙ und ΠΕΡΙ um=herum, stimmen ihrer Bedeutung nach we= sentlich mit einander überein (daher sie bei Homer oft unmittelbar zusam= men stehn: ἀμφὶ περὶ κρήνην, ἀμφὶ περὶ στήθεσσιν, περί τ᾽ ἀμφί τε τά= φρον, auch in der Kompos.: ἀμφιπεριστρώφα ⁊c.), nur heißt ἀμφί ur= sprünglich zu beiden Seiten (wie ἀμφίσομος ⁊c.), περί zu allen Seiten, rings herum, und ist in Prosa ungleich gebräuchlicher. Mit dem Dativ drücken sie im räumlichen Sinne das Befinden um einen Ort herum aus (in Prosa nur περί) z. B. τελαμὼν ἀμφὶ στήθεσσιν Hom. χρυσοῦς ἀμφὶ κρατὶ πλόκος Eur. θώραξ περὶ τοῖς στέρνοις καὶ γέρρον ἐν τῇ ἀριστερᾷ Cyr. 1, 2, 13. — Im metaphorischen Sinne um=willen, wegen (in Prosa nur περί und auch dies selten) z. B. οὐ νέμεσις, Τρῶας τοιῇδ᾽ ἀμφὶ γυναικὶ πολὺν χρόνον ἄλγεα πάσχειν Jl. γ, 157. θαῤῥεῖν, δεῖσαι περί τινι Plat. Thuc. (z. B. 1, 60. 67. 74. 119 ⁊c.). — Ganz dichterisch ist die Bedeutung prae in ἀμφὶ τάρβει, περὶ φόβῳ, so wie die Schreibung ἀμφίς s. §.146.

— c. accus. wieder um=herum, ist sehr gewöhnlich: φύλακες ἀμφὶ τὴν οἴκησιν, ἡ περὶ τὴν χώραν θάλαττα Xen. und mit der Richtung wohin: θώρακας περὶ τὰ στέρνα καὶ γέῤῥον εἰς τὴν ἀριστεράν Cyr. 2, 1, 9. — bei Zeitbestimmungen: περὶ μέσας νύκτας, ἀμφὶ δείλην Xen. und bei numerischen ungefähren Angaben: ἦν ἀμφὶ τὰ τριάκοντα ἔτη· περὶ τέτ= ταρα τάλαντα ⁊c., mit welchen es sich ebenso verhält, wie mit denen unter εἰς (s. d. und vgl. die Note zu ἐπί c. acc.) — In Verbindung mit ἔχειν und εἶναι heißen beide Präp. womit beschäftigt sein, zu thun haben, wie: οἱ περὶ τὰ ἐπιτήδεια ὄντες· ὁρῶ σε ἀμφ᾽ ἵππους ἔχοντα Xen. — Endlich steht περί allein beim Akk. in vielen Verbindungen in ähnlicher Weise wie κατά c. acc.; z. B. ἐξαμαρτεῖν περὶ τοὺς θεούς (in, erga), ἔχειν und εἶναι περί τινα gegen jemand gesonnen sein, sich verhalten (Cyr. 4, 5, 29); Σωκράτης περὶ θεοὺς ἐπειρᾶτο σώφρονας ποιεῖν τοὺς συνόν= τας Mem. 4, 3, 2. Wegen οἱ περί und ἀμφί τινα s. §. 150 n. 25.

— c. gen. entsprechen dem lat. de fast in jeder Beziehung; doch ge= hört ἀμφί wieder fast nur den Dichtern an. So sagt man λέγειν, φο= βεῖσθαι, φιλονεικεῖν, μάχεσθαι, ἀπολογεῖσθαι περί τινος. Ferner περὶ μὲν τροφῆς (was — betrifft), ἐπείσθην ἱκανὸν εἶναι ὅ,τι Κυαξάρης πα= ρέξει ἡμῖν Cyr. 1, 6, 15.; οἴκτισαι ἀμφὶ τέκνων με ἱκέταν Eur. Suppl. 278. die Redensarten περὶ πολλοῦ, πλείονος, πλείσον ποιεῖσθαι hoch achten ⁊c. — Bei Ep. insbesondere hat περί c. gen. auch die Bed. von ὑπέρ über, vor (den Vorzug betr.): περὶ πάντων ἔμμεναι, αἰνίζομαί σε ⁊c. Vgl. die Note zu Anm. 5. und Anm. 6.

ΕΠΙ c. gen. bezeichnet 1) in räumlicher Beziehung, wenn es auf die Frage wo steht, die beiden Verhältnisse auf und bei (nahe bei) z. B. ἐφ᾽ ἵππου ὀχεῖσθαι*), μεῖναι ἐπὶ τοῦ ποταμοῦ ⁊c.; ähnlich ἐπὶ

---

*) Cyr. 5, 2, 1 wird jetzt mit Recht ἐφ᾽ ἵππου statt ἵππῳ gelesen, da ἐπί c. dat. außer bei Dichtern (ἕζετ᾽ ἐπὶ ξεστοῖσι λίθοισιν, ἐπὶ χθονί, ἐπὶ βωμῷ Hom. ἐπ᾽ ἐσχάρᾳ Aesch.) und einzelnen Verbindungen (ἐπὶ ναυσίν Thuc. 2, 80. 4, 10. cf. Ap. 2, 4, 28) in dieser Bed. nicht üblich ist.

δύο μαρτύρων (in Gegenwart). Aber besonders attisch ist der Gebrauch
des ἐπί c. gen., wenn es auf die Frage wohin steht, um die Richtung,
das Ziel der Bewegung (vgl. §. 132, 9) zu bezeichnen, wie πλεῖν ἐπὶ
Σάμου auf S. zu, ἐπ᾽ οἴκου. — 2) Zeitlich steht es auf die Frage wann,
wie ἐπ᾽ εἰρήνης Hom., ἐπὶ τῶν νυνὶ καιρῶν Aeschin.; in der Prosa meist
nur, wenn die Zeitangabe sich an persönliche Begriffe knüpft, wie ἐπὶ Κέκροπος Thuc. (2, 15), ἐπ᾽ ἐμοῦ, ἐπὶ Τιμοθέου Dem., zu meiner, des T.
Zeit, ἐπὶ τῶν ἡμετέρων προγόνων, auch in Verbindung mit einem Part.
Präs. nach §. 145 A. 5. ἐπὶ ἄρχοντος Εὐκλείδου. — 3) Bei nicht räumlichen
und zeitl. Beziehungen muß man sich zwar der verschiedensten Präp. im Deutschen bedienen, doch drückt es immer, im Gegensatz zu κατά c. acc., ein bestimmtes Verhältniß, die nahe, fast unmittelbare Verbindung und
Zusammengehörigkeit aus, wozu dann noch der freiere Dichtergebrauch dieser
Präp. kommt. Daraus erkläre man folgende Beispiele: Φίλιππος οὐχ οἷόστ᾽
ἐςὶν ἔχων ἃ κατέςραπται μένειν ἐπὶ τούτων Dem. Phil. p. 42. τίς ἂν
κωλύσαιτ᾽ αὐτὸν πράττειν ταῦτα, ἐφ᾽ ὧν ἐςὶ νῦν ib. p. 66. οἱ ἐπὶ τῶν
πραγμάτων Vorsteher, Verwaltungsmänner Dem. p. 309. ταχθῆναι ἐπί
τινος zu etwas, Iler.; Κυδίας εἶπεν, ἐπὶ καλοῦ λέγων παιδός (im Hin-
blick, oder zielend auf —) Pl. Charm. p. 155. — besonders bei den Verbis
zeigen, erkennen ꝛc. (an): ἐπὶ πολλῶν τεκμηρίων ἀποδείξω σοι Plat. ἐπὶ
πολλῶν ἄν τις ἰδεῖν δοκεῖ μοι τὴν παρὰ τῶν θεῶν εὔνοιαν φανερὰν
γιγνομένην τῇ πόλει Dem. Ol. 2. in., und nennen (nach): καλεῖσθαι,
ὄνομα ἔχειν ἐπί τινος Her. ἡ ἐπ᾽ Ἀνταλκίδου καλουμένη εἰρήνη Xen. —
Dichterisch: καθῆστο Κάδμου λαὸς ἀσπίδων ἔπι Eur. Phoen. 1467. ἐπὶ
προσπόλου μιᾶς χωρεῖν (gestützt auf) Soph. OC. 746. — Noch ist zu merken
der distributive Gebrauch ἐφ᾽ ἑνός, ἐπὶ τριῶν zu drei Xen. Thuc., und
endlich die häufige Redensart ἐφ᾽ ἑαυτοῦ für sich allein, besonders (vgl.
κατά): Σκιρῖται ἀεὶ ταύτην τὴν τάξιν (den linken Flügel) μόνοι Λακεδαιμονίων ἐπὶ σφῶν αὐτῶν ἔχουσιν Thuc. 5, 67. 2, 63. An. 2, 4, 10. (πᾶσα
πρᾶξις) αὐτὴ ἐφ᾽ ἑαυτῆς πραττομένη οὔτε καλὴ οὔτε αἰσχρά Pl. Symp.
p. 181 a., ἐπ᾽ ἑωυτοῦ βάλλεσθαι bei sich allein überlegen Herod.
— c. dat. bezeichnet räumlich gleichfalls ein nahes, unmittelbares
Verhältnis, in der guten Prosa bes. die Begriffe des an, bei, neben, zu;
(selten auf, s. die vorige Note): μένειν ἐπὶ τοῖς ὅπλοις· ςῆναι, auch γενέσθαι (kommen) ἐπὶ τῇ εἰσόδῳ (bei Dichtern überhaupt häufig auch bei
Verbis der Bewegung, wie ἐπὶ οἱ καλέσας, ἐπὶ γαίῃ κάππεσε Hom. ἐπὶ
γᾷ πέσε Soph., vgl. ἐν), ἐπὶ τῷ δείπνῳ, ἐπὶ τελευτῇ τοῦ βίου Xen.
μάχη ἐπὶ ταῖς ναυσίν (Jl. N.), ἐσθίουσι πάντες ἐπὶ τῷ σίτῳ ἄρτον Mem.
3, 14, 2. ὄγχνη ἐπ᾽ ὄγχνῃ γηράσκει Od. η, 120. φόνος ἐπὶ φόνῳ, ἐπὶ
δ᾽ ἄλγεσιν ἄλγεα Eur. — zeitlich wird daraus eine unmittelbare Folge,
nach, wie ἐπὶ τούτοις danach, ἡμέρα ἐπὶ τῇ νυκτὶ ταύτῃ; — wie auch
ferner aus dem Begriffe sich leicht ergeben die übertragenen Bedeutungen
penes (s. ἐν): ἐφ᾽ ὑμῖν ἐςὶ κολάζειν αὐτούς Dem. Chers. in., γίγνεσθαι
ἐπὶ βασιλεῖ unter die Gewalt des K., ἐφ᾽ ἡμῖν ποιεῖν etc.; über: in solchen Verbindungen wie ἐπὶ τοῖς πράγμασιν εἶναι Dem. Ol. p. 21 (vgl. den
Gen.), ναύαρχος ἐπὶ ταῖς ναυσίν Xen.; und die Redensart εἰπεῖν ἐπί τινι
bei Grabreden, z. B. Thuc. 2, 34. 35 ἀγορεύειν ἐπὶ τοῖς θαπτομένοις
genau: unmittelbar nach oder bei Beerdigung der Gefallenen, glf. über ihrem
Grabe reden. cf. Pl. Menex. in. (ἐρεῖ ἐπὶ τοῖς ἀποθανοῦσι); Dem. Cor.
p. 320, 25. Epit. in. — Eigenthümlich für ἐπί mit dem Dat. sind noch drei
in Prosa sehr gewöhnliche Gebrauchsweisen, nehmlich 1) wenn es bezeichnet
eine Uebereinkunft unter gewissen Bedingungen: ἐπὶ τούτοις τὴν βασιλείαν παρέλαβον Xen. τὴν μνᾶν δανείζειν ἐπὶ ὀκτὼ ὀβολοῖς Dem. δοῦναί τι ἐπὶ τεσσαράκοντα μναῖς etc. (Wegen ἐφ᾽ ᾧτε s. §. 150 n. 9.) —
2) wenn es die Absicht, in welcher eine Handlung geschieht, andeutet (vgl.
den acc.) wie: ἐπὶ τούτῳ in dieser Absicht: Πρωταγόρᾳ πολὺ ἀργύριον

δέδωκα ἐπὶ σοφίᾳ um Weisheit zu lernen Xen. Symp. in., ἄγειν τινὰ ἐπὶ γάμῳ ꝛc. Ferner πόλις ἐπὶ τῇ γῇ ἐκτίζετο, d. h. ἐπὶ κακῷ τῆς γῆς, also in feindlicher Absicht, contra, f. Poppo zu Thuc. 1, 40. 3, 93. 5, 44. 51. — 3) wenn es dem §. 133, 4, c bezeichneten Dativ, bef. bei den Verbis des Affekts vorgeſetzt wird, z. B. ἐπ᾽ οὐδεμιῇ αἰτίῃ ἀξιόχρεῳ ποιεῖν τι Her. 3, 35. γελᾶν, μέγα φρονεῖν, χαίρειν, ἀγανακτεῖν ἐπί τινι, ferner bei Abjektiven, wie εὐδόκιμος, διαβόητος u. ä. — Dichterisch: Od. η, 216 οὐ γάρ τι ςυγερῇ ἐπὶ γαςέρι κύντερον ἄλλο faſt wie ςτυγερῆς γαςέρος.

— c. accus. bezeichnet einfach die Annäherung an einen Gegenſtand, daher πλεῖν ἐπὶ Σάμον wieder heißt: nach S. ſchiffen, nur der Auffaſſung nicht dem Sinne nach verſchieden von πλεῖν ἐπὶ Σάμου (beide Verbindungen in Einem Satze X. Ages. 1, 16); im feindlichen Sinne: gegen, wie στρατεύεσθαι, ὁρμᾶσθαι ἐπί τινα; und mit der Nebenbeziehung des Zwecks (vgl. ἐπί c. dat.): ἰέναι ἐπὶ τὴν θήραν, ἐλθεῖν ἐπὶ πῦρ, ἐφ᾽ ὕδωρ (um zu holen). — Aus dem Begriff des Aff. ſind zu erklären die Angaben der Zeitdauer (wo ἐπί mehr als adverbialer Zuſatz erſcheint), z. B. οἱ Ἀθηναῖοι, σχόντες τῆς Ἡλείας, ἐδῄουν τὴν γῆν ἐπὶ δύο ἡμέρας Thuc. 2, 25. οὐκ ἐγίγνετο τὰ ἱερὰ ἐπὶ τρεῖς ἡμέρας drei Tage hindurch An. 6, 4, 36. Eben so die Adverbialausdr. wie ἐπὶ χρόνον eine Zeit lang Hom. ἐφ᾽ ἡμέραν Thuc. 4, 69. daher ἐπ᾽ ἦμαρ εἶχον (Lebensunterhalt) Eur. Phoen. 401. ἐπ᾽ ἑκατοςά, ἐπὶ τριηκόσια 100-300fältig Her. 4, 198., ἐπὶ πολύ, ἐπὶ πλεῖςον zum großen, größten Theil, ἐπὶ δέκα ςαδίους auf einen Raum von 10 Stadien *), ἐπὶ πᾶν (omnino), ἐπὶ πόδα ἀναχωρῆσαι ſich allmählich zurückziehen Xen. Polyb., ἐπ᾽ ὀκτὼ ἰέναι, τάξασθαι acht Mann hoch oder tief Thuc. 4, 93. 94. (vgl. εἰς), ἐπὶ κεφαλήν kopfüber, z. B. ὠθεῖν τινα Plat.

METΑ c. gen. heißt mit, d. i. ohne Verbindung zu einem Ganzen (σύν), sondern ſo daß die Selbſtändigkeit der einzelnen Glieder gewahrt bleibt, also mehr mit dem Begriff der Theilnahme (daher die Verbindung mit dem Gen.); zunächſt bei Perſonen z. B. μετὰ σοῦ mit deiner Hülfe; ὅςις ἑαυτὸν φιλεῖ, μετ᾽ ἐμοῦ μαχέσθω Cyr. 7, 1, 13. μετά τινος εἶναι (zu jem. Parthei); aber auch bei Sachen, z. B. μετὰ δόλου καὶ τέχνης Isocr. μετὰ παιδιᾶς καὶ οἴνου Thuc. 6, 28. μετὰ πολλῶν κινδύνων Dem. — Selten ſtellvertretend für καί (vgl. das lat. cum): Hell. 1, 1, 10 Ἀλκιβιάδης μετὰ Μαντιθέου — ἵππων εὐπορήσαντες νυκτὸς ἀπέδρασαν. cf. Thuc. 3, 109, 2.

— c. dat. unter (inter), iſt durchaus dichteriſch: μετὰ πᾶσιν ἀτιμότατος, μετὰ μνηςῆρσιν ꝛc. Faſt pleonaſtiſch zum Dativ: πηδάλιον μετὰ χερσὶν ἔχειν Od. γ, 281. μῆτιν ὑφαίνειν μετὰ φρεσὶν Hes. sc. 28.

— c. acc. nach, ſowohl zeitlich, als die Reihefolge betreffend, wie οἱ μετ᾽ ἐκεῖνον βασιλεῖς Xen., μετ᾽ ὀλίγας ἡμέρας ꝛc. Doch kann es, bef. bei Dichtern, auch eine räumliche Bewegung in oder unter etwas bezeichnen, wie ἤϊσσων ὥς᾽ αἰγυπιὸς μετὰ χῆνας, oder dient zur Angabe des Zwecks, wofür in Proſa ἐπί c. acc.: πλέων μετὰ χαλκόν, μετὰ πατρὸς ἀκουήν Hom. — Einzeln merke man das ſehr gewöhnliche μεθ᾽ ἡμέραν am Tage, und μετὰ χεῖρας ἔχειν (z. B. ἐγχειρίδια) Xen. Ages. 2, 14.

*) Dieſe und ähnliche Ausdrücke, namentlich die mit εἰς und περί c. acc., ſtehen auch ſubſtantiviſch, also an Stelle eines Subjekts oder Objekts im Satze; z. B. Thuc. 4, 3 τὸ χωρίον ἦν ἔρημον αὐτό τε καὶ ἐπὶ πολὺ τῆς χώρας. 1, 50 αἱ νῆες ἐπὶ πολὺ τῆς θαλάσσης ἐπέχουσι. cf. 1, 1 (ἐπὶ πλεῖςον), 4, 100 (ἐπὶ μέγα). Lys. 13, 14 ἐπὶ δέκα ςάδια τῶν μακρῶν τειχῶν διεῖλον. Hell. 4, 1, 18 ξυνέδραμον ὡς ἐς ἑπτακοσίους. 2, 4, 5 συνειλεγμένων περὶ ἑπτακοσίους, λαβὼν αὐτοὺς καταβαίνει τῆς νυκτός.

ΠΑΡΑ c. gen. von Seiten, von der Seite her, wie ἦλθε παρὰ Κυαξάρου ἄγγελος, daher von bei den Verbis μανθάνειν, πυνθάνεσθαι ἀκούειν ꝛc., die auch den bloßen Genit. bei sich haben; ταῦτ᾽ ἤκουσα παρὰ Γωβρύου cet. Bei paff. Verbis in der Art wie ὑπό steht es mehr, wenn der Nebenbegriff von Seiten sich damit vereinigen läßt, deutlich in παρὰ πάντων ὁμολογεῖται (inter omnes constat) An. 1, 9, 1., weniger in τοῦτο παρὰ σοῦ ἐπιδεικνύσθω Cyr. 5, 5, 20. — Zu bemerken ist, daß mit dem Artikel und παρά c. gen. oft solche Substantiv- und Verbalbegriffe angedeutet werden, die sich aus dem Wesen dieser Verbindung und dem jedesmaligen Zusammenhange leicht ergänzen lassen, (womit §. 125 A. 6 zu vgl.) z. B. οἱ παρὰ Κύρου (Gesandte), τὰ παρὰ Κύρου (Befehle), τὰ παρὰ θεῶν, ἡ παρὰ τούτων εὔνοια etc.

— c. dat. heißt an der Seite, bei: παρὰ τῷ ποταμῷ ꝛc.

— c. acc. räumlich: nach einer Seite hin, b. h. zu, nur bei Personen z. B. οἱ παρὰ βασιλέα πορευόμενοι; gewöhnlich aber neben etwas hin, sowohl bei Verbis der Bewegung als der Ruhe, z. B. παρὰ θάλατταν πορεύεσθαι· παρὰ πόλιν πολεμίαν ἄγειν τὸν ςρατόν (vorbei) Xen. τοὶ δὲ παρ᾽ αὐτὸν ἄνδρες κοιμήσαντο Od. ξ, 523. παρὰ τὴν πόλιν ἦν πυραμὶς λιθίνη An. 3, 4, 9. und übertragen: τὴν νῦν παρ᾽ ἐμὲ ἐοῦσαν δύναμιν Her. 8, 140. — Im zeitlichen Sinne drückt es die Dauer aus, wie παρὰ πάντα τὸν χρόνον Plat. παρὰ τὸν πόλεμον, παρὰ τὴν πόσιν (während) Her. 2, 121, 4. — In tropischem Sinne haben sich drei verschiedene Bedeutungen aus dem Begriffe gebildet: 1) gegen b. h. praeter, vorbei z. B. παρ᾽ ἐλπίδα, παρὰ τοὺς νόμους, παρὰ φύσιν, παρὰ δόξαν, παρὰ τὸ δέον ꝛc.; daher παρ᾽ ἓν πάλαισμα ἔδραμε νικᾶν Her. 9, 33. 2) wegen, wie im Lat. propter: Φίλιππος οὐ παρὰ τὴν αὑτοῦ ῥώμην τοσοῦτον ἐπηύξηται, ὅσον παρὰ τὴν ἡμετέραν ἀμέλειαν Dem. Phil. p. 43. ἡ σωτηρία πολλοῖς ἤδη παρὰ τοῦτο ἐγένετο Xen. Hipp. 1, 5. cf. Dem. p. 688 ex. 3) bedeutet es das Nebeneinanderstellen verschiedener Gegenstände behufs Vergleichung, daher bef. nach Komparativen, ἄλλος, ἕτερος u. ä., z. B. ἡλίου ἐκλείψεις πυκνότεραι παρὰ τὰ μνημονευόμενα ξυνέβησαν (gegen früher) Thuc. 1, 23. οὐ δυνατὸν ἔφη εἶναι, παρ᾽ ἃ βασιλεὺς ἐπέςειλεν, ἄλλα ποιεῖν Hell. 1, 5, 5. παρὰ τὰ ἄλλα ζῶα ὥσπερ θεοὶ οἱ ἄνθρωποι βιοτεύουσι Mem. 1, 4, 14. Ἀχιλλεὺς τοῦ κινδύνου κατεφρόνησε παρὰ τὸ αἰσχρόν τι ὑπομεῖναι (wollte lieber sich Gefahren aussetzen als schimpfliches erdulden) Pl. Apol. p. 28. Ἀγησίλαος ἐπόνει παρὰ τοὺς ἄλλους (mehr als ꝛc.) X. Ag. 5, 3. — Adv. παρὰ μικρόν beinah, παρ᾽ ὀλίγον, παρὰ πολύ, παρὰ τοσοῦτον um ein geringes ꝛc. (Pl. Apol. p. 36. Thuc. 3, 49). — Ein Beispiel mit allen 3 Kasus s. Mem. 1, 3, 4.

ΠΡΟΣ c. gen. kommt in der Hauptbedeutung mit παρά überein, doch verbindet es mit dem Begriff von einer Seite her (wie πρὸς μητρός, πατρός von mütterlicher, vät. Seite, ξεῖνος ὅδ᾽ ἵκετ᾽ ἐμὸν δῶ ἠὲ πρὸς ἠοίων ἢ ἑσπερίων ἀνθρώπων Od. θ, 28.) auch die Bed. neben einer Seite hin, wie παρήγγειλε τοὺς λοχαγοὺς πρὸς τῶν Καρδούχων ἰέναι, οὐραγοὺς δὲ καταςῆσασθαι πρὸς τοῦ ποταμοῦ An. 4, 3, 26. — im übertragenen Sinne: was von einer Person oder Sache ausgeht, oder allgemeiner: was ihr zukommt, angehört, ihr angemessen, zuträglich, ihrer würdig ist, z. B. πρὸς Διός εἰσιν ἅπαντες ξεῖνοί τε πτωχοί τε Od. ζ, 207. οὐκ ἦν πρὸς τοῦ Κύρου τρόπου ἔχοντα μὴ ἀποδιδόναι An. 1, 2, 11. ἄτοπα λέγεις, ὦ Σώκρατες, καὶ οὐδαμῶς πρὸς σοῦ Mem. 2, 3, 15. σπονδὰς ἐποιήσατο πρὸς Θηβαίων μᾶλλον ἢ πρὸς ἑαυτῶν (zu Nutzen) Hell. 7, 1, 17., δεξιοῦ πρὸς ἀνδρός ἐςι Aristoph., οὐ πρὸς ἰατροῦ σοφοῦ θρηνεῖν ꝛc. Soph. (vgl. §. 132 A. 13); ἄδικος, ἀσεβὴς πρὸς τῶν θεῶν καὶ τῶν ἀνθρώπων (nach dem Urtheile der Götter u. M.); τιμήν, δόξαν ἔχειν, ἀρέσθαι πρὸς πάντων Jl. π, 84. cf. Thuc. 1, 71, 5. 2, 86, 5.

An. 1, 6, 6 ꝛc. — Häufiger als παρά steht πρός nach passiven und neutralen Verbis zur Bezeichnung des Urhebers, wie ὁμολογεῖται πρὸς πάντων An. 1, 9, 20. τὰ λεχθέντα πρός τινος, ἀποθνήσκειν, ὀλέσθαι πρός τινος *). — Für πρός eigenthümlich ist sein Gebrauch bei Schwüren, Bitten, wie πρὸς τῶν θεῶν, ὦ πρός σε γονάτων (sc. ἱκετεύω) s. §. 151, III. 6. — c. dat. bei, in der Nähe, wie παρά z. B. οἱ Ἀθηναῖοι ὥρμουν πρὸς τῇ πόλει Xen. Daß Homer auch sagen kann: ποτὶ δὲ σκῆπτρον βάλε γαίῃ (Jl. α, 245), ist seinem Sprachgebrauche angemessen, vgl. Präp. ἐν und ἐπί c. dat. — Außerdem hat πρός noch sehr gewöhnlich die additive Bedeutung, wie πρὸς τούτοις hiezu, πρὸς δὲ τούτῳ εἵλοντο Ἀδείμαντον außer ihm (d. h. zu ihm) wählten sie den A. — c. acc. ist die eigentliche Präpos., um sowohl im räumlichen und zeitlichen als übertragenen Sinne die Richtung und Bewegung wohin **) auszudrücken. Und zwar gestaltet sich dieser umfassende Begriff in den einzelnen Fällen so mannichfaltig, daß wir wiederum uns im Deutschen sehr verschiedener Präpos., am häufigsten gegen, bedienen müssen. Dies möge aus folgenden Beispielen erhellen: ἀνατεῖναι τὰς χεῖρας πρὸς τὸν οὐρανόν Xen. ναίειν πρὸς ἠῶ ἠέλιόν τε Hom. — πρὸς ἑσπέραν, πρὸς τὴν σελήνην (Zeitbest.). — λέγειν πρὸς τοὺς Ἀθηναίους (zu), ὁ πρὸς Λεπτίνην λόγος (gegen), πρὸς τὸ βέλτιστον λέγειν (für); οἱ εἵλωτες πολλὰ κλέπτοντες ἐπώλεον πρὸς τοὺς Αἰγινήτας (an) Herod. 9, 80. οὐδὲν πρὸς λόγον (zur Sache) Plat. σκοπεῖτε τὰ ὑμέτερ᾽ αὐτῶν πρὸς τὰ τῶν ἄλλων ἀνθρώπων Demosth. πρὸς τὴν ἀξίαν ἑκάσῳ διδόναι Xen. πρὸς τί; wozu? ταχθῆναι πρός τι, φρονῶ τὰ πρὸς σέ etc. — Aehnlich wie παρά (c. acc. n. 3.) dient es zu vergleichenden Nebeneinanderstellungen z. B. Mem. 1, 3, 4 Σωκράτης πάντα τἀνθρώπινα ὑπερεώρα πρὸς τὴν παρὰ τῶν θεῶν ξυμβουλίαν. 3, 5, 4 τεταπείνωται ἡ τῶν Ἀθηναίων δόξα πρὸς τοὺς Βοιωτούς, ἐπῆρται δὲ τὸ τῶν Θηβαίων φρόνημα πρὸς τοὺς Ἀθηναίους. Dem. p. 185 ἐν ταύτῃ τῇ πόλει χρήματ᾽ ἔνεσιν πρὸς ἁπάσας τὰς ἄλλας πόλεις. Lept. p. 466 πρὸς ἅπαντα τὸν ἐκ τῶν ἄλλων ἐμπορίων ἀφικνούμενον, ὁ ἐκ τοῦ Πόντου σῖτος εἰσπλέων ἐστίν (das Getreide aus dem Pontus wiegt das andre auf). — Ungenau wird es durch mit, bei, übersetzt in: συμμαχίαν ποιεῖσθαι πρός τινα, ἐννοῶ πρὸς ἐμαυτόν. — Einzeln merke man πρὸς βίαν auf gewaltthätige Weise, per vim, verschieden von βίᾳ s. §. 133 A. 12., πρὸς χάριν, πρὸς καιρόν, πρὸς οὐδὲν δίκαιον (unrechtmäßig), πρὸς τὸ καρτερόν u. a.

ΥΠΟ c. gen. heißt in räumlicher Beziehung nicht nur unter, wie τὰ μετέωρα καὶ τὰ ὑπὸ γῆς Pl. Apol. in., sondern auch von unten herbor, wie αὖτις ἀναστήσονται ὑπὸ ζόφου ἠερόεντος Jl. φ, 56., zu welcher Bedeutung auch gehört das λύειν ἡμιόνους ὑπ᾽ ἀπήνης Od. η, 5. und βοῦν λαβεῖν ὑπὸ ἁμάξης (vom Wagen) An. 6, 2, 25. Hauptsächlich aber wird ὑπό gebraucht 1) bei passiven und neutralen Verbis (welche letztere dadurch zu Passiven werden), wenn eine Person, oder lebende Wesen oder auch persönlich gedachte Gegenstände als Urheber eines leidenden Zustandes genannt werden; z. B. τὰ ὑπὸ Κύρου πραχθέντα, ἵππος ὑπὸ τοῦ χαλινοῦ (gew. bloß χαλινῷ) πεισθείς, ἀπώλοντο ὑπὸ πολεμίων καὶ χιόνος, ὑπὸ λιμοῦ (und λιμῷ) Xen. τὰ πράγματα συνίσταται ὑπ᾽ εὐ-

---

*) Daraus ist der dichterische Gebrauch zu erklären, wenn es heißt: im Auftrag, auf Geheiß (jemandes etwas thun): καί κεν ἐν Ἄργει ἐοῦσα πρὸς ἄλλης ἱστὸν ὑφαίνοις Jl. ζ, 456. ἄκουσα πρὸς τοῦ θηρὸς (Centaur) ποιῶ τάδε Soph. Trach. 935.∤

**) Eigentlich nach einer Seite hin, welcher Begriff gerade in παρά c. acc. der seltnere ist; dagegen ἐπί c. acc. nach einem Punkte hin. In κατά und περί c. acc. tritt der Begriff der Bewegung mehr zurück.

νοίας Dem. Ol. p. 20. πῶς ὑμῖν ὑπὸ τῶν χρηςῶν τούτων (ironiſch) τὰ πράγματα ἔχει; ib. 35 (ſ. eine Anzahl ſolcher paſſiviſch gebrauchten neutralen Verbalbegriffe §. 134, 2); auch nach Verbalſubſt.: ἡ ὑπ' Εὐαγόρου βασιλεία, ἡ ὑπ' ὀλίγων δυναςεία Isocr. Plat. — 2) bei Verbis, die eine Thätigkeit bezeichnen, wenn Sachen oder abſtrakte Begriffe die bewegende Urſache der Handlung ſind, lat. prae, deutſch durch, vor, aus, über z. B. δακρύειν ὑπὸ λύπης, οὐ σιγᾶν ὑπὸ τῆς ἡδονῆς, καταδύεσθαι (verſinken) ὑπὸ αἰσχύνης, ὑπ' ἀπειρίας ἁμαρτεῖν, ὑπὸ θήρας (aus Jagd= liebe), ἐπιλαθέσθαι τι ὑπό τινος (über), ὑπὸ πλήθους τῶν βελῶν ἔλι- πον τὰ σταυρώματα Xen. — Mehr dichteriſch iſt der Gebrauch, wenn eine Handlung nicht geradezu bewirkt wird, aber doch in unmittelbarer und inni= ger Berührung mit etwas anderm ſteht z. B. χορεύειν ὑπὸ φορμίγγων unter Harfenſpiel Hes., ὑπὸ λαμπάδων unter Fackelſchein Eur., ähnlich ὀρύσσειν ὑπὸ μαςίγων Herod., ὑπ' οἰωνῶν καλῶν, ὑπ' εὐκλείας θανεῖν Eurip.

— c. dat. heißt unter, ſowohl räumlich, als übertragen auf Zuſtände; κώμη ἐςὶν ὑπὸ τῷ ὄρει· ὑπὸ Λακεδαιμονίοις εἶναι oder γενέσθαι, τὴν πόλιν ὑφ' αὑτοῖς ποιήσασθαι Xen. Dichter brauchen ὑπό c. dat. für die meiſten Bedeutungen von ὑπό c. gen., alſo auch bei Paſſiven, doch mehr mit der Nebenbeziehung des lokalen Verhältnisbegriffes unter, oder des Unterworfenſeins, z. B. ὑπὸ Τρώεσσι, ὑπὸ δουρί, ὑπὸ χερσί τινος δαμῆ- ναι, ἵπποι ὁρμηθέντες ὑπὸ πληγῇσιν ἱμάσθλης Hom.

— c. acc. unter und zwar wieder auf beide Fragen, wo und wo= hin (vgl. παρά): ὑπὸ γῆν sub terra. ὁποῖοί τινες ἂν ὦσιν οἱ προςά- ται, τοιοῦτοι καὶ οἱ ὑπ' αὐτοὺς ὡς ἐπιτοπολὺ γίγνονται Cyr. 8, 8, 5. ἦγεν ὑπ' αὐτὰ τὰ τείχη Xen. Αἴγυπτος πάλιν ὑπὸ βασιλέα ἐγένετο Thuc. — Zeitlich entſpricht es dem lat. sub, wie ὑπὸ τὸν αὐτὸν χρό- νον Thuc. 5, 3. ὑπὸ τὴν κατάλυσιν τοῦ πολέμου Mem. 2, 8, 1. — Xen. Symp. 6, 3 wechſelt mit πρός: ἢ οὖν βούλεσθε, ὥσπερ Νικόςρατος τετρά- μετρα πρὸς τὸν αὐλὸν κατέλεγεν, οὕτω καὶ ὑπὸ τὸν αὐλὸν ὑμῖν διαλέ- γωμαι, jedoch mit einem kleinen Unterſchiede. — Einzeln ὑπ' αὐγὰς ἰδεῖν beim Lichte betrachten Plat.

Anm. 2. Ob eine zu mehren verbundenen oder korreſpondirenden Satzgliedern gehörende Präpoſition wiederholt oder nicht wiederholt wird, hängt vielfältig vom Wohlklang, der Deutlichkeit, der Willkür des Schreibenden ab, und es kann daher in dieſer Hinſicht nirgend, kaum bei ein und demſelben Schriftſt., von einer feſten Regel, ſondern höchſtens (wie mehr oder weniger auch im Lat. und Deutſchen) von einem überwiegenden Gebrauche die Rede ſein. Demnach ſteht im copulativen Verhältnis (ge- nau wie beim Artikel, §. 125, 10) die Präp. gewöhnlich nur einmal, beſ. bei eng zuſammengehörigen Begriffen, aber auch die Wiederholung iſt, ſofern die Selbſtſtändigkeit der Glieder gewahrt bleiben ſoll, keineswegs ausge= ſchloſſen. Z. B. ὑπό τε ἀνδρῶν καὶ γυναικῶν, ἐκ τοῦ δικαίου καὶ φανε- ροῦ, ἐν ὀφθαλμοῖς πᾶσι καὶ ὡσί· dagegen: κατὰ γῆν καὶ κατὰ θάλατ- ταν, κατὰ ἴλας καὶ κατὰ τάξεις Xen. Thuc., ἐκ δυοῖν τούτοιν τὸ πεί- θεσθαι μανθάνουσιν, ἔκ τε τοῦ κολάζεσθαι καὶ ἐκ τοῦ εὖ πάσχειν Xen. Oec. 13, 6.; bei adverſativen oder disjunktiven Konjunktionen herrſcht die Wiederholung vor: οὐκ ἐν ἄλλοις, ἀλλ' ἐν τῷ δήμῳ Xen. λυγξ ἢ ὑπὸ πλησμονῆς ἢ ὑπό τινος ἄλλου ἐπιπεπτωκυῖα Plat., aber auch nicht wie- derholt, z. B. ἐκ δεξιᾶς ἢ ἀριςερᾶς Xen., ſelbſt bei ſtarkem Gegenſatz, z. B. Thuc. 3, 44 περὶ τοῦ μέλλοντος μᾶλλον βουλεύεσθαι ἢ τοῦ παρόντος. 6, 78 οὐ περὶ τῆς ἐμῆς μᾶλλον πατρίδος, ἐν ἴσῳ δὲ καὶ τῆς ἑαυτοῦ μα- χεῖται. cf. 7, 47, 4; nach ἀλλά: Dem. 1, 5. (Dichter ſetzen die Präp. gern erſt zum zweiten Worte: ἢ ἁλὸς ἢ ἐπὶ γῆς Od. μ, 27. ποτὲ μὲν κακὸν ἄλλοτ' ἐπ' ἐσθλὸν ἕρπει Soph. Ant. 367. μαντεῖα σεμνὰ Λοξίου τ' ἐπ' ἐσχάρας Eur. Phoen. 284). — Bei Relativ- und anderen korrespondirenden Sätzen gilt zwar die Wiederholung als Regel (wie im Lat. und Deutschen), doch gibt es auch der gegentheiligen Fälle eine große Anzahl, z. B. Pl. Gorg. p. 453 ἐπὶ τῶν αὐτῶν τεχνῶν λέγομεν, ὧνπερ νῦν δή. X. Mem. 2, 1, 32 τιμῶμαι παρ᾽ ἀνθρώποις οἷς προσήκει. Eur. Hipp. 474 ἐς δὲ τὴν τύχην πεσοῦσ᾽, ὅσην σύ, πῶς ἂν ἐκνεῦσαι δοκεῖς; Aehnlich: Od. δ, 413 λέξεται ἐν μέσσῃσι, νομεὺς ὣς πώεσι μήλων. Im Dialog: Pl. Soph. p. 243 περὶ τοῦ μεγίστου νῦν σκεπτέον. τίνος δὴ λέγεις; Vgl. Bekk. hom. Bl. 208. Poppo zu Thuc. 7, 47. Schneid. zu Isocr. 9, 3.

Anm. 2a. Im Appositionsverhältniß findet beides ziemlich gleichmäßig statt: Lys. 6, 14 ἐν Ἀρείῳ πάγῳ, ἐν τῷ σεμνοτάτῳ δικαστηρίῳ. Thuc. 6, 82. Pl. Phaed. p. 68 ὑπὸ ταύτης τῆς ἐλπίδος, τῆς τοῦ ὄψεσθαί τι. Rep. p. 398 d ꝛc. Tritt aber der Apposition ein vergleichendes ὡς (oder ὥσπερ) hinzu, so steht bei vorangehendem Vergleichsatz die Präp. in der Regel nur einmal, bei nachfolgendem zweimal. Z. B. Pl. Rep. p. 545 ὡς πρὸς παῖδας ἡμᾶς παίζουσι. 414 δεῖ ὡς περὶ μητρὸς καὶ τροφοῦ τῆς χώρας βουλεύεσθαι. 520e. Timae. 79 ῥεῖ ὥσπερ δι᾽ αὐλῶνος τοῦ σώματος. Theaet. 170a. Thuc. 6, 50, 4. 4, 41, 2. 1, 84, 4 ꝛc. Pl. Rep. 328. δεῦρο παρ᾽ ἡμᾶς φοίτα, ὡς παρὰ φίλους Isocr. 16, 38. Gegentheilige Beispiele finden sich meist nur bei vorangehendem ὥσπερ: Rep. 553d. Phaed. 67d. 82e. 115b. X. Lac. 11, 6. Ar. Nub. 940 ꝛc. Vgl. hiezu Cob. VL. 164. Dorv. ad Char. p. 283.

Anm. 3. Getrennt werden die Präpos. von ihrem Subst. zu Anfange eines Satzes durch die kleinen Partikeln μέν, δέ, τέ, γέ, γάρ ꝛc. wie beim Artikel (§. 125, 9. §. 126 A. 1) z. B. ἐν μὲν τῇ χώρᾳ, μετα δὲ τοῦτο ꝛc. Gegentheilige Beispiele finden sich zwar schon bei Homer (Bekk. h. Bl. 286), auch in der att. Prosa, jedoch häufig erst bei Späteren; — ferner durch den vom folgenden Subst. abhängigen Genitiv; z. B. περὶ ἀρίστου ὥραν Xen. ἐς τῶν Σικελῶν τοὺς τὴν δίοδον ἔχοντας, ἐν οὗ τῷ ἱερῷ Thuc.: seltner und wenn keine Undeutlichkeit entsteht auch dann, wenn die Präp. gleichfalls den Gen. regiert, z. B. ὑπὸ Ζεφύροιο ἰωῆς, κατ᾽ Οὐλύμποιο καρήνων Hom. οὐκ ἀπὸ τῶν νόμων τῆς δεινότητος, ἀλλ᾽ ἀπὸ τῶν ἔργων τῆς ἐπιμελείας (wegen der Antithese) Thuc. 3, 46. cf. 6, 33. 7, 71, 3. 8, 85, 3. ἀφ᾽ ἑαυτοῦ γνώμης id. ἐκ θεῶν τινος Xen. διά μου κεφαλῆς Eurip. ὑπαὶ δεινοῖο θεοῦ τευχέων Hes. etc. — so wie auch durch einen zum regierten Worte gehörenden Adverbialkasus, z. B. πρὸς πολλῷ δυνατωτέρους, ἐκ πολλῷ ὑποδεεστέρων Thuc., auch bei gleichem Kasus: ἐν πολλῷ πλείονι αἰτίᾳ, πρὸς οὐδὲν χεῖρον (ebenso gut) αὐτοὺς ὑμᾶς εἰδότας id. 2, 43. — Anderweitige Trennungen, wie Pl. Rep. p. 564a. ἐξ, οἶμαι, τῆς ἀκροτάτης ἐλευθερίας. Dem. Lept. 3. Od. ε, 155 παρ᾽ οὐκ ἐθέλων ἐθελούσῃ. Pi. Py. 10, 83 ἐπ᾽ ἄλλοτ᾽ ἄλλον θύνει λόγον. Hom. πρὸ ὃ τοῦ ἐνόησεν gehören der freieren Wortstellung an. Vgl. hiezu §. 151 III, 1 und 6. §. 127 Anm. 6.

Anm. 3a. Die Negativa οὐδείς, οὐδέτερος, μηδείς ꝛc. werden, wenn sie von Präp. abhängen, gern durch dieselben getrennt: οὐδὲ παρ᾽ ἑνός, μηδὲ μεθ᾽ ἑτέρων, οὐδὲ καθ᾽ ἕν, μηδὲ πρὸς μίαν ἡδονήν (f. z. B. Cyr. 2, 3, 9. 10. 4, 1, 14. Thuc. 2, 67. 6, 44. 7, 42 und oft bei Plato), namentlich immer, wenn ein rhetorischer Nachdruck darauf ruht, in welchem Falle nach §. 70, 1 überhaupt die Trennung stattfindet (z. B. Dem. 8, 71. 21, 196. 25, 29. Lys. 16, 10. Isocr. 9, 52. Pl. Phaed. 100c ꝛc.). Doch findet auch die andere Ausdrucksweise statt (z. B. Dem. 25, 25. Hell. 2, 1, 25. Thuc. 1, 78. 2, 3. 73. 7, 87. Isocr. 12, 201 ꝛc.). S. die Note zu Dem. Mid. p. 552. Poppo zu Cyr. 2, 1, 21. Thuc. 2, 67, 4.

Anm. 4. Die im Lat. übliche Stellung der Präp. zwischen Adjektiv und Subst. (multis in rebus ꝛc.) findet sich bei Prosaikern nur ganz vereinzelt, wie παλαιῶν ἐκ μηνιμάτων, οὐδενὶ ξὺν νῷ Plat. τρόπων ἐξ οἵων Thuc., häufiger bei Homer (in Folge des anastrophischen Gebrauches der Präp., §. 117 A. 5) und den übrigen Dichtern.

Anm. 5. (8.) Wenn der zu einer Präp. gehörige Gegenstand nicht ausgedrückt ist, weil er aus dem Vorhergehenden wiederholt werden müßte, so machen die Sprachen alsdann gewöhnlich ein Adverb daraus (z. B. darin, daraus ꝛc.), oder wenn die Präposition selbst so gebraucht wird, so steht sie in diesem Falle adverbialisch. In der griech. Prosa geschieht dies indessen nur mit der Präposition πρός, aber auch bei dieser nur in Verbindung mit καί und δέ (s. Pape): καὶ πρὸς, πρὸς δέ und noch dazu, außerdem ꝛc., bei Joniern und den Späteren auch mit μετά und ἐπί: μετὰ δέ nachher aber ꝛc. Die Dichter können aber die meisten Präp. adverbial (oder mit ausgelassenem Verbalbegriff für das Kompositum selbst) gebrauchen, z. B. ἐκ δ' (daran) ἀργύρεον τελαμῶνα· σὺν δ' αὔτως ἐγώ· ἐν δὲ λιμὴν εὔορμος (dies auch bei Herob.); ὑπὸ δ' ἡμίονοι ἀδμῆτες· bes. παρά daneben. — Die Präp. περί bekommt bei den Epikern als Adverb die Bedeutung sehr*).

Anm. 6. (9.) Auf diese Art sind alle Zusammensetzungen mit Präpositionen entstanden, d. h. sie bestehn aus dem Stammworte mit einer adverbial gefaßten Präposition: διαβαίνω ich gehe hindurch u. d. g. §. 121, 2. In solchen Zusammensetzungen nehmen die Präp. oft alle die Abstufungen der Bedeutung an, die sie außer derselben haben. Im übrigen ist in dieser Beziehung noch folgendes zu merken:

ἀμφι- von zwei Seiten, s. ob. ἀμφί.

ἀνα- hinauf. Oft heißt aber ἀνα- und ἀπο- zurück, re- z. B. ἀναπλεῖν zurückschiffen, ἀποδοῦναι ꝛc.

ἀντι- gegen, wieder. Den Begriff der Aehnlichkeit (ὡς, s. ob. ἀντί) hat es z. B. in ἀντίθεος.

δια- drückt Gegenseitigkeit aus, z. B. διαλέγεσθαι, διάδειν; auch bekommt es den Begriff des lat. dis- auseinander, z. B. διασπᾶν aus einander ziehen, διαζευγνύναι disjungere, trennen.

---

*) Nach der Lehre der alten Gramm. (s. Lehrs. qu. epp. p. 97. Göttl. Acc. p. 380. Schol. Jl. α, 258. δ, 46) soll περί in dieser intensiven Bedeutung (= περισσῶς) nicht anastrophirt werden. Demnach wird in den neuern Ausgaben jetzt vielfältig, wo sonst πέρι betont wurde, wieder περί geschrieben; und zwar geschieht dies 1) wenn es in Verbindung zu bringen ist mit einem nachfolgenden Verbo (also in tmesi steht), da περί nach A. 6. auch in der Kompos. die accrescirende Bedeutung hat, z. B. Jl. ρ, 666 περὶ γὰρ δίε, μή ꝛc. (vgl. ν, 52 περιδείδια); 2) wenn es sich mit einem nachfolgenden Genitiv verbinden läßt, also als Präp. nach S. 495 in der Bed. von ὑπέρ steht (vgl. ἀπό §. 117 A. 3), z. B. Jl. η, 289 περὶ δ' ἔγχει Ἀχαιῶν φέρτατός ἐσσι (vgl. ν, 631. 374. ρ, 279. Od. ρ, 388 etc.); 3) wo es als Präp. in der gewöhnlichen Bed. mit einem nachf. Dativ sich verbindet, sei es daß man den Dativ unmittelbar von περί, oder von dem damit komponirten Verbo abhängen läßt, z. B. περὶ κῆρι, περὶ φρεσίν, περὶ σθένεϊ βλεμεαίνων ꝛc. Nur wo es absolut steht, also keine Verbindung mit irgend einem Kasus oder Verbum stattfindet, wird πέρι betont, z. B. Jl. ι, 53 πέρι μὲν πολέμῳ ἐνὶ καρτερός ἐσσι (vgl. ι, 100. Od. γ, 95. δ, 325 ꝛc.). S. ferner Od. δ, 202. 3. ρ, 388. 9. wo beide Accente vereinigt sind. Indessen herrscht in dieser Hinsicht unter den neu. Ausg. noch wenig Uebereinstimmung, nicht einmal in ein und derselben Recension. Man vgl. z. B. in der Bekk. Ausg. Jl. ρ, 279 mit Od. λ, 550 (bei demselben Verse), Jl. ϑ, 44 mit Jl. λ, 727 (bei demselben Verbo), Od. ϑ, 63 mit Jl. ϑ, 161. Od. ϑ, 281 mit Jl. σ, 549. Od. β, 88 mit γ, 244 etc. Vgl. auch Nitzsch zu Od. ε, 36.

ἐν- steht häufig auf die Frage wohin, z. B. *ἐγχεῖν* eingießen. *κατα-* hat am gewöhnlichsten den Begriff der Vollendung, z. B. *καταπράττειν* perficere, vollführen; *καταςρέφειν* herumdrehen; *καταπιμπράναι* verbrennen. — Hieraus entsteht der Begriff des zu Grunde richten, z. B. *κατακυβεύειν τὴν οὐσίαν* sein Vermögen verspielen. — In beiden entspricht es dem lat. per- und dem deutschen ver-.

μετα- bekommt den Begriff der Versetzung, Veränderung, (lat. trans-) z. B. *μεταβάλλειν* verändern, *μεταβιβάζειν* an einen andern Ort bringen, *μετανοεῖν* seine Meinung ändern.

παρα- zieht aus dem Begriff praeter in einigen Compositis den des Verfehlen, etwas falsch machen, z. B. *παραβαίνειν τοὺς νόμους* die Gesetze (absichtlich) verfehlen, d. h. übertreten, *παρορᾶν* etwas nicht recht sehn, oder übersehn, *παράσπονδος* der den Vertrag gebrochen.

περι- drückt oft Vergrößerung aus (s. d. Note) z. B. *περικαλλής* ꝛc.

ὑπερ- das Uebertriebene, *ὑπερμέγας* sehr, zu groß, *ὑπεραλγεῖν* sich übermäßig betrüben, *ὑπέρευ* sehr gut (Plat. Xen. Dem.).

ὑπο- heißt in vielen Zusammensetzungen etwas, oder wie subheimlich, allmählich, z. B. *ὑπόδασυς* etwas rauh, *ὑποσπᾶν* subtrahere.

Anm. 7. (10.) Eben weil die Präpositionen in der Zusammensetzung eigentlich als Adverbien zu fassen sind (und bei Homer dem größten Theile nach noch wirklich so gefaßt werden müssen), können die Dichter die Präpositionen durch andre Wörter von ihrem Verbo trennen, was man

Tmesis

(von *τέμνω* schneiden) nennt; z. B. *διά τε ῥήξασθαι ἐπάλξεις* für *καὶ διαρρήξασθαι*. Homer besonders kann die Präposition so ganz vom Verbo absondern oder auch nachfolgen lassen, daß dadurch die Präposition zuweilen vor einen Kasus zu stehn kommt, der nicht von ihr abhängt, z. B. *πόλεμον περὶ τόνδε φυγόντες* für *περιφυγόντες τόνδε τὸν πόλεμον· ἐκ θυμὸν ἑλέσθαι* für *ἐξελέσθαι θυμόν· κατὰ βοῦς Ὑπερίονος Ἠελίοιο ἤσθιον· ἐνάριζον ἀπ' ἔντεα· ἔχη κάτα δῆμον* u. d. g. — Auch der ionischen Prosa ist diese Art die Präp. vom Verbo zu trennen nicht fremd, bes. durch *ὤν* (st. *οὖν*): Her. 2, 39 *ἀπ' ὤν ἔδοντο* für *ἀπέδοντο οὖν*; ebenso durch *μέν* und *δέ*, womit Herodot überdies noch den der hom. Sprache (s. Jl. σ, 483. ι, 208. Od. ϑ, 70 und vgl. S. 317 N.) entlehnten Gebrauch verbindet, bei der sog. Anaphora (§. 149 n. 12) statt eines zusammengesetzten Verbi bloß die Präp. zu wiederholen: 3, 126 *ὁ δὲ κατὰ μὲν ἔκτεινε Μιτροβάτεα, κατὰ δὲ τὸν Μιτροβάτεω παῖδα.* 9, 5. — Bei den Tragikern findet die Tmesis gewöhnlich in der Art statt, daß kleine Wörtchen zwischen Präp. und Verbum sich gleichsam hineindrängen, z. B. *ἐκ δ' ἔπνευσε, κατὰ δ' ἔκτεινας, διά μ' ἔφθειρας, διά τ' εὐνάσαι* (Eur. Phoen. 876. Hipp. 1373 ꝛc.), obwohl es auch an Beispielen von Trennungen durch mehre oder bedeutendere Worte nicht fehlt, bes. in lyrischen Stellen. S. das Verz. derselben in Mehlh. Gramm. §. 79. Krüger Gr. II. p. 327. — Ein Beispiel mit nachfolgender Präp. Hec. 502 *ἥκω Ἀγαμέμνονος πέμψαντος, ὦ γύναι, μέτα.* — In der attischen Prosa mag man hiezu rechnen die Einschaltung des einschränkenden *τι* (einigermaßen) nach *ὑπό* (ein wenig, s. Anm. 6) z. B. *ὑπό τι ἀσεβές* etwas gottlos, *ὑπό τι ἄτοπον* ꝛc.

Anm. 8. (11.) Aber auch in der gewöhnlichen Prosa sind einige Präpositionen in Compositis doch als getrennt zu fassen. So ganz besonders *πρός* und *σύν*. Jedes Verbum nehmlich, es sei selbst schon zusammengesetzt oder nicht, konnte der Grieche immer noch hauptsächlich mit einer von diesen beiden komponiren, um anzuzeigen, daß die Sache noch außerdem, noch dazu (*πρός*), oder daß sie in Verbindung mit jemand anderm (*σύν τινι*) geschah; z. B. *συςρατεύομαί σοι* ich ziehe mit dir zu Felde, *συν-*

ἐξαιρεῖ αὐτοῖς Σελλασίαν hilft ihnen S. erobern Hell. 7, 4, 12., τάδε προσ-
διανοητέον dieß iſt noch dazu zu überlegen Plat. legg. 740., χάριν προσει-
δέναι noch obenbrein Dank wiſſen Apol. p. 20. Ar. Vesp. 1420., προσδια-
βάλλειν Plut. ꝛc. Ja Thucyb. (3, 13) ſagt: μὴ ξὺν κακῶς ποιεῖν αὐτοὺς
ἀλλὰ ξυνελευθεροῦν, Plato (Gorg. p. 520) ἀντ᾽ εὖ πείσεται, Demoſth.
(8, 65. 20, 64) σὺν εὖ πεπονθώς, ἀντ᾽ εὖ πεποίηκε, welche Wörter eigentlich alle in Eins geſchrieben werden müßten, ſ. §. 121 A. 1. Auch andere Präp.
findet man ſo gebraucht, namentlich ἐν: z. B. ἐμμελετᾶν, ἐγγυμνάζε-
σθαι, woran üben Pl. Phaedr. 5. Aesch. Ctes. p. 75 ὁ Φειδίας εἰργάσατο
τὴν Ἀθηνᾶν ἐνεργολαβεῖν καὶ ἐνεπιορκεῖν Δημοσθένει damit Dem. an
ihr ſein Verbienſt habe, und an ihr den Meineib übe. Thuc. 2, 44 τούτοις ἐνευδαιμονῆσαί τε ὁ βίος ὁμοίως καὶ ἐντελευτῆσαι ξυνεμετρήθη-
cf. id. 3, 104, 2. Her. 9, 7 πεδίον ἐπιτηδεώτατον ἐμμαχέσασθαι. So heißt
ἀποπολεμεῖν in Beziehung auf die Erwähnung eines Pferdes bei Plato
(Phaedr. p. 260b.) davon herab (d. h. darauf ſitzend) fechten, ἀποζῆν
davon leben (ſ. §. 139 n. 57). Ferner προαναρπάζειν Dem. Mid. p. 555,
προοφείλειν, προαδικεῖν Dem. Aeschin. ꝛc.

Anm. 9. (12.) Nicht allein in dieſen eben erwähnten Kompoſitionen, ſondern auch in andern, regiert die Präpoſition ihren Kaſus öfters
noch in der Zuſammenſetzung; beſonders thun dies die mit den Präp.,
welche den Genitiv und Dativ regieren, zuſammengeſetzten Verba
(vgl. §. 132, 4 und Anm. 25. §. 133, 2), weil eben badurch den Verbis eine
jener Beziehungen (z. B. der Trennung, der Näherung) mitgetheilt wird,
die durch jene Kaſus ausgebrückt werden. Alſo ſagt man z. B. ἐνεῖναί τινι
in etwas ſein, ἀφεσάναι τινός von etwas entfernt ſein, ἀπεπήδησαν Σωκράτους ſie ſprangen vom Sokrates ab, προτιμᾶν τινος, συντυγχάνειν τινί,
und ſo auch oft bei Homer: ἔκδεον ἡμιόνων ſie banden (das Holz) ſo, daß
es von den Maulthieren herabhing (Jl. ψ, 121. cf. χ, 398), ἀποέργαθε λαοῦ
(φ, 599), vermöge der zu ſeiner Zeit noch vorherrſchenden loſen Zuſammenſetzung der Verba, ſ. Anm. 6 und 7. Wenn hingegen Kompoſita mit εἰς,
ἀνά, πρός ꝛc. den Akkuſativ bei ſich haben, ſo hat man den Akk. als das
Objekt des durch die Kompoſition zu einem beſondern tranſitiven Begriff
umgewandelten Verbi zu betrachten. S. §. 133 A. 11a.

Anm. 10. Zuſammengeſetzte oder gehäufte Präp. (vgl. §. 146,
4 u. Anm. 4) ſind nicht ſelten, ſowohl für ſich als in Kompoſitis, wie
ἀμφὶ περί, ὑπέκ, διέκ, παρέκ, προπροκυλινδόμενος, ὑπεκπροθέων, ἀμ-
φιπεριςρέφεται ꝛc. In Proſa gehört hieher die Redensart ὅσον ἀπὸ βοῆς
ἕνεκα (nur um Lärm zu machen) Hell. 2, 4, 31. Thuc. 8, 92. Vgl. die Note
zu Soph. Phil. 554. Ast. ad Pl. legg. p. 701. und §. 151 VI, 2.

§. 148. Von den Verneinungswörtern. (135)

1. Die Griechen haben zwei einfache Verneinungen, οὐκ und
μή, womit ſie die beſtimmteren Verneinungen (οὐδέ, οὐδείς, μηδέ ꝛc.)
zuſammenſetzen. Alle dieſe Zuſammenſetzungen ſtehen jedoch genau
in demſelben ſyntaktiſchen Verhältnis wie die einfachen, womit ſie
componirt ſind. Alles alſo, was hier von οὐ wird geſagt werden,
gilt zugleich mit für οὐδέ, οὐδείς, οὐδαμῶς ꝛc.; und eben ſo verhält es ſich mit μή, μηδείς ꝛc.

2. Zwiſchen οὐκ und μή und den beiderſeitigen Compoſitis
iſt aber ein durchgängiger Unterſchied des Gebrauchs, wozu hier zunächſt die Grundlagen gegeben werden ſollen.

a. *Oὐκ* ist die gerade oder direkte Verneinung, welche die verneinende Aussage oder das verneinende Urtheil unabhängig (objektiv) ausspricht; z. B. *oὐκ ἐθέλω, oὐ φιλῶ* ich will nicht, ich liebe nicht, *oὐκ ἀγαθόν ἐςιν, oὐδεὶς παρῆν* ꝛc. Man kann niemals einen solchen geraden oder unabhängigen Satz mit *μή, μηδεὶς* verneinen. — Dabei versteht es sich von selbst, daß direkte Fragesätze, ferner das Aussageverhältnis der histor. Tempora mit *ἄν* (§. 139), so wie Sätze die in der milderen Behauptungsform, d. h. im Opt. mit *ἄν* (§. 139) vorgetragen werden, als unabhängige Aussage-Sätze durch *oὐ* verneint werden, z. B. *τί γὰρ oὐ πάρεςι; oὐκ ἂν βουλοίμην· τίς γὰρ oὐκ ἂν οἴοιτο· oὐκ ἂν ἦλθες* etc.

Mή hingegen ist durchaus nur abhängige Verneinung. Aber nicht alle abhängigen Sätze sind der Art, daß in ihnen auch die abhängige Verneinung stattfinden müßte, sondern nur diejenigen, welche die Verneinung nicht als eine Thatsache, sondern als etwas von der Voraussetzung irgend eines Subjektes abhängiges (also subjektiv) darstellen. Es kommt mithin jedesmal auf die Natur des Nebensatzes an, um zu entscheiden ob darin die gerade oder die abhängige Negation eintreten soll.

b. Indessen läßt sich in Betreff der Nebensätze zunächst soviel mit Sicherheit bestimmen, daß der Regel nach wenigstens *μή* steht: 1) in den hypothetischen Sätzen, also nach *εἰ* (selbst wenn es den Indik. regiert), *ἐάν, ἢν* *); 2) in den Relativ- und tem-

---

*) Es gibt eine nicht geringe Anzahl von Stellen bei Dichtern wie Prosaikern, in denen *εἰ* mit *oὐ* konstruirt ist. Wir bringen dieselben unter folgende Rubriken. Es findet sich nehmlich, jedoch keineswegs ausschließlich, *oὐ* nach *εἰ*, wenn es mit dem Indik. (auch wol Opt. mit *ἄν*) konstruirt wird: 1) wenn der Bedingungssatz notorische Thatsachen enthält, *εἰ* mithin fast gleich ist einem kausalen da, weil; 2) wenn dem positiven Bedingungssatz bloß ein negirtes Prädikat, oder ein andres negirtes Wort beigegeben ist (auch *μή*); 3) bei markirtem Gegensatz, indem entweder a) der positive Gegensatz mit *ἀλλά, δέ* ꝛc. die zweite Stelle einnimmt; oder b) der negative Gegensatz mit *καὶ oὐ* oder mit *εἰ δ' oὐ* nachfolgt (in letzterm Falle ebenso oft auch *μή*); oder wenn c) die unten §. 149 n. 11 b. behandelte rhetorische Gegenüberstellung mit *μέν* und *δέ* stattfindet, in welcher immer erst die zweite mit *δέ* eingeleitete Hälfte den eigentlichen (positiven oder negativen) Hauptgedanken, die erste mit *μέν* aber nur den um des Kontrastes willen vorausgeschickten (negat. oder posit.) Gegensatz enthält (im zweiten Gliede auch *μή*). Bei Vergleichung der Stellen zu 1. und 3. wird man finden, daß überall mit *oὐ* die Negation scharf betont wird, indem es beispielsweise einen Unterschied macht ob ich sage: wenn du dies nicht thust (nur *μή*, z. B. Cyr. 8, 5, 14) oder: wenn du dies aber nicht thust (gewöhnlich *oὐ*, z. B. Her. 6, 9). Vgl. hiezu unten g nebst Anm. 1 und 2.

Beisp. zu 1) S. Aj. 1131 *εἰ τοὺς θανόντας oὐκ ἐᾷς θάπτειν παρών* (mit Bezug auf B. 1047.) Andoc. p. 5 *εἰ δὲ oὐδὲν ἡμάρτηταί μοι, καὶ τοῦτο ὑμῖν ἀποδείκνυμι σαφῶς, δέομαι ὑμῶν αὐτὸ φανερὸν τοῖς Ἕλλησι πᾶσι ποιῆσαι.* Eur. Med. 87 *εἰ τούσδε* (seine Kinder) *γ' εὐνῆς oὕνεκ' oὐ ςέργει πατήρ.* Dem. 17, 17. 22, 24. 23, 76 ꝛc. — zu 2) Jl. δ, 55 *εἴ περ γὰρ φθονέω τε καὶ oὐκ εἰῶ διαπέρσαι, oὐκ ἀνύω φθονέουσα.* Thuc. 3, 55 *εἰ ἀποςτῆναι Ἀθηναίων oὐκ ἠθελήσαμεν, oὐκ ἠδικοῦμεν.* Lys. 13, 62 *εἰ μὲν oὐ πολλοὶ* (wenige) *ἦσαν, καθ' ἕκαςον ἂν περὶ αὐτῶν ἠκούετε.* Eur. Ion. 347. 388. Thuc. 6, 89, 3. X. Ages. in. (Opt. mit *ἄν*). Dem. 23, 80. Isocr. 12, 206 (mit *μή*: Soph. Aj. 1108 ꝛc.). — zu 3, a) Jl. o, 162 *εἰ δέ μοι oὐκ ἐπέεσσ' ἐπιπείσεται ἀλλ' ἀλογήσει, φραξέσθω* ꝛc. Dem. 15, 24 *εἰ δὲ τὸν μὲν ὡς φαῦλον oὐκ ἀμυνούμεθα, τῷ δὲ ὡς φοβερῷ ὑπείξομεν, πρὸς τίνας παραταξόμεθα;* cf. 20, 24. — zu 3, b) Her. 6, 9 *εἰ δὲ ταῦτα*

poralen Nebensätzen, sofern sie eine Bedingung oder Voraussetzung enthalten, also nach ὅς ἄν, ὅταν, ἐπειδάν, ἕως ἄν, πρὶν ἄν 2c., so wie nach ὅς, ὅστις, ὅσος, οἷος, ὅτε, ὁπότε, ἕως, πρίν 2c. wenn sie in demselben Falle sind; 3) in den Finalsätzen durchaus, 4) in den Folgerungssätzen (nach ὥσε, οἷος §. 139) wenn sie eine beabsichtigte Folge ausdrücken, also mit dem Infin. konstruirt werden (vgl. d); dagegen ου steht: 1) in Kausalsätzen, selbst wenn sie im Optativ stehen, weil diese sich immer auf (wirkliche oder präsumirte, s. §. 139 n. 43) Thatsachen berufen, also nach ἐπεί, ἐπειδή, ὅτι, διότι (weil); 2) in den Relativ- und temporalen Nebensätzen sofern sie in demselben Falle sind, also wiederum nach ὅς, ἐπεί, ἐπειδή 2c.; 3) aus demselben Grunde in Folgerungssätzen nach ὥσε, wenn es mit dem verbo finito (§. 139) konstruirt wird; 4) in den Aussagesätzen mit ὅτι, ὡς, auch bei folg. Opt. *); und 5) in den indirekten Fragesätzen, wenn sie die Form der direkten haben, sonst gewöhnlich μή.

Beisp. 1) mit μή: Xenoph. An. 4, 8, 4 εἰ μή τι κωλύει, ἐθέλω αὐτοῖς διαλεχθῆναι. Oec. 4, 8 βασιλεὺς, ὁπόσην τῆς χώρας μὴ αὐτὸς ἐφορᾷ, πέμπων πιστοὺς ἐπισκοπεῖται. Thuc. 7, 85, 2. Cyr. 1, 6, 19 τοῦ λέγειν, ἃ μὴ σαφῶς τις εἰδείη, φείδεσθαι δεῖ. Mem. 3, 5, 6 (οἱ ἐν ταῖς ναυσὶν) ὅταν μηδὲν φοβῶνται, μεστοί εἰσιν ἀταξίας. Cyr. 7, 5, 70 ἐπιμελητέον ὅπως μὴ ἀνήσουσι τὴν τῆς ἀρετῆς ἄσκησιν. An. 3, 4, 21 οἱ λοχαγοὶ ὑπέμενον ὕστεροι, ὥσε μὴ ἐνοχλεῖν τοῖς κέρασιν.

2) mit οὐ: Hell. 7, 1, 34 οἱ Θηβαῖοι ἔλεγον, ὅτι (daß) μόνοι τῶν Ἑλλήνων οὐδεπώποτε στρατεύσαιντο ἐπὶ βασιλέα, καὶ ὡς Λακεδαιμόνιοι διὰ τοῦτο πολεμήσειαν αὐτοῖς, ὅτι (weil) οὐκ ἐθελήσαιεν ἐλθεῖν ἐπ᾽ αὐτόν. Cyr. 6, 1, 28 οὗτοί εἰσιν, οἳ οὐδ᾽ ὁτιοῦν τοὺς πολεμίους βλάπτουσιν. 1, 4, 5 ταχὺ δὲ τὰ θηρία ἀνηλώκει· ὥσε ὁ Ἀσυάγης οὐκέτ᾽ εἶχεν αὐτῷ συλλέγειν θηρία. Plat. rep. p. 394 μαντεύομαι σκοπεῖσθαί σε, εἴτε παραδεξόμεθα τὴν κωμῳδίαν εἰς τὴν πόλιν, εἴτε καὶ οὔ. Aesch. 1, 135 ἐπερωτᾷ, εἰ οὐκ αἰσχύνομαι ὀχληρὸς ὤν. Pl. Prot. 341a. Dagegen μή Aesch. 1, 118. Pl. Meno. p. 87b. (wo beide Negationen).

c. Analog dem Fall, daß gewisse Nebensätze durch οὐκ verneint werden, gibt es umgekehrt auch Hauptsätze, deren Beschaffenheit die abhängige Negation μή verlangt. Dies sind nehmlich alle Sätze, welche Wunsch, Bitte, Verbot enthalten, weil diese nach der §. 139 Anm. 1 ge-

μὲν (das vorher gesagte) οὐ ποιήσουσι. 7, 16, 3. Isae. 12, 5 εἰ οὗτος ἐξ ἄλλου τινὸς ἀνδρὸς ἦν καὶ οὐκ ἐκ τοῦ ἡμετέρου πατρός. Dem. 47, 63 εἰ (τὰ σκεύη) ἐν τῷ πύργῳ ἦν καὶ οὐκ ἔτυχεν ἔξω ὄντα. cf. 22, 18 (εἰ μὲν προσήκει —, εἰ δ᾽ οὐκ ἔξεστι), 54, 29. Jl. ω, 295. Od. μ, 382. β, 274. (dagegen εἰ δὲ μή: Pl. Meno. p. 87 d. Dem. 10, 41. 22, 69. Isocr. 14, 58. und immer in der elliptischen Formel εἰ δὲ μή §. 151). — zu 3, c) Her. 7, 9 δεινὸν ἄν εἴη εἰ Σάκας μὲν — δούλους ἔχομεν, Ἕλληνας δὲ ὑπάρξαντας ἀδικίης οὐ τιμωρησόμεθα. Dem. 22, 41 ἀδικεῖ εἰ τοῦτο μὲν οὐκ ἐποίει, νῦν δὲ λέγειν τολμᾷ ὡς δεῖ cet. Pl. Men. p. 91 d (Opt. mit ἄν). And. Myst. p. 13. Thuc. 1, 121. Dem. 8, 55. Lys. 20, 19. Aesch. Ctes. 242 (selbst beim Opt.: id. f. leg. 157. Isae. 6, 2). Ein Beisp. mit μή im 2ten Gliede s. §. 149 n. 11. Andre Beisp. bei Aken, Tempus- und Moduslehre p. 88 ff. Wegen des Sprachgebr. bei Spätern vgl. NT. Gramm. §. 148, 2—4.

*) Dagegen εἰ, wenn es scheinbar für ὅτι steht nach θαυμάζειν u. ä. (§. 139), erfordert μή; s. z. B. Thuc. 4, 85 θαυμάζω, εἰ μὴ ἀσμένοις ὑμῖν ἀφῖγμαι. ib. δυσχερὲς ποιούμενοι, εἰ μὴ ἐδέξασθε. 6, 60. 7, 42, 2. Pl. Phaed. p. 62a. Xen. Hell. 2, 3, 53. Dem. Ol. 2, 25. Phil. 1, 43. 56, 22. Isocr. 19, 26. id. Epist. 7, 12. 9, 8 2c. Die Fälle, wo aus andern Gründen οὐ steht (z. B. Dem. Ol. 2, 24), sind in der vorigen Note behandelt.

gebenen Deduktion sämtlich auf die Form des abhängigen Satzes zurückzuführen sind. Das griechische μή entspricht dann völlig dem lat. ne, z. B.
μὴ γένοιτο das geschehe nicht, μὴ κάμῃς ꝛc. S. noch Abschn. 3.

d. Schwieriger ist die Bestimmung der Negation beim Infinitiv und
Particip, da sie beider Arten der Regirung fähig sind. Was zunächst den
Infinitiv betrifft, so merke man für den ersten Unterricht folgendes. Da
der Inf. nur in der Abhängigkeit von andern Worten erscheint, so wird
er am natürlichsten durch μή negirt; namentlich geschieht dies durchaus bei
dem durch den Artikel eingeführten Infin., und zwar nicht nur, wenn der
Satz eine Annahme oder Voraussetzung oder allgemeine Sentenz, sondern
auch wenn er eine bestimmte Thatsache enthält; nach den Konjunktionen,
wie πρίν, ἢ μήν, ὥτε (s. b.); ferner nach den Prädikatsbegriffen, in denen
eine Willensthätigkeit liegt (wie verhindern, versprechen, bewirken, befehlen ꝛc.), so wie nach allen solchen Prädikaten wie δέομαι, ἔξεστι, δίκαιον,
καλόν, ἄλογόν ἐστι ꝛc., d. h. so oft der ganze Ausdruck sich auf einen einfachen Gedanken zurückführen läßt, dessen Regirung μή verlangt, wie dies
nach jenen Prädikaten der Fall ist. — Dagegen steht οὐκ in der Konstr.
des acc. c. inf. nach den Verbis dicendi ꝛc. oder in der orat. obliqua (wie
nach ὅτι, ὡς), weil eben dieser Vortrag eine Aussage enthält und sich
nur in der äußeren Form von dem grade ausgesprochnen Urtheil unterscheidet, nicht aber nach demselben Prädikaten, wenn sie eine Willensthätigkeit in
sich schließen (s. §. 141 Anm. 4 a).

Beisp. τὸ μὴ τιμᾶν γέροντας ἀνόσιόν ἐστι. — τὸ γηρᾶν καὶ τὸ
μὴ γηρᾶν καλόν. — τὸ μὴ πεισθῆναί μοι αἴτιόν σοι τῶν κακῶν. —
Hell. 2, 4, 1 οἱ τριάκοντα προεῖπον (d. i. ἐκέλευσαν) τοῖς ἔξω μὴ εἰσιέναι
εἰς τὸ ἄςυ. Pl. Gorg. p. 486 τὸν τοιοῦτον ἔξεστι τύπτοντα μὴ διδόναι
δίκην. Hell. 3, 4, 1 οὐδὲν ἔφη εἰδέναι. Cyr. 3, 1, 16 δοκεῖ μοι οὕτως
ἔχειν· ἄνευ σωφροσύνης οὐδ᾽ ἄλλης ἀρετῆς οὐδὲν ὄφελος εἶναι.

e. (f.) Die Participia, gleichviel ob mit oder ohne Artikel, werden, sofern sie eine Abkürzung solcher Nebensätze sind, die nach der obigen
Darstellung (b) μή verlangen, oder wenn der Hauptsatz schon diese Negation erheischt, gleichfalls durch μή negirt; im andern Falle durch οὐ.
Also würde z. B. ἥδιον ἂν ἐχρώμην τῷ Ἀλκιβιάδῃ μηδὲν κεκτημένῳ
heißen: „wenn er nichts besäße"; aber οὐδὲν κεκτημένῳ „der oder da
er nichts hat. So sagt Xenophon (An. 4, 4, 15) von einem wahrhaftigen
Manne, er habe stets vorgetragen τὰ μὴ ὄντα ὡς οὐκ ὄντα. Hier ist τὰ
μὴ ὄντα die Abkürzung des abhängigen Satzes ἅτινα μὴ ἦν was nicht
war; aber οὐκ ὄντα ist Particip der graden Negation οὐκ ἔστι.

Beisp. Plat. legg. p. 795 διαφέρει πολὺ μαθὼν μὴ μαθόντος καὶ
ὁ γυμνασάμενος τοῦ μὴ γυμνασαμένου. Cyr. 3, 1, 37 ἀπάγου τὴν γυναῖκα καὶ τοὺς παῖδας, μηδὲν αὐτῶν καταθείς. cf. 1, 6, 11. 3, 1, 27
ἕξεις ἡμᾶς οὐδέν τι τούτοις μέγα λυπουμένους. Pl. legg. p. 858 τοῦτο
ποιῶ νῦν οὐκέτ᾽ ἐξὸν ἐς αὔριον. Apol. p. 22 σύνοιδα ἐμαυτῷ οὐδὲν
ἐπισταμένῳ. — Daß die mit ὡς eingeführten Part. beide Negationen
zulassen, ersehe man aus den Beisp. §. 144 A. 14. 145 A. 7. Die durch
καίπερ eingeführten Part. verlangen, da ihnen stets eine wirkliche oder wenigstens nachdrücklich behauptete Thatsache (vgl. g) zu Grunde liegt, οὐ, z. B.
Eur. Alc. 352 δόξω γυναῖκα, καίπερ οὐκ ἔχων, ἔχειν. 936. 1096. S. Phil.
377. Aeschin. 1, 167.

f. Endlich haben auch alle diejenigen kürzern Redensarten, welche sich
auf eine jener abhängigen Konstruktionen die μή verlangen zurückführen
lassen, ebenfalls durchaus μή bei sich; so namentlich die Adjektiva mit
und ohne Artikel als eine Abkürzung des Relativs mit dem Verbo εἶναι, z. B. τὰ μὴ καλά d. h. alles was nicht schön ist.

Beisp. S. Trach. 727 οὐκ ἔστιν (ἐλπὶς) ἐν τοῖς μὴ καλοῖς βουλεύμα-
σιν. Cyr. 3, 1, 16 οὐκ ἂν χρήσαιτό τις ἰσχυρῷ ἢ ἀνδρείῳ, μὴ σώφρονι.

g. Wenn dies im allgemeinen der gewöhnliche und regelmäßige Ge=
brauch dieser beiden Partikeln ist, so bleiben doch immer noch eine Menge
Fälle übrig, die den oben gegebenen Bestimmungen zu widersprechen schei=
nen. Es versteht sich daß diese dann stets aus der Natur jener Partikeln
und dem jedesmaligen Zusammenhange heraus erklärt werden müssen, wie
dies bereits in den S. 505 N. behandelten Fällen geschehen ist. Hier fügen
wir noch hinzu, daß wie dort in hypothetischen, so auch in allen andern
Sätzen, die sonst durchaus μή verlangen, dennoch οὐ (obwohl nicht noth=
wendig) zu stehen pflegt, sobald ein negativer Begriff in einen scharfen
Gegensatz zu einem andern, vorhergehenden oder nachfolgen=
den, gedachten oder ausgedrückten, positiven Begriff tritt. Wir
machen diesen sehr allgemeinen Gebrauch anschaulich an einer Anzahl
Beispielen. Pl. Meno. p. 87 οὕτω δὴ περὶ ἀρετῆς ὑποθέμενοι αὐτὸ
σκοπῶμεν εἴτε διδακτὸν εἴτε οὐ διδακτόν ἐστιν. — Eur. Cycl. 427
ἀλλ᾽ εἴπατ᾽ εἴτε χρῄζετ᾽, εἴτ᾽ οὐ χρῄζετε. — Bacch. 1050 ἴζομεν —,
ὡς (damit) ὁρῶμεν οὐχ ὁρώμενοι. — Cyr. 1, 6, 46 οἱ θεοὶ προση-
μαίνουσιν, ἅ,τε χρὴ ποιεῖν καὶ ἃ οὐ χρή. — Ar. Eccl. 590 (χρὴ) μὴ
τὸν μὲν πλουτεῖν, τὸν δ᾽ ἄθλιον εἶναι, μηδ᾽ ἀνδραπόδοις τὸν μὲν χρῆσθαι πολλοῖς, τὸν δ᾽ οὐδ᾽ ἀκολούθῳ. — Thuc. 1, 39 Κερκυραῖοι δεῦρο
ἥκουσιν ὑμᾶς ἀξιοῦντες οὐ ξυμμαχεῖν, ἀλλὰ ξυναδικεῖν. — Isocr.
Ar. 41 δεῖν δὲ (φησί) τοὺς ὀρθῶς πολιτευομένους οὐ τὰς ςόας ἐμπι-
πλάναι γραμμάτων, ἀλλ᾽ ἐν ταῖς ψυχαῖς ἔχειν τὸ δίκαιον. Aesch. Ctes.
204 ὁ δὲ κελεύει οὐκ ἐν τῇ ἐκκλησίᾳ ἀλλ᾽ ἐν τῷ θεάτρῳ τὴν ἀνάρρη-
σιν (Aufruf) γίγνεσθαι, οὐδ᾽ ἐκκλησιαζόντων Ἀθηναίων ἀλλὰ μελλόντων
τραγῳδῶν εἰσιέναι. — Ar. Eq. 473 οὐκ ἀναπείσεις με, ὅπως ἐγὼ ταῦτ᾽
οὐκ Ἀθηναίοις φράσω (im Sinn: sondern ich werde es sagen.) Dem.
Lept. 488, 2. Jl. γ, 288. Eur. Med. 72. Andr. 214. Hart. Part. II, 126.

h. Daß bei den Negationen, namentlich bei μή, oft der negirte Be=
griff aus dem Vorhergehenden zu ergänzen ist, z. B. τίς οὖν τρόπος
τοῦ καλῶς τε καὶ μὴ (sc. καλῶς) γράφειν, darüber s. §. 151, IV, 6.

Anm. 1. Uebrigens ist leicht zu beurtheilen, daß es viele Fälle gibt,
in denen es ganz in der Willkür des Sprechenden liegt, ob er die abhängige
oder die direkte Verneinung eintreten lassen will. Daher finden wir z. B.
den Infinitivsatz nach ein und demselben Prädikate bald durch οὐ, bald
durch μή, je nach der Vorstellung die der Schriftsteller mit dem Satze ver=
bindet, verneint (vgl. oben d). So nach νομίζω: Hell. 3, 2, 27 τὴν πόλιν ἐνόμισαν αὐτὸν μὴ βούλεσθαι μᾶλλον ἢ μὴ δύνασθαι ἑλεῖν. 3, 4,
19 ἐνόμισαν οὐδὲν διοίσειν τὸν πόλεμον ἢ εἰ γυναιξὶ δέοι μάχεσθαι.
Cyr. 2, 1, 35 νόμιζε, ἃ ἂν καταλίπῃς μηδὲν ἧττον σὰ εἶναι, ὧν ἂν ἔχων
ἀπίῃς. Hell. 4, 3, 5 οἱ Θετταλοὶ ἐνόμισαν οὐκ ἐν καλῷ εἶναι πρὸς τοὺς
ὁπλίτας ἱππομαχεῖν. Ebenso kann nach S. 505 Note und oben 2, g bei
gegensätzlichen Bestimmungen, sofern sie im Verhältnis der Abhängigkeit
stehen, die Verneinung in denselben Fällen durch οὐ wie durch μή gesche=
hen, je nachdem die Auffassung des Gegensatzes für sich betrachtet (οὐ),
oder die Natur des abh. Aussageverhältnisses (μή) dem Schriftsteller näher
lag. S. die Beisp. ebendaselbst; und vgl. die folg. Anm.

Anm. 2. Die Partikel οὐκ hat bei einigen Wörtern die Kraft, daß
sie nicht bloß verneint, sondern sie ganz ins Gegentheil verwandelt.
So ist οὐ πάνυ nicht zu übersetzen: nicht völlig, sondern keinesweges;
οὐχ ἥκιστα ganz besonders; οὔ φημι nicht: ich sage nicht, sondern ich ver=
neine, läugne: οὐκ ἔφασαν ἰέναι sie weigerten sich zu gehn; οὐχ ὑπισχνοῦντο συνδειπνήσειν sie schlugen die Einladung aus (Xen. Symp. 1, 7),
οὐκ ὑπεδέκετο verneinte es Iler. 3, 130. οὐ δοκεῖν dissimulare (1, 10.
Eur. Hipp. 463). Im abhängigen Satze finden sich beide Negationen bei
den besten Schriftstellern, z. B. Pl. Gorg. p. 457 ἐὰν περὶ του ἀμφισβητή-

σωσι καὶ μὴ φῇ ὁ ἕτερος τὸν ἕτερον ὀρθῶς λέγειν, χαλεπαίνουσιν. cf.
p. 481 e. Dem. 21, 205. 22, 10. Lycurg. 34. Dagegen οὐ, ſelbſt nach ἐάν
(vgl. S. 505 N.) Pl. Apol. p. 25 ἐάν τε — οὐ φῆτε. Lys. 13, 76 ἐὰν δ' οὐ
φάσκη. Isae. 3, 47. Hart. Part. II, 122.

Anm. 3. Sowohl οὐκ als μή werden auch unmittelbar vor Subſtantive geſetzt, um dieſe allein verneint darzuſtellen und eine Art Compoſita zu bilden (wobei man denſelben Fall mit andern Adverbien oben
§. 125, 6 vergleichen muß). Z. B. ἡ οὐκ ἀπόδειξις (Eur. Hipp. 196), ἡ
οὐ διάλυσις das Nicht-Darſtellen, Nicht-Zerſtören; τὰ μὴ εἴδεα die Nicht-
Gattungen, ἡ μὴ ἐμπειρία die Unerfahrenheit. Beide ſind Abkürzungen
von Sätzen, worin entweder οὐκ oder μή vorkommt, z. B. Thuc. 1, 137
τῶν γεφυρῶν ἡ οὐ διάλυσις der Umſtand, daß die Brücken nicht abge-
brochen worden ſind; Ar. Eccl. 115 δεινόν ἐστιν ἡ μὴ ἐμπειρία „wenn
man nicht erfahren iſt.“ Thuc. 3, 95 Λευκάδος ἡ οὐ περιτείχισις.

3. Daß der **Imperativ** und ſtellvertretende **Conjunktiv**
durch μή verneint wird, folgt aus den Darſtellungen oben 2, c. und
§. 139 n. 4., und daß in ſolchen Sätzen, je nachdem die verlangte
Handlung als etwas **Dauerndes** oder als etwas **Momenta-
nes** ausgedrückt werden ſoll, entweder das Präſens oder der Aoriſt
geſetzt wird, aus §. 137, 5. Dabei gilt jedoch die faſt ausnahms-
loſe Regel, daß dieſes μή
   vom Präſens nur den Imperativ, vom Aoriſt nur den
      Konjunktiv annimmt.
Alſo: μή με βάλλε, oder μή με βάλῃς. Aber die dritte Perſ. des
Imp. Aor. in Verbindung mit μή iſt nicht ungewöhnlich, z. B. μήτις
ἀκουσάτω Hom. μὴ δοκησάτω τινί Aesch. μηδεὶς νομισάτω Xen.

Anm. 3a. Zu den äußerſt ſeltnen Ausnahmen von dieſer Regel gehören einige dichteriſche Fälle, wie Jl. δ, 410. Od. ω, 248 μὴ ἔνθεο. Ar.
Thesm. 870 μὴ ψεῖσον. S. Porſon zu Hec. 1174.

4. Den Ausdruck der **Furcht** oder Beſorgnis, den wir poſitiv geben „ich fürchte daß ihm etwas begegne,“ führen die Griechen aus denſelben Grunde wie die Lateiner mit der Verneinung
μή (ne) ein: δέδοικα μή τι πάθῃ, vereor ne quid illi accidat.
Von μὴ οὐ (lat. ne non) ſ. Anm. 7., und die Konſtr. dieſer Verba
hinſichtlich der Modi (Konj., Opt., Futur) §. 139 n. 50.

Anm. 4. (5). Zuweilen macht μή oder auch ὅπως μή (mit der Neg.
μὴ οὐ, ſ. Anm. 7) im Sinne der Furcht oder Beſorgnis auch einen Satz
für ſich, z. B. μὴ τοῦτο ἄλλως ἔχῃ. Pl. Apol. p. 39 μὴ οὐ τοῦτ' ᾖ χα-
λεπόν, θάνατον ἐκφυγεῖν. Jl. α, 26 μή σε, γέρον, κοίλησιν ἐγὼ παρὰ
νηυσὶ κιχείω. Xen. Conv. 4, 8 ὅπως μὴ φήσῃ τις. Cyr. 1, 3, 18 ꝛc., dergleichen Sätze man ſich durch Vorausſchickung eines in Gedanken behaltenen
ὅρα erklärt, da es zuweilen dabeiſteht (Lucian. 18, 3. 60, 4 ꝛc.). Richtiger
nimmt man nach §. 139 n. 6. an, daß die griech. Sprache durch dies μή mit
dem Konjunktiv einen ſelbſtändigen Satz der Sorge oder Warnung gebildet,
und faßt jenes ὅρα als ſpäteren erklärenden Zuſatz. — Ueber den Indik.
praes. oder perf. in dieſen Sätzen ſ. S. 444 Note.

Anm. 5. Eigenthümlich iſt der Gebrauch des Indik. mit μή bei Homer in Schwüren, ſtatt des ſonſt üblichen Infin. mit μή (ſ. §. 149 n. 29)
in den beiden Stellen Jl. ο, 41. κ, 330. S. über beide, ſo wie über den
ſtrukturwidrigen Nomin. beim folg. Inf. in Jl. τ, 261. Herm. ad Vig.
p. 807. Bekk. hom. Bl. 152. und vergl. Od. ε, 187.

5. Oft ist μή (oder ἆρα μή) bloß eine nachdrucksvolle Frage=
partikel, deren Verneinung in dem Unbestimmten und Zweifelnden
der Frage ihren Grund hat, und zur Antwort je nach dem Zusam=
menhang sowohl ja als nein erwarten kann, deutsch: etwa, etwa
nicht, doch etwa nicht. Z. B. μὴ δοκεῖ σοι τοῦτο εἶναι εὔηθες;
scheint dir dies etwa thöricht zu sein? — Οὐ (oder ἆρ' οὐ) hinge=
gen ist die negative Frage, womit der Fragende zu erkennen
gibt, daß er die Sache bejaht haben will, z. B. οὐ καὶ καλόν ἐςι
τὸ ἀγαθόν; ist das Gute nicht auch schön?
Beisp. Soph. OC. 1502 τίς ἠχεῖται κτύπος; μή τις Διὸς κεραυνὸς,
ἤ τις ὀμβρία χάλαζα; Aesch. Pers. 344 μή σοι δοκοῦμεν τῇδε λειφθῆ-
ναι μάχη; Plut. Mor. p. 181 καὶ μή τι ἄλλο; solltest du nichts andres wün=
schen? Vgl. §. 139 n. 62. und wegen ἆρα μή, μῶν μή §. 149. n. 18.

6. Wenn einem schon verneinten Satz noch andere Beziehun=
gen allgemeiner Art, wie jemals, jemand, irgendwo ꝛc. beige=
fügt werden sollen, so werden diese in der Regel alle wieder mit
derselben Verneinung zusammengesetzt hinzugethan, z. B. οὐκ ἐποίησε
τοῦτο οὐδαμοῦ οὐδείς „das hat niemand irgendwo.gethan“. Es
heben also die koordinirt stehenden gleichartigen Verneinungen in
demselben Satze nicht (wie im Lat. non nunquam u. d. g.) einan=
der auf, sondern verstärken einander. Die Ausnahmen hievon s.
Anm. 7 und 8.
Beisp. Plat. Parm. extr. τἆλλα τῶν μὴ ὄντων οὐδενὶ οὐδαμῇ οὐδαμῶς οὐδεμίαν κοινωνίαν ἔχει. — id. Soph. p. 251 τιθῶμεν αὐτοὺς
λέγειν, μηδενὶ μηδὲν μηδεμίαν δύναμιν ἔχειν κοινωνίας εἰς μηδέν.
Anm. 6. Auch die beiden verschiedenen Negationen οὐκ und μή wer=
den bloß zur Verstärkung vereinigt, bes. in zwei Fällen:
1) οὐ μή in den §. 139 n. 6 behandelten unabhängigen Sätzen mit dem
Futur oder Konjunktiv; beide verbundene Partikeln können auch durch andere
Worte getrennt werden, und statt οὐ auch die damit zusammengesetzten
Wörter (οὐδέ, οὐδείς ꝛc.) stehn; s. die Beisp. a. a. O.
2) μὴ οὐ, aber nur in der einfachen Form beider und ungetrennt;
am gewöhnlichsten bei Infinitiven (auch mit Artikel und ὥσε) statt des
einfachen μή, wenn das Hauptverbum gleichfalls negirt ist, oder
nach Fragen die einen negativen Sinn haben und nach negativen Begriffen
überhaupt, z. B. μὴ οὐχὶ μισεῖν αὐτὸν οὐκ ἄν δυναίμην ihn nicht zu
hassen bin ich nicht im Stande; ποῖον παραμύθιον ποιήσεις αὐτῷ, μὴ
οὐχὶ ἀπειπεῖν; welchen Trost wirst du ihm geben, daß er nicht verzweifle?
Seltner findet sich μὴ οὐ vor Participien, gleichfalls nach negirten oder
negativen Begriffen, welche Participialsätze dann durch wenn nicht oder
da nicht aufzulösen sind *).
Beisp. Her. 7, 5 οὐκ οἰκός ἐστι Ἀθηναίοις μὴ οὐ δοῦναι δίκας
τῶν ἐποίησαν. X. Apol. 34 οὐ δύναμαι μεμνημένος αὐτοῦ μὴ οὐκ
ἐπαινεῖν. Hell. 2, 3, 16 οὐκ ἐγχωρεῖ (non conducit) τοῖς πλεονεκτεῖν
βουλομένοις μὴ οὐκ ἐκποδὼν ποιεῖσθαι τοὺς διακωλύοντας. 5, 2, 36
οὐκ ἔπειθε τὸ μὴ οὐ κακοπράγμων (§. 142, 3) εἶναι. cf. 3, 3, 6. Ar. Ran.
68. — nach ὥσε: S. Antig. 96 πείσομαι γὰρ οὐ τοσοῦτον οὐδὲν, ὥσε μὴ
οὐ καλῶς θανεῖν. cf. Pl. Gorg. p. 509 a. — nach Fragsätzen und neg. Be=
griffen (wonach auch μή allein): Hell. 4, 1, 36 τίνος ἂν δέοιο μὴ οὐχὶ

---

*) Von dem pleonast. μὴ οὐ s. Anm. 10. und über μὴ οὐ überhaupt
Schöm. Redeth. 156 und die Abh. von Lieberkühn (Weimar 1860) und
Kolster (Meldorf 1866).

πάμπαν εὐδαίμων εἶναι; Ar. Ach. 319. Au. 2, 3, 11 πᾶσιν αἰσχύνη ἐστὶ μὴ οὐ συσπουδάζειν. Cyr. 8, 4, 5. Her. 1, 187 Δαρείῳ δεινὸν ἐδόκεε εἶναι, τῆσι πύλησι ταύτησι μηδὲν χρέεσθαι, καὶ χρημάτων κειμένων, μὴ οὐ λαβεῖν αὐτά. Pl. Prot. 352 d. X. Laced. 6, 2 (nach αἰσχρόν ἐστι, cf. Plut. Mor. 237 d). — beim Particip: Her. 6, 106 εἰνάτῃ δὲ (ἡμέρᾳ) οὐκ ἐξελεύσεσθαι ἔφασαν, μὴ οὐ πλήρεος ἐόντος τοῦ κύκλου. S. OT. 12 δυσάλγητος ἂν εἴην τοιάνδε μὴ οὐ κατοικτείρων ἕδραν. Isocr. 10, 47. Her. 2, 110.

Anm. 7. Es gibt jedoch auch Fälle, wo doppelte Negationen, gleich= artige sowohl als ungleichartige, in einem und demselben Satze einander wirklich aufheben, wie in andern Sprachen, und zwar

a) wenn μή nicht bloße Negation, sondern zugleich Konjunction ist, also in Sätzen der Absicht, Besorgnis, des Wunsches, wobei zu bemerken, daß die zweite Negation im Gegensatz zu dem den Satz einleitenden μή dann durch οὐ bewerkstelligt wird, z. B. Jl. α, 28 wo Chryses den Befehl erhält, sich weg zu begeben, mit der Drohung μή νύ τοι οὐ χραίσμῃ σκῆπτρον καὶ στέμμα θεοῖο „damit nicht der Stab ꝛc. dir keine Hülfe leiste." So also auch, wenn nach den Verbis des Fürchten μή durch daß übersetzt wird, z. B. φοβοῦμαι μὴ οὐ καλὸν ᾖ vereor ne non honestum sit. Eur. Phoen. 270 δέδοικα, μή με δικτύων ἔσω λαβόντες οὐκ ἐκφρῶσ᾽ ἀναίμακτον χρόα. Ebenso wenn μή und οὐ Fragepartikeln sind (oben 5), z. B. X. Mem. 4, 2, 12 μὴ οὖν οὐ δύναμαι ἐγὼ τὰ τῆς δικαιοσύνης ἔργα ἐξηγήσασθαι; cf. Pl. Men. p. 89 c. X. Hell. 5, 2, 33 (οὐ).

b) wenn die beiden Verneinungen zwei verschiedenen Verbis gehören, wovon das eine entweder ein Particip oder ein Inf. ist, z. B. Jl. δ, 224 οὐδ᾽ (ἂν ἴδοις αὐτὸν) οὐκ ἐθέλοντα μάχεσθαι. cf. Eur. Andr. 712.; gewöhnlich wird jedoch der Deutlichkeit wegen die eine Verneinung alsdann durch das verstärkte μὴ οὐ bewirkt, s. d. Beispiele Anm. 6, 2. — Daß auch sonst Fälle vorkommen, wo zwei gleiche Negationen in demselben Satze aufheben, indem jede den zu ihr gehörenden Satztheil negirt, (z. B. εἰ μὴ — μή) s. Poppo zu Thuc. 8, 46 und vgl. Dem. 22, 18 (οὐ διὰ τὴν βουλὴν οὐκ εἰσὶν αἱ τριήρεις). Andoc. 1, 22 ꝛc.

c) wenn die einfache Negation der zusammengesetzten nachsteht, z. B. Xen. Symp. 1, 9 τῶν ὁρώντων οὐδεὶς οὐκ ἔπασχέ τι τὴν ψυχὴν ὑπ᾽ ἐκείνου (lat. nemo non). Herod. 5, 56 οὐδεὶς ἀνθρώπων ἀδικῶν τίσιν οὐκ ἀποτίσει; jedoch nicht immer, s. Poppo zu Thuc. 2, 97, 6.

Anm. 8. Die Verneinungen heben sich ferner noch auf in der ellip= tischen Redensart οὐδεὶς ὅςις οὐ (nemo non, jedermann). Vollständig müßte es nehmlich z. B. heißen οὐδεὶς (sc. ἔςιν) ὅςις μὴ ποιήσει (nie= mand ist, der dies nicht thun wird); die Auslassung des ἔςι ist aber so ganz vergessen, daß nicht nur μή in οὐκ übergeht, sondern, in den Kon= structionen außer dem Nominativ, das οὐδεὶς (nach §. 143, 17. u. A. 7) sich dem folgenden Relativ assimilirt, z. B. οὐδενὶ ὅτῳ οὐκ ἀρέσκει nemini non placet es gefällt jedermann. Dem. p. 657 ὑμεῖς μὲν, ὦ ἄ. Ἀ., οὐδένα προὐδώκατε τῶν φίλων, Θετταλοὶ δὲ οὐδένα πώποθ᾽ ὅντινα οὐ (sc. προὐδωκαν) d. h. sie haben alle ihre Freunde verrathen.

Anm. 9. Weil die Griechen an die Vorstellung, daß eine Vernei= nung die andere bloß verstärkt, so gewöhnt sind, so wird oft ein Verbum, in dessen Begriff eine Verneinung steckt, doch noch mit einer andern Vernei= nung konstruirt, d. h. es wird dem folgenden Infinitiv pleonastisch die ab= hängige Verneinung μή hinzugefügt: Dies ist der Fall bei den Verbis des hindern, leugnen, sich hüten, nicht glauben und ähnl. (ἐπέχειν, ἴσχειν, εἴργειν, κωλύειν, καταφονεῖσθαι, ἔξαρνον εἶναι, ἀντιλέγειν, ἀπαγορεύειν, παύειν, λήγειν, ἐπιλείπειν, ἀπέχεσθαι, φυλάσσεσθαι, ἀπιςεῖν, ἐκφεύγειν ꝛc.) z. B. Her. 3, 128 Δαρεῖος ἀπαγορεύει ὑμῖν μὴ δορυφο= ρέειν Ὀροίτεα. Pl. Apol. p. 32 ἠναντιώθην ὑμῖν μηδὲν ποιεῖν παρα τοὺς νόμους ich hinderte euch, etwas gegen die Gesetze zu thun. Ebenso wenn der Inf. nach diesen Verben noch ὥσε, oder den Art. (τό, τοῦ) vor sich hat: Thuc. 7, 53 παύσαντες τὴν φλόγα καὶ τὸ μὴ προσελθεῖν ἐγγὺς τὴν ὁλκάδα ἀπηλλάγησαν. Anab. 1, 3, 2 μικρὸν ἐξέφυγε τοῦ μὴ καταπετρωθῆναι (cf. Isocr. 7, 17). 3, 5, 11 ὥσε μὴ ὀλισθάνειν, ἡ ὕλη καὶ ἡ γῆ σχήσει. Vgl. hiezu die Beisp. in §. 140 A. 8. 9. 131 A. 16. Und wenn selbst nach positiven Begriffen beim folgenden Infin. dennoch zuweilen μή steht (welches im Deutschen nicht übersetzt wird), so muß man aus jenen positiven Begriffen den negativen des Nichtwollens, Nichtwünschens herausnehmen. Z. B. Thuc. 3, 42 τοὺς μεμφομένους (d. h. die welche es tadeln und nicht wollen daß ꝛc.) μὴ πολλάκις περὶ τῶν μεγίσων βουλεύεσθαι οὐκ ἐπαινῶ. S. Poppo zu 3, 32, 3.

Anm. 10. Wenn die eben genannten negativen Begriffe selbst wieder negirt sind, so tritt beim Inf. nach Anm. 6, 2 statt des einfachen μή wieder das verstärkte μὴ οὐ ein, das dann gleichfalls unserm Gefühl nach abundirt. Z. B. Her. 9, 12 οὐ δυνατοὶ αὐτοὺς ἴσχειν εἰσὶ Ἀργεῖοι μὴ οὐκ ἐξιέναι (aber vorher: ὑπεδέξαντο σχήσειν τὸν Σπαρτιήτην μὴ ἐξιέναι. 6, 88. Aesch. c. Tim. p. 19 οὐκ ἐξαρνοῦμαι μὴ οὐ γεγονέναι ἐρωτικός (aber nachher: ἐξαρνοῦμαι μὴ τοῦτον ἔχειν τὸν τρόπον). Ebenso in der (negativen) Frage: An. 3, 1, 13 τί ἐμποδὼν μὴ οὐχὶ τὰ δεινότατα παθόντας ἀποθανεῖν; Eur. Tro. 797. — mit dem Art. τό: Xen. Symp. 3, 3. Aesch. Prom. 793. Eur. Phoen. 1176. Soph. Trach. 88.; — mit ὥσε: Her. 8, 57. Vgl. auch Cyr. 2, 2, 20. Pl. Gorg. p. 461 b.

§. 149. Von einigen andern Partikeln. (136)

1. Der Gebrauch der Partikeln ist im Griechischen so mannichfaltig, daß wir die nöthigsten noch besonders durchgehen wollen.

1   ὡς hat als relatives Adverbium folgende Bedeutungen: 1) wie d. h. so wie*). — 2) Es verstärkt den Superlativ (§. 123 A. 9) hauptsächlich der Adverbien, z. B. ὡς τάχισα so schnell als möglich; und von einigen auch den Positiv, besonders in ὡς ἀληθῶς wirklich, ganz gewiß, ὡς ἑτέρως u. a. (s. Heinb. ad Plat. Apol. 23. Praef.). Bei einem Ausdruck mit einer Präp. tritt es vor dieselbe: ὡς ἐν πλείσοις, ὡς ἐπὶ τὸ πολύ. — 3) Ungefehr, z. B. ὡς πεντήκοντα gegen funfzig (vgl. §. 147 sis). — 4) Den Präpositionen auf die Frage wohin, ἐπί, εἰς, πρός, z. B. in ἐπορεύετο ὡς ἐπὶ τὸν ποταμόν, gibt es die Bedeut. darauf zu, versus (eigentlich: in der Richtung, als wenn er zum Flusse wollte, wobei noch nicht ausgemacht ist, ob er auch dahin gelangt). Thuc. 6, 61 ἀπέπλεον μετὰ τῆς Σαλαμινίας ἐκ τῆς Σικελίας ὡς ἐς Ἀθήνας. Daher kann es überall gebraucht werden von einer noch nicht vollendeten Reise z. B. Soph. Phil. 58

---

*) Für ὡς und ὥσε in der Bed. wie gab es laut Angabe der alten Grammatiker eine alte Adverbialform ἦ und ἦτε (so accentuirt), noch vorhanden in der öfters bei Homer vorkommenden Formel ἦ θέμις ἐστί (Jl. β, 73. ι, 33. 134 ꝛc.), ἦτε ξείνων θέμις ἐστί (Od. ι, 268), wonach also ἦ nicht als pron. adj. aufzufassen wäre (s. die Schol. zu obigen Stellen und andere Zeugnisse bei Lehrs qu. epp. p. 44 und vgl. ἧπερ Ap. Rhod. 3, 189. ἦ κε 3, 1405 ed. Merkel). Aus diesem ἦτε (= ὥστε) ist dann nach Apollonius (de Adv. 558) durch ionische Dehnung die ep. Vergleichungspartikel ἠΰτε oder ηΰτε z. B. Jl. β, 87. τ, 386 ꝛc. (wie εὖτε aus ὅτε λ, 735 ꝛc.) entstanden. — Noch eine andre (zweif.) alte Partikel für ὡς war φή, wie nach Zenodot zu lesen Jl. β, 144. ξ, 499. S. hierüber Lexil. I. p. 236. Spitzn. Exc. ad Jl. 25. Lehrs Arist. p. 93. Bekk. hom. Bl. 56.

πλεῖς δ' ὡς πρὸς οἶκον du ſchiffeſt nach Hauſe. — 5) vor einzelnen Worten oder Beſtimmungen heißt es oft nach Maßgabe, in der Art daß dieſe
Beſtimmung dann die Stelle eines ganzen Zwiſchenſatzes vertritt (wie ut im
Lat.), z. B. An. 4, 3, 31 ἦσαν ὡπλισμένοι, ὡς ἐν τοῖς ὄρεσιν wie es im
Gebirge zu geſchehen pflegt, möglich war. Thuc. 4, 84 Βρασίδας ἦν οὐδὲ
ἀδύνατος, ὡς Λακεδαιμόνιος, εἰπεῖν da doch, oder obgleich er ein Lac. war;
ὡς ἐκ τῶν δυνατῶν, ὑπαρχόντων ꝛc. Beſ. dem Thut. eigenthümlich iſt die
elliptiſche Redensart ὡς ἕκαςος oder ὡς ἕκαςοι, etwa: wie es jeden
einzelnen traf, d. h. jeder für ſich, Thuc. 1, S. 15. 48. 67 ꝛc. — 6) Im ſze-
niſchen Dialog ſetzen die Trag. ὡς gern zu Anfang des Verſes, als kräftige
Bejahung des Vorangegangenen (fortiter affirmantis est, ſ. Elmsl. ad Med.
595), wobei man zur Erklärung ein ἴσθι oder ἀλλ' ἴσθι ergänzen kann,
z. B. S. Aj. 39. OC. 861. E. Andr. 587 al. — 7) vermöge einer freiern
Struktur vertritt es zuweilen die Stelle des Pronom. relat. (ſ. Bape)
z. B. Jl. η, 407 μῦθον Ἀχαιῶν ἀκούεις, ὥς τοι ὑποκρίνονται. cf. ξ, 44.
(ψ, 50). S. OC. 1124 σοὶ θεοὶ πόροιεν, ὡς ἐγὼ θέλω (eigtl.: alles ſo wie
ich es wünſche), und nach n. 7 b auch die Stelle von ἥ.

Als Konjunction heißt es 1) daß §. 139. G. — 2) damit, daß,
ꝛc. E. — 3) ſo daß mit dem Inf. (gew. ὥςε) eb. F. u. 140, 4. — 4) als
(§. 139. C), in welcher Bedeutung es in der Regel mit dem Indikativ
verbunden wird, ſelten mit dem Opt. in der Bedeutung ſo oft (§. 139 n. 39)
und mit dem Inf. in der or. obl. (§. 141 A. 5). — 5) weil doch, beim
Particip §. 144 A. 14. u. 145 A. 7. — 6) quippe, denn, z. B. Pl. Phaedr.
228 κράτιςον ἔςται συγχωρῆσαι, ὡς σὺ δοκεῖς μοι οὐκ ἀφήσειν με denn
du ſcheinſt mich nicht loslaſſen zu wollen.

ὥσπερ, wie, ein relat. Abverb oder verſtärktes ὡς in der erſten Beb.,
ſowohl vor einzelnen Wörtern als ganzen Sätzen. Die Verb. mit Particip.
ſ. §. 144. 145. — Mit εἰ zuſammen (ὥσπερ εἰ, auch ὥσπερ ἂν εἰ)
wird es eine Konjunction mit der Bedeutung tanquam. quasi, auch ut si.
Man merke dabei, daß die Konj. ὥσπερ ἂν εἰ eintritt, ſobald der Haupt-
oder Nachſatz ein ἂν enthält, ſo daß alſo jenes ἂν in der Konjunction, als
ein anticipirtes, zum Hauptſatz und nicht zum Nebenſatz gehört; daher ſo
häufig der Ind. nach ὥσπερ ἂν εἰ ſteht; (vgl. denſelben Fall bei κἂν εἰ
n. 4. und wegen des dopp. ἂν §. 139 n. 20). Z. B. Pl. Gorg. in. ὥσπερ
ἂν εἰ ἐτύγχανεν ὢν δημιουργός, ἀπεκρίνατο ἄν. Auch finden elliptiſche
Wendungen mit dieſer Konj. ſtatt, ſ. §. 151. IV, 5.

ὡς für οὕτως iſt bei den Dichtern, beſonders den ioniſchen, ſehr gewöhnlich; in der Proſa aber hauptſächlich nur in den Redensarten καὶ ὡς,
οὐδ' ὡς und μηδ' ὡς; ſ. Gebrauch und Betonung (καὶ ὡς ꝛc.) §. 116, 5.

οὕτως und ὧδε, ſo, unterſcheiden ſich wie ihre Abjektive οὗτος und
ὅδε, ſ. §. 127. Einzeln merke man noch den Gebrauch von οὕτως — ὡς
in Wunſchſätzen, z. B. Luc. Philops. 27 οὕτως ὀναίμην τούτων, ὡς
ἀληθῆ πρὸς σὲ ἐρῶ. Jl. ν, 825. (cf. Hor. Od. 1, 8). Ὧδε ſcheint bei Homer öfters im örtlichen Sinne vorzukommen, z. B. πρόμολ' ὧδε, νῦν δ'
ὧδε ξὺν νηῒ κατήλυθον Jl. σ, 392. μ, 346. ο, 513. Od. α, 182. ρ, 544 ꝛc,
welche Stellen jedoch ſchon von den alten Auslegern ſämtlich anders gefaßt
wurden (ſ. Lehrs Arist. p. 84). Unbeſtritten dagegen iſt die lokale Beb. des
ὧδε bei Spätern (κοινοῖς), ſ. z. B. Schol. ad Jl. γ, 297 und vgl. die NT.
Gramm. p. 62. ■

ὅπως heißt gleichfalls als relat. Abverbium und indir. Fragwort wie, 2
und als Konjunction damit. Die Konſtruction ſ. §. 139 E. H. — Herodot
(ὅκως) und Homer brauchen es auch zeitlich im Sinne von ὁπότε, ὅτε.

ἵνα als relatives Abverb wo, als Konjunction (§. 139 E.) damit;
— ἵνα τί; warum? (gleichſam: damit was? geſchehe), z. B. Pl. Apol. p. 26

ἵνα τί ταῦτα λέγεις; — Ueber ben bemonſtr. Gebrauch bes ἵνα ſ. S. 312 N. unb vgl. Schöm. Redeth. 105. 183.

ὥστε (vor. ὧτε Pind.) ſo baß, ſ. §. 139 F. 140, 4. 141, 1. 3. 142, 4. Auch in ber Beb. ea conditione ut, woburch ber Satz faſt bie Geltung eines Finalſatzes erhält, regiert es ben Inſin.: An. 5, 6, 26 ταῦτα ἔλεγεν εἰδὼς, ἃ Τιμασίωνι οἱ Σινωπεῖς ὑπισχνοῦντο, ὥσε ἐκπλεῖν. cf. Thuc. 3, 28. 4, 37. Cyr. 3, 2, 16 πολλαπλάσια ἂν ἔδωκα χρήματα, ὥσε ἀπελάσαι Χαλδαίους. Pl. Phaed. p. 114c. Xen. Hell. 6, 1, 10 verglichen mit An. 3, 1, 35. — Herobot gebraucht es in ber Weiſe von ἄτε (§. 144) vor Participien, z. B. 6, 44 ὥσε θηριωδεσάτης ἐούσης τῆς θαλάσσης ταύτης, διεφθείροντο. — Homer hat ὥσε (ob. ὥς τε) faſt nur in ber Beb. von ὡς wie (vgl. ὅς τε für ὅς zc. n. 8); ſehr ſelten iſt bei ihm bie Verbinbung mit bem Inf. in ber Beb. ſo baß (Jl. ι, 42. Od. ρ, 21. cf. Hes. ε. 44), nach einigen ſogar zweifelhaft, ſ. Lehrs Arist. p. 160.

3   ὅτι 1) baß, §. 139 G.; 2) weil, §. 139 D. elliptiſch für διὰ τοῦτο ὅτι ober bas hieraus verkürzte διότι; bei Spätern ſteht διότι oft für ὅτι, baß. — Zu bemerken iſt baß Homer für beibe Bebeutungen (baß unb weil) auch bas einfache ὅ gebraucht: Od. ρ, 545. μ, 375. δ, 206, Jl. ε, 433. ι, 534 zc. 3) Es verſtärkt alle Superlative (vgl. ὡς) z. B. ὅτι μέγιστος ſo groß als möglich, ὅτι μάλιστα u. ſ. w. Nur kann in bieſem Falle zu ὅτι nicht wie zu ὡς noch δύνασθαι zc. hinzugefügt werben.

οὕνεκα 1) weswegen (Od. γ, 61); 2) als Konjunction weil (ib. 53) für τοῦ ἕνεκα, οὗ ἕνεκα. Bei Dichtern aber ſteht οὕνεκα auch 1) für ἕνεκα wegen, 2) für ὅτι baß. — ὁθούνεκα (ſ. §. 29 A. 10) bei Trag. ſoviel als οὕνεκα weil, baß.

4   εἰ, 1) wenn, si, §. 139 A. 2) bei ber inbirekten Frage, ob, §. 139 n. 63. 148, 2, b. 3) baß nach θαυμάζω zc. §. 139 n. 60. S. 506 N.

εἰ καί unb καὶ εἰ haben beibe, wenn ſie unmittelbar zuſammengehören, conceſſive Bebeutung, erſteres mehr in bem Sinne von quamvis, etsi, letzteres mehr ſteigernb, etiamsi. (Vgl. n. 15 N. u. Spitzn. Exc. 23 ad Jl.). Sie werben am gewöhnlichſten als Bebingungsſätze ber erſten Art mit bem Inbikativ verbunben, inbem ber Fall in ber Regel auf eine objektive Wahrnehmung ſich gründet (Thuc. 1, 38. Jl. ε, 410. ν, 316); ſeltner unb bei einer bloß möglichen ober ſubjektiv gebachten Annahme mit bem Optativ (Od. θ, 139. Thuc. 6, 11 zc.). Der Nachſatz hebt im orat. Stil oft mit ἀλλ᾽ οὖν - γε (ſo boch) an: Isocr. 12, 27 zc. — Mit ber Negation wirb aus εἰ καί entweber εἰ μηδέ (wenn nicht einmal) ober εἰ καὶ μή (wenn auch nicht): Cyr. 5, 5, 21 εἰ μηδὲ τοῦτο βούλει ἀποκρίνασθαι, σὺ δὲ τοὐντεῦθεν λέγε. 1, 4, 12. Pl. Apol. p. 38 φήσουσί με σοφὸν εἶναι, εἰ καὶ μή εἰμι, οἱ βουλόμενοι ὑμῖν ὀνειδίζειν. S. OT. 302. — Dagegen wirb aus καὶ εἰ, wenn bie Neg. zum Hauptſatze (καί) gehört: οὐδ᾽ εἰ (ἤν) unb μηδ᾽ εἰ (auch nicht — wenn), je nach ber Beſchaffenheit bes Hauptſatzes, z. B. Cyr. 2, 1, 8 οὐδ᾽ εἰ πάντες ἔλθοιεν Πέρσαι, οὐχ ὑπερβαλοίμεθ᾽ ἄν. S. Phil. 999 οὐδέποτέ γ᾽, οὐδ᾽ ἢν χρῇ με πᾶν παθεῖν κακόν. cf. 982. OT. 255. Trach. 797 μὴ φύγῃς τοὐμὸν κακόν, μηδ᾽ εἴ σε χρὴ θανεῖν. Dem. Lept. 160; gehört ſie aber zum Nebenſatze: καὶ εἰ μή (auch wenn nicht): S. OC. 1323 ἐγὼ δὲ σός, κεἰ μὴ σός, σός γέ τοι καλούμενος. — Zu bemerken iſt noch, baß auch bie Formel κἂν εἰ (wenn auch, geſetzt auch), ungeachtet bes ἄν, ben Inbikativ bei ſich hat, ba bies ἄν, wie bei ὥσπερ ἂν εἰ (n. 1), eigentl. zum Nachſatz gehört, ber inbeß häufig im Sinne behalten wirb, ober eine anbre Struktur befolgt: ſ. bie Note zu Mid. 15. εἰ μή erhält, wenn es ohne Verbum ſteht, nach voraufgehenber Negation bie Beb. außer (nisi, praeter). Vgl. ὅτι μή §. 150 n. 4.

5   εἴτις, εἴτι, eig. wenn jemanb, wenn etwas; bieſer Ausbruck tritt aber ganz an bie Stelle bes Pron. ὅστις mit größerem Nachbruck: Hell. 7,

1, 20 ἔφϑειρον εἴτι χρήσιμον ἦν ἐν τῷ πεδίῳ alles was ꝛc. Vgl. ben umgefehrten Fall §. 143, 18. — Wenn es ohne Verbum steht (z. B. Thuc. 1, 14 *Αἰγινῆται καὶ Ἀϑηναῖοι, καὶ εἴ τινες ἄλλοι, βραχέα ἐκέκτηντο;* f. §. 151. IV, 2) nimmt es zuweilen wie ein beklinationsfähiges Wort ben Kasus des Hauptsatzes an: wer ober was sonst immer (gleichfalls wie *ὅςις* §. 127 A. 11) z. B. Thuc. 7, 21 *τοῦ τε Γυλίππου καὶ Ἑρμοκράτους καὶ εἴ του ἄλλου πειϑόντων.*

ἐπεί, ἐπειδή (ἐπείτε Herod.) heißt 1) nachdem, 2) ba, weil*) §. 139 C. D. 3) vor Fragen und vor Imperativen heißt *ἐπεί* benn, z. B. *ἐπεὶ πῶς ἂν διακρίνοιμεν αὐτό;* benn wie wollten wir es sonst unterscheiden? *ἐπεὶ ϑέασαι αὐτός.* — Zusammens. mit *ἄν: ἐπεάν, ἐπειδάν.*

ὅπου wo (ba wo), 2) als Konjunction ba, quandoquidem, meist in 7 Verbindung mit *γε,* Cyr. 2, 3, 11. 8, 4, 31. (Her. 1, 68.)

ὁπότε, ὅτε §. 139 C. — Sie stehn auch oft für ba, quandoquidem, Dem. Ol. in., Soph. El. 38. An. 3, 2, 15. — *ὅτε* baß §. 139 n. 59.

ἐάν, ἤν, ἄν, und *ὅταν, ἐπειδάν* f. §. 139. — *ἐάν* insbesondere nach ben Verbis untersuchen ꝛc. f. eb. n. 66.

ἤ ober; — welche Bedeutung es auch in Fragen immer behält, oft 7 bei Plato, z. B. *οὕτως ἐςίν· ἢ οὐκ οἴει;* so ist es; ober meinst bu nicht? *πόϑεν ἥκει; ἢ δῆλον ὅτι ἐξ ἀγορᾶς;* ober ist es offenbar (und also bie Frage unnöthig) baß er vom Markte kommt? — Die Doppelkonjunction *ἤ — ἤ* **), entweder — ober, nimmt bei Ep. noch bie Partifeln *μέν* und *δέ* zu sich: *ἢ μέν — ἢ δέ,* heißt aber bann gewöhnlich sowohl — als auch; baher *ἠδέ (ἰδέ)* für sich bei Homer stets und bebeutet.

---

*) In bieser Bebeutung tritt bafür bei Homer oft bie Form *ἐπειή* ein, in welcher nach ber Auffassung ber alten Grammatifer bas *η* nicht eine bloße formelle Verlängerungsfilbe, sondern bie Versicherungspartifel *ἤ* ist (f. n. 7), baher sie getrennt schrieben: *ἐπεὶ ἤ,* z. B. Jl. *δ,* 56. *v,* 437 ꝛc. S. Lehrs qu. epp. p. 62. Spitzn. zu Jl. *α,* 156. Beff. homer. Bl. 202.

**) In ber Verlängerung bei Ep. *ἠέ — ἠέ* (§. 117), lat. aut — aut. Hievon werben in ben neuern Ausgaben bes Homer burch ben Accent unterschieben bie beiben (ober mehrfachen) *ἤ* in Doppelfragen, ba sie sowohl ber Bedeutung als bem Urfprunge nach von jenen rein bisjunftiven Partifeln verschieben seien (lat. utrum — an). Und zwar wirb in ber bireften Doppelfrage beibemal *ἤ* (in ber Verlängerung *ἠε*) gesetzt, wie vor ber einfachen Frage (f. n. 7); z. B. Od. *δ,* 632. *λ,* 172. 399. *ω,* 109. Jl. *κ,* 387. (auch mehrmal, z. B. Jl. *ν,* 308. *π,* 12.), wobei noch zu bemerken, baß bas *ἤ* vor bem erften, als bem ber Betonung nach schwächeren Gliebe, ganz fehlen kann, so baß bas *ἤ* vor ber Gegenfrage bann allein zurückbleibt, wie Od. *β,* 130 ζώει ὅγ᾽ ἦ τέϑνηκεν; cf. *δ,* 643. Jl. *κ,* 62. 425. 534. Bei ber indireften Doppelfrage bagegen soll nach bem fast einstimmigen Zeugnis ber alten Grammatifer (f. Lehrs qu. epp. p. 53 sqq.) bas erfte *η,* (als bas schwächere) ben Acut, bas zweite ben Cirkumflex erhalten, also: *ἤ (ἠέ) — ἦ (ἠε).* S. z. B. Jl. *π,* 713. *φ,* 226. *β,* 299. Od. *λ,* 175. 178. Das erfte *η* kann auch boppelt stehn (also *ἤ — ἤ — ἤ*) z. B. Jl. *κ,* 504. Wenn aber bem (zweiten) *η* noch ein brittes *ἤ* ober *ἠέ* nachfolgt, so ist bies bie einfache bisjunftive Partifel innerhalb bes zweiten Satzes, z. B. Od. *λ,* 399 (birekt, also: *ἠε — ἠε — ἠέ). δ,* 487 (inbirekt, also: *ἦ — ἠε — ἠέ).* — Noch ist für ben Sprachgebrauch bes Homer zu merken, baß *ἤ* (so betont) auch ganz allein eine inbirekte Frage einleitet, also statt bes gewöhnlichen *εἰ* (ob) steht, z. B. Jl. *ϑ,* 111. Od. *v,* 415. *π,* 138. *τ,* 325. Vgl. Schol. zu Jl. *γ,* 46. *ϑ,* 111., Spitzn. zu *γ,* 215. Beff. hom. Bl. 60. Ahrens Dor. 380 sq.

7   In Vergleichungen heißt es als, quam, z. B. σοὶ τοῦτο μᾶλλον
a. ἀρέσκει ἢ ἐμοί; und es finden oft ähnliche brachylogische Wendungen dabei statt wie oben beim genit. compar. (§. 132 A. 19. 20), z. B. Jl.
α, 260 ἀρείοσιν, ἠέ περ ὑμῖν, ἀνδράσιν ὡμίλησα (vgl. §. 141 Anm. 5 a). Thuc.
7, 77 τινὲς καὶ ἐκ δεινοτέρων, ἢ τοιῶνδε, ἐσώθησαν. cf. Her. 7, 26.
Ist der erste Theil negativ (oder interrogativ), so kann im zweiten Theile
statt ἤ auch ἀλλά eintreten, z. B. Thuc. 5, 99 οὐ νομίζομεν ἡμῖν τοὺς
ἠπειρώτας δεινοτέρους, ἀλλὰ τοὺς νησιώτας. 1, 83 ἔςιν ὁ πόλεμος
οὐχ ὅπλων τὸ πλέον ἀλλὰ δαπάνης. Oder es wird in gleichem Falle
nach ἤ die Negation wiederholt, die dann abundirt, wie beim Inf.
§. 148 A. 9. Z. B. Her. 4, 118 ἥκει ὁ Πέρσης οὐδέν τι μᾶλλον ἐπ' ἡμέας
ἢ οὐ καὶ ἐπὶ ὑμέας. 7, 16, 3. Hell. 6, 3, 15 τί οὖν δεῖ ἀναμένειν μᾶλλον
ἢ οὐχ ὡς τάχιςα εἰρήνην ποιεῖσθαι; Thuc. 2, 62. 3, 36.

7   Ungenau und mit einer gewissen Anakoluthie steht zuweilen nach negir-
b. ten Komparativen ὡς (ὅσον, οἷον) statt ἤ, z. B. Theocr. 9, 33 οὐ γὰρ
μελίσσαις ἄνθεα γλυκερώτερα, ὅσσον ἐμὶν Μοῖσαι φίλαι. Daher steht
zur Erklärung noch οὕτως beim Komp. z. B. Plat. Apol. p. 36 d. οὐκ ἔσθ'
ὅ,τι μᾶλλον πρέπει οὕτως, ὡς τὸν τοιοῦτον ἄνδρα ἐν πρυτανείῳ
σιτεῖσθαι. Auch nach οὐκ ἄλλο u. ä. muß der Regel nach ἤ folgen; doch
findet sich wie beim Komp. ὡς gesetzt, z. B. Eurip. fr. 75 οὐκ ἔςι λύπης
ἄλλο φάρμακον βροτοῖς, ὡς ἀνδρὸς ἐσθλοῦ καὶ φίλου παραίνεσις. — Umgekehrt kann aber auch das komparative ἤ nach Positiven oder überhaupt
nach solchen Prädikaten eintreten, die theils an sich schon eine komparative Bedeutung haben (wie αἱρεῖσθαι), theils eben durch dies ἤ eine solche
erhalten. Z. B. Her. 9, 26 ἡμέας δίκαιον ἔχειν τὸ ἕτερον κέρας, ἤπερ
Ἀθηναίους. Jl. α, 117 βούλομ' ἐγὼ (malo) λαὸν σῶν ἔμμεναι ἢ ἀπολέσθαι. Lys. p. 171 ζητοῦσι κερδαίνειν ἢ ὑμᾶς πείθειν.

7   Wenn der Komparativ sich auf ein Verhältnis bezieht, so steht ἤ
c. κατά, seltner oder später ἢ πρός, z. B. Pl. Rep. p. 359 μείζων ἢ κατ'
ἄνθρωπον größer als nach menschlichem Verhältnis; ἡ δόξα ἐςὶν ἐλάττων
ἢ πρὸς τὸ κατόρθωμα der Ruhm ist kleiner als er dem Verdienste ge-
bührt (lat. quam pro).

7   ἤ (ganz verschieden von ἤ) ursprünglich gewiß, am gewöhnlichsten aber
d. bloße Fragepartikel, num? (Vgl. hiezu die beiden vor. Noten). — ἦ
μήν s. n. 29. — ἦ γάρ, im Dialog heißt nicht wahr?

8   καί und τέ entsprechen ganz den lateinischen et und que, und καί
hat auch die Bedeutungen auch, sogar. — Wenn einem Satze mit καί ein
anderer mit τέ vorausgeht, so heißt τέ sowohl, καί als auch, z. B. αὐτός τε τύραννος ἐγένετο, καὶ τοῖς παισὶ τὴν τυραννίδα κατέλιπεν. In
der Regel dient jedoch τέ-καί zur Verbindung zweier Satzglieder, wo
wir meist nur ein einziges und brauchen, so jedoch daß τέ-καί mehr zwei
zusammengehörige (verwandte wie entgegengesetzte) Begriffe, gleichsam als
die beiden gleichberechtigten Faktoren einer höheren Einheit, mit einander verbindet, während καί einfach anfügt oder vervollständigt. Z. B. Pl. Gorg.
525 οὗτοί εἰσιν οἱ ὠφελούμενοί τε καὶ δίκην διδόντες ὑπὸ θεῶν τε καὶ
ἀνθρώπων. Thuc. 6, 32 εὐχὰς ξύμπαντες ἐποιοῦντο, κρατῆράς τε κερά-
σαντες καὶ ἐκπώμασι χρυσοῖς τε καὶ ἀργυροῖς οἵ τε ἐπιβάται καὶ οἱ
ἄρχοντες σπένδοντες. Oft sind beide Verbindungen, je nach der verschiedenen Auffassung, in ein und derselben Redensart zulässig. So wechselt z. B.
καλὸς κἀγαθός beständig mit καλός τε κἀγαθός, οἱ Ἀθηναῖοι καὶ οἱ σύμμαχοι mit οἵ τε Ἀ. καὶ οἱ σ., ἢν τυφλός τε καὶ κωφός, aber auch ἦν τυφλὸς
καὶ κωφός. Das doppelte τέ (häufig bei Homer statt des einfachen) wird
in Prosa meist nur noch so gebraucht, daß es in zwei (oder mehren) koordini-
ten Sätzen immer den korrespondirenden Wörtern beigefügt wird: Dem. Lept.
p. 461 τό τε — τιμᾶσθαι τῶν καλῶν ἐστι, τό τε — θαυμάζεσθαι ἀγα-

ϑὸν εἶναι δοκεῖ. Thuc. 2, 81, 1 ꝛc. Das doppelte καί dagegen entspricht ganz dem lat. et — et, sowohl vor ganzen Sätzen als einzelnen Begriffen.

τέ scheint in der epischen Poesie oft ganz überflüssig zu stehen. Dies kommt daher, daß diese Partikel in der ältesten Sprache vielen Wortarten die verbindende Kraft erst lieh, welche sie in der späteren Sprache für sich allein annahmen. Daher bei Homer noch μέν τε, δέ τε, γάρ τε, und selbst καί τε (auch) für μέν, δέ, γάρ, καί allein. Ebenso nach den *Relativis* aller Art, weil diese in der alten Sprache sämtlich Formen des Demonstrativs waren, welches durch τέ erst verbindende Kraft bekam (und dieser), und so zum Relativ (welcher) ward, also ὅς τε, ὅσον τε, ὥς τε ꝛc. für das spätere ὅς, ὅσον, ὥς ꝛc. Vgl. n. 2. In der gewöhnlichen Sprache schreiben sich von diesem alten Sprachgebrauch noch her die Partikeln ὥστε und ἅτε und die Redensarten οἷός τε und ἐφ᾽ ᾧτε (§. 150).

Aber auch καί allein, in der Bedeutung auch, wird oft scheinbar überflüssig eingemischt. z. B. Plat. Alcib. I, 6 (ich gebe alle deine Fragen zu) ἵνα καὶ εἰδῶ, ὅ,τι καὶ ἐρεῖς, wo wir andre Partikeln brauchen würden: „damit ich nur erfahre, was du doch sagen wirst."

Eigentümlich ist der Gebrauch des καί (auch τέ καί) zur Verbindung nicht koordinirter Attribute, z. B. eines Adjektivs mit solchen Begriffen wie πολύς, ὀλίγος ꝛc. wo wir und nicht zu setzen pflegen, z. B. ξυνῄδει αὐτῷ πολλὰ καὶ πονηρά· πολλά τε καὶ ἀνόσια εἰργασμένος.

Vor μάλα und πάνυ hat es einen besondern Nachdruck, z. B. τοῦτο γὰρ καὶ μάλα ἀκριβῶς οἶδα, ich weiß dies, und zwar recht genau.

καί nach ὁ αὐτός idem, ὁμοίως, ὡσαύτως u. ä. heißt, wie das lat. atque, wie, Pl. Ion. p. 531 οὐχ ὁμοίως πεποιήκασι καὶ Ὅμηρος. Her. 6, 58 νόμος δὲ τοῖσι Λακεδαιμονίοισι ἔστι ὠντὸς καὶ τοῖσι βαρβάροισι. Thuc. 7, 71 παραπλήσιά τε ἐπεπόνθεσαν καὶ ἔδρασαν αὐτοὶ ἐν Πύλῳ. — Auch wenn die Vergleichung durch zwei korrelative Sätze ausgedrückt wird, steht καί gewöhnlich (pleonastisch) noch im Relativ- oder Vergleichungssatze, oft in beiden zugleich; z. B. Cyr. 5, 2, 25 ἐπειρᾶτο καὶ ἐκείνους, ὥσπερ καὶ ἡμᾶς, καταστρέψασθαι. Mem. 3, 1, 5 ἤρξατο ἐκ τοῦ αὐτοῦ, εἰς ὅπερ καὶ ἐτελεύτα. Oec. 6, 3 ἡδύ ἐστιν ὥσπερ καὶ χρημάτων κοινωνήσαντας διελθεῖν, οὕτω καὶ λόγων κοινωνοῦντας διεξιέναι. cf. Cyr. 5, 5, 46 al. — Von καί - δέ s. n. 10 und von καί - γάρ n. 17.

δέ, aber, hat nicht immer adversative Bedeutung; in den meisten 9 Fällen dient es lediglich zur Vermeidung des Asyndeton (worüber s. §. 151, IX), mithin nur als Uebergang zu etwas anderem, wo wir entweder die Konjunction und, oder auch gar nichts setzen. In der alten Sprache mußte δέ auch andere Verbindungen vertreten, namentlich γάρ z. B. Od. δ, 369 αἰεὶ γὰρ ἰχθυάασκον· ἔτειρε δὲ γαστέρα λιμός. Oft wird bei Homer auch eine Zeitbestimmung, die sonst durch ὡς, ὅτε ꝛc. verbunden wird, durch δέ bloß daneben gestellt, z. B. Od. β, 313 (ὑμεῖς) τὸ πάροιθεν ἐκείρετε κτήματ᾽ ἐμά· ἐγὼ δ᾽ ἔτι νήπιος ἦα. Jl. ζ, 148 ἄλλα δὲ (φύλλα) ὕλη φύει· ἔαρος δ᾽ ἐπιγίγνεται ὥρη; welchen Gebrauch Herodot vielfach nachahmt.

Sogar nach Vokativen wird der folgende Satz durch δέ eingeleitet; z. B. Jl. α, 282 Ἀτρεΐδη, σὺ δὲ παῦε τεὸν μένος. Eur. Or. 615 Μενέλαε, σοὶ δὲ τάδε λέγω. Mem. 2, 1, 26 ὦ γύναι, ἔφη, ὄνομα δέ σοι τί ἐστιν; Dasselbe geschieht mit andern adversativen Partikeln, wie ἀτάρ, ἀλλά, aber auch mit γάρ; Jl. η, 328 Ἀτρεΐδη, πολλοὶ γὰρ τεθνᾶσι καρηκομόωντες Ἀχαιοί cet.

Daß auch der Nachsatz so häufig durch δέ eingeleitet wird, hat zweierlei Ursach. 1) In der ältern Sprache, z. B. des Homer und Herodot, der, wie wir zu eben gesehen, die sog. parataktische Ordnung der Sätze eigentümlich ist, hat dies δέ des Nachsatzes nur verbindende Kraft, gleichsam als wenn die Sätze noch koordinirt, nicht subordinirt wären. Wo

aber 2) in der spätern Sprache der Nachsatz mit δέ anhebt, da befindet sich das durch δέ hervorgehobne Wort in einem nachdrücklichen Gegensatz zu einem andern im Vordersatz enthaltenen Begriff, einem Gegensatz, der außerhalb der Struktur etwa durch μέν — δέ (unt. 11.) würde angedeutet sein. In beiden Fällen findet sich dies δέ nicht nur nach Konjunctionssätzen, sondern auch nach Relativsätzen (vgl. n. 11) und selbst nach Participien. *)
Beisp. zu 1) Jl. ε, 438 ἀλλ' ὅτε δὴ τὸ τέταρτον ἐπέσσυτο, δεινὰ δ' ὁμοκλήσας προσέφη ἑκάεργος Ἀπόλλων. cf. α, 137. π, 199. Herod. 8, 115. Hes. ε. 297 ὃς δέ κε μήτ' αὐτὸς νοέῃ, — ὁ δ' αὖτ' ἀχρήιος ἀνήρ. — zu 2) An. 5, 5, 22 ἃ δ' ἠπείλησας, ὡς αὐτοὺς ξυμμάχους ποιήσεσθε ἐφ' ἡμᾶς, ἡμεῖς δὲ πολεμήσομεν καὶ ἀμφοτέροις. Thuc. 3, 98 μέχρι μὲν οὖν οἱ τοξόται εἶχον τὰ βέλη, οἱ δὲ ἀντεῖχον. cf. 2, 65, 5. Dem. Cor. 126. — nach Participien: An. 6, 6, 16 χαλεπὸν, εἰ, οἰόμενοι καὶ ἐπαίνου καὶ τιμῆς τεύξεσθαι, ἀντὶ δὲ τούτων οὐδ' ὅμοιοι τοῖς ἄλλοις ἐσόμεθα. Mem. 3, 7, 8. Thuc. 1, 67, 2.

10   Wenn καί und δέ in einem Satze zusammenkommen, so kann καί nur die Bedeutung auch haben; z. B. καὶ οὗτος δὲ παρῆν „aber auch dieser war da." Diese Verbindung wird jedoch auch gebraucht, wo wir und auch sagen. Weil nehmlich καὶ καί unmittelbar hintereinander nicht gesagt werden kann, so vertritt in solchen Fällen das leicht verbindende δέ die Stelle von καί oder unserm und. Z. B. Cyr. 3, 3, 44 νῦν περὶ ψυχῶν τῶν ὑμετέρων ἐςιν ὁ ἀγὼν, καὶ περὶ γυναικῶν δὲ καὶ τέκνων nicht „aber auch" sondern „und auch (und dazu) für Weiber und Kinder." In der gewöhnlichen Sprache steht das Hauptwort, worauf sich das καί bezieht, noch vor dem δέ; in der epischen Sprache hingegen folgen καί δέ immer dicht auf einander: z. B. Jl. ι, 709 καρπαλίμως πρὸ νεῶν ἐχέμεν λαόν τε καὶ ἵππους ὀτρύνων, καὶ δ' αὐτὸς ἐνὶ πρώτοισι μάχεσθαι. Sehr selten, nach einigen zweifelhaft, ist die Verbindung bei Trag., s. Ellendt L. S. v. καί.

11   μέν und δέ sind zwei korrespondirende Partikeln, die unserm zwar — aber entsprechen. Sie werden aber viel häufiger gebraucht als diese deutschen Partikeln, welche immer einen starken Gegensatz verlangen; während jene gesetzt werden, so oft zwei Sätze oder Satztheile in einem korresponsiven Verhältnis zu einander stehn, dessen adversative Beschaffenheit so gering sein kann, daß wir uns höchstens des einfachen aber, oft auch gar keiner Partikel bedienen. So endigt sich oft ein ganzer Abschnitt z. B. so: καὶ ταῦτα μὲν οὕτως ἐγένετο, worauf der andere nothwendig etwa so anfangen muß: τῇ δ' ὑστεραίᾳ κτλ.
Auch können beide Partikeln doppelt stehen, sofern nehmlich einem korrelativisch (d. h. durch Demonstr. und Relativ) ausgeprägten Satze ein zweiter ebensolcher gegenübergestellt wird, z. B. Isocr. pac. 55. οἷς μὲν συμβούλοις χρώμεθα, τούτοις μὲν οὐκ ἀξιοῦμεν στρατηγοὺς χειροτονεῖν, οἷς δ' οὐδεὶς ἂν — συμβουλεύσαιτο, τούτους δ' αὐτοκράτορας ἐκπέμπομεν. 7, 47. 11, 24. Her. 2, 26. Pl. Apol. p. 28 e. X. Hier. 9, 2. Oec. 4, 8. 9, 9. 10.; oder es steht je nach der Beschaffenheit des Satzes bloß zuerst zweimal μέν, oder bloß nachher zweimal δέ, z. B. Her. 1, 113. 2, 121. 50. Dem. Lept. 80. Isocr. 4, 176. 7, 43 c. S. Matth. §. 622, 5. Cob. NL. 437. 488.

11   Enthält das eine Glied eine Negation (οὐ oder μή) im Gegensatz
a. zum andern positiven, so pflegt diese dem μέν- oder δέ nachgestellt zu werden, z. B. Cyr. 1, 4, 10 καὶ τὰ ἀκόντια ἐπεδείκνυε μὲν οὗ, κατέθηκε δὲ ἡματωμένα. cf. An. 4, 8, 2. Thuc. 6, 68 οἱ Σικελιῶται ὑπερφρονοῦσι μὲν ἡμᾶς, ὑπομενοῦσι δὲ οὗ. Oder es treten, wenn das zweite Glied ne-

---

*) S. die Litteratur über den Gegenstand bei Matth. Gr. §. 616. und vgl. Buttm. zu S. Phil. 87. Mid. Exc. XII. Nägelsb. Anm. zu Hom. 255.

girt ift, ftatt δέ, ba biejeß nach unten n. 15a, in ber guten Profa wenig=
ftenß, nicht unmittelbar nach ber (einfachen) Negation geftellt werben barf,
anbere Partifeln, namentlich μέντοι ober μήν ein; z. B. Hell. 5, 4, 29
Ἀγησίλαος ὑπώπτευε μὲν ὧν ἕνεκεν ἐφοίτα, οὐ μέντοι ἠρώτα. cf. An.
2, 6, 19. Mem. 3, 9, 8 (nach οὔτε), Is. Paneg. 15. 68 (οὐ μήν). Findet
außer ber Negation im zweiten Gliebe Einschränkung auf einen gewiffen
Theil ftatt, jo fteht οὐ (μή) μέντοι — γέ, z. B. An. 2, 3, 9 δοκεῖ μὲν
κἀμοὶ ταῦτα, οὐ μέντοι ταχύ γε ἀπαγγελῶ. Pl. Crat. p. 433 οὐκ ἀρέσκει με τὸ φάναι, ὄνομα μὲν εἶναι, μὴ μέντοι καλῶς γε κεῖσθαι; unb
ohne vorherg. μέν: Pl. Prot. p. 312 ἴσως ἂν ἀληθῆ λέγοιμεν, οὐ μέντοι
ἱκανῶς γε. cf. Hell. 5, 4, 13. 4, 3, 19.

Durch μέν unb δέ werben oft, bef. im rhetorifchen Stil, zwei Säte 11
verbunben, wovon ber zweite eigentlich allein in ben Zufammenhang gehört, b.
unb ber erftere bloß vorausgefchickt ift, um alß Kontraft jenen zu he=
ben, z. B. Dem. Ol. II. p. 25 ἀλλ᾽ ἐκεῖνο θαυμάζω, εἰ (baß) Λακεδαιμονίοις μέν ποτε ὑπὲρ τῶν Ἑλληνικῶν δικαίων ἀντήρατε, καὶ ἵνα οἱ
ἄλλοι τύχωσι τῶν δικαίων, τὰ ὑμέτερα αὐτῶν ἀνηλίσκετε εἰσφέροντες,
νυνὶ δ᾽ ὀκνεῖτε ἐξιέναι, καὶ μέλλετε (zögert) εἰσφέρειν ὑπὲρ τῶν ὑμετέρων αὐτῶν κτημάτων. Nicht über baß erftere wunbert fich Demofthenes,
baß bie Athener einft bie Rechte aller Griechen gegen bie Spartaner verthei=
bigten, fonbern bloß über baß zweite, nehmlich baß fie, bie jeneß einft
thaten, nun nicht einmal zur Vertheibigung ihrer eignen Befitzungen baß
nöthige thun wollen; id. Cor. p. 281 αἰσχρόν ἐστιν, εἰ ἐγὼ μὲν τοὺς πόνους ὑπέμεινα, ὑμεῖς δὲ μηδὲ τοὺς λόγους αὐτῶν ἀνέξεσθε. Das erftere
ift lobenßwerth, unb fchänblich nur baß zweite, aber nicht jo für fich allein,
fonbern im Kontraft mit bem erftern. Eur. IT. 115 οὔτοι μακρὸν μὲν
ἤλθομεν κώπῃ πόρον, ἐκ τερμάτων δὲ νόσον ἀροῦμεν πάλιν, beutfch
etwa: „es joll nicht von unß gejagt werben, baß wir eine weite Schiffahrt
gemacht unb am Ziele felbft wieber umgefehrt feien." Daffelbe bleibt auch
wenn man baß Ganze alß mißbilligenbe Frage faßt*).

Diefeß μέν — δέ gibt eine affeftvolle Art, zwei in Einen Satz gehö= 12
rige Begriffe ftatt beß gewöhnlichern τε — καί zu verbinben, fo nehmlich
baß ein Wort beß Satzeß babei wieberholt wirb: z. B. Mem. 2, 1, 32 ἐγὼ
δὲ σύνειμι μὲν θεοῖς, σύνειμι δ᾽ ἀνθρώποις τοῖς ἀγαθοῖς ftatt beß käl=
teren σύνειμι θεοῖς τε καὶ ἀ. τ. ἀ. S. mehr Beifp. biefer rhetorifchen
Wieberholungßform (anaphora) bei Poppo zu Thuc. 1, 85. Unb eben fo
auch ohne μέν im erften Theile, wenn bie gewöhnliche Verbinbungßform
bloß καί haben würbe. S. zu Soph. Phil. 827. Vgl. §. 147 A. 7.

Der Regel nach barf μέν nie ftehn, ohne baß δέ, ober boch eine Par= 13
tifel von ähnlicher Bebeutung (ἀλλά, μέντοι, ἀτάρ ιc.) im folgenben Satze
ihm entfpreche. Inbeffen fehlt zuweilen bie korrefponbirenbe Partifel, unb
zwar 1) wenn auß rebnerifchen Grünben ber folgenbe Satz anberß gefaßt
wirb ober bie Rebe eine Unterbrechung erleibet, z. B. bei Fragen burch bie
Antwort beß anbern: Pl. Charm. 2 παρεγένου μὲν, ἢ δ᾽ ὅς, τῇ μάχῃ;
Παρεγενόμην. Meno. 82b. Eur. Med. 1129. 2) in Aufzählungen, wo bem
πρῶτον μέν beim folgenben Gliebe ein einfacheß ἔπειτα ober εἶτα
entfpricht, z. B. X. Ages. 1, 12 ἑαυτὸν ἐπιδείξας πρῶτον μὲν ὅρκους ἐμ-
πεδοῦντα, ἔπειτα συνθήκας μὴ ψευδόμενον, πάντας ἐποίησε θαρροῦν-
τας. cf. Mem. 1, 4, 11. Aeschin. p. 391. 392. Dem. p. 495. Ebenfo τέως
μέν (§. 116 A. 3a) — εἶτα f. baß Beifp. Hell. 2, 2, 17 in §. 141 Anm. 2.

---

*) Auch bie Lateiner haben biefe Rebensart zuweilen, aber ihrer Syn=
tax gemäß ohne folche Partifeln: Horat. 1 Sat. 2, 84 Quod venale habet,
ostendit, nec, si quid honesti est, Jactat habetque palam, quaerit, quo
turpia celet. — Für Homer vgl. Nägelsb. Anm. 262.

3) in einigen gewöhnlichen Redensarten, wo der Nachsatz als ganz verschwunden anzusehn ist, steht μέν auch bloß (wie quidem) um einen Gegenstand zu isoliren, und alles zu entfernen, was man etwa sonst noch erwarten könnte; so ἐγὼ μέν (equidem Cyr. 2, 2, 10. Dem. Lept. 79) u. b. g. S. Heind. ad Charm. 36. Theaet. 49. 130.

14   Die aus μὲν - δέ entstehende Redensart ὁ μὲν - ὁ δέ (später ὃς μὲν - ὃς δέ) ist bereits §. 126 behandelt. Aehnliche Eintheilungen entstehn mit Hülfe derselben Partikeln für die Adverbial-Beziehungen; und zwar werden nicht bloß die Demonstrativ- und Relativ-Formen, sondern auch die Indefinitiv-Formen so gebraucht: ποτὲ μὲν - ποτὲ δέ (bald - bald; oder einmal - ein andermal); und so auch mit τοτέ und ὁτέ (§. 116). Ferner τῇ μὲν - τῇ δέ oder πῇ μὲν - πῇ δέ (auf eine - auf andere Art), ἔνϑα μὲν - ἔνϑα δέ u. a. Zuweilen stehn solche Formeln ganz ohne Verbum, mit Bezug auf einen vorhergehenden Satz, wo also μέν für sich allein affirmativen Sinn zu haben scheint; z. B. πάντας φιλητέον, ἀλλ' οὐ τὸν μέν, τὸν δ' οὔ wo wir sagen: nicht den einen oder den andern; παρῆσαν οὐχ ὁ μὲν ὁ δ' οὔ, ἀλλὰ πάντες.

15   οὔτε, μήτε· οὐδέ, μηδέ. Beiderlei Formen enthalten die Verneinung in der Verbindung, und entsprechen dem lateinischen neque. Dabei ist für den gewöhnlichen prosaischen Gebrauch dieser Partikeln zunächst folgendes zu merken. 1) Οὐδέ, μηδέ heißen a) und nicht oder auch nicht und dienen dazu, eine fortgesetzte Verneinung als etwas Neues an eine vorhergehende anzuknüpfen, können also in dieser Bedeutung nur nach einer voraufgehenden Negation eintreten; ebenso wenn sie mehrmals hintereinander stehen, da dann das folgende οὐδέ ꝛc. immer die Fortsetzung der vorhergehenden Negation ausmacht*). In Rücksicht auf eine vorangegangene Position heißt und nicht in Prosa immer καὶ οὐ, καὶ μή (et non); — b) nicht einmal, ne - quidem, in welchem Falle es unabhängig von einer vorhergegangenen Negation ist (obwohl eine solche in Gedanken stets supplirt werden muß), in der Regel mitten im Satze steht, und eine nachdrückliche Verneinung irgend eines Satztheils ausmacht**). — Dagegen stehn 2) οὔτε, μήτε eigentlich nur in der Doppelstellung, indem sie die gleichmäßige Verneinung zweier (oder mehrer) Satzglieder, oder auch ganzer Sätze ausdrücken, entsprechen mithin dem deutschen weder - noch, lat. neque - neque, und außer der Negirung dem καί - καί. Sie stehen ebenso wohl ohne voraufgehende Negation, als auch nach Negationen, in welchem letztern Falle sie jedoch keine Fortsetzung derselben enthalten, sondern bloß noch einmal einzelne Glieder innerhalb des bereits negirten Satzes verneinen, wie es auch im Deutschen mit den Partikeln weder - noch geschieht. — 3) Auch ist es möglich daß nach Beschaffenheit der Satzglieder einmal die gerade, das andremal die abhängige Negation eintritt. — 4) Dem lat. neque - et entspricht im Griech. οὔτε - τε, dem et - neque dagegen: τὲ - καὶ οὐ (μή), seltner τὲ - τὲ οὐ (μή). Vgl. 15 b.
     Beisp. Zu 1, a) Dem. Ol. p. 11 οὐ δεῖ δὴ τοιοῦτον καιρὸν ἀφεῖναι, οὐδὲ παϑεῖν ταὐτὸ ὅπερ ἤδη πολλάκις πεπόνϑατε. cf. X. Cyr. 1, 6, 6 (nach οὔτε-οὔτε). Is. Panath. p. 278 ταῦτα δ' εἶπον, οὐ πρὸς τὴν εὐσέβειαν οὐδὲ πρὸς τὴν δικαιοσύνην οὐδὲ πρὸς τὴν φρόνησιν ἀπο-

---

     *) Wo dies nicht der Fall zu sein scheint, d. h. wo dem doppelten οὐδέ (μηδέ) keine Negation vorausgeht, da hat entweder das erste οὐδέ die steigernde Bedeutung (b), und das zweite bildet dann die Fortsetzung der vorhergehenden Negation (s. z. B. Thuc. 1, 142. 7, 21, 3. Dem. Lept. 4), oder das zweite enthält die gesteigerte Verneinung innerhalb eines neg. angeknüpften Satzes (s. das Beisp. zu 1, b).
     **) Wegen οὐδ' εἰ, οὐδ' ἦν, μηδ' εἰ ꝛc. s. oben n. 4.

βλέψας. cf. Lys. 25, 18. Pl. Lach. p. 194 ἔγωγε (ἤκουσα), καὶ οὐ σφόδρα γε μανθάνω ὃ λέγει. Dem. p. 168 ἐρῶ καὶ οὐκ ἀποκρύψομαι. Thuc. 7, 77 ἄνδρες γὰρ πόλις, καὶ οὐ τείχη, οὐδὲ νῆες ἀνδρῶν κεναί. Vgl. X. Hell. 2, 1, 5 (καὶ μή). — Zu 1, b) Cyr. 1, 3, 10 πάντες ἅμα ἐκεκράγειτε, ἐμανθάνετε δὲ οὐδὲ ἐν ἀλλήλων. nach vorherg. Neg.: 7, 2, 20 οὐδὲ γὰρ οὐδὲ τοῦτο ἐψεύσατο. vgl. das folg. Beisp. — Zu 2) An. 3, 1, 15 ἐγὼ μὲν οὔτε καθεύδειν δύναμαι, ὥσπερ οἶμαι οὐδ' ὑμεῖς, οὔτε κατακεῖσθαι ἔτι. Isocr. p. 315 οὕτω βεβίωκα, ὥςε μηδένα μοι, μήτ' ἐν ὀλιγαρχίᾳ μήτ' ἐν δημοκρατίᾳ, μήθ' ὕβριν μήτ' ἀδικίαν ἐγκαλέσαι, μηδ' εἶναι μήτε διαιτητὴν μήτε δικαςήν, ὅςτις κτλ. cf. Thuc. 4, 114, 3. 8, 37, 2. — Zu 3) Dem. Phil. p. 138 τοῦτο μήτε γένοιτο, οὔτε λέγειν ἄξιον. cf. Aeschin. p. 379. — Zu 4) Her. 5, 49 οὔτε γὰρ οἱ βάρβαροι ἄλκιμοί εἰσι, ὑμεῖς τε ἐς τὰ μέγιςα ἀνήκετε ἀρετῆς πέρι. Thuc. 2, 81. An. 1, 1, 8 ἤδη τ' ἦν μέσον ἡμέρας καὶ οὔπω καταφανεῖς ἦσαν οἱ πολέμιοι. Aesch. Sept. 426 θεοῦ τε θέλοντος καὶ μὴ θέλοντος. Thuc. 2, 64 ταῦτα ἐν ἔθει πρότερόν τε ἦν, νῦν τε μὴ ἐν ὑμῖν κωλυθῇ.

Bei Dichtern stehn aber οὐδέ und μηδέ unzähligemal auch nach positiven Sätzen für das einfache und nicht, z. B. Jl. α, 170. 173. 332 (doppelt) 2c. Soph. OC. 124. 663 2c. In den Stellen, wo sie die (ursprüngliche) Bedeutung nicht aber haben (z. B. Od. λ, 324. Jl. ε, 138. Soph. El. 132) müßte eigentlich getrennt geschrieben werden οὐ δέ, μὴ δέ, was jedoch nur selten geschieht, z. B. Herod. 5, 35 πολλὰς εἶχε ἐλπίδας μετήσεσθαι (entlassen zu werden) ἐπὶ θάλασσαν· μὴ δὲ νεώτερόν τι ποιεύσης τῆς Μιλήτου (wenn aber Milet keine Neuerung mache) 2c. App. BC. 3, 39 (οὐ δὲ ὅσιον ἢ ἀνεκτὸν ἐνόμιζον). In der gewöhnlichen Sprache wurden entweder Worte dazwischen gestellt, z. B. Aesch. 1, 45 γέγραφα μαρτυρίαν ἀληθῆ μέν, οὐκ ἀπαίδευτον δέ, oder man brauchte andre Konjunctionen, wie ἀλλά, ἀτάρ, und (s. n. 11 a) οὐ μήν, οὐ μέντοι, οὐ μέντοι-γε Isocr. 4, 15. 187 2c.

Außer diesem gewöhnlichen (dichterischen und prosaischen) Gebrauche kommen noch manche Abweichungen vor, von denen etwa noch folgende als die hauptsächlichsten zu merken sind: 1) Zuweilen muß die Negation zum vorangehenden Theile aus einem nachfolgenden οὐδέ oder οὔτε erst supplirt werden: Thuc. 8, 99 αἱ Φοίνισσαι νῆες οὐδὲ ὁ Τισσαφέρνης τέως που ἧκον. Her. 2, 52. S. Phil. 770 ἑκόντα μήτ' ἄκοντα. Pi. Py. 10, 29 ναυσὶ δ' οὔτε πεζὸς ἰών. — 2) Dichter gestatten sich in der zweitheiligen Gliederung öfters die Weglassung eines τε, also οὔτε-οὐ oder οὐ-οὔτε (st. οὔτε-οὔτε): Eur. Or. 41 οὔτε σῖτ' ἐδέξατο, οὐ λουτρ' ἔδωκε χρωτί. S. Aj. 428. 2c. und in der breittheiligen: Od. δ, 566 οὐ νιφετὸς οὔτ' ἄρ χειμὼν πολὺς οὔτε ποτ' ὄμβρος. Eur. Or. 46. — 3) Fälle, wo dem οὔτε statt des zweiten οὔτε ein Satz mit δέ folgt (Lys. 7, 32. 19, 62. cf. 25, 34) sind anakoluthisch, d. h. aus einer Vermischung der kopulativen Ausdrucksweise (τε) mit der adversativen (δέ) hervorgegangen, wogegen sich die Verbindung τὲ-οὐδέ (S. OC. 367. Eur. IT. 698 ὄνομά τ' ἐμοῦ 2c.) hinlänglich aus dem dicht. Gebrauch des οὐδέ für καὶ οὐ (n. 15 a) erklärt. — 4) Ueber οὔτε-καί bei Spät. s. NT. Gr. 315.

ἀλλά hat den verstärkten Sinn des δέ, lat. sed, dem es zugleich (nach Negationen) auch in der Bedeutung sondern entspricht. An der Spitze des Nachsatzes hebt es noch stärker als δέ (n. 9) den positiven oder negativen Gegensatz zu einem vorhergehenden Satztheil heraus, z. B. Aeschin. p. 424 ἐπειδὴ τοῖς σώμασιν οὐ παρεγένεσθε, ἀλλὰ ταῖς γε διανοίαις ἀποβλέψατ' αὐτῶν εἰς τὰς συμφοράς. cf. Jl. α, 281. θ, 153. Od. ξ, 149. Soph. Trach. 801. — Dabei hat es aber im lebhaften Stil noch einen vielfachen Gebrauch, der bloß durch Uebung erlernt werden kann. Besonders steht es auf abgebrochene und elliptische Art zu Anfang der Sätze (Cyr. 1, 5, 11), der Reden (Lucian. Gall. init.), und selbst ganzer Bücher (Xen. Symp. in.), wo es durch wohlan, oft aber auch gar nicht zu über-

ſeßen iſt. — Eigenthümlich iſt die Verbindung des ἀλλά und γάρ, indem
die abverſative Bedeutung des ganzen Saßes mit einer im Saße liegenden
kauſalen Nebenbeziehung zu Einer Konjunction (ἀλλὰ γάρ) verbunden wird;
z. B. An. 3, 1, 24 ἀλλ᾽ ἴσως γὰρ καὶ ἄλλοι ταῦτ᾽ ἐνθυμοῦνται, μὴ ἀνα-
μένωμεν ἄλλους ἐλθεῖν. Soph. Phil. 81 ἀλλ᾽ ἡδὺ γάρ τοι κτῆμα τῆς
νίκης λαβεῖν τόλμα, wo nach ἀλλ᾽ nicht zu interpungiren, wie Eur. Phoen.
1310 zeigt: ἀλλὰ γὰρ Κρέοντα λεύσσω δεῦρο ϛείχοντα, παύσω τοὺς γόους.
Vgl. Hippol. 51. S. Phil. 874 ꝛc. und die Verbindung von καὶ-γάρ in n. 17.

Die Zuſammenſeßungen οὐ γὰρ ἀλλά, οὐ γάρ τοι ἀλλά, οὐ
μέντοι ἀλλά, οὐ μὴν ἀλλά heben die Negation des vorigen Saßes
noch einmal heraus, und laſſen dann den Gegenſaß mit ἀλλά folgen, z. B.
Ar. Nub. 230 οὐκ ἄν ποθ᾽ εὗρον· οὐ γὰρ ἀλλ᾽ ἡ γῆ βίᾳ ἕλκει πρὸς αὐτὴν τὴν φροντίδα. Wenn keine Negation voraufgeht, ſo ſind ſie ein verſtärktes ἀλλά: gleichwohl, nichts deſto weniger (genau: denn ich meine, ſage
nicht anders als ꝛc.). Z. B. Pl. Meno p. 86 βούλει σκοπῶμεν; Πάνυ μὲν
οὖν· οὐ μέντοι ἀλλ᾽ ἔγωγε ἐκεῖνο ἂν ἥδιϛα τὸ πρῶτον σκεψαίμην gleichwohl aber möchte ich ꝛc. Euthyd. p. 286 c. οὐ γάρ τοι ἀλλὰ θαυμάζω
(bekräftigend). — Die Partikel-Verbindung οὐ μόνον-ἀλλὰ καί (ſelten im
zweiten Gliede bloß ἀλλά) entſpricht dem lat. non solum - sed etiam.

17　　γάρ denn, nachgeſtellt, wie das lat. enim. — Uebrigens hat es einen
ſehr mannichfaltigen elliptiſchen Gebrauch, beſonders in Geſprächen, da man
gewöhnlich kleine Säße, wie „ich glaube es,“ „kein Wunder“ u. dgl. vorher
in Gedanken einſchalten muß. — In Fragen entſpricht es dem auch im Deutſchen nachgeſtellten denn: wer denn? iſt denn —? Cyr. 8, 3, 4 σὺ δέ, ὦ
Κῦρε, πότε κοσμήσῃ; οὐ γὰρ νῦν, ἔφη ὁ Κ., δοκῶ ὑμῖν αὐτὸς κοσμεῖ-
σθαι, ὑμᾶς κοσμῶν; — Nach einem vorhergehenden Demonſtrativ wird
es entweder gar nicht, oder bei größerm Bedürfnis durch nehmlich über-
ſeßt; z. B. Mem. 1, 1, 6 ἀλλὰ μὴν ἐποίει καὶ τάδε πρὸς τοὺς ἐπιτηδείους·
τὰ μὲν γὰρ ἀναγκαῖα συνεβούλευε πράττειν. Vgl. die ähnlichen
Fälle in §. 143, 11. 151. IV, 10.

Ganz analog der Verbindung ἀλλὰ γάρ in n. 16 und der auf S. 468
in der Note behandelten Konſtructionsweiſe, werden, beſ. im hiſtoriſchen
Stil, durch καὶ-γάρ zwei Säße (ein copulativer und ein cauſaler) zu
Einem verſchmolzen, z. B. Thuc. 3, 70 καὶ ἦν γὰρ Πειθίας πρόξενος τῶν
Ἀθηναίων, ὑπάγουσιν αὐτὸν ἐς δίκην. cf. 107, 3. Daſſelbe geſchieht mit
δὲ-γάρ, ſ. z. B. Thuc. 1, 72. 1, 115, 4. 8, 30. — καὶ γάρ ohne zwi-
ſchentretendes Wort entſpricht dem lat. etenim.

18　　οὖν nun, alſo, nachgeſtellt. In der ſehr gewöhnlichen Verbindung
a. μὲν οὖν iſt, wenn ihr kein Saß mit δέ entſpricht, μέν nicht die korreſpon-
ſive Partikel, ſondern aus μήν verkürzt (vgl. n. 27. 29) z. B. in πάνυ μὲν
οὖν, κομιδῇ μέν οὖν allerdings; ſonſt iſt μὲν οὖν (wie μὲν δή) nur ein
verſtärktes und den Uebergang vermittelndes οὖν. — Ἀλλ᾽ οὖν-γε ſ. n. 4.

18　　ἄρα iſt die allgemeinſte birekte Fragepartikel, lat. -ne, z. B. ἆρα τοῦτό
b. με ἐρωτᾷς; — ἆρ᾽ οὐ, nonne, erwartet ja zur Antwort: ἆρ᾽ οὐ τοῦτο
κάλλιϛον; — Die Zuſammenſeßung ἆρα μή verleiht der Frage einen mehr
zögernden Ton: doch nicht etwa, hoffentlich doch wol nicht? (vgl. §. 148,
5.) z. B. Pl. Phaed. p. 103 ἆρα μή που καί σέ τι τούτων ἐτάραξεν ὧν
ὅδε εἶπεν; und mit dem folg. ἄλλο τι ἤ: ib. 64 ἆρα μὴ ἄλλο τι ἢ τὴν
τῆς ψυχῆς ἀπὸ τοῦ σώματος ἀπαλλαγὴν (ἡγούμεθα τὸν θάνατον;) wir
halten ihn doch wohl nicht für etwas anders als ꝛc.

ἄλλο τι ἤ, eine birekte Fragepartikel, die zur Antwort: nichts andres,
b. h. ja erwartet: Pl. Gorg. p. 481 εἰ τυγχάνει ταῦτα ἀληθῆ ὄντα, ἃ λέγεις, ἄλλο τι ἢ ἡμῶν ὁ βίος ἀνατετραμμένος ἂν εἴη; Auch kann ἤ fehlen:
Rep. p. 369 d. ἄλλο τι γεωργὸς μὲν εἷς, ὁ δὲ οἰκοδόμος; nicht wahr,
einer iſt ein Ackerbauer, der andere ein Baumeiſter?

μῶν, entſtanden auß μή οὖν, eigentl. doch alſo nicht? eine Frage‹
part., die meiſt ihren negativen Anflang verliert wie μή (§. 148, 5), und
dann entweder gar nicht oder durch unſer etwa zu überſetzen iſt. S. Phil.
1229 μῶν τι βουλεύει νέον; du ſinnſt doch nicht etwa auf neues? Die
Antwort kann nach Umſtänden bejahend oder verneinend erwartet werden.
Die Zuſammenſetzungen μῶν οὖν und μῶν μή ſind nur Verſtärkungen
der einfachen Partifel, letztere gleich dem ἆρα μή: Plat. Lys. 208 μῶν μή
τι ἠδίκηκας τὸν πατέρα; Mà Δί᾽, οὐκ ἔγωγε. Soph. 250 d.

οὔκουν, οὐκοῦν. Dieſe auß den Part. οὐκ (nicht) und οὖν (alſo) 18
zu einem Wort verſchmolzene Partifel wird je nach der Bedeutung verſchie‹ c.
den betont, und kann in beiderlei Geſtalt ſowohl in Fragen als auch in der
behauptenden Redeform ſtehen. Hieraus erwächſt folgender mehrartiger Ge‹
brauch. Wird ſie

οὔκουν betont, ſo behält ſie in der Regel ihre urſprüngliche Be‹
deutung, ſofern ſie einem negirten Satz die Folgerung hinzufügt: folg‹
lich nicht, nicht alſo, und zwar ſowohl in Fragen (die dann als negirte
eine bejahende Antwort vorausſetzen), als auch in Behauptungsſätzen (in
welchem Fall man ſie auch getrennt geſchrieben findet). Z. B. Eur. Or.
1238 οὔκουν ὀνείδη τάδε κλύων ῥύσει τέκνα; willſt du alſo dieſe Vor‹
würfe hörend deine Kinder nicht retten? ib. 1606: Men. ὅστις δὲ τιμᾷ μη‹
τέρ᾽ Or. εὐδαίμων ἔφυ. Men. οὔκουν (genauer οὐκ οὖν) σύγε „alſo du
nicht". Pl. Phaedr. 275 (Thamus meint, die Menſchen würden vergeßlich
werden durch dieſe Sicherheit und fährt fort): οὔκουν μνήμης ἀλλ᾽ ὑπομνή‹
σεως φάρμακον εὗρες nicht alſo für das Gedächtnis ꝛc. Auch muß man
οὔκουν ſchreiben, wenn es mit erloſchener Folgerung bloß eine nach‹
drückliche Verneinung iſt: wohl nicht, keineswegs, ſchwerlich: S. Phil. 872
οὔκουν Ἀτρεῖδαι τοῦτ᾽ ἔτλησαν εὐπόρως οὕτως ἐνεγκεῖν, ἀγαθοὶ στρα‹
τηλάται. cf. Aj. 1336. Aesch. Prom. 320. — Hievon wird durch den Ton
unterſchieden:

οὐκοῦν, ſofern es mit erloſchener Verneinung nur noch den Be‹
griff der Folgerung bejahend ausdrückt: alſo, nun alſo *), z. B. Soph.
Ant. 91 οὐκοῦν, ὅταν δὴ μὴ σθένω, πεπαύσομαι, alſo werd᾽ ich, wenn
ich nicht mehr kann, aufhören. Pl. Phaedr. 274 οὐκοῦν τὸ μὲν τέχνης τε
καὶ ἀτεχνίας λόγων πέρι ἱκανῶς ἐχέτω. cf. 258 b. al. Und dieſelbe fol‹
gernde Beb. behält es dann auch in Fragen: Cyr. 2, 4, 15 οὐκοῦν σοι δο‹
κεῖ σύμφορον εἶναι τὸ λεληθέναι ἡμᾶς ταῦτα βουλεύοντας; 5, 2, 26. 29. al.
— Mit dieſen Angaben ſtimmt im ganzen die Ueberlieferung in den Ausga‹
ben, wie auch die Meinung der alten Grammatiter, ſ. Herm. zu Vig. n. 261,
Apollon. de conj. p. 496, 9. Phryn. Bekk. p. 57, und von den Neuern beſ.
Bäumlein Part. 191 und die daſelbſt angeführten zahlreichen Beiſpiele.

εἶτα und ἔπειτα heißen beide nachher, hernach, dann. Beide 19
nehmen oft einen ſcheltenden, vorwerfenden Ton an: 1) mit vorausgeſchicktem
Grunde des Unwillens oder der Verwunderung, z. B. Ar. Ach. 311 ταῦτα
δὴ τολμᾷς λέγειν —, εἶτ᾽ ἐγώ σου φείσομαι; und dann (bemungeachtet)
ſoll ich deiner noch ſchonen? 2) die Rede anfangend, mit Bezug auf die
Rede des andern, wie auch wir ſagen: dann willſt du alſo —; kürzer
alſo, itane z. B. Ael. V. H. 1, 34 εἶτα τολμήσεις τὸν υἱὸν ἀποθνήσκοντα
εἰσορᾶν; alſo willſt du es über dich bringen ꝛc. Mem. 1, 4, 11 ἔπειτ᾽ οὐκ
οἴει φροντίζειν (sc. τοὺς θεοὺς τῶν ἀνθρώπων); οἳ πρῶτον μὲν ἄνθρω‹

*) Offenbar iſt dieſe Bedeutung, obwohl der vorigen ſcheinbar entge‹
gengeſetzt, dennoch aus dem erſt erwähnten Gebrauch des οὔκουν in negirten
Fragen (da dieſe ja nur die Bejahung in anderer Form ausdrücken) ent‹
ſtanden. In vielen Fällen kann man daher wirklich zweifelhaft ſein, ob man
οὔκουν als Frage, oder οὐκοῦν ohne Frage ſchreiben ſoll.

πον ὀρθὸν ἀνέςησαν etc. Die Verbindung beider Partikeln mit Participien f. §. 144 A. 13.

20   αὖ (nachgestellt) wiederum, abermals; 2) auf der andern Seite, umgekehrt; 3) ferner, und dann auch.

πρίν 1) als Adverb (wofür auch τὸ πρίν) zuvor; 2) als Konjunction
ehe, bevor, in welchem Fall es, jedoch bei den Attikern selten, auch ἤ zu
sich nimmt. Die Konstr. f. §. 139 n. 41.

νῦν δή eben jetzt, erhält bei den historischen Temp. die Bed. so
eben, kurz vorher (von den Scholiasten erklärt durch ἀρτίως, ὀλίγον ἔμπροσθεν, πρὸ ὀλίγου χρόνου) und tritt dann selbst einem präsentischen
νῦν gegenüber, z. B. Pl. Phaedr. p. 273 οἷς νῦν δὴ διήλθομεν πεισόμεθα
(f. Heind. hiezu).   Legg. p. 683 νῦν δὴ μὲν — οὕτω ταῦτ᾽ ἐτίθεμεν,
νῦν δὲ ἐπιλελήσμεθα; Eur. Hipp. 233 νῦν δὴ μὲν ὄρος βᾶσ᾽ ἐπὶ θήρας
πόθον ἐστέλλου, νῦν δ᾽ αὖ πώλων ἔρασαι.   So wuchsen beide Partikeln
gleichsam zu einem neuen Begriff zusammen (daher die Stellung des μὲν
hinter δή) und wurden theilweis schon von den Alten auch in Ein Wort
geschrieben: νύνδη oder νυνδή. S. Schol. ad Ol. λ, 160. Eust. ad Jl. 174, 5.
Phot. und Suid. s. v. und vgl. Cob. VL. 233.

21   πώ (enkl.) und πώποτε. Der Gebrauch dieser Partikeln beschränkt
sich auf folgende Fälle. 1) Am gewöhnlichsten hängen sie sich den Verneinungen an, und drücken das deutsche noch, lat. dum, aus, οὔπω,
μήπω, noch nicht, nondum, sind aber dann nicht mit den gleichlautenden
epischen Formen zu verwechseln, f. §. 116 A. 6.   Die Form πώποτε hängt
sich selten an das einfache οὐ oder μή, sondern man sagt οὐδεπώποτε,
μηδεπώποτε noch niemals (vgl. §. 70, 1); und zwar steht diese Form
bei älteren Schriftstellern nur in Beziehung auf die Vergangenheit, wogegen
die Form ohne πώ, οὐδέποτε niemals, ganz allgemein und mit allen
Zeitformen gebraucht wird. S. Wolf zu Lept. 76. Lobeck zu Phryn. p. 458.
Sowohl πώ als πώποτε können auch durch andre Worte von der Vernei-
nungspartikel getrennt werden. 2) Außer der Verneinung stehen diese Partikeln nur selten, in der Bed. jemals, bei Fragen, bei Relativis, und
bei den diese letztere Konstruction abkürzenden Participien: Thuc. 3, 45
τίς πω ἐπεχείρησεν; Dem. Phil. I. extr. ὅσα πώποτε ἠλπίσαμέν τινα πράξειν ὑπὲρ ἡμῶν.   Phaed. p. 116 ἅρισος τῶν πώποτε δεῦρο ἀφικομένων.
Auch nach εἴ τις: Ar. Ach. 405 ꝛc.

22   ἔτι allein heißt noch, noch ferner; und mit der Verneinung οὐκέτι,
μηκέτι nicht mehr.

23   μά und νή sind Schwurpartikeln, welche immer den Gegenstand, wobei man schwört, im Akkusativ bei sich haben, z. B. νὴ Δία beim Zeus! —
Der Schwur mit νή ist immer bejahend; der Schwur mit μά hingegen
wird sowohl Bejahungen als Verneinungen beigefügt (z. B. ναὶ μὰ Δία und
οὐ μὰ Δία); wenn er aber allein steht, gilt er bloß als Verneinung: μὰ
Δία nein, wahrlich nicht; nichts weniger. — Die Dorier sagen ναί statt
νή: ναὶ τὼ σιώ An. 6, 6, 34. Hell. 4, 4, 10. und οὐ für μά: οὐ τὼ σιώ
Ar. Lys. 1171 (cf. Dind. ad An. 7, 6, 39), auch bei Trag.: S. OT. 660 οὐ
τὸν πάντων θεῶν θεὸν πρόμον Ἅλιον. 1088 οὐ τὸν Ὄλυμπον.

24   2. Außer diesen gibt es noch eine Anzahl von Partikeln, die
man ehedem Particulae expletivae (σύνδεσμοι παραπληρωματικοί)
nannte, weil sie mehr dazu dienen, wohllautende Fülle zu bewirken
oder dem Satze eine gewisse Färbung zu verleihen. Die deutsche
Sprache ist oft nicht im Stande, solche Partikeln durch ein entsprechendes Wort wiederzugeben, daher es um so nöthiger ist, sich eine
Kenntniß der Grundbedeutung derselben zu verschaffen.

γέ (enflitifch) eigentlich wenigstens, certe (verſtärkt γοῦν), wird na- 25
mentlich gebraucht, 1) ſo oft ein einzelner Gegenſtand, ober ein Theil,
mit Rückſicht auf das Ganze, ober auf die größere Anzahl genannt wird.
Daher hängt es ſich häufig an die pron. person. (ἔγωγε ꝛc.), wodurch man
ſich der Menge der übrigen Menſchen entgegenſtellt; genau: ich für mein
Theil, equidem. — 2) Steht γέ in einem abhängigen Nebenſatze gleich
hinter der Konjunction oder dem Relativ (εἴ γε, ἐπεί γε, πρίν γε, ὅς γε ꝛc.),
ſo erhält dadurch der Nebenſatz ſelbſt, in Rückſicht auf den Hauptſatz, dieſe
ausſchließende oder einſchränkende Bedeutung, z. B. εἴ γε τοῦτο οὕτως ἔχει,
d. h. für dieſen Fall wenigſtens gewiß. — Sonſt merke man die Stellung
betreffend, daß bei Subſt. γέ (nach §. 125, 9. 127 A. 3) gern dem Artikel
und, wenn das Subſt. von einer Präp. abhängt, der Präp. ſich anſchließt:
τῷ γε σῷ λόγῳ, κατά γε τὸν σὸν λόγον; beim Zuſammentreffen mit μέν
und δέ läßt es dieſen ſtets den Vortritt: τὸν δέ γε στρατηγόν, ἐπὶ μέν
γε τὸ ἕπεσθαι. In Sätzen mit einer Beträftigungspartikel (μήν, τοί)
ſteht es in der Regel nicht unmittelbar hinter dieſen, ſondern erſt hinter
einem anderen Worte des Satzes, alſo οὐ μήν — γε, μὴ μέντοι — γε, καὶ
μήν — γε, und ebenſo nach νὴ Δία u. ähnl., z. B. νὴ Δί᾽, εὔχονταί γε
πλουτεῖν (ſ. Pors. Advers. 27). — Ueber γὲ μήν ſ. n. 29.

ἄρα (epiſch ἄρ und ῥά, wovon letzteres enflitiſch) ſteht immer nach 26
andern Wörtern *), und heißt 1) am gewöhnlichſten folglich; 2) wo es
ohne Kraft zu ſein ſcheint, da liegt der Begriff zum Grunde: der Natur
oder der Sitte gemäß, ex ordine, rite, und dient daher als Uebergang zu
einem Satze, der ſich erwarten ließ, bei Homer insbeſondre auch zu Anfange
des Nachſatzes (Jl. δ, 447. ε, 15. 904; vgl. Claſſen hom. Sprachgebr. 30).
3) Nach εἰ, ἐάν u. d. g. heißt es etwa. — Verſchieden iſt die anfangende
Fragepartikel ἆρα, ſ. u. 18 **).

τοί (enflitiſch), eigentlich ein alter Dativ für τῷ (demzufolge), hat meiſt 27
den Sinn einer Beträftigung: doch; in der Verſtärkung: τοιγάρ, τοιγάρ-
τοι, τοιγαροῦν (demgemäß, demnach alſo), welche Formen ſtets vorange-
ſtellt werden. — τοίνυν (nachgeſtellt) wird gebraucht, wenn man in einer
Folgerung u. d. g. fortfährt, gleichſam: „nun ſag ich ferner," nun aber.
Andere Zuſammenſetzungen mit τοί ſind: καίτοι (vorangeſt.), welches
bedeutet: und doch; gleichwohl. — μέντοι (nachgeſt.), entſtanden aus μήν,
ep. μέν, und τοι (vgl. n. 18a) heißt 1) freilich; 2) aber freilich, jedoch,
eine nachdrücklichere Form für δέ, beſonders nach einem voraufgegangenen
μέν ſ. u. 11a. — ἤτοι iſt entweder aus ἤ τοι entſtanden, und wird dann
von Homer gern als einleitende oder Uebergangspart. gebraucht: Jl. α, 68
ἤτοι ὅγ᾽ ὣς εἰπὼν κατ᾽ ἄρ᾽ ἕζετο, auch zu Anfange der Nachſätze, wie
ε, 847. ζ, 201; — oder aus ἤ τοι, in welchem Falle es ein verſtärktes ἤ
iſt, einem andern nachfolgenden ἤ gegenüber, alſo ἤτοι-ἤ (ſehr ſelten
ἤ-ἤτοι, ſ. Schömann Redeth. 200), ſowohl bei Dichtern als auch in Proſa.
— τ᾽ ἄρα, ἤ τἄρα, τ᾽ ἄρ (ſ. §. 29 A. 8.) ein durch τοι verſtärktes ἄρα.

δή (nachgeſt.) eigentlich: jetzt, nun ***); daher es auf allerlei Art zu 28
Vergrößerung der Lebhaftigkeit dient, namentlich bei Aufforderungen und in

---

*) Wenn hie und da ἄρα oder ἄρ᾽ οὖν zu Anfang des Satzes ſteht,
ſo iſt es in Proſa immer in ἆρα zu verwandeln, das in allen ſolchen Fällen bloß eine die Stelle der Behauptung vertretende Frage iſt. S. die
Note zu Plat. Charm. 15. (ed. II).
**) Die attiſchen Dichter können jedoch die Quantität verwechſeln und
ἆρα für folglich, ἄρα als Fragepartikel brauchen; aber die Stellung bleibt
dieſelbe. Vgl. Hermann zu Soph. OC. p. XVI. ss.
***) In dieſer Bedeutung (wofür in Proſa ἤδη gebräuchlich) ſteht es bei
Dichtern auch voran: δὴ γάρ Jl. ρ, 546. δὴ τότε Pind. Ol. 3, 25.

Fragen: $\mathring{\alpha}\gamma\varepsilon\ \delta\acute{\eta}$ wohlan denn, $\mathring{\alpha}\varkappa o\upsilon\varepsilon\ \delta\acute{\eta}\ \nu\upsilon\nu$ so höre denn, $\tau\acute{\iota}\ \delta\acute{\eta}$; was denn? — Von $\mu\grave{\varepsilon}\nu\ \delta\acute{\eta}$ s. n. 18a., $\delta\acute{\eta}\pi o\upsilon$ n. 34.

Nach den Relativis z. B. $\ddot{o}\varsigma\iota\varsigma\ \delta\acute{\eta}$, $\ddot{o}\pi o\upsilon\ \delta\acute{\eta}$, wer, wo es auch sein mag, oder auch: irgend einer, ich weiß nicht wo. Wenn $\pi o\tau\acute{\varepsilon}$ hinzutritt, so schreibt man gewöhnlich in Ein Wort: $\acute{o}\varsigma\iota\sigma\delta\acute{\eta}\pi o\tau\varepsilon$ (§. 80. 116). Auch zu andern Wortarten tritt es wie ein Suffix hinzu, z. B. $\mathring{\varepsilon}\pi\varepsilon\iota\delta\acute{\eta}$, $\delta\eta\lambda\alpha\delta\acute{\eta}$ (offenbar, natürlich), $\nu\upsilon\nu\delta\acute{\eta}$ (s. n. 20).

$\delta\tilde{\eta}\tau\alpha$ (nachgest.), aus $\delta\acute{\eta}$ verlängert, häufig bei Trag., dient wie dieses zur Belebung und Bekräftigung sowohl von Aussagen als Fragen; $o\mathring{\upsilon}\ \delta\tilde{\eta}\tau\alpha$, $\mu\grave{\eta}\ \delta\tilde{\eta}\tau\alpha$ gewiß nicht, $\tau\acute{\iota}\ \delta\tilde{\eta}\tau\alpha\ \mu\acute{\varepsilon}\lambda\lambda\varepsilon\tau\varepsilon$; was zögert ihr noch?

$\delta\alpha\acute{\iota}$ (nachgest.) in der dialektischen Umgangssprache (fast nur bei Plato und Aristoph.), bes. in Fragsätzen mit verwunderndem Ton, gewöhnlich nach $\tau\acute{\iota}$ und in unvollst. Sätzen: $\tau\acute{\iota}\ \delta\alpha\acute{\iota}$; 2c.

29    $\mu\acute{\eta}\nu$ (dorisch $\mu\acute{\alpha}\nu$, episch $\mu\acute{\varepsilon}\nu$ und $\mu\acute{\alpha}\nu$) eine Bekräftigung, immer unmittelbar nach dem hervorgehobenen Worte, fürwahr; 2) aber gewiß, jedoch, z. B. Plat. Soph. 1 $\varkappa\alpha\acute{\iota}\ \mu o\iota\ \delta o\varkappa\varepsilon\tilde{\iota}\ \vartheta\varepsilon\grave{o}\varsigma\ \mu\grave{\varepsilon}\nu\ \mathring{\alpha}\nu\acute{\eta}\varrho\ o\mathring{\upsilon}\delta\alpha\mu\tilde{\omega}\varsigma$ $\varepsilon\mathring{\iota}\nu\alpha\iota$, $\vartheta\varepsilon\tilde{\iota}o\varsigma\ \mu\acute{\eta}\nu$. In beiden Fällen entspricht es genau dem lat. vero. S. Nägelsb. Anm. zu Hom. 153 ff.

Bei Fragewörtern, die auf des Mitredners Verneinung folgen, z. B. $\pi\acute{o}\tau\varepsilon\ \mu\acute{\eta}\nu$; wann denn sonst? $\tau\acute{\iota}\varsigma\ \mu\acute{\eta}\nu$; wer denn sonst? (X. Symp. 3, 13. 4, 23.) daher $\tau\acute{\iota}\ \mu\acute{\eta}\nu$; soviel ist als warum nicht? ja wohl (Phaedr. 273 2c.)

$\gamma\grave{\varepsilon}\ \mu\acute{\eta}\nu$ (ep. $\gamma\grave{\varepsilon}\ \mu\acute{\varepsilon}\nu$) gewiß doch, daher ebenfalls ein kraftvolleres $\delta\acute{\varepsilon}$ (vero), häufig bei Xenophon (Cyr. 1, 2, 2. 6, 20. Ag. 1, 5. 6. 9 etc.) S. Exc. 1. ad Arat. — $\varkappa\alpha\grave{\iota}\ \mu\acute{\eta}\nu$ und wahrlich, beim Widerspruch atqui, und doch. Bei Trag. wird oft eine neu auftretende Person durch den Chor so eingeführt: $\varkappa\alpha\grave{\iota}\ \mu\acute{\eta}\nu\ \acute{o}\varrho\tilde{\omega}\ E\mathring{\upsilon}\varrho\upsilon\delta\acute{\iota}\varkappa\eta\nu$, siehe da kommt Eur.

$\mathring{\eta}\ \mu\acute{\eta}\nu$ (ionisch und episch $\mathring{\eta}\ \mu\acute{\varepsilon}\nu$) ist die gewöhnliche Formel bei Schwüren und Betheuerungen, bald mit dem Indikativ: Pl. Apol. p. 22 $\nu\grave{\eta}\ \tau\grave{o}\nu\ \varkappa\acute{\upsilon}\nu\alpha$, $\mathring{\eta}\ \mu\acute{\eta}\nu\ \mathring{\varepsilon}\gamma\acute{\omega}\ \mathring{\varepsilon}\pi\alpha\vartheta o\nu\ \tau o\tilde{\upsilon}\tau o$ (ich schwöre daß ich das gelitten habe); cf. Anab. 5, 9, 31; bald mit dem Infinitiv abhängig von andern Verbis, wie $\ddot{o}\mu\nu\upsilon\mu\iota\ \mathring{\eta}\ \mu\acute{\eta}\nu\ \delta\acute{\omega}\sigma\varepsilon\iota\nu$ (ich schwöre zu geben); bei neuem Subjekt mit dem acc. c. infin. nach §. 141, 1. z. B. Thuc. 8, 81 $\mathring{\upsilon}\pi\varepsilon\delta\acute{\varepsilon}\xi\alpha\tau o$ $\mathring{\eta}\ \mu\acute{\eta}\nu\ \mu\grave{\eta}\ \mathring{\alpha}\pi o\varrho\acute{\eta}\sigma\varepsilon\iota\nu\ \alpha\mathring{\upsilon}\tau o\grave{\upsilon}\varsigma\ \tau\varrho o\varphi\tilde{\eta}\varsigma$ er versprach, daß es ihnen nicht an Nahrung fehlen sollte.

$o\mathring{\upsilon}\ \mu\acute{\eta}\nu$ 1) jedoch nicht (s. n. 11a); 2) verneinende Betheuerung dem bejahenden $\mathring{\eta}\ \mu\acute{\eta}\nu$ entsprechend, mit dem Indif. (S. Phil. 810 2c.); dagegen beim Opt. $\mu\grave{\eta}\ \mu\acute{\eta}\nu$ ($\mu\acute{\alpha}\nu$) z. B. Jl. ϑ, 512. o, 476. χ, 304.

30    $\vartheta\acute{\eta}\nu$ (enklitisch; den ion. und dor. Dichtern eigen) auch eine Bekräftigung, die aber der Rede ungefähr den Ton gibt, wie wenn wir hinzusetzen: „ich dächte doch"; daher besonders im trotzenden und im spöttischen Sinn: $\mathring{\eta}\ \vartheta\eta\nu$, $o\mathring{\upsilon}\ \vartheta\eta\nu$ doch wol, doch wol nicht. Vgl. n. 34.

31    $\nu\acute{\upsilon}$, $\nu\acute{\upsilon}\nu$ (kurz*) und enklitisch; außer dem ionischen Dialekt nur dichterisch) eigentlich einerlei mit $\nu\tilde{\upsilon}\nu$, wofür es auch zuweilen steht; 2) für $o\mathring{\upsilon}\nu$ also, nun, häufig bei Imperativen (vgl. $\delta\acute{\eta}$); 3) wie unser ja, z. B. $\vartheta\nu\eta\tau\grave{o}\varsigma\ \delta\acute{\varepsilon}\ \nu\upsilon\ \varkappa\alpha\grave{\iota}\ \sigma\grave{\upsilon}\ \tau\acute{\varepsilon}\tau\upsilon\xi\alpha\iota$ auch du bist ja sterblich geboren (Jl. π, 622).

---

*) Da bei Aristoph. $\nu\acute{\upsilon}\nu$ nirgend an einer nothwendig kurzen Stelle steht, die letzte Silbe im Kompos. $\tau o\acute{\iota}\nu\upsilon\nu$ dagegen immer lang ist (Nub. 356. 392. 429. 435. Ran. 321 2c.), so wird bei ihm auch die einfache Partikel als lang angenommen und überall wieder $\nu\upsilon\nu$ geschrieben, wo man sonst (wegen der Länge) das Zeitadverb $\nu\tilde{\upsilon}\nu$ vermuthete, aber offenbar nur das enfl. $\nu\acute{\upsilon}\nu$ gemeint sein konnte (Eccl. 869. Nub. 91. Vesp. 430 2c.) Dasselbe geschieht vielfältig auch bei Trag. (Aesch. Sept. 242. 246. OT. 644. 658 2c.), obwohl diese es auch kurz brauchten (Trach. 92. 71 Aj. 87 2c.). Bei Homer ist $\nu\tilde{\upsilon}\nu$ wie $\nu\acute{\upsilon}$ immer kurz.

πέρ (enklitisch, und vermuthlich entstanden aus πέρι im Sinne sehr, 32 §. 147 A. 5) eigtl. noch so sehr, welche Bedeutung es besonders bei Participien hat, verbindet sich gern mit den Relativen (§. 127 Anm. 9.) und manchen Partikeln, z. B. ὥσπερ gleichwie; εἴπερ wenn denn, wenn ja, siquidem; καίπερ obschon, nur mit dem Particip oder stellvertretendem Abj., bei Dichtern oft, bei Homer fast immer getrennt (§. 144 A. 15.); ἥπερ = ἥ bei Hom. und Herob. (s. Nägelsb. Anm. zu Hom. 228.)

ποτέ (enklit.) irgend einmal; in Fragen bekommt es einen verwun- 33 dernden Sinn: τίς ποτέ ἐςιν οὗτος wer mag das wol sein? Pl. Phaed. p. 78 αὐτὸ τὸ ἴσον μή ποτε (s. §. 148, 5) μεταβολὴν ἐνδέχεται; — Ueber das μήποτε c. indic. bei Spätern in nicht fragenden Sätzen s. die N. Gramm. §. 148, 10.

πού (enklit.) irgendwo; 2) etwa wol; 3) im Gespräch, wenn man 34 etwas halb fragend vorausschickt (doch, doch wol), um nachher auf die Bejahung des andern etwas zu gründen. S. Ind. in Plat. Meno in v. — Dasselbe mit größerem Nachdruck ist δήπου; und wenn halb höhnender Trotz dazu kommt, so daß die entgegengesetzte Behauptung als undenkbar zu erkennen gegeben wird, so heißt es δήπουθεν: Dem. Mid. 95 ἐςάναι γὰρ ἐξέςαι δήπουθεν αὐτῷ denn da stehn, denk' ich, wird er wol dürfen, welches Suffix (θεν) offenbar aus der enklit. Partikel θήν (n. 30) entstanden und nicht mit dem lokalen -θεν (§. 116) zu verwechseln ist. — Das schwächere δῆθεν (vor- und nachgest.), auch δῆθε (Eur. El. 268) scilicet, hat zuweilen ironischen Anstrich: S. Trach. 382. Thuc. 1, 92. 127. 3, 68 c.

§. 150. Noch einige Redensarten. (137)

Οὐχ ὅτι und οὐχ ὅπως. Bei diesen beiden einander entgegenge-setzten Redensarten ist ein Verbum wie λέγω zu suppliren. Folgt nun die Redensart mit ὅτι, so ist der Satz bejahend, z. B. Mem. 2, 9, 8 οὐχ ὅτι μόνος ὁ Κρίτων ἐν ἡσυχίᾳ ἦν, ἀλλὰ καὶ οἱ φίλοι αὐτοῦ (nicht etwa Kr. allein war ruhig c.). Dio C. 42. p. 285 δανειζόμενος οὐχ ὅτι παρὰ τῶν ἰδιωτῶν, ἀλλὰ καὶ παρὰ τῶν πόλεων „nicht nur von Privatleuten, sondern auch von Städten." Wenn οὐχ ὅτι eine Verneinung herbeiführen soll, so muß diese schon im Satze selbst, d. h. in dem eine Negation enthaltenden Prädikate liegen, worauf sie im folgenden Satze noch durch ἀλλ' οὐδέ gesteigert werden kann. Dem. p. 702 οὐχ ὅτι τῶν ὄντων ἀπεστερήμην ἄν, ἀλλ' οὐδ' ἂν ἔζην. Thuc. 2, 97 ταύτῃ δὲ (Scytharum potentiae) ἀδύνατα ἐξισοῦσθαι οὐχ ὅτι τὰ ἐν τῇ Εὐρώπῃ, ἀλλ' οὐδ' ἐν τῇ Ἀσίᾳ ἔθνος ἓν πρὸς ἓν οὐκ ἔστιν κ. τ. λ. Soll aber, wenn das Präd. ein positiver Begriff ist, die Verneinung ausgedrückt werden, so wird οὐχ ὅπως gebraucht, wo also ὅπως (wie) so viel ist als daß nicht. Z. B. Dem. p. 1225 ἡ δὲ γῆ οὐχ ὅπως τινὰ καρπὸν ἤνεγκεν, ἀλλὰ καὶ τὸ ὕδωρ ἐκ τῶν φρεάτων ἐπέλιπεν „die Erde trug nicht nur keine Frucht." Hellen. 5, 4, 34 ἐδίδα-σκον τὸν δῆμον, ὡς οἱ Λακεδαιμόνιοι οὐχ ὅπως τιμωρήσαιντο, ἀλλὰ καὶ ἐπαινέσαιεν τὸν Σφοδρίαν daß die L. nicht nur nicht bestrafen würden c.; mit der Negation auch im zweiten Theile: ib. 2, 4, 14 οὐχ ὅπως ἀδικοῦν-τες ἀλλ' οὐδ' ἐπιδημοῦντες ἐφυγαδευόμεθα lat.: non modo (non) — sed ne - quidem. cf. Thuc. 1, 35. 3, 42.

Seltner, zu gleichem Sinn, waren οὐχ ὅσον und οὐχ οἷον; jenes 2 für οὐχ ὅτι, wenigstens braucht Thukyb. dasselbe mit hinzugefügtem οὐ für die Verneinung 4, 62 οἱ μὲν οὐχ ὅσον οὐκ ἠμύναντο, ἀλλ' οὐδ' ἐσώ-θησαν. Οὐχ οἷον steht für οὐχ ὅπως. Polyb. οὐχ οἷον ὠφελεῖν δύναιτ' ἂν τοὺς φίλους, ἀλλ' οὐδ' αὐτοὺς σώζειν. cf. 1, 20. 75 μὴ οἷον.

Mit μή eingeführt sind ὅτι und ὅπως etwa durch ὑπολάβῃ τις zu 3 ergänzen, ober wie das lateinische ne dicam zu fassen, und sind auf diese Art stärker als die vorigen Redensarten, und beide in verneinendem Sinne; Cyr. 1, 3, 10 μὴ ὅπως ὀρχεῖσθαι ἐν ῥυθμῷ ἀλλ' οὐδ' ὀρθοῦσθαι ἐδύνασθε. ib. 3, 2, 21 οὐκ ἂν ἡμεῖς ἀσφαλῶς ἐργαζοίμεθα, μὴ ὅτι τὴν τούτων, ἀλλ' οὐδ' ἂν τὴν ἡμετέραν sc. χώραν. Mem. 1, 6, 11 καίτοι τόγε ἱμάτιον ἢ τὴν οἰκίαν οὐδενὶ ἂν μὴ ὅτι προῖκα δοίης, ἀλλ' οὐδ' ἂν ἔλαττον τῆς ἀξίας λαβών. cf. Aeschin. p. 382. Lys. 23, 12. Dem. 30, 2.

Wenn μὴ ὅτι nachfolgt, so bekommt diese Redensart noch größeren Nachdruck, und ist alsbann zu fassen durch das lateinische nedum, geschweige: Pl. Crat. p. 427 δοκεῖ σοι ῥᾴδιον εἶναι οὕτω ταχὺ μαθεῖν ὁτιοῦν πρᾶγμα, μὴ ὅτι τοσοῦτον ὃ δὴ δοκεῖ ἐν τοῖς μεγίστοις μέγιστον εἶναι; Phaedr. p. 240. d. ἃ καὶ λόγῳ ἐστὶν ἀκούειν οὐκ ἐπιτερπές, μὴ ὅτι δὴ ἔργῳ. Xen. Hellen. 2, 3, 35 οὐδὲ πλεῖν, μὴ ὅτι ἀναιρεῖσθαι τοὺς ἄνδρας δυνατὸν ἦν. In demselben Sinne braucht Lucian häufig οὐχ ὅπως z. B. Diall. M. 27, 5 οὐδ' ἑστάναι χαμαί, οὐχ ὅπως βαδίζειν ἐδύνατο. cf. Peregr. 38. Piscat. 31 etc.

4   Zuweilen wird durch οὐχ ὅτι ein scheinbarer Einwurf eingeführt, der gleich darauf (gewöhnlich durch ἀλλά) widerlegt wird; vollständig: das ist mir nicht im Wege, daß —, aber. Folgt keine Wiberlegung, so heißt οὐχ ὅτι obgleich. S. Heind. ad Plat. Lys. 37. Prot. 66.

ὅτι μή (nach Neg.) ausgenommen: Dem. 59, 39. Pl. Phaed. p. 67 a. Crito p. 52 b. Thuc. 4, 26; oft bei Herodot und den Spätern.

5   τὸ δὲ —. Eine elliptische Redensart, welche schwer zu ergänzen ist, und einen dem bisher gesagten entgegengesetzten Satz einführt, ungefehr wie unser da doch; z. B. Theaet. p. 157 οὐχ ὅτι ἠναγκάσμεθα χρῆσθαι αὐτῷ· τὸ δ' οὐ δεῖ οὔτε τι συγχωρεῖν οὔτε etc. Apol. p. 23 a. Soph. 244 a.

6   τὶ hat oft einschränkende Bedeutung: einigermaßen, in irgend etwas. — Daher οὔ τι, μή τι gar nicht: welche Verbindungen aber wieder getrennt werden, z. B. χερείων, οὔτ' ἄρ φρένας, οὔτε τι ἔργα Jl. α, 115. — Von ber Tmesis mit diesem τι (ὑπό τι) f. §. 147 A. 7.

μή τι γε, μή τι γε δή geschweige denn, nedum (wahrscheinlich entstanden aus μὴ ὅτι f. n. 3): Dem. Ol. 2, 23. Androt. 45. 53.

τί was? und warum? (quid?) dient zu vielen kurzen elliptischen Wendungen in der Umgangssprache, z. B. τί γάρ; quid ergo ober quid enim? in Beweisführungen; — τί δέ; wie ferner? als Uebergang zu einer neuen Materie; — τί οὖν δή; wie nun? τί μή; quidni? warum sollte es nicht? — Von τί μήν; f. §. 149 n. 29., τί δέ, εἰ μή — γέ §. 151, IV. 8.

7   οὐ περί elliptisch: Thuc. 4, 63 ἢν ἄλλοις ὑπακούσωμεν, οὐ περὶ τοῦ τιμωρήσασθαί τινα (sc. λόγος ἔσται) ἀλλὰ καὶ φίλοι τοῖς ἐχθίσοις ἂν γιγνοίμεθα „von Rache gar nicht zu reden, sondern wir werden sogar ꝛc." Anders Herm. Op. IV, 42.

8   ὅσον οὐ(κ) ober ὁσονού(κ) beinahe, fast, z. B. Thuc. 1, 36 ἐς τὸν μέλλοντα καὶ ὁσονοῦ παρόντα πόλεμον den bevorstehenden und beinahe gegenwärtigen Krieg. Zur Ergänzung muß man sich benken: es fehlt nur gerade noch soviel als nöthig ist, um nicht ein gegenwärtiger Krieg zu sein. Eur. Hec. 143 ἥξει δ' Ὀδυσεὺς ὅσον οὐκ ἤδη. App. BC. 3, 32. — Ebenso μόνον οὐ (μονονοῦ), wie im Lat. tantum non; f. Pape.

τοσούτῳ — ὅσῳ beim Komp. und Superl. heißen je — desto. Doch steht ὅσῳ ober ὅσῳ καί oft allein beim zweiten Gliede: Thuc. 2, 47 αὐτοὶ μάλιστα ἔθνησκον, ὅσῳ καὶ μάλιστα προσῇσαν (um so mehr als).

Auch werden mit dem Neutr. ὅσον und ὅσα noch manche elliptische Wendungen gemacht, z. B. ὅσον καθ' ἡμᾶς so viel in unsern Kräften steht, ὅσον τ' ὀργυιάν, ὅσον εἴκοσι ungefehr. Jl. ι, 354 οὐκ ἐθέλεσκε μάχεσθαι, ἀλλ' ὅσον ἐς Σκαιάς τε πύλας καὶ φηγὸν ἵκανεν (nur). Thuc. 1, 111 τῆς μὲν γῆς ἐκράτουν, ὅσα (sc. κρατεῖν ἐδύναντο, f. §. 143 A. 3)

μὴ προϊόντες πολὺ ἐκ τῶν ὅπλων. cf. 4, 16. — Von ben Redensarten
θαυμαςὸν ὅσον, πλεῖσϑ᾽ ὅσα ꝛc. f. §. 151, I, 5.

ὅσαι ἡμέραι, zsgz. ὁσημέραι, täglich (z. B. Pl. Charm. p. 176), unb
ebenso ὅσα ἔτη Xen. Ath. 3, 4. ὅσοι μῆνες Dem. 24, 142.

ἐφ᾽ ᾧ für ἐπὶ τούτῳ ὅ ober ὡς d. h. unter ber Bedingung baß, 9
z. B. λέξω σοι ἐφ᾽ ᾧ σιγήσει ich will birs fagen unter ber Bedingung baß
bu schweigest. — ἐφ᾽ ᾧτε ist baffelbe, für ἐπὶ τούτῳ ᾧτε: Her. 8, 4 πείθουσι Θεμιςοκλέα, ἐπ᾽ ᾧτε ποιήσονται τὴν ναυμαχίαν. Beide Verbinbungen haben aber gewöhnlicher ben Infinitiv bei sich, z. B. Xen. Hell.
2, 3, 11 οἱ τριάκοντα ᾑρέϑησαν ἐφ᾽ ᾧτε ξυγγράψαι νόμους. Ag. 4, 1
(nom. c. inf.) πῶς ἂν οὗτός ἐθέλοι τὰ ἀλλότρια ἀποςερεῖν, ἐφ᾽ ᾧ κα-
κόδοξος εἶναι; Hell. 2, 2, 20 (acc. c. inf.) οἱ Λακεδαιμόνιοι ἐποιοῦντο
εἰρήνην, ἐφ᾽ ᾧ τὰ μακρὰ τείχη καθελόντας (sc. τοὺς Ἀθηναίους) ἔπε-
σθαι τοῖς Λακ. — Vgl. §. 141, 1. 3. 142, 4.

ἔςτε (nicht ἔς τε, benn es steht für ἐς ὅτε) bis, so lange als. Die 10
Verbindung mit ben versch. Mobis f. §. 139 C. Erst bei Späteren werden
sowohl ἔςτε wie bas gleichbeb. μέχρι nach Anal. ber Partikeln in §. 140, 4
auch mit bem Infinitiv verbunben, z. B. Arr. 4, 7, 1. 5, 9, 3. 16, 1. App.
BC. 1, 46. 3, 24 al.

οἷός τε (οἷόςτε) heißt von Personen: im Stanbe, von Sachen:
möglich, z. B. οἷός τέ ἐςι πάντ᾽ ἀποδεῖξαι er ist im Stanbe alles aus-
zuführen; ἀλλ᾽ οὐχ οἷόντε τοῦτο bas ist nicht möglich.

οὐδὲν οἷον eig. „nichts ist bem zu vergleichen, wenn —" (il n'y a 11
rien de tel); z. B. Dem. Mid. p. 529 ἀνάγνωθι τὸν νόμον· οὐδὲν γὰρ
οἷον ἀκούειν αὐτοῦ τοῦ νόμου d. h. nichts beffer, als wir hören bas Gesetz selbst. Pl. Gorg. p. 481 οὐδὲν οἷον τὸ αὐτὸν ἐρωτᾶν. Ar. Lys. 135
οὐδὲν γὰρ οἷον (absol.).

ἄλλος steht oft mit seinem Subst. im Gegensatz zu anbern genannten, 12
aber verschiebenartigen Gegenständen wo mir bas Adj. anberer weglaffen.
Z. B. Pl. Gorg. p. 473 εὐδαιμονίζεται ὑπὸ τῶν πολιτῶν καὶ τῶν ἄλλων
ξένων. — Der Gebrauch von ἄλλος ἄλλο, ἄλλοθεν ἄλλος ꝛc. entspricht bem
lat. alius aliud, beutsch: ber eine bies, ber anbre jenes. Von ber Konstr.
mit bem Plural hiebei f. §. 129 A. 12.

ἄλλο wirb mit ber Verneinung ober ber Frage zur Verstärkung ber
Behauptungen gebraucht, wobei gewöhnlich bie Auslaffung eines allg. Verbalbegriffs wie ποιεῖν ꝛc. (vgl. bas lat. nil aliud quam, unb §. 151 IV, 8)
statt finbet: Cyr. 1, 4, 24 οὐδὲν ἄλλο ἢ τοὺς πεπτωκότας περιελαύνων
ἐθεᾶτο er that nichts als ꝛc. Thuc. 7, 75 οὐδὲν γὰρ ἄλλο ἢ πόλει ἐκπεπο-
λιορκημένῃ ἐῴκεσαν. Mem. 2, 3, 17 τί γὰρ ἄλλο ἢ κινδυνεύσεις ἐπιδεῖξαι,
σὺ μὲν χρηςτός — εἶναι κ. τ. λ.; in welchem Zusammenhang, wenn bas ἄλλο
apostrophirt wirb, es gewöhnlich noch ben Accent verliert, z. B. Plat.
Apol. p. 20 d. δι᾽ οὐδὲν ἀλλ᾽ ἢ διὰ σοφίαν τινὰ τοῦτο τὸ ὄνομα ἔσχηκα.
Phaedr. p. 231 d. ὥστε οὐδὲν ὑπολείπεται ἀλλ᾽ ἢ ποιεῖν προθύμως ὅ,τι
ἂν αὐτοῖς δοκῇ. Meno. p. 76 ὅτι οὐδὲν ἀλλ᾽ ἢ ἐπιτάττεις. Aeschin.
Tim. p. 22, 9 δωροδοκεῖ, ὥστε μηδὲν ἀλλ᾽ ἢ τὰς αἰσχύνας αὐτῷ περιεῖναι. Doch finbet man auch ἄλλ᾽ betont; f. n. 13.

ἀλλ᾽ ἤ nimmt in manchen Verbinbungen, aber gleichfalls immer nur 13
nach negativen ober gleichbebeutenben Frage-Sätzen, auch bie Bebeutung an:
nisi, als nur, ausgenommen, z. B. Ar. Ran. 1073 οὐκ ἠπίςαντ᾽ ἀλλ᾽
ἢ μᾶζαν καλέσαι καὶ ῥυππαπαῖ εἰπεῖν. In ben meisten Fällen aber tritt
vor biesem ἀλλ᾽ ἤ eine Verkürzung bes Gebankens ein, bie sich burch Worte
nicht ergänzen läßt; z. B. Isaeus 10, 12 (p. 261) ὁ νόμος οὐκ ἐᾷ τῶν τῆς
ἐπικλήρου κύριον εἶναι, ἀλλ᾽ ἢ τοὺς παῖδας — κρατεῖν τῶν χρημάτων.
cf. X. Oec. 2, 13. Pl. Phaedr. p. 258 τίνος μὲν οὖν ἕνεκα κἄν τις, ὡς

εἰπεῖν, ζῴη, ἀλλ᾽ ἢ τῶν τοιούτων ἡδονῶν ἕνεκα; Ar. Acharn. 1112. Noch schwieriger wird die grammatische Vervollständigung des Gedankens, wenn dem ἀλλ᾽ ἤ auf pleonast. Weise noch ein anderes ἄλλος ꝛc. vorhergeht; z. B. Plat. Apol. p. 34. Τίνα ἄλλον λόγον ἔχουσι βοηθοῦντες ἐμοί, ἀλλ᾽ ἢ ὀρθόν τε καὶ δίκαιον; cf. Phaed. p. 81 b. 68 b. Dem. p. 982. Daß der Ausdruck bemungeachtet aus der ursprünglichen Verbindung von ἄλλο ἤ entstanden, dessen Accent durch den häufigen partikelartigen Gebrauch sich abschwächte, zeigt Klotz zu Devar. II. p. 31 sqq.

14 τἄλλα für τὰ ἄλλα, im Übrigen, sonst, z. B. ἔςιν ἄπαις, τἄλλα εὐδαιμονεῖ. Ferner τά τε ἄλλα und im folgenden Satze καί, wie im übrigen — so insbesondere auch, z. B. τά τε ἄλλα εὐδαιμονεῖ, καὶ παῖδας ἔχει κατηκόους αὐτῷ. — Daher kommt die elliptische Redensart τά τε ἄλλα καί oder adverbial: ἄλλως τε καί: unter andern, insbesondere, z. B. Pl. Phaedr. p. 234 φαίνεται ὁ λόγος ὑπερφυῶς τά τε ἄλλα καὶ τοῖς ὀνόμασιν εἰρῆσθαι. cf. Her. 5, 62.

15 ἀμφότερον steht bei Dichtern adverbial (oder elliptisch) wo wir sowohl — als auch (in alterthümlicher Sprache auch im Deutschen beide) sagen, z. B. Jl. ν, 165 χώσατο δ᾽ αἰνῶς ἀμφότερον νίκης τε καὶ ἔγχεος, ὅ ξυνέαξεν. — Damit kommt in Prosa überein, wenn der Acc. ἀμφότερα zwei vorhergehende in einem andern Kasus stehende Bestimmungen zusammenfaßt, z. B. διαφέροντες ἢ σοφίᾳ ἢ κάλλει ἢ ἀμφότερα (Heind. ad Charm. 2); und ebenso in einem oder dem andern Falle θάτερα, z. B. Pl. legg. p. 765 e. ἔστω παίδων γνησίων πατήρ, μάλιστα μὲν υἱέων καὶ θυγατέρων, εἰ δὲ μή, θάτερα. Vgl. §. 131, 8 a.

16 καὶ ταῦτα, und zwar, und noch dazu: Luc. D. Deor. 8 τηλικαύτην παρθένον ἐν τῇ κεφαλῇ ἔθρεψας, καὶ ταῦτα ἔνοπλον eine so stattliche Jungfrau (Pallas) hast du im Kopfe gehabt, und noch dazu bewaffnet! Auch flektirt: καὶ οὗτοι, καὶ τούτων ꝛc. An. 2, 5, 21. Her. 6, 11.

17 αὐτὸ δείξει, αὐτὸ δηλώσει, σημανεῖ die Sache selbst wirds zeigen, die That wirds lehren, Pl. Hipp. maj. 288 b. Dem. 19, 157.

πρὸ τοῦ oder προτοῦ, vordem, früher (πρὸ τούτου oder ἐκείνου τοῦ χρόνου), s. zu Plat. Alcib. I. 14.

τοῦ λοιποῦ (sc. χρόνου) künftighin (vgl. §. 132, 14.) — τὸ λοιπόν oder λοιπόν von nun an, bei Späteren auch folglich, ceterum.

18 πολλοῦ δεῖ Impers. mit folg. Inf. (ohne τοῦ), es fehlt viel daran. Dafür steht personal πολλοῦ δέω, ich bin weit entfernt, z. B. λέγειν τοῦτο (s. §. 151. I, 7). Den inf. absol. πολλοῦ δεῖν s. §. 140 A. 4. — Das Gegentheil ist: μικροῦ oder ὀλίγου δεῖ, δέω, δεῖν non multum abest quin, beinahe; ὀλίγου δέω εἰπεῖν, ich möchte fast sagen. S. Rehd. Ind. zu Demosth. unter δέω. — Oft steht auch ὀλίγου oder μικροῦ allein in diesem Sinne, Pl. Phaedr. p. 258 e. Thuc. 4, 124. 8, 35. Cyr. 1, 4, 8.

19 μᾶλλον δέ, allein stehend, muß immer übersetzt werden oder vielmehr. — μάλιςα μέν (in Bezug auf ein folgendes εἰ δὲ μή): am besten wär᾽ es, wo möglich, eigentlich zwar, z. B. καταγιγνώσκετε αὐτοῦ μάλιςα μὲν θάνατον, εἰ δὲ μη, ἀειφυγίαν verurtheilet ihn, am besten wär᾽ es zum Tode, wo nicht, zur ewigen Verweisung. Dem. 25, 92. Isocr. 5, 120.

Hiemit stimmt überein μάλιςα, wenn es, Fragewörtern beigegeben, die bestimmteste Angabe verlangt: πόσοι μάλιςα, wieviel denn eigentlich? Bei Zahlen aber drückt es nicht etwa die höchstmögliche (s. z. B. Thuc. 1, 18), sondern wie das lat. admodum nur die muthmaßliche oder wahrscheinliche Höhe derselben aus (gewiß, gut und gerne), daher auch öfters πῇ, πού u. b. g. beigefügt ist. S. Popp. zu Thuc. 1, 13.

πώμαλα (entstanden aus πῶς μάλα; nicht, wie die Grammatiker annehmen, aus dem seltnen Dorismus πῶ st. πόθεν), ursprünglich: wie doch? daher: keinesweges (Dem. 19, 51).

ἄληθες, so mit zurückgezogenem Ton (§. 115 A. 2a), eine ironisch 20 fragende Erwiederung bei attischen Dichtern: itane? wirklich? S. Brunck. ad Ar. Ran. 840. Ellendt L. Soph. s. v.

ὤφελον (unattisch ὄφελον) mit folg. Inf., wird flektirt: ich hätte sollen; und hat wünschende Kraft, theils allein, z. B. μήποτ' ὤφελον λιπεῖν τὴν Σκῦρον hätte ich doch Sk. nie verlassen S. Phil. 969., theils mit ὡς oder mit εἴθε, εἰ γάρ (utinam): ὡς ὤφελες παρεῖναι wärest du doch da gewesen! εἰ γὰρ ὤφελον θανεῖν o daß ich gestorben wäre! Erst bei Spätern wird es inflexible Konjunction. S. §. 139 n. 8. u. 13.

ἀμέλει sei unbesorgt: daher 1) eine Versicherung: ohne Zweifel, zuverlässig, gewiß. 2) Bestätigung eines allgemeineren Satzes durch einen besondern: und wirklich.

ἔςι steht vor den Relativis aller Gattungen auf folgende Art: ἔςιν 21 ὅτε est cum, d. h. zuweilen, ἔςιν ὅς est qui, d. h. jemand. So steht es selbst vor dem Plural, z. B. καὶ ἔςιν οἳ αὐτῶν ἐτιτρώσκοντο einige von ihnen wurden verwundet; ἔςιν οἷς οὐχ οὕτως ἔδοξεν einigen hat es nicht so geschienen. (Doch sagte man auch εἰσὶν οἵ: Thuc. 1, 23). Mit ἦν: Xen. Anab. 1, 5, 7 ἦν δὲ τούτων τῶν ϛαθμῶν οὓς πάνυ μακροὺς ἤλαυνεν einige dieser Tagereisen machte er sehr lang. cf. Hell. 3, 1, 7. 7, 5, 17. — Diese Redensart warb nachher ganz wie Ein Wort angesehen, und so in die Rede verschlungen, z. B. εἰ γὰρ ὁ τρόπος ἔςιν οἷς δυσαρεςεῖ denn wenn die Art einigen misfällt; κλέπτειν δὲ ἐφῆκεν ἔςιν ἃ gewisse Dinge (Xen. Laced. 2, 6); οὕσπερ εἶδον ἔςιν ὅπου irgendwo; ἔςι παρ' οἷς bei einigen (Thuc. 1, 23); in or. obl. ἔςι δ' οὕς (Subj.) Isocr. 12, 241; als Frage: Mem. 1, 4, 2 ἔςιν οὕςτινας ἀνθρώπους τεθαύμακας ἐπὶ σοφίᾳ; hast du wol schon gewisse Menschen ihrer Weisheit wegen bewundert?

οὐκ ἔςιν ὅπως es ist unmöglich, undenkbar; Dem. Ol. p. 13 ἡ φιλο- 22 πραγμοσύνη, ὑφ' ἧς οὐκ ἔςιν ὅπως ἡσυχίαν σχήσει die Sucht nach Händeln, vor welcher er durchaus nicht ruhig bleiben kann.

ἔςιν, ἔξεςιν, ἔνεςι, πάρεςι πράττειν (mit dem Dativ der Person 23 oder allgemein) heißen alle: man kann. Aber ἔνεςι geht auf die physische Möglichkeit (es ist möglich), ἔξεςιν auf die moralische (es ist erlaubt, man darf); ἔςι steht unbestimmt zwischen beiden (es geht an, läßt sich thun), und πάρεςιν ebenfalls, nur daß dies noch den Begriff der Leichtigkeit hinein bringt „es liegt ihm da" das heißt „er kann ohne Umstände, ohne Hindernisse." Wenn ἔξεςιν und ἔνεςι verwechselt werden, so geschieht es bloß aus rednerischen Ursachen, wie auch wir stärker sagen, es ist mir nicht möglich, für ich darf nicht; und, es ist mir vergönnt, für: es ist mir möglich. [Anders Krüger zu Xen. An. VII. 6. 16.]

ὡς ἔνι. In dieser Redensart steht ἔνι (nach §. 117, 3, 2) für ἔνεςι 24 es ist möglich; daher vor Superlativen ὡς ἔνι μάλιϛα so sehr als möglich.

ἐν τοῖς. Wenn diese Worte vor einem Superlativ stehen, so heißen sie omnium, unter allen, vor allen, z. B. Thuc. 1, 6 ἐν τοῖς πρῶτοι Ἀθηναῖοι τὸν σίδηρον κατέθεντο, die Athener legten von allen am ersten die Waffen nieder; Pl. Crit. p. 43 τοῦτο ἐγὼ ἐν τοῖς βαρύτατα ἂν ἐνέγκαιμι das würde ich unter allen am härtesten fühlen. — Wenn man diese Redensart auflösen will, so ist jedesmal nach ἐν τοῖς ein Particip zu suppliren, das sich aus der folgenden Rede ergibt, also im ersten Beispiel ἐν τοῖς παροῦσιν, im zweiten ἐν τοῖς βαρέως φέρουσιν αὐτό. Man muß sich also hüten, in den Fällen wo der Superlativ ein Adverb ist, wie hier im zweiten, so zu konstruiren: ἐγὼ τοῦτο ἂν ἐνέγκαιμι ἐν τοῖς βαρύτατα φέρουσιν αὐτό, welches ein schwächerer Sinn wäre („ich würde einer von denen sein, die es am härtesten fühlen") und unrichtig ist, wie die Fälle zeigen, wo dies nicht angeht, wie ἐν τοῖς πρῶτοι. — Diese (von Thukyd. und Plato häufig angewandte) Formel ἐν τοῖς wurde allmählich wie ein neutraler den Superlativ verstärkender Zusatz betrachtet, und tritt dann selbst vor das Femininum, z. B. Thuc. 3, 17 ἐν τοῖς πλεῖσαι νῆες ἅμ᾽ αὐτοῖς ἐγένοντο. ib. 81 ἡ σάσις ἐν τοῖς πρώτη ἐγένετο, am gewöhnlichsten aber vor das Adverb μάλισα, z. B. Pl. Symp. p. 173 ἐρασῆς ἦν (sc. Σωκράτους) ἐν τοῖς μάλισα τῶν τότε. cf. Crit. p. 52 a. Theaet. 186 a. Ganz ebenso verhält sichs mit der Verstärkung πάντων μάλισα am allermeisten, z. B. nach einem Fem.: Thuc. 4, 52 τάς τε ἄλλας πόλεις καὶ πάντων μάλισα τὴν Ἄντανδρον.

25　　　οἱ ἀμφί oder οἱ περί mit dem Akk. eines nom. propr., z. B. οἱ ἀμφὶ Ἄνυτον, heißt nicht bloß „die welche um ihn waren," sondern: Anytus mit seinem Anhange, mit seinen Gefährten ꝛc., οἱ ἀμφὶ Θαλῆν Thales und andere damalige Weise seiner Art (Pl. Hipp. maj. 2). Die Attiker bedienen sich dieses unbestimmten Ausdrucks selbst da, wo sie vorzugsweise nur von der einen Person reden wollen. So heißt οἱ ἀμφὶ Εὐθύφρονα (Pl. Cratyl. p. 400) nur Euthyphron, doch mit Andeutung, daß auch wol andere zu seiner Partei und Meinung gehören; οἱ ἀμφὶ Θεμιςοκλέα (Meno. extr.) „die Themistokleße;" οἱ περὶ Κέκροπα (Mem. 3, 5, 10) nur Kekrops. — Plutarch (Pomp. 59) sagt sogar οἱ περὶ Λέντλον, ὑπατεύοντες ἤδη als L. Konsul war. S. Ellendt zu Arr. 6, 27, 9.

26　　　εἰ μὴ διά mit dem Akkus. wörtlich: wenn nicht wegen; daher z. B. καὶ ἀπέθανεν ἂν εἰ μὴ διὰ τὸν κύνα er wäre umgekommen, wenn sein Hund nicht gewesen wäre. Thuc. 2, 18 ἐδόκουν ἐπελθόντες ἂν διὰ τάχους πάντα καταλαβεῖν, εἰ μὴ διὰ τὴν ἐκείνου μέλλησιν. Vgl. die positive Ausdrucksweise mit διά in dem Beisp. aus Demosth. §. 139 n. 12 b.

27　　　μεταξύ unter, zwischen. Diese Partikel pflegt als Adverb vor einem Particip auf diese Art zu stehn: μεταξὺ ἀναγιγνώσκων beim Vorlesen (Pl. Phaedr. p. 234); μεταξὺ δειπνοῦντα ἐφόνευσεν αὐτόν während er speiste (inter cenandum); Pl. Apol. p. 40 πολλαχοῦ με ἐπέσχε λέγοντα μεταξύ. Ebenso auch vorm gen. absol. nach §. 145 A. 5.; bei Lucian (wie das folgende ἅμα) auch vor dem Dat. des Part. z. B. Pisc. 38.

　　　ἅμα und im Nachsatze καί; z. B. ἅμα ἀκηκόαμέν τι καὶ τριηράρχους καθίζαμεν Dem. so wie wir etwas erfahren haben, alsbald ernennen wir Schiffshauptleute; cf. Her. 1, 112. An. 5, 2, 14. Isocr. p. 73. Auch wie μεταξύ mit einem Particip, z. B. Pl. Prot. p. 335 ἅμα ταῦτ᾽ εἰπὼν ἀνέςη so wie er dies gesagt hatte ꝛc. Die Konstr. mit dem Particip im Dativ s. §. 145 Anm. 5., mit gen. absol.: Hell. 7, 1, 20. Anab. 2, 4, 5.

28　　　πολλάκις hat, in Voraussetzungen und Fragen, die Bedeutung etwa, forte; z. B. Pl. Lach. p. 194 ζητοῦμεν, εἰ ἄρα πολλάκις αὐτὴ ἡ καρτέρησίς ἐςιν ἀνδρία. S. Heind. ad Phaedo. 11. Ind. ad Meno. in v.

29　　　ὁ ἀεί. Wenn diese Redensart vor Participien steht, so heißt ἀεί jedesmal, z. B. ὁ ἀεὶ ἠδικημένος, der welcher jedesmal (d. h. so oft die Voraussetzung eintrifft) Unrecht erlitten; ὁ ἀεὶ ἄρχων der jedesmalige Archont. So auch bei Substantiven, Adjektiven und in allg. Relativsätzen, z. B. διαμιλλᾶσθαι τοῖς ἀεὶ δεσμώταις, θηρεύεσθαι τῷ ἀεὶ ἡδίςῳ Plat., ὅτῳ ἂν ἀεὶ ἐντυγχάνω ὑμῶν Apol. p. 29 etc.

30　　　αὐτίκα hat bei Att. zuweilen die besondere Bedeutung zum Beispiel (eigtl.: um sofort ein Beispiel anzuführen) wie Lys. 19, 46 αὐτίκα Ἰσχομάχῳ, ἕως ἔζη, πάντες ᾤοντο εἶναι πλέον ἢ ἑβδομήκοντα τάλαντα. cf. ib. 63. 30, 20. Ar. Plut. 130. Pl. Prot. p. 359 e. X. Hier. 2, 7.

31　　　ἀρξάμενος z. B. ἀπὸ σοῦ ἀρξάμενος vor allen oder zunächst du. In dieser Redensart schließt sich das Particip immer an den Hauptgegen-

stand an, von dem die Rede ist. Z. B. Pl. Gorg. p. 471 ἔςιν ὅςτις Ἀθηναίων, ἀπὸ σοῦ ἀρξάμενος, μᾶλλον δέξαιτ᾽ ἂν δοῦλος γενέσθαι ἢ δεσπότης; ist wol einer unter den Athenern, dich vor allen mit gezählt, der lieber
Sklav wäre als Herr? Rep. p. 366 πάντες οὗτοι ἀπὸ τῶν ἡρώων ἀρξά-
μενοι οὐδεὶς πώποτε ἔψεξεν ἀδικίαν. S. Ind. ad Meno. in v., Heind. ad
Alcib. I. p. 104. — Das Gegentheil ist
τελευτῶν, kann in der Regel durch das Adverb zuletzt übersetzt 32
werden, Cyr. 1, 6, 19 (vom Jäger) ἦν δὲ πολλάκις ψεύδηται τὰς κύνας,
τελευτῶσαι οὐδ᾽ ὁπόταν καλῇ πείθονται.

ἄγων, φέρων, ἔχων, λαβών werden alle bei Dichtern und Pro= 33
saikern gleichsam zur Umschreibung eines adverbialen Ausdrucks wie: in
Begleitung von, oder der Präp. mit gebraucht. Die Wahl der einzelnen
Participien gibt der Zusammenhang: Cyr. 1, 4, 17 πολλοὺς αὐτὸς ἔχων
ἧκεν ἱππέας καὶ πεζούς. An. 4, 4, 16 ὁ δὲ ἄνδρα συλλαβὼν ἧκεν ἄγων,
ἔχοντα τόξον Περσικὸν καὶ σάγαριν. Jl. γ, 424 τῇ δ᾽ ἄρα δίφρον ἑλοῦσα
φιλομμειδὴς Ἀφροδίτη κατέθηκε φέρουσα. Man vergl. hiemit noch unten
n. 40. und 42. und §. 144 Anm. 3. und Classen hom. Beob. 81 ff.

ἐλθών, ἰών, κιών, μολών, θέων, βιβάς, παραςάς sind gleich= 34
falls bes. in der ep. Poesie oft scheinbar überflüssige Zusätze bei Verbis der
Bewegung, wodurch aber der Ausdruck an Lebendigkeit und Fülle gewinnt,
z. B. Jl. ε, 134 Τυδείδης ἐξαῦτις ἰὼν προμάχοισιν ἐμίχθη. S. and. Beisp.
§. 144 A. 3.

μέλλειν, Umschreibung damit s. §. 137 Anm. 11. Dies Verbum hat 35
außer der gewöhnlichen Bedeutung, zukünftig sein, auch die Bedeutung zö=
gern (d. h. immer vorhaben). Ueber den eigenthümlichen homerischen Ge=
brauch dieses Wortes s. S. 423 N.
τί δ᾽ οὐ μέλλει; τί δ᾽ οὐκ ἔμελλε; warum wird er nicht? warum
sollte er nicht? d. h. ganz gewiß! ja freilich! — Aber auch mit Auslassung
der Verneinung läuft die Bedeutung auf eins hinaus: τί μέλλει; eig. was
soll (denn sonst) sein oder geschehn? daher warum nicht? allerdings.
Heind. ad Hipp. maj. 17.

ἐθέλειν (aber niemals θέλειν) muß bei seinem Infinitiv sehr oft als 36
ein Adverb beim Verbo finito gefaßt werden: freiwillig, z. B. Xen. Hier.
7, 9 δωρεῖσθαι ἐθέλουσι sie geben freiwillig Geschenke. Cyr. 1, 1, 3. Κύρῳ
ἴσμεν ἐθελήσαντας (d. i. ὅτι ἤθελον) πείθεσθαι τοὺς καὶ ἀπέχοντας
παμπόλλων ἡμερῶν ὁδόν· — καὶ ὅμως ἤθελον αὐτῷ ὑπακούειν.

φθάνειν zuvorkommen. Dies Verbum hat, außer seinem einfachen 37
Gebrauch, dreierlei Verbindung und Bedeutung.
1) Der positive Satz mit dem Particip des Hauptverbi heißt eine Sache
früher thun als ein andrer oder ehe ein andres Ereignis eintreffen kann:
ἔφθην ἀπιών ich war vorher fortgegangen s. §. 144 A. 6. Daher eilig
thun, z. B. Herod. 3, 78 φθάνει τὰ τόξα κατελόμενος.
2) Der negative Satz ebenfalls mit dem Particip, und durch καί mit
einem andern Satz verbunden, heißt nicht sobald — so; z. B. Isocr.
p. 388 οὐκ ἔφθημεν ἐς Τροιζῆνα ἐλθόντες καὶ νόσοις ἐλήφθημεν (d. h.
fast in demselben Augenblick kamen wir an und wurden krank). id. p. 354
οὐκ ἔφθησαν ὑμᾶς καταδουλωσάμενοι καὶ πρῶτον αὐτοῦ φυγὴν κατέ-
γνωσαν sie hatten euch nicht sobald unterjocht, so war er der erste, den
sie verbannten. Vgl. p. 58. 92. 179. und oben ἅμα.
3) Der negative Satz mit dem Particip (oder mit Hinzudenken desselben) aber ohne nothwendige weitere Verbindung, wird gebraucht für bereit
sein, nicht ermangeln, woraus für das im Particip befindliche Verbum
der Begriff des Unausbleiblichen und Schnellen erwächst. In diesem Sinne
kommt es nur im Optativ mit ἄν vor, und zwar a) statt des Impera=
tivs: Pl. Symp. p. 185 οὐκ ἂν φθάνοις λέγων zaudre nicht uns zu sagen,

b. h. sage uns sofort; cf. Phaed. p. 100 c. Mem. 2, 3, 11. b) als zuver=
lässige Voraussagung, Versprechung ꝛc. z. B. οὐκ ἂν φϑάνοιμι (Antwort
auf eine Aufforderung) ich werde nicht ermangeln, bin bereit. Eur. Or.
930 οὐκ ἂν φϑάνοι τις ἀποϑνήσκων niemand wird bem Tode entgehn.
Dem. p. 745 εἰ οὖν μὴ τιμωρήσεσϑε τούτους, οὐκ ἂν φϑάνοι τὸ πλῆ-
ϑος τούτοις τοῖς ϑηρίοις δουλεῦον wenn ihr diese nicht bestrafet, so wird
die Menge unfehlbar in der Sklaverei dieser Bestien sein. — Es ist so
einleuchtend als auffallend, daß diese negative Redeform mit der ersten affir=
mativen übereinkommt. Um diesen Widerspruch zu erklären, nimmt man
am besten an, daß οὐκ ἂν φϑάνοις eigentlich eine fragende Formel ist, die
statt eines lebhaften Imperativs gebraucht ward (willst du nicht sogleich —?),
und so im täglichen Gebrauch allmählich den Frageton verlor; daher benn
auch bei Dichtern das οὐ nachsteht, z. B. Eur. Heracl. 721 φϑάνοις δ' ἂν
οὐκ ἂν τοῖσδε σὸν κρύπτων δέμας. Sobald nun aber οὐκ ἂν φϑάνοις
für einen Imperativ galt, so war es natürlich, daß man auch in gleichem
Sinn anfing zu sagen οὐκ ἂν φϑάνοιμι und οὐκ ἂν φϑάνοι. So drehte
sich der Sinn allerdings im Gebrauche unvermerkt herum; aber denselben
Fall bieten uns alle mit οὐκοῦν anfangende nicht fragende Folgerungen dar:
benn ganz wie οὐκοῦν ἄπειμι einerlei ist mit ἄπειμι οὖν, so ist οὐκ ἂν
φϑάνοιμι ποιῶν einerlei mit φϑάνοιμ' ἂν ποιῶν.

38   εἶναι. Dieser Infinitiv scheint bei Attikern in einigen Redensarten
überflüssig zu sein, besonders in ἑκὼν εἶναι, vollständig „so baß ich unge=
zwungen bin," b. h. von freien Stücken, welche Redensart in der Re=
gel nach Negationen steht: οὐκ ἂν ψευδοίμην ἑκὼν εἶναι ich werde nicht
vorsätzlich lügen Cyr. 5, 2, 9. Selten ohne Negation, z. B. Herod. 7, 164.
Verschieden ist das εἶναι in τὸ νῦν εἶναι für jetzt, τὸ τήμερον εἶναι χρησόμεϑ' αὐτῷ für heute wollen wir uns seiner bedienen. Vgl. An.
1, 6, 9 τὸ κατὰ τοῦτον εἶναι was ihn betrifft. Hell. 3, 5, 9 τὸ μὲν ἐπ'
ἐκείνοις εἶναι ἀπολώλατε. Thuc. 4, 28. S. über hieher gehörige Formeln
Reiz. ad Viger. n. 178. ed. Herm.

39   ἔχειν bei einem Adverb heißt: sich verhalten, läßt sich aber gewöhn=
lich durch sein übersetzen, z. B. καλῶς ἔχει es ist gut; ὡς εἶχε wie er
war (z. B. ὡς εἶχεν ἑςηκὼς ἤριξα Cyr. 7 in.). Die Konstr. mit bem Ge=
nitiv s. §. 132 A. 28. Bei Dichtern steht ἔχειν auch zuweilen so vor Ab=
jektiv und Pronomen, z. B. ἔχει ταὐτόν es ist einerlei Eur. Or. 308. ἔχ'
ἥσυχος Ar. Plut. 127. — Die Umschreibung mit ἔχω s. §. 144 Anm. 18.

40   ἔχων wird einigen Verbis wie ληρεῖν, φλυαρεῖν, παίζειν in der zwei=
ten Person beigefügt, um ihnen etwas gemüthliches zu geben, ungefehr wo
wir sagen würden: bu treibst nur beinen Spott, παίζεις ἔχων; bu treibst
ja lauter Possen, ληρεῖς ἔχων Ar. Ran. 512. cf. Pl. Gorg. p. 490 e. 497 a.
Den Ursprung davon erkennt man deutlicher in der Frageform: z. B. τί
ἔχων διατρίβεις; eig. was hast du benn, baß du so zauderst? kürzer: was
zauderst du benn so? Vgl. Herm. ad Vig. n. 228. und oben n. 33.

41   τί παϑών und τί μαϑών sind beides scheltende Anreden statt des
schwächern τί (warum?) allein. Jenes ist zu erklären aus dem Aristopha=
nischen οὗτος, τί πάσχεις; (Av. 1044) bu bort, was wandelt dich an?
Also τί παϑὼν ἐλευϑέρους τύπτεις; vollständig: was wandelt dich an,
baß du freie Leute schlägst? Der etwas derbe Ausbruck geht ursprünglich
auf leidenschaftliche an Wahnsinn grenzende Anfälle. Ihm analog muß man
den andern zählen, der mehr ironisch ist: τί μαϑών —, was hast du kluges
gelernt? b. h. was hast du bir in den Kopf gesetzt? was fällt bir ein?
z. B. Dem. 10, 39 τί μαϑόντες ὀνειδίζομεν ἀλλήλοις; Und wie ἔχων aus
τί ἔχων auch in nicht fragende Formeln gekommen, so findet sich auch μαϑών außer der Frage, aber nur mit ὅτι, z. B. Plat. Apol. 36 τί ἄξιός
εἰμι ἀποτῖσαι, ὅτι μαϑὼν ἐν τῷ βίῳ οὐχ ἡσυχίαν ἦγον; was verbiene

ich für Strafe, daß ich so überlegter Weise in meinem ganzen Leben keine Ruhe hatte? Wollte man das fehlende Objekt bei μαθών ergänzen, so wäre es etwa: ὅτι, μαθὼν οὐκ οἶδ᾽ ὅ,τι, ἡσυχίαν οὐκ ἦγον. So wurde aus ὅτι μαθών zuletzt nichts weiter als ein affektvolleres ὅτι. Aehnlich ist Her. 3, 119 τίνα ἔχουσα γνώμην τὸν ἀδελφεὸν εἷλεν περιεῖναί τοι; wie kommst du darauf, was denkst du dir dabei? Vgl. Herm. ad Ar. Nub. p. LXVI. Wolf zu Lept. 348. Heind. zu Euthyd. 30. Rehd. zu Dem. 10, 39.

φέρων scheint in einigen Redensarten ebenfalls überflüssig zu stehn, 42 zeigt aber immer den mit einer Handlung verbundenen freien und entschie= denen Trieb, jedoch nicht ohne Tadel an, z. B. ὑπέβαλεν ἑαυτὸν φέρων Θηβαίοις er hat sich geradezu den Thebanern in die Gewalt gegeben (Aeschin. p. 399.); εἰς τοῦτο φέρων περιέστησε τὰ πράγματα dahin hat er unaufhaltsam die Sachen gebracht (id. p. 396.). Vgl. Herm. ad Viger. n. 228. und oben n. 33.

§. 151.   (138)
Einige besondere Konstructions=Arten.

I. Attraction.

1. Ein Hauptbestreben, besonders der Attiker, dem sie häufig die strenge Logik aufopfern, ist das nach runder Kürze. Diesem zufolge suchen sie zwei genau verbundene Sätze so viel als möglich in einen zu koncentriren.

2. Um zunächst Relativsätzen mit denjenigen wovon sie abhängen die Gestalt eines Satzes zu geben, machte man das Pronomen des Rela= tivsatzes zum gemeinschaftlichen Pronomen, indem man es der Form nach (Kasus) an den Hauptsatz heftete, während seine Natur es beim an= dern hielt. S. die Ausführung in §. 143, 13 ff.

3. Sobald ferner das Subjekt des Infinitivs schon beim vorher= gehenden Verbo vorkam, wurde die Verschmelzung beider Sätze zu einem dadurch herbeigeführt, daß man alles was zum Subjekt des Infinitivs ge= hörte, von dem Subjekt des ersteren Verbi anziehen ließ; also: ὁ ἀνὴρ ὑπέσχετο ποιήσειν τοῦτο αὐτός· — ἕξεί μοι γενέσθαι εὐδαίμονι ꝛc. S. die Ausführung §. 142, 2 ff.

4. Andere Fälle der Verschmelzung zweier Sätze zu einem s. §. 143, 8 mit der Note, eb. 17. §. 149 n. 16 und n. 17.

5. Gleiche Bewandnis hat es mit den Redensarten, wo ein Ausdruck der Verwunderung durch ein angehängtes Relativ verstärkt zu wer= den scheint. Wenn man nehmlich sagt, θαυμαστὸν ὅσον προὐχώρησε, so ist dies offenbar entstanden aus: θαυμαστὸν (ἐστίν), ὅσον προὐχώρησεν, „es ist bewundernswerth, wie sehr er vorgerückt ist." Wenn nun das Relativ in irgend einer andern Form steht, so geht das vorhergehende Wort in eben dieselbe über; z. B. ins Fem.: θαυμαστὴ ὅση ἡ προχώρησις αὐτοῦ, und mit der Umstellung: ἦν δὲ ἡ προχώρησις αὐτοῦ θαυμαστὴ ὅση. Ar. Plut. 750 ἀλλ᾽ ἦν περὶ αὐτὸν ὄχλος ὑπερφυὴς ὅσος. Pl. Hipp. maj. p. 282 χρήματα ἔλαβε θαυμαστὰ ὅσα. Dem. Lept. p. 469 θαυμάσια ἡλίκα ἔδω= κεν. Luc. Asin. 21 ἐκόμιζον σκεύη πλεῖσθ᾽ ὅσα χρυσᾶ. Ist aber das Re= lativ das Adverb ὡς, so werden dadurch die Adjektive in die Adverbial= form gezogen (vgl. §. 143 A. 6), z. B. aus θαυμάσιον, ὡς ἄθλιος γέγονε wird: Gorg. p. 471 θαυμασίως ὡς ἄθλιος γέγονεν. Phaed. p. 66 ὑπερ= φυῶς ὡς ἀληθῆ λέγεις. In Sätzen wie Her. 3, 133 ἀπόζει τὰ θνώματα θεσπέσιον ὡς ἡδύ vertritt die Neutralform nach §. 128 A. 4 die Stelle des Adverbs.

6. (Schulgr. §. 139 n. 47b.) Aus demselben Bedürfnis zwei zusammengehörige Sätze möglichst in einen zu verschmelzen entspringt der sehr
umfassende Gebrauch, daß den verbis dicendi, cognoscendi, sentiendi und
ähnl., wenn nicht der Akk. mit dem Inf. oder Participium, sondern Konjunctionen wie ὡς, ὅπως, ὅτι oder indirekte Fragsätze (auch μή nach den
verb. timendi) darauf folgen, das Subjekt des Nebensatzes als Objekt im Akkusativ beigefügt wird, z. B. οἶδα γῆν ὁπόση ἐσί für
οἶδα, ὁπόση ἐσὶ γῆ; auch so gestellt: γῆν ὁπόση ἐσὶν εἰδέναι· τοῦτον
οὐδ' εἰ γέγονεν ᾔδειν. Dadurch wird angedeutet, wie diese Sätze gleichsam
die Stelle des Objekts beim Hauptverbum vertreten, und eine innigere Vereinigung beider Sätze zu einem Ganzen bewirkt. Regiert das Prädikat im
Hauptsatze einen (objektiven) Genitiv, so tritt das Subjekt des Nebensatzes
in diesem Casus zum Hauptverbo, wobei jedoch zu beachten, daß den Verbis der Wahrnehmung das Subj. des Nebensatzes nur dann im Gen.
beigegeben wird, wenn bei denselben (nach §. 132, 10, h) auch außerhalb
dieser Verbindung der Gen., oder (nach §. 144 A. 6a) die Konstr. des gen.
c. part. stattfinden würde, sonst durchaus im Akkusativ.
    Beisp. a) mit Akkus.: Ar. Pac. 603 εἰ βούλεσθ' ἀκοῦσαι τήνδ',
ὅπως ἀπώλετο, ξυνίετε. S. Aj. 1141 σὺ δ' ἀντακούσει τοῦτον, ὡς τεθάψεται. Mem. 4, 2, 33. An. 1, 2, 21 ᾔσθετο τὸ Μένωνος ςράτευμα,
ὅτι ἤδη ἐν Κιλικίᾳ εἴη (= ἤδη ἐν Κ. εἶναι). Cyr. 8, 6, 17. Mem. 1, 3, 8
Κριτόβουλον ἐπύθετο, ὅτι ἐφίλησε τὸν Ἀλκιβιάδου υἱόν. An. 5, 7, 11.
2, 3, 11 ἦν Κλέαρχον καταμαθεῖν ὡς ἐπεστάτει (vgl. hiezu den Gebrauch
in §. 132 A. 29a). Dem. 9, 61 ἐσίγα, τὸν Εὐφραῖον οἷα ἔπαθε μεμνημένος (cf. Thuc. 2, 21). X. Oec. 20, 14 γῆν πάντες ἴσασιν ὅτι εὖ πά-
σχουσα εὖ ποιεῖ. An. 1, 8, 5. 4, 4, 17 ἠρώτων αὐτὸν τὸ ςράτευμα,
ὁπόσον εἴη (kein Hyperbaton; vgl. Ar. Nub. 144). Thuc. 4, 108 τοὺς ξυμμάχους ἐφοβοῦντο μὴ ἀποςῶσιν. 1, 88. 4, 1. Anab. 3, 5, 18. E. Med. 37.
40. — b) mit Genit.: An. 1, 1, 5 τῶν βαρβάρων ἐπεμελεῖτο ὡς πολεμεῖν ἱκανοὶ εἴησαν. Cyr. 5, 3, 40. Her. 8, 46 ἀπεπειρᾶτο τῶν Ἑλλήνων, ὅ,τι ἐν νῷ ἔχοιεν. Pl. Prot. p. 341d. Mem. 3, 6, 17 ἐνθυμοῦ τῶν
εἰδότων ὅ,τι λέγουσι (cf. 1, 1, 17). Pl. Rep. p. 582 τῆς τοῦ ὄντος θέας,
οἵαν ἡδονὴν ἔχει, ἀδύνατον ἄλλῳ γεγεῦσθαι πλὴν φιλοσόφῳ. p. 407 Φω-
κυλίδου οὐκ ἀκούεις πῶς φησι; (= Φωκ. λέγοντος). Mem. 1, 4, 13 ἡ ψυχὴ
θεῶν ἥσθηται ὅτι εἰσίν (= θ. ὄντων). 4, 4, 13 οὐκ αἰσθάνομαί σου,
ὁποῖον νόμιμον ἢ ποῖον δίκαιον λέγεις. — Analog steht der Genit. in Abh.
von einem Subst. im Hauptsatze: Thuc. 1, 61 ἦλθεν ἡ ἀγγελία τῶν πόλεων, ὅτι ἀφεςᾶσιν. cf. 1, 97, 2. 138, 2.

    7. (Schulgr. §. 142 A. 3). Hiemit nah verwandt ist eine im Griech.
viel häufiger als in andern Sprachen angewandte Struktur, nehmlich die
persönliche Konstruction
bei gewissen Prädikaten, welche wir, um sie nicht an mehren Orten zu zer-
splittern, am passendsten hier in einen Ueberblick zu bringen suchen. Das
Subjekt des Nebensatzes nehmlich wird, wie vorhin Objekt, so hier Subjekt des Hauptsatzes, indem es an die Stelle des unpersönlichen Subjekts des Hauptsatzes (es oder man) tritt; also wie im Lat. statt dicitur
te esse: diceris esse, so auch im Griech. statt δίκαιόν ἐστιν ἐμὲ ποιῆσαι:
δίκαιός εἰμι ποιῆσαι. Darin aber geht die griech. Sprache weiter, daß
der abhängige Satz nicht nur 1) im Infinitiv oder 2) im Particip (mit
und ohne ὡς) stehen, sondern auch 3) ein indirekter Fragsatz oder 4)
ein durch Konjunctionen wie ὅτι, ὡς, οὕνεκα eingeleiteter sein kann.
Also kann es heißen: Κῦρος λέγεται τοῦτο ποιῆσαι· Φίλιππος ἀγγέλλεται
πολιορκῶν und ὡς πολιορκήσων· δῆλος ἦν ὅτι (ὡς) τοῦτο ἐποίησε· φανερός ἐςιν ὅ,τι βούλεται. Es werden nun aber vorzugsweise und in der
Prosa persönlich konstruirt:

a) die Paffiva der Verba dicendi ꝛc., oder derjenigen, die im Attiv einen Objektſatz (ſ. oben 6.) regieren, als λέγομαι, ἀγγέλλομαι, εὑρίσκομαι, ἐπιδείκνυμαι u. a.

b) viele neutrale Verba, als δοκῶ *), κινδυνεύω, φαίνομαι, συμβαίνω, ἀπολείπω· πολλοῦ, ὀλίγου, τοσούτου δέω u. a.

c) auch adjektiviſche Prädikatbegriffe, als δῆλος, φανερός, ἐπίδοξος, προσδόκιμος, ἄξιος, δίκαιος· ἐπάϊσος, δεινός (Her.), ἀναγκαῖός εἰμι (Plat.)

d) ſeltner und dichteriſcher noch viele andere Prädikate, da den Dichtern dieſe Konſtr. mehr zuſagen mußte als die unperſönliche, z. B. ἀρκῶ, πρέπω, προσήκω· χαλεπός, βαρύς, κρείσσων εἰμί· ῥήϊδιος (Hom.) ꝛc.

Bei allen aber iſt mehr oder weniger die unperſönliche Konſtruction daneben im Gebrauch.

Beiſp. Hell. 4, 3, 13 ὁ Πείσανδρος ἠγγέλλετο τετελευτηκώς. 6, 4, 16 ζῶντες ἠγγελμένοι ἦσαν. Dem. Macart. in. οὗτοι ἐπιδειχθήσονται, οἷοί εἰσιν ἄνθρωποι. Pl. Rep. p. 341 ἢ ὀρθῶς σοι δοκῶ ἂν εἰπεῖν ἢ οὔ; Phaedr. p. 228 σύ μοι δοκεῖς οὐδαμῶς με ἀφήσειν. Dem. Mid. p. 522 ἔτι δὲ ἐκεῖνος οὐκ ἄδηλος ἐρῶν. Cyr. 4, 4, 3 δηλοί ἐτε, ὡς ἄνδρες ἀγαθοὶ ἐγένεσθε. An. 1, 5, 9 δῆλος ἦν ὡς σπεύδων τὴν ὁδόν. S. Aj. 328. Dem. Cor. p. 227 τούτου τὴν αἰτίαν οὗτός ἐτι δίκαιος ἔχειν. cf. Lept. p. 458. Thuc. 4, 17 δίκαιοί εἰσιν ἀπιςότατοι εἶναι (nom. c. inf. nach §. 142, 2, a). Cyr. 4, 1, 20 δίκαιος εἰ ἀντιχαρίζεσθαι ἡμῖν. 5, 4, 20 ἄξιοί γε μέντοι ἐσμὲν τοῦ γεγενημένου πράγματος τούτου ἀπολαῦσαί τι ἀγαθόν. Isocr. Plat. p. 297 τοσούτου δέομεν τῶν ἴσων ἀξιοῦσθαι τοῖς ἄλλοις Ἕλλησιν, ὥςε οὐδὲ τῆς κοινῆς ἐλευθερίας μετέχομεν. Thuc. 7, 70 βραχὺ γὰρ ἀπέλιπον ξυναμφότεραι νῆες διακόσιαι γενέσθαι. — Dichteriſch: Jl. ω, 242 ῥήϊτεροι — Ἀχαιοῖσιν ἔσεσθε κείνου τεθνηῶτος ἐναιρέμεν. Soph. Ant. 547 ἀρκέσω θνήσκους᾽ ἐγὼ es iſt genug daß ich ſterbe; (σὺ ἐξαρκεῖς auch bei Plato). Jl. φ, 482 χαλεπή τοι ἐγὼ μένος ἀντιφέρεσθαι. S. Aj. 635 κρείσσων γὰρ ᾅδᾳ κεύθων ὁ νοσῶν μάταν.

8. Endlich gehört es zum Inhalt dieſes §., wenn eine zum Nomen gehörige adverbiale Beziehung, von dem Verbo angezogen, in die zu dieſem gehörige ſich verwandelt; ſo namentlich die Beziehung wo, in die woher; z. B. Dem. Ol. p. 13 ὁ ἐκεῖθεν πόλεμος δεῦρο ἥξει der dortige Krieg wird ſich hieher ziehn. Thuc. 5, 35 die Lacedämonier verlangen, daß die Athener ihre Anhänger aus Pylos ziehn ſollen, ὥσπερ καὶ αὐτοὶ τοὺς ἀπὸ Θρᾴκης ſo wie auch ſie ihre in Thracien ſtehende Mannſchaft zurückziehen wollen. cf. 1, 62, 4. 2, 84, 5. Anab. 5, 2, 25 ἔφευγον καὶ οἱ ἀπὸ τούτων τῶν οἰκιῶν. S. mehr Beiſp. bei Kühner zu An. 1, 1, 5.; — ebenſo in die Beziehung wohin: Herod. 7, 33 ἐς τοῦ Πρωτεσίλεω τὸ ἱρόν, τὸ ἐς Ἐλαιοῦντα (für τὸ ἐν Ἐλαιοῦντι), ἀγινεόμενος γυναῖκας. S. Heind. ad Gorg. 61. Phaedon. 57. wo auch andre Beziehungen (mit ὑπέρ, περί) in eben ſolcher Verbindung nachgewieſen werden.

*) Auffallend iſt daß δοκεῖν, wenn es als perſönliches Verbum in der Bedeutung ſcheinen den Dativ derſelben Perſon regiert (lat. mihi videor), nicht nach den allg. Regeln den Dativ des Reflexivs, ſondern des pron. person. zu ſich nimmt (vgl. die ähnliche Erſcheinung bei οἴμαι in §. 141 Anm. 4). Doch ſcheint der Fall nur in der erſten Perſon vorzukommen, alſo δοκῶ μοι oder μοι δοκῶ, und ebenſo beim Plural des Verbi: δοκοῦμέν μοι, alles mit folg. Inf. Z. B. Pl. Phaedr. p. 230 νῦν οὖν ἐγὼ μέν μοι δοκῶ κατακείεσθαι. S. die Beiſp. aus Xen. in §. 139 n. 32. §. 151, VII. Vom Plural: Anab. 1, 3, 12 οὐδὲ πόρρω δοκοῦμέν μοι αὐτοῦ καθῆσθαι. cf. Pl. Theaet. p. 147. e. X. Cyr. 4, 1, 10. Dem. Ol. 1 in. (S. Tho. M. p. 95, 3). Ueber die Verbindung mit dem inf. fut. in der Beb.: in animo est ſ. Heind. und Aſt zu Phaedr. p. 230. Cob. NL. 245. 256.

II. Anakoluth.

1. Ein Anakoluth (ἀνακόλουθον) ist eine Konstruction, deren Ende dem Anfange nicht grammatisch entspricht, und die doch absichtlich von den Schriftstellern gebraucht wird. Jedes Anakoluth aber, dessen Entstehungsart nicht natürlich ist, so daß man nicht sieht, daß der Ausdruck dadurch entweder an Kürze oder an Nachdruck gewonnen hat, oder sich dem ungezwungenen Gesprächston nähert, muß uns verdächtig sein.

2. Die gewöhnliche Art des Anakoluths ist diese, daß der Sprechende nach Zwischensätzen, worüber der Hörer den Anfang der Konstruction außer Acht gelassen haben kann, in eine neue übergeht. Z. B. Plat. Apol. p. 19 e. τούτων ἕκαςος οἷόστ᾽ ἐςὶν, ἰὼν εἰς ἑκάςην τῶν πόλεων, τοὺς νέους, οἷς ἔξεςι τῶν ἑαυτῶν πολιτῶν προῖκα ξυνεῖναι ᾧ ἂν βούλωνται, τούτους πείθουσι — σφίσι ξυνεῖναι. Hier wäre zu οἷόστ᾽ ἐςίν im folgenden der Infinitiv πείθειν erforderlich gewesen. Allein da die Erwähnung der jungen Leute mit Umständen, welche der Kontrast nöthig machte, eingeschaltet worden, verläßt der Schriftsteller die erste Konstruction, und findet es natürlicher, mit einem abermaligen τούτους sich auf die νέους zu beziehen und eine neue Konstruction anzufangen: τούτους πείθουσι ꝛc.

3. Ein andres Beispiel sei Phaedr. p. 233 τοιαῦτα γὰρ ὁ ἔρως ἐπιδείκνυται· δυστυχοῦντας μὲν ἃ μὴ λύπην τοῖς ἄλλοις παρέχει, ἀνιαρὰ ποιεῖ νομίζειν· εὐτυχοῦντας δὲ καὶ τὰ μὴ ἡδονῆς ἄξια παρ᾽ ἐκείνων ἐπαίνου ἀναγκάζει τυγχάνειν. „Solches bewirket die Liebe: die Unglücklichen läßt sie das, was andern keine Unlust verursacht, für traurig halten;" den Gegensatz hievon will der Schriftsteller kraftvoll so ausdrücken: „sie erzwingt es, daß auch gleichgültige Dinge von den Glücklichen gelobt werden." Die Logik erforderte nun, den zweiten Satz so anzufangen: παρ᾽ εὐτυχούντων δέ. Allein so war das Ebenmaß vernichtet: δυστυχοῦντας μὲν —, παρ᾽ εὐτυχούντων δὲ —. Weder Ebenmaß aber noch Nachdruck opfert der griech. Redner der Logik so leicht auf; er läßt den Akkus. εὐτυχοῦντας, welchen die Analogie des ersten Satzes erforderte, als Accusativus absolutus stehn, und bezieht sich durch ein παρ᾽ ἐκείνων auf denselben Gegenstand, um den energischen Schluß ἐπαίνου ἀναγκάζει τυγχάνειν anzubringen. Vgl. Od. α, 275 (μνηςῆρας μὲν — μητέρα δὲ — ἂψ ἴτω).

4. Andere Beispiele von Anakoluthen seien: a) wo der vorausgehende Kasus nach dem Folgenden sprachwidrig ist; z. B. der Akkusativ: X. Cyr. 2, 1, 5 τοὺς Ἕλληνας, τοὺς ἐν τῇ Ἀσίᾳ οἰκοῦντας, οὐδέν πω σαφὲς λέγεται, εἰ ἔπονται. Die gewöhnlichste, der Sprache des gemeinen Lebens entnommene Art des Anakoluths, deren sich die Schriftsteller je häufiger bedienen, je mehr sie zur volksthümlichen Redeweise sich hinneigen, ist aber diejenige, wo der Satz mit einem Subjekts-Nominativ beginnt, nachher jedoch eine Wendung einschlägt, worin jenes anfängliche Subjekt nur noch als (näheres oder entfernteres) Objekt enthalten ist, daher es dann gewöhnlich in irgend einem cas. obl., oder durch ein stellvertretendes Pronomen wiederholt wird. Z. B. X. Oec. 1, 14 οἱ δὲ φίλοι, τί φήσομεν αὐτοὺς εἶναι. Jl. δ, 433 Τρῶες, ὥς τ᾽ ὄιες — μυρίαι ἑςήκασιν —, ὣς Τρώων ἀλαλητὸς ὀρώρει. Vgl. Is. Paneg. 107 sq. Thuc. 8, 99. X. Cyr. 4, 5, 37. 5, 4, 34. 6, 3, 2 ꝛc. — b) wo der Relativsatz unvermerkt in einen selbständigen Satz übergeht, z. B. Pl. legg. p. 944a. ὁπόσοι κατὰ κρημνῶν ῥιφέντες ἀπώλεσαν ὅπλα, ἢ μυρί᾽ ἂν ἔχοι τις τοιαῦτα παραμυθούμενος ἐπάδειν. Thuc. 2, 41 θαυμασθησόμεθα οὐδὲν προσδεόμενοι (ποιητοῦ oder ῥήτορος), ὅστις ἔπεσι μὲν τὸ αὐτίκα τέρψει, τῶν δὲ ἔργων τὴν ὑπόνοιαν ἡ ἀλήθεια βλάψει. Dem. 9, 72. Vgl. §. 143, 7 und NT. Gr. p. 328.

5. Man könnte zu den Anakoluthen noch viele andere Fälle rechnen, in denen aus rhetorischen oder andern Gründen von der streng grammati-

schen Struktur abgewichen wird.   Da man aber dann die Lehre vom Anakoluth ins Unendliche ausdehnen müßte, so sind diese bereits passender an
ihren Orten als freierer syntaktischer Gebrauch behandelt worden.   Wir erwähnen hier namentlich den plötzlichen Uebergang aus der indirekten in
die direkte Rede §. 139 n. 69 (wozu auch die Fälle gehören, wo einem
acc. c. inf. das dazu gehörige Particip im Nominativ beigefügt wird,
wie Jl. β, 350 φημὶ γὰρ οὖν κατανεῦσαι ὑπερμενέα Κρονίωνα — ἀςρά-
πτων ἐπιδέξια. X. Cyr. 1, 4, 26 τέλος δὲ τὴν Μηδικὴν ἐκδύντα δοῦναί
τινι, δηλῶν etc., und der Gebrauch bei δεῖν u. ä. §. 142 A. 2 a), den Uebergang aus der Konstr. mit dem Infin. oder Particip in die mit Konjunctionen und umgekehrt §. 141 A. 1. und 139 n. 61., die Fälle da
das Particip im Kasus mit dem ihm zugehörigen Subst. nicht übereinstimmt §. 144 A. 5., die Konstr. der nom. und acc. absoluti beim Particip §. 145 Anm. 4. 6, den Gebrauch des acc. c. inf. in §. 141 A. 3 und
manche Wendungen mit Relativsätzen §. 143, 11.   Viele Anakoluthien sind
jedoch der Art, daß sie eben wegen ihrer Strukturlosigkeit kaum mehr unter
grammatische Gesichtspunkte sich bringen lassen und daher aus und an sich
selber erklärt werden müssen.   Einige Beisp. solcher größerer Anakoluthe
seien: Cyr. 6, 3, 17. Hell. 3, 2, 21. 5, 23. 4, 8, 9. 6, 4, 2. — Ueber die vielfachen Anakoluthien in der (spätern) Bulgärsprache s. den betr. Abschnitt in
der NT. Gramm.

III. Umstellung (Hyperbaton).

1. Umstellungen und verworfne Konstructionen sind bei den Griechen,
auch Dichtern, bei weitem nicht so gewöhnlich als bei den Lateinern.   Was
im allgemeinen dazu Gelegenheit gibt, ist der Trieb, diejenigen Worte eines
oder zweier Sätze, welche einander ähnlich, oder entgegengesetzt sind, oder
sonst sich auf einander beziehen, neben einander zu stellen (παρήχησις).
Also würde man z. B. sagen: πάντων γὰρ πᾶσι πάντες ἔχθιςοί εἰσι Καρ-
χηδόνιοι Ῥωμαίοις, für: πάντες Κ. πάντων ἔχθιςοί εἰσι πᾶσι Ῥ. —
Phaedr. p. 277 c. ποικίλῃ μὲν ποικίλους ψυχῇ καὶ παναρμονίους διδοὺς
λόγους, ἁπλοῦς δὲ ἁπλῇ. — Diesem Triebe zufolge trennen sie sogar den
Artikel vom Nomen s. §. 127 A. 6. und die Präpositionen von ihrem
Kasus s. §. 147 A. 3.

2. Auch das Bestreben, den Theil worauf der Nachdruck ruht früher
auszusprechen, gibt zu Versetzungen Anlaß, z. B. Dem. Ol. III. p. 36 τὸ
μὲν πρῶτον ἀγαπητὸν ἦν παρὰ τοῦ δήμου τῶν ἄλλων ἑκάςῳ καὶ τιμῆς καὶ ἀρχῆς καὶ ἀγαθοῦ τινος μεταλαβεῖν· νῦν δὲ τοὐναντίον etc.
Hier hängt der Dativ ἑκάςῳ ab von ἀγαπητὸν ἦν (ehedem war jeder der
übrigen Bürger sehr zufrieden, wenn er vom Volke Ehre erhielt; jetzt
aber gerade umgekehrt ꝛc.); allein das von μεταλαβεῖν abhängende παρὰ
τοῦ δήμου hat den großen Nachdruck und steht daher vor jenem.

3. So rückt der Nachdruck oft, wie im Lat., das Adverb und jedes
andere Wort, das hinter einer Konjunction oder Relativ oder Fragewort
stehn sollte, vor dasselbe; z. B. Pl. Euthyd. p. 288 νῦν δή ἃ ἔλεγον was
ich vorhin sagte.   Apol. p. 19 τοιαῦτ᾽ ἐστὶ καὶ τἆλλα, περὶ ἐμοῦ ἃ οἱ
πολλοὶ λέγουσιν.   Dem. Lept. p. 481 μίαν πόλιν εἰ ἀπώλεσεν ἢ ναῦς
δέκα μόνας, περὶ προδοσίας ἂν αὐτὸν εἰσήγγελλον. X. Mem. 3, 5, 13
θαυμάζω γε, ἔφη, ἡ πόλις ὅπως ἐπὶ τὸ χεῖρον ἔκλινεν. Conv. 4, 2
οἱ ἄνθρωποι πότερον ἐν ταῖς ψυχαῖς ἢ ἐν τῷ βαλλαντίῳ τὸ δίκαιον
ἔχουσιν; cf. Thuc. 1, 10, 2. 4. 144, 2. 3, 88, 3 ꝛc.   Zuweilen kann hieraus
Zweideutigkeit entstehn wie Theocr. 10, 17 ἔχεις πάλαι ὧν ἐπεθύμεις, wo
πάλαι nicht zu ἔχεις, sondern zu ἐπεθύμεις gehört.

4. Das Bestreben Relativsätze mit dem Hauptsatz möglichst zu einem
Ganzen zu verschmelzen verursacht, wie §. 143, 12—15 gezeigt worden, man-

cherlei Umstellungen. Wie dort der Hauptbegriff, wovon das Rel. abhängt, so werden auch andre Theile des Hauptsatzes oft in den Relativsatz gezogen, namentlich Genitiv- und Adjektivbestimmungen. Z. B. Thuc. 2, 45 παισὶ δ', ὅσοι τῶνδε πάρεστε, ὁρῶ μέγαν τὸν ἀγῶνα. 48, 3. 2, 67 τοὺς ἐμπόρους, οὓς ἔλαβον τῶν Ἀθηναίων ἐν ὁλκάσι πλέοντας, ἀπέκτειναν. 4, 109. 6, 100, 1. 7, 43 ἔφυγον πρὸς τὰ στρατόπεδα, ἃ ἦν ἐπὶ τῶν Ἐπιπολῶν τρία. Eur. Or. 854. Jl. ν, 340 ꝛc. Wie durch die Umstellung sogar Unbeutlichkeit vermieden werden kann, ersehe man aus Dem. Ol. III ex. μὴ παραχωρεῖτε τῆς τάξεως, ἣν ὑμῖν οἱ πρόγονοι τῆς ἀρετῆς — κατέλιπον, wo τῆς ἀρετῆς von τάξεως abhängt, nach τάξ. gestellt aber Unbeutlichkeit verursacht haben würde, da auch ἣν zu τάξ. gehört.

5. Oft aber auch fühlt man, daß die Schriftstelle durch die Umstellung gewonnen hat, wenn man auch nicht auf obige Arten entwickeln kann, wie. So in der schönen Stelle des Plato (Phaedr. p. 230 d.) ὥσπερ γὰρ οἱ τὰ πεινῶντα θρέμματα θαλλὸν ἤ τινα καρπὸν προσείοντες ἄγουσι, σὺ ἐμοὶ λόγους οὕτω προτείνων — φαίνει περιάξειν ꝛc. wo οἱ der Artikel von προσείοντες ist, und τὰ πεινῶντα θρέμματα von ἄγουσιν abhängt: „wie Menschen, welche, Zweige oder Früchte vorhaltend, hungriges Vieh führen, so ꝛc. (Doch läßt sich die Stelle auch anakoluthisch fassen). Cyrop. 6, 4, 8 ὑπεσχόμην αὐτῷ, ἥξειν αὐτῷ σὲ πολὺ Ἀράσπου ἄνδρα καὶ πιστότερον καὶ ἀμείνονα, wo das πολὺ die Komparative verstärkt, und der Genitiv Ἀράσπου von diesen abhängt; ganz wie in Dem. Mid. p. 573 οἱ δὲ ἠτιμωμένοι διὰ πολλῷ τούτων εἰσὶν ἐλάττω πράγματα; statt ἠτιμωμένοι εἰσὶ διὰ πράγματα πολλῷ ἐλάττω τούτων. Vgl. §. 147 Anm. 3.

6. In den Beschwörungsformeln πρὸς θεῶν, πρὸς γονάτων u. b. g. zieht der Ausbruck des Gemüths das Personalpronomen σέ voran, ohne jedoch vor die Präposition es zu stellen, weil dieser orthotonirte Nachbruck einen Gegensatz ankündigen würde, der nicht statt findet. So schaltet es sich zwischen die Präposition und deren Kasus ein (häufig bei Trag.,· s. Elmsl. zu Med. 326): ὦ πρός σε γονάτων· πρός σε θεῶν (sc. ἱκετεύω) Phoen. 923. Hippol. 605. 607 ꝛc. πρός νύν σε κρηνῶν, πρὸς θεῶν ὁμογνίων Αἰτῶ πιθέσθαι Soph. OC. 1333.

7. Endlich sei hier noch des (prosaischen) Gebrauchs erwähnt, wonach die zu einem zwischen Artikel und Subst. gestellten Participium gehörenden Bestimmungen zuweilen erst dem Subst. nachfolgen, z. B. X. Hell. 3, 4, 1 ἐπιβὰς ἐπὶ τὸ πρῶτον ἀναγόμενον πλοῖον εἰς τὴν Ἑλλάδα, ἐξήγγειλε τοῖς Λακεδαιμονίοις; oder das Particip folgt nach (häufig bei Thuk.): τὴν ἐς τὸν Μηδικὸν πόλεμον τόλμαν γενομένην· τοῖς μετὰ τῶν Ἀθηναίων Τορωναίοις καταπεφευγόσι· ὁ νῦν περὶ αὐτῶν διὰ τοὺς ποιητὰς λόγος κατεσχηκώς Thuc. 1, 90. 4, 114. 1, 11 ꝛc. Die hiezu gehörigen Beispiele aus att. Rednern hat gesammelt Rehbantz zu Demosth. p. 386.

IV. Ellipse (Brachylogie).

1. Die Ellipse oder Auslassung findet wie in allen Sprachen so auch im Griechischen hauptsächlich ba statt, wo das ausgelassene aus der Natur des Satzes oder des Zusammenhanges schon erhellet. Ein Theil derselben ist bereits im Obigen behandelt worden, wie κοιμᾶσθαι βαθὺν sc. ὕπνον· ποτέραν τραπήσῃ sc. ὁδόν· ὁ Φιλίππου sc. υἱός· εἰς ᾄδου, εἰς Πλάτωνος sc. οἰκίαν· καὶ ὅς sc. ἔφη ꝛc., s. das Reg.

2. Nur im uneigentlichen Sinne können unter den Gesichtspunkt der Ellipse gezogen werden alle die Fälle wo in einem folgenden Satze oder Satztheile mehr oder weniger Worte aus dem ersten nur zu wiederholen sind. Dies geschieht zunächst in Bedingungssätzen, z. B. Ar. Ach. 405 ὑπάκουσον, εἴπερ πώποτ' ἀνθρώπων τινί (vgl. Pob. zu Aj. 485). An. 5,

3, 3 οἱ δὲ ἄλλοι ἀπώλοντο ὑπό τε τῶν πολεμίων καὶ τῆς χιόνος, καὶ εἴ τις νόσῳ. cf. Thuc. 4, 26, 5. 5, 47, 5; id. 4, 55 ἐς τὰ πολεμικά, εἴπερ ποτέ, ὀκνηρότεροι ἐγένοντο. Ja sogar noch kürzer, so daß nur die Partikel übrig bleibt: εἴπερ oder εἴπερ ἄρα, z. B. Pl. Euthyd. p. 296 b. οὔκουν ἡμᾶς γε σφάλλει, ἀλλ᾽, εἴπερ, σέ nicht uns führt es irre, sondern, wenn es ja jemand irre führen kann, dich. — Umgekehrt kann auch der Hauptsatz nach einem Konditionalsatz elliptisch sein, z. B. εἰ δή τῳ σοφώτερος φαίην εἶναι, τούτῳ ἂν (sc. φαίην εἶναι).

3 (4). Herkömmlich ist die Ellipse nach ὅτι in den beiden Redensarten δῆλον ὅτι und εὖ οἶδ᾽ ὅτι, so daß sie fast zu Adverbien geworden. Z. B. Pl. Gorg. p. 475 οὐκοῦν τὸ ἀδικεῖν κάκιον τοῦ ἀδικεῖσθαι; δῆλον δὴ ὅτι. Und eingeschoben: Cyr. 5, 1, 5 ἐξαιροῦμεν ἀνδρί σε εὖ ἴσθι ὅτι οὐ τὸ εἶδος ἐκείνου χείρονι. Dem. Phil. 3 in. πολλῶν λόγων γιγνομένων καὶ πάντων οἶδ᾽ ὅτι φησάντων γ᾽ ἄν, δέδοικα cet.

4 (5). Dasselbe was von Bedingungssätzen (oben 2), gilt von Relativsätzen, die aus dem Hauptsatze vervollständigt werden müssen, s. §. 143 A. 3. 150 n. 8. Wie oben εἴπερ, so kann hier das durch περ verstärkte Relativ die Stelle des ganzen Satzes vertreten, z. B. Pl. legg. 4. p. 710 πάντα σχεδὸν ἀπείργασαι τῷ θεῷ, ἅπερ ὅταν βουληθῇ διαφερόντως εὖ πρᾶξαί τινα πόλιν (was er zu thun pflegt, wenn er ꝛc.). Aehnlich steht ὡς ὅτε in Gleichnissen bei Homer elliptisch: Jl. δ, 462 ἤριπε δ᾽, ὡς ὅτε πύργος, ἐνὶ κρατερῇ ὑσμίνῃ. cf. Od. λ, 368. Lexil. II. 228.

5. Daß in Relativsätzen mit d. Konjunktiv das nach §. 139 n. 32 nothwendig mit dem Relativ sich verbindende ἄν bei Fortfall des Präd. allein kann Rel. stehn bleibt, ist §. 143 A. 3 bemerkt worden. Aber auch in Rel.-Sätzen die einen Optativ oder Indik. mit ἄν erfordern, bleibt im Fall der Ellipse das ἄν beim Rel. stehn: Isocr. 4, 86 τοσαύτην ἐποιήσαντο σπουδήν, ὅσην περ ἂν τῆς αὐτῶν χώρας πορθουμένης (sc. ἐποιήσαντο). So steht ferner in Vergleichssätzen ὡς ἂν oder ὥσπερ ἂν zuweilen ohne Präd., welches dann aus dem Hauptsatze zu ergänzen ist: Dem. Ol. 1, 21 οὐκ εὐτρεπῶς, οὐδ᾽ ὡς ἂν κάλλιστ᾽ αὐτῷ (sc. ἔχοι) τὰ παρόντ᾽ ἔχει. 18, 291 οὐχ ὡς ἂν εὔνους πολίτης ἔσχε τὴν γνώμην. 21, 117 χρώμενος ὥσπερ ἂν ἄλλος τις αὐτῷ. Insbesondre geschieht dies häufig vor einem Satze mit εἰ: Is. 1, 27 παραπλήσιον πάσχουσιν, ὥσπερ ἂν εἴ τις ἵππον κτήσαιτο καλὸν κακῶς ἱππεύειν ἐπιξάμενος (sc. πάσχοι, s. Schneid. hiezu u. vgl. Rehdantz Ind. zu Dem. unter ὡς); so daß die Verbindung ὥσπερ ἂν εἰ nach und nach, wie quasi, fast adverbiell zu einzelnen Worten trat: Is. Paneg. p. 71 τὴν ὁδὸν ὁμοίως διεπορεύθησαν, ὥσπερ ἂν εἰ προπεμπόμενοι. Gorg. p. 479 φοβεῖται ὥσπερ ἂν εἰ παῖς τὸ κάεσθαι καὶ τὸ τέμνεσθαι. Vgl. §. 149, 1.

6. Ferner stehn die Negationen mit Auslassung des Verneinten, das aus dem Vorhergehenden zu ergänzen ist, wie Dem. p. 507 σκέψασθε τί συμβήσεται καταψηφισαμένοις ὑμῖν τοῦ νόμου καὶ τί μή (sc. καταψ.); und zwar μή oft mitten in der Periode, so daß es nun vor andre Worte zu stehn kommt, und dadurch dem Ungeübten Dunkelheit verursacht, z. B. Pl. Phaedr. p. 237 τῷ δὴ τὸν ἐρῶντά τε καὶ μὴ κρινοῦμεν; wo καὶ μὴ steht für καὶ τὸν μὴ ἐρῶντα. p. 258 τίς οὖν τρόπος τοῦ καλῶς τε καὶ μὴ γράφειν; wo nach μή ausgelassen ist καλῶς. p. 252 τούτοις ἔξεστι μὲν πείθεσθαι, ἔξεστι δὲ μή (sc. πείθεσθαι). Cyr. 7, 4, 12 εἴσῃ τόν τε ὀρθῶς ἀποδιδόντα καὶ τὸν μή (sc. ὀρθ. ἀπ.). Pl. Alcib. I. p. 109 καὶ ὁπότε, καὶ μή für καὶ ὁπότε μή.

7. Die elliptische Formel εἰ δὲ μή nach einem andern hypothetischen Satze ist der Umgangssprache besonders geläufig geworden (vgl. V, 2). Nach unserm Gefühl müßte dann die erste Hypothese immer positiv sein; indeß ist der Ausdruck als ein das Vorige aufhebender so allgemein üblich geworden,

daß sie auch nach negativen Sätzen steht, und folglich in diesem Falle bejaht; z. B. An. 4, 3, 6 οὐκ ἐν τῷ ὕδατι τὰ ὅπλα ἦν ἔχειν· εἰ δὲ μή, ἥρπαζεν ὁ ποταμός. cf. 7, 1, 8. Cyr. 3, 1, 35. Und umgekehrt findet man den ellipt. Ausdruck εἰ δέ nach positiven Sätzen wo man εἰ δὲ μή erwartet hätte; z. B. Pl. Euthyd. p. 285 εἰ μὲν βούλεται ἑψέτω· εἰ δ', ὅτι βούλεται, τοῦτο ποιείτω. Man vgl. dazu Alcib. I. p. 114 b. Soph. Ant. 722., und die Aufmunterungsformel εἰ δ᾽ ἄγε wohlan!

8. Leicht zu ergänzen und allen Sprachen geläufig ist die Auslassung des Infinitivs (oder Particips) wenn das Verbum schon im Vorigen genannt war. Z. B. Od. γ, 275 ἐκτελέσας μέγα ἔργον, ὃ οὔποτε ἔλπετο θυμῷ. Xen. Symp. 8, 7 πᾶσα ἡ πόλις οἶδε, πολλοὺς δ' οἶμαι καὶ τῶν ξένων. Thuc. 6, 76 ἐκεῖνά τε ἔσχον καὶ τὰ ἐνθάδε νῦν πειρῶνται (sc. ἔχειν). 7, 69 ἐπλήρουν τὰς ναῦς, ἐπειδὴ καὶ τοὺς Ἀθηναίους ᾐσθάνοντο (sc. πληροῦντας τ. ν.) cf. 5, 80, 2. Ebenso ist es allen Sprachen gemeinsam, daß Verbalbegriffe, wenn sie aus dem Zusammenhang, insbesondere aus bezeichnenden Casusverbindungen, Adverbien, Wendungen mit Präpositionen hinlänglich erhellen, ausgelassen werden; ein Gebrauch, welcher zunächst der alle überflüssigen und selbstverständlichen Zusätze gern vermeidenden Volkssprache angehört, aber auch vielfach in die Schriftsprache übergegangen ist, und in der Grammatik gemeiniglich unter dem Gesichtspunkt brachylogischer Ausdrucksweise behandelt zu werden pflegt. Folgende Beispiele mögen das Gesagte veranschaulichen. Ar. Ran. 1275 ἐγὼ μὲν οὖν ἐς τὸ βαλανεῖον βούλομαι (ich will ins Bad). Hell. 2, 3, 54 ἐκέλευσεν ὁ κῆρυξ τοὺς ἕνδεκα ἐπὶ τὸν Θηραμένην (beschied sie zum Th.); κελεῦσαι ἐπὶ τὰ ὅπλα (zu den Waffen rufen) ib. 20. ἐς τὴν Λακεδαίμονα Thuc. 4, 108. στρατιὰν ἐπαγγέλλειν ἐς τοὺς ξυμμάχους 7, 17. Vgl. Thuc. 1, 65 (ἐς τὴν Πελοπόννησον ἔπρασσεν) mit 1, 57 (ἔπρ. ἐς Λακ. πέμπων); 1, 13 (παρ᾽ ἀλλήλοις ἐπιμισγόντων) mit 1, 146 (ἐπεμίγνυντο — καὶ παρ᾽ ἀλλήλους ἐφοίτων); ferner 1, 71 (μέχρι τοῦδε — ὡρίσθω), das häufige στῆναι, ἀναστῆναι εἰς μέσον, die Ergänzung allgemeiner Verbalbegriffe wie ποιεῖν und λέγειν, z. B. in der Redensart οὐδὲν ἄλλ᾽ ἤ (§. 150 n. 12), in der Partikelverbindung τί δέ, εἰ μὴ — γε was soll ich anders thun oder sagen als u. (Cyr. 1, 4, 13. Oec. 9, 1. 2. 18. 10, 9); ferner in Wendungen wie Ar. Vesp. 1179 μή μοί γε μύθους. Dem. 4, 19 μή μοι μυρίους ξένους. Anab. 5, 7, 26 καὶ τούτους τί δοκεῖτε; Pl. Phaedr. p. 234 τί σοι φαίνεται ὁ λόγος; und in der bekannten Grußformel, z. B. βασιλεὺς Φίλιππος Ἀθηναίων τῷ δήμῳ χαίρειν sc. λέγω Dem. u. f. f. S. noch andre Fälle brachylogischer Redeweise im Reg. unter Brachylogie, u. vgl. Bernh. Synt. p. 348. Krüger I. §. 62, 3 fg. N⸏T. Gramm. §. 151.

9. Wenn Relativ-, oder andre Neben- und selbst Hauptsätze anstatt eines Verbi finiti nur ein Particip enthalten, so ist das zum Particip gehörige Verbum finitum jedesmal aus dem Zusammenhange oder dem vorhergehenden Satze hinzuzudenken. Z. B. Jl. θ, 306 μήκων ὡς ἑτέρωσε κάρη βάλεν, ἥτ᾽ ἐνὶ κήπῳ καρπῷ βριθομένη (sc. κάρη βάλλει ἑτ.). ω, 42 λέων ὥς, ὅστ᾽ ἐπεὶ ἄρ μεγάλη τε βίη καὶ ἀγήνορι θυμῷ εἴξας εἶσ᾽ ἐπὶ μῆλα (wo εἶσι zu beiden Nebensätzen gehört; cf. θ, 230). — nach ὥστε: Is. Paneg. 64 φαίνονται τοσοῦτον ἁπάντων διενεγκόντες, ὥςε Θηβαίοις μὲν ἐπιτάττοντες, Λακεδαιμονίων δὲ ἡγεμόνας διασώσαντες (wo die nachfolg. Part. gleichsam noch mit in die Abhängigkeit von dem voraufg. φαίν. gezogen werden, s. Baiter hiezu und vgl. Dem. 10, 40. Andoc. 4, 20.); — in Hauptsätzen: Od. λ, 606 ἀμφὶ δέ μιν κλαγγὴ νεκύων ἦν οἰωνῶν ὥς· ὁ δ᾽ ἐρεμνῇ νυκτὶ ἐοικὼς — δεινὸν παπταίνων (sc. ἔη· f. Lehrs Arist. 385). Her. 1, 82 Λακεδαιμόνιοι τὰ ἐναντία τούτων ἔθεντο νόμον· οὐ γὰρ κομῶντες πρὸ τούτου (sc. ἔθ. νόμον) ἀπὸ τούτου κομᾶν. S. noch Poppo zu Thuc. 1, 25, 4. Matth. §. 556 A. 1 u. 2. N⸏T. Gramm. p. 251 fg.

10. (6.) Die Auslassung der Worte τοῦτό ἐςι oder τοῦτ' ἔςιν ὅτι nach Relativsätzen ist bereits §. 143, 11. erläutert. Dasselbe geschieht auch ohne relat. Verbindung bei einigen kurzen elliptischen Redensarten wie z. B. τὸ δὲ μέγιςον, πάντα ταῦτα μόνος κατειργάσατο — καὶ τὸ πάντων αἴσχιςον, προσεψηφίσασθε. Ferner in den Beweisformeln: τεκμήριον δέ oder σημεῖον δέ (sc. τούτων ἐςὶ τοῦτο) „der Beweis davon ist dieser;" z. B. σημεῖον δὲ, τοῖς πονηροῖς ξυνουσιάζει zum Zeichen, daß dies so ist, dient dieses, daß er mit schlechten Menschen umgeht. Diese Redens= art hat gewöhnlich γάρ bei sich (vgl. S. 469), z. B. Dem. Androt. extr.: das athenische Volk hat immer die Ehre höher geachtet, als das Geld, τεκ-μήριον δέ· χρήματα μὲν γὰρ πλεῖςα τῶν Ἑλλήνων ποτὲ σχὼν ἅπανθ' ὑπὲρ φιλοτιμίας ἀνήλωσεν. cf. Lept. p. 460. Mid. p. 563. Ebenso κεφά-λαιον δέ — γάρ z. B. Isocr. 7, 35. 4, 149.

V. Apofiopefis.

1. So nennt man die Unterbrückung eines ganzen Satztheils, so daß der Satz oder die Periode absichtlich unvollendet und die Ergänzung des Gedankens dem Hörer überlassen bleibt, mag dies nun aus rhetorischen oder andern Gründen geschehn. Solche Apofiopefen finden sich in allen Sprachen (vgl. das bekannte virgilische Quos ego), besonders aber in der Umgangs= sprache.

< 2. Eine besonders dem att. Dialog sehr geläufige Apofiopefe ist diejenige, wo von zwei einander entgegengesetzten bedingten Sätzen der erstere ohne Nachsatz bleibt. Dies geschieht aber nur, wenn der erstere Satz sich aus der Natur der Sache von selbst versteht, und die Rede daher zum zweiten eilt, auf welchen allein es ankommt. So schon bei Homer Jl. α, 135 ἀλλ' εἰ μὲν δώσουσι γέρας μεγάθυμοι Ἀχαιοί· εἰ δέ κε μὴ δώωσιν, ἐγὼ δέ κεν αὐτὸς ἕλωμαι. Pl. Prot. p. 325d. (nachdem die Bemühungen eines Vaters zur Bildung seines Sohnes aufgezählt worden) καὶ ἐὰν μὲν ἑκὼν πείθηται· εἰ δὲ μή, ὥσπερ ξύλον διαςρεφόμενον εὐθύνουσιν ἀπειλαῖς καὶ πληγαῖς. Symp. p. 185 ἐὰν μέν σοι ἐθέλῃ παύεσθαι ἡ λύγξ· εἰ δὲ μή, ὕδατι ἀνακογχυλίασον (den Mund ausspülen). Thuc. 3, 3 καὶ ἦν μὲν ξυμβῇ ἡ πεῖρα· εἰ δὲ μή, πολεμεῖν (cf. Lucian. 20, 68. Liv. 30, 4). In allen diesen Beispielen ist der Nachsatz gleichgültig: so ist es gut, so bedarf es nichts weiter, oder dergl.

VI. Pleonafmus.

1. Die der Ellipse entgegengesetzte Figur ist der Pleonafmus, d. h. ein aus rhetorischen oder andern Ursachen veranlaßter, aber nicht in den Ge= setzen der strengen Grammatik oder Logik begründeter Zusatz. Einiges der Art ist bereits im obigen behandelt worden, z. B. das μή und μὴ οὐ nach gewissen Verbis §. 148 A. 9. 10., das οὐ nach dem ἤ comparat. §. 149 n. 7., das μᾶλλον beim Komp. und μάλιςα beim Superl. §. 123 A. 8. 9., das τοῦδε oder τούτου beim Komparativ §. 132 A. 22., das doppelte ἄν §. 139 n. 20., ὅτι, ὡς, ὡς ὅτι §. 139 n. 61., mehre Participien wie ἔφη λέγων (Her. 5, 36.), ληρεῖς ἔχων ꝛc. §. 150 n. 40., homerische Wendungen wie ἀπ' οὐρανόθεν ꝛc. §. 116 Anm. 1., die scheinbar überflüssige Wieder= holung des Subjekts durch ὁ δέ oder ὅγε §. 126 A. 3.

2. Einzelne Wörter werden durch einen pleonastischen Zusatz nach= drücklich hervorgehoben, bei Dichtern und Prosaikern, z. B. αὖθις αὖ oder πάλιν αὖθις, πλήθει πολλοί Her. Plat., τάχα ἴσως, εὐθὺς παραχρῆμα, ἕνεκα χάριν Dem. Plat. (obwohl manches derartige aus späteren Glossen entstanden sein mag), ferner πρότερον προὔσκεπτο, ἔφθασαν προκαταλα-

βόντες u. ähnl. Thuc., σχεδὸν περί, περὶ — μάλιϛα, ἐς διακοσίους τινάς Xen. Thuc., κατώρυξέν με κατὰ τῆς γῆς κάτω Aristoph., ἔσω ἐς τὸ ἱρὸν ἐσελκύσαι Herod., das homerische οἴοθεν οἶος, αἰνόθεν αἰνῶς, συνεχὲς αἰεί, das tragische ἴσος εἰν ἴσοις ἀνήρ, κοινὸς ἐν κοινοῖς unb biele anbre. Hieher gehört auch bie bef. ben Tragikern eigenthümliche Ausbrucksweise, ba einem positiven Begriff bas negirte Gegentheil entweber unmittelbar ober vermittelst καί beigegeben wirb; z. B. ἑκόντα οὐκ ἄκοντα Eurip., γνωτὰ κοὐκ ἄγνωτα· ῥητὰ κοὐκ ἄῤῥητα Soph.

3. Auch burch ganze Sätze werben Nachbrucks halber Beftimmungen, bie bereits im Hauptfaß enthalten waren, wieberholt, wie Thuc. 5, 47 βοη-θεῖν ἐκέλευον τρόπῳ, ὁποίῳ ἂν δύνωνται, ἰσχυροτάτῳ κατὰ τὸ δυ-νατόν. Her. 1, 79 Κροίσῳ παρὰ δόξαν ἔσχε τὰ πρήγματα ἢ ὡς αὐτὸς κατεδόκεε. Od. β, 65. Vgl. ben folgenben Abfchnitt.

VII. Epexegefis

ift, wie aus bem Namen erhellet, ein eine Erklärung, Erläuterung in fich fchließenber Beifaß, baher er oft, äußerlich gefaßt, mit ber Appofition zu-fammenfällt, ober als Pleonafmus erfcheint, ber inbeß burch feine Aufgabe, zu erklären, feine Begründung erhält. Entweber gefchieht bies nun fo, baß ein Wort bas anbre erklärt, wie Eur. Hel. 1 Νεῖλος Αἰγύπτου πέ-δον, λευκῆς τακείσης χιόνος, ὑγραίνει γύας; ober baß ein Wort burch einen Saß erläutert wirb, wie Jl. ι, 124 ἵππους ἀθλοφόρους, οἳ ἀέθλια ποσσὶν ἄροντο. cf. Od. in.; ober baß ein ganzer Saß einen anbern Saß näher begründet, wie Xen. Ag. 2, 7 εἰ γὰρ ταῦτα λέγοιμι, Ἀγη-σίλαόν τ᾽ ἄν μοι δοκῶ ἄφρονα ἀποφαίνειν καὶ ἐμαυτὸν μωρόν, εἰ ἐπαι-νοίην τὸν περὶ τῶν μεγίϛων εἰκῇ κινδυνεύοντα.

VIII. Zeugma

nennt man bie befonbers ben Dichtern geläufige Rebefigur, ba ber Kürze wegen zu mehren Begriffen nur Ein Präbikat gefeßt wirb, bas bem Sinne nach nur auf Einen Begriff bezogen werben kann, fo baß man für ben ober bie anbern Begriffe aus jenem Präbikate ein anberes bazu paffenbes Prä-bikat herauszieben muß. Z. B. Hes. Θ. 640 νέκταρ τ᾽ ἀμβροσίη τε, τά-περ θεοὶ αὐτοὶ ἔδουσι. Soph. OT. 371 τυφλὸς τά τ᾽ ὦτα, τόν τε νοῦν, τά τ᾽ ὄμματ᾽ εἶ. Aesch. Prom. 21 οὔτε φωνὴν οὔτε του μορφὴν βροτῶν ὄψει. cf. Soph. El. 435. Jl. γ, 327. (Her. 4, 106). Diefer Ge-brauch ging auch auf bie fpätere Profa unb bie Lateiner über, unb galt vielfach als Eleganz. Z. B. Virg. Aen. 1, 355 crudelis aras, trajectaque pectora ferro nudavit. cf. 2, 320. Florus 4, 12, 37 his oculos, aliis ma-nus amputabant. Sogar bas Gegentheil kann fo aus bem Präb. ergänzt werben, wie Dem. 10, 60 ὅταν οἱ ἀδικούμενοι ἀρνῶνται, τί τῷ ἀδικοῦντι προσήκει; (sc. ὁμολογεῖν). Cic. Nat. D. 2, 64 nec vero supra terram (sc. patet), sed etiam in intimis eius tenebris plurimarum rerum latet uti-litas. Aehnlich muß aus einem vorhergehenben negirten Pronominalbegriff oft ein pofitiver Begriff, wie ἕκαϛος, πάντες zum Präb. im nächften Saße herausgenommen werben, z. B. Lyc. c. Leocr. 133 οὐδεμία πόλις αὐτὸν εἴασε παρ᾽ αὑτῇ μετοικεῖν, ἀλλ᾽ ἀπήλαυνε. cf. Thuc. 4, 10. Dem. 18, 199. 10, 38. Rehb. zu 10, 60.

IX. Afynbeta. (Polyfynbeta.)

1. Jeber orbentliche Saß im Verlauf ber Erzählung ober Dar-ftellung, ber nicht fchon auf anbere Weife z. B. burch Pronomina an bas

Vorhergehende geknüpft ist, müßte im Griech. eigentlich eine der vielen kleinen und beweglichen zur Verbindung der Sätze dienenden Konjunctionen bei
sich haben, und ebenso müßten der Regel nach koordinirt zusammen-
stehende einzelne Wörter durch Konjunctionen verbunden werden. Dies
findet sich auch in den allermeisten Fällen beobachtet, so daß sogar große
Abschnitte und Bücher durch eine Konj. an das Vorhergehende angeknüpft
werden. Indeß treten auch Fälle ein, wo die Verbindung vermieden, mithin
die asyndetische Nebeneinanderstellung der Sätze und einzelner Wörter be-
absichtigt wird.

2. Zwischen einzelnen koordinirten Wörtern fehlt die verbindende
Partikel a) gewöhnlich bei Aufzählungen, z. B. Pl. Prot. p. 319 d. ὁμοίως
δὲ χαλκεύς, σκυτοτόμος, πλούσιος, πένης, γενναῖος, ἀγεννής; b) wenn,
namentlich bei Homer, einem Subst. mehre ausschmückende Epitheta nachgesetzt werden, wie Jl. π, 140 ἔγχος ἕλετο, βριθύ, μέγα, σιβαρόν. α, 97
ὑπὸ ποσσὶν ἐδήσατο καλὰ πέδιλα, ἀμβρόσια, χρύσεια. c) bei der (rhetorischen) Zusammenstellung mehrer kurzen, nur aus dem Prädikat bestehenden
Sätze, wie Lys. 12 extr. ἀκηκόατε, ἑωράκατε, πεπόνθατε, ἔχετε· δικά-
ζετε. Xen. Ag. 2, 12 συμβαλόντες τὰς ἀσπίδας ἐωθοῦντο, ἐμάχοντο,
ἀπέκτεινον, ἀπέθνησκον. cf. Hell. 4, 3, 19. 2, 4, 33. Cyr. 7, 1, 38. Dem.
19, 265 (in §. 130, 5), und im gen. absol.: Dem. 8, 36 ἐκεῖνος ὑμῶν οἴκοι
μενόντων, σχολὴν ἀγόντων, ὑγιαινόντων δύο κατέστησε τυράννους.

Anm. Ueber die scheinbar asyndetische Verbindung mehrer Participia s. §. 144, 4.

3. Zwischen ganzen Sätzen fehlt die verbindende Partikel a) in
der bewegten Sprache bei vorangesetztem Prädikat, bes. bei Homer (vgl.
Nägelsb. Anm. z. Hom. 266 ff.): Jl. λ, 196 βῆ δὲ — εἰς Ἴλιον ἱρήν· εὖρ'
υἱὸν Πριάμοιο cet. ψ, 352 ἐν δὲ κλήρους ἐβάλοντο· πάλλ' Ἀχιλεὺς cet.
cf. χ, 295. 391. Od. ν, 407; so bei Xenophon oft: ἔδοξε ταῦτα, oder: ἀνέ-
τειναν πάντες ꝛc. — auch bei nicht vorangesetztem Prädikat: Jl. ρ, 50 δού-
πησεν δὲ πεσών· αἵματί οἱ δεύοντο κόμαι. Od. μ, 428 ἦλθε δ' ἐπὶ νότος
ὦκα· παννύχιος φερόμην, ἅμα δ' ἡελίῳ cet. ι, 444. Ueberall wird
man finden, daß der Satz durch Hinzufügung der Partikel an Lebendigkeit,
Wärme der Schilderung verliert. — b) bei mehren rasch aufeinander folgenden Imperativen: Od. κ, 320 ἔρχεο νῦν συφεόνδε, μετ' ἄλλων λέξο
ἑταίρων. ρ, 529 ἔρχεο δεῦρο κάλεσσον. ρ, 393. Jl. λ, 512 ꝛc. — c) bei
Darstellung mehrer historischer Einzelheiten in Form der Aufzählung, jedoch
auch meist (wie 2, c) zu rhetorischen Zwecken, s. unter and. die Stelle bei Dem.
9, 27. — d) in Erklärungssätzen, wo wir nehmlich einzuschalten pflegen, in Prosa besonders, wenn ein auf das folgende hinweisendes Demonstr.
voraufgeht. Doch kann auch γάρ dabei stehen. Z. B. Jl. β, 217 αἴσχιστος δὲ
ἀνὴρ ὑπὸ Ἴλιον ἦλθεν· φολκὸς ἔην, χωλὸς δ' cet. Pl. Gorg. p. 450 a.
αἱ ἄλλαι τέχναι οὕτως ἔχουσιν· ἑκάστη αὐτῶν περὶ λόγους ἐστὶ τούτους
cet. Dem. Phil. p. 44 δέομαι ὑμῶν τοσοῦτον· ἐπειδὰν ἅπαντα ἀκούσητε, κρίνατε. Isocr. 5, 123 ἐκεῖνό γε ῥαδίως ποιήσεις· τὰς πόλεις τὰς τὴν
Ἀσίαν κατοικούσας ἐλευθερώσεις. cf. An. 7, 3, 22. Cyr. 1, 6, 19. 3, 3, 26.
Mit γάρ: S. Ant. 238 φράσαι θέλω σοι πρῶτα τἀμαυτοῦ· τὸ γὰρ πρᾶγμ'
οὔτ' ἔδρασ' οὔτ' εἶδον ὅστις ἦν ὁ δρῶν. cf. Pl. Prot. p. 349 d.

4. Dem Asyndeton entgegen steht das Polysyndeton, d. h. die Ver-
knüpfung sämtlicher Satzglieder, seis durch ein fortgesetztes καί: Dem. 8,
70 ἔχων καὶ τριηραρχίας εἰπεῖν καὶ χορηγίας καὶ χρημάτων εἰσφορὰς καὶ
λύσεις αἰχμαλώτων καὶ τοιαύτας ἄλλας φιλανθρωπίας, οὐδὲν ἂν τούτων
εἴποιμι: — seis mit Hülfe wechselnder Partikeln: id. 1, 12 τὸ πρῶτον
Ἀμφίπολιν λαβών, μετὰ ταῦτα Πύδναν, πάλιν Ποτίδαιαν, Μεθώνην
αὖθις, εἶτα Θετταλίας ἐπέβη· μετὰ ταῦτα κτλ.

X. Ἐν διὰ δυοῖν

ist diejenige Figur, wonach ein durch ein Attribut, insbesondere durch ein Adjektiv oder einen Genitiv näher bestimmter substantivischer Begriff in zwei selbständige, durch eine kopulative Konjunction verbundene Substantive gleichsam zerlegt oder aufgelöst wird, wie in dem bekannten virgilischen: pateris libamus et auro st. pateris aureis (Georg. 2, 192), oder: molemque et montes insuper altos imposuit st. molem montium (Aen. 1, 65 s. Serv. hiezu). Eur. IA. 751 ἥξει Σιμόεντα καὶ δίνας ἀργυροειδεῖς. Aesch. Eum. 242 πρὸς αἷμα καὶ σαλαγμὸν ἐκμαςευόμεν. Da indeß die Bestimmung, ob ein Begriff auf diese Weise in zwei zerlegt worden ist, lediglich von der Willkür des Interpreten abhängt, so läßt sich das Vorhandensein der Figur nirgend mit völliger Sicherheit erweisen, am wenigsten in der gew. Prosa, da nur dichterisches oder metrisches Bedürfnis einerseits, oder der Mangel eines passenden Adjektivs andererseits die Veranlassung sein konnte, von der natürlichen Ausdrucksweise abzuweichen. Wenn man daher auch in der griech. Prosa manche Wendungen vermöge dieser Figur erklärt, so geschieht dies mehr aus Nachgiebigkeit gegen unsre Ausdrucksweise; z. B. Thuc. 7, 75 εἴ τῳ προλίποι ἡ ῥώμη καὶ τὸ σῶμα. X. Cyr. 5, 1, 9 φόβος καὶ νόμος ἱκανὸς ἔρωτα κωλύειν. Dem. p. 730, 18 (ταῖς ὀξύτησι καὶ τοῖς τοῦ πολέμου καιροῖς). p. 379, 8 (πόλιν λαβεῖν χρόνῳ καὶ πολιορκίᾳ). Plut. Mor. p. 384a. (καὶ πόματι καὶ κράματι), wo man überall auch durch wörtliche Uebersetzung einen passenden Sinn erhält. S. Lobeck zu Aj. 145. Schäfer zu Dem. p. 730. und für die lat. Prosa Bremi zu Corn. Ep. 1, 3. Krüger lat. Gr. §. 715.

XI. Hysteron proteron (πρωθύςερον)

nennt man die (auch mehr poetische) Figur, wo von zwei Prädikatbegriffen derjenige, welcher in der natürlichen Folge die zweite Stelle einnehmen sollte, als der gewichtigere vorangestellt wird, wie in den homerischen Versen: ᾧ τε Κρονίων ὄλβον ἐπικλώσῃ γαμέοντί τε γιγνομένῳ τε (Od. δ, 207), ἵνα τ᾽ ἔτραφεν ἠδ᾽ ἐγένοντο (κ, 417), τὰς μὲν ἄρα θρέψασα τεκοῦσά τε πότνια μήτηρ (μ, 134). Was sonst mit mehr oder weniger Recht zu dieser schon von den alten Grammatikern (s. z. B. Schol. ad Ap. Rhod. 1, 762) anerkannten Figur gerechnet werden kann, s. Od. γ, 467. ε, 264. π, 41. Jl. ε, 118. ι, 97. φ, 537. Xen. Mem. 3, 5, 10 (nach Jl. β, 548), Ap. Rhod. 1, 762.

Grammatische Kunstausdrücke in griechischer Sprache.

στοιχεῖα Buchstaben: φωνήεντα καὶ σύμφωνα Vokale und Konsonanten; ἄφωνα mutae, ἡμίφωνα semivocales, ὑγρά*) liquidae, δασέα, ψιλά, μέσα aspiratae, tenues, mediae; φωνῆεν καθαρόν vocalis pura — ἐπίσημον alter, nur noch als Zahlzeichen gebräuchlicher Buchstab (S. 7).

προσῳδίαι Accente (doch werden darunter auch Quantität, Spiritus, Apostroph und Hypodiastole begriffen): ὀξεῖα, βαρεῖα, περισπωμένη Akutus, Gravis, Circumflex. — πνεύματα Spiritus; δασεῖα καὶ ψιλή (sc. προσῳδία) asper und lenis. — ςιγμή, τελεία ςιγμή Punkt, μέση ςιγμή Kolon, ὑποςιγμή Komma. — χρόνος Quantität, συλλαβῆ δίχρονος (anceps) schwankende Silbe. — χασμωδία**) Hiatus.

Theile der Rede: ὄνομα Nomen (ὄνομα προσηγορικόν Substantiv, ἐπιθετικόν Adjektiv, κύριον Eigenname), ἀντωνυμία Pronomen, ἄρθρον Artikel (προτασσόμενον, ὑποτασσόμενον, oder -ακτικόν praepositivus, postpositivus), μετοχή***) Particip, ῥῆμα Verbum, ἐπίῤῥημα Adverb, πρόθεσις Präposition, σύνδεσμος Konjunction. (Die Interjectionen werden unter den Adverbien mit begriffen.)

γένος ἀρσενικόν, θηλυκόν, οὐδέτερον Masc. Fem. Neutr. — ἀριθμός ἑνικός, δυϊκός, πληθυντικός Sing., Dual, Plural. — κλίσις Deklination, πτώσεις Kasus: ὀρθή oder εὐθεῖα, oder auch ὀνομαςική Nom., γενική Gen., δοτική Dat., αἰτιατική Akk., κλητική Vok., πτώσεις πλάγιαι casus obliqui.

ὄνομα ἀπολελυμένον oder ἀπόλυτον, auch ἁπλοῦν und θετικόν Positiv, συγκριτικόν Komparativ, ὑπερθετικόν Superlativ.

συζυγία Konjugation, worunter jedoch im Griechischen nur die verschiedenen Klassen von Verben verstanden werden, die nach Einer Art konjugirt werden, z. B. die Verba λμνρ. Was wir konjugiren nennen, heißt im Griechischen, eben so wie bei der Deklination, κλίνειν, κλίσις, flektiren, biegen, abwandeln. — πρόσωπα Personen. — αὔξησις συλλαβικὴ καὶ χρονική Augm. syll. et temp. — ἀναδιπλασιασμός Reduplication.

διάθεσις das Verhalten des Verbi, vermöge dessen es ist ein ῥῆμα ἐνεργητικόν, παθητικόν, μέσον Activum, Passivum, Medium. — αὐτοπαθές Intransitivum, ἀλλοπαθές Transitivum.

ἐγκλίσεις Modi: ὁριςική Indik., ὑποτακτική Konj., εὐκτική Opt., προστακτική Imperat., ἀπαρέμφατος†) Infinitiv. (Particip s. oben.)

χρόνοι Tempora: ἐνεςώς Praesens, παρῳχημένος Praeteritum, μέλλων Futur; — παρακείμενος Perfekt, παρατατικός Imperfekt, ὑπερσυντελικός Plusq., ἀόριςος Aorist. — (παράτασις Dauer, συντέλεια Vollendung, momentane Handlung.)

σύνθεσις eigentliche Zusammensetzung: παράθεσις Zusammensetzung aus bloßer Nebeneinanderstellung entstanden; παρασύνθετα aus Zusammensetzung abgeleitete Wörter.

---

*) Diese heißen auch ἀμετάβολα, weil sie beim Dekliniren und Konjugiren nicht verwandelt werden.

**) Falsch ist die Schreibart χασμῳδία: denn es ist nichts von ᾄδω in diesem Wort, das von χασμώδης, lückig, kommt.

***) Von den Grammatikern so genannt „ὅτι ἐςτὶ λέξις μετέχουσα τῆς τῶν ῥημάτων καὶ τῆς τῶν ὀνομάτων ἰδιότητος.” Ap. Be. 639.

†) So genannt „ὅτι οὐ παρεμφαίνει ψυχικὴν διάθεσιν, οὐδὲ πρόσωπα, οὐδὲ ἀριθμόν.” Ap. Be. 884. Choer. in Theod. 788, 32.

Schriftzüge und Abbreviaturen.

I. (ligatures)

α	γ	ε	ε	κ	ν	ν	ν	σ

II. (ligatures)

‾ον	γὰρ	γὰρ	ει	εῖ	ελ	ην˙	ου	τῶ	ῡ	δὲ	καὶ	τι

III.

	αθι
	αλ
	αλλ
	αν
	ἀρ
	αὐτὸ
	γγ
	γὰρ
	γὰρ
	γελ
	γεν
	γερ
	γίνεται
	γο
	γρι
	γρο
	δεξ
	δευ
	δια
	δια

IV.

	εἶναι
	ἐν
	ἐπειδὴ
	ἐπεν
	ἐπι
	ἐπὶ
	ἐπὶ
	ἐπὶ
	ευ
	κατὰ
	κεφάλαιον
	μάτων
	μεθ
	μὲν
	μὲν
	μεν
	μεν
	μενος
	μετὰ
	μετὰ

V.

	μω
	μῶν
	οἷον
	οὐκ
	οὗτος
	παρα
	περ
	περὶ
	πο
	ρο
	σα
	σε
	σθαι
	σο
	σπ
	σσ
	σω
	ται
	ταῖς
	ταῦτα

VI.

	τὴν
	τῆς
	τῆς
	τὸ
	τὸν
	τοῦ
	τοῦ
	τοὺς
	τρ
	τρο
	τῶ
	τῶν
	τῶν
	υι
	υν
	ὑπ
	χθ
	χο
	ω
	ερ

Verzeichnis von regelmäßigen Verbis.

Vorerinnerungen.

1. Von einem jeden Verbo, wobei nichts weiter angegeben ist, hat man anzunehmen, daß es die Aoriste und das Perfekt nach der ersten Form bildet.

2. Wenn bei einem Verbo bloß aor. 2. steht, so gilt dies bloß vom Aor. Act. (u. Med.); der Aor. Pass. aber und das Perf. Act. sind nach der ersten Form zu bilden. Wo aber *Aor.* 2. *Pass.* angegeben ist, kann man unbedenklich auch den *Aor.* 1. *Pass.* bilden, da er häufig als seltnere Form neben dem Aor. 2. existirt, s. §. 100 Anm. 6.

3. Der Ausdruck — σ im Paff. — geht überall auf Perf., Aor. 1. und adj. verb., steht aber nur bei solchen Verbis, wobei es sich nicht von selbst versteht (§. 98, 100. und bef. §. 112, 20).

4. Das ganze Verzeichnis dient zugleich als Regi= ster der im Verlauf der Lehre vom Verbo abgehandel= ten oder auch nur beispielsweise und ohne Wortbedeu= tung aufgeführten Verba, wenn sie nicht bereits im Anom.=Verz. ihre Stelle gefunden haben.

Verba barytona.

Ἀγάλλω schmücke. Med. stolzire
ἀγγέλλω verkünde. — Med. — Aor.
2. act. pass. u. med. 170 N.
ἀγλαΐζω verherrliche 154 (fut.)
ἀγορεύω rede 268.
ἄγχω ersticke transit. Med. (ἀπάγ-
χομαι) erdroffele mich 413.
ᾄδω zfgz. aus ἀείδω, finge. Augm.
133. 134. Fut. Med. (act. dicht.)
ἀθροίζω versammle. — Med. 248.
ἀθύρω spiele
αἰάζω ächze, ft. ξω 147.
αἰκίζω (aus ἀεικίζω Hom.) mißhan=
dele. — Med.
ἀΐσσω (ᾱ) Act. u. Pass. Dep. (ἀΐχ-
θῆναι, auch med. ἀΐξασθαι, vgl.
Bekk. hom. Bl. 196) fpringe, eile.
Att. ᾄττω (ᾄττω), aor. ᾖξα, ᾄξαι
(vgl. ἄγνυμι u. d. Note zu ἄγω)
αἰσχύνω beschäme 169. Pass. schäme
mich, 248. 413. 414. pf. p. 171.
ἀΐω (ᾱ) höre, f. anom. (ἐπήϊσα 134)
ἀκοντίζω schleudere. Med. 415.
ἀκούω höre. Fut. Med. — Perf. u.
plusq. §. 85, 2. 3. — σ im Paff.;
perf. p. ohne att. Redupl.
ἀλαλάζω jauchze, f. ξομαι (Eur.) 147.
ἀλαπάζω (dicht.) zerstöre, bezwinge,
fut. ξω 147.
ἀλείφω falbe, (ῐ), pf. §. 85, 2., pass.
ἀλήλιμμαι, später ἤλειμμαι (f. Lob.
ad Phryn. 31). a. 1. p., felten und

zweif. a. 2. p. (Pl. Phaedr. 258).
— Med.
ἀλλάσσω, ττω ändere, Char. γ 147.
a. 2. p. 194. — Med. in Comp.
(fut. 1. med. u. 2. pass.) 415.
ἀμβλύνω stumpfe ab
ἀμείβω wechsele. — Med. (Comp.
ἀπαμ. 249.)
ἀμέλγω melke (192 ἀμέλγες).
ἀμύνω wehre 254. — Perf. fehlt
durchaus. — Med. 413. 414. —
ἀμυνάθειν (-θεῖν) 241 N.
ἀντιάζω begegne 240.
ἀνύω att. ἀνύτω vollende §. 95 A. 3.
— σ im Paff. — Med.
ἀπολαύω genieße, ft. med. (felten act.)
Augm. 137.
ἅπτω zünde an
ἅπτω hefte. Med. hafte; berühre
ἀράσσω schlage, schmettere
ἄρδω wässere, nur Praes. u. Imp.
ἁρμόττω u. ζω fülge 148. — Med.
ἀρύω schöpfe, wie ἀνύω. — Med.
ἄρχω herrsche, fange an. — Med.
fange an
ἀσπαίρω zappele
ἀστράπτω blitze
αὐαίνω (und ἀναίνω Ar. Eccl. 146)
dörre. Augm. 134.
βαδίζω gehe. Fut. Med. (att.)
βάπτω tauche. Char. 147. Aor. 2. p.
βδάλλω melke

βήσσω, ττω huste. Char. 147.
βιβάζω f. anom. βαίνω
βλάπτω schade. Char. 147. — Pass.
 aor. 1. u. 2. — Redupl. 131.
βλέπω sehe. ft. act. u. med. — a. 2.
 p. 165.
βλίττω zeidele 147. 235 N.
βλύζω quelle
βουλεύω rathe. — Med. 415.
βραδύνω verzögere, pf. 171 A. 9.
βράζω, att. βράσσω, ττω siede, gähre;
 worfele. Fut. σω, 147.
βρέμω schalle, nur praes. u. impf.
βρέχω netze. — Pass. 248. aor. 2. 165.
 S. anom.
βρῖθω strotze. pf. 2 (Hom.)
βύω verstopfe 245. f. an. βυνέω.
γέμω bin voll, nur praes. u. impf.
γλύφω schnitze, ῠ 17. Redupl. 131.
γλωττίζω züngele, Red. 131.
γνωρίζω erkenne, Redupl. 131.
γράφω schreibe. — Pass. aor. u. ft. 2.
 §. 100 A. 4. — Med. 416.
γρύζω muckse, fut. ξω und ξομαι.
γυμνάζω übe. — Med. 413.
δακρύω weine
δανείζω leihe auf Zins. — Med. ent-
 lehne auf Zins
δέρω schinde. — Pass. aor. 2. (ᾱ)
δεσπόζω beherrsche
δεύω befeuchte
δικάζω richte 164 N. — Med. 415.
διςάζω zweifle
διώκω verfolge, ft. act. u. med. —
 διωκάθειν 241 N.
δουλεύω diene
δρέπω pflücke. — Med.
δρύπτω (δρύφω) ritze
ἐγκωμιάζω preise, fut. med. selten act.
 Augm. 137.
ἐγχειρίζω händige ein. Augm. 137.
ἐθίζω gewöhne. Augm. ει 133. —
 Pass. gewöhne mich 248.
εἰκάζω vermuthe. Augm. 133 N.
εἴκω weiche, fut. ξω (ὑπείξομαι Hom.)
 Augm. 133. Nebenf. εἰκάθειν 241.
 Nicht zu verw. mit Anom. εἴκω.
εἴργω schließe aus. Augm. §. 84, 5
 u. A. 4. S. auch Anom.
ἐκκλησιάζω halte Volksversammlung.
 Augm. 137 und Not.
ἐλέγχω widerlege. — Redupl. Att. —
 pf. pass. §. 98 A. 7.
ἑλίσσω, ττω winde (auch εἱλίσσω, f.
 Pape). Augm. ει 133. — Perf. Act.

fehlt. Perf. Pass. εἵλιγμαι u. (ἐλή-
 λιγμαι Pausan.) — Med.
ἐλπίζω hoffe. ἔλπω f. Anom.
ἐμποδίζω hindere
ἐμφανίζω mache klar } Augm. 137.
ἐνεδρεύω laure auf }
ἐντύω u. ἐντύνω bereite, bildet Temp.
 nur vom zweiten.
ἐξετάζω prüfe. Augm. 137. pf. ἐξή-
 τακα Aesch. 1, 92.
ἑορτάζω feiere. Augm. §. 84 A. 9.
ἐπείγω (kein Comp.) befördere. Pass.
 eile, 248.
ἐπιβατεύω fahre zu Schiffe }
ἐπιτηδεύω befleißige mich } Augm.
ἐπιτροπεύω bin Vormund } 134.
ἐρείδω stütze. Red. Att. 135. Med.
ἐρέσσω, ττω rudere. F. σω, 147.
ἐρέφω decke, kränze. — Med.
ἐρίζω streite. — Redupl. Att.
ἑρμηνεύω erkläre
ἕρπω krieche, f. anom.
εὐθύνω mache grade
εὐφραίνω erfreue. Pass. 248.
εὕω, gew. ἀφεύω, röste, senge
ἐχθαίρω hasse (dicht.) aor. 168.
ἡδύνω versüße. pf. p. 171.
ἥδω ergetze. Pass. freue mich 248.
ἥκω komme, bin da 276. 422. Hat keinen Aor. u. kein Perf. §. 137 A. 8.
θάλλω sprosse. — pf. 2. 159.
θάλπω wärme
θαυμάζω bewundere. Fut. med. (selt.
 act.)
θέλγω bezaubere
θερίζω ernte
θεσπίζω weissage 154 (fut. att.).
θήγω wetze. — Med. ep.
θηρεύω jage. — Med.
θλίβω quetsche. — Pass. aor. 2.
θραύω zerbreche; σ im Pass. 245.
θύω u. θύνω wüthe. (Pr. u. Imp.)
ἰδίω (ῐ Od. ν, 204) schwitze, ion. u.
 dicht.
ἱδρύω setze, f. anom. — Med.
ἰθύνω mache grade
ἱκετεύω flehe, Augm. 133.
ἱμάσσω (dicht.) geißle, Char. 147.
ἱμείρω begehre, f. anom.
ἱππεύω reite
ἰσχναίνω dörre; aor. 1. 168.
ἰσχύω vermag, Augm. 133.
καθαίρω (kein Comp.) reinige. aor.
 1. nimmt η, spät. ᾱ, an. — Med.
καίνω tödte, f. anom. κτείνω
καλύπτω verhülle. — Med. 413.

κάμπτω biege. — Pass. pf. 163.
κείρω schere s. anom. Med. 413. 415.
κελεύω befehle; σ im Pass. 245.
κέλλω lande, s. anom. ὀκέλλω.
κερδαίνω gewinne; s. anom.
κηρύσσω, ττω mache bekannt
κινδυνεύω laufe Gefahr, scheine
κλέπτω stehle, s. anom.
κλίνω beuge. §. 101, 9. — Pass. aor.
u. fut. 1., besser 2. (s. Dind. zu
Cyr. 8, 7, 4). — Med.
κλύζω spüle
κναίω kratze, σ im Passiv 245.
κνίζω jücke, brenne
κνώσσω schlafe (dicht.) fut. 151 N.
κοιλαίνω höhle aus; aor. 1. 168.
κολάζω züchtige, ft. κολάσω, κολάσομαι u. κολῶμαι (Ar. Vesp. 244.)
κομίζω bringe. Pass. reise (bes. ἀνακ.)
Med. bekomme 414.
κονίω bestäube, κονίσω, κεκόνῑμαι
(später κεκόνισμαι von κονίζω).
κόπτω haue, Char. 147. pf. 1. (ep.
pf. 2. 160. vgl. Class. Beob. zu
Hom. 99) a. 2. p. Das fut. 3. (st.
st. 2. p.) Anab. 1, 5, 16. Ar. Ran.
1223. Nub. 1125. — Med. 414.
κορύσσω rüste. Char. 147. 162.
κραίνω vollende; pf. p. 171 u. anom.
κρίνω richte. §. 101, 9. — Med. 415.
— ἀποκρίνομαι antworte 249.
κρούω stoße, σ im pass. 245. — Med.
in Comp. 414.
κρύπτω verberge s. anom. Char. 147.
κτεατίζω erwerbe 131.
κτίζω stifte, s. anom.
κύπτω bücke mich, pf. κέκῡφα
κωκύω heule, ft. med.
κωλύω hindere
λάμπω glänze. fut. act. u. med. —
pf. 2. λέλαμπα
λάπτω schlürfe (von Hunden ꝛc.)
λείβω vergieße
λείπω lasse, s. anom.
λέπω schäle. Aor. 2. pass. 165.
λευκαίνω mache weiß. aor. 1. 168.
λείσσω sehe (dicht.) fut. 151 N.
λεύω steinige; σ im Pass. 245.
λήγω höre auf
λυγίζω biege, 151 N.
λυμαίνω s. λυμαίνομαι 542.
λίω löse, s. anom.
μαλάσσω, ττω erweiche
μαλκίω s. μαλκιάω 554.
μαραίνω mache welk. — aor. 1. mit
ᾱ. — Pass. verwelke

μάσσω (comp. ἐκμάττω) knete, 147.
— a. 1. u. 2. p. — Med.
μαςίζω geißle, fut. ξω, 147.
μερίζω theile. — Med.
μηνίω (ῑ bei Hom.) ion. u. dicht.,
zürne
μηνύω deute
μιαίνω beflecke; 168. 171. 278.
μνημονεύω bin eingedenk
μολύνω besudele, pf. p. 171.
νεύω winke (ἐπινεύω bejahe, ἀνα-
νεύω verneine), fut. med. (Hom.
Plat.) u. act.
νίσσομαι gehe zurück (dicht.), fut.
151 N.
νίφω schneie (νείφω ist vermuthlich
nur itacist. Schreibweise, vgl. Phot.
s. v. und anom. νέφω)
νομίζω meine, glaube
ξηραίνω trockne, pf. p. 171.
ξύω glätte, σ im Pass. 245.
οἰακίζω steuere, Augm. 134.
οἰκίζω gründe. Med. (κατοικ.) 249.
οἰκτείρω bejammere
οἰμώζω jammere. Char. 147. Fut.
Act. und Med.
οἰνίζω rieche nach Wein, Augm. 134.
— Med. sich Wein erhandeln, Hom.
ὀκέλλω lande, s. anom.
ὀλολύζω wehklage, ft. ξομαι
ὀνειδίζω schmähe
ὀνομάζω nenne
ὀξύνω schärfe, reize, pf. p. 171.
ὁπλίζω bewaffne. — Med. 249. —
(Homer auch ὁπλέω und ὅπλεσθαι)
ὀργαίνω erzürne; aor. 1. 168.
ὀρέγω reiche, strecke. Redupl. Att.
Aor. p. u. med. 249.
ὁρίζω begrenze. — Med.
ὀρύσσω, ττω grabe s. anom.
οὐτάζω verwunde 133. 240. 288.
παιδεύω erziehe. — Med.
παλαίω ringe; σ im Pass. 245.
πάλλω schwinge. S. anom.
πάσσω bestreue, Char. 147. — Med.
πατάσσω schlage. Pass. s. an. πλήσσω.
πείρω durchbohre, 170. Pass. aor. 2.
πέμπω schicke. Perf. a. 159. pf. pass.
163 (dafür wird häufiger ἔςαλμαι
von ςέλλω gebraucht). — Med.
πεπαίνω mache reif; aor. 1. 168.
περαίνω vollende 171. S. anom.
πήσσω s. anom. πήγνυμι
πιαίνω mache fett, aor. 1. 168.
πιέζω drücke. (πιέζευν ꝛc. 239 N.)
πιςεύω glaube

πλάσσω, ττω forme, Char. 147. Med.
πλέκω flechte. a. 2. p. 165. (pf. act.
πέπλεχα und πέπλοχα bei Hippokr.
de oss. nat. p. 308. 309) — Med.
πλύνω wasche §. 101, 9.
πνίγω ersticke transit. s. ausf. Spr.
fut. act. (u. med. dor.) — Pass.
ersticke intrans. a. 2. p. 249.
πορεύω bringe, Pass. reise 249. 413.
πορίζω verschaffe. Med. erwerbe 414.
πράσσω, ττω (ā) thue, befinde mich.
Char. 147. — pf. 1. u. 2. s. 247.
Med.
πρέπω zieme, gew. impersonal
πρεσβεύω bin Gesandter. Med. 415.
πρίω säge. σ im Pass. 245.
προφητεύω prophezeie. Augm. 137.
πταίω strauchele. σ im Pass. 245.
πταίρω gew. πτάρνυμαι niese s. an.
πτήσσω ducke nieder, Char. 147.
πτίσσω stampfe, Char. 147.
πτύσσω falte. — Med.
πτύω spucke; Flex. 152. 244 unt. a.
πύθω (ῡ) mache faulen. Pass. (nur
Präs. u. Impf.) faule
ῥαίω zerschelle, σ im Pass. 245.
ῥάπτω nähe, Char. 147. — a. 2. p.
ῥέπω sinke
σαίνω wedele, schmeichele; aor. 1. mit
η (auch ā)
σαίρω fege. S. anom.
σείω schüttele, σ im Pass. 245. — Med.
σημαίνω bezeichne. — aor. 1. mit η
(später ā). pf. p. 171. — Med.
σήπω mache faulen. — Pass. faule,
aor. 2. u. pf. 2. 247. 249. 413.
σκάζω hinke
σκάπτω grabe. Char.φ 147. Aor. 2. p.
σκεπάζω decke (σκεπόωσι 290.)
σκευάζω bereite. (ἐσκενάδαται 191.)
Med. 413.
σκήπτω Act. und Med. stütze mich
σκιάζω beschatte, fut. att. Soph. OC.
406. (σκιόωντο 290)
σκώπτω spotte, fut. med.
σπείρω säe, 159 N. a. 2. p.— Med.
σπεύδω eile, beschleunige. Med. eile
σπουδάζω treibe mit Eifer. Fut. Med.
στάζω tropfe, Char. 147.
στέγω decke
στείβω trete, gew. nur Pr. und Impf.
A. V. ςειπτός. — Dazu pf. p.
ἐςίβημαι Soph. (von στιβέω)
στείχω schreite (dicht.) aor. 1. und 2.
στέλλω schicke, 170. — Pass. aor. 2.
— Med. 413. 416.

στένω seufze. Nur Pr. u. Impf.
στενάζω stöhne, Char. 147.
στέργω liebe, bin zufrieden. — Pf. 2.
στέφω stopfe, kränze. — Med.
στηρίζω stütze, Char. 147. — Med.
στίζω punktire, Char. 147.
στρατεύω Act. und Med. ziehe zu Feld
στρέφω drehe. pf. a. 159. pf. p. 162.
a. 1. u. 2. p. 165. S. anom.
συρίζω u. συρίττω pfeife, fut. συρίξομαι 148 (Lucian.)
σύρω ziehe, gew. nur Praes. u. Impf.
— a. 2. p. bei Späteren.
σφάλλω betriege. Pass. aor. 2. —
Fut. 2. pass. und med.
σφάττω und σφάζω schlachte, 148.
Char. 147. — a. 2. p.
σφίγγω schnüre, presse. pf. p. 163.
σφύζω walle, klopfe (vom Blute) 147.
σχίζω spalte
σχολάζω habe Muße
ταράσσω störe. Vgl. anom.
τάσσω, ττω ordne, Char. 147. —
Pass. aor. 1., selt. 2. — Med.
τέγγω netze
τείνω spanne, strecke, §. 101, 9.
τείρω reibe auf, nur pr. und imp.
Wegen τέρσω s. ausf. Spr.
τεκμαίρω begrenze. Med. beweise
τεκταίνω zimmere
τέλλω nur in Comp. z. B. ἐπιτέλλω
trage auf §. 101, 8. — Med.
τετραίνω bohre 168. 242. s. an. τιτράω
τήκω erweiche, schmelze. — Pass.
schmelze intrans. 249. hat aor. 2.
(aber a. 1. wurde erweicht) und
pf. 2. s. 145. 247. 249.
τίλλω rupfe §. 101, 4. — Med. 414.
τινάσσω erschüttere. — Med.
τραχύνω mache rauh; pf. p. 171.
τρέμω zittere; hat keinen Aor. und
kein Perf.
τρέπω wende, 159. 162. 165. s. anom.
τρίβω reibe (ῑ) — Pass. aor. 2. (ῑ)
τρίζω zwitschere. F. ξω, 147. — Pf.
τέτριγα mit Präs.-Bed. 251. τετριγῶτας 192.
τρύω reibe auf. Nebf. τρύχω s. anom.
τωθάζω höhne, ft. med.
ὑβρίζω beschimpfe, mishandle
ὑποπτεύω argwöhne. Augm. 137.
ὑφαίνω webe. aor. 1. mit η. pf. p.
171. (ὑφόωσι Hom. 202.)
ὕω regne. σ im Pass. 245. (fut. ὕσο-
μαι passiv Her. 2, 14.)

φαίνω f. Anom. — pf. p. 171.
φαρμάσσω, ττω behandle mit Arznei
φέρβω weide, pf. 2. 159., hat kein
  fut. und aor.
φλέγω brenne transit. — Pass. aor.
  1. und 2. §. 100 Anm. 5.
φονεύω töbte
φράσσω, ττω umschließe, Char. 147.
  — Pass. anr. 1. u. 2. — Med.
φρίσσω, ττω schaudere. Charakt. x
  147. pf. 2. 160 (πεφρίκοντες 236)
φροντίζω bekümmere mich
φρύγω röste. — Pass. aor. 2. nach
  §. 100 A. 4.
φυλάσσω, ττω hüte. Med. 413. 414.
φυτεύω pflanze

χαίνω f. an. χάσκω
χαλεπαίνω zürne; aor. 1. 168.
χαράσσω kratze ein
χορεύω tanze
χρῄζω habe nöthig, verlange; bloß
  Pr. u. Imp. (Vgl. av. χράω.)
χρίω salbe, σ im Pass. 245. Med.
  413.
χωρίζω sondere 191.
ψάλλω schlage die Zither, singe 168.
ψαύω berühre, σ im Pass. 245.
ψέγω tabele. — a. 2. p. 165.
ψεύδω täusche. — Med. betriege
ψηφίζω zähle, rechne. Med. beschließe
  durch Stimmung. Ft. att.
ὠδίνω bin in Geburtswehen.

Verba contracta.

Ἀγαπάω liebe
ἀγνοέω kenne nicht. Fut. Med. (fut.
  act. bei Demosth. u. a.)
ἀδικέω thue unrecht
αἱματόω mache blutig
αἰνέω lobe f. anom. — αἰνέο 201.
αἰτέω fordere. — Med. 415.
ἀκολουθέω folge
ἀκριβόω kenne genau. — Med.
ἀλγέω leide Schmerz
ἀλοάω (ep. ἀλοιάω) dresche, ft. άσω u.
  ήσω 152. (Et.M. 202. Tho.Mag. s.v.)
ἀμάω mähe. — Med.
ἀμφιγνοέω zweifle, Augm. 138.
ἀμφισβητέω streite, bin anderer Meinung. — Augm. 138.
ἀνιάω (kein Comp.) betrübe. Pass.
  mit Fut. Med. betrübe mich 248.
ἀνορθόω richte auf; Augm. 138.
ἀντιβολέω begegne, flehe 136. 138 N.
ἀντιδικέω streite. Augm. 137. 138.
ἀξιόω würdige. — Med.
ἀοιδιάω singe (dicht.) 200.
ἀπαντάω begegne. Fut. Med. (später act.) — Augm. 137.
ἀπατάω (kein Comp.) betriege
ἀπειλέω (kein Comp.) drohe
ἀριθμέω zähle. — Med.
ἀριστάω frühstücke. Augm. 133.
ἀρκέω genüge. — ε in der Flex. 152.
  — σ im Pass. 244 unt. a.
ἀρόω ackere, Flexion 152. Red. Att.
  — ἀρόμμεναι 204. — Pass. ohne
  σ 244.
ἀρτάω hänge, befestige. — Med.
ὀσκέω übe. — Pass. übe mich

ἀσχαλάω bin unwillig 202.
ἀτιμόω entehre 164 (fut. 3.)
αὐδάω rede
αὐλέω flöte
ἀφρονέω bin thöricht, Augm. 136.
βλασφημέω lästere, Augm. 131.
βοάω schreie §. 95, 5. f. Anom.
βοηθέω helfe; (βωθέω ion. 261.)
βουκολέω weide transit. (iter. 203.)
βριάω strotze 246.
βροντάω donnere
γελάω lache Fut. Med. (spät. act.)
  — Flexion 151. σ im Pass. 244
  unt. a. — Dialektfj. 202. 203.
γεννάω zeuge. — Med.
δαπανάω Act. und Pass. Dep. ver-
  wende, gebe aus 248.
δειπνέω speise
δηϊόω, att. δηόω, befeinde 203.
δηλέω verletze. — Med.
δηλόω mache bekannt
διαιτάω (kein Comp.) bin Schiedsrichter. Augm. 138. Pass. 249. —
  Med. κατaθ.) 249.
διακονέω (lang a, daher ion. διη-
  κονέω) diene. — Augm. 138.; auch
  Dep. Med.
δικαιόω halte für recht 203.
διοικέω verwalte, Augm. 138.
διψάω leide Durst, Kontr. 201.
δουλόω mache zum Sklaven. — Med.
δυσαρεστέω bin unzufrieden ⎱ Augm.
δυστυχέω bin unglücklich ⎰ 137.
δυσωπέω beleidige das Auge
ἐάω (ep. Nbf. εἰάω, davon it. εἴασκον
  203) lasse 152. — Augm. ει 133.

ἐγγυάω gebe als Pfand. Augm. 137.
Med. verbürge mich 413.
ἐγχειρέω lege Hand an. Augm. 137.
ἐλεέω bemitleide
ἐμέω speie. Flexion 152. 153. Red.
Att. — σ im Paff. 244 u. R.
ἐμπεδόω befestige. Augm. 137.
ἐμπολάω treibe Handel. Augm. 137.
ἐνοχλέω beläftige. Augm. 138.
ἐπιθυμέω begehre. Augm. 137.
ἐπιορκέω übe Meineid. Augm. 137. Fut. Med.
ἐπιχειρέω unternehme. Augm. 137.
ἐρευνάω Act. und Med. erforsche, spüre aus
ἐρημόω mache wüste 154 (fut.)
ἐρυθριάω erröthe 158.
ἐρωτάω frage; (ion. εἰρωτάω 133)
ἑςιάω bewirthe. — Augm. ει 133. — Pass. 248.
ἑτεροιόω verändere 200.
εὐδοκιμέω bin berühmt. Augm. 137.
εὐεργετέω erzeige eine Wohlthat. — Augm. §. 86, 3.
εὐσεβέω bin fromm
εὐωχέω bewirthe. Pass. schmause 248. 413. — Augm. 137.
ζέω siede intrans. Flexion 151. 200. 244 unt. a. — Nebf. ζέννυμι
ζηλόω eifere nach
ζημιόω bestrafe
ζητέω suche
ζωγραφέω male
ἡβάω bin jung 202. f. an. ἡβάσκω
ἡμερόω zähme. — Med.
ἡνιοχέω fahre, lenke
ἠχέω töne. (ἤχεσκε 203)
θαρρέω, θαρσέω vertraue
θηράω jage, Fut. med. u. act.
θλάω quetsche, Flexion 151. σ im Paff. 244 unt. a.
θρηνέω beweine, beklage
θυμιάω räuchere
θυμόω erzürne. — Pass. 248.
ἱδρόω schwitze. — Jon. Kontr. 201. — hom. Formen 203.
ἱμάω ziehe herauf, schöpfe. — Med.
ἱπποτροφέω halte Pferde, perf. ἱπ-ποτετρόφηκα Lycurg. 139.
ἱςορέω forsche
κακόω schabe, schwäche
κατηγορέω verklage. Augm. 137.
κεντέω steche, stachele
κινέω bewege. Pass. 248.
κληρόω wähle durch Loos. — Med. loose, erloose 414.

κνάω schabe, f. anom.
κοιμάω bringe zur Ruhe. Pass. (ep. Med.) schlafe 248. 249. 413.
κοινόω Act. u. Med. mache gemein, theile mit
κοινωνέω nehme Theil
κολλάω leime
κολυμβάω schwimme
κομάω trage langes Haar 202.
κορέω fege. Verschieden von Anom. κορέννυμι
κοσμέω schmücke 204.
κρατέω habe Gewalt, halte fest
κροτέω schalle, klatsche
κυβερνάω steure, lenke
λαλέω rede
λιπαρέω flehe
λοιδορέω Act. u. Dep. pass. schmähe 249. (aor. med. bei Isae. 6, 59.)
λυπέω kränke. — Pass. 248.
λωφάω lasse nach
μαλκιάω erstarre, torpeo (Xen. Ven. 5, 2. Arat. ic.). Nach Harpokrat. u. Hesych. auch μαλκίω (Dem. p. 120, 7 Ddf., Aeschyl. fr.) — Vgl. Cob. VL. 130.
μαρτυρέω gebe Zeugnis; aber Med.
ἐπιμαρτύρομαι rufe zu Zeugen auf
μειδιάω lächele
μελοποιέω mache Lieder 136.
μετρέω messe. — Med.
μισέω hasse
νεικέω schelte; Flex. 152.
νικάω besiege
νοέω denke; f. anom.
νουθετέω ermahne
ξέω schabe, Flex. 152. 244 unt. a.
ὁδοποιέω mache Bahn, Augm. 138.
οἰδάω (präf. Nebenf. -άνω, αίνω) schwelle. Augm. 134.
οἰκειόω eigne zu, 154 (fut.)
οἰκέω wohne (οἰκέαται 202)
οἰκοδομέω baue 136. 134 N. — Med.
οἰκουρέω hüte das Haus, Augm. 134.
οἰνοχοέω bin Weinschenk 135.
οἰνόω berausche; Augm. 134.
οἰόω lasse allein, Augm. 134.
οἰςράω mache wild, fut. ήσω von (ion.) οἰςρέω. Augm. 134.
ὀκνέω bin träge, will nicht
ὁμαρτέω begleite 204.
ὁμιλέω gehe um mit jem.
ὁμολογέω komme überein, gestehe
ὀπτάω brate. A.V. ὀπτός (f. an. ὁράω)
ὀρθόω richte auf. — Med.
ὁρμάω Act. u. Dep. eile 248. 249.

ὁρμέω liege vor Anker
οὐρέω harne, fut. med. Augm. 134.
ὀχέω fahre trans.; Med. fahre intr.
παρανομέω handle gesetzwidrig 137.
παροινέω wüthe. Augm. 138.
στατέω trete
πεινάω leide Hunger, fut. ήσω und bei Spät. άσω ιc. Kontr. 201.
πειράω versuche, prüfe. — πειράομαι versuche, forsche 249.
πηδάω springe. Fut. Med.
πλανάω führe irre. Pass. irre 249.
πλεονεκτέω bin habsüchtig
πληρόω fülle 203.
πονέω s. anom. u. 246.
ποτάομαι, s. anom.
προξενέω bin Staatsgastfreund 137.
προσδοκάω erwarte. Augm. 137.
πτερόω beflügele
πτοέω scheuche 131.
πωλέω verkaufe (πωλέαι 201).
ῥιγόω friere, Kontr. 201.
ῥιζόω lasse wurzeln, Pass. wurzele
ῥοιζέω schwirre. (-ασκον 188.)
ῥοφέω schlürfe. — Med.
ῥυπάω bin schmutzig
ῥυπόω beschmutze 131.
σημειόω bezeichne. — Med.
σιγάω schweige. Fut. Med.
σιωπάω schweige. Fut. Med.
σκιρτάω hüpfe

σπάω ziehe. Flex. 151. — σ im Paff.
244 unt. a. — Med.
σπειράω wickele
στεφανόω kränze. — Med. 413.
συλάω plündere
συνεργέω arbeite mit. Augm. 137.
σφριγάω strotze
ταλαιπωρέω erleide, halte aus; auch -έομαι (paff.)
τελέω vollende. Flex. 152. σ im Paff. 244 unt. a. — Med.
τηρέω beobachte
τιμωρέω helfe, räche. — Med.
τολμάω wage
τρέω zittere, 152. 200. 244 unt. a.
τρυπάω bohre
τρυφάω bin weichlich, schwelge
ὑμνέω lobsinge, preise 133.
ὑπνόω schlafe 203.
φθονέω beneide
φιλέω liebe
φοιτάω besuche
φυσάω blase. (φυσᾶντες 203)
φωράω ertappe
χαλάω lasse nach 151. 244 unt. a.
χειρόω Act. gewöhnlicher Med. unterwerfe mir
χολόω setze in Wuth. Pass. u. Med. bin zornig (κεχολώατο 202)
χωρέω gehe, weiche. Fut. Med., in Comp. gew. fut. act.
ὠφελέω unterstütze ιc. 288 N.

Verba Deponentia.

Man merke hiezu:

1) Die meisten der hier folgenden Verba sind Dep. media, da die Dep. passiva oder passivo-media bereits §. 113 A. 5. verzeichnet sind, hier also ohne anderweitige Gründe nicht weiter aufgeführt werden. Doch bilden viele das perf. oder aor. pass. nach §. 113 A. 6. mit passiver Bedeutung, und sind hier durch einen * bezeichnet.

2) Wie §. 113 A. 5. viele als reine Passiva, so sind auch hier manche mehr oder weniger als Media ihrer (weniger gebräuchlichen oder veralteten) Aktivform aufzufassen.

Ἀγοράομαι berathe in der Versamm-lung (Hom.) Zerdehn. 202.
* ἀγωνίζομαι kämpfe 415. fut. att.
αἰδέομαι schäme mich, dep. pass. u. med. 249. — Flex. 152. 244 unt. a.
* αἰκίζομαι mishandle
* αἰνίσσομαι hülle in Räthsel
* αἰτιάομαι beschuldige
* ἀκέομαι heile, Flex. 152. 244 unt. a.

ἀκροάομαι höre, Flex. 152.
ἀλαζονεύομαι prahle
ἀράομαι bete
ἀσπάζομαι begrüße
* βιάζομαι zwinge, s. anom.
δεξιόομαι bewillkomme
* δέχομαι nehme an, s. anom.
* δηλέομαι beschädige
δηριάομαι streite

διακελεύομαι ermuntere
δράσσομαι (dicht.) greife
* δωρέομαι schenke
εἰρωνεύομαι verstelle mich
ἐναντιόομαι bin entgegen, Dep. pass.
248. Augm. 136. 138 A. 3.
ἐνθυμέομαι beherzige (εὔθυμ., προ-
θυμ.) Dep. pass. 248. Augm. 137.
ἐπιμηθεύομαι, προμ., überlege nachher, vorher. Augm. nach §. 86 A. 3.
* ἐργάζομαι arbeite, Augm. 133.
* εὔχομαι flehe. Augm. 133.
* ἡγέομαι führe an, glaube, f. anom.
— ἐξηγέο 201.
ἡττάομαι dep. pass. 248. 250. 133.
θεάομαι schaue, f. an. θάομαι
* ἰάομαι heile
ἰσχυρίζομαι versichere
καυχάομαι prahle
* λογίζομαι rechne, schließe
* λυμαίνομαι verderbe; aor. 1. mit η.
perf. 171 A. 7 u. 8.
* λωβάομαι mishandle
μαντεύομαι weissage
μαρτύρομαι rufe als Zeugen an
μήδομαι ersinne (dicht.)
μητίομαι ersinne (dicht.)
* μηχανάομαι künstele, erdenke 202.
* μιμέομαι ahme nach
μυθέομαι erzähle (μυθεῖται, εαι 201)
μωμάομαι tadele
νήχομαι schwimme, f. an. νέω
ὀδύρομαι wehklage
οἰωνίζομαι auguror. Augm. 133.

ὀρχέομαι tanze
* παρρησιάζομαι rede freimüthig.
Augm. 137.
πένομαι bin arm, nur pr. u. imp.
πλίσσομαι (dicht.) schreite, trabe, Od.
ζ, 318. Ar. Ach. 217.
* πραγματεύομαι betreibe ein Geschäft (auch dep. pass. 249.)
προκαλέομαι forbre heraus
προοιμιάζομαι mache e. Vorrede 133.
* προφασίζομαι schütze vor 137.
πωλέομαι (dicht.) verkehre, nur pr.
u. impf., 240. πωλέσκετο 203.
σίνομαι schade (pf. σέσιμμαι)
σιτέομαι speise, esse
* σκέπτομαι überlege, f. an. σκοπῶ
σπονδοποιέομαι mache einen Vertrag 415.
* σταθμάομαι messe
στοχάζομαι ziele, vermuthe
στρατοπεδεύομαι lagere mich
σφαγιάζομαι opfere (auch act.)
τεκμαίρομαι beweise, f. τεκμαίρω
τεκταίνομαι zimmere, f. τεκταίνω
τεχνάομαι verfertige künstlich
φείδομαι schone
φθέγγομαι töne; perf. nach σφίγγω
φοβέομαι fürchte (f. Lehrs Aristarch.
89), dep. pass. 239. 249. 414. —
φοβέο 43. 201.
χαριεντίζομαι rede anmuthig
* χαρίζομαι bin gefällig
χειρόομαι unterwerfe mir
* ψεύδομαι lüge, täusche mich, f. 249.

Deutſch = Lateiniſches Regiſter.

bei μή 507. — ſtatt Infin.· in der
indir. Rede 451. — in dubitat.
Beb. 449 (2mal).
Oratio obliqua 459 ff. — geht in die
birekte über 451. — Nebenſätze in
or. obl. 434 f. 437 f. 450. 461.
Ordnungszahlen 114. — im Akk. 364.
384 (9 u. A. 15).
Orthotonirung 27. 28. bei Pron. 117 f.
Paragoge (ἐνί, οὐχί ſt. ἐν ꝛc.) 315.
Parathefis 333.
Parecheſe 539.
Participia (Form) 142. (Accent) 188.
— auf ἑώς 235. — auf εις, αις, οις,
αῖσα(äol.) 204. — praes. oxyt. 225.
— perf. fem. auf σα 234. — perf.
mit Präſensform. 236.
Participium im Dual ſt. Plur. 367.
— in verſch. Genus u. Num. 370.
— nicht fürs vb. fin. 373 f. vgl.
542. — mit ἄν 431. 432. 435.
479. 482. 487. 488. bei wiederhol-
ter Handl. 431. — wann ohne ἄν
431. 434. — im veränd. Kaſus 463
A. 1. 476. — vom anb. Partic. abhängig 475. — Neutr. deff. 488.
ſt. bes Abſtrakt. 363. — unb Inf.
als Ergänz. eines Verbalbegr. (daß)
477 f. vgl. 431 (17). — mit Artikel
f. Art. — verſch. Stellung bes Part.
beim Subſt. mit Art. 540.
Participia im Sing. b. mehren Subj.
369. — im neu. plur. eb. A. 11.
— κατὰ σύνεσιν 365. 370. 476. —
c. genit. (συμφέρον ꝛc.) 392. 398.
— in einem ſtrukturwibr. Kaſus
476. — im Nom. ſt. anb. Kaſus
476. 485. 486. 539. — im Nom. ſt.
dat. 476. 480. — im Dativ f. Dat.
— im Gen. ſt. Dat. u. umgek. bei
Homer 485. — in ber Attr. 481.
— konſtruirtes unb abſolutes 474.
484. nebeneinanber 475. 482. S.
cas. abs.
Part. aor., Zeitbez. 420. 474 f. — mit
ἄν (futuriſch) 431 u. N. — futuri
475. — aor. ſt. praes. 474 f. —
praes. ſt. aor. u. fut. 474. 475. —
praes. de conatu 475. — praes.,
bauernb unb gleichz. (als Imperf.)
420. 474. 483. — praes. mit ἐπί
486. — perfecti (als Plsq.) 420. —
fut. pass. ber Lat. burch b. Inf. 454.
Participia, mehre neb. einanber ohne
καί ꝛc. 475. — mit καί ꝛc. eb. —
Partic. enthält die Haupthanblung,

Nebenumſtänbe im vbo. fin. 476.
477 A. 6. — in Verbinb. mit Partikeln 481 f. — bient zu Umſchreib.
483. — hat die beklinirbare Beſt.
in bemſ. Kaſus bei ſich 481 (7. u.
A. 11). — im Nom. ſtatt anb. Kaſus
f. Nom. — in ben verſch. cass. obl.
476. 479 ff. 487. — Kaſus bes Part.
wirb attrahirt 481. — Part. ſcheinbar abunvirenb 533. 534 f. — mit
Negat. 507. — im Neutr. mit τό
für Inf. mit τό 457 N.
Participialkonſtruction von ber bes
Inf. unterſchieben 478 u. N. — im
Dat. 403. 404. 485. — ἐμοὶ βουλομένῳ ꝛc. 404. — gen. absol. f.
gen. — in Verbinb. mit anb. Konſtr.
475. — anakoluth. Verbinb. 476.
485 f. 538. 539. — ellipt. Wenbun-
gen mit bem Particip in Haupt-,
Relativ- unb anb. Nebenſätzen 542.
Partikeln, kopulative, fallen weg bei
Aufzählungen ꝛc. 545. — bei 2
Partic. 475. — bei vorangeſetztem
Präb. 545.
Partikeln, untrennbare 333. — exple-
tivae 524. — δέ, τέ, ꝛc. zwiſchen
Art. u. Subſt. 351. zw. Präp. u.
Subſt. 501. — zw. Präp. u. Artik.
352. — mobificiren ſich nach bem
Mobus 433. — beim Partic. 481 f.
Paſſiv, natürliches, 142. Synt. 408.
Paſſiva, perſönl. konſtr. 537.
Paſſive Tempora im Deponens 249.
paſſ. Beb. unb Konſtr. bei akt. Form
247 A. 4. 409. 499.
Patronymica 325. — Bokat. 53.
Paulopostfuturum f. Fut. 3.
Perfectum 129. 157 f. 417. — aſpi-
rirtes noch nicht bei Homer 160.
— überh. wenig gebräuchl. 160. —
auf γκα 171. f. auch Umſchr. —
mit Beb. bes Präſ. 251. unb nimmt
auch Präſensform unb präſent. Betonung an 220 N. 236. — ſynko-
pirtes 161. 214. 234 f. — veranlaßt neue Themen 236. — ohne
Augm. ob. Rebupl. 132. 134. 232 N.
— burch aor. 418. — Mobi 423.
— 3. plur. pass. 162. 190.
Perf. 2. von Verb. auf ἑω, ἁω 160
A. 4. — ober Medii 143. 247.
Periphraſt. Form f. Umſchr.
Permiſſiver Imper. 427 N.
Perſon, f. die Artikel -σαι, -ει, -αται,
-ντι, -ασι ꝛc. — 3. P. ſing. act.

Griechiſches Regiſter.

Vorerinn. Die in den Nominal- und Verbalverzeichniſſen (§. 58.
114. u. zu Ende des Buches) aufgeführten, oder daſelbſt nachgewieſenen
und genügend citirten Formen ſind in dieſem Regiſter nicht weiter
berückſichtigt.

ἄχρι u. ἄχρις 38. *Synt.* 490.
-άω Verba auf, Quant. des α 200 N.
vgl. 202 A. 10. — fut. ἄσω 151.
— werden kontr. auch bei Jon.
200. und zerdehnen den kontr. Vokal 202. — mit Uml. ε (έω) 201.
203. vgl. 217 f. — Ableit. und Bedeutung 193. 319. — von Verb.
auf -ω 239. — mit Uml. ω (ο)
in der ersten Silbe 240. — άω,
άζω, αίω Nebf. von einander 240.
— desiderativa 320. s. -ιάω.
-άων gen. plur. 55. 58. — in έων 56.
β eingeschaltet 33 A. 1. 235. — Charakter 146. 147.
βάζω, Flex. bei Homer 148.
βάλλειν u. Comp., Beb. 376.
βαρύς εἰμι persönl. 537.
βασιλεύειν c. gen. 397. βασιλεῦσαι
König werden 421. — βασιλεύς
ohne Art. 345. — βασιλεύτερος
111. — βασίλεια, -λεία, -ληΐη 40.
54. 324. — βασιλίνδα 329.
Βαῦ, Zahlzeichen 7. vgl. 13.
βία, Umschr. damit 338. — βίᾳ u.
πρὸς βίαν 406. 499.
βιάζεσθαι mit 2 Akk. 384.
βλάξ 107 N. 235 N. 297 N.
βλάπτειν c. acc. und dat. 377 f. —
κελεύθου 398 N.
βλέπειν φόνον 379. |βλήχων 30.
βοηθεῖν c. dat. 378.
βορέας, βορρᾶς 54. βορέω 56.
βόςρυχα, τά 84.
βουλεῦσαι (aor.) 421. — βουλὰς βουλεύω 380. — βουλεύεσθαι mit ὡς
ἄν 443.
βούλομαι ohne Verbum 542. — βούλει 190. — ἐμοὶ βουλομένῳ 404.
— ἐβουλόμην ohne ἄν 429. —
malle 516 (ἦ)
βοῦς dekl. 75. — βῶς, βῶν 75. —
αἱ βόες 50. — βόα 69.
βράσσων 108. [βράχεα, τά 87.
βριάω, Beb. 246.
βρίθειν, βρύειν konstr. 391 u. A. 14.
βρίζω Flex. bei Homer 148.
βροτός 235 N. [βωθέω 261 N.
γ Nasenlaut 8. 10. 163 N. — Charakter 146 f. bei Dor. u. Ep. 151. 148.
γᾰ dor. 315.
γαμεῖσθαί τινι 400.
γάρ 522. — Stellung 351. 501. —
nach Vokativen 517. — nach Relativsätzen 469. — nehmlich, fällt
weg 545. — ellipt. Wendungen und

Verschränkung zweier Sätze zu Einem durch γάρ 468 N. 469. nach
σημεῖον δὲ 2c. 543. Vgl. ἀλλὰ -
γάρ, καὶ - γάρ 522.
γαςήρ 72.
γγ Char. 147. — vor μ im perf.
pass. 163.
γέ 525. — Stellung 351. 501. 525.
— angehängt an pron. 117 f. —
γὲ μέν, γὲ μήν 526.
γεγάκειν 236. 261.
γελᾶν c. dat. 406.
γέλοιος u. γελοῖος 25.
γελοίων, γελοίωντες 2c. 202 N.
-γελως adj. compos. 60. 103.
γέλως in contr. Sinne 338.
γέμειν c. gen. 391.
γεννᾶν im Präsens 422.
γένος, γένους, γένει an Gesch.l. 407 N.
γεραιός Compar. 106.
γέρας 80. — γέρᾳ, τά 44. 80.
γέρων, ὁ bei Homer 354.
γεύειν, γεύεσθαι c. gen. 394. 395.
γεύμεθα 232 N.
γεω- aus γη 330.
γῆ 54. — ergänzt 341. 348. — mit
γῆρας 80. [u. ohne Art. 345.
-γήρως u. -γηρως (adj.) 60. 61 N. 98.
γίγνεσθαι 423. im Num. b. Präb. 370.
— c. gen. (πατρός) 386. — u.
εἶναι c. gen. pass. 390. — c. partic. als Umschr. 483. — διά τινος
493. — γιγνομένων (abs.) 487. —
γενόμενος mit folg. Adj. 2c. 481.
γιγνώσκειν c. inf. et part. 478. —
mit gen. c. part. 480. vgl. 400.
γλάφυ 88. [γλήχων 30. 85.
γλίχεσθαι c. gen. 393.
γνώμη ergänzt 341. — τῆς αὐτῆς
γνώμης εἶναι 390.
γνωτὰ κοὐκ ἄγνωτα 544.
γονεῖς ohne Art. 345.
γοργιών 85. [γοῦν 525.
γουνάζεσθαι c. gen. 389.
γραῦς (γρηῦς) dekl. 75.
γράφεσθαι konstr. 393. τινὰ γραφήν,
δίκην 380 (4 a. u. A. 7). 394. —
γραφὴν 2c. φεύγειν 409. — γραφείς, Beb. 416.
γυμνός c. gen. 386.
γυνή ohne Art. 345.
δ, Char. 146. 147. — eingeschaltet
33. — verdopp. 264 u. N.
δᾶ für γῆ 30. [δᾶερ 70 Anm. 1.
δαί 526.
δαΐζω, Flex. bei Hom. 148.

εὐρύοπα 55 u. Not.
-ευς subst., bekl. 77. 79 (χοεύς ꝛc.)
— Ableit. 322. 324.
-εῦσα (dor. Part.) 203.
εὗτε 512 N. kstr. 438. [εὐφυής 78.
εὔχεσθαι et comp. c. dat. 401. —
ergänzt beim Inf. 462.
εὐχροώτερος 106.
-εύω, Verba auf 193. 319.
ἐφ᾽ ᾧ, ἐφ᾽ ᾧτε 529.
ἐφέξιος als Adverb 342..
ἐφίεσθαι c. gen. 393.
ἔχειν 32. — nebst Comp., Beb. 376.
— c. inf. mit u. ohne Art. 456 N.
— c. partic. als Umschr. fürs Präs
terit. 483. — imperson. 534. —
ὡς, πῶς, καλῶς ἔχει mit Gen. 398.
— διά τινος 493. — ἀμφί und
περί τινα 495. — ἔχοντος, ἐχόντων οὕτως 487. — ἔχων (mit)
533. — ληρεῖς ἔχων ꝛc. 534. —
ἔχεσθαι et comp. c. gen. 389. —
καλῶς, αἰτίαν, ἔπαινον ἔχειν ὑπό
τινος 409. — ἔσχον (erhielt) 421.
— Zsstzgn 336.
εω aus αο und αου s. αο.
-έω, Verba auf, 193. 318. 319. —
fut. έσω, ῶ 152. 153. — zweisilb.
nicht zsgz. 200. — st. -ω u. umgf.
238. — mit o (ω) in der Stammsilbe 239. — ion. Nebf. im Präs.
u. Impf. 239. — Ableit. 319.
-έω Endung des Fut. 153. 167. —
des Konj. st. ᾱ 218. 193.
ἔωκα 219 N.
ἐῴκειν, ἐώλπειν ꝛc. 135. 229 N.
ἐῶμεν, ἐώμεν 258.
-εων gen. du. 77.
-έων, -άων, -ων gen.pl. 56 u. N. 67.
ἕως 311. 314 (εἷος). — demonstrativ
212 N. 2. — u. ἕως ἄν konstr. 438.
439. 440. 450 f. — Präp. 489.
ἕως und ἠώς 60. 74.
-εώς part. perf. 215. 235.
-έωσι ion. für άουσι 201.
ζ S. 10. 30. 36. — Charakter 146 f.
ζα-, Vorsilbe, 333.
Ζάκυνθος, Ζέλεια keine Pos., 20.
-ζε Lokal-Endung 35. 310.
ζευγνῦμεν 217. [ζηλοῦν c. acc. 378.
ζημιοῦν c. dat. 394.
Ζῆν 89 N. [ζυγός, -όν 84.
-ζω, verba, Char. 147. — Flexion
148. 151. — frequentativa 320.
ζώς 104. — ζωός 95 N.
η Ausspr. 8. ῃ 11. 41. bor. für ει 40.

η für ᾱ (ion.) 40. 55. 113. 152. —
Mischlaut in Krasen 46 A. 7. — bei
Verb. auf άω u. μι 201. 204. 205.
— in Zusstz. 335.
η für ᾰ 55 (1). f. auch ᾰ.
-η subst., Ableit. 321 f.
-η und -ει 2. si. Paff. 189 f.
ᾗ sprachs, ᾗ δ᾽ ὅς 227. vgl. 353.
ἤ u. ἦ 515. 516. — ἦ μήν 526. —
ἢ πρός u. ἢ κατά 516. — mit folg.
Nomin. statt and. Casus 461. vgl.
516. — ἤ fällt weg nach Kompar.
396 (2 mal). und bei ἢ ὥςε 446.
— ἢ οὐ 516. — ἤ-ἤ (ἤ) in Dop=
pelfr. 448. 515 N. — ἢ μέν - ἢ δέ
515. ἤπερ-ἤ 527. — ἢ ὅγε, ἢ
σέγε ꝛc. 353. — ἤ st. εἰ bei Hom.
515 N. — nach Posit. (st. Compar.)
516. — S. auch ἀλλά, ἄλλος.
ᾗ 311. — bei Superl. 342.
ᾗ für ὡς (ᾗ θέμις ἐςί) 512 N.
ἡγεῖσθαι, ἡγεμονεύειν c. gen. 390.
397. c. dat. 397. c. acc. 407 N.
ἠγερέθονται, ἠερέθονται 241.
ἠδέ, ἰδέ 515.
ἤδεσαν, ᾔεσαν, ᾖσαν 224 N. 228 N.
ἥδομαι f. Affekto., c. part. 477. 479.
ἡδομένῳ ἦλθεν ꝛc. 403. ἥσθην 422.
ἦδος 87.
ἡδὺ γελᾶν, ὄζειν 364. 535 unt.
ἠέ, ῆε für ἤ, ἦ 42. 315. 515 N.
-ηεις adj. auf 65. 100. 71 u. N.
ἠέλιος, ἦμαρ 13. 42.
ηη Zerdehn. 42. 218. 279 (κραίνω).
ἦθος, Comp. davon 74. 306. 335.
ηϊ ion. für ει 40. 42. -ηϊη, -ηϊον 40.
ἤϊα, ἦα nur Imperf. 225 N.
ἤϊκτο, ἤκειν 229 N.
ἤκιςα 308. — ἤκιςος 109 N.
ἥκω 422. — ἐς τόδ᾽ ἥκει, ἦλθε 372.
ἡλίκος, Attrakt. dabei 471.
ἥλιος ohne Art. 345.
ἡμέρα ergänzt 341. 349. 372.
ἡμετέρου, ἐν 400. [ἠμί, ἦν 227.
-ημι, -ησι äol. Flex. 208.
ἥμισυς, ἡμίσεα ꝛc. 99. ἡμίση, ἡμίσεων ꝛc. 77 u. N. konstr. 386. 387.
ἦμος, τῆμος ꝛc. 311. Synt. 438.
-ην dual. st. ον 140. — st. -ησαν
284 N. — und -η (Aff.) 84.
ἦν ἄρα 422. — ἦν δ᾽ ἐγώ 227. —
ἦν st. ἦσαν 223 N. vgl. 284 N.
ἤν, ἦν ἰδοῦ, ἠνίδε 308.
ἡνίκα konstr. 438. nach μιμνήσκ. 447.
-ηος gen. 3. decl. 66. 77. 78.
Ἡρακλέες 85. [ἠρεμέςερος 110.

ἠριγένεια 102. [ἥρωος ‿‿ 21.
-ης nom. heterocl. 84. — 3. decl.
(adj. u. nom. propr.) 73 f. 79.
85 N. 100. — adj. compos. auf
ής 334. 335 (Acc.). — acc. ην u. η
84. — Ableit. 323. — compar. 107.
ἦσθας 228 N.
ἦσθην ſt. praes. 422 unt.
-ησι 3. P. sing. 208.
-ησι Lokal-Endung 310.
ἤσκειν 3. P. sing. 200.
ἧσσον 308. — ἥσσω εἶναί τινος 397.
ἥσυχος 106. als Adv. 341.
ἥτε ꝛc. für ὥςε 512 N.
-ήτην 3. dual. 204.
ἤτοι 24. — in der Krasis 46. 525.
— ἦ τἄρα 525. — ἤτοι-ἤ eb.
ἡττᾶσθαι c. gen. 397.
ἥττω, κρείττω εἶναί τινος 397.
ην diphth. 11 (1. u. A. 2).
ηὗτε 512 N. mit Konj. 439.
ἤχεσκε 203.   [ἧχι, ἠχι 314.
ἠώς, ἠῶ, ἠοῦν 13. 74. ἠῶθι πρό 309.
θ ſt. σ vor μ 35. 321 A. 3. — θ
Char. 147. — in Krasen 45.
θάλασσα mit und ohne Art. 345.
θαλάσσιος wie Adv. 342.
θαλέθω 241.   [θάλεια 104.
θαμέες, θαμειαί 105.
θάνατος Todesstrafe 394. 411.
θαῤῥεῖν τινα, θάσσειν τι 379.
θάσσων 32. 108.
θάτερον ꝛc. 45. — θάτερα 530.
θαυμάζειν c. gen. 392. 393. — c.
dat. 393. 406. — mit den 3 Kaſ.
407 N. — mit εἰ 447. — mit εἰ
μή 506 N. — mit indir. Fragſ. 447.
θαυμασὸν ὅσον 373. 535.
θαυματός dicht. 172.
θέειν πεδίοιο 398 N.
θεῖναι u. θύειν 32. — und θέσθαι
θείομαι 218.   [νόμους 414.
θέλοντι ἦλθεν ꝛc. 403.
θέμις indekl. 90. — ohne Kop. 373.
-θεν u. θε 38. 309 f. 312 f. — aus
θήν entstanden 527.
θεοίμην ſt. θείμην 218.
θεός ohne Art. 345. — ausgel. 372.
— vocat. 57. -- τὼ θεώ 340.
θεόσδοτος, θεοσεχθρία 330.
θέραπα, -ες 86. — θεραπεύειν c. acc.
θερέω πυρός 398 N.   [378.
Θέσπεια, Θεσπιαί 54.   [Θέτις 85.
θέων (part.) 474. 533.
θεώτερος 111.
θήν 526.   [Θησέες, οἱ 78.

-θι Imperat. 192. 205. 209. 232.
233. — Adv. 309. — mit πρό 309.
-θι geht in τι über 32.
θιγγάνειν c. gen. ꝛc. dat. 369.
θνήσκω, ἀποθν. mit ὑπό 409. —
in perfekt. Beb. 422.
θοιμάτιον 31. 45.
θράσσω 31. [Θρῇξ, Θρᾷξ ꝛc. 65.
θυγάτηρ 72. ergänzt 348. ‿‿
θύειν ſ. θεῖναι. — θ. θύματα 380.
— θύει sc. ὁ θυτήρ 372. — θύειν
c. acc. 383 A. 11 a. — ἐπ᾽ ἐξόδῳ
ꝛc. 345.
θύμενος ſ. ausſ. Spr.
θύραζε, θύρασιν 310 u. N.
θυραῖος wie Adv. 342.
-θω, Verba auf, 241.
θωπεύειν, θώπτειν c. acc. 377 unt.
θώς gen. pl. 68.   [θώνμα 40.
ι u. v lang in der vorletzten Silbe
der Verba auf ω u. ῶ 17. 18.
ι, ob elibirt 48 A. 3 vgl. 119 (10. 11)
-ι Endung der Adverb. 329.
ι demonstr. 38. 128. 313. — verkürzt die Längen vorher 21.
ι subscript. 11. — bei b. Zſtzhg.
42. — bei b. Krasis 45. — bei b.
Lokal-Endung ησι 310 N. — in
der 2. u. 3. P. sing. des Konj.
(θείη, δαμείης) 193. 218 N. —
bei πῇ ꝛc. 314. vgl. 307 N. — im
Perf. u. Aor. bei Verb. λμνρ falſch
159 N. 169 N. vgl. 194. 204.
-ι Quantit. 67.
-ια, -ιον, ιος Nominalformen, kurz ι
18. Ableit. 323 f. — lang α 323.
-ιαίνω, Verba auf, 168.
-ιακός, -ίας, adj. 327. 102 (6).
-ιάω desiderativa und Krankheits-
Verba 320.
ἰδὲ ſt. plur. 370. — ſt. ἠδέ 515.
ἴδιος Compar. 106. — ſtr. 390. 398.
ἰδιώτης c. gen. 392.
ἴδρις c. gen. 392.   [ἰδρώς 85.
ἱδρῶσαι, ἱδρώουσα 201. 203.
ἰδυῖα 228.   [ἵεμαι, ἵεμαι 224.
ἰέναι 223 f. — u. ἐξιέναι ὁδόν, ϛρα-
τείαν ꝛc. 380. — c. part. (als
Fut.) 483. — τοῦ πρόσω 399 N.
— ἐπὶ θήραν ꝛc. 345. — ἰών
474. 533.
ἰέναι, ἵεσθαι u. Comp. 376. — c.
gen. 386.
ἱέρεια, -εία, -ία 54. 322. 324 N.
-ίζω, Verba, 193. 318 f. — Flexion
147 f. 151 f. 153 f.

κατέαγα τῆς κεφαλῆς 388.
κατεῖεν (Hesiod.) 225.
κατηγορεῖν f. καταγιγν.
κατήκοος c. gen. 394 N.
κατιέναι, κατελθεῖν paſſiv 409.
κατιλυϑείς 267.
κατορϑοῦν intr. 376.
κάτω κατά 544. [κανάξαις 252 N.
καφϑίμενος 316.
κέ, κέν 27. 38. 432. f. ἄν.
κεῖσϑαι 227. c. acc. 379.
κεκομμένος φρενῶν 386.
κεκορυϑμένος 147. 162.
κέκρανται 171.
κελαινός, μέλας 30.
κελεύειν konſtr. 401. — ohne Verbum 542. — ergänzt 462.
κέλευϑα, τά 84. κέλευϑος 278. 332.
κενός c. gen. 391. κενότερος 105.
κέρας 80. -κερως f. -γελως.
κέρδιον, ιςος 111.
κεύϑειν mit dopp. Aff. 381.
κεφάλαιον δέ 543.
κεχωρίδαται 191.
κήδεσϑαι c. gen. 392. κήδιςος 111.
κῆνος 120. [κῆρ, κῆρος 65. 68.
κῆρυξ, κῆρυξ 65.
κηρύσσει sc. ὁ κῆρυξ 372.
-κι und -κις 38.
κινδυνεύω perſönl. 537.
κίς, κῖς 68 N. [κλαδί 86.
-κλέης, -κλῆς 79. 85. — u. -κλος 83.
κλέος, κλέα, κλεῖα 79 (A. 3. 5).
κλέπτης compar. 107. 111. κλέπτω c. gen. 386.
κληρονομεῖν konſtr. 388.
κοινωνός, -νεῖν konſtr. 388 u. A. 7.
— κοινός konſtr. 390. 398.
κολάζειν σέμν᾽ ἔπη 380.
κολακεύειν c. acc. 378.
κομιδῇ μὲν οὖν 522.
κομιέαι (Herod.) 154.
κονία (ι) 18. [Κόππα 7.
κορέννυσϑαι c. gen. 391. c. dat. eb.
-κος, Adj. auf, 96. 325. 327.
κοτυληδονόφιν 86. [κραδία 33.
κραναός, κραναά 95 N.
κρατεῖν c. gen., dat. u. acc. 397. u.
A. 25. 407 N. κατὰ κράτος 494.
κρατύς Poſitiv 111. [κρέας 80.
κρείττω εἶναί τινος 397. — κρείσσων perſönl. 537.
κρήηνον 42. 279. [κρῆϑεν 90.
κρῖ, κρόκα 86. 88. [κρῖός 18.
κρίνειν fſtr. 390. 393. κρῖμα, κρίμα
Κρονίων, ονος u. ωνος 325. [321.

κρύπτειν, ἀποκρ. mit zwei acc. 381.
κρύφα 307. 489. [κρύπτασκον 188.
κτέρεα κτερίζω 380. [κυανεάων 58.
κυδρός, Compar. 107.
κυκεών acc. 81.
κύκλα, τά 84. [κύντερος 111.
κυρεῖν 388. c. particip. 476.
κύων, Genus 50.
κωλύειν c. gen. 386. — mit folg. μή beim Inf. 511.
λ, ausgefallen 282. — verdopp. nach Augm. u. in Kompoſ. 34. 131. — in der Ausſprache 20 N.
λαγχάνειν fſtr. 388. u. A. 7.
λαγώς 60. [λάϑρα 307. 489.
λάλος 95. Compar. 106.
λαμβάνειν, -εσϑαι u. Komp. c. gen. 388. 389. 392. — πληγὰς, αἰτίαν λαβεῖν ὑπό 409. — λαβών (mit) 533.
λανϑάνειν c. accus. 378. — c. partic. 476. — λανϑάνεσϑαι c. gen. 392.
λᾶς, Λᾶς, λᾶος ιc. 68. 69. 91.
λατρεύειν konſtr. 377.
λάχεια 105 N.
λέγω λόγους 380. — λέγω mit dopp. Aff. 381. — λέγομαι perſönl. fſtr. 537. — τὸ λεγόμενον 384. — λέγειν ergzt. 542. — mit gen. u. ὅτι 400.
λείπειν u. Komp., Beb. 376. c. acc.
λεοντέα, -τῇ 54. [378.
Λέσχης gen. 56. [λήγω f. παύω.
ληίζειν ſt. -εσϑαι 414.
λῆρος 338. λῆρον ληρεῖν 380.
λιπαρεῖν c. part. 477. [λίγεια 105.
λιποτάξιον, λιπόνεως 331. 334.
λίς adj. 104. — λῖς subst. 68 N.
λίσσεσϑαι c. gen. 389.
λόγου μείζων ιc. 396.
λοιδορεῖν, -εῖσϑαι fſtr. 402.
λοιποῦ, τοῦ, τὸ λοιπόν 350. 364. 530.
λοῖσϑος, λοίσϑιος, -ηιος 111.
λοῦσαι ποταμοῖο 398 N.
λυδιςί, ἡ 349. [es nützt 378.
λύειν u. Komp. c. gen. 386. — λύει
λυμαίνεσϑαι, λωβᾶσϑαι, fſtr. 377.
λυσιτελεῖν konſtr. 378.
λύχνα, τά 84.
μ verdopp. nach Augm. 41. 131.
μά Synt. 524.
-μα subst., Vokal vorher 321. S.
-μος. — Schmähwörter 338.
μάκαρ fem. 104. — Compar. 107.
μακαρίζειν c. gen. 392.
μακράν adverb. 306. — Compar. 308.
μακρός Compar. 108.
μάλα, μᾶλλον ιc. 108. 308. — μά-

μου unb ἐμαυτοῦ 360 f. μου, σου ſt.
μοι, σοι 404 N. zwiſchengeſt. 361.
μοῦστίν, μοῦδωκεν 46.
μύκης 84. [μυριαδῶν 115 N.
μύχατος, μυχοίτατος 111.
μωμᾶσϑαι fſtr. 402.
μῶν, μῶν οὖν, μῶν μή 448. 523.
ν (ἐφελκ.) 37. 128. — bei Verb. contr.
im Imperf. 200.
ν ſtatt λ (bor.) 30. — in der Ausſpr.
veränd. 36 A. 1. 37 A. 4. — vor
anb. Konſ. 36. — vor σ 37. 171.
— eingeſchaltet ſ. μν. — vor der
Endung der Verba auf ω 240. auf
άω 243. — im perf. pass. bei Verb.
λμνρ 170 f. — ν beim α priv. 332 N.
— verdoppelt nach Augm. u. ſonſt
34. 41. 131.
-ν ſt. -σαν in 3. plur. 191. 217. 232.
ναὶ μὰ Δία, ναὶ τὼ σιώ 524. —
ναίχι 23. 315.
ναυσίν ohne σύν 406.
-νάω, -νημι aus -άω 243.
νέατος, νείατος 110 A. [νεῖαι 201.
νειφέμεν 285 N.
νεκροί ohne Art. 345.
νέον adv. 364. — ἐκ νέων 491.
νέρτεροι, οἱ 106.
-νέω, Verba auf, 240. [νη- 333.
νή, Partikel 524. [νήτη 110.
νῆις (ιδος), νῆσις, νήπιος 333.
νικᾶν mit Aff. (Ὀλύμπια) 383. —
mit 2 Affuſ. 381 ob.
νίφα 86. 87.
νίψασϑαι ἁλός 398 N.
νομίζεσϑαι fonſtr. 481. — νομίζειν
mit οὐ u. μή c. inf. 508. c. dat.
405 N. c. gen. 390.
-νος subst. u. adj., Ableit. 325. 328.
— Eigennamen von νόος 97 N.
νόσφι, ιν 37. c. gen. 386. 489.
νοσφίζειν c. gen. 386.
νοσώδης, -δῶν, -δῶς 306.
νουϑετεῖν fonſtr. 384. 401.
νοῦς 59. Compos. damit 97.
-ντι 3. P. plur. 140. 191. 217.
νύ, νύν 27. 38. — Synt. 526.
νυκτιαίτερον 308.
-νυμι, -νννμι, Verba auf, 206. 243.
— Quant. des υ 207. — Konj. unb
Opt. 216. — u. νύω 209 u. N.
νύν, νῦν 27 N. — Quantit. 526 N.
— τὸ νῦν εἶναι 534. — νῦν δή
(νυνδή) 524. — τὰ νῦν 350.
νύξ, χός 329.
-νω, Verba auf, 240 ſ.

νῶν, Stellung 361.
νῶτος, νῶτον 84.
ξ unb ψ 10. Ausſpr. 35.
ξ ſt. σ im fut. u. aor. 148. 151.
-ξ u. -ψ nom. subst. 61. 63.
-ξ, adj. 102. — adverb. 329.
ξύν für σύν 3 N. 315. ſ. σύν.
ξύνιον (Hom.) 220.
ξυνίςωρ c. acc. 376.
ξυνός für κοινός 30.
ο Umlaut im Perf. 159 f. 169. — in
Nominalformen 320. 322 (2 mal)
328. 329. — eingeſchaltet im Perf.
160. — bleibt in der Zſſtz. 330.
ο ſt. ŭ 12. — verwand. in ου 36. 39.
ο für ω 41 (14). 193 (Konj.) ſ. ω.
ο u. α vor einem Vok. ſ. α.
ὅ elliptiſch 469. weswegen 364. 353
A. 6. — für ὅτι (daß, weil) 514.
ὁ Artikel 122. — τὸν καὶ τόν 353.
— ὁ μέν - ὁ δέ 352. ὁ μὲν - ὁ
δ᾽ οὖ 520. — οἱ μέν - οἱ δέ mit
folg. Nomin. ſt. Gen. 387. — οἱ
ἀμφί, περί 532. — οἱ τότε 348 f.
S. auch τό, τά u. Art.
ὁ δέ u. ὅγε als fortgeſetztes Subj.
353. — ὁ δέ bei wechſelndem
Subj. 352.
ὅδε adverb. 354. — τὸ ἀπὸ τοῦδε
350. — ὅδ᾽ ἐκεῖνος 364. — τόδε
ergänzt 400. S. τόδε, οὗτος ıc.
ὁδός ergänzt 341. 384.
Ὀδυσσεύς 34. -εῦς (gen.) 78.
-οειδής adj. 74 N. 328.
-όεις, adj. u. subst. 65. 71. 100.
ὄζειν c. gen. 394.
ὀϑούνεκα ſ. οὕνεκα.
οι für ο u. ου 39 A. 2. u. 4. —
Umſ. im Perf. 2. 159. vgl. 160 ob.
233. — in Nominalf. 322. 328.
οἱ- nicht augmentirt 134.
-οι u. -αι kurz 24.
-οι Lokal-Endung 310 f.
-οῖ u. εὖ Vokat. 23. 69. 70.
οἷ ſt. ἑαυτῷ unb αὐτῷ 358.
-οια, οίη Abſtr. auf, 54. 55. 323.
οἶδά σε, ὅτι ıc. 536. — c. partic.
478 f. — ohne ὅτι 448. — εὖ
οἶδ᾽ ὅτι 541. — εὖ εἰδώς c. gen.
392. οἶδα c. gen. 400. vgl. 480.
οἴει 190. — οἴεσϑαι fſtr. 431. 448.
-οίην Opt. 189. vgl. 200 f.
-ουν dual. 58. 67.
οἶκα 229 N. [οἴκαδε 309 N. 310.
οἰκεῖος c. gen. 390.
οἴκοι u. οἶκοι 24. 310. οἴκοϑεν 309.

ποθοῦντι ἦλθεν κ. 403. — ποθεῖν u. ποθῆσαι 421.
ποῖ γῆς, φρενῶν 387.
ποιεῖν (‿-) 21. — τινά τι 381. τινί
381 Ἀ. 8. — mit ὥςε 454. — Umſchreib. mit ποιεῖν u. -εῖσθαι 415.
— ποιεῖσθαι λείαν, θώνμα, σπονδάς c. acc. 380. — περὶ πολλοῦ
495. — c. gen. 389. 390. — ποιεῖν ergänjt 529. 542. — εὖ, κακῶς, κακά κ. π. 409 u. Ἀ. 478.
ποιητοῦ, τὸ τοῦ 384.
ποινασόμεσθα 152.
ποῖος mit Ἀrtiſ. 344. ποῖός τις 360.
πολεμεῖν c. dat. 401. πόλεμον 380.
πολεμίζω Fler. bei Ϩomer 148.
πόλις 75 f. 77 (Ἀ. 3. 4. 5.) — oϩne
Ἀrtiſ. 345. — Compos. 103.
πολλάκις unb -κι 38. — Synt. 532.
πολλαπλάσιος c. gen. 397.
πολύαρνι 105.   [πολύπους 102.
πολύς 103. 110. — wie Ἀbv. 342.
— πολύ, πολλῷ beim Kompar.
342. 408. — πολύ c. gen. 387.
— οἱ πολλοί 341. — πολύ, τὰ
πολλά abv. 307. 364. — πολλοῦ
δεῖ, δεῖν κ. 455. 530. 537.
πόνηρος u. πονηρός 25.
πορεύομαι alß Fut. 423.
πόρρω, πόρσω 308.
ποσίνδα 329.
πόσις 76. 77.   [πόσον τι 360.
πόςος, ποςαῖος, ποσαπλάσιος 127.
ποτέ unb πού 527.
πότερος indef. 125. πότερον-ἤ 448.
ποτί 315. apoϝopirt 315. — niϧt elib.
ober apoſtropϩirt 331 u. Ἀ. — in ber
Ἀnaſtropϩe (πότι) 316 Ἀ.
πότνια (ᾱ) 95. 104. πότνα 104.
ποῦ 311. 399. — c. gen. 387.
πού, δήπου κ. 527.
πουλύς, -ύπους κ. 39. 102 f.
πούς, niϧt ποῦς 64. — Compos.
bamit 102. — in Umſchreib. 338.
πράγματα ergänjt 348.
πρᾶος 103.
πράττεσθαι mit bopp. Ἀϝϝ. 381. 415.
— πράττειν ὅπως 441.
πρέπει mit dat. u. acc. c. inf. 402.
463. — πρέπον sc. ἐςί 374. c.
gen. 398. — πρέπω perſönl. 537.
πρέσβειρα, πρέσβα, -βιςος 104. 108.
πρεσβεύειν, πρεσβεύεσθαι 415. —
εἰρήνην 379.
πρῆσαι πυρός, πρήσσειν ὁδοῦ 398 Ἀ.
πρίασθαι c. gen. 392.

πρίν, πρὶν ἤ, πρὶν ἄν 438. 440.
444 (51). 451. 524. — mit Konj.
οϩne ἄν 439. — τὸ πρίν 350.
πρό Kraſiß 137. 331. — Ѕeb. 491.
— in Ϩſſϧ. 504. mit Genit. 397.
— Ἰλιόθι, οὐρανόθι πρό 309.
προέχειν τι unb τινί 383.
προθέουσι 218.   [προῖκα adv. 306.
προκαλεῖσθαι Fſtr. 381. 382. 415.
προκειμένου part. abs. 487.
προοῖςαι 301.
πρός Ѕeb. 498. — beim Paſſiv 409.
499. — abverb. 502. — Compos.
bamit 401. 405 (2 mal). 503 f. —
πρός με, πρός σε 117. — πρός σε
θεῶν 540. — bei juſϧϳten Zaϩlen
114 Ἀ. — προτί 315. 331.
προσαύσῃ 258.
προσβάλλειν c. dat. u. acc. 401.
προσδεχομένῳ ἦλθεν κ. 403.
προσδοκῶ Fſtr. 452 f.
προσελθεῖν c. dat. 401. vgl. 405.
προσηΐξαι 229 Ἀ. 267.
προσήκει c. gen. 391. — c. dat. u.
acc. c. inf. 402. 463. — προσῆκον (Ἀugm.) 134 Ἀ. 4. — partic. absol. 488. — προσήκω perſönl. 537. — Ѕgl. δεῖ.
προσημαίνει 372.
πρόσθεν, πρόσω, Ѕeb. 489. 490.
προσκυνεῖν ϝonſtr. 379.
προσμίσγειν intr. 376.
προςποιεῖσθαί τι 414.
προςτάσσειν c. dat. 401. — προς-
τάσσεσθαι paſſ. 410. — προς-
ταχθέν part. abs. 488.
πρόσω, πόρρω 308. — τοῦ πρόσω
(ἰέναι) 399 Ἀ. — Ѕeb. 490.
πρότερος, πρῶτος u. -ov 110. 114.
342. — πρότερον ἤ c. inf. 440.
πρότερον προΰσκεπτο u. ä. 543.
προτί 315. 331.
προτίειν, προτιμᾶν c. gen. 391. 397.
προτοῦ 530.
προύργου, προὐλίγου, προὔχω 46.
331. — προύργου abverb. 307. —
προυχιαίτερος, -ρον 110. 308.
προχωρούντων 487. προὐχώρει 372.
προφέρῃσι 208. — προφέρειν ὁδοῦ
πρόσρων, -φρασσα 104. [398 Ἀ.
πρώην (‿-) 21.
πρώιος Compar. 106. 308.
πρῶτον, τὸ 350. τὰ πρῶτα εἶναι
πτ Ϧharaϝter 146 f. 194. [368 Ἀ.
πτάμενος (Parmen. fr.) 232.
πτόλις, πτόλεμος 33. 77.

συμβαλλεόμενος 239 u. Ν.
συμφέρειν mit ὥςε 454. — συμφέρον c. gen. 398. — sc. ἐςί 374.
σύν Gebrauch 406. 492. fällt weg
406. steht abw. 502. in der Umstellung 317. in der Kompoſ. 36 f.
136. 401. 405. 503 f. (σὺν εὖ πάσχ.)
συναίρεσθαί τινι πόλεμον 414.
συνελόντι 455. [-σύνη subst. 323.
συνήθης Gen. pl. 74. -ήθως 306.
συνιέναι konſtr. 394.
σύνοιδα konſtr. 480.
Συράκουσαι, Συρακόσιος 41.
συσκοτάζει 372. -ζοντος abs. 487.
συσχέσθαι paſſiv 251.
συχνός wie Adv. 341.
σφ- enklit. Formen 27. 117. 119.
σφάλλεσθαι c. gen. 386. c. part. 479.
σφέ, σφίν auch sing. 119. σφί und
σφίσι 119 Ν.
σφεῖς, σφᾶς gebraucht 358. 460. 465.
σφέτερος 358 f. — umſchrieben 361.
— eigen 361.
σφί ſ. σφέ [σφόδρα bei Subſt. 349 Ν.
σχεδόν τι 359.
σχολαῖος Compar. 106.
σώζειν c. gen. 386. (ἐκ) eb.
σῶμα erg3t 413. Umſchr. damit 338.
σῶς, σάος 104. [σῶτερ 70.
τ abgeworfen 63. 64.
τ, Charakter, 147. 156.
τά ſ. τό. τὰ μὲν - τὰ δέ 364.
τάγε deshalb 364. vgl. 353.
τάδε abw. 364. — auf Perf. bez. 369.
τἄλλα Acc. 45. Synt. 530.
ταμίασι dat. pl. 310 Ν.
τᾶν 46. — τάν ſ. anom.
τ᾽ ἄρα, τἄρα, τ᾽ ἆρα 46. Synt. 525.
ταρσά, τάρταρα, τὰ 84.
ταρφέες, ταρφειαί 105.
τάσσειν ἀργυρίου 392.
ταὐτὸ τοῦτο ganz ebenſo, 384.
τάχα ἴσως u. ähnl. 543. [364.
ταχύς Compar. 32. 108. ταχύ adv.
ταώς, ταών, ταῶς 60. 85. 92.
τέ 516. 517. — Stellung 351. 501.
— τὲ-καί 516. τὲ-καὶ οὐ 2c. 520.
— τὲ-οὐδέ 521.
τεθαλυῖα 160. [τέθριππον 31.
τεῖν, τίν 118(6). [-τεί, -τί adv. 329.
-τειρα subst. fem. 324. •
τεκμήριον δέ 543. [τέκμωρ 87.
τέκνον, τέκος 49. φίλε τέκνον 370.
τεκνοῦν im Präf. 422.
τελευταῖον, τό, 350.
τελευτᾶν c. gen. 386. — intranſ.

376. — ὑπό τινος 409. — τελευτῶν 533. [τέλος, adv. 306.
τέο, τοῦ, τίοισι, τέων 124 f.
τεός, ά, όν 120. [τέρας 80.
-τερος Adj.-Endung 111.
τέρπειν, -εσθαι ſ. Affektsw.
τέτροφα, τέτραφα 159 u. Ν. 160 Ν.
τέως (τεῖος), τέως μέν 311. 314. —
mit folg. εἶτα 519 unt. — τέως
für ἕως 312. τέως ἕως eb. Ν.
τῇ μὲν - τῇ δέ 520.
τηλικόσδε, τηλικοῦτος 29. 127. 364.
— für8 Fem. 127 A. 4.
τηλοτάτω 308. [τήμερον 315.
τῆνος 120. — τηνεί 314.
-τηρ, -της, -τωρ subst. 322 f.
Τήρεω 56.
-τήριον, -τρον subst. 323.
τί Synt. 528. — eingeſchaltet 313.
verkleinernd (ὑπό τι) 503. — τί
c. gen. 387. — ergänzt 367. 388.
-τί, -τεί adv. 329.
τί μήν; 526. — τί γάρ, τί δέ, τί
οὖν δή, τί μή; 528. — τί οὐ mit
aor. 422 A. 6. — τί χρῶμαι αὐτᾷ
383 unt. — τί παθών; τί μαθών;
534. — τί δ᾽ οὐ μέλλει 533. —
τί δέ, εἰ μή-γε 542.
-τι ſt. -σι (3. P. si.) 217. ſ. Θι.
τίγρις 62. 75. 85.
τίη, τιή, ὀτιή 2c. 124. u. Ν.
τιθέναι c. gen. 390. — und -εσθαι
in Umſchreib. 415. — zu etwas
machen ſ. Machen. — θεῖναι und
θέσθαι νόμους 414. διαθέσθαι eb.
τίκτειν, Vater ſein 422. τέκνα 380.
τιμᾶν, -ᾶσθαι kſtr. 392. 394.
τίν ſ. τεῖν. [τίπτε 314.
τίνω· τίσασθαί τινά τι 415. — τινὰ
δίκην 380 unt.
Τίρυνς u. Nebſ. 36. 65.
τίς 27. Synt. 343. 359. 360.
— nach Adj. und Zahlwörtern (un-
geſehr) 359 A. 7. — in prägnan-
ter Beb. eb. u. vgl. 368 Ν. — beim
Imperat. 370. — beim Partic. 473.
— zwiſchen Artik. u. Subſt. 346.
— wird ergzt. 373 A. 17. 388. 400.
— in der Attr. 472. S. auch τι.
τίς, τί Accent 26. 27. — Quantit.
65. — Synt. 359. 448. — τὸ τί;
344. — τί c. gen. 387.
τιτύσκεσθαι c. gen. 393.
τό, τά Synt. 348 ff. 363 f. S. auch
Artikel. — adverbialiſch 350. 364.
— mit dem Genit. ober einem ab-

-ύω, Verba auf, Quantität 18. —
fut. ύσω 152. — von Verb. auf
φ Charakter 146 f. [ω 239.
φαάντατος 106. [φαέθω 241.
φαίνεσθαι c. gen. 390. c. part. 477.
478. — perfönl. 537.
φανερός εἰμι c. part. 478. 537.
φάος, φάεα 93. [φάσκειν 226.
φείδεσθαι c. gen. 392.
φέρε ft. plur. 308. 370. — vor der
1. P. conj. 426.
φέρτερος, φέριςος 111.
φέρων 474. 533. 535.
φεύγειν u. comp. konstr. 378. — δίκην 393. 409. — ὑπό τινος 409.
φή für ὡς 512 N.
φημί 221. — φήη 218. — konstr.
452 f. 459. 462 ob. [φήρ 30.
φθάνειν c. acc. und part. 378. 477.
533. — Redensarten damit 533.
φθονεῖν konstr. 392. 393. 402.
-φι, -φιν 37. 86. [Φιλῆς 83.
φίλος Comp. 106. φίντερος 30.
φοίνιξ, φοῖνιξ 65. [φρέαρ 65. 82.
φρίσσω 147. [φροίμιον 31.
φροντίζειν konstr. 392. 393. — mit
ὅπως 441.
φροντιςής c. acc. 376.
φροῦδος 31. 104. Synt. 373.
φυλάσσεσθαί τινα 414. — mit ὅπως
441. — mit μή beim Inf. 511.
φύξιμος c. acc. 376.
φύση ft. -εε 77.
φωνήεις, ἦεν 100. dat. pl. 71 N.
φῶς, φώς gen. pl. 68. φόως 93. —
πρὸ φόωσδε 310 N.
χ vor μ 35. 321. — Char. 147.
χαίρειν mit nom. u. acc. c. partic.
477. 479. — sc. λέγω 542. —
χαίρων 477. — S. auch Affektsv.
χαλεπός ohne Kop. 373. — εἰμι perfönl. 537.
χαλεπῶς φέρειν Iftr. 406. 407 N. —
χαλινά, τά 84. [mit εἰ 447.
χαμαί u. Ableit. 310. 314. u. χθα-
χάραξ kollektiv 338. [μαλός 33.
χαρίεν u. χάριεν 101 N. 307. — χαρίεις 99. dat. pl. 71 N.
χαρίζεσθαι c. gen. 388. c. part. 479.
χάριν Synt. 384. 490. ἕνεκα χ. 543.
χάρις, Akkuf. 69.
χείμαρροι 97 N.
χείρ ergänzt 341. — kollektiv 338.
— in Umschreib. 338. — τὼ χεῖρε
340. — χειρὸς ἄγειν 389. — δεξιᾶς χειρός ꝛc. 399.

χελιδοῖ 86.
χερείων, χέρηϊ, εια 109.
χέω, χείω 39. ἔχει 3 P. aor. 200 N.
χηροῦσθαι c. gen. 391.
χθιζός als Abv. 342. [χιλιαδῶν 115.
χοὴν χεῖσθαι 380.
χορεύειν c. acc. 379.
χρέο, χρέω (imper.) 201. [χρέος 78 f.
χρεώ, ἡ 93. — konftr. 379.
χρεών indecl. 87. 304. — ohne Kop.
373. — part. absol. 488.
χρή konftr. 378. χρῆν 429. Vgl. δεῖ.
χρήζειν konftr. 391 (2 mal).
χρῆμα u. χρήματα ergänzt 348. 367.
Umschreib. damit 338.
χρῆσθαί τινι 405 u. N. — mit dopp.
Dat. 382. und ὡς eb. — ἐχρήσθην
χρήςης 55. [paff. 417.
χρήσται, χρῆ ’σται 304 N.
-χω Nebf. von Bokalft. 242.
χώρα ergänzt 341. 348.
χωρεῖν, χωρίζειν c. gen. 386.
χωρίς als Präb. 371. c. gen. 386. 489.
ψ, ξ, Entftehung 10. f. ξ.
-ψ adj. 102.
ψαύειν c. gen. 389. 394.
ψεύδεσθαι c. gen. 386.
ψευδής Compar. 107.
ψηφίζεσθαι mit ὥςε 454.
ψήφους θέσθαι c. acc. 380.
ψιλός c. gen. 391.
ω in der att. Dekl., gilt kurz 24.
ω für ο und ov 39. 40. 335. — ft.
o im part. perf. 192. — ω Umlaut
aus η 101. 334. im perf. 2. 160.
— eingeschaltet 160. — Umlaut bei
Verb. auf άω und έω 240.
ῳ, Diphth. 11 f.
ω zsgzogen aus οη 260. 286 (βοάω,
νοέω). — in Zuss. 330. 335.
-ω und -ως fem. 73.
-ω für -ως (Adverl ˈˈˈEnˈ) 308.
— accus. der ott ˈˈˈˈ98.
-ω, - ˈˈˈ Nomir 35.
ῶ u. ῷ 318. Synt. ˈ74. 400. — doppelt 374.
ὧδε örtlich 513. — u. οὕτως 364.
-ώδης, adj. 74 N. 328.
-ώεις adj. 100.
-ώην 201. ft. οιην 209. 232.
ἄλλοι, ὤριςος 46.
-ωμι äol. Flex. 208.
-ων subst., betl. 81. 85. — adj. u.
compar. 81. 101. 107. 334.
-ών u. ωνιά ampliat. 324.
ὤν (ὄν) ausgef. 480. 485. 488. —

S. 36 Z. 10 ... ...
» 45 » 25 v. o. l. του, τε,
» 54 » 2 v. o. l. Proparox. ,
Parox.
» 55 Z. 4 v. o. l. ὀργυι
» 57 » 4 v. u. l. Mennig
» 58 » 15 v. o. ἀτραπός
» 83 » 16 v. o. l. alte Nebf. att.
» 122 » 14 v. u. l. und ſt. oder

21. Auflage.

... S 18 v. o. l. ſyllabiſche
... 3 v. u. l. weſentlich ſt.
... ...gſtens
... ... iſt nach Perf. 1. u.
...gef.: und Aor. 1. u. 2.
... v. u. iſt vor ην u. ήσο-
...e Zahl 2 ausgefallen.
... v. o. iſt Fut. εὑρήσω
... ... ſtreichen

S. 286 Z. 10 v. o. l. von πλήθω
» 292 » 2 v. o. ist *Med.* zu streichen
» 321 » 11 v. o. ist μανία, μανια-
κός zu streichen
» 334 Z. 22 v. u. l. ἠροῦντο
» 376 » 15 v. u. l. Κορησσῷ
» 401 » 1 v. o. l. πιςευόμενοι
» 414 » 18 v. u. l. σπουδάς
» — » 21 v. u. l. ὁ τοιοῦτος st. τοι.

S. 417 Z. 20 v. u. l. εἴϑ' st. εἰϑ'
» 434 » 16 v. u. l. Infin. l. Indic.
» 444 » 6 v. u. l. ἀφείλετο
» 472 » 16 v. u. l. ὑπηρίταις
» 473 » 13 v. o. l. φαινομένηφιν
» 477 » 22 v. o. l. γάμοις st. -οῖς
» 478 » 13 v. o. l. εἰμ' ἱκέταο
» 479 » 21 v. o. l. κτύπος st. τύπ.
» 535 » 5 v. u. l. att. Rbupl.

Zu den Citaten der 21. Auflage.

S. 13 Z. 21 v. u. l. §. 29 st. 28.
» 42 » 11 v. u. l. Hes. Theog. 763.
» 45 » 2 v. u. l. Jl. κ, 538.
» 89 » 4 v. o. l. §. 41 A. 5.
» 90 » 8 v. o. l. Anm. 5. st. 1.
» 105 » 3 v. u. l. 27 st. 47.
» 199 » 5 v. o. l. Jl. st. Od.
» 203 » 4 v. o. l. 510 st. 508.
» 220 » 13 v. u. l. 254 st. 113.
» 223 » 13 v. o. l. Phaedo st. Phaedr.
» 224 » 11 v. o. l. 235 st. 325.
» 237 » 12 v. u. l. Hippol. st. Phoen.
» 249 » 7 v. o. l. Lys. 542 st. Eq. 290.
» 250 » 23 v. o. l. ξ, 81 st. 71.
» 255 » 8 v. o. l. p. 89 st. 98
» 271 » 22 v. u. l. §. 95 A. 2 st. 92 A. 6
» 272 » 11 v. o. l. §. 98 st. 88
» 282 » 20 v. u. l. Jl. β, 398 st. Od.
» 291 » 27 v. o. l. φ, 238 st. ω, 238
» 294 » 23 v. o. l. 387 st. 378
» 297 » 15 v. o. l. λ, 334. ϑ, 353
st. λ, 353
» — Z. 10 v. u. l. 222 st. 322
» 309 » 27 v. o. l. Ol. 8 st. Ol. 3
» 310 » 22 v. o. l. 350 st. 340
» — » 31 v. o. l. 530 st. 520
» 332 » 20 v. o. l. 4, 5 st. 4, 6
» 338 » 22 v. o. l. Theaet. 22 a 12
» 3,
» 340 » 5 v. u. l. D. Deor. st. DM.
» 357 » 13 v. o. l. Phaedo st. P..
» 360 » 2 v. o. l. 2, 1
» 366 » 2 v. u. l. ...

S. 375 Z. 20 v. o. l. 512 st. 112
» 382 » 27 v. o. l. λ, 562 st. », 562
» — » 28 v. o. l. Jl. ω, 71'. und
Od. ι, 219
» 383 Z. 20 v. o. l. β, 718 st. ?, 72
» 384 » 17 v. o. l. 4, 16 st. 6 14
» 392 » 4 v. u. l. OC. st. OT
» 440 » 24 v. u. l. Cyr. 5, 3 54
» — » 23 v. u. l. 8, 53 st. 7, 53
» 445 » 20 v. o. l. Rhet. 1, 5
» — » 43 v. o. l. Mem. 2, 1, 25
» 451 » 2 v. u. l. Eth. st. Rhe.
» 452 » 26 v. o. l. 175 st. 195
» 454 » 3 v. o. l. 255 st. 225
» — » 19 v. o. l. Soph. Antig. 707
» 466 » 4 v. u. l. n. 17 st. n. 67
» 471 » 18 v. o. l. 5, 116 st. 5, 16.
» 473 » 27 v. o. l. Thuc. st. id.
» — » 14 v. u. l. 131, 4 a. st. A. 7.
» — » 11 v. u. l. §. 151, II, 4.
» 478 » 10 v. o. l. p. 33 st. 38.
» — » 20 v. o. l. 143, 15 st. 13.
» 479 » 9 v. u. l. γ, 317 st. λ, 317.
» 485 » 29 v. o. l. p. 638 extr. st. 668.
» 496 » 14 v. u. l. Od. ω, 248 st. Jl.
» 503 » 1 v. u. l. Jl. γ, 46 st. Od.
» 516 » 8 v. u. l. D. Deor. st. DM.
» 521 » 19 v. u. l. Apol. 36. st. 26
» 525 » 4 v. u. l. 14 A. 1.
» 528 » 9 v. ... 10 st. 10.
» — » 29 v. u. l. 7, ... 4. 17.
... 1 v. o. l. Anm. ... 1, n.
... l. γ, 2 ..., 352.

ge.

S. 202 Z. v. ..
...
» 215 Z. 5 v. ...
» 284 in den A. ... wahr-
scheinlich » jüngern

S. ... Z. 3 v. o. l. ...
» 355 » ... v. o. l. ...
» 486 13 v. u. lies 23 oder
...
» 527 Z. 22 v. u. l. οὐχ st. οὔχ.

A. W. Schade's Buchdruckerei (L. Schade) in Berlin, Stallschreiberstr. 47.